Siedler

Buch

Alfred Kerr, siebenundzwanzig Jahre alt und im Begriff, sich als Kritiker und Essayist durchzusetzen, beginnt am 1. Januar 1895 die Reihe seiner Berichte aus dem aufstrebenden Berlin. Fünf Jahre lang erscheinen seine Berliner Briefe in der angesehenen »Breslauer Zeitung« und entfalten bis ins neue Jahrhundert hinein ein überwältigendes Panorama an Ereignissen und Charakteren. Kerrs Leidenschaft für das Leben in der Stadt, für das Theater und aufwendige Massenspektakel, für Ballatmosphäre und Großstadtfluidum drückt sich in den Berichten ebenso aus wie die zunehmende Kritik am Kaiser, seine Verachtung für das antiquierte Beamtentum und den Luxus der Neureichen. Alles, was ihn umgibt und was er empfindet, hat die Aufmerksamkeit des Chronisten: das Wetter, die Jahreszeiten, Weihnachten, Fastnacht und Pfingsten, Überschwang und Niedergeschlagenheit. So überträgt sich das Persönlich-Dynamische des jungen Schreibers auf den Leser und ermuntert ihn, mit Kerr zu fragen »Wo liegt Berlin?« Im Schloß, im Reichstag, im Dom, im Tiergarten, im Deutschen Theater, in den neuerbauten Kaufhäusern der Leipziger Straße? Überall hält Kerr Ausschau nach seinem Berlin.

Autor

Alfred Kerr, 1867 in Breslau geboren, lebte seit 1887 in Berlin. Als einer der bedeutendsten deutschen Kritiker arbeitete er u.a. für den »Tag«, das »Berliner Tageblatt« und die »Neue Deutsche Rundschau«. Seine Bücher wurden 1933 von den Nationalsozialisten verbrannt. Er emigrierte nach London und starb 1948 in Hamburg.

Günther Rühle, Herausgeber der Kerr-Briefe, wurde 1924 in Gießen geboren. Er war Feuilletonchef bei der FAZ und beim »Tagesspiegel« sowie Intendant am Schauspiel Frankfurt. Seit 1995 lebt er als freier Publizist in Bad Soden bei Frankfurt a. M. Günther Rühle ist Präsident der Deutschen Akademie der Darstellenden Künste und Herausgeber der Gesammelten Werke von Alfred Kerr und Marieluise Fleißer.

Alfred Kerr

Wo liegt Berlin?

Briefe aus der Reichshauptstadt 1895-1900

Herausgegeben
von Günther Rühle

Siedler

Alfred Kerr 1898

Inhalt

Anhang

Für Judith und Michael Kerr
g. r.

1895

Der Berliner Westen – diese elegante Kleinstadt, in welcher alle Leute wohnen, die etwas können, etwas sind und etwas haben und sich dreimal soviel einbilden, als sie können, sind und haben – hat in dieser Woche zwei Jubelgreise gefeiert. Ludwig Pietsch und Theodor Fontane. Pietsch ist siebzig, Fontane fünfundsiebzig Jahre geworden. Aber es gibt zwischen ihnen mehr Unterschiede als diese fünf Jahre. Der eine ist ein Temperamentsmensch, der andere ist ein nachdenklich-skeptischer Betrachter. Der eine ist ein lauter, aufgeknöpfter Amüseur, der andere ein stiller, zurückgezogener Mann. Der eine betrachtet die Erscheinungen, und es kommt ihm darauf an, äußere Eindrücke zu beschreiben; der andere betrachtet gleichfalls das äußere Leben, aber es kommt ihm darauf an, dabei seelische Zusammenhänge zu schildern. Der eine ist, kurz, ein Journalist, der andere ist ein Dichter. Nun hat der Journalist den Professortitel bekommen; der Dichter durfte nur, versehen mit den Tröstungen des Dr. phil. honoris causa, ins sechsundsiebzigste Lebensjahr schreiten.

Ein alter, großgewachsener Herr ist Theodor Fontane, mit schmalem Seitenbärtchen und grauem Schnurrbart. Ein großes Tuch um den Hals gelegt, das über dem dicken Mantel sitzt, schreitet er die Potsdamer Straße entlang. Er geht gewöhnlich dicht an den Häusern, weil es ihm keinen Spaß machen würde, von den hundert Bekannten, die dort jeder Bewohner des Westens täglich trifft, angehalten zu werden. Nicht als ob er unfreundlich wäre. Aber es lohnt wahrhaftig nicht, ein paar Banalitäten auszutauschen und sich dafür zu erkälten. Vor dem Erkälten hat er nämlich große Angst; und darum hält er das berühmte graugrüne Tuch stets vorn mit der Hand zusammen. Unter dem Hut blicken die guten und klugen und großen grauen Augen in die Ferne, und mit raschen Schritten geht er, etwas nach vorn geneigt, unaufhaltsam seines Weges. Wenn es windig ist, schreitet er rascher, und er hält das Tuch fester und höher, bis über den Mund weg. Die grauen Locken bewegen sich dann leise, die dem alten Herrn über dem Nacken schweben. Es sind keine Künstlerlocken! Er sieht nicht aus wie ein greiser Barde, von dem zu befürchten ist, daß er eine Leier aus der Manteltasche zieht. Er hat etwas Altfränkisch-Militärisches. Er hat das Gesicht eines friedlichen pensionierten Offiziers aus den dreißiger Jahren. Über dem ganzen Mann schwebt im Äußeren, auch in der Kleidung, bis auf Halsbinde und Kragen ein Hauch der guten alten Zeit.

Und das Staunenswerte ist: diese unmoderne Persönlichkeit hat unglaublich moderne Ansichten. Der älteste unter den deutschen Literaten ist zugleich der entschlossenste Parteigänger der jüngsten. Er wird von ihnen geliebt wie kein zweiter. Nicht minder von demjenigen Kreis der übrigen literarisch Interessierten, welcher nicht in rohen Bumbum-Effekten und verlogenen Sentimentalitäten den Gipfel der Kunst erblickt, sondern sich zu ehrlicher Lebensabschilderung und feinerer Seelenkunde hingezogen fühlt. Sie alle bestaunen ein Phänomen in dem Manne, der sich, im zarten Alter von sechzig Jahren, entschloß, ein naturalistischer Dichter zu werden; der sich hinsetzte und in »Irrungen und Wirrungen« flugs den besten Berliner Roman schrieb; der heut mit fünfundsiebzig Jahren noch ein wundervolles, lebenstiefes Abendstück von reifer und inniger Kunst zustande bringt.

Der Alte hat ein lebendiges Interesse an allem, was auf literarischem Felde vorgeht. Und was er für bedeutsam und tüchtig hält, dem spendet er unaufgefordert, in jugendlicher Herzlichkeit, sein Lob. Er braucht einen Menschen nicht zu kennen und tritt ihm plötzlich – ich hab es mit tiefer Freude an mir erfahren – durch einen Brief näher, weil ihm irgend etwas auffiel und gefallen hat. Und er ist ein Kritiker. Er hat in den langen Jahren, in denen er die zeitgenössische Dramatik, berufsmäßig richtend, verfolgte, unendlich fördernde, herbfrische, knappe Kritiken geschrieben, zugleich knorrig und fein, zugleich scharf scheidend und schmiegsam nachfühlend.

Er schrieb sie für die Vossische. Und für die Vossische schrieb auch sein Leben lang der andere: Pietsch. Das ist wieder eine ganz andere Nummer! Ein großer, kräftiger, jünglinghafter Greis, mit geröteten Wangen, die Silberhaare künstlerisch drapiert, in den feurigen, grauen Augen ein rheinweinfeuchter Schimmer, die Manieren elegant, sicher, verbindlich, dabei in allem Tun und Lassen ein leiser Rest von Bohème und Sichgehenlassen, was die ungewöhnliche Liebenswürdigkeit, die von dem Mann ausgeht, wirkungsvoll steigert. Er ist ein Draufgänger, mit seinen siebzig Jahren, aus allen Gliedern zuckt ihm die joie de vivre, er lebt aus dem vollen, er hat schwerlich die Hoffnung aufgegeben, Frauen noch gefährlich zu werden, er ist bei jedem notablen Festessen, bei jeder Première, in jeder Ausstellung, bei jeder Einweihung. Er geht mit dem Kaiser nach England und beschreibt Flottenmanöver, er geht zum Zarenbegräbnis nach Moskau und ist am Abend nach der Rückkehr im Opernhaus, um am nächsten Vormittag ein Champagnerfrühstück mitzumachen, um dann bei Schulte gesehen zu werden, einen Spaziergang durch den Tiergarten zu machen, eine Redaktionskonferenz abzuhalten, rasch einen Artikel zu schreiben, abends Gäste bei sich in der Landgrafenstraße zu empfangen und schließlich mit ihnen ins Café zu gehen. Er ist mit allen einflußreichen Künstlern intim, duzt sich mit Ministerialdirektoren und kommandierenden Generälen, drückt im Vorübergehen einem Kommerzienrat die Hand, küßt einer Schauspielerin den Ellbogen und kneipt mit Eugen Zabel von der »Nationalzeitung«, dem Maler Warthmüller und einer Handvoll Premierlieutenants an dem berühmten runden Tisch bei Hausmann. Bei allen Frauen hat er einen Stein im Brett; denn wenn er sie schon durch seine Persönlichkeit bezaubert, wissen sie doch, daß er ihre Kostüme beschreiben kann … Ein Subskriptionsball kann ja ohne Pietsch gar nicht abgehalten werden! Er schildert die Lichter, den Glanz, die Pracht, die Farben, die Mull- und Tüllkleider und was sie nicht bedecken, er schildert die Parfums, die Musik, die Rosen und Heliotropen, die Fräcke, die Orden, die Gesichter, er schildert die jungen Mädchen – die Komtessen und die portemonnaie-aristokratischen –, er schildert die schönen Witwen und die glücklichen Gattinnen, die tapferen Krieger und die alten Exzellenzen, er schildert alles – bloß die Gedanken nicht, die seine Objekte im Herzen tragen. Hier macht er halt, und hier liegen auch die Grenzen seines Könnens. Er malt die Oberflächen, und er grämt sich nicht, daß er nicht mehr malen kann. Er ist mit sich zufrieden. Er schafft leicht, er verdient zwar keine Millionen, aber bei seinem Beruf führt er ohne Millionen ein Glanzleben. Er findet die Welt schön und will keinem Nebenmenschen Ursache geben, sie häßlich zu finden. Er verletzt niemanden, auch in seinen Kritiken nicht – höchstens die jüngeren Freilichtmaler bekommen 'mal ein paar Hiebe –, er ist der denkbar liebenswürdigste Kollege, auch gegen jugendliche Berufsgenossen von beschämender Kameradschaftlichkeit, seine Intimität mit den Granden steigt ihm nie zu Kopfe, und er scheint seinen versammelten Zeitgenossen in jeder Minute die Parole zuzuzwinkern: »Kindlein, liebet euch!« oder »Freut euch des Lebens« oder »Mensch, ärgere dich nicht« oder »O Gott, wie ist die Welt so schön, wenn man gesunde Glieder hat« …

Daß dieser alte Jüngling an seinem siebzigsten Geburtstag ungewöhnlich zahlreiche Huldigungen empfing, ist begreiflich. Er verlebte das Jubiläum in etwas eigenartiger Weise. Es fiel auf den 25. Dezember; sein Wiegenfest begann also offiziell am 24. Dezember nachts zwölf Uhr. Da begann er denn auch mit der Feier. Er feierte in einer Tour von Weihnachten durch bis zum Anbruch des 26. Dezember. Er ging nicht schlafen, sondern – empfing. Die ganze Nacht durch waren Gäste da, sie kamen und gingen. Gegen Morgen entfernte sich der Jubeljüngling, nur auf fünfzehn Minuten, um eine kalte Douche zu nehmen. Er wollte dieser Gewohnheit nämlich nicht entsagen, da er ihr seit grade

siebzig Jahren treu geblieben war. Die Gäste kamen und
gingen. Er drückte unzählige Hände, ließ sich umarmen,
teilte Küsse aus, tat gerührt, machte Honneurs, nahm ungezählte Telegramme und einen Professortitel entgegen,
rauchte, trank Wein, stieß an und war glücklich. Man
konnte kaum zur Tür hinein, so dicht gedrängt standen, saßen, schoben und pufften die Gratulanten; jeder, der zehn
Minuten in dem von Kuchendünsten, Büffetdüften und
Blumengerüchen angenehm geschwängerten Raum sich
aufgehalten hatte, wurde abgespannt, nur einer nicht: der
höllische Festgreis. Am 27. Dezember sah ich ihn bereits im
Deutschen Theater, nachher waren wir bei Ronacher zusammen. Nachts um eins wandelte er behaglich nach
Hause.

Das Leben in Berlin muß doch nicht so aufreibend sein,
wenn man sich so gut konservieren kann. Und doch – in
dieser gefährlichen Gesellschaftsjahreszeit fühle ich mich
kaputt und matt. Ich werde nächstens eine Schlafkur
durchmachen – oder die deutsche Literatur wird den Verlust eines hoffnungsvollen jungen Mannes, so sagt man ja
wohl, zu beklagen haben. Alle Tage kommt jetzt der Briefträger und bringt zwei bis drei Couverts von angenehmem
Äußeren. Es stecken Einladungen darin »Th. N. und Frau
geben sich die Ehre, Herrn … zum … am … den …ten …
um … Uhr ergebenst einzuladen. Tiergartenstraße 8b. U.
A. w. g.« Gewöhnlich erkennt man (nicht ohne leisen angenehmen Schauer) die Handschrift der Hausfrau: Denn
ER, der im Hause angeblich Herr ist, kümmert sich um solche Scherze nicht. In Berlin wird das Gesellschaftsleben
ganz von der Frau besorgt. Zwei Einladungen schreibt man
ab, die dritte nimmt man an; man geht hin, tanzt sich kaputt, unterhält sich kaputt, verliebt sich kaputt und macht
sich kaputt. … Bisher war alles lau und flau in diesem Winter. Jetzt mit einem Male, um die Sylvesterdrehe, geht es
los, und gleich gründlich. Man lebt und webt in Frack und
Lack und Claque; oder mit dem bekannten Börsenmann
zu sprechen: »Man kommt aus dem reinen Oberhemd gar
nicht mehr 'raus.« Aber unbedeutend bleibt dieser Winter

doch, gegen diese Tatsache von namenloser kulturhistorischer Wichtigkeit ist nichts zu machen. Die quantitativen Häufungen tun's nicht. Es fehlt etwas, das in den letzten drei Jahren immer da war: eine Verrücktheit; ein Schibboleth der Mode; ein Losungswort, ein Mittelpunkt, um den sich alles dreht; irgend etwas besonders Albernes, das Stimmung macht; ein aparter Blödsinn, an dem mit heiligem Eifer festgehalten wird. Vor einigen Jahren war es der liebliche »Sir Roger«, der schwindsuchtsförderlichste aller Galopptourentänze, welchen die spleenige Laune eines Albioniten in unseliger Stunde ersonnen hatte. Kein Tiergartenhaus, das sich achtete, ließ diesen Tanz weniger als drei Mal tanzen. Man raste, geriet in Gefahr, mehrere Beine zu brechen, verlor den Atem, riß im Vorbeitanzen einige Kelchgläser herunter und trat, wenn man Glück hatte, bei dem gefährlichen Mittelstück, der großen Stepplechase, der Hausfrau fröhlich auf die Füße. Deshalb wurde dieser Tanz auch immer traumhaft schön gefunden. Im nächsten Jahre gab es die Menuett als Spezialität. Jeder wurde verachtet, der nicht die drei Schritte rechts, die drei Schritte links und das grand compliment als die Quintessenz alles Hinreißenden erklärte. Man tanzte also zwei Menuetten in jeder Gesellschaft, in der Rauchstraße, der Stülerstraße, der Hitzigstraße und wie die Gegenden heißen, in denen sich die Kommerzienräte Gutenacht sagen. Dann, im vorigen Winter, kamen Bandour und Gavotte auf. Das war der Gipfel alles Stilvollen, Entzückenden, »Süßen«! Mit einem nahezu religiösen Eifer wurden diese Tänze gepflegt, und es tat der Begeisterung keinen Abbruch, daß die Gavotte ausschließlich in rein-arischen Gesellschaften getanzt ward, während der Bandour mehr in gemischt-konfessionellen Kreisen Bewunderung weckte. In diesem Winter nichts von alledem. Welch ein Verlust für meinen Staat! Müdigkeit und nichts als Müdigkeit wird heuer geboten, es wird wieder gewöhnlicher Wald-, Sumpf- und Wiesenwalzer getanzt – aber wie! Bis zur Bewußtlosigkeit, länger nicht. Es gilt nicht für fein, andere Rundtänze als Walzer auf die Tanzkarte zu setzen. Denn auch bei Hofbällen wird ja nur

Walzer außer den Tourentänzen getanzt. Die Jünglinge halten das aber auf die Dauer nicht aus, da sie behaupten, daß Walzer am meisten angreift. Und deshalb sind sie alle so müde. Und deshalb will ich auch nächstens eine Schlafkur gebrauchen. Man ist doch schließlich kein Ludwig Pietsch ... [...]

20. Januar 1895

Man kommt viel besser in Stimmung, einen Berliner Brief zu schreiben, wenn man vorher einen Brief aus Breslau bekommen hat – wie ich. Gezeichnet: »E. M.« Das Parfüm etwas banal. Blaue Tinte und ivory paper. »– – geradezu entsetzlich, wenn Sie oder jemand anderes hinter dieses Inkognito kämen.« Und so weiter. Eine Fontaneschwärmerin! Ein paar Liebenswürdigkeiten; durch mehrere »Teufelchen« will sie die Adresse erfahren haben, nachdem sie bei den Englein vergeblich gefragt. Zuletzt Verse; auf der dritten Seite der denkwürdige Satz: »Lieber gar keine Illusionen haben, als über den Scherben der zerschlagenen weinen zu müssen.« Ich möchte wissen, wie das Fräulein aussieht. Allerdings, vielleicht ist es besser, gar keine Illusionen zu haben.

Ich hatte keine, als ich nach der Schumannstraße ging, um Klein Eyolf dramatisch vorgeführt zu sehen. Ich war, seit frühester Studentenzeit, dem norwegischen Alten durch besonderen Anteil verknüpft und hatte dieses jüngste Werk nachdenklich in mich aufgenommen, als eine neue charakteristische Wesensäußerung des Mannes, dessen erdenstaubfreie, leicht schwebende Alterskunst, zur letzten Reife verfeinert und verflüchtigt, allmählich vom Leben abrückt und in symbolische Luftschlösser mit einer Grundmauer zieht. Beim Lesen, das immer den tiefsten und intimsten Reiz bietet, waren mir zuerst jene nebelverschleierten und doch seltsam fesselnden Vorstellungen aufgestiegen, welche die Begleiterscheinungen jeder neuen Beschäftigung mit dem späten Ibsen sind – bis aus den Wolken klar und klarer ein greifbares Ganzes hervortrat,

das eine Weltanschauung von ergreifender Resignation enthielt. Versinkende Ideale überall, Aussichtslosigkeit auf der
ganzen Linie, klare erbarmungslose Erkenntnis der Selbst-
sucht in jedem Gefühl, in jeder Handlung, ein tiefer
Schmerz über das Entschweben jeder Glücksmöglichkeit,
über das furchtbare »Gesetz der Umwandlung«, und als
Quintessenz des Ganzen ein freudloser Kompromiß: tätiges
Ausharren ohne den Glauben an lohnenden Erfolg, liebrei-
ches Handeln ohne den Glauben an liebreiche Beweggründe, schweigende Erwartung der »großen Stille«. Wie
nahe kommt der Alte hier dem großen Buddhistenschüler
unter den deutschen Philosophen, dem ein ähnliches Ziel
vorschwebte, »statt des rastlosen Dranges und Treibens,
statt des steten Übergangs von Wunsch zu Furcht und von
Freude zu Leid, statt der nie befriedigten und nie ersterben-
den Hoffnung, daraus der Lebenstraum des vollendeten
Menschen besteht, jener Friede, der höher ist als alle Vernunft, jene gänzliche Meeresstille des Gemüts, jene tiefe
Ruhe« – und der für unsere »so reale« Welt mit allen ihren
Sonnen und Milchstraßen die große Stille, Nirwana, als Gegenstand der Sehnsucht und Endbestimmung ansah wie jener. Dieses Weltbekenntnis, das bei Ibsen immerhin eine
positivere Färbung als bei Schopenhauer zeigt, trat mir
beim Lesen mit einer gewissen hinreißenden Gewalt in der
Gestaltung dieses reifen alten Künstlers entgegen, und die
zarten und sinnigen Reize, welche in den Einzelheiten der
Dichtung schlummern, bekamen ihre feste Form in meiner
Seele. Was konnte die Aufführung noch bieten? Sie konnte
wirken wie die fatalen Illustrationen zu einem wohlvertrau-
ten Buch, die immer parodistisch tief hinter unsren Vorstellungen zurückbleiben. Und deshalb wandelte ich »mit gar
keinen Illusionen«, wie meine Fontaneschwärmerin sagen
würde, ins Deutsche Theater nach der Schumannstraße.

Aber ich erlebte ein merkwürdiges Schauspiel. Zwei der
tüchtigsten Wahrheitskünstler, welche der deutschen Bühne angehörten, verkörperten die Hauptgestalten, die beiden
Gatten, die wie Adam und Eva einander gegenüberstehen
in Scham über die Nacktheit ihrer Seelen. Reicher lernt

seine Rollen jetzt fast nie mehr ganz auswendig und verläßt sich in nebensächlichen Partien auf die Güte des Souffleurs; die Sorma schnitt an diesem Abend ein paarmal Gesichter, daß sie aussah wie von Wilhelm Busch gezeichnet. Aber wenn man die Kraft hatte, über solche Unwesentlichkeiten wegzusehen, blieb eine wundervolle, in ihrer Art ganz neue schauspielerische Leistung übrig, die nur unter dem Einfluß dieser neuen Aufgabe ermöglicht worden war: eine bis in die leisesten, kaum merklichen Feinheiten abgestufte Seelenbloßlegung zartfühligster, minutiösester Art, welche die geheimen Regungen des Innern nicht enthüllt, nicht offenbart, sondern unbewußt verrät, durch reflexartige flüchtige Andeutungen, zum eigenen Schauder und gegen den eigenen Willen. Man hat das Recht, hier von einer neuen, rein psychologischen Schauspielkunst zu reden.

Hier wurde mir zum ersten Male klar, daß für den angeborenen Mangel an Leidenschaft, an dem gemeinhin die deutschen Schauspieler und Theaterdamen leiden, diese filigranartige psychologische Kunst, die auch kälteren Naturen gelingt, ein achtbarer Ersatz sein könnte. Und auch den Hörern schien das aufzudämmern. Von der doppelten Macht der Dichtung und dieser ungewöhnlichen, abstufenden Darstellung im Innersten gefesselt, saßen sie da, die kompakte Majorität, mehr neugierig erstaunt als überzeugt, und am Schlusse des ersten Aktes brach ein minutenlanger stürmischer Beifall aus. Nachher war er schwächer, denn auf diesem so neuen Gebiete ermatteten allmählich Darsteller und Hörer zugleich. Aber das Gesamtergebnis in der Haltung des Publikums war: beginnendes Verstehen.

Und dieses Publikum setzt sich doch aus so verschiedenartigen Elementen zusammen! Jedes Berliner Theater hat seinen besonderen Hörerkreis. Im Königlichen Schauspielhaus ruht über den Hörern ein feiner, zarter Hauch von Ichweißnichtwas. Es ist der süße, zitternde Blütenstaub paradiesischer Unschuld des Geistes und Gemüts. Die jungen Mädchen sind hier am holdesten, zahlreichsten und dümmsten. Sie werden in dieses Theater lieber als in irgendein

anderes geführt, weil es am tugendlichsten ist. Und sie bewundern schwärmerisch und verehren, ohne es allzusehr
merken zu lassen, den kompakten Gliederbau des hübschen
Herrn Matkowsky. Der Rest ist ein Milieu von militärischen und rustikalen Elementen, versetzt mit Beamtentum
und abonnierten reichen Spießbürgern. Im Residenz-
Theater ist alles versammelt, was die angenehme Gewohnheit des »Lebens« in intensiverer Weise als die übrige
Menschheit ausübt. Auch junge Mädchen erscheinen dort,
aber sie sind meist ohne Anhang, und sie haben eine Vorliebe für gefärbtes Haar. In den kleinen Seitenlogen sitzt
hie und da eine bekannte »Schauspielerin«, die wegen ihrer
hervorragenden Begabung für die Bühne ein Monatsgehalt
von neunzig Mark bezieht und wöchentlich dreihundert
ausgibt. Da Berlin W. eine Kleinstadt ist, kennt man die näheren Verhältnisse in jedem einzelnen Falle genau: nicht
nur den Namen des gütigen Gebers, sondern auch die
Höhe des stipulierten Monatsbetrags. Im Lessing-Theater
haust die Börse. Es ist ein großes Verdauungslokal. Aus der
Lichtensteinallee, aus der Rauchstraße, aus der Tiergartenstraße rollen die Equipagen gegen halb acht zum Kronprin-
zenufer. Es liegt sich sehr gut auf den Polstersesseln des
netten Hauses. Oskar der Geriebene mit dem Beinamen
Blumenthal hat mit Voltaire einen Zug gemein (bitte: einen!), daß er jedes Genre duldet außer dem ennuyeusen. So
hat man eine gewisse Garantie, daß der halbschlummer-
artige Zustand, der sich nach dem Essen einstellt, sympathisch verläuft. Im Gegensatz zu allen diesen Theatern läßt
sich das Publikum des Deutschen Theaters nicht mit zwei
Worten kennzeichnen. Die Hörer können nicht ohne weiteres rubriziert werden, weil hier Elemente aus dem Stamm-
publikum aller anderen Theater zusammenkommen und
sich mit der stehenden Gemeinde literarisch Interessierter
zu einem Ganzen vermischen.

Eine bestimmte Reihe von Menschen ist in *allen* Premièren mit Regelmäßigkeit zu treffen. Wichtigere Theaterereignisse können nicht stattfinden, ohne daß gewisse
Rechtsanwälte, gewisse Theateragenten, gewisse Bankiers,

gewisse Künstlerfrauen, gewisse Verleger anwesend sind. Ohne den bekannten Rechtsanwalt Michaelis gibt es überhaupt keine Première. Fritz Friedmann erscheint seltner, aber immerhin häufig genug, und sein unscheinbares Gesicht mit dem etwas breiten, grau melierten Schnurrbart sieht über die Brüstung des ersten Ranges so harmlos und gutmütig ins Parkett, als ob er noch nie einen Staatsanwalt an die Wand gedrückt hätte. Ein kleiner dicker Mann mit kurzgeschorenem Vollbart, einer Brille und einer Gattin ist immer anwesend: Entsch. Er ist die Hoffnung zahlreicher deutscher Dichter, die von Vorschüssen träumen, und er hat ein Recht, so wohlgenährt zu sein, da er jährlich sechzigtausend Mark aufessen muß. Der Verleger von Wildenbruch und Julius Stinde schreitet quer durch das Foyer, ein Kahlkopf mit glattrasiertem Römergesicht. In ihrer Orchesterloge sitzt Frau Begas, die Gattin des Bildhauers, die selten fehlt. Sie ist das Urbild einer orientalischen Schönheit, trägt einen weißen runden Hut wie die Yvette Guilbert und lacht über das ganze Parkett weg. Fräulein Else von Schabelsky, die ehemalige Freundin Paul Lindaus, sieht wie eine Lehrerin aus; sie hat ihre dünnen blonden Haare einfach in der Mitte gescheitelt und blickt durch den Kneifer auf ihrer kleinen Stumpfnase nervös und hastig vor sich hin. Sie spricht vorübergehend mit Maximilian Harden, der seit einiger Zeit kein ständiger Gast mehr im Theater ist und sich aus Abneigung gegen den Premièrenpöbel in die gesichertere Zone des ersten Ranges zurückgezogen hat. Er ist klein, glattrasiert, das Gesicht halb ironisch, halb verbissen, der Anzug sitzt ihm wie angegossen, und das kurze Jacket verleiht ihm etwas Knabenhaftes, Jugendliches, das durch die raschen Bewegungen gesteigert wird und seine zweiunddreißig Jahre Lügen straft; bei näherem Zusehen zeigt sein gewecktes, lebendiges Gesicht immer einen Zug vom ungezogenen Jungen. Still und korrekt sitzt ihm gegenüber in seiner Loge Herr Karl Frenzel, der wie ein alter Küster aus dem vorigen Jahrhundert aussieht, mit dem bis zum Nacken reichenden, geschlichteten grauen Haar und dem bartlosen Gesicht, das einen affektiertgleichgiltigen und geordneten Ausdruck zeigt. Hans Hopfen streicht sich mit der linken Hand über den gepflegten rötlich-grauen Vollbart, und mit seinem gütigen, humorvollen Lächeln blickt er durch die Gläser der goldnen Brille zur lieben Frau hinab, die wesentlich stärker geworden ist als damals, wo sie im Breslauer Lobe-Theater als Mary Milton Soubrette war. Fritz Mauthner, der magere Schwarze mit dem länglichen Bart und der ewig am Kragen emporrutschenden Kravatte, begrüßt einen großen dicken Dreißiger mit kleinem, blondem Schnurrbart: Otto Erich Hartleben. Ein kleiner knochiger Mann mit rötlichem Haar und Sommersprossen, Conrad Alberti, geht vorüber und streift mit dem Ärmel den Dichter der Jugend, Max Halbe, der zum Buffet strebt, einen mittelgroßen Blonden mit Schnurrbart und Fliege, von blasser Gesichtsfarbe und sympathischem, etwas nervösem Ausdruck. Spielhagen, der mit dem hängenden grauen Schnurrbart und der leicht vorgebeugten Haltung des Kopfs einem Diplomaten gleicht, unterhält sich mit Erich Schmidt, dem Literarhistoriker, dessen hohe Gestalt ihn überragt und der als Urbild kraftvoller und durchgeistigter Männlichkeit erscheint.

Dann kommt noch eine ganze Reihe von Notabeln; dann die kleineren Journalisten alle, dann endlich die Menge, der elegante Troß aus allen Gesellschaftsschichten. Monocles und langgestielte Schildpattlorgnetten, cremefarbene Spitzen und weiße »Serviteurs«, blonde Ponyfransen und glänzende Glatzen. Was dahintersteckt, ist leider Bosheit und Blasiertheit, im besten Fall Neugierde. Wahrscheinlich würde eine Umfrage in allen europäischen Hauptstädten ergeben, daß das Berliner Premièrenpublikum die schlimmste Sorte ist. Es geht nicht bloß mit kritischer Kühle zu Werke, sondern in brünstiger Sehnsucht nach Radau. Es sieht in dem Autor ein zu bekämpfendes Wesen und freut sich insgeheim auf seine Niederlage. Es ist bereit, das Gewohnte als banal zu erklären, aber ebenso bereit, das Ungewohnte sofort auszulachen. Die größenwahnsinnige Neigung zu blasiertem Absprechen und die tiefeingeborene Hausbackenheit der Gesinnung, der das

Nächstliegende im Grunde das Liebste ist, sind die Pole, zwischen denen sich diese Hörerschaft bewegt. Man kennt die Namen der Lacher, Skandalmacher, Witzbolde nicht – die Notablen verhalten sich indifferent –, man kann sie nicht fassen, nicht einmal sehen; sondern wie ein Volkslied der sogenannten »dichtenden Volksseele« entspringt, ist hier eine obskure Gesamtheit von Faktoren unkontrollierbar an der Arbeit. Wehe dem Künstler, der ihnen preisgegeben ist.

Welche Gefühle muß Otto Brahm gehabt haben, als er dieses Publikum so gebändigt sah; als er zweimal in seinem Deutschen Theater vor den Vorhang treten konnte und im Namen Henrik Ibsens für den Beifall dankte. Er hatte dieses Publikum so ganz anders gekannt. Es hatte ihm einst in der Freien Bühne furchtbare Szenen gemacht, weil er es wagte, ihm eine freiere und vertiefte Wahrheitskunst bieten zu wollen. Brahm hatte damals, neben den Unflätigkeiten des Publikums, auch den Platzregen von faulen Äpfeln nicht gescheut, der sich aus deutschen Redaktionsstuben über ihn ergoß. Eine Zeitlang richtete sich, obgleich zehn Männer im Vorstand der Freien Bühne saßen, die allgemeine Wut ausschließlich gegen ihn. Und allerdings war der äußerlich unbedeutende Mann mit dem müden aschgrauen Gesicht, in dem eine große ironische Falte von allerhand überwundenen Enttäuschungen spricht, die Seele des Ganzen. Er ließ nicht nach, für seine Ideale einzutreten. Ich werde jene miterlebten Kämpfe nicht vergessen und entsinne mich, wie wenn es gestern gewesen wäre, der wüsten Szenen, die sich abspielten, als die Hörer inmitten Pfeifens, Zischens, Heulens beinah die Hände gegeneinander erhoben. Jetzt sind fünf Jahre vergangen. Brahm ist der Direktor des literarisch vornehmsten deutschen Theaters geworden, er setzt seine Ideale von damals frischfröhlich in die Praxis um, und das Publikum ruft ihn vor die Gardine und applaudiert, wenn er von neuer Kunst und von Ibsen redet. Das ist doch freudig zu begrüßen nicht bloß vom Standpunkt des Mannes aus, der an der Schwelle der Vierzig steht und nach einem aufreibenden, entbehrungsvollen

Literatendasein verdienten Lohn findet, sondern rein sachlich, mit Rücksicht auf unsere Kunstentwickelung. Es öffnen sich allerhand aussichtsreiche Perspektiven; Hoffnungen steigen auf, die noch vor kurzem niemand zu hegen
wagte. Freilich wird es gut sein, nicht allzu stürmisch ins
Zeug zu gehen. Denn die Kleine kann recht haben: Lieber
gar keine Illusionen haben als – und so weiter.

3. Februar 1895

Herr Kammergerichtsrat Wichert ist ein freundlicher
Mensch, etwa am Ausgang der Fünfzig. Ein mittelgroßer,
hagerer Mann mit einem primitiv gehaltenen, grauen Vollbart, der sich in zwei Zipfel teilt. Ewig im offenen schwarzen Rock, ewig den Kneifer mit der schwarzen Schnur auf
der Nase, ein Bild sehr verständiger, etwas nüchterner Bürgerlichkeit und vernünftigen, grauen Beamtentums. Er redet nicht in Paradoxen: er zieht bewährte Wendungen vor.
Er verwirrt nicht durch allzu individuelle Äußerungen: er
geht auf das Große, auf das Ganze, auf das Allgemeine; der
Vorwurf, daß der Inhalt seiner Äußerungen noch nicht dagewesen sei, wird ihn kaum treffen. Einen leisen, wohltuenden Humor verleiht es ihm, daß er dennoch seine Äußerungen mit einem gewissen Brustton sagt; mit einer
freundlichen Unentwegtheit, wie sie den Verkündern
neuer Wahrheiten eigen ist. Herr Kammergerichtsrat Wichert ist durch seinen Titel eine nie versagende Kraft für
journalistische Repräsentation: auf Schriftstellerkongres-
sen, im Verein Berliner Presse, bei Deputationen und so
weiter. In zweiter Reihe kommt seine andere Eigentümlichkeit: er ist ein deutscher Dichter. Er schreibt Romane,
er schreibt Stücke; er schreibt lustige Stücke, er schreibt
traurige Stücke, er schreibt lange und kurze Stücke, er
schreibt historische und bürgerliche Stücke, er schreibt
gute und schlechte Stücke. An die letzte Art hat er sich am
konsequentesten gehalten.

»Marienburg« ist sein neuestes, und es gehört wieder zu

der letzten Art. Die Gattin eines Thorner Ratsherrn namens Tilemann vom Wege lernte einst den Hochmeister
des Deutschen Ordens kennen; so gut, daß sie einige Zeit
darauf einem Mägdlein das Leben schenkte. Der Gatte war
von diesem Vorfall unangenehm berührt und setzte sie in
der Wildnis aus. Aber Frau Tilemann wurde gerettet und
lebte fürder als einfache Waldfrau in einem dichten Forst
mit ebendieser Tochter Ursula, die bald zu einer blühenden Jungfrau heranreifte. Herr Tilemann besaß einen
Sohn, Jost, der zu einem nicht minder blühenden Jüngling
heranreifte. Wie das der Zufall nun so fügt, verliebte sich
Jost unter den mehreren Millionen Mädchen, in die er sich
hätte verlieben können, in keine andere als gerade in jenes
Mädchen, das in einem dichten Forst lebte und in das er
sich am wenigsten von allen hätte verlieben dürfen. Er
liebte sie mit namenloser Leidenschaft, und als er erfuhr,
daß sie seine Schwester sei, besann er sich daher rasch auf
eine gewisse Magdalena, die im Bürgermeisterhause zu
Marienburg in Züchten vegetierte, und näherte sich jetzt
dieser mit inniger Aufrichtigkeit. Zugleich liebte glücklicherweise der Bruder dieses Marienburger Mädchens – die
Sache ist etwas verzwickt – die Schwester dessen, der nun
seine Schwester liebte. Zugleich beging der Bürgermeister
einen Meineid. Zugleich feierte die verstoßene Waldfrau
ein Wiedersehen mit ihrem alten Tilemann. Zugleich feierte ebendieselbe ein Wiedersehen mit ihrem alten Ver-
führer. Zugleich wurde der Hochmeister von der Marienburg verjagt. Zugleich lernte ebenderselbe seine uneheliche Tochter kennen. Zugleich wurde eine Verschwörung
zur Wiedereroberung der Marienburg ins Werk gesetzt.
Zugleich wurde ein Toast auf die Hohenzollern aus-
gebracht, welche dereinst – u. s. w. Kurz: es ist ein sinniges
Stück.

Als dieses Drama – halb dramatisierter Nieritz, halb dramatisierter Julius Wolff, ein bißchen Kolportage, ein bißchen Wildenbruch, und alles umwittert vom poesieverlas-
sensten Philistertum –, als das im Berliner Theater gespielt
wurde, sah alles nach der linken Proszeniumsloge, ob der

Kaiser anwesend sei. Denn der Kaiser hat den Verfasser einmal ausgezeichnet: wegen des Schauspiels »Aus eignem Recht«; das ist also gewiß ein gutes Stück, ich kenne es nicht. Und dem ganzen Abend gab dies die Signatur: das einzige Interesse, ob der Kaiser da sei, ob nicht, ob er kommen würde, ob nicht. Das scheint merkwürdig. Aber in Wirklichkeit liegen die Dinge in Deutschland jetzt so, daß das ganze Schicksal eines Kunstwerks und eines Künstlers wesentlich beeinflußt werden kann von dem Maß der Teilnahme, das ihm der Kaiser bekundet. Deshalb wohl die Neugierde.

Das haben verschiedene Dramatiker erfahren, und in dieser Saison bekanntlich zwei: Herr Niemann und Herr Skowronnek. Herr Niemann schrieb sein Dessauer Stück, das recht nett und kurzweilig ist; Herr Skowronnek schrieb das Lustspiel »Halali«, über das ich mich des Urteils enthalten will. Beide hätten nicht so glatte Triumphzüge über die deutschen Bühnen erlebt, wenn nicht die kaiserliche Empfehlung ihnen den Weg gebahnt hätte. »Es ist ein Stück, das man durch drei Bohlen hindurch loben muß«, sagte ja der Monarch zu Herrn Niemann; und auch Herr Skowronnek hörte recht freundliche Worte. Seitdem sind die beiden plötzlich obenauf. Die Berliner Direktoren und die Theateragenten – die leidigen Organisatoren des Erfolges, reißen sich um sie. Vorher konnten beide mit ihren Musenkindern hausieren gehn. Da diese zwei Herren, die Genossen des Dichters Wichert, wahrscheinlich auf dem literarischen Markt noch eine Zeitlang eine Rolle spielen werden, zeichne ich sie gleichfalls rasch. Persönlich sind beide sehr nett. Skowronnek ist ein alter Corpsstudent mit zerhaunem Gesicht, und durch sein ganzes, offenes Wesen leuchtet ein gemütlicher Bierhumor, halb ein Rest studentischer Tage, halb ein Ergebnis seiner ostpreußischen Abstammung. Der großgewachsene Mann, der nicht viel über dreißig zählt, ist der beste und renommierteste Witzerzähler der Berliner Schriftstellerwelt, und wenn er nach einem Souper der vornehmen »literarischen Gesellschaft« im Palasthotel loslegt, hocken alle um ihn herum – auch Spielhagen und Franzos, Sudermann und Max Halbe, der Kammergerichtsrat Wichert und der General von Dincklage –, und sie horchen und schreien vor Lachen. Niemann ist stiller. Er ist kein Witzerzähler, er ist ein Humorist. Ein schmächtiger, blasser, recht lebendiger Herr, dem man seine vierzig Jahre nicht ansieht. Er ist in seiner leise-humoristischen, herzlichen Art ein unendlich fesselnder Mensch; und wenn er mit seinem dessauischen Accent gewisse Bemerkungen macht, halb gutmütig, halb karikierend, spürt man einen Humor von dieser Persönlichkeit ausgehen, der viel hinreißender und überwältigender ist als das bißchen, das er in seinem Stück zum besten gab. Skowronnek hat ein hübsches, frisches, knochiges Gesicht, das er zeitweise durch ein Monocle verschönt; Niemanns geistvolles Antlitz ist ein klein wenig abgelebt. So sehen zwei künftige deutsche Dioskuren aus.

Wenn Herr Wichert der Dritte im Bunde ist, ist Frau Vilma Parlaghi die Vierte. Wie der poetische Kammergerichtsrat ist auch sie jetzt wieder – das wievielte Mal? – in aller Munde. Natürlich wegen der ausgestellten hundertundvier Bilder, welche der Kaiser besichtigt hat. Ich habe die Bilder nicht gesehen und könnte sie daher rezensieren; aber mich interessiert wieder vorwiegend die Persönlichkeit. Man trifft sie oft genug da, wo die westliche Gesellschaft verkehrt. Eine gut gebaute, ziemlich auffallende Erscheinung, mit einem Stich ins Hoheitsvolle in der Haltung, mit regelmäßigen, etwas kalten Zügen; die ganze Person etwas angedunkelt. Mit unleugbar fürstlichem Anstrich rauscht sie durch Theaterfoyers und Gesellschaftsräume, und ihre Toiletten zeigen jenen spezifischen Geschmack, den man im westlichen Berlin an Künstlerfrauen oft trifft: ein Gemisch von raffinierter Einfachheit und dreister Originalität. Im ganzen, das muß ihr der Neid lassen, ist sie eine ungewöhnlich gewandte Frau, ein entwicklungsfähiges Geschöpf, das wahrhaftig mehr Künste versteht als bloß malen. Sie hat es ja gezeigt! Sie ist in Mußestunden eine tüchtige Privatschauspielerin, die auf einer kleinen Hausbühne gelegentlich ihre Freunde entzückt. Und von

der Diplomatie hat sie offenbar nicht nur die Anfangs-
gründe weg. Daß sie ihre Bilder zum Besten der protestantischen Kaiser-Wilhelm-Gedächtniskirche ausstellt, ist
wieder ein interessanter Zug, und es ist anzunehmen, daß
er nicht unbelohnt bleiben wird. Sie selbst ist freilich Ka-
tholikin. Vor einiger Zeit gab sie den israelitischen Glauben
ihrer Väter, in dem sie großgezogen wurde, auf und ver-
leibte sich der römischen Kirche ein. Die Eltern waren einfache, wackere Leute aus Ungarn. Auch den Namen Parlaghi führt sie, wie der Kammergerichtsrat Wichert sagen
würde, aus eigenem Recht, aus euphonischen Rücksichten.
Der Energie und der taktischen Klugheit der Frau wird
man jedenfalls eine gewisse Bewunderung nicht versagen
können.

Da das kaiserliche Kunstinteresse über die Parlaghi und
Skowronnek hinausgeht und ziemlich umfassend ist – in
der Musik beispielsweise umfaßt es zugleich Richard Wagner und Viktor Neßler –, so wäre es interessant zu sehen,
welchen Eindruck eine Aufführung der »Weber« etwa auf
den Kaiser machte. Leider ist daran gegenwärtig nicht zu
denken, weil das Deutsche Theater gerade um dieses
Stücks willen von Hofkreisen boykottiert wird. Das wurde
bisher immer abgeleugnet, doch in diesen Tagen hat mir
ein befreundeter Professor, der mit dem Kultusminister zu-
sammenkommt, von der wachsenden Entrüstung erzählt,
die in den leitenden Kreisen diesem Theater um so stärker
entgegengebracht wird, je öfter Hauptmanns Drama vor
vollen Häusern gespielt wird. Die Fünfzig hat es nun schon
längst hinter sich, und noch sind die Ränge schon drei Tage
vor jeder Nachmittagsvorstellung ausverkauft. Es muß doch
also wohl eine Art Nachfrage nach solchem sozialen Kunstgenuß bestehen. Es muß Leute geben, die ein sogar noch
stärkeres Interesse als für marienburgische Hochmeister
und prophetisch-dynastische Toaste für einige bewegende
Probleme ihrer Zeit haben. Seltsam!

Aber ich, der ich mir die »Weber« jetzt wieder angesehn
und wieder einen beklemmend tiefen Eindruck empfangen habe, ich mache mir fast Vorwürfe. Ich habe mich er-

schüttern lassen, das tun wir alle – und was nachher? Wir
essen Schweinernes oder auch »a Hiehndel«. Ich wenigstens. Ich persönlich bin noch ein besonderer Sünder. Ach
Gott, ich empfange Briefe mit dem Poststempel Berlin W.
auf kaffeebraunem Papier mit weißer Tinte geschrieben.
Ich kann nichts dafür, aber es ist die Mode dieses Winters:
kaffeebraunes Papier und weiße Tinte! Es war ja längst ein
schreiendes Bedürfnis. Des ferneren: ich gehe in Gesellschaften, und das sind ja die Börsen, wo sich die jungen
Mädchen verheiraten. Ich gehe sogar mittags um halb drei
an die Rousseau-Insel aufs Eis und treibe den Flirt in der
Art, wie ihn Herr Marcel Prévost schildert. Herr, wir sind
Sünder allzumal. Der innere Konflikt eines Menschen, der
halb sozial ist und halb lebenslustig, ist ein Vorwurf für eine
Tragödie. Vielleicht schreibt die Herr Kammergerichtsrat
Wichert.

10. Februar 1895

In dieser Woche begab ich mich, zitiert durch eins der bekannten Formulare auf Kartonpapier, abends um die zehnte
Stunde in ein befreundetes Haus; eins von denen, die hinter
dem kunstvollen Gitter eines Vorgartens, den beschneiten
Wipfeln der Tiergartenbäume gegenüber, in stummer, ein-
stöckiger Vornehmheit träumen. Im leuchtenden Glanz der
elektrischen Birnen bewegten sich die wohlbekannten Figuren im Gesellschaftskostüm, die man, weil ja Berlin W. eine
Kleinstadt ist, überall wiederfindet und unter denen hie
und da doch eine seltenere Erscheinung auftaucht. Als man
sich um zwölf Uhr »Mahlzeit« sagte, indem man die Reihe
der Damen abschritt, sich vor den deutschen Jungfrauen
mit den obenherum so liebenswürdig verkürzten Gewändern verneigte und den jüngeren Frauen die Hand küßte
(die innere Handfläche, in die kreisrunde Öffnung des
Handschuhes) – da fühlte man, weil ja auch der Château
d'Yquem und namentlich der Extra dry seine Wirkung tat
und das genossene Gemüse, Spargelspitzen mit warmen
Trüffelscheibchen, sich mit all dem anderen zu einem seli-

gen chemischen Prozeß vereinigte – da fühlte man, daß man Mensch war, daß man's sein konnte; himmlische Herzensfreundlichkeit, Milde und Wonne bewegte die edlen Seelen der Verdauenden, und eine Stimmung wie »Freude, schöner Götterfunken« und natürlich auch »Alle Menschen werden Brüder!« zog durch die Gemüter, die keinen Wunsch mehr hatten, höchstens den nach Kaffee.

Und dann – das ist mir am meisten eingedenk geblieben – öffnete sich eine Portière, und fünf Damen schritten heraus. Der Pianist Sally Stiefling saß bereits am Klavier und schlug begleitende Akkorde; die fünf Damen, es war die Hausfrau und vier Freundinnen, sangen einen englischen Text und schoben sich dazu in eigentümlicher Bewegung vorwärts, kauerten sich bald nieder, liefen bald hin und her, standen bald tänzelnd auf einem Fleck. Sie hatten rosa Kleider an, blonde Perücken auf, in der Hand eine Puppe, die Hausfrau jedoch ein lebendiges Kätzchen. Sally Stiefling machte von Zeit zu Zeit ein paar Witze auf dem Klavier. Die Hörer rasten vor Wonne, denn jeder einzelne wußte genau, worum es sich handelte: die Damen kopierten die fünf Schwestern Barrison.

Die Barrisons treten bekanntlich seit mehreren Monaten im Wintergarten auf. Jetzt sind diese holden Blüten internationaler Tingeltangelei für den Westen gesellschaftsreif geworden: seit sich die eine, Fifi, beinahe mit dem Grafen Bernstorff verheiratet hätte. Es hat nicht sollen sein, daß sie ihm die züchtige Hausfrau, die Mutter der Kinder wurde; aber eine neue Ära ist seitdem für die fünf Schwestern angebrochen: das schon erlahmende Interesse der Leute ist zu einer Art Fieber geworden. Man gesteht es nicht ein, sie nicht gesehen zu haben; denn es gilt fast für ungebildet. Man summt geflissentlich, um gesellschaftlich zu renommieren, eine ihrer drei oder vier Melodien vor sich hin. Die Menschheit strömt in den Wintergarten; die Fünfmarkplätze auf der Estrade sind von westlichen Damen begehrt, die genauso sorgfältig erzogen und so begütert sind, als es die armen geschminkten Fräuleins auf den Plätzen tiefer unten nicht sind. Man spendet den Barrisons begeisterten

Beifall, wie ihn die Sorma und die Sucher nicht stürmischer
haben. Und die Riesenplakate mit der Inschrift »Man muß
die Barrisons gesehen haben!« scheinen aus dem Herzen
der Hörer zu sprechen. Des Pudels Kern bei all dem Lär-
men sind fünf junge Damen von mäßig angenehmem
Äußeren. Alle gleichmäßig blond vermöge aufgestülpter
Perücken; darüber kokette Kapotten. In rosafarbenen Kleidern, die sie wie Schulmädchen mittelkurz tragen, kommen sie angehüpft, jede bald eine Puppe im Arm, bald ein
Kätzchen in der Schürze. Sie lassen sich u. a. mit übergeschlagenen Beinen nieder und machen, immer singend,
Scherze mit dem Kätzchen, das sie schalkhaft mit dem
Kopf aus der Schürze herausgucken lassen. Sie benehmen
sich absichtlich wie Kinder und haben nicht das Bestreben,
dem Publikum die zierliche Beschaffenheit ihrer Unter-
kleider zu verbergen. Hierauf beruht sicherlich ein Teil
ihrer Wirkung. In diesem raffinierten, halb kindlichen Verfahren steckt für blasierte Gemüter ein prickelnderer Reiz
als ihn die einfachen, groben Nuditäten, so an dieser Kunststätte üblich, bieten könnten. Ich bin kein Moralist und
habe nicht das Talent, einer zu werden; daß aber dieser
ganze Barrisonschwindel etwas unsäglich Abstoßendes hat,
viel weniger in der Erscheinung der bedeutungslosen Tin-
geltangelmädchen selbst als in ihrer Wirkung auf gewisse
Kreise, die sie, wenn auch in dezenter Form, nachahmen,
das wird zu sagen erlaubt sein. Und deshalb war ich in der
Gesellschaft meiner »Freunde« schließlich verstimmt und
tanzte melancholisch, mit gesenktem Haupt.

Es war mein Schicksal in dieser Woche, verstimmt zu
sein. Das drohende Umsturzgesetz lastet ohnehin schwer
auf der Seele eines kultivierten Menschen, und als ich in
den Reichstag ging, machte ich die betrübende Wahrnehmung, daß der Zutritt zu diesem populären Institut unter
Umständen erschwert werden kann. Ein Diener handelte
mit Eintrittskarten. Ich gab ihm meine fünfzig Pfennige
und war wieder verstimmt. Der Reichstag ist, ohne Blas-
phemie zu reden, neben den Barrisons die größte Sensation
dieser Wochen. Jeder Fremde, der nach Berlin kommt, sieht

sich diese beiden Dinge jetzt an. Sie sind beide so aktuell. Auf den Tribünen wimmelt es von Herrschaften mit umgehängten Reisetäschchen, ganz wie sich im Wintergarten die Kleidung mit dem bekannten Provinzschnitt bemerkbar macht. Ich selbst hatte für einen Freund aus dem lieben Breslau den Bärenführer zu machen. Als wir in den Reichstag kamen, war er mit mir einig, daß diese herrlichen Wandelgänge, dieser stattliche Sitzungssaal, dieser ganze Bau, wenngleich in seinen Emblemen über Gebühr dynastisch, doch der Gipfel des Geschmackvollen sei. Als wir die Tribüne betraten, sprach gerade der Abg. Marquardsen, und nachdem der ältliche, professoral-ungeschickte und monotone Herr zwei Minuten geredet hatte, merkte ich, daß mit meinem Freunde etwas vorgegangen war. »Sein Aug' ist zugefallen, er sank in tiefen Schlaf«, zitierte ich aus dem Lohengrin. Er wurde bald durch das fröhliche Geplauder der Abgeordneten geweckt, die Herrn Marquardsen grausam einen stumm verhallenden Monolog aufsagen ließen, ohne sich in ihren Privatscherzen stören zu lassen. Eugen Richter, dessen merkwürdig großer Kopf mit dem seltsamen Scheitel über der rechten Schläfe vor guter Laune leuchtete, stand mit Herrn von Kardorff im fidelsten Plaudern vor den Bänken der Rechten. Kardorff selbst zeigte sich bald als ein gewandter und energischer Redner. Der ganze Mann, dessen weißes Haar und weißer Kinnbart in einem gewissen Gegensatz zu seinem lebendig-energischen, jugendfrischen Auftreten stehen, sprach mit einem ausgeprägt norddeutschen Accent, kurz, deutlich, laut. Außer der noblen roten Krawatte würde bei ihm nichts auf den Aristokraten schließen lassen, denn er hat in seiner Gesamterscheinung etwas von einem Schneider, wie ihn die volksmäßige Karikatur, mager und mit einem Ziegenbart, gern darstellt. Dagegen erschien meinem Freunde der Herr Graf Mirbach außerordentlich nobel. Er hat die treue braune Landwirtphysiognomie, die man in Berlin häufig in Vergnügungs-Etablissements für Provinzonkels trifft, wie in den »Blumensälen« und ähnlichen Orten, an denen ältere Herren ihre verblaßten Tanzstunden-Erinnerungen in

weniger harmloser Umgebung bequem aufffrischen können. Braun und treu sieht Herr von Mirbach aus und etwas
hochfahrend außerdem. Ruhig und mit einer sozusagen
provokatorischen Vornehmheit spricht er mit tiefer Stimme,
der gescheitelte Herr mit dem blondbraunen Vollbart. Über
sein ganzes Wesen ist jene Wohlbehaglichkeit und frohe
Selbstzufriedenheit ausgegossen, die eine gewisse Begrenzt-
heit oft erkennen läßt. Mein Freund, der ein scharfer Frei-
sinniger vor dem Herrn ist, wollte schon ungehalten werden über die wegwerfenden Allüren des Mannes, als der
Sozialist Auer von der Mitte der Treppe, ans Geländer gelehnt und mit dem rechten Arm in der Luft schlagend, zu
reden begann. Dieser wilde Mensch, in dem die Wildheit
durch eine plumpe Schwere und die Schwere wieder durch
Wildheit temperiert wird, schaffte sich mit einem Schlage
Ruhe. Ernst, nachdrucksvoll, fast überlaut und deutlich redete er, daß es grollend klang, jeden kleinen Satz schmetterte er nieder wie ein Schmied seinen Hammer, und wie
ein schwer und langsam gehendes Räderwerk arbeitete sein
Gehirn; man merkte es diesem wuchtig-bajuwarischen Au-
todidakten an, wie zäh und grimmig er nach Logik rang.
Zuletzt übermannte ihn das Temperament, und als er dem
wohlgepflegten Herrn von Mirbach ein unparlamentari-
sches Wort ins Gesicht schleuderte, trat der ganze Haß, die
fast rassenhafte Abneigung dieses Arbeiters gegen den Aristokraten für einen Augenblick beklemmend in die Erscheinung. Friedvoll wirkte, wie zur Erholung, Alexander
Meyer, der nicht ganz magere Herr, der bald dahin, bald
dorthin behäbig promenierte und schließlich von seinem
Sitze aus knapp, schlagend und dabei mit einer gewissen
Verbindlichkeit sprach; an der wohlwollenden Art, wie man
seine Worte aufnahm, konnte man sofort die Beliebtheit
des Mannes ermessen. Auch Munckel war da, auch Albert
Träger, der Weißbärtige, den ich in jeder Première treffe,
weil er in seinen Mußestunden noch Theaterkritiker ist;
Herr von Bötticher lief von einem zum anderen, gewandt
und diplomatisch vom Scheitel bis zur Sohle; der forsche
Herr von Köller saß mehr phlegmatisch am Tisch, lachte

aber ununterbrochen in die Welt hinein, im ganzen Wesen ein Gemisch von Gewalttätigkeit und Gemütlichkeit; Bebel, zusammengeduckt und gespannt wie ein geistig stark angestrengter Mensch, hockte fast in seinem Stuhl und sprach kaum ein Wort mit seinen Nachbarn; Rickert mit der großen Glatze, der Brille und dem respektablen grauen Vollbart erweckte, sobald er den Mund auftat, den überzeugenden Eindruck eines ungewöhnlich gütigen Mannes. Oben auf den Tribünen scharten sich die Gestalten mit umgehängten Reisetaschen immer dichter, sie lauschten gespannt auf die Vorgänge im Saal, doch als ein süddeutscher Freiherr eine ellenlange, peinvolle Rede hielt, wurden sie verstimmt wie ich und verließen das Lokal. Ich folgte ihnen. Mein Breslauer Freund aber sagte mir, er verzichte heute abend darauf, ins Theater zu gehen. Zweimal am Tage könne er das nicht. Im Reichstage sei es auch viel amüsanter, und dabei koste es nichts, wenn man Glück habe. Ich stimmte ihm gerührt bei. [...]

10. März 1895

Der deutsche Dichter Eberhard Treubier hat in diesen Tagen seinen siebzigsten Geburtstag gefeiert. Es wurde ihm bei Huster in der Mohrenstraße ein Bankett gegeben. »Welche Verdienste hat sich der jugendlich-greise Dichter um die Literatur und um die Gesittung unseres Volkes *nicht* erworben?« hieß es in der Einladung. »Wen in Palast oder Hütte hätte der Fittich des Treubierschen Genius *nicht* gestreift und *nicht* emporgehoben aus dumpfiger Alltagsatmosphäre in die lichten Höhen reiner Poesie?« Die Einladungen waren erlassen worden von Max Halbe, von Otto Erich Hartleben, von dem Maler Hermann Hendrich, welcher in märchenhaften Farbenphantasien schwelgt, wenn er subjektiv ist, und Wagner-Illustrationen liefert, wenn er objektiv wird, von dem Theaterdirektor Lautenburg, von Paul Schlenther und von einigen anderen. Als erste Nummer des Programms war festgesetzt: feierliche Begrüßung des Jubilars und allgemeine Bewunderung seiner Rüstig-

keit. Zum Dessert war angeordnet: der Jubilar ergreift trotz
seiner Rührung das Wort. Ein Römerdrama Eberhard
Treubiers sollte darauf gespielt werden, betitelt »Der Tu-
gend-Gracche«, an dessen Schluß die Krönung des Dichters mit natürlichem Lorbeer beabsichtigt war. Schließlich
sollte die Eröffnung des Festballs durch den greisen Sänger
erfolgen.

Stärker als der Reichtum dieses Programms hatte die
Idee, welche hier ausnahmsweise einem Festessen zugrunde lag, auf die Teilnahme gewirkt; die Idee, einen
nicht existierenden Dichter sein Jubiläum feiern zu lassen,
die eine Parodie auf die Jubiläumsmanie in sich schloß und
eine gewisse Komik verbürgte. Ein paar hundert Personen
aus der westlichen Gesellschaft waren gekommen, Schriftsteller, Juristen, Maler, Kapitalisten, Zeitgenossen, Offiziere in homöopathischen Dosen, hervorragende Ärzte,
davon einige mit hypnotischen Separatneigungen, nochmals Zeitgenossen, Bildhauer, Verleger, Theaterleiter, Professoren, nochmals Kapitalisten – und die dazu gehörigen
Damen im schönen Kranz: die Schultern so nackt, wie es
die Mode dieses Winters verlangt, nur seitwärts am Ober-
arm ein Stückchen Ärmel. Der alte L'Arronge war mit seiner Familie erschienen und mußte sich verschiedene öffentliche Apostrophierungen gefallen lassen, als die Frage
der Errichtung eines Eberhard-Treubier-Theaters erörtert
wurde. Jenny Groß, deren Schönheit seit den Befreiungs-
kriegen unumstritten bewundert wird, sah neunzehnjähri-
ger denn je aus; sie hatte vorher im Lessing-Theater, wo
man das »Examen« des deutschen Dichters Heinrich Lee
tragierte, drei Stunden lang sächseln müssen, was für sie
mit körperlichen Anstrengungen verknüpft war und für
die Hörer mit seelischen. Der General von Dincklage, welcher ein leidenschaftlicher Literat ist, fühlte sich bei diesem
Souper natürlich in seinem Element. Vincenz Chiavacci
fand das Fest beinahe so lustig, als ob es in Wien stattfinden
würde, und seine schöne, junge und strahlende Frau tanzte
wie eine Sylphe und fand alles reizend. Über diese österreichischen Frauen geht doch nichts.

Es lag viel Witziges in der Art, wie der Jubilar gefeiert
wurde. Unter all den Damen und Herren saß er in der Mitte
der Ehrentafel, ein glattrasierter Greis mit etwas gerötetem
Gesicht; das weiße Haar fiel ihm lang auf die Schultern
herab, so daß er halb wie Chamisso, halb wie Franz Liszt
aussah; der greise Sänger aß und trank zur Genüge und
umarmte von Zeit zu Zeit gewaltsam die Nächstsitzenden.
Hartleben als erster Redner feierte seine Verdienste und
wies auf die Bedeutung hin, die das heutige warme Abendbrot im Leben des Jubilars habe. Er erörterte das Verhältnis
des Dichters zum Umsturzgesetz und zeigte, daß Eberhard
Treubier nichts zu fürchten habe, da er aus dumpfer Alltagsatmosphäre in die lichten Höhen reiner Poesie emporhebe.
Auch dem deutschen Publikum dankte der Redner, daß es,
einen heimischen Poeten zu ehren, den Entschluß gefaßt,
ein Souper einzunehmen. Als dann die Gedichte des Jubilars verlesen werden sollten, konnte man Eberhard Treubier, der schon die Rede mehrfach zu unterbrechen versucht hatte, nur unter Anwendung von Zwang auf seinem
Stuhle festhalten. Schließlich gestattete man ihm, eine seiner Dichtungen, die »Rache des Zeitgeistes«, selbst vorzu-
tragen, was er mit etwas krähender Stimme tat. Dann las der
Regierungsbaumeister Schliepmann die übrigen. Die Gedichte waren an sich nicht von hervorragender Komik, aber
in dieser Stimmung, in der ein allgemeiner Lachkrampf die
Speisenden befallen hatte, die noch vor wenigen Wochen
das Jubiläum Ludwig Pietschs begangen hatten, in dieser
Stimmung und durch die Art des Vorlesens wirkten sie erschütternd. Der Dichter beschrieb die Art seines Schaffens:

> Die Muse mich zur Tinte lenkt,
> Sie führt den Griffel, den ich schreibe,
> Nicht ich bin's, der beim Dichten denkt,
> (Stürmische Unterbrechung)
> Die Muse herrscht in Seel' und Leibe.

Auch allgemeine Weltanschauungs-Lichtstrahlen fanden
sich in Treubiers Gedichten ein:

Wärst du auch der Allerreinste:
Mal naht der Versuchung Frist!
Das am Laster ist's gemeinste,
Daß es gar nicht häßlich ist! – – –

In den verschiedenen Reden, die während der Tafel gehalten wurden, spielten die Worte »Tugend« und »Dachkammer« im Hinblick auf den Festpreis eine gewisse Rolle.
Das Ergebnis der Sammlungen im deutschen Volke für den
lange verkannten Dichter wurde mitgeteilt. Auch die
Deutschen in New York hatten durch Sammlung eine
Gabe von 2,85 M. aufgebracht; da sie leider unterlassen hatten, den Betrag zu frankieren, mußten 3 M. Strafporto gezahlt werden, doch hatte ein hochherziger Mäzen die Differenz von 15 Pf. zur Verfügung gestellt. Man sieht: Gutes
mischte sich hier mit Schlechtem, Satire mit faulem Witz.
Das aufgeführte Römer- und Tugenddrama war matt.
Aber seinem ganzen Charakter nach war dieses Fest, dem
unleugbar eine tiefere Humor-Idee zugrunde lag, das geistreichste von allen Veranstaltungen ähnlicher Art, die seit
langer Zeit in Berlin stattgefunden. Es war mehr als eine
Parodierung der üblichen Jubiläen – Ludwig Pietsch hätte
sich nicht so sehr zu ärgern brauchen, wie er es getan hat –:
es war zugleich eine Satire gegen die Art, wie das deutsche
Volk seine Dichter behandelt. Und nicht nur das deutsche.
Mitten im dröhnendsten Lachen mußte ich leise an das
Bankett denken, das man jetzt in Paris dem alten, unglückseligen, längst freudlosen Edmond de Goncourt gegeben
hat. […]

7. April 1895

Schon der vortreffliche Börne ärgerte sich, daß die Deutschen kein politisches Volk seien. Er hatte recht. Man kann
sich darüber aufregen, daß sie sich gar nicht aufregen. Jean
Paul hat es auch getan, der edle Kuhschnappel-Poet. Und
der spätere Verzweiflungsschrei eines großen Humoristen
»O Schilda, mein Vaterland!« spricht vom gleichen Kum

mer. Berlin ist noch die politischste Stadt Deutschlands.
Aber selbst die Berliner zeigen bei öffentlichen Anlässen
mit politischem Hintergrund immer jene Eigenschaft, welche Fürst Bismarck einst Wurschtigkeit genannt hat. Als
man jetzt seinen Jubeltag beging, war die Stadt beflaggt
und illuminiert. Doch die Leute, die im Scheine der Lichter wandelten, waren keine Politiker, keine Enthusiasten
und keine Widersacher. Es waren – Berliner. Sie kritisierten mehr die Beleuchtung als den Anlaß der Beleuchtung.
Sie hielten es mit Schopenhauer und zogen sich auf das Gebiet des Scherzes zurück, welchem »eine Stelle zu gönnen
in diesem durchweg zweideutigen Leben kaum irgendein
Blatt zu ernsthaft sein kann«. Sie ließen ihre parodistischen
Witze los über Statuen, über Namen von Geschäftsinha-
bern, über einsam wandelnde Fräuleins mit gefärbten Augenbrauen, über Schutzleute, über Gäule, über Ehepaare,
über Zylinderhüte. Aber sie schwiegen von der Politik. Die
Schaufenster, da sie reich, aber geistlos geschmückt waren,
gaben ihnen freilich keinen Anlaß, politisch zu werden.
Nirgends in diesen Fenstern eine selbständigere Geistes-
regung, nirgends eine Besonderheit, nirgends eine feinere
politische Anspielung: überall banale Pracht mit Glühlam-
pen, Büsten, Bändern, Blumen und dem weiteren Brimborium. In romanischen Ländern zeigen sich individuellere
politische Regungen. Dort haben die Leute einen demon-
strativen Charakter; wir haben ihn nicht. Es ist ganz vereinzelt, wenn in der Friedrichstraße in gewissen Industrie-
zweigen Politik zum Durchbruch kommt. Vor einigen
Jahren wurden dort »Altersversorgungsmäuse« auf dem
Trottoir verkauft; es waren kleine imitierte Grautierchen,
die an einer Schnur liefen, und die Verkäufer riefen dazu:
»Nehmen Sie eine Altersversorgungsmaus, mein Herr,
dann haben Sie mit siebzig Jahren was zu knabbern, denn
von fünfunddreißig Pfennigen können Sie nicht leben.« Als
dann Caprivi Reichskanzler war, bot man in der Friedrichstraße die bekannten Bilderbogen aus »Caprivis Heldentaten«, mit dem konstanten dreisten Zuruf: »Was er getan
hat, steht hier alles drauf; was er *nicht* getan hat, geht auf

keine Kuhhaut zu schreiben.« Damit und mit einigen antisemitischen Zeitungsverkäufern sowie dem bekannten
Dienstmann an der Ecke der Behrenstraße, welcher
schwungreiche Ansprachen hält, sind die gesprochenen
politischen Demonstrationen erschöpft; nur die »Goldene
Hundertzehn«, das poesievolle Kleidergeschäft der Leipziger Straße, verfolgt noch politische Ereignisse öffentlich
mit ihren Versen. Diese Verse sind zuweilen frech, aber
selten ohne Witz. »Der neue Präsident« sind die letzten
überschrieben, die an den Litfaßsäulen immer wieder auftauchen und die Leute stehenbleiben lassen.

> Jüngst legte im Verein der noblen Brüder
> Der Präsident sein Amt urplötzlich nieder.
> Er sagte: Macht mir keinen Vorwurf draus –
> Ihr seht mir alle viel zu ruppig aus ...

In diesem Ton geht es weiter und endet mit einer Klei-
deranpreisung. Schon der kommerzielle Charakter hindert
hier eine bestimmte Parteinahme. So aber ist es überall bei
öffentlichen Anlässen: politische Allüren ohne stärkeres
politisches Interesse. Im Grunde herrscht Wurschtigkeit.
Und weil es so ist, hat man auch keinen tieferen Anteil für
oder gegen die Bismarckfeier wahrnehmen können.

Dafür hat ein politisches Schauspiel einiges Aufsehen
erregt, der »Pastor Brose« von L'Arronge. Freilich ist die
Politik nur draufgekleckst. Es hätte sich alles ziemlich so
abspielen können, wie es sich abspielt, auch wenn die politischen Bestandteile weggeblieben wären. Die Politik hat
jedenfalls den Erfolg dieses von namenloser Biederkeit
triefenden Vierakters machen helfen. Denn das Publikum
des Deutschen Theaters, besonders das der Premièren, ist
eher liberal als konservativ, und das Stück treibt liberale
Politik. Nur ein Parteifanatiker könnte dadurch sein Urteil
über den Kunstwert der Arbeit beeinflussen lassen. Ich
selbst will dem Breslauer kritischen Kollegen im einzelnen
nicht vorgreifen: das biedere Stück wird nach Breslau kommen. Es wird über alle großen deutschen Bühnen gehen
und rühren vieler Menschen Ohr; denn wie es auch sein

mag: es stammt von einem durchtriebenen Theatermann,
der die unmittelbaren Wirkungen am Schnürchen hat. Das
wußten wahrscheinlich die zahlreichen Theaterdirektoren
und fremden Gäste, die an diesem Premièren-Abend ins
Deutsche Theater gekommen waren. Es war mehr los als
sonst bei Premièren, und auch Breslauer »Kömmlinge« –
faustisch zu reden – sah ich. Für mich war das Wesentliche
an diesem Abend die hinreißende Darstellung. *So* wird
man das Stück nicht wieder gespielt sehn. Kainz gab einen
fromm-fröhlichen Einjährigen mit jener leuchtenden Tem-
peramentswärme und dem humorvollen Zauber, der ihm
in seinen guten Stunden eigen ist; Reicher einen hoch-
mütigen Agrarier in diskreter Karikierung, aber in allen
Hauptzügen meisterhaft; die Wilbrandt-Baudius eine be-
schränkt-gutmütige Pastorenfrau; Nissen einen Schmied
vom Lande, mit feinster Beobachtung der charakteristi-
schen Arbeiter-Merkmale; und der vom Burgtheater nach
Berlin gekommene Hermann Müller, ein ganz exquisiter
Charakterkünstler, den Titelhelden, den höchst edlen, hilfreichen und guten Pastor. Wie schade wär' es, wenn in
diese unvergleichliche Künstlerschar ein Riß käme. Man
spricht allerlei.

Berlin ist keine Theaterstadt im Sinne von Wien, wo ein
Schnupfen der Hohenfels eine »Krisis« heißt, eine Laune
der Wolter eine Katastrophe wird und wo ausgeruhte
Feuilletonisten in dem bekannten anmutigen Stil wichtige
Mitteilungen schreiben wie: »Herr Sonnenthal hat, *einem
on dit zufolge*, gestern nachmittag …« oder »*Wie wir hören*,
dürfte Herr Sonnenthal morgen vormittag in seiner Wohnung mit einigen Freunden, unter welchen –« und so weiter. Man ist in Berlin nicht ganz so weit im Personenkult.
Aber man zeigt immerhin ein stärkeres Interesse, sobald es
sich um das Bleiben oder den Abgang eines Mannes wie
Josef Kainz handelt. Er soll nach Wien gehen. Darum
drehn sich jetzt die Gespräche vieler Leute, die nicht nur
Theaterfexe, sondern literarisch ehrlich interessiert sind. In
Wahrheit würde das Verschwinden dieses Mannes aus
dem Berliner Kunstleben eine starke Einbuße bedeuten. Er

spielt eine historische Rolle in der Entwicklung des modernen schauspielerischen Stils. Er war der erste, der sich in diesem Stil in Berlin durchgesetzt hat. Er hat die rasenden Jambenjünglinge, welche ihr Aug' in schönem Wahnsinn rollen ließen, beiseite geschoben und jene diskretere, realistischere, unserem Gefühl ungleich näher stehende Spielart eingeführt, die seitdem so oft an ihm verlacht und so oft bewundert worden ist. Er läßt nicht in ungehemmtem, edel-schönem Pathos stilisierte Gefühle ausströmen, sondern er zeigt ruckweise, mit halb verhaltenen seelischen Gesten, die Empfindungen moderner, nervöser junger Leute.

Aber abgesehen von der Eigenart seines Stils: er ist als Mensch eine Erscheinung von stärkster Anziehungskraft; eine runde Individualität in sich. Dieser magere unscheinbare Mensch, den man in Österreich den »hölzernen Knochenmann« nannte, ist eine vulkanische Natur, die zwischen Leben und Kunst keine Scheidung kennt. Welche ungeheure Leidenschaft in ihm lebt und ihn im Leben zu verzehren scheint, wissen die, welche ihn näher kennen. Es war bei Stettenheims an einem jener gemütlichen Dienstage, an denen sich beim Summen des Teekessels gute Freunde im gastlichen Hause des Humoristen zusammenfinden, als ich seine Bekanntschaft machte. Gleich damals machte er mir, der ich Mimen gegenüber skeptisch zu sein pflege, den Eindruck eines von tiefen, fast dämonischen Empfindungen beseelten Menschen, der von seinen Leidenschaften hin und her geschüttelt wird. Und bei jedem späteren Zusammensein sah ich es mehr, daß an diesem genialen Komödianten eigentlich nichts Komödianterei ist. Es steckt eine echte, grenzenlose Begeisterungsfähigkeit in ihm; für alle Kunst, gleichviel welchem Gebiete sie zugehört, zeigt er leidenschaftliche, fast schmerzliche Neigung. Er vergräbt sich in seine riesige Bibliothek und übersetzt, ohne vor der Öffentlichkeit damit zu renommieren, Byron und seinen geliebten Edgar Poe; und wundervoll ist es, wenn er, vom Taumel fortgerissen, aufspringt und diese Poesien in der Ursprache deklamiert. Eine ganze Nacht lang hörte ich ihn einmal Poe und Byron englisch deklamieren. Und dann zwang er mich ans Klavier, ich fantasierte, und er sprach zu den Tönen, die sich seinem Wort anzupassen suchten, deutsche Balladen. Ich werde es nicht vergessen; es war nach einem Gastmahl; im Nebenzimmer, einem bogenförmig gewölbten, hallenartigen Raum, standen noch auf weißem Tischtuch Kelche und Teller und Silbersachen, die Stühle waren in Unordnung, zerknitterte Servietten durcheinandergeworfen, die Gäste hatten sich längst entfernt, nur ein halbes Dutzend müder Zecher lauschte träumend auf den Fauteuils, Kainz stand neben mir am Flügel, die dunklen Augen von merkwürdigem Feuer erfüllt, draußen brach der Morgen herein, ich spielte erregt, wozu mich die Stimmung fortriß, und Kainz setzte mit düsterer, verschleierter, feierlicher Stimme ein: »Es stand in alten Zeiten ein Schloß so hoch und hehr.« Ein einziges riesiges Crescendo bis zum Fluch, dann ein Decrescendo, Verhallen, tonloses Ausklingen – es war unvergleichlich, im Innersten ergreifend in dieser fast nachtwandlerisch inspirierten Wiedergabe, die den Künstler selbst rätselhaft gefangennahm. Die Träumenden waren aufgefahren und starrten mit geöffneten Augen zu ihm hinüber. Und dann, als durch die Fenster immer heller schon roter Schein drang, sprang er mit einem Riesen-Salto mortale in die entgegengesetzte Stimmung und sagte – für sich, nicht für irgendeinen Hörer – Heines Disputation. Ohne Musik, bitte. Ein Tohuwabohu von mephistophelischen Tönen ... mit nasalem, frommem Gezeter und mauschelndem Meckern, mit brutalem Donnergebrüll und feisten, schmalzigen Gurgellauten, mit Toben und Keifen, erschütternd in maliziöser, parodistischer Komik des Vortrags. Mir ist er, obgleich ich ihn seitdem oft genug spielen sah und auch wieder mit ihm musizierte, nie größer erschienen als in jener Nacht. Er ist ein großer Künstler von tiefer Innerlichkeit. Und deshalb wäre es jammerschade, wenn er Berlin jetzt verließe.

Übrigens habe ich mich in meinem letzten Brief einer schwerwiegenden Unwahrheit schuldig gemacht. Wenn

der April kommt, schrieb ich, ist es mit den Gesellschaften
aus. Für gewöhnlich ist das auch so, aber ein berühmter
parlamentarischer Rechtsanwalt wollte die Sitte beugen
und hat jetzt ein Fest im April gegeben, das allen Glanz des
verflossenen Winters in den Schatten zu stellen berufen
war. Ich würde von dieser Gesellschaft – eine mehr, eine
weniger! – nicht erzählen, wenn sie nicht charakteristisch
wäre für eine neue Art, welche sich seit einiger Zeit in Berlin einzubürgern beginnt. Das sind die Gesellschaften mit
offiziellem Kunstgenuß. Eine ganze Reihe von Künstlern
von der Hofoper und von Privattheatern treten auf. Ob sie
bezahlt sind oder als Gäste fungieren, weiß ich nicht. Bei
der festen Anordnung des Programms ist aber das erstere
anzunehmen. Man wird um acht Uhr eingeladen und geht
wie gewöhnlich um zehn Uhr hin, trinkt bis um halb elf
Champagner oder Tee mit Rum, indem man einsam an
den Wänden des Hauptraums entlangvegetiert oder sich in
ein verschwiegenes Nebenzimmer zur Unterhaltung mit
einem befreundeten Geschöpf zurückzieht. Dann erklingen Akkorde, man muß wieder in den Hauptraum, und die
Vorstellung beginnt. Bei meinem parlamentarischen Rechtsanwalt setzte gleich Fräulein Rothauser vom Opernhaus
mit einer pompösen Arie von französischer Abkunft ein;
Frau Götze, die berühmte Altistin der Oper, folgte ihr
nach, und während wir uns vor Hunger krümmten, begann die geschätzteste aller Berliner Naiven, deren geschätzter Naivität mehrfach freudige Familienereignisse
keinen Abbruch zu tun vermochten, die drei nächsten Pro-
grammnummern abzumachen, bestehend in zwei längeren
Gedichten von Wildenbruch und einem Abschnitt aus einer epischen Dichtung Paul Heyses. Wir haben uns bereits
die Füße in den Leib gestanden und hoffen dringend, uns
jetzt zu Tisch zu setzen, da stimmt das gegenwärtig in Berlin befindliche holländische Damenterzett in grünen Sam-
metkleidern »Hebe deine Augen auf« an, die reichlich
schöne und reichlich bekannte Mendelssohnsche Nummer, und der Beifall ermuntert sie, zwei Sachen von längerer Dauer zuzugeben. Ich flüchte ins Nebenzimmer und

treffe Frau Vilma Parlaghi, die in großer Gemütsruhe ein paar Photographien betrachtet. »Was tun Sie hier, gnädige Frau«, frage ich. »Ich kühle mich noch einen Augenblick ab«, sagt sie, »– *vor dem Weggehn.*« Und mit dem eigentümlichen, halb gutmütigen, halb koketten Lachen, das sie hat, rauscht sie heraus. Es gibt also doch in Deutschland noch Leute, die politisch sind.

23. April 1895

Wenn man jetzt abends um neun Uhr die Potsdamer Straße entlanggeht, wundert man sich über eine gewisse Veränderung. Sonst rennt und huscht hier alles in geschäftsmäßiger Eile aneinander vorüber. Jetzt geht alles langsamer.

Oben die Bäume zeigen nämlich die ersten Knospen. Die Luft ist lind und weich. Trotz des Pferdebahngeklingels und des Wagenrasens liegt ein gewisser Friede über den baumbestandenen Straßen. Die Leute gehen gemächlich, halb matt von der milden Luft, bleiben stehn und sehen hinauf – nach den Knospen. Die kleinen Verkäuferinnen aus den Handschuhgeschäften; die blonden Mädchen, welche bis um neun Hüte garniert haben; die andern, die frische Blumen zu Bouquets und Blutbuchenblätter zu Grabkränzen winden und an denen nur die Hände oft etwas rot sind; die schlanken Geschöpfe, die den Tag über Probiersklavinnen für die Gewänder eleganter Damen sind und die sich dafür abends an eleganten Herren rächen; die kleinen schalkhaften Schneiderinnen mit dunklen Hütchen und einem schwarzen Sammetstreifen unten am Rock; die kleinen Käfer, die bis jetzt in den Komptoirs Adressen geschrieben und Couverts beleckt haben – sie alle wandeln langsam, langsam, zu zweien und dreien, Arm in Arm gefaßt, mit schlenderndem Schritt und wiegenden, schweren Gliedern in seliger Trägheit dahin, sie saugen die weiche Abendluft ein, sehen nach den Knospen empor und nach irgendeinem Schnurrbart rechts oder links; eine oder die andere summt das sentimentale Berliner Lieblingslied

vor sich: »Es war ein Sonntag, hell und klar« ... Das reizt
immer den Gipfel der Gefühle an.

Der Berliner Frühling ist ein Großstadt-Frühling. Er ist
eine seltsame Mischung von Naturelementen und von Zi-
vilisationselementen. Der Himmel, die Luft, die Bäume
und der besondere Geruch des Asphalts, die Toiletten und
die ins Freie gestellten Tische der Restaurants und Cafés
im Potsdamer Viertel machen ihn. Bei Frederich ist die Veranda hergerichtet; die Gäste trinken ihren Rheinwein dort
und nicken gelegentlich einem Passanten der Potsdamer
Straße zu. Bei Josty weiter unten ist zwischen fünf und
sechs kein Stuhl zu haben; dicht gedrängt sitzt alles an den
kleinen Marmortischen im Freien. Vorwiegend die eleganten und zahlungsfähigen Beherrscher des Westens, die
selbst in ihren Zylindern und schwarzen Kammgarnanzü-
gen verblassen vor den leichten, strahlenden Toiletten ihrer
Frauen, die, schwarz oder blond, laut plaudernd oder
phlegmatisch aus einem Strohhalm ihren Eiskaffee saugen.
Es lohnt, sie zu sehen, wie sie da sitzen und reden und lachen und knabbern – oder auch vor sich hin starren und
falsche Gedanken nähren und von Zeit zu Zeit nach dem
Potsdamer Platz schielen, wo elegante Spaziergänger einsam vorbeiflanieren und in die aristokratische, frühlings-
grüne Bellevuestraße einbiegen. Und auch die dunklen
Gänge des Tiergartens sind abends belebter als sonst. Die
kleinen Geschäftsmädchen gehen dort mit liebenswürdigen Jünglingen spazieren. Durch die großen Queralleen
und über die schmäleren Reitwege gehen sie, aber die ganz
schmalen und einsamen Stege am Neuen See und an der
Schleuse werden bevorzugt – da, wo das Wasser melancholisch rauscht und von Zeit zu Zeit ein verlorener Schrei aus
dem Zoologischen Garten herübertönt. Wer um diese Zeit
durch die schweigenden, dunklen Gänge schreitet, sieht
mitten im Wege Menschenpaare stehen, eng umschlungen, die sich küssen, und von den Bänken an der Seite sind
flüsternde Stimmen vernehmbar. Der Frühling, der alles
sprießen läßt, der selbst in der Pankestadt eine Art Vegetation zustande bringt, weckt jene leise erregte, verliebte

Stimmung, die in mäßigen Novellen so oft vorkommt. Die verliebten Paare küssen sich allmählich bis zum Charlottenburger Hauptweg durch und kehren im »Charlottenhof« oder im »Café Gärtner« ein. Dort trinken sie ein Glas Helles. Und der Frühling, der alles sprießen läßt, läßt auch auf dem Gesicht des Jünglings in der zweiten Aprilhälfte die Frühlingsblätterchen sprießen, für die man in Berlin den holden Namen Pickel hat. Die kleine Blonde sieht sie, als sie am Tisch im elektrischen Lichtschein beim Glase Bier sitzt, und lächelnd sagt sie: »Max, – du bist der reine Pickolomini.«

Zu Ostern führten sie alle zum ersten Mal ihre neuen Kleider spazieren, die hellen »Fähnchen«, wie Paul Heyse so gern sagt. Scharenweise strömte alles zum Bock, welcher in Berlin doch das größte Frühlingsvergnügen darstellt. Die kräftiger organisierten Naturen der deutschen Reichshauptstadt bevorzugen dieses Lokal unverkennbar. Vater, Mutter und die Kinderschar zogen hinaus, Bräute und Bräutigams und unsolidere »Verhältnisse«; sie tranken Bier und freuten sich des Lebens in der herkömmlichen, sinnig-zarten Art, die dort gedieh. Vor handgreiflichen Liebenswürdigkeiten in Gestalt von kunstvoll geschleuderten Eiern und Früchten ist man jetzt sicher. Denn das Auge des Gesetzes wacht. Ältere Berliner, die ebenfalls zu den kraftvoll organisierten Naturen gehören, behaupten darum wehmütig, der Bock sei gar nicht mehr der Bock. Aber es scheint noch frei und fromm und bieder zugegangen zu sein, und der große unbekannte Lokaldichter, der von den Litfaßsäulen zu seinem Volke spricht, hat den Hergang ergreifend besungen. »In drangvoll fürchterlicher Enge – war ich auf dem Berliner Bock; es gab Humor, es gab auch Senge, und ganz zerrissen ward mein Rock. Zwei Dandy's haben mich gestichelt, weil meine Laura schräge ging; sie hatte vierzehn Glas gepichelt, – und was verträgt so 'n junges Ding!« … Aber viele gingen auch weiter nach Westen zum Stadtbahnhof Zoologischer Garten, wo »Italien in Berlin« von neuem eröffnet worden ist. Die Eröffnung war sogar sehr feierlich, und die Presse war eigens eingeladen. Geändert hat sich nicht vieles, und so träumte man wieder den alten Traum, den Traum von Venedig. Nämlich diejenigen träumten ihn, die niemals in Venedig waren. Die anderen – –!

Es ist noch immer derselbe sinnige Canale grande von fünfzig Zentimeter Tiefe, auf dessen Oberfläche Berliner Stullenpapiere und Zigarrenstummel schwimmen. Es sind noch immer die auf Pappe und Leinwand gemalten Palazzi-Fassaden, die viel schöner und bunter und leuchtender sind als die echten Palazzi in Venedig. Auch sind die Gondeln viel schöner als die venezianischen. Und erst die Gondolieri: sie haben helle prächtige Anzüge und bunte Schärpen und Mützen – wie frisch angestrichen sehn sie aus. Auch die sauberen hölzernen Brücken erfreuen sich dieses Vorzugs. Und über allem liegt der weißgraue märkische Himmel mit seinem unangenehm grellen Licht, und dicke, schwere sonntägliche Spießbürger mit geröteten Weißbiergesichtern und aufgedonnerten schweren Gattinnen stapfen über die Brücken und durch den reichlichen Sand, und holde Stimmen rufen: »Aujust, sieh dir vor!«

Ich schloß einen Moment lang die Augen und dachte an drei unvergeßliche Wochen, die ich im letzten Herbst in Venedig gelebt. Die Farben schienen mir dort matt und gedämpft zu sein, die Palazzi leuchteten nicht, sondern ragten in graubrauner, zerbröckelnder Trauer aus trüber, dunkler Wasserflut empor, verlassen und sehnsuchtsvoll, die Gondeln waren schwarz, und die Venezianer, die sie unhörbar über die dunkelgraue Fläche gleiten ließen und immer dieselbe eintönige Bewegung mit vorgebeugtem Oberleib machten, trugen eine unscheinbare Tracht. Die Brücken waren nicht hell, sondern grau und von der Zeit angefressen, aber sie waren aus Marmor und Trachyt. Und das Gesindel, das sich auf ihnen im Schatten der Länge lang räkelte und in der Abendkühle auf dem Markusplatz saß, war manierlich und graziös wie mein einstiger Breslauer Tanzstundenlehrer. Und wer in der Dämmerung von einer der Inseln heimfuhr, die nach dem grünen Meere hin in der roten Abendflut der großen, stillen Lagune in tiefer Versunkenheit liegen, und dann sah, wie in der verfallenen

Wasserstadt allmählich Lichter angezündet wurden, während man durch die melancholischen Straßen ruderte: auf den sank wie ein Nebelschleier unendliche Schwermut herab. Das ist das Kennzeichen für das wirkliche Venedig: Schwermut ... Verlassenheit ... Sehnsucht. Das Berlinische Venedig ist womöglich noch greller, fideler, lauter, bunter, jahrmarktsmäßiger, frischlackierter als im vorigen Jahr geworden. Noch immer der lächerliche, schreiende Theaterflitter. Noch immer der alberne, rohe Riesenradau, ohne den es in der ersten Stadt unseres Vaterlandes nicht abgeht. Noch immer die läppische Talmiinszenierung mit falschem »Gondelkorso«, bei welchem die Gondelinsassen den Schunkelwalzer grölen, mit falschem »venetianischem Variété«, mit falschem Puppentheater, mit falschem Serenaden-Orchester und natürlich mit »Monstre-Concert«. Dudelsäcke und Mandolinen und Geigen erklingen in so törichter Häufung allerorten, daß man nach fünf Minuten nicht weiß, wo man die Ohren hat. Es klingt wie die fortwährend wiederholten zwei Anfangstakte eines deutschen Volkslieds, die ein Betrunkener mit wütendem Eigensinn immer von vorn anfängt. Falsch und furchtbar gellend hallen verschiedene Töne durcheinander. Weiß gepuderte Musiker in schäbigen Rococoanzügen fideln auf einer Art Estrade aus Leibeskräften, und einer in ihrer Mitte haut auf ein Klavier. Mandolinensänger lassen in der Nähe ihre Lieder los. Truppweise, zu vier und sechs Personen, meist Frauenzimmer, singen sie kleine Volkslieder und Gassenhauer neueren Stils. Zwanzig Schritte weiter hebt eine andere Schar unter Gitarrenbegleitung einen furchtbaren Gesang an; sie tanzen dabei, und als sie das berühmte Lied von der »Margherita« erklingen lassen, das so populär geworden ist wie die Barrison-Weisen, fällt das Publikum johlend ein. Eine dichte Menge drängt sich um die Sänger, die kaum mehr Platz finden, einen Fuß zu rühren, und doch ihren vorschriftsmäßigen sprungartigen Tanz aufführen müssen; man ruft ihnen zu: »Effifa L'Italija!« im berlinischen Italienisch, ein Patriot schreit andrerseits »Effifa la Scharmania!«, dazwischen ruft jemand: »Justav, halt' dir feste!« oder »Nich

kitzeln!«, und ein großer, gedunsener Mann mit schiefem
Zylinderhut hält in der Pause rasch eine Art italienischer
Ansprache: »Bravissimo fortissimo italiano maccaroni tutto
perdutto futschicato bravo!«, und mit unendlichem, grö-
lendem Gelächter nimmt die Hörerschar diesen Witz auf,
sie wälzt sich weiter, zum großen Orchester des Maestro
Gialdini hin, alles tritt sich auf die Füße, drängt sich, schiebt
sich, und wieder vernimmt man dazwischen den lieblichen
Ruf: »Nich kitzeln!«

So kann die Schwermut nicht gedeihen ... Zweiundvier-
zigtausend Personen haben übrigens an den beiden Eröff-
nungstagen das absonderliche Unternehmen besucht, und
die Berliner Theaterdirektoren wären froh, wenn sie gerade den zweiundvierzigsten Teil davon noch einmal in ihren Häusern sähen. Aber damit ist es vorbei. Der Frühling,
der die Kunst durch Lenzgedichte zuweilen fördern soll (?),
ist der darstellenden Kunst feindlich. Es gibt jetzt mehr
heraufgeklappte Sitze als heruntergeklappte. Und das ist
begreiflich, wenn man die Stücke ins Auge faßt, die uns
neu beschert wurden.

Im »Neuen Theater« führte der genial-willkürliche Mitterwurzer ein paar neue italienische Dramen vor. Aber der
genial-willkürliche Mann – das ist sein stehendes Epitheton
bei der Kritik – erschien weit mehr willkürlich als genial. Er
war so willkürlich, seine Rollen nicht ganz im Wortlaut zu
können; und die Genialität zeigte sich, indem er zum Souf-
fleur ungezwungen »Pst!« machte, sich vor den Kasten dieses hilfreichen Mannes hinpflanzte, tragische Stellen mit
leichter Betonung hinwarf, gleichgiltige mit grimassenhaft
emporgezogenen Augenbrauen und rollenden Pupillen
aufsagte und zeitweise den Hofschauspieler Adolf Sonnenthal mit einer so täuschenden Echtheit kopierte und doch
wieder verzerrte, daß man sich fragte, ob man im Parodie-
theater sei, und aus dem Lächeln nicht herauskam. [...]

5. Mai 1895

Der schlimme Schopenhauer meinte, daß für den Deutschen ein Spaziergang einen Umweg ins Wirtshaus bedeute. Es muß nicht grade ein Spaziergang; es kann auch
eine Bilderausstellung sein. Der liebenswürdig-harmlose
Philosoph lebte zu lange in der Provinz; auch starb er, irre
ich nicht, schon vor fünfunddreißig Jahren. Die Kultur ist
indes gestiegen; man wählt verschmitztere Mittel denn
Spaziergänge. In Berlin war die Kunstausstellung am Lehrter Bahnhof von je ein durchtriebener Vorwand zum Biergenuß; sie wird es wohl bleiben. Jetzt ist sie frisch eröffnet
worden, und es herrscht Leben und Bewegung dort, namentlich im Garten. Die Genüßlinge und Interessierten
gehen vormittags hin, am liebsten an drei Vormittagen innerhalb der ersten vier Tage; denn sie halten es mit der
Ausstellung wie mit den jungen Gänsen, die sie nur in der
aller allerfrühesten Zeit essen, wenn sie ihrem Ruf nicht
schaden wollen. Die anderen aber – die im lokalen Teil der
Zeitungen so häufig vorkommenden weiteren Kreise –
kommen gegen Abend. Da ist es sehr lustig. Und der Park
ist auch ein Park, wie man ihn nicht alle Tage findet. Er verfügt sogar über mehrere Bäumchen. Der beiden Rasen-
flecke und des Teichs, hm, gar nicht zu gedenken. Und
über all der üppigen Vegetation fahren, ein unvergeßliches
Bild, die Lokomotiven der Stadtbahn dahin, alle drei Minuten eine, und senden Ozon und Würze zu den drunten in
Schönheit Wandelnden.

Die Wandelnden sind Familien aus der Elsasser Straße im
hohen Norden oder aus der Belleallliancestraße im wilden
Südwesten, die mit Mann und Maus hingepilgert sind und
manchmal Buchholz heißen; es sind Radfahrer im Kostüm,
Ruderer im Kostüm, Börsenjünglinge (in schlichtem Zivil),
kleine Spießbürger handlungsdienenden Standes mit ihrem Verhältnis, Lieutenants, welche den mammonschwe-
ren Töchtern aus der Rauchstraße, Tiergartenstraße und
Lichtensteinallee den Hof machen, zuweilen ein Couleur-
student, zuweilen ein grauhaariger Amtsgerichtsrat mit Fa-

milie, der aus Tilsit Logierbesuch bekommen hat und ihn ausführen muß, blonde Backfische mit Zöpfen und Matrosenkragen, befreundete Sekundaner, welche den Anschein erwecken möchten, als ob sie ohne ihre Eltern da wären, Gigerln mit weißen Blumen im Knopfloch und Armbändern um die Handgelenke, Blumenverkäuferinnen, Streichholzmädchen in Vierländerinnentracht, alte Herren mit diplomatischem Gesicht, die sich immer nach den Vierländerinnen umsehen, Kellner, Künstler, einsame Fräuleins, Familienväter, Provinzonkels, Ammen, Hunde – alles drängt sich, schiebt sich vor den zwei Orchestern vorbei, welche die Pole der großen Promenade bilden, lacht, winkt, ruft, schwitzt, grüßt, dankt, flirtet und berechnet. Und man geht in die von Künstlerhänden gezierte Osteria, deren gemalte Witze man längst auswendig kennt, man geht in die »Klause«, wo man alles haben kann, bloß keine Luft, man geht (wenn man Buchholz heißt) in die Ausstellungsweißbierkneipe, man setzt sich auf einen Augenblick in das Wiener Ausstellungscafé, man läßt sich vor den Orchestern von der Menge nochmals auf die Zehen treten, nimmt im Vorübergehen an einem kleinen Pavillon ein Paar Hefftersche Würstchen, an einem andern ein Glas spanischen Weins, läßt sich im dritten fotografieren, setzt sich schließlich in das Hauptrestaurant und trinkt Bier oder geht in die noble obere Abteilung, wo an jedem Tisch auf dem Dreifuß ein Champagnerkühler strahlt und, je nach Jahreszeit, von feisten weißen Fingerchen Krebse entblättert oder anatomische Versuche an Krammetsvögeln gemacht oder Austern geschluckt werden. Und wenn man eine gewisse Abwechslung genießen will, geht man zum drittenmal mit dem Strom vor den beiden Orchestern vorüber und sucht die Gesichter von vorhin wiederzuerkennen. Wenn man sich dann noch langweilt, kann man durch Anschütz' vervollkommneten Schnellseher blicken oder sich ein Veilchenbouquet kaufen. So geht dir das Leben gar lustig hin. Es soll auch Bilder in der Ausstellung geben.

Durch die Mitwirkung der Franzosen erhält die Ausstellung dieses Sommers eine besondere Bedeutung; und Herr

Bosse, der Kultusminister, hat ja schon, unter glücklicher Vermeidung des Wortes international, die verbürgte Tatsache mitgeteilt, daß die Kunst nicht an territoriale Grenzen gebunden ist. Berufsmäßigere Bilderbeschauer als ich mögen über den Wert der Ausstellungsobjekte richten. In Berlin interessiert man sich ohnedies jetzt mehr für eine Ausstellung, welche sein wird (nämlich im Jahre sechsundneunzig), als für diejenige, welche ist. Vor allem der Plan eines Theaters, das für diese Ausstellung gebaut werden soll, wird in westlichen Kreisen mit einem Eifer besprochen, vor dem die übliche gemachte Blasiertheit zuschanden wird. Vielleicht verspricht man sich so viel davon, weil der Erbauer dieses Theaters eine im Westen sehr bekannte Persönlichkeit ist, die im fatalistischen Geruche steht, in allem und in jedem eine glückliche Hand zu haben. Es ist der Baumeister Sehring, ein Dessauer, der nach Berlin gekommen ist und gleich seinem Freunde und Landsmann Carl Niemann, dem Verfasser des von kaiserlicher Huld besonnten Lustspiels »Wie die Alten sungen«, auf die Eroberung der Reichshauptstadt losgeht. Bis jetzt mit Erfolg. Er hat zwei Häuserkomplexe gebaut, die ihn über Nacht berühmt gemacht haben. Eine seiner Dichtungen, die Burg, in der er selber haust, liegt in der Fasanenstraße, in jener zukunftsreichen Gegend, welche jedem Grundstückspekulanten von weitem Blick das Wasser im Munde zusammenlaufen läßt. Das ist ein »Heim« von ganz besonderer Art. Wenn man zum erstenmal an irgendeinem schönen Herbstabend zu einem Krebsessen dort eingeladen ist, sieht man beim Kommen das Abendrot um seltsame Zinnen und Türmchen schweben. Ein Burghof, friedlich und abgeklärt, winkt beim Eintritt, und zwei sehr stilvolle lebendige Raben treiben darin ihr groteskes Wesen. Man steigt die Stufen hinauf, leise wandelnd über schwere Teppiche, an alten gebräunten Balustraden entlang, im Scheine uralter feierlicher Kandelaber, deren Licht alte gedunkelte Ölgemälde erhellt, welche in die Decke und die Wände eingelassen sind – alles feierlich, schweigend, historisch, zur Einkehr mahnend und doch wie eine fröhliche Befrei-

ung wirkend aus der gräßlichen platten Monotonie einer
nüchternen Weltstadt, in der Stadtbahnen und Mietskaser-
nen die hervorstechendsten Merkmale sind. Man glaubt
beim Durchwandeln dieser alten Gänge zu einem Kardinal, der vor drei Jahrhunderten verstorben ist, zu kommen,
und man ist erstaunt, wenn man durch eine kleine Tür in
sehr weltliche Gesellschaftsräume tritt, in welchen allerhand schwarze Fräcke durcheinanderwimmeln und Frauen
von Finanzleuten, Künstlern und deutschen Dichtern in
langen weißen und rosa Gewändern in eigentümlicher
matter Ampelbeleuchtung strahlen. Der Fußboden scheint
aus roten Ziegelsteinen zu bestehen, sie sind aber nur gemalt; Nischen, Ecken, Erker, geheime Türen, wallende Go-
belins, bunte Lichter, Rüstungen, Kränze, eine Orgel, ein
riesiger Holzstoß am Kamin, überall Helldunkel und far-
bige Beleuchtung – das alles wirkt zusammen, um einen
vollkommen traumhaften Eindruck hervorzurufen. In Berlin gibt es kein Haus, in welchem bei Gesellschaften künstlerische Illusionen so stark mitwirken wie hier; und da der
Baumeister zudem ein Mann von einem eigentümlichen,
leisen, heimlichen und gemütlich-komischen Humor ist,
der noch jeden überwunden hat, hat man für die Persönlichkeit und alle ihre Unternehmungen ein besonderes
Interesse; und deshalb spricht man jetzt so viel von dem
Ausstellungs-Theater, das er baut, und die Sache dieses
Glückskindes hat Erfolg, bevor sie noch begonnen ist.

Einer von den Dichtern, die für dieses Theater schreiben
werden, ist jetzt in Berlin: Ernst von Wolzogen, welcher
einen der sieben Akte, die dort gespielt werden sollen, zu
dichten übernommen hat. Er kam aus München herüber,
weil sein »Lumpengesindel« jetzt im Deutschen Theater
aufgeführt worden ist. Diese Tragikomödie fiel vor fünf
Jahren im Wallner-Theater durch und hatte jetzt einen
glänzenden Erfolg, welcher dieser Saison doch noch ganz
am Ende einen etwas literarischeren Anstrich verleiht, als
sie bisher hatte. Glück und Elend der besitzlosen, idealistischen Schriftsteller wird hier in drei kurzen Akten mit
so hinreißender humoristischer Gewalt vorgeführt, wie es

bisher auf unserer Bühne nicht der Fall gewesen war. Die beiden Literaten Friedrich und Wilhelm Kern, die brüderlich und studentisch-zwanglos miteinander hausen, sind ebenso herzhaft und komisch-charakteristisch mit ihrem ganzen Anhang von wirtschaftlichen Lumpen und mehr oder minder geistig Strebenden gemalt wie das zarte Frauenbild, das unter der Derbheit dieses wüsten Zigeunertums und unter einer eignen verjährten Schuld tief leidet. Wolzogen war selig über die Art, wie er hier sein liebstes Werk dargestellt sah. Es war in Wirklichkeit eine Meistervorstellung, wie nur die besten Zeiten des Deutschen Theaters ähnliche gesehen haben. Namentlich Reicher, welcher den verheirateten Bruder Friedrich gab, riß zur höchsten Bewunderung hin. Dieser gelehrtenhaft zerstreute, unachtsame, zugleich germanisch plumpe und doch herzensinnige Mensch, den er da verkörperte, griff mit jedem Gestus und mit jedem Wort tief ans Herz und erschütterte durch die einfache Art, in der alles herauskam. Und als er zuletzt sein Weib in die Arme nahm, ihr verzieh und zugleich in flüsterndem Ton gelobte, von jetzt ab mit ihr allein zu leben – als er das mit halb umflorter Stimme sprach und dabei seinen Kneifer zu putzen begann, da ging eine jener seltenen Bewegungen durch das Haus, bei denen sich keine Hand zu rühren wagt, alles instinktiv den Atem anhält und aus der Tiefe des dunklen Zuschauerraums ein vereinzeltes, verlorenes Schluchzen herüberklingt. Er bleibt unser größter moderner Darsteller.

Er ist übrigens nicht nur ein Schauspieler, sondern auch ein Vorleser, wie man nicht leicht einen zweiten findet; und er hat jetzt wieder Proben davon abgelegt, indem er verschiedene Werke jüngerer literarischer Erscheinungen im Kaiserhof vorlas. Das war eine Feier für die Reichergemeinde Berlins. Denn der seltene Mann, der auf der Bühne zuweilen – das läßt sich nicht verkennen – mit Gedächtnisschwäche zu kämpfen hat, war hier, wo er die Worte schwarz auf weiß vor sich hatte, vollkommener Beherrscher der Situation. Und da erst zeigte sich, was er kann. Er ist wahrscheinlich noch größer als Vorleser denn als Schauspie-

ler. Als Schauspieler vermag er jedesmal nur den Geist *einer*
Rolle wiederzugeben; als Vorleser bewies er eine so unerhörte Mannigfaltigkeit, daß man aus dem Staunen nicht herauskam. Er gab die halb verhehlten, sehnsüchtigen Stimmungen eines jungen Mädchens, das zum erstenmal die
Liebe zu ahnen beginnt, mit innigster, keuschester Treue
wieder, so daß man das weibliche Element, welches seiner
Kunst neben dem männlichen innewohnt, erst eigentlich
entdeckte. Daß er sich in das Gefühlsleben und in die Aus-
drucksformen eines sechzehnjährigen, unglücklichen Ge-
schöpfes so lebendig, so frappierend lebendig versetzen
konnte, das erschien seinen Verehrern beinah als die größte
Leistung, die sie bisher an ihm kennengelernt. Und noch
einmal setzte er die Hörer in tiefes Staunen; in einer legendenhaften Erzählung der Österreicherin Fannie Gröger, einer neu aufgetauchten Begabung, wird eine Prozession geschildert. Es wird dabei von Glockentönen gesprochen, von
dem Gebet der Wallfahrer, von der Rede des Geistlichen.
Hier ereignete sich in Reichers Vorlesung etwas Merkwürdiges. Man *hörte* plötzlich die Glockentöne, man *hörte* das
Gesumme der Betenden, man *hörte* die näselnde Stimme des
Pfarrers – man hörte es nicht hintereinander, sondern
gleichzeitig, man vernahm in einer merkwürdigen Konden-
sierung alle die Geräusche, die bei einer Prozession, bei einem Akt des katholischen Gottesdienstes laut werden, alles
kam plötzlich, währte eine kurze Weile und verstummte,
daß die in den behaglichen Sesseln des Kaiserhofes zurück-
gelehnten Hörer auffuhren wie vor einem Wunder, nach
dem Vorleser hinstarrten und nicht wußten, was sich begeben hatte. Über den zwei Lichtern, die dort oben auf dem
Podium brannten, war eben eine leibhaftige Prozession vor-
beigezogen, eine greifbare lebendige Prozession mit Glok-
kengeläut und Pfaffen und Bauern.

Es gibt noch Dinge neben der Ausstellung – und dazu
gehört Reicher –, für die man sich mehr interessiert als für
sie. Am meisten aber interessiert man sich in Berlin für die
eben eröffnete Jagd auf Rehwild. Und da man zahlreiche
gute Bekannte hat, bekommt man jetzt jeden dritten Tag

eine Jagdeinladung. Und da ich soeben einer nachkommen will, schließe ich diesen Brief rasch, um im nächsten länger zu sein.

2. Juni 1895

»Gott – was ist der Mensch!« Hirsch-Hyazinth in den Bädern von Lucca läßt einmal diesen Ausruf aus dem tief gepreßten Busen streichen … Was ist der Mensch in Berlin, wenn der Monat Mai zu Ende geht? Ein geplagter Wurm, der Sand atmet und sich vor schlechter Luft und Hitze krümmt. Es langweilt die Leser, von solchen Dingen zu hören, ich weiß, ich weiß. Aber ich muß sie sagen; warum sollte ich diese Unlust allein in mich hineinfressen. In der Bellevuestraße, am Großen Stern, auf den öffentlichen Plätzen ist schon alles graugrün, nichts mehr grün; alles trokken, nichts mehr frisch; den Namen der Geliebten braucht man nicht in alle Rinden einzuschneiden, man kann ihn mit geringerer Kraftanstrengung auf die Blätter malen, die mit Staub dick bedeckt sind, mit märkischem Staub, der immer war und immer wiederkehrt. »Staub soll er fressen« – es scheint, daß Faust in Berlin ansässig gewesen ist, der stets verneinende Geist hätte hier wenigstens darin leichtes Spiel mit ihm gehabt. Ja, wir alle fressen Staub jetzt, Tag für Tag, er dringt in alle Poren, und wer noch gezwungen ist, aus irgendeinem Grunde einige Zeit hier zu weilen, in dem mahnt und summt es täglich stärker und stärker, wie einst ein deutscher Dichter eine schöne Frau mahnte: Verlaß Berlin mit seinem dicken Sande und dünnen Tee und überwitz'gen Leuten, die Gott und Welt und was sie selbst bedeuten, begriffen längst mit Hegelschem Verstande … Verlaß Berlin … Verlaß Berlin …

Vorläufig verläßt man es vorübergehend. Die Ereignisse, die man verpflichtet ist in einem »Berliner Brief« zu schildern, spielen sich außerhalb dieser wunderschönen Stadt ab. Irgendwo an der Nordbahn oder an der Potsdamer Bahn, wohin man eine Jagdeinladung bekommen hat. Die menschliche Eitelkeit, die so viele gute Werke zustande bringt, ist auch hier segensreich. Wer pachtet eine Jagd? In Berlin derjenige, der renommieren will. Ist man ein Rechtsanwalt, der über besonders erkleckliche Einnahmen verfügt; ist man ein Arzt, der einen ergiebigen Spezialzweig ausfindig gemacht hat, welcher seinen Mann mehr als redlich ernährt; ist man an der Börse und hat durch »umsichtige Ausnutzung der Konjunktur« mit einem Schlage größere Summen verdient (die weniger intelligenten Ökonomen sollen sich oft der umfangreichsten Erdäpfel erfreuen) –: das erste, was man in Berlin tut, um seine gesellschaftliche Stellung ein starkes Stück emporzuschrauben, ist, daß man eine Jagd pachtet. Irgendwo bei Fürstenwalde oder Bernau oder Strausberg. Das kostet unter Umständen nur viertausend Mark für ein ländliches Terrain; und man hat die Genugtuung, lithographierte Kartonformulare an die verschiedensten Leute senden zu können – auch wenn man sie nur verzweifelt flüchtig kennengelernt –, in denen zu bestimmter Stunde an bestimmtem Ort zur Ausübung des edlen Waidwerks eingeladen wird. Es läßt sich nicht verkennen, daß in diesen Berliner Jagdveranstaltungen eine gewisse – wie soll man sagen? –, eine gewisse durch Komfort und großstädtische Affektiertheit temperierte Poesie herrscht. Nachmittags besteigt man den Zug, ist in einer Stunde an Ort und Stelle, verbringt den Abend in vorzüglicher Stimmung bei einem gemeinsamen Mahle am Rande irgendeines Sees – und diese märkischen Seen mit ihrem dunkelgrünen Wasser und den dunklen schweigenden Kiefern am Ufer haben unendlich viel Stimmungsvolles, und wenn der Jäger literarische Privatneigungen hat, erinnert er sich im Anblick so spröder Trauerschönheit gleich an Heinrich Kleist –, und dann, wenn der Mond so sachte heraufgezogen kommt, bricht man auf, marschiert eine halbe Stunde und faßt an irgendeiner Lisière Posto, wo vorher ein »Wechsel« des Wildes ausgekundschaftet worden ist.

Man legt sich ins Gras, das Gewehr schußfertig am Arm, ein paar Herren steigen auf die »Kanzel«, die oben im Gerüst eines Baums errichtet ist. Man liegt und lauscht in star-

ker nervöser Anspannung aller Muskeln, man raucht seine
Zigarre, aber man wagt keine zweite anzuzünden, aus
Furcht, durch das Reiben des Streichholzes herankommen-
des Wild zu verscheuchen. Im Mondlicht sieht man die
Wiesen und die Felder bis zum gegenüberliegenden Wald
vor sich, im Rücken hat man mit Vorliebe einen Graben
mit Erlenbüschen, deren dunkler Schatten die eigne Gestalt nicht sehen läßt – und man wartet und wartet, bis die
ursprüngliche Spannung von einer süßen Schlaffheit allmählich abgelöst wird und die seltsame nächtliche Natur
sich intensiver und zauberhafter ins Bewußtsein drängt.
Man träumt. Und dann, plötzlich – eine stampfende, ferne,
leise Erschütterung der Erde, es kommt heran, ein ganzer
Trupp, man hält den Atem an, es kommt im Galopp näher,
immer näher, die Großstadtnervosität überkommt einen,
man muß gewaltsam an sich halten … Da – ein Ruck, alles
steht, ein hüstelndes Bellen, das Warnungssignal des vordersten Tiers, ertönt, es hat uns gerochen … und jetzt,
rasch, ehe sich alles in wilder Flucht unsrem Bereich ganz
entzogen hat, knallt und donnert es durch die Nacht, die
Herren alle, die in Zwischenräumen von zwanzig Schritt
aufgestellt sind, haben »geknipst« (was sie noch einmal tun
müssen), und wirklich sehen wir ein Tier zusammenbre-
chen. Neben mir aber – und zugleich über mir – fährt ein
Herr auf der »Kanzel« empor, ich sehe sein erschrecktes
Gesicht im Mondlicht, und er stammelt unartikulierte
schläfrige Laute. Das Abendessen war gut und reichlich gewesen – und, Gott, was ist der Mensch! Um drei gehen wir
schlafen und stehen um neun auf. Dann wird gefrühstückt
von halb zehn bis … zwei. Vier Herren bleiben mit dem
Gastgeber da. Wir übrigen fahren nach Berlin. Um halb
sechs spazieren wir, umgekleidet und seelenfroh, langsam
über den Potsdamer Platz … Das sind Berliner Jagden.

Oder man fährt mit der Dampfstraßenbahn nach Halensee und geht von dort aus nach der Kolonie Grunewald.
Das ist auch ein großer Genuß. Zwar Staub ist auch da viel
zu schlucken, aber dafür gibt es dort ein Restaurant, das berühmte »Café Grunewald«, in welchem man das Recht hat,

alle Speisen mit dem dreifachen Betrage des Berliner Preises zu bezahlen. Das ist viel wert, und darum ist das Café
Grunewald rasch der fashionable Lieblingsort aller um
Pfingsten noch in Berlin ansässigen westlichen Bürger geworden. Man gibt sich dort Rendezvous, ißt gemeinsam
Mittagsbrot, spaziert dann in den höllisch gradlinigen, mathematischen Straßen dieser vermöglichen Villenkolonie
ein weniges auf und ab, wobei man den herrlichsten Schatten genießt, wenn man einen Sonnenschirm mitgebracht
hat – und wenn man zu Kunst und Literatur auch gesellschaftliche Beziehungen hat, sucht man wohl bei gutem
Anlaß jenen stillen Straßenwinkel auf, wo die Bildhauer
Klein und Fritz Mauthner ihre Villen haben. Dort ist es
friedlich und unberlinisch, und im Garten der Bronzelöwe,
den Kleins kraftvolle Meisterhand in Metall gebändigt hat,
verbreitet etwas wie eine Schloß-Boncourt-Stimmung über
diese abgeschiedene Ecke des sonst etwas parvenumäßigen
Berliner Vororts …

Oder man geht zu einem Diner. Das ist unter Umständen jetzt auch eine Erholung. Es werden nämlich Diners
gegeben; nicht »noch«, sondern »wieder«. Eine besondere
Gattung: Gartendiners. Sie finden natürlich nur da statt,
wo das Glück (poetisch ausgedrückt) seine Gaben in besonders reichem Maße verteilt hat. Mit andren Worten: bei
Leuten, die Geld haben, und zwar viel. Denn es gehört zunächst ein großer Garten dazu, und Grund und Boden ist
im Westen nicht billig. Gegen 7 Uhr wird an langer Tafel
im Freien serviert, die Lohndiener und ständigen Hausgei-
ster eilen ganz wie im Winter geschäftig herum, mit Schüsseln, Tabletten und Sektflaschen, und zur Ausgleichung der
sozialen Gegensätze ist das Silberzeug den bohrenden
Blicken der nachbarlichen Portiersleute und Mansardenbe-
wohner schrankenlos freigegeben. Es werden kurze Toaste
gehalten, wenn ein Brautpaar anwesend ist (sonst spricht
man ja beileibe nicht mehr), man lacht und flirtet und lügt
wie im Winter, und wenn die Dämmerung ganz herabgesunken ist, werden die Ballons, die auf Draht über der Tafel
entlanggezogen sind, angezündet, links von der Veranda

aus erschallt einige Geigenmusik, und wenn man sich
»Mahlzeit« gesagt hat, wird bei offnen Balkontüren gegebenenfalls ein kleiner Contre gewagt, zur Verdauung; und
zur Verdauung spaziert man nachher auch gruppenweise
oder paarweise (aber bitte, doch mehr gruppenweise als
paarweise!) in den grünen Gängen entlang und plaudert
und guckt wohl gelegentlich nach der Gartenmauer, wo einige Neugierige aus der Nachbarschaft hinüberstarren,
und hie und da stößt man dann auf einen Diener, der Kaffee serviert.

Gelegentlich, bei solchen Gartendiners, spricht man
auch von Fritz Friedmann. Er steht ja diesen Kreisen so
nah. Den einen hat er mal verteidigt, mit dem andern hat
er eine Wechselangelegenheit geordnet, der dritte hat einen Roman von ihm gelesen, mit dem vierten hat er wieder eine Wechselangelegenheit geordnet, dem fünften hat
er eine Zivilklage gewonnen, der sechste kennt ihn aus
dem Foyer, der siebente und der achte und der neunte hat
ihn ebenfalls – in irgendeiner Finanzsache kennengelernt.
Er ist jetzt mit dreitausend Mark Geldbuße und einem Ver-
weis bestraft worden, aber der staatsanwaltliche Antrag auf
Ausschluß aus dem Anwaltstande ist abgelehnt worden.
Und das muß mit Freuden begrüßt werden – von jedem,
der einigen Sinn für Individualität sich bewahrt hat. Friedmann ist ein merkwürdiger Geist, bei dem man sich über
zwei Dinge wundern muß: daß ein so scharfsinniger Kopf
zugleich ein an menschlichen Schwächen so reicher Charakter ist; und daß ein menschlich-fleischlichen Schwächen
so stark hingegebener Mann noch immer ein so scharfsinniger Kopf ist. Er ist nicht nur der meistgenannte Anwalt
Deutschlands, er ist auch derjenige deutsche Jurist, der von
allen vorhandenen, einschließlich des Justizministers, das
größte Einkommen hat. Es soll sich auf hundertzwanzigtausend Mark jährlich belaufen, eine Summe, mit der man
auskommen kann, wenn man nicht ein Genie ist. Ich glaube,
daß Friedmann ein Genie ist. Er hat auch zahlreiche Passio-
nen, vor allem das leidenschaftliche Bedürfnis, die durch
geistige Arbeit ermatteten Nerven durch die Erregungen

des Spiels zeitweilig zu kitzeln. Das hat den glänzend begabten Mann in eine Reihe von unbehaglichen Situationen gebracht. Im Tiergartenviertel weiß jeder holde Backfisch und jeder eben eingesegnete Jüngling seit längerer Zeit, daß der berühmte Anwalt zuweilen Kummer mit seinen Finanzen hat. Man sprach darüber in der üblichen Weise: zunächst mit einem gewissen Staunen über die geringe praktische Veranlagung eines so tüchtigen Kopfes, zugleich aber mit derjenigen Schadenfreude, die man hier jeder Ungelegenheit einer prominenten Persönlichkeit entgegenbringt. Friedmann begann vor einiger Zeit, sich neben den juristischen Einnahmequellen noch schriftstellerische zu eröffnen. Er ließ gleichzeitig im »Berliner Tageblatt« und im »Kleinen Journal« Romane erscheinen. Man wußte, weshalb. Übrigens waren sie nicht hervorragend. Sie arbeiteten vorwiegend mit Spannung (was bei einem Kriminalisten allenfalls begreiflich ist), und namentlich der eine hatte Partien, die hintertreppenmäßig waren. Man verschlang sie im Westen, aber man spaßte zugleich über sie. Jetzt haben auch diese letzten Kraftanstrengungen Friedmanns ihn vor einer Art von Zusammenbruch nicht bewahren können. Stärker noch als die Finanzangelegenheiten hat seine Vorliebe für das zarte Geschlecht hier mitgewirkt; sie hat ihm in einer Scheidungssache einen Streich gespielt – wie gerade *das* auch in anderen deutschen Städten zuweilen vorkommen soll. Der Staatsanwalt hat gegen das Urteil Berufung eingelegt, und ein zweites Mal wird Friedmann der Entscheidung über seine ganze Existenz ins Auge sehen müssen. Sollte sie gegen ihn ausfallen, so wird er nicht verloren sein; denn ein Dutzend Banken würde sich sofort um seine Mitarbeiterschaft reißen. Aber wer ihn einmal reden gehört hat, in seiner ganzen genialen Fechtergewandtheit, in seiner logischen, auch wohl sophistischen Grazie und Treffsicherheit, der würde es schon vom Standpunkte reiner Kunstbetrachtung aus unendlich bedauern, wenn dieser feine Künstler künftig gehindert würde, öffentlich zu plädieren.

Vorläufig aber, bis die zweite Entscheidung gefällt wird,

hat er, von den Aufregungen ermüdet, für eine kurze Frist dem Drängen der inneren Stimme nachgegeben, die auch in ihm summte und ihm leise zurief, was sie in so vielen anderen jetzt ruft: Verlaß Berlin mit seinem dicken Sande ... Verlaß Berlin ... Verlaß Berlin ...

23. Juni 1895

Ich drohte den Lesern der »Breslauer Zeitung«, eine Fortsetzung meines letzten Briefes zu liefern. Inzwischen ist in der ereignislosen Hitze dieser Zeitläufte der Prozeß des Fräulein Dubberstein ein bright point geworden. Anna Dubberstein, die große Gaunerin, ist für Berlin ein interessanter Mythos und ein Gesprächsmittelpunkt.

Wir Literaturmenschen und leidenschaftlichen Beobachter – die wir eine halb-perverse Menschengattung sind – können es nicht lassen, im Leben an den Ereignissen vor allem die künstlerische Seite abzuschätzen. Wir bringen gewiß einige Entrüstung für verbrecherische Handlungen auf; wir sind inneren Anteils für geschädigte Menschen nicht bar. Aber gleich regt sich uns neben der ethischen Seele die ästhetische Seele, und wir empfinden eine gewisse Genugtuung über den »schönen Fall«.

Die Taten des Fräulein Anna Dubberstein, der falschen Erzherzogin, sind unter starkem Aufsehen vor Gericht erörtert worden. Es gibt auch in diesem Fall Geschädigte. Aber wenn wir scharf kontrollieren, was bei der Betrachtung der erörterten Dinge in der Tiefe unserer schönen Seele vorgeherrscht hat, müssen wir feststellen, daß es, psychologisch gesprochen, »Lustgefühle« waren. Sie wurden erzeugt durch die lebensvollen, bunten Bilder, die hinter den Fakten dieses Prozesses lockend hervorstehen: blendende Ausschnitte aus der bewegten Fülle eines Weltstadtdaseins. Zum zweiten erwachte ein Lustgefühl in mir (ich will es nur gestehen) durch die Betrachtung der Heldin. Sie ist ganz gewiß eine Verbrecherin; denn sie hat eine Anzahl von Männern um ungeheure Summen beschwindelt. Aber daneben ist sie ein, sozusagen, tolles Frauenzimmer. Ein

Phänomen durch ihre grenzenlose Unverschämtheit; aber zugleich ein Phänomen durch den persönlichen Zauber, der bestrickend von ihr ausgegangen zu sein scheint. Es ist nicht anders denkbar: sie muß einen eigentümlichen persönlichen Reiz besessen haben – etwas Indefinibles, Unwägbares, das ihr den individuellen Zug gab und ihr die Herzen zufliegen ließ. Es war keineswegs der schwindelhafte Titel allein, der ihre Opfer lockte, wenn er auch stark mitgewirkt hat. Sie wußte ihre Fürstenwürde mit der Würde einer Fürstin zu tragen, und selbst ein weltkundiger Offizier zweifelte keinen Augenblick, die wahre Erzherzogin vor sich zu haben: aber alle fühlen sich daneben durch das Weib in ihr hingerissen. Ein Lieutenant nimmt sie tragisch und faßt eine tiefe, innige Neigung zu ihr; ein süddeutscher Referendar verehrt sie um der Hoheit willen, die in religiösen Gesprächen von ihr ausgeht; ein dritter opfert ihr sein ganzes Eigentum, *obgleich* er genau weiß, daß sie keine Erbin, sondern eine Dubberstein ist. Hunderteinundsechzigtausend Mark sind es im ganzen, die ihr der eine zu Füßen legt, der andere reist mit ihr, der dritte macht ihr Geschenke, die nach Tausenden beziffert werden, der vierte – dieser Zug hat hier am humorhaftesten berührt – läßt ihr Malunterricht geben. Sie wohnt in der entzückend am Wasser gelegenen Corneliusstraße, in jenem feinsten Viertel, wo die Villen der Hochfinanz und des reichsten Militär- und Hofadels durcheinander in stillen Vorgärten träumen (auch Leberecht Kotze wohnt hier gleich um die Ecke), sie weiß im Gothaischen Almanach Bescheid wie der Pastor in der Bibel, sie fährt in einem königlich geschmückten Wagen zum Blumenkorso und zeigt ihrem Ritter kühl lächelnd ein Zeitungsblatt, in dem sie schon beginnt als Gaunerin betrachtet zu werden: die Person hat etwas Geniales.

Man muß die Gestalt rekonstruieren, denn sie selbst ist verduftet. Aber man gewinnt ein Bild von ihr. Und dieses Bild zeigt so viele typische Züge, neben allem Individuellen, daß aus seinem Grunde ein Stück modernster Sozialpsychologie herausleuchtet.

Berlin ist der Ort, wo man noch Karriere machen kann. Es bleibt eine Parvenustadt, in der sich bei dem steten Zuzug eine feste, alteingesessene Gesellschaft noch kaum gebildet hat und wo darum selbst sozial höhere Schichten vor Abenteurern und Hochstaplerexistenzen wenig sicher sind. Was sind hier für Elemente versammelt! Wer sie entwirren könnte – die Schwarzen von den Weißen trennen, die Gauner von den Ehrlichen. An einem einzigen Abend in einem einzigen »populären« Lokal festzustellen, womit sich die eleganten Anwesenden ernähren – es müßte ein Genuß sein; die überraschendsten Dinge kämen zutage. Hier konnte Fräulein Dubberstein Karriere machen ... Begonnen hatte sie sie freilich schon in Stettin. Sie war im Geschäft des Herrn Löwenthal. Sie verkaufte Damenmäntel. Es war ihre erste Etappe. Eben, um auf diese Anfangsstufe zu kommen, bedurfte sie schon einiger Gaben. Denn sie stammte, ach, von einer ganz kleinen Arbeiterfrau ab, welche dazu den Fehler begangen hatte, sie in die Welt zu setzen, ehe sie sich eines Gatten erfreute. Also aus den denkbar mißlichsten Verhältnissen steigt sie in die Konfektion. Und schon damals fiel es, nach der Aussage eines maßgeblichen Zeugen, auf, daß sie »viel Chic« besaß. Sie hatte das beste Mittel des Emporkommens: feine Sinne. Man denkt an Strindberg, welcher den männlichen Typus dieser Gattung gezeichnet hat: den denkwürdigen Diener Jean, den Wahlbräutigam der Gräfin Julia. Jean ist ein »werdender Herr«; er stammt aus der Tiefe, aber er steigt, und aus demselben Grunde: weil er »fein entwickelte Sinne hatte und Schönheitsgefühl«; auch er eignet sich auf Grund dieser Fähigkeiten rasch »die Geheimnisse der guten Gesellschaft« an, und der Kätnersohn wird als rumänischer Graf enden; das ist immerhin soviel wie eine falsche Erzherzogin Este.

Bei dem vielbesprochenen Fräulein Dubberstein mögen die fein entwickelten Sinne von der Geburt her stammen: man weiß ja nicht, wer ihr Vater war. In ihrem Beruf aber liegt ein zweites Moment, das zur psychologischen Erklärung der merkwürdigen Gestalt dient. Er steht allem, was Grazie und äußeren Chic des Lebens bedeutet, unleugbar nahe. Die Erzherzogin konnte gerade in der Konfektion Studien machen! Fontane läßt einmal eine »Franziska Franz«, die als Gräfin Petöfy endet, zu ihrer Vertrauten sagen: »Im allgemeinen, darin hast du ja recht, gehört zu einem Grafen eine Gräfin; wer wollte das bestreiten? Aber wenn es keine Gräfin sein kann, so kommt nach der Gräfin gleich die Schauspielerin, weil sie, dir darf ich das sagen, der Gräfin am nächsten steht. *Denn worauf kommt es in der sogenannten Oberschicht an?* Doch immer nur darauf, daß man eine Schleppe tragen und einen Handschuh aus- und anziehen kann. Und sieh, das gerade lernen wir aus dem Grunde. So vieles im Leben ist ohnehin nur Komödienspiel, und wer dies Spiel mit all seinen großen und kleinen Künsten schon von Metier wegen kennt, der hat einen Pas vor den anderen voraus und überträgt es leicht von der Bühne her ins Leben.« Nach der Gräfin, meint sie, kommt gleich die Schauspielerin. Aber nach der Schauspielerin kommt gleich die Konfektionsdame, wenigstens in Berlin. Auch sie kennt das Spiel, auf das es in der Oberschicht ankommt, mit seinen großen und kleinen Künsten zum größten Teil von Metier wegen. Und welche Rollen in Berlin gerade Vertreterinnen dieses freundlichen Berufs spielen, zeigte vor zwei Jahren die im Westen noch unvergessene Helene Goldstein. Diese Berühmtheit, die schließlich in den Prozeß eines diebischen Bankiers verwickelt wurde, hatte gleichfalls die Manieren einer Fürstin. Von Hause aus war sie gleichfalls blutarm, sonst wäre sie auch kaum ins Geschäft gegangen – und siehe, noch ehe sie den erfindungsreichen Hugo Löwy kennenlernte, besaß sie, wie gerichtlich festgestellt, allein eine Einrichtung im Werte von zwanzigtausend Mark! Diese und andere Summen hatte sie wahrscheinlich von ihrem Gehalt erspart. Solche Pflanzen kommen hier zu Hunderten vor. Bühne und Konfektion ist die »schwarze Erde«, auf der sie gedeihen, und hier ist auch die berühmteste der Schwestern gewachsen, die »Prinzessin Dubberstein«.

Was die Psychologen Lustgefühle nennen, weckt dieser Prozeß. Denn auch die Gefoppten sind schließlich nicht sonderlich zu bedauern. Das Quentchen Strebertum, das ihnen bei ihrem Unglück anklebt, reicht aus, um sie mit dem Heiligenschein der Lächerlichkeit zu schmücken. Vous l'avez voulu, vous l'avez voulu, vous l'avez voulu. Nur daß die Herren, die ihre Kraft und ihre Zeit in so zweifelhaften Aventiuren verausgaben, grade die Stützen unseres Staats sind. Offiziere, juristische Beamte und Studenten, denen nach unverbürgten Weisheitssprüchen immer die Zukunft gehört – das könnte nachdenkliche Menschen nachdenklicher stimmen. Und während hier ein Skandal um falschen Adels willen den Betrachter ergötzt, produziert der waschechte Adel gleichfalls amüsante Skandälchen, und die Zeitungen teilen mit, daß endlich, nach Duell und Kriegsgericht, Herr Leberecht Kotze, den ich oben erwähnte, und Herr von Schrader vor den Schöffen erscheinen werden. Die beiden Zeremonienmeister werden sich der ganz gemeinen bürgerlichen Justiz fügen. In welchen Zeitläuften leben wir, o meine Freunde!

4. August 1895

Wenn sich die Theater zu regen beginnen, ist das in der sommertoten Pankestadt ein Symptom und zugleich eine Ursache für neuerwachendes Leben. Zuerst unter den Bühnen vornehmeren Stils sind die »Königlichen Schauspiele« wieder in Gang gesetzt worden. Das sind Schauspiele, die nicht immer königlich sind, wie man weiß. Vor allem die Tasso-Aufführung des Schauspielhauses ist es nicht ganz, welche diesem Theater seit wenigen Monden in dieser Form angehört und auch jetzt zur Eröffnung gespielt wurde. Fürchten Sie nicht, Leser, daß ich über sie sprechen werde. Nur das eine möchte ich nicht verschweigen, um von der Sache einen ungefähren Begriff zu geben. Das Fräulein, welches hier die Prinzessin darstellt, die sonst tüchtige Rosa Poppe, gibt diese platonische Leonore voll lebender Leidenschaft, ja voll schlecht unterdrückter Sinnlichkeit, und sie läßt die Brust dieser feinfühligen, früh

kränkelnden, zarten Frauenpflanze ununterbrochen wild
empor- und niederwogen. Ich fürchtete stellenweise für
Freund Tasso. Man nennt das, wenn ich recht unterrichtet
bin, eine Nuance oder eine Auffassung.

Aber das Interesse der gegenwärtig in Berlin weilenden
Berliner ist nicht auf das Schauspielhaus gerichtet, viel stärker auf ein neues königliches Theater, auf »Kroll«. Kroll ist
verstaatlicht worden, und sein Charakter scheint sich nun
völlig geändert zu haben. Die ursprüngliche berühmte altberlinische Institution ist jetzt ein Mythus. Diese ursprüngliche berühmte altberlinische Institution war zwar nur eine
musikdramatische Stehbierhalle; doch in ihrer Art hatte sie
manches Lockende. Es lag ein legerer Reiz über dem ganzen Unternehmen, etwas Leichtes, Sommerlich-Flüchti-
ges. Abends schlenderte man in der Dämmerungskühle
hin, durch irgendeine Tiergarten-Querallee mit alten Lin-
denbäumen. Oder man saß in offener Droschke, neben irgend jemandem, und ließ den Kutscher langsam, langsam
durch den abendduftschweren Tiergarten fahren. Dann
trat man gegen Erlegung einer Reichsmark in den Garten,
wo tausend bunte Lampenglocken durch das Grün der
Bäume blickten und ein undefinierbares Licht auf die
Menschen fiel, die auf und nieder wandelten. Es waren dieselben, die überall an öffentlichen Stätten hier auf und nieder wandeln: Männer in elegantem Zivil oder in Garde-
uniform, Berliner, Provinzleute, Ausländer und allerhand
Weibchen, verschiedenen Alters, verschiedener Moral. So
spazierte man in den Pausen, und wenn man nachher Lust
hatte, ging man mal in den Saal, wo die Menschen dicht gedrängt standen. Da hörte man sich zwanzig bis dreißig
Takte Sembrich an oder ließ sich durch die Bellincioni
mehrere Minuten erschüttern, worauf man im Garten ein
Glas Pschorr zu sich nahm. Diese Saalvorstellungen hatten
einen unbewußt parodistischen Beigeschmack, und wenn
die Kunst – namentlich die tragische – auf dieser Bühne
heiter war, so war doch noch heitrer das Leben, das sich
draußen entwickelte. Es war die Hauptsache. Jetzt scheint
es umgekehrt werden zu wollen: die Vorstellungen werden

die Hauptsache, und das Leben draußen ist der Appendix. Im Interesse der Kunst ist das erfreulich. Was jetzt im Saal geboten wird, ist so wertvoll wie jede normale Vorstellung im Opernhaus. Das Opernhaus mit allen seinen Kräften und allen seinen Dekorationen ist einfach bei Kroll etabliert. Aber gerade diese gediegeneren Leistungen bewirken, daß man sie von Anfang bis zu Ende anhört; außerdem dürfen die Besucher des Gartens nicht mehr ohne weiteres ins Theater, sondern sehr teure Extrabillets, die für einen Parkettplatz sechs Mark kosten, müssen gelöst werden; dadurch geht gerade das verloren, was dieser Bühne vor allen anderen eigentümlich war: der Reiz des Zwanglosen, der Reiz des Kommens und Gehens, der Reiz des vorübergehenden Nippens. Das Kommen und Gehen und das vorübergehende Nippen sind für den Tristan nicht gerade angebracht; daß man aber bei der Traviata oder der Regimentstochter nicht auf halbe Stunden aus dem Saale laufen sollte, ist nicht einzusehen.

Die Eröffnung der neuen Kunststätte, das ist sie ja jetzt, war sehr solenn. Die kleinen, dünnen bronzenen Säulen, welche den ersten und letzten Rang tragen, sehen ein bißchen ruppig aus. Alles andere macht einen würdigen Eindruck – nicht nur »angemessen« (was bei den Hofinstituten Norddeutschlands immer das wichtigste ist), sondern echt kunstfeierlich. Das umgebaute Theater besteht in einem Riesenparkett, allmählich recht hoch ansteigend, und einem Range, in dessen Mitte die Kaiserloge mit graugelbem Brokat und Seidendamast liegt. Sie ist so eingerichtet, daß man die Insassen nur wahrnehmen kann, wenn man in der Nähe des Kapellmeistersessels steht und zufällig ein wenig über sechs Fuß lang ist. Alles in dem feierlichen, mattgetönten Saale riecht noch frisch lackiert, nicht für die Nasen, aber doch für die Augen. Die Bühne ist breit und tief; nicht mehr die parodieförderliche Puppenbühne von »Kroll«, sondern eine ausgewachsene Hofbühne. Man spielt die »Lustigen Weiber von Windsor«, Weingartner dirigiert die Ouverture mit hinreißender innerer und äußerer Grazie (nicht zuletzt die äußere Grazie hat diesem ju-

gendschönsten aller Kapellmeister die Herzen zufliegen
lassen!), und Herr Betz singt den Bürger Fluth mit derselben prächtigen und amtlich gebilligten Gesangskunst und
mit derselben naiven Unterdrückung alles sogenannten
Spiels, wie er es im Opernhause tut, und man hat sofort die
klipp und klare Empfindung: Du bist hier auf staatlichem
Boden, sei anständig! Und auch draußen die Leute haben
die gleiche Empfindung und sind anständig, was sie sonst
nicht immer waren, und zur etwa notwendigen Abkühlung
entgegengesetzter Temperamente fällt ein kleiner Regen
hernieder, die Tropfen schlängeln sich an den tausend bunten Lampenglocken entlang (sie sind nicht mehr so bunt,
wie sie einstens waren), und ich sehe, wie ein Tropfen einem allein stehenden Fräulein gerade auf die Wange
schlägt, so daß sich eine kleine Insel in dem Meer von
Schminke bildet, und sie macht ein Gesicht, wie wenn sie
Goethe gelesen hätte und andeuten wollte, daß sie sich
heut – zum erstenmal – als »Fremdling im Heimischen«
fühle. An dem teppichbelegten besonderen Gange aber, der
nach der Siegessäule zu liegt, steht der Graf von Hochberg
im Frack und macht dem Kaiser die letzten Honneurs, der
in den Wagen steigt und, vom nobelsten Publikum einen
Augenblick lang umringt, durch die milde Sommernacht
peitschenknallend davonsaust.

Nächst Kroll ist für die zurückgebliebenen Berliner
(bitte: ich meine die in Berlin zurückgebliebenen!) nichts
so wichtig als der Scheidungsprozeß der Frau Vilma Parlaghi. Das ist eine der angenehmsten Sitten dieser Parvenustadt, daß man sich um die Privatverhältnisse aller im Westen wohnenden Leute so intensiv kümmert, als ob es die
eigenen wären. In diesem Städtchen W. gibt es kein Privat-
schicksal, das nicht der allgemeinen Diskussion unterwor-
fen wäre. Man weiß nicht, wie viele Frauen hier ihren
Männern untreu sind, aber diejenigen, die ihnen erwiesenermaßen einmal untreu waren, sind bekannt. Man kennt
die Höhe der Mitgift bei den Mädchen und die ungefähre
Höhe des Einkommens bei den Männern. Man weiß, daß
der und die ein Verhältnis hatten, bevor sie Hochzeit mach-

ten. Man weiß, daß Frau Soundso einem Fabrikbesitzer entronnen ist, um mit einem Bildhauer zu leben. Man weiß,
daß der Schwiegervater von Herrn X. zeitweise gemüts-
krank ist, und man kennt sogar dasjenige Gespann von
Frau Y., das sie von ihrem Mann geschenkt bekam, als sie
über das Vorhandensein eines sechzehnjährigen Söhnchens,
von dem sie nichts ahnte, getröstet werden sollte. Das
merkwürdigste an den Erörterungen über Vilma Parlaghis
Scheidungsprozeß ist, daß sie stattfinden, bevor der Prozeß
selbst Tatsache ist. Man ratet und tatet vorläufig mit. Man
weiß nur, daß die Absicht besteht, und man beteiligt sich.
Der vielgerühmte »soziale« Korrespondent der »Hamburger Nachrichten« hat die Sache auch bereits in die Hand
genommen und rät zu einem Vergleich. Er schildert seine
Eindrücke, die er in Gesellschaften von dem Ehepaar empfangen hat, aber er ist, wie es scheint, nicht genau unterrichtet. Da die Sache nicht so tief in die Öffentlichkeit gedrungen wäre, wenn nicht das Ehepaar Parlaghi schließlich
selbst dazu beigetragen hätte, darf man sie *jetzt* wohl diskutieren, zumal wenn man beide Teile kennt. Es wäre in der
Tat für diese beiden Teile ein Glück, wenn die Scheidung
vollzogen würde. Herr Dr. K. – oder, wie man ihn im Westen nennt: Herr Dr. Vilma Parlaghi – hat die Sehnsucht
(oder, objektiv ausgedrückt, es liegt für ihn das Bedürfnis
vor) nach einer Art von selbständigerer Stellung. Bisher
war dieser baumlange blonde Mensch nicht mehr als der
getreue Bernhardiner der Malerin, der in allen Gesellschaften mit dem Gefühl einer gewissen Peinlichkeit herum-
schlich und sich neben der strahlenden Frau mit den schlau
und feurig blitzenden Äuglein, welche die intensivsten
Huldigungen behaglich lächelnd einstrich, etwas überflüssig vorkam. Einen Beruf im strengen Sinne hatte er nicht,
außer daß er ihr Gatte und Helfer war. Andererseits sehnt
sich diese rücksichtslos emporstrebende schlaue Frau nach
mehr individueller Freiheit, als ihr das Zusammenleben
mit einer blonden Beamtennatur bieten kann. Und darum
hat der vielgerühmte »soziale« Korrespondent der »Hamburger Nachrichten« durchaus unrecht, und er urteilt wohl

nach vorschnellen Beobachtungen, wenn er seine unberufenen Versöhnungsvorschläge macht. Es sind zwei Naturen, die sich auf die Dauer genauso vereinigen können, »wie wenn Wasser mit Feuer sich menget«.

Ein stärkeres öffentliches Interesse verdient der Fall Höniger–Below, weil hier in Wirklichkeit alle beteiligten Privatinteressen mit wesentlichen öffentlichen Interessen sich decken. Herr Höniger ist Privatdozent an der Berliner Universität. Er hat den Geschichtsprofessor Dr. von Below, welcher an der Akademie von Münster wirkt, wegen eines wissenschaftlichen Angriffs schlankweg zum Duell gefordert. Der Professor von Below lehnte (da er ein vernünftiger Mensch zu sein scheint) die Forderung ab, und nun ist er von einem anderen Berliner Privatdozenten als »nicht satisfaktionsfähig« in einer wissenschaftlichen Zeitschrift *gebrandmarkt* worden. Wir fassen uns an die Schläfen und fragen, ob solcher Unfug wirklich in Deutschland möglich ist. Erschwert wird der Fall durch eine Bemerkung klassenpsychologischer Art. Derjenige, der sich weigert, die Forderung anzunehmen, gehört dem deutschen Adel an, welcher derartige Scherze sonst mit besonderer Vorliebe zu züchten pflegt. Der andere, welcher die Forderung stellt und ihre Ablehnung so überaus übel vermerkt, ist seiner Abstammung nach ein Israelit, also ein Abkömmling von Kreisen, die in derartigen Fragen durchaus unblutig und gescheit zu urteilen gewohnt sind. Eine vollständige Umkehrung der sonst herrschenden Begriffe hat hier Platz gegriffen. Ein drittes Moment, das in Betracht kommt, ist die Tatsache, daß beide Teile Wissenschaftler sind und sich doch die törichten Anschauungen der leidigen Reserveoffiziere in ihrem von Hause aus rein sachlichen Beruf allmählich angeeignet haben. Sollte das nicht ein bedenkliches Zeichen sein!

1. September 1895

Wir stehen in Berlin zwar nicht am »Vorabend großer Ereignisse«, wie das vom korsischen Buonaparte erfundene Wort heißt, aber doch am Vorabend großer Festlichkeiten. Das mag zuweilen das Gegenteil großer Ereignisse sein. Immerhin handelt es sich diesmal um ein Fest, welches selbst hier, in der Stadt des gewohnheitsmäßigen Ulks, in viel tieferer Weihestimmung begangen wird, als es sonst wohl der Fall wäre. Dies Volk, das an der Spree und an der Panke und am Landwehrkanal wohnt, kann von seinen parodistischen Neigungen für gewöhnlich nicht lassen – und weit stärker, als es in den offiziellen Künderinnen der Volksseele, den Zeitungen und Zeitschriften, zutage tritt, lebt hier auf dem Grunde ein erbarmungsloser, wirklich aristophanischer Drang, weit radikaler und respektfreier als etwa in Frankreich, das dafür berühmt ist. Der Unterschied besteht darin, daß in Frankreich die verhältnismäßig maßvolle Spottstimmung ungeschmälert zum Ausdruck kommt; während in Berlin die bestehende, dreifach verwegenere Parodistik nie auch nur entfernt in gedruckter Form ans Tageslicht tritt. Die germanische Derbheit macht da nicht halt, wo die Zierlichkeit und der eingeborene Konventionalismus dem Romanen die Umkehr gebieten. Und gerade bei öffentlichen Festlichkeiten findet dieser Berliner parodistische Drang die liebsten Anlässe zur Betätigung.

Diesmal liegt etwas Besonderes vor. Mehrere hunderttausend Menschen rüsten sich ehrlichen Herzens, einen großen Tag festlich zu begehen. Der Jubel ist nicht stürmisch und laut – das ist Temperamentssache; und die Vorbereitungen zu dem Feste gehen in den gigantischen Wogen des gleichmäßig hastenden Alltagsverkehrs fast ganz verloren – das ist in einer Weltstadt unvermeidlich. Immerhin sieht man hie und da kleine Beleuchtungsproben, man sieht Wagen mit Eichenlaub durch die Straßen fahren, ein ungewohnter Anblick für Berlin, das sonst nur zu Pfingsten und Weihnachten so grünbeladene Gefährte kennt, und man sieht auf den Straßen einen kleinen Handel mit gip-

sernen Lichtuntersätzen entstehen. Das sind die äußeren
Symptome für die Feststimmung. Die inneren Symptome
lassen sich mehr fühlen als nachweisen. Aber sie sind vorhanden. »Sedan bleibt Sedan.« Und zu der gedankenlosen,
gewohnheitsmäßigen Feststimmung sonstiger Sedantage
kommt diesmal, auch für Berlin, derjenige tiefere Ernst,
der mit einer sich jährenden großen Erinnerung und einem
Rückblick verknüpft ist. Worin dieser tiefere Ernst besteht,
das läßt sich, wie gesagt, mehr empfinden – aus einem
Konglomerat von Einzelerscheinungen, deren keine an
sich besonders symptomatisch ist – als beweisen.

Dagegen wahren sich die Panke-Athener ihr Recht auf
Spott in allen anderen Dingen, selbst wenn diese eng mit
dem Feste verknüpft sind. An dem Tage, wo diese Zeilen
erscheinen, wird die Kaiser-Wilhelm-Gedächtniskirche
feierlich eingeweiht. Die Generalität und die Schulkinder
sind dazu aufgeboten worden, und es ist programmäßig
vorgesehen, daß in »spontanem« Begeisterungsausbruch
patriotische Weisen gesungen werden. Das wird gewiß alles glatt und auch ehrlich vonstatten gehen. Aber die Kirche selbst ist nie mit so viel Ernst betrachtet worden, wie es
eine Gedächtniskirche verdiente. Die Ursachen lagen zum
Teil in der Art ihres finanziellen Zustandekommens, in den
agitatorischen Privatexpeditionen des Freiherrn von Mirbach, dieses idealen Stadtreisenden, in der opferreichen
Hineinziehung des Geheimen Kommerzienrats Goldberger, der eigentlich nicht streng protestantisch ist, und in
verwandten äußerlich scherzhaften Dingen. Die Architekten lachten wieder im stillen – und auch im öffentlichen –
über die besondere Art der Krönung dieses Gebäudes, die
in einer langen Goldstange mit einem Stern und einem
Kreuz besteht und die vor allem den Zweck hat, die Höhe
der Kirche um ein stattliches Stück künstlich emporzuschrauben. Daß sie sonst hübsch und nett und in ihren sau-
ber romanischen Formen wie aus Zuckerguß hergestellt
aussieht, wird niemand leugnen. Eine andere Frage ist die,
ob durch den Bau einer Kirche der Erinnerung an den zur
Zeit der Gründung des Deutschen Reichs in Berlin regie-

renden Fürsten Genüge getan wird. Unstreitig – denn der alte Kaiser Wilhelm war ein von schlichter Frömmigkeit durchdrungener Mann, und der Bau einer Kirche hätte ihm selbst außerordentlich viel Freude bereitet. Wieder eine andere Frage ist dann, ob die Erinnerung des Volkes an eine große Zeit heut durch den Bau einer Kirche am besten zum Ausdruck gebracht und gefördert wird. Die Antwort hierauf könnte am sichersten eine Statistik des Berliner Kirchenbesuchs geben. Fest steht jedenfalls, daß sämtliche Berliner Prediger über mangelhaften Kirchenbesuch jammern, und man vergegenwärtigt sich in Berlin unwillkürlich den literarhistorisch berühmten Ausspruch: »Ein trauriger Anblick – die Sonntagsleere einer Kirche und ein Brunnen, der kein Wasser mehr gibt.« Jedenfalls wird die Kaiser-Wilhelms-Gedächtniskirche am ersten Tage vollständig gefüllt sein. Dafür hat der Kaiser gesorgt, welcher sich von meinem (in jedem Berliner Brief zu zitierenden) Theodor Fontane unter anderem auch darin unterscheidet, daß Fontane eingestandenermaßen »kein Talent zur Feierlichkeit« besitzt, während Wilhelm II. ein ganz ausgesprochenes Talent zur Feierlichkeit besitzt. Die Generalität und die Schulkinder werden den Einweihungsakt der Kirche feierlicher machen helfen, und der Kaiser, der eben erst in Stettin u. s. w. Feierlichkeiten beigewohnt hat, wird sicherlich auch hier zufrieden sein. Im übrigen ist in Preußen in den letzten hundert Jahren entschieden eine Wendung zum Besseren festzustellen. Man wird religiöser und baut mehr Kirchen. Vor hundert Jahren hatte Lamettrie grade seinen ungeschminktesten Atheismus drucken lassen, da lud ihn der damalige König von Preußen ein, ihn zu besuchen! Voltaires Schriften waren grade vom Pariser Parlament verbrannt worden, da verlieh ihm dieser selbe König von Preußen den Verdienstorden! Lamettrie bekam sogar eine Anstellung, die er heute nie bekommen würde. Es waren überhaupt Dinge möglich, die heut nicht mehr passieren würden. Es ist eine Wendung zum Besseren eingetreten.

Während man an die Gedächtnisfeier großer Schlachttage geht, finden in Berlin kleine Schlächtereien statt, die

sogenannte Liebe rast und fordert ihre Opfer. Selten waren
die Opfer so zahlreich wie in diesem August. Ein Fräulein,
deren sittliche Stärke in vollem Maße nur von der polizeilichen Aufsichtsbehörde gewürdigt wurde, schießt ihren
Liebhaber, einen etwas schwächlichen Arzt, mit einem Revolver tot. Ein verliebter Schlosser lockt eine spröde Wurstmamsell aus dem Geschäft und tötet sie und sich mit wenigen Schüssen, mitten in der Friedrichstraße. Ein älterer
Mann, dem seine Angebetete mit einem Obsthändler untreu geworden ist, versucht ein Pistolenattentat gegen sie
und jagt sich, als es mißlingt, vier Kugeln in den Kopf, worauf er von dem gegenwärtigen Liebhaber der Dame in
schwerverwundetem Zustand noch jämmerlich mißhandelt
wird. Eine Radfahrerin stürzt sich, mit dem charakteristi-
schen kurzröckigen Kostüm bekleidet, aus unglücklicher
Liebe in den Halensee, und zwei sentimentale Arbeiterin-
nen springen vom vierten Stock mit zusammengeschnürten
Körpern aufs Pflaster. Das ist etwas viel für einen Monat
und etwas viel an unglücklicher Liebe. Aber bei näherem
Zusehen ergibt sich für den Kundigen, daß die exotischen
Motive von den wirtschaftlichen Motiven nicht immer
scharf zu trennen sind. Beides geht Hand in Hand. Einem
ist sie die hohe, himmlische u. s. w., anderen die melkende
Kuh: das gilt auch von der Liebe. Und vielleicht wird man
dahin gelangen, ähnliche Exzesse immer zuerst auf ökono-
mische Beweggründe, dann erst auf die individuellen Regungen zu prüfen. Der Mörderin des Dr. Steinthal kam es
im wesentlichen auf die eheliche Zivilversorgung an. Die
ermordete Wurstmamsell hatte, wie der Bräutigam wußte,
ein »hübsch Vermögen«, das nun einem anderen zufallen
sollte. Der Anbeter der Obsthändlerin war eingestandenermaßen über die Mitnahme von Wirtschaftsgegenständen
durch die Teure erbittert, und die Radfahrerin grämte sich,
daß sie, elternlos, sich fortan ohne jede finanzielle Unterstützung durch dies bitterböse Leben schlagen sollte. Ja, am
Golde hängt, nach Golde drängt doch alles. Das soziale Moment, das auch aus diesen »Liebes«-Dramen spricht, ist eine
Art Mahnung – und es läßt auch von den bevorstehenden

feierlichen Akten diejenigen als die klügsten und würdig-
sten erscheinen, die nicht in Gepränge und Zeremonien
ihre Ehre suchen, sondern das disponible Geld, wie es
mehrfach geschieht, den invaliden und oft bedürftigen
Kämpfern selbst zukommen lassen. Auch hier ist das wirtschaftliche Moment wahrscheinlich wichtiger als das sogenannte rein ideelle. Und je mehr hier der Person und je
weniger der Sache gedient wird, desto besser ist es – ausnahmsweise.

8. September 1895

Die friedlichen Tiere, welche den Ruf haben, eher durch
ein Nadelöhr zu gehen, ehe denn ein Reicher in den Himmel kommt, genießen jetzt in Berlin eine Beachtung, die
weit über die Grenzen des Zoologischen Gartens hinausgeht. Das Schiff der Wüste hat treffliche Eigenschaften: es
ist ausdauernd, und es ist getreu, sogar getreu bis in den
Tod, indem es vorsorglich Wassermengen in einem Teile
seines Magens aufspeichern soll, welche dem elend ver-
schmachtenden Araber, nachdem er den Dolch in den Busen des edlen Tiers gebohrt, in rührender Weise zugute
kommen – so stand es in den Lesebüchern: im Oltrogge,
im Seltzsam und im Hopf und Paulsiek. Dieses gute Tier
ist in der Betrachtung der Menschen herabgesetzt worden, vielleicht gerade wegen seiner Geduld (»der Gerechte
muß viel leiden«, heißt es in Psalm 34). Zwar geschieht die
Anwendung seines Namens auf freie Studenten, die keiner Verbindung zugehören, ohne beleidigenden Neben-
sinn. Aber in der landesüblichen Mehrheit der Fälle bedeutet der Vergleich mit ihm einen gewissen Zweifel an
der Genialität eines Menschen. Hierin liegt die Hauptbedeutung der Kamele für die Gegenwart. Der Ausspruch,
den ein deutscher Krieger tat: »Schulze, Ihnen fehlen zum
Kamel bloß noch die Hörner!«, zeigt sogar unwiderleg-
lich, daß dem modernen Mitteleuropäer die Vorstellung
des konkreten Kamels überhaupt abhanden gekommen
ist. In seiner Seele lebt ein ideelles Kamel, ein Begriff, der

mit dem Begriff des Minderbegabtseins gleichgesetzt werden muß.

Es erwächst nun die erwägenswerte Frage: Ist man mit Sicherheit ein Kamel, falls man keine dreihunderttausend Mark für einen Kirchturm hergibt? Oder die Frage kann variiert werden, sie kann in komparativer, in konträrer, in eventualer Form gestellt werden, etwa: Ist man ein Kamel, und ein größeres, falls man die dreihunderttausend Mark hergibt? – und was der annehmlichen logischen Spielereien mehr sind. In Berlin hat die berühmte Gedächtnis-Skulptur, welche sich zur Bejahung der ersten Frage entschloß, eine neue Ära des Kirchenschmuckes eingeleitet. Mancher Andächtige, der im Gebet seinen Blick über die eine Tür richtet, wird des friedlichen, getreuen Tiers, in Stein gemeißelt, ansichtig werden – und allerdings vielleicht in der Weihestimmung einen zeitweiligen Schreck bekommen. Friedrich Rückert, welcher singt:

> Er blickte in die Höh' und sah
> Dort das Kamelhaupt furchtbar nah

hat den Vorgang bereits geschildert. Auch früher gab es mancherlei zoologisch-botanischen Zierat in Kirchen. »Im phantastischen Schmucke der steinernen Blätter und Blumen, der Schnörkel und Fratzen, frommer Tiere und der alten bezwungenen Drachenbrut spiegelte sich die Fülle der Natur und Phantasie«, so sagt in seinem herrlichen reichen und gedrungenen Stil der Kirchenhistoriker Karl Hase. Jetzt ist die Sache amüsanter geworden, man fügt zu den Fratzen und frommen Tieren eine kleine Ulk-Inschrift, weil doch in einer Gedächtniskirche unbedingt für Spaß gesorgt werden muß, und daß diese Inschrift eine ganz unverschämte Beleidigung der tüchtigsten europäischen und ersten deutschen Stadtverwaltung enthält, kommt wohl weniger in Betracht. Der Urheber ist unbekannt – der Urheber dieses »Scherzes«, wie der Baurat Schwechten sich in christlicher Milde ausdrückte. Die Stadtväter, über die jeder denken kann, wie er will, die aber hier offenbar in grundloser Weise angerüpelt werden, bloß weil sie in dieser Zeit dringender sozialer Anforderungen keine Viertelmillion für einen Kirchturm übrig haben, werden hoffentlich in der Behandlung des Falles weniger christliche Milde üben.

Die Fremden, die gegenwärtig in Berlin sind, fahren noch immer vom Nollendorfplatz mit der Dampfstraßenbahn zu der neuen Kirche, um sie zu besichtigen. Ihre Zahl ist jetzt enorm: Berlin gehört den Fremden, nicht ganz Berlin, aber doch die Friedrichstadt. Dort kommen sie meistens an, dort wohnen sie, dort finden sie die Hauptrestaurants, die Hauptvergnügungstempel – und wenn sie die Friedrichstraße, die Linden und die Leipziger Straße ein halbes Dutzend Mal auf und ab gewandelt sind, bilden sie sich ein, Berlin zu kennen. Natürlich liegt Berlin ganz woanders als in diesem Hotel- und Tingeltangel-Stadtteil. Ich selbst mußte den Fremdenführer machen, für einen lebemännischen, vollblütigen und etwas renommistischen Slawen, der zum zehnten oder zwölften Mal hier war und – wie das Gros der Kultur-Menschheit augenblicklich – aus Ostende kam. Wir waren abends in dem Zoologischen Garten, wo ich ihm Ludwig Pietsch zeigte, wir waren im Bilderpark am Lehrter Bahnhof, wo er sich an Boldinis unheiliger Familie, dem modernen und angezechten Straßenkleeblatt, ergötzte, wie sich bereits die eine Million und siebenhunderttausend Einwohner zählende Bürgerschaft Berlins daran ergötzt hat, wir waren fünfmal im Café Bauer, wo gegenwärtig nur polnisch und amerikanisch gesprochen wird, wir waren in den »Webern«, wir speisten nachts im English buffet in der Passage, von wo aus er gelegentlich beim zweiten Glase Ale ein Gratisschauspiel hatte: ein Fräulein, das unten in der Passage lustwandelte, bekam von einem Jüngling Hiebe, ein Taschendieb wurde verhaftet, da man ihn beim Arbeiten betraf, zwei Araber, ein alter und ein junger, gingen im weißen Wüstengewand spazieren und riefen zuweilen Salem aleikum oder etwas Ähnliches, und einem jungen Börsenherrn wurde der Zylinder eingeschlagen. Mein Slawe war seelenvergnügt, als er sich so mitten in der dicksten Weltkultur drinfühlte, beklagte sich über den Stumpfsinn des Daseins in Warschau,

wo so etwas nie vorkäme, und bestellte sich das dritte Glas
Ale, aber diesmal mit etwas Stout drin. Als wir dann die Königgrätzer Straße entlangschritten, nach meiner westlichen
Heimat zu, fing er an zu weinen, weil er das Goethe-Denkmal sah. »Bei uns«, sagte er, »darf man das Wort Mickiewicz
nicht einmal erwähnen; die russische Zensur errrlaubt
nicht; von Denkmal keine Rrrede, aber dem Paskjewitsch
Eriwanski, der Warschau erobert hat, haben sie Denkmal
gesetzt, *das* können wir sehen«. Nachdem er dies gesprochen, gingen wir fröhlich zu Josty am Potsdamer Platz; und
er stieß mich an den Ellbogen, während er ein allein sitzen-
des, Eis essendes Geschöpf mit kleinem stumpfem Näschen
innig betrachtete. Er lächelte und war selig.

Die zahlreichen Fremden, die jetzt hier sind, sollen Berlin zuweilen für eine italienische Stadt halten. Es wird wirklich langsam maccaronisiert, und wo man hinblickt, sieht
man grüne Röcke, rote Kopfdeckeltücher und Tambourins.
Nicht nur in der italienischen Ausstellung, wo ein halbes
Hundert namenlos gelangweilter Sänger und Sängerinnen
aus Neapel und den benachbarten Dörfern sich mit Kanti-
lenen und Rezitativ-Tremoli noch immer abrackert. In allen
Stadtteilen, in den verschiedensten Restaurants, selbst in
Stadtbahnwaggons trifft man die wohlbekannten Gestalten,
die zu keinem andern Zwecke hier sind, als um funiculi, funicula zu singen, das Margherita-Lied zu grölen und »bell'è
l'amore, l'amore si va« pointiert zu flöten. Sie sind bei der
Bevölkerung unendlich beliebt, weil ihre jauchzende Lebendigkeit und ihre strahlende Grazie auch die schwerfäl-
ligsten Bären hinreißt, die bei einem Glase Weißbier über
das Universum und den Magistrat nachdenken; und die
Lieder, die sie zum besten geben, sind Volkslieder geworden. »Sie gehen durch Mark und Bein«, sagen die älteren
Berliner, »sie sind zu schön, ich mag sie nicht hören.«

Berlin ist jetzt die Stadt der Fremden, der durchziehen-
den und der dauerhaften: in den eignen Angelegenheiten
ist noch alles stagnierend bis auf Sedan und die Kamel-
angelegenheiten – nächstens berichte ich, was sich Neues
ereignet hat.

15. September 1895

Allmählich beginnt hier die Theaterstimmung zu reifen. Die Tage werden kürzer (eine frappante Beobachtung, auf die ich gestern nach längerem Nachdenken kam), die Sonne sendet den Berlinern, den gerechten und den ungerechten, ihre Liebesblicke spärlicher und gleichgiltiger nieder; reichlichen Regens rieselndes Rauschen tönt durch die Straßen, und abends, gegen sieben, spiegelt sich das gelbliche Licht der Laternen und das bläuliche der Bogenlampen in dunklen, weiten Pfützen. Die Ufer jenes melancholischsüßen Gewässers, das leider mit dem plattesten Namen »Landwehrkanal« heißt, sind weniger als sonst von Schwärmern belebt, die Laubengänge des abendlichen Tiergartens werden leerer, fast nur noch die Geheimpolizisten lustwandeln in diesem Walde der sommerlichen Liebe und der Fledderei; der Bilderpark am Lehrter Bahnhof ist eine verlassene Stätte, über dem Pappe-Italien und dem falschen Canale Grande liegt »nordisch trüber Tag«, wie es im »Faust« heißt, und auf der Terrasse des Zoologischen Gartens hört man weniger mit den Tellern als mit den Zähnen klappern. So war es in diesen Tagen; das fördert die Theaterstimmung. Man ahnt jetzt wieder die bunte Welt, die zwischen gemalten Leinwandstücken erscheinen wird; die freilich, wie die Dinge liegen, Individuen von feinerer Künstlersehnsucht in den meisten Fällen enttäuscht und unbefriedigt lassen wird, die aber doch mit ihrem Gelächter und ihrem Schluchzen, mit ihrer Erregung und ihrer Abspannung, mit ihren Siegen und ihren Niederlagen, mit ihrem Milieu von Rausch und Glanz und Lärm, auch von Toiletten und Begrüßungen und raschen Wagenfahrten und Diskussionen und nächtlichen Gelagen, mit ihrem ganzen Tohuwabohu eine hinreißende Magie besitzt. Sie spukt mir schon in allen Gliedern, die herrliche Walpurgisnacht.

Das Deutsche Theater hat den Anfang gemacht. Die Sorma spielte zum erstenmal die Julia; das war ein wichtigeres Ereignis als die vorangegangenen Premièren anderer Theater. [...]

Der große Shakespeare-Abend des Deutschen Theaters war keineswegs bloß ein Sorma-Abend. Eine gekränkte Schauspielerin, die sonst gescheite Rosa Bertens, wollte dem Deutschen Theater grollend den Namen Sorma-Theater beilegen, als sie ihm den Rücken wandte. Sie hatte unrecht. Die Sorma trat nicht aus dem Rahmen. Denn in diesem Rahmen wirkten Kainz und Reicher, die Wilbrandt-Baudius und Hermann Müller. Das Ganze, das in ausverkauftem Hause vor einem gespannten Publikum sich abspielte, war in mehr als einer Hinsicht interessant. Die äußere Einfassung erschien reizvoll und sehr würdig. Ich erkannte mit freudig-sehnsüchtigen Gefühlen sogar das Haus der Julia Capulet wieder, wie ich es in der Via Capello zu Verona gesehen, in jener Trödel- und Raritätenkastenstadt, die so hübsch gelegen ist und so schlecht riecht nach Leder, Heringslake und noch einigem. Auch in der gesamten Regie war Zug und Promptheit, und mich verstimmten nur die Mätzchen, die angeordnet oder doch geduldet worden waren. Als Romeo der Amme Geld gab, mußte der Diener Peter rasch zuspringen und mit einem Zirkuswitz die Hand für sich dazwischenhalten! Romeo und Julia führten, als sie vom Fenster in den Garten sich unterhielten, eine lange Kletterübung mit schalkhaften Springversuchen, erfolglosen und schließlich erfolgreichen, aus, eine Gratispantomime, von welcher Shakespeare nichts sagt und die hier auf wenig verschämte Extraeffekte ausging. Töricht war es auch, daß die verbreitete Torheit deutscher Regisseure wiederholt wurde: die Nachtszene in Juliens Zimmer wurde nicht geflüstert, sondern stramm mit lauter Stimme deklamiert, obgleich die Gräfin Capulet jeden Augenblick ins Zimmer treten kann und beinah gezwungen werden muß, die Rolle der intervenierenden Mutter aus der »Braut von Corinth« zu übernehmen.

Die Sorma, in der langerwarteten Darstellung der Julia, hat manches nicht gegeben, was man erwartete; dafür hat sie manches gegeben, was man nicht erwarten konnte. Es waren gewisse Momente, in denen sich eine Offenbarung vollzog. Man spürte da plötzlich den Flügelschlag einer

Seele, die etwas mehr besitzt als andere Menschen. Alle diese Momente lagen im ersten Teil. Ein so wundersüßes reifes Konfirmandengeschöpf, in dem der seligste Drang, mit einem Schlag erweckt, naiv-innige Hingebung und jungmädchenhafte Leidenschaft hervorzuzaubert, ein ahnendes, sinnlich-keusches Wesen, halb Kind, halb Frau – das war sie so, wie es im gegenwärtigen Deutschland keine zweite sein wird. Als sie, vom Fenster aus, dem harrenden Montague auf den Anruf der Amme ganz leise zuwisperte: »Wart' einen Augenblick, ich komme wieder!«, im Ton eines eiligen, heimlichtuenden und grenzenlos liebenden Schulmädchens von erwachenden Sinnen, unterbrach ein kurzer unwillkürlicher Laut des Staunens, den die Gesamtheit der Hörer ausstieß, die Vorstellung; man stand vor der seelischen Grazie dieser Person wie vor einer frappanten Naturerscheinung. Das waren wenige Momente, Momente, in denen man in schwächerem Maße Empfindungen hatte, wie man sie verstärkt bei der Duse einen Abend lang und mehrere Jahre außerdem fühlt. Aber im zweiten Teil, wo die große Tragik hereinbricht und Julia ganz Weib ist, versagte die innere Kraft zum Teil. Schumann sagt einmal: Komponiere keine Note, die dich beim Komponieren nicht interessiert – die Sorma sprach zahlreiche Noten, ohne im tiefsten Sitze der Seele interessiert zu sein; nicht teilnahmslos, aber nicht mit der letzten individuellen Teilnahme, welche die überzeugendsten und überwältigendsten Wirkungen übt. Sie war oft nicht frei von Äußerlichkeit und Virtuosentum. Kainz hatte einen fast neuen Romeo herausgearbeitet. Wenn er ihn früher als einen Knaben gab, gab er ihn jetzt als einen gar knabenhaften Knaben. Ich habe diesen Veroneser Jüngling immer für einen intensiven Erotiker gehalten, ja er ist fast erotisch-schwermütig, erotisch-krank im Anfang. Kainz hüpfte und hopste viel, er war in einer gesuchten Kindlichkeit oft manieriert, zu sehr tändelnd, zu wenig innig, mehr ein Hänschen als ein Romeo. Aber wo es auf liebenswürdig-stürmische Leidenschaft ankam, riß er hin. Auch er hatte Momente. Und die ganze Vorstellung hatte Momente. Sie

wird berühmt werden; vielleicht wird sie auch ausgegli-
chen.

Brahm ist ein Schüler von Scherer, und auch von einem
anderen Schererschüler, Erich Schmidt, können die Berliner dramatischen Zustände jetzt wesentliche Einwirkungen
leicht erhalten. Erich Schmidt ist zwar nicht der Nachfolger
Tauberts, des Schauspielhaus-Dramaturgen, geworden, aber
er hat die leitende Stelle in dem beratenden Leseausschuß
der Hofbühne bekommen. So ist frisches Blut in den alten
Körper eingeführt worden, und meinem vorläufig noch op-
timistischen Blick eröffnen sich frohe Aussichten. Erich
Schmidt ist ein Mann, der zwei Dinge vor der bisherigen
dramaturgischen Leitung der Hofbühne voraus hat. Er besitzt etwa fünfundzwanzigmal so große literarhistorische
Kenntnisse, und es ist möglich, daß manche Perle, die im
Wust vergangener Zeiten versunken ist, durch ihn gehoben
und in neuer Fassung gezeigt werden wird. Zum zweiten
hat diese bei aller Feinheit gradelosschreitende, frischkräf-
tige Natur durchaus kein Stiefverhältnis zu neueren Richtungen, sein Herz ist nicht zu, sein Sinn ist nicht tot, er ist
nicht bloß Historiker, er ist ein moderner Mensch und ein
Künstler, und wenn seine letzten Sympathien im Abgeklär-
ten und Ausgereiften wurzeln, ruht sein Blick doch klar
und frei auf dem Werdenden. Er ist zwar Mitglied der Schil-
lerpreis-Kommission, und Gerhart Hauptmann, das ist
mein Kummer, hat den Preis noch nicht erhalten, obgleich
es immerhin schön wäre, wenn unser Größter, Innigster
und Tiefster auch unser Ausgezeichnetster sein dürfte.
Aber die Gründe werden nicht an Erich Schmidt liegen,
sondern eher an Weinhold, dem hochverdienten Germanisten, der für auffallende Neuerscheinungen in seiner konservativen Vergangenheitsverehrung nicht leicht zu haben
ist, oder an Treitschke, welcher dem Dichter der »Weber«
keinen Preis zuerkennen würde. Vielleicht wird sich Erich
Schmidts Mitarbeit schon in kurzer Zeit an den Darbietungen der Hofbühne wohltätig zeigen.

Auch den Darbietungen unserer übrigen Theater wäre
ein wohltätiger Einfluß von ganzem Herzen zu wünschen.

Insbesondere der volksmäßigen Kunst. Das einzige Bollwerk für sie ist noch das Schiller-Theater. Sonst lebt sie in Berlin ein seltsames Dasein. Sie nährt sich auf dramatischem Gebiet im wesentlichen von Nachahmungen. Als man die oben erwähnten »Weber« in der Freien Bühne spielte und über den Rahmen dieses Separat-Instituts hinaus eine Menge Staub aufgewirbelt wurde, stand auf dem Repertoire eines Vorstadttheaters am Alexanderplatz sofort ein Stück, welches ebenfalls »Die Weber« hieß und zur Vorsicht statt des Autornamens drei Sterne hatte. So hatte der in der Oper erfolgreiche »Trompeter von Säckingen« jahrelang am Alexanderplatz ein Konkurrenzschauspiel gleichen Titels; der berüchtigte »Fall Clemenceau« wurde gleichfalls am Alexanderplatz in einer Extra-Version gegeben; selbst die Barrisons, vor denen die entnervten und verbohrten Elemente Berlins im Wintergarten im Staube lagen, riefen das Erscheinen von fünf Schwestern Barrison in Berlin N. hervor. Neuerdings tritt diese Neigung zu derartigen Konkurrenzmanövern zurück vor der Neigung, Zeitereignisse mit entsprechenden Bühnenspielen zu begleiten und zu kommentieren. Ich entsinne mich der Zeit, wo ein Stück »Die Judenflinten« im Ostendtheater gegeben wurde (es war zu Ahlwardts Blütezeit); später suchte man die Alexianermißbräuche in einem Stück des Titels »Im Irrenhause« zu illustrieren, und das neueste ist in Berlin ein Drama »Die Millionen-Erbin von Rixdorf«, welches im American-Theater tragiert wird. Der fingierte Name des Verfassers selbst ist hier sensationell verwertet: der sonst unbekannte Dichter nennt sich »Baer«, also ebenso, wie jene arme Närrin des Glücks, die rasch berühmt gewordene Rixdorfer Hulda, heißt. Aber die sensationellen Elemente liegen ausschließlich im Titel. Der Inhalt – dem Gesamtcharakter der Berliner niederen Volkskunst entsprechend, die einmal systematisch zu betrachten sehr lohnend wäre – ist vorwiegend parodistisch. Es ist ein Gemisch von Parodie und blutigen Kalauern – jener von Schopenhauer so tief verachteten Humorgattung, in der vom Hausdichter dieses Musentempels, dem urkomischen

Bendix, das Menschenmögliche und etwas mehr geleistet
wird. Die landesübliche Neigung zur Schadenfreude, die in
der Berliner niederen Kunst fast überall zu beobachten ist,
fehlt auch hier nicht. Aber dabei schimmert in der blödsinnigen Handlung, soweit man diesen Ausdruck brauchen
kann, ein Zug zur Idyllik und zur Genügsamkeit durch, der
ebenfalls ein ziemlich regelmäßig wiederkehrendes Merkmal der Berliner niederen Kunst bildet. Die Zote, die daneben zu den unveräußerlichen Heiligtümern dieser Kunst
gehört, ist verhältnismäßig diskret behandelt, wohl mit liebenswürdiger Rücksicht auf das Polizeipräsidium. Diese
Posse findet nun einen enormen Zulauf – teils von überle-
generen Naturen, die hier einen großartigen Ulk zu finden
hoffen, teils von solchen, die ganz naiv einen dramatischen
Kommentar zu einem Zeitereignis begehren. Von den Vor-
stadtkunstwerken, welche des Lebens wechselvolles Spiel
mit aktuellen dramatischen Erläuterungen begleiten, ist
diese »Millionenerbin von Rixdorf« seit langer Zeit das
markanteste und das erfolgreichste, und für den Literarhistoriker der Zukunft mag es auch bedauerlich sein, daß der
Name des »Dichters« im verborgenen bleibt. Aber so ist es
mit jeder, wenn ich so sagen darf, Volkspoesie. …

Auf dem Gebiete der niederen Kunst haben auch die
subtiler Empfindenden, die verwöhnteren und perverseren
Großstadtelemente, gegenwärtig ihr Hauptvergnügen. Aus
dem unreinen Felde internationaler Tingeltangelei ist es
ihnen erblüht, und es wird in einer Person verkörpert, die
Jeanne Bloch heißt und direkt aus Paris kommt. Auf allen
Straßen kann man ihr Bild sehen, und daß es so gar nicht
sehenswert ist, darin liegt eben der besondere Witz der Sache. Wenigstens soll er darin liegen. Sie ist ein ungewöhnlich häßliches, dickes, schwarzes und bejahrtes Frauenzimmer, das im Gang und allen Bewegungen etwas lächerlich
Reizloses hat. So stapft sie über die Bühne und singt süße
Liedchen von ahnender, erster Liebe und holder Unschuld.
Sie verläßt auch das Backfischgenre und verkörpert gelegentlich die kleine, liebliche und graziöse Kokotte, welche
die Überzeugung hat, la femme la plus chique de Paris zu

sein; mit schalkhaftem Lächeln hebt dann das alte Ungetüm einen Zipfel seines Röckchens empor. Das Ganze ist
für mein Empfinden ziemlich widerlich, und es wäre kaum
zu ertragen, wenn man nicht das Durchblitzen einer, wenn
man will, »geistreichen« Idee beobachten könnte. Die romantische Ironie, die in ähnlichen bewußten Kontrastie-
rungen ihre Wurzeln hat, ist hier auf dem Brett'l in Fleisch
und Bein wiedererstanden. Aus dem massenhaften Herbei-
strömen von Zuschauern aber, dessen sich diese fast barri-
songleich populär gewordene Greisin des Wintergartens
zu erfreuen hat, ist zu ersehen, daß auch für die Kreise der
Brett'l-Liebhaber die Theaterstimmung bereits langsam
reif geworden ist.

29. September 1895

Als unser lieber Heinrich Heine Berliner Briefe schrieb (sie
gehören seltsamerweise zum Schlechtesten, was er hervor-
brachte), hatte er es gut. Die Vermählung irgendeiner preußischen Alexandrine mit irgendeinem mecklenburgischen
Prinzen konnte hinreichen, einen Berliner Brief zu verfassen: sie war für Berlin die Summe der Ereignisse. Heut ist
das Leben hier dezentralisierter. Analoge Vorgänge – sagen
wir Hoffeierlichkeiten, sagen wir Ankunft und Abreise des
Kaisers – wären als Themen für Berliner Briefe schon wegen ihrer häufigen Wiederkehr nicht geeignet. Das Leben
zerflattert und zerstiebt heut. Der getreue Chronist, der die
amüsante Aufgabe hat, in regelmäßigen Abständen Bilder
des jeweiligen Berlins zu geben, gibt Mosaikbilder. Und
wenn er gar am Ausgang des September und eben bei Beginn des Herbstes sein Bild entwerfen soll, werden die Mo-
saikteilchen so winzig sein wie in den venezianischen Mosaiken, die mit urkleinen Pinzetten zusammengesetzt
werden. Es ist die schlimmste Jahreszeit. Was ist jetzt hier
los? Sehr wenig und sehr vieles. Überall, wo gute Menschen
zusammenkommen, ergötzen sie sich an den letzten Skandälchen. Noch immer muß in privaten Gesprächen Wilhelm von Hammerstein, der große Gauner, herhalten. Ich

habe den Vorzug, einem engeren Kreise anzugehören, zu
dem auch er zählte. Es ist eine sonst vornehme Schar von
Männern, die sich monatlich einmal Donnerstag zu dem
ernsten Geschäft des gemeinsamen Soupierens im Palast-
Hotel versammelt. Wilhelm von Hammerstein kam nur
selten. Er hätte dort auch Politiker anderer Richtungen treffen können: den bimetallistischen Herrn Arendt, den freisinnigen Alexander Meyer, den Abgeordneten Munckel.
Auch Vertreter anderer Berufsarten hätte er treffen können,
z. B. Hans von Treskow – Kommissar bei der Kriminalpo-
lizei. Auch Herrn Aschrott, welcher Strafrichter ist. Er kam
selten. Jetzt wird sein Name, ach, aus der Liste der Gast-
mahlgenossen für immer gestrichen werden; dieser Name,
der mit seinen Titeln vier ganze Zeilen der Liste bean-
spruchte. Und sonst? Vilma Parlaghi ist endlich geschieden
worden. Gott sei Dank! Das Gericht hat gesprochen. Unwiderruflich, nicht mehr zu ändern. Die westlichen Herrschaften, welche den Fall in die Hand genommen hatten,
müssen sich beruhigen. Wir erörtern jetzt eifriger die
Frage, wie sie sich als junge Witwe ausnehmen wird. Denn
sie scheint zur jungen Witwe Talent zu haben. Sie zermartern sich den Kopf, erstens ob eine aristokratische Heirat in
Aussicht genommen ist, zweitens ob eine leidenschaftlich-
phantastische Liebe im Hintergrunde schlummert, drittens
ob bloß die mollig-bequeme Freiheit des Zölibatstandes erstrebt werden sollte. Aber das alles ruht ja im Schoße der
Götter. Und sonst? »Tanze changeant.« Dies ist eine neue
Losung, die in Berlin seit wenigen Wochen aufgekommen
ist. Es ist eine Redensart, die sich an »Schmücke dein
Heim«, an »Koche mit Gas«, »Wasche mit Luft«, »Prügle
dein Weib« anschließt. Eines der nobel-gemeinsten Tanz-
lokale, die »Coursäle«, hat sie erfunden und durch die Litfaßsäulen populär gemacht. In diesem bei verschmitzten
Provinzialen beliebten Lokal wird nach verschiedenen Orchestern ein Tanz namens changeant getanzt. Natürlich gehen geschmackvolle Leute nicht hin, den öden Rummel an-
zusehn. Jedoch die Redensart ist aufgenommen worden. Sie
hat, wie sich graziösere Feuilletonisten ausdrücken würden,

das Bürgerrecht in den westlichen Kreisen Berlins erworben. Wie man sonst etwa sagt »Leben Sie wohl« oder »Mein Herr, behalten Sie mich in gutem Andenken«, sagt man jetzt kurzweg: »Tanze changeant« und lächelt schalkhaft. Und sonst? Es werden Rebhühner gegessen, so viel, daß es nicht mehr schön ist; in allen Häusern, welche Einladungen zu einem Löffel Suppe oder zum Abendessen ergehen lassen – massenhaft; es soll Leute geben, die bereits am Rebhuhnkoller, einer neuen Krankheit, leiden. Und sonst – es wird über das Rektorat Adolf Wagners diskutiert, welcher den Antisemitismus bekanntlich aufgesteckt hat und bloß ein vorurteilsfreier Kathedersozialist ist. Und sonst – es spielt ein amüsanter Konkurrenzstreit zwischen zwei Glühlichtgesellschaften, an dem sich die gesamte Bewohnerschaft Berlins als tertius gaudens beteiligt. Diese Bewohnerschaft wird durch Plakate, durch tägliche seitenlange Annoncen, ferner durch auffallend eingerichtete Läden aus ihrer Seelenruhe gerüttelt; der Kampf zwischen Wertheim und Lubasch, den zwei Riesenramschbazaren, ist nichts gegen diesen namenlos erbitterten Krieg, der zwischen Meteorlicht und Auerlicht geführt wird; nun hat sogar die Goldene Hundertzehn in den Kampf eingegriffen, indem sie in einer feierlichen Dichtung, die von den Litfaßsäulen niederstrahlte, für »Meteor« in die Schranken trat. Und sonst – Salambo, Salambo, Salambo! Dieser Name, der so angenehm gebildet nach französischer Literatur klingt, ist überall in dreifacher Häufung zu lesen. Nur der Name in großen »Lettern« ohne erklärenden Zusatz. Er scheint ein Geheimnis einzuschließen. Salambo ist ein anmutiges blondes Geschöpf. Schlank und geschmeidig, mit kraftvoll zarten Gliedern und graziösen, ebenmäßigen Bewegungen. Sie lacht einigermaßen unwiderstehlich, die ganze Presse hat sie bewundert, nachdem jede Zeitung einen Redakteur, den lokalen und vermischten, zur Besichtigung nach Castans Panoptikum geschickt hat; das sogenannte Publikum ist mit der Bewunderung nachgefolgt, und wenn jetzt drei oder vier jüngere Herren nach gemeinsamem Mittagsmahl um halb fünf bei Kaffee und Liqueur zusammensitzen, entschließen sie sich leicht, die Fahrt nach der Friedrichstraße zu wagen, um Salambo, Salambo, Salambo zu sehen. Ich tat es neulich in ebensolcher Gesellschaft und fand eine lokkende, süße Kreatur, welche die starke Sensation ihrer Schönheit durch die stärkere Sensation des lebensgefährlichen Experiments steigert. Sie bändigt nämlich Schlangen. Eine riesengefährliche, hundertfünfzig Pfund schwere Boa Constrictor wickelt sie um Hals und Leib, als ob es eine Girlande wäre, sie läßt sich von ihr küssen und macht mit anderen Bestien ebenfalls die schwierigsten Sachen. Früher, als idealer Jambenjüngling mit rein spiritualistischen Neigungen, habe ich für derartige Produktionen eine kalte Verachtung gehabt und sie nicht angesehen. Jetzt, wo sie mir zufällig durch ein paar gute Freunde vor Augen gebracht wurden, fühlte ich, daß sie stark wirken können. Zwar mit dem Geruch der indischen Schlangenungetüme ist es schwer sich zu befreunden, aber rein und ungeteilt bleibt die Bewunderung für die berühmte, die junge, die wunderholde Salambo, Salambo, Salambo.

Und sonst? Es gibt noch eine dramatische Kunst in Berlin. Sie hat im Deutschen Theater den ersten stürmischen Erfolg dieses beginnenden Winters errungen. Mit Georg Hirschfelds »Mütter«, von denen ich hier schon im Mai erzählte. Das ergreifende Schauspiel, welches damals nur einmalig in der Freien Bühne vor einer besonderen Gemeinde gegeben wurde, ist jetzt den stehenden Alltagsbühnen einverleibt worden. Es ist verändert worden, und in dieser veränderten Form werden es vermutlich die anderen Städte zu sehen bekommen. Der Schluß war früher ein wenig theatralisch. Die liebende Fabrikarbeiterin ging mit etwas zu großer Promptheit ins Wasser, und der Liebhaber bekam einen Nervenanfall. Jetzt ist der theatralische Schluß weggefallen; aber er ist nur weggefallen, nicht ersetzt worden. Das Stück schließt einfach 10 Minuten früher. Die Liebesleute trennen sich, und der Vorhang fällt. Der verlorene und wiedergefundene Sohn bleibt im Hause, das Mädchen geht. Was aus ihm wird, was aus ihr wird, was aus dem Kinde wird, das sie unter dem Herzen

trägt, davon verlautet nichts: der Vorhang fällt. Der Dichter
mag geglaubt haben, daß es genüge, ein Drama bis zu einem einfachen Ruhepunkt der Entwicklung geführt zu haben; es ist ein Ausschnitt – basta; sämtliche daraus entstehende Konsequenzen zu zeigen geht nicht und ist auch
nicht nötig. Gewiß geht es nicht, und gewiß ist es nicht nötig. Aber nötig ist, daß ein Drama bis zu einem *entscheidenden* Punkt der Entwicklung geführt wird; und ob dieser
Punkt bei der bloßen Trennung zweier schicksalgeladener
Menschen schon erreicht ist, scheint zweifelhaft. Immerhin, es mag kein anderer Ausweg möglich gewesen sein;
ein bezwingendes, ein hinreißendes Kunstwerk bleibt es
auch so, und die ergriffenen Hörer aus dem profanum vol-
gus, die es jetzt kennengelernt, empfanden das und brachten dem jungen Autor den Tribut ihrer Hände ohne Knausern dar. Die Provinz wird vielleicht den theatralischen
Schluß doch wieder aufnehmen. Im übrigen haben schalkhafte Leute jetzt die Gelegenheit gefunden, einen Fami-
lien- und Theaterwitz zu machen, indem sie auf die Zettel
dreier Bühnen hinwiesen, die gegenwärtig erstens die
»Mütter«, zweitens einen »Natürlichen Sohn«, drittens einen »Rabenvater« ankündigen. [...]
So ist der gegenwärtige Stand der dramatischen Kunst
in Berlin. Wieder drängt sich die Frage auf: Und sonst?
Die Antwort lautet, daß am nächsten Sonntag ein neues
Stück von Blumenthal gespielt wird, welches Gräfin Fritzi
heißt. Ein Stück von Blumenthal! Und sonst?

13. Oktober 1895

Seit der Kaiser den Polen freundlich entgegenkommt, treten sie in Berlin gesellschaftlich stärker hervor. Bekanntlich
steht Herr von Koscielski, mit dem freundlichen Beinamen
Admiralski, an der Spitze. Durch sein Abgeordnetenman-
dat, andererseits durch die Heirat mit Fräulein Bloch, der
Tochter eines Warschauer Millionärs, ist er gleichmäßig mit
Hofkreisen und mit Börsenkreisen, zwei getrennten Wel-

ten, in Fühlung. In seiner Wohnung in der Alsenstraße, nicht weit von Kroll, sammeln sich auch diejenigen seiner Landsleute, die irgendeine Kunst können; von hier aus werden sie weitergereicht, nach rechts in die Aristokratie, nach links in die Finanz, und sie fühlen sich wohl dabei: ihre Gesichter zeigen nicht mehr in melancholisch-weichen Linien den Lenauschen »Mann, der 's Vaterland verlor«, sondern den feurig-sprühenden Ausdruck lebemännischer Draufgänger.

Der Kaiser kommt nicht bloß den Polen, sondern auch den Künstlern freundlich entgegen – er selbst ein Künstler –, und so ist der Maler Falat sein Leibmaler neben Vilma Parlaghi geworden, der berlinisierte Pole neben der berlinisierten Ungarin. Was wunder, wenn jetzt die gesellschaftlich führenden Kreise Falats neuestem Werk (das in einem halben Jahr fertig sein wird) intensivsten Anteil entgegenbringen. Genauer: seiner neuesten Unternehmung. Ein Panorama ist mehr eine Unternehmung als ein Werk. Der halbe Generalstab ist schon nach dem runden Arbeitsraum in der Herwarthstraße gepilgert, dessen erster Besucher der Kaiser war. Die übrige Gesellschaft sucht nachzufolgen, soweit es ihr persönliche Beziehungen zu einem der beteiligten Maler gestatten. Vier Polen, Falat, Kossak, Herr von Wiwiórski, Herr von Pulawski, malen hier einen russischen Triumph. Seltsam! Aber der dargestellte Rückzug Napoleons über die Beresina, so sagen sie mit Recht, ist keine Ruhmestat der Russen, sondern des russischen Klimas. Ich hatte mir, offen gestanden, die Sache etwas grausiger vorgestellt. Zwar hat Falat, der das Landschaftliche besorgte, die flache, weite Schneewüste mit dem violett dunkelnden Schimmer recht angenehm-trostlos gemalt. Aber die sonstige Not der Leute, die Rückzugs- und Frostschrecknisse scheinen mir nicht so gar fürchterlich. Immerhin, es ist bei weitem nicht alles fertig, und vieles verspricht sensationell-eindrucksvoll zu werden. Napoleon, der im grünen Pelz dasteht und die eignen Fahnen verbrennen läßt, tritt bis jetzt am schärfsten hervor; daneben fällt Mademoiselle Mars auf, die große Schauspielerin, die in krei-

schender Angst mit indezent emporgerutschten Röcken
und nacktem Knie aus dem Wagen springt, vor dem eben
ein Geschoß platzt … Mit der ganzen ritterlichen Liebenswürdigkeit, welche ein Erbteil dieses Volkes von weichen
Helden ist, erklärte mir neulich einer der vier Maler in guter Gesellschaft die Einzelheiten des Panoramas, das in einem halben Jahr in ganz Berlin en vogue sein wird. Großer
Gott – hundertzehntausend Mark kosten allein die Vorbereitungen! Leinwand für achttausend Mark ist bemalt worden. Die vier Männer arbeiten ein geschlagenes Jahr lang,
Tag für Tag. Alte französische Uniformstücke hängen an
den Rollgestellen, von denen aus die Riesenfläche mit Kon-
turen und Farben bedeckt wird, hie und da treibt sich ein
Kürassierstiefel herum, in ganzen Schüsseln werden die
Farben präpariert, und unten in der Arena liegt schlafend
auch Chéri, der weiße Hund der vier Maler, der sich so takt-
los bei der Ankunft des Kaisers benahm. Er sprang der Hofdame hinten an die Röcke und glaubte noch, einen Witz
gemacht zu haben. Die Hofdame war vorausgekommen,
und als die Majestäten nahten, lief sie eilends zur Tür – die
Maler hinterher. Chéri aber war dressiert worden, jeden
Laufenden scherzhaft von hinten zu fassen. Er wählte die
Hofdame. Rasch und erregt packte ihn der Herr Julian Falat, in der höchsten, der schrecklichsten Not, und schleuderte ihn in die Arena. Aus Rache wühlte der taktlose Hund
eine dicke, hohe Sandwolke auf, in deren dickster Mitte
jetzt die Gestalt des Kaisers erschien, die Kaiserin am Arme.
Die vier Künstler steckten noch in ihren farbenbeschmier-
ten Malkitteln: unser Monarch liebt die Überraschung. Sie
waren entzückt von der frischen Liebenswürdigkeit des
Kaisers, der hier den korsischen Parvenü gewiß mit vielem
Vergnügen in der Klemme sah.

Die vier Künstler gehören zum geistigen Berlin. Zum
geistigen Berlin gehören nämlich, wie ich jetzt genau erfahren habe, »Maler, Architekten, Bildhauer, Bühnenkünstler,
Journalisten, Musiker, Schriftsteller und Zeichner«, neben
den Wissenschaftlern. Sie sollen jetzt, offenbar um einem
schreienden Bedürfnis abzuhelfen, mit ihren Lebensläufen

gedruckt in das »Geistige Berlin« kommen. Dies ist ein
Buchunternehmen, welches von zwei Männern, die zu viel
Geld haben, eben gegründet worden ist. Es macht natürlich
in den Kreisen der betroffenen Wissenschaftler und »Maler, Architekten, Bildhauer, Bühnenkünstler, Journalisten,
Musiker, Schriftsteller und Zeichner« von sich reden. Auch
ich gehöre, stolz spreche ich's aus, zum geistigen Berlin,
denn vorgestern haben mir die Herausgeber ihren Frage-
bogen geschickt. Von kitzlichen Fragen, wie Konfession,
Höhe des Einkommens, Privatanschauung über die Lösung
der sozialen Frage u. s. w., sehen sie rücksichtsvoll ab. Dagegen fragen sie, ob man verheiratet ist, »event. mit wem
und seit wann?«. Ferner: »Empfingen Sie Titel, Orden oder
Ehrenzeichen?«, eine Rubrik, die ich zu meiner Beschä-
mung unausgefüllt lassen muß. Ferner: »Wie gestaltete sich
Ihr Lebensgang im allgemeinen«, und hier bleibt dem einzelnen freier Spielraum, mit der bekannten Objektivität zu
erzählen, was ihm Belangvolles je zugestoßen. Ich habe die
Absicht, hier die Geschichte meiner ersten Liebe zu schildern, ich werde mitteilen, daß sie sich in Breslau zutrug,
daß eine gewisse Gertrud der Gegenstand war, der ich in
der Albrechtstraße auflauerte, wenn sie aus der Schule kam
– und daß die Affaire leider streng einseitig bis zum Schluß
verlief; oder ich werde Beobachtungen schildern, die ich an
mir im Jahre 1877, unmittelbar nach der ersten Zigarre, machen durfte. Bisher gab es nur ein rotgebundenes »Gesellschaftliches Berlin«, das überflüssige Angaben über Geburtsjahr, Geburtsort und Wohnung spärlich brachte. Das
»Geistige Berlin« mit seinen famosen selbstbiographischen
Einschätzungen und seinen Selbstcharakteristiken von minutiösester Wahrhaftigkeit ist ein Fortschritt, und es verdient das Aufsehen, das es gegenwärtig macht. Der Band
soll auch bloß sieben Mark fünfzig Pfennige kosten, und
dafür ist er auch gefunden. Wenn sich von der eindreivier-
tel Millionen betragenden Bevölkerung Berlins nur jeder
zweite Mann ein Exemplar anschafft, was unbedingt eintreten wird, sind die Herausgeber schon auf die Kosten gekommen.

In den schriftstellernden Kreisen des greifbaren geistigen
Berlins haben sich jetzt einige Kleinigkeiten verändert.
Hermann Sudermann, der bisher in Dresden hauste, ist seit
dem Monatsanfang hierher übergesiedelt und hat sich
dicht bei der berühmten Gedächtniskirche in einer breiten
stillen Straße eine neue »Bleibe« gegründet. In diesen Tagen erschien er auf dem ersten Liebesmahl, das wir, etwa
vierzig Mann hoch, nach den Satzungen der exklusiven
»Literarischen Gesellschaft« in dem Prachtraume des
Reichshofs in der Wilhelmstraße einnahmen. Das erste
dieser Liebesmähler zeigt immer mit unfehlbarer Sicherheit, daß der Sommer endgiltig vorbei ist. Auch Spielhagen
war gekommen, und als wir nachher in zwanglosen Grup-
pen plauderten, mußte ich den Hammer- und Amboß-
Dichter wieder bewundern: dieser Sechsundsechziger, der
etwas ewig Jauchzendes in der Stimme hat, der vor Opti-
mismus und Begeisterung leuchtet, der den vollen Eindruck eines kavaliermäßigen, straffen Vierzigers macht
und immer auf Gummi zu gehen scheint, er steckt uns
doch alle in den Sack. Wie skeptisch und müde getanzt
stehn wir Jüngern neben seiner freudigen, glutvollen Rüstigkeit! In seinen Manuskripten – ich habe welche gesehen – ist so gut wie nie ein Wort geändert, man muß viele
Seiten absuchen, ehe man eine Kleinigkeit ausgestrichen
findet. Und so positiv, so geordnet wie seine Manuskripte
(die er natürlich gleich ins reine schreibt) sieht auch der
Mann aus. Ein künstlerisches Ringen um die Einzelheiten
der Form kennt dieser Zufriedene nicht. Das Streben nach
neuem, zugleich gedrängtem und haarscharf treffendem
Abdruck lag seiner Generation fern. Und in vier Jahrzehnten des Arbeitens hat er sich leicht eine unverrückbar feststehende Technik erworben, die er nun spielend handhabt.
So kann er heiter blicken und elastisch sein. So elastisch
und so heiter wie Ludwig Pietsch, der vor demselben
Tischtuch saß und der nun auch schon lange von selbstkri-
tischen Sorgen nicht mehr benagt wird. Unter den vierzig
saß neben Jüngeren, wie Hartleben und Tovote, auch Fritz
Mauthner, der hagere Schwarze mit dem Ahasverusbart, in

diesen letzten Tagen der meistbesprochene Literat Berlins.
Er ist nämlich offiziell zur Kritik zurückgekehrt, die er nur
sporadisch noch ausübte: er hat das Theaterreferat am
»Berliner Tageblatt« übernommen. Wie Ahasverus von einem Pol zum andern ist er zwischen Kritik und Produkti-
vität immer hin- und hergeschweift. Und wo er ein Mittelding zwischen beiden geben konnte, in literarischen
Parodien, war er bisher am glücklichsten. Wie Ahasverus
ist er in seinem Innern und nach außen hin nicht zur Ruhe
gekommen. Er kam nicht dazu, das zu schreiben, was er
gern geschrieben hätte. Was das ist, kann ich nicht ohne
weiteres sagen. Doch in seinem Nachlaß, so hat er mir einmal erzählt, wird man ein metaphysisches Werk finden.
Vorläufig ist er in eine spaßige Polemik mit Herrn Lubliner
geraten, der sich durch ihn verletzt fühlte. Herr Lubliner
hat öffentlich gelobt, ihm bei der neuen kritischen Tätigkeit unerbittlich auf die Finger zu sehen und zu klopfen.
Die Freunde beider Parteien hoffen, daß das amüsant werden wird, was Herr Lubliner in seinen Lustspielen schon so
lange nicht mehr ist. [...]

27. Oktober 1895

Noch stehen buntbehängte Riesenpfähle, mit Kränzen
umwunden, mit Fahnen besteckt, auf dem Opernplatz,
und Hunderte drängen sich, Berlins neuestes Denkmal in
der Nähe zu sehen. Ringsum ragen noch die breiten Tribünen in die Luft; Zimmerleute machen sich jetzt an das
schlanke Gebälk; die maskierenden Flitterstoffe, die der
Regen nicht schonte, sind meist entfernt, und der kahle
ruppige Kistencharakter, den jede Tribüne unter der be-
schönigenden Hülle birgt, tritt an den Tag.

Mitten in dem improvisierten, eingeregneten und halb
abgerissenen Zauber steht das neue Standbild. Die alte marmorne Kaiserin sitzt auf einem thronartigen Sessel in eleganter Toilette, ein Diadem auf dem Haupt und über dieses
Diadem ein Spitzentuch geworfen; sie ist wohl eben aus
dem Opernhaus gekommen, das sich rechts von ihr erhebt.

Das Spitzentuch hält sie mit der Hand am Halse zusammen mit einem Gestus, den Lessing vielleicht ein bißchen transitorisch gefunden hätte; wie lange wird sie die Hand noch so halten können? Die alte Dame war in ihren späten Tagen namenlos gebrechlich, und ihr Äußeres, das doch noch kaiserlich repräsentant sein mußte, trug den Charakter des Komponierten. Etwas Ängstlich-Schmerzliches lag um die versunkenen Augen dieser Greisin. Hier ist sie in den besten Jahren gefaßt. Die Züge sind überlegen und energisch, die Starrheit, die sie im Leben hatten, in eine gelinde Milde hinüberstilisiert. Der Eindruck einer gütigen und dezidierten Frau bleibt zurück. In Haltung und Ausdruck ist eine Synthese von eleganter Nachlässigkeit und altruistischer Hingebung versucht. Auf ihre mitleidig frommen Regungen weisen auch zwei niedliche Seitenreliefs mit Samariterbildern. Eine Stiftungsrolle hält sie in der Hand. So sitzt die königliche Frau in Wind und Wetter, der Dresdner Bank den Rücken kehrend, zwischen Bibliothek und Opernhaus; ringsum Rasen und Strauchwerk. Das Denkmal ist nicht nur von Schaper, sondern, wie ein geeichter Kunstmensch sagte, es ist »natürlich von Schaper«.

Auch sonst hat das Straßenbild Berlins Veränderungen erfahren. In gewissen Zwischenräumen blitzt etwas Gelbes an der Häuserfront auf. Mitten im Menschengewirr, durch das Wagengetümmel durch; neben den bunt wechselnden Farben der Schaufenster und vorübergleitenden Toiletten, ja noch in der Dämmerung, wenn grauer Nebel sich auf die Riesenstadt zu senken beginnt und alles andere schattenhaft nivelliert: immer das Gelbe. Ein junges Mädchen, mit dem ich neulich nach dem Theater durch eine einsame Straße ging – es war ein Zufall, daß sie einsam war –, schauderte schreckhaft zusammen, als sie in der dunkelgähnenden Tiefe eines Torweges plötzlich das Gelbe bemerkte. »Das Gelbe! Das Gelbe!« sagte sie. Und dann erzählte sie mir, wie sie sich an die Höhle von Steenfoll erinnert fühle, von der sie in Hauffs Märchen, vor noch nicht allzu langer Zeit, gelesen hatte. Dort taucht immer etwas Gelbes auf, das mit dem geheimnisvollen Schiff Carmil-han Beziehun-

gen hat, mit dem Gespensterschiff, wahrscheinlich auch
mit dem Gottseibeiuns; es ist der gelbe Längstverstorbene,
der Menschenseelen raubt. Ich erörterte ihr jedoch, daß
derartiges in einer musterhaft verwalteten Stadt wie Berlin
nicht vorkäme und daß es die neuen Briefkästen der neuen
Stadtpost seien, die sie erschreckt hätten und die sie während des kurzen Aufenthalts bei ihrer Tante wohl gar noch
nicht kennengelernt. Da beruhigte sie sich, Gott sei Dank.
Die gelben Briefkästen aber, welche das Straßenbild verändern, stellen jetzt die dritte Berliner Stadtpost dar, welche
neben der Reichspost und neben der Paketfahrt besteht.
Die Beamten dieser neuen Post tragen französische Käppis
und graubraune Bortenanzüge, wodurch sie nicht minder
das Straßenbild verändern, und abends sausen auf Stahlros-
sen so bekleidete Jünglinge mit Putzgeräten durch die Straßen und machen vor den Briefkästen halt, die sie mit Eifer,
Geschwindigkeit und Wischlappen zu grell strahlendem
Glanze heranwichsen. Ob die Gesellschaft der gelben Kä-
sten zuverlässig ist, weiß ich nicht. Briefe an Behörden
würde ich ihr ohne weiteres anvertrauen; zartere Billets,
die noch wichtiger sind, nicht.

Und durch noch etwas hat sich das Straßenbild verändert.
In jenem Stadtteil, wo der Norden gerade anfängt anzufan-
gen. Da wo die National-Galerie, die Börse und andere
Kunstinstitute liegen; wo kleine Makler und Studenten
wohnen und Lehrlinge, die sich »in Pension« gegeben haben. Dort ist ein neuer Circus erbaut worden, von dem ich
(o, welche Lust, Chronist zu sein) auch melden muß. Er
heißt Circus Busch, und der sattsam freundliche Leser
möge mir glauben, daß ich noch nicht darinnen war. Aber
seltsam berührt mich die ganze äußere Veränderung, da ich
als Student dort am Wasser wohnte, von meinem kleinen
Turm aus die Spree entlang über drei Brücken sehen konnte, bis hin zu Schlüters herrlichem »Gaul« mit dem Großen
Kurfürsten, von dem schon Paul Heyse schwärmte, und so
die Gegend genau kenne. Damals lag ein niedliches Gärtchen, in dem es einen guten Tropfen gab, unten an der
Spree, jeden Abend von wohlhäbigen Gästen besetzt, die

über ihre Gläser weg gelegentlich auf die riesigen Spree-
kähne blickten, die, mit böhmischem Obst gefüllt, schwer
vor ihnen lagen. Ein grüner Zaun, ein grüner Rasenplatz
und eine kleine graue Mauer trennten die abendlichen
Zecher von der geräuschvollen Burgstraße. Jetzt ist alles
wegrasiert. Verschwunden. Aber ein rundes Ungetüm in
bunten Farben erhebt sich dort; ein massives bemaltes Zie-
gelgebäude, so exponiert und hart am Wasser vorgelagert,
daß man fürchtet, der Circus mit allen Rossen, Balletmäd-
chen und Athleten könnte in die Spree fallen. Darüber ragen, jenseits der schmutzigen schwarzgrünen Flut mit den
venetianisch kolorierten Bootpfählen, die schlanken, dunklen Säulengänge der Nationalgalerie empor, die in vornehmer Melancholie die Insel an jener Seite umfriedigen. Hier
liegt alles im Dunkel, und auf der anderen Seite, wo es hell
ist, elektrisch-hell, balgen sich die schweißduftenden Bewohner des Nordens um die Galerieeingänge, ein graubrauner Schwarm, Arbeiter und beurlaubte Bierkutscher
und Hausdiener, Briefträger, die ihren Ausgehtag haben,
Kanzlisten und kleine Handwerker, auch Heringsverkäufer
mit ihrem Verhältnis, Friseure mit Gattin, hie und da ein
Student, ein Soldat, die Polizisten brüllen, die Droschken
rasseln, die Pferdebahnen klingeln, Tausende von Menschen
strömen indes in die Rosenthaler Straße, auf das häusliche
Abendessen gierig, und der Trott ihrer Stiefel schallt in den
allgemeinen Wirrwarr hinein. Die griechischen Säulengänge drüben bleiben stumm und dunkel. In der Ferne aber
hört ein phantasievolles Ohr den Kommissionsrat Franz
Renz mit den Zähnen klappern, weil ein neuer Riesen-
circus, so raffiniert günstig gelegen, ihm den fetten Verdienst zu schmälern droht.

   Und nicht nur das Straßenbild Berlins verändert sich.
Berlin selbst soll sich verändern; es soll Großberlin werden.
Reinickendorf, Pankow, Weißensee, drei wunderbare idyllische Ortschaften (man denke an Mochbern), sollen einverleibt werden. Die Stadtverordneten haben es jetzt beschlossen. Was Reinickendorf anbelangt, so kenne ich es
nicht, und dieser Zug spricht für mich. Von Reinickendorf

ist genauere Kunde nur bei Gelegenheit von Gerichtsverhandlungen nach Berlin gedrungen. Mit Oskar Blumenthals unendlich witziger Kommissionsrätin möchte ich
sagen, ich »habe ein Mißtrauen« gegen meine neuen Rei-
nickendorfer Brüder. Was Pankow anbelangt, so kann man
aus verschiedenen Gründen dorthin kommen. Es gibt daselbst vieles Grüne im Sommer. Die hervorstechendste
Tugend dieses Orts ist, daß in seiner Nähe Schönholz liegt.
Berühmt ist Pankow durch Irrenpflege, und »Sie müssen
nach Pankow!« bedeutet nicht unmittelbar eine Liebenswürdigkeit. Weißensee ist ein trauriges, flaches Nest mit
Tümpeln, Stoppelackern, Bahnüberführungen und spär-
lichen Bäumen. »Sternecker«, ein Feuerwerksrestaurant,
repräsentiert die Liebenswürdigkeit von Weißensee – sie
tritt aber nur sonntags in Kraft, mit Biertrinken, Tanz, Gedränge und wohl auch Keile. Im übrigen ist Weißensee Be-
erdigungsdorf. Mit Heines jüngerer Pfarrerstochter sagen
die Weißenseer: »Nur wenn sie einen begraben, bekommen wir etwas zu sehn.« Allerdings, *eine* interessierende
Seite hat der Ort. Es gibt Berliner junge Leute, die gen
Weißensee auf Liebesabenteuer ausziehen. Ich weiß nicht,
ob die Weißenseerinnen etwas Besonderes an sich haben.
Aber ich konnte den Fall öfter beobachten. Die Bürgerinnen des Begräbnisdorfes müssen doch wohl einen eigenen
Reiz ausüben. Nun bekommen die verschiedenen Weißenseer Herzallerliebsten auch ihr offizielles Bürgerrecht
in der Spreestadt, und zehntausend Leichen werden in den
Bannkreis dieses Weltpunkts einbezogen. [...]

17. November 1895

Im Dunkel meiner Loge saß ich und hörte das Gelächter
rings um mich herum; aus den kleinen Seitenlogen und
oben aus dem zweiten Rang, unten aus dem Parquet, dicht
vor dem »falschen« Orchester des Deutschen Theaters und
ganz seitwärts, wo die wenigen Stehplätze sind.
    Im Dunkel meiner Loge sah ich dicht vor mir den

schlanken Kopf der Geheimrätin Scherer, der Witwe des großen Germanisten, die sonst eine stille Frau ist und heut zuweilen hell auflachte. Ich sah, über ihre linke Schulter weg, den legendenhaften schwarzen Bart des dramatischen Schriftstellers H. Sudermann und die Hände dieses dramatischen Schriftstellers, die an den Aktschlüssen klatschend ineinanderfielen. Ein paar Meter rechts von ihm Max Halbe, ebenfalls über die Logenbrüstung gelehnt und klatschend. Nicht weit davon Erich Schmidt. Unten Georg Hirschfeld in der Direktionsloge neben Brahm; in der Nachbarloge die Sorma mit ihrem tiefbrünetten Mann, dem Griechen Demetrius Mito, beide klatschend, in der Nähe Paul Schlenther, vom Lachen geschüttelt und klatschend, auf der rechten Seite Fritz Mauthner und einige andere lachende Gesichter und klatschende Hände.

Das alles sah ich aus dem Dunkel meiner Loge, wenn ich halb blinzelnd, ohne mich durch Vorbeugen anzustrengen, an der Rückwand des Sessels lehnte. Ein Augenblicksbild, das beliebig oft wiederkehrte. Und während das Gelächter und das Klatschen an mein Ohr drang, fragte ich mich dreimal im Dunkel meiner Loge, ob man für gewisse Dinge wohl zu gewissen Stunden innerlich taub sein könne. Es schien mir so. Bei diesem »Tedeum« – das Stück von Ernst Rosmer, das man spielte, hieß so – klang nicht allzu vieles in meinem Innern mit; die intensivste Empfindung war jene Verwunderung über das starke Klatschen und das Gelächter. Andere Empfindungen sprachen zugleich, leidlich wohlige, aber lange nicht in solcher Stärke wie bei den Hörern. [...] Das Stück ist ein Versuch mehr, Wirklichkeitsschilderung statt überkommener Lustspielspäße zu geben, aber ein Versuch, der in der Mitte des Weges, vielleicht schon im ersten Drittel des Weges, steckenblieb. Einiges Familienlustspielhafte klebt daran. Und weil ich das alles intensiv empfand, staunte ich über das starke Klatschen.

Interessanter fast als das Stück erschien mir die Verfasserin, eine feine, schlanke Dame im schwarzen Kleid, mit hellstem weichem Blondhaar, dessen Ungefärbtheit auch

einem argwöhnischen Haarbetrachter bald einleuchtet; ein
feiner, zugleich milder und schalkhafter Zug um den jungen Mund; sichere, aber noch mädchenhafte Bewegungen.
Der angebliche Ernst Rosmer heißt im Leben bekanntlich
Elsa Bernstein und ist die Frau des vortrefflichen Verteidi-
gers Max Bernstein. Man kannte sie hier in engeren Kreisen, seit die Freie Bühne ihr erstes Schauspiel »Dämmerung« spielte. Die anmutige Erscheinung der Dame, die
eine Schönheit im landläufigen Sinne dennoch nicht zu
nennen ist, wirkte bei der Menge der Hörer mit, die sie so
häufig an die Rampe baten. Und wer sich frei weiß von den
öden Geschmacklosigkeiten des Personenkultus, wird doch
bekennen dürfen, daß die Augenblicke ihres Erscheinens
einen gewissen ästhetischen Reiz hatten. [...]

Vor einigen Tagen konnte ich das Publikum von Leipzig
beobachten, als ich vor Reichsgerichtsräten, dem Rector
magnificus, einer Anzahl von Schriftstellern und einem
Teile der nationalliberalen Damen dieser wohlhabenden
Stadt über ein psychologisch-literarisches Thema sprechen
durfte; also vor einem Kreise aus den analogen Gesellschaftsklassen, vielleicht mit stärker vorwiegender Bildung.
Was hier jedem Berliner von vornherein auffallen mußte,
war die größere frische und naive Empfänglichkeit. Man hat
sich außerhalb Berlins gewisse Dinge, die zur Kunst gehören, noch nicht in gleich starkem Maße, wenn der Ausdruck
erlaubt ist, an den Schuhsohlen abgelaufen. Man steht ihnen
nicht mit gefälltem Urteil, sondern in williger Erwartung,
in temperierter Wißbegierde und interessiert gegenüber. In
Berlin ist man fertig. Gewisse Kunsterscheinungen treten
hier zeitlich zu häufig und quantitativ zu massenhaft auf, als
daß man nicht durch die Erkenntnis ihres Wesens schier ermüdet worden wäre. Man weiß nicht nur, was man im Augenblick vor sich sieht, sondern auch, was kommen wird.
Eine gewisse Blasiertheit mag hierin liegen. Aber diese Zustände entspringen, das könnte nur ein Tor verkennen, aus
einer stark fortgeschrittenen Entwicklung. Als ich in später
Nacht von dem üblichen Dressel mit einigen Befreundeten
heimschritt, sprach ich mit »Ernst Rosmer« über diese Ver-

hältnisse. Wenn sie auch ihr München verteidigte, so gut es ging, als ich gegen diese Bierstadt meinen Groll ergoß: wir kamen schließlich zu dem Ergebnis, daß Berlin für den literarischen Menschen doch die beste Stadt der deutschredenden Länder ist. Gewiß nicht, um immer hier zu sitzen; erfahrungsgemäß gehen unsere Schriftsteller gerade zur Zeit der Konzeption und der intensivsten Arbeit von hier weg. Aber gewisse Anregungen kann in Deutschland nur eben dieses Berlin bieten. Für mich ist es die einzige Stadt, in der ich leben möchte. Wien mit seiner zurückgebliebenen Kunst kommt nicht in Betracht; auch für den nicht, der keine modern-literarischen Inspirationen sucht, der aber das lebendige, flutende, flotte Leben begehrt, welches in Berlin um drei Uhr nachts noch immer stärker ist als in Wien um fünf Uhr nachmittags. Und vor allem die Berliner Gesellschaft, der ich schon viel Übles nachgesagt habe und, so Gott will, nachsagen werde – sie hat ihre guten Seiten. Ihre beste ist die, daß sie tolerant ist. Sie weist keinen, der künstlerisch auf freundliche Feigenblätter nachdrücklich verzichtet hat, von sich. In Wien hat es der allmächtige Speidel neulich als einen Beweis großen Muts hingestellt, daß der wundersam-weiche und feine Arthur Schnitzler, der »Anatol«-Dichter, literarisch einige Junggesellensünden zu bekennen wagte. Durch solche Dinge stellt man sich in Wien bloß; die Gesellschaft sieht sie schief an. In München vollends wird man – man braucht nur so verwegen zu sein wie die tapfere Frau Elsa Bernstein – ein wenig boykottiert. In Berlin aber, das ist der Unterschied, zieht die Gesellschaft solche Sünder, wenn sie was können, doppelt gern und doppelt eng heran. Schon darum möchte ich in keiner anderen Stadt leben als in Berlin, weil es behaglicher ist, nicht so in Angst sein zu müssen. Hier herrscht Toleranz, und weil sie in mannigfacher Beziehung herrscht, ließ man sich auch ein klassisches Stück von Lindau und eine neue Spielerei von Fulda gefallen, neben dem beklatschten Humorstück des blonden Ernst Rosmer. Man verstand sie alle drei.

1. Dezember 1895

Ein paar Tage lang ist Berlin, in dessen riesigem Arbeitsme-
chanismus so viele Ereignisse gleichgültig untertauchen, in
einer Art krimineller Erregung gewesen. Es waren zwei
schwerwiegende Fälle zu verzeichnen. Ein *rein* kriminelles
Interesse bot der Prozeß gegen den angeblichen Mörder
einer kleinen Spandauerin, der Hedwig Franke; ein Prozeß, der alle für ein leise blasiertes Großstadtpublikum
wünschenswerten Momente enthielt: die dramatische
Spannung (die sich in Wetten Luft machte), den so sehr beliebten Krach zwischen Verteidiger und Vorsitzendem und
das ganze unheimliche Dunkel – das auch jetzt noch über
der Angelegenheit schwebt. Die Verhandlungen währten
nur kurze Zeit, aber innerhalb dieser Zeit konnte man,
stärker, als es sonst der Fall ist, an öffentlichen Orten Äußerungen eines besonderen Anteils wahrnehmen, der – es
läßt sich nicht leugnen – einen sportlichen Charakter hatte.
Die massenhafte Einrichtung von Wettbureaus und die in
Berliner Mittelschichten immer kräftiger florierende Neigung zum »Ausknobeln« von allerhand Dingen erstreckt
sich langsam auch auf die Betrachtung der Justizfälle. Der
günstige Eindruck, den der arme Kerl von Bootsmann
gleich von vornherein vor Gericht gemacht, hatte in der
anklägerischen Energie des Vaters der Ermordeten ein Gegengewicht, und die Frage, ob Freispruch, ob Verurteilung
erfolgen würde, hatte in der Tat lange nicht so stark zum
Hazardieren gelockt wie diesmal. Glücklicherweise haben
die Baissiers das Spiel verloren, und der Mann wurde freigesprochen. Der andere Fall interessierte mehr als Sitten-
bild. Ein berolinisierter Italiener ist mit einer Kellnerin auf
Reisen, und derweil geht seine Frau mit ihrem Jugendgeliebten – der nicht nur ihr Jugendgeliebter geblieben ist –
und einem Söhnchen in den Tod. Dieser Fall, bei dem zwar
nicht gewettet werden konnte, fesselte namentlich die
westlichen Leute stärker als der Mordprozeß. Denn er enthielt eine gewisse Romantik, und für Romantik, auch wo
sie sich mit Schmutz paart, ist man hier noch immer sehr

empfänglich. Und immer wieder guckt bei solchen Anlässen der alte berlinische Pferdefuß des Kleinstädtischen, des Parvenutums hervor: immer wieder freut man sich unbewußt, daß so tolle Sachen in Berlin vorkommen. Sie sind so »weltstädtisch«.

Indessen schickt sich dieser Westen an, einen großen Künstler zu ehren: den achtzigjährigen Adolf Menzel. Menzel, der Schlesier, mag durch seinen langen Aufenthalt in Berlin ein Norddeutscher geworden sein. Immerhin ist er auch der illustrative Apologet des Mannes geworden, der Schlesien für Norddeutschland gewonnen hat. In der Adoptivheimat Berlin ist Menzels Gestalt, rein äußerlich betrachtet, eine allerbekannteste. Schwer zu erklären ist das nicht. Diese Gestalt, zu der jeder lebende Maler emporsieht, ist so klein, daß jeder normal gewachsene Mensch zu ihr hinabsieht. Menzel hat die Erscheinung eines Gnomen. Er scheint vorübergehend aus irgendeiner Bergspalte gekrochen zu sein. Sein Blick ist aber nicht heinzelmännisch. Er blickt streng; oder zum mindesten sehr fest; manchmal humoristisch. Der Kopf mit dem gewölbten, kahlen Oberbau und dem weißen Halsbart ist meist leise gesenkt, aber die bebrillten Augen emporgeschlagen wie die Augen jemandes, der etwas scharf prüfend abmißt. Eine fast grotesk dozierende Haltung nimmt der kleine Mensch oft ein, der, alles in allem, gedrungen, respektgebietend wirkt.

Er ist ein großer Musikfreund. Ich sah ihn zum erstenmal, als vor sechs oder sieben Jahren die greise Clara Schumann in der Philharmonie Kompositionen von Robert Schumann und Chopin spielte. Ich eilte damals hin und raste, als kein Platz, auch nicht der kleinste Stehplatz mehr, zu haben war. Da erschien es mir wie eine Art Trost, als die Leute »Menzel! Menzel!« flüsterten und durch die gedrängte Schar der Zurückgewiesenen ein Zwerg mit schwer vergeßlichem Gesichtsausdruck schritt. Es war, als ob die kommende Beseligung auf diesem ernsten, liebreich-rauhen, getreuen Eckart-Antlitz schon Platz genommen hätte – wir wichen alle zurück. Dann sah ich ihn öfter in Konzerten. In den Joachim-Quartetten war er ein regelmäßiger Gast; mit halbgesenktem Kopf saß er da, ohne Sentimentalität in den Zügen, und ich hatte die Empfindung, daß er den sinnvollen arithmetischen Zusammenhang Beethovenscher Kammermusik – es gibt da auch regelrechte »Rechenexempel« – klar und tief durchschaute. Einmal, es war in der Singakademie, war er besonders ergriffen. Es gab keine Kammermusik, sondern eine Sängerin sang allein den ganzen Abend; eine herrlich erblühte, südliche Person mit blauschwarzem Haar und olivenfarbigem Teint; Alice Barbi. Sie sang Lieder von vielen Völkern, aus vielen Zeiten, aber am meisten deutsche, und gegen den Schluß hin kam der Brahmssche dunkle Gesang: »Immer leiser wird mein Schlummer«. Die Kritiker sind sich über den Wert der Barbi nicht einig gewesen, sie wurde immer gleichzeitig vergöttert und verrissen; aber – war es die Erscheinung, die mitwirkte, war es der sehnsuchtsvoll fremdartige Vortrag? – wie sie an diesem Abend sang, das war von fast lähmender Schönheit. Ich war durchzittert von innerster Erregung. Dann, als ich ging, sah ich, wie der kleine alte Herr noch dasaß, den weißen Halsbart auf die Brust gestützt, nicht verloren, aber tief versenkt, fast versunken in das Labyrinth sehnsüchtig-unbestimmter Regungen, das die Zauberin beschworen hatte. Dann gab er sich einen Ruck und trottete durch die Bankreihen, gestrengen Blicks, aber immer noch etwas in dem durch Victor Hugo verewigten Zustand: les pieds ici, les yeux ailleurs. So prägte er sich mir tief ein.

Um seine Rüstigkeit zu ermessen, muß man ihn essen sehen. In der Potsdamer Straße befindet sich die altrenommierte, durch nichts zu ersetzende Weinstube von Frederich. Ein Lokal mit breiten, bequemen, trostvollen Nischen, in dem ich manche gute und manche schlimmste Stunde meines Lebens verbracht habe. Hier verkehrt er. Es ist ein wahrer Genuß zu sehen, wie dieser Achtzigjährige, um halb elf Uhr abends, allein an seinem Tisch sitzt und eine geschlagene Stunde lang ißt; mit frisch geröteten Bakken und blitzenden Augen und einem Riesenappetit. Er macht äußerlich den Eindruck, als ob er eben vom Hanteln oder Turnen käme. Der Feinschmecker offenbart sich in der Art, wie er die Speisen, ehe denn sie in seinen Schlund rettungslos verschwinden, bedachtsam, wohlwollend oder leise mißbilligend, prüft; und ein zweites untrügliches Symptom des unterscheidenden Kenners: er »kaut« den Wein. Er ist, mit Riccaut zu reden, »von den Ausgelernt'«. Unter den Geschenken, die ihm jetzt in Berlin gerüstet werden, befindet sich hoffentlich irgendein rarer Achtzehnhundertelfer oder wenigstens Achtzehnhundertvierunddreißiger, eine kostbar-einsame Flasche, wie sie bei seltnen Anlässen aus Bremen nach Berlin bugsiert werden. Ich möchte ihn dann sehen, wie er sie austrinkt.

Schlesier, wenigstens Künstler aus Schlesien, sind auch mit einer andren Angelegenheit eng verknüpft, die jetzt stärker und stärker in den Vordergrund rückt. Das ist das Theater des Westens, welches sich langsam, wenn der kühne Ausdruck erlaubt ist, gen Himmel zu recken beginnt. Langsam – denn daß hier an Schnelligkeit nichts übertrieben wird, dafür sorgt unsere Baupolizei und ihre so gründlichen Instanzen. Gleichviel: das neue Unternehmen wird zum festgesetzten Zeitpunkt fertig sein, und es wird nach allem, was man jetzt übersehen kann, eines der interessantesten Theater Berlins werden. Ich meine: baulich. Was es künstlerisch leisten wird, das weiß Gott und Herr Witte-Wild. Auf ihn, auf Frau Ida Müller und Herrn Rohland ist man schon recht neugierig. Herr Witte-Wild hat hier vorläufig eine günstige Meinung für sich. In der ersten Zeit wird er sich meines Erachtens nicht allzusehr anzustrengen brauchen; das Theater selbst wird eine solche Sehenswürdigkeit sein, daß halb Berlin nach Charlottenburg reisen wird, um den Bau kennenzulernen; so dürften die Einnahmen zunächst gesichert sein. Es ist ein Riesenunternehmen auf einem Riesenterrain, mit Park und besonderem Restaurant und Bildwerken erster Meister und mit mehr als dem üblichen Komfort der Neuzeit: es kommen die Phantasien eines dekorativen und weltmännischen Kopfes, wie es der Baumeister Sehring ist, hinzu. Es wird an nichts gespart, und bis zum Beginn der ersten Vorstel-

lung werden volle sechs Millionen Mark verausgabt sein.
An dem Theater werden kleine Besonderheiten ziehen. Es
müßte mit dem Teufel zugehen, wenn die westlichen
Leute sich nicht für ein Komödienhaus begeisterten, in
dem es nach Pariser Muster einen Empfangssalon auf der
Bühne, ein Foyer des artistes, geben wird, einen trauten
Raum, wo man einem männlichen Mitgliede des Theaters
– gegebenenfalls am Ende gar einem weiblichen? – seine
tiefe Bewunderung für eine eben gesehene Leistung ergriffen ausdrücken können wird. Es wird auch, Herr Sehring
erzählte es mir neulich, eine originelle Art von Logen geben: Gigerl-Logen. Diese werden unmittelbar an der
Bühne, dem ganzen Hause sichtbar, und hervorragend
zierlich sein. Freilich werden sie teuer sein, während sonst
ein recht bürgerlich erschwinglicher Preis festgesetzt werden soll. Und dieses Billigkeitsprinzip ist weise; denn damit
hat Herr Barnay im Berliner Theater seine Million verdient. Ich betone nochmals, daß ich hier von den künstlerischen Voraussetzungen des Theaters nicht spreche. Die
Arbeitskraft des Erbauers aber zeigt sich darin, daß er
gleichzeitig das Ausstellungstheater auf den Treptower Ge-
filden baut. Der Unternehmungsgeist und der dekorative
Künstlerblick Sehrings haben in originellen Privatbauten
Charlottenburgs – in dem berühmten »Künstlerhaus« in
der Fasanenstraße und den mittelalterlichen Häusern der
Carmerstraße – Reizvolles geschaffen. Sein neues Theater
kann leicht auch wirtschaftliche Folgen haben und eine
Umwälzung des örtlichen Grund- und Bodenwerts her-
vorrufen. Ich sehe ihn bereits als Ehrenbürger von Charlottenburg enden.

Die Kunst geht im übrigen nach Brot – eine Wahrheit,
die gewiß älter ist als die »Emilia Galotti«, wo sie ausgesprochen wird. Daß die alte Wahrheit ewig neu bleibt,
zeigt allerneuestens Fräulein Frida Wagen, eine etwa
sechsundzwanzigjährige blonde Dame, deren Beruf bisher
die Schauspielerei war. Nun wird ihr Beruf die Putzmache-
rei werden. Sie will, wie man gehört hat, Herrn Gerstel in
der Jägerstraße Konkurrenz machen und ein Geschäft er-

öffnen. Daß sie erst so spät auf diesen Gedanken kam, haben alle Freunde der darstellenden Kunst innig bedauert. Sie war auf der Bühne, berlinisch zu reden, kalt wie eine Hundeschnauze. Sie gab am Neuen Theater große Rollen, die Susanne in der Beaumarchais'schen, von Fulda verdeutschten Figaro-Komödie, und zahllose mehr oder weniger naive junge Mädchen. Die Naivetät zum Ausdruck zu bringen gelang ihr recht schwer. Und, wie gesagt, sie war ewig kalt. Etwas Eisiges und Eisernes lag in ihrer Stimme, in ihrem ganzen Wesen. Nun wird sie die eiserne Festigkeit auf anderem Gebiete betätigen können: Die Ankündigung des prix fixe wird bei niemandem unwiderruflicher sein als bei ihr. In Berlin ist ein kunstfremder Erwerb bei Schauspielern nichts Ungewöhnliches; stimmunbegabte Sänger und durchgefallene Intriganten machen bald einmal eine Kneipe auf. Es gibt davon einige berühmte Fälle, aber auch gänzlich unberühmte. Mit einem ehemaligen Elisabetaner, der jetzt als Tannhäuser, Troubadour und Bajazzo die Danziger hinreißt, lustwandelte ich in diesem Sommer an der Grenzmark von Wilmersdorf. Es war ein warmer Abend, und da uns dürstete, siehe, so kehrten wir bei einem Wirt ein, welcher Moselwein und Bier verschänkte. Der Wirt, der selbst bediente, hatte ein charakteristisch durchfurchtes Gesicht, und seine Frau drückte sich in auffallend gebildeten, tadellosen Wendungen aus. »Seltsam«, sagte mein Begleiter zu dem Wirt, ihn von unten ansehend, »seltsam, wie sehr Sie einem Schauspieler Kurth ähneln, den ich in Breslau spielen sah.« »Der bin ich«, erwiderte der Mann lächelnd, »ich bin an das Theater des Westens engagiert, aber vorläufig frei, indes hab' ich dies Lokal aufgemacht.« »Da haben Sie«, erwiderte mein Freund mit ruckartig vorgestrecktem Kopf, »gewissermaßen-sozusagen sehr recht.« Immerhin zählt ein Fall wie der der Schauspielerin Frida Wagen zu den selteneren. Es wirkt hier, obgleich man in Berlin nicht so verrückte Personalinteressen zeigt wie in Wien, als »Sensation«, daß eine so notorische Schauspielerin, die lange Zeit an exponierter Stelle gestanden hat, plötzlich zu einem auffallend bürgerlichen Beruf übergeht. Der Vorgang wirft auch auf die wirtschaftliche Lage der Bühnendamen wieder scharfe Reflexe. [...]

15. Dezember 1895

Vier Verurteilte haben in diesen Tagen – obgleich sich die Reichstagsverhandlungen zu einer nahezu österreichischen Interessantheit, mit »unverschämt« und ähnlichen belebenden Worten, aufschwangen – die Teilnahme der westlichen und die Teilnahme der nördlichen Kreise zu fesseln vermocht. Wie gewöhnlich war in dem nördlichen Fall mehr Tragik als in dem westlichen. Zwei Sozialisten, Dr. Alfred Lux und Curt Baake, erhielten die empfindliche Strafe, um ein halbes Jahr ihrer Freiheit verkürzt zu werden; denn sie hatten indirekt dazu beigetragen, daß über königliche Beamte unwahre Tatsachen verbreitet wurden ... Beide Männer sind Typen derjenigen Sozialdemokraten, die im persönlichen Auftreten einen sehr bürgerlichen Eindruck machen. Diesen Zug zum bourgeoisen Anstrich, den ich in den sozialistischen Berliner Freien Volksbühnen reichlich beobachtete, bestätigte mir Baake einmal im Gespräch als generell giltig. Und wer etwa in dem kindlichen Wahn lebt, daß die Jünger des Evangelium Marxi wie der Struwwelpeter aussehen, hätte sich auf Helgoland im Sommer 1894 gewundert, wenn er den stattlich behäbigen Baake mit seiner liebenswürdigen und, wahrhaftig, nicht petroleusenhaften Frau am Strande friedsam und vergnügt erblickt hätte. Auf Ausflügen nach Lübeck und in die nächste Hamburger Umgebung zeigte sich der etwa zweiunddreißigjährige blonde große Mann, der mit seiner ebenfalls großen und blonden Frau ein bißchen wie Siegmund und Sieglinde aussah, von der famosesten, schlichtesten, frischesten Seite, und diejenigen, welche damals mit ihm zusammen waren, bedauern ihn jetzt doppelt. Der andere, Lux, zählt zu einem Freundeskreise, dem Gerhart Hauptmann angehört, und neben ihm Ferdinand Simon (der jetzige Schwiegersohn Bebels), welcher das Urbild für

den zynischen, wetterfesten Frauenarzt »Dr. Schimmelpfen-
nig« im Sonnenaufgangsdrama abgab; der vierte im Bunde
war Dr. Plötz, zu dem Gerhart Hauptmann später mit seiner gesamten Familie nach den amerikanischen Wüste-
neien pilgerte und der jetzt eben in Berlin eine Wochenzeitung »Die Welt« mit Felix Hollaender gegründet hat.
Lux, der Verurteilte, ist ein hübsches energisches Kerlchen,
der ebenfalls nichts Proletarisches an sich hat. Man würde
diesen sehr befähigten, fixen Mann von dreißig Lenzen,
der innerhalb der Partei, in Magdeburg, schon eine wesentliche Rolle gespielt hat, für einen jungen Forstassessor halten können und seine Frau, die schwarzgelockte Russin
und Exstudentin Vera Holzmann, etwa für eine Geigenfee
aus dem Saal Bechstein. Auch er hat nun einhundertund-
achtzig Tage Zeit, fern von Madrid über die Schonungs-
bedürftigkeit königlicher Beamter nachzudenken.

Wesentlich fideler ist das zweite Paar der Verknaxten.
Sie haben aber auch bloß Festung bekommen! Nämlich
Herr Richard Skowronnek, der von kaiserlicher Huld be-
sonnte Lustspieldichter – »Halali« wurde beinah so warm
durch drei Bohlen gelobt wie Niemanns »Wie die Alten
sungen« –, und der Chefredakteur des »Kleinen Journals«,
der Rechtsanwalt Dr. Leipziger. Beide hatten einen andern
Anwalt des Rechts zu blutigem Zweikampf bewegen wollen, nämlich Herrn Löwenstein; der aber hatte abgewinkt.
Herr Leipziger, der Verfasser des rasch berühmt gewordenen Berliner Romans »Die Ballhaus-Anna«, bekam vier
Wochen, der Halali-Dichter wegen Kartellschleifens nur
eine. Was bei der ganzen Angelegenheit ihren Haupt-
schmerz ausmachen dürfte, ist die Verschiedenheit des
Strafmaßes. Hätten sie die ganze Zeit zusammen brummen
können, sie hätten sich wahrscheinlich »noch nie so gut
amüsiert«. Denn Skowronnek ist ein lustiger Vogel, und
seine unerschöpfliche Fülle von Schnurren muß auch eine
härtere Buße als den zeitweiligen Aufenthalt auf irgendeinem Donjon, verbunden mit Offiziersskat, mildern können. Der alte Königsberger Corpsstudent mit dem zer-
hackten Gesicht muß sich wieder einmal ganz in seinem

Element gefühlt haben. Bei der ungleichen Bemessung der Sühne wird Herr Leipziger wohl oder übel die letzten drei Wochen auf Abfassung von biographischen Feuilletons für seine Zeitung verwenden. Ich sehe bereits die Überschrift in fetten Lettern: »Le mie prigioni« oder »Ut mine Festungstid«.

Während die vier vorgenannten mehr oder minder schriftstellerisch tätigen Herren Staatswohnung beziehen dürfen, ist ein fünfter daraus entlassen worden, zu seiner großen Freude: der Dr. Bruno Wille. Einen Monat durfte er im lieblichen Friedrichshagen sich in den amtlichen Räumen aufhalten; aber schon von der »Freiheit, die ich meine« heißt es ja, »kommen *muß* sie doch einmal«, und so wird er am Sonntag in der Rosenthaler Straße wiederum vor seiner Gemeinde, der freireligiösen, das Sprecheramt ausüben dürfen. Die Freiheit, die er meint, ist die Gedankenfreiheit (wenn das harte Wort gestattet ist), und weil er so unvorsichtig war, ein Hindernis für die Gedankenfreiheit auch in einer absoluten Parteizugehörigkeit zu erblicken, flog er bald aus der Reihe der geeichten »Genossen« heraus. Bekanntlich waren einige fanatische Leithammel sogar konsequent genug, ihm die einflußreiche Teilnahme an seinem Lieblingsunternehmen, der Freien Volksbühne, zu verekeln, weil die Kunst zwar nicht an territoriale Grenzen, aber, wie es scheint, doch an parteiliche Grenzen unter Umständen geknüpft ist. So schied er sich auch hier von den alten Freunden, und es hat ihm wenig geschadet. In Berlin, wo alles verlästert und in den so reichlich vorhandenen Schmutz gezogen wird, genießt die Gestalt dieses Idealisten eine schier verblüffende Achtung bei den verschiedensten Parteien. Man tritt ihm nicht zu nahe, er ist fast – wie der heutige Feuilletonstil zu sagen gebieterisch verlangt – tabu, d. h. unantastbar. Dieser Mann, welcher früh eine innige Zuneigung für Ibsens Dr. Stockmann, die prachtvolle Wikingerseele, faßte, besaß auch den Mut, die »vielgerühmte Moral« als eine Feindin der Gedankenfreiheit hinzustellen. In dem bloßen »Du sollst« sah er eine Anleitung zur Unselbständigkeit des Denkens, ein grundloses »Du sollst« war ihm eine Verziehung zur blinden Gläubigkeit. Er glaubte und glaubt allen Ernstes, daß es nicht nur Massenbewegungen gibt, welche auf *Sub*ordination beruhen, sondern daß es auch solche, die rein auf *Ko*ordination beruhen, geben könne. Und weil er alle seine Ansichten mit ehrlicher Miene, in naiver Überzeugung und nicht allzu verschwommen vortrug, gewann er viele Freunde; auch unter denen, welche die ganze Gestalt nur menschlich, nicht als Denker gern haben lernten, schier wie ein gutes riesiges Kind. Aber ein besonderes Teil der Verehrung brachte ihm noch seine Stellung als Sprecher der Gemeinde ein; denn ein wenig von dem überkommenen Strahlenglanz des Kirchen-Geistlichen ruht nun einmal auf dem Beamten auch der unkirchlichsten Gemeinde, und die Frauen der Gemeindemitglieder halten es vielleicht mit dem religiösen Element wie die sozialistischen Familien Berlins mit dem bourgeoisen: sie lieben es unbewußt.

Daß in Berlin für Sektenbildung noch reichlich Raum ist, zeigt nicht bloß diese Gemeinde (die so ganz und gar nicht David Friedrich Strauß'ens Ansicht teilt, welcher keinen Verein zur Abschaffung eines Vereins gründen wollte); das zeigt auch die Heilsarmee, die unter der niederen Frauenwelt Berlins eine erkleckliche Menge Jüngerinnen gefunden hat: in jedem Restaurant der Potsdamer Straße wird man jetzt abends von diesen Damen mit den rotbebänderten Kiepen-Hüten angefallen und aufgefordert, einen »Kriegsruf« zu kaufen. Manche lassen mit sich scherzen, wenn aus einer lustigen Runde ein lustiges Wort an sie gerichtet wird; wenn man ihnen aber behufs Erregung eines seelischen Konflikts ein Glas Bier anbietet, verzichten sie dankend, nicken und verschwinden. Oft erzählen sie mit rührender Offenheit die materiellen Beweggründe zum Eintritt und Verbleib in der Armee, und namentlich verheiratete Frauen sind recht mitteilsam über die Art, wie sie in dieser Richtung mit dem Gatten Hand in Hand arbeiten. Um eine Berliner Sekte zum Wachsen, Blühen und Gedeihen zu bringen, sind nun sogar Mormonen-Apostel in Ber-

lin eingetroffen, die öffentlich in Versammlungen auftreten
werden, und zwar wahrscheinlich mit kolossalem »äuße-
rem Erfolg«. Wenn das weise Auge der Polizei, mit Wippchen zu reden, nicht allzu schwer auf ihnen lasten wird,
darf man auf die genrehaftesten Massenszenen gefaßt sein,
gegen welche die Kapuzinerpredigt bei Schiller verblaßt.
Indem die Zeitungen mitteilten, daß es bereits einunddrei-
ßig zu Mormonen gewordene Preußen gebe, fügten sie die
Notiz hinzu: »In Berlin besteht im stillen eine kleine Mormonengemeinde.« Wenn man seit sieben Jahren im Westen wohnt und scharf beobachtet, wird man diesen Ausspruch erweitern dürfen: »In Berlin besteht im stillen eine
große Mormonengemeinde.« [...]

25. Dezember 1895

Wie das klimatische Milieu der Ibsenschen »Gespenster«,
die »düstre Fjordlandschaft, welche durch einen gleichmä-
ßigen Regen verschleiert wird«, wirkte Berlin jetzt am
»hellen Mittag« – welcher kein heller Mittag war. Es war
schaudervoll, in dieser ewigen Feuchtigkeit, welche von
unten und von oben durch alle Poren der äußeren Hülle
dringt, über die Straße zu gehen. Und schaudervoll zugleich, bei dieser düstren, fahlen Beleuchtung arbeiten zu
sollen. Am besten wär' es, schlafen zu können! Schlafen –
während der ganzen abscheulichen Zwitterzeit, die nicht
Nacht und nicht Tag ist, sondern Nebel und Dämmerung
und Zahnschmerzen in sich birgt und geschwollene Bakken ... Und das ist Weihnachten ...
    Draußen strömten Hunderttausende. In den Pferdebah-
nen waren die Plätze so rar wie die anständigen Leute in
der Welt. Man fuhr die Leipziger Straße entlang; Ecke
Friedrichstraße: stop! Es war ringsum schwarz. Sie wim-
melten und krauchten an diesem Riesenkreuzungspunkt
nach vier Seiten hin, die Menschlein, die einander erfreuen
und dabei sich selbst wohl auch ein bißchen amüsieren
wollten; die einheimischen und die fremden, die männlichen und die weiblichen, die honetten und die andern.

Die Omnibusse zwängten sich mühsam durch; die so allgemein beliebten Diener der Hermandad (»Hermandad« muß ein Feuilletonist immer sagen) erteilten freundliche Anweisungen, brüllend und mit rollenden Augen, manchmal schon recht amüsabel heiser, und daneben überwachte noch eine nicht genau kontrollierbare Anzahl von Detektivs die fröhlichen Teilnehmer an den Vorfreuden des fröhlichen Christfestes. Geben ist seliger denn Nehmen; aber auch Nehmen ist selig, und es wird während der Vorfreuden des fröhlichen Christfestes gern geübt ... Ein furchtbarster Wirrwarr herrscht an den Türen der verschiedenen holländischen Schnapsstuben in der Friedrichstraße. Diese noblen und teuren Destillen, von Erven Lucas Bols, und wie sie heißen, sind außen belagert und innen bis an die Wände vollgepfropft von stehenden, gestikulierenden Personen, die sich an die Bar drängen wollen, mit Ellbogenpüffen und Rufen wie bei einer Auktion, und von denen jeder nur den einen Wunsch in seiner Seele fühlt: eine holländische Mischung hinter die kräftige deutsche Brust gleiten zu lassen. Nicht bloß mit Weihnachten können diesmal so kleine Alkohol-Ausschweifungen entschuldigt werden, sondern weit spezieller mit der herrschenden Witterung. Und solche Anlässe darf man sich nicht entgehen lassen.

Grau sind diese Weihnachten auch sonst für manchen. Den armen genialen Kerl, den Fritz Friedmann, hat es nun doch ereilt. Er ist fort. Wenn er nicht dringend gemußt hätte, würde er diesen Boden nicht verlassen haben, in dem er ganz wurzelte, eine »Pflanze« in jedem Sinne dieses Worts, in dem ein absprechendes Urteil und zugleich ein uneingestandenes leises Wohlwollen steckt. Wie schade um diesen Mann! Denn jetzt gibt es keinen Rückweg mehr. Jetzt wird er unweigerlich ausgemerzt aus der Reihe der forensischen Redner, deren glänzendster er gewesen ist. Jetzt wird ihm der Gerichtshof, der ihn jüngst noch einmal vor dem Äußersten bewahrte, keine Gnade mehr gewähren. Les absents ont tort. Woran geht der Mensch zugrunde? fragt jemand in dem etwas karikierten Sodom, das

Herr Sudermann gezeichnet hat; und die Antwort sagt: am Pokerspiel und am Weibe. Auf Friedmann trifft es unheimlich zu. Jetzt sind seine Möbel versteigert worden, seine zwei Frauen, die geschiedene und die rechtmäßige, sitzen in Berlin, mit einer dritten ist er in London, und dort mag er mit der Freundin unter den Kunstschätzen der Westminster-Abbey oder bei der Lektüre des Wilkie Collins, auf den er immer ein Auge hatte, oder in den Premièren des Alhambra-Theaters sich nach den Verfolgungen der nervösen Berliner Gläubiger für eine Weile verschnaufen. Jetzt ist er vor die Notwendigkeit gestellt, sich zu entscheiden, welche Art menschlicher Wirksamkeit er fortan wählen wird. Die Angst ist vorüber, es gibt nichts mehr zu verheimlichen, es gibt nichts mehr zu halten; die klärende Kraft, die jeder Zusammenbruch hat, ist wohl auch ihm zugute gekommen, und wahrscheinlich war ihm seit langen Jahren nicht leicht um das vieles umfassende Herz wie jetzt endlich. Man wird ihn nicht in Bausch und Bogen mit dem Lumpen Hammerstein vergleichen dürfen. Schon die Genialität scheidet ihn von dieser weit mehr frechen als begabten Erscheinung, und Friedmann hat Schulden, keine Unterschlagungen gemacht. Aber gemeinsam hat er mit ihm die ruinöse Neigung zu üppiger Lebensführung, die tiefe Anhänglichkeit an das Weib, die Art des Verduftens und – vielleicht! – etwas anderes. Es heißt, daß er von London aus den Fall Kotze »literarisch zu verwerten« die Absicht habe. Er würde also auch eine Art Enthüller werden. Hier ist der Punkt, in welchem die Entscheidung liegt, ob er nur »leichtsinnig« gewesen ist oder ob er komplett unanständig wird. Die Zukunft wird es lehren.

Seinen prinzipiellen Gegner, den eifrigsten Dämpfer anwaltlicher Ambitionen vor Gericht, den berühmten Brausewetter, hat fast gleichzeitig ein widriges Schicksal ereilt. Die Antipoden sind nun beide ihrem Beruf entfremdet worden. Herr Brausewetter freilich wohl nur vorübergehend und aus völlig anderen Gründen: er leidet an allen Nerven, wenn Friedmann nur an dem einen nervus krankt. Niemand wird Herrn Brausewetter, auch wer mit seiner

Art der Verhandlungsleitung noch so wenig einverstanden war, menschliche Teilnahme versagen. Aber viele werden es bedauern, daß dem überaus nervösen Herrn der Gedanke, die Geschäfte eine Zeitlang niederzulegen und eine Kur zu brauchen, nicht früher gekommen ist. Das ist nicht scherzhaft, sondern sehr ernst gemeint. Vielleicht wäre dadurch mancher Ärger erspart worden. Die Berliner Zeitungen haben erst jetzt wieder von gewissen Pfefferkucheninschriften berichtet, die auf dem Weihnachtsmarkt zu sehen waren und die auf ihn Bezug hatten. Sie zeigten, wie sich die Volksseele mit dieser ihr unsympathischen Erscheinung nach Kräften abzufinden suchte; und aus so kleinen Symptomen läßt sich doch erkennen, wie dieser Mann (gewiß ohne es zu wollen) dazu beigetragen hat, eine gewisse Verbitterung zu schaffen. Ein Vorgehen wie das seinige, klassische Aussprüche wie der von der nicht vorhandenen Öffentlichkeit, die ganze prinzipielle Haltung des Mannes gegen oppositionelle Elemente: das vergißt sich nicht. Wieviel an alledem schon damals pathologisch war, läßt sich heut schwer feststellen. War er schon damals krank, so wäre er entschuldbar. Die Vorwürfe würden dann andere treffen. Diejenigen, die in seiner Umgebung waren und, vorausgesetzt, daß sie die Sachlage erkannten, nicht mit genügender Energie auf seine zeitweilige Entfernung drangen. Auch jetzt, wo an seinem Krankheitszustand, an einer gewissen seelischen Unzurechnungsfähigkeit, nicht mehr zu zweifeln ist, hat niemand anders als er selbst die nötigen Schritte getan. Wenn er diesen guten Willen nicht gehabt hätte, würde er vielleicht künftighin wie früher in seiner besonderen Art an der Ausübung der Justiz ungestört mitgewirkt haben. Jedenfalls hat auch dieser unpopulärste aller Berliner Juristen graue Weihnachten, wie der andere, der lange Jahre hindurch der populärste war.

Und ein Schimmer von Melancholie liegt auch über einem andern Antlitz um diese fünfundneunziger Weihnachten. Es gehört der Frau Vilma Parlaghi, die zu jeder Zeit stärker als irgendeine andre Frau öffentlich besprochen wird – und die nicht immer ungehalten ist, wenn sie zu jeder Zeit stärker als irgendeine andre Frau öffentlich besprochen wird. Seitdem sie geschieden ist und einsam durch die westlichen Gesellschaften wandelt, ist eine erstaunliche Veränderung mit ihr vorgegangen. Dieses funkensprühende, selbstbewußte, fast herausfordernde Weib ist jetzt elegisch, schwer, müde geworden. Alles, was Dur an ihr war, ist Moll geworden. Aber es steht ihr vorzüglich. Diese sammetweichen dunklen Augen, in denen Schwermut schwimmt, diese lässig-langsamen, trägen Bewegungen, diese Stimme, in der etwas Verhaltenes, Schmerzlich-Erlebtes ruht, dieses gelegentliche lange Schweigen: das gibt ihr einen Reiz, den sie früher nicht besessen. Und wenn man sie in irgendeiner Gesellschaft nachts um eins nach dem Kaffee über dasjenige sprechen hört, »was in zweitausend Jahren sein wird«, und sie tief zurückgelehnt beobachtet – die riesigen Kolbenärmel ihrer grünseidenen Taillenjacke verdecken das melancholisch-versonnene Gesicht fast –, dann fühlt man sich an eine entfernte, leise, schwere Zigeunerweise erinnert, die weich und zart und traurig durchs Ohr zieht. Sie ist nicht nur eine Malerin: sie ist auch ein Gegenstand der Malerei. Und wie gesagt, jetzt mehr als früher. Wie werden ihre nächsten Weihnachten sein? Ich denke, sehr fröhlich. Sie wird wieder mal einen Lebenssatz in Dur spielen. Sie wird noch vieles erleben. [...]

Graue Weihnachten! Aber jetzt eben, wo dieser Brief nach Breslau soll, ist es etwas besser geworden. Die Straßen sind so gut wie trocken, und die eklig-feuchten Wolken haben sich verzogen. So darf man vielleicht doch noch auf ein gutes Fest hoffen. Und dieser Hoffnung gibt der taktvolle Feuilletonist gleich die Form eines Wunsches. Eines Wunsches für die wohlwollenden Leser dieser bescheidenen Briefe.

1896

Dem zünftigen Kulturhistoriker entgeht mancherlei. Gewisse Einzelheiten: die gelegentlichen, scheinbar geringfügigen, die keinen gedruckten oder sonstwie notorischen Ausdruck erhalten haben; die sich nebenbei mit durchschlängeln und nicht derb-greifbare Tatsachen bilden, sondern feine, vorübergehende Schattierungen: sie finden bei keinem Sittengeschichtsschreiber ein Unterkommen. Hier darf ihn der kleine Chronist, der unter dem Strich spazierenhüpft, unterstützen.

Es ist vielleicht von einigem Belang, mit welchen Geistesspielen sich eine gewisse Gesellschaft in einer bestimmten Zeit ergötzt. Wer aber kennt sie, wenn nicht einer, der durch diese Gesellschaft wandelt, mit offenen Ohren; der ihre Genüsse verschmitzt mitnimmt und dabei auf die angenehme, freundliche Gewohnheit des Beobachtens und Horchens nicht verzichtet. Offizielle Historiker tun das selten.

Zu Florian Geyers Zeit spielte man das Maislen. Dieses Spiel bestand darin, daß man sich Bratenreste und Kuchenstücke ins Gesicht schmiß. Das war einfach, nicht? und es mochte bei den leicht zu säubernden Eisenkleidern der damaligen besten Gesellschaft angehen. Heut sind die Gewänder aus feinem schwarzem Kammgarnstoff, welcher das Bewerfen mit Braten übelnimmt. Ferner sind die Leute spiritualistischer. Die Spiele sind vergeistigt, sie werden auch mehr unterderhand getrieben, nicht in offizieller Anordnung. Heut bildet man also in Gesellschaft Imperative.

Die gemeine Imperativseuche herrscht in Berlin seit dem Aufkommen jenes halbvergessenen »Koche mit Gas«, dem sich bekanntermaßen dann »Wasche mit Luft«, »Tanze changeant«, »Prügle dein Weib« und die anderen, gleich schalkischen Aufforderungen anschlossen. Gegenwärtig ist die Bewegung seltsam angewachsen. Spät scheint sie den Höhepunkt erreicht zu haben, und sie beginnt fürchterlich zu werden. Eine beklemmende Masse von Imperativen schwirrt in immer neuen Varianten ans Ohr. Sie klingen jetzt dort umher, wo frohe Menschen sind: im Westen. Die spielen das Imperativspiel nach dem Essen, vor dem Essen (beim Essen nicht), beim Rauchen, auch gelegentlich auf der Straße. »Regiere changeant«, sagen sie grinsend. Wobei sie an die wechselnden Strömungen in unseren Ministerien denken. Und solcher politischen Scherzblüten gibt es viele. Wer sich als einen witzreichen Kopf achtet, hält es für Ehrensache, einige in die Welt zu setzen. Man ersinnt sie zu Hause schweißtriefend und improvisiert sie nachher. Und jedes gut geprägte Wort wird sofort in Umlauf gebracht. Vieles läuft unter, was sinnlos ist. Aber es wird gleichfalls belacht und gleichfalls kolportiert. Der Klang allein gibt den Ausschlag: es ist ein Spiel.

Die Imperativspieler befassen sich jetzt eingehend mit dem Prinzen Friedrich Leopold. Bekanntlich schickt sich der Prinz nach längerem stillem Aufenthalt in seinen Gemächern zu einer Erholungsreise nach dem Süden an. Die Popularität des Prinzen war bisher nicht allzu groß: jetzt sucht man sich gierig klarzuwerden, wer er ist; denn die Hofpersönlichkeiten werden im Bewußtsein der sogenannten Bevölkerung nie sonderlich genau auseinandergehalten. Man erinnert sich langsam, daß es der hochgewachsene Mann mit dem kleinen Schnurrbärtchen und der halb verschlossenen, halb phlegmatischen Miene war, den man im Lohengrinhelm und blanken Küraß bei festlichen Anlässen die »Linden« entlangfahren sah. Er steht im Rufe, einen Charakter von hervorragend militärisch-energischer Färbung zu besitzen. Das eiserne Wesen des kriegerischen Friedrich Carl soll, unter Fortfall des breit-gemütlichen Zuges, auf ihn übergegangen sein. Aus Potsdam taucht zuweilen eine Legende auf, die für seine spezifisch-soldatische Energie meist unkontrollierbare, anekdotische Belege bringt. Einen friedlichen Zug bekundet er durch seine Mitgliedschaft in der Landesloge, innerhalb deren er die bevorzugteste Stellung einnimmt. Freilich hat er nur einmal im Jahre zu einer besonders feierlichen Sitzung zu erscheinen. Unter den höchstgestiegenen »Brüdern«, welche in den geheimnisvollen Sälen in der Oranienburger Straße dann die Honneurs machen, herrscht vor dieser Sitzung immer eine starke Aufregung. Der Prinz beschenkt die notabelsten von ihnen gelegentlich mit seiner Photographie; und wem eine solche mit der stets hinzugefügten Unterschrift einmal gezeigt worden ist, der hat sich über den unendlich zierlichen, gleichsam lithographierten Namenszug sicher gewundert, welcher nicht nur eine besondere Übung voraussetzt, sondern auch in jedem einzelnen Fall eine gewisse Zeit beanspruchen muß. Jetzt zermartern sich die Imperativspieler den Kopf mit der Frage, welcher ursächliche Zusammenhang zwischen einem Einbruch auf dem Eise und einem Stubenarrest bestehen kann, besonders wenn der Einbruch und der Arrest zwei verschiedene Personen betrifft. Mag aber der Prinz getan haben, was er wolle: ach, ich würde jetzt dasselbe tun, wenn ich dafür nach Italien reisen müßte.

Dem Assessor Wehlan gegenüber sind die Imperativwitze verstummt. Was man hier zu hören bekam, weckte das Grauen und das Mitleid; und die Schamröte stieg den Hörern ins Gesicht. Noch wird man nicht müde, die Einzelheiten dieser Verhandlung kopfschüttelnd zu erörtern. Es ist noch nicht lange her, daß man den Kanzler Leist jeden Tag die Potsdamer Straße entlangspazieren sah; gewöhnlich um die Mittagsstunde machte er seinen Weg, ein breitschultriger junger Mann mit kleinem schwarzem Schnurrbart, ein dunkles weiches Hütchen auf dem Kopf, ein leichter, lässig schlendernder Gang. Die jungen Mädchen stießen sich an und sagten: »Du, das ist der Kanzler Leist.« Der berüchtigte Mann war wohl manchmal etwas befangen, wenn man ihm nachsah. Im übrigen zeigte sein hübsches Gesicht, dem der Renommierschmiß nicht fehlte, außer einem gewissen Leichtsinn und einer augenblicklichen Depression entschiedene Gutmütigkeit. Er sah aus

wie ein leidlich biederer Kerl, der vielleicht bloß unter
Umständen Dummheiten machen konnte. Nur: einer solchen »Kraft« das Wohl und Wehe vieler Hunderte anzuvertrauen, das erschien gleich dem Aussehen nach als etwas
Unglaubliches. Einen gutmütigen Eindruck machen ja
auch andre Afrikaner! So Carl Peters, der es an einschneidender Energie nicht eben fehlen läßt und der im übrigen
durch die Nebeneinanderstellung mit den Wehlan und
Leist nicht beleidigt werden soll. Peters erscheint bei per-
sönlichem Zusammensein als ein gemütlicher, ja vielleicht
als ein gemütvoller Mensch, durchaus nicht von hervorste-
chender kindischer Schneidigkeit, sondern wie ein Mann,
der über ein gut Teil derartiger Äußerlichkeiten hinweg ist.
Der kleine geschmeidige Herr mit dem etwas verlebten
Gesicht fügt im Gespräch einem Eigennamen gern die Ad-
jektiva »gut« und »alt« zu; und es hat etwas eigen Humor-
haft-Behagliches, wenn er beim Wein erzählt, er habe den
»guten, alten Nietzsche« am Kilimandscharo gelesen. Gutmütig scheint auch der »pflichtgetreue« Wehlan äußerlich
zu wirken, der vor Gericht, da es ihm an den Kragen ging,
in Tränen ausbrach. Aber es war hoffentlich nicht diese
Gutmütigkeit, durch welche der Gerichtshof zu seinem
verblüffenden Spruch verleitet wurde. Dieser Gerichtshof
hat doch sicher dieselben psychologischen Kenntnisse, die
der erste beste Laie hat. Wenn die Disziplinarrichter einen
Mann, welcher die schwerste Pein der Kreatur unmenschlich heraufbeschworen hat, um fünfhundert Mark kränk-
ten, so ist diese Milde christlicher, als man verlangen darf,
und man wird ihnen lieber nachdrücklich das buddhisti-
sche Gebet ins Gedächtnis rufen, das am Ende der altindi-
schen Schauspiele gesprochen wurde und Schopenhauern
so herrlich erschien: »Mögen alle lebenden Wesen von
Schmerzen frei bleiben!«

Indessen befaßt sich die sogenannte Volksseele mit den
anderen negativen Helden der Zeit. Daß Wilbrandts »Graf
Hammerstein« aktuell geworden ist, haben die Zeitungen
gemeldet. Es wird aber auch in Kaufmanns Varieté, einem
beliebten Rauchtheater in den Kolonaden der Königstraße,

allabendlich »Hammersteins Leiden« aufgeführt, mit starkem Beifall, seltsamerweise unter der Riesen-Reklameüberschrift »Welch' ein Erfolg! Stets das Gute bricht sich Bahn!«. Gleichzeitig rennen in der Friedrichstraße, nicht weit vom Bahnhof, Verkäufer in kleinen Rotten umher und bieten eigentümliche Bilder feil, auf denen man zunächst nur eine Dame sieht. Dazu brüllen sie in dem bekannten, halb singenden, halb affektiert sprechenden Ton: »Wo is denn unser Fritze?«, »Wo is denn Fritze Friedmann?«, »Wo is denn bloß unser jroßer Rechtsanwalt?«, »Koofen Sie ein Bild, mein Herr, suchen Sie Fritz Friedmann!« Wenn man aufmerksam die Linien entwirrt oder auch das Bild gegen das Licht hält, findet man den Gesuchten in innigem Zusammenhang mit der weiblichen Figur. Während sich die niederen Volkselemente so mit ihm befassen, weckt die hinterbliebene Gattin stärkeren Anteil in den Kreisen der Imperativspieler. Die Hoffnung, sie als Chansonette auftreten zu sehen, hat hier freudigste Sensationsgefühle wachgekitzelt. Berlin wird Weltstadt – Holdrio! Ein gewisses Mitleid mit der Deklassierten mengt sich ja hinein, aber die Lustempfindungen überwiegen. Man erinnert sich, daß sie schon früher der Bühne nahestand, sie kehrt zu ihren Anfängen zurück, die Episode Fritz Friedmann ist völlig ausgelöscht! Die Frau des Durchgebrannten ist keine Schönheit; sie steht auch nicht mehr in der ersten Jugendblüte: für ihren künftigen Beruf bringt sie also die sogenannten äußeren Erfordernisse kaum mit. Sie ist eine schlanke Blondine, hoch in den Dreißigern. Das Gesicht mit dem Stumpfnäschen, wenigstens gewisse Fältchen darin und noch einige andere Züge lassen ahnen, daß sie einst beim Bau war. Aber der Teint ist heute matt, und die Augen blicken ermüdet. Die Unruhe, das scheue Wesen, das Frau Friedmann in der letzten Zeit zuweilen sichtbar werden ließ, ist jetzt traurig erklärt. Vielleicht hat sie in ihrer neuen Laufbahn Glück. Schon manche hat es hier gehabt, und die Gagen an Spezialitätenbühnen sind unter Umständen dreifach größer als an dreifach vornehmeren Theatern. Niemand wird dieser Frau, die für ihre Kinder ein sicherlich starkes persönliches Opfer bringt, volle Achtung und ehrliche Wünsche für das Gelingen versagen. Aber in der ersten Zeit, wenn sie in Berlin auftritt und ihre lustigen Liedchen singt, wird mancher doch nicht dabeisein wollen. Es mögen peinliche Empfindungen wachgerufen werden; Empfindungen, die an die Brentanoschen lustigen Musikanten denken lassen. »Sind wir nicht froh? daß Gott erbarm!« Es bleibt ein Elend.

Auf der anderen Seite können die Imperativspieler fröhliche Gesichter machen und rufen: schmücke dein Haupt! Ich weiß nicht, ob es eine allgemeine Mode werden soll oder ob es nur vorübergehend ist, aber in der Sylvesternacht wurden uns bei Tische frische Kränze gereicht – mit Efeu und duftenden Hyazinthen, und jeder Gast, männlich und weiblich, setzte den Kranz aufs Haupt, und sofort brach eine wundervolle Stimmung los, als spürte man mit Hedda Gabler Weinlaub im Haar und wollte in Schönheit sterben. Der »Meister von Palmyra«, der noch immer im Deutschen Theater gespielt wird, scheint die letzte Anregung zu dieser gesellschaftlichen Neuerung gegeben zu haben. Dort macht eine Gastmahlszene die Herrlichkeit griechischen, schwelgenden Erdengenießens wieder einmal lebendig, und so mag der Wunsch rege geworden sein, das im Leben zu versuchen, was sich von der Bühne so schön ausnahm. Das geistvolle Verfahren ist jedem Gastgeber so dringend wie möglich zu empfehlen. Auch den Knausern; ihnen sei gesagt, daß sie dann den Sekt sparen können. Denn mit einem Schlage ist der Rausch da, es fallen die Seelenschranken (seltsam, wie stark die Suggestion hier gleich wirkt!), und in jedem einzelnen ruft es: nunc est bibendum, nunc pede libero pulsanda tellus – bloß in den Damen natürlich auf deutsch! Und wer zu Hause irgendein hübsches Präraphaelitenbild besitzt, mit ein paar Heiligen aus dem Paradiese und allerhand Blättern, die sich im Sommerwinde neigen, der hängt am nächsten Morgen den Kranz um dieses Bild; und vielleicht spricht er dabei den besten Imperativ, den wir schließlich haben können: – freut euch des Lebens!

9. Februar 1896

Seit einer Woche ist der Österreicher Arthur Schnitzler in Berlin. Ein Mann in Beginn der Dreißig; von mittlerer Gestalt, mit einem nicht langen, blonden, anscheinend weichen Vollbart; Arzt seines Berufes. Doch vor allem ist er seines Berufs ein Dichter. Wenige kannten ihn hier. Wohl nur die kleine Schar, die nach Neuem und Feinem umherspürt; wohl nur die Mitarbeiter und die Leser abseitiger Zeitschriften, in denen sein Name hie und da auftaucht; die Freunde der »Neuen Deutschen Rundschau«, auf deutsch: »Freie Bühne«, in der er seine feine Novelle »Sterben«, dann auch einen minderwertigen novellistischen Briefwechsel veröffentlichte und die jetzt wieder seine jüngste Erzählung bringen wird. Endlich kannten ihn diejenigen, welchen ein kleines Buch einmal in die Hand gefallen war, nicht anderthalb hundert Seiten dick, auf dem Titel das Wort »Anatol«. Auch ein kleines Schauspiel »Das Märchen«, von der Qual und der Grausamkeit zweifelnder Liebe umwittert, ging von Hand zu Hand und gefiel manchem. Wer aber das Anatol-Buch gelesen hatte, der war verloren; er stand für immer im Banne des Dichters. Desselben, den jetzt Berlin als Dramatiker bewundert.

Anatol ist ein wundersames Buch. Sieben kleine Dramen bilden den Inhalt. Besser: sieben Szenen. An die Aufführungsmöglichkeit ist nicht immer gedacht: eins der Dramchen spielt »in den Straßen Wiens« und führt durch mehrere Gassen an Schaufenstern vorbei, zu einem Fiaker, in welchem die Dame davonfährt. Aber etwas anderes widerstreitet der Aufführung stärker als diese Äußerlichkeit. Die Szenchen sind so spinnwebzart, so luftig, so flüchtig, so entgleitend, so fein, daß die Bühne mit dem jetzt noch bestehenden Riesenumfang, welcher die letzten intimsten Wirkungen zunichte macht, etwas zu roh dafür erscheint.

Was ist das Wesen dieser Schnitzlerschen Poesien? Schnitzler ist nicht unbeeinflußt von den Wiener Symbolisten geblieben, und ein Wiener Symbolist – jener Herr von Hofmannsthal, welcher sich Loris nennt – hat in einer

poetischen Vorrede zum »Anatol« ihr Wesen zu kennzeichnen gesucht. »Also«, sagt er, »also spielen wir Theater,
spielen unsre eignen Stücke, frühgereift und zart und traurig, die Komödie unsrer Seele, unsres Fühlens heut und gestern, böser Dinge hübsche Formel, glatte Worte, bunte
Bilder, *halbes, heimliches Empfinden,* Agonien, Episoden ...«
Es wird mehr der Hauch gegeben, der über den Dingen
liegt, als die Dinge selbst. Mit einem einzigen Wort wird
immer eine kleine Welt heraufgezaubert. Zu dem tiefen
Stumpfsinn des nackten Holz-, Schlaf-Naturalismus ist es
der vollendetste Gegensatz. Statt der Vollständigkeit (die
doch nie ganz vollständig ist) die künstlerisch feinere An-
deutung. Und die zarten, halben Gefühle, die feinen Vor-
stöße und leisen Regungen statt der brutal-kompakten
Ganzgefühle – die ja auch innerhalb des Naturalismus jenen weichen müssen.

Aber was will so viel theoretisches Gerede bei einem solchen Buch! Das Buch führte den dreißigjährigen Anatol
durch mancherlei zarte, sanfte, verlogene, witzige, süße und
lyrisch-weiche Situationen. Immer dreht es sich um Weibliches. Bald um die holde Cora, die Anatol in der Hypnose
befragen könnte, ob sie ihm treu ist – und die er lieber nicht
befragt. Bald um eine verheiratete Frau, die nicht den Mut
zur Liebe hat; die dem »süßen Mädl« aus der Wiener Vorstadt kontrastiert wird, die ihn hat. Bald um ein ausgehen-
des Verhältnis mit einer Verheirateten, bald um ein Circus-
geschöpf, bald um ein Theatermädel, das beim Abschied
brutal offen wird, bald um eine Dirne, die einen Augenblick versuchte, ein liebendes Weib zu sein, bald um eine
zur Disposition gestellte Ilona, die an Anatols Hochzeits-
morgen das Gemach verläßt mit den Worten: »Auf Wiedersehen! ...« Der Inhalt ist nichts. Die Art der Darstellung
wunderfein, ohne schlimme Schärfe – so daß diese anscheinend »gewagten« Szenen auch ein keusches Oberlehrer-
gemüt ohne wesentliche Entrüstung genießen würde. Und
eine Stimmung schwebt über dem Ganzen, so zart und
leicht – so viel Grazie und ironische Melancholie, daß nur
ein kennzeichnendes Wort dafür am Platz ist: entzückend.

Jetzt hat dieser bald schalkhafte, bald träumende, bald skeptisch kopfschüttelnde und bald innig anbetungsvolle Poet ein Drama geschaffen – im Deutschen Theater wurde es gespielt –, das in seiner schlichten Tragik den Hörern ans Herz griff und das seinen Dichter mit einem Schlage in den Kreis der besten rückte, die wir besitzen. Wir freilich, die wenigen, haben längst gewußt, was er war: jetzt weiß es auch das berlinisch-westliche Theaterpublikum. Er hatte einen tiefen und freudigen Erfolg. Und doch ist er im Grunde auch hier nicht ein Dramatiker im üblichen Sinne. Es handelt sich um eine seltsame Erscheinung: er hat weit mehr Stimmungselemente als dramatische Elemente – und er ist trotzdem bühnenwirksam auch im Sinne der Masse! Es gibt keine Längen: alles fesselt auch den Alltagsbesucher. Das liegt wohl an dem tiefmenschlichen einfachen Inhalt seiner Tragödie.

Eine Tragödie ist es, wenn er »Liebelei« auch Schauspiel nennt. Eine Tragödie ist es, wenn auch manches lustige und halb-lustige Wort herzliches Lachen weckt. Ja, eben darum eine wahre Lebenstragödie, weil beide Elemente, das leichtsinnige und das schmerzenvolle, dicht beieinanderwohnen. In einer halb leichten, halb dunkel gefärbten Stimmung setzt alles ein, Jauchzen tönt dann dazwischen, Lebensfreude, wienerischer Übermut, aber schon hier senkt sich, in einer kurzen schweren Szene, von der nur zwei wissen, der Schatten hernieder – der dann zum Tode führt. Ein junger Mensch, Fritz Lobheimer, hat ein Verhältnis mit einer verheirateten Frau. Wer sie ist, erfährt man nie; auch nicht, wie sie ist: – wie es denn ein Merkmal unsres Dichters ist, alles Unwesentliche in Dunkel zu hüllen. Holz und Schlaf würden noch die verstorbenen Großeltern dieser Dame genauer beleuchtet haben. Man hört nur, daß sie ein schwarzes Kleid anhatte, daß sie mit ihm und dem Gatten am vorigen Abend in einer Loge im Theater saß und daß nachher die drei gemeinsam soupierten; das sagt immerhin genug. Und nun erfährt man das einzig Wesentliche: Fritz glaubt, daß man ihm und ihr auflauert, daß irgendein Verdacht geweckt ist; sie selbst hat es befürchtet; es handelt sich nur um Ahnungen, aber diese – Schiller'sch zu reden – »sinistren Aspekten« erzeugen eine eigentümliche Stimmung.

[...] Die Verbindung von Innigkeit und – Eleganz ist heut nicht zum zweitenmal vorhanden. Elegant ist an dem Werk alles, was eine leichte, weiche, spielend vollbringende Hand erkennen läßt, jener unbestimmbare Zug, der das Drama der Konvention ein bißchen nähert, in Kleinigkeiten, und ihm doch grade seine Vornehmheit mit geben hilft. Immer von neuem könnte man in dieser feinen, intimen seelischen Wahrheitssphäre schwelgen, immer von neuem sich an diesen herrlichen, schlichten, tiefen und heut ziemlich beispiellosen Einzelheiten berauschen. Es ist etwas Wunderbares. Und man darf gespannt sein, was von heut ab ein gewissermaßen neuer, frisch entdeckter und an den ersten Erfahrungen schon gereifter Dichter künftig zu bieten haben wird. Was es auch sein wird: es wird Poesie sein.

Ich kann diesen Bericht nicht schließen, ohne den Namen einer Frau zu nennen, die wesentlichen Anteil an dem großen Berliner Erfolge des jungen Meisters hat: Agnes Sorma. Wer sie nicht in ihrer verhaltenen Liebesfülle gesehen hat und ihre Stimme nicht mädchenhaft vibrieren gehört hat, keusch und bangend, himmelhoch jauchzend, zu Tode betrübt, dem ist eine Welt voll tiefen Zaubers entgangen.

23. Februar 1896

Das Bilderbesprechen ist nicht meines Amtes. Also mag ein geeichterer Kunstrichter sagen, was im großen und im ganzen zu halten sei von Urys »Jerusalem«, einem Dreimetergemälde, das jetzt bei Gurlitt hängt und viel tieferen Anteil weckt als für gewöhnlich ein Bild. Mir ist ein Kopf von dieser bemalten Leinwand im Gedächtnis haftengeblieben. Ich kann ihn nicht vergessen, und in gewissen Stunden, wenn er heraufsteigt, scharf umrissen und ernst, führt er eine seelische Erschütterung herbei. Er gehört einem Manne von unbestimmtem Alter. Dieser Mann steht seit-

wärts und blickt ins Licht – in das ferne Licht, jenseits des
Wassers. Neben ihm eine Schar von Genossen: beschmutz-
te, elende Juden. An den Wassern sitzen sie, trauernd im
Dunkel, und sehen hinüber nach dem hellen Licht. Nicht
bloß ein Haufe von Juden: die Menschheit selbst. Mein
Mann aber steht aufrecht unter den Händeringenden, unter den Versteinerten; schlicht und still, gefaßt und riesen-
groß. Die furchtbarste Schmerzensgewalt liegt in diesem
dunklen Antlitz gebändigt; die Sehnsucht spricht aus diesen Zügen – gebändigt; nur erschütternder Ernst weht unverhüllt aus ihnen; der stehende Mann hat das schluch-
zende Herz zum Schweigen gezwungen und den Tod
überwunden, den er doch in der Seele trägt; er erwartet das
Schicksal: ein schwermutvoll grandioser Makkabäer.

Einstweilen ist der allgemeine Anteil an diesem Bild vorübergehend vor der jüngsten Rede des Kaisers zurückge-
treten. Es mag sonderbar erscheinen, ein künstlerisches Ereignis und ein politisches in dieselbe Reihe zu stellen. Aber
in Wahrheit wird diese Rede von Künstlern und Künstler-
naturen als etwas betrachtet, das in ihr Gebiet schlägt. Der
Kaiser ist einer von den Unseren, sagen sie sich aufs neue;
er ist von unserem Blut; vom Blut der Dichter und der
Künstler. Und der Eindruck, den diese Rede nach einer gewissen Richtung hin gemacht hat, ist schlechtweg unbe-
schreiblich. Noch nie ist der transzendentale Zug, der im
Wesen des Kaisers liegt, so klar hervorgetreten. Noch nie
sah man so deutlich, in welcher Welt dieser initiativfrohe
Geist im letzten Grunde lebt und mit wem er geheime
Zwiesprach' pflegt. Er achtet auf jene Zeichen, welche das
Aug' nur, das entsiegelte, der hellgeborenen heiteren Jovis-
kinder sieht; die Augenblicke, in denen er sich dem Welt-
geist näher fühlt als sonst und bestimmte Fragen an das
Schicksal richtet, sind anscheinend bei ihm häufiger als bei
Durchschnittsmenschen. Das Reißen eines Strickes zwischen zwei Türmen ist ihm weit mehr als ein durch physische Gesetze bedingter Vorfall. Es ist ein Ereignis von sym-
bolischer Gewalt, und es dringt ihm so tief in die Seele, daß
nach vielen Monden noch die Erzählung davon einen

schier biblischen Glanz erhält. So pflegen Durchschnittsmenschen nicht zu fühlen; so fühlen gewisse innerlich ver-
anlagte Naturen mit vorwiegend entwickelter Phantasie;
visionäre Naturen. Und so zahlreiche Künstlerherzen dem
Kaiser menschlich-inniger entgegenschlugen, seit sie diesen menschlichen Zug so unverhüllt an ihm gewahrten –
viele werden zugleich den bangen Wunsch empfunden haben, es möge ihm nie eine Täuschung beschieden sein.
Sonderartig angelegte Charaktere haben noch immer einen eigenen Weg gesucht, sich mit der dunklen Zukunft
abzufinden, und es waren nicht die schlechtesten, in denen
der Hang zum Übersinnlichen die platte Alltagserwägung
besiegte. Aber in unserer Erinnerung lebt mahnend seit
früher Jugend der Schillersche edle und bedeutende Herzog von Friedland, welcher einst den Treuesten im ganzen
Lager erkunden wollte und sich sagte: »Gib mir ein Zeichen, Schicksal! *Der* soll's sein, der an dem nächsten Morgen mir zuerst entgegenkommt mit einem Liebeszeichen.«
Der ihn am nächsten Morgen weckt, ist Octavio Piccolomini! Nochmals: möge der tief-innerlich und künstlerisch
empfindende Mann, der an der Spitze unseres Volkes steht,
vor jeder Täuschung bewahrt bleiben.

Ein Monarchenbild anderer Art ist uns jetzt von der
Bühne aus wieder entgegengetreten: der werdende Herrscher, der in lustig-wüstem Jugendwandel allmählich zur
festen Erkenntnis von der Hoheit seiner Pflicht und seines
Amts heranreift. Das Deutsche Theater spielte Shakespeares »Heinrich den Vierten«. Es war eine sehr anständige
Darbietung, obgleich nur die Förstersche Bearbeitung zugrunde lag, welche von Dortchen Lakenreißer nichts weiß
und aus dem ganzen Werk fünf mäßig bewegte Akte
macht. Manches war verfehlt; vor allem das Ehepaar Percy,
für dessen männlichen Teil der schwere Herr Nissen nicht
jung genug, für dessen weiblichen Teil Fräulein Nina Sandow nicht liebreizend und agil genug ist. Dafür war Kainz
unübertrefflich als fidel sumpfender Königssohn. Sein Lachen, sein harmloser Humor, durch den hie und da, aufblit-
zend, das volle Bewußtsein der Situation hindurchsah, sein

halb roh kindisches, halb überlegenes Verhalten gegen Falstaff: das alles wurde glänzend zum Ausdruck gebracht, und in diesem über die Bühne tollenden lieben Jungen mit dem flatternden blonden Lockenhaar erkannte man wieder einmal den alten, jungen Kainz, dessen Feuertemperament doch in Berlin nicht seinesgleichen findet. Den dikken Sir John gab Hermann Müller, der vielseitigste unter den Mimen an der Spree; er war einst Maler, und mit malerischem Blick erfaßt er zunächst jede Rolle. Er hat immer die beste Maske. Als Falstaff war er wohl leidlich dick, da er jedoch infolge der enorm anstrengenden Darstellung mehrere Pfund abnahm, wurde er im Laufe des Abends zusehends dünner. Das Gesicht zeigte das bekannte Gemisch von Behäbigkeit und Spitzbüberei. Bei Baumeister, dem berühmten Falstaff des Burgtheaters, überwiegt die Behäbigkeit. Und wie im Äußeren, so unterscheidet sich auch geistig die Darstellung der beiden Männer. Baumeister ist etwas schwerer, Müller verhältnismäßig nervös; zum mindesten kann er seine größere Jugend nicht verbergen: er zählt erst vierunddreißig Jahre! Aber seine Darstellung ist einheitlicher als Baumeisters. Bei dem Burgschauspieler zerfällt die Rolle in interessante Partien; man merkt immer, wenn eine neue beginnt; etwa wie in der alten Oper der Anfang einer »Nummer« vorher wahrnehmbar ist. Müllers Falstaff ist eher aus einem Guß; und grundlegend für den Unterschied zwischen beiden Künstlern ist der berühmte Monolog über die Ehre. Baumeister macht à la Coquelin dem Publikum seine Anschauungen über diesen Punkt klar; er tritt vorn an die Rampe und wirft Pointen ins Parquet. Müller, als der modernere Schauspieler folgt (obgleich ihm Mätzchenmacherei sonst nicht immer fernliegt) hier dem Prinzip der einfachen Wahrhaftigkeit und redet die Dinge vor sich hin und für sich. Daß die unmittelbare Komik bei Müller stärker ist, wird niemand bezweifeln, der beide Männer sah. Da auch Herr Reicher dem sterbenden König einige ergreifende Momente lieh, so hat die Aufführung dieses wundervollen Königsdramas eine gewisse darstellerische Bedeutung.

Allein schauspielerisch bedeutsam ist bis jetzt auch das erneute Wirken der Frau Hedwig Niemann. Sie tritt im Lessing-Theater auf, und man glaubt in ihr endlich die ideale Madame Sans-Gêne gefunden zu haben. Welche Wichtigkeit! Ob dieses leerste aller Kostüm- und Anekdotenstücke leidlich oder unleidlich besetzt ist – was liegt daran? Immerhin hat Frau Niemann gezeigt, wie sehr sich eine Künstlerin – das ist sie – von einer hübschen Puppe unterscheidet, wie es Fräulein Jenny Groß ist. Das hinreißende Temperament dieser kleinen Frau, die ungestüm im Jubel und im Schmerz wirkt, hat wieder einmal alle Gemüter, welche durch liebreizende und geistlose Statistinnen angeekelt waren, besiegt. Wir brauchen uns über den schauspielerischen Nachwuchs, dessen wir uns erfreuen, im Hinblick auf die Sorma und einige andere Frauen wahrhaftig nicht zu beklagen. Aber gerade diese Nummer, gerade diese »Marke« – gerade diese fehlt. Bestimmte Temperamentzusammensetzungen lassen sich nicht züchten.

Und doch werden bei aller Bewunderung auch die Vorstellungen der Frau Niemann momentweise vollständig unterbrochen. Es herrscht jetzt wieder eine Art Influenza-Epidemie, und die Hustenanfälle kennen keine künstlerische Rücksicht. Die Epidemie hat mich armen Chronisten gleichfalls ergriffen, und darum will ich dieser etwas kurz geratenen Chronik lieber in acht Tagen ein kleines Nachspiel geben. So ein bißchen Fieber ist sehr unangenehm. Und am unheimlichsten ist es, wenn von Zeit zu Zeit ein dunkler Judenkopf heraufsteigt und von allem Unerreichbaren und Versunkenen stumme Worte redet.

1. März 1896

Die Ausstellung übt stärker und stärker jene Tätigkeit, welche im Wortschatz mancher deutscher Leitartikler eine so große Rolle spielt: sie wirft ihren Schatten voraus. Wildenbruchs »Junge von Hennersdorf«, der neulich im Lessingtheater vorgeführt (und in diesen Blättern sogleich

geschildert) wurde, war als ein erster Vorgeschmack der
geplanten Ausstellungsdramatik anzusehen; er sollte ja ursprünglich auf der Bühne des Treptower Industriedorfes
erscheinen, vor der Völker flutendem Gedränge, und nur
die Ausdehnung auf zwei Akte hinderte ihn daran. Angesichts dieses Stückes sind jetzt bange Ahnungen wachgerufen worden. Wenn ein Wildenbruch so minderwertige
Ware für das Ausstellungstheater liefert, was werden die
Kleineren geben! Auch Karl Bleibtreu ist dabei, den man –
bei aller Begabung – nie unbeaufsichtigt dichten lassen soll.
Vielleicht könnte, so fragt man sich, noch jetzt eine kritische Kommission literarischer Männer die drohenden Dramen prüfen, eh' es zu spät ist? Sie sollen ein halbes Jahr lang
Tausenden und Hunderttausenden fremder Gäste vorge-
spielt werden; und mag man an diesen Ausstellungsstücken
auch nicht den Stand der zeitgenössischen deutschen Bühne abschätzen wollen: es wäre doch beschämend, wenn sie
nur den dritten Teil so schlecht wären wie das Wildenbruchsche. So spricht man.

Des ferneren werden brennend aktuelle Kassenfragen
täglich erörtert. Es ist festgestellt worden, daß siebzehntausend Menschen an einem Sonntag nach dem Ausstellungs-
feld in die unfertige Ausstellung gezogen sind. Darum wird
gefragt: ob nicht jedem dieser siebzehntausend eine Mark
Eintrittsgeld abgenommen werden konnte, was siebzehntausend Mark ergeben hätte. Darauf erwidern andere Bier-
philosophen: es wären nicht siebzehntausend hinausgezogen, wenn es eine Mark gekostet hätte! Darauf wiederum
entgegnen noch tiefere Psychologen (welche den Westen
zu kennen glauben): es wären nicht siebzehntausend, sondern siebzigtausend hinausgezogen, weil es eine Mark gekostet hätte. So spricht man. Also ist die Frage noch offen,
und ich bin sehr unruhig, bis sie entschieden sein wird.

Des ferneren werden Druckwerke vorbereitet, die mit
der Ausstellung eng zusammenhängen; und hierunter mag
manches Interessante sein. So liegt einer dieser Veranstaltungen, welche den Titel »Von Schreibtisch und Werkstatt«
führt, eine hübsche Idee zugrunde. Es sollen hier, teils im

Druck, teils autographisch wiedergegeben, Aussprüche von
Schriftstellern, Künstlern und allen prominenten Berliner
Persönlichkeiten gesammelt werden; Aussprüche, die sich
lediglich auf Berlins Entwickelung oder auf seine Eigenschaft als Handelsstadt beziehen. Erste Namen sind dabei,
die Künstler werden – getreu der Goetheschen Mahnung,
nicht zu reden, sondern zu bilden – Zeichnungen statt ge-
schriebener Worte geben, und so läßt sich in Wahrheit ein
interessierendes Dokument über die innere Stellung wesentlicher Kulturfaktoren zur jungen deutschen Hauptstadt erwarten. Wie dieser werdende Riesenorganismus
sich in verschiedenen Köpfen spiegelt, das ist so ausgiebig,
wie es hier der Fall sein wird, noch nicht festgestellt worden. Und hoffentlich wird dabei die Hauptbedingung erfüllt: daß die befragten Aphoristen nicht bloß, von süßer
Feststimmung lieblich ergriffen, in Himmelblau und Rosa
malen, sondern ehrlich die Wahrheit sagen, selbst wo sie
bitter ist. Auch hiervon spricht man.

Des ferneren spricht man von all den alten Dingen, die
man längst zu Tode diskutiert hat und die doch nicht weichen wollen. Es ist erstaunlich, wie langsam in Berlin gewisse Zustände sich ändern. Das faule Feuilletonistenwort
von der »schnellebigen Reichshauptstadt« ist eben ein
Feuilletonistenwort. Man duldet es jetzt, daß die Barrisons
noch immer, oder schon wieder, hier sind; man reißt über
sie dieselben geistreichen Witze wie ehedem; man hängt
in die Schaufenster dieselben raffiniert-lüsternen Bilder
wie ehedem; man sieht sie um elf durch die Friedrichstraße
wandeln mit demselben allgemeinen parodistischen Entzücken wie ehedem. Und auf dem Gebiet des Imperativ-
spiels ist es nicht anders. Diese Seuche, über die ich schon
vor Monden hier berichten konnte, besteht noch immer,
sie ist noch immer im Wachsen begriffen, so daß jetzt ein
Büchlein erscheinen durfte, welches die Imperative gesammelt hat und von allen geistig achtbaren Elementen gelesen
werden muß. Und im übrigen spricht man noch immer,
ja sogar vorwiegend, von Fritz Friedmann, und die Frage,
ob ausgeliefert oder nicht, ob strafbar oder nicht, ob unter

sechs Monaten oder über sechs Monate, wird ausgekno-
belt, diskutiert, wieder diskutiert, nochmals diskutiert und
endgiltig diskutiert. Dazu hat sich das Parodie-Theater in
der Oranienstraße, welches nach aktuellen Stoffen allemal
lüstern ist, des entflohenen Rechtsanwalts figürlich be-
mächtigt; in stärkerer Würdigung seiner literarischen als
seiner juristischen Qualitäten tragiert es ein Stück, welches »nach Doktor Fritz Friedmanns Roman« bearbeitet ist
und den grenzenlos schalkhaften Titel führt: »Gräfin Ilse –
was will se – oder der Trompeter von Bilse«. Ja, Spaß muß
sein, oder du sollst und mußt lachen, wenn auch die Zeiten schlecht sind und in Moabit täglich ein Dachstuhl
abbrennt. Natürlich spricht man auch über diese Dach-
stühle. Und das ist eine weitere Qual des gegenwärtigen
Daseins.

In diese langweilige Welt langweiliger Kleinlichkeiten
ist heute abend eine Art von Ereignis hineingeplatzt. Als
das kann man die Judith-Aufführung im Schauspielhaus
immerhin bezeichnen. Wie etwas Riesenhaftes, aus mythi-
scher Vorzeit Hereinragendes berührte das Werk. Das
»Peinliche«, über das bei unseren jungen dramatischen
Vorkämpfern regelmäßig gewehklagt wird, das ist bei diesem wuchtig-kolossalischen Charakteristiker zu doppelter
Intensität und zu elementarer Größe gewachsen. Wie eng
die Beziehungen Hebbels zur Gegenwart sind, zu der auf-
wärtsstrebenden psychologischen Dramenkunst, das kann
freilich an dem Maria-Magdalenen-Drama noch klarer erkannt werden als an der Judith: aber auch hier merkten die
Hörer – und es waren die harmlosen Hörer des Königlichen Schauspielhauses! – eine geistige Verwandtschaft, und
nachdem sie eifrig mitgegangen waren in den hinreißenden Szenen der belagerten Stadt, murrten sie innerlich, gegen das rücksichtslose Ende hin, als Judith und Holofernes
einander gegenüberstanden. Vielleicht wäre das Stück zuletzt entrüstet ausgezischt worden, wenn nicht der Name
Hebbel einigen der Parkettbesucher in dunkler Erinnerung
als literarhistorisch notabel vorgeschwebt hätte – und wenn
nicht die weitaus größere Zahl der anderen sich durch die

Anwesenheit des Hofes von allzu direkten Ausbrüchen des Mißfallens hätte abhalten lassen. Und doch hatte schon eine weise Regie gesorgt, daß einige Dinge, die keuschen Ohren allzu peinlich sein konnten, ausgemerzt waren. Die tapfere Judith durfte zum Schluß nicht einmal ihren Ausspruch tun, den jeder Gymnasiast von mittlerer Bildung kennt: »Ich will dem Holofernes keinen Sohn gebären.« Sie ward gezwungen, das letzte Wort zu verschlucken, und sagte: »Ich will dem Holofernes keinen Sohn –.« Fräulein Rosa Poppe, welche diese Gestalt darzustellen hatte, war oft äußerlich und vergaß in den schwierigsten Augenblikken nicht, ihre Gewänder symmetrisch und in vorteilhafter Pose zu halten. Das sinnliche Element, das in dieser heldenhaften Jungfrau-Witwe neben allem Religiösen stark betont ist, kam zu kurz, und so ging einer der tiefsten psychologischen Züge des Dramas ziemlich verloren. Herr Matkowsky, der heißverehrte Abgott aller Abonnententöchter, spielte den Holofernes. Er kehrte das Löwenmäßige allein heraus, die ungestüme monströse Kraft, die ans Tierische grenzt; aber die Grübeleien dieses spitzfindigen Kolosses, der ja auch geistig als ein Übermensch gedacht ist, wurden nicht glaubhaft gemacht; sie fielen unter den Tisch. So war das Werk in den Hauptpartien zwar interessierend und bis zu einem gewissen Grade sogar theatralisch hinreißend für naive Theatergäste dargestellt, aber es fehlte die letzte tiefe Weihe für die Hebbelkenner. Immerhin: auch so hat es eine starke Wirkung geübt. Und hätte es keine andere erzielt als die, eine etwas kunstfremde Hörerschar durch die Autorität eines halbklassischen Namens zu glimpflicherer Betrachtung der Neueren und ihres wahlverwandten Ringens zu führen – schon dann wäre es nicht ganz vergebens gespielt worden.

15. März 1896

Berlin im März! Märzveilchen in Hülle und Fülle: aus Gaze auf den Hüten der Damen. Zuweilen ein warmer Tag, ein »hehres Wetter«, wie die Wagnerianer unter den

Konservatoriumsschülern sagen, die im sommerlichen Havelock durch die Potsdamer Straße streichen und in raschem hochherzigem Entschluß den Winterüberzieher schon jetzt versetzt haben. Mittags um halb eins lacht die Sonne, der Himmel blaut selbstverständlich, die Lillis und Ellys aus der Tiergartenstraße, die vor ihren Müttern her spazierengehen, empfinden die Unannehmlichkeiten der Bleichsucht etwas weniger drückend, und die unvereidigten Fondsmakler, welche sich zur Börse begeben, singen in tiefster Brust: »Die linden Lüfte sind erwacht.«

Aber abends, wenn sie von Kempinski kommen, regnet es Bindfäden, der Sturm droht ihnen die polierten Zylinder von den Köpfchen zu wehen, und wenn sie dann durch die Fenster ihrer Droschke blicken, murmeln sie melancholisch:

> Wie traurig steigt die unvollkommne Scheibe
> Des späten Monds mit feuchter Glut heran

– oder was man sonst aus Goethe für dergleichen Situationen vorrätig hat.

In diesen nahenden Frühling, der nicht nahen will, fallen die Verhandlungen um den botanischen Garten. Auch er ist, so könnte ich fortfahren, ein Stück Frühling im Häusermeere Berlins; es wäre nicht einmal ganz falsch. Draußen, wo die Potsdamer Straße sich ihrem Ende zuneigt und Schöneberg zu beginnen beginnt, das unerhörte Millionärdorf mit seiner Masse von fünfstöckigen Häusern, liegt er mitten in einem Riesencarré von neuen hohen Wohngebäuden, durch eine rötliche Mauer eingefaßt; und auf allen vier Seiten blicken von den Balkons und aus den Fenstern ungezählte Naturgenüßlinge, Rentiers, Hauswirte und Grundstückspekulanten auf diesen viereckigen Fleck Erde – der fünfzehn Millionen Mark kosten soll, wie jetzt im Abgeordnetenhause festgestellt worden ist. Der botanische Garten hat in seiner Mitte ein Palmenhaus, nicht ganz so schön wie das zu Frankfurt, doch recht ansehnlich, und zahlreiche andere Treibhäuser. Aber das wesentlichste sind die Bänke draußen. Auf ihnen sitzen mit verbotenen Ro-

manen die Töchter der umliegenden Hausbesitzer, auch
unverstandene Mädchen aus dem sonstigen Potsdamer
Viertel, auch Witwen, die im Sommer nachmittags hier-
hergehen und ihre Erfahrungen mit den verstorbenen Ehemännern bissig austauschen, auch schlechtrasierte Schauspieler, für deren phänomenale Begabung die Torheit der
Bühnenleiter kein Auge und kein Engagement hatte, auch
Kindergärtnerinnen mit frischgewaschenen Erziehungs-
substraten und hie und da eine Kellnerin, die ihren freien
Tag dazu benutzt, an einer Pinie den jüngsten Verehrer im
Havelock zu erwarten, um dann an seiner Seite »nach außerhalb« zu fahren, nach Hundekehle oder Wannsee oder
Pichelswerder. Auch im Winter schreiten pensionierte Offiziere, die meist vor Langeweile wütend sind, zwischen
den Beeten des botanischen Gartens entlang, und so dient
dieses rotgemäuerte Institut den mannigfachsten Neigungen und Sehnsüchten. Jetzt freuen sich die Beteiligten, die
Romantöchter, die unverstandenen Jungfrauen, die bissi-
gen Witwen, die stellungslosen Schauspieler, die verliebten
Kellnerinnen, die wütenden alten Offiziere und vor allem
die nachbarlichen Grundstücksspekulanten, daß die Be-
bauung des Gartens nicht beschlossene Sache ist und daß
die Sitzung der Abgeordneten ihnen fröhliche Hoffnung
für den Frühling offengelassen hat. Sie freuen sich und lan-
cieren, soweit sie des Schriftstellerns kundig sind, mit gedoppelter Energie Artikel in die Blätter, worin die Weg-
nahme dieses Platzes als ein Eingriff in die heiligsten
Rechte zweier Nationen hingestellt wird: der Schöneberger und der West-Berliner.

In diesen Märztagen hat die Freie Literarische Gesellschaft eine interessante Sitzung abgehalten. Sie ist ein Institut, fast so angenehm wie der botanische Garten und mindestens ebenso mannigfachen Neigungen dienend wie er.
Sie hat den Zweck, durch Vorlesungen von dichterischen
Werken oder durch Vorträge über sie in fünf- bis siebenhundert Menschen die Literaturflamme zu hegen und stärker anzufachen; im Anfang wollte sie wohl auch nach einer
gewissen Richtung hin ausschließlich arbeiten, nach der so-

genannten modernen. Jetzt ist der Vorstand aus Männern verschiedener Literaturbekenntnisse zusammengesetzt, und wie der Märzmonat zwischen Frühling und Winter steht, ist auch sie ein Mittelding. Die Hörer bestehen, wenn man so sagen darf, vorwiegend aus Hörerinnen. Bildungshungrige Mädchen, Malerinnen, Rechtsanwalts- und Doktorsfrauen, Lehrerinnen, Unverstandene, Schriftstellerinnen, daneben Literaten, schöngeistige Ärzte, Kaufleute, Studenten; eine Zeitlang gab es eine Uniform, von einem Generalstabsoffizier getragen, die eine angenehme Unterbrechung in dem Zivilistinnen- und Zivilistenmeer bildete.

Hier sprach Spielhagen über seinen Zeitgenossen Theodor Fontane. Die beiden Männer sind um neun Jahre auseinander; Spielhagen ist siebenundsechzig, Fontane sechsundsiebzig. Aber sie sind sonst durch mehr als eine Handvoll Jahre getrennt. Spielhagen ist im Grunde Pathetiker und neigt zur Darstellung in allgemeinen Umrissen; er ist ausführlich, die altklassische Bildung scheint seine liebste Grundlage zu sein, und seine Helden sind Helden im überkommenen Sinn: sie haben eine Fülle von Vorzügen, in den früheren Werken sogar gern körperliche Vorzüge. Fontane ist anders. Er hat nicht das geringste Talent zur Feierlichkeit, er strebt nach ruhiger Individualisierung, er geht nicht nur aufs Ganze, sondern vor allem aufs Einzelne, er ist knapp in allen Hauptsachen (wenn er schon nebenbei sich oft verplaudert), er wurzelt in modern norddeutscher Kultur, allenfalls auch in der französischen, und er sieht im Menschen stets weniger den Heros als den Menschlich-Allzumenschlichen. Die berühmte Szene im »Prinzen von Homburg«, in welcher der Prinz von Todesfurcht befallen wird, wäre von Fontane ganz im Sinne Kleists geschrieben worden; Spielhagen hätte den Prinzen wahrscheinlich furchtlos zum Tode gehen lassen. Diesmal sprach der Dichter der »Problematischen Naturen« über »Effi Briest« und Goethes »Wahlverwandtschaften«. Er mußte wohl zwischen beiden Werken einen Zusammenhang gefunden haben, um sie nebeneinanderzustellen. Es wurde schließlich begreiflicherweise mehr eine Gegenüberstellung, eine Charakteristik mit Hilfe des Kontrastes, als ein Nachweis von Übereinstimmungen. »Effi Briest«, dieses wunderbare Alterswerk eines allesverstehenden, allesverzeihenden Lebenskenners, erfuhr hierbei nicht die eingehende Kennzeichnung, die einen klaren Begriff ihres Wesens gegeben hätte. Dafür wurde der Hauptfehler des Romans deutlich hervorgehoben: das zufällige Zusammentreffen von Umständen, das den Ehebruch einer jungen Frau nach sechs Jahren an den Tag bringt. Es handelt sich um ein Bündel Briefe; warum sind sie nicht verbrannt worden? Jeder Leser hat sich diese Frage vorgelegt; manche freilich haben sie mit einem Hinweis auf Effis kapriziösen Charakter beantwortet. Spielhagen charakterisierte, wie es seine Art ist, im großen, im ganzen und im allgemeinen und zeigte – der beschlagene Romantechniker, der er ist – die Vorteile der Fontaneschen Technik vor der Goetheschen; aber auch die Inkonsequenz der Fontaneschen. Im ganzen ist es ungemein interessierend, einen Romandichter über das Werk eines Kollegen sprechen zu hören. Besonders fesselnd müßte ein umgekehrter Vortrag sein, ein Vortrag von Fontane über Spielhagen! Aber wie ich den Alten kenne, wird er ihn nicht halten. Er bleibt mit seinen Ansichten gern hinter dem Berge.

Weil Schnitzler in Berlin modern ist, wurde an jenem Abend auch seine jüngste Novellette vorgelesen: »Ein Abschied«. Es wird darin ein ungeduldiger Liebhaber vorgeführt, der mit einer verheirateten Frau ein Verhältnis hat. Sie kommt nicht! Er erfährt mit großer List, daß sie sterbenskrank ist. Er steht schlimmste Qualen aus. Als er sich schließlich verzweifelt in ihre Wohnung wagt, ist sie seit einer halben Stunde tot. Der Gatte reicht ihm unbekannterweise, da er ihn für einen Kondolierenden hält, an ihrem Bette die Hand. Er empfindet das halb Komische dieser tragischen Begegnung; mit Scham in der Seele stürzt er davon, weil er seine tote Geliebte verleugnen muß. Das ist alles. Herr Jarno vom Deutschen Theater, der in der »Liebelei« den leichtlebigeren der beiden Freunde spielt, war der Vorleser dieser Skizze. Sie ist etwas lang in der beabsichtigten Monotonie gewisser Wiederholungen, und ein Publikum von mehreren hundert Köpfen konnte leicht die Geduld verlieren. Dieser kluge und geschickte Künstler aber verstand es glänzend, sie immer da zu fesseln, wo sie abtrünnig werden wollten, und sie in der Gewalt zu behalten. Er las einfach und doch nuanciert und an allen Hauptpunkten so stark innerlich, daß die merkwürdige Tragik des Vorgangs die Seelen der Hörer tief erschütterte. Es war schlechtweg ausgezeichnet. [...]

29. März 1896

So ist denn dieser Winter unwiederbringlich zu Ende. Es war, alles in allem, ein milder Winter, ein lauer Winter, ein flauer Winter; ohne große Aufregungen, ohne große Umwälzungen, ohne große Errungenschaften. Die Leute sitzen jetzt wieder bei Josty im Freien und trinken Kaffee, sie spielen wieder lawn tennis in ihren Gärten, sie fahren wieder nach dem Café Grunewald, um Abendbrot zu essen, und sie spazieren wieder an der Rousseau-Insel, um jemanden zu treffen. Das wird eine Weile dauern, bis dieser frühreife Lenz dem nachkommenden Frost noch einmal gewichen ist – es fängt schon an –, und dann beginnt die ganze Wonne von neuem.

Indessen wächst mehr und mehr die Spannung, mit der man der Ausstellung entgegenlebt. Die Wirtinnen werden größenwahnsinnig und machen Steigerungsversuche. Selbst wer im Westen wohnt, eine Meile vom Ausstellungsdorf, ist nicht sicher vor eingeschriebenen Briefen und mündlichen Auseinandersetzungen, die immer mit Treptow enden. Nur wer robur et aes triplex um sein Herz gegürtet hat und die Kunst des kalten Abblitzens zu üben weiß, kann gerettet werden; die übrigen müssen bluten, bluten, bluten. Auch die Restaurateure, die hie und da beim Abendessen ein unwillkommenes Gespräch mit dem Gast beginnen, träumen einzig von der Ausstellung. Im Café Ronacher – traurig, aber wahr – kenn' ich einen zwölfjährigen

Piccolo mit zartem Milchgesicht, der mit Rücksicht auf die Ausstellung gleichfalls wahnsinnig geworden ist; der bedauernswerte Knabe phantasiert davon, wöchentlich fünfundsiebzig Pfennige an Trinkgeldern zu verdienen. Das schönste Mädchen vom Foyer-Buffet des Lindentheaters – sie trägt ein schwarzes Kleid, hat schweres blondes Haar und will Elly heißen – geht ebenfalls am ersten Mai nach der Ausstellung. Bisher hat sie Süßigkeiten verkauft und durch ihren Anblick die Besucher dieses Festspielhauses erquickt, die in der Pause, um sich von den geistigen Anstrengungen des »Obersteigers« und anderer zeitgenössischer Musikdramen zu erholen, an ihr vorüberstrichen, das Monocle in das rötlich gedankenschwere Antlitz geklemmt. Vom Mai ab wird sie in Treptow Sekt verschenken; glasweise, und mit noch unschuldssüßerer, verschämterer Grazie.

Die Ausstellung erzeugt auch kleine Vorläufer-Ausstellungen. Die Kaninchen können auf einer Gewerbe-Ausstellung nach Lage der Dinge nur schwach berücksichtigt werden. Denn ist ein Kaninchen ein Industriegegenstand? Durchaus nicht. Höchstens in der letzten starren Phase des Ausgestopftseins, wenn die Seele dem Leibe längst entfloh. So veranstalten die Kaninchen eine eigene vorherige Ausstellung. Am 3. April wird sie in Berlin eröffnet werden, und keine nationalen Schranken sollen die Kaninchen verschiedener Länder hindern, daran teilzunehmen. Die Kaninchen wünschen sogar ausdrücklich, daß alle Rassen vertreten sind, und die auswärtigen Mitglieder des Kongresses werden dieselben Rechte genießen wie die hier ansässigen Teilnehmer. Da die Ausstellung in einem großen Restaurant der Rosenthaler Straße stattfinden soll, wird es sich empfehlen, an diesen Tagen dort zu speisen. Und auch die deutschen Frauen haben es sich nicht nehmen lassen, vorläufig eine kleine Ausstellung zu veranstalten. Sie stellen aber nicht die tüchtigsten und markantesten Exemplare ihrer Gattung aus, sondern eine Reihe von Gegenständen, die sie hergestellt haben; Dinge, die mit Speis' und Trank zusammenhängen. Es ist fatal, daß diese Kochkunstausstel-

lung an zwei räumlich getrennten Orten stattfindet, im alten Reichstag und in einem – horribile dictu – Eisenbahn-
Betriebsamt in der Königgrätzer Straße. Fataler ist, daß
man unter Umständen hingehen muß; die Ausstellerinnen
sind meist westliche Damen, und diese verlangen, wofern
sie grausam sind, von ihren Freunden und Freundinnen,
daß man ihre schmackhaften Kunstwerke ansieht; sie zeigen sich, weil die Beteiligung an dieser Ausstellung sehr
fashionable ist, von einer gänzlich neuen und originellen
Seite, von der traulichen, hausfraulichen; so plötzlich? entsetzlich; die Frage nach der wahren Urheberschaft der
Speisen ist übrigens untersagt ...

Aber es gibt nette Sachen da. Ein Fugger-Gastmahl ist
hergerichtet, nach den genauen Angaben des einstigen
kurmainzischen Hofkochs Rumpoldt, der um 1585 ein
Kochbuch herausgab. Man kann hier historisch essen.
Auch von den Bedingungen, unter denen Ludwig der
Sechzehnte speiste, bekommt man greifbare Vorstellungen, und das ist wertvoll. Bei einem Rundgang, den ich in
freundlichster Stimmung machte (es war Nötigung und
Bedrohung vorausgegangen, und das Ganze stellte sich als
vorsätzliche Freiheitsberaubung dar), fiel mein Blick auf
mehrere dicke Bücher, sie enthielten »Menus regierender
Fürsten«. Anheimelnd wirkten auf den Beschauer allerhand Teetische – nah, wie die Phantasie gleich zu spielen
begann. Aber eine merkwürdige Ausstellung! Rosen, aus
Brot geknetet und gefärbt, mögen mit der Kochkunst noch
in Zusammenhang stehen. Doch was haben Reitkostüme
mit ihr zu tun? Und sind Broschen, Uhrketten, Armbänder
gekocht? Sind wasserdichte Schuhe gebraten? Sind Piani-
nos geröstet? Sind Schattenrisse aus schwarzem Papier ge-
pökelt? Ich hätte nur gewünscht, das Orchester wäre gedämpft gewesen. Tragen Sie mir diesen Witz nicht nach,
Leser! Tatsächlich spielten die munteren Geiger und Bläser
so, als ob sie für fortissimo ausschließlich gemietet wären,
und beim Eröffnungsakt gab es überdies Chorgesang; man
hörte die nahen Stimmen furchtbar kräh'n; an der Stätte
aber, wo Bismarck, Windthorst, Lasker stritten, drängen

sich jetzt leidenschaftslose Menschen und essen von Papiertellerchen kleine heiße Würste (mit Senf), die an Ort und Stelle gearbeitet worden sind; über dem Wurstkessel schwebt der Friede, der liebliche Knabe.

Mit dem Ende des Winters ist auch das Ende der Gesellschaften gekommen. Sie haben nichts Neues gebracht als das wachsende Überhandnehmen der periodischen Empfangsabende. Man erhält nach Weihnachten eine Einladung für sechs Dienstage oder sechs Mittwoche im Laufe dreier Monate, immer nach dem Ersten und Fünfzehnten. Man wird im Abonnement eingeladen und braucht nicht abzuschreiben, wenn man für einen Abend 'mal keine Lust zum Liebenswürdigsein hat. Im übrigen ist alles dasselbe wie beim abonnement suspendu, bloß daß man im Korridor nicht das verhängnisvolle Kärtchen mit der aufgezwungenen Tischnachbarin findet; es herrscht hier das schönere Prinzip der freien Wahl. Der Chronist müßte von Rechts wegen (– wie denn Chronisten unter dem Strich ironisch-überlegen zu sein haben –) eine gewisse Gleichgiltigkeit gegen alle derartigen Genüsse zur Schau tragen; er müßte auf die Gesellschaften mit lächelnder Ermüdung herabsehen. Das würde sich sehr gut machen. Aber im vorliegenden Falle fällt es ihm schwer. Es gibt Individuen, die in dieser Hinsicht nur mit großer Anstrengung eine leidliche Blasiertheit zustande bringen, die es im Grunde ihres Herzens noch immer gern haben, sich von einem ausgeschnittenen Mädchen anderthalb Stunden bei Tisch etwas vorlügen zu lassen: es macht sogar großen Spaß zu konstatieren, daß der holde Schwindel eigentlich in jedem Fall derselbe ist; aber auf den kleinen, feinen Abstufungen und Unterschieden beruht das Vergnügen.

Durch diese Gesellschaften ist in den letzten Wochen eine seltsame Gestalt gegangen: eine Bäuerin. Überall im Westen tauchte sie auf, wo man bei Sekt und Trüffelpurée biedere Gefühle austauschte. Trüffelpurée ist beiläufig seit Harden zu einem falschen Ruf gelangt; einige Leute glauben immer noch, daß es gut schmeckt (es schmeckt miserabel), und Maximilian lebt gar in dem Wahn, daß es kostspielig ist! Also bei Sekt und Trüffelpurée im Westen tauchte Johanna Ambrosius auf. Sie war vielfach eingeladen, gefeiert, bestaunt, beglückwünscht am Nachmittag wie am Abend, bei Kaffee-Fêten wie bei Soupers – bewundert viel und nirgends gescholten. Es ist eine magere, kleine fahle Frau von fünfzig Jahren: mit braunem Haar, einer länglichen Nase und vorstehenden Backenknochen. Hübsch ist anders. Sie macht nicht den Eindruck einer Bäuerin. Eher den Eindruck einer körperlich verkümmerten Kleinbürgerin, der es ihr Leben lang schlecht gegangen ist. Dennoch erscheint sie in Gesellschaft nicht gedrückt. Sie ist entschieden nicht schüchtern: ihr Poetenbewußtsein trägt sie über diese Kleinlichkeiten hinweg. Aber sie ist auch nicht unternehmend und unbefangen lebensfroh: sie mag zu vieles durchgemacht haben. Sie hat den gewissen Gleichmut, den Erfahrungen und wohl auch seelische Überlegenheit verleihen. Wer sich mit ihr unterhält, hat wieder die Empfindung, daß nicht eine Bäuerin, sondern eine Kleinbürgerin spricht. Ihr ostpreußischer Dialekt ist nicht im mindesten ausgeprägter als bei den meisten Stadtkindern dieses Landstrichs. Daß sie nicht »Fenster«, sondern »Fanster« sagt, ist selbstverständlich. Im weiteren Laufe des Gesprächs macht sie den Eindruck einer innerlichen stillen und zugleich phantasievollen Natur. Sie ist sicherlich in ihrem Wesen echt; aber daß die Huldigungen der Außenwelt an dieser schlichten Frau ganz spurlos vorbeigegangen sind, ist undenkbar. Ich erinnerte mich an meinen Bekannten Julius Petri: das war ein westfälischer Bauernsproß, der in Berlin studiert hatte und früh starb; Erich Schmidt gab dann seinen dichterischen Nachlaß heraus, und ich durfte ihm dabei helfen. Im Leben schien mir dieser prachtvolle frische und kantige Westfale eine einsame Insel in der Überkultur des westlichen Berlins. Aber ich merkte ihm zugleich öfter an, daß er sich seiner Bauernabstammung sehr bewußt war und daß er mit diesem interessanten Zug und Vorzug seiner Person rechnete; dabei war er im ganzen doch eine naive Natur. So ähnlich scheint die Ambrosius zu sein. Sie ist naiv und zugleich bewußt. Sie weiß, daß sie eine Art Phänomen darstellt und hat Bedacht, die Merkmale dieses Phänomens nicht zu verwischen, auch sie gelegentlich zu betonen. »Die Form liegt so in mir«, sagt sie ablehnend auf die Frage nach dem Ursprung ihrer formalen Sicherheit, sie beruft sich mehrmals auf ihre geringe Schulbildung und weist auch die Einwirkung des Kirchenlieds zurück; sie sei schon gar nicht so fromm – »die Form liegt so in mir«. Eine Frau aber, die unter andrem in reimlosen fünffüßigen Jamben dichtet, im klassischen Blankvers, hat zweifellos gewissen Bildungseinflüssen unterstanden. Die angeborene Weichheit, zugleich wohl die Dankbarkeit für die glänzende Aufnahme in Berlin (sie weilt hier seit ihrem Vortrag im Verein Berliner Presse und wohnt seit Wochen bei Sudermanns) hindern sie an scharfen Urteilen über die ihr neuen Kreise. »Was sagen Sie nun zu der Ausgeschnittenheit aller dieser Frauen!« – »Na, was soll ich dazu sagen – ich selbst würde ja nicht so gehen; aber warum sollen sie es nicht, wenn sie so hübsche Schultern haben.« Wenn diese Antwort nicht prachtvoll ist, heiße ich Hans; sie wird sehr vernünftig, ohne Lustigkeit gegeben. Ihre eigne Tracht ist von schwarzem Stoff; wie ein verspätetes Konfirmationskleid. Sie sieht mit ruhigem Blick in das buntbewegte Treiben um sie herum. Wärmer wird sie, als das Gespräch auf ihre frühere unberühmte Epoche kommt. Sie erzählt von dem Hohn, mit dem ihr von den Zeitungen und Zeitschriften ihre Gedichte zurückgesandt wurden. Sie spricht mit einer Art Sehnsucht von den Tagen, wo sie von Ruhm träumte: sie selbst braucht dieses abstrakte Wort »Ruhm«. Sie dachte sich damals immer: ganz durchdringen, den *ganzen* Ruhm bekommen – das muß herrlich sein! Trotz der schönen Berliner Tage und der großen Aufmerksamkeiten freut sie sich jetzt auf ihre Heimat und auf die Ruhe; auch auf die Landarbeiten (sie betont ausdrücklich, daß sie Landarbeiten verrichtet), und sie weiß übrigens, daß sie gegen Mann und Kinder Pflichten hat, die erfüllt sein wollen. Auch sonst ist viel zu tun: sie erhält zu Hause täglich etwa siebzehn Briefe, die zu beantworten sind. Die dichterischen

Stimmungen kommen ihr am besten, wenn sie allein ist; bei der Feldarbeit, auch am Kochherd; und oft fällt ihr gleich eine Melodie zu den Versen ein. Ihren achtzehnjährigen Sohn scheint sie besonders ins Herz geschlossen zu haben. Er ist auf der Präparandenanstalt, um »Schulmeister« zu werden, und sie ist glücklich, daß sie ihm einiges von Wert wird hinterlassen können. Sie macht nach allem den Eindruck einer vortrefflichen, innerlichen und für ihre Verhältnisse ungewöhnlichen Frau. Sie hat in Berlin durchaus persönliche Erfolge errungen.

Einen persönlichen Erfolg errang am nahen Schlusse dieses Theaterwinters auch Josef Kainz. Er ist in eine neue Epoche eingetreten, und der langjährige Romeo und Ferdinand spielte den hinkenden Unhold Richard III. Es war eine unfertige Leistung, der nach dem Ausgang hin auch die körperliche Kraft fehlte – aber doch eine glänzende, ja eine geniale Tat, die unbegreiflicherweise nicht den zehnten Teil der verdienten Anerkennung bei der schon etwas ermüdeten Kritik fand. Kainz war als Richard nicht der grimmige, scheusälig-hohnlachende Bösewicht, als der er landesüblich dargestellt wird. Der Künstler faßte ihn als den letzten entarteten Sprossen entarteter Geschlechter; als einen degenerierten Rassenausläufer; in einem feinen, halbverkümmerten Körper wohnt ein spiritualistischer Verbrecher. Der brutale Zug, das Eberhafte, kam ganz in zweiter Reihe; ein geistreicher, verkommener und verwegener Fuchs blickte mit blassem Antlitz durchdringend in die Welt – in diese Welt, in der er leisen Schrittes und mit chronischer Verderbtheit furchtbare Taten ins Werk setzte und grausame Wandlungen schuf. Der schmächtige, stimmschwache Kainz war hier dreimal größer als die berühmtesten Brüllaffen der deutschen Bühnen, welche je den Richard geschrieen, gehohnlacht und getobt haben.

12. April 1896

»Wir werden den Fremden riesig imponieren – wir sind *kühne* Männer.« Dieser »Witz« fällt seit einigen Tagen in periodischer Unterbrechung von vierundzwanzig Stunden auf der Bühne des Adolf-Ernst-Theaters. Daß er sich auf die Ausstellung und auf Herrn Kühnemann bezieht, ist unnötig zu sagen. Er bezeichnet ungefähr die Höhe, auf welcher die Neue Posse dieses heiteren Kunstinstitutes steht. Er deutet zugleich an, wie sich gegenwärtig alles um die Ausstellung dreht. Das »flotte Berlin« (so heißt das Werk von Ed. Jakobson und Leon Treptow) bringt im zweiten Akt ein Stück Ausstellung verfrüht auf die Bühne. Ehe sich der Vorhang zum zweiten Male hebt, erscheint ein großes Transparent mit der Al-fresco-Abbildung des Treptower Gewerbedorfes, mit allen seinen Palästen, Bäumen, Gewässern, Restaurants, Pavillons und Menschen. Darauf tritt Anna Bäckers – eine sehr originale Schauspielerin, welche die berlinisch-rüdige Gassenmädchengrazie unübertrefflich verkörpert – vor das Transparent; sie ist altdeutsch als »Berolina« gekleidet, hat eine Mauerkrone aus Pappe auf dem blonden Kopf und trägt einen anscheinend lebendigen »süßen« kleinen Bären auf dem Arm. Das Vieh knurrt von Zeit zu Zeit, sobald ein Wort fällt, das sich auf die Stadtverwaltung bezieht. Unendlicher Jubel unter den Hörern! Dann schwindet das Transparent, und man sieht das »Alt-Berlin« der Ausstellung; hier spielt nun ein ganzer Akt. Der Markgraf von Brandenburg tritt auf, der Stadtbüttel, die Bürgermeister von Berlin und Kölln, Fanfarenbläser, Hochzeitsgäste, alles im Kostüm des vierzehnten Jahrhunderts. Eine etwas dunkle, aber äußerlich prunkvolle Handlung geht vor sich, die Kinder der beiden Bürgermeister werden miteinander getraut, alles mit rasend wenig Geist und in sehr gefälliger Ausstattung. Einzig das Dazwischentreten moderner Personen, eines Apothekers aus Treuenbrietzen u. s. w., bringt etwas parodistisches Leben in diese oberfaule Putz-Mimik. Aber die Zuschauer haben die Genugtuung zu wissen: so ähnlich wird es in vier Wochen in einem Teil von Treptow aussehen.

Im übrigen kann Herr Adolf Ernst mit dem Infanten Don Carl ausrufen: »Dies hier sei mein letzter Betrug.« Er scheidet mit diesem Stück aus seiner Direktionsstellung. Die Posse hat unter seinem inspiratorischen Einfluß einen trüben Tiefpunkt erreicht, unter den hinabzusinken unmöglich sein wird. Man brauchte sich darüber nicht aufzuregen; es wäre ja pedantisch, den Maßstab ernster Kunst an so leichtgeschürzte Spiele zu legen; und wir in Deutschland haben längst gelernt, die blödsinnigste Zusammenhanglosigkeit auf komischem Gebiet als berechtigt anzusehen. Auch daß mit Kalauern gearbeitet wurde, kann gern verziehen werden. Nie aber, daß eine so vollständige Ebbe an Geist eintrat; daß unter dem Einfluß dieses Bühnenleiters, der seine Hausdichter immer mit Instruktionen versah, das Spiritualistische ganz in den Hintergrund gedrängt und das »Stoffliche« ganz in den Vordergrund gezogen ward: das brutal dumme Kostüm, das brutal dumme Vor- und Rückmarschieren bunter Massen, die straff sitzenden hohen schwarzen Strümpfe und die bereitwillig gezeigten Unterröcke.

Er selbst aber, Adolf Ernst, wird als Schauspieler eine milde Beurteilung finden. Er hat zuerst bei jedem Zuschauer ein erstauntes Schütteln des Kopfes erzeugt, aber die Heiterkeit kam bald nach. Er ist als Mime ein Dilettant, er ist es geblieben bis in seine späten Tage, und gerade weil man das merkt, macht er seinen tiefkomischen Eindruck. Von bewußter Künstlerschaft ist bei ihm nie die Rede gewesen, aber in dem krampfigen Bemühen, als Bajazzo zu wirken, reizt er die Lachmuskeln. Er nimmt, man weiß nicht warum, meistens eine Haltung mit geknickten Beinen ein, die allmählich berühmt geworden ist. Dazu macht er ein Gesicht, das aus Verlegenheit dumm-klug ist; und mit nervösen Zuckungen begleitet er, wenn er stumm zu sein hat, das Spiel seiner Angestellten; er fürchtet, es gehe nicht ohne sein Beisein und ohne seine antreibende Nachhilfe.

Der Abstammung nach ist dieser Künstler übrigens Schlesier. Wie denn die meisten bedeutenden Leute in Berlin

Schlesier sind. Menzel ist es, Gerhart Hauptmann ist es, die
Sorma ist es (sie wurde in der Friedrich-Wilhelm-Straße
geboren), Rittner ist es (er kam auf der »drübigen« Seite, in
Weidbach, zur Welt), Marie Meyer ist es, die genialste
Charakterdarstellerin Berlins, und der Dichter des »Lumpengesindels« ist es, Ernst von Wolzogen; »ich stamme aus
Breslau«, sagte er mir einmal, »ich mache aber keinen Gebrauch davon«. In diesem erlauchten Kreis tritt, Lorbeer
ums Haupt gewunden, die Beine etwas geknickt, der Meister Adolf Ernst. Auch in der sonstigen Literatur und Kunst
gibt es an der Spree auffallend viele Schlesier. Der grimm-
migste ist Konrad Alberti, der lustigste wahrscheinlich der
Possendichter Julius Freund, der die geschicktesten Couplets in Berlin schreibt. Aus Schlesien stammt der gelesenste Musikrezensent, der gefürchtete Wilhelm Tappert, lok-
kenumwallt. Einer, den er neulich verriß (um eines Ballets
willen), der Serenadenkomponist Moritz Moszkowski, ist
gleichfalls Schlesier; nicht minder sein Bruder Alexander,
der Humorist. Ganze Zeitungen sind schlesisch; am »Berliner Tageblatt« wirken vom Leiter der Politik bis zu dem
jüngsten flotten Feuilletonredakteur Fritz Engel mindestens vier Schlesier. Die Schlesier wuchern im Berliner öffentlichen Leben. Es ließen sich noch mancherlei Beispiele
anführen (fahre ich in einer Erinnerung an den lateinischen
Aufsatz fort), aber ich glaube, daß die gegebenen genügen.
Von einem äußeren Zusammenhalten ist nicht die Rede.
Die Berliner Ostpreußen sollen darin Bedeutenderes leisten. An irdischen Gütern haben es einige der Berliner
Schlesier weit gebracht; der achtzigjährige Menzel ist ein
schwerreicher Mann. Aber alle werden überragt von Adolf
Ernst, dessen ersparter Notgroschen sich auf eine bis anderthalb Millionen beläuft. Die wahre Kunst kommt noch
auf ihre Rechnung.

Auf dem Gebiet der übrigen Kunst scheint für diesen
Winter alles vorbei zu sein. Es ist nicht viel im ganzen gewesen. Das Theater wurde eine Schädelstätte mancher Besten. Der »Florian Geyer« fiel in übermächtigem Ringen,
Max Halbe mit seiner »Lebenswende« starb einen hochan-

ständigen Dichtertod nach drei Aufführungen, die Rosmer hörte ihr »Tedeum« gar früh verhallen, und »Robinsons Eiland« versank (Gott sei Dank!) in den Fluten. Von neueren Dichtern hatten neben den »Webern« nur Hirschfeld mit seinen »Müttern« und Schnitzler mit der »Liebelei« ein längeres Glück; auch des älteren Wilbrandt »Meister von Palmyra« ward Repertoirestück. Sonst aber machten sich Kunstwerke vom Schlage der »Comtesse Guckerl« breit, und den knallendsten Erfolg des Jahres hat Wildenbruchs tragische Heinrichsposse davongetragen, durch die ein Theaterdirektor in der höchsten, der schrecklichsten Not vom Ruin gerettet und alle feineren Geister in die Flucht geschlagen wurden. Ganz zuletzt ist jetzt Sudermann gekommen, und das »Glück im Winkel« hat ihm eine eigenartig neue Stellung bereitet. Es ist der erste Achtungserfolg, den er in Berlin errungen hat. Der früheste Erfolg, die »Ehre«, war eine halbe Überrumpelung. Bei allen späteren Dramen gab es Krach: begeistertes Für und begeistertes Wider. Bei der »Schmetterlingsschlacht« fast nur begeistertes »Wider«. Und jetzt zum ersten Male kein Skandal. Daß die gesänftigtere Stimmung auf Äußerlichkeiten zurückzuführen ist – Sudermann ist in der Zwischenzeit erster Vorsitzender des einflußreichen Vereins »Berliner Presse« geworden –, läßt sich nicht wohl annehmen. Der Hauptgrund wird in der gemäßigten Qualität des Stückes liegen, das den Freunden einer nordisch schlichten Kunst nicht minder geschickt entgegenkommt wie den Anhängern einer wilderen gartenlaubigen Interessantheit. Sudermann mischt; wie er immer gemischt hat; nur diesmal vornehmer. Aber seine Stellung in Berlin ist mit diesem Drama seltsam geändert; es scheint fast, als ob seinem Ruhme wütende Demonstrationen, auch feindselige, dienlicher gewesen wären; diese sturmruhige Einnahme hat etwas Beunruhigendes. Psychologische Köpfe könnten glauben, daß zu seiner nächsten Première einzelne Billets noch am Aufführungstage zu haben sein werden. […]

Das Theater ist für diesen Winter zu Ende. Bloß Herr von Schrader und Herr Kotze haben noch eine letzte Vor-

stellung gegeben. Der eine schoß den andern über den
Haufen; und wenn die ganze Sache dunkel war, wird sie
durch die furchtbare Verstümmelung eines Beteiligten,
durch die Unschädlichmachung eines Zeugen ganz gewiß
heller werden. Man spricht natürlich viel über diese noble
Mord-Zeremonie, von der haarsträubende Einzelheiten in
den Zeitungen bekannt geworden sind. »Herr von Kotze
verbrachte den gestrigen Tag in Friedrichfelde bei seinem
Schwager, Herrn von Treskow, mit dem er sich in Pistolenschießen übte.« Ist das nicht wundervoll! Schrader hat
wohl nicht genug »geübt« und mußte darum bei dem Got-
tesgericht ins Gras beißen. Der Arme, dem seine feierliche
Würde als Zeremonienmeister jetzt nicht mehr viel nützen
wird, hat eine Frau, die aus Hamburger Millionärskreisen
stammt, und einen Cameralia studierenden Sohn. Auf einem Ball im Hause eines befreundeten Offiziers lernte ich
diesen Sohn kennen, einen anscheinend stark begabten
Menschen, der zwischen äußerer Gewandtheit und Insich-
gekehrtheit die Mitte hielt. Er hatte damals die ausgespro-
chene Absicht, »Reichskanzler zu werden«. Scherz und
Ernst mag hier gleich stark mitgesprochen haben. Wenn er
aber seine Absicht je erreichen sollte, ist er vielleicht der
geeignete Mann, ein drakonisches Gesetz gegen den blödsinnigsten und mörderischsten Unfug, der je in deutschen
Landen herrschte, durchzuführen. Er hätte Ursache dazu.

3. Mai 1896

Der erste Tag der Ausstellung

Berlin, 1. Mai

Es ist vorüber – – –; wer am Morgen im Frack und weißer
Binde und hohem Hut hinausfuhr, kehrt mit angenehm er-
schlafften Genußnerven und einem leisen Zittern in den
Beinen aus der schönen fremden und entfernten Welt
heim, in jene bessere Stadt, die man den Westen nennt.
Abendkühle liegt über Berlin, die Restaurants im Westen

füllen sich, die Pferdebahnen bimmeln fast träumerisch heut, Friedensstimmung weht in den kaum ergrünten Baumwipfeln der Potsdamer Straße, und während der Waldmeisterduft aus dem Glase steigt und Gabeln und Messer sanft klappern, spricht man noch einmal verklärt von dem verflossenen ersten Tage der Ausstellung.

Eigentlich begann dieser erste Tag gestern abend, ähnlich den Festen der Israeliten. Einige hundert geladener Personen sahen am Vorabend die Bühnenspiele im »Theater Alt-Berlin«. In der Dunkelheit tappte man über allerhand bauliche Hindernisse (denn die Ausstellung ist noch ganz im Werden) nach dem Sehringschen Festspielhaus. Das ist ein leichter altdeutscher Bau, in dem angenehmen Attrappenstil, den dieser Meister bevorzugt. Eine Riesenbühne, ein Parkett und ein einziger amphitheatralischer Rang; Ausstattung à la grüner Kranz. Die üblichen Premièrenbesucher (aber gesiebt), Bankiers, Literaten, Schauspielerinnen – kurz die Besten unseres Volkes –, waren anwesend. Man spielte zuerst »Die schwere Not« von Wolzogen, ein einaktiges berlinisches Zeitbild aus dem Jahre 1348. Es ging eine wundervolle Stimmung durch das Haus, und obgleich die Hörer sehr klar empfanden, daß dieser Vorabend ein dramatischer Reinfall war, kargten sie nicht mit donnerndem Applaus; sie suchten schier nach Gelegenheiten dazu.

Wolzogen hatte ihnen das Suchen nicht leichtgemacht. Der Dichter des »Lumpengesindels« scheint dieses Gelegenheitswerk in einer seiner zahlreichen schwächeren Stunden geschrieben zu haben. Es ist kein Volksschauspiel und kein literarisches Schauspiel. In Versen, deren Güte über den letzten bohrenden Zweifel am Ende nicht erhaben sein dürfte, werden die Privatschicksale einer sicheren Renata entrollt; sie ist einem ungeliebten Manne vermählt, sie sieht den Jugendgeliebten »Wildenbruch« wieder (Wolzogen nennt ihn kauzhafterweise so!) und wird durch ehrlose Anträge tödlich beleidigt von dem erzschurkischen Schreiber »Zabel« – wieder der Name eines Berliner Schriftstellers. »Zabel« meuchelt »Wildenbruch« und wird

dafür von den Berlinern gelyncht. Renata aber zündet ihre
Vaterstadt im Wahnsinn an, und mit dem Zusammensturz
des brennenden Rathauses endet das Stück. Es ist sehr geeignet für ein Ausstellungsdrama, nicht? Die Tragik darin
ist an sich ein Fehler; außerdem ist sie immer so unvorbe-
reitet, daß sie putzig wirkt. Volksszenen, bunte Bilder entschädigen ein wenig – ein wenig. Herr Witte-Wild hatte
diese Szenen allerdings sehr geschickt einstudiert. Dagegen
haben die Darsteller bis auf Herrn Rohland unbedingt
mißfallen. Herr Rohland sächselte den Herzog Rudolf
ganz ergötzlich. Ein Fräulein Helene Falke jedoch, welche
die Renata zu mimen versuchte, fand immer, wo sie tragisch ward, fröhliches Gelächter. Freilich war hierfür auch
das unkommentmäßige Benehmen eines Schimmels Ur-
sach', der mit vielen anderen Pferden mitzuwirken hatte:
wie denn in diesem Drama auch ein Affe und ein Kamel
auftraten und alles auf derartig sinnfällige Wirkungen zu-
geschnitten war. Nicht minder in dem zweiten Stück,
»Märkisches Ringelstechen«, dessen Dichter wohlweislich
im verborgenen blühte: nicht der lumpigste Theaterzettel
wagte seinen Namen zu nennen. Es lief hier das Ganze auf
den unbezahlbaren Effekt hinaus, sechzehn Pferde mit
Reitern auf die Bretter zu bringen. Wie diese Bretter
dröhnten, kann man sich denken. Die Reiter stachen mit
Lanzen nach Ringeln, und obgleich keiner einen Ring getroffen, wurde von der verkleideten Bühnenprinzessin
dennoch einer gekrönt – wundersam ist der Lauf der Welt.
Die Ausstellung in Ehren: aber etwas Dümmeres als diese
Bühnenspiele im »Theater Alt-Berlin« läßt sich schwer
vorstellen. Hoffentlich sind die nachfolgenden Dramen er-
träglicher.

Das alles hatte man gücklicherweise vergessen, als der
nächste Morgen kam, der Geburtstag der Ausstellung. Eine
nicht zu beschreibende Stimmung ruhte über der Pankestadt. Ein Jauchzen, eine sommerliche Seligkeit zog durch
die Lüfte, es war wie ein einziger Ruf von Glück und Stolz.
Nie hätte man es für möglich gehalten, daß in dieser Me-

tropole des zweifelnden Lächelns eine solche elementare, naive Begeisterung durchbrechen könnte. Wer an diesem Morgen auf irgendeinem Gefährt nach dem Osten zog und im wunderseligsten Lenzwetter die Hunderttausende sah, die auf den Straßen, an den Fenstern, auf Pferdebahnen, auf Mailcoaches, auf Zweirädern, auf Omnibussen, auf Taxametern, auf Equipagen und zu Fuß unterwegs waren; wer die geschmückten Häuser mit den oft rührend ungeschickten Teppichen, Fahnen und Girlanden und die toll bewegten Menschen erblickte; wer die jungen Mädchen sah, die aus dem ersten und zweiten und dritten Stock im Kreise der eingeladenen Bekannten die Bowlengläser gegen die unten Vorüberfahrenden schwenkten; wer in der Luft den ganzen seltsamen Werdezauber mitempfand und die Teilnahme einer riesigen Gemeinschaft die lumpige private Brust schwellen fühlte: der wird diesen denkwürdigen morgendlichen ersten Mai nie vergessen.

Um zehn Uhr früh war alles auf den Beinen, Droschken konnten auch im entferntesten Westen kaum aufgetrieben werden; Berlin hatte einen einzigen Gedanken und eine einzige Wallfahrt: Treptow.

Und doch war es nur eine verhältnismäßig kleine Zahl von Begünstigten, die gleich früh, zur offiziellen Eröffnung, zugelassen wurden – ein paar tausend Menschen. Was masculini generis war, mußte im Frack erscheinen, die Frauensbilder kamen nach bestem Können verführerisch, im Frühjahrsschmuck. Der Kuppelsaal, in welchem der Kaiser den Eröffnungsakt vornehmen sollte, liegt im Hauptgebäude der Ausstellung, höher als die übrigen Ausstellungsräume, aber durch keine Wand von ihnen getrennt. Unten wogten die Frühjahrshüte und die Zylinder, aber bald stand die ganze Masse unbeweglich fest, weil die Riesengedrängtheit jede Schwankung unmöglich machte. Oben standen die zwölfhundert Bevorzugten, sie umlagerten einen zweisitzigen Thron, etwas lockerer und bequemer gruppiert; weit mehr Herren als Damen; massenhaft offizielle Persönlichkeiten. Der Kuppelsaal ist schwindelnd hoch; fast an der Decke, verschwindend, ein Haufen von

Herren im Frack auf einer Galerie: die berühmte Berliner Liedertafel; niemand beachtet sie heut. Unten ein Meer von Blumen, die garnierten Hüte der Damen; eine ungezählte elegante Menge in einem riesigen, kühnen, feierlichen Raume. Hofuniformen, goldgestickte Röcke, weiße Hosen, fremdländische Kostüme; braune Gesichter, blauschwarze Schnurrbärte, geschlitzte Augen; Turbans und Kappen und Helme; exotische Attachés, Stadtverordnete mit güldenen Ketten, Generale, Huissiers in Blau mit Silber und weißen Gamaschen, Journalisten im Frack ohne Orden, Professoren im roten Mantel, höfische Würdenträger in Escarpins.

Fanfaren! Der Kaiser kommt. Vor ihm der Hof. Ferdinand von Bulgarien ist unter den Vordersten, ein Gesicht, weit markanter, als es je in den Witzblättern gezeichnet worden. Der Kaiser steigt neben der Kaiserin zum Throne empor. Beide stehen – die Kaiserin sieht wieder entzückend aus in einem meergrünen Kleide; den schwarzen Schirm hält sie mit lässigster Anmut vor sich hin. Der Kaiser blickt ernst, unverwandt ernst mit gerunzelten Brauen. Großer Lärm fortwährend; die erste Rede steigt – »pst! pst!« von allen Seiten, doch niemand außer dem Kaiser versteht ein Wort des Herrn Kühnemann. Der vollständige Mangel an Feierlichkeit überrascht; aber die Tausende sind nicht zu bändigen, ungezählte Privatgespräche beleben die Szene. Die Rede dauert auch etwas lange! ... Bei der zweiten betrachtet der Monarch angelegentlich die Decke. Dann, nach Felisch, redet Goldberger, der korpulente schwarze Herr, der in Gesellschaften von beweglicher, flotter Gewandtheit ist; als er fertig ist, macht er stramm linksum kehrt – noch eine Minute, und Berlepsch eröffnet die Ausstellung. Sofort setzt der Kaiser den Helm auf, schreitet die Stufen herunter, und der Rundgang beginnt. Es sieht aus wie eine große Polonaise, vornweg Diener und Komiteemitglieder, eins immer beflissener und wichtiger als das andere, in der Mitte der Kaiser und die Kaiserin mit Prinz Friedrich Leopold, der sehr vergnügt aussieht, dahinter der Hof (Ferdinand macht sich bei einer Dame beliebt), zum Schluß die Botschafter in ihren Maskenkostümen. Der Kaiser strahlt jetzt, er kommt aus dem Lachen nicht heraus und wird nicht müde, die Vivat schreienden Anwesenden (durch deren dichte Menge Zeremonienmeister und Ausschußleute einen künstlichen Weg, in nervöser Hast vorausrennend, bahnen) zu grüßen. Hochrufe, ununterbrochen, dazu Männergesang von oben, Orgelklänge, Heil Dir im Siegerkranz, nochmals hoch, hoch, hoch, der Kaiser entfernt sich wieder, er kehrt nach einem Weilchen zurück, hoch, hoch, hoch, Heil Dir im Siegerkranz, erneuter Rundgang, der Kaiser muß sich schier durch die Geladenen drängen, hoch, hoch, hoch, Ferdinand lächelt verlegen, der Hofzug schreitet endgiltig dem Ausgang zu, Heil Dir im Siegerkranz ...

Dann ein wüstes Stoßen, die elegante misera plebs von unten wird in den höheren Kuppelraum zugelassen zu den Erwählten, die Herrschaften alle stürmen die Treppen herauf, Tohuwabohu – und jetzt hinaus in den Park, hinaus, hinaus ...!

Die Ausstellung ist etwas Grandioses. Es ist nicht ein Dorf, das hier geschaffen wurde, sondern eine Stadt. Vielleicht mehrere kleine Städte. Und doch hat der Kernpunkt der Ausstellung nicht städtischen Charakter. Man fühlt sich an einen Weltbadeort erinnert. Man stelle sich Anlagen vor, zehnfach großartiger als in Wiesbaden oder Karlsbad, aber im Charakter eines internationalen Riesenkurorts, und diese Anlagen umgeben von der gewaltigsten Kraft und der raffiniertesten Eleganz moderner Industrie. Ringsherum, nicht dicht nebeneinander, sondern auf unübersehbarem Raume zerstreut, einzeln stehende Häuser, zwei und drei Stock hoch, nur zur Ausstellung errichtet; ihre Zahl geht in die Hunderte. Der Hauptpalast steht am westlichsten Ende. Es ist im ganzen ein Riesenterrain, größer als das der Pariser Weltausstellung. Man kann todmüde werden, um von einem Ende zum andern zu gelangen. Tatsächlich verkehrt innerhalb des Ausstellungsparks eine elektrische Rundbahn, welche dem Bedürfnis aller derer

entgegenkommt, die nicht passionierte und trainierte Fuß-
gänger sind.

Wundersam wirkt das lange Mittelstück: der ausgegrabene »Neue See«, an der einen Schmalseite das architekto-
nisch reizvolle Hauptrestaurant von Adlon und Dressel, an
der andern eine prachtvolle, niedrig gewölbte steinerne
Wandelhalle mit allem erdenkbarem Zubehör für verwöhn-
te Kulturmenschen: Lesestuben, bequemste Postämter (die
Beamten triefen vor Liebenswürdigkeit, der Eröffnungstag
hat auch sie berauscht), Auskunfteien, Schreibzimmer mit
raffiniertem Komfort für Journalisten, fliegende Buch-
handlungen, Toilettenzimmer, ständige Zeitungsdrucke-
reien mit Expreßausgaben, Cafés, Telephonräume, Geschäfte – was man begehrt! Hier schließt sich gleich der
Hauptpalast an, dessen Inhalt eine endlose Reihe von gläsernen Riesenschmuckkästen ist. Wir können heut hier
nicht verweilen. Von der Wandelhalle aus hat man immer
den unbezahlbaren Blick über den Neuen See hinweg nach
dem weit entfernten korrespondierenden Terrassenge-
bäude, dessen Uferräume von Menschenscharen, in ihrer
Kleinheit kaum unterscheidbar, besät sind. Am Hauptgebäude abseits führen besondere Wandelgänge, gegen Regen sorglich gedeckt, unter denen Zehn- und Zwanzigtau-
sende bequem promenieren können. Der eine Gang führt
in die Nähe eines Negerdorfes, zugleich an eine Riesentreppe, nach deren Überschreitung man nach »Kairo« gelangt. Und hier ist eine besondere Attraktion dieser attrak-
tionsreichen Ausstellung.

Es ist ja wahr: im Grunde ist »Kairo« nur ein enormes
Tingeltangel. Aber eines, das die Phantasie in ungeahntem
Maße anregt. Hier ist der leibhaftige Orient. Beduinen,
Derwische, Kairenser, Türken, Griechen und die dazuge-
hörigen Weiberchen und Mägdlein sind in unbestreitba-
rem Originalzustande vorhanden. Ein Palmenwald erhebt
sich – der ganze Wald ist mühsam eingepflanzt –, eine
Reihe von Geschäften und Spelunken winkt, an denen
man nicht vorübergehen kann, ohne einzukehren, der
ganze seltsame Zauber morgenländischer Pracht tritt ban-

nend zutage, Kamele durchrennen den Sand im Galopp, Wüstenkrieger auf den kostbaren Sätteln, Esel traben wie verrückt mit Ägypterinnen, Berberinnen und Weißen durch die winkligen Gassen, hier sitzt ein afrikanischer Schuster mit übergeschlagenen Beinen in seiner Luka, dort tanzt ein Derwisch den grausigen Muscheltanz, in dem er wie der Gottseibeiuns klappert und heult, dort jagt eine Schöne mit schwarzem Teint auf einem Schimmel dahin, hier ladet ein Türke zu einer Tasse Kaffee ein, hier ist ein verschwiegener Raum, in dem man den berauschenden Bauchtanz vorführt – und alle diese östlichen Männer und Weiber, von der gelben bis zur tiefschwarzen Gesichtsfarbe, sind vom Orient unmittelbar nach Berlin transportiert worden. Sie sind sich der Schaustellung, die ihr Amt ist, wohl bewußt und posieren wahrscheinlich grenzenlos. Das Ganze ist, wie angedeutet, ein starker Mumpitz – aber doch unleugbar ein sehr geistvoller und ein sehr anregender Mumpitz.

Am entgegengesetzten Ende: Alt-Berlin! Was soll man davon nach dem ersten Eindruck sagen? Es ist eine Stadt! Eine ganze, kleine Stadt, aus künstlich-schäbigen Ziegeln errichtet, mit allen den Türmen und Kirchen und Rathäusern und Kneipen und Laubengängen und Gärten einer versunkenen Zeit. Straßen und Marktplätze gibt es hier und Gehöfte und Hütten und altertümliche Lustorte. Es ist etwas schlechthin Wunderbares. Ein Meisterwerk moderner Bau- und Imitationskunst. Bevölkert ist diese Stadt von altdeutsch kostümierten Männern und Frauen; und ganze Scharen von grünen und roten Jungfern wimmeln als Kellnerinnen und züchtige Schleußerinnen dort herum – mir ist, als hätte ich sie schon in der Friedrichstraße zu Berlin mit geschminkten Wangen laufen sehn. Am Ufer des großen Karpfenteichs aber erheben sich die Bollwerke und Zinnen der untergegangenen Stadt, und die scheidende Abendsonne wirft ihr Licht von drüben (wo die westlichen Damen Eis löffeln) auf diese Zinnen und diese Bollwerke. Es ist eine unglaubliche Illusion. Die Kommerzienrätinnen aus der Tiergartenstraße schwärmen für das Fischerdorf …

Geld wird man viel los, wenn man durch die Ausstellung wandert ... Denn jede dieser Separatabteilungen kostet ein Separateintrittsgeld, und am ersten Tage sogar das Vierfache der sonst üblichen Summe. Todmüde wird man auch ... Nicht nur die Beine werden müde vom Gehen, auch die Augen vom Sehen. Man muß zwanzigmal dagewesen sein, um die Ausstellung ein wenig zu kennen. Sie ist noch nicht im geringsten fertig; überall ragen noch Gerüste in die Luft, und vor dem Fünfzehnten wird sie nicht vollendet sein. Aber schon heut nimmt man den klaren Eindruck mit: es ist etwas Großartiges, etwas Großartiges, etwas Großartiges!

10. Mai 1896

Es ist prachtvolles Wetter ... In froher Erregung über diesen geistreichen Anfang fahre ich rasch fort: es ist prachtvolles Wetter, doch bloß für die Seh-Nerven. Wer jetzt vormittags im Tiergarten nach oben blickt, dem wird es grün und blau vor den Augen. Das Grün der Bäume ist schon voll und saftig, das Blau des (mit Erlaubnis zu sagen) Horizontes tief gesättigt. Nur unten der Lustwandelnde klappert noch immer mit dem Gebein. Und die Erinnerung an den berühmten Ausspruch erwacht: das einzige Obst, das in diesem Lande ganz reif wird, sind gebratene Äpfel ... Es ist prachtvolles Wetter.

Die Theaterdirektoren freuen sich sehr über das Andauern dieser Kühle. Sie beginnen jetzt um acht und machen gute Geschäfte; teils dieserhalb, teils außerdem. Seltsamerweise versuchen sie ihr Glück mit Ausgrabungen. Das Deutsche Theater hat in sein Repertoire eine uralte Posse aufgenommen, den lieben »Lumpazivagabundus«, der neulich zum Besten eines Bühnenveteranen von den Kollegen vormittags gespielt wurde und einen stürmischen Erfolg davontrug. So schmuggelte man das fidele Werk in die Abendvorstellungen ein; es ist in Wahrheit höchst sehenswert. Die Hauptbedeutung dieser Aufführung liegt für viele in dem Übergang, welchen Josef Kainz darin vom

Helden zum Komiker macht. Er spielt den Schneider Zwirn. Unendlich dünn zu sein fällt ihm nicht schwer. Er ist aber nicht bloß dünn, sondern von einer so genialen Zappligkeit, von einem so meckernden Humor, von einer so vorlauten Feigheit und von einem so tiefwurzelnden leichtherzigen Lumpentum, daß man nicht müde wird, ihn zu betrachten und zu bestaunen. Er tanzt und trippelt in seiner grauen, karierten Kleidung wie ein Phantom über die Bühne, wie eine Märchengestalt, und wenn dieser dünne Span im Streit hinter den Schänktisch retiriert und ruft: »Halt's mich z'rück – sonst passiert ein Unglück!« oder wenn er renommistisch droht: »Sprich noch ein Wort – und du hast ausgerungen!«, so möchte man vergehen vor Lachen. Das hinreißendste ist, daß er inmitten aller Komik an sein sonstiges Heldentum leise erinnert, wodurch seine Leistung einen kaum merklichen parodistischen Glanz erhält; das ist zwar nicht mehr Nestroyscher Humor, sondern Kainzsches Eigengewächs, aber er wirkt überwältigend. Die übrigen Schauspieler des Deutschen Theaters helfen ihm die klassische Posse verkörpern. Obenan der unbewußte Urheber dieser Ausgrabung, der siebzigjährige Jubilar Ludwig Menzel, welcher den ewig angesäuselten Knieriem sächselt. Reicher, als Hausierer im langen Rock, legt eine feine Anekdote ein: von dem klugen Rabbi mit dem weiten Blick, der einen Brand in einem fünf Meilen entfernten Dorf anzeigt, worauf sich die Gemeinde eiligst zum Löschen hinbegibt. »Nu, hat's wirklich gebrannt?« fragt ihn Kainz; »Nein!« erwidert Reicher, »aber es ist doch viel von dem Mann, daß er überhaupt so weit sehen kann.« Auch diese Ausgrabung fand stürmischen Beifall. […]

Aber der frisch ausgegrabene Neue See in Treptow, an dessen Ufern Dressel und weiter oben Café Bauer liegt, fesselt die Berliner mehr als die theatralischen Ausgrabungen. Von einer Gesamtschilderung des Lebens auf der Ausstellung kann jetzt freilich nicht die Rede sein; aus dem einfachen Grunde, weil sich das Leben dort erst entwickeln soll. Je öfter man hinkommt, desto klarer sieht man die Unfertigkeit ein. Man kann sich vorläufig nur an einzelne

Abteilungen halten. Es gibt da zwei, welche immer ein besonderes Publikum beherbergen; eine Besucherschar, die
sich durch bestimmte politische Anschauungen auszeichnet; man hört das leicht aus allerhand Äußerungen heraus,
physiognomistische Tüftler wollen es sogar an der körperlichen Erscheinung erkennen. Es handelt sich um die Marineschauspiele und die Kolonialausstellung. Hier ist der
Typus des Offiziers in Zivil, des großen gebräunten Herrn
mit dem liebevoll gepflegten Schnurrbart, häufiger als
sonstwo; namentlich in der Kolonialausstellung wimmelt
es von tapferer Männlichkeit und resoluter Vornehmheit,
und die Anzahl der menschenwürdigen Scheitel nimmt
sichtbarlich zu.

Die Marineschauspiele sind sehr fesselnd. Den Eingang
zu ihnen bildet ein schiffsartiger Bau. Hinter diesem Rie-
senfahrzeug ist ein quadratisches Gewässer ausgegraben,
dessen Hintergrund besteht aus einer Seefestung und einem Küstenstrich – natürlich aus Pappe –, aber sehr täuschend. Auf dem Gewässer bewegen sich in drei Meter
langen Nachbildungen deutsche Kriegsschiffe. Es sind bestimmte Geschwader, die hier in zierlichen und geschick-
ten Modellen kopiert sind. Jedes der Kriegsschiffe – vom
Admiralsschiff bis zum kleinen Aviso – wird durch einen
darin verborgenen, eng eingezwängten Mann gelenkt,
und sie schießen, elektrisch getrieben, mit wahrhaft blitz-
artiger Geschwindigkeit auf der Wasserfläche entlang und
führen alle Manöver aus, die bei unserer Marine üblich.
Nicht genug daran: sie schlagen Seeschlachten, zwei Geschwader rücken gegeneinander vor und beschießen sich,
es knallt von einem Fahrzeug nach der Breitseite des anderen, piff, paff, bumm, bumm, bumm, man sieht den
Pulverdampf sich hinüberziehen, das eine Geschwader
retiriert, das andere verfolgt. Dann findet ein Angriff auf
die Seefestung aus Pappe statt. Ein Geschwader rückt vor,
aber aus den Luken des Forts knattert und dampft es heraus, bumm, bumm, ein großes Panzerschiff nähert sich
dem Hafeneingang – da krack, krack, krack, explodieren
Torpedos, die am Hafeneingang versenkt worden sind: es

ist ein seltsamer Anblick, wie der weißgraue Dampf zischend und knallend aus dem Wasser emporfährt wie ein Pulverspringbrunnen; der Panzer aber zieht schwer verletzt, etwas nach der Seite gebeugt, ab. Und so werden die größten Siege erfochten, zum Schluß rauscht die herrliche weiße »Hohenzollern« machtvoll durch die Fluten, es werden Salven abgegeben, die ganze Luft über dem Wasser wird von Pulverdampf erfüllt, die Täuschung ist wirklich groß, und dazu kann man am Ufer sitzen und Bier trinken. Und diese siegreichen Schlachten werden fünf bis sechs Mal des Tages geschlagen, in Zwischenräumen von zwei Stunden, und kostet jede zum Zusehen nur fünfzig Pfennige.

In der Kolonialausstellung gibt es Negerdörfer mit Eingeborenen. Die Eingeborenen sind aus unsern fernen Siedelungen hertransportiert, die primitiv-grotesken Hütten wohl künstlich nachgeahmt. Ein unglaubliches Tohuwabohu empfängt den Besucher. Unsere transatlantischen Brüder halten sich nämlich für sehr musikalisch, aber sie sind es nicht – bei Gott, nein!! Sie heulen mit gefletschten Zähnen und seltsam vorgeschobenen Lippen volle Stunden hintereinander eintönige Sänge, mit ganzer Lungenkraft, als ob sie nach der Stärke bezahlt würden, sie klappern dazu mit Muschel-Instrumenten, in Reihen auf der Erde sitzend; hinter ihnen paukt ein Schwarzer, dessen Gesicht die Züge eines Dromedars in erschreckender Weise zeigt, auf eine kürbisähnliche Trommel los, die Mädchen tippen mit einem Stab auf ein breites besaitetes Stück Holz, und drei von ihnen führen vor der Front seltsame Gliederzukkungen aus, eine Kreuzpolka von Neu-Guinea offenbar; vor ihnen steht dirigierend ein langer Schwarzer, der in Augenblicken der Erschlaffung durch Blicke und Püffe belebend eingreift. Die ganze Schar aber scheint sich sehr wohl zu fühlen; fast alle lächeln und bekunden einen gewissen Übermut.

An den hohen Pfahlzäunen der Dörfer hängen gebleichte Schädel erlegter Feinde; zuerst sehen sie wie weiße, große Knöpfe auf Stangen aus, dann erst erkennt man lächelnd ihre Furchtbarkeit. Man schreitet durch die einzelnen eingezäunten Abteilungen und Gehöfte der Dörfer, blickt in die zahlreichen niederen Binsenhütten und bekommt immerhin einen halben Einblick in die Kultur unserer Mitbürger. Man sieht ihre Damen hier und da einen Eimer schmutzigen Wassers hinaustragen und ausgießen, man sieht die Männer draußen etwas Warmes kochen – bei dieser barbarischen Kälte aber auch! Bald stößt man wieder auf einen Stamm, der heulend und unermüdlich monotone Nationaltänze aufführt. Hier bildet sich eine schwarze Gruppe um einen anwesenden Kolonialfreund, den man nicht bloß am Scheitel und dem eigentümlich knapp sitzenden Jacket erkennt; dem man auch die praktische Erfahrung in den Kolonien am bronzefarbenen Gesicht ansieht. Er ist mit der Gattin erschienen und fragt einen der Schwarzen, der ihn zu kennen scheint und auf ihn zukommt: »Na, wie geht's – was freßt ihr denn hier? auch Kartoffeln? Das Beest ist ordentlich dick geworden.« Er gibt ihm auf einen der rückwärts belegenen Körperteile einen freundlichen Hieb mit der flachen Hand, daß es knallt, und die Gattin klopft zwei bis drei Mal auf das wollige Haar; Handschuhnummer 9¼. Der dunkle Mitbürger, der in diesen Scherzen eine unleugbare Schmeichelei empfindet, lächelt dankverbunden und sucht seiner halb verlegenen Freude sichtbaren Ausdruck zu verschaffen. Auch andere Eingeborene kommen hinzu, sie kennen den Herrn ebenfalls. Auffallend ist die etwas heuchlerische und gezwungene Freude, die auch bei ihnen zutage tritt. Man ahnt, daß sich diese Gesellschaft gegebenenfalls sehr geschickt verstellen kann. Sie benehmen sich wie Schulknaben gegenüber einem Lehrer, den sie im Privatleben irgendwo treffen; das Zusammentreffen läßt sie eine hocherfreute und angenehm berührte Miene aufsetzen, sie wären aber zehnmal froher, wenn sie ihn nicht getroffen hätten. Wie tief und fest mag bei den Herrschaften das Christentum sitzen.

Höchst fesselnd ist die große Kolonialhalle, die sich jenseits einer Riesentreppe in der künstlich hergerichteten

Zanzibar-Stadt befindet. Hier bekommt man eine klare Einsicht in die Mittel der afrikanischen Kolonisierung und zugleich in die Kultur der Kolonisierten, in ihre Waffen, ihre Fetische, ihre Lebensmittel. Daneben eine Masse von Jagdtrophäen berühmter Deutsch-Afrikaner, ausgestopfte Tiere, Geweihe, Elfenbein. Es ist vieles sehr schön, aber ein gewisser renommistischer Zug geht durch das Ganze – etwas Knabenhaftes. Wertvoller als das alles ist ein anderer Teil der Ausstellung: Die *Deutsche Volksernährung*.

14. Juni 1896

Berlin ist schön, Berlin ist groß. Das ist der Refrain in irgendeiner Posse, die vor einiger Zeit hier gespielt wurde. Der Litfaßsäulen-Dichter der Goldnen Hundertzehn (ein märkischer Duodez-Aristophanes mit leisem Beigeschmack nach Sauerkohl) nahm sich des Spruchs an, und auf grünen Zetteln stand an allen Ecken zu lesen, halb parodistisch, halb lokalpatriotisch gemeint: Berlin ist schön, Berlin ist groß.

Jetzt rufen ihn die Fremden. Sie überfluten Berlin, und noch nie war die emporkommende Kaiserstadt so schön, noch nie schien sie so groß zu sein und so großstädtisch wie jetzt. Trotz der Jahreszeit. ... Sonst im Juni beginnen sich die Reihen der westlichen Mitbürger zu lichten, und das Straßenbild sieht etwas dünn aus; sonst haben sie um diese Zeit nach dem Wanderstab gegriffen, welcher hier noch immer die Form eines kombinierten Rundreisebillets hat, und schlendern in Kissingen, Gastein, Karlsbad oder in der Nähe der Trollhättafälle herum. Diesmal hat sie die veränderte Sachlage zu weiterem Bleiben gelockt. Man wartet dem Sommer hier drei Wochen länger entgegen und schüttelt dann dreifach vergnügt den Staub von den Pantoffeln. So trifft man bei Josty, im Zoologischen Garten, im Café Grunewald und auch in Treptow eine Masse berlinischer Berliner aus dem Potsdamer Viertel, die mit herausforderndem Blick, ja mit einer Art Koketterie im Auftreten

zu sagen scheinen: es stimmt wirklich; wir sind noch hier;
es macht uns sogar Spaß.

Möglich, daß sie sich die Fremden ansehen wollen. In allen Stadtteilen, nicht zuletzt im Westen, machen die sich
fühlbar. Man hört im Vorübergehen die unmöglichsten
Idiome, vom rauhen, kehligen Holländisch (der Sprache,
die wir nur reden, wenn wir eine Fischgräte verschluckt
haben) bis zu den weichen, singenden Lauten des Rumänischen. Man riecht die verschiedenen Völker von den
Nachbartischen in den Restaurants. Wenn Herren mit Bärten einen klobig starken Geruch von Chypre-Parfum ausströmen, sind es sicher Russen; die haben eine Vorliebe für
diese Balsamierung. Wenn Herren gar nicht riechen und
fremdländisch aussehen, sind es Amerikaner oder Norweger (– so sagt die westliche Volksmeinung, gewiß die naivste und schlichteste aller Nationen). Wenn Herren sonstwie riechen, sollen es Bewohner der Donauländer sein.
Zwar wird der spezifisch nationale Geruch von Fett, Interessantheit u. s. w. durch einen Anflug märkisch-berlinischen Straßenstaubs etwas entnationalisiert; es ist nicht der
volle Hauch der Heimat, der hier entgegendringt; aber die
Urbestandteile sind erkennbar. Die Engländer, so behauptet die Volksmeinung, riechen nach Wasser und Seife. Gewiß mögen diese sinnlich-empirischen völkerpsychologischen Beobachtungen manches für sich haben; aber von
zwingender Gewalt sind sie nicht! Man soll ja nie verallgemeinern! Auch ein Amerikaner hat, bei Gott!, schon nach
Chypre gerochen und sogar ein Serbe nach Seife. Im übrigen verwischt jetzt die allgemeine Hitze manches, diese
Hitze, in der Schillers verfeinerter Ausspruch im Westen
zitiert wird: von der Stirne heiß rinnen muß die Transpiration! Alle Völker haben ihre Eigentümlichkeiten und alle
diese Eigentümlichkeiten ein – sozusagen – volksgenossenschaftliches Daseinsrecht. Was uns furchtbar dünkt, riecht
anderen traut. Menschen, seid tolerant: es gibt keinen absoluten Geruch, wie es keine absolute Wahrheit gibt. Auch
alle Düfte sind nur ein Gleichnis …

Auch mit dem Gesichtssinn vermag man die Fremden

zu erkennen. So viele umgehängte Operngläser sind noch nie durch die Straßen Berlins getragen worden wie jetzt. So viele Kataloge und Fremdenführer sind noch nie ostentativ in der Hand gehalten worden wie jetzt. So viele Pläne von Berlin sind noch nie an Laternenpfählen mit so bekümmerter Miene auseinandergefaltet worden wie jetzt. So viele Herren haben noch nie gefragt, wie man von der Friedrichstraße nach dem Brandenburger Tor kommt, wie jetzt. Und so viele Damen waren noch nie bereit, sie freundlich dahin zu führen, wie jetzt. O Sommer 1896, die Künste regen sich, die mannigfachsten Gewerbe blühn, es ist eine Lust, in dir zu leben! Auch an der Art des Ganges erkennt man die Fremden. Sie gehen mit hochgehobenem Gesicht und scheinen immer zu kontrollieren, ob an den Dachkanten der Häuser auch alles in Ordnung ist; die eingeborenen Berliner dagegen lassen ihre Blicke meist im Staube kriechen; sie scheuen die Kraftvergeudung durch Emporschrauben der Augenmuskeln. Die eingeborenen Berliner betrachten auch Schaufenster nicht mit dieser religiösen Inbrunst. Die eingeborenen Berliner lernen auch die Straßenschilder nicht auswendig. Die eingeborenen Berliner steigen auch nicht in die Dampfstraßenbahn nach Hundekehle, wenn sie in die Pferdebahn nach Pankow steigen wollen. Die eingeborenen Berliner machen auch keinen Skandal, wenn es bei Kranzler keine Rumpsteaks gibt. Und wenn die eingeborenen Berliner ein Rumpsteak essen, lassen sie sich nicht eine Mark dafür abknöpfen. Durch alle diese Eigentümlichkeiten und einige andere unterscheiden sich die Fremden sichtbarlich von der biederen alteingesessenen Bevölkerung unseres lieblich am Fuße des Kreuzbergs gelegenen Städtchens.

Stark grassierend ist jetzt der Logierbesuch. Onkel und Tante aus Tilsit kommen an, auch eine Gliedcousine aus Schwientochlowitz, die man längst verstorben wähnte. Der Onkel hat seinen Freund mitgebracht, Emil Neumann, welcher »das große Buttergeschäft« in der verlängerten kleinen Paddengasse besitzt; der edle Gastfreund aus Korinth an der Panke hat die Aufgabe, für Neumann ein Zim-

mer zu besorgen, möglichst im Zentrum, aber doch so, daß
es nicht allzuweit von Treptow ist; zu einem soliden Preise
– es braucht nicht geknausert zu werden –, aber 1,50 M. pro
Tag soll er nicht überschreiten; nach vorn heraus, aber so,
daß die Sonne nicht lästig wird, namentlich in den Mor-
genstunden von sieben bis neun. Onkel und Tante holen
selbstverständlich den Landsmann jeden Morgen ab, oder
sie verabreden, um von den Linden nach Treptow zu fahren, sich am Potsdamer Platz bei Josty zu treffen. Das ist
freilich ein wahnwitziges Beginnen mit einem Umweg von
einer kleinen Meile, aber Neumann hat Josty noch nicht
gesehn. Dem Gastfreund läuft die Galle über, doch er muß
schweigen. Er schweigt auch, als Tante draußen bei Dressel
die Hälfte ihres Biers in das bereits geleerte Glas des On-
kels gießt, um sparsam zu sein und nichts umkommen zu
lassen. Er schweigt auch, als Onkel das Roastbeef zurück-
schickt als ganz ungenügend durchgebraten. Er schweigt
auch, als Onkel »eine bessere Zigarre zu siebeneinhalb«
fordert. Er schweigt, als die Cousine aus Schwientochlowitz anderthalb Stunden lang Postkarten aus Alt-Berlin an
ihre Bekannten schreibt. Und er schweigt, als sich nachher
ein Schwientochlowitzer ihr zugesellt, der Bruder des
Mannes ihrer früheren Freundin, der im Jubel des Wieder-
sehens scherzhaft wird und sein zweites Glas Pschorr mit
den Worten bestellt: »Kellner, bring'n Se mer ok noch so
'ne Lusche!« Der Gastfreund platzt, aber er schweigt.

Alle diese Gestalten, die Provinzler wie die Ausländer,
bevölkern jetzt die Hauptstadt der Deutschen und helfen –
teils durch das Exotische, teils gerade durch die kontra-
stierte Kleinbürgerlichkeit – ihr jenes Gepräge zu geben,
das schließlich den Ruf entlockt: Berlin ist schön, Berlin ist
groß. Auch die Theaterdirektoren bemühen sich mitzuhel-
fen. Der kluge Otto Brahm spekuliert auf die Ausstellungs-
gäste und läßt noch immer spielen, zu dieser Zeit, wo sonst
Dunkel und tiefer Friede in seinem Hause herrscht. Er
setzt den Fremden natürlich das vor, was sie zu Hause am
wenigsten leicht sehen können: die glänzend gespielten
»Weber«. Daneben andere naturalistische Werke wie »Ju-

gend« und »Die Mütter«, auch – von der entgegengesetz-
ten Richtung – gelegentlich den »Meister von Palmyra«.
Die übrigen Direktoren lassen gleichfalls »durchspielen«,
das Opernhaus sogar noch in einer Filiale bei Kroll; im
Lessing-Theater enthüllt Frau Kojaczi-Karzag noch immer
mit grandioser Vorurteilsfreiheit ihre stattlichen Glieder
aus Anlaß der Operette »Waldmeister« von Strauß, und
Wildenbruchs »Heinrich und Gregor« verfluchen sich im
Berliner Theater bereits zum hundertsten Mal, alles für die
Fremden. Oben im »Nationaltheater« aber spielt man in
schlauer Erwägung gar eines der verbotensten Stücke; zufällig ist es diesmal kein dramatisierter Kolportage-Roman,
sondern – »Vor Sonnenaufgang« von Gerhart Hauptmann.
Berlin ist schön, Berlin ist groß. Und die Theater sind voll.

Nun hat auch die Direktion von »Kairo« etwas Besonderes für die Fremden tun wollen und am Freitag ein orien-
talisches Nachtfest veranstaltet. Es war in Wahrheit ungewöhnlich hübsch. Ganz wundervoll orientalisch und dabei
doch immer ein kleiner parodistischer Beigeschmack. Das
ist aber die spezifische Art solcher Berliner Veranstaltungen. Ein Bild prägte sich mir gleich bei der Ankunft merkwürdig tief ein. Die große Pyramide, deren unbequem
riesige Stufen sich massig vom Nachthimmel abhoben,
glomm im roten Feuerschein, der von unten dämmerhaft
und zitternd auf sie fiel. Und im Schatten der Steinstufen
standen unbeweglich in ihren weißen Gewändern die Beduinen, die braunen Köpfe halb verhüllt, in den dunklen
Augen zugleich Phlegma, Müdigkeit und latentes Feuer.
Unten der Rest der großen Schar, seltsam gruppiert mit
allen Kamelen, Gazellen, Rossen und Eseln. Ein einziges
Funkeln von Waffen und Steinen. Die weißen Gewänder
leuchteten durch die Nacht. Eine Riesengruppe voll
schwermütiger Ruhe und zugleich zurückgehaltener wilder Bewegung. Eine Illusion von ganz gewaltiger, hinreißender Kraft. Tausende und Zehntausende von Fremden
und Berlinern wogten durch den Wüstensand, der mit
dem märkischen eine so auffallende Ähnlichkeit hat. Tausende und Zehntausende von Lampions gingen am First

der Bazare und Tempel entlang und schwangen sich hoch im Bogen herüber zu den Moscheen und Palästen, in welchen Bier getrunken und Kasseler Rippenspeer verzehrt wird. Feurige bunte Girlanden rankten sich an den Toren der Geschäftsläden und türkischen Cafés, der Bauchtanzlokale und afrikanischen Theater empor, und der Palmenwald, der am Ufer des kleinen künstlichen Sees errichtet ist, strahlte in zauberischem farbigem Glanz. Die Kamele hatten so viel zu tun wie noch nie. Ununterbrochen trabten sie mit holdseligen Weibern, denen die Schminke zwei Millimeter hoch auf den keuschen Backen lag und die sich des größeren ästhetischen Effektes wegen das Haar zu färben lieben, durch den erwähnten märkischen Wüstensand. Hellauf kreischten die Lieblichen, sobald sich das Schiff der Wüste, das nur in gekauertem Zustande besteigbar ist, mit hörbarem Ruck erhob und loszurennen begann. »Weg! weg! weg!« brüllten in sehr korrektem Deutsch die dunklen Kameltreiber in das knüppeldick angesammelte Publikum hinein. Oben auf den Sätteln saßen die Keuschen, ein wenig schwankend, aber voll Courage und aus tiefster Brust den »Rixdorfer« anstimmend. Den Rixdorfer wiederholte in seligem Chor das knüppeldick angesammelte Publikum. Die Kameltreiber brüllten … Berlin ist schön, Berlin ist groß.

28. Juni 1896

Jetzt ist er hinaus in die weite Welt – nämlich nach Brüssel. Wer weiß, ob für immer … Wenn ich sagen soll, welchen Eindruck die Freisprechung machte (ich rede natürlich von Fritz Friedmann, von dem jetzt überhaupt bloß geredet wird), so muß ich feststellen: die Leute freuten sich. Und wenn eine subjektive Äußerung erlaubt ist, füge ich hinzu: ich freute mich auch. Der Sachverhalt ist ja nicht ganz aufgeklärt, und dem Grafen Leicester kam Mortimers Tod sicherlich nicht so gelegen wie die Verworrenheit des Zeugen Berger dem Angeklagten Friedmann. Aber schließlich: Schaden hat niemand gelitten (außer der Staatskasse), und nachdem unsere ethische Seele so oberflächlich befriedigt worden ist, meldet sich sofort die ästhetische Seele und sagt: dieser Abschluß seiner verfahrenen Laufbahn macht sich weit besser, als wenn man ihm zuletzt vier Wochen Moabit aufgebrummt hätte. Dieser rhetorisch glänzende Abgang wirkt angenehmer. Die ganze Gestalt hätte auch in unserer nachträglichen Betrachtung sonst gelitten. Seine Ehre als Verteidiger stand diesmal so stark auf dem Spiele wie nie. Arzt, hilf dir selbst, hieß es. Wär' es nicht ein tragikomisches Geschick gewesen, wenn er gerade jetzt kein Rednerglück gehabt hätte? Ohrenzeugen berichten, daß er mit hinreißender, übermächtiger Gewalt sprach. »Gewalt« ist bei ihm cum grano salis zu verstehen. Das Pathos der früheren Schule lag ihm fern. Einen Lassalleschen Tropfen hatte er kaum im Blut, und wenn jener eine Verteidigungsrede nach tausend langhin rollenden Perioden mit Versen aus dem »Tell« schloß, die auszurufen ihm »der Augenblick eingab« (er hatte es so im Konzept stehen, die Rede selbst wurde nie gehalten!), so wäre solche feierliche Erhabenheit Herrn Friedmann ganz parodistisch erschienen. Gewiß besaß auch er ein starkes Temperament; ohne Temperament ist einfach keine rhetorische Wirkung denkbar, pectus est quod disertos facit. Aber er hatte dabei, wie Theodor Fontane, »kein Talent zur Feierlichkeit«. Er sprach hie und da leidenschaftlich, aber stets mit den natürlichen Gebärden, ja mit einer bewußten Beimischung von Saloppheit. Nur zum Teil war sie bewußt, zum Teil war sie ein Ausfluß seiner berlinisch ungezwungenen Art. Er brauchte vor Gericht gern Wendungen, die an das Gebiet der sogenannten Schnoddrigkeit grenzten. Er brauchte sie bald aus Gewohnheit, bald um für die Geschworenen dick deutlich zu sein, bald um den Schein harmloser Aufrichtigkeit zu wecken, bald um die Richter zu amüsieren. So redete er Feuilletons, die diskret mit Spreewasser überträufelt waren, und die Gestikulationen gab er umsonst; auch sie waren natürlich und bewegten sich durchaus nicht in Bogenlinien. So schloß er, als er jetzt im tiefsten Innern beteiligt war, nicht mit Versen aus dem »Wilhelm Tell«, sondern er ließ sich auf einen Stuhl fallen und schluchzte einfach: Ich kann nicht mehr. Er hat die realistische Spielweise, während Lassalle noch dem weimarischen Stil folgte.

Das bekannte Gemisch von Echtheit und Unechtheit, von Überzeugung und Pose lag auch bei Friedmann vor. Grade bei Naturen von starker Illusionskraft – und Friedmann war im gewissen Sinne Illusionist – findet man es oft. Er hatte etwas von dem südfranzösischen Advokaten und Politiker, der im neueren französischen Roman eine Rolle spielt. Daß er auch in der höchsten, innersten Erregung sich über ihre Wirkung nach außen klar war, unterliegt keinem Zweifel. Bezeichnend für seine naive Eitelkeit ist, daß er vor Gericht über allerpersönlichste Angelegenheiten mit freigebiger Redseligkeit weit mehr erzählte als verlangt wurde. Er sprach recht gern von sich. Den Begriff »Fritz Friedmann« brauchte er wie etwas historisch Feststehendes. Auch vor Gericht. »Bis jetzt haben Sie den Fritz Friedmann doch alle für einen anständigen Menschen gehalten« – sagt er. Und etwas später: »Tausende würden ihre Hand aufheben und sprechen: das kann Friedmann nicht.« Daß er nachtblind sei, weiß »alle Welt«; nur deshalb habe er Anna Merten mit auf die Reise genommen, und er fügt hinzu, ohne gefragt zu sein, er sei eine sehr weiche Natur. Solche kleinen Züge würden hier verstimmt haben, wenn er nicht gleich wieder durch die Erzählung von genrehaften, interessierenden Einzelheiten eine Entschädigung geboten hätte. Kostbar fand man die Art, wie er seine junge Bekanntschaft mit Fräulein Merten skizzierte. »Das Mädchen war immer sehr traurig und hat mir erklärt, daß sie eine Waise sei; schließlich stellte sich heraus, daß es gar keine Waise war, seine Eltern vielmehr in Moabit saßen.« Wer die Berliner Verhältnisse kennt (und die Berliner »Verhältnisse« kennt), der weiß, wieviel typische Wahrheit in dieser kurzen Erzählung liegt und mit wie versteckter Komik sie wirken mußte. Wenn man sich nach den psychologischen Ursachen fragt, die jetzt eine so starke Parteinahme für Friedmann bewirkten, so stellt sich als Hauptmoment der wahre Aberglaube dar, mit dem hier noch immer die weitesten Kreise auf ihn blickten; er war ja der unersetzliche Helfer in den schwierigsten und diskretesten Fällen, es gab ja keinen, auf den man so baute wie auf ihn. Der zweite Grund ist das angenehme Bewußtsein, daß nur sehr reiche Leute durch ihn zu Geldverlusten gekommen sind; das freut immer. Kleine Leute wurden nicht geschädigt, und die Bleichröder, die Mosse und Landau sind in der glücklichen Lage, den Abgang von einigen Zehntausenden lächelnd und schmerzlos ertragen zu können. Item! So verehrt man Fritz Friedmann jetzt eigentlich mehr als je, und gesteigert wurden die Sympathien noch zuletzt durch den tief menschlichen Zug, daß er nicht vor dem Staatsanwalt und dem Schutzmann, wohl aber vor der Gattin nach Brüssel entfloh – gleich mit dem ersten Morgenzuge. Es gibt im Berliner Westen so viele Seelen, die ihm gerade das nachfühlen können.

Die naiveren Gemüter haben sich indessen an Li-Hung-Tschang und seiner Dienerschaft erfreut. Fast jeder hat ihn gesehen. Man lauerte seinem Wagen auf der Straße auf und stellte mit Genugtuung fest, daß er die gelbe Jacke anhatte. Er sieht seltsam aus. Die Brille und der Schnurrbart sind, wie Wippchen sagen würde, die beiden Pole seines Gesichts. Der Schnurrbart, weiß und struppig, hat jene rund herabfallende Form, die wir von chinesischen Bildern hinreichend kennen und die bei ihm fast zur Karikatur ausgeprägt ist. Wenn man den Gesamteindruck seines Äußeren auf eine europäische Seele kurz zusammenfassen soll, muß man sagen: furchtbar komisch. Am komischsten sind die Augen. Sie blicken bald prüfend, bald listig, bald höflich, bald starr durch die dicken Gläser der Brille, welche für unsere Begriffe wieder etwas zu weit auf die Nase vorgeschoben ist, um ernst zu wirken. Im ganzen erscheint er uns als ein schlauer, putziger Greis, dem es recht viel Vergnügen macht, in diesem Alter noch eine so neue Welt staunend und nachdenklich betrachten zu können. Von dem gefährlichen Machthaber, von dem autokratischen Hausmeier ist an dem Männchen auch nicht die leiseste Spur zu entdecken, und wir sind, nachdem man so viel von

einem furchtbaren Halbgott gehört, um eine Illusion ärmer
und eine Erfahrung reicher. Vielleicht ist er zu Hause weniger gemütlich.

Jetzt hat ihn auch die Ausstellung gelockt, wo ihm heute
abend ein großes Fest gegeben werden soll. Die Ausstellung lockt auch Nichtchinesen noch immer mit Zauberge-
walt. Man entdeckt bei jedem Besuch unerforschte große
Gebiete, in denen man gern verweilt. Mit wieviel Vergnügen (hätte ich beinahe gesagt) hält man sich in der Halle für
Feuerbestattung auf. Das ist großartig! Nicht nur theoretische Dinge werden geboten wie Ansichten und Grundrisse
der berühmtesten europäischen Krematorien; sondern die
Gegenstände der Verbrennungspraxis selbst sind ausgestellt. Rings an den Wänden auf »herumlaufenden« Brettern stehen die schlanken Urnen, die oft nicht größer als
eine Blumenvase sind und nicht im mindesten etwas Trauriges an sich haben. Auch das Feuerbestattungsfräulein hat
nicht im mindesten etwas Trauriges an sich, welches in
dieser Halle mit lächelnder Miene die Honneurs macht,
jede Auskunft erteilt, indem sie in ihrem prall sitzenden
schwarzen Kleid hin und her hüpft und wahrscheinlich
gern bereit ist, Aufträge entgegenzunehmen. Man befragt
sie über Einzelheiten, und sie hat die Liebenswürdigkeit,
einige Glaskrausen, die mit Asche gefüllt sind, herunterzu-
reichen. Sie öffnet den Verschluß und bittet den Besuch,
sich zu überzeugen, daß auch nicht der leiseste Geruch
wahrnehmbar ist. Und doch, sagt sie naiv, ist dies die Asche
einer Leiche, die schon seit zweitausend Jahren tot ist; ja es
sind sogar zwei Leichen: nämlich ein antikes Ehepaar, das
sich zusammen verbrennen ließ. Ein Herr riskiert nun einen namenlosen geistreichen Scherz, indem er behauptet,
das Opoponax der antiken Damen noch deutlich herauszu-
riechen. Aber selbst durch diesen unheilvollen Zwischenfall kommt keine Trauer in die vergnügte Bestattungshalle.
Das Fräulein tänzelt zur gegenüberliegenden Wand und
zeigt uns freundlich einige Bilder, welche, zur Abschrek-
kung, das schlimme Aussehen erdbestatteter Leichen in
den verschiedenen Verwesungsstadien vorführen, »nach

drei Monaten«, »nach einem Jahr«, »nach zwei Jahren« – es
ist grauenvoll. Aber sie scheint das schon so oft gesehen zu
haben, daß sie immer behaglicher lächelt, und sie führt uns
rasch in die Mitte des Pavillons; da steht, schmuck wie eine
Puppenstube, in plastischer Nachbildung ein ganzes Krematorium, derart, daß man die oberen Räume, in denen
die Leiche aufgebahrt wird, und die unteren, in denen sie
verbrannt wird, zugleich übersehen kann, alles in kleinem
Maßstabe in minutiösester Arbeit ausgeführt. Wir sind entzückt und sie noch viel mehr. Sie kann die Feuerbestattung
nicht warm genug empfehlen. Beim Herausgehen wendet
sich eine Hamburger Dame noch einmal nach der Mitte
des Pavillons um und sagt bewundernd: »Ein süßes, kleines
Krematorium!«

So grenzt hier alles aneinander. Ernst und Scherz, Nütz-
liches und Angenehmes, Leben und Tod. In der Nähe der
Feuerbestattung liegt der Vergnügungspark: jener Anbau
der Ausstellung, welcher den Charakter einer Vogelwiese
am tiefsten ausgeprägt zeigt. Fast gilt für den Vergnügungspark wieder Hamlets düsteres Wort vom Tode, »aus dess'
Bezirk kein Wandrer wiederkehrt«. Die Wandrer, die sich
aus der Ausstellung in den Vergnügungspark begeben, kehren nicht wieder. Oder doch erst am nächsten Tage. Denn
dort geht dir das Leben gar lustig ein. Zwar Durchschnitts-
seelen, wie der ergebene Schreiber dieser Zeilen, finden
am Ende, daß ein plumperer und wüsterer Radau nicht er-
dacht werden könne als dort stattfindet. Es gibt nichts als
Sektpavillons, Tingeltangel, Kneipen und wieder Kneipen,
Tingeltangel und Sektpavillons. Aber einige Schaustücke
sind doch sehr des Sehens wert. Und hier ist mit hohen Ehren in erster Reihe ein Hagenbecksches Hippodrom zu
nennen, das rasch … berühmt geworden ist. Es ist in großem Stil angelegt, und der Trupp der Pferde wird immer
von einem englischen Herrenreiter in rotem Frack ange-
führt. Alles, was wahr ist: mit Vornehmheit wird nicht geknausert. Ringsherum in dem Riesenhippodrom stehen die
Tausende gedrängt, oder sie sitzen an Tischen und trinken
Bier. In der Mitte aber reitet die Damenwelt. Auch Herren,

aber das zarte Geschlecht überwiegt. Und hier geht es denn doch bedeutsamer zu als auf den Kamelen und Eseln von »Kairo«. Unterhaltsam im höchsten Maße ist jedenfalls das zuschauende Publikum, welches ununterbrochen stürmische Kritik übt. Man weiß nicht, woher die Leute ihre Lungenkraft nehmen: immer nach Ablauf dreier Sekunden ertönt ein einziger, großer, allgemeiner, markerschütternder Ruf, der entweder in »Alma!« oder »Amanda!« oder in »Rieke auf dem Schimmel!« oder in »Feste Jalopp!« oder »Runter!« oder »Raus, raus!« ausgeht. Damen, die ihre silberne Hochzeit feiern könnten, wenn sie nicht vorgezogen hätten, jungfräulich zu bleiben, klettern auf die Rosse und sitzen in ihrer ganzen Korpulenz dort oben wie ein Ertrinkender auf einer Planke. Es ist schrecklich, und man könnte auf eine Schilderung solcher Zustände verzichten, wenn sie nicht eine sozusagen kulturgeschichtliche Bedeutung hätten und wenn nicht gerade dieses Institut eine besondere Liebe bei der Volksseele gefunden hätte. Nächstens teile ich von weiteren Entdeckungen in der Ausstellung mit.

12. Juli 1896

»Immer höher muß ich steigen, immer weiter muß ich schau'n.« Euphorion, der holde Hüpferich, den Faust recht sehr zielbewußt mit der griechischen Helena zeugt, ruft jauchzend diese Worte. Und die lieben Frauen und Jungfrauen an der Panke, welche jetzt ein Pferdebahnverdeck unbehindert von des Staates Häschern besteigen dürfen, wiederholen die Worte jauchzend. Immer höher dürfen sie steigen, und hoch oben dürfen sie ihre Füße herabbaumeln lassen und den Saum ihrer Unterröcke zeigen, auch wenn ihre Mutter keine Helena war. Dadurch wird eine belangvolle Veränderung des Straßenbildes wiederum herbeigeführt. Nur dunkelgekleidete, eckige Gestalten hockten bisher dort in den Luftsitzen, phantasielose Geschöpfe in Hosen, und sie rauchten Zigarren. Jetzt werden die hellen Fähnchen daneben thronen, die rosa Blusen und die wei-

ßen Blusen, die lila Röcke und die Crème-Röcke; und
Mull und Satin und Foulard an Stelle des ewig nüchternen
Kammgarns.

Ist es nicht eine Lust, Chronist zu sein und so wesentliche Ereignisse verzeichnen zu dürfen! Spaßhaft scheint
jedenfalls das Vorgehen der Polizei, welche nur probeweise
das Emporklettern der Weiberchen erlaubt und dadurch
gewissermaßen einen erziehlichen Einfluß zu üben gedenkt. Benehmt ihr euch unanständig, so dürft ihr nicht
mehr klettern! Seid ihr aber artig, dann dürft ihr oben bleiben und »immer weiter schauen«. Der erste Anstoß zu dieser epochalen Veränderung wird, so mich der angeborene
Scharfblick nicht trügt, von den Mailcoaches ausgegangen
sein. Das sind die berüchtigten englischen Kutschen, die
man jetzt für Ausstellungsfahrten bei uns eingeführt hat.
Sie gleichen alten, schweren Postwagen, bei denen immer
zwei »Chaisen« zu einem großen länglichen Gefährt zu-
sammengeschweißt sind, welches von vier Pferden gezogen wird. Oben sitzt neben dem englisch rasierten Kutscher ein englisch rasierter Gehilfe, ein Coachman mit
einer schmalen länglichen Tuba. In diese Tuba stößt der
Coachman, und ein Ton erschallt, furchtbar und mahnend
wie der grelle Klang der altjüdischen Schofar-Trompeten.
Hier aber mahnt der Ton nicht zur inneren Einkehr; er
mahnt nur an die Unzulänglichkeit der wirtschaftlichen
Verhältnisse dieser Mailcoach-Gesellschaft. Denn immer
und immer fahren die stolzen Maskenfuhrwerke verödet
einher. Es sitzen zwei Leute drauf – der Rosselenker und
der Tubabläser –, aber sie sind die einzigen. Zuweilen kauert ein Ausstellungsbesucher aus der Provinz in einem der
Sessel; doch während der Fahrt über die Friedrichstraße
wird ihm unheimlich, weil ihn die Menschen anstarren, als
ob er der Reiter über den Bodensee wäre. Und schamhaft
birgt er das edle Antlitz nach der Seite. Schon hat man in
einem Couplet die Frage aufgeworfen, ob es nicht sinnrei-
cher wäre, hier vier Gäste durch ein Pferd fahren zu lassen
als immer einen Gast durch vier Pferde, und eine gewisse
Berechtigung läßt sich der Frage –

Aber ich komme ab. Die Mailcoaches, das wollte ich sagen, besitzen gleichfalls Decksitze. Und auf diese dürfen die Damen von jeher klettern. Es geschieht aber auf folgende Weise. Eine schmale, zierliche, zwei Meter hohe Leiter von rotem Holz wird einfach an den Wagen gelehnt, man erklimmt die Sprossen und sitzt bald vergnügt auf Deck. Immerhin, eine besondere Vorsicht ist beobachtet. Die eine Seite der Leiter, diejenige, welche nach unten kommt, ist mit Leinwand tapeziert. Dadurch wird jeder Durchblick frecher Männeraugen verhütet; die Sache stammt aus England. Weil nun bisher sich ein öffentliches Ärgernis aus diesen Kletterversuchen nie ergeben hat, ist wohl das Herz der Behörde erweicht worden, und man gab auch die vulgären Pferdebahnen frei. So daß jetzt die bedenkliche Situation, welche der alte Fontane einmal in knapper Meisterschaft gezeichnet hat – die Fensterputzerin –, auf allen Straßen und allen Wagen sichtbar wird. Die Moral hat darunter nicht gelitten.

Aber schließlich ist die neueste Polizeierlaubnis nur ein Gleichnis. Das Emporklettern der Weiberchen zu immer weiterem Schauen ist ein reinstes Symbol von erstaunlicher Aktualität. Heut klettern sie in Berlin überall empor; nicht zuletzt die Treppen der Universität, nicht zuletzt die Treppen der königlichen Bücherei, nicht zuletzt die Redaktionstreppen. Noch jetzt, wo eine »Bullenhitze« im letzten Monat vor den Ferien über den Hörsälen lagert, wandeln sie mit ihren Mappen durch die Korridore und schreiben auf den Pulten nach, wie wenn sie pro Stunde bezahlt würden. In dem kühlen Zeitschriftenlesezimmer des Bibliothekflügels in der Behrenstraße sitzen sie über mathematischen und juristischen Journalen, oder sie lesen die »Zeitschrift für deutsches Altertum« und machen Notizen. Gekleidet sind sie nicht immer so asketisch, wie ihr gelehrter Beruf vermuten läßt. Oft zwar ein schwarzes Kleid, aber mit einer gewissen Raffiniertheit im Sitz, die ein angelegentliches Probieren der Wirkung voraussetzt. Vollends die Führerinnen der Bewegung kleiden sich nicht in härene Gewänder. Die Lily von Gizycki, die Maria Janitschek, und wie die Heroinen heißen, ziehen sehr elegante und sehr gut sitzende Toiletten irgendwelcher Emanzipierten-Uniform vor. Und, großer Vater, ist es nicht ein Glück, daß sie manchmal so hübsch aussehen! Man soll das Gute nehmen, wo es sich bietet. Und wenn erst die Philister weiterer Kreise wissen, daß selbständige Frauen im Äußeren nicht immer Petroleusen gleichen, wird die frischfröhliche Bewegung noch rascher wachsen als jetzt, wo in Berlin eine einzige flammende Erregung die Busen hebt und senkt; wo selbst die kleinen Mädchen, die bei Gerstel Hüte garnieren oder bei Gerson Schirme verkaufen oder mit der Musikmappe in die königlich Joachimsche Hochschule gehen, nichts anderes tun als auf den Reichstag nachträglich schimpfen; wo selbst diese Erlaubnis zum Verdeckklettern einen Schrei des Jubels ringsum geweckt hat.

Und gerade in diesem heißen Julimond tritt auch eine andere Gattung befreiter Frauen scharf hervor – die elegantesten und zahmsten; die nur körperlich emanzipierten: die Radlerinnen. Die wohnen meist im Westen, wo er am westlichsten ist. Weil wir eine Ausstellung haben, sind viele Kuponschneiderfamilien nur im Mai auf vierzehn Tage nach Karlsbad gegangen und bleiben vorläufig in Berlin, bis sie im August ein Seebad aufsuchen. Indessen wird geradelt. Die Gattinnen radeln, und die Töchter radeln hinterher. Das geschieht jetzt in auffallendem Umfange auf dem Kurfürstendamm, jener breiten Zukunftsstraße, die nach dem Grunewald führt und welche einst im Range an die Stelle der Tiergartenstraße treten wird – einst, wenn die künftigen Millionäre sie vollständig mit Villen bebaut haben werden. Hier sieht man jetzt täglich Schwärme von Damen in seltsamen Kostümen. Sie tragen keine Röcke, sondern weite, bauschige Hosen. Einige zwar stecken noch im Rock, aber die sozial besseren Elemente treten nur in Hosen auf. Eine berühmte Radfahrerin ist Frau Agnes Sorma; sie bevorzugt gleichfalls die Hosen; jetzt freilich radelt sie nicht in Berlin, da sie von Karlsbad über das Salzkammergut nach Konstantinopel eine Landpartie macht. Sonst ist sie ein täglicher Gast auf dem Kurfürstendamm.

Die Gestalten, die sich jetzt dort tummeln, sehen zum Teil reizend aus; besonders wenn ihr Radkleid hellgrau und ihr Haar blond ist, zwei Farben, die vortrefflich zusammenpassen. An die Form der Hosen gewöhnt man sich schwer. Etwas von der ruhigen Würde wird ihren Trägerinnen genommen; sie nähern sich, auch mit ernsten Mienen, immer einem drolligen halb kindlichen Typ, und bei minder graziösen Erscheinungen wirkt das nicht angenehm. Bei manchen aber tritt jener reizvolle Zug hervor, der das Weib mit dem Knaben verbindet; der Zug, welcher am Georg im »Götz« oder an dem Wilbrandtschen Nymphas in die Augen springt. Natürlich erscheinen die Gestalten kleiner und wesentlich verzierlicht. Am hilflosesten sehen sie in jener Nachbarstraße des Kurfürstendamms aus, der Knesebeckstraße, die man wegen ihrer Stille und ihres geeigneten Pflasters zur Lehrbahn gestempelt hat. Hier werden unter freiem Himmel die ersten Strampelversuche aller fashionablen Fahrerinnen gemacht. Ein Angestellter von »Meyer« – ein gewisser Meyer macht auf diesem Gebiet alles – läuft neben jedem Rade her und hält die Dame an einem breiten Ledergurt mit hinten befestigtem Griff. Sie vollführt krampfige Gliederzuckungen, lacht, schreit, kräht, taumelt – aber ehe sie ganz gefallen ist, hat sie der Mann aufgehalten. Sie erholt sich, sie steigt zaghaft wieder aufs Rad – »treten! treten!« brüllt der Mann, sie tritt, sie fährt zwei Meter weit, dann sieht man sie erbleichen und sinken hin, und dieses angenehme Schauspiel wiederholt sich stundenlang und an fünfzig verschiedenen Stellen. Wer Muße hat, sieht mit hochgezogenen Augenbrauen den Übungen der Tapferen zu und freut sich still im Gemüte, daß in dieser Zeit der erbarmungslosen sozialen Kämpfe noch ein abgelegener Raum ist, wo derlei Dinge mit solchem Eifer getrieben werden, als hinge von ihnen die Erhaltung des Menschengeschlechts ab.

Die Emanzipierten haben auch auf der Bühne jetzt das Heft in den Händen. Sie treten seit gestern abend im Schillertheater auf, in Elsa von Schabelskys angeblich satirischem Lustspiel »Die Frauenfrage«. Warum man dieses

Werk, welches bereits an einem unseligen Aprilvormittag
vor wenigen Kennern ein einziges Mal erscheinen durfte,
jetzt den naiven Hörern dieses billigen Volkstheaters vor-
setzte, ist nicht zu erkennen. Vielleicht, um sie zu beleh-
ren? Denn lehrhaft ist die Dichtung des Fräuleins in reichem Maß. Was sie bietet, ist ein Katechismus der guten
und der schlechten Emanzipation. Die gute Emanzipation
ist natürlich diejenige, welche die goldene Mittelstraße ein-
hält: rastloses Schaffen, energische Tätigkeit, männliche
Geisteskraft – aber zugleich Wahrung aller echt weiblichen
Eigenschaften; auf der einen Seite lebendiger Anteil an spiritualistischen Kämpfen, auf der anderen Vertrautheit mit
dem Kochtopf. Ein namenlos edles Frauenbild namens
Wanda Konski verkörpert dieses Ideal. Auch eine gewisse
Marie Schmidt kommt ihm nahe; sie ist unverheiratet und
gründet eine gemeinnützige Unterrichtsanstalt, was sehr
schön von ihr ist. Dagegen treten andere Emanzipierte auf,
die als abschreckende Beispiele durch Elsa von Schabelsky
stabiliert worden sind. Hierher gehört eine gewisse Me-
litta, welche nur so tut, als ob ihr die Frauenbewegung am
Herzen läge, während sie in Wahrheit einzig auf einen
Mann Jagd macht. Ihr zur Seite steht ein Geschöpf, welches
den etwas auffallenden Namen Concordia Wurm trägt
und sich so benimmt, wie nie ein Weib getan: sie flucht,
schnarrt, raucht, trägt ein Monocle, läßt beim Sprechen alle
Pronomina weg und klopft die Mitbürger dröhnend auf die
Schulter, so daß sie vor Schmerz zusammenzucken; kurz,
sie ist eine Emanzipierte im üblen Sinne; sie stammt weniger aus dem Leben als aus den »Fliegenden Blättern«. Und
als weiteres abschreckendes Beispiel fehlt die sanfte Emanzipierte nicht, die in schönrednerischen Floskeln erstirbt
und vor Künstelei sich nicht zu lassen weiß. Es ist bezeichnend für das realistische Gefühl unserer Dichterin, daß sie
ihr den Namen Sappho Lehmann gibt; auch sie stammt aus
den »Fliegenden Blättern«. Aber das ganze Stück ist leider
nicht so lustig, wie es die »Fliegenden Blätter« manchmal
sind. Vielmehr wird darin so lange geschwatzt, bis auch ein
kräftigerer Hörer umgeworfen wird. Und der Inhalt der

langen Leitartikel hält sich, wie die edle Wanda Konski, nur auf der Mittelstraße; auf der Mittelstraße der Gemeinplätzigkeit. Das Fräulein von Schabelsky will es sich nicht klarmachen lassen, daß sie ein hervorragendes Talent für die Gemeinplätzigkeit hat. Ihr Geist ist im besseren Sinne nicht emanzipiert. Und wenn sie etwas weiter schauen will, wird sie zunächst noch etwas höher steigen müssen.

26. Juli 1896

Um Berlin in seiner jetzigen Verfassung zu malen, müßte man den göttlichen Dante Alighieri bemühen, welcher die Hölle und das Fegefeuer zu schildern wußte. Wesentlich wärmer wird es dort nicht gewesen sein, aber wahrscheinlich war die Luft besser. Hier ist es fürchterlich. Die Verurteilten wandeln in diesem fidelen Inferno auf einem Asphalt, welcher in Weichheit und Wärme geneigt ist, die Form ihrer Füße zu verewigen. Es geht sich unheimlich mollig, ein gewisser Pechduft steigt von unten auf, von der Seite kommt die Hitze aus den warmen Steinmassen der Häuserkolosse, hier und da riecht es nach Pökelfleisch und Sauerkohl, wobei das Pökelfleisch eine Art Wildgeruch von sich gibt, an Buttergeschäften und Fleischerläden streicht man in vorsichtiger Entfernung vorbei wie ein Junggeselle an Standesämtern, und die Luft ist so dick und staubgesättigt, daß man sie mit seinem Taschenmesser zerschneiden zu können glaubt. Wer ein paar Tage im Gebirge verlebt hat und dann in diesen großen Hitzkessel zurückkehrt, der kennt nur eine einzige Sehnsucht – hinaus! Aber die Tausende, die aus der Provinz gekommen sind, kennen sie nicht. Sie drängen sich immer dichter durch die Straßen und amüsieren sich schwitzend; sie schwitzen sich durch die Ausstellung durch, schwitzen sich durch die Restaurants, schwitzen sich auch durch die Nationalgalerie und die Schlösser und schwitzen sich durch die Theater. Es ist eine schwere Arbeit; am Abend sind sie zerschlagen und gerädert, und sie sitzen körperlich gebrochen bei Dressel oder Tucher oder im Franziskaner und kauen müde an einem Rumsteak – mit einem Blick, der sagt: ich habe mich geopfert; ich habe etwas Großes versucht, doch ich bin unterlegen; aber morgen, so Gott will, führe ich den Kampf weiter; es muß sein ...

Wir leben in den Zeitläuften, da sich alles, aber wirklich alles, um diese Provinzialen und diese Ausstellung dreht; da man im Eiskeller (o erquickender Begriff! es ist aber nur das Bierhaus in der Chausseestraße gemeint) ein Drama spielt des Titels »Robinson Krause in Kairo«; daneben übrigens eine falsche Madame Sans Gêne und eine falsche Ballhaus-Anna; wo das berühmte »National-Theater« in der Großen Frankfurter Straße allabendlich das Schauspiel »Die Reise durch die Gewerbe-Ausstellung« aufführt; wo jeder ruppige Biergarten sich den ahnungslosen Fremden durch freche Schilder als »größte Sehenswürdigkeit der Residenz« weismachen will; wo jeder halb bankrotte Gastwirt Spezialitätenvorstellungen veranstaltet und durch das Engagement »bewährter Kräfte« ein letztes Attentat auf die Provinz versucht. Es ist fast deprimierend; und die Ausstellung, ein Gegenstand der hohen Liebe und der Begeisterung im Anfang, nähert sich allmählich dem Stadium, wo man nicht mehr von ihr sprechen hören kann.

Hand in Hand mit dieser rein gefühlsmäßigen Tatsache gehen einige real-praktische Tatsachen. Es gibt fortwährend Krach. Krach zwischen den Ausstellern und dem Triumvirat des Vorstandes. Es gibt Krach zwischen Treptower Gendarmen oder Treptower Landräten und den Ausstellern. Es gibt jeden Tag Krach an den Kassen. Es gibt gedruckte Äußerungen zahlreicher Aussteller, aus denen eine gewissermaßen leidenschaftliche Enttäuschung spricht; sie sind wütend, nicht auf die Kosten gekommen zu sein, und blicken trübe in die Zukunft. Und einen Hintergrund zu alledem bildet die eben jetzt bekannt gewordene erste Konkursanmeldung, die von dem längst verstorbenen Theater Alt-Berlin nun erst offiziell erfolgt ist. Dem gegenüber steht die Tatsache eines enorm wachsenden Zudrangs; also des finanziellen Erfolges. Freilich wird man die

finanziellen Erfolge scheiden müssen in solche, die das Unternehmen als Ganzes, eben als Unternehmen, bringt, und
in solche, welche die beteiligten Gewerbetreibenden verzeichnen können. Wird es dann ein gewerblicher Erfolg
sein oder ein Vogelwiesenerfolg? so fragt man sich. Und
die Meinung neigt immer mehr zu der letzten Annahme.
Natürlich ist im Grunde bei allen Ausstellungen, namentlich bei Weltausstellungen, der Erfolg ein Vogelwiesenerfolg. Aber in Deutschland sträubt sich, so scheint es, ein
Rest der angestammten Solidität hiergegen. Das alles wirkt
zusammen, um in der Stimmung gegen die Ausstellung einen gewissen Umschwung herbeizuführen. Man spricht
von ihr wie von einem halben Übel, und das Adjektivum
»leidig« beginnt auf sie von nervösen Leuten angewandt zu
werden. Das ist jetzt im Juli, nachdem sie fast drei Monate
bestanden hat. Es wird noch eine Zeitlang anhalten. Dann,
im September, wird sich die Stimmung ihr zuwenden, und
sie wird noch einmal getragen werden von dem ganzen En-
thusiasmus, den man ihr im Anfang so überraschend entgegengebracht hat. Noch einmal, eh' man von all dem
Glänzenden, das sie trotz alledem bot, für immer Abschied
nimmt. Denn so ist dieses Volk von Berlin zu allen Gelegenheiten gewesen.

Mit dem Fall des Theaters Alt-Berlin ist für kurze Zeit
wieder eine Persönlichkeit in den Vordergrund getreten,
die ich früher schon einmal nannte. Das ist Sehring, der
Baumeister. Er hat auch dieses hübsche altdeutsche Bühnenhaus geschaffen, wie vordem so manches, was hübsch
und altdeutsch war. Doch nicht einmal eine Künstlerschar
von der ästhetischen Bedeutung der Liliputaner ver-
mochte Leute in diesen Bau zu locken, in dem sich so
zahlreiche Tragikomödien vorher abgespielt hatten. Ach,
es war ja begreiflich. Draußen gab es so viel zu sehen, daß
man keine Lust haben konnte, sich für drei Stunden ein
gutes Theaterstück anzusehen. Geschweige denn ein
schlechtes. Das Konkursverfahren wäre übrigens beinahe
unmöglich geworden wegen »Mangels an Masse«. So groß
war die Schlappe. Es war das erste Mal, daß Sehring vor

eine breiteste Öffentlichkeit trat; daß er auf dem Wege war, populär zu werden, und dieser erste Schlag mißlang. Denn für die Ungeschicklichkeiten im einzelnen mag der »Direktor« Blumenreich verantwortlich sein – das Gesamtunternehmen fand in Sehring seine Seele. Immerhin: der kluge Mann wird wissen, daß dieser erste Versuch eine Episode war und nichts weiter. Er ist zu unternehmungsfroh, um zu rasten, und er hat offenbar noch vieles vor, bis er als Millionär enden wird. Vorläufig hat er einige hundertzwanzigtausend Mark verloren, ohne von Hause aus Kapitalist zu sein. Er ist ein besonderer Typ des Empordringers; ein ganz interessanter, der literarisch noch keine Verwertung gefunden hat. Die Brutalität der Unternehmer vom Schlage des Zolaschen Aristide Saccard bleibt ihm fremd. Er ist der angenehme struggleforlifer. Eine ganz neue Art Eroberer. Er bricht allen etwaigen Angriffen von Neidern und sachlichen Gegnern die Spitze ab durch die ungezwungene und regsame Äußerung seines verbindlichen Wesens. Er ist ein Gemisch von großer Verbindlichkeit und einer gewissen Naivetät, auf deren Grunde eine nicht gewöhnliche Schlauheit ruht. Und er bietet zugleich sachlich ein Gemisch von Künstlertum und Unternehmertum. Das Künstlertum ist durchaus nicht von wahnsinnigem Idealismus, der etwa den Boden unter den Füßen verlöre; das bleibe den Phantasten. Und das Unternehmertum ist auch nicht so brutal hervortretend, daß es gerade das Künstlertum kompromittierte. Er ist ein Mann für die Welt, wie er ein Mann von Welt ist. Bei alledem ist er als ein Verkehrserschließer und als ein geschickter, wenn auch nicht allzu kühner Neuerer zu schätzen. Besonders die Charlottenburger haben sich bei ihm zu bedanken. Sein Name wird noch oft genannt werden. Der erste größere Schlag mißlang – aber er endet trotzdem als gemachter Mann.

Jetzt baut man in diesem Charlottenburg einen neuen Stadtbahnhof – und auch hierbei hat Sehring seine Hand im Spiele. Er hat den Garantiefonds aufbringen helfen und selber Geld gegeben – weil er einen neuen Bahnhof für sein »Theater des Westens« braucht. In kurzem wird dieser neue Stadtbahnhof, der zwischen dem Zoologischen Garten und dem Bahnhof Charlottenburg liegt, eröffnet werden, und es wird jetzt etwas zu viel über ihn geredet, weil sich zahlreiche Spreebürger über die hierdurch entstehende Verteuerung der Fahrt nach Charlottenburg grämen. Der neue Bahnhof liegt am Savignyplatz, einem Quadrat, das vor wenigen Monaten noch ein wüster Bauflecken war und jetzt ein gar zierlicher und frisch grünender Schmuckplatz ist. Er ist nur ein Symbol für das rapide Emporblühen der ganzen Gegend. Dieses Charlottenburg mit seiner besseren Luft und seiner größeren Stille hat die Zukunft. Schon jetzt ist die Bevölkerung, die dort wohnt, etwas besser als eine bloße »Bevölkerung«. Sie besteht vorwiegend aus wohlhabenden Leuten, die zugleich eine geistige Tätigkeit ausüben. Es ist nicht eine bequeme Geldaristokratie, sondern ein großer Kreis von vermögenden Architekten, Ingenieuren, Künstlern, auch Schriftstellern. Zu den letzteren gehört Ludwig Fulda, der sich seit seiner Übersiedelung von München dort ansässig gemacht hat. Und auch wo bloß Geld wohnt, Rente ohne geistigen Beruf, ist ein Unterschied gegen die Börsenbürger des Tiergartenviertels wahrzunehmen. Der Tiergarten ist ziemlich quietistisch und bewegungsfaul – hier aber blüht jede Art von Sport. Hier gibt es in jeder Familie drei Zweiräder, hier wird lawn tennis nicht bloß in zierlicher Dilettanterei, sondern mit trainierlichem Ernst gespielt und als echte, schwere Kunst getrieben. Hier ist man Mitglied von Ruderklubs und schindet sich wöchentlich mehrmals im triefenden Schweiße seines Angesichts. Hier schwimmen die Töchter »Touren«, nicht bloß dreimal ums Bassin herum. Kurzum, hier nähert sich alles einem wohlhabenden deutschen Engländertum. Und in diese Gegend hat Sehring die Grundsteine seiner Häuser und seiner Bedeutung verlegt. Er hat sich kein schlechtes Feld ausgesucht. Der neue Bahnhof wird ihm und seinem Theater Zufuhr schaffen und eine kleine Kulturaufgabe lösen. Die Hinterwäldler aus Westend und aus dem tiefsten Charlottenburg werden der Bühnenkunst

zugänglich gemacht; bisher waren sie ihr abhold. Und das
ist immerhin etwas.

Ein Konkurs, wie dem Ausstellungstheater, war auch
dem Schaustellungstheater prophezeit worden; der Olym-
pia-Bühne des Magyaren Bolossy Kiraliy, die auch vorwiegend für die Provinzialen errichtet worden ist. Ich wartete
auf den Augenblick, wo die Insolvenz angemeldet würde,
um dem Unternehmen einen kurzen warmen Nachruf zu
widmen. Aber Bolossy Kiraliy ist ein Oppositionsgeist: er
hatte Erfolg; und gerade jetzt, wo die Hitze so fürchterlich
ist, darf er sich ausverkaufter Häuser rühmen. So muß man
denn einmal über diesen Riesen-Mumpitz reden. Ein Mumpitz ist dieses taktmäßige Vorstrecken und Heben schwach-
bekleideter Beine jedenfalls. Aber daß er eben in so riesigem
Umfange stattfindet, verleiht ihm fast etwas Imposantes.
Die Geistlosigkeit streift hier nahezu das Erhabene. Es wirken nur tausend Personen auf der Bühne mit, zahlreiche
Tiere daneben, um bunte Bilder aus dem alten Osten in
unerhörter Farbenpracht zu zeigen. Dieser Reichtum, dieser Glanz und diese Massenhaftigkeit arbeiten zusammen,
um auch einem skeptischen Betrachter ein vorübergehen-
des Staunen abzuringen. Offenbar sollen die Norddeutschen von ihrem asketischen Geschmack geheilt und zu
höherer Schätzung einer sinnlichen Kunst erzogen werden. Die Sinnlichkeit soll Triumphe feiern, obgleich sie im
Grunde in Berlin nicht zu kurz kommt. Sie kommt auch –
im berlinischen Sinne – in diesem Theater nicht zu kurz.
Dafür sorgt der erwähnte Glanzmoment, wenn sich vier-
bis achthundert Trikotbeine à tempo in die Luft strecken.
Hier bricht immer frenetischer Beifall los. Hier ist man
Mensch, hier darf mans sein. Den Naturalisten wird oft
vorgeworfen, daß ihre Kunst zu wenig positiv sei; hier aber
ist etwas sehr Positives. Übrigens auch abgesehen von den
Beinen; es gibt sogar auf einem wirklichen See antike See-
gefechte. Die sind beinah so großartig wie die Marineschauspiele in der Ausstellung. Nur wird nicht mit Pulver
geschossen; eben weil sie antik sind. Das Ganze versucht
zum ersten Mal, amerikanischen Kunstgeschmack in das

Land der Dichter und Denker (das sind wir ja wohl?) zu übertragen. Und die Provinz weiß dieses Entgegenkommen zu schätzen. Die meisten der kleinstädtischen Ausstellungsbesucher reißen sich eher ein Bein aus, als sie »Olympia« versäumen. Es muß gesehen werden, es muß mitgemacht werden, auf eine Strapaze mehr kommt es nicht an, man hat ja sowieso so viel zu arbeiten. ...

9. August 1896

DER SOZIALISTISCHE WELTKONGRESS
Ein Rückblick

Er ist zu Ende. Der letzte Funke der violetten und orangefarbenen Leuchtkugeln, welche im Park des Crystal Palace durch die milde Sommernacht flogen, erlosch im Dunkel. Noch einmal sammelten sich, lustwandelnd nach gehaltenen Reden und verbranntem Feuerwerk, was unter Umständen dasselbe war, sechshundert Sozialistenführer, die aus allen Arbeiterländern der bewohnten Erde, auch aus Südamerika und Australien, hergekommen waren. Sie schlürften jetzt kühlende Getränke und ergingen sich mit der Londoner Bevölkerung in diesem klapprigen Gigantenbau aus Glas und Eisen, welcher das Areal eines Dorfs bedeckt und in dessen Höhen und Tiefen die Menschen wie Ameisen herumklettern. Als es aber halb elf schlug, spielte das Orchester God save the Queen, was hier immer den Schluß bedeutet. Und so endete der achttägige Proletarierkongreß zufällig mit einer Hymne auf die – Königin.

Mittags war es anders gewesen. Im Sitzungssaal hatte man die letzte Resolution angenommen – da ging es wie ein Ruck durch die Versammlung, Hunderte von Kehlen stimmten ernst und bewegt die Carmagnole an, stehend sang man sie, stehend auch die Marseillaise, und weil das Sozialistenparlament ein Musiksaal war, begleiteten Orgeltöne von oben brausend die alten Freiheitslieder. Auf dem Vorstandspodium stand eine Reihe namhafter Leute, die

Tochter von Karl Marx, Frau Eleanor Aveling, neben ihr die alte Vera Sassulitsch, der Rentier Singer, die englischen, die französischen Führer, der italienische Professor Enrico Ferri, der Russe Plepanoff, noch andere, und alle reichten einander in plötzlicher Eingebung die Hände, mit verschränkten Armen eine Kette bildend, wie wir es so oft auf der Universität bei der »alten Burschenherrlichkeit« getan. Manchem der Untenstehenden traten die Tränen in die Augen; es gab Leute darunter, die seit zwanzig Jahren das Brot der Verbannung aßen und keine Aussicht hatten, die Heimat noch einmal zu sehen. Der Staatsanwalt kennt im Punkte der Cäsarenbeleidigung kein Erbarmen – und Jahr für Jahr wird der Steckbrief erneuert; vollends die Aufreizung, die bei Antisemiten so auffallend schwer entdeckt wird, muß an Sozialdemokraten noch in späten Jahren sorgfältig geahndet werden; und mancher fand darum wohl im Mitmachen dieser melodramatischen Szene eine gewisse Entschädigung für reichliche Bitternisse.

Aber grade im Melodramatisch, im Rein-Demonstrativen lag die Hauptbedeutung des Kongresses. Daß er nicht viel praktische Folgen haben würde, war den Führern selbst durchaus klar, und mehr als einer von ihnen hat es mir unverhohlen gesagt. Kongresse bleiben Kongresse. Darum war auch »Nazi« – das ist Auers Spitzname in der Partei – nicht mitgekommen, er, der realste unter den sozialistischen Realpolitikern. Bebel hielt sich sehr gleichgiltig und ließ Herrn Singer und dem »Alten« – so heißt der gute Liebknecht – die Ehren des Auf- und Hervortretens. Einen gewissen praktischen Wert für die deutsche Sozialdemokratie hat die Tatsache, daß sie hier die Führer der ausländischen Sozialdemokratien näher kennenlernen konnte, daß also eine Abschätzung des Menschenmaterials, mit dem zu rechnen ist, ermöglicht war. Aber allzuhoch ist das auch nicht anzuschlagen. Auch Gegner der Partei mußten zu der Erkenntnis kommen, daß hier trotz aller rüpelhaften Skandalszenen eine der größten politischen Bewegungen unserer Zeit für acht Tage vollständig zentralisiert war. Telegraphische Anträge, Fragen, Zustimmungen, die so gut aus Melbourne wie aus Rixdorf, aus Armenien wie aus Sachsen, aus St. Louis wie aus Budapest kamen, ließen begreifen, wie viele Augen auf diese Zusammenkunft gerichtet waren und welche Massen hinter diesen Vertretern standen. Ein gewisses praktisches Ergebnis ist die Klärung, die sich in bezug auf den Standpunkt der Mehrheit vollzog. Der Kern der europäischen Sozialdemokratie ist konservativer geworden. Allzu radikale Bestrebungen, die meistens zugleich ideologisch sind, finden keine Unterkunft. Bismarcksche Grundsätze scheinen auf den Sozialismus übertragen: man will Realpolitik treiben, vorläufig das Erreichbare nehmen, wo es zu nehmen ist, unbequeme Schwärmer und Träumer nachdrücklich abschütteln und dafür den schätzbaren Machtfaktor der gemäßigten englischen Gewerkschaften für sich gewinnen; das ist eine ziemlich bürgerliche Schar. Man muß gesehen haben, mit welcher dicken Brutalität Herr Singer die Ideologen niederbrüllte und niederklingelte, um die ganze Entschlossenheit der Partei in dieser Hinsicht zu begreifen. Sie wird fett und fetter, und damit wächst das ängstliche Streben, Errungenes sicherzustellen. Aber wesentliche Folgen, wie gesagt, wird dieser Kongreß aller Wahrscheinlichkeit nach nicht haben.

Immerhin: was er einem still forschenden Betrachter menschlicher Dinge bot, war viel. Ich nehme keinen Anstand zu bekennen, daß die Eindrücke dieser letzten Tage zu den stärksten gehören, die ich in meinem bisherigen Leben empfing. Dabei wirkte freilich diese unglaubliche Stadt mit. Vor allem aber die hinausgeworfenen Gegner des Kongresses, die ideologischen Anarchisten und Halbanarchisten, die Schar der Wahnsinnigen und Glaubensstarken, die Wolkenkuckucksheimer, die schmerzvoll aufbrüllten, weil man sie an einer heiligsten Menschheitssache nicht mitwirken lassen wollte, die wahren Enterbten jetzt, wo ihnen parlamentarisch frisierte Brüder den Rücken wenden. Hier sind die seltsamen Erscheinungen zu finden, die, vom »Geist« erfaßt, Unerhörtes reden, die mit dem

Dynamit so wenig zu schaffen haben wie etwa der anarchistische Privatier John Henry Mackay zu Berlin, die ausdrücklich den Gedanken als den wahren Sprengstoff erklären; und mögen sie reinen Blödsinn sprechen, mögen sie einen Schein von begreiflichem Individualismus durchleuchten lassen, mögen sie ein sorgsam ausgearbeitetes System vertreten, wie Elisée Reclus, der Geograph, den ich in einer Anarchistenversammlung kennenlernte und der mir eines Vormittags bei sich in der Gowerstreet ausführlicher diese Weltanschauung entwickelte, wobei er mit der ruhigen, klaren Milde eines tief Überzeugten jeden erstaunten Einwand widerlegte: sicher ist, daß unter den Führern auf jeden Komödianten und jeden Schreihals zwei Märtyrer kommen. So wird man rein gefühlsmäßig zu diesen törichten Stiefkindern hingezogen, bei klarer Erkenntnis ihrer Torheit. Als Bebel die Liebenswürdigkeit hatte, im Sonnenschein mich in den Regents-Park zu führen und mir die heiter-bunte Schönheit dieser frischen Londoner Oase zu zeigen, stellte er im Gespräch die Behauptung auf: wenn Schriftsteller aus den bürgerlichen Parteien zum Sozialismus übergehen sollten, würden sie nicht zu seiner Partei, sondern häufiger zum anarchistischen Sozialismus gehen. Er ist ein kluger und nüchterner Kopf. Er wußte auch diesmal, was er sprach.

Wie ging es bei den parlamentarischen Revolutionären zu?
Man stelle sich einen eleganten Musiksaal vor, etwa vom Schlage der Berliner Singakademie. An der Decke Malereien; zwei luxuriöse Ränge; alles von ruhig-bequemem Reichtum. Auf diesen Rängen interessierte Gesichter, auch junge Damen sitzen dort, hübsch und hell gekleidet; hie und da nur lugt ein Banditenantlitz vor, und aus weit aufgerissenem Munde tönt in Skandalszenen heiseres Brüllen gegen den Sozialismus, für die Anarchie. Unten im Saal an rotbezogenen Tafeln die sechshundertfünfzig Delegierten aus allen Ländern. Wenig äußerer Fanatismus, viel Intelligenz und reichliche Wohlgenährtheit. England hat sich vornan die besten Plätze gesichert.

Oben auf der Bühne das Bureau. Es wird flankiert von
zwei Frauen. Die eine ist Eleanor Marx-Aveling – in der
Partei »Toussy« genannt –, von dunklem Haar, mit klugen
heiteren Augen, einen Kneifer auf der ausgeprägten und
vorgeschrittenen Teresina-Tua-Nase; Alter: fünfunddreißig; Grundzug: lebendige und fröhliche Energie – zuweilen eine kaum merkliche Spur von Gefallsucht. Ihre Mutter war die Gräfin Westfalen, welche Karl Marx ihre Hand
reichte; aber Toussy hat offenbar mehr vom Vater als der
Mutter. Sie spricht das Englische und das Deutsche gleich
gut und dient als Dolmetscherin. Im engeren Gespräch ist
sie von frischester Liebenswürdigkeit. Auf der anderen
Seite die Genossin Clara Zetkin, wohnhaft in Stuttgart. Das
ist die Heldin des Kongresses. Alle, die Franzosen zuvör-
derst, haben dieses tüchtige Weib leidenschaftlich bewundert. Ihr Name klingt sehr russisch, sie ist aber in Wahrheit
eine Sächsin. Sie verdolmetscht die französischen Kongreß-
reden in die sächsische Sprache, ich meine ins Deutsche.
Aber mit so viel Temperament, mit so viel Raschheit und
Entschiedenheit, daß alles die Bedeutung selbständiger
rhetorischer Leistungen gewinnt. Sie ist eine gedrungene
Blondine mit scharfen gealterten Zügen und hat die Dreißig lange hinter sich. In ihrer eindringlichen Geschwindigkeit und den heftigen belehrenden Bewegungen wirkt sie
sehr grotesk, zumal ihre Stimme ein wenig piepst. Aber
man verliert keinen Augenblick das Bewußtsein, daß sie
durchaus ernst zu nehmen ist und daß man ein Menschenkind von ungewöhnlicher Leistungsfähigkeit vor sich hat.
Sie steht in der Sache drin wie keine zweite und beherrscht
das Material trotz einer ganzen Kommission. Es kommt ihr
nicht darauf an, den Franzosen eine lange deutsche Rede
eins, zwei, drei in fließendem, energischem Französisch
ausführlich wiederzugeben, und als sie gegen den Inhalt
lärmend protestieren, so daß sie übertönt wird, sieht sie
scharf hin und ruft ihnen entgegen: »Citoyens – si vous
n'avez pas de regards pour une camarade de lutte, ayez des
regards pour une femme!«, worauf die Gallier hingerissen
in wahnsinnigen, minutenlangen Beifall ausbrechen und

der ganze Kongreß mit ihnen. Sie ist ein Pfundweib, und man wird noch viel von ihr hören. In der Partei heißt sie Clärchen.

Marx hat seine zweite Tochter einem französischen Sozialisten gegeben, dem jetzt sechzigjährigen Paul Lafargue. Der englische Gatte der anderen, Dr. Aveling, schreibt Musikkritiken und scheint weniger hinter Parteiinteressen her zu sein. Aveling hat ein glattrasiertes Charakterspielergesicht und verkündet etwa die Stunde des Feuerwerks mit intrigantem tiefem wichtigem Ernst. Lafargue aber ist ein glutäugiger alter Kämpfer mit gelbem Antlitz und riesigem weißem Schnurrbart; er trägt als Proletariermerkmal nie einen Kragen, sondern nur ein gelbes Halstuch, nachlässig in eine Schleife gebunden. Als Redner kann er Altersspuren freilich nicht verbergen. Ein anderer Franzose, der grauköpfige Millerand, ist als Redner tüchtig, ohne hinzureißen. Charakteristischer wirkt Vaillant, der Gemeinderat, ein weißborstiger Spießbürger mit Schnapsnase, auf der eine ordinäre Stahlbrille sitzt; er redet rasch, und die dunklen Schweinsäuglein blitzen lebendig, er spricht noch rascher und rascher – ohne in Hitze zu geraten, er bleibt immer nur lebendig.

Der beste Redner der Franzosen aber ist Jaurès. Er ist zugleich der beste Redner des Kongresses, von *einem* englischen Rivalen abgesehen. Jaurès ist eine tief sympathische Erscheinung. Ein Mann von noch nicht vierzig Jahren mit edlem, ehrlichem, kraftvollem Gesicht, dem ein zweigeteilter brauner Bart den Ausdruck des Zuverlässigen, Positiven gibt. Er spricht zunächst leidenschaftslos, nur etwas nervös; er könnte Advokat sein (in Wahrheit ist er professeur gewesen); dann erfolgen allmählich monotone, hastig hebende und senkende Handbewegungen, nach einer Weile nimmt er beide Arme zu Hilfe, die er gen Himmel hebt und zur Erde senkt, ununterbrochen, abwechslungslos, heftig und nachdrücklich, er redet mit steigender Erregung, die Stimme vibriert, sein Gesicht wird röter, er ruft in fast schmerzvoller Bewegung die Worte in die Luft, er schwitzt, die Stimme wächst, die Arme fliegen heftiger und häufiger denselben Weg auf und nieder, er ist hingerissen, fast besinnungslos, er reißt auch die anderen hin, und mag er bloß über ein nüchtern sachliches Thema gesprochen haben – ein wilder gewaltiger Beifall bricht los, in welchem sich die zusammengepreßte Erregung Luft macht. Jaurès ist ein Volksredner ersten Ranges.

Aber Tom Mann überragt ihn. Diesen vergötterten Arbeiterführer vom radikalsozialistischen Flügel hätte ich nie für einen Engländer gehalten. Er ist rabenschwarz, er sieht wie ein Italiener aus mit dem glänzenden Haar, den tiefliegenden schwarzen Glutaugen, dem schwarzen langgezogenen Schnurrbart. Gewittermächtig ist seine Rede – ich habe eine gleiche oratorische Wirkung nie gespürt. Die Leidenschaft dieses Menschen ist mit einer stählernen Kraft gepaart. Er ergreift das Gitter neben sich, es zittert; seine Stirnadern schwellen, jedes Wort begleitet er mit einem kurzen Ruck seiner zusammengeballten Knochenhand, die Sätze knattern aus seinem Munde wie aus dem Revolver geschossen, er stößt mit dem Fuß auf den Boden, er dreht sich halb um seine Achse, es gibt kein Halten mehr, die Leidenschaft tobt, und doch hat man das Bewußtsein, daß sie am letzten Ende durch Riesenstärke gebändigt bleibt, die Hörer wagen nicht, sich zu rühren, ein übermenschliches Crescendo tritt in der Rede ein, und dann, wenn sie den Gipfelpunkt erreicht hat – ein Ruck, ein Krach, er bricht ab, er macht kehrt, und er stürzt von der Tribüne: es ist vorbei. Unerhörter, nicht zu beschreibender Beifall, donnerähnlich, rast minutenlang durch den Saal; die Menschen benehmen sich wie die Verrückten, so überwältigend ist auf sie die Wirkung, und man begreift jetzt den enormen Einfluß dieses Tom Mann auf große Massen außerhalb eines Kongresses. »Il a du tempérament«, sagte ein Redakteur des Pariser »Matin« zitternd und atemholend zu mir – »il a du tempérament« …

Gegen ihn kam sein engerer Genosse – und engerer Nebenbuhler – Keir Hardie nicht an. Beide leiten die »Unabhängige Arbeiterpartei« (Independent Labour Party), welche den anarchistischen Sozialisten nicht ohne weiteres abweisend gegenübersteht. Beide nehmen eine gewisse Zwitterstellung ein: sie wollen es im Sozialismus eben nicht nach links und nicht nach rechts verderben, und Bebel sieht sie zweifelnd an. Hardie kleidet sich auffallend, indem er in derben Kniehosen und derben hohen Strümpfen herumläuft; er hat auch einen auffallenden Heilandskopf; aber seine Redekunst ist nicht auffallend. Sie ist mäßig bewegt und nicht immer ohne Konfusion. Im Kampf um die Führerschaft wird Tom Mann, der Stählerne, schließlich siegen.

Der dritte englische Führer, Hyndman, steht beiden feindselig gegenüber. Er ist der Parlamentssozialist strikt gemäßigter Richtung; im Äußeren ein wohlhabender Bürger mit gepflegtem langem Bart; er redet wie ein deutscher Familienvater; langsam, mit weit mehr Behagen als Witz, und wenn er eine Spur von Humor geltend machen will, wartet er die Wirkung ab und lacht selbst voll geistloser Behäbigkeit. Aber er soll einen gewissen Organisationssinn haben und genießt das Vertrauen seiner englischen Handwerksfreunde, die weit weniger Sozialdemokraten als Kleinbürger sind, aber diesen Kongreß mitmachen.

Zwei fesselnde Gestalten hat Holland gesandt. Der angesehenste Vertreter ist der vielberufene Aufwiegler Domela Nieuwenhuis. Er war früher Geistlicher und zieht jetzt häufig an der Spitze revolutionärer Massen durch die Straßen Amsterdams. Der Gefürchtete ist ein schlanker älterer Herr mit zartem Künstlergesicht, das fein durchgeistigt ist und in einem gewissen asketischen Zuge zeigt, daß sein Inhaber keine Völlerei treibt. Er naht sich den Sechzigern, und die grauen Haare, die er nach Künstlerart hinten ein wenig länger trägt, geben ihm, im Verein mit dem grauen Vollbart, etwas Verklärendes. Seine Rede ist leidenschaftslos; vielleicht weil er sie in französischer Sprache halten muß. Im Anarchistenmeeting dann, als er holländisch spricht, legt er energischer los. Aber viel Temperament ist nicht da. Er macht, alles in allem, den Eindruck, als ob er nicht zufrieden wäre. Ich weiß nicht, was ihn drückt.

Dagegen ist sein jüngerer Genoß Cornelissen, ein Dreißiger, durchaus zufrieden mit sich. Er strahlt eine große Naivetät aus. Auf dem Kongreß wurde dieser magre Hering sofort einer der bemerktesten Redner und Skandalmacher. Er hat das Gesicht eines in der Entwicklung zurückgebliebenen grüngelben Kindes; aber dieses Gesicht ist von einem Wald von schwarzen Haaren umgrenzt, die nach hinten wie eine fliegende Mähne fast waagrecht stehen. Er schreit, emphatisch gestikulierend, die Stimme zu höchster Höhe emporgeschraubt, und was er auch sprechen mag, er gewährt das Bild eines grotesk fanatischen Wanderredners. Bei jeder Gelegenheit springt er auf die Bank, um in deutscher, französischer und englischer Sprache zu protestieren und zu unterbrechen. Und in dieser Kunst des Hochhüpfens wird er nur von einer französischen Delegiertin übertroffen, der Mlle. Collot, meiner besonderen Freundin, genannt »die Bombe«. Sie ist ein kleines energisches Persönchen, siebenundzwanzig Jahre alt, voll sozialen Mitleids und persönlicher Koketterie, die auf Mord über den Anarchismus debattiert (so kam unsere Freundschaft zustande) und die in Intervallen von fünf bis sieben Minuten in die Luft geht. Sie springt auf den Tisch, bittet ums Wort, erhebt schreienden Einspruch, und wenn die Kongreßmitglieder sie anlachen und »die Bombe!« rufen, setzt sie sich gutmütig wieder hin.

Aus Italien ist der junge Professor Enrico Ferri gekommen, ein intelligenter, schlanker Riese mit lockigem schwarzem Haar, langem Spitzbart und schönen Augen. Er ist die Autorität unter seinen Landsgenossen, die mehr oder minder brigantenmäßig aussehen. Von Österreich ist der wackere gutmütige Dr. Victor Adler hergereist, ein abgearbeiteter bebrillter Vierziger. Auch ein freundlicher Steiermärker in Kniehosen ist da, Resl, dem man in all seiner Gemütlichkeit den Sozialismus gar nicht glaubt. Wie viele charakteristische Gestalten aus den verschiedensten Ländern sind sonst noch vertreten, Gestalten, die ich schildern könnte, wenn ich kein Feuilleton, sondern ein Buch schreiben dürfte. Vera Sassulitsch, die Attentäterin, die jetzt, ein altes, unendlich mageres Marktweib, mit einem

kiepenartigen Strohhut herumläuft, so dünn wie ein Plätt-
brett, und die vor Angst und Verfolgungsnervosität beim
Anreden zusammenfährt. Sie ist persönlich halb scheu,
halb freundlich; sie wünscht nicht, daß über ihr jetziges
Leben etwas in die Zeitungen kommt, und ich achte ihren
Wunsch; sie tat mir herzlich leid. Dann der greise Kropotkin, der anarchistische Prinz, mit seiner Stahlbrille und seinem langen, grau melierten Bart – und mit der unausge-
sprochenen Sehnsucht nach einem Ende des Exils; ein
Mann, von dem man mit einem Schlage die Überzeugung
gewinnt, daß er innerhalb seiner Theorien ein ganz Echter,
ein Durchdrungener ist; auch er tat mir leid.

Aber den stärksten Eindruck machte eine andere Gestalt,
mit der ich leise befreundet wurde. Eine sechzigjährige
magre greise Jungfer mit spitzer Nase, offenem Haar und
gütig-feurigen Augen: Louise Michel. Sie mißverstand
mich und meinen törichten Beruf als Kongreßbummler
und forderte mich in einem unserer Gespräche auf: »Eh
bien, jeune homme – steigen Sie auf die Tribüne, reden
Sie!« Ich tat es nicht, aber sie selbst hörte ich dann am
Abend reden, als sie auf der Anarchistentribüne stand. Sie
sprach – einfältig, schlicht und voll der tiefen Güte, die ihr
innewohnt; sie sprach für die Elenden, die Leidenden, die
misérables foules, sie appellierte schlicht an das, was uns
alle einigt, die souffrance humaine, und sie schloß fast resi-
gnierten Tones: vive la liberté. Ich kann die alte Frau nicht
vergessen. Wer ihre Stimme hörte, der wird sie noch Jahre
hindurch hören.

13. September 1896

BERLIN UND LONDON
I

»Berlin is a nice place.«

Die Dinge dieser Welt vom berlinischen Standpunkt zu
betrachten ist eine Beschränktheit. Es muß ein enges Wissen sein, das immer den einen Maßstab bereithält. Darauf

beruht die unausstehliche Art der Berliner Lustreisenden, welche die heimatliche Schnoddrigkeit in jedes südlich-traumstille Heiligtum tragen, die venezianische Piazza San Marco mit dem Alexanderplatz vergleichen und die seligen Höhen am Gardasee mit Freienwalde. Das Zitat aus dem Horatius »caelum, non animum mutant« ist hier für einen Feuilletonisten, der auf sich hält, nur mit Anstrengung zu unterdrücken. Es sei allenfalls beiläufig für die Leserinnen bemerkt, daß die deutsche Übersetzung ist: sie haben in einem neuen Himmelsstrich nur ihren alten Horizont. Auf einem ganz anderen Blatt aber, das wird mir jeder Gerechte einräumen, steht der bewußte Vergleich zweier so kommensurabler Größen, wie Berlin und London zu sein scheinen. Beides europäische Millionenplätze, beides Zentralen ihres Landes. Für einen Berliner, der nach London kommt, wenn er auch nur drei Wochen dort spazierengeht wie ich, liegt nichts näher, als daß er beständig Parallelen zur eignen Hauptstadt zieht; er hat das Bewußtsein, daß diese ein aufstrebendes riesiges Gemeinwesen darstellt; es an einem anderen riesigen Gemeinwesen messen zu wollen ist sehr begreiflich.

Erst wer den Londoner cursum durchschmarutzt hat, sieht am Ende ein, daß die zwei Städte nicht kommensurabel sind. Man kehrt an die Spree zurück und findet, daß das aufstrebende riesige Gemeinwesen ein Idyll ist. Eine reizende Stadt mit sauberen Straßen, einem hübschen Tiergarten und einem freilich weniger hübschen Flüßchen, freundlich am Fuße des Kreuzberges gelegen. Als ich in London meiner Wirtin erzählte, daß ich von Berlin komme, sagte sie wohlwollend: »– aoh, Berlin is a nice place«. Zu deutsch: Berlin ist ein niedlicher, netter Ort. Sie hatte recht: nice ist es. Wie eine jugendgrüne Naive zu einem ausgewachsenen Heldenweib verhält es sich zu der ungeheuren Themsestadt.

Um es kurz zu sagen: London hat vierzig bis fünfzig Friedrichstraßen. Man kann eine Stunde herumkutschieren und kommt aus dem Gewühl nicht heraus. Aus einem Gewühl, wie es in Berlin bei besonderen Anlässen vorhanden ist. Man will uns weismachen, London sei am Sonntag totenstill. Das ist unwahr. Es ist am Sonntag stiller als an anderen Tagen; aber dann noch so bewegt wie eine lebhafte Straße in Berlin. Bloß im reinen Geschäftsviertel, in der City, herrscht sonntags auffallende Stille; wie diese Gegend auch am Abend in der Woche einen verlassenen Eindruck macht. Wer das Londoner Straßenbild zuerst auf sich wirken läßt, fühlt eine leise Beklemmung. Er wünscht, in dem ameisenartigen Treiben, das sich ununterbrochen entwickelt, nur ein einziges Mal eine Pause eintreten zu sehen; man sucht einen Abschnitt, um Atem zu schöpfen. Aber es geht mit steter Gleichgiltigkeit weiter, kalt, ruhig, maschinenmäßig; ohne daß eine besondere Hast zutage tritt und doch mit konzentrierter Geschäftigkeit. Das Temperament eines Volks springt entgegen, welches so besonnen und im Prinzip so aufregungslos ist, wie es in der Tätigkeit energievoll, mit zusammengebissenen Zähnen und ohne Zeitverlust vorgeht. Berlin hat hiergegen etwas Gemächliches, Zerstreutes, etwas von der Bequemlichkeit einer kleinen Stadt; das rein Zweckmäßige, Knappe tritt bei uns in den Hintergrund; man nimmt hier noch in Geschäften den Hut ab, man sagt guten Tag, und oft in einem Ton, wie wenn man hinzufügen wollte »Herr Nachbar«. Es sind Kleinstädtereien.

Ähnlich steht es mit den Fuhrwerken; sie gehen in Berlin in einem verhältnismäßig gemütlichen Trab, und selbst wenn die Gangart Galopp ist, scheint es ein launiger Wille des Kutschers zu sein. In London ist die Gangart von gleichmäßiger höchster Geschwindigkeit. Und auch hier tritt die Temperamentseigentümlichkeit dieses Volks hervor: es ist Geschwindigkeit, aber keine Hast; es ist keinerlei Aufregung dabei; die Cabführer fahren nicht so hitzig und nicht mit solchem Elan wie etwa die Wiener Fiaker, aber sie fahren wahrscheinlich rascher; und sie werfen seltner um. Kraftersparnis und Zeitersparnis bleiben die Hauptsache, Äußerlichkeiten fallen als kindisch weg. Weil der freien, tätigen Besonnenheit des einzelnen vieles überlassen bleibt und Zwang nun einmal als hinderlich betrachtet wird, gibt es keine Pferdebahnschienen in London; erst in den Vorstädten beginnen sie. Im ganzen wird aller Verkehr durch rasche kleine viereckige Gefährte von brauner, gelber, grüner Farbe bewältigt, welche mit unseren schnöden Omnibussen nichts als den Namen gemein haben; auch dieser Name wird praktisch in bus verkürzt. Die busses schießen die Straßen entlang, oben und unten mit Menschen dicht besetzt, und obgleich jedes Gefährt dreißig bis vierzig Personen mit sich führt, wimmelt auf einer Straße eine größere Zahl von Omnibussen als in Berlin von Droschken; ganze Heereszüge busses galoppieren in der gleichen oder in entgegengesetzter Richtung, keiner stört den andern, und Tausende von Menschen werden schleunigst befördert. Wie geschäftiger Müßiggang erscheint dagegen die Fortbewegung der klingelnden Berliner Pferdebahnen, die in schematisch vorgeschriebenen Rinnen, ohne ausweichen zu können, die Leipziger Straße entlangschieben, voll schweren Gewichts, bürokratisch und belämmert. Praktisch verkürzt wie der Name der Omnibusse ist der Name der Cabs, die ursprünglich Cabriolets hießen. Und sie selbst sind praktisch verkürzt; denn in der klaren Erkenntnis, daß Reibung ein Hemmnis ist, hat man ihnen im ganzen zwei Räder gegeben. Auf diesen zweien gehen sie wie der Teufel. Die Cabs sehen wunderbar elegant aus, wie unsere schlanken schwarzlackierten Sportequipagen, und der Mann, der sie lenkt, trägt keine Uniform, sondern gleich den Fiakern in Wien einen beliebigen bürgerlichen Anzug.

Wie denn die Uniformlosigkeit für berlinische Augen eins der auffallendsten Merkmale im Londoner Straßenbild ist. Weder Kondukteure noch Kutscher auf den Busses sind im Maskenkostüm. Der Kondukteur ist ein Gentleman in privater Kleidung, der wohl einen gebildeten, scharfgeschliffenen Schildpattkneifer trägt. Der Kutscher hat oft ein modernes braunes Herrenhütchen auf, er plaudert vertraulich mit einer bekannten Dame, die auf dem Verdeck dicht neben ihm sitzt; und er raucht eine mayblossom-Zigarette. Auf dem Cab thront er hinten, hoch

oben, die Zügel gehen über das lackierte Dach des Wagens
hinweg, so daß der Fahrgast der kleinen Equipage die volle
Aussicht hat, und wieder ist er nicht bloß in der Tracht,
sondern im ganzen Wesen ein privater Gentleman. Gehandelt oder parlamentiert wird nicht. Es gibt eine Nachfrage
und ein Angebot. Der Kutscher ist nicht der sehr ergebene
Diener dessen, der den Wagen nimmt, sondern er macht
ein Geschäft mit ihm. Es sind zwei gleiche Kontrahenten.
Dieses höhere Gefühl für Menschenwürde hat wahrscheinlich die Abneigung gegen die Livree gezeitigt. Und
auch die Offiziere tragen hier auf der Straße keine Uniform. Sie wird abgelegt, sobald der Dienst zu Ende ist.
»Warum geschieht das?« fragte ich einen Londoner. Er
lachte. »Es ist zuweilen vorgekommen«, sagte er, »daß ein
Offizier in Uniform durch die Straßen ging, aber jetzt ist es
nicht mehr möglich; die Arbeiter würden an ihn herange-
hen und sagen (wie es vorgefallen ist): Na, kleiden wir dich
gut, füttern wir dich gut? Willst du noch was haben? Hier
hast du einen Penny! Das Militär wird hier als unfrucht-
barer Stand zu gering geachtet.« Also sprach er. Ich dachte,
daß auch in dieser Hinsicht in Berlin alles wesentlich anders ist.

18. September 1896

BERLIN UND LONDON
II

Bei den Uniformen war ich stehengeblieben, die man nicht
sieht. Auch amtliche Anstalten haben in London wenig
Uniformiertes. Eine Post sieht wie ein Privatladen aus. Allenfalls wie ein Bankgeschäft. Es hantieren darin junge
Mädchen in Straßentoilette oder Herren in bürgerlichem
Anzug. Sie arbeiten prompt, möglichst lautlos und vor allem ohne Brummigkeit. Wie man denn in London immer
den chimärischen Eindruck genießt, daß die Beamten für
das Publikum da sind. Nicht das Publikum für die Beamten. Der aus Feuilletons berühmte policeman ist für diese

Tatsache ein Musterbeispiel. Aber ich will nicht lange von ihm reden. In Berlin wird jede Frage an den Schutzmann mit den dummen Worten eingeleitet: »Entschuldigen Sie, Herr Wachtmeister u. s. w.«. In London entschuldigt man sich nicht, wenn man von einem Beamten Auskunft verlangt. Der Bursche wird ja dafür bezahlt, zum Donnerwetter. Der Polizist antwortet rasch, sachlich, ohne schnauzenden Unteroffizierston; aber auch ohne Unterwürfigkeit. In London steht er im Dienste der Allgemeinheit; in Berlin im Dienste der Regierung; das ist der Unterschied.

In London ist das Publikum besonnener als in Berlin. Das springt dem Besucher nach kurzer Zeit in die Augen, und nur eine Heimatliebe könnte es leugnen, die mit Verlogenheit gleichbedeutend ist. Es finden in London weniger Radauszenen statt. Im Verhältnis. Der einzelne hat weniger Neigung zum skandalierenden Ulk. Die Spottsucht ist bei diesem objektiven Volk nicht ausgebildet, oder sie versteckt sich. Man kann auf der Straße tun und lassen, was man Lust hat, ohne blöde angegafft zu werden; ohne krähwinklige Hohnrufe zu vernehmen. An der Spree ist das anders. In London trifft man zwar auf Schritt und Tritt betrunkene Weiber, auch in guten Gegenden; stumpf glotzende Gestalten mit tiefen Säcken unter den Augen. Das ist scheußlich. Und zuweilen macht am Abend ein Dirnchen, das sich in Brandy beschwipst hat, eine öffentliche Szene. Aber man tut, als sähe man sie nicht; alles geht weiter. In Berlin würde ein Auflauf entstehen und der Vorfall zum großen »Feez« aufgebauscht werden; dann würde ein Schutzmann kommen und dazwischenbrüllen; dann würde die Arretierte von einem johlenden Zug durch die Straßen begleitet werden, und die Zoten würden hageln. Man macht sich hier ein Vergnügen aus Dingen, die man dort peinlich als Unwürdigkeiten empfindet. Es hilft kein Vertuschen: Die Londoner scheinen ein gereifterer und ein taktvollerer Menschenschlag als die Berliner zu sein. Drei Wochen ging ich jeden Abend auf der eleganten, belebten Oxfordstreet spazieren, und ich schäme mich, es zu sagen: sooft Krach zwischen zwei »Damen« war, die mit Sonnen-

und Regenschirmen aufeinander loshieben, so oft waren es Deutsche. Vertraut und abstoßend drangen Worte an mein Ohr, die unsere Muttersprache besitzt, ohne sie loswerden zu können.

Ich bekenne, daß das Gewahrwerden einer reiferen Kultur die allerstärksten Eindrücke während meines kurzen Aufenthalts weckte. Man lebt in London in einer Sphäre von Liberalismus, im größten und tiefsten Sinne dieses vielgewandelten Wortes. Berlin ist als wissenschaftliche Stadt großartig. Aber es hat dennoch nichts, was sich mit dem Britischen Museum vergleichen ließe. Wohlverstanden: wenn Berlins Sammlungen ebenso reich wären wie die des Britischen Museums, bestände noch ein Unterschied in der Art, wie sie dem Publikum zugänglich gemacht werden. In Berlin ist alles durch eine Spur von Gelehrtenbürokratismus erschwert. In London ist alles der Allgemeinheit in möglichst großer Bequemlichkeit nahegebracht. Weitherzig und ohne törichten Stolz macht man die Sammlungen so mundgerecht und so populär, wie es irgend angeht. In Berlin werden die besten Schätze der Königlichen Bibliothek vergraben gehalten. In London liegen sie unter Glas für jeden offen da, mit Erklärungen, die den Katalog überflüssig machen. Die großen nationalen Geister erscheinen mit ihren Handschriften, mit seltenen Ausgaben ihrer Werke vor every man. Es ist eine ständige Riesenausstellung von kostbaren codices, aus dem frühen und späten Mittelalter, aus der beginnenden und der fortgeschrittenen Neuzeit, von wichtigen Briefen und Manuskripten aller bedeutenden Söhne dieses Volks, so daß jeder Straßenjunge sich einen greifbaren und rascheren Begriff von großen kulturgeschichtlichen Erscheinungen machen kann, als es nach der Lektüre mehrerer Bücher möglich wäre. Es mag lächerlich klingen, aber es ist die Wahrheit, daß einem stark empfindenden Betrachter die Tränen in die Augen treten können beim Anblick dieser grenzenlos splendiden Preisgabe ungeheurer menschlicher Kulturreichtümer.

Berlin hat auch keine Westminsterabtei. Es hat neue,

ziegelrote Kirchen, die an Zahl (bei Gott!) nicht zu gering sind, die aber vor Kahlheit und Spitzheit und Ödheit erfrieren. London hat eine prachtvolle, altersgraue Gotik. Graue Riesen ragen aus dem unendlichen Meer der kleinen zweistöckigen Häuser. Die Zeit lagert auf diesen Riesen. Sie sind keine frischlackierten Parvenugebäude, nicht attrappenartig, nicht mit faulem Stuck und Putz außen hui und innen pfui; sondern schwer und echt und moosbewachsen und ehrwürdig. Und wiederum: *wenn* Berlin das Gebäude einer Westminsterabtei schon hätte, es bliebe noch immer ein grundlegender Unterschied zwischen diesen zwei Abteien. In dieser Londoner Kirche ruhen die großen Kinder Englands. Ohne Ansehen der Partei. Keine autokratische Regierung schafft ein Pantheon des politischen Konservatismus. In Berlin würde man Wrangel dort begraben; auch allerlei Fürsten, welche dem Empfinden der Nation zeit ihres Lebens Wurst geblieben sind. In der Westminsterabtei schläft der Atheist Charles Darwin neben Kardinälen. In der Westminsterabtei steht das Bildnis dieses Atheisten in Marmor gehauen. In der Westminsterabtei schlafen die großen englischen Schriftsteller, auch wenn sie wild und frei und aufwieglerisch waren. In dieser schönen feierlichen ernsten Kirche ist einer Schauspielerin eine Statue errichtet, der großen Sara Siddons. In dieser Kirche hat man auch die Jenny Lind begraben, die Bühnensängerin. Und in dieser Kirche steht, schräg vom Altar, der getaufte Jude Beaconsfield lebensgroß auf dem Marmorsockel. Das alles ist typisch. Es bezeugt eine Vorurteilslosigkeit; es bezeugt jenen großen und tiefen Liberalismus, über den ich sprach, Dinge, von denen man in Berlin noch nichts ahnt.

Rücksichten der Zweckmäßigkeit scheinen in London unter allen Umständen ausschlaggebend zu sein. Wer durch eine wissenschaftliche Sammlung in eifriger Betrachtungsarbeit wandert, kann leicht Hunger bekommen. Wollte man in Berlin neben den ägyptischen Altertümern ein Restaurant innerhalb des Museums auftun – heimische Professoren würden sich vor Schmerz die Beine ausreißen. Im Britischen Museum aber ist mitten zwischen den griechischen, assyrischen, römischen Denkwürdigkeiten eine Kneipe errichtet. So kann man dort seinen Hunger stillen und mit mehr Kraft und minderer Nervosität das Besichtigungswerk fortsetzen; im Berliner Museum ist die Würde besser gewahrt, im Londoner hungert man weniger. Vorurteilslosigkeit ist die Parole. In London trug man auch kein Bedenken, aus Zweckmäßigkeitsgründen das Standbild des Herzogs von Wellington dicht vor die Börse zu setzen. Warum nicht? Der Platz war sonst geeignet. Das Prinzip der möglichsten Raumausnützung spricht. Dieses Prinzip zeigt sich auch dicht hinter und unter dem Wellington-Denkmal. Da befindet sich eine jener öffentlichen Wohlfahrtseinrichtungen, die leichter anzudeuten als beim Namen zu nennen sind. Um Platz zu sparen, sind alle diese Anstalten unterirdisch. Über ihre Dächer weg traben die Omnibusgäule. Wellington aber konnte durch ein Institut, welches dem Wohle der Allgemeinheit dient, nicht herabgesetzt werden …

Der Raumausnutzung zuliebe sind die Londoner Stadtbahnen ebenfalls unterirdisch. Kleine niedrige Eisenbahnzüge rasen in den Eingeweiden der Erde herum. Man steigt auf Treppen in einen tief gelegenen Bahnhof, der von oben Tageslicht empfängt. Von da geht es dampfend in dunkle nächtige Zylinder, unter den Straßen entlang, ja unter dem Flußbett der Themse entlang. Diese Stadtbahnzüge sind im Aussehen weniger elegant als die berlinischen: aber sie fahren noch einmal so rasch. Das ist wieder typisch. Konstruktionen großartigster Beschaffenheit wie die der Untergrundbahn finden sich vielfach. In Berlin gibt es keinen Holborn-Viadukt. Das ist eine Straße, in die Luft gebaut; eine Straße mit Tausenden von Wagen, Häusern, Menschen, Steinen, Geschäften, unter der andere Straßen hindurchlaufen; eine Friedrichstraße auf Pfeilern. In Berlin lebt man bloß auf der Erde; in London nebenbei noch in der Hölle und im Himmel.

Daß die Londoner Geschäfte an Eleganz die Berliner überragen, ist kaum nötig zu erwähnen. Wie London überhaupt die eleganteste Stadt ist, die ich kenne; und nicht bloß das neblige Fabrikloch, von dem man uns so viel erzählt. Wer in der Regentstreet die Schaufenster ansieht, dem hat die Leipziger Straße nichts mehr zu bieten.

Dafür ist Berlin sauberer (Seestädte stinken immer!), und es hat bessere Theater. Denn die Kunst ist drüben auf dem Hund. Das sind wenigstens zwei Vorzüge. Nur zwei. Und wenn man mich nach alledem fragt, ob ich lieber in London oder in Berlin leben möchte, so antworte ich: in Berlin. – »Der Sirius«, sagte David Friedrich Strauß, »ist vielleicht größer als die Sonne; aber er ist es nicht, der unsere Trauben reift.«

20. September 1896

Damit man gegenwärtig nicht vor Langeweile verende, finden hier allerhand Zusammenkünfte statt. Ein heiterer Kongreß jagt den anderen. Erst kamen die Schriftsteller. Nämlich diejenigen, deren Verband unter der Leitung des deutschen Dichters Julius Wolff steht. Sie aßen ein Festmahl, bei Adlon und Dressel in Treptow. Dann kamen die Rechtsanwälte. Ihr Kongreß war reich besucht, denn es erschienen ihrer tausend Mann, mit Weibern, Schwägerinnen und Cousinen. Sie aßen ein Festmahl, bei Adlon und Dressel in Treptow. Jetzt sind die Frauenrechtlerinnen gekommen. Nicht bloß aus Deutschland, sondern aus Amerika, aus Armenien, aus Frankreich, sogar aus Friedenau. Sie essen ein Festmahl, bei Adlon und Dressel in Treptow.

So schlingt sich um diese Zusammenkünfte mit verschiedenen Bestrebungen ein gemeinsames, ein einigendes Band. Im übrigen gingen die Rechtsanwälte am Anteil der Bevölkerung spurlos vorüber. Die von Julius Wolff Angeführten erst recht. Aber die Weiber, die vom Sonntag ab im Rathaus tagen, wecken starke Beachtung. Warum? Zunächst, weil sie Weiber sind. Man erwartet sich ein Fest; etwas, das sehr merkwürdig verläuft; das leicht grotesk werden kann. Denn auf diese Wirkungen geht man hier zuerst. Dann aber, weil das Streben der Frauensbilder doch als etwas wahrhaft Berechtigtes im Grunde gefühlt wird.

Man glaubt, hier eine moderne Bewegung mitzumachen, während in den Verhandlungen der Anwälte und der Schriftsteller minder wesentliche Fachsimpeleien erblickt wurden. Das mag im ganzen stimmen.

Ich habe das Programm des Frauenkongresses durchgelesen. An der Spitze steht (wie könnte es denn anders sein?) Lina Morgenstern. Sie ist eine alte Berühmtheit. Beiläufig hat sie unbewußt eine politische Bedeutung bekommen. Sie ward die Schwiegermutter des Bimetallismus. Ihre Tochter Olga ist vom Abgeordneten Arendt geheiratet worden.

… Daneben las ich den Namen Natalie von Milde. Ich kannte ihn; nicht freilich seine Trägerin, die in Weimar wohnt. Ein klar und fest geschriebenes Manuskript, das vor Monden mit der Post nach Berlin kam, enthielt einen tapferen, fast leidenschaftlichen Angriff gegen die Marholm, die klügste Widersacherin der Geschlechtergleichstellung. Dieser Aufsatz stammte von einem Fräulein Natalie von Milde; ich freute mich, seine Veröffentlichung nach mancherlei Abweisungen in einer Berliner Zeitschrift durchzusetzen.

Dann wird Hermine von Preuschen sprechen; die dichtende Malerin, die malende Dichterin. Sie lebt für gewöhnlich in Rom, mit ihrem sympathisch-schweigsamen, langbärtigen Conrad Telmann, dem sie vermählt ist. Vor zwei Sommern waren beide in Helgoland, und ich machte ihre Bekanntschaft. Im Gespräch ist die Preuschen, wie es sich für ein Eheweib ziemt, ganz die Ergänzung des stummen Gatten. Sie redet fließend darmstädtisch, und nach einer Weile muß man ihr gut sein. Es spricht aus ihr eine Seele, die nach allen luftigen Höhen strebt und die Vorurteile von sich abgeblasen hat wie Staub von einem grünen Blatt. Das nimmt für sie ein. Ihr Äußeres besticht nicht. Es hat etwas Spitziges, Unverheiratetes. Bestechend ist dieses Wesen, mit der Mischung von prickelnder Lebhaftigkeit und seliger Sehnsucht. Dabei steht sie hart an der Grenze eines noch erlaubten Alters. Sie war vor zwei Jahren sechsunddreißig. Jetzt ist sie also siebenunddreißig.

Dann wird Adine Gemberg einen Vortrag halten. Ich kenne die Dame von einem Buch her, welches sie geschrieben. Leider. Sie soll zwar nachher ein anderes verfaßt haben, die Aufzeichnungen einer Diakonissin. Aber das erste kann ihr nicht verziehen werden, und wenn sie hundert Jahre alt würde. Denn wie das Hohelied, das Lied der Lieder, so ist dieser Novellenband der Schund des Schundes. Er heißt »Morphium«. Plumpe, klotzige Sensationswirkungen, innigste Unwahrheit, die ganze vorlaute, aufdringliche Darstellung im bösesten Sinne frauenhaft. Die Verfasserin prahlt da mit ärztlichen Kenntnissen und ahnt nicht, daß sie *mit* solchen Kenntnissen künstlerisch genauso falsche Töne bieten kann, genauso Unreifes und Posiertes wie die erste beste Daheim-Dichterin. Was mir in dem furchtbaren Bande dieser Jodoform-Sappho auffiel, war ein aggressives Vorgehen gegen uns arme Mannsen. In der einen Novelle geht es zuletzt einer tüchtigen Frau glänzend, der ihr korrespondierende Mann aber kommt elend um, und hier leuchtet etwas wie jubelnde Gehässigkeit zwischen den Zeilen hervor.

Regungen wie diese, an anderen Frauen beobachtet, mögen einen Strindberg mitbestimmt haben, als er zur Ansicht vom ewigwährenden, blutig-ernsten Kampf zwischen Mann und Frau kam. Er ist ein Weiberängstling noch mehr als ein Weiberhasser; und vor allem, was beides erklärt: ein weibsüchtiger Sinnensklave. Ibsen hat vor wenigen Tagen einem Reporter gegenüber geäußert, daß Strindberg nach seiner Meinung allzu extrem sei. Das ist er gewiß oft. Aber oft drängt sich vor diesem europäischen Zickzackgenie, das doch so manche Züge mit Rousseau gemein hat, die Frage auf: ist dies etwas »allzu Extremes«, oder ist es ein letztes, höchstes Konsequentsein? Ist es Wahnsinn, oder ist es vielmehr mutig-zähe Logik? Wie dem sei: zweifellos ist, daß der seltene Schwede als erster gewisse Punkte der Geschlechterfrage aus dem Neckisch-Spielenden in eine Sphäre gehoben hat, in welcher erbitterter Ernst herrscht und eine Katze immer eine Katze genannt wird. In ihm trat einer auf, der nach Jahrhunderten endlich das alte gleisnerische Scherzspiel vom »Pantoffel« satt bekam, unter dem oft ein lebenslanges Martyrium versteckt war, und der wutzitternd, ohne Angst vor Lächerlichkeit, den Satz aussprach: wenn es wahr ist, daß wir Menschen vom Affen abstammen, so stammen wir sicher von zwei verschiedenen Rassen. Nicht daß er gewisse bestehende Grundunterschiede der männlichen und der weiblichen Natur zuerst mit Bewußtsein aufgezeigt hat, kann ihn lächerlich machen. Sondern seine Manie: die Welt allein unter diesem Gesichtspunkte anzusehen und, gleich dem dümmsten Kerl unter den Antisemiten, grenzenlos zu vergröbern und zu verallgemeinern. In diesem Punkt, keineswegs in der Betrachtung von Einzelfällen, ist er »allzu extrem«.

Werden die in Berlin versammelten Frauen seine Büste verbrennen? Und werden sie auf dem Spittelmarkt einen Scheiterhaufen errichten und die gesammelten Werke der Frau Marholm hineinschleudern? Die hassen sie nach Strindberg am meisten. Ja vielleicht mehr als ihn. Der Schwede ist schließlich ein natürlicher Gegner; er ist ja vom Geschlecht der Unterdrücker. Die Marholm aber stammt aus den eigenen Reihen. Das schmerzt doppelt. Dazu ist sie keine gewöhnliche Gans, sondern eine kopfstarke Person, die alles leistet, was von einer geistig Emanzipierten geleistet werden kann. Das schmerzt zehnfach. Diese Dame, die (nach Art aller wesentlichen Philosophen) von der Beobachtung des eignen Ichs ausging, kam freilich zu merkwürdigen Ergebnissen. Sie schrieb dem Weibe vornehmlich ein Trieb-Leben zu, wo im Mann ein Verstandes-Leben herrsche. Darum sei die Frau minderwertig. Sie hatte so wenig Furcht vor Lächerlichkeit wie Strindberg, und sie verallgemeinerte – nach den Beobachtungen, die sie an sich gemacht – so sehr wie jener. Beide waren rousseauartig zu heimlichsten Bekenntnissen bereit; nur daß der Schwede in wirklichem, tiefem Schmerz aufbrüllte, während die Dame sehr bewußt, sehr drapiert und sehr effektgierig getüftelte Paradoxen auf den Büchermarkt zum Verkauf brachte.

Beide sind immerhin die markantesten Gegner der im
Rathaus zu Berlin versammelten Frauen. Die andren Gegner dieser Frauen, die alten Philister, die Zurückgebliebenen, die Spießer, werden auf dem Kongreß wahrscheinlich
vorwiegend bekämpft werden. Denn sie sind die dicke
Wahrheit. Wesentlicher aber wäre vielleicht (und interes-
sierender für alle feineren Köpfe) die Auseinandersetzung
mit diesen zwei Geistern – die heut nicht vereinzelt da-
stehn. Man kann ihnen unmoderne Gesinnung nicht gut
vorwerfen, denn sie haben jenes Stadium der unbedingten
Emanzipationsfreundlichkeit einmal durchgemacht – und
glauben es überwunden zu haben. Grundverschieden von
ihnen, aber gleich im Ziel, im Angriff gegen die sogenannte
Frauenbewegung, ist etwa der Züricher Professor J. Platter,
ein sehr moderner und ein sehr sozialer Mensch, welcher
gerade jetzt einen einschlägigen Aufsatz veröffentlicht hat.
Er ist in der »Neuen Deutschen Rundschau«, der von Oskar Bie vortrefflich geleiteten Berliner Monatsschrift, erschienen, die man früher »Freie Bühne« hieß. Platter
scheint ein etwas grobkörniges Individuum zu sein, doch
oft hat er recht. Er will den Frauen Zutritt zu allen beliebigen Berufen vergönnen. Den wollen sie ja. Sie sollen also
Schlosser, Schmiede, Fuhrleute, Tischler, Abdecker, Ma-
schinenbauer, Sattler, Stubenmaler, Lackierer, Kaminfeger,
Pflasterer, Kanalräumer, Maurer, Glaser, Dachdecker, Lo-
komotivführer, Parkettbodenleger, Messerschmiede, Schuster, Bergleute – und auch sonst alles werden können. Es
fällt dem Professor nur auf, daß sie sich um die genannten
Berufe gar nicht reißen. Hierzu haben sie ja heut schon Zutritt. Trotz der immerfort wiederholten Forderung voller
Gleichstellung weisen die Emanzipationskämpfer niemals
auf alle diese von Männern doch so viel benutzten Nah-
rungsquellen hin, obwohl hier eine ganze Menge Gelegenheit zu ökonomischer Selbständigkeit vorhanden und vollkommen zugänglich wäre für das »versklavte Geschlecht«.
Daraus ließe sich am Ende folgern, daß die Frauenbewegung im wesentlichen eine Damenbewegung ist. Man
streitet vorwiegend (nicht ausschließlich, aber am heiße-

sten) für den Zutritt zur ärztlichen und juristischen Laufbahn und um das Studium in der philosophischen Fakultät.
Es scheinen also Ideale vorzuschweben, die für »unan-
bringliche Beamten- und Professorentöchter« zugeschnit-
ten sind. Soweit Platter. Ist es nun ein Zufall, daß jetzt die
sozialistischen Frauen, die eminent tüchtige Zetkin, die so
emanzipiert ist, wie man es überhaupt sein kann, und die
andern alle – eine Beteiligung an diesem Berliner Kongreß
abgelehnt haben? Sehen auch sie in seinen Bestrebungen
wesentlich Damenbestrebungen? Offenbar. Aber auch die
Sozialisten dürfen nicht pharisäisch tun. Auch bei ihnen
nimmt die Frauenemanzipation zuweilen sehr bourgeoise
Formen an; und hier darf man vielleicht persönliche Dinge
streifen.

Bebel hat eine Tochter. Ihr Name ist Frieda. Sie studierte
in der Schweiz Medizin. Nun lese ich bei Platter den Satz,
daß nach seinen Beobachtungen Frauen in akademischen
u. s. w. Berufen sich gar nicht besonders wohl fühlten, daß
die Mehrzahl »bei passender Gelegenheit sehr gern in die
Ehe tritt und dann die Ausübung des mit so großen Kosten
und Mühen Erlernten mit Vergnügen aufgibt«. Das scheint
nicht nur auf den Durchschnitt zuzutreffen, sondern auch
auf besondere Exemplare. Denn die Tochter des Mannes,
welcher das berühmteste propagandistische Buch über die
Frauenemanzipation geschrieben hat, Frieda Bebel, hängte
die Medizin an den Nagel, sobald sie sich mit einem ge-
scheiten Mitglied des anderen Geschlechts, dem Dr. Ferdinand Simon, verlobt hatte. Auch sie entschloß sich also
rasch, die »Ausübung des mit großen Kosten und Mühen
Erlernten mit Vergnügen aufzugeben«. Ich betone nochmals, daß ich nur zögernd mir erlaube, persönliche Angelegenheiten heranzuziehen. Aber vielleicht sind, bei
Leuten von einer gewissen Bedeutung, persönliche Angelegenheiten öffentliche Angelegenheiten. Ich weiß von der
jungen Dame nichts als Ausgezeichnetes. Bloß daß sie hier
gehandelt hat wie eine Bourgeoise. Und es ist doch anzunehmen, daß bei der Tochter eines solchen Vaters das Verhalten eine gewisse Vorbildlichkeit birgt. Daß man für den

Schritt der Tochter auch den Alten verantwortlich machen muß.

»Wer deutet mir die bunt verworrene Welt!« So ruft Grillparzers Bischof Gregor. Wo ist die Wahrheit? Bei den Rathausfrauen ist sie nicht; bei Strindberg und der Marholm ist sie nicht; bei den Sozialisten wieder nicht; und in Lina Morgensterns Suppenkelle auch nicht. Ich ahne, daß die Wahrheit in den einzelnen Exemplaren steckt. Nämlich wenn sie in ihnen steckt.

Ich habe so viel über Frauen geredet, daß ich zum Schluß auch von der neuesten Frau sprechen muß, die sich in Berlin am Freitag gezeigt hat. Das ist Hans Oldens »Offizielle Frau«, und sie erschien auf dem Berliner Theater in der Charlottenstraße. Der Erfolg dieses fünfaktigen Schauspiels war sehr groß; aber fragt mich nicht, bei wem. Ein bekannter Berliner Theaterdirektor, der sich trefflich mit dem Sittenstück, doch schlecht sich mit den Fremdwörtern abzufinden weiß, soll einmal gerufen haben: ich stehe hier vor einer Nymphe, denn er verwechselte das mit Sphinx. Diesen geflügelten Ausdruck möchte ich Olden gegenüber brauchen. Er ist im Leben ein geschmackvoller, anständiger Mensch – und schreibt solche Stücke; ich stehe vor einer Nymphe. Die illustrierte Kolportage ist hier in der unverhülltesten Form, gewürzt durch amerikanische Trucs, auf die Bühne gekommen. Sensation, Spannung, gemeinster Kulisseneffekt, höchster Schmierenreiz und grelles Kostüm wirken harmonisch zusammen. Das Stück wird hundertmal gegeben werden, und Olden wird viel Geld daran verdienen. Immerhin: ich stehe vor einer Nymphe.

4. Oktober 1896

Das Theater des Westens ist eröffnet. Die Pfosten sind, die Bretter aufgeschlagen; und von allen Kulturereignissen, die sich im Laufe der Woche in Europa abgespielt, scheint dieses, für westberlinische Begriffe, das wesentlichste zu sein. Die Eröffnung, o Leser, war schrecklich interessant. In wenigen Zeilen haben Sie die allgemeinen Umrisse des kulturhistorischen Akts kennengelernt; am Freitag, im Abendblatt. Es läßt sich aber noch mehr darüber sagen. Soll ich? Sie sind gewiß nach Einzelheiten gierig.

Um die Spannung raffiniert zu erhöhen, rede ich zuerst von etwas ganz anderem. Wovon? Von der heiligen Gertrud. Es ist eine bedauerliche Tatsache, aber eine Tatsache: daß die Heiligenverehrung in Berlin noch immer keinen rechten Boden findet. So ist es an den Bürgern dieser Stadt fast spurlos vorbeigegangen, daß man der heiligen Gertrud jetzt ein Denkmal gesetzt hat. Es steht auf der Gertraudenbrücke; der Magistrat hat es machen lassen; Siemering ist der Urheber. Die heilige Gertrud lebt im berlinischen Volksbewußtsein eigentlich nicht mehr unmittelbar fort. Vielmehr behaupten die Einwohner: die heilige Gertrud sei ihnen das, was jenem Hofschauspieler zu Helsingör die trojanische Königin Hekuba war. Wann Gertrud auf Erden wandelte, wann ihres Wirkens Blütezeit war und wann sie abschied, das wissen hier nicht viele. Aber viele haben jetzt erfahren, daß Gertrud gelebt hat. Fesselnd mag es für die Bürger sein, über das seelische Verhältnis des Magistrats zur heiligen Gertrud nachzugrübeln. Ist der Magistrat bigott? Nein! Er ist nur ein schalkhafter Magistrat! Es liegt ihm daran, ein paar Denkwürdigkeiten aus der Stadtgeschichte gelegentlich spaßeshalber verewigen zu lassen. Er ist guter Laune und tut mal was übriges. Die Kunst kann ja dabei unter Umständen gefördert werden. Auch ist bloß die allgemein-menschliche Seite der heiligen Gertrud hervorgekehrt, indem sie auf diesem Denkmal hilfreich einen Knaben labt; sie begeht damit einen sehr verständlichen, nützlichen Akt und zeigt sich nicht als zwecklose Asketin. Also: der Magistrat ist nicht bigott. Wenn ich nun noch zufüge, daß ich das Denkmal bis jetzt nicht gesehen habe und das Geburtsjahr der heiligen Gertrud auch nicht kenne, so ist alles Kennenswerte erschöpft, was ich über diesen Punkt zu sagen hätte.

Nun aber (– wie originelle Feuilletonisten zu schreiben pflegen –), nun aber zurück zum Theater des Westens.

Diesem Theater war noch in der letzten Woche ein besonderer Herold erstanden; ein tragikomischer, unbewußter
Reklametrompeter. Es war Herr Paul Blumenreich, der ab-
gewimmelte Direktor, der eine Brandbroschüre gegen die
neue Bühne und ihre Gründer herausgab. Das zog hervorragend. Paul Blumenreich – ah poveretto!– mahnte mich in
seinem Schicksal an eine befreundete Dame, die in diesem
Sommer von ihren Zweiradversuchen am Attersee schrieb:
»Ich lag unten, noch bevor ich aufgestiegen war.« Blumenreich flog aus dem Direktorium, noch bevor er es angetreten. Aus seiner Flugschrift läßt sich nicht bündig entscheiden, ob ihm ein formelles Unrecht geschehen ist oder
nicht. Die öffentliche Meinung hatte der Mann von Anfang an gegen sich. Vielleicht wegen zufälliger, nebensäch-
licher Eigenschaften, die nicht danach waren, ihn vor Gott
und Menschen angenehm zu machen. Vielleicht auch wegen seiner fatalen Direktionsführung im Treptower Ausstellungstheater, furchtbaren Angedenkens. Genug: er
wurde entfernt. Ob er sich nun um die Herbeischaffung
der Riesenkapitalien verdient gemacht hatte und mancherlei Kastanien aus dem Feuer geholt oder nicht: er wurde
entfernt. Die juristische Seite der Angelegenheit wird ja erledigt werden; die ethische vielleicht wird in dubio bleiben; in künstlerischer Hinsicht aber ist dieser Hinauswurf
zweifellos eine segensreiche Tat gewesen, denn unser
Freund war als Direktor ganz unfähig. Die Wahl der angenommenen Stücke und der angenommenen Schauspieler
sprach gleichmäßig dafür. Herrn Witte-Wild hat er manchen Stein in den Weg gelegt. Aber zugleich dient er ihm
jetzt als Entschuldigungsmittel. Was der Direktion Witte-
Wild schlecht gerät, wird noch auf das übernommene
Konto des Herrn Blumenreich gerechnet. Und darin liegt
ein gewisser Vorteil.

Jedenfalls hatte die Broschüre des Ex-Direktors den Anteil für das zu eröffnende Theater sehr gesteigert und ihm
gar einen Stich ins Sensationelle gegeben. Dazu hatte man
schon aus Zeitungsnotizen und mündlichen Äußerungen
genug Sensationelles über dieses Bühnenhaus vernommen;

und so geschah es, daß für zwei Parquetplätze zum Eröffnungstag hundertfünfzig Mark geboten wurden.

Das Haus war jedoch nur geladenen Gästen zugänglich.
Was die hier zu sehen bekamen, war in zwiefacher Hinsicht glänzend. Glänzend der Bau und glänzend der Anblick der Hörerschaft. Man hatte Frack und weiße Binde
vorgeschrieben und für die Frauensbilder Gesellschaftstoi-
lette. Sie waren meistens ausgeschnitten erschienen, in duf-
tigen luftigen Hüllen von Mull und Spitzen und rosa Atlas
und meergrüner Seide und protzigem oder – wenn er dun-
kelrot war – dämonischem Sammet in raffinierter Verar-
beitung. Alle hübsch frisch gewaschen, die Haare frisch gefärbt, die Augenbrauen frisch gemalt. Und ihre Brillanten
strahlten selig und friedvoll, wie wenn die zugrunde ge-
richteten Aktionäre, auf deren Kosten sie angeschafft waren, eine letzte glitzernde Wehmutsträne in sie gesandt
hätten. Es war, wie das in Berlin immer ist, weniger Aristokratie als millionenschwere Bürgerlichkeit anwesend; mehr
bewegliches Kapital als Grundbesitz; mehr emporstreben-
des Eroberertum als eingesessene Erben. Im zweiten Rang
zahlreiche Offiziere; recht viele Kommandeure. Vor und
neben ihnen die appetitlichsten Damen: aus der Millionen-
konfektion, von der Börse, vom Theater. Am schönsten
sieht eine Frau in Rosa aus, eine Herkomersche Gestalt mit
schwarzen Augen. Dann aber kommt gleich Fräulein Poppe
vom Schauspielhaus, die heut wieder mal einen ihrer besten Tage hat; sie trägt quer über die Stirn eine Perlen-
schnur und lächelt mit halbgesenkten Augen; sehr reizend.
Überhaupt lächeln alle, die Stimmung ist wundervoll; sie
lächeln halb entzückt, wegen der Schönheit des Hauses;
halb parodistisch, wegen der Schlechtigkeit des Stücks; es
ist ein vorwiegend berlinisches Lächeln.

In einer Proszeniumsloge Aribert von Anhalt mit Gefolge; die einzige Fürstlichkeit. In der anderen Proszeniumsloge, wo in Wien unfehlbar irgendeine Pauline Met-
ternich sich fächeln würde, sitzt – ohe! ohe! – nur ein
Polizeipräsident mit seinen Damen. Auch das ist berlinisch.
Im übrigen bevölkern die bedeutendsten Leute des Jahr-

hunderts wie Blumenthal, Ernst Wichert, Gustav Kadelburg und andere den Raum. Spielhagen ist da, Fulda mit
seiner schönen Frau, die einst als Ida Theumer in Breslau
Komödie spielte, Sudermanns, Hartlebens, Otto Brahm,
Friedrich Haase, auch Maximilian Harden hat es nicht verschmäht, zu erscheinen, und er legt im Geiste seinen nächsten Artikel über den neuen Bel zu Babel zurecht und entfernt sich nach dem vierten Akt, was ihm niemand
verdenken kann. Es lassen sich die Völker und die Namen
nicht alle aufzählen: genug, der Saal weist eine auch bei
Berliner Premièren sehr ungewöhnliche Fülle von Geist,
Schönheit, Geld und Rang auf. Eine Bombe, in dieses Haus
geworfen, würde sozusagen wirklich eine Art Blüte von
berlinischer Kultur zerstören ...

Aber der »Altmeister« hat schon recht: das interessanteste Studium der Menschheit bleibt der Mensch; über ihm
wird die Sache hier fast vergessen. Das neue Bühnenhaus
von Sehring ist in seiner Weise etwas Großartiges. Es ist
von höchster Eleganz; von einer nicht immer manierfreien
Beschaffenheit und einer gewissen Neigung zu Kinkerlitz-
chen, aber doch so vornehm, stolz und lebensheiter, wie es
in deutschredenden Landen wahrscheinlich kein Privat-
gebäude geben wird. Der ideenreiche und in aller behaglichen Schlauheit stark verwegene Mann hat hier das große Glück erlebt, einen Traum zu verwirklichen. Er hat es
durchgesetzt. Auch seine Gegner müssen ihn zum mindesten als Kraft respektieren. In Silber und Gold, in Weiß und
Gelb leuchtet sein Riesenbau, der mehr Menschen als das
Opernhaus faßt und dessen schlanke drei Ränge ohne Säu-
lenstützen frei aus der Mauer herauswachsen. Dem Auge
wird nirgends ein Hindernis nach der Bühne hin geboten.
Der ganz helle Grundton gibt dem Inneren dieses Theaters
einen ausgesucht vornehmen Anstrich. Ein wunderbarer
Kronleuchter, in Gestalt einer Lyra, spendet Licht, das zudem aus allen Ecken und Enden strömt. Kurz, der flüchtige
äußere Eindruck ist sofort gewinnend und imposant. Die
Foyers im ersten Rang zeigen vornehme Pracht, die im
Parquet mit ihren Eichenholztäfelungen eher eine massive

Eleganz. Das gesamte Theater aber ist zugleich eine Art
Museum. Denn, in allen Winkeln, in allen Gängen, an allen Decken und allen Wänden stößt man auf Kunstwerke,
die für diesen Bau von Berliner Künstlern geschaffen wurden. Kunstwerke sind auch die Vorhänge, die an schwerer
Herrlichkeit von keiner mir bekannten Bühne erreicht
werden. Im Erdgeschoß liegt endlich – die tiefste, aber
nicht am tiefsten geschätzte Sehenswürdigkeit dieses Hauses – die Künstlerkneipe. Hier sind die Wände von Marmor und von Mosaiken aus Murano gebildet. In einem
romanischen Raume befindet sich an der Wand ein Stamm-
baum von Portraits aller mit dem Theater des Westens
enger zusammenhängenden Künstler. Darunter auch das
blondbärtige Antlitz Sehrings und – das bemerke ich für
die Breslauer, die ein Interesse an ihm haben – das Portrait
des Herrn Witte-Wild, der aus einer gotischen Blume auf
einem Pegasus reitet und das edle Tier mit einem Thyrsos-
stab bändigt. Da seine Leistungen für das Theater des Westens noch in der Zukunft liegen, ist er hier gewissermaßen
auf Vorschuß unsterblich gemacht.

Ach, wenn doch dieser ganze Bau nicht den einen Fehler
hätte, gerade ein Theater zu sein. Es ist keine Frage: in erster Linie kam hier das Architekteninteresse in Betracht,
das dramatisch-künstlerische war etwas Sekundäres. Die
Notwendigkeit, ein neues Theater zu bauen, lag wirklich
für bloße Theaterfreunde nicht vor. Es handelt sich hier um
eine Gründung in viel weiterem spekulativem Sinne. Wenn
ein rein künstlerisches Unternehmen vorläge, würden die
Charlottenburger nicht in so hellen Haufen, bis zum kleinsten Bahnhofs-Restaurateur hinab, fanatisch bei der Sache
sein. Es ist aber eine allgemeine wirtschaftliche und eine
grundstückliche Operation. Und so entsteht allmählich die
bange Frage: was wird hier aus dem *Theater* werden?

Das steht zum Teil bei Herrn Witte-Wild. Da man nicht
für ein bestehendes Programm ein Theater gebaut hat, sondern für ein erbautes Theater nach einem Programm fahn-
den muß, so ist seine Aufgabe nicht leicht. Daß Holger
Drachmanns »Tausend und eine Nacht«, das Eröffnungs-

stück, ein schwerer Reinfall war, wird er heute genau wissen.
Möglich, daß auch hier noch Blumenreichs Schatten die
Verantwortung auf sich nimmt. Aber Herr Witte-Wild
dürfte zum mindesten einem Darsteller wie Emil Drach
keine erhabenen Rollen mehr anvertrauen: weil dieser ko-
misch-langweilige Dialektsprecher kaum jemals ernste Wirkungen erzielen wird; wer wie Bliemchen redet, kann kein
Sultan sein. Witte-Wild müßte ferner Herrn Ferdinand
Bonn, den forciertesten und vorlautesten Komödianten des
bewohnten Erdballs, gewaltsam zurückdrängen. Er müßte
ferner der Frau Lili Petri das Sprechen in diesem schwer-
akustischen Hause beibringen. Und er müßte die Barkany
entlassen. Dann könnte er vielleicht mit noch unbenutzten,
unverdorbenen Kräften ein neues, schlichtes, echtes Zusammenspiel in dem Prachtbau versuchen; er müßte sie, wenn
er ein großer Regisseur ist, empordrillen zu überzeugender
Menschendarstellung; und er müßte minder stark als bisher
das Gewicht auf Äußerlichkeiten legen; er war bisher am
größten in Volksaufläufen ... Und wenn er das alles erreicht
und dazu noch ideal moderne, lebensechte Dramen ausgesucht und gefunden hätte: dann wäre wohl ein künstlerischer Erfolg garantiert, noch nicht aber das materielle Bestehen dieses riesenhaften Unternehmens, dessen Größe
bedrohlich ist. Es schwebt ein Vogel hoch in den Lüften über
dem Theater des Westens. Er kreist langsam, langsam um
das Haus, wie stets um einen neuen Bühnenbau. Es ist der
Pleitegeier. Wird er erlegt werden? Wird er hernniederschie-
ßen? Das liegt im Schoße der Götter. Was bestehen bleibt,
ist in jedem Falle der Bau – Sehrings Bau.

18. Oktober 1896

Es muß wohl schon Winter sein, denn die Philharmonischen Konzerte haben im Anfang dieser Woche begonnen.
Zwar ist der Himmel blau, die Luft ist lind, und mittags
geht man ohne Überzieher die Potsdamer Straße entlang;
wie im Frühling. Aber die perversen Seelen dieses Westens

rechnen die Jahreszeit nicht mehr nach meteorologischen Erscheinungen. Viel eher nach kulturmäßigen Dingen, die · sich im Innern von Theatern, von Tiergartenwohnungen, von Konzertsälen abspielen. Also ist es jetzt Winter.

Das erste der Konzerte verlief leidlich fesselnd. Es liegt noch immer ein gewisser Glanz über den philharmonischen Veranstaltungen: von Bülows Zeiten her. Zwar, diese Zeiten sind vorbei; und das populäre Erbe Bülows hat in Berlin kein anderer angetreten als Weingartner, der Hofkapellmeister. Die Masse der Hörer, welche die »Beliebtheit« eines Dirigenten prägt, hält sich immer an einen Mann von rasch in die Augen springenden persönlichen Eigenschaften. Nicht die feine oder minder feine Auffassung einer Symphonie wird maßgebend (drei Viertel der zahlenden Hörer haben von diesen Unterschieden überhaupt keine Ahnung), sondern die Tatsache, daß der Dirigent etwa äußerlich berückend schön ist, mit dem vorgesetzten Grafen Hochberg in interessantem Zwist liegt, über den Durchfall einer eigenen Oper – »Genesius« – interessant schmollt, gegen Bayreuth schriftstellerisch aufmuckt u. s. w. So war auch Bülow für die Fünfmarkprotzen, welche sich auf den besten Plätzen seiner Konzerte räkelten, eine Sensation aus äußerlichen Gründen: wegen der Konzertreden, wegen des Krachs mit Hülsen, wegen der Visitenkarten mit dem Zusatz »Hofkapellmeister S. M. des deutschen Volkes« und wegen anderer scherzo-Einfälle. Arthur Nikisch, welcher sein Nachfolger in der Philharmonie ist, hat sich bisher mit niemandem öffentlich überworfen, er hat noch nie eine verblüffende Szene gemacht, er übergoß noch keinen anderen Musiker in Wort und Schrift mit Hohn, und über sein Privatleben ist wenig bekannt. Das hat ihm sehr geschadet. Man kann sich nichts Bestimmtes unter ihm denken. Der arme Bursche dirigiert bloß. Allerdings nicht schlecht. Aber es würde nicht ausreichen, ihm Beachtung und so starken Zulauf zu schaffen, wenn nicht Bülows einstiges Wirken und auch die hohen Preise diese philharmonischen Konzerte für die Mode kanonisiert hätten. So halten es die Westlichen für ihre Pflicht, ihnen beizuwohnen;

alle vierzehn Tage einmal, Gott, es ist nicht schlimm. Glänzend sieht das Haus an solchen Abenden aus, glänzend sah
es auch jetzt am ersten Abend aus. Rings um die Schar der
Eleganten, denen bei Beethoven fürchterlich zumute wird,
drängten sich wieder stantibus pedibus die Unscheinbaren,
das letzte Viertel der Besucher, das aus unaufgeführten
Komponisten, aus stillen Kontrapunktlehrern, aus mähni-
gen Orgelspielern, aus blassen Klaviermeistern und künftigen Sängerinnen, kurz, aus Musikern besteht. Sie horchten
neuen Bruchstücken von Humperdinck, Vorspielen zu den
»Königskindern«, dem lieblichen Märchendrama der Frau
Elsa Bernstein, welche sich auch Ernst Rosmer nennt. Sie
fanden wiederum, daß Humperdinck nicht eigentlich ein
neuer Geist ist. Doch dieser Meister unter den Schülern,
der zur Wagnerschen Größe die niedliche Abrundung er-
fand, ergötzte sie auch diesmal mit seiner kindlich innerlichen Art. Außerdem geigte Petschnikoff. Sie spendeten
seinem zarten Larghettospiel vielen Beifall, aber sein Alle-
gro ließen sie nicht gelten; er sei für Beethoven doch noch
hundsjung, noch ohne Manneskraft. Ich hielt mich an das
Larghetto und fand ihn bewundernswert. Petschnikoff und
Humperdinck waren die Hauptpunkte dieses ersten Kon-
zerts, das nicht ganz in den Traditionen der früheren verlief: sonst verließen die Leute das Lokal vor dem letzten
Symphoniesatz; diesmal rannten sie vor dem Meistersin-
gervorspiel weg. Das ist ein Unterschied. Jedenfalls aber
scheint der Winter begonnen zu haben. [...]

Aus jenem neu erbauten Volkstheater in der fernen Wei-
ßenburger Straße ist eine Szene des Nachdenkens wert. Da
wird unabhängig von der offiziellen Vorstellung allabendlich um zehn Uhr ein »Pladderadautz« von Oskar Wagner
aufgeführt; das sind »Berliner Rückblicke in Wort und
Bild«. Hier erscheinen die unglückseligen, pleite gegangenen Aussteller und errichten dem Triumvirat Goldberger,
Felisch, Kühnemann ein ironisches Denkmal. Solche zeit-
gemäße Satire ist in Berlin nicht immer üblich. Diesmal
will sie dem Katzenjammer, der sich beim Ausstellungs-
schluß fühlbar macht, Gestalt leihen. Man ist sich darüber

einig, daß das Wetter die Hauptschuld an dem bösen Defizit trug. Einige machen die Behörden mit ihrem mangelhaften Entgegenkommen und der bürokratischen Schwerfälligkeit mit verantwortlich. Die Sozialdemokraten wieder behaupten, daß die hohen Eintrittspreise ein Grund für das Schiefgehen waren; hätte man bloß dem schlichten Arbeiter die Sache nicht so herzlos verteuert, dann wäre schon alles gut geworden. Das sozialistische Berliner Hauptorgan leistete sich den idiotischen Satz: »Eine Ausstellungsleitung, die eine Sportwoche einrichtet, ist in dieser Beziehung zu allem fähig.« Als ob es eine raffinierte Niederträchtigkeit wäre, eine Sportwoche einzurichten! Als ob der Sport heut etwas ausschließlich Aristokratisches wäre und nicht längst die kleinen rentenlosen Leute in Berlin mit besonderer Leidenschaft erfaßt hätte. Im übrigen kann den sozialistischen Mitbürgern eigentlich nichts daran gelegen sein, auf einen Weg hinzuweisen, welcher ein Vermeiden des Defizits ermöglicht hätte; sie freuen sich ja über den Reinfall der Kapitalisten. »So sitzt man«, schreiben sie, »so sitzt man statt im Fettnäpfchen im Essigfaß«; wobei es sehr fraglich ist, ob sich der Geheime Kommerzienrat Goldberger wirklich gesehnt hat, in einem Fettnäpfchen zu sitzen. Jedenfalls haben die drei unternehmenden Männer um ihres Unternehmungsgeistes willen ein Anrecht auf eine gewisse Erkenntlichkeit. Daß persönlicher Ehrgeiz mitsprach, ist selbstverständlich. Aber sie haben – zum Teil wenigstens – auch eigenes Geld zum Opfer gebracht; und wenngleich Herrn Goldberger dieses kostbare Material von seinem Vater, dem Erfinder der rheumatischen Ketten, in reichlichem Maße hinterlassen worden ist, bleibt es doch ein Opfer. Jetzt sind sie für ihre Strapazen mit den schwachen Tröstungen eines Ordens dritter Klasse versehen worden (von Goldberger behaupteten seine boshaften Freunde, er werde die Gichtkette zum roten Adlerorden bekommen), und in Possen werden sie gar satirisiert. O, Undank ist der Welt Lohn. Die Ausstellung selbst aber wurde mit einer Fülle von Sentimentalität geschlossen, die auf unbefangene Gemüter namenlos putzig wirkt. »Die

Kapelle spielte Abschiedsweisen, und man sang melancholische Volkslieder – just die richtige Melodie an diesem Abschiedsabend.« Ferner heißt es gefühlvoll: »Lange zögerte man, endlich aber mußte geschieden werden; von der Terrasse erklang das Lied: Nun danket alle Gott!« So mit Grazie in infinitum. Die leise Trauer um eine Million Defizit tönt leise aus diesen Feierlichkeiten heraus. Die Garantiefondszeichner summten wohl den Chopinschen Trauermarsch vor sich hin.

Und doch: was ist eine lumpige Million? Sie ist anderweitig eingebracht worden, und wir haben was zu sehen gekriegt. Die Gewerbeausstellung ist tot: es lebe die Weltausstellung.

1. November 1896

Die Zeitläufte, in denen wir in Berlin leben, sind nicht arm an sonderbaren Erscheinungen. Auf der einen Seite: straffes, starkes Emporblühen neuer Kräfte. Auf der anderen Seite: auffallende Äußerungen einer tiefen Zurückgebliebenheit …

»Ob ich die Reaktion wohl noch erleben werde?« so ruft sehnsüchtig am Ende seiner dicken Tagebücher, kurz vor dem Tode, der berüchtigte Camarillagenosse Leopold von Gerlach; der beiläufig nicht der Schlimmste seiner Sippe war. An diesen Ausspruch muß ich jetzt zuweilen denken. Vielleicht hätte der alte Mann an einzelnen Symptomen unsres Lebens eine herzliche Freude gehabt. Wer in Berlin gesellschaftlich in mannigfache Sphären kommt, findet in dieser Ära der Brüsewitze erstaunlich viel geistiges Gesindel mit den herausfordernden Allüren des »zeitweiligen Zivilisten« und der immer stärker hervortretenden Neigung, sich mit albernen gesellschaftlichen Sonderanschauungen dickzutun. Es passieren dabei die ergötzlichsten Sachen, die noch viel ergötzlicher sein könnten, wenn sie nicht recht widerwärtig wären. Das dümmste ist, daß diese Burschen eine gewisse passive Unterstützung bei solchen Elementen finden, die im Grunde ihres keuschen Herzens zwar keine Kasino-Weltanschauung tragen, aber aus gesell-

schaftlicher Ängstlichkeit nicht die Neigung fühlen, dem
höheren Stallknechts-Komment eine klipp und klare Absage zu geben. Aus dieser Sachlage erwachsen gewisse
Schießereien, von denen der benachbarte Grunewald von
Zeit zu Zeit angenehm widerhallt; Schießereien, die be-
merkenswerterweise häufiger von Zivilisten, nämlich Re-
servekriegern, Corpsbrüdern u. s. w., als von Offizieren
verübt werden; wie denn nach meinen Beobachtungen die
zahlreichen Offiziersaffen in Berlin die Offiziere über-
trumpfen. Aus dieser Sachlage erwächst auch die Möglichkeit, daß in der Reichshauptstadt, der gepriesenen Stadt des
gesunden Menschenverstandes, Zeitungsäußerungen erlebt werden, welche für den Totschläger Brüsewitz Partei
zu nehmen wagen und Sätze hinlegen wie den folgenden:
»Jeder Angriff auf die repräsentative Persönlichkeit des Offiziers ist ein Angriff auf des Königs Majestät selbst, und
wie das Gericht ist der Offizier berufen, diesen Angriff sofort zurückzuweisen, aber natürlich in der Weise und mit
den Waffen eines Kriegers.« Es ist zwar ein konservatives
Blatt beschränkter Observanz, das so schreibt, aber der
dreiste Blödsinn übertrifft auch starke Erwartungen. Der
Fall selbst wird hier noch immer so besprochen, als ob er
mitten in Berlin und nicht in Süddeutschland geschehen
wäre. Und wieder vernimmt man in Gesellschaftssphären,
die mit patentem Schautentum durchsetzt sind, unglaubliche Urteile, in denen das tout comprendre u. s. w. plötzlich
eine weit größere Rolle als sonst spielt. Mein alter, ehrlicher Gerlach würde sich vor Freuden im Sarg umdrehen,
wenn er sie hören könnte. Er starb mindestens um ein
Vierteljahrhundert zu früh.

Wir haben in Berlin ein Königliches Schauspielhaus. Auf
diesem Theater ist jetzt ein Stück gespielt worden, das
gleichfalls zu Betrachtungen Anlaß gab, nicht aus künstlerischen Gründen, sondern weil eine sehr seltsame Auffassung des Sozialismus darin verkörpert wird. Es heißt »Außer meinem König keiner!« und wurde vorsichtigerweise
unter dem weniger scharf geprägten Titel »Der Graf von
Castanar« gespielt. Es stammt von einem alten Spanier,

aber der Hofschauspieler Matkowski hat es in neue deutsche Verse gegossen. Man muß wohl vor dem Originaltitel in der Intendanz eine besonders zarte Scheu empfunden haben, denn man änderte ihn, obgleich die Buchausgabe zur selben Stunde mit ebendiesem Originaltitel erschienen war. Warum? Der Inhalt bietet die auffallende Erscheinung, daß ein Spanier nächtens vor dem Zimmer seiner schönen Frau einen Mann erwischt, der ihre Ehre anzugreifen strebt; er hält diesen Mann für den König und läßt ihn, ehrfurchtsvoll, seines Weges ungehindert ziehen. Diese Königstreue ist ein bißchen stark, nicht wahr? Der Mann hat aber den Grundsatz »Außer meinem König keiner!«, das heißt also wohl: *außer* meinem König darf mich keiner zum Hahnrei machen. Der Fall liegt besonders verwickelt, weil jene nächtliche Annäherung nur ein Versuch mit unzureichenden Mitteln war und nicht mit einer Tat endete. Wer aber in der Königstreue so unmenschlich weit geht, wird vermutlich noch den kleinen Schritt weitergehn und auch nach der vollzogenen Tat sagen: außer meinem König hätte es keiner tun dürfen.

Wir normalen heutigen Menschen sind nur der Meinung, daß das nicht Königstreue, sondern Lumpentum ist. Wir unterscheiden uns darin von dem alten Spanier, der das Stück geschrieben. Vielleicht auch die Intendanz. Warum soll sie aber nicht einen alten Spanier spielen? Sie tritt damit nicht für seine Ansichten ein. Und wir verlangen ja immer ungehemmte Entwicklung von Meinungen auf der Bühne. Nicht wahr? ... Es ist nur auffallend, daß diese königliche Bühne sonst so ganz andere Grundsätze befolgt, daß sie in jedem leise politisch angehauchten Fall die höchste Zimperlichkeit zeigt und nun gerade den Sozialismus in der extremsten und blödsinnigsten Form vorzuführen keinen Anstand nimmt. Ich möchte die »Hannele«-Angelegenheit dagegenhalten, über die neuerdings ein paar sehr bezeichnende Einzelheiten bekannt geworden sind. Gerhart Hauptmanns Traumdichtung war durch Vertrag dem Hoftheater für vier Jahre überlassen, wie das hier üblich ist. Man weiß, daß nach wenigen Aufführungen die Wiedergabe dieses unvergleichlichen Requiems nicht mehr zugelassen wurde, angeblich wegen religiösem Sozialismus, den man darin sehen wollte. Nun bewarben sich andere Bühnen um das Werk; die Intendanz gab es nicht frei; sie spielte es aber auch nicht und erzwang so, daß die staatsgefährliche Dichtung vier Jahre lang nicht aufgeführt werden konnte. Das ist politisch vorsichtig, was? Und daneben diese große Weitherzigkeit in bezug auf ausgegrabene Spanier, sofern sie monarchistisch-verrückt sind. Die Zeitläufte sind wirklich nicht arm an sonderbaren Erscheinungen.

Ein Glück, daß der deutsche Michael wenigstens Wache hält und den Frieden sichert. In Berlin ist dieser Michael seit längerer Zeit in den Schaufenstern heimisch. Aber noch immer stehen gruppenweis neugierige Betrachter vor dem Bild und stoßen sich gegenseitig in die Rippen, um einander auf die Einzelheiten aufmerksam zu machen. Herr Knackfuß hat bekanntlich hier wiederum nach den Angaben des Kaisers gearbeitet, wohl auch nach kaiserlichen Skizzen; es ist bedauerlich, daß man nicht feststellen kann, welche der Vorzüge auf die Rechnung des Monarchen und welche auf die Rechnung Knackfußens kommen. Leider bin ich in Sachen bildender Kunst gewissermaßen ein Laie. Aber wenn ich über das Bild judizieren soll, glaube ich: es ist gelungen. Daß der deutsche Michael ein bißchen groß im Verhältnis zu dem Friedenstempel ist, stört das Empfinden eines gelegentlichen Kunstbetrachters nicht. Vielleicht soll damit eben die Größe des deutschen Michaels angedeutet werden. Auch der Kaiser glaubt wohl, daß Knackfuß seine Sache gut gemacht hat, denn er hat in äußerst freigebiger Weise Exemplare des nach seiner Idee hergestellten Kunstwerks verteilt, und soeben melden die Zeitungen, daß er allein beim Aufenthalt in Essen fünf Darstellungen des deutschen Michaels als Geschenke zurückließ, wovon sowohl auf Herrn Geheimrat Krupp ein Exemplar als auch auf Frau Geheimrat Krupp ein Exemplar entfiel. Alle Kulturfreunde werden froh berührt sein, wenn durch eine so eifrige Verbreitung dieses Kunstblatts die Idee des Friedens in Europa gefördert werden sollte. Die Bilder, welche der Kaiser in Auftrag gibt, haben das Gemeinsame, daß sie nicht lediglich als Kunstwerke gelten wollen, sondern zugleich nützliche Zwecke verfolgen. Sie enthalten eine Aufforderung oder, wie das zweite Bild, eine Beruhigung. Man könnte sie also zur pädagogischen Malerei rechnen. Beidemal spielen sie auf Zeiterscheinungen an: sie könnten also zur satirischen Malerei gezählt werden – wenn sie nicht tief ernst wären. Der Engländer Hogarth, der ebenfalls immer gewisse Nebenzwecke in seinen Bildern verfolgte, brachte bekanntlich auch Worte, nähere Erklärungen, Ausrufe, Fragen, Zahlen auf den dargestellten Figuren an. Vielleicht ließe sich dieses Prinzip auf die neue pädagogische respektive ernst-satirische Malerei übertragen. Man könnte auf der Rüstung des deutschen Michaels kurzerhand bemerken, was sie jährlich kostet. Und das wäre zur Förderung der Friedensidee unter den ihre heiligsten Güter wahrenden Völkern Europas nicht minder dienlich wie die kommentarlose Verbreitung so gelungen gezeichneter Gestalten. Wenn aber der gemeine Mann aus dem Volk sich an Vorschlägen für die künftigen Entwürfe dieser Art beteiligen darf, melde ich mich. Ich habe einen Plan: man steht im Justizgebäude (nicht byzantinisch gebaut, auch nicht gotisch, sondern modern), in dem grade eine Militärgerichtsverhandlung stattfindet, die Türen stehen sperrangelweit auf, über dem Hauptportal prangt das Wort Öffentlichkeit (mit fetter Schrift), darunter ist eine Art Vignette gemeißelt: ein Lieutenant umarmt einen Zivilisten und sieht ihm mit lammfrommem Blick ins treue Auge. Drinnen im Saal wird von bürgerlichen Richtern in der Robe Recht gesprochen, und links vorn wird grade ein Krieger, der feig genug war, einen unbewaffneten Privatmann vorsätzlich zu verwunden, in das Zuchthaus abgeführt, in das er gehört und aus dessen Fenstern ihm Messerhelden, Rowdies und andere Herren mit Ballonmützen einen Willkommensgruß zuwinken. Die Gesamtunterschrift wäre: »Bürger Deutschlands, wahret eure selbstverständlichsten Rechte!« Ich bekenne, daß die

Ausführung des Bildes gewisse Schwierigkeiten bietet. Aber ich vermag nur den Plan anzugeben, ohne mich für die Einzelheiten zu verbürgen. Ich würde sie Knackfußen überlassen.

In seiner Friedenswacht ist der deutsche Michael jetzt ein bißchen durch Bismarck irritiert worden. Der alte Herr ist seit seinem jüngsten Journalistenstreich hier wieder die meistbesprochene Persönlichkeit. Ein anderer alter Herr, nämlich Theodor Fontane, hat in seinen neueren Gedichten einmal gesagt, das Sterben würde ihm jetzt nicht schwerfallen, er möchte aber doch vorher noch wissen, »wie das mit Bismarck werden wird«. Daß es so werden würde, hat er wahrscheinlich nicht gedacht. Der ganze Hergang zeigt, wie auch im neunten Lebensjahrzehnt die Leidenschaftlichkeit des Mannes noch ungemindert besteht und rumort, auch die Eitelkeit – und ich mußte daran denken, wie ich ihn vor zwei Jahren in Friedrichsruh eine Viertelstunde, neben ihm stehend, beobachtete und zu uns reden hörte. Wir waren vom Hamburger Schriftstellertag aus zwischen einem Senatorendiner und einer Fahrt nach Helgoland hinübergekommen, eine leidliche Anzahl Herren und Damen, und er empfing uns im Park. Zuerst war er matt und bei den unausstehlichen Phrasen banalpatriotischer Greise sogar befangen, wie wenn er dächte: »Großer Gott, was soll ich den Kerlen bloß antworten?« Dann aber taute er auf, durch irgendeine hingeworfene Äußerung elektrisiert – die Hand zitterte zwar auf der Krücke des Stockes, und die zwei Riesenhunde inkommodierten ihn an den Beinen –, aber er sprach, indem er den Kopf hoch hielt (er war größer als wir alle), mit einer so hinreißenden, jugendlich-lachenden Leidenschaftlichkeit, daß ich staunend und entzückt in diesem Augenblicke ihn und den Kern seines Wesens mehr begriff, als ich ihn vorher aus hundert gedruckten Reden und zwanzig Charakteristiken hatte begreifen können. Ich fühlte sofort, daß dies in meinem Leben ein schwerlich wiederkehrender, besonderer Augenblick sei; und ich begriff auch, weshalb manchem dieser blasierten Literaturgecken plötzlich die Tränen in

die Augen schossen. Alles an dem Mann war Leidenschaftlichkeit, und es war seltsam zu beobachten, wie die spru-
delnden Worte dieses Achtzigers etwas von Übermut und
Unüberlegtheit und Studententum hatten. Ich weiß noch,
wie er das Wort »ausgezeichnet« aussprach – es fiel mir
auf. In Berlin geht die Sage, der Kaiser vermöge das Wort
»ausgezeichnet« einsilbig auszusprechen; denn er spricht
oft rasch; das ist natürlich übertrieben. Bismarck sprach das
Wort jedenfalls allerhöchstens zweisilbig aus; man hörte
nur zwei Rucke, so schmetterte er das Wort lachend hin.
Nachher, als er aus dem Feuer herauskam, war ich etwas
enttäuscht. Ich beobachtete, wie sein Verhalten im Zustand
der Ruhe nicht frei von Berechnung war und wie er mit
dem kleinen Sohn eines Besuchers ohne inneren Anteil
scherzte, um eine gewisse populäre Wirkung bei den Gästen zu erzielen. Und dann kam ein Augenblick, an den ich
mich jetzt wieder erinnert habe. Als wir ihm zum Abschied einer nach dem anderen die Hand schüttelten und
er jedem ein paar Worte sagte, kam ein konservativer Publizist an die Reihe, welcher damals mehrfach wegen Ca-
privi-Beleidigung angeklagt war. Sobald Bismarck sich
über den Namen vergewissert hatte, begann er eigentümlich zu lächeln und sagte mit lauter Stimme: »Gott schütze
Sie in Ihren Prozessen!« Denn er wußte Bescheid. Er sprach
das seltsam, mit einem Gemisch von ehrlicher Freundlichkeit und zugleich einer gewissen zwinkernden Bauernschlauheit, die auf einen entfernten Gegner nicht sehr
wohlwollend zielte, so daß ich in meinem lieben Herzen
intensiv dachte: es mag Umstände geben, unter welchen
das Kirschenessen mit diesem alten Mann unvorteilhaft
sein dürfte. Auch daran, wie gesagt, mußte ich mich jetzt
wieder erinnern.

Soll ich Ihnen, Leser, zum Schluß einen Gefallen tun
und über den in Breslau wahrscheinlich »noch unvergesse-
nen« Herrn Witte-Wild und sein Theater reden? Lieber
nicht. Denn die Entwicklung dieser Bühne läßt sich noch
nicht recht übersehen. Man weiß kaum, was werden wird.
Aber jeder gerechte Beurteiler wird sagen dürfen, daß die

bisherigen Leistungen sich in aufsteigender Linie bewegten. Ich habe die Empfindung: was der Mann kann, tut er.
Und daß eine gewisse Straffheit durchaus sein Fall ist, erkennt man aus jeder der letzten Vorstellungen. Immerhin:
das spröde Material! Wissen Sie, welchen »Witz« man hier
macht? Man stellt die Scherzfrage, welches das größte
Wunder sei. Antwort: »Das Theater des Westens; denn
wer drei Mark zahlt, kann von dort aus sehen, wie man in
Breslau Theater spielt.« Das ist sehr boshaft. (Oder darf ich
es nicht boshaft finden?) Jedenfalls: Herr Witte-Wild
macht den Eindruck, als ob er der Mißgunst trotzen würde
und für sein Teil schaffen, was in seinen Kräften steht. Wer
aber mehr von ihm verlangt, ist ein Schurke. Die nächste
Premiere ist – Hamlet …

15. November 1896

Als man sich anschickte, Schillers hundertsten Geburtstag
zu feiern, anno 59, stiftete der preußische Prinzregent,
nachmals Deutscher Kaiser, den seitdem in weiteren Kreisen bekannt gewordenen Schillerpreis. Er betrug tausend
Taler für je drei Jahre; so daß man die deutsche Dichtung
jährlich mit dreihundertdreiunddreißig Talern unterstützte. Das war nicht viel; aber der preußische Staat besitzt
keinen Überfluß. In den siebenunddreißig geschlagenen
Jahren, die seitdem verflossen sind, hat die Stiftung einiges
Pech gehabt. Schlemihl warf auf ihre Schicksale einen dunklen Schatten; nicht der Chamissosche, der ja keinen werfen konnte, sondern dessen ewiges Urbild. Die Dichter, die
den Preis bekamen, wurden nicht ganz ernst genommen.
Der Preis sank im Werte durch die Gekrönten. Wer ist Albert Lindner? Wer ist Franz Nissel? Zwei Schillerpreisge-
krönte; sonst nichts. Als man sich in der Kommission einmal auf Anzengruber besann, mußte er sich von diesem
Nissel und dem schmächtigen Wilbrandt flankieren lassen
– auf ihn selbst fiel nur ein Drittel der Ehre. Wir haben nun
in Deutschland seit sieben Jahren eine neue dramatische
Kunst; sie hat uns im Drama in die vorderste Reihe aller

Europäer gestellt. Bloß die deutsche Regierung weiß offiziell von dieser Kunst nichts. Die von ihr ernannte Kommission hat den Preis, um ihn ja nicht einem der Pfadfinder
zu geben, um die uns das Ausland beneidet, einmal statu-
tenwidrig an zwei Epiker verliehen. Sie hat dann den zah-
men Ludwig Fulda vorgeschlagen, wo sie einen weit Größeren hätte vorschlagen können. Diesmal endlich scheint
sie neben Wildenbruch auch Gerhart Hauptmann emp-
fohlen zu haben. Ja, nach den Mitteilungen, die jetzt in die
Öffentlichkeit dringen, hat sie es ganz sicher getan. Aber
der Kaiser strich ihn von der Liste und gab dem Heinrichs-
dichter Wildenbruch den ganzen Preis. Daraus geht jedenfalls eine bemerkenswerte Tatsache hervor: daß der Kaiser
Gerhart Hauptmanns Dichtungen liest. Denn daß er sie
strich, ohne sie gelesen zu haben, wäre eine beleidigende
Annahme. Im Theater gesehen hat er sie nicht; die Stücke,
die er sieht, werden ja bekanntgemacht; er sah Skowron-
neksche Bühnenspiele, sowohl »Halali« als auch »Die
kranke Zeit«, und lobte sie, ferner ein Werk des Dichters
Wichert, ferner ein Stück von Karl Niemann, neuerdings
Schönthans und Koppels »Renaissance«, die er warm lobte,
natürlich auch Wildenbruchsche Stücke und verschiedenes
andere – jedenfalls nicht Hauptmann. Er muß ihn also
wohl lesen. Und das ist bei den mannigfachen Zerstreuun-
gen, welche das Hofleben mit sich bringt, bei allen den Regierungsgeschäften, den Jagden und der eignen künstlerischen Betätigung doppelt hoch anzuschlagen. Bedauerlich
bleibt, daß zwischen der Individualität des Kaisers und der
unseres großen Dichters bei dieser Lektüre keine Einigung
erzielt worden ist. Wildenbruch ist ja ein herrlicher
Mensch vom reinsten Wollen, aber sein Heinrichsdrama ist
fürchterlich; die Zeit, in der er als wesentlich neuer Faktor
einen Preis verdient hätte, liegt um anderthalb Jahrzehnte
zurück; damals hätte man ihn krönen sollen – eiligst, eiligst
–, heut ist für diese Erscheinung die Zeit schon wieder ver-
paßt. Dem Schillerpreis aber würde es sehr nützlich gewesen sein, wenn er einmal mit einem Namen von starkem
und wahrhaft inhaltstiefem Klang verbunden worden

wäre; der Preis wäre dadurch im Preise gestiegen; er hätte
die schlemihlige Glorie am Ende verloren und vielleicht
gar für unsere Nation eine Art Bedeutung gewonnen, die
er jetzt nicht im mindesten hat. Es hat nicht sollen sein.
Item!

Vor anderthalb Jahrzehnten hätte auch Fräulein Maria
Barkany vielleicht eine Krönung verdient. Oder vielleicht
auch damals nicht? Jetzt trat sie nach langer Pause am
Theater des Westens auf, bekam Kränze und Blumen-
arrangements und hinterher schreckliche Kritiken. Sie
spielte die Maria Stuart. Ich habe an dieser Schauspielerin
nie etwas finden können, außer daß sie mit der deutschen
Sprache auf gespanntem Fuße steht. Sie spricht rumänisch
oder ungarisch oder beides, jedenfalls nicht unsere liebe
Muttersprache. Es ist zum Schreien komisch, wie sie das
harmlose »r« behandelt. Sie schickt ihm meistens einen
kräftigen Nebenton voraus, dessen Qualität nicht genau
festzustellen ist. In jener merkwürdigen ersten Aufführung
der »Ehre«, welche vor sieben Jahren Sudermanns Ruhm
und Überschätzung begründete, gab sie die Lenore. Ich
weiß noch, als ob es gestern geschehen wäre, wie possier-
lich und unausstehlich zugleich sie am Schluß den jungen,
namenlos edlen Heinecke anrief. »Robert! Robert!« wollte
sie rufen. Sie schrie aber »E-Robert! E-Robert!«, und ich
wälzte mich vor Lachen, ganze Bänke von Hörern taten
desgleichen. Diese Künstlerin ist vielleicht die letzte ra-
gende Säule eines heute hinabgesunkenen Komödianten-
tums, dessen Stolz die unsinnige Betonung, der bloße edle
Tonfall ohne Berücksichtigung des Inhalts, dessen Größe
die sympathische Pose, dessen Seligkeit die falsche Interessantheit war. Die Muse der Maria Barkany ist eine Schmer-
zensbringerin, eine von gewaltsamster Art, und der Hörer
ruft mit der Jungfrau von Orleans: »Mußtest du ihn auf sie
laden, diesen furchtbaren Beruf?« Man sieht in der Tat
auch bei angestrengtem Nachdenken nicht die Notwendigkeit ein, weshalb dieses Mädchen Theater spielt. Vor
zwanzig Jahren war sie noch um zwanzig Jahre jünger –
eine Bemerkung, gegen die sich logisch nichts einwenden

läßt. Heute ist sie über das, was Skatspieler kaltlächelnd »Schneider« nennen, spielend hinausgereift und gibt dennoch schottische Königinnen in des Lebens Maienblüte. Auffallend ist, und psychologisch nicht ohne weiteres einleuchtend, daß sie bei alledem eine Gemeinde hat; eine Schar von Leuten, die sogar beträchtliche Ausgaben für Blumenkörbe und breite Seidenschleifen nicht scheuen. Vielleicht sind sie mit ihr älter geworden, und sie sehen in dem einstigen Stern des Schauspielhauses eine lebende wehmütige Erinnerung an die längst entschwundene Kindheit; »ach, wie weit, wie weit«, oder so ähnlich. Die anderen aber, die Nicht-Gemeindemitglieder, begreifen jetzt Herrn Witte-Wild, von welchem der verflossene Blumenreich in seiner Broschüre erzählt, daß er eine Antipathie gegen Maria Barkany hatte. Ich habe immer behauptet, daß Witte-Wild gewisse Qualitäten besitzt. [...]

13. Dezember 1896

Es müssen besondere Fälle sein, wenn eine Erregung in Berlin so hartnäckig anhält wie jetzt in Sachen Tausch. Sie hat sich noch nicht gelegt, obgleich fast eine Woche seit dem offiziellen Ende des Prozesses vergangen ist.

Ich war an dem entscheidenden letzten Tage bei den Verhandlungen anwesend und erlebte allerhand Dramatisches. Nachträglich scheint mir, daß die Verhaftung des Herrn von Tausch doch nicht der dramatische Höhepunkt war. Auf diesen Akt war man immerhin gefaßt. Auch der wackere Kommissarius selbst schien es zu sein, den Zeitungsberichten zum Trotz. Er war nicht erschüttert, als der Präsident ihm die fatale Mitteilung machte. Er verbeugte sich, wie dankend, gegen den Gerichtshof mit der glatten Grazie, die ihn auszeichnet. Vielleicht wird man solche Selbstbeherrschung für gemacht halten; etwas Künstliches war auch daran; aber der interessante Beamte hätte viel weniger schlau sein müssen, als er ist, um über das, was ihm bevorstand, noch Zweifel zu hegen. Daß ihn beim Abgehen

ein leises Entsetzen übermannte und er plötzlich mit em-
porgeworfenen Schwurfingern seine Unschuld bei dem
Allmächtigen beteuerte, ist trotzdem recht begreiflich.

Nein, es gab dramatischere Momente. [...]

Die packendste dramatische Gewalt hatte für mein Gefühl die Entlarvung des Zeugen Gingold-Starck. Das war
eine Szene von unglaublicher Spannung und Erregung und
Überraschung. Sardou ist ein Hund dagegen, würde man
auf berlinisch sagen. Man stelle sich vor, daß der Redakteur
eines großen Blattes in Gegenwart des Chefredakteurs vernommen wird und daß der Chefredakteur nun mit ge-
sträubtem Haar erfährt: Dieser Mensch, der täglich auf unserer Redaktion mit uns arbeitete, steht im Solde der
Polizei! unser Kollege ist ein bezahlter Spion! – Wer keine
glückliche Körperverfassung hat, kann unter solchen Umständen einen kleinen Schlaganfall davontragen. Der ganze
Auftritt entwickelte sich unter größter Erregung aller Anwesenden; die Minister, Botschafter und Legationsräte
sprangen von den Stühlen und umdrängten in dicht ge-
schlossenem Halbkreise den merkwürdigen Zeugen Gin-
gold, der in fließender, sehr gewandter Darlegung dem
drängenden Wunsche des Präsidenten nachgab und von
seinen Beziehungen zu Herrn von Tausch erzählte. Daß
man eine ungewöhnlich geschickte und geschmeidige Persönlichkeit vor sich hatte, war auf den ersten Blick zu erkennen. Die Art, wie er, unter dem Eide und der Not ge-
horchend, sein Spitzeltum enthüllte, hatte etwas unbewußt
Humoristisches in ihrer eckenlosen weltmännischen Glätte.
Er nahm seine Entlarvung sehr nobel vor und sozusagen
mit überlegenem, geöltem Anstand. Aber zuletzt, als Herr
von Marschall neben ihn trat und einige böse Ergänzungen
gab, verstummte der talentvolle Mensch. Es war höchst
dramatisch, wie er auf alle Fragen des Präsidenten immer
wieder schwieg. Die Hörer hatten bei alledem die frö-
stelnde Empfindung, daß es herrlich weit gekommen ist im
biederen Germanien, wenn man dank behördlichen Um-
trieben vor keinem Berufsgefährten in den eigenen vier
Wänden mehr sicher ist. [...]

1897

Am ersten Januar 1797, vor hundert Jahren, schreibt Goethe von Leipzig aus an seinen Freund Friedrich Schiller. Der Ausruf: »Prosit Neujahr!« findet sich in diesem Briefe nicht. Es wird diesmal überhaupt nicht gratuliert. In anderen Jahren geschah das wohl zwischen den Dioskuren. Aber Goethe scheint grade damals etwas verwirrt worden zu sein durch die riesigen Verhältnisse der Stadt Leipzig. Dem Dichter war »so eine große Menschenmasse« denn doch ein starker Eindruck. Auch sollte am nächsten Tage, trotz Tauwetters, eine Reise nach Dessau gemacht werden, was immerhin »einigermaßen bedenklich« war. Über dieses bedenkliche und ernste Unternehmen suchte sich Goethe zu trösten durch den Zusatz: »– doch wird auch das glücklich vorübergehen«.

Der Brief zeigt, wie die Verhältnisse sich geändert haben. Am Neujahr eine Reise von Leipzig nach Dessau zu machen ist heut auch bei Tauwetter nicht sehr bedenklich. Die Neujahrswünsche werden mit der fortschreitenden Technik in ungeheuer vergrößerter Zahl versandt und mit ungeheuer verringerter Intensität empfunden. An die Stelle des »Salve zum neuen Jahr!«, wie es das achtzehnte Jahrhundert im brieflichen Verkehr liebte – wenige Getreue wünschten es einander, zuweilen, in intimen Episteln –, ist ein geregeltes geschäftsmäßiges Massengratulieren getreten, das gar nichts sagt. Und am ersten Januar, oder am zweiten, erscheinen die anderen geschäftsmäßigen Brieflein, die statt des »Salve zum neuen Jahr!« den ähnlich klingenden, aber kategorischen Imperativ enthalten: »Solve zum neuen Jahr!« Ja, nach jeder Richtung hat sich die Technik entwickelt, unscheinbarste Nester zählen heut mehr Einwohner, als die Stadt Leipzig damals hatte, die Dichter leben dauernd unter einer Millionenbevölkerung, ohne durch »so eine große Menschenmasse« im Dichten behindert zu werden, und bloß das, was gedichtet und getrachtet wird, scheint heute nicht eigentlich bedeutender zu sein, als es vor hundert Jahren war. Die Nähe des Sylvesterabends ist immer ein sehr geeigneter Zeitpunkt, solche Betrachtungen anzustellen. Damals dichtete der bereits genannte Goethe mit seinem Freund Friedrich Schiller gerade die Xenien, welche die Schundschreiber in Deutschlands Gauen viel schwerer trafen und ärgerten, als wir heutigen Kritiker – bei allem besten Willen hierzu – es vermögen. Seitdem Holz und Schlaf nicht mehr zusammenarbeiten, sind wir ja leider außerstande, das gemeinsame Wirken der beiden großen Männer mit etwas zu vergleichen. Damals schrieb Jean Paul grade seinen rührsamen und komischen Quintus Fixlein; er, ein Humorist vor Otto Erich Hartleben. Damals war nicht Herr Grube Theaterdirektor in Berlin, sondern Herr Iffland. Der damalige Sudermann, welcher August von Kotzebue hieß, war rascher, witziger und vielseitiger als sein heutiger Nachfahre; denn er exzellierte nicht bloß im bürgerlichen Rührstück, sondern zugleich in Posse, Lustspiel, Ritterdrama und Historie. Damals schickte sich Schlegel grade an, den Shakespeare zu übersetzen; ein Unternehmen, welches noch wichtiger ward als Ludwig Fuldas hübsche Molière-Übertragung. Ich denke, wir brechen ab. Wozu soll man sich die Neujahrsstimmung verderben. Überdies hat der einzige deutsche achtzehnhundertsechsundneunziger Dichter, der uns gegen die Kollegen von siebzehnhundertsechsundneunzig ein bißchen herausreißt, nämlich Gerhart Hauptmann, einmal mit großem Recht geschrieben: man solle nicht die Denkmäler der großen Toten plündern, um mit den Steinen die Lebenden totzuschlagen. Wir Gegenwärtigen haben wahrhaftig vollen Grund, unsre Zeit mit ihrer gewaltigen Keimkraft nicht gering anzuschlagen. Auch kann kein Einsichtiger erkennen, daß unsere Literatur, wenn sie schon gegen die vom Ausgang des verflossenen Jahrhunderts zurücksteht, dennoch gegen die ganze letzte Vergangenheit einen glänzenden

Aufschwung, ja eine Blüte zeigt. Wir wissen schließlich auch unsere Hartlebens zu schätzen; aber wir piesacken sie mit Jean Paul und Heine und anderen, die Größere sind, auf daß sie sich verbessern und in ihren nächsten Werken die letzten und besten Tropfen aus sich herauspressen. Sonst tun sie es am Ende nicht. Auch das sind Sylvesterbetrachtungen.

Aber diese Dinge interessieren den Leser vielleicht weniger als mich. Sie verlangen, Geschätzter, eine Beschreibung, wie es in Berlin zwischen Weihnachten und Neujahr diesmal ausgesehen hat. Wie soll es denn ausgesehen haben? Wie immer! Es war sehr langweilig, die Diners kriegt man mit zunehmender Vernunft auch satt; selbst wenn sich dabei Riesenchristbäume vermöge einer maschinellen Vorrichtung mit Musik um die eigene Achse drehen und jeder Dinergast eine Reihe von Geschenken und raffinierten Leckerbissen nach Hause schleppen muß. Gegenwärtig aber ist das Straßenbild durch Maskenkostüme und Kartenhändler »belebt«. Die Maskenkostüme hängen in Schaufenstern von vorübergehend gemieteten Läden, deren frühere Inhaber sie um derjenigen sozialen Erscheinung willen plötzlich räumen mußten, welche der schnöde Volksmund mit einem assyrischen Fremdwort als Pleite bezeichnet. Auch in ersten und zweiten Stockwerken werden bunt bemalte Leinwandgestelle an den Fenstern angebracht und von innen beleuchtet. Sie deuten an, daß hier Maskenkostüme leihweise zu haben sind. Kurz, die Zeichen verkünden das Nahen der wundersamen, fröhlichen, seligen Berliner Faschingzeit, in der sich in der Philharmonie und sonstwo herzerhebend alles tummelt, was einigermaßen unter polizeilicher Kontrolle steht. Gleichzeitig sieht man vorläufig allerhand Tische auf den Straßen stehen. Neujahrskarten liegen darauf feil. Karten mit unnennbar schalkischen Inschriften. Obgleich das Auge des Gesetzes scharf hinterher ist, findet das deutsche Gemüt noch Raum, kräftige Mengen von kleinen und großen Zweideutigkeiten durchzuschmuggeln. Auch dieses Jahr wieder. Denn Spaß muß sein. Dienstmädchen mit den weißen Raupenhäubchen auf dem Kopf, Ladenjünglinge, auch frühreife Berliner Babies stehn um diese Tische in der Potsdamer Straße und suchen, noch bei Lampenbeleuchtung, nach etwas Unpassendem, das etwas Passendes wäre. Sie beugen sich im Schein der Petroleumlampe tief über die Tischplatte und suchen, suchen, suchen. Bilder mit Radfahrerinnen sind in diesem Jahre besonders beliebt. Man sieht solche Sportsweiberchen viel in den Straßen, und die Besonderheit des Kostüms wie der Haltung geben dem harmlosen Sinn der einheimischen Bevölkerung Anlaß zu lieblichen Späßen, die wohl von Mund zu Mund in der westlichen Gesellschaft kolportiert werden – dort hab' ich sie gehört –, die aber gedruckt bisher kein Lied, kein Heldenbuch meldet.

Rasch, eh die Neujahrskarten versandt wurden und das Jahr zu Ende ging, hat ein verdienstvoller Mann, Siegmund Lautenburg ist er geheißen, noch ein Jubiläum herausgebracht. Fünfundzwanzig Jahre waren verflossen, seit unser Lautenburg in einem bescheidenen ungarischen Städtchen die Bretter zum ersten Mal betrat. Jene Bretter, die heut quietschen unter der Ordenslast, welche Siegmund Lautenburg mit sich schleppt. Jene Bretter, die nach einem funkelnagelneuen Witz, welcher wirklich höchstens zwei Jahre alt ist, für ihn die Halbwelt bedeuten. Denn er leitete viele Jahre das Residenztheater. Es ist das zierliche Haus in der Blumenstraße, in dem man zwar öfter junge Mädchen, aber keine aus den besseren Familien sieht. Ehen kamen auf Lautenburgs Bühne nur vor, um gebrochen zu werden. Aber leugne, wer den Mut hat, die großen Verdienste dieses Mannes, dieses Jubilars, dieses Theaterdirektors. Er leitet jetzt auch noch das Bühnenhaus am Schiffbauerdamm, »Neues Theater« zubenannt. Jedennoch die Wiege seines Ruhms liegt nun einmal in der Blumenstraße. Spurlos wird es in der Geschichte des modernen deutschen Theaterspiels – im Ernst gesprochen – nicht bleiben, daß dieser Mann zuerst von allen deutschen Bühnenleitern ein glänzend geschultes Ensemble schuf, welches den leichten, natürlichen Ton des Lebens in einer bis dahin unerhörten Weise traf. Es kam ihm zustatten, daß er ein Stück immer sechzig Mal hintereinander geben konnte, so daß ihm die Möglichkeit blieb, lange und hartnäckig zu proben. Von Lautenburgs Bühne ist Reicher ausgegangen, in die neue Kunst, Lautenburg hat Rittner nach Berlin geholt, Lautenburg hat die Bertens entdeckt, Lautenburg hat den stärksten Erfolg Max Halbes, die »Jugend«, mit schaffen helfen, indem er dieses Drama fast gewaltsam bis zu zweihundert Aufführungen poussierte; Lautenburg hat Antoine mit dem théâtre libre an die Spree gerufen; Lautenburg hat Herrn von Sonnenthal veranlaßt zu zeigen, daß die Berliner Schauspielkunst ihm weit überlegen ist – kurz, Lautenburg ist wirklich wert, bei gutem Anlaß, sei es ein Jubiläum, sei es sonst was, mal gefeiert zu werden. Was ihm, abgesehen von seiner direktorialen Tätigkeit, eine Art Popularität verschafft hat, ist der freundliche Ernst und ein gewisser dekorativer Anstand, der ihn im Privatleben sehr vorteilhaft auszeichnet. Ich traf ihn im letzten Sommer in Ostende. Er war ganz gebräunter Seemann, ganz jovialer viveur, außerdem Vorstandsmitglied des berühmten »Clubs«. Möge er der deutsch-französischen Kunst noch lange erhalten bleiben.

Herr Witte-Wild wird der deutschen Kunst anscheinend nicht mehr lange erhalten bleiben. Wenigstens in Berlin nicht, sofern er sich nicht entschließt, mit den armen Schauspielern dieser verkrachtesten aller Bühnen auf Teilung zu spielen. Was lange gefürchtet wurde, ist nun eingetreten. Der Vogel, der, wie ich in meinem Einweihungsbericht schon ahnungsvoll meldete, über dem neuen Bühnenhaus kreiste, ist nach drei Monaten herabgeflogen, der Pleitegeier, und hat Herrn Sehring hinten gefaßt. Es scheint, als ob der unternehmungsfrohe und in mancher Hinsicht originale Mann sich auf Jahre und Jahrzehnte hinaus in Schulden verstrickt hätte. Das Guthaben seiner Gläubiger beträgt nämlich mehr als eine Million Mark. Er hat sich nicht mit Kleinigkeiten abgegeben, das muß man sagen. Die Aktionäre scheinen jetzt mit ungewöhnlicher Einmütigkeit gegen ihn Stellung nehmen zu wollen. Das ist in seinem Sinne zu bedauern, denn er hat am letzten

Ende nur als ein naiver Künstler gehandelt; und das, was er geschaffen, wird anderen einst zugute kommen; alle solche Unternehmungen blühen ja erst nach dem zweiten Konkurs ordentlich los; das ist seine Tragik. Vielleicht ist ohne Schwindel kein Panamakanal möglich. Siehe John Gabriel Borkman von Ibsen, das gegenwärtig hier am intensivsten besprochene Buch. Jedenfalls aber wird man Herrn Witte-Wild, falls er scheiden sollte, nicht ohne alles Lob scheiden lassen dürfen. Was ihm zu einem Direktor ersten Ranges fehlt, ist u.a. eine literarische Ahnung. Er scheint literarisch tief ahnungslos zu sein. Als Regisseur hat er einiges Gute geleistet, besonders in der Flottheit des Zusammenspiels; weniger in seinen feineren Differenzierungen. Doch noch in jüngster Zeit hat er mit der Aufführung von Ruederers »Fahnenweihe« ein Meisterstück der realistischen Masseninszenierung geboten, das ihm nicht vergessen werden soll. Aus der Versenkung aber steigt jetzt der Geist des schnöde abgewimmelten ersten Direktors Paul Blumenreich, und mit ausgestrecktem, knochigem Zeigefinger murmelt er: ich hab's gesagt, ich hab's gesagt ...

Er hat's gesagt. Lassen wir die Toten ruhen und denken wir an die Lebenden, die eine Neujahrsgratulation erheischen. Fünfzig Couvertadressen, gütiger Vater, müssen noch rasch geschrieben werden. In Frack und Claque und Lack will der Sylvester verlebt sein, dann kommen sechs Vormittagsbesuche an die Reihe, die nötigsten, allernötigsten. Man macht sie in verschlafenem Zustand. Den Reinen schauerts. Die ganze Tiergartenstraße erscheint einem grau und blödsinnig. Es ist jedes Jahr dieselbe Empfindung. Na, jedenfalls: »Salve für das neue Jahr!«

17. Januar 1897

Besonders lustig scheint das neue Jahr siebenundneunzig nicht zu werden.

Wenigstens der Anfang wirkt so. Das deutsche Volk, insbesondere das berlinische, schreitet zwar mit geschwell-

ter Brust der nationalen Feier entgegen, welche die Ent-
hüllung des Monarchendenkmals mit der weggelassenen
Wahlurne an der Schloßfreiheit bringt; auch haben studen-
tische Vereine schon jetzt begonnen, sich zu Ehren dieses
Festes in gemeinsamer Sitzung, Kommers genannt, rechtzeitig zu bezechen. Aber die Stimmung, die allgemein im
Innern herrscht, ist flau. Man wandelt in allerhand unange-
nehmen Erwägungen dahin zwischen dem ersten und dem
zweiten Tauschprozeß. Allerhand beschämende Gedanken
steigen auf, und die Versicherung der Kundigen, daß dieser
zweite Prozeß viel Tolleres bringen wird als der erste,
wirkt nicht tröstlich. Die Einwohner von Berlin freuen sich
ferner unendlich auf den Besuch des Herrn Goluchowski.
Sie zweifeln gar nicht, daß ihm die Feierlichkeiten in Sachen des Schwarzen Adler-Ordens sehr gefallen werden. In
solchen Dingen sind wir bekanntlich jetzt Meister. In Zere-
monien-Angelegenheiten fürchten wir Deutsche nichts
mehr auf dieser Welt. Aber die Einwohner von Berlin fragen sich zugleich bänglich, ob der Herr Goluchowski uns
auch etwas Hübsches und vor allem etwas Solides mit-
bringt, in diesen Zeitläuften des mutwillig durch »Otto den
Einzigen« erschütterten politischen Vertrauens; in diesen
Zeitläuften, in denen Herr Murawjew Minister geworden
ist, welcher zum Frühstück, zum Mittagessen und zum
Abendbrot je einen Deutschen kleinschneidet und verzehrt. Und so weiter.

Die Stimmung ist flau. Gestern abend war ich bei Lutter
und Wegner. Was grinst dem friedvollen Nachtgast entgegen? Ein Plakat in der Weinstube. Die Bürger Berlins werden aufgefordert, öffentlichen und gemeinschaftlichen
Einspruch zu tun gegen den gewaltsamen Sabbat, den die
Polizei über Berlin verhängt hat. Was liest man da! In das
Haus des einzelnen dringt eine strenge Bevormundung
durch Polizisten? Der Bürgersmann soll überwacht werden in dem, was er im Wohnzimmer, Eßzimmer, Musik-
zimmer, am Ende auch Schlafzimmer tut? Die Geschäfte
dürfen zwar zeitweilig offen, aber die Schaufenster müssen
zugleich fromm verhängt werden. Ja – einen Augenblick

schwankt man, der Weindunst dringt einem hier umne-
belnd an die Nase, man fragt sich, ob man nicht eins von
den Dokumenten aus dem Beginn des Jahrhunderts liest,
mit denen die Wände der alten Kneipe so reich behängt
sind. Nein, es stammt leider aus der Gegenwart. Berlin,
welches eine hübsche, schlanke, stramme und schnoddrige
Jöre ist, soll mit aller Gewalt zur Betschwester kostümiert
werden. Das kann gut werden. Zu allerhand Dingen hat
das Kind Talent, bloß hierzu nicht. Die Berolina ist bei
Gott nicht dumm, wenn sie gleich auf dem Standbild des
Professors Hundrieser am Alexanderplatz so aussieht. Sie
wird sich Gesinnungen, die ihr fremd sind, nicht aufdrängen lassen, sondern auch künftig nach ihrer Façon selig
werden, was ihr vor hundert Jahren noch erlaubt war, heut
aber anscheinend nicht mehr. Jedenfalls äußerlich wird die
deutsche Hauptstadt das Gängeln und Bemuttern durch
ehemalige Unteroffiziere leiden müssen, und das ist auch
bei der voraussichtlich kurzen Dauer dieser frommen Periode langweilig genug. Die Stimmung kann durch so ein
Plakat für den ganzen Abend verdorben werden.

Das Jahr siebenundneunzig scheint gesellschaftlich
gleichfalls nicht lustig zu werden. Es fing schon am Sylvester faul an. Alle langweilten sich. Am Neujahrstage setzte
man dieses Geschäft fort. Die kleinen Neujahrsüberra-
schungen, die Scherze, die Bosheiten, die Liebenswürdigkeiten waren unheimlich dünn gesät. Die meisten Leute
klagten, daß sie nicht im geringsten anonym angezapft
wurden; und auch die andren, die mit Sicherheit irgend etwas Nettes erwartet hatten, die fest entschlossen waren,
sich durch ein holdes Bildchen, durch eine anonyme Hand-
zeichnung überraschen zu lassen, mit der Inschrift

> Ich sende dir so viele, viele Grüße,
> Als Blätter sich im Sommerwinde neigen,
> Und als es Heil'ge gibt im Paradiese …

oder so etwas Ähnliches, auch die waren enttäuscht. Die
Menschheit schien zu nichts Lust zu haben. Jetzt vollends,
wo die Getreidebörse verlassen worden ist (in den öden

Fensterhöhlen wohnt das Grauen), haben die Tiergarten-
bürger auch eine Ausrede, um keine Tanzgesellschaften zu
geben; selbst diejenigen, die niemals mit Produkten handelten. O über die menschliche Bosheit! Die Töchter werden auf andere Art zu verheiraten gesucht; vielleicht auf
direktere. Ein bißchen vermißt man diese Gesellschaften
doch. Auch dann, wenn man in ihnen keine Frau zu finden
wünschte, sondern bloß eine Kleinigkeit von blöder Ju-
gendeselei. Aber vermag der einzelne gegen den Druck
unseliger, düsterer und verhängnisvoller Zeitläufte anzu-
kämpfen? Im Gegenteil.

Das einzige, was in diesem Winter gedeiht, ist das Theater. Die »Versunkene Glocke« konnte in kurzer Zeit mehr
als fünfundzwanzig Mal gespielt werden, was klar für
den zunehmenden poetischen Verstand der Bevölkerung
spricht. Frau Sorma ist noch immer ein unvergleichliches
Rautendelein; Herr Kainz hat an Kraft und Sicherheit gewonnen, gibt aber in den gramvollen Szenen des Anfangs
noch immer nicht das Tiefste, das zu geben wäre; das der
Dichter selbst an einem schwer zu vergessenden Vormittag
gab, als er, wenige Monate vor der ersten Aufführung, in
kleinem Kreise sein Wunderwerk las. Er las es damals mit
einer seltsamen Macht bewegter Innerlichkeit, ohne eine
Spur von Pathos; aber so eindringend, so hinreißend wahr,
so gestaltungssicher und so voll lebendigen Lebens, daß jeder Hörer tief ergriffen fand: wir haben noch keine Schauspieler, die das können. Die Sorma saß damals unter uns,
auch Kainz. Sie hat, wenn man jetzt zurückblickt, alles, was
der Dichter im Lesen nur andeuten konnte, genial, ja unvergänglich herausgestaltet. Sie hat jene zweifelnde Vermutung Lügen gestraft. Kainz hat sie im wesentlichen bestätigt. Wundervoll rauschen seine purpurgoldnen Verse in
der Disputation mit dem Pfarrer; doch in dem Gespräch
mit Magda versagt er. Das Ganze der Vorstellung hat jetzt
durch ein beschleunigtes Tempo an dramatischer Wirkung
zugenommen, und die immer neu entzückten Scharen der
Hörer bestaunen neben der Dichtung ein Meisterstück
vertiefender Regiekunst.

Auch die königliche Bühne hat jetzt einen ernsthaften literarischen Erfolg zu verzeichnen. Den ersten dieses Winters. Sie spielte Hebbels »Genoveva«. Es wird eines der stärksten Verdienste des Herrn Grube bleiben, daß er den kolossalischen Dithmarsen systematisch der Mitwelt nahe-zubringen suchte. Er bot vor zwei Jahren das wuchtige, reife Nibelungenwerk, und man faßte sich an die Stirn und fragte, wie es möglich war, daß so gewaltiger Besitz so lange ungenutzt brachliegen konnte. Grube gab im darauf-folgenden Jahr die Judith-Tragödie desselben Dichters. Die Wirkung, trotz aller inneren Unzulänglichkeit des Fräu-leins Poppe (welche die Judith zu spielen bemüht war), ist in manchen Partien erschütternd gewesen. Matkowski war zwar ebensowenig ein Holofernes, wie die Poppe eine Ju-dith war – das Grüblerische, das Tiefsinnige war zu tief oder zu hoch für ihn –, aber ein Hauch des Altbiblisch-Gi-gantischen trat über dieser Dichtung siegreich in die Er-scheinung, und alles in allem war schon hier eine Tat getan. Man wird um vieles höher den Mut einschätzen, der sich an die Genoveva wagte. Hier ist die Schlichtheit der Le-gende mit höchst subtilen psychologischen Elementen ver-quickt. Ja, es ist ein besonderes und fast groteskes Merkmal dieses Werkes, wie die nackten rohen Tatsachen des gege-benen Stoffes durch raffinierte Seelengrübeleien in ein ur-sächliches Verhältnis gesetzt werden. [...]

In aller Jugendlichkeit – die »Genoveva« ist unreifer als das Erstlingswerk »Judith« – wirkt diese Dichtung vielfach überwältigend großartig, und grade manches Unfertige er-innert in Verbindung mit der ganz seltenen seelischen Feinheit an frühe shakespearische Perioden. Man fühlt: es ist ein junges Ungeheuer, der so etwas schafft. Die Nerven-wirkungen sind im ganzen stärker als die seelischen Wir-kungen. Aber man sieht in Abgründe. [...]

31. Januar 1897

… So hat sich denn die alte Prophezeiung erfüllt, und Miquel ist die Treppe hinaufgefallen. Fritz Reuter hats gerufen, der Himmel hats gehört. Aus Herrn Miquel wurde jetzt ein Herr von Miquel.

Das ist zwar der Güter höchstes nicht, und man kann sich sogar Menschen denken, denen die Verleihung von drei Buchstaben gewissermaßen Wurst ist; die jedes Einschiebsel zwischen Vor- und Zunamen mit so freundlichem Ernst ablehnen würden, wie es Gustav Freytag getan hat. Aber von Ministern in unsern Zeitläuften ist überspannter Bürgertrotz bei Gott nicht zu befürchten. Zumal von unsrem Miquel nicht, der von jeher geduldig mit zwinkernden Äuglein seine Wangen vom Schicksal streicheln ließ; der immer ein tiefes Talent zeigte, aus dem Napfkuchen dieses Lebens die Rosinen für sich herauszupolken; der eine ehrenvolle glänzende Beamtenlaufbahn zurücklegte und neben diesen platonischen Ehren ein Kapitälchen von etwas über eine Million zu verdienen wußte. Wollte man paradox sein oder wollte man vergessen, wie oft wir selbst im Laufe eines Lebens unsre Anschauungen wechseln, so könnte man fragen: seit wann in Preußen die Anarchisten geadelt werden. Vom Miquelschen einstigen Anarchismus bis zur Miquelschen Annäherung an den Bund der Landwirte ist ein recht weiter Weg. Er ist wohl noch weiter als der Weg von der kleinen Osnabrücker Bürgermeisterstube zu dem stillen einstöckigen Haus im Berliner Kastanienwäldchen. Ein paar Steinstufen führen zu dem Eingang dieses stillen, einstöckigen Hauses im Kastanienwäldchen. Es sind eben die Stufen, die Miquel einst hinauffiel. Jetzt fiel er wieder ein paar Stufen höher; und wer weiß, ob der Vielgewandte, seit er mit den Tröstungen der drei Buchstaben versehen ist, nicht reif wurde für den ersten Posten im Deutschen Reiche, den Hohenlohe nicht ewig bekleiden wird. Zittern Sie, Waldersee!

Übrigens hat neben Reuter der liebe Theodor Fontane sich mit Miquel befaßt. Seine Äußerungen sind wenig bekannt. Sie finden sich in der Novelle »Cécile«, dem einzigen Werk dieses klugen und ruhigen Meisters, das mit starken Nerven-Effekten arbeitet. Es ist eine Ehebruchsgeschichte, deren Anfang im Harz spielt. Die Heldin kommt auf einem Spaziergang bei der Villa des Frankfurter Oberbürgermeisters Miquel vorüber. Da werden ein paar Worte über die Person des Besitzers geäußert und seine zuverlässige deutsche Tüchtigkeit gerühmt. Daß er tüchtig ist, muß ihm der Neid lassen. Soll denn auch wirklich immer die »ideale Forderung« an einen Staatsmann gestellt werden? Wozu? Als Gregers Werle von der idealen Forderung durchaus nicht lassen will, droht ihm Relling: »Dann fliegen Sie kopfüber die Treppen hinunter.« Wer aber von der idealen Forderung weise abläßt, fliegt leicht die Treppen hinauf. Item.

Der Tag, der Herrn Miquel den Adel brachte, wurde in Berlin auf die übliche Art gefeiert. Kaisers Geburtstag ist immer derselbe. Originell waren nur die Ankündigungen der Theater, welche das Ihrige zu dem Feste beitragen wollten. So las man: »Deutsches Theater. Zur Feier des Geburtstages S. M. des Kaisers – bei festlich beleuchtetem Hause – die versunkene Glocke – von Gerhart Hauptmann.« Dieser Zettel wurde viel gelesen. Auch das Lessingtheater gelobte festliche Beleuchtung, obwohl dort der Erbfeind Komödie spielte.

Seit einer Woche nämlich gastiert in diesem Hause eine französische Truppe unter Antoines Führung. Fräulein Marcelle Josset soll der Stern der Truppe sein; aber sie hat nicht den Eindruck einer vollen Natur gemacht. Sie ist eine mittelgroße, lebendige Erscheinung von dreißig Jahren, spricht rasch, freilich nicht allzu nuanciert, und weiß eine hingebungsvoll liebende Frau ohne die Verschämtheit germanischer Weibsbilder sehr angenehm zu verkörpern. Nur leider ist sie eine kokette Kröte, die vielleicht mehr den Ehrgeiz hat, durch ihre Person, wie Gott sie schuf, als durch ihre Kunst zu wirken. Sie tritt gern an die Rampe, läßt ihre dunklen Augen über das Parquet streichen und klappert damit. Auf diese Art und durch deutlichere Mittel sind Beziehungen zur Hörerschaft sehr rasch hergestellt, aber die Innerlichkeit der Darstellung leidet ein bißchen. Und wie gesagt: allzuviel hat sie nicht zu geben. Der jüngste Coquelin, Nummer drei in seiner Familie und Jean benamst, scheint gleichfalls kein besonderes Bühnenlicht zu sein. Antoine kennt man. Und so bot nur Herr Duményi eine angenehme Überraschung. Das ist ein Herr von sehr ruhig-einfacher Art, dessen leichtes ironisches Spiel wie eine Improvisation wirkte.

Von den Stücken der Gäste haben die »Amants« von Donnay anscheinend am stärksten auf die Berliner gewirkt. [...] Maurice Donnay ist bedeutsam unter den jungen französischen Schriftstellern. Doch unsre eigne junge Dramatik zeigt Bedeutsameres.

Wenn die Franzosen in gewissem Sinn enttäuschten, hat auch Ibsens »John Gabriel Borkman« nicht *alle* Hoffnungen erfüllt, die man auf seine Aufführung gesetzt hatte. In Ibsens letzten Dramen war auf das Subtil-Psychologische und auf verborgene und offene Symbole ein so starkes Gewicht gelegt, daß ein durchschnittliches Theaterpublikum sie mit ziemlich fremden Augen ansehen mußte. In Borkman aber schien das reine Handlungsmoment so stark herausgearbeitet wie in den Dramen aus Ibsens vorletzter Epoche. Man hoffte, hier ein Theaterstück von voller Wirkung auf weitere Schichten der landläufigen Theatergänger zu finden. Die Gestalt eines aus dem Gefängnis entlassenen Mannes, der als moralisch Toter dahinvegetiert, hat etwas ganz unmittelbar Gemeinverständliches. Es mußten Regungen einfachsten Mitgefühls wach werden. Die schaurige Sphäre des Borkmanschen Landhauses mußte gleichfalls unmittelbar ergreifen. Wenn der Totentanz ertönt, wenn John Gabriel wie ein kranker Wolf im Käfig auf und nieder geht, wenn der Haß zwischen seelisch tief verschiedenen Menschen rückhaltlos und erbarmungslos zur Erscheinung kommt: das alles wendet sich nicht an den Verstand weniger intimer Kenner, sondern an das Gefühl von everyman.

Im Deutschen Theater spürte man einmal eine starke und überwältigende Erregung. Das war in der Szene, als

John Gabriel nach sechzehn langen Jahren die einst geliebte und verratene Ella wiedersieht und die erste Unterredung mit ihr hat. Hier gingen den Hörern die Augen
über, und eine einzige große Bewegung zog durch das
Haus; Nissen und besonders die Else Lehmann waren hier
unvergleichlich. Wie das alte Fräulein den Geliebten ihrer
verlorenen Jugend mit mitleidsvollen, tief schmerzlichen
Blicken von oben bis unten mißt und die alternden Hände
in innerlicher Verzweiflung verschränkt: das schwindet
nicht leicht aus dem Gedächtnis. Aber die Szenen, in welchen Gunhild in Betracht kommt, wirkten weniger tief,
weil Frau von Pöllnitz nicht recht zureichend war. Das
Steinharte, Erbarmungslos-Beschränkte im Haß dieser
Frau kam nicht heraus. Ihr fehlte der mystische, schauerliche Zug; die Pöllnitzen war zu bürgerlich. So ließ der
Schluß des ersten und des dritten Aktes, wo sie das letzte
Wort hat, ziemlich kalt. Am stärksten wirkte der bewegte
zweite Aufzug. Im vierten Akt ließ die Teilnahme der Hörer selten nach, und nur eine kleine Ermüdung der Schauspieler schien die Stimmung zuweilen zu lockern. Das
schauerliche Moment ging in der grandiosen Schlußszene
zwischen Ella und Borkman wieder ziemlich verloren.
Aber für das Allerletzte, die Versöhnung der feindlichen
Schwestern, war der verhältnismäßig weiche Ton, der diesen Akt beherrschte, förderlich. Alles in allem war die
Stimmung des Dramas nicht dunkel genug genommen.

Im einzelnen bot Herr Nissen Ausgezeichnetes. Er gab
als Borkman einen tief verrannten Illusionisten, einen
phantastischen Ringer, dem man die Bewegungsfreiheit
genommen hat. Er ließ erkennen, daß dieser Borkman in
Wahrheit ein zerschossener Napoleon war, der nur in der
Gefangenschaft den tragikomischen eitlen Zug und die
Pose angenommen hatte. Er gab ein Gemisch von Größe
und trüber Lächerlichkeit. Das versonnene Träumen, die
ewig latente Grübelei, der Zweifel an sich, der wiederer-
wachte Glaube, der durchbrechende tiefe Schmerz: das alles kam stark und unmittelbar heraus. Daß eine so jugendliche Schauspielerin wie Else Lehmann die sanfte der

beiden ältlichen Zwillingsschwestern spielen sollte, hatte
bei vielen Leuten Kopfschütteln erregt. Aber die Wahl für
diese wichtige Rolle erwies sich als glänzend; die innige
Weichheit und Einfachheit des Charakters erhielt durch sie
wundervollen Ausdruck. Rittner spielte den Glücklichsten
unter allen, den jungen Studenten Erhard Borkman, der
mit einer lockenden Wittib als Durchgänger das Unglücks-
haus verläßt; er war von überzeugender holder Jugendlichkeit, jede Bewegung zeigte das Unentwickelte eines nicht
zur Reife gelangten Jünglings, und in seinem Gesichtsausdruck lag die naive, einfache Begehrlichkeit der Kraft und
Lebenslust. Als Verführerin war Frau Nina Sandow nicht
verführerisch genug. Sie machte zwar in geschickter Weise
alle Gesten, die eine kokette Person kennzeichnen konnten, aber es lag etwas Theoretisches in ihrer Rattenfänger-
kunst, nicht etwas Unmittelbares. Hier fehlte die Sorma.
Von charakteristischer Bedeutsamkeit in der Maske war
Herr Reinhard, welcher den alten Foldal spielte. Er gab das
leicht zufriedene Schlemihlchen in allem Äußeren sehr
wacker. An inneren Zügen blieb er manche Einzelheit
schuldig.

So war die Besetzung des Dramas »John Gabriel Borkman« in Berlin. Wenn die Wirkung nicht so stark war, wie
man es wünschte, lag die Schuld am Ende auch bei dem Alten selbst, der hier – nehmt alles nur in allem – ein wundersames Alterswerk gegeben hat, das aber doch ein Alterswerk ist. Man hat das jetzt zum ersten Mal gefühlt.

14. Februar 1897

Die Menschen werden mit der Zeit realistischer. Diese
Beobachtung ist jetzt in Berlin mehrfach gemacht und
mehrfach ausgesprochen worden. Sie scheint aber trotzdem wahr zu sein. Früher begeisterte sich Deutschland
der Reihe nach für die auswärtigsten Völkerschaften. Es
machte ihre Schmerzen zu seinen Schmerzen, als ob es an
den eigenen nicht gerade genug gehabt hätte. Der melan-

cholische Niembsch, genannt Lenau, weinte viele Strophen um einen Polenhelden; der still grollet, daß noch sein
Herz nicht brechen will. Heute nehmen sich vernünftige
Männer der polnisch-preußischen Mitbürger so weit an, als
es Gerechtigkeit und Liberalismus erfordern (und unver-
nünftige Männer fallen dann über sie wie die Krähen her);
aber jede Lyrik, jede weiche Säuselei liegt uns fern. Man ist
realistischer geworden.

Heut steht Griechenland vor einem Kampf mit den Türken; die Begeisterung in Athen und den umliegenden See-
und Landstrichen scheint hoch zu gehen. Aber den Völkern der Erde, insbesondere den Berlinern, ist dieser
Kampf, mit dem Dichter zu sprechen, gleichgiltig. Weiß
der Himmel, die Zeiten sind vorüber, wo Byron die Flotte
des Maurocordatus bezahlte (ein Dichter, der eine Flotte
bezahlt – schwindelhafte Vorstellung!); die Zeiten sind vorüber, wo er das geliebte Hellas in schmerzenvollen Rhyth-
men apostrophierte und zugleich doch, der kleine Schäker,
eine sichere Zoe ansang, die maid of Athens, welche mit
der patriotisch-hellenistischen Sache wohl nicht unmittelbar zusammenhing. Die Zeiten sind auch vorüber, wo ein
dessauischer Bibliothekar, namens Wilhelm Müller, in
langgestreckten Verszeilen von dem gefangenen Griechen-
fürsten Ypsilanti dichtete oder von der Rache des Phanarioten, welcher immerfort Türkenköpfe in die Flut schleu-
dert (auch ein bürgerlicher Beruf! würde Hartleben sagen)
und der als Adler nach seiner geraubten Schwester spähen
möchte –

> Bis ich meine Schwester fände und sie aus der Feinde
> Hand
> Frei in meinem Schnabel trüge nach dem freien
> Griechenland.

Heute öffnet weder ein englischer noch der kleinste deutsche Dichter seinen Schnabel für das freie Griechenland.

Ja, damals ging es uns schlecht, und deshalb hatten wir
starkes Mitleid für Völker, die in ähnlicher Lage waren.
Doch wie ein Sozialdemokrat, der in der Lotterie gewinnt,

ein Bourgeois wird: also wurden wir wurstig, seitdem man uns geeinigt hat. Unsere Wurstigkeit ist ein schönes Zeichen für die politische Erstarkung. Dazu kommt etwas anderes. Völker, die lange eine lyrische Rolle spielten, werden immer ein bißchen komisch. Die Ungarn sind es geworden, die einen verzweifelten Heldenkampf um die Freiheit kämpften und heut in Berlin nicht auf den Typus Kossuth, sondern auf den Typus Mikosch eingeschätzt werden. Die Polen sind es geworden, seit Heine an ihnen eine unvergängliche satirische Schandtat verübte. Die Griechen sind es geworden, seit man in ihnen weniger blutige Türkenopfer als blutige Pleitemacher sah. Früher galt es als europäische Ehrenpflicht, ihr Schicksal zu verbessern; jetzt schiebt Europa ihnen selbst eine Neigung zum corriger la fortune in die Schuhe. Mit der ganzen Ungerechtigkeit, welche in Pauschalurteilen liegen kann, zeiht man dieses edle Hellenenvolk der grundsätzlichen Mogelei beim Spiel. O unerhörte Roheit – aber es ist so. Vergebens protestieren Odysseus' harmlose Nachkommen gegen den Beigeschmack des Wortes »Grec«; er bleibt auf allen europäischen Rouletteplätzen an ihnen kleben. Und gar Kreta! Schon Epimenides sagte, daß alle Kreter lügen. Wird sich Europa um eine so unmoralische Insel ein Bein ausreißen? Im Gegenteil. Es wird darauf achten vor allem, daß kein Weltkrieg ausbricht. Denn die Menschen werden mit der Zeit wirklich realistisch.

Einer jedenfalls war schon von Anfang an realistisch. Das ist Werestschagin, der furchtlose Maler des Ungeschminkten. Er hat jetzt eine neue Ausstellung in Berlin, die unerhörten Zulauf findet, seit sie der Kaiser besucht hat. Denn in Deutschland wecken solche Vorgänge sogar den Kunstsinn der Aristokratie, welche für gewöhnlich schläft wie ein Murmeltier. Werestschagin führt diesmal den Napoleon in Rußland vor, wie er sonst Szenen aus dem russisch-türkischen Kriege und anderen Feldzügen bot. Er malt die Napoleonsbilder so, wie wenn er als Kriegskorrespondent im Jahre 1812 dabeigewesen wäre. Es liegt eine verblüffende und überzeugende Wahrhaftigkeit in diesen Gemälden. Ein bewunderter großer Verbrecher, der schließlich anfängt, kläglich zu frieren! Herr Werestschagin hat dem Klima seines Vaterlandes ein sehr ehrenvolles Denkmal gesetzt. Welcher grimmige materialistische Humor, wenn die Pose und die Größe am Ende verlorengeht, weil der große Mann die Pelzläppchen an den Seiten der Mütze herablassen und den Mantelkragen klappernd bis über die Nase ziehen muß! Wenn der Welteroberer im Schneesturm eine zusammengezogene, machtlose Figur wird. Die Tragik hört ja auf, und die Tragikomik beginnt, sobald der Mensch von einem Bein immerfort aufs andere hüpft. Hier hat Werestschagin die ganze Größe des heiligen Rußland gezeigt, welche beinahe an die Größe des heiligen Grönland heranreicht.

Der Kaiser, der die neuen Napoleonsbilder ansah und bemerkenswerte Aussprüche über sie tat, ist jetzt wieder in einer Periode voll warmer künstlerischer Interessen. Und wie sein Geist vielseitig ist und die mannigfaltigsten Dinge zugleich umfaßt, widmet er sich neben der Werestschaginschen Ausstellung und der Herstellung eigener Marinegemälde auch der Einstudierung shakespearischer Dramen; er wohnte einer Probe von »Heinrich IV.« bei, die wohl gewissermaßen als eine Separatvorstellung betrachtet werden darf – aber mit dem besonderen Reiz, daß etwaige Änderungen, welche dem Kaiser gut scheinen, für die Aufführung berücksichtigt werden. Zugleich kommt die Nachricht, daß er für das Kostümfest im Kaiserlichen Schlosse persönlich tätig ist und es sich sogar angelegen sein läßt, einer Abteilung von Schloßgardisten in friderizianischem Kostüm die Griffe mit dem alten Feuersteingewehr selbst einzustudieren; er tut dies in der alten Garde-du-Korps-Kaserne in der Charlottenstraße, und die Gewehre wurden zu diesem Zweck eigens hergerichtet. Gleichzeitig hat der Kaiser wieder an zwei Bildhauer neue Aufträge für die berühmte Sieges-Allee erteilt, mit Angaben der Untertanen, welche neben den Fürsten ausgehauen werden; darunter befindet sich diesmal ein Herr von Bismarck – bitte, Claus mit Vornamen. Jedenfalls ist diese weitverzweigte künstle-

rische Teilnahme des Kaisers freudig zu begrüßen und um
so höher anzuschlagen, als neben den Regierungsangele-
genheiten ihn noch andere repräsentative Dinge in Anspruch nehmen wie eben jetzt der Besuch des österreichischen Otto und des russischen Obersten Nepoloischitzki
und als auch zu den Festlichkeiten am Geburtstage Wilhelms I. keineswegs alle umfassenden Vorbereitungen vollendet sind.

Im übrigen hat man von der Anwesenheit Ottos hier
nicht viel gemerkt. Nach dem Westen scheint er wenig
gekommen zu sein, und die Westlichen ziehen nur selten nach den Linden. Überhaupt ist nicht sonderlich viel
los, und der Winter in seiner zweiten Hälfte verläuft trotz
allen Gesellschaften still. Von öffentlichen Lustbarkeiten
war bisher der Presseball die nennenswerteste. Er war so
schön wie viele Jahre nicht; und selbst die humoristische
Festzeitung, die an Ort und Stelle gedruckt wurde und
bauchgrimmige Beiträge berühmter Schriftsteller enthielt,
konnte die Stimmung nur für Minuten umdüstern. Dieser
Ball war gemischt – das sind alle Berliner Vergnügungen.
Aber er war gemischt im guten Sinne. Nicht Kastenab-
grenzung herrschte, sondern ein gemeinsames Band um-
schlang alle Kasten, die sich einigermaßen achten. Man
konnte zweifelhaft sein, ob es ein Offiziersball oder ein
Geheimratsball oder ein Hochfinanzball oder ein Schrift-
stellerball war. Die Offiziere und die Ministerialdirektoren
kamen ganz zweifellos, um die Schriftsteller zu sehen;
nicht etwa, um ihre Blicke in schnöder Lust an den freundlich enthüllten Gliedmaßen der großen und minder großen Schauspielerinnen zu weiden. Schauspielerinnen gab
es die schwere Menge, und das Bewußtsein, in einem äußerlich höchst dezenten, ja vornehmen Kreise zu sein, in
dem aber doch unter der Oberfläche eine, hm, holde Sit-
tenfreiheit herrscht, dieses Bewußtsein ist ungemein wohltuend. Wie schade, daß man nicht alles erzählen darf, was
man weiß. Sonst könnte man bei jeder der namenlos zarten
Erscheinungen angeben, wer der sozusagen Begünstigte,
das heißt: der Begünstiger ist. Man weiß das immer, alle

Journalisten wissen es, alle besseren Börsenleute wissen es, alle gebildeten Offiziere wissen es. Es wird im Saal darüber gesprochen, bei jedem Vorüberrauschen wird ein Name genannt, und manchmal bloß muß man sich beeilen, weil vier bis sechs zu nennen sind. Immerhin, es ginge jedem an den Kragen, der solche Indiskretionen drucken ließe. Das ist sehr in der Ordnung, aber glaubt nur, o meine Freunde, ein nettes Stück Kulturgeschichte geht so verloren. Vielleicht schreibt der eine oder der andere Memoiren und zeichnet heimlich alles Wissenswerte auf, etwa wie Edmond de Goncourt. Wenn es dann nach fünfzig Jahren veröffentlicht wird, erfahren die Enkel, wie die Verhältnisse ihrer Großmama gewesen sind. Es liegt eine tröstende Kraft in diesem Gedanken.

Viel los ist, wie gesagt, gegenwärtig nicht, und ich hoffe, daß mein nächster Brief wettmachen kann, was diesem an Länge fehlt. Nur von der Uriel-Acosta-Aufführung, die gestern im Berliner Theater stattfand, könnte man noch sprechen – aber wenn ichs genau überlege, so stock ich schon, wer hilft mir weiter fort? Herr Sommerstorff sprach, schrie und weinte in einem schier weimarisch idealistischen Stil den aufwieglerischen Rabbi Uriel. Es ist wirklich nicht viel davon zu sagen. Auch hier gilt die Beobachtung, die jetzt in Berlin so oft geäußert wird: wir sind mit der Zeit realistischer geworden.

28. Februar 1897

In diesen Briefen, die in kleinen und großen Symptomen die Kultur der deutschen Hauptstadt zu spiegeln suchen, ist Johann Lumpes bisher nicht Erwähnung geschehen. Warum? Heiß mich nicht reden, heiß mich schweigen. Genug, er blieb unerwähnt. Jetzt erhält der Chronist eine Zuschrift, in der gesagt ist: »Würden Sie nicht die Freundlichkeit haben, in Ihrem nächsten B. Br. ein paar Zeilen über Lumpe zu schreiben?« Die »Freundlichkeit« haben – wer könnte da widerstehen. Ist dem Theaterdirektor Johannes Lumpe ein Unrecht durch mich widerfahren, so soll es gutgemacht werden. Seit Schopenhauer seine entlarvenden Vorreden schrieb, ist das Sekretieren oder Totschweigen bedeutender Männer ohnehin nicht mehr statthaft.

Wenn nun angegeben werden soll, worin die ureigene Bedeutung unseres Lumpe liegt, so sage ich: in der Erneuerung des idealistischen Stils in der Schauspielkunst. Man weiß, daß Lumpe in Dobern bei Bensen in Böhmen geboren ist. Jedenfalls kam er wenn nicht in diesen beiden Dörfern, so doch in der Umgegend beider zur Welt. Germanen und Slawen wohnen dort dicht nebeneinander, und schon Lombroso hat festgestellt, daß die Grenzmark zweier Rassen unverhältnismäßig viele tüchtige Individuen erzeugt. So war es auch mit Lumpe. Während in Norddeutschland die Schauspielkunst mehr und mehr verfiel und in einen gemeinen Realismus mündete; während Reicher, Kainz, Rittner und die Sorma im elenden Kote des Alltags wateten: währenddessen hielt Johann im fernen Böhmen das Banner der Erhabenheit hoch, wie es von den Großvätern zu Beginn dieses Jahrhunderts überliefert worden war; währenddessen spielte er die alten Meister, Kotzebue und die nächstverwandten, und die Frauenbewegung machte er bloß bis zur Birch-Pfeiffer mit. In einem Stall bei Bensen wirkte und schaffte er dramatisch, hochgefeiert von den Kuhmägden und Pferdeknechten Bensens. Einer angeborenen Neigung folgend, zeugte Lumpe viele Kinder. Auch diese wirkten, da sie nicht ohne Talentlosigkeit waren, in seiner Truppe, und so erhielten allerdings die Liebschaften, die Entführungen und die Entehrungen der Lumpeschen Dramatik einen familiären, aber eigentlich um so schlimmeren Charakter. Mit sechzig Jahren erst gelang es Lumpen durchzudringen. Jetzt, wo er schon fest gewillt war, auf seinen Äpfeln auszuruhen, entdeckte ihn ein findiger Kopf und führte ihn mit der ganzen Familientruppe nach Berlin. Da grade kein andres Theater frei war, machte man sie im Parodietheater ansässig, in der Oranienstraße, und halb Berlin fuhr hin, sie zu sehen.

In Wahrheit ist es nicht halb Berlin gewesen. Aber immerhin eine erstaunlich große Anzahl von westlichen und östlichen Leuten. Zwei Gründe scheinen für diese Teilnahme bestanden zu haben. Der erste entsprang einer ethnologischen Sehnsucht. Wie man Eskimos und Nubier bei Kastan und in der Flora in den heimischen Gewohnheiten beobachtet, wollte man auch eine böhmische Dorfschmiere mal im Naturzustand sehen. Der zweite Grund war pharisäischen Ursprungs. Viele Schauspieler von Berliner Bühnen nahmen die seltene Gelegenheit wahr, jemand anzuschauen, der noch schlechter spielte als sie. Sie gingen hin, amüsierten sich köstlich und dankten dann dem Herrn, daß sie nicht seien wie jene dort. Zum Lachen gab es auch für Nichtschauspieler genug bei Lumpe. Das Oberhaupt der Truppe hat im Kampf ums Dasein seine Zähne verloren und deklamiert auf eine seltsame Art mit schlotternden Kiefern; und selbst durch die äußere Erscheinung, eine lange zufriedene, blasse Schneidergestalt, wird dieses körperliche Gebrechen nicht wettgemacht. Es wäre eine Roheit, über Lumpe zu lachen, denn Zahnausfall ist ein Übel, wofür niemand etwas kann. Aber das Gewissen beruhigt sich bei der Erwägung, daß eben dieser Ausfall seine Einnahmen herbeiführen half. Auch die Mitspielerinnen leiden an körperlichen Übeln. Bei ihnen ist der Sitz in den Händen. Die Hände müssen geschwollen sein; denn es ragt das Riesenmaß der Pranken weit über Menschliches hinaus. Wenn die Liebhaberin die Hand aufs Herz legt, bedeckt sie, was allerdings nichts sagen will, den ganzen Busen damit; aber zugleich den Magen und auch einen Teil der Nieren. Den Text murmeln die Bensener sehr glatt herunter, ohne durch den Sinn in einem unendlich wohltuenden böhmisch-melodischen Gleichklang unterbrochen zu werden. Manchmal aber fangen sie an zu brüllen, namentlich die Männer; und da kein anderer Grund vorliegt als das plötzlich erwachte Verlangen nach einer zeitweiligen Abwechslung, so wirkt das hinreißend. Die Hörer beginnen zu heulen, und es entsteht eine jener Szenen, wo das Spiel auf der Bühne stockt und das Parquet die Führung

übernimmt. Die Bensener, ob sie auch gerade die lebende
Nonne in »Emma von Falkenstein« einmauern, warten
dann in Geduld, bis man fertig ist. Man hat sie zum Anulken hergebracht: aber sie sind schlauer als die Berliner.

Ein entfernter Landsmann von ihm weilt seit einigen Tagen ebenfalls hier: Peter Rosegger. Es wäre verwegen, zwischen der Bauernschlauheit der Bensener und der Schlauheit Roseggers Vergleiche anzustellen. Aber leugnen läßt
sich nicht, daß in der herzfrischen und waldfrischen persönlichen Einfachheit des steirischen Dichters eine kleine
Summe von, sagen wir, Überlegung steckt. Dieser ländliche Schriftsteller, der klug genug ist, mit Wiener Verlags-
buchhändlern allerhand verschmitzte Geschäftskämpfe
auszufechten; der wie ein gewiegter Jurist in öffentlicher
Darlegung seiner Finanzen seine Ansprüche zu wahren
weiß; der mit dem Wiener Journalismus nicht ganz ohne
Fühlung ist: dieser selbe Rosegger tritt als ein ahnungsloser
Parsifal aus Steiermark vor die berlinischen Hörer im Architektenhaus und redet die feingekleideten fremden Damen und Herren mit »ihr« und »euch« an, waldfrisch und
herzfrisch und wirkungssicher. Im ganzen Laufe des
Abends hat er nur eine Naivetät begangen. Und die war
nicht ganz naiv. Er trug ein Gedicht vor, das er nach Karl
Stieler ins Steirische übertragen hatte. Es ist patriotisch und
handelt von einem Bauern, der drei Söhne hat und alle drei
bei Sedan, bei Wörth und bei Orleans verliert. Man be-
denke: ein steirischer Bauer kann seine Söhne nicht gut bei
Orleans, Wörth und Sedan verlieren. Es war also wirklich
eine Naivetät; aber zugleich eine ganz kleine und freundliche, waldfrische, herzfrische captatio der reichsdeutschen
Hörer. Im übrigen bot er inhaltliche Leistungen, die wiederum mehr kluge Anpassung als Urspünglichkeit verrie-
ten. Anekdoten, welche der Weltliteratur und wohl auch
dem steirischen Anekdotenschatz angehören; sehr hübsch
zurechtgemacht, sehr nett, sehr herzfrisch und waldfrisch
ausstaffiert. Aber Ernsteres – was die Kenntnis nicht des
Bauernkalenders, sondern eines Bauernvolkes zeigte – bot
er nicht. Denn Schnurren wirken rascher und auch siche-

rer. Was aber der herzfrische und waldfrische Rosegger heraus hat, ist der Vortrag. Er ist ein vollendeter Rezitator. Hierin lag der Hauptgenuß des Abends. Nicht nur die Sprechweise der Bauern: auch die Stimmen, die zittrigen und festen, betrunkenen und nüchternen, männlichen und weiblichen, versteht er täuschend nachzuahmen. Man hörte zwanzig verschiedene Wesen reden. Man glaubte wirklich, sie körperlich vor sich zu haben. Im Äußeren zeigte sich der steirische Dichter als einen munteren, etwas blassen Mann von sicheren Gebärden, im Habitus ein bißchen was Kleinbürgerliches, im bebrillten Gesicht eine eindringende und scharfe Lebendigkeit. Er gefiel sehr. Aber aus der Ferne hatte er noch stärker gewirkt.

Die Berliner, die ihm den Tribut ihrer Hände darbrachten, schwelgten noch in Erinnerungen an den Alpenball, der herzfrisch und waldfrisch und auch nicht ganz echt war. Dieser Ball, welcher seit Jahren die vornehmste nichthöfische Lustbarkeit des Winters ist, wirkte diesmal besonders wundervoll, und das Krollsche Theater war, von den Versenkungen bis zum Schnürboden hinauf, mit einem Raffinement und dem feinsten Künstlerhumor in lockendes Gebirgsland verwandelt, daß auch Leute, die zum Fastnachtstreiben von Hause aus kein Talent haben, überwältigt und hingerissen wurden. Dreitausend Herren und Damen der intelligentesten und vornehmsten Gesellschaft kletterten im Alpenkostüm, als Zigeuner, Italiener, Grenzbeamte, Zollaufseher, Slowaken, österreichische Offiziere mit dem Virginia-Halm hinterm Ohr, als Diandin, Allgäuerinnen, Weinbäuerinnen, Bernerinnen und sonst was »aufi« und »abi«. Es waren die achtzehnhundert Mitglieder der Berliner Sektion des Alpenvereins und zwölfhundert sorgsam ausgewählte Gäste, welche willens und imstande waren, zwölf Mark Eintrittsgeld und etwa zwanzig Mark Aufenthaltsgeld anzulegen. Gesprochen wurde vorwiegend österreichisch mit Panke-Accent. Viele aber beherrschten den südlichen Dialekt von ihren allsommerlichen Gebirgstouren so vollständig, daß sie beinahe vernünftig wirkten. Im übrigen regierte holde Unvernunft. Ein einziger Tau

mel hatte alle ergriffen – der Terlaner Wein zwar erregte
ihn nicht, denn es war ein dünnes, harmloses Landwein-
chen; aber der allgemeine Duzkomment vielleicht und die
Trachten, in denen die schönsten Mädchen und Frauen
Berlins dreifach schöner aussahen. Lebende Bilder und
halsbrecherische Rutschbahnen und seltsam düstere Burg-
verliese, gewundene Gänge und Höhlen, endlich ländliche
Tanzplätze bei siebzehn Grad im Schatten: das alles kam
zusammen und riß die Leute fort, und sie tanzten,
juchzten, tranken und duzten sich, herzfrisch und waldfrisch und dabei sehr berlinerisch. Es war unvergeßlich
schön.

Und weil nun schon die hohe Zeit der großen Lustbarkeiten ist, darf sich der Chronist auch um den Subskriptionsball nicht herumdrücken. Er ist gewesen. Und ist
mehr »interessant« als fröhlich gewesen. Um neun Uhr begann er, und um halb elf ging der Kaiser weg. Man brauchte
also, um das Wichtigste mitzumachen, nicht länger als eine
gute Stunde dazusein. Das ist sehr vorteilhaft in der zweiten Februarhälfte, wo man jeden Abend drei Einladungen
hat. Wer sich um halb sieben irgendwo zum Diner gesetzt
hatte, sich dann gegen neun englisch empfahl und rasch ins
Opernhaus fuhr – in versöhnlicher Stimmung, etwas
Weinnebel im Kopf –, der wurde in großes Staunen versetzt durch den herrlichen Anblick dieses königlichen Saals
und was ihn füllte. Glanz und Licht und Rausch und Seligkeit schienen greifbar in der Luft zu liegen. Vier Ränge mit
tausend hübschen Müttern und Töchtern (und hier sind
die vielen gräulichen gar nicht mitgerechnet), alle in den
luftigsten Ballkleidern, frisch gewaschen, hold frisiert, un-
schuldsvoll und sehnsuchtsreich, mit allerhand ererbten
schweren Brillanten geziert, und die Ideale des Militarismus im blonden Kopf – kann man da Widerstand leisten.
Außer den Rängen ist noch der ganze Saal voll, der strahlende, mit Fliederduft parfümierte Saal. Ein bißchen eng ist
es, großer Vater, Kommerzienrätinnen stehen minutenlang
auf den Füßen benachbarter Frackträger. Dann und wann
hört man Schleppen krachen. Viel bemerkt – so heißt es ja

wohl im Feuilletonstil? –, viel bemerkt wird die Frau Hermann Bahr aus Wien, welche sehr schön ist. Sie hat ein junges, feines, zartes, kaltes, reizendes Profil und trägt vier bis fünf Perlenschnüre um den Hals, auf dem Gesicht liegt ein Gemisch von Gleichgiltigkeit und Versonnenheit und Anmut.

Aber ich berichte von dieser entzückenden Frau früher als vom Hof. Das geht nicht. Also: der Kaiser ist in roter Husarenuniform, die Kaiserin in himbeerfarbenem Kleide. Die Kaiserin hat vorn mehrere eigroße Smaragde hängen, und eine innere Stimme sagt dem Betrachter, daß diese Steinchen nicht von Pappe sind. Neben der Kaiserin, in der Loge, sitzen Prinzessinnen, manche haben ein Krönlein auf, wie im Märchen. Die meisten sehn aus, als ob sie mit Milch und Vegetabilien in guter, heilsamer Luft aufgezogen wären; wie Pastorentöchter. Die hübscheste ist Frau Friedrich Leopold in blaugrünem Sammet, auf dem freien Angesicht Lebensfreude, Verwegenheit, Kraft und etwas Leuchtend-Lustiges. Den Kaiser kann ich eine geschlagene halbe Stunde auf weniger als zehn Schritt beobachten. Er blickt in das Gewühl, sein Blick ist zuerst verdrossen, dann heitert er sich auf. Zuweilen blitzt es friederizianisch aus seinen Augen. Wenn man sein Äußeres auf gut berlinisch kennzeichnen sollte, dann müßte man sagen: »Es liegt was drin.« Bei aller Gutmütigkeit, die sein zum Plaudern herabgeneigter Kopf oft zeigt, ist das hervorragendste Merkmal dieser Züge eine selbstwillige Entschlossenheit. Er sieht aus wie einer, der, wenn Not am Mann ist, nicht viel Federlesens macht. Niemand wird ihn für unbedeutend halten. Sehr sympathisch ist ein von Zeit zu Zeit auftauchender sorglicher Zug, fast ein hausväterlicher Zug. Man begreift, alles in allem, die enthusiastischen Urteile, welche von vielen Ausländern, die ihn sahen, sofort über ihn gefällt wurden. Das Schicksal gebe ihm gute Ratgeber … Vor seiner Loge wird auf engstem Raum getanzt. Offiziere und Hofdamen, sie müssen große Kunst entwickeln, um nicht anzustoßen. Ich traue mich gar nicht zu tanzen, ich stoße immer an. Wenn man die Edelfräuleins sich drehen sieht,

graziös und stilvoll, erwägt man im Geiste rasch die Ent-
wicklung der Tanzkunst seit den altbiblischen Zeiten – wo
Mirjam, die Prophetin, eine Pauke in die Hand nahm und
anfing herumzuspringen. Welcher Fortschritt! Welcher
Fortschritt! Nach dieser Erwägung verläßt man den Saal.
Man fährt zurück nach dem Westen, in seine zweite
Abendgesellschaft. Dort sind, als man eintrifft, die Leute
grade beim Kaffee und Liqueur angelangt. Bitte geben
Sie mir einen Chartreuse – aber einen grünen.

21. März 1897

Die Vorfreude soll ja die größere Freude sein. Danach lebt
Berlin schon jetzt in der voll und ganzesten Centenarstimmung. Man verzeihe diesen Superlativ, der durch die Umstände eingeflößt wird.

Bis das Denkmal enthüllt wird, sitzen wie gewöhnlich
Leute, die wissenschaftlich zu arbeiten haben, im großen
Saal der königlichen Bibliothek. Man arbeitet emsiger als
sonst, denn auch dieses Institut wird wegen allgemeinen Jubels auf zwei Tage geschlossen. Fortwährend wird man
durch ein Hämmern gestört, das von unten heraufdringt.
Man tritt auf den breiten Balkon, sieht drüben das Opernhaus, die marmorne Kaiserin Augusta, die Linden, und unter diesen Linden auf und ab wogend eine Fülle von Männern, Weibern, Kindern. Überall ragen Gerüste, schrecklich
anzusehen, und bis hinauf auf den Balkon riecht es nach
Girlanden.

Als das Hämmern nicht aufhört, läßt man hoffnungslos
den geschichteten Bücherstoß germanistischer Wissenschaft liegen. Draußen bei dem Garderobenmenschen holt
man seinen Überzieher und geht die Stunde spazieren; die
Linden entlang.

Es ist kaum durchzukommen. Und doch sind die klima-
tischen Verhältnisse nicht lockend. Kein Kaiserwetter
herrscht, sondern es regnet; das ist also wohl republikani-
sches Wetter. Weich und feucht wandelt der Fuß der vor-

zeitigen Jubelbolde über das Holzpflaster. Vor der Universität, vor der Wache und im Lustgarten werden schlanke
Goldpyramiden errichtet. Sie sehen sehr hübsch aus. Auf
jeder von ihnen sind Reliefgestalten angebracht, die leider
wegen der Enge der Pyramidenflächen ein bißchen abge-
magert sind. Hinter der Wache hat man eine Wand von
dunklem Tuch aufgestellt und das Tuch mit Blumen be-
kränzt, so daß dieser kleine griechische Tempel auf solchem
Hintergrund sehr niedlich aussieht. Er macht den koketten
Eindruck eines Möpschens, das aus einem Damenmuff her-
ausguckt. An einzelnen Goldpyramiden werden kolossale
Gipsgestalten seitwärts eingefügt. Immer ein Teil nach dem
anderen, denn im ganzen sind sie zu schwer. Indessen ruht
ein riesiger gipserner Kopf, auf Brettern gebettet, auf dem
Fahrdamm. Dort zwei Beine und ein Bauch. Dort ein Arm
und der Brustkorb einer Idealgestalt. Kinder und Mütter
scharen sich um den herrlichen, edlen Kopf. Deutsche
Männer und Jünglinge um den Brustkorb.

Alle zwei Minuten fährt eine Hofequipage vorbei, und
die Jubelversammlung macht jedesmal schnoddrige Bemerkungen. Entsetzt höre ich sogar zwei Schulknaben mit
grinsenden Gesichtern Dinge aussprechen, die mich zu
höchster Entrüstung entflammen. Ist dieses berlinische
Volk, o meine Freunde, schon in fünfzehnjährigen Exemplaren so zuchtlos in der Rede! Das ist ja, wie gesagt, entsetzlich. »Bengels«, sage ich, »wollt ihr wohl den Mund
halten; wenn das nämlich ein anderer hört, denunziert er
euch.« Sie aber murmelten etwas, das wie eine Aufforderung klang, und verschwanden im Gedränge.

Wozu es vertuschen: niemals ist eine Stimmung unfest-
licher gewesen als jetzt. Nicht bloß dumme Schulknaben,
auch reife Männer tun Äußerungen, die besser an »maßgebender« Stelle nicht hinterbracht werden. Und gut patriotische Männer tun sie; nicht etwa die sozialdemokratischen
Arbeiter, die – ein Anblick für Götter – die Jubelarbeiten
unter den Linden mit augenzwinkerndem Lächeln schweigend verrichten. Seit ich meinen letzten Brief schrieb, ist
die Stimmung immer tiefer gesunken. Es strömen zwar

Leute auf den Festplatz, aber aus Schaulust. Sie machen eine Centenarfeier ebensogern mit wie ein fürstliches Begräbnis oder eine Standarteneinweihung oder ein Großfeuer. Wenn hochgestellte Würdenträger sich gleich dem Kalifen Harun al Raschid entschlössen, unter dem Volk zu wandeln, unerkannt und vertraulich, dann würden sie jetzt hören, daß *nichts* vergessen worden ist von allem, was das letzte Jahrzehnt gebracht hat. Nichts an Worten, die gesprochen wurden; nichts an Taten, die versucht oder ausgeführt wurden. Nicht die Umsturzvorlage und nicht die polizeiliche Verfrommung; nicht das kleinste Wort, von den Edelsten der Nation bis zur jüngsten Kladderadatschrede. Auch das Wort vom Handlanger nicht, obgleich Berlin kaum übermäßig bismärckisch ist. Nichts ward vergessen, und alles drückt auf die Stimmung; sosehr man auch überzeugt ist, daß der Kaiser das Beste will.

Drüben am Roten Schloß stehen lungernde Menschen und hören die Ausrufer schreien, welche Plakate an Stangen tragen und mitteilen, daß »noch« Plätze zu fünfzig Mark, Dachgalerie, zu haben sind. Nachher heißt es, daß die Polizei diese Dachgalerie verboten hat. Kornblumenhändler brüllen. Fliegende Buchhändler preisen Biographien Wilhelms des Großen an. Bilderbogen werden verkauft; auch allerhand Reklameartikel zur geschäftlichen Ausnutzung der Centenarstimmung. Im Publikum hagelt es faule Witze. Bei Gerson werden gerade Girlanden aufgehängt, und Regenschauer über Regenschauer fließt über das Gerüst und die Arbeiter. An den Programmen, die ausgeboten werden, hätte etwa der hochselige Friedrich I., König in Preußen, ein herzliches Wohlgefallen gehabt. Bis zum 28. März ist jeder Tag mit Feierlichkeiten, Einweihungen, Vereinssitzungen, Kommersen, Essereien und verwandten Wichtigkeiten ausgefüllt. Die Hoffeste bilden nur einen kleinen Teil davon; sehr vieles entstammt privater Vereinsmeierei, die sich nicht mit stillem und ernstem Gedenken begnügen darf, sondern den dicksten Patriotismus in alle Winde kreischen muß, aus Angst, daß er bezweifelt werden könnte. Diese Angst ist ja charakteristisch für die deutsche Gegenwart. Jedenfalls wird vom achtzehnten bis zum achtundzwanzigsten, zehn geschlagene Tage, in Berlin stramm gefeiert und nichts als gefeiert. Nochmals muß man des ersten Friedrich freundlich gedenken, der ein so leidenschaftlicher Einweiher gewesen ist; einer der leidenschaftlichsten Einweiher unter den Hohenzollern. Erst jetzt, wo die Ehrenpforten und bekränzten Mastbäume zu den allernötigsten und alltäglichsten Möbelstücken werden, erst jetzt hätte sich dieser Friedrich in seinem Element gefühlt. Er starb um beinah zwei Jahrhunderte zu früh. Sollte man übrigens um einen Beinamen für ihn verlegen sein, wenn jetzt sein Standbild in der Siegesallee errichtet wird, so schlage ich vor: der Festliche; Friedrich der Festliche. Dies ganz beiläufig.

Unser Kaiser ist Gott sei Dank grundverschieden von ihm. Er unterzieht sich, man kann es deutlich sehen, den Pflichten der Repräsentation nur gezwungen; denn sie müssen sehr langweilig sein. Vielleicht veranlassen ihn die Hofleute dazu oder ein gewisses Mitleid mit ihnen, denn schon Goethe fand: »die Hofleute müßten vor Langweile umkommen, wenn sie ihre Zeit nicht durch Zeremonie auszufüllen wüßten«. Er sprach das zum braven Eckermann und mußte als erfahrener Hofmann genau darüber unterrichtet sein. Jedenfalls hängt sich bei uns kein Zeremonienmeister auf. Wenn er schon ums Leben kommt, läßt er sich erschießen. Der Kaiser hat auch bei der jetzigen Centenarfeier nur getan, was der Enkel tun muß, den Ahnen zu ehren. Durch wessen Schuld diese Feier so geschmacklos überladene Prunkformen im allgemeinen annimmt, läßt sich in der Eile schwer feststellen. Niemand hätte gewiß den hundertsten Geburtstag des lieben, alten Herrschers vorübergehen lassen mögen, ohne dieser sympathischen Gestalt auf die freundlichste und herzlichste Art zu gedenken, zugleich auch der Ereignisse, die für unser Vaterland von so einziger Bedeutung wurden und mit der Regierung Wilhelms des Ersten zusammenhängen. Aber niemand, der ein guter Deutscher ist, hätte solch eine Protzenfeier von zehn geschlagenen Tagen gewünscht. Wie man sich im Reiche dazu stellt, weiß ich nicht; ich habe hier von den Berlinern zu reden. Und die empfinden, von einigen Vereinsleithammeln abgesehen, die allerausgeprägteste Unlust gegen den Massenbumbum, mit dem das Andenken des schlichtesten Königs geehrt werden soll. Wenn man einen Beinamen für ihn feststellen sollte – und platonisch darf sich ja das deutsche Volk an solchen Fragen ungehindert beteiligen –, so würde man ihn vielleicht Wilhelm den Schlichten nennen. Die rührende Einfachheit seines Wesens hat nicht zuletzt dazu beigetragen, ihm die Herzen weit zu öffnen.

Aber die Berliner empfinden, daß diese Feier nicht bloß mit seiner Schlichtheit in Widerspruch steht, sondern auch mit seiner Bedeutung. Er ist tot, und selbt sein Ehrentag darf nicht abhalten, ihn einfach geschichtlich zu betrachten. Wer frei ist von Schweifwedelei, wird wissen, daß die deutsche Einigung weit mehr *unter* Wilhelm dem Ersten erfolgt ist als *durch* Wilhelm den Ersten. Der herrschende Byzantinismus hat hier merkwürdige Früchte hervorgebracht: Die heißen Einheitsbestrebungen des deutschen Volks werden heut wie durch ein stillschweigendes Übereinkommen gering angeschlagen und an die Wand gedrängt; der Mann aber, der schließlich nur aufgehört hat, sich gegen die Einigung zu sträuben, wird bis in die Wolken glorifiziert. Wir wollen unsrem lieben ersten deutschen Kaiser freudigen Herzens geben, was des Kaisers ist; aber wir wollen ihm auch gerechten Herzens nicht mehr geben, als wirklich des Kaisers ist. Aus den Freiheitskriegen ist, außer dem Hauptfaktor Volk, nicht der dritte Friedrich Wilhelm die hervorstehendste Erscheinung und die größte Erinnerung für uns, sondern der Freiherr vom Stein und Blücher, die Männer der wahren Tat. Der alte Kaiser ist zwar unendlich populärer geworden als sein landesherrlicher Vater; aber die größten Gestalten aus dem großen Einigungskriege sind für uns wieder diejenigen, die in Wahrheit gehandelt haben. Neben dem Hauptfaktor, dem deutschen Volk, steht hier unvergänglich die Gestalt Otto Bismarcks. Und an ihn werden wir uns heut erinnern, und um so lauter und eindringlicher, je gemischter und bewegter die Gefühle sein müssen, welche den in Vorzügen und Fehlern immerhin einzigen Mann in seiner Zurückgezogenheit erfüllen müssen. Wir werden, wenn auch nicht den Jubelradau, so doch die Erinnerungsfeier für Wilhelm den Ersten nachdenklich mitmachen, aber wir werden zugleich scharf und unmißverständlich betonen, daß wir keine dynastischen Feste, sondern Feste des deutschen Volkes zu begehen wünschen.

Drüben vom Wasser her winkt das neue Denkmal. Bretterverschläge und Leinwandfetzen verhüllen die Formen des Hauptteils. Nur herrliche Löwen, in grüner Patina schillernd, und steingemeißelte Eckfiguren sind sichtbar. Schwarze Scharen drängen sich am jenseitigen Ufer, um in gemessener Ferne das Nationaldenkmal für das deutsche Volk vorläufig von hinten besichtigen zu dürfen. Wundervoll, wie deutsches Wesen selbst, voll Kraft und Lieblichkeit wirken muskelstarke Athletengestalten neben niedlichen zarten Kinderfiguren. In neugieriger Bewunderung sehen die Bürger und Bürgerinnen hinüber, wo Tribünen aufgeschlagen sind für die Auserwählten und wo in zehn bis zwanzig vergoldeten Symbolen die kaiserliche Krone und wieder die kaiserliche Krone glänzt. Wenn die Bretterverschläge gefallen sein werden und die Leinwandfetzen entfernt, wenn die offiziellen Reden und Festakte vorbei sind, dann wird die Masse der Unfreien herangelassen werden an das Monument, das ein Nationaldenkmal für Monarchen mit zugezogenen Handlangern und weggelassenen Wahlurnen ist.

Indessen, wie gesagt, lebt man in der Vorfreude.

28. März 1897

Es ist sehr reizvoll, am Vormittag im Opernhaus zu sitzen. Viel reizvoller als am Abend. Und es ist sehr reizvoll, eine Symphonie-Probe mitzumachen. Viel reizvoller als die Hauptaufführung. Wahrscheinlich, weil das so reizvoll ist, ist das Opernhaus am Vormittag immer ausverkauft. Das

Orchester ist verschwunden, und vier Reihen hundsgemei-
ner Holzstühle werden an seine Stelle gesetzt, damit mehr
Hörer Platz finden.

Auch auf diesen Küchenstühlen knistern dann und rascheln die bastseidenen Röcke. Beim Anlehnen an das
harte Holz hört man das leise Krachen der Korsettstangen
oder des Gürtels (ich habe mir den Kopf zerbrochen: ist es
der Gürtel, oder sind es die Korsettstangen?); und wenn
eine feiervolle lange Fermate eintritt und jene selige Stille
herrscht, wo man vorübergehend die Ewigkeit rauschen
hört, ganz in dämmernder, versunkener Ferne: dann spürt
das musikalisch geübte Ohr, von rechts und von links, einen
wie tiefen und gewaltigen Hunger diese Vormittagsstun-
den erregen. Wie ein leiser, verlorener Paukenwirbel tönt
der Magen der holden, sensiblen Großstadtmädchen. Mit
furchtbarem Brummen aber, gleich unterdrücktem Gebrüll, grollt und knattert das Innere der Mütter dazwischen. Nur wer die Sehnsucht kennt, weiß, was sie leiden.

Oben auf der Bühne steht der jugendschöne Kapellmeister Felix Weingartner. Und um seinetwillen ertragen sie
das Schlimmste. Selbst Beethovensche Symphonien. Von
neuem ist die leidenschaftliche Teilnahme aller einschlägigen Kreise diesem begabten Manne zugeflogen, seit er sich
den Vollbart abnehmen ließ. Mit dem glatten Gesicht sieht
er aus wie zweiundzwanzigeinhalb. Manche behaupten
zweiundzwanzigeinviertel. Mit leuchtenden Augen blickt
er in die Welt. Aber man sieht ihn meistens von hinten; wie
das in der Natur der Sache klar begründet ist. Da sich also
die Hörer während des Dirigierens nicht an sein Gesicht
halten können, halten sie sich an seine Rockschöße. Diese
sind auffallend lang und symbolistisch. Sie wallen bis unter
die Kniekehlen und verschaffen der ganzen Gestalt eine unerhörte lange Schlankheit. Sie wirkt in Wahrheit schlechter-
dings symbolistisch. Man gebe dieser Erscheinung im langen, schmalen, dunklen, tiefen Rock einen Lilienstengel in
die Hand und veranlasse ihn, den Kopf ein wenig zu senken:
so ist ein Bildnis fertig, dessen Umrisse Thomas Theodor
Heine, dessen Antlitz Ferdinand Khnopff oder irgendein

toter Präraphaelit gemalt hat. Und, bei Gott, das symbolistische Aussehen ist jetzt sehr verbreitet. Eine ungarische Schriftstellerin deutscher Zunge, Juliane mit Vornamen, erblickte ich, zum ersten Mal in meinem Leben, gestern in einer Gesellschaft. Auch sie machte einen gänzlich symbolistischen Eindruck. Wie soll man das beschreiben? Ich weiß es nicht. Aber es gibt in Berlin einen neuen Verlag, von Schuster und Löffler, der auf der Außenseite seiner Bücher symbolistische Zeichnungen anzubringen pflegt. Die Dichterin Juliane sah aus, als ob sie aus einem Schuster- und Löfflerschen Titelblatt entsprungen wäre; und als ob sie nach dieser Abendgesellschaft wieder in die erste Buchseite zurückkehren würde. So symbolistisch sah diese Schriftstellerin aus. Auch trägt man jetzt auf den Straßen hier Kleider von einer Farbe, welche den Gipfel des Symbolismus erklommen haben soll. Es ist ein Violett, ein leuchtendes, sattes, herausforderndes, das alle andren Farben totmacht. Die Augen gehn über, wenn sie in diese gleißenden, blauen, tiefen, strahlenden Tinten tauchen. Es ist fürwahr ein ungemein violettes Violett. Ein Maler, der die machtvollen Ausdrücke des berlinischen Volks bevorzugt, sah neulich in Kleidern von solcher Farbe drei liebliche Jungfrauen vorüberschreiten. Und also sprach er zu mir an der Potsdamer Brücke, von Melancholie umzittert: »Als wir so gemalt haben, hat man gesagt, wir sind meschugge; und jetzt laufen sie so 'rum!«

　　Doch sollte hier, wenn die Erinnerung nicht trügt, von den Vormittagsproben und dem symbolistischen Kapellmeister die Rede sein. Um zwölf Uhr also fangen sie an; um zwölf Uhr begann auch die letzte, die eine Centenar-Nachfeier war, indem sie stark und mild mit der Jubelouverture und »Heil Dir im Siegerkranz« einsetzte. Um zwölf Uhr strömen immer die westlichen Leute in das seltsam dämmerige, einsam gähnende Opernhaus. Die Mystik liegt in der Luft, obgleich es nur zwei Mark Entree kostet. Warum kommen die westlichen Leute in diese Proben? Die Proben gelten jetzt für feiner als die Aufführungen. Außerdem ist hier eine unübertreffliche Gelegenheit für

jüngere Menschen, die verliebt sind, sich zu treffen. Auch
die bestbewachten Mädchen dürfen vormittags allein in die
Oper gehen. Abends nicht. Die hinteren Parkettreihen liegen aber in tiefem Schatten, und man kann sich die Plätze
nach Belieben wählen. Es ist alles noch vorteilhafter als in
den Philharmonischen Proben. Ewig schade, daß die Logen
verschlossen bleiben. Aber es geht auch so. Die königliche
Kapelle ist sehr stark und hat eine mächtige Tonfülle, so daß
es jedem Besucher freisteht, zeitweilig laute Worte zu reden, ganz ungeniert, ohne daß sie von jemand anderem gehört werden, als an den man sie richtet. Richard Straußsche
Dissonanzen, Mahlersche Fortemusik und gewisse Wagnersche Partien sind hervorragend zweckmäßig. Wer nur
ein bißchen geschickt im Fallenlassen des Programms ist,
kann auch beim Aufheben bequem eine Hand küssen; natürlich nur, wenn es ihm Vergnügen macht; denn nicht alle
lieben diese wesenlose Abschlagszahlung. So vergehen vier
Symphoniesätze im Fluge. Selbst Schuberts himmlische
Längen ermüden im geringsten nicht. Und wenn dann die
Pause kommt, hat man sogar genügend Fassung gefunden
für ein entschiedenes Urteil über das aufgeführte Werk und
über die Aufführung. Wunderliebliche Reden werden laut.
»Die c-moll-Symphonie von Brahms ist nach meiner Überzeugung mehr wert als alle Beethovenschen Symphonien.«
Na, und so weiter. Dann setzt man sich wieder hin, für die
Eroica. Hier und da das Phosphorleuchten eines violetten
Gewandes, auf welches ein Lichtstrahl fällt. Oben immer
die dunklen, tiefen, schmalen, langen, symbolistischen Rockschöße des Meisters. Die Brahmssche Symphonie bringt
er in Wahrheit hinreißend heraus, und auch jetzt die Eroica
schwer übertrefflich. Als es aber dreiviertel zwei schlägt,
ist alles zu Ende. Aus der mystischen Katakombe strömen
sie hinaus in die sonnendurchflutete herrliche Luft. Mit
zwinkernden Augen stehen sie noch eine Minute vor dem
Haus, ein plappernder, summender, lachender Schwarm,
und sehen blinzelnd ins Licht und schütteln sich die Hände. Noch ein Abschied; noch eine Verabredung; noch ein
Blick. ...

Vor dem Opernhaus stehen die Festsäulen. Erst Montag sollen sie beseitigt werden. Denn weil sie doch so schändlich teuer waren, will man sie wenigstens lange behalten. Jedenfalls sehn auch die Linden ein bißchen symbolistisch dadurch aus. Säulen und symmetrische Verschnörkelungen und seltsame Linien von Girlanden: das wirkt so seltsam, so geheimnisvoll, mit einem Wort: so schusterisch und löfflerisch. Aber keine Festzüge mehr schreiten und reiten durch diese Ehrenpforten. Die violetten Mädchen, die eben noch symphonische und andere Studien getrieben, sie wissen genau, daß alles jetzt vorbei ist. Zwar, helle und dunkle Centenargetränke rinnen noch immer durch die Hälse deutscher Bundesbrüder, deutscher Vereinsgenossen, deutscher Verbandsmeier und allgemeiner deutscher Jubelkollegen; auch essen deutsche Männer noch immer zu Ehren Wilhelms des Großen. Aber in der Hauptsache gilt das Wort des brabantischen Hochzeitscarmens: »Rauschen des Festes sei nun entronnen, Wonne des Herzens sei euch gewonnen.« Ja, Wonne des Herzens wird uns gewonnen werden, wann wieder alles im alten Gleis ist. Denn so überwältigend banal kann nicht leicht eine Feier sein, wie diese in Berlin gewesen ist. Der Vergessenheit entrissen zu werden verdient unter andrem die dem Kaiser versetzte Poesie des Direktors Karl Julius Müller, als welche bezeichnend für die ganze Höhe des Festes war. Vier der besseren Verse darin lauten:

> So huld'gen, Majestät, wir treu verbunden
> Den Hohenzollern hier an heil'ger Stelle!
> Und weil wir dies aufs neue hier bekunden,
> Wird dieses Denkmal uns zur Segensquelle.

Man sieht, es war nichts Schlechteres aufzutreiben. Die Familiendichter, die im Bomster Tageblatt oder in der Hundsfelder Allgemeinen Zeitung oder in den Rawitscher Neuesten Nachrichten Todesfälle und Jahrestage besingen, hätten doch konsultiert werden müssen, wenn bloß so jammervolles Zeug zur Verfügung stand. Im übrigen ist die große Beleuchtung der Stadt sehr hübsch ausgefallen. Be-

sonders die eleganten Straßen am Wasser machten sich gut.
Die Lichter spiegelten sich in diesem Wasser, manchmal
auch nicht, und ungezählte Tausende sahen staunend hinauf und hinunter. Das war das Gelungenste. Im übrigen
sind ja keine Unglücksfälle vorgekommen, auch in jener
bewegten Nacht nicht, wo Wilhelm der Erste nach allerhöchster Vermutung seine Fahnen besucht hat, und selbst
das Wetter hätte schließlich noch elender sein können.
Jedenfalls ward eine schwere und gewaltige Masse Geld
ausgegeben, und bei uns ist ja Gott sei Dank alles da, es ist
nicht wie bei armen Leuten. Fremde kamen massenhaft
nach Berlin, allerhand verfängliche Industrien blühten auf
der Friedrichstraße. Eine herzliche Freude insbesondere
haben gewiß Kotze, Borchart und Herr von Sprenger empfunden, die drei Amnestierten dieses Festes; die ersten
zwei hatten je einen Menschen zur Strecke gebracht, der
dritte hatte seinen Schwiegervater zu töten versucht. Man
kann also in keinem Fall behaupten, daß die Berliner Centenarfeier nicht einigen Zeitgenossen großes Vergnügen
bereitet hätte. [...]

                              11. April 1897

Es war ein wundervoller Aprilabend ... So beginnt manche
faule Novellette – immerhin: es war ein wundervoller
Aprilabend; schwere, weiche Luft lag über dem schon
halbdunklen Opernplatz, und von den Linden her trug ein
phlegmatischer Abendwind verworrene Geräusche von
entfernten Droschken und gedämpftes Stimmengewirr an
das Ohr der träge Dahinwandelnden. Die aber wandelten
über den halbdunklen Opernplatz in die Vorlesung des Josef Kainz. Sie schritten durch das Kastanienwäldchen, mit
frommem Schauder wie durch Poseidons Fichtenhain,
warfen rechts einen liebevollen Blick nach dem Wohnhaus
unseres Johannes von Miquel und erklommen dann träumerisch die Treppen der Singakademie. Genauso war es.
  Nach acht erschien er, Kainz, im Frack. Und da es in diesen Briefen darauf ankommt, Äußerlichkeiten zu geben, so

sei nicht verschwiegen, daß seine dunklen Haare eine symmetrische Verwirrung zeigten und daß hinten der erste Ansatz zu einer Platte durchschimmerte. Die Bedeutung Josef Kainzens ist fürwahr nicht klein. Besonders nicht für diese freie literarische Gesellschaft, der er finanziell auf die Beine helfen muß. Wenn so die Aprilabende anfangen wundervoll zu werden und wenn die Knospen bald springen, dann springen auch die zahlenden Mitglieder ab. Das liegt in der menschlichen Natur. Es ist daher recht verschmitzt von der Leitung dieses Vereins (ohne welchen die europäische Dichtung fortbestehen könnte), daß sie den Künstler jedesmal am kritischen Datum heranzieht. Sie wirft ihn als Lockbissen vor die abonnierten Damen; und im Handumdrehen sind die Quittungen für den Sommer bezahlt.

Jedenfalls las er diesmal eine Novelle von Hans Land. Sie ist ungedruckt und heißt »Auferstehung«. Wie in späten Jahren ein sehnsüchtiger Mann die Möglichkeit erhält, seine Jugendträume wahr zu machen; wie ihm das Schicksal äußere Gnade gibt, als die innere Gnade junger Zeiten schon versiegt ist; und wie er zugunsten eines Grüneren schweigend abdankt: das ist mit jener Melancholie gesehen, die einen Grundzug … nicht der Landschen Schriften, aber vielleicht des Schriftstellers Hans Land ausmacht. Es fehlt immerhin der zarte nebelhafte Schimmer, der sich zuweilen in deutschen Entsagungsnovellen eng und schweigsam um Dinge und Gestalten schmiegt. Die Darstellung hier ist laut und direkt. Resignation bildet nur den Inhalt der Geschichte, nicht ihre Stimmung. Und das Rhetorische siegt meist über das Gefühlte. Doch weil der Verfasser selbst einem Sehnsüchtigen ähnelt; weil er grelle Unvornehmheiten meidet; und weil aus dem Grunde wirklich ein erlebtes Etwas heraufklingt: so wird es schwerfallen, über diese Novelle ein rohes Wort zu sagen.

Als sie Herr Kainz hinter sich hatte, machte er sich an den Faust. Das war sehr seltsam. Die gedämpften, umschleierten Töne der Zueignung wurden ihm manchmal zu gleichgiltigem Gerede, und der Dichter im Vorspiel auf

dem Theater fiel durch ganz merkwürdige Betonungen
auf. Immerhin raste das Publikum Beifall, denn der Künstler war heut sehr kainzisch. Er redete sich in sein feuriges
Ungestüm hinein, er schrie, wurde rot, er machte Grimassen, und aus gespitztem, geistreichem Mund schnellte und
schmiß er den Gönnerinnen die Verse dutzendweise an
den Kopf. Sie ächzten und jauchzten. Dann, als die himmlischen Heerscharen lebendig wurden, entpuppten sich die
Engel sämtlich als baierische Engel. Mit sonorem Lärm erfüllten die Schreihälse den Himmelsraum und schmetter-
ten den Text Gott Vatern vor die Füße. Gott selbst sprach
wie ein tönendes Erz, und mit windigem Schneiderfalsett
war ihm Mephisto kontrastiert. Alles barg, ungeachtet
schnöder Willkür, viele Feinheit, viele geistige Grazie und
vor allem vielen Elan. Aber den Faust wird ein glimpfli-
cher Liebhaber wahrhaftig nicht von Kainz gespielt sehen
wollen. Es wäre ein ungründlicher und zappeliger Faust,
ein Fäustlein, nervös und verwöhnt; nicht der Doktor, der
vier Fakultäten durchstudiert hat, sondern ein Baccalau-
reus mit ungebärdigen Schmerzen. Als der Ostergesang
einsetzte, »Christ ist erstanden«, versagte die repetierende
Kraft dieses unberechenbaren Schauspielers von Grund
aus. Man fühlte die Absicht und die ganze Ferne des Voll-
bringens wie vorher bei Land den Abstand zwischen Kraft
und Ziel. Trotzdem wurde wieder Beifall gerast. Denn die
Stärke des äußerlichen Effektes war maßgebend für die
schallende Handarbeit der Hörerinnen. [...]

18. April 1897

Ein seltsamer Gast hat Berlin und diese Welt verlassen. Es
war ein Zugvogel aus dem Norden, ein tragikomischer
Storch, der hier ein glückliches Nest gefunden hatte. Eine
Handvoll bester Menschen hatte ihn gern; am grünen
Donnerstag aber begruben sie ihn: Julius Hoffory, den
skandinavischen Philologen, den schweigsamen Humoristen, den Vorkämpfer Ibsens, den Freund der Deutschen.

Lange war er unserem Kreis entschwunden. Dennoch hauste er unheimlich in nächster Nähe. Seine Freunde wußten, daß er am Leben war; doch sie wußten, daß er als ein Toter lebte. Dieser still lächelnde, humorhafte, kauzartige Mann war vertiert und blödsinnig geworden. Ein Glück, daß er endlich starb. Wir neuen Menschen glauben ja, daß dieses Dasein auf der Erde die Hauptsache für uns ist. Es braucht einem kein kleiner Eyolf wegzusterben, damit man zu dieser ausgesprochenen Erkenntnis gelangt. Wir bewundern an den Juden die große Leidenschaft des Existierens, die am einzelnen komisch, an der Gesamtheit grandios wirkt; und nicht nur für den docteur Pascal ist das alte Volk der Stehaufmänner wieder ein modernes Lebenssymbol geworden. Aber auch wir neuen Menschen glauben trotz alledem, daß der Tod ein Glück sein kann. Ja, wer fühlenden Herzens ist, wird sich fragen, warum es nicht erlaubt ist, so hoffnungslose Qual durch einen wohltätigen Eingriff des Arztes für ewig zu enden. Ein kluger, daseinsfroher, ungewöhnlicher Mann, der bei lebendigem Leibe langsam verfault, dem ein Sinn nach dem anderen abstirbt, der erblindet, das Gehör verliert, sich nicht mehr regen kann und bloß noch tierische Laute lallt: wäre es so ganz unethisch, ihm abends einen Schlaftrunk zu geben, von dem er morgens nicht mehr erwacht? Dichter haben das Problem mehr als einmal erörtert, und selbst der feine und zarte Paul Heyse war bereit, dem Mörder rasche Verzeihung zu gewähren. Und im Leben spielen sich diese Fälle noch viel grausamer und niederdrückender ab als selbst in einer realistischen Poesie. Im Leben schwindet schließlich jeder Schimmer von Tragik; bloß etwas Entsetzliches und Abstoßendes bleibt.

Hoffory war einer von den Menschen, die ihr Leben als Sache des persönlichen Beliebens, nicht als herkömmlich geregeltes Ding ansehen. Er ging selbständige schnurrige Wege. Er verkörperte weder den Typus des mitteleuropäischen Professors noch den Typus des mitteleuropäischen Literaten. Ein Zwitterding war er von wissenschaftlichem Grübler und genialischem Phantasten. Schon im Äußeren

trat das Groteske hervor. Wer ihn sah, in dem pastorenhaft
geschnittenen Rock und der weltlich-subjektiven Bart-
tracht – ein roter schmaler Kinnbart zeigte gleich einem
ausgestreckten Finger zur Erde –, der erkannte einen Teil
seiner absonderlichen Willkür. Wenn er ging, schien ein
Magier die Potsdamer Straße entlangzuschreiten.

Grotesk war er, lange bevor ihn offenkundiger Wahnsinn befiel. Mir ist die komische Lage eingedenk, in der
ich ihn zuletzt sah, vor fünf oder sechs Jahren. Ein Geheimer Regierungsrat und Professor war nach Berlin berufen
worden, ein älterer, strenger Herr mit dem Aussehen eines Barden, glattrasiert und mit länglichem Grauhaar. Er
sollte einer Anzahl von jüngeren Gelehrten und gelehrten
Jüngern in gewissermaßen traulichem Kreise vorgestellt
werden. Traulich war die Form: eine Art Feier im geschlossenen Zimmer eines Restaurants. Doch bei dem
Charakter des Anlasses wie dem des Gefeierten ergab sich
ein ehrfurchtsvoller, würdiger, zurückhaltender Ton. Hoffory stellte sich aber nach einer Weile auf seinen Stuhl und
begann eine Ansprache zu halten. Sie war entsetzlich und
wundervoll, und auf den Köpfen der Versammelten
sträubten sich die Haare. Er erging sich in sprühenden
Phantasien, schweifte in das burschikos-verwegenste Gebiet, und wie eine Reihe von wissenschaftlichen Provoka-
tionen kam es schauderhaft aus seinem Munde. Dieser
Däne, der in Berlin Professor war, beherrschte die deutsche Sprache etwa wie ein Deutscher; gut genug, um einen Eindruck hervorzurufen, daß niemand wußte, ob hier
ein seltener Humorist oder ein Delirant sprach. Der graue
Barde hielt seine ernsten Augen, die langsam größer wurden, auf den Redner geheftet, starr und immer fassungslo-
ser. Der Mann auf dem Stuhl sprach weiter, ohne zu stok-
ken, und ließ zum Schluß mit tiefer Ruhe seine eigene
Spezialwissenschaft und einige seiner Schüler selbstherr-
lich leben.

Dann entschwand er bald. Unvergessen bleibt seine tapfere Mitarbeit am Werke der Ibsenförderung. Er war es,
der bei der ersten Gespensteraufführung eine neue Blüte

deutscher Dichtung voraussagte. »Paßt auf, heut beginnt
eine neue Epoche der *deutschen* Literatur.« Es war sein
Stolz, daß hier eine Bewegung im Gange war, die beiden
Völkern, denen er nahestand, zugute kam. Wie schade,
daß dieser originelle Mensch sich selbst zugrunde gerichtet
hat. Der Tote will nur die Wahrheit; und so ist zu sagen: er
war ein großes Sumpfhuhn. In vollen Zügen trank er
Wonne. Als der Organismus unvollkommen arbeitete,
brauchte er Gewaltkuren. Er schlürfte Eisen, flaschenweise.
Er schlürfte überhaupt viel. Erbliche Belastung mag zuge-
kommen sein. Das Ende vom Lied war jene kleine Feier
am grünen Donnerstag auf dem Westender Kirchhof. Er
ruhe in Frieden.

Ein anderer Gast aus dem Norden kam am selben grünen
Donnerstag hier an. Ein fröhlicherer und tröstlicherer. Ein
Mann, der schon in jungen Jahren in Deutschland ebenso
berühmt ist wie in seiner dänischen Heimat: Peter Nansen,
der Dichter von »Julies Tagebuch«. Er ist mit seiner Frau
nur zu Besuch an die Spree gefahren, auf eine halbe Woche,
und die Nansengemeinde hat ihn gastlich gefeiert, mit einem Mahl im Palasthotel, mit Reden und mit Hochrufen.
Ich nannte ihn den Dichter von »Julies Tagebuch«. Er hat
bekanntlich noch andere Bücher geschrieben, ironische und
ernste, leichtsinnige und resignierte. Aber dieses eine ist es,
das die Leute hier zu einem Kultus mit ihm bewogen hat.
Deshalb wird er verehrt, von Männern, Frauen und jungen
Mädchen, und es sind nicht die Schlechtesten, die zu einem
so feinen und innigen Herzenskenner sich hingezogen fühlen. Hier tritt der seltene Fall ein, daß die Fachleute mit
dem Urteil der westlichen Backfische genau übereinstim-
men. Diese Julie, selbst eine Treibhauspflanze, ein Mädchen aus gutem Hause, die ihres Lebens erste und letzte
Liebe in einem Jahre durchlebt, in einem schmerzvollen
und seligen Jahr; die das einzige große Ereignis ihres Daseins vor der grauen Ehe mit einem Spießbürger erfährt: sie
ist in Glück und Elend so wundersam beobachtet, daß man
staunt, wie es ein *Mann* sein konnte, der dieses Buch
schrieb. Zwar offenbart sich manchem Mann so eine zuk-

kende Mädchenseele in tiefster Wonne und namenloser
Qual, doch in der Erinnerung erlischt vieles. Und es ist gut,
daß es geschieht, weil Entsetzliches und Nagendes sonst
durch die Zeiten mitzuschleppen wäre. Dieses Buch aber ist
wie das Gewissen eines Mannes, der *nichts* vergessen hat. Er
hat nicht die kleinste Seelenregung des Mädchens aus dem
Gedächtnis verloren. Wie eine furchtbare Anklage wirken
diese Blätter und doch zugleich wie die Wiederkehr eines
süßesten Traumes auf den, der eine Jugend hinter sich hat
und sie nicht hinter dem Ofen verbrachte, sondern im brau-
senden Leben, in Glück und Leidenschaft, in seligen Irrungen und Wirrungen. [...]

23. Mai 1897

Was ist das Angenehmste auf der Welt? Goethe hat geglaubt: lieben und geliebt zu werden. Ein anderer Schriftsteller, der ein trüberes Leben verbrachte, war ähnlicher
Meinung. Als er, der große Flaubert, in späten, trockenen
Zeiten die Öde seines Erdenlaufs übersah, erschien es ihm
als das Angenehmste, ein junger und reicher Dichter zu
sein und seine Flamme zu heiraten. Er seufzte: »Etre poète,
jeune, riche et épouser celle qu'on aime! il n'y a rien au-
dessus de ça!« Drei Monate darauf starb er.

Ich denk' es mir sehr angenehm, Deutscher Kaiser zu
sein. Vielleicht nicht auf die Dauer, denn man weiß nie,
was kommt, aber eine Zeitlang. Dichter zu sein ist ja auch
schön, aber angreifend. Auch wirft dieser bürgerliche Beruf nur in seltenen Fällen sechzehn Millionen jährlich ab,
was eine Zivilliste spielend tut. Besonders die echten Poeten verdienen weniger. Zur Not könnte man Kaiser und
echter Poet in einer Person sein. Das wäre denkbar, wenngleich die Geschichte der letzten zwanzig Jahre kein Exempel dafür bietet. Jedenfalls, in der wundervollen Macht-
befugnis, in dem großartigen Verfügungsrecht, in der
fröhlichen, durch das bißchen Verfassung nicht allzusehr
beeinträchtigten Freiheit kann man sich feste ausleben, die
angestammte Eigenart, wenn man eine hat, entfalten, aus

seinen Träumen Wirklichkeiten machen und den eignen
Kunstverstand und Willen noch unter Kulissenschiebern
und Schauspielerinnen zur suprema lex machen. Das muß
für jeden, der Sinn für Theater und Individualität hat, herrlich sein. Und wenn man mich nochmals fragt, was ich für
das Angenehmste auf der Welt halte, so singe ich mit Wolf-
gang Amadeus Mozart: »Ich möchte wohl der Kaiser sein,
der Kai-ser sein!«

Der Kaiser hat herrliche Frühlingstage im Rheingau verbracht; die Einwohner Berlins unterhalten sich davon. In
der grünen Jagduniform, die er selbst kreiert hat, ritt er tagtäglich in der sauberen Stadt Wiesbaden herum, in deren
geflaggten Straßen grüne Bäume und üppige Maiensträu-
cher wachsen. Er mag den Jubel aller Frühlingssänger im
Innern gefühlt haben, der glückliche Mann, dem es beschieden ist, so frei aus dem vollen zu leben. Und wer
wollte ihm, nach den drückenden Regierungsgeschäften
und nach den Reisestrapazen des Jahres, ein paar stille Tage
im Grünen mißgönnen. Selbst im Grünen aber sinnt sein
regsamer Geist auf Neues und Abwechselndes. Unser
Herrscher besitzt das Glück, sich inmitten eines sozial und
politisch erregten Europas einen ausgeruhten Kopf zu bewahren, und so macht er aus einem Königsidyll rasch ein
Königsfest, eine glänzende Feier mit künstlerischem und
patriotischem Hintergrund; bloße Natur wird durch Kulturdinge schmackhaft belebt. Er läßt also auch das Drama
des Herrn Hauptmann Lauff spielen, an dem ihn der ho-
henzollern-geschichtliche Inhalt, ganz gewiß nicht der
Kunstwert gefesselt haben muß. Denn es hat keinen. Wir
kennen es nicht ganz, aber die Zeitungen haben reiche
Auszüge mitgeteilt. Sind die Auszüge wahr, dann ist der
Verfasser des »Burggrafen« als Dichter unter den Dichtern,
was der Ar- und Halmlose unter den Agrariern. Denn das
Stück ist nicht mehr als eine banale Zweckmache. Es
scheint sogar gröber als der Durchschnitt dieser Gattung.
Und wenn sich der Kaiser für alle Einzelheiten der Aufführung ins Zeug gelegt hat, bewies er bloß die Anhänglichkeit und Ehrfurcht für einen Stoff, der sich mit seiner Fa-

miliengeschichte befaßt, auch wohl sein Vergnügen am Theaterspiel, nicht aber ein Einverständnis mit der künstlerischen Seite des Werks.

Während so in Wiesbaden deutsche Geschichte und besonders Sage auf dem Theater traktiert wird, befaßt sich in Berlin die Kreissynode mit der Kunst. Denn wie die Künstler Kirchen bauen helfen, Altäre schnitzen, Fenster malen und, wenn auch selten, Gesangbuchverse dichten: so kommt die Kirche von Zeit zu Zeit der Kunst freundlich zu Hilfe und weist ihr die Wege, die sie vom Abgrund hinwegführen. Diesmal hat sich der Generalsuperintendent Faber gegen die Barrisons gewandt, und er ahnt offenbar nicht, welche Fülle erziehlicher Kraft diesen Schwestern innewohnt. Schon mancher, der sie sah, und in der Nähe sah, ist für den ganzen Rest seines Lebens auf den Pfad der Tugend gebracht worden. Wenn das Laster so wenig Waden hat, dann wird die Tugend Wonne, Notwendigkeit und Gewinn. O welche Lust, Asket zu sein! Der Taumelkelch erscheint, wie Wippchen sagen würde, als Medizinlöffel. Oder sollte Faber etwas ganz anderes gemeint haben? Es wäre nur billig anzunehmen, daß er seinen Heine genau kennt. Der aber schrieb:

> Läßt man sich vom Fleische locken,
> Das ist immer noch verzeihlich;
> Aber Buhlschaft mit den Knochen,
> Diese Sünde ist abscheulich.

In diesem Zusammenhang betrachtet, erhält sein Zorn gegen die Barrisons eine tiefere Bedeutung. Sein weiterer Groll wandte sich gegen ein Ding, dessen Titel er ganz richtig mit »Endlich allein« angab. Es ist ein Werk der dramatischen Gattung, wurde hier hundertfünfzigmal von der Budapester Possen-Gesellschaft unvergleichlich gespielt und ist das Wundervollste und Erschütterndste an Komik, was der bescheidene Schreiber dieser Zeilen seit seiner Geburt erlebt hat. Der Herr Synodale hat ganz zu Unrecht von Lüsternheit gesprochen. Es ist nicht eine Spur von Lüsternheit in diesem lustigen Stück. Es enthält derbe Komik,

es enthält auch eine Komik, die nicht gerade für Konfir-
mandinnen paßt, aber von Lüsternheit kann allein darum
nicht die Rede sein, weil das Furchtbar-Komische, nicht
das Anlockende geschlechtlicher Dinge hier in Betracht
kommt; weil kein Mensch vor Lachen dazu gelangt, das
Gesehene fortzuspinnen und auf eigene Verhältnisse zu
übertragen, was logischerweise zum Begriff der Lüsternheit gehört, und weil die Schicksale des Helden Isidor Blumentopf, der auf der Hochzeitsreise ist, nur eine Kette von
Unglücksfällen und Entgleisungen darstellen, welche dem
Zuschauer nicht im geringsten wünschenswert oder als ein
Ziel der Sehnsucht erscheinen. Isidor Blumentopf aus Te-
plitz-Trencsin in Ungarn reist nämlich mit seiner jungen
Gemahlin und erleidet bis zum Schluß des Stücks durch
eine Verkettung düsterer Zufälle namenlose Mißgeschicke,
die ihren Höhepunkt erreichen, als er im Hotel unschuldig verhaftet wird. Das Stück als Stück ist bei Gott nicht
bedeutend, aber wie es die Brüder Herrnfeld spielen,
die Chefs einer ungarisch-jüdischen Truppe und Künstler
allererster Ordnung, das vergißt man nicht mehr, wenn
man sie einmal gesehn hat. Ich habe sie hier nach Kräften
und mit den offenkundigsten Rechtsgründen gegen den
Generalsuperintendenten verteidigt; aber sie selbst würden
eine überzeugendere Verteidigung geben, wenn sie der
Herr Synodale einmal ansehen wollte. Überhaupt, wie
steht die Sache? Hat sie der Herr Synodale gesehn oder
nicht? Die Beantwortung solcher Fragen ist von recht weit-
gehendem Interesse. Zum Schluß ein geschichtliches Zitat:
»Ariost und der Kardinal Bibbiena haben Lustspiele voll
der ärgsten Obszönitäten geschrieben, welche vor Papst
Leo X. und Heinrich II. von Frankreich in Gegenwart der
Fürstinnen und ehrbaren Frauen des Hofes ohne Anstoß
aufgeführt wurden.« Wir verlangen nicht das gleiche, nicht
die Aufführung von »Endlich allein« vor geistlichen Herren und fürstlichen Frauen; aber wir verlangen, daß man
derbe und lustige Naturen, die einen starken Spaß ohne
üble Folgen vertragen können, nach ihrer Façon selig werden läßt. Sela.

Wie unsympathisch andererseits kritiklose Verherrlichung aller geschlechtlichen Freiheit wirkt, sehen wir noch immer an dem Fall der Klavierlehrerin Maria Gerdes. Diese Dame hat das Glück, in Literatenkreisen eine Masse Freunde zu besitzen, und es wird daher für sie die Lärmtrommel so beharrlich gerührt, daß jeder Mensch von durchschnittlichem Gerechtigkeitssinn sich dagegen empören muß. Das Fräulein hat getan, was hundert andere tun, nach denen kein Hahn kräht; sie hat verbotene Früchte genascht. Die anderen, die naschen, tun nicht so, als ob sie eine besondere Heldentat damit vollführten. Das Fräulein Gerdes aber gebärdet sich – oder ihre taktlosen Freunde –, als ob sie lediglich aus höheren Prinzipien genascht hätte. Als ob sie aus ethischer und sozialer Überlegenheit den feierlichen Entschluß gefaßt hätte, in den Apfel zu beißen, und nicht deshalb, weil er so süß war. Das Fräulein hat auch bereits mehrfach in den Apfel gebissen. Sie hat eine gewisse Teilnahme für sich, weil sie stärker leidet als der Knabe Reibenstein und weil sie obendrein das Unglück hatte, über das Gesicht geschlagen zu werden. Aber man soll sie nicht zu einer Heiligen machen. An allen Ecken und Enden posaunt man von der Notwendigkeit der Gleichstellung der Geschlechter, und mit Recht. Aber sobald sich ein Fall wie der vorliegende ereignet, verlangen dieselben Gleichheitsherolde sofort Ausnahmerechte für die Frau. Plötzlich ist sie das schwache Weib, der nicht das »gleiche«, sondern besondre Rücksichten zugestanden werden sollen. Höchst tolerant erkennen die Literatur-Jünglinge den beliebigen sittlichen Wandel der Frau als etwas Erlaubtes an, ihre Emanzipation vor dem Spießbürgerbrauch als etwas Selbstverständliches und Berechtigtes. Aber daß sie damit sich selbst ihr Schicksal schaffe und die Folgen zu tragen hat, scheinen sie weniger einzusehen. Marie Gerdes hatte den »Mut«, sich dem Mann ohne Standesamt hinzugeben. Sie hatte ihn sogar öfter. Na, schön! Aber daß diese Hingabe mit ziemlicher Sicherheit gewisse genealogische Komplikationen nach sich zieht, scheint sie in ihrer Ahnungslosigkeit nicht gewußt zu haben. Und plötzlich, wo das Kindchen da ist, ist sie die »Verführte« (obgleich sie drei Jahr älter ist als der freundliche Reibenstein) und soll mit dem Revolver recht behalten dürfen! »Ich verstehe die Welt nicht mehr«, sagt der Meister Anton bei Hebbel; ich rufe das den literarischen Freunden der Dame Gerdes zu. Sie mögen mit ihrem groben Unfug endlich innehalten.

In der nächsten Woche, wenn mehr los ist, soll mein Brief länger sein. Adieu.

6. Juni 1897

Bekanntlich wohnen in Berlin eine Masse Kaffern. Immerhin scheint ihre Zahl zu klein gewesen zu sein. Zwei Unternehmer entschlossen sich, neue Exemplare aus der Kaffernheimat zu verschreiben. So entstand »Transvaal« am Kurfürstendamm. Dies Unternehmen gibt, wie einst das falsche Kairo und das Pappe-Venedig, allen Unbemittelten, welche die Reisespesen nach Südafrika scheuen, ein Bild des etwas entfernt liegenden Landes, das seit Cecil Rhodes für die Teilnahme unseres stammverwandten Volks – nämlich stammverwandt mit den Buren! – ganz reif geworden ist. Ohne Jamesons Einfall in die Burenrepublik und ohne das eifrige Telegramm des Kaisers hätte Berlin zweifellos eine Ausstellung weniger. Niemand darf also klagen, daß diese zwei politischen Handlungen keinen sichtbaren Nutzen gebracht haben.

Das Land Transvaal, welches den für uns so erstaunlichen Anblick republikanisch gesinnter Bauern bietet, ist vorläufig erst in der Entwicklung begriffen. Wahrscheinlich um diesem Umstande Rechnung zu tragen, zeigte man den Berlinern auch eine Ausstellung, die ganz in der Entwicklung begriffen ist. Wer das riesige Terrain durchschritten hatte, und für den gemeinen Bürger kostete das am Eröffnungstage zwei Reichsmark, der fand mit Befriedigung, daß einiges bereits fertig war. Es gab Hottentotten-Kraals, aus Lehm und Halmen errichtet, die einfachen Wohnungen einfacher Menschen, von weitem wie Misthaufen mit Por-

talen wirkend. Das alles hätte noch viel tieferen Eindruck
gemacht, wenn nicht die Herrlichkeit der vergangenen Ko-
lonial-Ausstellung die Augen an solchen Anblick reichlich
gewöhnt hätte. Und diese vergangene Ausstellung wird der
gegenwärtigen überhaupt ein bißchen schaden. Es gibt jetzt
tanzende Zulus, tanzende Kulis – aber wilde Völkerschaften kennt man, und es kommt den Berlinern auf ein bißchen Rassenunterschied im einzelnen nicht an. Auch Ochsendroschken wirken zwar neu, aber nicht überwältigend;
denn es wird nicht auf das ethnologisch Echte, sondern auf
das Allgemein-Anziehende hier Gewicht gelegt. Und allgemein anziehend sind Ochsendroschken nicht. Daß aber
zweirädrige zierliche Wagen von dunklen Menschen gezogen werden, widerspricht einem gewissen Billigkeitsgefühl
der an der Spree heimischen Bevölkerung. Menschen als
Zugtiere lassen sie sich nicht gern gefallen, und wenn sie ein
Goldbergwerk hier aufrichtiger bewundern wollen, entdecken sie, daß es noch geschlossen ist. Der Marktplatz von
Johannesburg wird in einer Reihe von Kulissenhäusern
nachgeahmt, man kann das kleine Palais des Cecil Rhodes
sehn, ferner eine Masse von Kneipen und Geschäften, ferner echte Buren mit Weib und Kind – die Schaustellung so
biederer holländischer Familien hat etwas Verletzendes –,
ferner eine Siedlung frommer Schwarzer, Matabeles als Re-
nommierchristen, endlich ein Gebäude mit sieben Türmen
und Türmchen, welches die stärksten Sympathien weckt:
hier hat der nobelste Kneipwirt Berlins, Herr Schaurté, gemeinsame große Räume und chambres séparées für siebenhundert weintrinkende Menschen hergerichtet. Das ist offenbar der Höhepunkt von Transvaal. Daneben kommt
allenfalls eine Schar von Kapmädchen in Betracht, welche
den dornenvollen Beruf sogenannter Kellnerinnen ausüben. Im ganzen aber läßt sich nicht leugnen, daß an äuße-
rem Glanz, an Hinreißendem, Vergänglichem andere Ausstellungen dieser Ausstellung überlegen waren. Und doch
ist diese solider. Solider und kaffriger.

Ob die Mädchen, die aus der freundlichen Gegend des
Kaps der Guten Hoffnung stammen, hier einen Dichter

finden werden? In Wien haben ihre afrikanischen Schwestern einen gefunden, und sein Buch – Ashantee von Peter
Altenberg – wird in Berlin, wenn man nach der furchtbaren Hitze des Tages irgendwo in gutem Kreise sitzt, auffallend eifrig besprochen. Auch nach Wien, in den »Tiergarten«, waren braunschwarze Mädchen gekommen. Herr
Peter Altenberg, der halb ein verstockter Poet, halb ein verstockter Feuilletonist zu sein scheint und jedenfalls ein etwas verstockter Mensch ist, begab sich täglich in diesen
Tiergarten und erlebte eine Herzensnovelle. Er schrieb sie
auf und widmete sie seinen Freundinnen, der unvergeßlichen Akolé, der Akothia, der Tioko, der Djôdjô und der
holden Nah-Badûh. Er lernte ihre Sprache ein bißchen,
idyllisierte sie ein bißchen und schwelgte ein bißchen in
Exotik. Denn diese Wiener Schriftsteller lieben von In-
nungs wegen das Exotische. Sie haben mit dem Symbolismus und mit den Franzosen so viel Fühlung, daß ihnen
fremde Kleiderstoffe, fremde Farben, fremde Düfte sowohl ein Genuß wie eine Ehrensache sind. Die Vorliebe
für entlegene Phantastik läßt sie nicht bloß von bronzefarbenen üppigen Körpern, Pfauenwedeln und sonst was
träumen, und ein brünettes Tingeltangelfrauenzimmer
wie die Otero, selbst die Barrisons werden ihnen gleich zu
Lebenssymbolen. Herr Peter Altenberg besitzt eine gewisse Innigkeit, die durch allerhand affektierte und weich-
liche Mätzchen manchmal beeinträchtigt wird, manchmal
durch ihren Gegensatz auf trügerische Art gerade in
schlichter Reinheit erscheint. Er hat Töne, die ein bißchen
an die Seele greifen, aber er ist am Ende vorwiegend ein
formgeschickter Zubereiter, der aus einem Stück Gama-
schenleder ein Kotelettchen macht. Dieses ewige Empfin-
deln und empfindelnde Lächeln und die geschickte Weh-
mut, die gleich verschwindet und abbricht und ein
wehmütiger Humorbestandteil wird – es ist allzu lange in
seiner Greisenhaftigkeit nicht zu ertragen. Auch die
Aschanten-Weichheit (ein Wiener würde nie Aschanti
schreiben, denn Ashantee wirkt exotischer), welche die
schon von Jules Lemaitre geschmackvoll arrangierte Sehn-

sucht nach der paradiesischen Einfachheit zum Unter-
grunde hat, ist verzwickt und raffiniert und bei Gott nicht
ohne Getue. Die Einfachheit in der Form des Feuilletonis-
mus zu geben: das ist das Schicksal dieser müden, erfahrenen Weichlinge. Sie kommen auf dem Wege des gerissen-
sten Raffinements zur Schlichtheit. Das Schlichte ist unter
ihren Händen parfümiert. Sie haben es nicht an sich, sie
finden es. Und obgleich der Ashantee-Dichter vielleicht
auch ein Humorist und ganz sicher ein glänzender Beobachter ist: wir sind sehr froh, daß kein berlinischer Poet die
Kaffernmädchen auf ähnliche Weise feiern wird. Die Jünglinge Berlins erledigen solche Angelegenheiten kürzer,
vielleicht roher, aber zweifellos echter und unmittelbarer.
Sie sind die Besseren – glaubet nur.

Jedenfalls spricht man an kühlen Abenden nach heißen
Tagen über das Ashanteebuch und über Transvaal. Und
dann umziehen Wolken das Antlitz der Redner, und sie
sprechen von der Potsdamer Straße und klagen einander,
wie öde und verschimpfiert sie geworden ist. Herrlich war
sie, edel, schattig und lachend; jetzt aber, wo klobige
Hände die Bäume ausgerupft haben, auf daß sie verbreitert werde, gähnt eine kahle, gemeine Alltagsstraße; und
die maßgebenden Kreise werden einen ernsten Beschluß
fassen, ob diese gesunkene Straße fernerhin noch als Wan-
delbahn für jugendliche Übermenschen und Übermen-
schinnen aus dem nach ihr benannten Viertel zu betrachten sei. O Bürger Berlins, ich sagte nicht zuviel, wenn ich
euch Kaffern nannte. Welche Blößen habt ihr euch wieder
gegeben. Weil eine Straße verbreitert werden soll, laßt ihr
alte Bäume weghacken. Habt ihr keine Ahnung, was eine
Avenue ist? Merkt ihr denn nicht, daß in dem elenden Ka-
sernenmeer dieser nüchternen Stadt jeder Baum wie ein
Vers in einem stumpfsinnigen Reporterbericht wirkt?
Wißt ihr nicht, daß Verkehrsrücksichten ganz nebensäch-
liche Rücksichten sind? Wißt ihr nicht, daß es einen unendlichen Reiz in den schönsten europäischen Hauptstädten bildet, wenn hie und da eine dunklere schattige Enge
eintritt, wo sich die Droschken, Menschen und Pferdebah-

nen hindurchwinden müssen, wo man lächelnd aneinander anstößt und sich sagt: ja, das sind die gedrängteren Stadtteile! Ihr Kaffern elende, ihr würdet alte, schweigende Wiener Gassen mit vornehmen alten Häusern und dunklen vornehmen Gittertoren einreißen lassen und verbreitern; ihr würdet die Montagne de la Cour in Brüssel abtragen und eben machen, ihr würdet in Innsbruck die alten Laubengänge mit Rücksicht auf Speditions-Fuhrwerke und Möbelwagen beseitigen, ihr würdet in Venedig eine gepflasterte Stromregulierung im Canal grande vornehmen. Kaffrig ist das Hundriesersche Denkmal der Berolina, das einem Polizeigebäude gegenübersteht. Doch so kaffrig dieses Monument ist, so echt ist es. Jahrzehnte mußten vergehen, bis ihr eine wundervolle, grüne, kühle Straße hattet – eine, die ausnahmsweise ein bißchen nach älterer Kultur roch, und tapps macht ihr sie zuschanden. Wenn ihr bloß wüßtet, wie sie auf euch schimpfen, die Edlen, die nach heißen Tagen an kühlen Abenden beieinandersitzen. ...

Im übrigen plaudern sie von der Sorma, die aus Amerika zu uns zurückgekehrt ist und ihre Villa am Wannsee bezogen hat. Sie freuen sich, daß sie wieder hier ist, denn Wasser hat keine Balken, und pumpen einander ihre Zeitungsausschnitte, die sie aus New York bekamen und in denen die holde Zauberin in unerhörten und unerhört komischen Sätzen gefeiert wird. Und sie freuen sich besonders, wenn sie gelegentlich die Große, Gute und Liebe auf dem Zweirad vorbeieilen sehn und in ihrem Gruß das schalkhafte Lächeln wieder wahrnehmen. Wie ist sie doch der geborene Gegensatz zu allem, was ... na, Transvaal heißt.

Im übrigen aber sprechen sie davon, daß es so wenig zu sprechen gibt. Man kann doch nicht ewig über Tausch und Lützow reden, besonders jetzt, wo der Prozeß vorbei ist. Herr v. Tausch ist gerettet, aber auch gerichtet. Causa finita. Die Länge dieser Briefe hängt, wie die Ebbe vom Mond, von Flut und Ebbe der Ereignisse ab. Sie können nicht immer gleich sein, aber eine ausgleichende Gerechtigkeit soll, bei Gott, in den nächsten stattfinden. Keine

Zeile wird dem Leser geschenkt. Keine Zeile. Indessen noch rasch einen kühlen Schluck Sherry Cobler, denn es ist noch immer wahnsinnig heiß – wie im Lande der Kaffern.

20. Juni 1897

Weiß der Himmel, es ist ein heikles Thema. Immerhin: es muß besprochen werden. Es muß. Ein schrecklicher Kampf ist entbrannt. Man hat ja davon gelesen. Glauben Sie wohl, Leser, daß ich bis über die Ohren rot werde beim Schreiben dieser Zeilen? Bis über die Ohren? Hilft nichts – es muß besprochen werden.

Also ein schrecklicher Kampf ist entbrannt. Um die Jungfern. Hu, wie ich mich schäme. Auf der einen Seite kämpft der Magistrat in edlem Zorn; auf der anderen glaubensstarke Gottesmänner in heiligem Eifer. Unser Zelle, stolz und ritterlich, bricht seine Lanze für das Vorhandensein von Jungfern in Berlin. Er verbürgt sich, daß welche aufzutreiben sind. Er ist Bürgermeister; und selig macht der Glaube. Hoch aufgerichtet steht er unten am Sockel der steinernen Berolina, am Alexanderplatz, zur Seite ihm der greise Langerhans, und beide weisen mit erhobenem steifem Zeigefinger auf das gepanzerte Mädchen und verbürgen sich. Die Kirchenlichter munkeln das Gegenteil; der eine oder andere muß wohl Erfahrungen gesammelt haben. Keine von beiden Parteien aber vermag das Rätsel ganz zu lösen. Wenigstens löst es kein alter Bürgermeister und kein alter Synodale.

Vielleicht, wenn beide ihre Assessoren und ihre Theologiestudenten gefragt hätten, wäre die Auskunft maßgeblich gewesen. Denn diese strebsamen jungen Leute stellen mit Eifer statistische Erhebungen an. Sie hätten ohne Bedenken unserem Zelle recht gegeben. »Wir alle«, so rief Zelle, da er von dem zweifelnden Synodalen sprach, »wir alle sind von der Unwahrheit seiner Behauptung überzeugt, und es würde leicht sein, den *Gegenbeweis* aus großen und kleinen Familien zu erbringen.« Nach einer Weile fuhr er fort: ein

Gegenbeweis sei gar nicht nötig. »Zunächst«, schrie er, und jedermann wird seine Worte billigen, »zunächst müßte der Herr doch selbst einen Beweis erbringen!« Das war ein durchschlagender Grund; der Synodale hatte diesen Beweis nicht erbracht. Auch nicht im geringsten hatte er ihn erbracht, der Synodale. Und wenn zwischen Stralau und Treptow ein ähnlicher Strudel wäre wie bei Regensburg –

> wem der Myrtenkranz geblieben,
> landet froh und sicher drüben;
> wer ihn hat verloren,
> ist dem Tod erkoren

– so würden noch immer mehrere Mädchen lebendig in Berlin herumlaufen. Man lese den Cervantes. Cervantes stellte sich, als ob er in der Jungfernschaft seiner Zeitgenossinnen ein minder großes Verdienst erblickte als in der Jungfernschaft ihrer Vorfahrinnen, der kämpfenden Heldenweiber. Von ihrer Tugend, so ungefähr sprach er, habt ihr gar keinen Begriff; denn nachdem sie einsam und allein durch Wälder geritten waren, Feinde überwunden hatten, nachts in der Wildnis kampiert, Jahre unter freiem Himmel zugebracht, von Ort zu Ort ohne Begleitung gezogen, in die mannigfachsten Abenteuer verstrickt waren – nachdem sie alle diese Taten vollbracht, waren sie noch so unberührt wie die Mutter, die sie geboren hatte. Der letzte Satz ist wundervoll.

Ja, der Spanier war ein Schalk; er durfte sich einen Spaß erlauben. Auch ein Chronist ist manchmal schalkhaft gestimmt und darf leise über die Berliner Jungfrauen spaßen; das ist Chronistenrecht. Jedoch ein Gottesmann scheint zum Ernst verpflichtet. Ihm steht es am Ende übel an, so allgemein kitzlige Behauptungen auch nur zu kolportieren, in der Versammlung frommer Amtsbrüder. Und daß in dem kitzligen Ausspruch, es gebe in Berlin keine Jungfrauen, sogar eine Beleidigung »höheren Orts« gefunden werden kann, hat unser Freund nicht bedacht. Es gibt in Berlin auch einen Hof. Zeter! Zeter! Und keine Jungfrau in Berlin? Er hat sich nichts dabei gedacht – nichts gedacht!

Unsere Priester geben dem Hofe, was des Hofes ist. Bei
Gott, das tun sie. Er hat sich nichts gedacht... Daß übrigens
bei dem ganzen Gerede nur die Absicht hervorsticht, den
verhaßten Berlinern etwas am Zeuge zu flicken, sieht ein
Blinder. Daß diese alte Neigung, Berlin als schlimm hinzustellen, sehr unsinnig ist, weiß auch jeder, der ländlich-
schändliche Verhältnisse durch längeren Aufenthalt kennt.
In jedem Falle Preis und Dank unsrem ritterlichen Zelle,
dem Anwalt der Berlinerinnen. Wie Heinrich Frauenlob
zu Mainz wird man ihn einst auf Händen tragen. Und eine
ungemischte Deputation weißgekleideter ... Jungfrauen
möge ihm indessen nahen mit einem grünen Lorbeer-
kranz. Auf dem Spittelmarkt aber wird ein Holzstoß erstehen und jenes schlimme Buch eines Galliers verbrannt
werden, das auch in Berlin leider stark verbreitet ist – les
demi-vierges.

Leser, ich atme wieder, daß ich das heikle Thema verlassen kann. Es mußte sein. Es mußte. Man kommt um
synodale und kirchliche Angelegenheiten nicht herum, in
der angenehmen Epoche, in der wir leben. Bezeichnend
für diese Epoche ist die Äußerung, die hier noch immer
einem Schusterjungen in den Mund gelegt wird. Dem
bekannten mit dem gesunden Menschenverstand. Eine
fromme Hofdame, die in ihrer Equipage mit betreßten
Dienern die Linden langfährt, wird von einem kahlköpfi-
gen Herrn gegrüßt. Na, Sie kennen das schon, wie ich
merke. Tut nichts: Der Herr entblößt seinen Schädel, und
der Junge ruft: »Setzen Sie den Zylinder auf! Wenn unsere
Hofdamen den leeren Fleck sehen, lassen sie gleich eine
Kirche drauf bauen.« Soweit der Schusterjunge mit dem
gesunden Menschenverstand. Liegt nicht eine symbolische
Kraft und Bedeutung in der Äußerung, die ihm in den
Mund geschoben wird? Es liegt eine drin. In diesen Zeitläuften, wo die äußere Schaufensterverhängung am Sonntag zwischen zwölf und zwei immer inquisitionsmäßiger
bewacht wird, während drin flott verkauft werden darf (die
letzte Woche hat wieder nette Verschärfungen gebracht) –
in diesen Zeitläuften kommt man um kirchliche Angele-

genheiten nicht herum. Das haben auch die Herren Bleichröder und Schwabach gedacht, welche britannische Kon-
suln in Berlin sind und zum Jubiläum der greisen Viktoria
etwas stiften mußten. Sie hätten für ihre 20 000 M. die alte
Dame von Lenbach malen lassen können und in der englischen Botschaft aufhängen. Oder von Eberlein meißeln
lassen (der ist immer für das Zarte, Schlanke). Oder sie hätten von den Zinsen der Summe englische Gouvernanten
in schwierigen Lagen, wie sie in Berlin zuweilen vorkommen, unterstützen können. Oder sie hätten einen jährlichen allgemeinen öffentlichen Freitrunk in Porter, Stout
und Ale eingerichtet, von Whisky, Brandy, Gin und einem
Zubiß von eggs and bacon ganz zu schweigen. Das alles
hätten sie tun können. Aber sie haben ihre zwanzigtausend
Mark der Kirche, für kirchliche Zwecke, in Dei et Victo-
riae gloriam, überwiesen. Das machte ihnen mehr Spaß
und kam ihnen wohl auch tiefer aus der Überzeugung.
Denn Bleichröder und Schwabach sind überzeugte Kir-
chenfreunde. Die Vorfahren wußten die Segnungen der
Synagoge kräftiger zu schätzen, die Nachfahren verstehen
ihre Zeit. So kommen sie selbst beim harmlosen Jubiläum
einer fremden Fürstin nicht um kirchliche Angelegenheiten herum. In der Zeit, in welcher die Kotze-Briefe, die
Frauenrankünen, Fräulein Flora Gaß, gemeine politische
Raub-Intrigen und die stumpfsinnigste Verschwendungs-
und Repräsentationssucht eine Rolle spielen (wie schade,
daß man die schlimmsten Verschwender nicht leicht unter
Kuratel stellen kann), in dieser Zeit tritt die strenge Kirchlichkeit, der Kuli des keuschen, herben Glaubens der armen
christlichen Gotteskinder, am offiziellsten und aufdring-
lichsten hervor. Ja, diese ganze Zeit gleicht dem neuen Po-
lizei-Sabbat. Die äußere Schaufensterverhängung ist streng
notwendig; innen kann flott verkauft werden, was man
will.

»Durch die Reise des Kaisers nach Bielefeld und Köln
hat die Erledigung der schwebenden Fragen, betreffend die
Veränderungen in den höchsten Regierungsstellen, natürlich, eine weitere Verzögerung erfahren« – so meldet heut,

Sonnabend früh, das Organ meiner guten Wirtin, der Lokal-Anzeiger, ein polizeifrommes Blatt, das vor Loyalität manchmal nahezu platzt. Es ist doch immerhin auffallend, daß durch eine zufällige Reise nach Bielefeld und Köln wichtige Regierungsakte verzögert werden sollen. Die Nachricht muß also ganz sicher falsch sein. Das Wohl und Wehe von fünfzig Millionen Menschen steht auf dem Spiele – und durch eine Reise nach Bielefeld und Köln, durch eine Denkmalsenthüllung, eine Einweihung, kostümierte Eskorten und klangvolle Reden soll die Entscheidung über Entscheidungsfragen aufgeschoben werden? Unsinn. Ein vaterlandsloser Geselle wäre der, der so dächte. Die Reise nach Bielefeld und Köln geschieht, weil alles bereits in trefflicher Ordnung ist. Die Beschlüsse sind offenbar gefaßt, die Regelung ist erfolgt, die Minister sind kommandiert. Die Reise nach Bielefeld und Köln ist also weit eher ein beruhigendes Symptom als ein beunruhigendes. Und besonders beruhigend ist sie im einzelnen für die Großindustriellen. Denn obgleich gegenwärtig kein bedeutenderer Strike besteht, ist doch durch den Satz »schwerste Strafen demjenigen, der seinen Nachbar an freiwilliger Arbeit hindert«, für die Zukunft eine Gewähr geleistet, daß aufständige Frechlinge nötigenfalls stramm gemaßregelt werden. Und grade im industriereichen Westfalen muß dieser Satz eine tiefe und besondere Wirkung üben. Zugleich wurde das Arbeiterheim »Bethel« besichtigt, wo der orthodoxe Pastor Bodelschwingh seines Amtes waltet. Es sind hier zweifellos segensreiche Einrichtungen getroffen, und es bleibt nur fraglich, ob die Arbeiter, die richtigen Arbeiter, nicht schon zu sehr korrumpiert von den verderblichen Ideen der Neuzeit sind, um soziale Hilfe immer mit Gebet und Predigt genießen zu wollen. Wir verzichten gern auf die fromme Hülle und nehmen bloß den eßbaren Kern. Aber das eine wird nicht ohne das andere abgelassen, die Zeit fordert ihren Tribut, man kommt um kirchliche Dinge nicht herum.

Die Sanftmut der Kirche ist auch auf den Gerichtssaal übertragen. Äußerungen in scharfer Form sind strafbar, und recht leicht saust eine Pön von ich weiß nicht wieviel Mark auf den hernieder, der die Wahrheit gesagt, aber in scharfen Worten gesagt hat. Ich meine damit nicht Majestätsbeleidigungen; denn die werden heut nicht mehr allzu streng gesühnt, wie das Schicksal des Herrn von Tausch beweist. Ich meine Privatsachen. Trotzdem geht der freundliche Schreiber dieser Zeilen in guter Hoffnung und gutem Humor dem kommenden Montag entgegen, wo in Moabit über die bestechlichen Musikkritiker gerichtet wird. Er denkt schließlich mit dem unchristlichen Anzengruberschen Steinklopferhans: »Es kann mir nix g'scheh'n!« Zugleich aber soll der Hinweis auf diesen zu einer Sensation aufgebauschten Lappalienprozeß eine Entschuldigung sein, daß dieser Brief leider um mindestens sieben Zeilen zu kurz ist. Wann alles vorbei ist, kommen wahre Bandwurmbriefe. Vorläufig verzeihe mir um meiner Recherchen willen der Leser – in kirchlicher Milde.

11. Juli 1897

Der Musikhistoriker Ambros schrieb einmal: »Die Langmut des deutschen Publikums ist vielleicht noch etwas größer als jene des Himmels.« Er bezog das auf künstlerische Dinge. Und es ist in Wahrheit etwas Klägliches, daß ein Volk, welches Faust und Wilhelm Meister erzeugt hat, jahrzehntelang auf seinen Bühnen einen läppischen Pariser Opernschwindel mit den Gestalten der Gretchen und Mignon duldet. Aber das Wort von der himmlischen Langmut kann viel besser auf politische Dinge bezogen werden. Was sich die dichtende und denkende Nation alles gefallen läßt, streift das Märchen. Und wer die Summe dieser Langmutszüge ins Auge faßt, wird sich nicht verhehlen, daß ihm die Erinnerung an die Naturgeschichte des Esels stärker und lebendiger emporsteigt.

Einen Augenblick später sagt man sich, daß diese Beurteilung ungerecht ist. Vielleicht liegen die Dinge nicht ganz so schlimm. Aber gallige Aufwallungen sind entschuldbar in der Zeit, in der wir leben. Das nette Tohuwabohu, das heut in Deutschland herrscht, wird selbst in bösen Epochen der Vergangenheit kein gleichwertiges Seitenstück finden: weil heut von Rechts wegen das allgemeine deutsche Selbstbewußtsein zehnfach stärker sein müßte, als es je gewesen ist. Es sind politische Taten getan worden: trotzdem läßt sich dieses Fünfzigmillionenvolk behandeln wie eine Gesellschaft von Unmündigen. Es sind in der Wissenschaft, in der Technik, in der Kunst, auf allen Kulturgebieten neue bedeutsame, ja großartige Leistungen vollbracht: trotzdem kann irgendeine Einzelerscheinung, durch den Zufall auf einen wichtigen Posten geschoben, die weitestgehenden Einflüsse hemmend und verwirrend üben. Von Launen hängen wir ab. Schicksale werden heut entschieden, Entwicklungen verzögert, Ergebnisse vernichtet durch Launen.

Was sich gegenwärtig abspielt, ist im wesentlichen ein Kampf der Kulturanständigen und Kulturselbständigen gegen ein gewalthaberisches Rittertum. Eine mystische, geistig zurückgebliebene Macht, die über starke physische Mittel verfügt, tappt wahnbefangen und mit nervöser Willkür hemmend in der Weltgeschichte herum. Das Bewußtsein ihres Drohnencharakters dämmert ihr nicht einen Augenblick, das Bewußtsein der ernsten Sachlage ist auch nicht embryonal in ihr vorhanden; und die Gottähnlichkeit eines Irrsinnigen kann nicht erschreckender wirken als die unbekümmerte Ruhe dieser stramm im Zeichen der Verkehrtheit herumwirtschaftenden Gewalten.

Das Rittertum, das Phantastisch-Unmoderne im lächerlichsten Sinn, feiert eine Auferstehung. Besser: eine Auffrischung. Denn tot ist es nie gewesen. Die einzelnen Vertreter des Prinzips, die Ritter, zumal die in Ostelbien, haben auf das Brimborium, wie es heut freigebig geboten wird, niemals Gewicht gelegt. Sie waren einfach vom Stamme Nimm und Haltefest; auf die Mystik pfiffen sie. Immerhin sind sie keine Spielverderber, sie machen auch das mit. Man muß in unsrem heut vorwiegend feudalistisch regierten Staat an Nietzsche denken, der diese ostelbischen Ritter ausdrücklich zu den zähesten Kraftfaktoren rechnet. Wer die Entwicklung des Jahrhunderts überblickt, könnte

mutlos werden. An seinem Ende ist der Agrar- und Krie-
geradel bei uns dieselbe Macht wie am Anfang. Stein tritt
auf, die Befreiungskriege werden gekämpft; das Jahr achtundvierzig erscheint; die Deutschen werden einig: und es
ist, als wäre nichts geschehen; in neuer Vergoldung und
dazu in neu erfundener schautischer Schnörkelei glänzt das
Rittertum. Aus der Ritterkaste werden alle wesentlichen
Stellen besetzt, die Ritterkaste regiert uns im Innern, vertritt uns im Ausland; und hat ein Bürgerlicher den Finanz-
ministerstuhl erklettert, so beeilt er sich nicht bloß, seine
Beziehungen zur Kommunalverwaltung, zur Börse, zum
Anarchismus zu vergessen, sondern er nimmt, was ihm ja
freisteht, einen agrarischen Schwiegersohn aus der Krie-
gerkaste und sucht sich flink, in der Weltanschauung und
allen Äußerlichkeiten, in einen späten Ritter zu verwandeln. Denn um in Deutschland zu regieren, muß man heut
ein Ritter sein. Auch der Ritter von Podbielski – –

Aber von Podbielski kann geschwiegen werden. Er ist
schon populär genug. Dagegen läßt sich über Herrn Fischer einiges erzählen. Nämlich über den äußeren Eindruck, den er macht; denn ob er wirklich bei seinen Beamten so schrecklich verhaßt ist, wie die offiziösen Blätter
behaupten, entzieht sich der Kenntnis. Es ist jedenfalls
hübsch, daß diesmal so zarte Rücksicht auf die Stimmung
der Untergebenen gegen einen Vorgesetzten genommen
wird. Sonst ist das nicht der Fall. Herr Fischer wirkt persönlich keineswegs wie ein Mann, der hassenswert erscheint. Er wirkt aber wie ein Mann, der nicht ganz in den
Rahmen unsrer Bürokratie paßt, weil er feiner gebildet,
unter anderem literarisch gebildet, und urban ist. Daß er
nebenbei für den besten Kenner des Postwesens in Europa
gilt, weiß man. Wer an fröhlicher Tafelrunde mit ihm zusammen war, ihn sprechen und dann wohl toasten hörte,
der hatte die Empfindung, daß hier ein Gegner des schnauzenden Tons, ein Gegner der strammhosigen Schnellfertig-
keit redete. Bei allem Ernst eines verantwortungsreichen
Beamten sprach aus ihm die milde Heiterkeit einer überlegenen und feiner organisierten Natur. Das gewisse Etwas,

das den homo liberalis vom Banausen scheidet und das unseren höheren Beamten recht oft fehlt, tritt bei ihm klar in die Erscheinung. Nicht bloß ein mannigfach unterrichteter Mann, ein in der Weltliteratur beschlagener Mann, sondern auch ein nachdenklicher Mann scheint er zu sein. Mit einem Wort: er ist nicht genügend Ritter. Außerdem trägt der Bursche eine Brille, was von vornherein fatalen Eindruck macht.

Umdüsterte Gemüter, die an der Renaissance des Rittertums und an der Tohuwabohupolitik wenig Gefallen finden, haben ein Ereignis von tröstender Kraft erlebt: Lippe-Biesterfeld hat gesiegt. Die Frage, ob Schaumburg, ob Biesterfeld, die seit langer Zeit das Herz aller warmen Vaterlandsfreunde zernagte, ist nun endlich entschieden: Die Biesterfelder sitzen geborgen auf dem Thron. Eine Last ist uns vom Herzen gefallen. Wir waren schon so unruhig! Und wenn es in Deutschland drunter und drüber geht, in Lippe ist jedenfalls die Ordnung hergestellt und die Nachfolge gesichert. Wie hätte das verwaiste Land länger ohne Dynasten bestehen können? Die Lippenser schrieen förmlich nach der schirmenden Vaterhand eines Monarchen, welche mit festem Griff die vakante Zivilliste in Empfang nahm. Die Langmut der Lippioten ist ja auch so groß wie die des Himmels, aber noch einen Monat ohne Fürsten, und es hätten die bedenklichsten Zustände geherrscht. Man hätte vergessen, daß man einen brauchte. Die Anarchie hätte ausbrechen *müssen*; das hätte Lippe riskiert. Und wenn das monarchische Bewußtsein schon durch die langjährige Erkenntnis von der Entbehrlichkeit eines allerhöchsten Herrn böse untergraben wurde, um wieviel entsittlichender mußte vollends der Kampf zweier Linien wirken, von denen jede dem Reichsgericht die Entscheidung überließ, ob sie von Gottes Gnaden auf den Thron steigen sollte. Nochmals: es war hohe Zeit, daß diesen Zuständen ein Ende bereitet wurde; und mit freudigen Gefühlen bringen wir aus warmem Herzen Biesterfeld unseren Huldigungsgruß.

Ob das gekrönte Biesterfelder Haupt im Sommer von

der Reise aus regieren wird? Bei einiger Selbstachtung zweifellos. Berühmte Muster wirken lockend. Und nach berühmten Mustern haben sich auch die Berliner Hausfrauen jetzt auf die Reise begeben und regieren die Wirtschaft von dort aus. Die Männer sind meist zu Hause geblieben, weil sie Geld verdienen müssen, Arbeitstiere für die Familie; oder weil sie Juristen sind, die erst später Ferien bekommen; oder weil sie grade dieses Alleinsein in Berlin reizvoll finden. Jeder wird nach seiner Façon selig. Die Frauen aber haben diejenigen Wesen, welche laut des Gesetzbuchs den Endzweck der Ehe bilden, nämlich die Nachkommenschaft, mitgenommen. In Friedrichsroda, Ahlbeck, Schreiberhau sitzen sie; und ein unendliches Wohlbehagen ergreift den in Berlin Zurückgebliebenen, der im Tiergarten, auf dem Treppenflur und auf der Straße jetzt nicht fortwährend über Kinder stolpert. Holder Friede, süße Eintracht! Sie brüllen nicht; sie üben nicht Tonleitern. Herrlich sind die jugendlichen Geschöpfe, in denen die Hoffnung der Zukunft schlummert. Herrlich sind sie in ihrer unbekümmerten Lebensfreude, die so häufig mit Geräusch verbunden ist, in ihrer reinen Unschuld, die in Berlin früher zu Ende ist als sonstwo, in ihrem goldigen, sonnigen Idealismus, der in Berlin durch Briefmarkenhandel maßvoll temperiert wird. Herrlich sind sie. Aber um die einzelnen Exemplare ganz bedingungslos ertragen zu können, muß man sie wohl gemacht haben. Ich will zugeben, daß auch Onkelgefühle berechtigt sind. Es regt sich da die Stimme des Bluts, und sie schreit: sei freundlich, es ist deine Nichte. Aber leugnen wir es nicht: die Grundempfindungen, die wir beim Anblick dieser werdenden Mitbürger hegen, sind nicht immer wohlwollend. Gottfried Keller mußte einst eine Deputation empfangen, die ihm einen Kranz und ein Album überreichte mit der Widmung: »Dem großen Kinderfreunde!« Denn der hagestolze Meister hatte ein paarmal Kinder wundervoll gezeichnet. Zu seinen Freunden aber sprach der knorrige Mann, er sei aus den Wolken gefallen, als die Deputation mit einer solchen Widmung kam; denn er sei gar

kein Kinderfreund; er ärgere sich nur immer, wenn die
Bälger Skandal machten; und wenn er so viele sehe, frage
er sich erstaunt, woher bloß alle die Fruchtbarkeit komme. Also sprach der hagestolze Meister unwirsch zu seinen Freunden. Und wer in Berlin zurückgeblieben ist und
jetzt eine Gemütsruhe genießt, die ihm lange nicht beschieden war, der gibt ihm heimlich recht. [...]

18. Juli 1897

Der Unfall des Kaisers wird in Berlin andauernd besprochen. Das Nächstliegende, was dabei mitklingt, ist ein
menschlicher Anteil. Denn eine edle Himmelsgabe ist das
Licht des Auges, alle Wesen leben vom Lichte – jedes
glückliche Geschöpf, die Pflanze selbst kehrt freudig sich
zum Lichte. So wenigstens sang Friedrich Schiller. Bei dem
starken Anteil aber reden auch sachlichere Erwägungen
mit. Für die Bürger eines Landes, das so regiert wird wie
das gegenwärtige Deutschland, hängt von der körperlichen
und seelischen Verfassung seines Herrschers recht vieles
ab. Die erste kurze Darstellung des Unfalls berichtete von
einer leichten Augenverletzung. Die zweite erzählte weit
ausführlicher von einem schweren Segel, das auf den Kopf
des Kaisers gefallen sei. Bei dieser Gelegenheit habe ein
Stück das Auge getroffen. Zuerst hieß es, die Fahrt werde
anstandslos fortgesetzt, dann hieß es, die »Hohenzollern«
sei auf der Rückreise! jetzt wird auch diese Nachricht widerrufen.

Daß in der ersten Meldung eine Art von Vertuschen beabsichtigt war, ist nicht anzunehmen. Verwandten bringt
man Unfälle auf schonende Art bei. Völkern die Unfälle
ihrer Herrscher auf schonende Art beizubringen empfiehlt
sich nicht. Man darf glauben, daß die Dinge diesmal nicht
schlimmer liegen, als sie berichtet werden; sonst aber werden sie meist weniger schlimm berichtet, als sie liegen.
Weil nun diese zur Beruhigung bestimmte Sitte besteht,
weckt die Nachricht von Monarchenunfällen stets eine

dreifach stärkere Beunruhigung. Man weiß nie, was eigentlich los war. Diesmal, wie gesagt, entspricht die Meldung gewiß den Tatsachen.

So haben Dinge außerhalb Berlins den Sinn der Berliner in dieser Woche am stärksten beschäftigt. Und nicht bloß im Norden weilten ihre Seelen; auch südlich, wo schwerbedrückte Deutsche im zornigen Schmerz ihre Stimmen erhoben, daß es wie eine gewaltige Klage und ein einziger drohender Abwehrruf in die Lüfte klang. Die Schlafmützigkeit scheint verschwunden; und mögen berittene Amtsrüpel aus Tschechien feige Mißhandlungen versucht haben, sieghaft bleibt der Eindruck dieser großartigen deutschen Kundgebung, ergreifend und bewunderungswert dieses Zusammengehen des wackeren Egerer Magistrats mit dem aufständischen deutschen Volk. An der Spree erinnert man sich jetzt an die alte Grenzstadt, in der sich die Ereignisse abspielten und die so mancher in entschwundenen Sommertagen auf einer Wanderung durch das hübsche Flußtal betreten hat. Des großen deutschen Idealisten, der hier zu seinem Friedländerdrama Studien machte, gedenkt eine steinerne Tafel. Und auf dem alten Rathaus liegt sorgsam unter Glas das Manuskript eines deutschen Zauberers, die Rienzi-Partitur von Wagners Hand. Das ganze Städtchen, das innerhalb seines Bahnhofs Baiern beginnen sieht, scheint den Blick liebreich nach Deutschland zu wenden, so als ob ein ausgesperrter Bruder dem andern durch das Fenster die Hand reichte. Und doch: bei allen Sympathien für die Bewegung der deutschen Böhmen fragt man sich, ob diese österreichischen Völker noch immer nichts Gescheiteres zu tun wissen, als sich um die Nationalität zu balgen; ob sie nicht endlich so weit sind, in sozialen Dingen Wichtigeres zu sehn und auf dieser gemeinsamen Grundlage das pathetische Brimborium zu vergessen. Die Deutschen selbst tragen einen Teil der Schuld an der Nationalitätenbewegung. Wenigstens war Grillparzer, der Verewiger des Czechen Ottokar, dieser bestimmten Meinung. Zwar als Unglück erkannte er es für Österreich, in seinem Länderkomplex »zwei der eitelsten Nationen dieser Erde einzuschließen, die Böhmen

nämlich und die Ungarn«. Doch er fügte gerecht hinzu, die
Deutschen hätten als erste eine Art von Chauvinismus betätigt und die Nationalität geräuschvoll und übertrieben betont – »da übersetzten Czechen und Magyaren die deutsche
Albernheit unmittelbar ins Böhmische und Ungarische«. So
Franz Grillparzer, der Dichter. Und an der Spree, wie gesagt,
erinnert man sich zwar bewegt der alten Grenzstadt, die in
entschwundenen Sommertagen so mancher betrat und die
liebreich den Blick nach Deutschland wendet, aber es brechen sich auch kühlere Erwägungen im grillparzerischen
Stile Bahn und Erwägungen voll gemeiner sozialer Nüchternheit. So ist das Leben.

Außerhalb Berlins lagen die Ereignisse, welche den Sinn
der Berliner gefangennahmen in der letzten Woche. Außerhalb Berlins liegt der Herr Stadtrat Schow. Nach Wands-
beck flatterten die Blicke der Reichshauptstädter, denn das
Herunterziehen der Hosen, welches dort der Polizeichef
väterlich anordnete, ist bezeichnend für den Patriarchalismus dieser reaktionären Zeit. Daß ein Posthilfsbote, noch
vor Podbielski, aufgefordert wurde, die Hosen abzuknöp-
fen, will nichts sagen. Daß er es aber tat, will sehr viel sagen. »O Urteil, du entflohst zum blöden Vieh, der Mensch
ward unverständig!« Warum hat ein Posthilfsbote kein
stärkeres Selbstbewußtsein? Warum hat ein Posthilfsbote
keine tiefere Menschenwürde? Warum knöpft ein Posthilfsbote seine Hosen ab? Warum läßt ein Posthilfsbote
sich nicht bloß verhauen, sondern bedankt sich auch noch
dafür? O über den neu anbrechenden Patriarchalismus dieser reaktionären Zeit. Mit einer Peitsche ließ sich der Posthilfsbote Vollstedt auf den hintersten der Körperteile schlagen. Mit einer Peitsche. Und gänzlich geschwollen war
Herr Posthilfsbote Vollstedt schließlich da hinten. Der Polizeichef wollte ihn erziehen. Es sollte und mußte vermie-
den werden, daß Herr Posthilfsbote Vollstedt mit Fausten
ausrief: »Werd' ich beruhigt mich aufs Faulbett legen« und
so weiter. Er durfte sich nicht aufs Faulbett legen, da er
überhaupt weder liegen konnte noch sitzen. Doch Rache
heischten die Bürger. Sie fühlten sich insgesamt mit Recht

getroffen durch die Hiebe, welche Herr Vollstedt auf seinem Allergeschwollensten spürte. Rache heischten sie beim Regierungspräsidenten, und mannhaft formulierten sie die Tat des patriarchalischen Erziehers als einen »weil unmoralisch und ungesetzlich zurückzuweisenden Akt der Polizeiwillkür«. Das waren Worte, die sich gewaschen hatten. Mannhaft waren die Wandsbecker. Mannhaft waren sie. Die Regierung aber, welche den Erzieher seines Amts enthob, betonte nachdrücklich, daß sie das nicht etwa infolge des Wunsches der Bürgerschaft getan, sondern daß sie es aus eigenem Willen getan. Denn Gott bewahre, daß eine Regierung in Deutschland das tun wird, was die Bürger verlangen. Die Bürger sind wegen der Regierung da, nicht die Regierung wegen der Bürger. Und wenn schon die bittere Notwendigkeit eintritt, daß ein Reserve-Lieutenant und Polizeichef einmal wegen Prügelns geschützter Körperteile diszipliniert werden muß, dann soll die Masse der Unfreien wenigstens nicht glauben, daß es auf ihr Verlangen geschieht. Schon die innere Verwandtschaft unseres Schow mit Peters und Wehlan verhindert eine allzu harte Beurteilung seines Wirkens und Schaffens. Er ist ein Erzieher, wie sie für unsere Zeit typisch sind. Wer aber ein Mann ist und ein Herz hat, der rufe mit mir aus: der Herr Posthilfsbote Vollstedt, welcher die Aufforderung zum Abknöpfen der Hose befolgte, hätte von Rechts wegen nicht sieben, sondern siebzig Hiebe verdient. Dieses, bei Gott, hätte der Herr Posthilfsbote Vollstedt verdient.

Der einzige wichtige Vorgang dieser Woche, der sich innerhalb der Berliner Mauern abgespielt hat, war der Riesenbrand in der City. Und er hat wieder die Erinnerung wachgerufen, daß in diesem Stadtteil des Spittelmarktes und Hausvogteiplatzes eine völlig andere Welt herrscht, als wir sie im Westen kennen. Der Norden ist derb, der Westen ist fein, der Spittelmarkt ist nett und adrett. Aber sehr nett und adrett. Herr Bacher wird, was Feuerswut ihm auch geraubt, in kurzem ersetzen. Tiefer und nachhaltiger wirken auf den Globetrotter, den Beobachter und Genüßling die Nettigkeit und Adrettheit dieser Gestalten, die man in der Nähe der Brandstätte scharmuzieren, plaudern und ihre Weltanschauung offenbaren sieht. Das sind die leichten, weltstädtischen Erscheinungen, bei denen die tägliche Arbeit dem abendlichen leidenschaftlichen Flirt die Waage hält. Mitteldinge zwischen Bajaderen und weiblichen Geschäftsleuten. Persönchen, denen die Worte »Pleite«, »Meschugge« und ähnliche geläufiger sind als berlinische Ausdrücke. Die jeden Musiker, Maler, Schriftsteller mit leichtem Staunen ansehen, wie man einen so verrückten Beruf haben könne, und die dennoch zugleich in gaffender, verliebter Bewunderung zu ihnen emporsehen, selig und stolz. Mit einem Wort: moderne soziale Weltstadtmädchen. Und die Erinnerung an sie hat der große Brand für die Fernstehenden vor allem wieder wachgerufen. Das ist seltsam, aber es ist so. In der nächsten Woche wird vermutlich mehr los sein. In dieser Woche war das der einzige wichtige Vorgang innerhalb Berlins.

25. Juli 1897

In der Regentenstraße, diesem feinen stillen schmalen Seitenweg des Tiergartens, ist, nicht weit von der schweizerischen Gesandtschaft, dem göttlichen Buddha eine Bildsäule errichtet. In einem kleinen Vorgarten steht der große Heilige seit etwa anderthalb Jahren. Der Besitzer des schweigsamen Villenhauses hat weite Reisen gemacht und einen Gott als Mitbringsel in das Gärtchen gestellt. Der Mann muß sich von den sonstigen Bewohnern der Straße wesentlich unterscheiden.

Bis jetzt ist über das vermaledeite Götzenbild noch kein Lärm erhoben worden. Nächstens wird das hoffentlich geschehen. Denn in einer Stadt, wo das Bemühen herrscht, den mangelnden Kirchenbesuch an immer zahlreicheren Neubauten zu erweisen, darf heidnischer Unfug nicht geduldet werden. Buddha, der siebenhundert Jahre vor Christo von einer unberührten Jungfrau geboren wurde (der große Kirchenhistoriker und noch größere Stilist Carl Hase betont vieldeutig diesen Umstand), Buddha kann nicht auf offener Straße in der Nähe des Tiele-Wincklerschen Hauses, am Wohnsitz eines gottesfürchtigen Hofes geduldet werden. Dem Konsistorium sei er hiermit denunziert.

Auch dem »Reichsboten« und der »Germania«. Diese fallen jetzt über einen armen Buddhisten her und wollen ihn verspeisen. Ein Japaner ist in Berlin Doktor beider Rechte geworden, also auch des Kirchenrechts. Das ist unerhört. Ein Heide kann des römischen Rechts, doch nie des kanonischen Rechts Doktor sein. Ein Heide bleibt vor allem ein Heide. Aber die Redakteure der zwei Blätter wissen offenbar nicht, daß in Deutschland eine ganz Masse Heiden Doktoren beider Rechte sind. Eine ganze Masse Heiden. Und dann: ist es nötig, um Doktor zu sein, gewisse Vorstellungen zu glauben, oder genügt es, innerhalb dieses Vorstellungsgebiets Bescheid zu wissen? Im einzelnen: muß man von der homerischen Mythologie gläubig überzeugt sein, oder braucht man sie nur gründlich zu kennen, um Doktor der Philosophie zu werden? Die Antwort auf das alles ist so selbstverständlich, daß nähere Erörterungen banal sind, aber sie werden trotzdem notwendig. Man muß die wackeren Buddhisten verteidigen. [...]

Neben dem buddhistischen Doktor [...] befaßt sich die öffentliche Meinung mit Dingen tieflokalen Charakters. Karl Kraus hat neulich an die Berliner Hitze angeknüpft und über die Wiener Hitze geschrieben. Ich muß dafür an seine Erzählung von der Straßenpflasterung anknüpfen und mitteilen, daß auch die Potsdamer Straße gepflastert wird, seit Monden. So behandeln zwei zeitgenössische Schriftsteller zeitgenössische Fragen. Wahrlich, Leser, die Potsdamer Straße wird gepflastert, denn sie wird verbreitert. Und niemand ist darum trauriger als die gegenwärtig noch in Berlin weilenden jüngeren Jahrgänge. Denn weil gepflastert wird, können sie über die Liebes- und Lästerstraße kaum mit Anspannung aller Kräfte gelangen. Geschweige denn »schlendern«. Und was das wichtigste ist: eine neue Potsdamer Brücke wird vorbereitet. Das alte hölzerne Brückchen hatte eine geschichtliche Bedeutung.

Eine kulturgeschichtliche, denn es war in seiner wurmstichigen Gemütlichkeit ein berüchtigter Treffpunkt für Verliebte besserer Stände. Wenigstens der eine Teil gehörte
meist den besseren an. Am Abend um halb neun, auch um
halb zehn schlich man da hin. Das einfachste und selbstverständlichste für westliche Leute war schließlich immer dieses Brückchen. Im Dämmerdunkel lagen die etwas morschen Dielen und die Eisengeländer. Kein allzu grelles
Licht störte die erwartungsvolle Stimmung; und wie ein
Kater um die Feuerleitern streicht, also strichen die Westlichen schnurrend – oder, mephistophelisch zu sprechen,
»so heimlich-kätzchenhaft-behaglich« – in der Nähe dieser
Eisengeländer herum. Da trat sie aus dem Dunkel hervor.
Und man ging erst ein Stück am Ufer entlang, dann durch
die Regentenstraße, ohne sich dort vom Buddha stören zu
lassen, und dann immer am Saume des Tiergartens entlang.
Schließlich winkte man einem späten, offenen Taxameter
und fuhr langsam, langsam durch die Abendluft, Küsse
nehmend, Küsse gebend. Zwei Abende nachher war der
Treffpunkt wieder die Potsdamer Brücke. Jetzt wird aus
diesem bescheidenen altmodischen Idyllenbrückchen ein
neuester, breiter Prachtbau mit komfortabelster schreiender Beleuchtung; und wie zum Hohn auf die schattige, verliebte Dämmerung von einstmals wird durch Figurengruppen »die Erscheinung und Wirkung der Elektrizität zur
Darstellung gebracht«. Ein Schriftsteller des achtzehnten
Jahrhunderts würde erklären, daß Amor schmollend sein
Haupt verhüllt. Ein Feuilletonist des neunzehnten muß
feststellen, daß jetzt wahrscheinlich die Victoriastraße zum
Treffpunkt gemacht werden wird. Sie liegt ganz in der
Nähe und ist wie Gottes Wege dunkel. Am schwersten berührt aber wird von der Veränderung die kohlensaure Marie, Hans von Bülows Mariechen, die gleich nebenan Selter
und Zeitungen verkauft. Sie sah das alte Brückchen seit ...
es wäre gemein zu sagen, seit wieviel Generationen. Und
jetzt nimmt man ihr die langjährige Freude ihrer klaren,
klugen Augen. Aber daran ist nichts zu ändern. Nach längerem Erwägen entschließe ich mich doch noch, an den

Schluß dieses Absatzes die Worte zu setzen, welche schon
Schiller gesungen hat: das Alte stürzt, es ändert sich die
Zeit, und neues Leben blüht aus den Ruinen.

Bald wird die Potsdamer Straße auch in anderer Hinsicht
ein neues Bild gewähren. Und alle anderen Straßen werden
ein neues Bild gewähren. Denn keine Pferde wird man vor
den Pferdebahnen (hätte ich beinah gesagt) fürder sehen.
Es wird auch hier »die Erscheinung und Wirkung der Elektrizität zur Darstellung gebracht«. In den Häuflein, die
zwischen den Pferdebahnschienen sichtbar wurden, lag ein
traulicher Reiz. Die Erinnerung an das Landleben wurde
wachgerufen. Und namentlich im August, wenn der
Asphalt glühte, hat mancher in dem tiefen, gesättigten
Düngerduft einen Ersatz für die dampfende Sommerfrische gefunden. Auch dieses – hélas, mes amis! –, auch dieses soll schwinden. Wir leben, müßt ich jetzt hinzufügen,
in einer schnellebigen Zeit, und die alles nivellierende Ära
der Elektrizität macht nicht halt u. s. w. Jedenfalls werden
im kommenden Winter viel Würste in Berlin gegessen
werden. Die Würste werden im Preise sinken, billig werden, namenlos, namenlos billig. Die direkten Beziehungen
zwischen Elektrizität und Volksernährung werden jetzt
zum ersten Male klar. Kurd Laßwitz, der Philosoph, hat
von einem künstlich bereiteten Allnahrungsmittel geträumt,
Chresim genannt, das in künftigen Zeiten, auf elektri-
schem Wege verfertigt, die Mägen der Hunderttausende
füllen und sättigen wird. Noch hat ers nur geträumt. Doch
eine Abschlagszahlung zur Verbilligung der Massennah-
rung hat die Elektrizität schon jetzt geliefert. Mit Recht
werden darum den neuen Männern des elektrischen Zeitalters Bildsäulen auf der neuen Potsdamer Brücke errichtet, dem Röntgen und dem Helmholtz. Und neben dem
alten Heidentum des Buddhismus findet das neue Heidentum der Wissenschaft in dem gottverdammten Spreebabel
unverwehrt eine Stätte.

8. August 1897

Der in diesen Tagen berühmt gewordene Professor Goldstein, welcher die »Launen« der Sonne als kluger Beobachter zu erklären weiß und im Experimentierzimmer, ein kleiner Herrgott, charakteristische Züge der Kometenerscheinungen leibhaft nachbildet – dieser Professor ist ein ergrauter Junggeselle, fünfzigjährig, mit einer stählernen Brille, etwas dünnem, doch am Hinterkopf noch längerem und welligem Haar, mit leise vorgebeugter Haltung und einem milden und schlichten Gang. Alle Tage schreitet er durch die Potsdamer Straße. Alle Leute merken, daß er nicht verheiratet sein kann. Woran, o Leser, liegt es, daß gewissen Erscheinungen die Ehelosigkeit auf der Stirn geschrieben steht? Es liegt an dem glücklichen Aussehen, könnte man sagen. Es wäre falsch. Auch die andren sehen bisweilen glücklich aus. Besonders in den Ferienwochen, wenn die Frau mit den Kindern verreist ist. Also jetzt zum Beispiel. Der Professor Goldstein und die andren Hagestolze unterscheiden sich von jenen durch größere Gleichmäßigkeit im Gesichtshabitus, welcher ein Abbild der Seele sein soll. Goldstein hat in seiner Erscheinung eine gewisse Ruhe und eine gewisse Einsamkeit. Das ist es. Die Ruhe und die Einsamkeit bilden die beiden Pole in der Erscheinung edlerer Hagestolze. Friede umschwebt sie, weil keine weiblichen Wünsche und keine quäkenden Lieblinge sie stören; und Melancholie umschwebt sie, weil im Alleinsein selbst die Heiterkeit einen Rest von Sehnsucht birgt. »Heirate oder heirate nicht«, sprach Sokrates, »du wirst es immer bereuen.« So ist das Leben.

Jedenfalls geht der Entdecker der Kathodenstrahlen alle Tage über die Potsdamer Straße. Doch am Abend sitzt er bei Frederich. Und die Wahl dieser Kneipe spricht für ihn. Denn unter den Kneipen des Westens ist diese die angenehmste. Im Sommer wird eine Holzterrasse vorgebaut, so daß man draußen, auf der Potsdamer Straße, sitzt. Innen aber gibt es Nischen und runde Sofas und stille Ecken zum Schlürfen und Grübeln. Das ganze, kleine Haus hat etwas reizvoll Unmodisches. Da die Weine aus Lüneburg kommen (Lüneburg ist Frederichs Hauptsitz), so steigt der Begriff einer lüneburgischen Honoratiorenkneipe vor der Seele des Trinkers dämmernd auf. Bloß daß die Zimmer hier schließlich doch maßvoll temperiert sind mit großstädtisch reicherer Behaglichkeit. Dort also, in einer Nische oder frei unter dem gläsernen Dach, sitzt der schlichte, graue, unverehelichte Kathoden-Goldstein. Ob er nachher auf die Sternwarte steigt, um Kometenschwänze zu untersuchen; ob er sie schon untersucht hat, wenn er bei Frederich sitzt: niemand weiß es. Aber die Wahl dieser Kneipe spricht sehr für ihn. Im übrigen ist er ein ernster, sympathischer Mann. Alles Brimborium liegt ihm fern. Etwas Anspruchsloses und Fragendes ruht in seinen stillen Augen. Gelegentlich erlebt er wohl eine lustige Sylvesternacht mit seinen nahen und entfernten Verwandten, die hier scharenweise auftreten; er ist kein Spielverderber. Doch die übrigen Nächte befaßt er sich mit Kometenschwänzen. Und vielleicht hat er keine Frau genommen, weil seine fortdauernde, nächtliche Tätigkeit auf der Sternwarte von ihr gemißbilligt worden wäre. Denn Frauen – das soll damit gesagt werden –, Frauen fürchten sich allein im Dunklen. Ganz mörderisch fürchten sie sich allein im Dunklen.

Den sokratischen Weisheitsspruch von der Mißlichkeit des Heiratens wie des Nichtheiratens hat auch die Frau erfahren, deren Leiche man in diesen Tagen nach Berlin bringt: Marie Seebach. Das Alleinsein brachte ihr keine Freude. Aber die Ehe noch weniger. Der Recke Niemann paßte nicht zu ihr, die einen sentimentalischen Grundzug hatte, ohne wohl je die ungebärdige Energie der kleinen Hedwig Raabe ihr eigen zu nennen. Man sagt, daß Niemann von dieser kleinen zweiten Frau heute streng in Schach gehalten wird. Und die oft beobachtete Erscheinung, daß ein Löwe vor einem Mäuschen eine Art Furcht hat, mag die Tatsache erklären. Auch ist die kleine Raabe ein liebreizendes und niedliches Geschöpf – jetzt noch, im großmütterlichen Alter –, während die Seebach nicht eben schön gewesen ist. Trotz der kurzen Zeit des ehelichen

Beisammenseins soll Niemann von der Verstorbenen gewisse darstellerische Vorzüge erlernt haben. So wenigstens
schreiben die Zeitungen. Es erscheint durchaus unglaublich. Nur wer Niemann mit blöden Spießbürgeraugen ansah, kann der Meinung sein, daß dieses Genie seine monumentale Darstellungsgewalt von jemandem gepumpt hat.
Noch haben wir den großen Meister deutscher Bühnengestaltung, der sich heute ausruht, als Tristan gesehen. Wir
sahen ihn noch als Lohengrin – er stand unbeweglich da,
sang nur die Dankesworte an den Schwan, und als er die erste Armbewegung machte, schluchzten die Leute. So etwas
erlernt man nicht. So etwas hat man in sich. So etwas zeigt
an, daß man ein Genie ist. Er wird also von der Frau Seebach nichts gelernt haben.

Und seltsam: von dieser Frau Seebach konnten wir Jüngeren uns keine rechte Vorstellung machen; auch wir konnten
als Zuschauer nichts von ihr lernen. Mären aus alten Zeiten
meldeten, daß sie ein unerhörtes Gretchen und eine einzige
Ophelia gewesen sei. Es waren uns Mären. Wer ein unerhörtes Gretchen ist, wird vielleicht als alternde Frau in irgendeinem Zuge – in irgendeinem! – die vergangene Größe
verraten. Noch einen Ton finden – irgendeinen! –, der an die
Seele greift. Nichts, nichts, nichts. Wer eine geängstete Emilia Galotti spielte, sollte im Alter auch eine geängstete Claudia Galotti nicht völlig verhunzen. Das Menschliche, die
Seelenqual, der letzte Schmerz, mag ihn so ein flatterndes
Hühnchen, mag ihn so eine bejahrte Henne fühlen, bildet
das Mittelglied. Aber für die späten Leistungen der Seebach
gab es nur ein Wort: unerträglich. Falsche Würde, Gemachtheit, Komik wider Willen! Es wäre nicht bescheiden,
von vornherein anzunehmen, daß ganze Geschlechter über
den Wert einer Schauspielerin im Irrtum gewesen sind. Für
ihre Zeit hatte sie genau den Wert, den man ihr beimaß.
Vielleicht auch hatte sie einen absoluten hohen Wert. Dann
aber muß man vermuten, daß ihr seelischer Organismus in
einem bestimmten Zeitpunkt verkalkt ist. Von Grund auf
verkalkt und abgestorben. Es gibt kein drittes.

Von gegenwärtigen Künstlerinnen hörte ich öfter, daß

sie berufliche Beziehungen zur Seebach noch unterhielten. Sie war eine heilige Überlieferung. Spielte eine am Schauspielhaus die Prinzessin im Tasso, so ging sie vorher zur alten Seebach und sagte: »Nicht wahr, du hast sie doch auch so aufgefaßt?« Nachher gab sie dieses Goethesche Geschöpf merkwürdigerweise als glühende Italienerin mit gewaltsam unterdrückter heißer Leidenschaft. Als Kollegin wurde die Verstorbene vergöttert. Sie spielte ja nicht mehr. Im Aussehen glich sie einer etwas exaltierten Institutsvorsteherin. Oder einer patriotischen Stiftsdame. Die Brust war mit Orden bedeckt; die Frisur höchst repräsentativ, die Haltung würdevoll bis in die kleine Zehe. Seit sie ihren Sohn verloren, scheint ein echter Schmerz um ihn den Inhalt ihres Lebens gebildet zu haben. Jüngere Kolleginnen vom Schauspielhaus wissen anschaulich zu erzählen, wie grotesk sie doch inmitten dieses Schmerzes zuweilen gewirkt hat. Wenn man sie besuchte, zeigte sie gleich beim Eintritt nach einer Ecke und flüsterte mit wehmütiger Stimme: »Dort steht mein Sohn.« Die Besucherin aber sah in dieser Ecke nichts als eine Ebenholzsäule mit einer netten Vase darauf. Dann folgte die Erklärung; die Seebach hatte ihren Sohn verbrennen lassen und bewahrte die Asche in jener Vase. So trieb sie zuletzt Urnenkultus, und das Gemisch von Menschentum und Komödiantentum fiel selbst den Genossinnen vom Bau auf. Sie starb als reiche und angesehene Frau, ohne doch einen sogenannten schönen Lebensabend genossen zu haben, und wir bedauern sie. Aber wir stellen zugleich fest, daß für uns Neuere bloß ein Name, nicht eine Persönlichkeit heimgegangen ist.

Heimgegangen ist auch Eduard Graf Zech. Er besaß fünfundzwanzig Millionen und starb an einem Bruch des Rückenwirbels. Er starb in Ausübung eines Berufs, den er auszuüben nicht unbedingt nötig hatte. Und die tödliche Verletzung zog er sich nicht einfach durch den Sturz zu, sondern sein Pferd schlug ihn zu Tode, als er gestürzt war. Das eigne Pferd, das mit zärtlicher Angst und mit einem Aufwand von vielen Zehntausenden gehegt und gehalten war, wurde sein Mörder. Zweifellos liegt in solchem Vorgang eine Art von grotesker Tragik. Die Fernerstehenden fragen sich, wie die Leidenschaft, ein Tier in möglichst rasche Gangart zu versetzen, das Leben eines Mannes ausfüllen kann. Der Graf hatte jeden andren Beruf aufgegeben und übte nur diesen: ein Pferd in möglichst rasche Gangart zu versetzen. Aber man weiß, daß sich über Leidenschaften nicht rechten läßt, wes Inhalts sie auch seien. Wir müssen sie schließlich alle achten oder alle verachten. In der Wirkung kommt die eine der Menschheit zugute, die andere nicht: im Wesen dürften sie gleich sein. Jedenfalls ist der unwiderstehliche Reiz, den das Rennwesen auf die Nachkommen ritterlicher Geschlechter übt, an diesem Falle wieder klargeworden. […]

Im übrigen fühlt man sich jetzt in Berlin am wohlsten, wenn man auf dem Stettiner Bahnhof ist, um es zu verlassen. Auch was hier dauernd festgehalten wird, kann es sich nicht versagen, eine gelegentliche Landpartie an die Ostsee zu machen, die sehr bequem erreicht wird. Doch, wehe – in Heringsdorf trifft er dieselben Gestalten, die er hier fliehen wollte. Der Auswurf des Potsdamer Viertels ist dort versammelt. Das macht Toiletten und schwatzt und schreit und benimmt sich auffallend und verunreinigt mit Protzentum die anständige Seeluft. Den gesundesten Ekel, der unter leidlich normalen Verhältnissen möglich ist, kann man sich dort holen. Und man verläßt den grotesken Ort mit Beschleunigung. Und dann erholt man sich in Berlin von den Strapazen der Sommerfrische.

29. August 1897

Die Gipsschultzen war eine rabiate Wirtin – sie würde sich im Grabe umdrehen, wenn sie sähe, wie ihre Ermordung dem Hause geschadet hat. Jetzt ist es zwar desinfiziert worden. Aber nur von dem Leichendunst, der fürchterlich, mit Müllgeruch untermischt, zum Himmel emporstank. Ich ging vorbei, besah das elegante Schild »Joseph Gönczi u. Co.« und wäre beinah umgefallen.

Desinfiziert ist es jetzt worden, das Haus. Aber nicht von der inneren Schreckensatmosphäre, die darin webt und flüstert und raschelt. Es besteht keineswegs die Absicht, o Leser, Ihnen die Haare zu sträuben. Doch grauenhaft, voll wilder, dunkler, halbkomischer Gräßlichkeit muß man sich diesen Mord vorstellen. Ein bißchen gespenstisch mit Edgar Poeschen Kellerkatzen und unhörbaren Flüsterstimmen – mit heiserem, ersticktem Brüllen, mit angstverzerrten blauen Gesichtern und heraustretenden Augen, mit krampfigen, knackenden und greifenden Fingern, mit taumelnden Schritten und drei … vier Zuckungen. Zweimal spielt sich diese Szene ab, nur in den Einzelheiten verschieden: denn die Alte ist stramm und kräftig, das Töchterchen aber (die mit 51 Jahren von der Mama ihre Prügel bekommt) recht schwach und zart. Zweimal tut der ungarische Werkmeister sein Werk, und es ist anzunehmen, daß er keine größere Erregung gezeigt hat, als mit ungewöhnlicher Arbeit naturgemäß verknüpft ist. Denn der Mann, der ruhig Wachstuchsäcke vorbereitet, ruhig nach der Tat Erde anfahren läßt, ruhig ein Schloß vorlegen läßt und ruhig sich als Hausverwalter vorstellt: der scheint nicht nervös zu sein. Jedenfalls zieht ein Grauen durch dieses Haus, in dem die schaurig-komische Wirtin im Keller liegt, in eine Kiste gepackt, so daß »die Beine über den Rand nach der Straße zu hängen«. Hoch und elegant ist das Haus, es beherbergt die beste Gesellschaft; sogar, o Gipfel, einen Geheimrat. Vorzüglich ist es gelegen, nicht weit vom Potsdamer Platz, gegenüber vom herrlich-stillen Garten des Prinzen Albrecht, wo Fontanes Effi Briest in ihren trüben Tagen einsam spazierengeht. Erker hat es auch. Sogar das Museum für Völkerkunde ist in der Nähe. Dennoch: Grauen zieht durch dieses Haus, es flüstert und raschelt und krächzt unhörbar an den Treppengeländern entlang, bis hinunter zum Keller. Und nur äußerlich kann es desinfiziert werden. Und die Gipsschultzen ärgert sich im Grabe tot, daß die Mieten sinken, sinken, sinken. …

Die Gipsschultzen war ein sogenanntes Original. Jede Stadt hat ihre sogenannten Originale; sogar Breslau. Und

neulich las ich, seltsam berührt, bei Jean Paul von einem
Breslauer Original. Der große und geliebte Meister
schreibt im Hesperus am Beginn des 17. Hundsposttags
folgendes: »Ich sagte in Breslau: ›ich wollt', ich wäre der
Fetspopel!‹ da ich gerade das Portrait dieser Person ver-
zehrte; der Fetspopel ist eine Närrin, deren Gesicht den
breslauischen Pfefferkuchen aufgepresset ist.« Soweit Jean
Paul, der große und geliebte Meister. Der Fetspopel war
vor meiner Zeit, und ich kenne ihn nicht. Dunkle Erinnerungen nur an eine sichere Ellen-Male steigen empor.
Dunkle und freundliche. In Berlin gibt es andre Typen:
hier herrschen obenan die Harfen-Jule und die Eis-Rieke.
Beide sind wohl ebenso unglückliche Geschöpfe wie die
meisten anderen Originale – bis zu Gerhart Hauptmanns
Hopslabär, dem man zuruft »Hopslabär, hops a mol!«, und
bis zu dem in Wüstegiersdorf, Kreis Waldenburg, wohn-
haften Eier-Karle, dem meckerigen und zierlichen Bauern-
greislein, das alles tut, was möglich ist, Hühner schlachtet,
Eier verkauft, betet, Dienstmann und bevollmächtigter Ge-
sandter ist, sein Vermögen der katholischen Kirche verschreibt, Speisereste aufzehrt, hin und her eilt, die Mütze
abnimmt, ohne Grund lacht und heimlich auf Gerhart
Hauptmann wartet, um sich von ihm in die Unsterblich-
keit einschmuggeln zu lassen. Ein Original von der Art dieser Originale war die Gipsschultzen, nicht glücklicher als
die anderen. Sie hatte die zwei Eigenschaften, die nötig
sind, um zur Rangklasse des Originals von der Volksseele
erhoben zu werden: den Zusammenhang mit den Niederen, denn sie ging in Lumpen, schippte Schnee und sprach
berlinisch; und den inneren auffallenden Kontrast – denn
sie war nebenbei schwer reich. Aber sie ließ sich nichts
Neckendes gefallen, sie war geizig, und so zählte sie nicht
zu den beliebten Originalen. Sie wäre weit beliebter gewesen, wenn sie Zehnmarkstücke verteilt hätte. Sogar ein
weit größeres Original wäre sie dann gewesen. Die Abneigung der meisten Menschen gegen den Kapitalismus anderer findet im Anblick eines Geizhalses Ausdrücke von erschütternder Ethik. So waren die Hausgenossinnen diesmal

in der Lage, auf beide Parteien zwanglos schimpfen zu dürfen: auf den verruchten Mörder, wie natürlich, und auf die
im Keller in der Kiste Verblichene, welche ihres irdischen
Gutes in allzu genauer und, fürwahr, nicht segensreicher
Weise gewaltet hatte. Jetzt lag sie in der Kiste! Das hatte sie
davon!

Allein das Original Anna Schultze, genannt Gipsschultzen, zeigte nebenbei ein zweites Gesicht. Sie war nicht immer geizig. Gegen junge Leute nicht immer. Die einundsiebzigjährige Witwe hielt es wohl mit Freiligrath: »O lieb',
so lang' du lieben kannst.« Sie war ja rüstig, es fehlten ihr
noch neunundzwanzig Jahre bis zur Centenarfeier – und
Herr Gönczi mit dem schwarzgefärbten Haar und den interessanten, auswärtigen Augen konnte sich sehen lassen.
Man muß sich diese tüchtige und energische Person vorstellen wie Max Halbes jüngste Novellengestalt Frau Meseck – dieses halbmythische Menschenbild, das als Neun-
undsechzigjährige mit einem Mann von fünfundzwanzig
Jahren in die Ehe tritt. Alles an ihr ist Kraft und Aktivität;
sie will vielleicht nachholen, was sie im früheren Leben
versäumt hat. Und hier ist die Stelle, wo die Gipsschultzen
sterblich war. Hier hat sie anscheinend das Verderben
ereilt. Ein Zug, durch den die Gesamterscheinung der Frau
einen Stich mehr ins Grausig-Komische erhält, ins Humor-
haft-Tragische. Hier wächst sie über Edgar Poe hinaus.

Herr Gönczi aber wirkt auf die Gemüter durch ähnliche
Nebenzüge. Der Günstling der Dame – das ist er anscheinend gewesen – lebt zugleich in seinem sogenannten Heim
als ein Graf von Gleichen. Er hat neben der greisen Freundin noch zwei häusliche Frauen. Eine ältere angetraute und
eine jüngere adoptierte. Und da sich diese beiden untereinander gut vertragen, ergibt sich ein ganz allerliebstes Fami-
lienidyll. Durch solche Züge erhält ein Mord, sei es auch
ein so origineller wie dieser, erst die letzte Würze für ver-
wöhntere Zeitgenossen. Man vergißt beinah den Mord
über den Verhältnissen, die zugleich mit ihm enthüllt worden sind. Und die kritischen Betrachter lesen mit saftigem
Behagen, daß der Held aller dieser Situationen, Herr Josef

Gönczi, ein gar frommer Mann gewesen ist und jeden Morgen zur Messe in die Michaeliskirche ging. Leser – wenn ein moderner Schriftsteller diese Züge in einen naturalistischen Roman zusammengewebt haben würde: ich frage, ob man ihn nicht in magistralen Brusttönen der plumpsten und krassesten Übertreibung bezichtigt hätte. Gewiß, entrüstet hätte man ihn bezichtigt! Entrüstet!

Die Zeiten sind ernst. Und es ist ein Glück, daß es an heiteren Momenten nicht völlig fehlt. So wurde befohlen, daß der heutigen Parade die Kalmückentruppe aus dem Zoologischen Garten mit männlichen und weiblichen Mitgliedern beizuwohnen hat. Daß das in heiterer Absicht geschah, ist nicht zu bezweifeln. Denn weshalb werden die Kalmücken zugezogen? Daß unsre Soldaten sich vor ihnen produzieren? Daß die Zirkus-Kalmücken nach der Rückkehr in ihre Steppen von der Herrlichkeit des deutschen Heeres erzählen sollen? Durchaus nicht. Erstens kehren diese durch weltstädtische Schaustellungen nahezu entkalmückisierten Kalmücken überhaupt in keine Steppen zurück; und zweitens kann niemandem daran liegen, was sie dort über die ernste und wichtige Institution des Heeres und über das Aussehen unseres obersten Kriegsherrn erzählen. Sie wurden offenbar zugezogen, um das Paradefeld ein bißchen zu beleben und die Möglichkeit zu einigen heiteren Intermezzi zu geben. Und das ist froh zu begrüßen – auch im Sinne der Soldaten, denen jede Abwechslung an diesem Tage großen Spaß macht. Auch im Sinne der unbemittelten Bürger, welche bei der Rückkehr auf diese Art die Kalmücken gratis in der Friedrichstraße zu sehen bekommen. Es ist froh zu begrüßen.

An heiteren Momenten läßt es auch das Polizeipräsidium nicht fehlen. Die Charlottenburger wollten eine Friederikenstraße, nach Friederike von Sesenheim benannt, und sie ist ihnen untersagt worden: weil Goethe unsittliche Beziehungen zu diesem Mädchen unterhielt. Wahrscheinlich hat sich Froitzheim, der bekannte Gelehrte und Friederikengegner, hinter das Polizei-Präsidium gesteckt. Froitzheim behauptet, daß Friederike sogar zwei uneheliche

Kinder ihr eigen nannte. Aber selbst wenn der Polizeipräsident von Froitzheims Existenz keine Ahnung haben
sollte (mir ahnt sogar, daß er keine Ahnung hat), wäre das
Verbot doch durch die zweifellos wiederholte Vornahme
unzüchtiger Handlungen, die zwischen dem pp. Goethe
und der unverehelichten Brion in einer Laube stattgefunden, sehr gerechtfertigt. Als erschwerender Umstand fällt
ins Gewicht, daß selbiges in der unmittelbaren Nähe eines
evangelischen Pfarrhauses geschehen. Und da gleichzeitig
ein gewisser Lenz, Stürmer und Dränger von Beruf, wahrscheinlich Sozialdemokrat, eine Anzahl von Friederiken-
liedern gedichtet hat, ist es überhaupt fraglich, ob die Brion,
falls sie heut in Charlottenburg leben würde, nicht einer
regelmäßigen Beaufsichtigung durch die Organe der Polizei anheimzufallen hätte. Wir leben in einem christlichen
Staat, in welchem Kirchen, wenn schon nicht häufig benutzt, so doch recht häufig erbaut werden. Wir haben eine
mustergiltige Hofgesellschaft, in welcher Übertretungen
niemals vorkommen. Wir umkleiden jetzt sogar die wilden Männer auf den preußischen Staatswappen mit schüt-
zenden Lappen, weil jede Blöße etwas Unmoralisches hat.
Und wir können darum nicht zugeben, daß die lüderliche
Tochter eines sonst ehrenwerten Geistlichen Anlaß zur Be-
namsung einer Straße gibt. Wir schlagen dafür vor: Lilien-
weg oder Fromme-Helenen-Allee. In Epochen, wo ein
Gönczi lebt, wo selbst einundsiebzigjährige Frauen ...
u. s. w., darf der Unzucht unter keinen Umständen fernerer
Vorschub geleistet werden.

Die Zeiten sind ernst. Es ist ein Glück, daß die Originale
nicht aussterben. Ich meine: die Harfenjule und die Eis-
rieke und die Leute vom Schlage des Eier-Karle und des
Fetspopels. Und die anderen.

12. September 1897

In Homburg und in Wiesbaden – sowie in der Umgebung
von Wiesbaden und Homburg – weilte in der verflossenen
Woche das Gemüt des berlinischen Volkes, soweit es nicht

anderweitig beschäftigt war. Lauff der Festliche hat neue
Zeilen fertiggestellt, die nach der übereinstimmenden
Meinung aller Kenner hinten gereimt sind. Die Zeitungen
haben Bruchstücke daraus veröffentlicht, und nach dem
Lesen sagten wir uns, in träumerischem Zustand: »An allem kann ich mir gewöhnen, bloß an diesem Lauff nicht«,
wobei wir uns an Bismarcks Köchin sozusagen anlehnten.

In der schmerzhaften Epoche, in der wir leben, gehört
Lauff der Festliche zu den schmerzhaftesten Erscheinungen. Unter derselben Regierung, die den Befähigungsnach-
weis und das Innungswesen gebieterisch wünscht, wählt
man diesen unzünftigen Mann? Zugleich läßt man der
Berliner Dichterinnung den gewiß nicht unbedeutenden
Verdienst für Abfassung von Jubelzeilen entgehen – und
die Innungsmitglieder hätten doch allein im Hinblick auf
die in Wiesbaden dem Dichter gebotene Naturalverpfle-
gung zweifellos für manche Entbehrungen des Jahres eine
(innere) Genugtuung während der Kaisertage empfunden.
Rechnet man das klingende Honorar hinzu und erwägt,
wie oft gegenwärtig Kaisertage stattfinden, so läßt sich mit
einem Blick erkennen, daß, falls immer umzechig ein Mitglied honoriert werde, die ganze Berliner Innung in Jahresfrist auf einen grünen Zweig kommen müßte. Es *soll* nicht
sein, es soll *nicht* sein, es soll nicht *sein.* Martin Böhm in Berlin, welcher Hochzeiten und überhaupt Familiennachrich-
ten gegen Honorar mit ergreifenden Versen begleitet, erklärte, daß Lauff noch gar nicht hinreichend geübt dichten
könne. Böhm ist zwar Konkurrenz, aber ein uninteressier-
ter Mann sonst, dem Ehrgeiz fernliegt und dessen Tätigkeit
von der Lauffschen in einem wichtigen Punkt abweicht:
Böhm macht die Zeilen, und andere unterzeichnen sie
dann. Lauff dagegen unterzeichnet Zeilen, an denen andere mitgewirkt haben sollen. In Wahrheit ist wohl der
Kaiser nur am Stoff beteiligt, nicht an den Reimen. Er gibt
die Grundzüge an, und Lauff bedichtet sie. Wir machen es
aber wie die Polizei, die sich an den Sitzredakteur hält, und
wollten hiermit in aller Ergebenheit nur die Reime Lauffs
kritisieren. Der König von Italien vermag diese Reime und

die Form der Dichtung nicht zu würdigen, da er kein Deutsch versteht. So konnte er, glücklicher als wir, die einfachen Worte non capisco zu sich sprechen; und er verlieh dem Dichter einen Orden.

Trotz alledem haben die Lauffschen Verse die Freude über das erneute italienische Bündnis nicht vergällt. Die Italiener sind nette Leute, und es ist ja nicht alle Tage Adua. Wir Laien und Ästheten beurteilen meistens die Bündnisse nach der Liebenswürdigkeit der verbündeten Völker. In Berlin liebt man die Italiener recht sehr. Es wird zuweilen der kleine Kultus mit ihnen getrieben, der die Anfänge der Übergeschnapptheit bezeichnet. Es soll sogar schon vorgekommen sein, daß alleinstehende Italienerinnen hier Carrière gemacht haben. Ein Exempel dafür ist der Fall X. Y. Z., der nicht erzählt werden darf, wie alles, was wahrhaft interessant ist. Wieweit alleinstehende Drehorgelspieler gleichfalls Carrière machten und Bündnisse schlossen, ist weniger bekannt. So geht es: die interessantesten Fälle *darf* man nicht erzählen, und die allerinteressantesten *kann* man nicht erzählen, weil man sie nicht erfährt. C'est la vie, Leser. Um prominente Italiener hat sich, wenn sie nach Berlin kamen, jedenfalls immer ein Tanz erhoben, wie ihn weiland Israel vollführte, da es aus Edelmetall ein Kalb gebaut. Man riß sich um die Leute und gab Gesellschaften eigens um sie herum. Eine Zeitlang war Leoncavallo obenauf, und erst nach den »Medici« begann sein Gesellschaftskredit zu sinken. Auch darum sank er, weil der Meister nicht wählerisch im Annehmen war. Er verkehrte mit jedem, der ihn haben wollte. Er macht sich gemein, sagten die Weiber im Westen, die ihn lieber monopolisieren wollten und sich ärgerten. Er verkehrt mit Krethi und Plethi, sagte Frau Krethi-Plethi. Auf dem Zenit stand Leoncavallo vor drei Jahren. Da hatte er eine Gesellschaft im Hause eines sonst freundlichen Mannes, der auch hübsche Kartenkunststücke kann und Geheimer Kommerzrat ist, ohne Frack besucht. Lieber Leoncavallo, sagte der Kommerzrat, es sind noch keine Gäste da, tun Sie mir die Liebe, kehren Sie erst noch 'n bißchen nach Hause und kleiden Sie sich um. Der Mei-

ster fuhr erst 'n bißchen nach Hause, doch er kam nicht
wieder. Das gab einen anregenden Gesprächsstoff für den
Westen auf, sagen wir: dreiviertel Jahre. Immer wieder
wurde erzählt, was mit Leoncavallo der Kommerzrat erlebt
hatte. Und die Sache wurde gewaltig aufgebauscht, obgleich der Meister und der andere nach zwei Tagen wieder
ausgesöhnt waren und Arm in Arm irgendwo erschienen.
Damals, ja damals stand Leoncavallo zu Berlin auf dem Zenit. Oben, auf dem Zenit stand er. Wollt ihr wissen, wie er
ist? Unser Bundesgenosse ist ein einfacher, lebhafter, kor-
pulenter Mensch. Er vernachlässigt Äußerlichkeiten in der
Toilette ohne weiteres. Frauenaugen im Westen hatten gar
(»gar« muß ein angenehm plaudernder Feuilletonist hier
mit bester Wirkung sagen), hatten gar mancherlei – oder
besser: hatten wohl gar mancherlei an dem schmucken
Südländer auszusetzen; und Frauenhände im Westen än-
derten wohl gar manches an dem schmucken Südländer, so
daß er allmählich normal wurde. Französisch spricht er
fließend, aber in der Aussprache der Südfranzosen, welche
die Nasallaute nicht nasal aussprechen. Sonst ist er sehr liebenswürdig, macht im geringsten keinen schwärmerischen
oder stürmischen Eindruck und kann die nötigsten deutschen Worte sprechen wie: »Sisser Schatz« und »Gib mir
Kuhß«.

Noch weit stärker umworben ist natürlich die Duse,
wenn sie hierherkommt. Aber sie macht sich nicht gemein.
Sie verkehrt nicht mit Krethi-Plethi, sie weist alle Einladungen der Frau Plethi-Krethi und sogar der Familien
Protzenberg und Blödheim, und wie sie sonst heißen, mit
stummem Dank ab. Ein einziges Mal ist sie in das künstlerisch empfindende Haus gekommen, welches die Urenkel
Moses Mendelssohns und Nachfahren des »Sommernachts-
traum«-Komponisten bewohnen. Es gibt keinen zweiten
Fall. Mehr kam ihre Begleiterin herum, die Tochter des
englischen Malers Alma Tadema, eine sehr sympathische
Brünette von fünfundzwanzig Jahren, die seit länger als einem Lustrum zu ihrem Vergnügen mit der Duse durch die
Welt zieht und die ich zum ersten Mal in Venedig gesehen

hatte, ohne sie noch zu kennen, als sie mit der Duse in einer schwülen Herbstnacht in die Gondel stieg und dunkel davonplätscherte. Fräulein Tadema spricht Französisch wie ihre Muttersprache, trägt zuweilen eine wunderseltsame, gemalte Taille, ist nachdenklich, ist lächelnd, ist frei von Koketterie und weiß herrlich von der Einzigen zu erzählen, mit der sie zusammenlebt, die wie ein Kind in aller Frauenreife und allem Leiden ist und die erst im Jahre 2897 eine Nachfolgerin erhalten kann, weil solche Erdenmirakel höchstens alle tausend Jahre einmal lebendig werden

Nachdem ich nun meine Absicht über das italienische Bündnis geäußert, darf ich jetzt spielend, unversehens, ja nahezu gleitend auf die jüngsten Theaterereignisse feuilletonistisch hinüberschlendern. Eine neue Bühne ist eröffnet worden, an die zuerst feuilletonistisch herangeschlendert sei. Sie heißt Residenztheater und hieß früher nicht anders. Aber den Leiter hat sie gewechselt. Statt unseres jovialen, allverehrten Siegmund Lautenburg ist Theodor Brandt an die Spitze getreten, und wir verknüpften mit ihm die Erinnerung an einen für das deutsche Drama nicht ganz unwichtigen Vormittag. Es ist sieben Jahre her, als man zum ersten Mal das Werk eines sicheren G. Hauptmann spielte, der so dreist war, das weiche d seines Vornamens in ein hartes t ohne weiteres umzuwandeln. Man kannte den Burschen nicht, aber das Machwerk war so toll, daß ein temperamentvoller Zuschauer, hingerissen von der Bedeutung des Augenblicks, eine süße, kleine Geburtszange in die Höhe streckte. Er wollte damit vielleicht andeuten, daß die schwere, aber glückliche Stunde für das neue deutsche Drama gekommen sei. Und er behielt recht. Damals spielte ein Herr Theodor Brandt den abstinenzlerischen Schwärmer Alfred Loth. Brauch ich erst zu betonen, o Leser, daß es derselbe Theodor Brandt war, der, um einen Lautenburg zu ersetzen, einen Siegmund Lautenburg zu ersetzen, den Mut fand? Er *war* derselbe. Er spielte jetzt einen Schwank »Die Einberufung«, von Sylvane und Gascogne, und die Geburtswehen seiner Bühne verliefen leidlich. Der Schwank ist nicht belangvoll, weil er schon oft

dagewesen ist, aber ein neuer Komiker sei genannt, Georg
Baselt, Herrn Brandts erste Entdeckung. Dieser Baselt ist
als Mimiker eine rara avis, denn er ist nach meiner Kenntnis der einzige, der Gesichter im Stile Wilhelm Buschs zu
machen weiß.

Das andere Theaterereignis hieß »Unjamwewe«, fand im
Lessing-Theater statt und hatte zum Urheber den Dichter
Ernst v. Wolzogen. Es gibt schlechte Wolzogens und einen
guten. Der gute wird durch das »Lumpengesindel« vertreten. Die andren unter anderem durch »Unjamwewe«. [...]
Gegenüber der Gestalt Lauffs des Festlichen aber steht
heut diese andere: Ernst der Unbegreifliche. Der Erfolg
war nicht schlecht (besonders als ein Nigger den »Bubi« in
den Schlaf sang und als er »Deutschland, Deutschland über
alles« zur Harmonika brüllte). Ein dauernder Erfolg ist es
aber nicht.

19. September 1897

Es wird immer besser. Bisher durften keine Hohenzollern
auf preußischen Bühnen erscheinen ohne besondere Erlaubnis. Jetzt ist die Polizei auch besorgt, daß der erlauchte
Name »von Tiedemann« in Theaterstücken nicht vorkommt. In Max Halbes Drama »Mutter Erde« führen zwei
Nebenpersonen den Namen »von Tiedemann«: er mußte
geändert werden in »von Lindemann«. Man begreift jetzt,
daß die Berliner Polizei die schwersten Verbrecher regelmäßig entwischen läßt, da sie viel wichtigere Dinge zu tun
hat: sie muß Tiedemann in Lindemann ändern. Wie lange
wird man sich diese Zustände noch gefallen lassen? Findet
sich kein hauptstädtischer Theaterdirektor, der energisch
genug ist, unter seinen Berufsgenossen einen Ring herzustellen, zu dem einfachen Zweck: die von der Zensur ge-
forderten Streichungen oder Änderungen regelmäßig zu
veröffentlichen, in vollem Umfang. Dann würde die Öffentlichkeit eine Zensur an der Zensur üben können, und
am Ende fallen nachher die Entschließungen der Kunst-
polizisten weniger – na, weniger originaldenkerisch aus.

Man erfährt selten, *was* die Berliner Polizei alles verbietet. Du ahnst es nicht, Leser! In dem holdesten Drama dieses selben Max Halbe hat sie nicht gestattet, daß Hans ruft: »Ich könnt' dich gleich totküssen« und daß ihm Annchen antwortet: »Und ich dich aufessen.« Totküssen und Aufessen ist gegen die Ordnung; weshalb aber Tiedemann gegen die Ordnung ist, läßt sich schwerer austüfteln. Das Adelsgeschlecht, dessen Name mit dem Begriff »Bomst« unauflöslich für unser Gemüt verknüpft ist, muß doch schonungsbedürftig sein. Hoffentlich dehnt die Polizei so bereitwillige Rücksicht auch auf die übrigen Bürger dieses Landes aus, die nach einem dunklen Mythus vor dem Gesetz gleich sein sollen. Und wenn sich jetzt ein Kaufmann namens Sachs beschwert, werden hoffentlich die Meistersinger verboten. Den Vornamen Wilhelm dürfen auf der Bühne nur noch edle, gerechte, weise, große und redebegabte Leute führen. Sonst wird er in »August« verwandelt, strafweise. Ob Wilbrandts »Graf von Hammerstein« umgetauft wird, steht nicht fest, ist aber wahrscheinlich, denn erlauchte Geschlechter sollen eben vor gemeiner Verunglimpfung durch Bühnenschriftsteller bewahrt werden und der Name in alter herrlicher Reine strahlen. Vor wenigen Jahren trat in Trümpelmanns Lutherfestspiel der Humanist Heinrich Bebel auf. Obgleich nun die Studenten im Literaturkolleg lernen, daß der Mann wirklich gelebt hat und eine nicht belanglose Gestalt des Reformationszeitalters war, mußte der Name Bebel geändert werden. Diesmal aber nicht, um gegen seinen lebenden Träger Rücksichten zu üben; der Gründe des Polizeipräsidiums gibt es mancherlei. Jedenfalls aber ist das Fortbestehen der Familie Tiedemann jetzt durch den Ersatz-Lindemann gesichert, und Bomst kann in freudiger Erregung flaggen.

Ist es ein Wunder, wenn bei einer solchen Zensur die Schriftsteller Selbstmord begehen? Nein, es ist kein Wunder, wenn sie Selbstmord begehen. Der Schriftsteller Georg Scheufler tötete sich nicht einmal deshalb, sondern weil er kein Geld hatte. Er schrieb seinen Nekrolog und sandte ihn als Feuilleton an eine rührige Zeitung, die sich

nach solchen Sensationen die Fingerchen abzulecken gewohnt ist. So hatte er zwar von dem Honorar naturgemäß
keinen Genuß mehr, da es erst nach dem Tode eintreffen
konnte, aber er verschaffte wenigstens seinen Gläubigern
einen Genuß; und das ist ein edler Charakterzug. Ein edler
Charakterzug, sag' ich, ist es. Scheufler hatte, bevor er sich
im »Kleinen Journal« zur ewigen Ruhe bettete, kaum jemals höheren schriftstellerischen Ehrgeiz besessen. Die
Werke, die er schreiben wollte, scheinen kompendiöser
Natur gewesen zu sein. »Deutsche Offiziere als Dichter«
(Lauff der Festliche hätte am Ende hier den Schlußstein gebildet), »Frauendichtung«, eine »Literaturgeschichte aller
lebenden Dichter und Dichterinnen« – es klingt nicht sehr
faustisch, wonach dieser Scheufler strebte. Immerhin: sein
letztes Gedenkblatt in dem rührigen Berliner Organ enthält manches, was an die Seele greift. Der Verstorbene war
etwas kokett, das läßt sich nicht verkennen; er arrangierte
sozusagen seinen Leichnam ein bißchen, und er war sich
der Wirkung bewußt, welche »der letzte Brief Georg
Scheuflers« etwa erzeugen könnte; aber dafür war er
Schriftsteller. Es spricht trotzdem aus diesem Sterbefeuille-
ton ein Quantum Wahrheit; es redet jemand, der jetzt zum
ersten Mal redet; der sich gewisse trübe Wahrheiten sein
junges Leben lang verkniffen hat und jetzt, wo er aus der
Welt scheidet, das Herz einmal erleichtert. Er legte eine
Generalbeichte ab und sprach gewissermaßen unter einem
allgemeinen Gesichtspunkt: so kann es einem Menschen
unter den und den Bedingungen ergehen! [...]

Hoffentlich begehen die Aktionäre der Transvaal-Ausstellung nicht gleichfalls Selbstmord wegen Mangels an
Überfluß. Auch dieses Unternehmen hat nicht genügen-
den Nährgehalt erwiesen, und bloß vorläufig ist jenes un-
erfreuliche, gar unwillkommene wirtschaftliche Ereignis
abgewendet worden, für welches der Volksmund die rohe
Bezeichnung »Pleite« hat. Woran liegt dieses Mißergebnis?
Gott, ich habe mir schon den ganzen Vormittag den Kopf
zerbrochen. Woran mag es liegen? Woran mag es bloß liegen? An dem schlechten Wetter vermutlich. Denn es hat

viel geregnet, und Transvaal ist nicht geschaffen zum Überschwemmungsgebiet. Was man in Schlesien eine Luhsche nennt, davon ist auf transvaalisch-berlinischem Gebiet gar nicht genug zu haben. Wenn es regnet, ist ganz Transvaal eine große Luhsche. Das schreckt die Berliner ab. Zum zweiten aber schreckt sie die entsetzliche Langweile dieser musterhaft ungeschickt hergerichteten Ausstellung ab. Zwar wurden zuletzt besondere Zugkräfte herbeigeholt, die mit Südafrika wenig zu tun haben, nämlich ein Zirkus, aber es war zu spät. Eine Dame bändigte Tiere, sie produzierte sich mit mehreren Löwen, einem Kragenbär, Seehunden, Leoparden, Panthern – und dergleichen Geflügel, konnte man hier mit einem guten Witz sagen. Sie bändigte sehr gut, und einige Leute aus dem Westen fuhren sogar dann, wenn es Luhschen gab, hinaus, um diese Dame bändigen zu sehen. Sie bändigte sehr gut. Leider konnte sie den Geier nicht bändigen, der über dem Etablissement schwebte und der jetzt herabstoßen will. Als dann vollends die Bändigerin durch eine Mannsperson ersetzt wurde, ließ der erwachte zoologische Sinn westlicher Herren an Intensität nach; ja man kann wohl sagen: er schwand. Und dieser Umstand entzog dem Unternehmen die letzten solventen Kräfte. Die Folge davon war eine kurze, düstere Feier im engsten Kreise der Aktionäre. Ob das Etablissement Transvaal gerettet werden wird, steht dahin. Gott, ich habe mir den ganzen Nachmittag den Kopf zerbrochen, ob es auch gerettet werden wird. Den ganzen Nachmittag. [...]

17. Oktober 1897

Die Aufgeklärtheit der deutschen Hauptstadt ist eine feststehende Tatsache. Die Helligkeit steht beinah ebenso fest wie das »jute Herz« der »richtigen« und »ollen« Berliner im lokalen Teil der Zeitungen – wo allerhand vermischte Schäkereien und Anekdoten mit unterlaufen, in majorem Berolinae gloriam. Die Helligkeit steht fest. Dieses hindert nicht, daß man einigermaßen blödsinnige Urteile gelegentlich vernimmt. Die Lepramänner weilen jetzt in Berlin, und die aufgeklärte Volksseele äußert sich in dunklem Munkeln: ganz froh könne man erst wieder sein, wenn sie draußen wären. Es bringt kein Glück! Man soll den Teufel nicht an die Wand malen! Noch ist Berlin leprafrei! Männer aus dem Volke munkeln so; sie murmeln Kluges – etwa, als ob durch diese Konferenz die entsetzlichste der Krankheiten in Berlin eingeschleppt werden müßte. Die Köhlerphilosophie versoffener Weißbierseelen sickert verstohlen durch; und der Doktor Stockmann, dieser bedeutendste aller Badeärzte, würde seine Freude haben. Die Helligkeit steht fest.

Wie aber dem sei: die Leprakonferenz ist eine recht interessante Konferenz. Eine neue Zuchtrute, die Gott der Herr der Welt beschieden, soll durch gemeinsames Vorgehen der Nationen abgewendet werden. Was im fernen Osten grausig haust, ist auch im friedlichen Memel in Deutschland sichtbar geworden. Wenn man bedenkt, daß nicht weit von der vernünftigen Stadt Königsberg dieses Unglaubliche geschah, wird man die logischen Entgleisungen der hellen und ollen Berliner beinah entschuldbar finden. In Memel – großer Vater! In Memel! (sag ich.) Eine dunkle schauervolle Romantik taucht auf. Was wir in der Jugend mit der französischen Bonne gelesen haben, le lépreux d'Aoste vom sanften Xavier de Maistre, kehrt spät in die Erinnerung zurück. Alles tapfere Samaritertum englischer Ladies, das in den Zeitungen gestanden hat, wird wieder lebendig. Und sogar zu Paul Heyses »Siechentrost«, einer schwermutvollen Mondscheinsache, schweift unser durch die Konferenz gemahntes Auge, und eine Mischung von tiefem, edlem Mitleid und hartherzigem Ekel wird erzeugt. Ein Glück, daß sich die Lepramänner so gut amüsieren. Sie halten Festsitzungen ab, essen festlich gemeinsam, werden beim Fürsten Hohenlohe bewirtet, lassen sich sogar vom Kaiser einladen und dürfen den Reden des Professors Lassar lauschen, der ihnen vom Kaiser erzählt. Er erzählte, wie die Zeitungen melden, von der »jugendfrischen, echt siegfriedischen Heldengestalt unseres Kaisers, der trotz sei-

ner Jugend alle Eigenschaften eines weisen und tatkräftigen
Herrschers in sich vereint«. Der Professor Lassar ist ein berühmter Hautarzt, der aber nicht einseitig ist, sondern, wie
man sieht, auch alle Eigenschaften eines weisen und tatkräftigen Festredners in sich vereint.

Aber es ist riskant, heutzutage überhaupt vom Kaiser
und ähnlichem zu sprechen, seitdem das Reichsgericht den
Einfall vom dolus eventualis gutgeheißen und den harmlosen alten Liebknecht zu endgiltigem Gefängnis verdonnert
hat. Das Reichsgericht sagt: es ist festgestellt, der Ange-
klagte sei sich der Möglichkeit positiv bewußt gewesen,
daß die Äußerung auf den Kaiser werde bezogen werden.
Aber das Reichsgericht sagt nicht, daß man sich der *Möglichkeit*, eine Äußerung könne auf irgend jemanden bezogen werden, *immer* bewußt ist, ohne damit etwas Strafbares
zu tun. Wenn ich sage: mancher Witwer ist ein alter Sünder, so liegt die Möglichkeit, daß diese Äußerung auch auf
den Witwer Schulze bezogen wird, zweifellos vor. Und als
Mensch von durchschnittlicher Logik habe ich auch das
Bewußtsein von dieser allgemeinen Möglichkeit. Warum
soll der Witwer Schulze gerade ausgeschlossen sein. Und
nun kommt der juristische »Erfolg«: der Witwer Schulze
wird tatsächlich für den alten Sünder gehalten. Das Reichsgericht sagt jetzt: du bist damit einverstanden, daß er dafür
gehalten wird; ja, du hast es gewollt, daß er dafür gehalten
wird. Ob man bloß einverstanden ist, läßt sich durch Befragen feststellen und ist belanglos; ob man es aber gewollt
hat, kann kein Reichsgericht feststellen. Nicht einmal der
Legationsrat und Senatspräsident Kayser, der vieles kann,
wäre das imstande. Das Reichsgericht nimmt eben nur an,
daß man es gewollt hat, und verdonnert. Nun wird es in
vielen Fällen damit recht haben; es kann aber ebensogut
unrecht haben: es handelt sich um nichts als eine Annahme. Und damit ist die diskretionäre Gewalt – das heißt:
der Absolutismus im Beamtentum – wieder um einen
Schritt weiter gedrungen. Das Ganze scheint einem Laien
mit gesundem Menschenverstand ein Notbehelf zu sein.
Wenn ich ganz allgemein von gewissen bösen Eigenschaf-

ten eines Herzogs rede und der Staatsanwalt würde sagen, »damit kannst du nur den Herzog Ypsilon gemeint haben!«, so würde sich der Staatsanwalt nach der bisherigen Anschauung einer Majestätsbeleidigung schuldig machen. Man könnte ihm mit Recht zurufen: woher weißt du? wie kommst du darauf? Diesem Übelstand ist nun abgeholfen. Der Staatsanwalt nimmt an, daß ich den Eintritt eines gewissen Erfolges gewollt habe, er schiebt alles mir in die Schuhe und verdonnert. Früher ruhten diese sämtlichen Verhältnisse auf einer Analogie des bekannten Scherzes: »Der Esel kann nur ich sein.« Jetzt aber heißt es: deine allgemeine Verworfenheit macht es wahrscheinlich, daß du Herrn Soundso einen Esel nennen wolltest ...

Aber warum grade einen Esel?

Wilhelm Liebknecht, der betagte Sträfling, ist, wie gesagt, ein harmloser alter Herr. Wesentlicher Schaden wird der sozialdemokratischen Partei durch die monatelange Abwesenheit dieses greisen Spießbürgers nicht erwachsen. Es werden vier Monate lang einige Phrasen weniger gedroschen werden. Denn so wahr der Religionsstifter Karl Marx nicht aus Mitleid zu seiner Lehre gekommen ist, sondern infolge einer hübschen Fähigkeit im Kopfrechnen: so wahr arbeitet der »Alte« – das ist Liebknechts Spitzname in der Partei – mit dem Großen, Ganzen, Allgemeinen, Edlen, Hilfreichen, Guten, Geschwollenen, Abgetrabten und Tönenden. Er ist ein verirrter Strahl aus dem Bezirksverein. Er wirtschaftet mit dem Appell an das Gemüt und die Zukunft. Sein Gehirn beschäftigt sich weniger mit Denken als mit dem Reproduzieren dessen, was er früher einmal gedacht oder empfunden hat. Er ist für Schlußsätze von Gedenktagsartikeln eine geborene Kraft. Und dieser Majestätsbeleidigungsprozeß war eigentlich für ihn kein Schicksalsschlag, sondern ein endlich eingetretenes, rettendes Ereignis. Es war ein Glück, daß er verdonnert wurde. Die Genossen behandelten ihn schon recht ruppig, besonders Bruno Schönlank hörte mit dem Zwicken und Zwakken nicht auf. Nun darf sich der Jubiläumsproletarier auf das Martyrium des Kerkers berufen. Wahrscheinlich wird er sich einer guten Selbstbeköstigung erfreuen, die Lieben alle werden ihm Schinken und Aufschnitt mitbringen, wie das öfter geschieht, und heimlich wird ihn der greise Dulder essen. Auf dem nächsten Parteitag aber dürfte kein Rüpel rüpelhaft genug sein, an den siebentausendzweihundert Mark zu rütteln. Liebknecht wird sie sich endgiltig ersessen haben: ein tragisches Opfer der Eventual-Inquisition.

Die Eventual-Inquisition macht es zu einer heiklen Sache, überhaupt politische Persönlichkeiten in die Erörterung zu ziehen. So schweige ich denn von unserem lieben Johannes, dem Finanzdenker, welchem man den tröstlichen Ausspruch von der Auflösung der Wiesbadener Kunstsammlungen jetzt nachsagt und dem man sogar die Absicht unterschob, die königliche Bibliothek aus Sparsamkeit nach Charlottenburg zu verlegen. Dort ist nicht nur der Boden billiger: auch die Betriebskosten hätten sich verringert, denn es wären bei Gott nicht viele Leute hinausgezogen. Glücklicherweise wurde diese letzte Nachricht widerrufen, und die Eventualgesetzgebung unseres freundlichen Landes verbietet nur zu erörtern, wieviel psychologische Wahrscheinlichkeit die Nachricht immerhin von vornherein hatte. Wie aber dem sei: die königliche Bibliothek soll im »Herzen« Berlins bleiben, damit sie von allen, aus allen Stadtteilen, gleich bequem erreicht werden kann. Bisher lag sie unmittelbar neben dem Schlosse des alten Kaisers, an einem der schönsten Plätze der Welt, schrägüber vom Opernhaus, vor dem Denkmal der marmornen Augusta, über die Bismarck neulich so böse Bemerkungen machte, nicht weit von der Dresdner Bank und auch sonst in angenehmer Umgebung. Wenn unten die Regimentsmusik vorüberzog, war es ein willkommner Anlaß für die im Lesesaal Arbeitenden, die Federn wegzulegen, zu seufzen und auf den Balkon zu treten. Da drang von unten das wogende, brandende Leben herauf, der Blick schweifte über die marmorne Augusta und die umgebenden Beete, die freundlicher als die Kaiserin wirken, zum Himmel empor, dann zum Holzpflaster hinab und dann hinunter zum Ka-

stanienwald, wo versteckt und scheinbar ganz arglos das
Häuslein des Finanzmiquels liegt. Er ist es, der über die
künftigen Schicksale dieser eminenten Bildungsstätte zu
entscheiden hat; und wir zittern heut, daß er erklären wird,
die Kulturaufgaben leiden nicht. Wenn das in Preußen erklärt wird, geht immer eine Tragödie vor sich. Hoffentlich
gibt unser Miquel dasjenige Gebäude her, das von sachkun-
digen Beurteilern als das bescheidenste und günstigste für
die Bibliothek gefordert wird: den Stall, in welchem gegenwärtig die Akademiker hausen. Dicht beim Schloß braucht
ja die Bibliothek nicht zu liegen. Denn wenn sie gleich die
Königliche heißt, ist es noch fraglich, wie oft Könige sie benutzen.

Es bleibt, um diesem Brief eine Art Schluß zu geben, unzweifelhaft noch übrig, über die weiteren Leistungen der
Frau Gabrielle Réjane, teuren Angedenkens, zu reden. Ich
habe sie noch als Frou-Frou gesehen. Sie war wieder ganz
ausgezeichnet. Doch wieder nicht mehr als ganz ausgezeichnet. Sie gab ein leichtsinniges junges Mädchen; sehr
nett und niedlich und betulich, ohne daß man sie wirklich
für ein junges Mädchen hielt. Ich schätzte sie nämlich auf
vierzig Jahre, heut schätze ich sie auf fünfundvierzig. Vorzüglich brachte sie den ersten Frauenschmerz eines ver-
wöhnten Puppengeschöpfs heraus. Besonders, als ihr in einem Zustande zwischen Lachen und Weinen die Augen
übergingen – das machte sie ganz ausgezeichnet. Am besten machte sie aber die Sterbeszene am Schluß des »Dramas«. Die machte sie wieder ganz ausgezeichnet, und viele
Frauen im Parquet schneuzten sich, und Salzwasser tropfte
ihnen von der Nasenspitze auf den Parquetfußboden. So
ausgezeichnet machte sie diese Szene. Aber das Beste, das
Letzte blieb sie wieder schuldig: sie zwang nicht. Sie lud
zur Bewunderung ein, aber sie zwang nicht! Bei der Duse
heulten Greise wie die Schloßhunde. Hartherzige Greise,
sag' ich. Und wie die Schloßhunde. Bei der Réjane bewun-
derte man, was ein Mensch alles aus sich machen kann.
Wahrlich, Zeitgenossen, Disziplin und List vermögen vieles. Aber eins vermögen sie nicht: das, was das Genie ver-

mag. Die Réjane ist nicht empfindungslos. Ganz ist sie es gewiß nicht. Aber sie ist zugleich allzu geschickt. Und darum tut man ihr vielleicht unrecht, aber man äußert zugleich eine Wahrheit, wenn man ihr zuruft: Du fragst mich lächelnd, was dir fehle? Ein Busen, und im Busen eine Seele. Das ruft man ihr zu.

Und dieses ist wohl eine Art Schluß für meinen Brief.

24. Oktober 1897

Der Geburtstag der Kaiserin ist in dieser Woche gefeiert worden. Wie gewöhnlich hat er im äußeren Bilde von Berlin keine auffallenden Veränderungen hervorgerufen. Kurze Notizen in den Zeitungen wiesen auf den Tag hin. Bei solchen Anlässen sucht sich der denkende Staatsbürger, und das ist das Beste an dem Wiegenfeste, eine Art Bild von dem Gefeierten zu machen. Auch die Frau, welche der (nach Friedrich dem Großen) erste Diener des Staats geheiratet hat, kann ja unter Umständen wichtig sein. Und von solchen Versuchen, wichtig zu werden, hat man erst neulich allerhand Erbauliches über die dahingegangene Augusta gehört. Aber ein bestimmt umrissenes Bild kann man sich von der gegenwärtigen Kaiserin kaum machen. Wenigstens über diejenigen Züge, die uns gerade interessieren, sind wir nur dunkel unterrichtet. Wenn sich dem gemeinen Mann als leicht einprägsamer Zug Wilhelms des Zweiten die Beredsamkeit offenbart, tritt bei seiner Gattin stärker der fromme Sinn hervor. Bei zahlreichen Anlässen, ja bei jedem kürzesten Aufenthalt in einer Stadt, liest man, daß die Kaiserin ein frommes Institut besucht hat. Oft sind diese Besuche naturgemäß mit großer Eile verknüpft. Und oft sind diese Institute mit wohltätigen Zwecken verknüpft. Wir sind, wie gesagt, über die genaueren Charaktereinzelheiten der Kaiserin nicht hinreichend klar unterrichtet, und so wissen wir nicht hinreichend klar, ob dieses ganze Schalten und Walten ein Ausfluß überkommener strengster Kirchlichkeit ist oder ob sich dahinter ein tiefe-

rer Einblick in die allgemeinen sozialen Notwendigkeiten
einer schwangeren Zeit birgt. Es wäre an sich nicht undenkbar, daß ein ängstliches Frauenauge vorhandene Gefahren eher sieht als das stürmische und selbstbewußte
Temperament eines reichen und glücklichen Enkels. Es
wäre an sich nicht undenkbar. Auch könnte eine kleine
Prinzessin, die wider Erwarten auf den gegenwärtig mächtigsten Thron der Erde gelangt ist, das Gefühl der sozialen Verantwortlichkeit und zugleich den Zusammenhang
mit den volksmäßigen Schichten um so stärker ausgeprägt
zeigen. Aber wir sind, nochmals, über diese Einzelheiten
nicht unterrichtet. Leider. Soweit ein nicht byzantinischer
Betrachter über den äußeren Eindruck urteilt, wie man
ihn auf Subskriptionsbällen und ähnlichen Gelegenheiten
von der Kaiserin gewinnt, so ist zu sagen, daß sie, ohne Re-
touche, als eine sanfte und harmlose Frau erscheint. Zuweilen hängen ihre Blicke mit einer Besorgnis, die etwas
Mütterliches hat, am Kaiser, und sie streichen wie kontrol-
lierend über ihn hin. Näheres von ihrem Einfluß und ihrer
Stellung zu erfahren wäre höchst fesselnd. Doch über Kaiserinnen hört man die Wahrheit erst nach ihrem Tode aus
dem Munde entlassener Kanzler.

Die Partei der sozialen Apostel hat einen Verlust erlitten,
und wenn auch der verstorbene Grillenberger ein Baier
war, hat er doch so viel in Berlin gelebt, daß sich ein Berliner Brief mit ihm befassen darf. Er gehörte zu den Persönlichkeiten, die ohne weiteres für sich einnehmen. Es war
nicht die Korpulenz, die ihm etwas Vertraueneinflößendes,
Biederes gab. Es strahlte aus diesem dicken Mann eine vortreffliche Seele. Ein tiefer deutscher Humor sprach er-
quicksam aus ihm, jener beste aller Humore, der nicht
»feucht-fröhlich«, sondern innerlich ist und der bei Leuten, die an ihre Sendung und ihre Sache glauben, ein
Leuchten um das Haupt legt. Nicht viel anderes, wenn
auch etwas zarter, könnte man sich Grillenbergers Landsmann Hans Sachs vorstellen. Die Milde im Humor, das in
aller Derbheit Edle – das macht es. Ich habe den Verstorbenen vor einem Jahr in London kennengelernt, und ein

Abendgang, ein Nachtgang besser, ist mir noch mit allen Einzelheiten in der Erinnerung. Es war jene Stimmung, die im Florian Geyer manchmal ihren Ausdruck findet: jene feste, humorhafte Zuversicht, die zuletzt in diesem Riesendrama durchbricht. Von solcher Zuversicht schien der Mann beseelt, und als wir über alle nächtlichen Straßenschilder dieser englischen Stadt nächtliche und deutsche Scherze machten und aus dem Gelächter nicht herauskamen, beneidete ich ihn leise. Er war der Positivere; er hatte seine Welt stabiliert, in der er aufging, ohne von Skepsis und von der niederträchtigen Neigung, beide Seiten eines Dinges zu begreifen, angefressen zu sein. Jedenfalls hat er jetzt die lebendige Vorstellung in mir erweckt: sie haben einen guten Mann begraben.

In Berlin schickt man sich an, einen sogenannten Volkshumoristen zu feiern: den urkomischen Bendix, der irgendein fünfundzwanzigjähriges Jubiläum zu begehen wünscht. Herr Bendix, Martin mit Vornamen, ist der Vertreter desjenigen Humors, der mit Hans Sachs weniger gemein hat und der in aller berlinischen frechen Derbheit nur auf das Ruppige gestellt ist. Auch nicht die Spur einer humoristischen Ader ist in diesem zur standard-Figur gewordenen Kauz zu finden, der Berlin im Laufe der Jahrzehnte mit einer Fülle von blödsinnigen Redensarten versorgt hat. Es ist auch bei starker Anstrengung der Phantasie und der Denkkraft unmöglich herauszubekommen, was ihn berühmt machen konnte. Er ist mimisch ebenso unfähig wie sozusagen dichterisch, und seine Vorträge in der Dresdner Straße bereiten nicht bloß die Qualgefühle des Kalauerns, sondern auch der Langweile. Ein robuster witzloser Schreier geht auf den Brettern auf und nieder und rauft sich die Haare aus, um aus gleichklingenden Worten eine zotige Wirkung zu ermöglichen. Wir wollen ihm nicht mit Schopenhauer kommen, welcher den Wortwitz ausdrücklich für die elendste aller Witzgattungen erklärt; wir fragen unser kulturhistorisches Gewissen bloß, was das Volk der deutschen Hauptstadt an ihm finden kann. Persönlich hat er höchstens in der Stimme einen gewissen

Reiz. Denn er spricht mit einem so ausgeprägt rüdigen Organ, in dem so viele kalte Unverschämtheit liegt, daß sich
hieraus allenfalls eine gewisse sympathische Wirkung auf
die berlinische Volksseele erklären läßt. Aber seine Bedeutung liegt nicht im Persönlichen, sondern in der mündlichen Verbreitung seiner Aussprüche. »Alma, wo mag das
Mädchen sein?« – Diese Frage ist früher oft gestellt worden; so oft, daß man zuweilen ein Emporeilen an nahe gelegenen Wänden als äußerstes Auskunftsmittel ansah. Man
ist ja kein Griesgram, aber das Dümmliche, das Sinnlose
dieser Redensarten legt sich auf die Nieren. Es ist doch Tatsache, daß die Hauptstadt des deutschen Volkes, ja selbst
die Provinzen ein Lied wie das idiotische Gelalle von der
Holzauktion eine Zeitlang zum Lieblingsgesang erhoben
haben. Hier spricht nichts mit, keine Nebenbedeutung,
keine latente Zote, keine Anspielung, kein Inhalt; es wird
bloß ein Symptom allgemeiner Gehirnschwäche sichtbar.
Das deutsche Volk hat die Hymne von dem Mann mit dem
Coaks Herrn Bendix ebenso nachgesungen. Die nichts-
sagendste Situation, die Abwesenheit auch des letzten
Schimmers von Humor fällt wieder auf: wieder bloß ein
blödes Lallen. Die ekelhafte Wendung »Das is jrade wat
Scheenes«, die gleichfalls von dem Jubilar stammt, hat ihre
Laufbahn in Berlin noch nicht beschlossen. Sie steht in der
Blüte, und wenn jeder Ladenschwengel und jedes Schulmädchen diese Worte jetzt nachdeliriert, überkommt einen sauberen und aufrecht gehenden Menschen körperliche Übelkeit. In anderen Zeiten hat die Weltseele anders
gedichtet.

> Geschnittene Nudele eß ich gern,
> Aber nur die feine,
> Schöne Mädele seh' ich gern,
> Aber nur die kleine.

So schalkhafte und liebenswürdige Verslein haben doch
eine Spur von Inhalt und zeugen nicht ohne weiteres von
einem plumpen Rüpeltemperament. Noch vieles, was heut
in Süddeutschland und am Rhein, vielleicht auch in Schlesien, volksmäßig gedichtet wird, könnte in des Knaben

Wunderhorn aufgenommen werden. Jedes geflügelte Wort aber, das die verödete Phantasie der Panke-Athener erzeugt, würde das Buch verunreinigen. Es ist eine Phantasie, die nach Weißbier mit Kümmel rülpst, und Martin Bendix ist der höchste Vertreter dieser Richtung. »Es ist ja alles da, es ist nicht wie bei arme Leite«, lallt er. Die Stadt der Aufklärung lallt es nach. »Sachte, et klemmt sich«, röchelt der Urkomische. Die geistigen Krüppel jauchzen und sprechen ein Jahr lang: sachte, et klemmt sich. Glänzende Äußerungen scherzhafter und flotter Laune sind gegen diese Wendungen die zuletzt entstandenen, welche bekanntlich »Du ahnst es nicht« und »Emma, mein geliebtes Mauseschwänzchen« heißen. Zum Schlusse darf der Historiker nicht über die erste und berühmteste Erfindung Bendixens hinwegschreiten. Sie hat eine gewisse zeitgeschichtliche Bedeutung erlangt, weil sie in die Zeit des großen Bankschwindels und Gründungsfiebers fiel. Sie hieß »Eins, zwei, drei – an der Bank vorbei«. Noch träumt man als Kind sich zurücke: da vernahm man dieses Lied zum ersten Mal. Selbst in Breslau wurde es damals – »seinerzeit« muß ein wehmütiger Feuilletonist sagen – sowohl auf Schritt als auch auf Tritt gesungen. Die Bedeutung Bendixens ist eben nahezu national. Und nur deshalb konnte man in diesem Jubliläumsartikel dazu gelangen, den Jubelmann so heftig anzuschnauzen. Wenn seine verdummende Wirkung weniger weit reichte, hätten wir ihn festlicher behandelt und angenehmer.

In der nächsten Woche wollen wir manches angenehmer behandeln und auch manches ausführlicher. Sagen wir: wesentlich ausführlicher. Für heut, Leser, müssen wir schreiben: Zahnschmerzen machen keine gute Stimmung zum Chronikenschreiben.

14. November 1897

Man denke sich einen Schmarren, der für eine Vorstadtbühne von Paris geschrieben ist – und etwa Madame Sans-Gêne heißt. Einen Schmarren, der aus Truc, Anekdote und

Schneiderei besteht und an innerer Jämmerlichkeit in eine
Walhalla der faulsten Produkte der Weltliteratur gehört.
Diesen Schmarren denke man sich nach dreihundert Berli-
ner Aufführungen eiligst auf das königlich preußische Hof-
theater verpflanzt, eiligst, eifrigst, mit Wichtigkeit, mit
Ernst, mit Nachdruck, mit Beschleunigung, mit Gier, mit
Nervosität. Und man wird sagen: daß die Ära, in der wir le-
ben, eine freundliche Ära ist.

Wieso, o Leser, kommt die Sans-Gêne auf die Hofbühne? Du ahnst es nicht. Genug, sie kommt auf die Hofbühne. Daß Wilhelm der Zweite die Aufführung befohlen
hat, wird niemand zu behaupten wagen. Möglich, daß nur
der freiwillige Diensteifer einer treuen deutschen Schranze
vorliegt. Man kann sich also höchstens fragen, was den Kaiser an dieser Perle der Weltliteratur zu fesseln vermöchte.
Die Antwort lautet: er sieht hier den korsischen Parvenu
wieder in der Klemme. Er freut sich nämlich jedesmal, ihn
in dieser Lage zu erblicken. Das Beresina-Panorama der
Herren Falat und Kossak, wo Buonaparte seine Fahnen
preisgeben muß, besuchte er mit ausgesprochener Vorliebe. Die Wereschtschaginschen Bilder, auf denen der
bleiche, kleine Dämon nochmals unter der Kälte zu leiden
hatte, besah er nochmals mit vielem Vergnügen. In der Sar-
douschen Weltliteraturperle spielt Napoleon gar eine lächerliche Rolle; er rast, läßt sich dumm machen, zeigt sich
auch zu nächtlicher Weile der Wäscherin gegenüber in einer einigermaßen kitzlig-menschlichen Anwandlung,
blitzt ab, und seine Schwestern benehmen sich wie rechte
Parvenuschwestern, indem sie mit italienischen Schimpf-
worten aufeinander losfahren. Kurz, die Familie Buonaparte schneidet nicht gut ab, und so was zu sehen macht
auch nachträglich großen Spaß.

Das könnte den Kaiser allenfalls an diesem Drama fesseln. Denn daß es als Kunstwerk ein elender Schmarren ist,
sieht er gewißlich selbst ein. Auch die so vertraulichen Beziehungen eines Monarchen zu einer niederen Volksgestalt
werden ihm, der das aristokratische Wort von den Edelsten
der Nation prägte, vielleicht übertrieben und nicht sonder-

lich lockend erscheinen. Bestehen bleibt die Tatsache, daß ein neuer Schmarren auf die Hofbühne kommt zu allen den alten. Das Werk eines Dichters, Gerhart Hauptmanns »Hannele«, wurde auf diesem Liebhabertheater großen Stils schnöde behandelt. Die gottseligen Hofleute aus der frommen Kotze-Epoche konnten und wollten nicht zugeben, daß so ein versteckt sozialdemokratisches Stück, in dem der Heiland blasphemisch selber auf die Bühne tritt, öffentliches Ärgernis errege. Man verbannte es gewaltsam nach wenigen Aufführungen, obgleich es volle Häuser machte. Auch sonst sind bekanntlich alle, die in der deutschen Gegenwart etwas leisten, vom Theater des Deutschen Kaisers sorgsam ferngehalten worden. Man versagte ihnen sogar die Tröstungen des Schillerpreises. (Nicht einmal diese Lappalie blieb ihnen gegönnt!) Dafür kamen die Skowronneke, die Schönthan-Koppel und Lauff der Festliche empor. Wir sind gewiß duldsam und lassen jedwedem, auch in künstlerischen Dingen, sein Plaisierchen. Aber daß jetzt noch Sardou den eben erwähnten Genies beigesellt wird, geht uns doch gegen den Strich. Denn warum, o Leser? Solche Beispiele sind einflußreich! Bei dem Mannesmut und Stolz, der zwischen Frankreich und dem Böhmerwald so ausgeprägt vorhanden ist, richten sich unzählige Provinzkriechseelen, auch hauptstädtische Speichelgemüter, gern nach dem Geschmack des Hofes. Unsere dramatischen Parasiten-Genies wissen genau, weshalb sie auf ein kaiserliches Lob so gierig erpicht sind. Es liegt darin nicht nur eine ideale Anerkennung, sondern ein großes Stück Geld. Es bringt ihnen in der Provinz unter Umständen (sage und schreibe) hunderttausend Mark ein. Der Fall ist erwiesen: hunderttausend Mark. Unter diesen Verhältnissen steigert sich das monarchische Anhänglichkeitsgefühl zeitgenössischer Dichter bis zur Schwärmerei. Die Herzen aber zwischen Frankreich und dem Böhmerwald werden jetzt auch für Sardou schlagen. Was tut es? Schmarren bleibt Schmarren, ob deutsch oder ausländisch. Die Gegenwart ist zweifellos für das deutsche Drama eine Zeit des Aufschwungs; aber sie ist zugleich

die ärgste bisher bekannt gewordene Epoche privilegier-
ter Schmarren.

Theaterdinge mit besondrem Beigeschmack haben auch
in dem Blumenreichschen Prozeß ihre Rolle gespielt. Blumenreich ist zu neun Monaten sorgsamer Zurückgezogenheit ermuntert worden. Aber die Stimmung, die ihm früher
recht feindselig war, ist jetzt zu seinen Gunsten umgeschla-
gen. Vielleicht mit Recht. Der Mann hat die Gesellschaft,
für die er arbeitete, nicht geschädigt – warum hat sie ihn denunziert? Der Gerichtshof hat nachdrücklich hervorgehoben, daß Herr Blumenreich in keinem Stadium seiner Ma-
nipulationen gewinnsüchtig oder ehrlos gehandelt hat; daß
er vielmehr aus idealen Motiven zum Verbrecher wurde.
Nun muß man sich in die Seele dieses hageren, ergrauten
struggleforlifers versetzen, der zwei Menschenalter voll
Entbehrungen hinter sich hat und an der Schwelle der Grei-
senzeit eine ergiebige Betätigungssphäre findet. Mit Feuer-
eifer verwaltet der chronisch Schiffbrüchige dieses Amt;
und selbst die Rücksicht auf das Gesetz läßt er um des Unternehmens willen gelegentlich ein bißchen außer acht. Er
baut ja darauf, daß ihn die eigenen Genossen nicht ins Loch
bringen werden. Er hat für diese Genossen verschiedene
Kastanien aus dem Feuer geholt, er hat die angenehme Aufgabe gehabt, bei westlichen Finanzgrößen zu hausieren und
das Geld zusammenzubringen, er war für die Gesellschaft
Faktotum. Aber, gleichviel, wodurch er aus der Sonne ihrer
Gnade gedrängt wurde – eines Tages, als das Geld beisammen war, flog er hinaus. Man erkannte plötzlich, daß er
nicht präsentabel sei, nicht »geeignet«, und ich möchte den
Kontrakt sehen, der nicht in gewissen Punkten eine sicher
funktionierende Handhabe zum Bruch böte. Genug, er
flog. War es ein Verbrechen, daß er seine Rechte in einer
Broschüre nachdrücklich wahrte? War es ein Frevel, daß er
bei diesem Anlaß die ehemaligen Mitarbeiter ein bißchen
scharf vornahm? Das erste war berechtigt, das zweite ver-
zeihlich. Aber diese Flugschrift scheint ihm den Hals gebrochen zu haben. Die Gesellschaft war, wie gesagt, gar nicht
geschädigt, aber es stellten sich wohl plötzlich höhere sitt-

liche Interessen heraus, um derentwillen der Missetäter einer strafenden Gerechtigkeit zu überliefern war. So kam der Greis ins Loch. Ein Englein ist er nicht grade, und ich möchte im allgemeinen nicht schlechtweg sein Anwalt sein; aber man kann begreifen, weshalb sich die öffentliche Meinung jetzt auf seine Seite schlägt. Der ganze Prozeß war überflüssig.

Ansonsten sind überflüssige Ereignisse in dieser Woche nicht passiert. Und so muß der Chronist die Drohung aussprechen, in der nächsten Woche um die Hälfte mehr als in dieser zu plaudern, zu unterhalten, zu beobachten, zu scherzen, sinnig zu sein und sein ganzes gefälliges Handwerk zu üben. Bis dahin, Leser, auf Wiedersehn.

28. November 1897

In Berlin ist es Winter geworden. Auf den künstlichen Eisbahnen wird gegossen. Die heiratslustigen und liebesehnsüchtigen Töchter des Westens haben Schlittschuh' am Arm hängen, wenn sie ihre Bleichsucht spazierenführen. Und der Sportplatz am Zoologischen Garten, dieser langhingestreckte Vorwand zum Anbandeln, ist belebt von teutschen Mägden und (wie der selige Paul Lindau sagte) Günglingen. Die Günglinge denken an die Mitgift, die deutschen Mägde an andere Annehmlichkeiten. Sie, die Mägde, haben noch Ideale. Am Rande aber wackeln Mütter und Tanten, verfolgen Dora, soweit es geht, mit der langgestielten Lorgnette, verfolgen auch die Mienen des Kavaliers, soweit es geht, und nähren im Busen allerhand Gedanken voll zärtlicher Kuppelei. Dora ist in den meisten Fällen etwas gerissener als Mama und kann von ihr keine Ratschläge brauchen. Welches Verhalten zu beobachten ist, während der Güngling und Kavalier ihr die Schlittschuh abschnallt, das sagt ihr das eigne, mit Respekt zu melden, Herze. Und auch Emmy und Frieda haben es ihr gesagt; sie weiß Bescheid – Dora weiß Bescheid.

Dieweil sich aber dieses Schauspiel und auch das Ab-

schnallen jährlich wiederholt, wird es ein bißchen langweilig. Die Jahrgänge unter den Tiergartenmägden wechseln
zu wenig. Die Sitzengebliebenen von früheren Wintern rächen sich am heranwachsenden Geschlecht der Schwestern, indem sie ihnen die Eisbahn durch zahlreiche Gegenwart streitig machen. Sie lassen ihnen kaum Platz zum
Hinfallen; so mißgünstig sind sie. Und wenn es einer Jüngeren dennoch gelingt, einen Sturz zu ertrotzen – hart am
Charlottenburger Tattersall, wo zuweilen eine klug zu er-
spähende Gelegenheit ist –, werden sie olivengrün vor
Neid. Und sie behaupten, daß die damit verbundene vorübergehende malerische Unordnung des Gewandes das
mühsam erstrebte Ziel eines ganzen Vormittags sei. Die
zarten Pflanzen haben in der Tat das Musikdrama »Miß
Helyett« mit Nutzen gesehen und hegen über den Reiz der
Barrisonbilder selbständige Gedanken – sie werden auch
hier Bescheid wissen. Dora, mir ist, als ob ich die Hände
aufs Haupt dir legen sollt'. Die Olivgrünen aber sind in diesem Winter zahlreicher denn sonst. Vielleicht kommt es
einem bloß so vor – weil man mit steigenden Jahren immer
mehr Olivgrüne kennt und immer weniger Backfische.
Und die Olivgrünen blicken sehr freundlich zu den Herren und sogar schwärmerisch, die Blicke kommen gewissermaßen aus der Tiefe, und man denkt an Jean Paul, welcher im Hesperus behauptet, »je älter ein Mädchen oder
ein eingepökelter Hering sei, desto dunkler sei an beiden
das Auge, das durch die Liebe so werde«. Dunkle Augen,
seelenvolle und eingepökelte Augen sind in Wahrheit er-
schreckend häufig auf dieses Winters westlichen Eisbahnen. Dora! wird einstens auch dein Auge, das jetzt emsig
klappert, von mildem, tiefem Heringsglanz umzogen sein?
Man ahnt es nicht. Mögest du glücklich werden. Mögest du
glücklich werden.

Berlinische Vorgänge sind den Leuten gegenwärtig recht
gleichgiltig. Was ist uns eine Eisbahn am Zoologischen Garten? Nichts ist sie. Was die Gemüter in Anspruch nimmt,
spielt sich in Frankreich und Österreich ab. Nach den Akten
Scheurer-Kestners und nach der österreichischen Parla-

mentsprügelhalle strebt die seelische Teilnahme der Stadt Berlin. Die Dreyfus-Geschichte wird hier so lebendig und eifrig verfolgt – wie eine so seltsame und erschütternde Geschichte begreiflicherweise verfolgt wird. Allein die Erwägungen völkerpsychologischen Inhalts, allein die Betrachtung des französischen Volkes in diesem Handel fesseln die Seelen im Innersten. Wir haben, was Vorurteile anlangt, gewiß keinen Grund, pharisäisch zu sein. Aber es ist immerhin wertvoll, diese pointierten Bestien in aller freiwaltenden pointierten Bestialität zu beobachten; wir erinnern uns an Zola und die Art, wie er im Riesenepos von den Rougon-Macquarts ihren nationalen Bestiencharakter unvergänglich gezeichnet hat. Politiker, wie sie in seiner denkwürdigen Stadt Plassans am Werke sind, tauchen vor dem erstaunten Auge allenthalben auf. Plassans ist Frankreich. Wütende Tigernervosität wird das Merkmal der allgemeinen innersten Stimmung. Und mag der Hauptmann schuldig oder unschuldig befunden werden: diese Erscheinungen sind das Bleibende an den zufälligen Vorgängen, und sie fesseln in Berlin am stärksten. Viel belacht hat man hier wieder Herrn Maximilian Harden, der mit seiner putzigen Sicherheit in politischen Privatkundgebungen schon so viel zur Verminderung des allgemeinen Weltschmerzes beigetragen hat. Dieser unbezahlbare Bajazzo pflegt den deutschen und europäischen Angelegenheiten nach acht Tagen erst die letzte Weihe zu geben. Er dekretiert – und die Kenner in Berlin wälzen sich vor Vergnügen. Er ist der emsigste Klugsprecher (in Schlesien gibt es ein anderes feines Wort dafür, das man bloß nicht gut brauchen kann) der letzten sieben Jahre. Diesmal hat er dahin entschieden, daß der Fall Dreyfus als ein von jüdischen Interessenten inszenierter überflüssiger Rummel zu betrachten ist. Der Fall des Bergmanns Schröder habe lange nicht so viel Staub aufgewirbelt, weil der kein Jude sei. Nun ist Schröder zu einigen Jahren Zuchthaus, Dreyfus aber zu langsam-qualvollem Tode auf einer einsamen Insel unter raffinierten unmenschlichen Bedingungen verurteilt worden, so daß der Unterschied auch einem Esel in die Augen springt, aber die wöchentliche Ver-

legenheit um Sensation ist manchmal so schwerwiegend,
daß ein geängsteter Apostat das Maß des niedergeschriebe-
nen Blödsinns erst in zweiter Reihe berücksichtigen kann.
Übrigens war es dringend notwendig, daß gerade unser
Harden der Sache in Deutschland eine antisemitische Wendung gab. Wie alles an ihm neu ist, auch die Bildung und
die Zitate, die immer vom Sonntag bis zum Freitag fleißig
erworben werden, so auch das arische Bewußtsein. Er ist
seit mehreren Jahren ein gerichtlich eingetragener Arier.
Die Zeiten, da er noch als ritueller Felix Wittkowski auf
dem französischen Gymnasium die Grundlage für seinen
Zitatenreichtum zu erwerben verabsäumte, sind dahin. Gerade er mußte in Deutschland jetzt auf die Gefahren, welche die jüdische Agitation in der Dreyfussache bot, mit be-
sorgtem Blick hinweisen. Unbedingt! Die Komik des Falls
erkennt derjenige ganz, der Herrn Harden je hinter einer
Logenbrüstung kokettieren sah und weiß, wie äußerst mangelhaft er getauft ist. Möge er glücklich werden.

Neben Harden und Dora und der österreichischen Prü-
gelhalle – wenn schon gehauen wurde, ist es tief zu bedauern, daß der Edle von Abramowitsch nicht mächtige Senge
bekam, denn der Edle hat sie dreifach verdient – interessiert man sich hier für den Herzog Ernst Günther. Er liegt
krank im Bristol-Hotel. Lebensgefahr ist nicht vorhanden,
aber man erwog doch, was er dem deutschen Volke bisher
gewesen. Er war ein Mann voll Lebenslust und voll Anteil
für die Kunst. Wenigstens der Verkehr mit Künstlern und
mit Künstlerinnen war ihm unendlich wertvoll. Er wollte
ihn niemals missen. Bei allen möglichen Anlässen wurde
Günther genannt; aber nicht in den Zeitungen, immer
bloß streng privatim. Was Wahres über ihn berichtet
wurde, was Falsches – welcher profane Bürgerschmann
wäre imstande, das zu prüfen. Genug, er wurde genannt.
Wer im Tiergartenviertel mit Malern und Bildhauern verkehrt, hat oft genug seine Visitenkarte in der Silberschale
obenauf liegen sehen. Es ist die Renommierkarte der nobelsten Berliner Bohème. Auch bei Ludwig Pietsch, dem
unermüdlichen Festgreis, verkehrte er. Es freute ihn herz-

lich, dort unter Künstlern und unter Künstlerinnen und
sonstigen Anwesenden anwesend zu sein. Es freute ihn.
Eines Tages sagte er: Ich fühle mich hier so wohl; die offiziellen Diners hab' ich dick; hier bin ich Mensch, hier darf
ichs sein; hier ist es so unoffiziell, so gemütlich. Also
sprach er, in der Landgrafenstraße. Ein Maler aber erwiderte ahnungslos: »Oh, königliche Hoheit sollten erst mal
dasein,« wenn königliche Hoheit *nicht* da sind!« Soweit der
Maler. Möge Günther bald genesen, möge er glücklich
werden.

Gestern abend jedoch wurde im Schauspielhaus »Maria
Magdalena« von Hebbel gespielt. Und man konnte darüber allenfalls Dora, Harden, Günther, Abramowitsch und
anderes vergessen. Rein vergessen, sag' ich. Ich hatte mir
geringe Wirkung versprochen und war verblüfft über diesen furchtbaren Druck. Man sah einen einsamen Riesen erstehen, der vor fünfzig Jahren das in Europa fühlte, was wir
heut anstreben. Gestern abend wurde es mir klar, wie unverstanden Hebbel gestorben sein muß. Unverstanden
trotz äußeren späten Friedens. Erst die Gegenwart hat gezeigt, was seine Ahnung war. Tief erschüttert waren alle,
trotz einer oft unglaublichen Darstellung.

Das nächste Mal aber bin ich imstande, noch siebzehn
Zentimeter tiefer herunter zu schreiben, so daß der Brief
noch schubertisch-länger wird. Indessen, Beste, mögen Sie
glücklich werden.

12. Dezember 1897

Niemals beginnt man einen Berliner Brief in besserer
Stimmung, als wenn man keinen Schimmer hat, was drin-
stehen wird. Wollte jemand behaupten, daß sich in diesem
Dezember die interessanten Ereignisse jagen und drängen,
so wäre es eine lächerliche Lüge. Es bleibt dem Chronisten
der weiteste Spielraum, die Anmut seines Geistes zu entfalten, zu tändeln, zu lächeln, Seitensprünge zu machen, zu
hüpfen, schalkhaft zu sein, ja zu tänzeln, zu fabulieren, Anekdoten zu ersinnen und als tatsächlich passiert zu erzählen

(mit dem Zusatz »die Geschichte hat überdies den Vorzug, wahr zu sein – wir enthalten uns jedes Kommentars«), kurz, den Leser zu betrügen, indem man so tut, als ob man von etwas spräche, während man eigentlich von nichts spricht. Darin liegt die Kunst. Man kann auf diese Art im Handumdrehen einen gedrucken Absatz vollmachen – wie ich es soeben getan habe.

Den zweiten Absatz beginnt man dann wieder mit nichts. Man erzählt von Karl Frenzel, der von einem eigens ernannten Komitee bejubiliert worden ist und am Sonntag, da diese Zeilen erscheinen, festlich bespeist wird. Wohlgemerkt, wir gönnen dem alten Herrn die Ehren, die ihm zum siebzigsten Geburtstage gezollt werden. Aber wir glauben, daß seine Kritik für die Gegenwart keine Bedeutung mehr hat. Auch ein Siebzigjähriger will nur die Wahrheit. Das Komitee hatte nicht die Neigung, sie auszusprechen. »*Immer* war er auch bereit«, heißt es törichterweise in der Einladung, »in Literatur, Kunst und Wissenschaft jede neue Strömung zu fördern, welche eine Bereicherung des geistigen Lebens Deutschlands versprach.« Immer nicht, meine Herren! Zum Beispiel hat er just in der jüngsten Ära unsrer dramatischen Dichtung fast bloß die stille Feindseligkeit eines geärgerten Oberlehrers bewiesen. Wir haben sein Urteil über Gerhart Hauptmanns »Hannele« nicht vergessen! Er nannte es einfach einen »mystisch verträumten und naturalistisch verrohten Hokuspokus«. Etwas streng, nicht wahr? Für andere Werke dieses Dichters hatte er noch lebendigere Ausdrücke des Abscheus. Und um diese Strenge ganz zu würdigen, muß man wissen, wie mild er gegen die Herren Lindau, Blumenthal und Lubliner gewesen ist. Lublinern hat er förmlich abgeschmatzt. Der ist ihm ein Dramatiker, »der erfreut, auch wo man nicht mit ihm einverstanden ist«, dessen »liebenswürdigem Naturell man gerne die Schwächen seiner Kunst nachsieht«. Der Jubilar hat auch nie geahnt, wer Henrik Ibsen ist. Die obengenannten drei Herren Lindau, Blumenthal und Lubliner, einer immer talentvoller als der andere, waren für ihn noch der letzte Schirm und Schild unserer

Bühne. Er prophezeite mit putzig falschem Seherblick, daß
»hinter ihnen, wenn sie vernichtet wären, nicht etwa das
realistische Drama im Glanze der Morgensonne dastände,
sondern das theatralische Nichts graute«. Als nun aber
doch ein neues realistisches Drama, ganz gegen seine Prophezeiung, sich erlaubte geboren zu werden, war er beleidigt. Nicht so wie der prachtvolle alte Fontane stellte er
sich zur Jugend, die an die Pforte pocht; dieser siebenund-
siebzigjährige Meister versteht sie und liebt sie, und er geht
an ihrer Spitze, der Ehrenpräsident. Frenzel begann vielmehr, seine etwas hämischen Aufsätze in der Deutschen
Rundschau gegen alles Beste, was die neuere Dichtung unserem Vaterlande geschenkt, zu schreiben – ohne auch nur
dasjenige Maß von Gerechtigkeit walten zu lassen, das man
von seinem Temperamentsmangel erwarten durfte. Wenn
er also zum siebzigsten Geburtstag durch ein Festmahl gefeiert wird, so ist das durchaus in der Ordnung; aber die
einundzwanzig Herren vom Komitee würden ihn nicht
minder gefeiert haben, wenn ihr Aufruf der Wahrheit
mehr entsprochen hätte.

Im übrigen sind wir keine Unmenschen und gestehen
gerne zu, daß ein Hauch von Solidität und Anständigkeit
Karl Frenzels Haupt umschwebt, der nicht zu unterschätzen ist. Als bürgerlicher Mensch verdient er hohe Achtung
(und ein Festmahl). Schließlich ist jeder das Produkt seiner
Zeit; und Frenzels Schicksal war es, in einer Zeit jung zu
sein und manneskräftig, in der die Geschichte des deutschen Dramas lange tote Strecken aufweist. Rosenthal,
Weilen, Lindner, Putlitz, Benedix, Wilbrandt, Gottschall,
Ernst Wichert und ähnliche Heroen nahmen einen breitesten Raum ein. Zwar lebte auch Friedrich Hebbel – doch
unser Jubilar fand ihn zu unanständig. Das Motiv, »um das
sich alles dreht« – ich brauche nicht zu sagen, welches es ist,
es spielt in der Weltgeschichte eine gewisse Rolle –, das
störte ihn an dem großen Dithmarsen. Er »verletzt das Gefühl und die Sitte, die im Theater sorgsamer gewahrt werden muß als irgendwo«. So schrieb er wörtlich anno 62.
Und da Richard Wagner sein Nibelungendrama nur an-

kündigte, rief flugs der köstliche Prophet: »Wieviel verlorene Mühe! möchte man unwillkürlich ausrufen. Sehen denn nur die Draußenstehenden, nicht die Dichter, daß diesen Arbeiten, und mögen sie noch so vollkommen sein, für jetzt und alle Zukunft das Verständnis, die Sympathie des Volkes fehlen wird?« Es passierte ihm dagegen, Brachvogels Narziß und den Uriel Acosta als »Schöpfungen ersten Ranges« anzupreisen und sie neben Hebbel zu stellen. Man sieht also: wann Herr Frenzel gleich für die Gegenwart kein Verständnis hat, so hat er es auch für die Vergangenheit nicht immer gehabt, als sie ihm Gegenwart war. Bloß für eine so weit zurückliegende Epoche, wie das achtzehnte Jahrhundert, über welche das Urteil im allgemeinen feststeht, war er zuständig. Hier hat er keine Böcke geschossen. Und die Prophezeiungen, die er von der ersten Hälfte des achtzehnten Jahrhunderts in bezug auf die zweite aussprach, sind sicher eingetroffen. So, liebe Zeitgenossen, liegen die Dinge; auch der Siebzigjährige will die Wahrheit.

So wären sachte wieder zwei Abschnitte vollgemacht. Und ich möchte sehen, wer mich hindern wollte, im nächsten über das elende Berliner Weihnachtswetter zu schreiben. Auf den Straßen liegt nämlich ein Mischmasch. Es ist der Sohn des Wassers und der Erde, wie ihn Goethe nennt, oder der Kot, wie wir zuweilen im Privatleben sagen. Wenn das so fortgeht, fehlt dem heiligen Weihnachtsfeste am Ende gar das Traute. Es muß, wenn ihm das Traute nicht fehlen soll, Schnee fallen. Die weißen Flocken müssen, wofern ich nicht irre, weich die Landschaft der Friedrichstraße einhüllen. Hie und da ist dann die Möglichkeit geschaffen, daß etwas traut glitzert. Und wenn unter dem Fuß der Heimwärtsschreitenden gar ein Knirschen zu konstatieren ist, wäre alles vorhanden, was man billigerweise verlangen kann. Es soll nicht sein; gespritzt wird. Der Sohn des Wassers und der Erde springt auf die Personen ohne Unterschied des Geschlechts. In der Friedrichstraße wandern ungeachtet dessen die Provinzialen, Kleinstädter und Gutsbesitzer, die unter dem Vorwand von Weihnachtsein-

käufen einem gemeinen Lebenswandel zu frönen fest entschlossen sind. Ein allgemeiner Aufschwung der heikelsten
Industrien auf dieser Feststraße ist im Dezember alljährlich
festzustellen. Viele deutsche Männer, die dort spazieren,
sind beweibt. Die Ausrede, eine Überraschung für die
kleine Frau besorgen zu müssen, ist der Strohhalm, an den
sie sich klammern. Namenlos interessante Frauengestalten,
über deren individuelle Züge und Vorzüge das starre, amtliche Register keine Auskunft gibt, schweben an ihnen vorüber, den milden Blick fragend und sinnend vor sich hin
gerichtet. Und es ergreift ein längst entwöhntes Sehnen das
Herz des notleidenden Landwirts. Und seine kräftig entwickelten Füße wandeln neben den etwas kürzeren Gum-
mischuhen der Begleiterin gar rüstig durch den unweih-
nachtlichen Mischmasch der Feststraße. Und wiederum,
siehe, wird ein Absatz vollendet.

Neben dem Frenzelfest und den weihnachtlichen Vorfreuden aber machen sich die Bazars sehr fühlbar. Sie sind
der Dezemberschrecken. Still und harmlos verkehrt man
in irgendeinem edlen Hause der Tiergartenstraße. Nichts
Böses tat man, dachte man. Nur mit Regelmäßigkeit nahm
man die Einladungen des trefflichen Ehepaares an und aß
in einem Kreise von zeitgenössischen Männern – tapfer,
deutsch und weise – die Austern ebenso naiv und in sich
gekehrt wie man den Chablis verträumt hinabschluckte.
An niemand dachte man weniger als an die Gastgeber. Es
war ein Traum, nun ist er ausgeträumt. Eines schönen Tages erhält man eine schriftliche Mitteilung der Hausfrau,
daß sie am Soundsovielten von vier Uhr ab im Bazar des
X. X.-Vereins für verwahrloste Mädchen – oder ist es die
Vereinigung der Potsdamer Vorstadt zur Rehabilitierung
unschuldig verurteilter Gymnasiasten? jedenfalls irgendein
Verein, der eine Lücke ausfüllt –, daß sie von vier Uhr ab
einen Verkaufsladen dort haben werde. Da hilft kein Un-
wohlsein. Man muß 'rrrran. In schweigender Entschlossenheit steckt man mehrere Fünfmarkscheine zu sich.
Grimmbewegt eilt man hin. Auf die verwahrlausten Mädchen hat man auf dem Wege einen solchen Haß geworfen,

daß in der Garderobe die ganze Energie eines geübten Ver-
stellers nötig ist, um ein einigermaßen gemütliches Grin-
sen auf dem Gesicht zu erzeugen. Die freudig erregten Linien werden mechanisch hergestellt. Schon hier draußen
walten Damen, welche den Überzieher aus Wohltätigkeit
aufhängen. Mit heiserem Lachen gibt man ihnen ein Zwei-
markstück. Dann, im Saal, knirscht man vollends vor Wut.
Eine schwarze, fette Blumenfee aus der Hitzigstraße, knap-
pemang vierundvierzig, humpelt auf uns zu, und mit Gebärden von einer gewissen Heftigkeit stülpt sie ins Knopfloch eine Nelke. Sie durchbohrt einen mit der Nelke. Man
möchte »au!« schreien. Die Greisin streckt dann, als wäre
nichts geschehen, die Hand aus. Nun könnte man, wäre
man ein geborener Humorist, sie einfach mit dem Zeigefinger in der Hand herzhaft kitzeln. Aber es hätte den
Nachteil, daß man hinausgewiesen würde. Man kitzelt also
sich selber, um ein freundliches Gesicht zu machen, und
erlegt eine bessere Münze, innerlich schäumend. Eine
Zeitlang ulkt man still über die Toiletten, um sich eine Genugtuung zu verschaffen. Die Geheimrätinnen sind mit ihren Kleidern sehr geeignet dafür, denn sie haben etwas
Ökonomisch-Altmodisches, das zugleich einfach und doch
aufgedonnert ist; diese Gewänder stammen nicht vom vorigen Jahre, sondern von Onkel Theodors silberner Hochzeit, als der Kultusminister kam. Dagegen tragen die Bör-
senfürstinnen Kleidchen, die sich gewaschen haben. Am
Halse (und was drum- und dranhängt) werden die Lücken
durch Steine bedeckt, welche den ungefähren Betrag der
gezahlten Einkommensteuer diskret ahnen lassen. Auch
die Nelkenmatrone schleppt ein Juweliergeschäft am Halse
mit sich. Ein Mittelding sind die Toiletten der Offiziers-
damen, meist einfach und doch elegant. Auch hier zuweilen kostbare Kostüme, aber sie sind nicht überladen, wie
sie nicht altmodisch sind. Als man der Gastgeberin mit
furchtbarer Ruhe und starrem Lächeln ein Opfer gebracht,
versinkt man in einen melancholischen Zustand. Nach
dem Grunde dieser Trauer gefragt, weist man auf ein gewisses Mitleid mit den verwahrlosten Mädchen andeutend

hin. Dann bewegt man sich mit scheinbarer Harmlosigkeit
nach dem Ausgang zu; und als man die Pforte erreicht hat,
stampft man wie blödsinnig in die Gummischuhe und
stürmt hinaus in die Nacht, in den Mischmasch. Vier- bis
sechsmal im Dezember erlebt man diesen Schmerz. Und
wollte man behaupten, daß sich in diesem Monat die interessanten Ereignisse jagen und drängen, so wär es, wie ich
vorhin schon bemerkt, eine lächerliche Lüge. Jedenfalls
aber reichen diese Ereignisse hin, um einen weiteren, den
letzten Abschnitt zu bewerkstelligen. Und so ist man am
Ende und weiß nicht wie.

19. Dezember 1897

Unsre deutschen Brüder marinesoldatischen Berufs sind
ausgerückt. Es geht gegen den chinesischen Erbfeind in einen dringend notwendigen Krieg. Ob dieser Krieg bereits
als ein heiliger Krieg bezeichnet werden darf, läßt sich im
Augenblick nicht feststellen. Unbenommen bleibt die
Möglichkeit, daß er sich dazu auswächst. Unser rüstiger
Monarch, der zweimal bei feierlichen Anlässen seine Stellung so glücklich und intensiv auszufüllen weiß, hat den
Krieg, wie viele voraussahen, mit einer längeren Ansprache eröffnet. Die Segenswünsche, mit denen er die Weg-
reisenden begleitete, finden ein Echo in unsren Herzen;
alle wünschen wir, daß da unten in China kein Unglück
geschehe und daß der Feldherr Heinrich, wenn er nun
schon einmal mit der gepanzerten Faust den Lorbeer um
die junge Stirn flicht, die vorhergehenden Erfolge mehr
durch die Wucht und den Glanz des Erscheinens als durch
umständliche und verhängnisvolle Schießgefechte er-
ringe.
  Die Kohlenstationen und die Kirche bieten für diesen
Feldzug ein doppelt lohnendes Ziel. Was freilich die Missionare betrifft, so enthält das kürzlich erschienene Japan-
buch des Weltreisenden Adolf Fischer allerhand besondere
Gesichtspunkte, welche der Gelehrte Inoue Fetsujiro irgendwo geltend macht. Er behauptet, daß nach der Statistik

mehr Verbrechen auf London und Paris fallen als auf ganz Japan, und fährt fort: »Da die Christen der Besserung viel bedürftiger sind als wir Japaner, warum sendet man denn die Missionare nach Japan? Sie sind zu Hause ungleich nötiger ...« Leider läßt sich nicht in Abrede stellen, daß in Deutschland eine Masse Gottlosigkeit herrscht. Darin hätte der asiatische Gelehrte recht. Immerhin würden wir im Prinzip nicht dagegen sein, wenn (es ist um der guten Sache willen) eine noch größere Zahl von Missionaren unser Vaterland verließe. Mögen sie rüstig hinausziehen in die weite Welt, in sicherem Schirm. Und hierfür wird Heinrich der Seefahrer, der vollziehende Feldherr der neuen deutschen Hansa, kräftig sorgen, zugleich aber das Evangelium der Brüderlichkeit verkünden, nämlich das Evangelium von der geheiligten Person des kaiserlichen Bruders. Aus der eigenartigen Antwort des bis jetzt schweigsamen Prinzen ersahen viele nicht ohne lebhaftes Interesse, daß nunmehr beide Brüder rednerisch zu wirken beginnen. In jedem Fall aber rufen wir den Marinetruppen nochmals ein energisches Heil auf den Weg. *Heil!*

In friedlicheren Kreisen Berlins, nämlich in literarischen, herrscht eine gewisse Aufregung über die Nachricht, daß Paul Schlenther die Direktion des Burgtheaters übernehmen soll. Wenn es wirklich geschehen sollte, was vorläufig noch zweifelhaft ist, würde Berlin viel verlieren. Die Zeitungskritik würde mit einem Schlag ein verändertes, ein ziemlich leeres Gesicht zeigen; ihr bester Zug würde fehlen. Dieser beste Zug aber besteht in einer eigenen Mischung von feiner Kennerschaft, naiver Gesundheit, liebreichem Sarkasmus, zartem Nachfühlen, studentischem Humor, abgeklärter Vorsicht und propagandistischer Kraft. Dazu kommt eine Schreibart, die glücklicher wird, je mehr sie unter dem Drang der Stunde, der Minute steht. Das Beste wirft dieser Mann nachts in der Vossischen Redaktion hart unter dem Eindruck des gesehenen Stückes aufs Papier; und es bleibt ein greulicher Gedanke für uns, künftig einen anderen seine dämlichen Initialen da hinpflanzen zu sehn, wo jetzt immer P. S. steht. Wir haben mancherlei

Einwände gegen ihn gehabt, er fühlt oft zu sehr nord-
deutsch, wo man südlicher (zum mindesten mitteldeutsch-
schlesisch!) empfinden sollte. Aber er besitzt doch die ost-
preußische, wertvolle Vereinigung von Phantasie und Ruhe,
und er ist in seiner Art einfach unersetzlich. Möchte es
doch ein gütiges Schicksal fügen, daß ihn der Kaiser von
Österreich nicht bestätigt. Möchte es doch.

Ein anderer berlinischer Kritiker, Paul Moos, welcher
das Gebiet der Musik behandelt und den Lesern dieser
Zeitung nicht unbekannt blieb, ist in anderem Zusammenhang in dieser Woche zu nennen. Er hat ein Kapitel erlebt,
das über die Interessen einer einzelnen Persönlichkeit hin-
ausreicht und allgemein wichtige Dinge berührt. Er rezen-
sierte in den »unparteiischen« »Berliner Neuesten Nachrichten«. Diese Zeitung war immerhin nicht unparteiisch
genug, die Kritiken ihres Rezensenten auch nur unparteiisch wiederzugeben. Herr Paul Moos hatte sich über Frau
Ende-Andrießen geäußert, die in einem Berliner Wagner-
Konzert sang. Er fand, daß ihr die Arie aus »Fidelio« miß-
glückte, daß diese bis zur Unkenntlichkeit verschleppt,
auch durch Detonieren und »wenig noblen Gebrauch der
Stimmregister« getrübt wurde. War es sein gutes Recht, das
zu finden? Es war sein gutes Recht. Am nächsten Morgen
aber las er seine Zeitung und fand unter dem eignen Namen folgende Fälschung: »Wir hoffen, die guten Erwartungen, die das gestrige Auftreten der sympathischen Künstlerin nach der nächtlichen Reise erweckte, bei anderer
Gelegenheit bald voll gerechtfertigt zu finden.« Diese »Än-
derung«, welche die Ansicht des Kritikers einfach in ihr
Gegenteil verdrehte, wird niemand anders auffassen können denn als eine parlamentarisch nicht näher zu bezeichnende Dreistigkeit. Herr Jacobi, der Chefredakteur des unparteiischen Blatts, war der Schuldige. Er erklärte mit dem
ganzen Freimut eines nur zuweilen unparteiischen Redak-
teurs, er sei »von einer der Dame wie der Zeitung gleich
nahestehenden Seite« um Milde für Frau Ende-Andrießen
gebeten worden. Ob es die Tante des Verlegers oder der
Stiefonkel des Druckers der »Neuesten Nachrichten« ge-

wesen, der für die Sängerin ein so warmes Interesse gehabt, teilte der unparteiische Jacobi nicht mit. Genug, er schonte sie, indem er den Bericht des Kritikers fälschte. Man wird es von Moos durchaus ehrenvoll finden, wenn er hiernach sein Amt niederlegte, zumal da unser Jacobi in einem weiteren dreisten Ton seine Fälschung gewissermaßen als gerechtfertigt hinstellte. Und es ergibt sich nun die Frage: wie ist von den Berliner Musikkritikern ein korrektes Verhalten zu fordern, wenn ihre Vorgesetzten selbst so inkorrekt handeln? Ist es bei so bösen Beispielen eine so hervorragende Missetat, wenn der eine oder der andere sich schließlich sagt: ehe der unparteiische Chefredakteur nach seinen Neigungen mein Urteil korrigiert, korrigier' ich es lieber selbst nach meinen Neigungen, d. h. unter Umständen nach den Neigungen des zahlungsfähigen Opfers? Die Missetat erscheint in diesem Lichte milder. Der Glaube an die Ehrlichkeit und Unbestechlichkeit des kritischen Urteils wird ja durch ein Verfahren, wie es Herr Jacobi einzuschlagen sich erdreistete, am sichersten gefährdet. So kann man, wohl unmittelbar vor der Entscheidung, innerlich an denen irrewerden, die man offiziell bekämpft. Vielleicht sind es wirklich nur arme Teufel, bestimmte Produkte bestimmter Verhältnisse. Aber es gibt kein Zurück mehr. Sünder bleiben sie.

Und der Kampf wird erleichtert durch die schimpflichen und gemeinen Mittel, die andre, dunkle, ihnen verbundene Gegner anzuwenden versuchen. Beinahe wie Philipp im Anblick des Medina Sidonia könnte man sich zurufen: »Gott ist über mir – ich habe gegen Menschen, nicht gegen Wanzen mich gesendet.« Das übelriechende Geschlecht der Wanzen macht sich, wenn man sie noch so sehr verachtet, lästig. Schaden können sie uns nicht, wenn wir reines Blut haben. Aber stinken. Uäh! Uäh!

Nächste Woche mehr.

25. Dezember 1897

Die Fürstin Hohenlohe, die in diesen Tagen starb, ist für die breitere Öffentlichkeit in Berlin eine unbekannte Dame gewesen. Mit respektvoll kühlem Anteil haben die Bewohner der deutschen Hauptstadt von dem Verlust gelesen, den der Kanzler erlitten. Was man für die Familie Hohenlohe hier übrig hat, besteht in einem sehr gedämpften Interesse, in dem sich höfliche Achtung und eine leise Neugier mischen. Man ist deshalb neugierig, weil der Typus von Aristokratie, wie ihn die Hohenlohes vertreten, hier unbekannt ist. Er scheidet sich scharf von dem des preußischen Dienstadels, den avancierten Landräten pommerscher Geschlechter, den halb militärischen Bürokratenerscheinungen. Eine grenzenlos vornehme Familie, süddeutsch und von tiefem Katholizismus, von einem fremdartigen Hauch umwittert wie ein Fürst auf Reisen, der hinter den halbverhängten Wagenfenstern eine stille, exklusive Interessantheit bietet – so wirken die Hohenlohes auf die Berliner.

Ein Bahnhofsinteresse – wurde auch jetzt durch den Tod der Fürstin erweckt. Man kannte sie nicht. Man wußte aber, daß sie eine Wohnung in Paris besaß, daß sie geborene Russin sei, zuweilen in Werki hause und unendlichen Aristokratismus ausstrahle. Sie muß sehr höflich gewesen sein. Als wir, eine Zahl von Schriftstellern, vor wenigen Jahren Bismarck in Friedrichsruh besuchten, sahen wir seine inzwischen verstorbene Frau. Der Fürst sprach grade lebhaft bewegt mit den Besuchern, die in ehrlicher Ergriffenheit, ja fast erschüttert den herausgestoßenen Worten des alten Mannes folgten – da machte sich die Bismarcken am Fenster bemerkbar. Einige der Gäste hatten nicht darauf geachtet, daß sie ein bißchen auf dem Rasen standen. Das nahm die Dame übel. Hinter dem geschlossenen Fenster gestikulierte sie zornig mit energischen Gebärden, und ihre Arme schienen zu sagen: »Runtergehen! *Sofort* runtergehen!« Einige der deutschen Schriftsteller bekamen einen Schreck und verließen den Rasen. So hätte die verstorbene

Hohenlohin nie gestikuliert. Allenfalls würde sie nachher
einen Kammerdiener mit einem Befehl an den Gärtner geschickt haben – lautlos.

... Der Fürst Chlodwig selbst ist fast nur als Theaterbe-
sucher von einer menschlichen Seite bekannt. Ich weiß,
daß er bereits viermal Gerhart Hauptmanns »Versunkene
Glocke« im Deutschen Theater gesehn hat – viermal! Das
letzte Mal war »Mutter Erde« von Halbe ursprünglich angesetzt, und auf die Vorbestellung des Kanzlers telepho-
nierte man ihm aus dem Deutschen Theater, daß dafür die
»Versunkene Glocke« gegeben werden müsse. Er ließ aber
zurücktelephonieren, das sei um so besser und er werde
dieses Drama nochmals ansehn. Ich glaube, daß dieser Zug
nicht gegen ihn spricht. Einen andern Zug aus dem Leben
des Kanzlers erzählte neulich ein Künstler, der zur Einweihung des neuen Reichstags geladen worden war. Er erzählte ungefähr folgendermaßen: Das war das erste Mal,
daß ich Hohenlohe sah. Und gleich der erste Eindruck war
entscheidend und sehr charakteristisch. Wir gemeinen
Nichtmilitärs, Künstler und sonstige befrackte Bürgerlichkeit, waren bekanntlich durch eine Leine vom Kaiser und
der Generalität getrennt. Nun müssen die Anordnungen
für die Festordner etwas mangelhaft gewesen sein, denn
auch vor Hohenlohe schloß sich diese Schnur. Wir alle
drängten nach vorn und wollten durch, aber der Polizei-
lieutenant, oder was er war, ließ es nicht zu; sondern er
sagte, indem er den Strick vorzog: Meine Herren, hier darf
keiner durch. Damit schob er den kleinen Hohenlohe zurück und faßte vor der Leine Posto. Jeder andere hätte dagegen irgendwie protestiert. Aber der Fürst blieb betrübt
stehen und sah auf den Erdboden. Da erst drängte sich ein
Abgeordneter, oder war es ein Adjutant, an den Strick und
sagte dem Ordner: Aber das ist ja der Reichskanzler. Erstaunt und etwas bestürzt ließ ihn der Mann durch. Wenn
sich aber niemand ins Mittel gelegt hätte, wäre Chlodwig
vor dem Strick stehengeblieben. Ja vielleicht, fügte der
Künstler hinzu, stünde er heute noch vor jenem Strick.
Und das, wie gesagt (so schloß er), war das erste Mal, daß

ich Hohenlohe sah. Gott segne ihn. Soweit unser Künstler.
Ein Reichskanzler, der viermal die »Versunkene Glocke«
sieht und in resignierter Folgsamkeit vor einem Strick haltmacht, wird mehr eine menschliche als eine reichskanzle-
rische Bedeutung haben. Er liebt die Kunst, wie etwa ein
Kaufmann neben seinem trockenen Beruf eine idyllische
Liebe für dieses Reich des Holden, Ewig-Schönen hat. Gewöhnlich sagt man, daß so ein Kaufmann kein Kaufmann
ist. Vielleicht mit Unrecht. Wer weiß es!

Aber ich kann nicht die ganze Zeit von den Hohenlohes
reden. Es ist gar nicht einzusehen, weshalb nicht von Gertrud Rumpf und Walter Buckow gesprochen werden
sollte. Unter allen Liebestragödien der letzten Zeit war
Gertrud Rumpfs Tragödie mit Walter Buckow die abson-
derlichste. Gertrud, Gertrud, du bist tot; du bist durch die
Schläfe geschossen; in Liebe und Dummheit gingst du mit
16 Jahren aus dieser Welt. Und dein Tod war ein berlinischer Tod. Ein Gemisch von Romantik und Nüchternheit,
von Sehnsucht und Vereinsmeierei. Blumen und Stroh
sind in deinem blonden, weichen Haar; und neben den
Flügeln deiner Seele steht ein Humber-Zweirad mit gut-
gefülltem Pneumatik. Berlinisch ist auch das Frühreife
dieses Selbstmörderpaares. Sie sind mit sechzehn und einundzwanzig Jahren fertig mit dem Leben. Gertrud Rumpf
war in Sportkreisen »nicht unbekannt«. Sie lebte und
webte in dieser Sphäre, die ihr gegen die Langeweile der
Buchhalterei ein Gegengewicht gewesen sein mag. Das
andere Gegengewicht war ihr Walter. In einer Eisenwa-
renhandlung lebte und wirkte er, aber nicht gar segensreich. Die Versuchung des Mopsens trat an ihn heran. Er
mopste Eisenwaren. Dann machte er sie zu Geld. Walter
hatte, wie das selbst bei den erlesensten Übermenschen
und in den feinsten Familien vorkommen soll, Schulden.
Denn auch Geburtstagsfeiern in Gasthöfen, wenn auch
fünften Ranges, kosten Geld. Genug: er mopste. Als man
dahinterkam, beschloß er zu sterben; und Trude mußte
mit. Aus einem silbernen Becher, den er auf der Radfahr-
bahn gewonnen, tranken beide zu guter Letzt noch ein

bißchen Champagner. Nobel muß ein junger Eisenwaren-
kaufmann zugrunde gehn. Dann aber wurde ein Brief an
den Radfahrklub »Hohenzollern« geschrieben, durch
Rohrpost abgesendet. Und hier fand sich der wundervolle
Passus: »Sendet Trauerkunde vom Klub an alle befreundeten Vereine. Folgt uns zur letzten Ruhe, wenn möglich in
corpore. Lebt wohl, stets blühe und gedeihe der ›R. C. H.‹«
Als diesen Brief beide feierlich unterzeichnet hatten, brei-
tete der Liebhaber seine Vereinsabzeichen und Dekorationen auf dem Tisch aus, schlug auch ein Gesangbuch auf,
zündete zwei Kerzen an, beide schrieben ihren letzten
Willen in Versen auf die Blätter eines Stammbuchs, und
dann schoß Walter der kleinen Buchhalterin die Kugel in
den Kopf. Diese Buchhalterin war sofort tot. Das Mitglied
des »R. C. H.« hauchte ihr sechzehnjähriges Leben aus.
Walter aber liegt auf den Tod im Krankenhaus, bald wird
auch dieses Mitglied des »R. C. H.« eine stille Person sein.
Wer schreibt die Tragikomödie, die hier hintersteckt? Wer
wagt es, dieses Gemisch von Albernheit, Verzweiflung
und geschlechtlicher Schwermut auf die Bühne zu bringen? Wer schreckt vor dieser Vereinigung des Lächerlichen und des Erschütternden nicht zurück? Dramatiker
Deutschlands, wahret eure glänzendsten Stoffe. Steigt hinab in die Tiefen abscheidender Seelen, malt die Tragik und
die Dummheit jugendlicher Menschen, malt auch den
letzten Schmerz und den Tod in Schautenhaftigkeit, malt
das Posierte und das Empfundene, malt das Begräbnis unter Assistenz des »R. C. H.« (welcher stets blühen und gedeihen möge) und malt auch ein Säkulum, in dem das alles
passiert. Malt es! [...]
    Sonst wäre für heut noch der Prozeß Tappert zu erwäh-
nen. Der treffliche Sammler hat die Klage zurückgezogen,
auch sein Entlassungsgesuch eingereicht und ist bereit –
Wunder! –, dem Gegner alle Auslagen zu ersetzen. Daß
Herr Tappert sein Brot nicht verliert, wird man menschlich
wünschenswert finden (die Redaktion seines Blattes
konnte sich von ihm nicht trennen, es hätte mit ihm zuviel
von seiner Eigenart verloren). Doch daß er als Kritiker

noch irgendwelchen Wert haben wird, ist billig zu bezweifeln. Und hierin, in der Vernichtung seiner kritischen Existenz, nicht seiner bürgerlichen, lag die Absicht dieses Prozesses.

1898

16. Januar 1898

Ein Teil der Berliner Ärzte ist wenig entzückt von dem neuen Plan des Herrn Bosse, staatliche Ärztekammern einzuführen. Sie wittern allerhand Beschränkungen der bürgerlichen Freiheit; und wahrscheinlich mit Recht. Gewisse Vorteile hätte für sie die Ausführung des Planes allerdings. Im Laufe der Zeit würde sich der Brauch ausbilden, daß die Regierung nicht nur Geldstrafen und Rügen verhängt, sondern auch dem und jenem die Ausübung der Praxis untersagt. Ob sie gerade politisch unangenehme Persönlichkeiten ausstoßen würde, läßt sich nicht sicher beurteilen. Bösewichter behaupten es; auch solche Leute, die sich einbilden, unsere Zeit zu kennen. Jedenfalls würde damit ein Mittel geschaffen sein, die starke Konkurrenz zu verringern. Hierin läge der »Vorteil«. Gegenwärtig hängt höchstens die Verleihung des Sanitätsrattitels von dem frommen Wohlverhalten eines ärztlichen Untertanen ab. Künftig könnte auch der Broterwerb davon abhängig gemacht werden. Ein Disziplinarverfahren ist, wofern es nicht gerade auf Herrn von Tausch angewandt wird, eine gefährliche Sache. Kurz, die Ärzte sind von dem, was unser Bosse plant, wenig entzückt.

Auch sonst hat dieser Minister bekanntlich schon mancherlei Taten und Meinungen bekundet, die ihn als einen sogenannten Reaktionär erscheinen lassen. Er bleibt unser kleiner Pobedonoszew, und wir platzen nächstens alle vor Frömmigkeit. Sehr fesselnd ist es zu beobachten, wie er wirklich ein paar frappierende Züge mit dem richtigen Pobedonoszew gemein hat. Nicht, daß unser Bosse Bücher schriebe, in denen kitzlige Dinge so behandelt werden wie bei dem Russen. Er schreibt Bücher überhaupt nicht. Aber er ist im Privatleben ebenso liebenswürdig, so human, so liberal, so aufgeklärt, so weitherzig und so heiter wie Herr Pobedonoszew. Das soll ein Prachtkerl im Leben sein, eine Seele von Mensch. Jemand, der ihn in Karlsbad beobachtete, hat vor kurzem erzählt, wie er auf einsamem Spaziergang, obgleich er doch offiziell Antisemit ist, an eine galizische Jüdin herantrat und ihr eins, zwei, drei eine Wohltat erwies. Eins, zwei, drei. Unser Bosse ist auf einsamen Wegen mit galizischen Jüdinnen nie beobachtet worden; aber ein Schriftsteller hat mir neulich erzählt, was er selbst mit ihm im Bade erlebte. Der Schriftsteller wurde ihm vorgestellt. Darauf kaufte er sich in einer Buchhandlung sein eignes Werk – es war heiteren Charakters – und dedizierte es Bosse'n. Ich will absehen von dem Schmerz, den es erregen muß, daß ein deutscher Autor, von Jugend auf an Rezensionsexemplare gewöhnt, eine Mark fünfzig für sein eignes Buch erlegte. Genug, er schickte es mit einer freundlichen Widmung an den leutseligsten und herzlichsten aller Minister für geistliche und Unterrichtsangelegenheiten. Noch öfter war er dann mit ihm zusammen, bis beide ausgebadet hatten. Ein halbes Jahr verstrich. Da eines Tages erhält mein Schriftsteller einen Brief. Erst jetzt hatte der Minister das Werkchen ganz gelesen, weil ja die geistlichen und die Unterrichtsangelegenheiten viel Zeit rauben, und als er zu Ende war, ließ es ihm nicht eher Ruh', als bis er dem Autor sein Entzücken auf mehreren vollgeschriebenen Seiten ausgedrückt hatte. Es war nicht etwa ein Höflichkeitsakt, der wäre gar nicht mehr nötig gewesen; es war ein spontaner leutseliger Ausbruch. Nicht ministeriell, nein, fast kameradschaftlich. Sozusagen-gewissermaßen von Mensch zu Mensch! Und was das tollste ist, es handelte sich um kein patriotisches Buch, sondern um eine wahrhaft witzige und amüsante Schrift. So, Zeitgenossen, ist der private Bosse. Charmant wie Pobedonoszew. Human, liberal, liebenswürdig, aufgeklärt, weitherzig, heiter – wie der Prokurator der heiligen Synod bei der Carlsbader Kur. Es sind zwei prächtige Menschen.

Wahrscheinlich ist es auf den Einfluß unseres Bosse zurückzuführen, daß man auf Berliner Bahnhöfen jetzt den

Verkauf des »Simplicissimus« untersagt hat. Diese Zeitschrift ist für mich das erste Witzblatt Deutschlands. Ohne
für dieses individuelle Urteil eine allgemeine Geltung zu
beanspruchen, wird man es vielleicht begründen dürfen.
Die Gegenwart braucht ein Blatt wie dieses vor allem. Die
Gemüter müssen heut aufgerüttelt werden. Das Lächerliche und Jammervolle gewisser zeitgenössischer Zustände
wird hier, zuweilen glänzend und mit beseligender Frechheit, erläutert. Seid frech, meinetwegen; es ist nicht so
schlimm, als wenn ihr stumpfsinnig seid. Hier ist endlich
einmal die verdammte Harmlosigkeit abgestreift, die deutsche Kleinbürgerlichkeit, und man redet wie erwachsene
Menschen, die keine Heuchler und keine alten Fräuleins
sind. Mein lieber stachlichter Simplicissimus, ohne deine
wöchentlichen Unverschämtheiten ließe sich diese Gegenwart mit ihrer blühenden Rückwärtserei viel schwerer ertragen. Mir lacht das Herz in der Brust, wenn ich deine
Rüpeleien lese, die so gemeinförderlich sind, wie sie individuell unterhaltsam sind. Nicht bloß erziehlich wirken sie
auf die sanften Hammel im Lande, denen sie ein bißchen
Gift in das blöde Blut träufeln; sie wirken auch erfrischend
auf Künstlerseelen, die hier in der Rücksichtslosigkeit, in
der starken Konsequenz, in dem Bisansendegehen einen
Künstlergrundsatz erfüllt sehen. Was der wundersame
Thomas Theodor Heine zeichnet oder der oft hinreißende
Bruno Paul, das ist von so herrlicher, galliger Kraft, daß
man an Hebbel und seine Meinung vom Künstler erinnert
wird:

> Er fragt nicht, ob ihn auch die Nacht begrabe,
> *Er geht, soweit er kann*, in banger Lust,
> Und führt *sein Narr* im Wappen die *Versöhnung*,
> Er hofft nur kaum auf sie, wie auf die Krönung.

Unversöhnlich müßt ihr sein, wenn ihr nur einiges erreichen wollt. Fordert zehnmal soviel, wie zu verlangen nötig
ist. Denn nur der zehnte Teil wird immer erreicht. Seid
klug wie die Schlangen, seid hart wie Marmor und seid
schalkhaft wie ein Simplicissimus. Aber seid nicht sanft wie

die Tauben und nicht blöde wie Hammel. Mit welchem Rechte eine Bahnhofsverwaltung sich eine literarische Zensur an den feilgebotenen Zeitschriften herausnimmt, ist sehr wenig klar. Es handelt sich wohl nicht darum, die Fahrgäste für einen mehrstündigen Zeitraum moralischer und regierungsstrammer zu machen, denn nach wenigen Stunden hört dieser faule Zauber auf, bei der ersten Buchhandlung und beim ersten Zeitungskiosk. Es handelt sich vielmehr darum, die Unternehmer mißliebiger Zeitschriften materiell zu schädigen, indem man eine der wenigen Gelegenheiten, Exemplare loszuwerden, aus dem Wege räumt. Es ist ein sehr geradliniger, rechtwinkliger Kampf, ein dumpfer Polizistenkampf. Wenn unser Bosse, der prächtige Privatmensch, wirklich auf die Bahnhofsliteratur einen maßgebenden Einfluß hat, so werden nächstens gewißlich Erbauungsschriften, vielleicht auch Gesangbücher für Nichtraucher, am Ende sogar gemischte Choräle für Damenkupees verausgabt werden. In Kohlfurt oder in Wittenberge findet ein eiliger Missionsunterricht statt; durchreisende Galizier haben die schönste Gelegenheit, sich zu europäisieren; und hartleibige Atheisten dürfen als Englein in Gedanken der Himmelspforte zueilen, bei mindestens fünfzehn Minuten Aufenthalt. Den Verlag sämtlicher verkäuflicher Schriften übernimmt schließlich der Einfachheit wegen die Firma Bertelsmann in Gütersloh. Ultra Bosse nemo obligatur.

Welches Glück, meine lieben Freunde, daß in solchen politischen Zeitläuften noch immer einige verträgliche Gestalten in Berlin auftauchen. Und welcher Zufall, daß es gerade feudale Gestalten sind. Gestern lernte ich eine alte Dame kennen, die eingestandenermaßen niemals Schiller und Goethe gelesen hat, ja überhaupt grundsätzlich kein gedrucktes Buch liest. Alles, was sie vom Leben kennt, kennt sie nur aus dem Leben. Sie ist die Schwiegermutter eines vielgenannten deutschen Botschafters, die morganatische Gattin und Witwe eines deutschen Fürsten, eine schwarzhaarige Matrone voll südlicher Leidenschaftlichkeit, ein Gemisch von Rhein, Deutschland und Italien, eine

wilde Rose, ein urwüchsiges, hinreißendes Menschenkind.
Was tut es, daß sie sagt, Richard Wagner sei ein »Ochs« gewesen, ein plumper Ochs, der nie eine Ahnung von der
Oper gehabt. Sie, die von Rossini unterrichtet und von
Meyerbeer gehätschelt wurde, weiß das! Jedes Jahr geht sie
nach Bayreuth, und jedes Jahr sagt sie dort, daß Wagner ein
»Esel« gewesen sei und daß er bloß mit seiner Cosima ein
frisch' Geld habe verdiene' wolle' (so spricht sie) und deshalb die unendliche blöde Melodie erfunde' habe, weil ihm
nix mehr eing'falle sei. Der Ochs! ... Sie ist wundervoll, und
vor dieser sechzigjährigen Frau steigt leuchtend die Erinnerung empor an allerhand dämonische Sängerinnen, die bei
dem Romantiker E. T. A. Hoffmann umnebelt und verschleiert und sehnsuchtsvoll auftauchen. Es ist eine Sängerin, wie sie vor siebzig und fünfzig Jahren in der Literatur
modern waren. Sie ist aber, was mehr sagt, ein selbständiger
und eigenartiger Mensch, der durch seine Bedeutsamkeit
eine Oase bildet in der Wüste berlinischer Gesellschaftlich-
keit und durch seine Kraft ein Denkmal unter den panke-
athenischen Dekadenten. Es ist eine Lust, mit dieser ele-
mentaren Matrone Empfindungen auszutauschen. So ähnlich muß die Frau Rat Goethe gewesen sein, weiß Gott. Solcher. Gestalten hat die Berliner Gesellschaft allzu wenige.
Sie ist sehr feudal, aber sie ist ein großes Labsal.

30. Januar 1898

Ein gerissener Feuilletonist wird nicht umhinkönnen zu
schreiben, daß Berlin »jetzt im Zeichen des Brett'ls steht« –
weil nämlich die Yvette Guilbert und die Geistinger
gleichzeitig auf verschiedenen Brett'ln auftreten. Die eine
singt im Wintergarten und die andere im Apollo-Theater,
und darum steht Berlin jetzt unwiderruflich im Zeichen
des Brett'ls.
     Die beiden Damen, welche sehr verschieden sind, unter-
scheiden sich auch dadurch, daß die Yvette ungeheuren
Zulauf hat und die Geistinger bloß einen allenfalls erträg-

lichen. Nach der Yvette, dieser kalten Hexe, die grausige Pariser Nachtbilder ebenso gigantisch zu gestalten weiß, wie sie haarige Zoten mit giftiger Ironie in Ruhe bewältigt – nach diesem Weibe rennen sich die Leute die Schuhsohlen ab. Sie zotet und erschüttert nur vor ausverkauften Häusern. Bei der Geistinger aber kann man ohne ausgeprägte Lebensgefahr an der Abendkasse ein Billet erstehen. Ich finde das begreiflich. Warum, großer Vater, muß eine Siebzigjährige noch öffentlich Couplets singen? Es ist doch etwas pervers, im Soubrettenkleidchen holden Unfug zu treiben, wenn man mit einem Erzvater die goldene Hochzeit gefeiert haben könnte. Die greise Schäkerin zeigt sich in einer rosa Atlasrobe und singt vom Busseln, gar neckisch und schalksam. Das Busseln tuat so guat, behauptet sie. Ganz allerliebst und heiter benimmt sich die Matrone in diesem roten Atlaskleidchen – sie trällert »dös liagt scho im Bluat«. Na ja. Auch erzählt sie höchst schäkerig von einem Stubenkätzchen, das allzu neugierig war. Und einen Walzer singt sie vollends – verführerisch, prickelnd und, wenn ich nicht irre, mit Charme. Jawohl: mit Charme. Das Gesicht ist zurechtgemacht, der Hals sieht nicht sehr realistisch aus, und der Gang ist von jener Elastizität, welche die Schwäche glänzend bemäntelt. Weiß Gott, wir haben schon genug Soubretten, die nahe an Siebzig sind – wozu hat man uns diese Greisin noch aufgeladen? Jenny Groß, die gleichfalls in prachtvoller Rüstigkeit ihres Amtes noch heute waltet, macht lange nicht so viel Aufhebens davon … Sollt' es aber Mode werden, auf der Bühne verkehrte Welt zu spielen und die jugendlichsten Aufgaben den alten Herrschaften zu überweisen, so wird man hoffentlich nicht bei den Damen haltmachen. Die Rollen Moserscher Lieutenants werden dann von Meergreisen tragiert; und wenn sie in der Lieutenantsuniform ein bißchen wackeln, so ist der Spaß um so größer. Die Geistinger ist von der Yvette sehr verschieden, doch sie berührt sie in einem Punkt: Yvette ist die Trägerin einer dekadenten Kunst; und das Auftreten der Geistinger ist gleichfalls Dekadenz.

Abgesehen davon, daß Berlin im Zeichen des Brett'ls

steht, steht es auch zweifellos im Zeichen des Faschings. Wenigstens ahnt man das herrlich-tolle Getriebe bereits aus der Eröffnung der Maskenläden. Alle Jahre kehrt dieses Schauspiel wieder: größenwahnsinnige Flickschneider, die vor der Pleite stehen, oder auch nach der Pleite stehn, hängen sechs bis dreizehn Kostüme, in seltneren Fällen vierzehn, an die Wände eines verwegen gemieteten Ladens und behaupten, ein größeres Masken-Verleih-Institut begründet zu haben. Die Unglücklichen sind nachher noch mehr pleite als vorher, denn die berlinische Bevölkerung hat keinen Sinn für Mummenschänze. Man ist hier geneigt, einen Menschen, der sich verkleidet, sei es auch in der Faschingszeit, als etwas gestört anzusehen. Und jeder, der nun schon mal ein neckisches Kostüm anzieht, läuft darin auf dem Ball mit Schuldbewußtsein herum. Die Heiterkeit ist gequetschten Charakters, eigentlich schämt man sich.

Zuweilen aber, auf solchen Bällen, hört man Dinge, die eine deutsche Yvette Guilbert, wenn wir eine hätten, unter allen Umständen singen würde. Hier wachsen, blühen und gedeihen nicht bloß die Redensarten, welche dann durch die Provinzen gehen und von allen Gehirnerweichten adoptiert werden. Hier vernimmt man auch Lieder und Liedchen, die zwar obszön, aber manchmal sehr witzig sind. Sie zeichnet kein Kulturhistoriker auf, also will ich es tun. Ein bekannter Punkt in Charlottenburg ist das »Knie«, wo die Hardenbergstraße die große Biegung macht. Darauf entstand das schöne Lied: »In Charlottenburg am Knie – sah ich sie – die Marie ...« Das Lied geht noch weiter. Aber mit einer Erinnerung an den lateinischen Schulaufsatz will ich sagen: es ließe sich noch manches anführen, doch ich glaube, daß dieses genügt. Solche weltstädtische Volkslieder sind das einzige bei uns, was sich dem Repertoire der Yvette an die Seite stellen ließe. In Frankreich beteiligen sich belangvolle Schriftsteller an dem Anbau dieser Liedergattung; bei uns nur unbekannte Kräfte, die im Schatten fechten. Was würde man sagen, wenn Arthur Schnitzler, der mit dem Franzosen Donnay manchen verwandten Zug hat, für Tingeltangelösen ironische kleine Zoten dichtete, wie es Don-

nay tut. Was hätte man gesagt, wenn Holz und Schlaf
gleich Bruant und Xanrof Poesien für den Wintergarten,
für Kaufmanns Variété, für den urkomischen Bendix geschrieben hätten? Nun, sie wären dann wenigstens im
Wintergarten, in Kaufmanns Variété und vom urkomischen Bendix gesungen worden! Allenfalls noch die
Goldne Hundertzehn und der hinter ihr steckende Dichter
wandelt auf den Wegen, auf denen die Yvette ihre Lieder
sucht. Der Kille-Kille-Gesang der Goldnen Hundertzehn
ist nicht von Pappe. Bekanntlich ist »Kille« ein onomato-
poetisch gebildetes Wort Norddeutschlands, das mit dem
Begriff des Kitzelns eng zusammenhängt. Man ermesse die
überwältigende, parodistische Kraft eines Liedes, das mit
den Worten beginnt: »Zwei Worte gibt's von hohem Klang
– es liegt was drin, es liegt was mang – welch tiefer Sinn in
schlichter Hülle – die Worte heißen Kille, Kille!« Es wird
dann ein Rezept geboten, in welchen Lebenslagen sie anzuwenden sind. Ein entschiedener Reichtum an derber
Schalkhaftigkeit ruht in solcher Lyrik, die, künstlerisch ausgebaut, eine Art von Nationalzotenhaftigkeit ergeben
könnte. Aber sie ist noch nicht ausgebaut, sie wird überhaupt nur spärlich angetroffen, und der einzige Ort, wo
man ihr mit Sicherheit begegnet, ist der Maskenball zur angeblichen Faschingszeit. Verhüllte und unverhüllte Mas-
ken riskieren dort wildwachsende Zotenlieder. Und allein
darin liegt vielleicht die Existenzberechtigung dieser faulen
Berliner Fastnachtsfeste.

Im übrigen sind diese letzten vierzehn Tage nicht sonderlich reich an bemerkenswerten Berliner Ereignissen gewesen. Im Vordergrund einer weitgehenden Aufmerksamkeit stand, wie so oft, die Person des Kaisers. Er hatte
seinen Geburtstag, und die Leute, die im westlichen Berlin
wohnen, ersahen wenigstens am nächsten Tage aus den
Zeitungen, daß der Geburtstag mit zahlreichen sichtbaren
Kundgebungen gefeiert worden war. Hier im Westen sieht
man nicht viel. Wer hier lebt, brauchte überhaupt von dem
Tage keine Kenntnis zu bekommen. Das hängt damit zusammen, daß im Westen wenig Geschäfte sind. Es ist eine

Tatsache, daß der kaiserliche Geburtstag gerade von den Geschäften in der augenfälligsten Weise begangen wird. Die Geschäfteinhaber müssen demnach um einen Grad monarchischer sein als andere Menschen. Denn daß sie die Angelegenheit als eine Geschäftsangelegenheit betrachten – diese Verworfenheit wird ihnen niemand zutrauen. Leider läßt sich nicht leugnen, daß die Kneipenwirte die Angelegenheit als eine Geschäftsangelegenheit betrachten. Seit einigen Jahren veranstalten mehrere hervorragende Hotelbesitzer an diesem Tag auch Festgastmähler für einzelne Personen – für einzelne Personen, die etwa die Neigung haben, an diesem Tag ihren Monarchen durch eine stille reichliche Mahlzeit zu feiern. Diese Solofeier scheint mir Geschäft zu sein. Die Herren haben offenbar Schopenhauer gelesen und kennen die Psychologie der Deutschen, denen er nachsagt, daß auch ein Spaziergang für sie nur einen Umweg ins Wirtshaus bedeute. Die Kunstausstellung war für die Berliner von jeher ein Vorwand zum Biertrinken. So wird ihres Monarchen Wiegenfest ein Vorwand zum Essen. O schnöde Welt.

Der zweite Umstand, um dessentwillen man des Kaisers gedachte, war das théâtre paré, bei der Aufführung des »Burggrafen« von Lauff dem Festlichen. Da erblickten wir den Kaiser in der Hofloge, und er sah ganz vorzüglich aus. Wir Parkettbesucher alle erschienen in Frack und weißer Binde. Und als der Kaiser eintrat, stieß ein Hofmarschall mit dem Stock auf den Fußboden, und wir alle mußten aufstehen. In dem einen Zwischenakt aber roch es nach Braten, denn die Majestäten speisten im Theater zur Nacht. Wir alle rochen den Braten. Ins Foyer durften wir an diesem Abend nicht: weil eben théâtre paré war. Ein Zettel hing da, auf dem gedruckt war: das Foyer ist heute geschlossen. Wahrscheinlich speisten die Majestäten den Braten dort. Und der Kaiser, wie gesagt, sah vorzüglich gesund und sah gewissermaßen blühend aus.

Nur so objektive Nachrichten wird man heute noch schreiben dürfen, ohne vom Staatsanwalt Unannehmlichkeiten befahren zu müssen. Das strenge Auge des Gesetzes blickt angestrengt nach oben. Favete linguis. Johannes Trojan hat eben zwei Monate Spandau bekommen. Mancher bleibt aber lieber in Berlin. So zum Beispiel, o teurer Leser, Ihr sehr ergebener Kerr.

13. Februar 1898

Seltsam verfließt das Leben in dieser abendlich dunklen, doch von erleuchteten Fenstern melancholisch bestrahlten Stadt, welche den Westen bildet. Sie ist im Winter, wenn die Nacht herniedergesunken, eine stumme, feine, schwermutvolle Stadt. Und in ihr verbringen wir unser Leben. Wie verschollene Novellen schwebt es herauf. In Dämmerung getaucht; und dann von etwas umzuckt, zwei-, dreimal; und dann schweigend und sehnsüchtig, als ob Seelen abwärts glitten und aus der Ferne noch einmal winkten … Adieu, adieu. An stillen Ufern träumen einsam holde Straßen, und die stummen, westlichen Häuser ruhen wie im Nebel. Zuweilen aus dem Nebel ein später Kerzenschein – wirkliche Lichter von weißem Stearin, in raffiniert altertümliche Kronleuchter gesteckt –, und ein Klavier und zwei Geigen spielen oben den blödsinnigen amerikanischen Tanz, der in diesem Winter um sich greift. Er heißt the Poast, und in zwei Jahren wird er eine verklungene Erinnerung sein, eine heimgegangene süße Torheit, und in fünfzehn Jahren werden wir graue Haare haben und uns dunkel entsinnen, daß einstmals sechs junge Mädchen um 2 Uhr nachts bemüht waren, einem gewissen Jemand, der viel Champagner getrunken hatte, diesen Tanz the Poast beizubringen. Und der Gedanke wird uns dann aufsteigen, daß es damals entzückend war. In der feinen schwermutvollen Stadt des Westens, zur Nachtzeit, da verbringen wir unser Leben. Gestalten rauschen vorüber, und Klänge verklingen, und Düfte verwehen; und zuletzt werden die Lichter im Kronleuchter ausgelöscht.

Gestern abend, als wir bei Tisch saßen, hatte ich zur Nachbarin eine stille verheiratete Person, mit sehr blassem

Teint, schlichten Zügen und goldrotem Haar. So wahr ich hier sitz und schreibe: nicht anders sah sie aus, als ich soeben gesagt. Einmal war mir, als riefe sie der strotzend hochgewachsene Gatte: »Manja!« Manja? Inmitten dieses Berliner Westens hatte der Zufall eine einsame Polin hergefegt. Ringsum wurde berlinisch gedalbert, und sie konnte einem leid tun. Es gibt ja im Westen mehrere Polinnen, aber anfechtbare. Je länger sie hier sind, desto gebrrrrrochener wird ihre Aussprache. Die Sache geht nicht mit rechten Dingen zu. Diese aber war echt. Sie sprach nur mit ganz leisem polnischem Accent. Und sie war nicht von der weichen Sorte; vielmehr von der ernsten Sorte. Ganz unbewußt nur umwitterte sie eine einfache, würdige Melancholie; wie ein Traum über ein Antlitz huscht. Während diskutiert und gedalbert wurde, sprachen wir von polnischer Musik, und sie hatte die Liebenswürdigkeit, mit leiser Stimme, immer in halb unbewußtem Zustand, jene Melodie mir vorzusingen, welche der Polen eigentliche Nationalweise ist. Sie entstand in der Revolution in den dreißiger Jahren. Es ist nicht die nationale Mazurka auf die Worte »Noch ist Polen nicht verloren«. Es ist ein ernster, weicher, starker Gesang, der mit dem Namen Gottes beginnt. Eine unvergeßliche Trauer zieht sehnsuchtsvoll durch diese Töne und steigt in den katholischen Himmel empor, durch jene tränenreiche Luft, die über der blutgeheiligten Erde Polens schwebt. Und der Inhalt ist nur das immer wiederkehrende, erschütternde Gebet: Herr im Himmel, gib uns unsre Freiheit wieder; gib uns unsre Freiheit wieder! Sie fügte hinzu, daß in Deutschland die Militärkapellen dieses Lied nicht spielen dürfen, obgleich es ein wahrhaft schönes Lied sei.

Auf der anderen Seite saß die Maria Janitschek, und als sie diese einfache Inhaltsangabe hörte, kamen in ihre schwarzen Augen sogleich die Tränen. Und wieder dämmerte jene Verschollenheitsstimmung herauf, die uns alle in der feiervollen Nacht des westlichen Glanzes schwermütig macht, wenn wir allabendlich tafeln und vom Wachen erinnerungstief und weltvergessen sind und wenn sechs junge Mädchen the Poast tanzen. Und ich sagte der Nachbarin, daß ich als Knabe die Reise nach einer kleinen Stadt gemacht, wo ich die Kosaken reiten sah: auf kleinen Pferden mit tief herabhängenden Schweifen. Sie ritten um den Marktplatz, auch am Fluß entlang. Am Marktplatz aber kam ich, mit einem alten Herrn namens Joachim und einem gesetzten Mann namens Boleslaw, in die Weinkneipe von Tarassow, welcher ein Russe war. Und dort tranken wir den ungarischen Wein, schrägüber sitzend von einer goldenen umständlichen Muttergottes und einer ewigen Öllampe. Der alte Joachim erzählte, wie auf diesem Marktplatz in der Revolutionszeit vor seinen Augen die gefangenen polnischen Aufrührer exekutiert wurden; vom Leben zum Tode. Und jeder war ein Held. Schrecklich aber blieb es mitanzusehen, wie man sie der Reihe nach hinrichtete. Die russischen Mörder schlachteten sie, die doch nur den einen Wunsch gehegt: Herr im Himmel, gib uns unsre Freiheit wieder – gib uns unsre Freiheit wieder.

Dies teilte ich der Dame neben mir mit, und es fesselte sie stark. Sie kannte übrigens Tarassows Weinstube, denn der Zufall hatte sie mal drei Wochen lang in diese kleine Stadt verschlagen. So plauderten wir von seltsamen Dingen, und immer stärker dämmerte die Verschollenheitsstimmung. Gestalten kommen und entschweben. In diesem westlichen Berlin tauchen sie auf, verneigen sich, lächeln ironisch oder schmerzlich und verschwinden. Neulich kam Georg Brandes. Ich traf ihn vor einem weißen Tischtuch; der Kreis war klein. Auch eine nachdenkliche Gestalt. Ein Stück von Ahasverus ruht in ihm. Ihm ist nicht gegeben, in Frieden zu rasten. Der Weise aus Nordland zieht jetzt gen Süden, um neue Kraft für einen genesenden Körper und eine zwiespältige Seele zu finden. Möge die sizilianische Sonne da unten noch einmal alles in ihm vergolden. Er ist sechsundfünfzig Jahre alt. Sieht aber aus wie zweiundvierzig. Nur um die Augen ein seltsamer Zug, der bei tieferem Hinsehen hervortritt, zeugt von großen überstandenen Mühsalen. Dieser Mann hat Grausames und Herbes hinter sich. Er ist mit der Welt zu Rande gekom-

men, wie es ein Kämpfer vermag. Der sogenannte frohe
Lebensabend wird ihm nicht beschieden sein. Er wird
kämpfen müssen, und wieder kämpfen, und nochmals
kämpfen bis zuletzt. Es ist aber kein lebenspendender
Kampf, der das Selbstbewußtsein herrlich hebt; sondern
ein erschöpfendes und aufzehrendes Ringen und Würgen.
Die Nordländer sorgen schlecht für ihre großen Leute.
Den Riesen August Strindberg läßt die schwedische Lands-
mannschaft einsam verhungern; eine Schmach und Schande für ewige Zeiten. Und die banausischen Machthaber des
junkerlichen Dänemark lächeln rüde und behaglich, wenn
der Freiheitsträger Georg Brandes sich um den nötigsten
Broterwerb abschinden muß. Maledeit sei ihr Angeden-
ken, in Ewigkeit, amen. Wer aber mit ihm zusammen war,
der wird die hinreißende Feinheit im Wesen dieses Mannes nicht vergessen. Das ist älteste Kultur. Das ist ein Individuum, mit diabolischen Zügen ebenso ausgestattet wie
mit mild entsagenden; mit jüdisch-scharfen wie mit dänisch-
weichen; und mit einer ätzenden Freiheit, die schließlich
nicht dem Juden angehört, sondern dem alles verstehenden
Menschen, der in dieses Getrieb einen besonders tiefen
Einblick tat und die Nase voll hat. Es gibt keinen anderen
Ausdruck: die Nase voll hat. Wie zart und mit welcher lis-
pelnd-lächelnden Niedertracht kommen die Bemerkungen aus dem Munde dieses flüsternden Dänen. Er tut, als
sagte er Freundlichkeiten, gleich einem naiven jungen
Mädchen; es ist aber meistenteils eine Infamie. Prachtvoll-
infam immer vor allem im Gesichtsausdruck. Er hat eine
arisch längliche Nase und eine hohe glatte Fülle stehenden
grauen Haares, in der Mitte gescheitelt. Am stärksten erinnert sein Antlitz an Voltaire, trotz der Verschiedenheit des
äußeren Arrangements. Daß ein erlesenes Menschenex-
emplar hier Gestalt gefunden hat, merkt auch ein Tor.
Seine Größe aber liegt nicht in dem boshaften Lächeln,
sondern in dem verständnisvollen Lächeln. Hier ruht der
Ewigkeitszug des Georg Brandes. Hier ruht auch unsere
Verschollenheitsstimmung. Diese Gestalt verneigt sich, ironisch und schmerzlich lächelnd zugleich, und verschwin-

det. Sie wird verschwinden – Dänen, Junker, Banausen! Verschwinden wird sie!

Gestern abend gab der Verein Berliner Presse eine nennenswerte Veranstaltung. Verschollenes kam hier empor. »Das Hünengrab«, ein Jugenddrama von Ibsen, wurde verlesen. Ein Norwegergrab im Süden: das ist der Angelpunkt. Ein Wikingergrab in Sizilien, und der ganze Gegensatz von heidnischer Kraft und christlicher Kultur! Der junge Ibsen dichtete beinah so gut wie der alternde Sudermann. Denn die Bedeutung der »Liebe«, die im fürchterlichen Johannes eine so fürchterliche Rolle spielt, wird auch hier recht eindringlich betont. Christus und Balder greifen ineinander, und eine süße, minnige Weichheit erinnert (wie Julius Elias in einer literarischen Beigabe sehr richtig hervorhebt) weit mehr an Oehlenschläger als an Ibsen. Das Ganze, die Arbeit eines Zweiundzwanzigjährigen, ist heute mehr kurios als ergreifend; aber man muß dankbar sein, daß wir es überhaupt kennenlernen konnten. Dankbarer freilich muß man der Frau Paula Conrad sein, welche den zweiten und wichtigeren Teil des Abends bestritt. Sie las Gedichte von Gerhart Hauptmann, von Th. Fontane und Goethe. Und die Wirkung war so überwältigend, daß hier aller Wahrscheinlichkeit nach dieser seltenen und nicht immer nach Gebühr bewerteten Künstlerin ein neuer Schaffenskreis erwachsen wird. Was sie kann und wie sie an die Seele greift, das muß man hören und fühlen, um die Grenzen deutscher Vortragskunst abzumessen. Sie gab eine Hauptmannsche Mondbraut ebenso hauptmännisch, wie sie Fontanes kostbaren Fritz Katzfuß fontanisch gestaltete. Und für ihre goethische Müllerin gibt es nur ein Kennerwort: entzückend – oder »goethisch«, was dasselbe sagt.

Nachher aber, als wir sie feierten, saß ich neben jener schlichten, verheirateten Frau mit blassem Teint und goldrotem Haar, welche die polnische verschollene Musik vorsang: »Herr im Himmel – gib uns unsre Freiheit wieder!«

20. Februar 1898

In dieser Woche hat ein sehr merkwürdiges Fest stattgefunden. Es findet alle zwei Jahre statt, heißt Künstlerin-
nenball, und Männern ist der Zutritt untersagt. Nicht mal
an der Leine dürfen sie geführt werden. Ein Chronist, der
über dieses Fest ein bißchen schreiben will, muß also
von einer Sache berichten, die er nicht kennengelernt hat.
Insofern wird mancher von seiner Gewohnheit nicht ab-
weichen. Ich für mein Teil betone stolz und emphatisch:
Versammelte Leser, nur diesmal geschah es, daß ich mich
auf die Auskünfte hold-verräterischer Jungfrauen verlasse.
Sonst laß ich mich bei den Erlebnissen, die ich hier mitteile,
wie auch bei denen, die zur Mitteilung ungeeignet sind,
durch niemanden vertreten. Wär ich aber auf den Künst-
lerinnenball gegangen, etwa als Kleopatra verkleidet, so
konnte es geschehen, falls meine Abstammung irgendwor-
an gemerkt worden wäre, daß die wütenden Bacchantin-
nen einen entwickelungsfähigen Chronisten in der Blüte
der Jahre zerfleischt hätten. Denn sie rasen, wenn sie dort
einen Mann argwöhnen. Die Philharmonie ist an diesem
Abend ein »Frauenstaat, den fürder keine andre, herrsch-
sücht'ge Männerstimme mehr durchtrotzt«, wie sich Penthesilea so zutreffend ausdrückt. Der Mann, des Auge diesen Staat erschaut, fügt sie freundlich hinzu, der soll das
Auge gleich auf ewig schließen. Ihr Standpunkt wird von
den Künstlerinnen in Berlin so sehr geteilt, daß sich heut
auch im Ulk kein Mann mehr hintraut; was früher vorgekommen sein soll.

Wir aber fragen uns: was soll diese ganze Institution? Ist
sie nicht ein bißchen pervers? Ich meine pervers in der
Idee. Es liegt eine Fülle von Heuchelei in solcher Absonde-
rung, da bekanntermaßen ein großer Teil der Bestrebungen dieser jungen und nicht mehr jungen Damen auf den
Mann hinausläuft. Es machen nämlich den Künstlerinnen-
ball nicht bloß Künstlerinnen mit – so viel gibt's in Berlin
gar nicht –, sondern auch die Töchter der besten Familien,
die nichts können. Auch ihre Mütter, die noch weniger

können. Außerdem Lehrerinnen, jugendliche Bankiersgesponse, Verlegerfrauen und die ganze sonstige Korona, die Premièren besucht und unausstehlich ist. Das tritt kostümiert an, als Neger, als Lieutenant, als Rautendelein, als Lanzknecht, als Sennerin, als Pfaffe, und tanzt untereinander. Und dieses soll ein Vergnügen sein – Kinder, Kinder! Allerdings behaupten sämtliche Gewährsmänninnen, die ich sprach, es sei entzückend gewesen. Alle Abende, nämlich in jeder Gesellschaft, wird man sich jetzt die Berichte von diesem Ball gefallen lassen müssen. Jede Erna, die Italienisch lernt und zu Geburtstagen in gebranntem Leder Handarbeiten macht, war mit Mutti da. Manches späte Mädchen soll wie eine Wahnsinnige umhergetrollt sein. Es wird der wildeste Ulk verübt, Kaffee, Bordeaux und Pilsener getrunken, auch geraucht, geküßt und vor allem getanzt. Sie halten sich gewiß schadlos, die Mauerblümchen. Psychologisch erklärbar ist der ganze Hexensabbat, wenn man annimmt, daß die Festgenossinnen im Geiste mit geschlossenen Augen sich dabei Männer vorstellen. Sie versetzen sich in eine kleine Suggestion. Sie tun auch, als wären sie selbst Männer, und dabei muß man denn doch an Lortzing denken, der ein Mädchen so lange singen läßt »Ich wollt', ich wär' ein Mann«, bis sie sich bei der letzten Strophe verschnappt: »Ich wollt', ich hätt' einen Mann«. Wundersam sind die Windungen menschlicher Seelen. Wundersam, o Leser, sind die Wege der Vorsehung. Wundersam sind die Berliner Kulturerscheinungen am Ausgang dieses Jahrhunderts.

Zu diesen Kulturerscheinungen wird man auch die Prozesse wegen »Apfelsinenordens« rechnen dürfen. Die Bezeichnung enthält eigentlich nichts Ruchloses, denn eine Apfelsine ist nur dann etwas Schlimmes, wenn sie sauer ist. Trotzdem hat erst in dieser Woche zu Südende bei Berlin ein Veteran einen Berliner polizeilich feststellen lassen, weil er das Wort Apfelsinenorden brauchte. Auf seiner Brust hatte der empfindliche Veteran jene Denkmünze, welche der entmenschte Weltstädter mit einer Südfrucht zu vergleichen wagte. Das heischte Rache, und der preußische

Staat, der seine an orangefarbenem Band getragenen Metalldekorationen zu schätzen und zu schützen weiß, wird
unserem Veteranen Genugtuung schaffen. Sicherlich ist es
eine Gemeinheit, von dieser an orangefarbenem Band getragenen Metalldekoration in verächtlichem Tone zu sprechen. Sie wird manchem vortrefflichen Mitbürger verliehen – jetzt hat sie auch die in Schlesien rühmlichst bekannte
Dichterin Friederike Kempner gekriegt –, und allein die
Tatsache, daß sie ungemein häufig verliehen wird, darf sie
noch nicht herabsetzen. Wenn aber der Begriff eines Apfelsinenordens auf den Index gesetzt ist, werden unsere Diplomaten, die in Kiaotschau-Angelegenheiten tätig sind, bei
der Annahme chinesischer Auszeichnungen vorsichtig sein
müssen. Dort soll ein Mandarinenorden bestehen. Apfelsinenorden, Mandarinenorden – es kann leicht eine Unehr-
bietigkeit auch in der kleineren Ausgabe der obengenannten Südfrucht befunden werden. So werden unsere Bülows,
wenn sie nicht gleich einen großen Drachen bekommen,
auf chinesische Auszeichnungen am besten verzichten. Ob
es auch ein Zitronenkreuz gibt? Vielleicht mit Pomeran-
zenlaub? Es könnte höchstens in Monaco der Fall sein. Dort
wachsen ja Zitronen, und der allda von Gottes Gnaden re-
gierende Fürscht soll gute Ideen haben.

Jetzt in der Winterszeit, wo Hofbälle stattfinden, sieht
man erfreulicherweise auch manchmal allerhand interessante Trachten. Nämlich Hoftrachten, die Privatleute tragen müssen. Diese Privatleute sind zu den Bällen befohlen
und kleiden sich, wie es die Vorschrift heischt. Neulich waren wir gegen acht Uhr bei Kaffee und Zigaretten nach
dem Essen in einem sehr sympathischen westlichen Haus
beieinander. Der Hausherr empfahl sich, er mußte zu
Hofe. Und da sah ich eigentlich zum ersten Mal so ein Pri-
vat-Hofkostüm *ganz* in der Nähe. Es ist sehr hübsch. Aber
eigentlich nur dann, wenn der Träger sehr hübsch ist. Wie
in dieser Welt überhaupt alles »eigentlich« ist – das hab' ich
längst 'raus! Jedenfalls aber hatte unser Hausherr folgendes
an. Er trug einen seidnen, schwarzen Rock, mit zierlich
schlank geschnittenen Schößen à la achtzehntes Jahrhun-

dert. Oben kam unter dem Kragen ein feines crèmefarbiges Spitzentüchlein hervor; es war ein Jabot. Die Höschen gingen bis an die Knie, nicht tiefer. Schwarze Strümpfe ließen die Waden in vollem Umfang, soweit der Umfang voll war, sehen. Und ein Degen an der Seite ergänzte und beschloß wirkungsvoll das Ganze. Kinder, sagte ich, der Geist unserer Zeit, der ganze Geist des gegenwärtigen Deutschlands kommt in diesem munteren Kostüm zum Ausdruck. Es ist ein ungemein munteres Kostüm, sagte ich. Munter und anregend und aus schwarzer Seide. Und oben auf der rechten Brustseite erblickte ich neben dem Kronenorden vierter Klasse und neben dem roten Adlerorden (der gleichen Rangstufe) auch jene an orangefarbenem Band getragene Metalldekoration, von der wir oben gehandelt haben – und um deretwillen der treue Veteran aus Südende den entmenschten Berliner polizeilich feststellen ließ.

Es ist wohl ein Zufall, daß in diesen Tagen, die an Hoftrachten und Metalldekorationen und gemeinen Denunziationen reich sind, die armen Halunken, die anno achtundvierzig auf den Barrikaden verreckt sind, einer gewissen Ungnade in maßgebenden Kreisen teilhaftig wurden. Mächtig und stolz steht heute das Deutsche Reich, die stärkste Kraft der bewaffneten Welt. Siegreich und im glücklichen Besitze sind wir nach außen. Was wir nach innen erreicht haben (und das steht vielleicht höher), danken wir denen, die bereit waren, ihr Blut an diese Güter zu verschwenden. Die damals gefallen sind, waren sicher nicht die wesentlichsten und einflußreichsten Gestalten. Es waren zufällige Opfer einer ungeregelten Revolution. Aber sie dürfen als Symbole dessen gelten, was von allen Freiheitsfreundlichen und allen Freiheitssehnsüchtigen erstrebt wurde. Daß man ihnen jetzt kein Denkmal gönnt, ist eine Schmach und Schande, eine Schande und eine Schmach. Die Stadtverordneten »protestieren«, das ist zu wenig. Sie müssen ihren Protest durchsetzen, das wird uns imponieren. Nicht imponieren, es wird uns befriedigen. Kinder, Kinder, habt ihr denn keine Ahnung, was not tut!

Für heut schließe ich. Das nächste Mal aber – das nächste

Mal, o Leser, will ich ausführlicher sein. Indessen fürchten Sie nichts – allzu ausführlich werde ich auch das nächste Mal nicht sein.

13. März 1898

In dieser Woche wird der achtzehnte März gefeiert werden. Auch die Polizei gedenkt sich daran zu beteiligen. Wenn die Nachrichten stimmen, wird sie verbieten, daß der Friedhof der Märzgefallenen zum Niederlegen von Kränzen überhaupt betreten wird. Es könnte sich gar zu leicht ein großes Gedränge ereignen. Und wie sie schon ist: sie hegt die zärtlichste Sorge um das körperliche Wohlbefinden der geliebten Einwohner. Höchstens die eine oder andere Dame kommt bei ihr mal 'n bißchen schlecht weg, aber die Gesamtheit wird vor leiblichem Mißbehagen geschützt. An Kaisers Geburtstag scheint dagegen die Gefahr des Erdrückenwerdens wesentlich kleiner zu sein; da braucht man nicht so streng zu verfahren; die Bevölkerung soll vorwiegend am achtzehnten März geschont werden.

Sie wird sich diesen Tag nicht verkümmern lassen. Wer die Zeiten versteht, muß überzeugt sein, daß dieser Tag ein großer vaterländischer Feiertag ist, wie die anderen. Vor fünfzig Jahren hat dieser Tag einen intensiven Ausdruck der Volkssehnsucht gezeitigt. Dieser Tag war der unmittelbarste Anlaß, daß eine Verfassung gegeben wurde. Freiwillig geben die Regierungen nichts. In neueren Tagen hätten wir keine Arbeitergesetzgebung, ohne die Forderungen des vierten Standes. Vor fünfzig Jahren keine Verfassung, ohne die Revolution. Verlangt man aber, daß der Verfassungstag und nicht der Revolutionstag gefeiert wird? Die offiziellen Behörden feiern auch nicht den Tag des Frankfurter Friedens, sondern den Sedantag. Gebt also dem Volke, was des Volkes ist. Mehr als dreißig Jahre war es um das gute Recht von wortbrüchigen Fürsten begaunert worden. »Wenn eure Schmach die Völker lösten«, rief diesen Fürsten Uhland 1816 zu, »wenn ihre Treue sie erprobt, so ist's an euch, nicht zu vertrösten – zu leisten jetzt, was ihr gelobt!« Wie würde man es im bürgerlichen Leben nennen, wenn ein Mann in höchster Bedrängnis einem anderen etwas verspräche und es, nachdem ihn jener mit Lebensgefahr gerettet, einfach verweigerte? Die verächtlichsten Ausdrücke wären nicht verächtlich genug. Länger als dreißig Jahre trugen die Deutschen diesen Zustand; und wenn sie sich endlich zu offenkundigem Widerstand aufrafften, so war das ein Verdienst. Wenn wir nicht heute in einer Zeit glänzender Reaktion lebten; wenn es nicht den Volksvertretern, sowohl im Reichstag wie in den Gemeinden, an politischer Energie mangelte; wenn nicht auch ein Teil des Volkes an einer vererbten Selbstbewußtlosigkeit litte; wenn ihm nicht die Knechtschaffenheit noch im Blute läge: dann würden am kommenden Freitag alle Glocken läuten; auf allen Straßen würden die Flaggen gen Himmel wehen; in allen Schulen würde ein feierlich-ernster Aktus von denen erzählen, die im Kampf um die besten bürgerlichen Güter gefallen sind. Es wird anders sein. Je weniger offiziell aber dieser Tag begangen wird, desto mehr muß der einzelne tun, ihn zu ehren. Und es wird ihm höchst gleichgiltig sein, ob er deshalb als »innerer Feind« betrachtet wird oder nicht.

Allerhand Gedenktage häufen sich jetzt. Ein Dezennium ist seit dem Tode des alten Kaisers verflossen. Was haben wir indessen nicht erlebt! Es kann nur äußerst schwer auseinandergesetzt werden; und besser erscheint es, ganz darauf zu verzichten. Auch zwei siebzigste Geburtstage sind zu verzeichnen: Miquels und Ibsens. Der norwegische Meister soll ein gewisses Finanztalent haben. Daß der Finanzminister auch Ibsensche Talente hat, ist nicht zu verlangen. Er ist durchaus nicht wie Gregers Werle aus der »Wildente«, der bloß ideale Forderungen einkassiert. Auch sonst wird die Weltanschauung der beiden Siebziger einigermaßen verschieden sein. Die Zeit ist jetzt gekommen, wo Ibsens persönliche Freunde in Berlin allerhand Einzelzüge seines Wesens erzählen. Drucken lassen sie so was nicht, wie überhaupt das Interessanteste meist ungedruckt bleibt. Ich will also tun, was sie versäumen. Man denke sich

Ibsen zu später Nachtstunde in Berlin, in einem Kreis von
vier deutschen Freunden, Champagner trinkend; er selbst
mit der Flasche um den Tisch herumgehend und eingie-
ßend. Er kann einen Tropfen vertragen und bewirtet (es ist
nicht allzu lange her, nach der Aufführung der Hedda Gabler) trunkfest Ibsenianer. Als es nun ganz früh geworden
ist, erhebt er sein Glas und bittet vertraulich und in jener
erleuchteten Weinstimmung, aus welcher die Wahrheit
sprechen soll: Laßt uns auf die Freiheit anstoßen; laßt uns
anstoßen, daß wir freie Männer sind! Von einem wollte er
aber damals nichts wissen; das war nicht etwa sein Alters-
genosse Miquel, sondern ein anderer ehemaliger preußischer Minister. Der Minister etc. Otto von Bismarck. In
diesem Mann sah Ibsen, nach der Hedda-Gabler-Aufführung, das stärkste Hindernis für die europäische Freiheit.
Es war das Schicksal dieses angeblichen Freiheitsverhinde-
rers, daß er um jene Zeit selbst nicht mehr in Freiheit seine
Macht ausübte; daß seine Hausmeierprinzipien, seine vorwiegend dynastische Weltanschauung sich an ihm gerächt
hatten und ihn zwangen, eine kurzerhand erfolgte Kaltstel-
lung zu ertragen; der Herr hat's gegeben, der Herr hat's genommen. Bismarck war also damals kein Machtfaktor
mehr; und Ibsens Abneigung richtete sich gegen den Typus, den er vertritt. Es war eine ideale Abneigung; aber er
drückte sie unverhohlen aus, beim Champagner, nach der
Hedda-Gabler-Aufführung. Und zwischendurch sagte er
zu Paul Marx: »Marx, Sie trinken ja nicht!« und goß ihm
Sekt ein. »Marx, Sie trinken ja nicht!« sagte er. Dabei soll er
einen ganz seltsamen Eindruck gemacht haben, als er hinter Paul Marx stand und ihm Sekt eingoß. Ich habe diese
Geschichte aber nicht von Marx gehört, der es ja gar nicht
merken konnte, wie seltsam er aussah, als er hinter ihm
stand. Und diesen Zug teile ich der Nachwelt hierdurch
mit. Er sei betitelt: Bismarck und Ibsen. Er zeigt knapp das
Verhältnis, das zwischen einem letzten großen Vertreter alter Werte und einem ersten großen Vertreter neuer Werte
besteht. Das einzige Verhältnis, das im Grunde zwischen
ihnen möglich ist.

Während man sich zur Ibsenfeier anschickt und die Aussprüche berühmter und minderberühmter Männer über ihn sammelt, ist vorübergehend auch Max Halbe wieder, wenn ich so sagen darf, im Munde der Berliner. Die vornehme »Deutsche Rundschau«, welche bisher zu allen Dichtern des jüngeren Geschlechts nur in feindseligen Kritiken Stellung genommen hat, entschloß sich, seine neueste Novelle abzudrucken: »Ein Meteor«. Herbststimmung herrscht darin. Ein Dreiunddreißigjähriger schießt sich tot, weil er fühlt, daß in ihm alles abgestorben ist. Er hat in jungen Jahren einen Band Lyrik veröffentlicht, ist aber nicht das Genie, wofür ihn seine Freunde halten. Und als er merkt, daß ihm schließlich auch die Liebe keinen Spaß mehr macht, daß er überkritisch, kalt und selbstquälerisch wird, daß die Seligkeit der Jünglingsjahre nicht zurückkehrt: da setzt er den berühmten kleinen Apparat in Bewegung. Sehr naiv hat Halbe in dieser Selbstmordszene die Darstellung des Wertherschen Selbstmordes in den Einzelheiten benutzt. Das Ganze gehört zum Belanglosesten, was er bisher geschrieben. Die Stimmung ist die überlieferte herbstliche Novellenstimmung, die immer ein bißchen ans Banale grenzt. Es wird beinahe Stimmungsmacherei. Trotz dieses Bemühens wird man durch philisterhaft unbeholfene, prosaische Elemente vor den Kopf gestoßen und immer wieder erinnert, daß diesem Westpreußen bei seiner Lyrik recht viel Nüchternheit innewohnt. Breit, nicht scharf ist das Ganze, wie so oft Halbesche Werke. Und eine gewisse »Munterkeit« im Ton – etwa: »Und das Ende vom Liede war, daß Mariannchen der unfreundlichen Tante einfach durchgebrannt war« u.s.w. – zeugt von Halbes kleinem Stich ins Spießbürgerliche. Er bleibt ein Dichter; doch er wußte es diesmal konsequent zu verbergen. Die »Deutsche Rundschau« aber hat im Grunde keinen neuen Autor veröffentlicht; sondern Stimmungsbruchstücke älterer Autoren.

Literarische Dinge geben auch sonst gegenwärtig Gesprächsthemen her. Die seltsamsten Blüten gedeihen auf dem Berliner Boden. Der Tiergarten unseres Herrn ist groß. Unter den vielen überflüssigen Vereinen zeichnet

sich einer, betitelt »Verein zur Förderung der Kunst«, durch
harmlose Komik aus. Er hat Fontane, Gerhart Hauptmann,
Wildenbruch und andere mehr bei der Gründung zu Eh-
renmitgliedern »ernannt«, und die schwer Betroffenen
wissen zum Teil noch heute nicht, wieso, inwiefern und
warum ihre Namen in dem »Vereinsorgan« so häufig gedruckt werden. Es gruppieren sich in diesem Verein mehrere Berufsschriftsteller um die Angehörigen anderer Er-
werbszweige, die in ihrem Privatleben gewiß ehrenwert
sind, aber mit dem deutschen Stil nicht recht fortkommen.
Da ergeben sich immer sehr niedliche Sachen; prätentiöse
Ankündigungen und Besprechungen, gegen die Paula
Erbswursts Briefe Musterbeispiele deutscher Prosa sind.
Wenn dieser Verein sich ebenso gebärdete wie ein beliebi-
ges Lesekränzchen in der Krausnickstraße – das ist er et-
wan –, wär er weniger amüsant. Seine Komik liegt eben in
dem Mißverhältnis zwischen Sein und Seinwollen. Darin
ist er köstlich. Nachdem man ihn im Anfang seines Beste-
hens wegen der komischen Mitwirkung gewisser Persönlichkeiten belacht hatte, läßt er erst jetzt wieder etwas von
sich hören. Man stelle sich eine Zeitschrift vor, in welcher
der Herausgeber die Redakteure bekämpft. Solches geschieht zum großen Gaudium der wenigen Leser in der
neu gegründeten Zeitschrift »Zur Förderung der Kunst«.
Die Redaktion schreibt, daß ein bestimmter literarischer
Abend schwach besucht war, »was wir wohl zum großen
Teil auf Konto unserer stets versagenden Zeitung setzen
dürfen« u. s. w. Dazu macht der Herausgeber Hinnichsen
die dick und fett gedruckte Fußnote: »Grund: weil die wieder ›versagende‹ Redaktion des offiziellen Teils das Manuskript zu spät lieferte! Der Herausgeber.« Eine weitere
feindselige Note folgt. Ist das nicht wunderhübsch? Es
macht gewissen Lesern im Westen, denen die neue Zeitschrift erbarmungslos zugesandt wird, noch größeren Spaß
als ihre rein stilistischen Reize. Und es handelt sich nicht
bloß um ein Vereinsorgan, sondern um ein die höchsten
Ziele der Literatur, Menschheit, Kunst u. s. w. verfolgendes
Blatt. In der jüngsten Nummer findet sich die Notiz: »Wir

verweisen schon heut auf den am 20. März von der ganzen gebildeten Welt dankbarst zu begrüßenden Tag von Henrik Ibsens, unseres Ehrenmitgliedes, 70. Geburtstag.« Daneben erfolgt ein Hinweis auf die »Königskinder« von Ernst Rosmer, »Musik von Engelbert Humperdinck, dem Ehrenmitgliede unseres Vereins«. Warum sollte auch Humperdinck zufällig nicht Ehrenmitglied sein?

Gestern abend, am Freitag, wurden diese »Königskinder« im Schauspielhaus vorgeführt. Sie fanden reichen Beifall; und Humperdinck (das Ehrenmitglied dirigierte) durfte sich oft verneigen. Den Hauptteil an diesem weichen, allzu weichen Kunstwerk hat aber Frau Else Bernstein, genannt Rosmer. Ein Königssohn, der sich mit der Gänsemagd vermählt; er von königlicher Geburt, sie von königlichen Eigenschaften; beide vom Pöbel mißachtet und mißhandelt; beide vereinsamt, durch die Welt irrend, allein mit der Krone, hungernd und frierend; schließlich in der Wildnis sterbend, verderbend: das ist das Märchendrama der Rosmer. Es zeigt Wagnersche Einflüsse in der zuweilen gesuchten Sprache. Im ganzen bietet es zu viel an Abgerundet-Stimmungsvollem. Das ist der frauenhafte Zug. Aber es strahlt doch in bunter Fülle und enthält reizende Episödchen. Die Erhabenheit und die Verlassenheit des Adelsmenschen gegenüber der pfahlbürgerlichen Masse ist der Grundgedanke. Und wie dieser Grundgedanke Gestalt bekommt, das ist beinah überzeugender als das rein Märchenhafte an diesem Werk. Es spricht hier die Stimme einer Frau, die zu Kräftigerem und Entschlossenerem berufen scheint, als sie bisher geleistet hat. Und die trotz aller übergroßen Süße dieses Schauspiels vielleicht doch vorwiegend ein Verstandesleben führt. Die Gattung, die Humperdinck und die Rosmer hier gegeben, ist neu: das Märchenmelodram. Sie war die Anregerin und hat immerhin das Verdienst, eine Art Novum geschaffen zu haben.

So darf man denn hoffen, daß sie bald Ehrenmitglied wird.

27. März 1898

Es sausen allerhand Stürme, und der Regen klatscht. Wir leben im März; vor Ostern – vor Ostern. Ein Winter ist um, hol' ihn der Teufel. Wieder einer vorbei. Die blödsinnige Reisesehnsucht, die jedes Jahr um diese Zeit kommt, schwebt heran. Sie schwebt nicht, sie rast. Sie überfällt mit Wolfsgier den Menschen und macht sein Blut gärend. Ein Winter in Berlin ist um, und man möchte diese ganze Stadt von sich abschütteln, die Menschen mit, die Erinnerungen mit, die genossene Liebe mit, und den genossenen Haß nicht minder, die Tanzereien und die Fressereien und die kleinen Machenschaften der guten Freunde, auch die holde Aufdringlichkeit der unverstandenen westlichen Ehefrauen, die durchaus über Kunst sprechen und dabei an die Natur denken. Wieder ins Theater gehn, und wieder im Frack speisen, und wieder den Potsdamer Platz sehn, und wieder beim Mittagessen die Vossische und das Tageblatt und die Kreuzzeitung lesen, und wieder navy-cut-Zigaretten rauchen und wieder am Lützow-Ufer entlangwandeln: es geht nicht mehr – etwas Neues muß kommen, eine andere Grundlage für das Arbeiten, für die ganze Seelenexistenz, und man wird sich entschließen müssen, auf acht Tage nach Potsdam zu übersiedeln. Jedes Jahr um diese Zeit, an Winters Ende, kommen dieselben Ekelgefühle. Man hört den Jubel aller Frühlingssänger – von fern. Und eine Stimme schreit: nicht nach Potsdam. Auf nach Rom! Nach Rom … nach Rom.

Schweig mir von Rom! (singt Tannhäuser). In Berlin gehn wichtigere Dinge vor. Es werden Standbilder im Tiergarten enthüllt. Drei Markgrafen aus Marmor stehn jetzt in der Siegesallee. Siegesallee? Ruhmesweg heißt diese Straße. Also auf dem Ruhmesweg steht ein gewisser Otto, der erste seines Namens. Er hat das Kloster Lehnin gegründet; deshalb mußte er ein Denkmal haben, angefertigt von dem Bildhauer Max Unger. Der Gründer Lehnins steht belanglos auf dem Sockel, ein jugendlicher Mensch, und hinter ihm ragt der Abt Sibold sowie ein Wendenfürst, Pribis-

law beibenannt, in die Tiergartenluft. Der Letzterwähnte
sieht ungemein wendisch aus: wildpittoresk, mager und
bärtig. Als zweiter Markgraf präsentiert sich ein zweiter
Otto. Er herrschte bis 1205 und muß ein toller Christ gewesen sein. Innocentius, der Inhaber des päpstlichen Stuhls,
wandte eine eigene Bulle an ihn. Er ermahnte ihn, seine
Frau anständig zu behandeln, was das Scheusal nicht tat.
Auch sollte er die Personen geistlichen Standes besser ehren,
was das Scheusal wieder nicht tat. Jetzt hat ihm Uphues
trotzdem eine Statue errichtet (es ist die eindrucksvollste
der bisher aufgestellten), und in tiefem Sinnen steht der
Markgraf da, die Hand ans Kinn gelegt, und starrt auf die
vorbeifahrenden Taxameter. Recht belanglos sind seine
Zeitgenossen: ein Herr von Putlitz, dessen Verdienst es
ist, der Vorfahr der anderen Herren von Putlitze zu sein;
und der Geschichtsschreiber Heinrich von Antwerpen. Der
dritte Markgraf ist Albrecht der Zweite, der sich mit Dänen und Pommern balgte und noch belangloser aussieht als
die Ottonen. Er stammt vom Bildhauer Böse. Seine Zeitgenossen sind Hermann von Salza, der berühmte Ordens-
meister, und Herr von Repgow, der Verfasser des Sachsen-
spiegels. Weitere Markgrafen sind bis jetzt nicht vorhanden,
aber diese drei sind, wie gesagt, recht belanglos. Trotzdem
wär' es eine Ungerechtigkeit zu behaupten, daß durch die
neuen Denkmäler der Tiergarten verunziert wird. Man hat
viel Abfälliges über diese Ahnengalerie geschrieben und
drucken lassen. Ein naiver Betrachter wird aber doch gestehen, daß die Marmorgruppen auf dem grünen Hintergrunde recht dekorativ wirken. Das schönste an den Denkmälern sind nicht die Statuen, sondern die Bänke. Es sind
Alma Tademasche Bänke, auf deren weißem Marmelstein
freilich keine Griechen, sondern Pennbrüder sitzen werden. Jede Bank bildet einen bequemen Halbkreis, und im
Sommer wird von dem glatten Gestein eine höchst angenehme Kühle in den … na, in den Daraufsitzenden übergehen. Zweiunddreißig solcher Sitzgelegenheiten wird es
geben, und auf jeder haben fünfzehn Personen Platz, so
daß im ganzen vierhundertachtzig … Daraufsitzende sich

kühlen können. Und das hat mit der Gründung des Klo-
sters Lehnin Otto der Erste getan.

Wichtige Dinge gehen in Berlin vor. Diese Stadt ist eine
Ibsenstadt, und sie erweist sich allein hierdurch als die erste
und fortgeschrittenste Theaterstadt der Welt. In Berlin ist
Henrik Ibsen jetzt gefeiert worden wie nirgends auf der
bewohnten Erde. So viele Theater wie hier haben nirgends
seine Dramen gleichzeitig gespielt. »Der Volksfeind«, »Die
Wildente«, »Brand«, »Kaiser und Galiläer« und »Hedda
Gabler« in einer Woche! Mit vollem Bewußtsein haben
noch die kleinen Vorstadtdirektoren den Ahnherrn des
modernen europäischen Dramas in ihm geehrt. Am be-
merkenswertesten ist, soviel ich es übersehen kann, die
Hedda-Gabler-Aufführung im Deutschen Theater gewesen. Luise Dumont, die klügste Person, die gegenwärtig auf
deutschen Bühnen zu finden sein wird, war prachtvoll in
der nervösen, halbunterdrückten Lebenslust der Generals-
tochter; aber die strahlende Verbrechergröße dieser gefes-
selten Heldin kam nicht strahlend genug heraus, es fehlte
ihrer Hedda der tiefere lyrische Reiz. Unvergeßlich wird
mir Reicher als Lövborg sein. Ich hatte in Gedanken Rudolf Rittner dafür ausgesucht. Wie aber Reicher ihn er-
faßte; wie er im Anfang ganz durchleuchtet war von einer
schmucken, wundersamen Klugheit; wie er dann hoffnungslos, gesunken, als ein Abschiednehmender erschien;
das war überwältigend. Als er zum letzten Mal den Namen
Hedda Gabler aussprach, machte er zwischen den beiden
Worten eine lange Pause, und in dieser seltsamen Pause
zog das ganze Verhältnis und Verhängnis dieser beiden
Menschen noch einmal schweigend und dennoch hörbar
durch die Welt. Es war ein einziges, letztes gedankenvolles
Zusammenfassen; es lag Entschwundenes und Gegenwär-
tiges und die dunkle Zukunft darin; ein seltner Meister der
Schauspielkunst hatte einen der seltensten Augenblicke.
Von dem Ibsenbankett ist zu sagen, daß … ja, daß dreihun-
dertfünfzig Personen daran teilnahmen.

Ein Chronist, der etwas auf sich hält, wird einem schei-
denden Bürgermeister unweigerlich einen Nachruf wid-

men. Zumal, wenn der Mann ebenso alt ist wie Ibsen, so daß sich ein Übergang mühelos bewerkstelligen läßt. Zelle verläßt uns, nachdem ihn die Berliner Witzblätter in allerhand despektierlichen Stellungen abgebildet haben. Er verbeugte sich auf diesen Bildern so tief, daß er mit der Nase fast auf die Erde stieß. Als Beinbekleidung trug er ehrfurchtsvolle Wadenstrümpfe. Vielleicht ist ihm hier mit Übertreibungen Unrecht geschehen. Populär ist er jedenfalls nie geworden. Er hatte von vornherein kein hervorstechendes Merkmal im guten oder im bösen, das einen Anhaltepunkt geboten hätte. Es fehlten ihm sozusagen die drei Haare. Man wußte von einer Beleidigungsklage, welche die Hilfsbeamten gegen ihn anhängig gemacht. Das steigerte die Popularität nicht. Man wußte dann, daß er bei vielen Gelegenheiten unverkennbare Mauserungssymptome gezeigt hatte. In einer Zeit, wie die jetzige ist, hängt von dem politischen Selbstbewußtsein des Berliner Oberbürgermeisters nicht wenig ab. Dieses Selbstbewußtsein verstand Zelle zu verbergen. Die Achtundvierziger-Angelegenheit setzte allem die Krone auf. Zelle bewies hier ein Maß von »Objektivität«, das den ältesten Männern Erstaunen verursachte. Ein Bürgermeister soll sich unparteiisch verhalten; nämlich in einem Idealstaat. Solange aber die Staatsregierung ganz zwanglos konservative Politik treibt, darf ein Stadtoberhaupt nicht minder zwanglos liberale Politik treiben. Es ist sogar wünschenswert, daß hier eine Art Gegengewicht geschaffen wird. Was der stockkonservative Herr Achenbach, der Schwiegervater des weniger konservativen Fräulein Kommerzienrat Pringsheim, anordnete, das führte Herr Zelle aus, ohne zu mucksen, in Objektivität. Seine Neigungen schienen immer offenkundiger auf die rechte Seite zu rutschen, nach der linken ergriff er verhüllte Defensivmaßregeln. Und so werden wir seinen Abgang erleiden, ohne zu klagen.

Es sausen allerhand Stürme, der Regen klatscht, wir leben im März – vor Ostern. Und der scheidende Winter hat noch eine Wintergröße ins Elend gezogen, über Nacht. Die Zeitungen brachten die Nachricht von der Verhaftung

des Konsuls Auerbach. Den Mann hat niemand gekannt. Um so viel mehrere aber kannten seine Frau, die eine gewisse literarische Bedeutsamkeit haben soll. Als Anregerin nämlich; als Genossin nicht nur der Premièrengänger, sondern auch der Dichter. Sie ist noch vor kurzem für Detlev Liliencron eingetreten und hat zum Sammeln geblasen. Sie hat einen kühnen, reflektiven Lyriker zu seltsamen Gesängen inspiriert und scheint im geringsten nicht einer Kommerzienrätin ähnlich gewesen zu sein. Vielmehr muß sie, wenn nicht alles trügt, eine schweifende, freie, desperate Seele besitzen, die erst am Ende aller Enden haltmacht. Wundersame Dinge wurden erzählt. Oft sah man sie: im Theater und sonst, wo irgendwas los war. Auf dem vorletzten Presseball stand sie im Zenit. Sie erschien da als Rautendelein frisiert, mit den zwei roten Rosen an den Schläfen, was später viele nachgeahmt haben. Aber man hatte die Empfindung, daß nicht in solchen Äußerlichkeiten ihre Bedeutung lag; nicht im Gesellschaftlichen, sondern tiefer im Persönlichen. Eine schlanke, hohe Gestalt, dunkel das Haar, eine fast griechische, längliche Nase, und im Gesicht dieser Vierunddreißigjährigen oft ein kindlicher Zug; von jener Kindlichkeit, die vieles kennt. Sie machte einen etwas exotischen Eindruck, und manchmal dachte man: sie ist aus Syrien. Jetzt ist ihr Konsul eingezogen worden, wegen irgendeiner bösen Sache, Beihilfe zum betrügerischen Bankrott oder so ähnlich. Nun erst werden Sie, meine liebe Konsulin, zeigen können, was in Ihnen steckt. Jetzt beginnt die Wirklichkeit, bisher war alles ein Spiel. Die deutschen Lyriker haben Sie für sich; und wenn man das ist, was Sie zu sein scheinen, müßt es mit dem Teufel zugehen, wenn Sie Ihren Kopf nicht ebenso hoch tragen sollten als vorher. Der und jener soll die Misère des Lebens holen. Wir gehen nach Rom oder nach Potsdam. Ein Winter in Berlin ist um, und man möchte diese ganze Stadt von sich abschütteln, die Menschen mit, die Erinnerungen mit, die genossene Liebe mit, und den genossenen Haß nicht minder. Es muß etwas Neues kommen. Auf nach Rom! Auf nach Rom!
    Auf nach Potsdam ...

10. April 1898

»O wie ist die Stadt so wenig!« ruft man jetzt in Berlin, mit
Goethe. Denn manchmal wehen linde Lüfte, wenn es zufällig nicht hagelt, und manchmal erhält man eine Einladung zum Diner im Café Grunewald. Dieses Café ist gar
kein Café; sondern eine Stätte verfeinerter Eßsucht, in all-
gemeinem und gewissermaßen umfassendem Sinne. Ein
schlichtes Wirtshaus im »Walde«, darinnen ein dreistündi-
ger Imbiß wohltut; der »Wanderer« erquickt sich an mehreren Löffeln Kaviar, an einer bescheidenen Bachforelle, an
einem bißchen Zunge, die gar neckisch unter Champi-
gnonhaufen vorblinzelt, an etwas Poularde mit weißem
Busen, und die durstige Kehle wird durch einen köstlichen
Trank Pommery Gréno erfrischt. Als Goethe die Musen
und Grazien der Mark verhöhnte, ließ er den Jüngling be-
geistert ausrufen: zu dem Dörfchen laßt uns schleichen,
mit dem spitzen Turme hier, – welch ein Wirtshaus son-
dergleichen, trocknes Brot und saures Bier! Die Zeiten haben sich geändert. Die edelsten Familien, die im Grunewald wohnen, nehmen in diesem Wirtshaus zuweilen ihr
Mittagsmahl. Andre aus Berlin fahren mit ihren Gästen auf
Gummi hinaus, und es ist sehr angenehm, so gegen 3 Uhr
im offenen Wagen zu sitzen, etwas müde von der Frühjahrsluft, und den Kurfürstendamm leise plaudernd ent-
langzurollen. Sehr angenehm. Dann nach vollendetem
Mahl steigt man wieder ein; und wie die abendfrische Luft
um die vom Sekt erhitzten Backen streicht, das ist wieder
sehr angenehm. Man kann gewissermaßen sagen: es ist besonders angenehm.

Wagenfahrten in der Mark haben überhaupt ihr Gutes.
Es gibt solche, und es gibt solche. Zu der zweiten Art zähl'
ich diejenigen, die man gelegentlich bei seinen Freunden
auf ihrem Landgut zu nächtlicher Weile unternimmt. Man
fährt da um ein Uhr durch den Wald; manchmal, o du
meine Güte, auf dem Wagen, der die blechernen Milchge-
fäße nach der nächsten Bahnstation bringt; es ist stockdun-
kel, die Pferde rasen gespensterhaft durch die finsteren

Wunder des Nadeldickichts, schmale Waldwege entlang, der Kutscher sitzt nur da, ohne zu lenken, die Gäule sehen den Weg, sie galoppieren, hurre, hurre, hopp-hopp-hopp. Man wundert sich, daß die Milch nicht zu Buttermilch wird; und tief erschüttert, doch in einer eigentümlichen Seligkeit kommt man um halb drei an. Alle Knochen befühlt man, sie sind ganz und vollzählig. Viel weniger abenteuerlich und bequemer sind doch die Verdauungsfahrten auf Gummi, wenn die goldene Abendsonne voll unvergänglicher Poesie auf die im Bau begriffene Villa des jungen Bleichröder fällt. Er läßt sich nämlich eine errichten, um neben der Berliner Stadtwohnung und der Charlottenburger Villa allenfalls einen Unterschlupf zu haben. Dicht am Wege liegt sie, und die Insassen der Gummivehikel singen andächtig, wenn ihre Zinnen in die letzte Glut getaucht sind: »Gold'ne Abendsonne, wie bist du so schön, wie Kanone Wonne deinen Glahanz ich sehn.« Wir jagen die Alleen auf und ab, und es ist wirklich wundervoll, wie die laue Luft um das Gesicht streicht. Reizvoll entfernen sich die Wagen voneinander, man stellt Vermutungen an, in welcher Allee man sich wieder begegnen wird, und eine junge Frau erzählt indessen von demjenigen Teil ihres Lebens, den sie in Boston verbracht. Sie findet die Berliner Verhältnisse etwas ruppig. Dort drüben hatte man vierzehn Dienstboten im Hause, und jeder Dienstbote hatte sein besonderes Badezimmer. Hier dagegen – na! Man hört ihr zu, mit tiefem Interesse, und zuweilen steigt eine Erinnerung an den Sekt und an die Champignons empor.

Erschütternde Vorgänge haben sich in der Berliner Stadtverordnetenversammlung abgespielt. Dort ist das Verhalten des Obergärtners erörtert worden, welcher die Kränze vom Denkmal der Märzgefallenen widerrechtlich und vorzeitig entfernte. Es war ein ... Versehen. Aber doch ein recht merkwürdiges Versehen in Zeitläuften wie die unseren. Was erlaubt sich dieser Obergärtner? Er hatte, wie Herr Kochhann betonte, weder von der Polizei noch von den städtischen Behörden den Auftrag zur Entfernung der Kränze bekommen. Und nun wurde ein furchtbares Gericht über

diesen Obergärtner abgehalten. Ein Stadtrat erklärte, dersel-
bige sei »getadelt« worden; und er habe »pietätlos« gehandelt. Wie wird sich der Obergärtner kränken, wenn er hört,
daß er pietätlos gehandelt hat. Wird er das überleben können? Die Energie der Stadtväter zermalmt, wenn sie einmal
in Tätigkeit tritt. Ein Rest von dem, was dem selbständigen
Bürgertum heilig ist, ruht in den Kränzen auf den Fried-
richshaingräbern; von allen Seiten wird das Andenken dieser
Gefallenen und der Ideen, für die sie gefallen, heute geschmälert und beeinträchtigt; ist es da nicht der Gipfel des
Bedenklichen, wenn ein Obergärtner noch solche Taktlo-
sigkeiten begeht wie diese? Was würde ihm passiert sein,
wenn er Staatsbeamter gewesen wäre? Wenn er eine analoge
Handlung verübt hätte, die das Empfinden der Staatsbehör-
den so sehr beleidigt hätte, wie er jetzt das Empfinden der
Stadtregierung verletzt hat? Er wäre zum allermindesten
strafversetzt worden. Wir haben nicht gerade die Absicht,
drakonischen Maßregeln das Wort zu reden; aber daß der
Mann als »pietätlos« erklärt wurde, ist doch gar zu drollig. Er
wird sich einen Ast lachen über die Stadtväter. So pietätlos
wird er sein. Und die gegnerischen Parteien werden so pietätlos sein, mit ihm zu lachen. Sie haben ja recht!

Zwei Ausländer, eine Tote und ein Lebender, fesseln gegenwärtig, wo nichts los ist außer Regenwetter, die Teilnehmer gewisser berlinischer Kreise. Die Tote ist Frau Eleanor Marx-Aveling. Es gibt hier allzu viele Interessenten für
Marx und die Lehre dieses Religionsstifters, als daß der
merkwürdige Selbstmord seiner Tochter unbemerkt hätte
vorbeigehen können. Ich habe sie vor zwei Jahren in London kennengelernt. Sie machte den denkbar positivsten Eindruck. Es strahlte aus ihr eine Fülle von frischer, gesunder
Lebensheiterkeit, so daß man ihr alles eher zugetraut hätte
als ein verzagtes freiwilliges Scheiden von der Erdenwelt.
Aber wer kann auf den Grund der Seelen blicken. Ihr Gatte muß für eine so hervorragend begabte Frau nicht grade
der angenehmste Lebensgefährte gewesen sein. Denn der
Dr. Aveling, den man in deutschen Zeitungen einen »Führer
der englischen Arbeiter« nennt, ist nur ein Dekorationsstück;

ein höchst mäßiger Geist und von einer kleinen, wichtigma-
cherischen Eitelkeit, für die man in Berlin das Wort Schaute
bereit hat. Er spielte und spielt bei der englischen Sozialdemokratie eine nicht sehr ernste Rolle; und wenn dieser hagere Mensch mit dem glatten Schauspielergesicht und den
tiefliegenden Poseur-Augen vor versammelten Arbeitern
eine Mitteilung macht, edel auf der Tribüne steht und mit
pathetisch-grandioser Gebärde die bürgerlich-alltäglichste
Kleinigkeit ausspricht, so lächeln sie alle hinter ihren Pfeifen.
Er ist der Schwiegersohn von Marx, schreibt auch Musikkritiken, aber damit ist sein Wert erschöpft. Toussy – so hieß
Eleanor Marx-Aveling – muß sich gräßlich mit ihm gelangweilt haben. Ich sehe sie noch auf dem Podium von Queen's
Hall stehen, auf dem letzten Sozialistenkongreß, mit fabel-
hafter Sprachgewandtheit ganze Reden bald ins Deutsche
(das sie ohne Accent sprach), bald ins Englische, bald ins
Französische verdolmetschend. Sie entwickelte dabei immer
eine gewisse Anmut, einen liebreich-heiteren frauenhaften
Zug, und sie schien in dieser Mischung von Verstand und
Weiblichkeit ein herrlicher tapferer Kamerad für den Le-
bensweg. Der Gatte trat furchtbar in den Schatten. Er erklärte bloß manchmal mit düster lodernder Tragödenmiene,
daß das Feuerwerk im Cristal Palace um neun Uhr beginnen
werde u. s. w. Allenfalls die Clara Zetkin überragte an persönlicher Wirkung die Frau Marx; und je mehr die Zetkin in
den Vordergrund trat, desto eifriger wurde die Marxin; es
war ein offenkundiger, frauenmäßiger Wettstreit, worin kokette Mittel nicht gänzlich fehlten. Im Äußeren war Toussy
ihrem Vater nachgeraten; sie hatte dieselben dunklen, ein-
dringlich-verständigen, klaren Augen, sie hatte auch von
ihm die Stumpfnase. Im persönlichen Verkehr blieb sie von
einer freundlichen, frischen Güte, welche der Schreiber dieser Zeilen öfter mit Vergnügen erfahren hat. Vielleicht war
ihr Selbstmord mehr ein philosophischer Akt als eine Ver-
zweiflungstat. Sie war die Tochter Catos.

  Der andere Ausländer, der die Berliner interessiert, ist
Herr Félix Lacaze, der Friedensapostel, der jetzt mit Frau
von Suttner erfolglos prozessiert hat. Sie hat ihn der Zech-

prellerei, leichtsinnigen Schuldenmachens und anderer Vergehungen bezichtigt, warnte auch, ihm ein Ehrenamt in der Friedensbewegung anzuvertrauen. Kurz, sie bekriegte ihn. Es war recht amüsant, diesen Kampf der Lämmer mit anzusehen, und mancher schmunzelte. Wir kennen Herrn Lacaze. Er hat in Berlin eifrig herumgewirtschaftet und dasjenige Entgegenkommen gefunden, das bei uns jeder Franzose, auch der dubiöseste, sofort findet. Es ist eine schöne Sache um den Nationalstolz. Tatsache bleibt, daß die blasiertesten Jämmerlinge des Westens allsogleich auftauen und von Interesse belebt werden, wenn sie einen französischen Satz hören. Es darf sogar ein Belgier sein, der ihn ausspricht. Jedenfalls kam Herr Lacaze aus einer Hand in die andere und wurde gefeiert. Eines Tages, er besuchte mich öfter, erzählte er mir von der fieberhaften Tätigkeit, die er entwickle. Es war in Wahrheit imposant. Et puis, so schloß er, j'ai vendu du vin pour un ami. Wein verkauft? dacht' ich – Wein verkauft? und pour un ami? Ich hatte die Empfindung, daß er auf eigne Rechnung und Gefahr, nicht pour un ami, den Wein verkauft habe. Aber schließlich war das nichts Böses. Konnte man nicht ein Friedensapostel und zugleich ein Weinreisender sein? Gewiß konnte man es. Dann, in einer Gesellschaft bei einem parlamentarischen Rechtsanwalt, war mein Lacaze wiederum. Es waren knapp achtzig Personen anwesend, und der Friedensapostel verteilte gedruckte Bestellkarten auf ein von ihm verfaßtes Buch, betitelt »A Lourdes avec Zola«. Jeder Normalmensch, der in einer Abendgesellschaft auf diese kolporteurhafte Weise für sich Reklame gemacht hätte, wäre erbarmungslos hinausgeflogen. Weil mein Weinreisender – Verzeihung, mein Friedensapostel, aber Franzose war, fand man das höchst originell und ließ ihn drin. Er erzählte mir sogar, daß er mit dem Großherzog von Baden eine Unterredung gehabt, und ich besitze das Dedikationsexemplar von »Le Journal« noch heut, in dem er diese Unterredung beschrieben. Das ist Herr Lacaze, für den man sich in Berlin interessiert und den Frau Suttner bekriegte. Möglich, daß er unschuldig ist.

17. April 1898

Rhodope erstach sich, weil ein fremder Mann ihre Reize erblickt hatte. Ich spreche von Hebbels Gygesdrama, das gestern abend, am Freitag, im Deutschen Theater gespielt
wurde. Also Rhodope erstach sich, weil ein fremder Mann
ihre Reize erblickt hatte. Die Berliner Frauen, welche zuweilen Bälle ausgeschnitten besuchen, denken anders als
Rhodope. Sie müßten sich alle erstechen, wenn es ein To-
desgrund wäre, daß fremde Männer ihre Reize erblickt. Im
Tiergartenviertel blieben nur die wenigen dann am Leben,
die wegen Magerkeit und schlechten Teints vom Blößen-
wahn frei waren. Die Tiergartenstraße, die Rauchstraße, die
Hitzigstraße würden schrecklich entvölkert werden; Zeitgenossen, es wäre keine Lust mehr zu leben. Darum darf man
sich hoch und herzlich freuen, daß Rhodopes Ansichten so
vereinzelt dastehen.

Im Blößenwahnsinn liegt Methode. Solange die Frau der
untergeordnete Teil ist: solange sie nicht so frei sich bewegen
darf wie der Mann, sondern auf Umwegen und locken muß:
so lange wird sie zu diesem Mittelchen greifen. Ein gerissener Feuilletonist darf sogar sagen: Das fehlende Bruststück
des Kleides ist das Symbol ihrer Hörigkeit. Warum geben wir
Männer von unserem Körper nichts zum besten? Warum
gönnen wir dem Auge der Ballgefährtinnen keine nackte
Wade? Darum: weil wir es nicht nötig haben; weil wir auch
so die Herren der Erde sind. Rhodope wurde von ihrem Gatten Kandaules, einem Herrn der Erde, als Sache betrachtet;
als ein schöner Gegenstand, dessen Anblick er einem Fremden gönnte. Wir erinnern uns an Friedrich Theodor Vischer,
den altväterischen Schwaben, der in der Gegenwart ähnliche
Ausstellungsverhältnisse sah und auf sie losschimpfte. »Das
Weib darf sich freuen, durch den vergönnten Anblick des
Naturkunstwerks ihrer Gestalt zu beglücken; aber wen? jedermann?« So wettert er lobesam. Er ruft der Frau in er-
quicklicher Grobheit zu: »Sie hängen aus wie den Wecken
auf dem Laden das, womit Sie doch billig nur den Einen beglücken sollten, der Sie liebt und den Sie lieben.«

Rhodope war ganz seiner Ansicht und erstach sich. Kandaules aber, welcher wohl zuerst den Grundsatz vertrat »Geteilte Freude ist doppelte Freude«, neigt der gegenwärtigen Anschauung zu. Auf eine überraschende Art. Er sagt: »Ich weiß gewiß, die Zeit wird einmal kommen, wo alles denkt wie ich.« Sie ist gekommen – oder ist sie doch nicht gekommen? Man unterscheide wohl: dieser Kandaules ist ein toller Kerl; nicht bloß etwa ein eitler Ehemann, der ausgeschnittene Toiletten u. s. w. schmunzelnd duldet; er sieht tiefer, er blickt hinter die Dinge; er erfaßt den Ewigkeitsgedanken, daß sittliche Anschauungen nur von der Zeit abhängen, daß Entschleierungen und Verschleierungen heute sittlich und morgen unsittlich sind; und er fragt darum: »Was steckt denn auch in Schleiern, Kronen oder rost'gen Schwertern, das ewig wäre?« Dieser Ewigkeitsgedanke hat ihm schließlich den Mut gegeben, seine Gattin entschleiert dem griechischen Freunde Gyges zu zeigen, dessen unsichtbar machenden Ring zu solchem Zwecke zu brauchen. Zweifellos, er ist ein toller Kerl. Der Grieche tötet ihn dafür im Zweikampf, von der beleidigten Rhodope gestachelt; und sie, die ihren ersten Gatten liebt, durchsticht sich, sobald sie dem zweiten zur Sühne angetraut ist. Seelen, die sich hassen und sich lieben, die mißtrauen und anbeten, einander morden und einander treu sind. Hebbel hat sie auf eine ähnliche Weise in »Herodes und Mariamne«, dem größeren Werke, gezeichnet. Er liebt diese Zwitterzustände des Inneren; er zeigt sich hier wieder als ein sattsam großer Vorläufer des modernsten Dramas. Aber nur einer von den Schauspielern war seiner Kunst gewachsen: Kainz, der den leichtsinnigen und tiefsehenden Ehemann Kandaules mit unvergeßlich bestrickendem Zauber, mit allem letzten wundersamen Reiz eines gebenedeiten Sünders spielte; so wie es in Europa kein zweiter können wird. Ich habe diesen launenhaften Künstler, der auch heute launenhaft war, nie größer gesehen, nie adliger. Wenn er den Lyderkönig gab, gab Herr Carl Wagner aus Hamburg den Gyges. Allein man durfte fragen: wer ist denn hier der Grieche? Herr Wagner war es nicht. Er kann

als Angehöriger der verschiedensten Volksstämme auftreten, bloß bitte nicht als Grieche. Bei aller Begabung hat er
etwas Schmalziges in der Sprechweise, das Illusionen zerreißt. Seine idealistische Spielmanier wird in Berlin durch
Matkowsky unendlich großartiger vertreten. Herr Wagner
wird es recht schwer haben, der Nachfolger von Kainz zu
werden. Die Dumont, die als schamhaft-stolze Rhodope
zwischen beiden stand, versagte diesmal; sie hatte ihre Seele zu Haus gelassen und brachte nur die schwere Zunge
mit. Die ganze Aufführung aber war, insofern sie Friedrich
Hebbels Erweckung zum Ziel hatte, höchst dankenswert.
Herodes und Mariamne möge bald folgen.

Die Hörigkeit des Weibes scheint ein Lieblingsgedanke
unseres sogenannten Kultusministers zu sein. Diesem Lieb-
lingsgedanken nachhängend, hat er die Genehmigung zum
Breslauer Mädchengymnasium versagt; ein behördlicher
Akt, der in Berlin einigen Staub aufwirbelt. Kinder, Kinder – findet sich schon mal ein Oberbürgermeister, der
für neuzeitliche Ideen ins Zeug geht wie Herr Bender, so
schneidet ihn die Regierung mit gedoppelter Schärfe. Nicht
einmal die Gründe für die Ablehnung würdigte man ihm
darzulegen. Man schleuderte ihm einfach einen Stein entgegen, zur Strafe für verwogenes Beginnen. Das ist nun
dieser leutselige Bosse! Bosse, der auf Schriftstellerbanket-
ten »in diesem Sinne« begeisterte Toaste ausbringt. Bosse,
der Schriftstellern privatim liebenswerte und freigeistige
Briefe schreibt. Bosse, der Aufklärungswitzchen gegenüber israelitischen Privatdozenten riskiert. Mag sein, daß er
im Herzen kein Schlimmer ist; er folgt vielleicht nur den
Weisungen irgendeiner höheren Stelle, an denen wir Gott
sei Dank gegenwärtig keinen Mangel haben. Die höheren
Stellen besorgen den Bau der Kirchen, die nachher an
mangelnder Besuchtheit so Großartiges leisten. Die höheren Stellen verdammen vielleicht die überflüssige Bildung
und Selbständigkeit bei Frauen. Daß eine Jungfrau religiöse Krankenpflegerin wird, leuchtet dort noch ein; daß
sie regelrecht Medizin studiert, nicht mehr. In Berlin aber
beginnt sich selbst unter den Tiergartenmädeln ein Um-

schwung bemerkbar zu machen. Sie malen nicht mehr
bloß Porzellan und lernen Italienisch. Es gibt welche, die,
wenn sie malen, ganz ernsthaft malen sollen. Ganz ernsthaft, sag ich, mit allen Knifflichkeiten der Technik, gewissermaßen ganz fachmännisch. Es gibt auch andere, die
Landrecht studieren, ohne es nötig zu haben. Den Wohltä-
tigkeitsschwindel haben sie aufgegeben; sie setzen nicht
mehr Billets für Wohltätigkeits-Konzerte ab; sondern sie
fahren selbst in die Hütten des Elends (fünf Stock hohe
Hütten), sie eilen geschäftig nach der Triftstraße und nach
der Brunnenstraße im hohen Norden, und manche fallen
sogar nicht in Ohnmacht, wenn sie eine Wöchnerin vor
sich haben. Die Wissenschaften blühen, die Künste gedeihen, die Tiergartenmädel wirken sozial, o Jahrhundert, es
ist eine Lust, in dir zu leben. Und in diese sprießende Bewegung, in diese allgemeine Sehnsucht nach Hilfe und
Fortschritt senden höhere Stellen einen Bannstrahl gegen
das Mädchengymnasium. Da kann man nur sagen: pereant,
pereant, pereant!

Was die sonstigen Kunst- und Kulturdinge betrifft, so hat
ein Dankestelegramm reichliches Aufsehen gemacht, welches unser Kaiser Wilhelm der Zweite durch den Grafen Hochberg an Blumenthal (nicht an den General, sondern den Lustspieldichter) und Kadelburg senden ließ. Das
»Weiße Röß'l« hat unserem Kaiser gar so gut gefallen. Und
impulsiv, wie er ist, läßt er es die Dichter gleich wissen. So
sind denn Blumenthal und Kadelburg, Kadelburg und Blumenthal eingetreten in die Reihe derer, welche im Zusammenhang mit den Kunstliebhabereien Wilhelms des Zweiten von der Nachwelt genannt werden dürften. Groß ist
die Reihe und mannigfaltig. Richard Wagner und Victor
Neßler stehen auf musikalischem Gebiet nebeneinander.
Begas und Knackfuß im Reiche der bildenden Künstler.
Was aber das deutsche Drama anlangt, an dem unsere Sehnsucht hängt, so steht Friedrich Hebbel, der Nibelungen-
dichter, neben Herrn v. Wildenbruch, neben Schönthan
und Koppel, den Sängern der Renaissance, Lauff schwebt
über beiden, Skowronnek, Charleys Tante, Blumenthal und

Kadelburg vertreten die heitere Gattung, sozusagen den
Humor, und die zwei Letztgenannten dürfen nun sicher
sein, infolge des kaiserlichen Telegramms ihre Tantièmen
am »Weißen Röß'l« zu verdoppeln. So viel bringt ein kaiserliches Telegramm jedesmal ein. Bisher haben sie bloß
dreimalhunderttausend Mark an diesem Werke deutschen
Humors eingenommen: jetzt werden sie nochmals dreimalhunderttausend Mark verdienen. Und so dürften beide
mit erneutem Mut und erneuten Kräften weiterarbeiten
an der Entwicklung des modernen deutschen Dramas, an
welchem unsere Sehnsucht hängt. Wir rufen gratulierend:
Heil Blumenthal und Kadelburg! Heil Kadelburg und Blumenthal!

Soll ich noch von dem neuen Lustmord reden? Nein,
sagen Sie. Schön. Auch von Berliner Beziehungen zu
Cuba, Spanien und Amerika nicht? Wie Sie wollen! Auch
von dem verstorbenen Maler Knille nicht? Ich habe ihn
gar nicht gekannt. Das nächste Mal indessen berichte ich
von weit zahlreicheren Kulturereignissen als heut. Dreißig Zeilen mindestens mehr. Wenn ich es nicht tue, Leser, so will ich ein schlechter Kerl sein.

24. April 1898

Und neues Leben blüht aus den Ruinen. Da, wo Transvaal
pleite gegangen ist, am Kurfürstendamm, erhebt sich neu
und strahlend eine indische Ausstellung von traumhafter
Schönheit. Noch hallt zitternd ein Seufzer aus den Tiefen
einer Bilanz, und schon ertönt fröhliches Elefantengebrüll
und munteres Zebublöken aus den Ställen an derselben
Stätte. Noch schwebt als Erinnerungsbild ein wankender
Aktionär, die Knie geknickt, vorüber, und schon tänzelt ein
Oberkellner am gleichen Orte dahin, die Serviette heiter
geschwungen, als ob nichts passiert wäre. Es ist die ewige
Auferstehung der Natur, das herrliche Wiedererwachen
des Kapitals, die großartige, zur inneren Einkehr mahnende Neugeburt von Spesen, Gehältern und etwaigen
Dividenden, der junge Frühling eines verstärkten Knei-

penlebens, die holde Morgenröte neuen Biergenusses.
Auch Bajaderen finden hier ein frisches Feld der Existenz;
wie sollte es in Indien keine Bajaderen geben? Der Frühling naht mit Brausen. Und – das steht fest – neues Leben
blüht aus den Ruinen.

Ein Elefant ging einsam gestrigen Tages durch die Gassen
der indischen Stadt, ohne Gefährtin, bloß von Wärtern begleitet. Einsamkeit lag auf seinem Gesicht. Ein Zug von al-
tem, unauslöschlichem Pessimismus. Zuweilen brüllte er,
daß man es noch in Charlottenburg hörte. Die Treiber miß-
handelten ihn dann nämlich mit einem eisernen Stachel,
der aus einem Holzknüppel hervorragte. Er sollte sich an
die Wege gewöhnen, und sie trieben ihm den Stachel in den
Leib, zerrten ihn mit voller Manneskraft an den Ohren, und
dann, wie gesagt, stieß er ein schreckliches Schmerzgebrüll
aus. Er dauerte mich. Das nordische Klima war ihm vielleicht auch unangenehm. Auf seinem Rücken aber war ein
Baldachin befestigt, und mehrere Menschen saßen dort, und
es muß furchtbar in ihnen gedröhnt haben, wenn der Elefant brüllte. Ich dachte: vielleicht rennt er jetzt davon und
zertrümmert die ganze Ausstellung. Er tat es nicht.

Einsam und frierend standen die Indier herum; diese schönen stillen Menschen, welche anderwärts, nach einer mehrfach wiederholten Behauptung, vor Lotosblumen
knien sollen. Etwas Feines, Gesittetes, Edles kennzeichnet
das Wesen dieser Dunklen, die ihr langes, schwarzes Haar
in griechische Knoten gewunden haben. Lieblich-still grüßen sie den Vorübergehenden, gelegentlich leise lächelnd,
mit einer taktvollen Anmut, die sie uns innig nahebringt
und die sie für Zeit und Ewigkeit von den zähnefletschen-
den und grinsenden Negervölkern scheidet. Bei den Mon-
golen fühlen wir gleich die Bestie heraus; bei diesen aber
sprechen wir: ecce homines! Siehe da, es sind unsere Brüder. Der Buddhagötze, den sich ein Sonderling in der Regentenstraße vor seiner Villa aufgestellt, hat hier Kollegen.
Sogar in Masse. Aber keiner ist so schön wie er. Hier sieht
alles bloß nach Pappe und Leinwand und dünnen Brettern und Billigkeit aus. Daß die malerischen Effekte dieser

Kulissen besonders hinreißend wären, wird man nicht behaupten. Zwiebelförmige Kuppeln ragen in die Lüfte, kleine Häuschen, Tempel, Bazare, Werkstätten erheben sich,
auch ein Theater, eine Arena und viele, viele, viele Kneipen – aber etwas Frostiges liegt über dem Ganzen. Keine
Ahnung von Bombay. Eher schon von Wertheim.

Jedoch Fakire, liebe Zeitgenossen, gibt es dort; Beschwö-
rer, Feuerfresser, Nabelbeschauer, Schlangenbändiger, Ring-
kämpfer, Tänzer, Taschenspieler. Das ist eine Welt, die noch
unerklärte Wunder birgt. Das ist der seltsamste Teil der
Ausstellung; er zieht auch die Freunde okkultistischer Wissenschaften heran. Denn für das Lebendigbegrabenlassen
und andere schwierige Sachen, welche verborgene Kräfte
der menschlichen Natur zu enthüllen scheinen, schreibt
man den Indern das Monopol zu. Freilich sollen diese Fakire gräßlich mogeln. Aber etwas Heiliges, Tiefes, Ur-
menschliches bleibt ihnen darum doch. Sie mogeln in prie-
sterlicher Größe. Sie beschummeln in stiller, ewiger Weihe.
Sie vereinen die Ekstase mit der Gaunerei. Und in der Au-
tosuggestion, in der Fähigkeit, sich durch Willenskraft etwa
über die schrecklichsten Schmerzen hinwegzutäuschen,
scheinen sie in der Tat einsam dazustehen. Wenn die deutschen Landwirte sich Schmerzen suggerieren sollen, die sie
nicht haben, so kann man die Fakire gewissermaßen als um-
gekehrte Landwirte ansehen. Aber nicht die Fakire sind der
Hauptzweck dieser Ausstellung. Vielmehr dasjenige, was
immer der Zweck berlinischer Ausstellungen ist. Derselbe
Schopenhauer, der ein so großer Inderfreund war, hat gesagt, daß für den Deutschen ein Spaziergang nur ein Umweg ins Wirtshaus sei. Er wußte Bescheid. Es bleibt fraglich,
ob die importierten Inder sich nicht ärgern, daß man in ihren Gotteshäusern Weißbier säuft. Kein Windheim fragt
darnach. Und hier ist sogar Bosse ein Freigeist. Alles in allem wird die indische Ausstellung mehr »machen« als das
verkrachte Transvaal; aber weniger als Venedig aus Pappe,
weniger als Kairo in Treptow, und im nächsten Jahr wird
vielleicht Lappland auf ihren Trümmern erstehn, denn die
Völker der Erde marschieren der Reihe nach am Kurfür-

stendamm auf und machen sich dabei ethnologische Notizen über die Berliner. Sie werden da aufschreiben, daß es
ein Volk von jungen Leuten ist, welche unbegründet anfangen zu blöken, kille-kille zu rufen, zu drängeln; ein Volk,
dessen junge Mädchen oft durch Biergenuß beschwipst sind
und den Hut schief aufhaben; und ein Volk, dessen Nationalhymne mit den Worten beginnt: »Es war ein Sonntag
hell und klar«. Manche behaupten, sie beginne: »Emma,
mein geliebtes Mauseschwänzchen«.

Fast als eine Berliner Angelegenheit wird der Prozeß
Seidel betrachtet, obwohl er sich auf braunschweigischem
Boden abspielt. Denn Heinrich Seidel, der Dichter, lebt
hier, und das seltsam tragische Unternehmen zweier Brüder, dem heimgegangenen dritten, der Hand an sich gelegt,
nach dem Tode die Ehrenrettung zu erkämpfen, weckt einen natürlichen Anteil. Ein Dichter und ein Kunstgelehrter
treten als Rächer auf, den letzten Willen des Selbstmörders
vollstreckend. Das Bild, das bisher von dem Verstorbenen
entstand, ist nicht recht klar geworden. Bald sieht man einen willenszerrütteten Morphinisten, man glaubt ihn wenigstens zu sehen, einen wildhausenden Triebmenschen,
bald sieht man nur einen erfolgreichen und vielgehaßten
Arzt, der einer Verschwörung zu unterliegen behauptet.
Daß die eigenen Assistenten gegen ihn vorgehen, erschwert
die Lage des Mannes, es verschärft seine Verzweiflung. Er
scheint eine impulsive Natur gewesen zu sein, eine von denen, die sich immer am leichtesten verrennen und für die
der Selbstmord nicht eine letzte eiserne Notwendigkeit,
sondern ein augenblicklicher Entschluß ist. Der Bruder
Poet aber macht im Leben nicht den Eindruck, als ob er
vom gleichen Kaliber wäre. Heinrich Seidel ist ein Mann
von sechzig Jahren, eine hohe, rundbauchige Gestalt mit
kahlem Kopf und grauweißem, zerzaustem Bart. In Haltung und Kleidung deutet etwas auf den früheren Beamten
hin. Seidel ist Architekt und hat dem Anhalter Bahnhof ein
Dach gebaut, das sich sehen lassen kann – im Gesicht weist
ein Zug auf den fröhlichen Zecher hin, dessen Fröhlichkeit
aber durch Ruhe temperiert wird. Schwer und phlegma-

tisch ist alles im Gange und in der Rede dieses Sinnigkeits-
dichters. Leben und leben lassen, trocknen Humor bewahren und das Gehege der Zähne nicht allzuweit öffnen: Das
ist wohl heute sein Lebensprinzip. Er wohnt in Lichter-
felde, der Stadt der Kadetten und der glasierten Villendä-
cher, kommt aber nicht ungern nach Berlin zu stillem und
gutem Trank und Schmaus. Man wünscht ihm in seiner trüben Angelegenheit das Allerbeste.

Man könnte, wenn man Chronist zu sein die große
Freude hat, den Geheimrat Herman Grimm vergleiches-
halber neben ihn stellen. Auch er ist ein alter Herr, auch er
hat im Leben allerhand unter Dach gebracht, und auch er
wird jetzt viel genannt wegen der Absage an die weiblichen
Studenten. Er hat zuletzt eine Art Erklärung abgegeben,
darin er sich verwahrt, den Studentinnen feindlich zu sein.
Er habe sie oft gefördert (aber doch wohl nur einzelne),
und er verbiete ihnen den Eintritt bloß, weil er seine Ausdrücke nicht nach ihnen einrichten wolle. Danach müßte
man annehmen, daß Herman Grimms Ausdruckweise sehr
zynisch ist, sehr frei, sehr saftig. Sie ist es nicht. Zweitens
aber, wenn sie es wäre, brauchte er sich von den Studentinnen nicht abhalten zu lassen, sie weiter zu brauchen.
Diese Damen sind doch hoffentlich bereit, die letzten
menschlichen Dinge über sich ergehen zu lassen, als Hörerinnen? Denn wenn sie es nicht wären und eine Verprü-
dung der deutschen Hörsäle herbeiführen wollten, wär' es
selbstverständlich besser, sie blieben zu Haus. Je freier sich
aber eine entwickelt im Wissen, desto mutiger wird sie im
Ertragen von bedenklichen Lehrgegenständen sein. Entweder – oder! Die Galanterie, das heißt diesmal die ängstliche, verhätschelnde Rücksicht, hat fortzubleiben. Die
emanzipierte Frau wird einsehen, daß man sie um so höher
achtet, je mehr man sie als geschlechtslosen Menschen behandelt, als Kameraden. Die Clara Zetkin, die glänzend begabte sozialistische Kämpferin, vergaß sich einmal. Als die
Sozialisten der verschiedensten Länder in einer Versammlung mächtigen Skandal machten, während sie sprach, da
rief sie in französisch-sächsischer Sprache: »Genossen,

wenn ihr auf eine Mitkämpferin keine Rücksicht nehmt, so
nehmt sie wenigstens auf eine Frau!« Aber man sagte ihr
nachher, daß sie unsozialistisch und unemanzipatorisch gesprochen, weil sie für die Frauen noch das alte verhätschelnde Ausnahmerecht gefordert. Da war die Zetkin geschlagen. Nein, sie war es nicht. Sie redete sich heraus und
erwiderte: nur weil die Frauen schwächere Stimmbänder
hätten, habe sie das Geschlecht betont. Also sprach sie
schmunzelnd. Es ist, wie gesagt, eine sehr begabte Sozialistin. Der Geheimrat Grimm aber hätte, als ein kluger
Mann, einsehen müssen, daß sein Vortrag völlig unverän-
dert bleiben konnte, und so hat ihn wohl doch eine gewisse
altväterische Abneigung gegen studierte Frauen zu dem
Verbot gebracht. Er ist ein großer Freund von Goethe, der
sich einsam mit Marianne Herzlieb, Bettina, Ulrike von
Levetzow und andren jungen Mädchen als Greis und
Mann beschäftigte – aber immer bloß mit einer. Kann man
es ihm verdenken? Man kann es ihm nicht verdenken. Er
ist ein Goethefreund.

Und ich, trotz aller Emanzipationsgesinnung, lieber Leser, bin es auch. Leben Sie wohl.

8. Mai 1898

Berlin ist ein wundernetter Aufenthaltsort, namentlich der
Westen, und es hat nur den Fehler, daß Bomst etwas großstädtischer ist. Vielleicht überschätz' ich Bomst, ich war nie
dort, aber ich kann nicht glauben, daß da eine ebenso große
Bande kleinlicher, klatschsüchtiger Halunken und klatschsüchtiger, dummer und mieser Weibsbilder auf einem
Haufen beisammen ist.

Wenn Herr Echegaray die Handlung des »Galeotto« in
Berlin hätte spielen lassen, so wär es kein ernstes Drama
geworden, sondern ein karikaturistisches Rüpelspiel von
niederem Anstrich. Der Humor darin wäre genrehafter gewesen, alles Heroische hätte gefehlt. Man würde eine komische Schmutztruppe von Lügnern gesehen haben, die
die Köpfe zusammenstecken und fragen: »*Was* hat er ge-

sagt??« »*Was* hat er gesagt??« Die Neigung, sich anderer
Leute Schädel zu zerbrechen, hat hier eine gewisse Leidenschaftlichkeit erreicht; die einzige Leidenschaft, deren
diese Eunuchen fähig sind. Wer von Haus aus ein Gepanzerter ist, sieht sich das Treiben mit an (hört es mit an, heißt
das) und beschränkt sich darauf, gelegentlich ein paar Peit-
schenhiebe auszuteilen, von denen die Getroffenen am
Ende nicht mehr aufstehen. Sonst aber ist das Leben hier
sehr nett. Es ist angenehm und gesellig und sehr nett. Und
fühlt man gar eine gewisse Daseinsfreude in sich, so kann
man hier wirtschaften wie der Hecht im Karpfenteich.
Hierin steht wieder Bomst hinter Westberlin zurück, zum
Ausgleich.

Nach diesem allgemeinen Städtebild darf ich wohl zur
Kunstausstellung übergehn. Beschreiben will ich sie um
Gottes willen nicht. Ich bekämpfe bloß die dramatischen
Dichter. Aber Szenen haben sich jetzt abgespielt, Szenen …!
Manchmal war ich dabei, und das will ich erzählen. Sonst ist
an der Ausstellung nichts Neues, höchstens die Gemälde.
Sie besteht auch dieses Jahr aus Sand, Stadtbahn, Heffter-
schen Würstchen, Anschütz' Schnellseher, kleinen Stätten
der Zurückgezogenheit, Pschorr, Weißbier, einem jungen
Baum (er bildet den Park) und holden, sündigen Schelmin-
nen in den besten Matronenjahren. Es ist ein gesegnetes
Fleckchen Erde; Natur und die schaffende Menschheit haben zusammengearbeitet, um in leichtsinniger Gebelaune
etwas ganz Eigenartiges zustande zu bringen, und über
dem Ganzen schwebt das, was Kenner mit dem Wort
»chain« bezeichnen – ein Ausdruck, der, wie ich gehört
habe, der Sprache der Abessynier entnommen ist, welche
über die Italiener den glänzenden Sieg bei Adua erfochten.
Jedenfalls: es blüht, sprießt, leuchtet und gedeiht diese
Ausstellung. Kritiker gaukeln durch die Säle, notieren sich
die Bilderchen und überlegen zu Hause, welches ihnen gefallen soll. In den Berichten ist die »pastose Pinselführung«
leider selten geworden, die ehedem so vielen Lesern Spaß
machte. Dagegen ist das »Verlassen ausgefahrener Gleise«
recht geschätzt. Es tritt beinah so häufig auf wie der Aus-

druck Worpswede. Worpswede – es klang nach Mehr, bevor ich wußte, daß es bloß ein Dorf mit einer Malerkolonie
ist in Nordwestdeutschland. Aus nebelhafter Märchentiefe
stieg es herauf, Worpswede, dämmernd und strahlend zugleich, und im innersten Kern geheimnisvoll wie Monsalvat und Gral und Gurnemanz und Aegir und Bosse.
Worpswede, Worpswede. Und ist bloß ein Dorf bei Bremen. ...

Schreckliche Szenen also haben sich abgespielt. Hände-
ringend schlotterten die Künstler im Westen herum, die
Zurückgewiesenen, besuchten die Freunde und Freundinnen, schlugen mit der Hand an ihre Brust (nämlich an *ihre*
Brust) und brüllten: »Diese Gemeinheit – *diese* Gemeinheit!« Es ärgerte sie ja gar nicht, daß sie zurückgewiesen waren, Gott behüte, bloß daß sie den blauen Brief erst zwei
Tage vor der Eröffnung bekommen hatten, das war eine Re-
spektverletzung. Jeder Deutsche hat das Recht, mindestens
eine Woche vor der Eröffnung zu hören, wie schlecht seine
Bilder sind. Diese Briefe sind übrigens wirklich blau. Die
Jury-Idioten suchen in einer Art von Größenwahnsinn die
Militärverwaltung zu kopieren. Es liegt darin eine offen-
kundige Hybris, eine ins Grenzenlose schweifende Selbst-
überhebung, das Streben nach einem Ideal, das auf Erden
doch nicht erreichbar ist. Blau sind die Briefe, so wahr ich
hier sitz' und schreibe, und man kann sich die Wut derjenigen Künstler vorstellen, die bloß Absagen auf weißem Papier erhalten hatten. Es ärgerte sie gar nicht, daß sie zurückgewiesen waren (Gott behüte), bloß diese Formlosigkeit
mußte sie verletzen. Sie hatten Anspruch auf blaues Papier.
Und ohne auf das Urteil der Richter-Idioten irgendwelchen
Wert zu legen, fragten sie bloß, ob die blaue Farbe nicht
etwa doch ein Revisionsgrund sei. Als man das verneinte,
spielten sie die wilden Männer, drohten, Anton von Werner
und seine Sippe bei ihrem Tode zu enterben, und benah-
men sich auch sonst höchst wahnsinnig. Die Jungfrauen
kreischten, gelobten, niemals einen Meißel fürder in die
Hand zu nehmen (leichtsinniges Versprechen, bald halten
sie ihn doch wieder in der Hand), und bemühten sich nicht

mehr, ihre Hysterie den Zeitgenossen zu verbergen. Kurzum: schreckliche Szenen spielten sich ab.

Und ich erinnerte mich an eine Gesprächsepisode bei einem Abendessen in Westberlin. Es war nach der Chicagoer Welt-Ausstellung. Ein Dramatiker und Feuilletonist war von Amerika zurückgekehrt, wo er alle wesentlicheren Staaten und Einrichtungen besichtigt hatte, um sie darauf in mehreren deutschen Zeitungen zu schildern. Er erzählte (es war ziemlich niederträchtig, da wir uns nach Tisch bei der Verdauung befanden) von der Erzeugung des Liebigschen Fleischextrakts. Er hatte dieser Erzeugung beigewohnt. Er beschrieb sehr anschaulich. Die Ochsen, sagte er, werden also auf eine schiefe Ebene gestellt, und dann – er teilte die Art ihrer Unschädlichmachung mit. Alles schwieg ergriffen. Nach einer Weile, während noch immer ein Engel durch das Eßzimmer flog, kam eine leise, feine Stimme vom unteren Ende der Tafel. Sie gehörte einem Maler an. Er fragte schüchtern und schlug die Augen nieder: »Könnte dieses Verfahren nicht auf unsre Juroren angewandt werden?« Es lag so viel schlichte Innigkeit sowie weltabgewandte Herzenstreue in dieser überzeugten Äußerung, daß alle sich für den trefflichen Künstler erwärmten. Und der bescheidene Schreiber dieser Zeilen, obgleich er eine lapidare Roheit in dem Ausspruch des Malers zweifellos erblickte, konnte sich nicht dem Glauben verschließen, daß die Juroren der Berliner Kunstausstellung eine recht ungewöhnliche Menschengattung sein müßten, wenn sie solche Äußerungen wachriefen. Gott sei Dank, jetzt wird ihnen das Handwerk gelegt; durch Liebermann und Skarbina und Leistikow, welche den refüsierenden Idioten die Bedingung stellen, daß ihnen selbst eigene Säle und eine eigene Jury zugebilligt werde. Sonst schicken sie keine modernen Bilder auf die Ausstellung, mieten ein eigenes Lokal, und der »Park« am Lehrter Bahnhof wird künftig bloß noch Biertrinker und Pousseure alten Stils aufweisen, welche die Segnungen des Freilichtverfahrens und der neueren Kohlensäure-Institutionen nicht zu würdigen wissen.

Eins, o Leser, ist mir klar. Daß ich im nächsten Brief länger sein werde. Es ist ein Ding, welches mir oft schwant.
Selten geht es in Erfüllung, wie denn Träume ein unzu-
verlässiges Ding auf Erden sind. Aber jetzt, wo es Frühling
ist und (o ich elender assimilierter Brandenburger!) die
Baumblüte in Werder an der Havel allerhand seligste Früh-
lingsgefühle weckt und billigste Extrazüge veranlaßt –
grade jetzt ist man mit Vorsätzen gepflastert wie der Weg
zur Hölle – d. h. die Friedrichstraße oder, weil diese im
Grunde eher geeignet ist, den Menschen zur Tugend an-
zuhalten, wie die Tiergartenstraße. Werder an der Havel,
Potsdam, Wannsee und all' ihr anderen Orte des Verder-
bens, möget ihr wachsen, blühen und gedeihen. Ich nehme
Abschied von euch. Ich begeistere mich bloß noch für den
wundernetten Aufenthaltsort Berlin, der bloß den einen
Fehler hat, daß es nicht ganz so großstädtisch ist wie Bomst.

17. Juli 1898

So sitzt man denn wieder in Berlin, hat Rom und Florenz
und Venedig den Rücken gekehrt und ist wahrhaftig imstande, einiges über den Wasserfall im Victoriapark zu
schreiben. Dieser Wasserfall soll von kommender Woche
ab elektrisch erleuchtet werden, immer am Mittwoch und
Sonnabend, und die städtischen Behörden wollen damit
ein »eigenartiges Bild« zum besten geben. Warum sollen
sie nicht mal ein eigenartiges Bild zum besten geben? Sie
haben es auf diese Art noch nie getan, und wenn sie die fal-
lenden Fluten rot und grün und blau bespiegeln, so tragen
sie zum Vergnügen der Einwohner bei, denn sie laben ihre
Sinne. Nach Einführung des grünen, blauen, roten Lichts
wird jeder Berliner, der Mittwoch und Sonnabend Lust hat,
einen Gratisspaß zu erleben, ihn wirklich gratis haben.
Und ein Blick auf die italienischen Städte lehrt, wie weit
die Behörden sich die Sinneslabung ihrer Bürger angelegen
sein lassen können. Dort im Süden gibt es Stadtkapellen,
die eigens für diese Bürger am Abend aufspielen. Auf ir-

gendeiner Piazza stellen sie die Pulte im Kreis herum, der
Dirigent tritt in die Mitte, und es geht los: Gounod, der
Donauwalzer, Aida, sogar das Vorspiel zum Tristan nebst
Isoldens angeknüpftem Liebestod, ja selbst der Totentanz
von Saint-Saëns wird gespielt. Auf diese Art hebt sich der
künstlerische Sinn der stumpfen Menge von Magistrats
wegen, und es ist nicht genug zu preisen, daß die Berliner
Stadtherren durch Grün und Rot und Blau auf die Gemüter der Allgemeinheit zu wirken wünschen, und sie erhalten nahezu einen Anstrich von römischem Cäsarentum, indem sie dem Pöbel neben dem Notwendigen auch einige
Circusspiele bieten. Das sinnenfrohe Volk der Panke-Athener schwelgt in farbigem Rausch, es wird Weinlaub in sein
Haar flechten und gemeinsam das Wort Evoë ausstoßen,
geradeüber von dem Wassersturz. Der Imperator Kirschner gar reitet vorbei auf seinem goldgezäumten Araber,
Lorbeer um die hohe Unterdrückerstirn gewunden, ein
bleiches Lächeln auf dem furchtbaren Tyrannenantlitz,
und er freut sich, heiser lachend, der schweigenden Masse.
Hi, hi!

Im Ernst ist es ganz gut, wenn deutsche Behörden mit
solchen Dingen anfangen. Es ist vielleicht der Anfang zu all-
gemeinerer künstlerischer Betätigung. Und in einer Zeit,
wo es ihnen nicht erlaubt ist, das Niederlegen von Lorbeer-
kränzen an den Gräbern politischer Kämpfer zu dekretie-
ren, läßt man ihnen in bezug auf rote, blaue und grüne Beleuchtung von Wasserfällen den hochherzigsten Spielraum.
So betätigt sich denn der Magistrat künstlerisch, auch sonstwie, und die neue Potsdamer Brücke ist des ein Zeichen.
Wer sieben Wochen von Berlin weg war, ist sehr erstaunt
zu finden, daß diese verhältnismäßig wichtige Straßenange-
legenheit ein klein bißchen vorwärtsgerückt ist. Ganz wenig natürlich, aber doch erkennbar. Bis auf weiteres »reift«
die Brücke noch immer der »Vollendung« »entgegen«, was
sie bereits seit einiger Zeit tut. Ich glaube, sie wird leidlich
hübsch werden. Und leidlich hübsch ist das Ziel aller Kunst-
bestrebungen der Stadt Berlin. Es soll nicht gerade ganz
ruppig und elend aussehen, als ob mans nicht dazu hätte –

aber künstlerischen Aufwand treiben ist nicht. Ein bißchen guten Eindruck machen genügt; Kunst aus dem vollen treiben wäre Quatsch. Außerdem bekäme man allerhand böse Dinge von den Bürgern zu hören. Verschwendung ... keine anderen Sorgen ... Säckel der Steuerzahler ... in einer Zeit sozialer Kämpfe ... Spielerei ... sonst was.

Bloß mit dem Demokratismus hängt solche Halbheit in Kunstdingen nicht zusammen. Florenz war in seiner großen Zeit im wesentlichen demokratisch geleitet und brachte das Glänzendste zuwege. Andererseits sehen wir, daß heutzutage hohe Mächte, die in Kunstdingen selbständig dilettierend herumpfuschen, vielfach reinen Blödsinn zutage fördern. Es liegt also einfach an dem mangelnden Gefühl und dem mangelnden Unternehmungsgeist der heutigen Stadtväter und an der geringen Kühnheit der namhaften Künstler. Nur namhafte werden zugezogen – wie von einem Bankier; nur gesetzte fertige Persönlichkeiten beauftragt. Einem von dem auflebenden jungen Geschlecht eine Mission zu geben, ein Experiment zu machen, fällt den Herren nicht ein. Sie stehen meist der Kunst zu fern, als daß sie sich nicht auf autoritative Empfehlungen verlassen müßten. Sie klammern sich also an die sogenannten Bewährten, um niemals blamiert zu sein. Dennoch, Freunde, werdet ihr eines Tages blamiert sein; vor der so vielfach in Betracht zu ziehenden Nachwelt; ja vielleicht brauchtet ihr nicht so lange zu warten. Es ist kaum nötig zu sagen, daß die Beschäftigung heimischer Künstler für sie zugleich eine Hauptsache ist. Einem fremden, etwa gar einem vom Stamme des Erbfeindes oder aus Österreich, eine Statue übertragen wäre schlechtweg verbrecherisch. Und in der Bürgerschaft wäre der Teufel los. Infolgedessen werden die Statuen weniger bedeutend als einheimisch. Manche sind in hohem Grade einheimisch. Und Berlin wird auf diese Weise nie eine Kunststadt werden. In den großen Kunstzentren der Medici und der Päpste galten die Niederländer und die Deutschen ebensogut wie die eingeborenen Italiener. Und wir, die wir den Vatikan studieren und durch den Palazzo Pitti nachdenklich wandeln, danken ihnen das von ganzem Herzen. Dürer in Florenz zu treffen läßt einen wackeren Mann, der in Teutonien groß-geworden ist, ergriffen zusammenschauern. Und neben Raffael, den ich in Italien *hassen* lernte, den unendlich grö-ßeren Michel Angelo zu sehn, der von germanischem Gei-ste infiziert scheint, ist eine ganz besondere Seligkeit. Als ob man neben einem italischen süßen Kirchenlamm plötz-lich Beethovensche Töne vernähme. Es ist nun einmal die-ser Beethoven, der Einzige, der größte Musikus aller, aller Zeiten – der den sächsischen Agitator R. Wagner recht ver-ächtlich erscheinen läßt –, es ist nun einmal dieser Ludwig van Beethoven, der den Italienfahrer an Michel Angelo mahnt und nichts Höheres mehr gelten läßt. Man sehe die »Nacht« dieses Michel Angelo, die allen tiefsten Gram der Menschheit, ja der Menschenmöglichkeit, in großen Beet-hovenschen einfachen Zügen an sich trägt, die trotz der körperlich seltsamen Haltung auf die Dauer eines ganzen Lebens einen Menschen umkrempeln kann – man sehe sie und suche zu leugnen, daß dies ein Beethovensches grave ist; oder daß Beethovensche Stimmungen Michelangeleske Ewigkeiten sind. Man versuche das zu leugnen, und ich er-kläre den für einen Hundsfott, der es will, und für einen Esel, der es kann. Nieder mit Raffael!!! Stoßt euch nicht daran – es muß Wahrheit werden; er ist bei aller leuchten-den Innigkeit ein Maler des reinen, schlitzäugigen, wider-lichen, süßlichen Christianismus, während Michel Angelo Christ und Heide in einer Person ist. Raffael ist lämmchen-haft innig, Michel Angelo ist beethovenisch stark und in-nig; das macht den Unterschied – neben vielem anderen. Stoßt euch nicht daran.

Aber was ich sagen wollte: man kommt auf diese Weise ganz von der Potsdamer Brücke ab. Vielleicht wird sie wundervoll! Wer kann es wissen. Nur vorläufig, teurer Le-ser, sieht sie nicht so aus. In der Mitte ist ein Lichtschacht (gräßlicher Begriff), um den unten durchfahrenden Schif-fern Licht zu geben. Das berühmteste Inventarstück der Potsdamer Brücke aber ist verrückt worden. Ich meine na-türlich die kohlensaure Marie. Was dachten Sie denn, Leser? Die ist nach dem Wasser zu gedrängt. Sie kann nichts dafür, daß sie jetzt als schönste Jungfrau sitzet dort oben wunderbar, obgleich ihr goldnes Geschmeide nicht blitzet und sie ihr goldnes Haar nicht kämmt. Wie sollte sie auch goldnes Haar kämmen, da es in Wahrheit gewissermaßen sozusagen schwarz ist. Jedenfalls hat man sie und ihren Zeitungspavillon ans Wasser geschoben. Von Bülow her ist sie berühmt, und wenn sie es nicht wäre, bliebe sie noch immer ein vortreffliches Menschenkind. Sie also wohnt am Wasser, beobachtet von dort die Ereignisse dieser Welt, soweit sie sich zufällig an der Potsdamer Brücke abspielen, und tut das Ihrige, um sie gehörig zu erläutern. Und diese Marie ist nicht nur nach dem Wasser zu gedrängt worden, nein, es erfordert für ihre siebzehnhundert Verehrer und Verehrerinnen geradezu einen gewissen Orientierungssinn, sich in der veränderten Sachlage zurechtzufinden. Wenn man sie hat, d.h. heraus hat, ist man sehr froh und plaudert mit ihr. Aber die Tatsache, daß ihr Gesichtspunkt verändert ist; daß man überhaupt nicht mehr an diesem Zeitungspavillon vorüberkann, ohne von ihr erkannt zu werden – das ändert den Fall. Sie war bisher eine holde Beobachterin; jetzt ist sie eine unerbittliche Wächterin. Man kann immer genau bei ihr erfahren, ob jemand vorübergekommen ist oder nicht – sie gewinnt polizeilichen Einfluß.

Dieses sind die Ereignisse von der neuen Potsdamer Brücke. Kunstwerke wie die Helmholtz-Statue von Max Klein sollen durch solche Erwägungen nicht berührt werden. Auch das ist zweifellos, daß die Stadtverordneten mit ihren Aufträgen noch immerhin ersprießlicher wirken, als wenn sie gar keine erteilt hätten … Es bleibt ein schwacher Trost; die Herren müssen aufs Ganze gehn. Sonst wird – wirklich, ich drohe das nochmals an –, sonst wird Berlin nie Kunststadt. Und hierfür bestehen mehr Aussichten, als man glaubt.

24. Juli 1898

Der Graf zur Lippe-Biesterfeld läßt sich die Butter nicht vom Brot nehmen. Als Herrscher von Gottes Gnaden – das ist er, namentlich seit ihn das Schiedsgericht bestätigt hat – wünscht er seine Nachkommenschaft von den Offizieren gegrüßt und mit Erlaucht angeredet zu sehn. Dieser Monarch zieht damit eigentlich nur diejenigen Folgerungen, die ihm zustehn. Wenn man für seine Familie nicht mal das Salutieren 'rausschlagen soll, kommt man beim Herrschen dort überhaupt nicht mehr auf die Kosten. In welcher Form freilich sich Ernst I. beim Kaiser über das Nichtgrüßen beschwert hat, ist nicht festgestellt. Bleibt abzuwarten, ob es wirklich ein dreister Ton war, den Lippe riskiert hat. Jedenfalls erfahren wir staunenden Bürger, daß er vom Kaiser zur Antwort ein Telegramm erhielt, darin sich die Worte finden: »Im übrigen verbitte ich mir diesen Ton« u. s. w. Die Harmonie zwischen zwei deutschen Landesvätern müßte danach auffallend gestört sein. Der Monarch von Biesterfeld soll dann allen deutschen Bundesfürsten den Bescheid mitgeteilt haben, gewissermaßen klageführend über Wilhelm den Zweiten. Und die Wendung »ich verbitte mir« ist ja unter gekrönten freundgewillten Vettern, die einander mit Ew. Liebden anzureden vorziehen, immerhin ungewöhnlich.

Sei dem, wie ihm sei: ich frage, ob diese Geschichte wahr ist. Nein, sie ist nicht wahr. Ich wenigstens glaube sie nicht, in dieser Form nicht, und bin gefaßt, daß sie beim Erscheinen meiner Zeilen amtlich abgeleugnet sein wird. Doch ob wahr, ob unwahr: das Bezeichnende ist, daß sie heut geglaubt werden konnte. Es läßt sich nicht verhehlen, daß der Kaiser in der deutschen Presse zahlreiche Feinde hat, die schon von einem Zerwürfnis mit dem Bayernregenten allerhand böswillige Gerüchte ausstreuten und die nicht lange vorher sogar von einem Krach mit dem österreichischen Kaiser fabelten. Das eine würde eine Erschütterung des Dreibundes, das andere eine Störung des innerdeutschen Friedens bedeutet haben, und wenngleich Lippe

recht klein ist, wäre doch ein neuerlicher Zwist, durch das
kaiserliche Temperament erzeugt, von symptomatischem
Belang, insofern die allgemeinen Beziehungen der Bundesfürsten zum Reichshaupt nicht gerade gebessert würden. Nochmals, ich glaube die Geschichte nicht. Bloß, daß
das sogenannte monarchische Gefühl unter solchen Ge-
rüchten leiden könnte – davor, gerade davor, meine lieben
Freunde, bloß davor zittre ich. Leiden könnte es.

   Indessen rückt der Zeitpunkt näher, da der Kaiser nach
Palästina zu ziehen denkt. Man dürfte annehmen, daß von
dieser Kreuzfahrt ab die Reise nach dem heiligen Land
eine europäische Mode werden wird, wie es die Norwe-
gerreisen geworden sind. Aber diese Fahrt nach dem gelobten Land war bereits vor Wilhelm II. eine westlich-ex-
klusive Berliner Mode. Die Allerreichsten, die Ägypten
dick hatten und Italien nicht mehr riechen konnten, gingen
mit Stangen nach Jerusalem. Die Frage: »Wie finden Sie
Jaffa?« war ein Ballgespräch; und von Damaskus sprach
man wie von Potsdam. Was unsern Kaiser gen Judäa zieht,
ist mehreres. Er ist ganz im allgemeinen recht reiselustig,
wie er andauernd bewiesen hat, und der bescheidene
Schreiber dieser Zeilen kann ihm diese Passion nachfühlen.
Man lebt nämlich vorwiegend, wenn man auf Reisen ist.
Und der Gesichtskreis wird, zwar nicht bei allen, aber doch
bei vielen, auf Reisen erweitert. Insofern sind Reisen gar
nicht genug zu empfehlen. Der Zonentarif und die Freizü-
gigkeit sollen leben, wachsen, blühen, gedeihen. Ob den
Kaiser auch ein politisches Interesse bei dieser Fahrt bewegt, darüber haben sich verschiedene Leute den Kopf
zerbrochen. Ich glaube, das politische Interesse ist ebenso-
groß wie etwa bei den Yachtreisen nach England. Die allgemeine Anbahnung guter persönlicher Beziehungen ist
wohl der Zweck, der im Hintergrunde lauert, neben der
augenblicklichen harmlosen Erlustierung, die im Vordergrunde lauert. Das Verhältnis zum Sultan wird gewißlich
weit besser werden, zumal weder der Padischah bei seinem
notorisch geschwächten Gedächtnis noch die abkomman-
dierten türkischen Truppen den Ausspruch des Kaisers,

daß nur wer ein braver Christ sei, ein braver Soldat sein
könne, in der Erinnerung behalten haben dürften. Ein weiterer Grund, der sicherlich für diese Reise in Betracht
kommt, ist die Frömmigkeit des Berliner Hofes. Seitdem
sich die Kaiserin entschlossen hat, an der Pilgerfahrt teilzunehmen, weiß man dieses Motiv ganz genau. Die Stätte,
wo Christus, Elias, Jeremias, Moses u. s. w. gewirkt haben,
ist betretenswert für jeden Frommen. Daß auch in der Politik die Frömmigkeit heut eine große Rolle spielt, wissen
wir; denn bloß um die Ermordung zweier christlicher Missionare zu rächen, bloß deshalb haben wir Kiautschou in
Besitz zu nehmen uns aus religiösen Gründen gezwungen
gesehen. Jeder weitere getötete Einsiedel würde einen weiteren Pachtvertrag unweigerlich zur Folge haben müssen.
Sei dem, wie ihm sei: am heiligen Grabe, wo die Mönche
der verschiedenen Konfessionsrichtungen von Zeit zu Zeit
einander furchtbar zu verhauen pflegen, wird sich nun
eine feierliche, mittelalterlich glänzende Pracht entfalten.
Bischöfe werden gemein wie Brombeeren, as blackber-
ries, sein. Missionen werden wimmeln. Deputationen,
Repräsentanten, Schutztruppen, Ehrensoldaten, Koloni-
sten, Würdenträger werden einander den knappen Raum
streitig machen. Berliner Wadenstrümpfe werden neben
türkischen Reiterstiebeln einherhuschen. Johannitermän-
tel werden flattern, Gardeuniformen werden angenehm
blinken, Turbane rauschen, Kreuze leuchten. Ein katholi-
sierter Glanzprotestantismus wird sich über dem Grabe des
Zimmermannssohnes entfalten, und man müßte sich sehr
täuschen, wenn hier für allerhand künftige Reden nicht
eine recht ergiebige Grundlage geschaffen würde. In allen
europäischen Ländern werden die Telegrammkosten der
Zeitungen sich ins Chimärische belaufen. Wer es noch
nicht weiß: von den vielbesprochenen Persönlichkeiten
der Welt ist Wilhelm der Zweite, unser gegenwärtiger Kaiser, die meistbesprochene. Bald sehen wir – wie Lessing
sagt – »ihn unter Palmen auf und nieder wandeln, die dort
des Auferstandenen Qual umschatten«, und eine Depesche
an den Papst scheint mir sicher zu sein. Im elften Jahrhun-

dert wollte man dort ein feudales Königreich Jerusalem gründen. Es war, als die sozusagen hitzige Mystik der Kreuzzüge unter Blutbädern die alte jüdische Hauptstadt erobert hatte. Heut planen die absonderlichen Burschen, die sich Zionisten nennen, ein neues Königreich Jerusalem – ich weiß nicht, unter wessen Herrschaft. Jedenfalls aber tat Julius Stettenheim einen seiner glänzendsten Aussprüche, als er sagte: »Wenn dieses Reich zustande kommt, werde ich mich sofort zum Gesandten in Berlin ernennen lassen.« Der Kaiser wird nach diesem Zion reisen. Renan beschreibt es nicht übel. »Kein Fleck auf Erden scheint so gut wie dieser für die Träume eines vollkommenen Glücks geeignet«, sagt er. Noch in unseren Tagen, meint er, sei Nazareth ein köstlicher Aufenthalt, vielleicht der einzige Ort in Palästina, »wo die Seele sich etwas erleichtert fühlt von dem Drucke, den sie inmitten dieser unvergleichlichen Öde fühlt«. Der romantische Gelehrte (er war nämlich ein romantischer Gelehrter) vergißt auch nicht, die Schönheit der Frauen, die sich »abends hier vereinen«, zu erwähnen, und die sich »in überraschender Weise erhalten hat«. Das hat er also doch gesehn, der stille Weise; das hat er doch gesehn. Als er in jene Gegend gekommen war, schrieb er – – das Leben Jesu. Wer weiß, welche Wirkung der Aufenthalt in diesem Land auf den Deutschen Kaiser übt. Dort schreibt man das Leben Jesu. Das Leben Jesu von Renan.

Es wäre unbillig, bei dieser guten christlichen Gelegenheit Herrn Emanuel Reicher aus Galizien nicht zu erwähnen, welcher die Segnungen der heiligen Taufe soeben empfangen hat. Emanuel Christlieb Reicher war ein Okkultist. Er befaßte sich als solcher mit allen möglichen Religionsströmungen. Ein freundlicher Zufall, o Leser, wollte es, daß er von sämtlichen Religionsströmungen der Welt just bei derjenigen hängenblieb, welche in demjenigen Lande an der Tagesordnung war, in welchem er gegenwärtig wirkte. Er blieb – es war ein reiner Zufall – am norddeutschen Protestantismus hangen. Glauben Sie nicht etwa, o Leser, daß er Türke geworden wäre, wenn er in der

Türkei (mit der herrschenden türkischen Religion) gelebt
hätte. O nein, er wäre wahrscheinlich auch dann – wahrscheinlich auch dann ein norddeutscher Protestant geworden. Gewiß wäre er auch dann ein norddeutscher Protestant geworden. Diese Religion lebt offenbar tief und
überzeugend in seinem schauspielerischen Innern. Äußerlich aber steckt er bis an den Hals in jenem Lande, das unser Kaiser aufzusuchen im Begriff ist. Wie lächerlich sind
alle diejenigen, die etwas scheinen wollen, was sie nicht
sind.

Mit diesem Satz, Leser – (ich fühlte ihn tiefer als Sie) –,
scheide ich für heute. Gute Nacht.

31. Juli 1898

Es ist ein Elend mit diesem Sommer. Eine Temperatur
herrscht wie im Spätherbst. Man geht durch den Tiergarten, von rauhen Winden durchkältet bis auf die Knochen.
Man geht durch die Potsdamer Straße, vom Regen durch-
näßt wie ein Pudel. Man fährt die Spree hinunter, auch hinauf, auf einem Dampferdeck, das mit Menschen besät ist,
und die Sonne bleibt ewig fern. Nordisch, hoffnungslos
liegt die Landschaft da. Schatten bewegen sich in ihr, nicht
leuchtende Sommergestalten. Man glaubt, auf dem Lethe-
Fluß zu sein, auf dem alles körperlos, farblos ist. Ein grauer
Schemen von Kapitän steht auf der Kommandobrücke; er
redet durch das Sprachrohr hinunter zum Maschinisten
und ruft »stopp«, doch er ist in Wahrheit längst verstorben;
man könnte wohl mit der Hand durch die Luft fahren, da,
wo er steht. Und auch die Passagiere auf Deck sind fahl,
nur die Spiegelungen einer laterna magica auf weißem Lin-
nen, ihre Hände irren dahin und holen gespenstisch die
mitgebrachten Stullen aus mitgebrachten Freßkobern.
Und sehr gespenstisch essen sie solche. Auch sie sind verstorben. Fahl, bleich, graugrün sitzt alles da. Die Sonne, die
Urmutter, fehlt. Ganz wie aus der Ferne aber, schwind-
süchtig, nebelhaft klingt das Läuten der Schiffsglocken. Es
ist ein körperloser Klang. Schweigend gleitet der Vergnü-

gungs-Leichenzug abwärts auf dem bleiernen Fluß durch das grüngraue, kalte Land. Die Gespenster auf Deck klappern mit den Zähnen; ein verstorbener Kellner reicht Cognac herum. Grau, Grau, Grau. Nach wie vor bleibt die Sonne fern. Ja, es ist ein Elend mit diesem Sommer.

Draußen in Erkner beim Kaffee kommt etwas Leben vorübergehend in die Gesellschaft. Und sie singen die Pankow-Hymne. Kennst du das neue Liedchen? Es klingt so mies, es klingt so trüb. Pankow ist eine Ortschaft bei Berlin. Es befinden sich dortselbst zahlreiche Biergärten und ein Irrenhaus. Aus diesem Irrenhaus offenbar entsprang ein Patient und dichtete das Lied. Zwei Millionen Deutsche singen es jetzo: die Einwohner von Berlin, von Schöneberg, von Charlottenburg. Daß nur ein Blödsinniger der Autor des Pankow-Gesanges sein kann, unterliegt keinem ernsten Zweifel. Jede Zeile ist eine Gehirntuberkulose.

> Pankow, Pankow, Pankow,
> Kille, kille, Pankow,
> Kille, kille, hopsasa.

Ergreifend klingt dieses Lallen eines zerbrochenen Geistes, der vielleicht früher eine intellektuelle Bedeutung größten Stils besaß; er war vielleicht Regierungsassessor. Jedenfalls wird man von diesem Liede verfolgt wie einst der reisende Brite von dem Liedchen »Marlborough«, worüber Goethe einiges in den Römischen Elegien gar lieblich sagt; von Paris »nach Livorn, dann von Livorno nach Rom, weiter nach Napel hinunter, und wär' er nach Smyrna gesegelt, Marlborough! empfing ihn auch dort! Marlborough! im Hafen das Lied«. Es richtet sich aber der neue Berliner Nationalgesang im Anfang an eine gewisse Karolina und fordert sie auf, nach Pankow mit dem Sänger zu gehn, weil es dort so schön sei; zum Schluß kommt der obige rätselhafte Refrain, der vielfach ohne das Vorhergehende gesungen wird und die Hauptsache ausmacht. Von der ästhetischen Verkommenheit einer schnoddrigen Weltstadtseele kann der einen vollen Begriff erhalten, der dieses Lied von früh bis abends plärren hört.

Eine neue Glanzepoche des Berliner Straßengesangs scheint überhaupt anzubrechen. Neben dem Pankow-Hymnus gedeiht der Gesang an eine Tante aus Polzin. Polzin soll die Verkörperung des typischen Provinznests sein. Alldorten hat eine Nichte sittig gehaust, ist aber dann nach Berlin gekommen, um sich eine Stellung zu suchen. Sie lernt dabei einen Baron sowie die argen Gefahren der Großstadt kennen, und reuevoll singt das Mädchen: »Liebe, liebe Tante, du kannst lachen, hast ja keine Ahnung in Polzin, was se hier mit mir vor Zicken machen, in der großen Kaiserstadt Berlin!« Ich frage, ob eine ausgeprägtere Grazie denkbar ist. Jedenfalls aber kann man nach diesem Liede Rheinländer tanzen, und die kleinen Mädchen tun es, am Sonntag in Halensee, am Donnerstag in der Victoriabrauerei und auch sonst gelegentlich im Freien, sobald die liebe Melodie ertönt. Wenn sie eine Tante in Polzin besäßen – auch sie hätten ihr mancherlei zu gestehen von den Zicken, die in Berlin gemacht werden. Ihr Herz ist nämlich – »wie ein Bienenhaus«. Sie versichern das immer, indem sie es singen, und dieses Lied vom Bienenhaus ist die dritte Volksweise, die gegenwärtig im Schwange ist und die neue Blüteperiode des Straßengesangs herbeiführen hilft. Der Text ist nicht ganz unbekannt, aber jetzt bestürzend modern geworden. Die berlinische Fassung weicht in Einzelheiten von den alten Versen ab; besonders eindruckstief ist der Refrain: »So ists in meines Herzens Klause, tiridiralala, tiridiralala; so ists in meines Herzens Klause – tiridiridiralala!« Es ist sehr ein schönes Lied. Von Rechts wegen sollten es zwar nur Jünglinge singen, weil darin gesagt wird, daß Mädchen die Bienen sind, welche in diesem Herzen oder Bienenhaus ein und aus flattern. Aber es ist noch beliebter bei Fräuleins. Die Fräuleins singen es auf Dampfschiffen und in der Stadtbahn, im Geschäft und auf dem Postamt und wahrscheinlich auch zu Hause, was ich ja nicht wissen kann. Und wenn drüben in der stillen Landgrafenstraße ein Mädchen aus Polzin, welches Stütze der Hausfrau geworden ist, am Fenster steht und mit einem Operngucker unschuldig herübersieht, weil sie neugierig

ist, so kräht sie dabei recht absichtlich-vernehmbar: »Mein
Herz, das ist ein Bienenhaus.« Na ja.

Der vierte Gassenhauer, welcher die Blüteperiode des
Straßengesangs beschleunigen hilft, kommt aus dem Süden. Es ist das aus einem Prozeß bekannt gewordene
»Weißt du, Muatterl, was i träumt hob«. Für dieses Lied
stirbt man jetzt in Berlin. Und wir anderen sterben an diesem Liede. Man kann sich nicht mehr davor retten. Mit
schmalziger Stimme wird es von Herren und Damen aus
dem gefühlvollen Mittelstand vorgetragen. Besonders auf
Kremserfahrten. Man hört, wenn ein Kremser den Kurfürstendamm entlangrollt, die Insassen alle ihrer Mutter mitteilen, was sie geträumt haben. Ganze Familienverbände
teilen es vibrierend mit. Die österreichische Aussprache
wird, wenn es gut ablaufen soll, berolinisiert. Böse wird
der Fall erst, wenn diese Spießbürger, die an der Panke
groß geworden sind, den österreichischen Dialekt beibe-
halten. Was da an Schautenhaftigkeit, Ziererei und falschem Accent geboten wird, läßt sich schwer beschreiben.
Ungemein rührend ist jedenfalls die Situation des »Muat-
terls«, so am Bette ihres einzigen kranken Kindes sitzt. Das
einzige kranke Kind erwacht und erklärt in Walzersenti-
mentalität, es habe in den Himmel »eini g'sehn«; dort habe
es die Englein erblickt und wolle nun zu ihnen schweben.
Oder der Bräutigam hat sein Lieb durch den Tod verloren;
er wird vor Schmerz bewußtlos; eine Mutter wacht wiederum an seinem Lager – und der Bursche beginnt »verklärt« zu singen, er habe im Himmel sein Lieb erblickt und
bald wolle er droben mit ihr Hochzeit feiern. Oder ein altes Ehepaar röchelt, es wolle gemeinsam in den Himmel
einziehn. Sturzbäche von Tränen werden um dieses Lied
vergossen. Ein fürchterlicher Schmarren ist es, der ganz
frech aus der Wallfahrt nach Kevlaar und aus Hauptmanns
Hannele stiehlt; und doch hat es einmal auf mich Eindruck
gemacht. Das war in diesem Sommer, als es ein Italiener
ganz überraschend uns auf der Insel Chioggia vorsang. Der
Mann war in Österreichisch-Italien geboren und wunderte
sich sehr, daß wir es nicht kannten. Ich ahnte nicht, daß es

nach zwei Monaten schon so populär in Berlin sein würde. Nur »Pankow, Pankow« kann dagegen konkurrieren.

Es ist ein Elend mit diesem Sommer. Allenfalls durch die Römischen Elegien und die Venetianischen Epigramme kann man sein Leben erträglich machen, wenn man sie abends liest und morgens liest, daneben Burckhardts Kultur der Renaissance durchstreift und die greifbaren und ungreifbaren italischen Erinnerungen aufrücken läßt. Was uns oft als Redensart erschien, daß Deutschland ein nordisches Nebelland sei, kalt und trübe, das haben wir nun in allem bittren Ernst erfahren. Auch daß es in der Architektonik dieser elend physiognomielosen Straßen nicht auszuhalten ist, wissen wir mit Schmerzen. Fast sehnt man sich nach den römischen zurück – Goethe hat ganz recht. Und wie sehr nach den venetianischen Bettlern! Wieviel soldi gäbe man mit Vergnügen, wenn einem dies schwarzäugige, adlige Gesindel hier am Lützow-Ufer begegnete … Elend ist dieser Sommer, wenn man aus Italien heimkommt. Elend, wenn man »Kille, kille« singen hört. …

4. August 1898

Am Sonntag morgen wußte man, daß er tot war. Es hängt eine Zeitung an der Wand, man nimmt sie herunter, will in gleichgiltiger Stimmung die erste Seite umdrehen und liest die Nachricht von seinem Verscheiden. Ein Schauern und ein Zittern ergreift einen – auch wenn man nicht will. In dieser Sekunde fühlt man, mag eine Art Haß die Grundempfindung gegen ihn gewesen sein, wie tief man ihn immer grollend geliebt hat. Ein Stück von Deutschland ist es, das in die Fluten des Weltgeschehens für alle Ewigkeit versank. Fahre wohl.

Die äußere Wirkung, welche dieser Tod in Berlin hervorrief, ist von einigen Zeitungen übertrieben worden. Sie war, sieht man von den paar Fahnen ab, so gut wie null. »Ein Tag der Volkstrauer war über Berlin hereingebrochen«, schrieb Herr Conrad Alberti; das ist die reinste Unwahrheit. Eine ganz ausgesuchte Unwahrheit. Niemand, der sich durch das sonntägliche Gewühl schlängelte, wird tiefergehende Veränderungen ehrlicherweise wahrgenommen haben. Es war wie an allen Sonntagen. Man muß als anständiger Chronist nicht verheimlichen, daß stramm getanzt wurde an diesem Tage. Wir saßen im Ruderboot auf der Oberspree und legten an. Es war windig, durchaus nicht warm. Alle Biergärten zum Brechen überfüllt. Volksbelustigungen im ausgelassensten Betriebe. Und getanzt wie verrückt. Wir sahen eine Weile zu; konnten es drin vor Staub schließlich nicht aushalten. Dieses geschieht, sagte ich, am heutigen Tage; die Leute sind erholungsgierig nach der Arbeit der Woche, oder sie kümmern sich nicht viel um den Toten; oder beides; und es sind Bürgerschichten, nicht etwa Dienstmädchen und Füsiliere, die da tanzen. Der Monarchismus ist in Deutschland so ausgebildet, daß immerhin beim Tod eines Potentaten mehr äußere Wirkung zu spüren gewesen wäre.

Alles ist eitel. Niemand war von diesem Satze fester durchdrungen als Bismarck. Er hat einen ungeheuren Einfluß bei der breitesten europäischen Masse erreicht, wurde eine wahrhaft populäre Gestalt und ist im Grunde Misanthrop gewesen. Wie ein erfahrener, geprüfter, schwermütiger Psalmist schreibt dieser klare Tatenmensch, im beginnenden Mannesalter: »Völker und Menschen, Torheit und Weisheit, Krieg und Frieden, sie kommen und gehen wie Wasserwogen, und das Meer bleibt; es ist ja nichts auf dieser Erde als Heuchelei und Gaukelspiel, und ob nun das Fieber oder die Kartätsche diese Maske von Fleisch abreißt, fallen muß sie doch über kurz oder lang ...« Mit solchen Überzeugungen trat er seine Sendung an.

Es scheint, daß der feste Pol in der Riesenskepsis dieser Weltanschauung das monarchische Gefühl gewesen ist. Das verkleinert sie. Der Gottesglaube wird ihm daneben ein etwas naives Postulat, weil das Leben sonst zu dumm wäre; der Monarchismus aber braucht überhaupt nicht diskutiert zu werden, er sitzt ihm im Blut. So scheint es wenigstens. Er sagt einmal in den Briefen an Leopold von

Gerlach, es sei mißlich, seinen Freunden die Abrede zu brechen: aber auf ausdrücklichen Befehl des Königs werde er es tun. Das ist sehr monarchistisch. Die Prinzessin Carl plagt ihn damals mit Aufträgen, die sich auf die Besorgung von Mostrich und Wachslichtern erstrecken, und er bekennt: »Ich gehöre überhaupt zu den unverdorbenen Preußen, die sich durch dergleichen Beweise des Vertrauens geehrt fühlen.« Als vor fünfzig Jahren der Prinz Wilhelm irgendeinen Bock schießt und Bismarck irrtümlich für den Schuldigen gehalten wird, läßt der ergebene Lehnsmann diese Schuld auf sich sitzen. Es ist aber nicht Demut oder Noblesse – denn diese Eigenschaften zeigt er den andern Personen gegenüber kaum –, sondern Ehrfurcht vor prinzlichen Herrschaften. Später hat er sich in Einzelheiten hiervon emanzipiert; doch ohne den Grundzug des Monarchismus ist er so wenig zu denken wie wir Menschen, nach Kant, ohne die eingeborenen Anschauungsformen von Raum und Zeit. Sein Monarchismus ist der engste, vasallenhafteste, realste; er gilt seinem König, nur dem seinigen, basta – keine allgemeine Legitimitätstheorie steckt dahinter. Noch in der selbstgewählten Grabschrift betont er nichts als das eine: er sei ein treuer deutscher Diener Wilhelms des Ersten gewesen. Dieses Epitaph bietet kaum das Fazit seines Lebens, denn für Deutschland ist er mehr geworden; aber vielleicht bietet es die Urmotive seines Handelns. Ja, er war bloß ausgezogen, die Eselin des Königs von Preußen zu suchen; und fand ein Reich – das tausend treue Männer mit bewußterem Verlangen zuvor gesucht. Man mußte, freilich, um es zu finden, seine Augen haben. Und seine Beine.

Es reizt, dem bismarckschen Monarchismus auf den Grund zu kommen. Er hat die Komitragödie dieses großen Lebens heraufgeführt. In ihm lag die Nemesis eingeschlossen. Im höchsten Alter war der Fürst nicht alt genug, eine neue Stellung gegen diese Begriffe zu offenbaren. Zu offenbaren: denn ob ihm zum Schluß die neue Erkenntnis erst aufging oder ob sie ein Leben lang im verschwiegenen Herzen schon bestanden, das ist zweifelhaft. Unzweifelhaft

ist eins – (der Tote will nur die Wahrheit) –: daß sein Monarchismus unklar oder unecht gewesen ist, ein Leben lang.
Alles, was er tat, tat er für seinen kaiserlichen Herrn. Bei allem, was er tat, war das oberste Augenmerk auf den kaiserlichen Herrn gerichtet. Das monarchische Prinzip ging
über alles. Noch auf dem Grabstein nichts andres als ein
Diener des kaiserlichen Herrn. Und nur die Kleinigkeit,
daß der Diener stets seines Herrn Herr gewesen, wurde
diskret übergangen. Wenn Bismarck ein Junker war, bietet
er hier zum alten Junkerspruch »Und der König absolut,
wenn er uns den Willen tut« ein ganz individuelles Analo-
gon. Als ein König seinen Willen nicht mehr tut, hört er
auf, so bedingungslos monarchisch zu sein. Es war zu spät.
Wilhelm der Zweite zog schließlich die Konsequenzen
bismarckscher Grundsätze. Der nicht mehr als ein Diener
sein wollte, wurde als Diener auf den Ruheposten kommandiert. Der sich als Diener selbst bezeichnet hatte, wurde von Wilhelm noch deutlicher als Handlanger bezeichnet. Weil er keinen menschenfreiheitlichen Staat, sondern
eine Machtsteigerung der Monarchie im Auge gehabt, deshalb konnte ein in der Macht gesteigerter Monarch ihn
nach seinem Willen spazieren schicken, und auf diejenige
Art, wie es geschehen ist.

Und hier in dem Deutschland, das Bismarck vorbereitet
hatte, durften die Gegner solcher Maßregel nicht zu mucksen wagen. Angeblich war er der Heros des ganzen deutschen Volkes – und dieses »ganze« Volk rührte keinen Finger. Man hätte ja demonstrieren können; man hätte ihn in
hundert Wahlkreisen aufstellen und in allen hundert wählen können: das wäre gegen diese Entlassung ein Protest
von der Macht eines Volksgerichts gewesen; ohne unmittelbaren Zweck gewiß; aber der »größte Deutsche« (manche erklären ihn dafür) wäre nicht ganz so belanglos, klanglos, sanglos, als ein Verabschiedeter seines Wegs gezogen.
Daß dieses Wegziehen möglich war – so möglich war, hat
Bismarck als Erzieher bewirkt, der das Selbstbewußtsein
der Einwohner ewig klein zu halten strebte, zugunsten
monarchischer Macht. Hätte er heut, nach den letzten acht

Jahren wilhelmischen Regiments, noch einmal jung sein können, er würde mit neuen Grundsätzen auferstanden sein. Doch es gibt keine Auferstehungen. Vielleicht nach dem Tode – aber zuerst kommt der Tod.

Er hat auch an diese Auferstehung nach dem Tode fest geglaubt. Mit einer naiven Begründung, wie gesagt: weil sonst das Leben keinen Zweck hätte. Und er hat an Gott geglaubt. »Gott« beiläufig in dem Sinne, daß man nach der Redigierung einer Depesche mit dankbar-frommen Gefühlen den Erfolg eintreten sieht. Es ist ungefähr der Gott, der »unser Alliierter bei Roßbach« war.

Wir modernen Menschen stehen solchem Empfinden fern. Beide festen Pole in seiner Weltanschauung – dieser Monarchismus und die Art der Religiosität –, beide sind nicht Geist von unserem Geist. Es bleibt ein Pech Deutschlands, daß der Mann, welcher die belangvollste Umgestaltung seiner äußeren Verhältnisse schuf, bis in die Mitte des Leibes in einer sinkenden Epoche steckte. Das wirkt nach. Es bleibt ein Schmerz für uns, daß wir diese wundervolle Gestalt nicht mit ungebrochenen Empfindungen betrachten können, nämlich für uns moderne Menschen, die wir von den vorwärts drängenden Mächten alles erwarten und die wir jetzt den Kampf Wilhelms des Zweiten und seiner Soldaten gegen diese Mächte mit erleben werden.

Selig sind, die da arm im Geiste sind: sie dürfen bewundern und draufloslieben; sie brauchen nicht unter die Oberschichten und hinter die Dinge zu sehn wie wir; sie brauchen nicht einzuschränken; sie brauchen auch nicht fein zu fühlen wie wir, die wir im Zeitalter der Reformation uns immer dem Erasmus näher gespürt haben als dem Luther.

Wir sehen den herrlichen Mann, den wir grollend lieben, fast mit denselben Augen an, mit denen ein gewisser Jemand den jungen Goethe sah: als ein »schönes Ungeheuer«. Doch mancher von uns hat das Glück gehabt, bei einem Besuch diese Zaubermacht an sich selbst zu fühlen. Mancher hat, entzückt von dieser hinreißenden Erscheinung, die eine deutsche Sehnsucht war und heut eine deutsche Trauer ist, sich niedergebeugt und grollend die alte Hand geküßt. Und keiner von uns hat ohne die innerste Erschütterung diese letzten Tage durchlebt.

Denn er war unser.

21. August 1898

Es ist recht warm. Man fühlt, daß die Hundsposttage gekommen sind. Ich meine natürlich: Hundstage. Von Hundsposttagen redet Jean Paul. Ich denke nicht daran auszustreichen! Bei der Temperatur nicht!

Man fühlt also, daß die Hundsposttage gekommen sind. Jetzt hab' ich mich wieder verschrieben – ist es zu glauben! Hundsposttage sind jene Posttage, im »Hesperus«, an welchen ein kleiner Hund dem Dichter Jean Paul Romanstoff in einer Kürbisflasche überbringt. Der schalkhafte Dichter tut wenigstens so, als ob er den Stoff zum »Hesperus« auf diese Art, ratenweise, empfangen hätte. Ach, die seligen und seelenvollen Wunder dieser versunkenen Hesperuswelt steigen auf, und die lange schweigende Erinnerung wühlt noch einmal verzaubert in diesem tiefmenschlichen Reich kämpfender Hoffnung, sehnsüchtiger Zuversicht, lächelnder Menschheitsliebe und neckender Schalkhaftigkeit. Man springt auf, hüpft zum Bücherregal, kauert sich nieder und zieht das vergilbte Bändchen vor, das zerrissene, zerlesene, mit Bleistiftausrufungen bedeckte, das teure, das man in einsamen Studentenzeiten einsam vergöttert hat. Und aus den Seiten weht der alte Geist des Bayreuthers, des größeren Bayreuthers. Ihn weitaus zuerst wird man zu nennen haben, wenn von dem Städtchen Bayreuth die Rede ist. Nicht den sächsischen Agitator, der voll begeisterter Schlauheit und trunkener Gerissenheit ein Unternehmen dort zustande brachte, das zwischen Nationalheiligtum und Gründungsgeschäft eine so edle Mitte hält. Der Dichter der Fünfundvierzig Hundsposttage und anderer Lebenswerke, die vergehen werden, wenn die Erde erkaltet ist, aber nicht früher, wenn der Begriff Deutschland eine verschollene kosmische Episode ist, aber

nicht früher: dieser Dichter hofft (auf der vergilbten sieb-
zehnten Seite), es werde ein anderes Zeitalter kommen, wo
es licht wird; dieser große, kühne und liebreiche Freiheits-
dränger sieht ein Jahrhundert, das auf seinem Abendtor die
Inschrift zeigt, hier gehe der Weg zum Ziel; dieser große
Hoffende, der für eine hohe menschliche Demokratie, wie
sie über kurz oder lang doch eintreten muß, der beste und
innigste Vorkämpfer gewesen ist, der tiefste und überquell-
lendste Prophet, der künftige Heilige deutscher Freiheits-
welten, er zögert nur ein wenig und ruft mit ernstem Lächeln: »Aber noch streitet die zwölfte Stunde der Nacht:
die Nachtraubvögel ziehen; die Gespenster poltern; die
Toten gaukeln, die Lebendigen träumen.«

Hundert Jahre sind verflossen seitdem. Ungeheure Fortschritte in allen stofflichen und mechanischen Dingen der
Menschheit. Und anscheinend ein größter Rückschritt im
allgemeinen Ethos. Hundert Jahre nach der französischen
Umwälzung das Frankreich von heute. Hundert Jahre nach
den großen deutschen Lichtbringern ein europäisches Bis-
marck-Ideal, ein Blut-und-Eisen-Ideal und die angenehme Aussicht auf eine allgemeine Militärdespotie. Hundert
Jahre nach der Philosophie reiner Vernunft die Philosophastereien eines magenkranken Mannes, der vor Schwäche
umfiel und das Ideal der Starken aufstellte; der zerrüttet
durch Schlafmittel war und ein tänzerisches Ideal aufstellte; der ein Nazarener war und ein hellenisches Ideal
aufstellte; der ein verzweifelt Kreischender war und heitere Ruhe predigte; der ein Schlotternder war und für siegreiche Überlegenheit eintrat; der noch vor offiziell ausbre-
chendem Blödsinn Richard Wagner befehdete und doch
zugleich gewisse Methoden des sächsischen Agitators, das
Selbstlob vor allem, zu seinem Nutzen verwandte, vielleicht allerdings hatten sie das beide von Schopenhauer gestohlen. Ja, die Deutschen haben der Welt die neue Musik
gegeben, die neue Politik und die neue Philosophie. Und
wenn man die drei Vertreter betrachtet, Wagner, Bismarck,
Nietzsche, und nach dem Gemeinsamen forscht, so läßt
sich leider nicht verhehlen, daß diesen dreien ein Zug ge-

meinsam ist: dem Wagner, dem Bismarck, dem Nietzsche.
Ein Zug, der sie nicht bloß etwa von der stillen Größe einer
goetheschen Tassowelt und der Iphigeniensphäre, von
freierer und feinerer Menschenkultur überhaupt trennt.
Selbst von der blutigen Großmut der französischen Umwälzung, von dem gradlinigen heroischen grausamen Edel-
mut jener Tage sind sie in Ewigkeit geschieden. Und der
Türmer Jean Paul, der mondbestrahlte Lynkeus, dessen
mildes Auge nach der Freiheit am Horizont späht, zögerte
damals und rief mit ernstem Lächeln: noch streitet die
zwölfte Stunde der Nacht, die Nachtraubvögel ziehen.
Heut ziehen sie erst recht! Nach hundert Jahren! Ich aber
sage euch: es ist mehr Beethoven in der Welt vonnöten.
Tritt herfür, Einziger, und zeige den Menschen wieder, wie
Riesengröße ohne Bestialität denkbar ist. Sie wissen es
nicht, haben's verlernt. Die Neunte soll wieder erklingen,
und eine Menschenstimme soll wieder beethovenisch-tief
den Instrumenten zurufen:

> Ihr Freunde, nicht diese Töne! Sondern laßt uns
> angenehmere anstimmen und freudenvollere!

Kein maßvoll-philisterhaftes Gedudel von »erfreuliche-
ren« und »erquicklicheren« Seiten des Lebens wird sich philisterhaft breitmachen, nein, eine Ludwig van Beethovensche Stimme ruft und singt: nicht diese Töne, laßt uns
angenehmere anstimmen und freudenvollere. Tritt herfür,
Einziger. Am letzten Ende muß ja doch dein Gesang kommen: Seid umschlungen, Millionen. Und vor diesem Finale,
dessen Melodie in der Ferne schon immer stärker erbraust,
verstummen schließlich die drei Idealgötzen dieses seltsam
großen und seltsam wilden Jahrhunderts: der chloralschwa-
che Übermensch; der Musik-Agitator und Nationalspeku-
lant; und der Blut- und Eisenmann. Auch der andre, der
unter dem Einfluß dieser Gestalt seine Philosophie formte,
ist ja oft ein schwermutvoller Poet, dem man zu danken hat;
und der dritte hat nun mal das nicht wegzudiskutierende
Ewigkeitswerk von Tristan und Isolde geschaffen. Immerhin: wir brauchen Beethoven. Ihr Freunde, nicht diese

Töne! Sondern laßt uns angenehmere anstimmen und freudenvollere!

Und damit schob ich den Band Jean Paul wieder in das Regal. Es fiel mir ein, daß ich einen Berliner Brief abzufassen hatte. Wie man vom Wege doch gleich verschlagen werden kann, wenn die Feder das Wort Hundsposttage schreibt statt Hundstage. Doch um auf diese Hundstage zurückzukommen, die eine zweifellos berlinische Angelegenheit sind, so haben sie die Stadt mit einer Masse bleicher, triefender und fauler Menschen bevölkert, die apathisch im Schatten entlangschleichen. Stumme Flüche, daß die Ferien eben jetzt zu Ende sind, drangen aufwärts. Westliche Hausfrauen, die bei fettem Essen in Unehren grau geworden sind, verloren durch Transpiration fünf Pfund, sechs Pfund, sieben Pfund. Ihre Seufzer wogen schwer wie zehn Pfund. Sie wackelten die Potsdamer Straße entlang, mit kleinen Paketen belastet, und machten Anstalten, auf dem Pflaster die fette Seele auszuhauchen. Und die kleinen Mädchen, die in Berlin so auffallend unästhetisch veranlagt sind, erzählten, welche von ihren Kleidungsstücken gestern »einfach zum Auswringen« waren. Einfach zum Auswringen. Am Abend jedoch fuhr die berlinische Menschheit heraus aus der Stadt, und manche suchten gute Freunde auf, die im Grunewald eine Villa haben, um dort Freundschaft und Kühlung zu genießen. [...]

28. August 1898

Herr Gustav Keller hat sich erschossen. Er wohnte Straußberger Straße 25 in Schlafstelle. Herr Keller war erst einundzwanzig Jahre alt. Er hatte eine Dame mit zwei Kindern irgendwo sitzen. Zugleich besaß er eine neue Braut. Herrn Kellers neue Braut war sechzehn Jahre alt. Nicht älter. Der junge erfahrene Mann, welcher den Beruf eines Schuhmachers übte, erfuhr nun von der Ankunft des in Böhmen verlassenen Fräuleins und der Jören. Sie kam aus Böheimb, nicht aus Liebesgram; sie kam, damit er zahlen sollte.

Herr Gustav Keller zog seinen Radfahreranzug an. Er schrieb der sechzehnjährigen Geliebten, er sei im Friedrichshain und eine Leiche. Die sechzehnjährige Geliebte ging mit ihrer Mama suchen: er saß auf einer Bank, noch lebend, schoß sich in die Schläfe und starb.

Jedermann, der diesen Lebenslauf Gustav Kellers verfolgt, wird sagen müssen: er hat in wenig Jahren viel erlebt. Vater zweier Kinder, Geliebter zweier Bräute, Radfahrer, Schuhmacher und Selbstmörder. Als wir einundzwanzig waren, saßen wir auf der Universität und befaßten uns mit theoretischen Dingen; Keller stand mitten in der Praxis. Als sein körperliches Wachstum noch nicht beendet war, hatte er Stadien durchlaufen, zu denen nach der Meinung der Kenner im allgemeinen mehr Zeit erforderlich ist. Man redet gern von der Frühreife kapitalistischer Kinder; hier sind die Schicksale eines Proletariers. Im Berliner Westen sagt man: ein junger Mann von vierzig Jahren. Man sagt: der X hat sich mit der Gouvernante (die bei den Kindern seiner Schwester ist) verlobt, die Verwandtschaft rast, er hat aber recht, er ist sehr wohlhabend, ist 'n junger Mann, vierzig Jahre, hat sich in das Mädchen verliebt, warum soll er nicht? So sagt man im Westen. Weil die Männer dort so spät heiraten, nennt man den Vierzigjährigen dort einen jungen Mann. Auch Paul Bourget betitelt Leute dieser Altersstufe le jeune homme; mit einem gewissen Wohlwollen schrieb er so, noch eh' er selbst vierzigjährig war.

Die Armen in Deutschland heiraten gewöhnlich früher als diese Westlichen, oder sie begeben sich in feste Liebesgemeinschaft. So durchleben sie immerhin ernste Zustände des Daseins, nämlich familienartige, in grünen Jahren, und die Statistik hat eine erhöhte Kriminalität in diesen früh geschlossenen Bündnissen festgestellt. Wahrscheinlich wirkt die Verbindung von Wirtschaftssorgen mit erotischer Gereiztheit verhängnisvoll, solange der Mann durch die Zeit nicht gepanzert ist. Irgendeine Explosion erfolgt. In der Verwirrung geschieht, aus überheizter und flackernder und gehetzter Seele heraus, eine lebensgefährliche Dummheit. Und es entstehen Schicksale wie das eines armen Burschen, der sich Gustav Keller nennt. Der berlinischen Volksromantik bei Selbstmorden hat er seinen Zoll entrichtet. Er starb im Radfahreranzug; und er starb auf einer Bank im Friedrichshain, dem Tiergarten der armen Leute; er starb in Schönheit. Die Geliebte, die mit der Mutter suchte, wird von den Zeitungen »Fräulein W.« genannt. Mit sechzehn Jahren hat diese Witwe eine Fülle von Erinnerungen aufgestapelt, die etwa für ein Menschenalter vorhalten. Es gibt darin ein Liebesleben mit Chicanen, die Entdeckung einer Nebenbuhlerin mit Familie, die Suche mit Mama, der tödliche Schuß auf der Parkbank und die blutige Droschkenfahrt. Das Leben hat dieser Dame keine Schrecknisse mehr zu bieten. Ich aber frage wieder: wer bringt solche Komitragödien in ein Drama? Wer gestaltet endlich als ein Dichter die humorhafte Trauer, die erschütternde Lächerlichkeit verliebter proletarischer Weltstadtjugend und ihres Unterganges? Wer mischt die Tränen mit dem Lachgebrüll? wer mischt den Ulk mit dem Aufschrei der armen Kreatur? Will es niemand – am Ende tu ich es selbst. Wenn ich bloß Zeit hätte!

Die westlichen Liebestragödien enden wurstiger als die im Norden. Wurstiger, nüchterner, ruppiger, geräuschloser. Die Gesellschaftskasten bieten selbst in der Art des Verblutens Unterschiede. Sie lassen, wie der Bildhauer Eberlein in diesen Tagen öffentlich betont hat, nicht mal einen allgemeinen Verkehr sämtlicher Besten des Landes in einem herrlichen Festsaal zu. Diesen Bildhauer, den die Welt nur als Künstler und Meister kennt, wertschätze ich noch als Hauswirt besonders. Er kann mich exmittieren, steigern, mir das Klavierspiel nach halb elf verbieten, kurz, er hat mich in der Gewalt. Welches Glück, daß ich schon vor dem Einziehen, ja von jeher, ein Verehrer seiner Gestaltungen gewesen bin, die man in ihrer schwermütigen Lieblichkeit mit allen Sinnen einsaugen möchte. So ist ein Konflikt zwischen Kritiker und Wirt, was etwas Furchtbares wäre, zunächst ausgeschlossen. Es gibt aber dramatische Dichter, die mir die Wasserleitung absperren würden.

Was Eberlein als Ideal erstrebt, ist ein wundervolles, mit

hellenischer Pracht ausgestattetes, edles, kostbares Gebäude. Ich rede nicht mehr vom Hauswirt; sondern von
seinen Plänen zur Umgestaltung des gesellschaftlichen Lebens. Sein Bau wäre, wie die Wittichen sagt, »hoalb ane
Kerche, hoalb a Kenigsschloß«. Eigentlich mehr Tempel als
Kerche. Er will ihn »gleich denen Griechenlands, in Granit,
Marmor und Bronze ausgeführt; sein Äußeres, grandios,
rein und frei, soll sich aus den Gebäuden Berlins erheben,
als die Herberge eines Geistes, der alle hervorragenden Eigenschaften der Deutschen eng umfaßt«. Darin soll reicher
Schmuck an Bildwerken sein, dort soll die Blüte der Zeitgenossen, die von verfeinertem Kunstgefühl durchseelt ist,
eine Stätte der heiteren Erhebung finden. Wenn dieser
Tempel möglich wäre, wär er ein herrlicher Tempel. Ein
Künstler hat ihn ersonnen: das ist sein Segen und sein
Fluch. Wir werden ihn nicht sehn, weil er nicht möglich
ist. Wonach sollte die Auswahl der Besucher getroffen werden? Wer soll die Auswahl treffen? Werden nicht Sipp-
schaften und Gönnerschaften wieder ihre geistlose Rolle
spielen? Würde nicht der knechtische Sinn, die Selbstbewußtlosigkeit, die bei uns im Schwange sind, »hohe« Persönlichkeiten heranziehn, die statt hellenischer Freiheit
ehrfürchtiges Ersterben zeitigen? Wird nicht die bloße gesellschaftliche Stellung wieder mehr entscheiden als das
Fühlen und das Können? Eberlein beklagt mit Recht den
»ausgebildeten« Kastengeist, der es heut nicht zulasse, daß
die Armee, Wissenschaft, Kunst, Industrie und der Handel
in größter menschlicher Form sich gesellschaftlich verbinden. Ja, ein Gebäude wird diese Schranken nicht beseitigen. Sie zu beseitigen, müssen radikalere Mittel angewandt
werden; Mittel, die auf dem Felde innerpolitischer Entwicklung liegen. Es besteht nun einmal eine grundsätzliche
Geschiedenheit zwischen Künstlern und etwa den Angehörigen der Armee. Es muß ein Krieg sein. Ein Bildhauer
mag darüber noch hinwegkommen; ein moderner Dichter
kann es nicht mehr. Alles, was man Weltanschauung nennt,
ist hier an zwei Typen einander entgegengesetzt. Hier die
moderne Überzeugung von der Selbstbestimmung des In-

dividuums, dort der oberste und der letzte Grundsatz des
Befehlgehorchens. Hier das entschlossenste und rück-
sichtsloseste Drängen nach der nackten Wahrheit, dort
wieder das Haltmachen vor der Autorität. Hier wirken Sucher neuer Weltanschauungen, dort Werkzeuge einer fest-
stehenden Weltanschauung. Hier ewige Bewegung und die
Bewegung als das Lebensziel, dort notgedrungene Starrheit. Wo ist die Brücke? Es finden sich Gebiete, auf denen
man Berührungspunkte hat; aber grade bei jeder vertieften
Annäherung ergibt sich sofort, daß man an zwei Ufern
ewig steht; daß grade die wesentlichen Lebensinhalte un-
vereinbar sind; daß vielleicht selbst auf dem sogenannten
menschlichen Feld, in der Art, wie man Liebe fühlt und
Haß zum Austrag bringt, eine Kluft sich öffnet; daß man
kurzweg nur eins von beiden sein kann: entweder ein moderner Mensch oder ein Angehöriger desjenigen Standes,
der heut in Deutschland der erste ist und dessen gesellige
Gemeinschaft vermißt wird. Tüchtige und liebenswerte
Männer schätzen wir in jenen Reihen, doch mit der klaren
Erkenntnis immer, daß ihres Wesens Kern die Verneinung
des unsrigen sein muß. Wozu aber sollte ein oberflächli-
cher Verkehr dienen, bei dem alle vitalen Dinge gemieden
werden müßten; wozu sollte er vollends bei solcher Ober-
flächlichkeit, in so erhabenen Tempelharmonien stattfinden? Was vom Offizierstand gesagt worden ist, trifft auf
andere Stände gleichfalls zu. Wir leben in einer sozial zu
tief erregten Zeit, in einer zu stürmischen Übergangsepo-
che, als daß so gesellige Ideale einfach erreichbar wären.
Und das ist am Ende kein unerträgliches Malheur.

Der Tempel Gustav Eberleins wird niemals Wirklichkeit
sein. Aber dem Meister bleibt es unbenommen, für das
Ideal privatim durch Verschönerung seines Hauses zu
kämpfen. Manches ist hier schon getan, und jeglicher Einwohner kann sich wahrlich zufrieden fühlen. Seit in meinem Arbeitszimmer vor dem Ofen das Blech angenagelt
ist, heg' ich überhaupt keinen Wunsch mehr. Freundlich
brennt jetzt auch die Flamme auf dem Korridor des dritten
Stockwerkes, während eine Zeitlang – ich kann es nicht

verhehlen – nur die zwei unteren erleuchtet waren. Der festliche Glanz ist dadurch gleichmäßiger verteilt, und Frau Pastor Müller mit ihrer Tochter Elisabeth klettert jetzt die Treppen nicht nur in größerer Sicherheit, sondern auch gewissermaßen in Schönheit hinan – griechischer. Was die feierlichen Darbietungen edler Musik betrifft, welche der Meister in jenem Tempel plante, so öffnet sich in Haus und Hof hier ein Feld schöner Tätigkeit. Der Zugang in den Hof steht den Künstlern offen; alle Vormittage erklingt vorläufig das Lied »Daisy, Daisy!«, vorgetragen von einem Kasten. Hier ließe sich eine Vervollkommnung ermöglichen. Das Lied ist reizvoll, aber wir kennen es jetzt. Wenn »Daisy, Daisy!« beginnt, schlage ich mit beiden flachen Händen zwei Minuten lang auf den Schreibtisch. Oder ich werfe Eckermanns Gespräche mit Goethe an die Wand. Oder Hases Kirchengeschichte. Oder ich läut' mit der Kuhglocke, die ich aus Fiesole (presso Firenze) mitgebracht. Hier muß der Meister für Abhilfe sorgen. Es könnte durch eine einfache Torsperre geschehen. Daß dann in diesem Hause noch etwas zu rügen wäre, ist ausgeschlossen; es hätte die letzte Tempelweihe.

Dies war erzählenswert aus der Woche vom einundzwanzigsten bis achtundzwanzigsten August.

11. September 1898

Die letzten Tage haben uns mehrere Reden unseres Kaisers gebracht. Der an Ideen so fruchtbare Monarch hat über äußere wie über innere Angelegenheiten geplaudert. Auf dem einen Gebiet ist er gegen die Abrüstung, auf dem anderen gegen das Strikerecht der Arbeiter aufgetreten. In der deutschen Presse waren die Vorschläge des gekrönten Russen meist mit Jubel begrüßt worden; in den Herzen der Leser auch. Wie sehr wird man jetzt bedauern, daß die Neigung unseres obersten Kriegsherrn von den Neigungen dieser Leser abweicht. Dagegen ist freilich nichts zu machen. Auch in dem Strikepunkt weicht der Kaiser von

einer in Deutschland weitverbreiteten Ansicht ab. Bisher
galt es als Recht der Arbeiter: gemeinsam einen höheren
Lohn vermöge gemeinsamer Arbeitsniederlegung anzu-
streben. Der Strike ist doch wohl ein Regulierungsmit-
tel. Er hat eine Art wirtschaftlicher Beweiskraft. Der Kaiser
verbietet auch den Strike nicht; bloß die Aufforderung
zum Strike. Ein Strike ohne Aufforderung ist aber nicht gut
möglich. Es muß eine Abrede vorausgehen, die Abrede
schließt eine Aufforderung in sich. In Wahrheit also will
unser Monarch den Strike selbst bestraft wissen. Und zwar
gleich mit Zuchthaus. Nicht mit Gefängnis, auch nicht mit
Festung, wohin ja Arbeiter sowieso nicht kommen, sondern eben mit Zuchthaus. Die Entscheidung über solche
Dinge steht nun allerdings nicht bei Wilhelm II., sondern
beim Reichstage. Dagegen ist auch nichts zu machen.

Über diese Punkte wird recht viel geplaudert. Manche
sagen, unmöglich seien die Reden im echten Wortlaut wiedergegeben. Andere sagen, sie seien durchaus glaublich.
Wenn sie nicht so gehalten worden sind, hätten sie doch so
gehalten werden können. Nebenbei plaudert man anregend über die Begnadigung des Lieutenants von Brüsewitz, der seine Tapferkeit am inneren Feinde Siepmann bewährte, und man denkt darüber nach, wie trefflich er sich
geführt haben muß, daß er schon jetzt aus dem Gefängnis –
nicht etwa Zuchthaus – freikam. Wieder dasselbe Spiel: einige sagen, es könne nicht wahr sein; andere sagen, es sei
wahrscheinlich, auch wenn es nicht wahr wäre. So sind die
Meinungen geteilt. Nebenbei beklagt man die lippeschen
Soldaten, die ohne rühmende Erwähnung ausgingen. Zu
bedauern sind sie gewiß; doch ich halte es für einen Zufall.
Wegen der Zwistigkeit mit Ernst von Biesterfeld wird unser Kaiser die unschuldigen Soldaten dieses Landes nicht
büßen lassen durch Erwähnungslosigkeit. Glaubt man
denn, er versteife sich, den Begriff Lippe überhaupt nicht
in den Mund zu nehmen? Es war ein Zufall. Nebenbei
plaudert man vom 24-Stunden-Rennen.

Es hat in Halensee mit dem Siege des Franzosen Huret
geendet. Zweiter war ebenfalls ein Mann mit gallischem

Namen. So schloß leider dieses eminente nationale Unternehmen mit einem schmerzlichen Mißklang. Zwanzigtausend Mark waren insgesamt an Preisen ausgesetzt. Den größten Teil steckte ein Erbfeind ein. Ich muß es als Schande, als eine Schmach bezeichnen, daß sich weder nationale Beine noch patriotische Gesäße von hinreichender Widerstandkraft fanden, welche die Ehre des mehrfach besungenen Landstrichs zwischen Frankreich und dem Böhmerwald bei dieser Gelegenheit hochhielten. Bei solchen Vierundzwanzigstunden-Rennen handelt es sich darum – nicht etwa vierundzwanzig volle Stunden auf dem Rad zu verbringen, sondern darum: innerhalb dieser Zeit möglichst lange auf dem Rade gewesen zu sein. Und wie sehr es uns allen von jeher ein Bedürfnis gewesen ist, endlich einmal klar zu wissen, wer von uns so viel nationale Kraft in den Lenden u. s. w. aufgespeichert hat, daß er etwa zweiundzwanzig Stunden sitzen und eine Kurbel drehen kann, das brauch' ich nicht zu erörtern. Eine Sehnsucht war es. Wenn also jetzt ein ausländisches Gesäß den Ehrenpreis einstreicht, so ist selbst die treffliche Leistung unseres Herrn Huhn kein rechter Trost dafür. Herr Huhn kam als vierter an, obwohl Herr Huhn kein Berufsfahrer ist: Herr Huhn ist nur Herrenfahrer. Er nimmt keine baren Preise, nur Ehrenpreise, er ist ein Vierundzwanzigstundenrenner um der guten Sache selbst willen. »Deutsch sein heißt eine Sache ihrer selbst willen treiben«, sagt Richard Wagner. Herr Huhn also kam als vierter und erhielt einen Ehrenpreis. Und das verbreitetste Berliner Blatt schrieb: »Dem deutschen Radfahrer-Bunde aber, dem Herr Huhn angehört, kann man aufrichtigst gratulieren, ein solches Mitglied zu besitzen.« Das denk ich auch. Aufrichtigst kann man ihm gratulieren und Herrn Huhn selbst wiederum aufrichtigst. Ihm ist es besser gegangen als dem Herrn Miller. Herr Miller schlug sich halb tot. Fiel herunter vom Rade und mußte bandagiert werden. Blutend noch stieg Herr Miller – um der Sache willen – wiederum aufs Rad. Verwundet fuhr er, um der Sache willen, mehrfach rundherum, rundherum, immer rundherum. Herrn Huret

jedennoch unterstützte seine Frau durch Darreichung eines nassen Schwammes, auch brachte er sich durch kalte
Douchen und anregende Getränke wieder zum Bewußtsein, wenn er umzusinken drohte, und so saß er im ganzen
einundzwanzig und eine halbe Stunde auf dem Rad. Ehre
seinem –! Da ihm die Frau den Schwamm reichte, erfuhr
man, daß er verheiratet sei, und ist darüber erstaunt. Wer
solche Touren auf dem Rade macht, was wird der einer
Gattin noch widmen können, an Zeit und Sorgfalt? Recht
wenig. Und es ist in der Tat eine meiner lebhaftesten Sorgen, wie Herr Huret sich im Familienleben verhält. Möge
er glücklich werden. Die Zuschauer aber schienen einig
darüber, daß die näheren Umstände dieses Rennens bloß
noch mit dem Wort Schweinerei zu bezeichnen seien. Und
so darf man alles in allem der Stadt Berlin »aufrichtigst«
gratulieren, daß sie die schöne Feier erlebt hat. Zwanzigtausend Mark. Der Schillerpreis beträgt viertausend. Und
es steht kaum fest, ob nicht ein Dramendichter unter Umständen mehr Schweiß absondert als ein Vierundzwanzigstundenrenner.

Diese ganze Sportsphäre ist eine Welt für sich. Wer in
Halensee oder Friedenau an einem Sonntag seines eiligen
Weges zieht, der hört gelegentlich ein Riesengebrüll von
zehntausend Menschenstimmen. Sie rufen: »Willy, feste!«
Gemeint ist Herr Arend, der wegen großer Beliebtheit
beim Vornamen genannt wird. Offenbar ist da drin im
Zirkus eine Entscheidung vor der Tür, und sie feuern
den Liebling des Volkes an. Rhythmisch skandalieren sie:
»Wil-ly, fe-ste, Wil-ly, fe-ste!« Als ob eine große Schule gemeinsam etwas aufsagte, klingt der Chorus auf die Land-
straße hinüber. Der Wanderer sagt sich: hier kannst du
nicht mehr mit, hier hört deine Kompetenz auf. Am
Abend, wann man mit einigen Freunden im Wirtshaus
Halensee den Volksbelustigungen zuschaut, gerät der Garten plötzlich in Aufregung. Ganze Familien rennen nach
vorn. Was ist los? Dort ist der erste Sportfreund soeben angelangt, der die Rennresultate von der benachbarten Bahn
überbringt. In fieberhafter Aufregung ist er hergeeilt, der

Wichtigkeit der Sache entsprechend. Die Familien lassen ihn kaum durch. Alle wollen Einzelheiten wissen. Vater, als der Oberschaute der Familie, fragt rasch mit energischen Gesichtszügen, ob »Willy« auch in guter Form gewesen. Er forscht dann mit befehlendem Ernst, wann Bourillon oder ein anderer Franzmann angekommen. Hat das deutsche Bein gesiegt, so wird eine nationale Bemerkung schwer zu unterdrücken sein. Hat ein Ausländer gesiegt, so wird der Nationalitätenpunkt mit Takt übergangen. Es stehen dann eben reine Sportinteressen im Vordergrunde. Schließlich kehrt Vater mit der Familie an den Tisch zurück, um mit entschlossener Strenge ein Helles nach dem andern zu trinken. Elf Helle hat er am Schluß des Abends getrunken. Es tut der nachdrücklichen Festigkeit keinen Eintrag. Er ist Beamter. Der Turnverein »Hohenzollern«, die Loge »Gustav zu den drei Kopfkissen« und der Kriegerverband »Kaiser Wilhelm der Große« wissen, daß er in Vereinsangelegenheiten eine ernste Kraft ist. Jetzt nur wendet er seine energischen Bestrebungen zugleich dem deutschen Radsport zu. Er betont kraftvoll und häufig die militärische Verwendbarkeit des Rades. Und Herrn Hauptmann Marheineke von der Radfahrerabteilung hatte er die Ehre durch einen Zufall auf der Potsdamer Chaussee kennenzulernen. Herr Hauptmann war für einen Augenblick heruntergestiegen und stand abseits.

Ich schließe diese Zeilen mit einem ziemlich gleichgiltigen »Heil!«. Große Lust, Berliner Briefe zu schreiben, hab ich in dieser Woche nicht. Selbst ein Rückblick auf Herrn O. Blumenthals zehnjähriges Wirken, Schalten, Walten und Schaffen im Lessingtheater hätte nur verhältnismäßigen Reiz für mich. So will ich denn bloß noch einem Wunsche Ausdruck geben, der mich bewegt: daß bei einem nächsten Vierundzwanzigstundenrennen unser deutscher Willy Arend den Sieg davontrage. Ich wüßte nichts, das mir größere Freude machte.

Und somit: Heil!

16. Oktober 1898

Plakate haben ihre Schicksale. Der Mahnruf an Emil zu-
rückzukehren, mit der Begründung, daß ihm alles verziehen sei, wirkt nicht mehr stark. Zu viele solcher Familien-
dramen haben sich auf den Litfaßsäulen abgespielt, um
gerissene Weltstädter noch zu reizen. Auch die Tragik dieser Verhältnisse leuchtet nicht mehr ein: man glaubt in Berlin, daß Emil trotzdem Senge bekommt; das zerreißt die
Stimmung. Stärkeren Reiz üben die Plakate der Goldnen
Hundertzehn. Alles, was die Seele des Volks jeweilig bewegt, findet dichterischen Ausdruck dort. Und weil diese
Verse meistens unzüchtiger Natur sind, werden sie mit fort-
schreitender Zeit immer beliebter, immer gelesener, immer
aufrichtiger geschätzt. Drei kleine Mädchen von siebzehn
bis einundzwanzig stehen davor, wenn das Geschäft zu
Ende ist, lesen, finden versteckte Beziehungen heraus, die
ein Lieutenant aus einer kleinen Garnisonstadt nicht gesehen hätte; die sie aber kichernd würdigen, weil jede von ihnen eine Gehenkte, eine Gerissene, eine Fertige ist. Am
stärksten freilich wirkt ein farbiges Plakat mit Figuren. Irgendein großes internationales Wintergartenweib, in strah-
lender Balltoilette oder schäkerhaftem Phantasiekostüm.
Oder ein Radfahrerplakat, auf dem in tödlicher, letzter Hast
zwei Wettrennschauten mit verzerrten Angstgesichtern um
die Ecke biegen. Oder ein Plakat für Estey-Orgeln, mit der
schier besinnungslosen Cäcilia. Oder ein Plakat für die
ägyptische Zigarette Muffiazi frères. Und was das Leben
sonst an Plakaten beut.

Seit Freitag gibt es hier eine Plakatausstellung. Aber
nicht die sozial interessanten Plakate mit Text sind ausgestellt; sondern die farbigen mit Malerei. »Ein Besuch dieser
Ausstellung, sehr geehrter Herr, wird für Sie sehr lohnend
sein, noch mehr – er ist für Sie, in dieser Zeit der fieberhaften Konkurrenz und des dadurch bedingten Wachstums
der Reklame, eine Notwendigkeit.« So stand in einem
Rundschreiben. Da es eine Notwendigkeit war, mußte ich
schon hin. In dem länglichen Saal gleißte und glänzte es,

von Kunstkritikern, die zur Eröffnung gekommen waren, sodann aber von Plakaten. Sie hingen an den Wänden, die Plakate, und waren Originalentwürfe. Ein schrecklicher Kampf zog an der Seele des Betrachters vorbei. Der Kampf des Geschäftslebens mit allen Chikanen, mit allen Verzweiflungskniffen, die darauf ausgingen, den Käufer psychisch zu beeinflussen, heitere Gefühle in ihm zu erwekken vor dem Schmerz des Geldausgebens: ihm Holdes vorzugaukeln, wo es sich um das Nüchternste handelt, einen Witz zu machen, während man das Portemonnaie aus seiner Tasche zog, an die ewig-hehre Kunst zu appellieren, um eine Bilanz zustande zu bringen, und was der stillen Gewaltsachen mehr sind. Eine Firma schrie: meine Fabrikate sind die besten. Gott im Himmel, was kann eine Firma schreien. Die Firma brüllte, sie stöhnte, sie sprach, sie heulte, sie ächzte und sie blökte: meine Fabrikate sind die besten. Welch ein Mitleid wird wachgerufen. Was machen Menschen alles, um Geld zu verdienen. Wie verrenken sie ihre Glieder, wie verstellen sie ihre Stimme, wie hopsen sie auf allen vieren herum gleich einem Dachshund und sprechen: wenn du nur guter Laune bist, mein Käuferchen! Ein Affe will ich sein, einem Mäuslein will ich gleichen, wie ein Kakadu will ich mich benehmen, wenn du nur guter Laune bist. Ich will selbst das Letzte tun, will die Kunst heranziehen und meinetwegen den Symbolismus – alles für dich, mein Käuferchen. So girrten die Firmen. Bierfirmen, Weinfirmen, Beleuchtungsfirmen, Gartenbaufirmen, Mineralwässerfirmen, Parfümeriefirmen, Schirmfirmen, Kaffeefirmen, Schuhfirmen, Tabakfirmen und noch ganz andere Firmen. Und alle sahen einander von der Seite an mit miesen Blicken und lächelten gegen das Publikum. Welch ein Mitleid. Wieviel Aufwand an Nerven, wieviel an Galle. Und von den Wänden gleißten die Bilder in schreienden Farben. Auf einem aber sah ich folgendes. Arthur Schopenhauer stand halb entkleidet da (oder jemand, der ihm sehr ähnlich war) und grinste mit teuflischer Niedertracht den Vorübergehenden an. Zu seiner Rechten stand ein ziemlich nackter Mensch mit noch ulki-

geren Zügen, den Kopf ebenfalls halb gesenkt und gar verschmitzt lächelnd. Zwischen beiden stieg ein mystischer
Hügel hinan, auf dessen Höhe die Märchenburg Monsalvat
ins Tal blickte. Der Maler dieses Bildes ist Herr von Frey-
hold. Das Plakat kann sowohl für die Empfehlung von
Kunstbutter als auch von Schaukelstühlen verwandt werden; es gibt keinen bestimmten Handelsartikel an. Es will
nur durch allgemein groteske Wirkungen die Seele des
Erdenwanderers plötzlich locken und bei dieser Gelegenheit den Namen einer Firma in sie einschmuggeln. Es
ist bewußter Humor. Schließlich scheint eine Reklame
mit Kunst besser als Reklame ohne Kunst. Wieviel echte
Kunst an diesen Plakaten ist, will ich nicht beurteilen:
ich bin nicht Fachmann. Mißfallen aber haben sie mir fast
alle.

Indessen haben die Berliner Abschied von ihrem Landesvater genommen. Ihre Gedanken sowohl als auch die
Zeitungskorrespondenten geleiten ihn nach dem alten Gebiete Israels. Ein Kreuzzug mit Komfort wie dieser gehört
zu den universelleren Erscheinungen der Neuzeit. Zur
Einweihung des Erlöserbauwerks, zum Besuch des heiligen Grabes führt unsren Monarchen ein nettes, bequemes
Schiff, mit einem Blasorchester und allen Vorrichtungen
für ein angenehm unterhaltsames Leben. Die Toilettenbe-
dürfnisse unsrer Kaiserin, welche sich die Mitreise nicht
nehmen ließ, werden aus reichgefüllten, neu konstruierten
Truhen gedeckt. Kurz, die Beschwerden, die einst Gottfried von Bouillon und seine Genossen fühlten, sind durch
der Zeiten Fortschritt völlig überwunden. Das Orchester
des Kreuzfahrerschiffs hat in Venedig auf dem Markusplatz
ein liebenswürdiges kleines Konzert veranstaltet. Wie mögen die Venezianer erstaunt gewesen sein. Sie haben in ihrer großen Mehrheit seltsam unklare Vorstellungen von
den Deutschen. Deutschland ist für sie ein märchenhaftes
Nebelland, irgendwo in der Ferne. Mit einer jungen Venezianerin, welche den nicht unehrenwerten Beruf des Klei-
deranfertigens tagsüber betrieb, pflegte ich am Abend (es
war vor grauen Jahren) auf dem Markusplatz über dies und

manchmal auch über jenes zu plaudern. Sie glaubte alles. Doch als ich ihr erzählte, daß Berlin fast zwei Millionen Einwohner hat, erklärte sie mich mit allem zurückhaltenden Anstand dieses reichbegabten Volkes für einen Schwindler. Wäre sie Berlinerin gewesen, so hätte sie gesagt: das gibt es gar nicht. Da sie Venezianerin war, bewegte sie nur einen Finger hin und her und sprach: Eh! ... Wie gespannt also mögen die Venezianer jetzt auf den Markusplatz gelaufen sein (geschlüpft sein, denn sie laufen ja nicht), um das Blasen der nordischen Barbaren zu hören. Sie schätzen uns mehr, als sie uns lieben; wenngleich sie alle lieben, die sich hoch einschätzen. Sehr niedlich ist ihre Etymologie des Wortes Barbarossa, die ihren Standpunkt zu uns klarlegt. Sie leiten den sagenhaften Kaiser der Deutschen von »barbaro« ab; sie tun, als ob sie an Rotbart, rossa barba, nicht dächten. Dem Kreuzzugsorchester haben sie als liebenswürdiges welsches Volk nach den Zeitungen lebhafte Huldigungen dargebracht.

Eine der universelleren Erscheinungen der Neuzeit bleibt diese Kaiserreise. Dem Ernsten ist das Heitere gesellt, dem Religiösen das Weltlich-Muntere. Hübsche kleine Züge werden immer zahlreicher bekannt. Der Kaiser hat befohlen, daß der längste Mann des deutschen Heeres die Fahrt mitmache. Der längste Mann wird den Völkern des Ostens als eine Probe deutschen Menschenschlages imponieren. Die Kenntnis deutscher Gestalten und Verhältnisse sucht unser Kaiser ja auch dann bei auswärtigen Völkerschaften zu fördern, wenn sie sich vorübergehend in Berlin aufhalten; er zieht sie gern aus dem Zoologischen Garten zur Parade zu. Hier ist wohl dasselbe Ziel erstrebt. Vielleicht aber werden die Nationen Asiens den langen Soldaten mißverstehen, indem sie ihn als Leibmamelucken des mächtigen weißen Pascha betrachten; und so öffnet sich hier noch eine Perspektive voll köstlichen Humors. Daß zwei Feldwebel das Photographieren erlernen mußten, um in berittenem Zustand überall Aufnahmen machen zu können, zeugt von der bis ins einzelnste gehenden Fürsorglichkeit des Monarchen. Es wäre eigentlich leichter gewesen, einen Photogra-

phen beritten zu machen, als zwei Berittene zu Photogra-
phen zu machen. Mancher wird auch grollen, daß jetzt
nicht bloß die Post, sondern auch der Beruf des Lichtbild-
ners militarisiert werden soll; aber da die Mitnahme eines
besseren Zivilphotographen, etwa des Herrn Scharwächter,
sehr viel mehr gekostet hätte und die Reise an sich schon
recht teuer ist, wird man die Ersparnis freudig begrüßen.
Somit ist alles in schönster Ordnung. Der protestantische
Kaiser fährt in das Land der Juden und besucht vorher den
mohammedanischen Sultan. Nun muß aber auch die Geschichte mit den drei Ringen losgehn.

Etwas monoton denk' ich es mir auf dem Pastorenschiff.
Wenn ich die Erlaubnis hätte, den Kreuzzug als Gefolge
mitzumachen, würde ich nicht darauf dringen, in dieser
frommen Barke untergebracht zu werden. Ein ganzes
Fahrzeug voller Konsistorialräte, Kirchenräte, Superinten-
denten – da werden sich die Flundern des Mittelmeeres
ganz außerordentlich wundern. Ich würde wohl doch das
Schiff mit dem Blasorchester vorziehen. Wenn auf dem Pa-
storenkahn die Seekrankheit ausbricht, die Gesangbücher
und die Missionsschriften hin und her geschleudert werden – ich könnt' es nicht mit ansehn. Wenn die Kirchen-
diener und Kirchenfürsten untereinander in Verwirrung
geraten und vielleicht gar die Haltung verlieren, das ist
kein erfreusamer und gesegneter Anblick. Am Ende saust
in solchem Augenblick, umzuckt von gespenstigem Glaste,
auch noch der Enderle von Ketsch vorüber und schreit:
jetzt weicht, jetzt flieht! jetzt weicht, jetzt flieht mit Zittern
und Zähnegefletsch! Es wäre nicht auszudenken. Einer der
erschütterndsten Augenblicke. Die Pastoren, welchen die
Mitnahme sowohl von Schleiern als auch von Feldflaschen
offiziell vorgeschrieben ist, würden selbst mit dieser Aus-
rüstung in solchen Augenblicken nur schwach standhalten
können. Wenn aber die Erinnerung an Enderle schon einmal wachgerufen ist, so sei auch gleich auf einen erfreuli-
chen Fortschritt der Zeiten in einem wichtigen Punkte hin-
gewiesen. Otto Heinrich, welcher notorisch wegen der
sauren Weine seiner pfälzischen Heimat nach Jerusalem zu

eilen wünschte, geriet wegen der schon damals nicht unbeträchtlichen Kosten in Zahlungsstockungen. Aus diesem Grunde faßte er bekanntlich die historische Idee, nach Cyprus hinunterzufahren und die Königin anzupumpen, wobei ihm Enderlein, umzuckt von gespenstischem Glaste, begegnet ist. Heutzutage braucht denn doch, Gott sei Dank, da wirs ja haben, ein deutscher Fürst zu derartigen Auskünften nicht mehr zu greifen. Unsre Zivillisten, die wir den Fürsten bewilligen müssen, sind so reichlich, daß sie die Reisen davon spielend decken können. Und wenn es nicht langen sollte, finden sich immer ein paar deutsche Männer von deutschem Schrot und deutschem Korn und deutscher Treue, die beantragen, daß der Landtag eine kleine Extrabewilligung leiste. Unter keinen Umständen aber darf heut der Kredit einer insularen Königin, wie der von Cyprus, einer Dame, einer Ausländerin, von unsren Fürstlichkeiten in Anspruch genommen werden. Eher würde sich noch ein einfacher Bürger unsres Landes, wie z.B. der Freiherr von Stumm, Hammerschmied bei Saarbrücken, mit eignen Mitteln ins Mittel legen. Aber auch das ist Gott sei Dank nicht nötig.

Und so dürfen wir Gegenwärtigen vertrauensvoller als die Zeitgenossen des rohen Enderlein in die Zukunft blikken. Wir glauben an eine Entwicklung.

23. Oktober 1898

Grünenthal ist tot. Ganz wenige Zeitungen haben den Versuch gemacht, ihn als Helden zu behandeln. Es rentiert sich nicht. Im Ernst wird man kaum darüber streiten, ob der Mann eine dankenswerte Tat vollführt hat, als er den Totensprung über das Geländer machte. Den soll er nämlich gemacht haben, um »die Sensation einer Gerichtsverhandlung« zu vermeiden. Und so ist für allerhand Journale, die nie was tun, um eine Sensation zu vermeiden, eine Gelegenheit, von der Achtung einflößenden Sühne des Oberfaktors zu plaudern. Und so weiter. Der verstorbene Herr

Grünenthal hat ein einfaches Rechenexempel gemacht. Das Gefängnis bekam ihm nicht, also mußte ihm das Zuchthaus noch viel schlechter bekommen; das Leben hatte ihm unter keinen Umständen mehr etwas zu bieten, also verlor er nichts, wenn er es wegwarf. Und er sprang.

Immerhin: man braucht Erscheinungen solcher Art nicht unter dem Gesichtspunkt der Kolportage zu betrachten und wird doch manches Seltsame an ihnen finden. Wenn ich mich frage, ob ich einen Groll gegen den Oberfaktor spüre, so muß ich der Ehrlichkeit halber mit Nein antworten. Gegen manchen Verbrecher spürt man ihn. Es hängt von der Art der eingetretenen Schädigung ab. Wer ist hier geschädigt? Niemand. Das heißt: der Fiskus ist geschädigt; aber das ist etwas ganz Vages. Der Fiskus ist eine so dunkle Erscheinung, so wenig greifbar, daß man keine Teilnahme für ihn aufbringt. Man muß sich erst klarmachen: es ist unser Gesamtvermögen, wovon dieser Oberfaktor mopste. Aber was ist unser Gesamtvermögen? Wer hat es gesehen? Von uns niemand. Müssen wir darum mehr Steuern zahlen? Nein. Wieviel Verlust kommt auf den Kopf der Bevölkerung Deutschlands? Weniger als ein Pfennig. So folgt man denn nicht ohne angenehm-gruseliges Behagen dem Schaffen und Wirken, Walten und Schalten unseres Grünenthal. Der Mann hatte alles auf eine Karte gesetzt; der Ausgang war seine Sache. Seid tolerant, meine Lieben. Auf Banknotenfälschung steht Zuchthaus. Wer Zuchthaus riskieren will, darf Banknoten fälschen. Das kann sich jeder einrichten, wie es ihm zusagt.

Auf einem andern Blatt steht die Verstoßung der Ehefrau und der Kinder. Das empfinden wir fast schwerer als die Fälschung. Gewiß knapste unser Oberfaktor nicht mit Alimenten. Er hatte sie ja, unberufen. Aber bei diesem Vergehen, auf welches keine Strafe gesetzt ist, sehen wir die Geschädigten zu deutlich und sagen uns so was wie: heute dir, morgen mir; und deshalb erwächst hier aus Gründen der unmittelbaren Ethik ein kleiner Groll gegen Grünenthal. Ein kleiner. Denn Verstoßungen von Gattinnen sind, namentlich wenn sie im Feuilleton beleuchtet werden, selten ohne eine gewisse Poesieumflossenheit. Der ganze lyrische Zauber, welcher das sicherlich blonde Haupt des jungen Mädchens Elly Goltz umwittert und umzittert, fällt hier denn doch ins Gewicht. Die Leute fühlen einfach heftiger mit, weil es sich um ein Liebesverhältnis handelte. Wenn es gleich ein verbotenes ist, findet man es eigentlich reizend. Der alternde Mann, der sich ein spätes Glück errafft. Und so weiter. Noch ein psychologisches Moment kommt hinzu, um diesem Grünenthal ein Relief zu geben. Die Betrachter seiner Schicksale sehen das jähe Emporsteigen und die Glanzexistenz eines Druckers, sein fürstliches Wirtschaften mit Hunderttausenden, seine Freigebigkeit, sein großherziges Paschadasein, und hierin liegt so viel unmittelbar Lockendes, daß der Eindruck davon in der Seele des Beobachters zunächst überwiegt und die Frage nach der Herkunft des Geldes ein sekundäres Moment wird. Er hat sich den Hals gebrochen, gewiß, doch eine Zeitlang hat er gelebt und geliebt, aus dem vollen. Wie wir es gern möchten. So denken die Leute; ich sage nicht, daß auch ein Chronist so denkt. Jedenfalls kann sich jeglicher sein Leben einrichten, wie es ihm zusagt, wenn er die Folgen zu tragen bereit ist. Seid tolerant, meine Lieben.

Mein vorletzter Satz klingt wie ein anarchistischer Grundsatz. Ist aber in diesem Fall nicht der Satz eines Anarchisten. Ich habe mich mit den Lehren dieser Sekte früher ein wenig befaßt; als Theoretiker, Gott bewahre, was dachten Sie denn. Jetzt hab ich, da von dem seltsamen Anarchistenkomplott gegen Wilhelm den Zweiten allerhand Seltsames erzählt wird, meine Aufzeichnungen vorgesucht. Schon vor Wochen kramte ich drin, als Luccheni die arme, schöne und kluge Elisabeth erdolcht hatte. Obenauf liegen mehrere Blätter, mit Bleistift beschrieben, die ein ausführliches Gespräch mit Elisée Reclus skizzieren. Es war einer der denkwürdigsten Besuche, die ich je gemacht. Geschah vor zwei Sommern, als in London der Sozialistenkongreß tagte. Der große Geograph zählte zweifellos zu den gebildetsten Anarchisten. Als der Kongreß diese Sekte zum Sit-

zungssaal hinauswarf, gab es eine anarchistische Protestversammlung. Dort lernte ich Reclus kennen. Der Brüsseler
Universitätslehrer hatte gerade eine Rede gehalten, in englischer Sprache. Er trat vor einer tausendköpfigen Menge
für seinen geliebten Anarchismus ein, ohne sich in Details
zu verlieren. Nachher war so starker Lärm, daß an ein ausführliches und ruhiges Gespräch nicht zu denken war. Ich
folgte an einem der nächsten Vormittage seiner Einladung,
ihn zu besuchen.

Er wohnte in der Gowerstreet, in einer stillen akademischen Gegend, nicht weit vom Britischen Museum. Seltsame Straße! Die Gesamtheit der Häuser gehörte offenbar
demselben Eigentümer, irgendeinem schweren Aristokraten, dessen Grundbesitz in Straßencarrés angelegt war. Der
Mann hatte, wie das oftmals dort vorkommt, sämtliche
schmalen Häuserchen in gleicher Bauart aneinandergereiht,
so daß die Straße auf jeder Seite bloß ein einziges langes
Gebäude zu haben schien, das durch Regenröhren in Abschnitte geteilt war. Inmitten solcher friedlichen Monotonie hauste der gräßliche Anarchist. Er hatte sich nebst
Gemahlin und Tochter für die paar Tage in einem sehr
niedlichen boarding-house eingemietet. In dem trauten,
englischen Familienraum kam er mir entgegen. Dieselbe
Milde und Ruhe, die ich schon an ihm beobachtet, ging von
seinem grauen Haupt aus, und sie weckte – nicht nur Ehrfurcht, denn er ist nicht alt, vielmehr ein Mann auf der
Höhe geistiger Sicherheit und Kraft; sondern sie weckte
Zutrauen, mit Neigung und Ehrfurcht gemischt. Ich hatte
die Unterhaltung in französischer Sprache begonnen, man
kann auch sagen: vom vorangegangenen Abend fortgesetzt.
Reclus überraschte den Gast, indem er plötzlich in fließendem Deutsch loslegte und so die Theorie des Anarchismus
entwickelte. Ein leises, alles verstehendes Lächeln über
mein Erstaunen und zugleich ein kleiner berechtigter Stolz
über seine Sprachenbeherrschung bildeten eine kurze Nuance. Ich bekannte mich stramm als Skeptiker. Der Haupt-
grundsatz, den Reclus vorbrachte, bestand darin: es sei unrecht, einen Menschen zu etwas zu nötigen, was er nicht

freiwillig tue. Ob ich denn nicht bemerkt hätte, fragte er, daß nur diejenigen Arbeiten gut ausfallen, die man aus Liebe tut. Auch der Staat sollte daher nicht das Recht haben, einen Bürger zu Handlungen zu zwingen, die ihm unangenehm seien. Etwa zu Kriegsdiensten. Ich wandte ein, daß ich in meiner Schulzeit gewisse Dinge nie gelernt haben würde, wenn man mich nicht dazu gezwungen hätte, und daß ich heut dafür recht dankbar sei. Er hatte gleich eine Widerlegung, wenn sie auch ein bißchen problematisch war. Er schüttelte nämlich den Kopf und meinte, etwas Wesentliches geleistet werde ich auf diesem Gebiete nicht haben; das könne jeder nur auf solchem Gebiet, für das er Neigung fühle; ihm wenigstens sei es so gegangen. Der Anarchismus wolle die Arbeit übrigens zur Ehrensache machen. Auch unter den Wilden sei erfahrungsgemäß keiner, der nicht persönliches Ehrgefühl besitze. Es werde unter der Herrschaft dieses stärker entwickelten Ehrgefühls weit mehr gearbeitet werden als jetzt. Auch mehr, als zum bloßen Leben nötig sei. Kulturarbeiten würden getan werden. Der sozialistische Zukunftsstaat aber sei das Grauen, die Hölle, das Gefängnis, die Unfruchtbarkeit … Ich erhob die ziemlich nahe liegende Zwischenfrage, ob ein so fleißiger Gelehrter auch nicht vergessen habe, wieviel Faule es in der Welt gibt. Die Antwort war erstaunlich. »Ich habe es nicht vergessen; aber grade jetzt herrscht ein Zustand, bei dem die Faulen obenauf sind. Die menschliche Gesellschaft wird von den Faulen regiert. Die Herrschenden, die ganze Masse der Archonten, welche das Bekämpfungsziel des Anarchismus sind, legen die Hände in den Schoß. Die wahren Erarbeiter der Zivilisationsdinge aber müssen sich schinden, ohne den Lohn einzuheimsen!« Ich fragte nun, wenn der Anarchismus niemandem Zwang auflegen wolle, ob er dem einzelnen auch erlaube, Gewaltakte gegen die Gesellschaft zu vollführen. Mein Gegenüber wurde sehr lebhaft. Diese Erlaubnis wäre so unanarchistisch wie möglich! Wer Gewalt übe gegen Mitlebende, lasse sie ja nicht ihren freien Neigungen folgen, somit dürfe er als Verbrecher unschädlich gemacht werden, weil er das anarchistische Prinzip auf den Kopf stelle. Die Menschen sollen frei von Zwang sein, sie sollen aber nicht frei sein, Zwang zu üben!

Die Güte und Feinheit dieses seltenen Mannes, seine kluge und eindringliche Art und seine leuchtende Milde wirken so, daß man sie schwer vergißt. Reclus sprach mit ruhiger Zuversicht über die Tatsache, daß in naher Zeit die europäischen Staaten in einem großen Etwas untertauchen würden. Frankreich werde als Staat zuerst verschwinden. Es sei sein Vaterland, er kenne es. Die Gegensätze seien hier zu stark, die Abschattungen zu zahlreich, die Neuerungssucht zu groß – Frankreich wird untertauchen. Ohne Ruhmredigkeit und ohne Sentimentalität sprach er nachher davon, daß er lange im Exil gelebt, so daß er die Möglichkeit hatte, sich fremde Sprachen anzueignen. In seinem jetzigen Wohnort, in Brüssel, könne er frei lehren, wie es seine Neigung sei. Als wir dann gelegentlich von Bazaine sprachen (es ging alles vom Hundertsten ins Tausendste), behandelte er den Verrat des Generals als eine feststehende, nicht erst zu erörternde Tatsache. Das war der einzige kleine Punkt, wo ich in ihm einen irdischen Franzosen wahrnahm – der einzige kleine Punkt. Oder war ich hier ein irdischer Deutscher?

Es scheint klar, daß dieser Führer des Anarchismus mit den rüden Gewalttaten der Messerbolde und Dynamitlinge nichts zu schaffen hat. Er ist beiläufig, wenn nicht alles trügt, auf dem Wege der Philosophie zu seiner ziemlich idyllischen Utopisterei gelangt. Etwa wie ein griechischer Philosoph. Es steht aber ebenso fest, daß die anderen maßgeblichen Führer des Anarchismus, vom einheimischen Gustav Landauer bis zum russischen Fürsten Kropotkin, energische Gegner von Gewaltakten sind. Ich habe in jener Versammlung, welche die Blüte der Anarchistenführer vereinigte, mit tiefer Verachtung, ja mit heftiger Wut gegen das Dynamit und verwandte Mittel reden gehört. »Das wahre Dynamit ist: der Gedanke!« Dieser Satz klingt mir noch heut im Ohr, und ebenso der gewittermächtige Beifallssturm, der sich darob unter den Verhungerten erhob. Das wahre Dynamit ist: der Gedanke!

Und darum: Laßt euch nicht dumm machen. Zweifellos gibt es eine andere Sorte Anarchisten, welche die Propaganda der Tat vorziehen. Hierzu gehört der kokette Bursche Malatetia, Lucchenis Busenfreund, den ich kennenzulernen das Vergnügen hatte. Ein wüster Bandit, eitel wie ein Affe und wahrscheinlich feig wie eine Hyäne. Aber die italienischen Messerstecher, Verschwörer und Bombenwerfer, in denen sich national vererbte Instinkte regen, würden auch ohne die Existenz einer anarchistischen Theorie Verschwörungen machen, stechen, Bomben werfen. Zu Orsinis Zeiten gab es keine Theorie des Anarchismus, und er warf. Was Reclus, Kropotkin und andere Schwarmgeister ersinnen, das mag nachträglich zur Deckung für brutal verbrecherische Akte herangezogen werden: es ist auf der Stufenleiter der Motive keineswegs etwas Primäres. Laßt euch nicht dumm machen! Weil Sektenbildner Gespinste weben und in fernem Zusammenhang hiermit verkommene Halunken verkommen handeln, deshalb soll in unserem glorreichen heutigen Deutschland ein neues Maulverbot alle Freunde geistiger Freiheit treffen. Die Nachrichten über das Komplott in Ägyptenland klingen ziemlich schwindelhaft. Sie sind gewiß nicht erfunden, aber gewiß sehr aufgebauscht. Und wenn sie es nicht wären, hätte eine sozusagen gemeine, direkte, ungleiche Maulsperre – denn die Maulsperre würde in Deutschland auf alle Personen schwerlich ausgedehnt werden können – noch immer keinen moralischen Grund. Laßt euch nicht dumm machen.

Inmitten dieser anarchistischen Finsternisse wirkt die letzte Tat unseres Bosse wie ein Lichtstrahl. Es ist schon eine Woche und mehr darob vergangen, doch sie leuchtet und strahlt wie am ersten Tag. Eine Taufmedaille hat unser Bosse angeregt. »Zur Wiederbelebung einer früher verbreiteten Familiensitte«, heißt es im Reichsanzeiger. Dieser Minister hat schon so viel auf die Wiederbelebung früher verbreiteter Familiensitten hingearbeitet, »daß ihm zu tun fast nichts mehr übrigbleibt«. Es ist wahrhaftig der Gesamtinhalt seiner Ministerschaft: frühere Familiensitten zu beleben. Und während für zivile Angelegenheiten sonst verhältnismä-

ßig wenig Geld vorhanden ist und der Schillerpreis immer
noch drei- bis viertausend Mark beträgt, gibt es hierfür fünf-
tausend Mark zu angenehm freihändiger Verfügung. In
Deutschland findet alles, was patriarchalisch ist, noch eine
gute Statt in diesen unpatriarchalischen Tagen, wo zuchtlose
Gesellen politisch immer dreister werden, ihre Löhne zu
wahrhaft schwindelnder Höhe emporpinschern, manche bis
zu vierzig Pfennigen die Stunde, und auch sonst recht vater-
landslos sind. Streiken können sie; aber ihre Jören christlich
taufen lassen, ist nicht. Dem soll ein Riegel vorgeschoben
werden. Der Staat begnügt sich zwar mit der Vorschrift stan-
desamtlicher Eintragung. Doch der Staats-Minister ermuntert, ein bißchen mehr zu tun. Möglich, daß die Kinder der
besseren Familien künftig, wenn sie in die Tanzstunde gehen, ihre Taufmedaille am Bande tragen werden, zum Aus-
weis ihrer Familiengesinnung. Möglich, daß diese Medaille
auch bei der Einreichung von Zeugnissen künftig beigelegt
wird, der Sicherheit halber, weil es empfiehlt. Möglich auch,
daß sie Erwachsenen verliehen wird. Ich hörte zum Beispiel,
daß dem Herrn Maximilian Harden, welcher früher Isidor
hieß und seitdem Landwirt geworden ist, die kleine Taufpla-
kette in Brillanten fest zugedacht ist. Aber vielleicht hab' ich
falsch gehört.

So lehrt dieser Berliner Brief alles in allem drei Dinge.
Erstens: Seid tolerant, meine Lieben! Zweitens: Laßt euch
nicht dumm machen! Drittens aber: Taufe dich mit Pla-
kette! Diese Weisheit muß für acht Tage reichen.

30. Oktober 1898

Es ist wieder Frühling. Am Boden zwar rascheln die bekannten braungelben Blätter, die in Novellen so auffallend
häufig vorkommen. Aber die Luft ist lind, und es ist Frühling. Mit gehobenen Empfindungen und aufgeknöpftem
Jacket gehen durch die Gänge des Tiergartens noch einmal
vor dem Abschied junge Mädchen, und sie lassen sich küssen. Von der linden Luft zunächst. Sie küßt ihre Wangen,

sie küßt ihren Hals; und unter den lauen Wehen erschauern sie. Sie unterlassen es in der Tat selten, zu erschauern.

Sie finden jetzt, es sei zum Spazierengehen »solche
schöne Zeit«. Und sie erinnerten sich nicht, daß solcher
schöner Herbst je dagewesen. So streichen sie mit Vorliebe, zu zweien untergefaßt, um das Denkmal der Königin
Luise, wo ganze Haine in Rotbraun von der gewissermaßen südlichen Luft gefächelt werden. Und ein Spaziergänger hört allerhand seltsame Bemerkungen über diese heilige Frau, wie sie Ernst von Wildenbruch in preußischer
Religiosität getauft hat. Ein großer Teil stößt schwärmeri-
sche Ausdrücke in die weiche Atmosphäre. Doch es gibt
andere, die eine Art Eifersucht fühlen. Sie werden beinahe
heftig, wenn man die edle, legendenhafte Königin lobt,
und vermuten derb, daß sie auch menschliche Regungen
gekannt haben wird.

Was ich sagen wollte: manchmal geht man in diesen späten Frühlingstagen auch vormittags um 10 an den stillen
Gewässern des Lützow-Ufers entlang; an grünen abge-
dachten Rasenflächen vorbei, bis zur Schleuse mit ihrem
weißen Strudel; und über die Schleuse hinaus auf einsamen
Wegen, wo alte Riesenbäume sich im grünen Wasser spiegeln und die braunen Blätter nicht weggefegt sind. Da erwägt man, leise beschwipst durch die Frühlingsluft, ob es
nicht mal wieder nützlich, passend, angenehm wäre, den
ganzen Berliner Krempel mit einem kleinen Fußtritt im
Stich zu lassen und irgendwo in einem Dickicht zu hausen.
Was braucht man viel? Ein Haus im Dickicht, eine Bibliothek, einen Flügel, ein Pferd, einen Hund, ein Weib. Das
wird doch noch zu haben sein. Und gelegentlich erhält
man dann einen Brief von einem Freunde, tröstsam und
heiter und saftig gehalten, und man vergißt in dieser räum-
lichen Entfernung, daß der Freund in der Nähe auch ein
Halunke ist, und lacht herzlich. Im übrigen spielt man
Beethoven, besonders die Scherzi, redet nicht mit den
Bauern auf zwei Meilen im Umkreis, weil sie gleichfalls
Schufte sind, liest alles, was Gerhart Hauptmann jeweilig drucken läßt, und schreibt ihm dann einen Brief; Kri-

tiken aber veröffentlicht man nicht mehr. Abends stöbert man im Don Quixote. Ewigkeitsperspektiven öffnen sich. Morgens reitet man aus, wie dunnemals, als man in brandenburgischem Kieferngelände auf einer Trakehnerstute gezwiebelt wurde. Fäuste abrunden! Hacken herunter! Fußspitzen nach innen! Ellbogen an Leib! Schenkel ran, Schenkel ran, laufen, was er laufen kann! Man ist in Luft gebadet, und die Pferde scheinen erhöhtes Daseinsbewußtsein zu haben. Wir alle haben es. Nach vier Stunden aber, beim Absteigen, zweifelt man, ob sämtliche Knochen vorhanden sind; man zieht das Schnupftuch, um sie zu sammeln. Beim Gehen torkelt man. So müßt' es wieder sein, alle Morgen. Bloß allein.

Und das Weibsbild müßte einen Schuß Mozart in sich haben. Eine Musik im Wesen. Schalkhaft und lind. Und dürfte nicht umfallen, wenn sie eine Balgerei mit ansieht. Mit einer fernen Buchhandlung müßte man in Verbindung stehen, die einem frische Geisteswerke sendet. Und man hätte das Glück, die Bücher zu lesen, ohne die Urheber sehen zu müssen. Über dem Eingang des Hauses aber würden die wundervollen Judenverse stehen:

> Gott mög' mich benschen,
> Ich soll nicht brauchen *Menschen*!

Benschen heißt segnen und kommt wohl von bénir. Ja, bei solchem Dasein könnte man am Ende das große Rauschen deutlicher hören, das über uns schwebt, und mit tieferem Bewußtsein der langsam andämmernden Vernichtung entgegenziehen. Nur von Zeit zu Zeit müßte man in die Welt eilen, den Eitelkeitsmarkt betreten, mit der Bande leben, mit der Bande sich balgen, Taten tun, jedem Kohlhaas helfen, jeden Vogt aufspießen und dann dreimal spucken und verschwinden. Das müßte man. Die Beschwipstheit dieser Frühlingsluft läßt solch ein Ziel ganz nah erreichbar scheinen. Wenn aber die Uhre sieben schlägt –

Wenn die Uhre sieben schlägt, muß man ins Theater. Nicht ins Dickicht. Und wer Glück hat, sieht ein Bismarckstück von Felix Philippi. Ein begnadeter Kopf hat es ge macht. Ein Gebenedeiter. Er gibt weniger auf das Rauschen der Ewigkeit als auf das Rauschen der blauen Scheine unserer Zeitlichkeit. Ist aber mehr dran zu sehen als sonst an einem Theaterstück. Denn es führt den Nationalheiligen der Deutschen auf die Bretter, und es bleibt fast so gewinnreich, das Publikum zu beobachten wie die Vorgänge auf der Bühne. Bismarck tritt mit einem rötlichgrauen Vollbart auf, gleicht im Äußeren einem jovialen Sanitätsrat, also gar nicht dem verstorbenen Kanzler, und heißt auch anders. Er wird von Pittschau gespielt. Der Kaiser, von dem seelisch noblen Sommerstorff dargestellt, hat das Äußere eines jungen Aristokraten, ohne Flottheit, mit einem ernsten und, wie gesagt, seelisch noblen Zug, doch mit jener Selbständigkeit des Willens, die ein gütliches Auskommen mit Bismarck unmöglich macht. Bismarcks Charakteristik wird durch eine Fülle von burschikosen Redewendungen bestritten. Er erscheint als saftige Natur, als humorhafter alter Student, der unwiderstehlichen Einfluß auf die Gemüter übt. Seine Orden bewahrt er despektierlich in einer Zigarrenkiste. Feierlichkeiten erscheinen ihm albern. Zu seiner Frau pflegt er zu sagen: »Gib mir 'n Kuß und mach', daß du rauskommst!« Bismarck ist bei dieser Jovialität von starker Verschlagenheit; und wenn es sein muß, führt ein einfacher Überfall von brutaler Kraft die Lösung herbei. Bismarck ist der liebenswürdigste, schlaueste und tatkräftigste der Menschen. Er mogelt manchmal, doch immer zum Besten des Reichs, das hier durch ein Eisenwerk symbolisiert wird. Bötticher dagegen tritt als Theaterintrigant mit gefärbtem Vollbart auf und bekommt zum Schluß die gebührende Strafe, als Bismarck und der Kaiser sich aussöhnen. Philippi nämlich, der gebenedeite Kopf, führt einen sanften Ausgang herbei: der Kaiser will Bismarck wieder einsetzen, doch Bismarck zieht sich freiwillig nach Friedrichsruh zurück (es heißt hier Klausendorf). Bismarck wird sich von Herzen freun, aber von Herzen, wenn der Kaiser seinen Vorgänger in der Politik erreicht. Das ist sein innigster Wunsch. Man sieht, die Historie ist frei behandelt, wie es gebenedeite Köpfe lieben.

Gleichviel: Der Leser wird sich schwer einen Begriff machen von der fast erschütternden Wirkung, welche das Kolportagestück im Berliner Theater übt. In diesem Hause können Abonnentenfamilien Kaffee kochen; der gute Bürgerstand geht hinein; doch zugleich andere, die, losgelöst von Familienhaftigkeit, bloß theatralische Kunst genießen wollen. Sie alle (und der Chronist kann sich nicht ausnehmen) sehn mit den absonderlichsten Gefühlen von der Welt die populärste deutsche Gestalt auf der Bühne. Man sagt sich: so hat er sich wirklich gebärdet, so hat er wirklich gesprochen, wenigstens manchmal. Nicht Bismarck, aber zweifellos ein paar Seiten seines Wesens sind hier porträtiert. Und so wahr man nicht vergißt, daß ein naiver Ausschlächter auf Sensation arbeitet, so wahr ist man in starker Erregung; ergriffen durch diese teilweise Leibhaftigkeit. Ich hätte nie gedacht, daß ein Aktualitätsschmarren so viel anschauliche Kraft haben könnte. Man begreift jetzt die Erfolge des Dramas »Kapitän Dreyfus« und manchen Bruderwerks. Das Beste bleiben die Hörer. Die Hörer im Berliner Theater benehmen sich naiv. Es sind sittengeschichtlich denkwürdige Zustände, wenn sie, Tränen in den Augen, in jubelndes Händeklatschen für den verstorbenen Abgott ausbrechen; wenn sie mit schluchzendem Eifer den Worten des Depossedierten zujauchzen und wenn sie Bismarcks Unterscheidungen zwischen mühelos ererbtem Besitz und mühseliger Schaffung des Besitzes stürmisch billigen. Ich spreche nicht von der ersten Vorstellung. Kein Mensch denkt mehr an ein Theaterstück. Es ist eine politische Kundgebung. Zum Applaus regen sich die Hände all derer, die nie eine Hand gerührt haben, als Bismarck entlassen wurde. Weil er gestorben ist, stehen sie ihm mild gegenüber; wie wenn etwas gutzumachen wäre. Besonders Frauen und Mädchen sehen nur die Grundlinien der Antagonisten, dort den Gekrönten, hier das Genie, und ein unmittelbares ethisches Gefühl läßt sie demonstrieren. Es liegt Demokratie in diesem Klatschen und ein bißchen Weltgeschichte in dieser ganzen Vorstellung. So erscheint es nicht als das größte Pech, das man haben kann, am Abend eines nachdenklichen

Frühlingstags in so lebensvolle Bewegung versetzt zu werden. Auch hier wird das Rauschen leise hörbar.

Das nächste Drama Philippis wird vielleicht den Fall Hartert behandeln. Daraus läßt sich etwas machen. Alle zehn Finger kann man sich danach ablecken. Eine Frau, welche das – wenn man so sagen darf – Treiben der Berliner Lebewelt fördert und beschwiegermuttert, erscheint als Heldin rentabilitätsfähig. Frau Hartert besaß eine legitime und eine illegitime Seite. Sie befaßte sich mit der Vermittelung von Heiraten und auch mit der Vermittelung freier Liebe. Vielleicht um die Kavaliere zu entschädigen, bevor sie in den sauren Apfel bissen, gönnte sie ihnen Erholungsabende mit ungebundneren Mitmenschinnen in ihren traulichen Anstaltsräumen am Magdeburger Platz. Noch ein bißchen tollen und toben, dann ran an den Speck. Heute nur, heut noch bin ich so schön, morgen, ach morgen muß ich vergehn. Ist es nicht menschlich? Wenn Elisabeth Hartert die Minnevermittelung mit etwas Plötzensee gebüßt hat, so ist die Ehevermittelung doch ihr belangvollerer Teil. Sie erwärmte sich für die Kreuzung von Kriegern mit Bankfamilien. So wurde Elisabeth Hartert ein Zeitsymptom. Die Bankfamilien scheinen sie manchmal beauftragt zu haben. Die läppische Sehnsucht sonst gar so kluger Menschen nach einem pleite gegangenen Ritter tritt wieder beschämend in die Erscheinung. Kann man es den Rittern verargen, wenn sie schließlich, alles in einen Topf werfend, von der Sippschaft geringdenken? Sie, die ja wissen, wie wenig sie selber wert sind. Außerdem aber ist dieses Verfahren unpraktisch. Solche Schwiegersöhne vergeuden gern, was durch zwei Generationen aufregungsvoll erspekuliert worden ist. Woran man die Aktionäre bemogelt hat, davon machen die Schwiegersöhne Fettlebe. »La revanche de l'actionnaire« nennt das Paul Bourget, der selbst eine Gattin aus dieser Finanz errungen hat und Kenner ist. Schade, daß man jetzt keine Namen erfahren hat. Das Tiergartenviertel hätte kopfgestanden. Diebisch würde man sich gefreut haben über den Reinfall. Der verstorbene Theodor Fontane fand zwar gegen Vernunftehen nichts

Triftiges einzuwenden. Und andre mit ihm. Er wollte mit ketzerischer Kühnheit auf die Liebe husten, wenn nur sonst die Verhältnisse stimmten. Doch er dachte kaum an Elisabeth Hartert. Vollends das neue Bürgerliche Gesetzbuch ist sehr für Liebe und sehr gegen Vermittlung. Denn es bestimmt, daß Heiratsvermittlergebühren nicht mehr einklagbar sind, weil contra bonos mores verstoßend. Ein blühendes Gewerbe dürfte so von 1900 ab ruiniert werden; und Elisabeth Hartert wird, eine tragische Vorläuferin dieser dahinwelkenden Mitbürger, die letzte Säule ihres Fachs gewesen sein. Und sie hatte den Wurf, und sie hatte den Schwung, und sie hatte den Elan. Ihr Andenken in Ehren.

Der Professor Eck liest jetzt den Berliner Anwälten Kolleg über das Bürgerliche Gesetzbuch. Die meisten dieser westlichen Rechtsanwälte sind verheiratet, und rationell verheiratet. Als Herr Eck an den Paragraphen von der Vermittelungsgebühr kommt, sagt er erläuternd, mit der Naivität eines Gelehrten: »Es soll nämlich in einigen Gegenden Deutschlands unter der bäuerlichen Bevölkerung der Brauch bestehen, daß die Heiraten durch Vermittler geschlossen werden.« Die Rechtsanwälte neigen die Köpfchen und suchen ihr Lachen zu ersticken. Manche puffen sich gegenseitig unter der Bank.

...... Es ist mein Schicksal, Leser, mit einem Frühlingstage zu beginnen und mit diesen Rechtsanwälten zu enden. Ich bin Chronist. Es ist mein Schicksal. Jetzt ist der Abend herabgesunken, und die lauen Lüfte wehen noch immer, frühlingsgleich. Vor dem Schlafengehen schreite ich durch den Frühling und stecke das Feuilleton in den Briefkasten. Das ist mein Schicksal.

Um Mitternacht, für sieben geschlagene Stunden, bezieh' ich dann mein Haus im Dickicht.

Gute Nacht.

13. November 1898

[...] Sau-Jagden haben nach den gegenwärtig in Deutschland herrschenden Begriffen nichts Unrechtes. Das geht schon daraus hervor, daß prinzliche Herrschaften daran teilnehmen. Trotzdem wollte ich sehn, wer mich hindern könnte, den Keiler zu bedauern. Sehn wollt' ich es! Der Bericht über die Jagd ist vielleicht ebenso fesselnd wie die Jagd selbst. Er meldet, daß das »waidmännische Leben« an diesem Tage schon früh entwickelt war. Unter »munterem Hörnerklang« überreichte Graf Hohenau jedem der Piqueure im Auftrage des Kaisers eine Krawattennadel zur Erinnerung an die am 20. Dezember 1897 abgehaltene zweitausendste Parforcejagd. So beging man denn diesmal die zweitausendunderste Parforcejagd. Nach Verteilung der Erinnerungskrawattennadeln entspann sich eine »muntere Geselligkeit«. Schön. Um 1¾ Uhr wurde der Keiler aus dem Saukasten herausgelassen. Der Bericht meldet, daß das Schwein eine »südliche Richtung« auf Hundekehle zu einschlug. Bei der Bahn, heißt es, »stürmte der Keiler mitten in das Publikum hinein«. Hinter ihm her war die Jagdgesellschaft, zu Pferde, mit waidmännischem Leben und munterem Hörnerklang. Das Publikum empfing das Borstentier mit Schirmen und Stöcken und »setzte ihm wacker zu«. Was heißt wacker? würde Hirsch Hyazinth fragen. Der Bericht kündet weiter, daß das gejagte Schwein hierauf am See entlangraste und »in den Garten des Hundekehlen-Restaurants eindrang«. In der Todesangst glückte es dem gehetzten Vieh, sich in einem benachbarten Morast einzuwühlen. Lieutenant von Bartsch sprengte mit »Todesverachtung« in den Morast. Der schwachsinnige Verfasser dieses Berichts meldet, daß zugleich die Hunde »mit scharfen Zähnen dem Borstentier das behagliche Versteck verleideten«. Welche Behaglichkeit! Jetzt wurde der Keiler getötet. Hierauf verlas Prinz Ferdinand Leopold eine Depesche des Kaisers aus Palästina, in welcher unser Monarch »Waidmannsheil und Horrido« zum heutigen Tage wünschte. Nachdem »die Begeisterung über den Allerhöchsten

Jagdgruß sich etwas gelegt hatte«, so meldet der Bericht, war die Jagd zu Ende, und es wurde ein Festmahl gegessen.

Man sieht, daß diese Herren stärkere Nerven haben als wir. Man sieht auch, daß sie allerhand Lebensinteressen haben, die unser bürgerliches Dasein nicht kennt. Nur die Tatsache wollen diese Zeilen feststellen – ohne zu richten und ohne unehrerbietig zu sein. Man kann öffentliche Äußerungen heut nicht genug abwägen. Die Verhaftung des Simplizissimuszeichners Thomas Theodor Heine ist ein Memento. Es soll uns die Stimmung nicht verderben. Noch ist er nicht verurteilt, bloß verhaftet; noch ist er nicht überführt, bloß angeklagt. Und so lange machen wir von unserem Recht Gebrauch und rufen mit doppelt lauter Stimme, daß wir seine Zeichnungen entzückend finden. Kein grober Unfugsparagraph hindert daran – oho, vorläufig darf man Partei ergreifen. Also sprechen wir: dieser Mann, den die Sachsen eingelocht haben, ist einer der wenigen Söhne Deutschlands, auf die es heute Grund hat stolz zu sein. Nicht bloß ein Zeichner, sondern ein ganzer, wundervoller Mensch. Er fühlt mit den Ärmsten, gegen die Mächtigen, und eine schlechtweg einzige Begabung leiht ihm Kraft, die Sehnsucht und den Haß seines satirischen Temperaments, des stärksten, das Europa gegenwärtig aufweist, zu gestalten. Was sind uns Forain und Caran d'Ache? Glänzende Zeichner. Dieser ist eine Natur! Er sucht nicht durch erwünschte Scherze ein Mehrheitspublikum zu unterhalten; er kämpft mit geschlossenen Lippen gegen die breiten Schichten Deutschlands, und das »facit indignatio versum« steht auf seinem Schwert. Er verbreitet, wenn er unendliches Gelächter weckt, eine Weltanschauung. Sein grimmiger und, ach, so lustiger Humor erscheint als Befreier, nicht bloß im ästhetischen Sinne, sondern im kulturgeschichtlichen Sinn einer Tat. So senden wir ihm Grüße in die Haft. Hört es alle: Ein Genius sitzt hinter den sächsischen Mauern. Die Zelle wird geadelt sein, in der er gesessen hat. Ave, Thomas Theodor Heine.

So sprechen wir heute.

20. November 1898

Feuchter Nebel liegt auf den Straßen Berlins, die Störche sind längst fort, und die Kreuzfahrer kehren heim. Nach Grog ist die Sehnsucht des deutschen Volkes gerichtet, soweit es in der herrlichen Kaiserstadt zusammenhaust. Jetzt in den Nachmittagsstunden, wenn die Laternen früh angezündet sind, macht die Leipziger Straße einen gar traulichen Eindruck. Die Hausfrau, das Portemonnaie in der Hand, geht schwerhufig zu Wertheim, um gestrickte Leibchen zu kaufen. Listig benutzt sie den Vorwand, um sich im zweiten Stock, in der Konditorei, anzusiedeln. Sie fühlt sich unbeobachtet und leckt vom Teelöffel die letzte Schlagsahne ab. Jene Gelüste, die sie als unbescholtenes Mädchen einst empfunden, brechen wieder hervor. Ein kurioser Johannistrieb, nach vierzehnjähriger Ehe. Und so viele Mütter kaufen in diesem Bazar gestrickte Leibchen, daß die Konditorei ganz abgegessen ist. Um sechs Uhr glitt der letzte Mohrenkopf in den Magen einer Kanzleirätin. Zuletzt, wenn man aus Kuriosität mal diese Wertheim-Konditorei aufsucht, gibt es bloß noch Schnäpse. Die Gattin des Freundes sagt: »Käsekuchen ist alle, komm' 'rüber zu Hilbrich.« Ein feiner, schwermütiger Zug breitet sich über ihr bleiches Gesicht, weil Käsekuchen alle ist. Und mit düsterem Ausdruck steigt sie die Stufen hinunter. Aber draußen auf der Leipziger Straße herrscht wiederum das trauliche Treiben, als ob schon Weihnachtszeit wäre. Und vor kurzem traf ich hier den Fürsten Hohenlohe, der in Begleitung eines hochgewachsenen Herrn unter der Bevölkerung spazierenging. Der Anblick dieses gebrechlichen kleinen Mannes mit der greisenhaften Hilfslosigkeit und dem angstvollen Augenausdruck würde nie vermuten lassen, daß er mit eiserner Faust Deutschlands Geschicke lenkt. Niemals würde er dieses vermuten lassen.

Die Störche sind weg, es riecht nach Grog, und die Kreuzfahrer kehren heim. Es rüstet sich die deutsche Hausfrau, ihren lieben Pilger am stillen Herd zur Winterszeit zu empfangen. Zumal der Pastorsgattin ist bange nach dem frommen Gatten, der sich unter den Völkerschaften des Ostens, unter allerhand unsichern und zweifelhaften Verhältnissen, kasteit hat. Der Hofbuchbindermeister Demuth aber wartet mit doppelt gehobenem Gefühl der gen Deutschland schiffenden Kreuzfahrer. Er beruft eine Versammlung in die Victoriasäle, um zur festlichen Ausschmückung der Häuser beim Einzug des Kaisers zu mahnen. Die Bürgerschaft soll gar fröhliche Zier an die Bauten legen, Wimpel sollen wehn, eine Adresse soll überreicht werden, und die Geschäfte sind während des Einzugsfestes zu schließen – damit doch auch die Angestellten an der Feier teilnehmen können. Von einem Fackelzug sah Demuth zu unserem schmerzlichen Erstaunen ab. Aber noch in der jetzigen, einfacheren Fassung ist seine Idee ungemein glücklich. Es fehlte uns schon lange etwas; jetzt wissen wir: es war diese Anregung. Endlich ist ein schreiender Mißstand beseitigt worden. Zwar scheint es nicht angängig, jedesmal, wenn der Kaiser eine Reise hinter sich hat, die Geschäfte zu schließen. Aber diesmal wars eine Pilgerfahrt. Und der Hofbuchbinder, dessen frommer Name schon Demuth ist, würde gewiß den Deckel für die Adresse herzustellen bereit sein. Sollte Demuths Plan bei der zuchtlosen Rotte vaterlandsloser Gesellen, welche die deutsche Kaiserstadt bewohnt, keine Gegenliebe finden – und es ist leider nicht ausgeschlossen, daß das geschieht –, so würde ihm noch immer unbenommen sein, einen höheren Geldbeitrag für die neue Kirche, die zweifellos zur Erinnerung an die Palästinareise gestiftet wird, zu spenden. Bis sie aber erbaut wird, feiert Otto Eugen Heinrich in der »Kreuzzeitung« nur durch den Bau mehrerer Strophen die Rückkehr der Pilger:

> Im Geist bewegt vom Hauch des heil'gen Landes,
> Zurück nun zu den heimischen Gestaden
> Kehrt alle ihr, die zu dem Fest geladen,
> Erkorne meist des hehren Priesterstandes!

Die Verse Otto Eugen Heinrichs gehen zu Herzen. Es müßte sich doch ermöglichen lassen, daß sie beim Einzugs-

fest durch das Demuth-Komitee zu Gehör gebracht würden, aus dem Munde weißgekleideter, aber warm angezo-
gener Jungfrauen. Sollte bestätigt werden, was ich ver-
mute: daß Otto Eugen Heinrich selbst ein Erkorner des
hehren Priesterstandes ist, so wäre das doppelt erfreusam
und segensreich.

Demuth und Berkemeyer! Berkemeyer und Demuth!
Unser Vaterland gebiert sonderbare Erscheinungen. Der
Hofbuchbindermeister hatte wohl die glücklichste Idee, die
seit langer Zeit einem Hofbuchbindermeister einfiel. Was
muß dieser Mann für Sorgen haben. Auch bei gutem und
angestrengtem Willen können wir uns in sein Inneres nicht
versetzen. Eine Sache, die so wenig in seine individuelle
Sphäre eingreift, die zugleich so wenig der Allgemeinheit
zugute kommt, mit dieser Freudigkeit zu betreiben! Und
Berkemeyer? Er riskiert seine Stellung, um, wie er sagt, »unausgesetzt für die Reinhaltung der Fürstenhäuser von unedlem Blute einzutreten«. Was muß Berkemeyer für Sorgen
haben. Er schafft Aktenstücke nach Bückeburg und kämpft
gegen Lippe. Er erträgt es nicht, daß Lippe mit unebenbür-
tigem Blut durchsickert ist. Er begründet sein Eintreten für
Schaumburg nicht damit, daß das Gesetz in Legitimitäts-
dingen auf Ebenbürtigkeit sieht. Vielmehr, *sein* subjektives
Empfinden, *sein* persönliches Gefühl empört sich gegen ein
Fürstenhaus, das mit bürgerlichem Blut vermanscht sein
könnte. Er ist »Aristokrat vom Scheitel bis zur Zehe«. Einen
Scheitel wird er wohl haben. Es graut ihm also vor seinem
eignen Blut. Wenn Berkemeyer sich mit einer Fürstin
kreuzte, würde ihr Haus durch ihn verunreinigt werden.
Hiervon hat er ein lebhaftes Gefühl. Welche seltsamen
Käuze. Ich halte es gar wohl für möglich, daß Herr Demuth
nicht vom Geschäftsinteresse, Herr Berkemeyer nicht vom
Strebertum geleitet wird. Beide sind nur vom Geist ihrer
Zeit erfaßt. Sie sind Proben eines Bürgertums, das die Wol-
lust der Selbstvernichtung selig röchelnd empfindet. Erscheinungen, die man heut in Amerika glattweg für
schwachsinnig halten würde; für die aber bei uns die Gene-
sis zu verstehen ist. Mögen alle beide glücklich werden.

Es riecht nach Grog, und die Stadtväter haben den Vertrag mit den Elektrizitätswerken endgiltig angenommen. Es sind Stadtstiefväter. Grade in der gegenwärtigen Zeit scheint es notwendig, daß ein Gemeindewesen zur möglichst selbständigen und starken Macht wird. In der Selbständigkeit liegt die Stärke, in dem eigenverwalteten Betrieb die Macht. Statt dessen hat diese Mehrheit, welche der Unsinn ist, bis in die ersten fünfzehn Jahre des nächsten Säkulums hinein das Licht für die deutsche Hauptstadt einer Aktiengesellschaft übertragen – statt es selbst aufzustecken. Man kann ein Anhänger des monarchistischen Prinzips sein und es doch nur aus Zweckmäßigkeitsgründen gelten lassen. Freiere Menschen werden sich sagen: eine Monarchie ist vielleicht zur Zeit ein notwendiges Übel, doch, losgelöst von der Zeit, fühlen wir republikanisch. Seien wir offen. So ist die republikanische Verfassung der Stadtgemeinden eine Art Trost. Und alles sollte geschehn, um solche tröstsamen Organismen in sich geschlossen und staatsähnlich zu gestalten. Das wäre die sozusagen ideale Seite der Sache. Von der Verbilligung und Popularisierung der Elektrizität gar nicht zu reden. Die Stadtverwaltung wird jetzt unendlich populär werden: bei den Großindustriellen. Sie sorgt liebreich für die Mästung von Aktionären. Sie befördert den Unternehmungsgeist der andern, den sie selbst nicht hat. Warum die Stadt nicht den Profit nehmen soll, den die Gesellschafter zweifellos einsacken, das ist normalen Beobachtern aus diesen seltsamen Verhandlungen nicht klargeworden. Aktiengesellschaften gründen sich ja nicht aus Menschlichkeit, sondern um Geld zu verdienen; und viel Geld zu verdienen. Allein die Direktoren so einer Elektrizitätsgesellschaft haben Jahreseinkünfte von vierzig- bis achtzigtausend Mark; wahrscheinlich mehr. Ein städtischer Beamter jedoch, und wenn er Bürgermeister wäre, bezieht nicht die Hälfte solcher Summen – für eine Tätigkeit, die einigermaßen geschäftlich und einigermaßen repräsentativ ist. Gerade das, obgleich es nicht das Wichtigste ist, wird der misera contribuens plebs nie in den Kopf wollen. Der Hinweis auf das »Risiko« Berlins bei einem so

zukunftsvollen Kulturfaktor wie die Elektrizität ist natürlich von niemandem ernst genommen worden; auch von
denen wohl nicht, welche die Freundlichkeit hatten, ihn
auszusprechen. Hütet euch, Stadtväter! Auch Wien besaß
ein liberales Regiment, das pflaumenweich und schlapp
war. Auch die Wiener Stadtregierung war gegen Aktiengesellschaften nicht immer von spartanisch entschlossener
Haltung. Heut ist sie weggefegt. Daß die Berliner Stadt-
liberalen eine demokratische Auffrischung brauchen, das
pfeifen die Spatzen von den Dächern. Auch ein liberaler
Marasmus bleibt ein Marasmus. Nur die entschlosseneren
Elemente in diesem für Deutschland vorbildlichen Bür-
gerhaus werden wohl künftig auf ihrem Platze bleiben.
Und die andern werden auf dem Platze bleiben. Hütet
euch!

Der Nebel steigt, es riecht nach Grog. Und währenddessen ist einer unserer Mitbürger, sein Nam' ist Herrmann,
von einer schmerzlichen Disziplinaruntersuchung befallen
worden. Der Obertelegraphenassistent Herrmann wurde
in Potsdam, wo der Disziplinarhof tagt, zur Aufgabe seines
Amtes dringend veranlaßt. Was hat er gemacht? Herr
Herrmann ist sechzig Jahre alt. Er benutzte die Frist von
mehreren Monaten, in denen er sich vom Beruf drückte,
erwiesenermaßen dazu, mit mehreren verheirateten Damen Ehebrüche zu begehen. Der leichtsinnige junge Mann
ist selbst verheiratet und darf auf eine starke Familie lächelnd herabsehen. Vor Gericht wurde festgestellt, daß die
Ehebrüche des übermütigen Greises »öffentliches Ärgernis« erregt hätten. Wieso öffentliches? Wer außer den beteiligten Ehemännern sollte sich darüber ärgern? Nun, die
anderen, welche die zehn Gebote achten. Diesmal ärgerten
sie sich doppelt. Warum? Darum: weil Herr Obertelegra-
phen-Assistent Herrmann noch so ausgefallene Neigungen
hat. Der Springinsfeld! Der Böse! Vom Standpunkte der
Renaissance betrachtet, würde der Fall vielleicht ein gewisses Schmunzeln wachrufen. Man würde allein die Rüstigkeit dieses preußischen Beamten ins Auge fassen. Da es
aber durch nichts berechtigt ist, die Dinge vom Standpunkt

der Renaissance zu betrachten, werden wir das Urteil des
Disziplinarhofes gutheißen. Und damit, Leser, nehm' ich
Abschied für eine Woche. Der Nebel steigt – –.

27. November 1898

Gelegentlich einem Konzert beizuwohnen ist gelegentlich
schön. Jetzt kommt die Zeit dafür. Schumann sagt: Ich
wüßte nichts Schöneres als ein Konzert, es sei denn die
Stunde vor demselben. Er hat recht. Die Musik zeugt
Wunder in der Seele eines Großstadtmenschen, der selten
flüchten kann in dunkle, erinnerungstiefe Abgeschiedenheit. Doch ebenso wirkt, was drum und dran hängt, wundersam. In Theaterhäusern ist keine Poesie, wenigstens an
der Spree: immer die gleiche, laute, berlinische Bande mit
der dünnen Beseeltheit und dem nüchternen Überwitz. In
der Pause allgemeiner Brötchenfraß, schnabbrige Bemerkungen, Vordringlichkeit.

Doch über dem versteckten Haus hinter den Bäumen des
Kastanienwäldchens, Singakademie beibenannt, schwebt ein
ferner Schimmer von Märchenreiz. Die Menschen sind zurückhaltender, seelisch feiner, schweigsamer. Mehr junge
Mädchen; melancholischere Stimmung; etwas Entgleiten-
des, Entschwebendes, Umschleiertes. Halblaute Stimmen,
gedämpftes Summen noch in dem Raum, wo Abendmäntel und Spitzentücher den verwitterten Garderobenfräu-
leins übergeben werden. Eine verschollene Novellenstimmung im Saal, dem länglich-schmalen, mit der Orgel im
Hintergrund und den altmodischen Logen im Hochpar-
terre. Eine gesänftigt-phantastische Welt steigt auf mit leiser Magie. Man erwartet, etwas zu erleben. Sterne in mat-
tem Glanz strahlen nieder auf die klappernden Sitze.
Nebel taucht aus den Seelen, umhüllt alles und läßt sogar
die Anwesenheit des Konzertagenten Hermann Wolff
wohltuend vergessen. Ich wüßte wahrlich nichts Schöneres
als ein Konzert, es sei denn die Stunde vor demselben.

Die Musikkritiker der Zeitungen berichten, was gesungen, was gespielt worden ist, ob's gut, ob's schlecht war. Worauf es eigentlich ankommt, davon schreiben diese Musikkritiker nichts. Unterschlagen die Novellen. Melden nichts von der dämmernden Sehnsucht, die vor den Toren durch die Luft zieht, wenn die Abendgänger im Novembermondschein die Steinstufen hinaufgehen und hinter erleuchteten Fenstern eine Frauenstimme und Geigenlaute hören wollen. Sie gleichen den geschwätzigen Kunstrezensenten, die von Bildern mitteilen, ob sie die pastose Pinselführung zeigen; die aber nichts zu sagen wissen von seelischem Erlebnis, vom Eindruck, von anklingenden Phantasien. Welcher Maler könnte die Novellen malen und die Humoresken, die ein Musikraum gebiert? Noch wenn es die gemeine, prosaische, elende Philharmonie ist, erwachsen Typen und Szenen, die kein Pinsel je festhielt. Der Maler müßte ein Gemisch sein von Giorgione, Goltzius, Boldini, vom Freiherrn von Habermann – und wenn Skarbina dreimal so voll und tief wäre, als er ist, könnt' er dazu eine gewisse, allgemeine Stimmung malen.

In der Philharmonie herrscht Realismus. Ein geistlich Werk wird durch westliche Damen gesungen. Andere sind auch dabei. Gott sei gepriesen. Ein großes Orchester. In der Höhe wie auf einer Säule ein kleiner Dirigent, die Hände bald gegen den Chor gerungen, bald gegen die Instrumente. Fette Damen, in grauseidenen Kleidern, ein Lorgnon auf der fleischigen Nase, stehn vorn auf dem Podium und singen; in der Pause naschen sie. Uäh, uäh! Richard Wagner war für das verdeckte Orchester: ich bin für den verdeckten Chor. Doch eine steht links, ein Mädel von neunzehn Jahren, aschblondes Haar, rosa Kleid. Scheint eine Rektorstochter oder Organistentochter. Sie hat dunkle Augen und ragt aus allerhand Tannenzweigen vor, die ihre Füße umhüllen. Wie die Astarte des Gabriel Max scheint sie zu schweben. Dabei hat sie die Sicherheit einer jungen Berlinerin: und mahnt doch an Astarte. Es ruht auf ihr so viel Keuschheit: und doch zeigt sie, die Kröte, eine herbe Koketterie. Man könnte für sie sterben. In den letzten Reihen singen alte Lehrerinnen, sehr musikalisch und treffsicher. Sie fühlen tief; das Gesicht ist wie besinnungslos hintenübergebeugt, mit einem epileptischen Ausdruck. Seitwärts die holländische Schönheit ohne Gnade, die wohlbekannte, die Finanzfrau, mit der seltenen Profillinie; mit dem feinen Mund, den sie nie zu weit öffnet. Im Parkett? Alte, schöne Damen, Aristokratie, auf dem weißen Haar zuweilen eine schwarze Maria-Stuart-Haube. Zwischendurch hysterische, blasse Offizierstöchter mit wundervollen Zügen, in denen die krankhafte Sehnsucht zur Musik liegt.

Nachher strömt alles langsam in die Garderoben. Manche tun benommen. Sie lassen sich Abendmäntel umlegen, stampfen abwesend in Gummischuhe. Die meisten blikken, als ob sie eine Freundin suchten. Wollen noch gesehen werden. Dann kommen die epileptischen Lehrerinnen heraus und die fetten Grauseidnen. Doch die Organistentochter, die aschblonde, ist weg. Ist weg. Auf der Bernburger Straße ein letztes Aufleuchten, ein Aufklingen, eine Erinnerung. Am Potsdamer Platz ist alles vorbei. Ich wüßte nichts Vergänglicheres als die Stunde nach einem Konzert.

Neulich, abends auf der Straße, sprach mich eine Dame an. Ich kam mit Willem, dem Universitätsfreund, die Potsdamer Straße entlang. Er ist vierunddreißig Jahre, und sein stierdicker Nacken fängt an sich zu beugen. Die Leidenschaft dieses Philosophen, insbesondere Psychologen, wäre ein Weib. Aus Weltfremdheit hat er nie vermocht, eine zu gewinnen. Er wird gleich befangen in ihrer Nähe, stottert in Pflichtbewußtsein das Blödsinnigste; unter Männern besonnen und ruhig. Da er seit langem harrt, daß das Schicksal ein Frauenbild in seine Arme schleudern wird, als ein Wunderbares, Dreimalwillkommenes: so war er sehr erfreut, wie uns die Dame ansprach. Sie aber legte zwei Druckschriften in unsere Hände. Und schob ab. Als Willem merkte, daß er Traktate bekommen hatte, war er verstimmt. Ich auch. Wenngleich es nicht selten ist, daß man abends von einer Dame angesprochen wird (sie kann z.B. fragen, wie spät es ist), so erschien diese mit besonderer bürgerlicher Anmut behaftet. Schade! Seitdem widerfuhr mir das gleiche Erlebnis öfter: in der Potsdamer Straße werden jetzt Missionsschriften verteilt.

Es tut not; dem westlichen Volke muß die Religion erhalten werden. Das eine Traktätchen aber beginnt mit einer warnenden Geschichte. »Auguste war ein folgsames, fleißiges Mädchen, doch hatte sie eine Untugend, sie mißbrauchte den Namen Gottes, indem sie alle Augenblicke ach Gott! oder ach Herr Jesus! sagte.« Es wird erzählt, wie Auguste diese Unart ablegte. Sodann der Hinweis auf eine verbreitete Art des Meineides und die Mahnung: »Der große Staatsanwalt im Himmel läßt sich nicht spotten! Denke an Tod und Ewigkeit, an Gericht und Verdammnis!« Eine andere Druckschrift, gleichfalls vom Verlag der Deutschen Buch- und Traktatgesellschaft, beginnt: »Vor einigen Jahren lebte ein Uhrmacher, ein geschickter, fleißiger, achtbarer Mann, in einer großen Stadt. Alle Welt hielt viel von ihm wegen seines ordentlichen, redlichen Lebenswandels, aber trotz allem war er vollständig ungläubig.« Der Uhrmacher war zu »aufgeklärt«, um »an die Hölle zu glauben«. Seine Strafe besteht darin, daß er im Todeskampf achtundvierzig Stunden hintereinander die Worte, er wisse nicht, wohin er gehe, wiederholt, und zwar »mit so entsetzlicher Schnelligkeit, daß seine Freunde und Verwandten es nicht in seiner Nähe vor Grauen ertragen konnten«. Im Anschluß hieran werden die Lustwandelnden aufgerüttelt: »Liest du Romane gern, in denen, wenn auch in geschickter Form, die Sünde verherrlicht, das Gute verlacht wird? Wisse, dann bist du auf dem Wege zum Abgrund!« Den Urhebern war es gewiß ernst um diese Dinge. Wir sind auch nicht bloße Rationalisten. Das Vernünftelwesen Berlins führt oft zur elendesten Seelenverdünnung. Aber solche Prosadichtungen von Auguste und dem Uhrmacher sind doch sehr komisch. Das soll zur Verinnerlichung von Großstadtmenschen beitragen? Jeder Humor ruht auf einem Gegensatz. Hier besteht der Gegensatz zwischen der Absicht der Spender und der Wirkung bei den Beschenkten. Das Seltsamste aber bleibt der äußere Vorgang: aus dem Nebel tritt das elegante Frauenbild vor und mahnt

zur Frömmigkeit. Wir schreiten weiter, im Schein umschleierten Laternenlichts, rauchen, lächeln, der Fuhrmann
Henschel ist auf den Litfaßsäulen angekündigt, die Stra-
ßenbahnen klingeln, auf Zweirädern sausen holde Schwestern dahin – und das Frauenbild tritt mit gesenktem Blick
aus dem Nebel. Das ist das seltsamste.

Eine neue Kunst zog in diesen Tagen hier ein. Georg
Bondi hat die versunkene, absentierliche Poesie der symbolistischen Männer und Jünglinge veröffentlicht, die früher
sorgsam der Allgemeinheit fernblieben. Stefan George und
Hugo von Hofmannsthal, die deutschen Häupter dieser
Schar, blühten abseits in den »Blättern für die Kunst«, einer
gewählten Zahl Geladener bloß zugänglich. Kein Zweifel,
daß mit der Buchausgabe der Symbolismus ein Gegenstand
weiterer Wirksamkeit und des Kampfes wird. Er selbst behauptet, nicht kämpferisch zu sein. »Beklagen können wir
nur«, heißt es von außersymbolistischen Dichtern der Gegenwart, »das nutzlose verschwenden so vieler kräfte, die in
anderer tätigkeit als der dichtenden und schreibenden
rühmliches zu leisten gewiß nicht verfehlt hätten.« Die
Hauptworte werden bei den Symbolisten klein geschrieben. Ihr Ziel ist: eine Kunst aus der Anschauungsfreude, aus
Rausch, aus Klang und Sonne. Der Naturalismus macht ein
Werk großen Zuges nach ihrer Ansicht unmöglich. In der
Vorrede in dieser nicht bloß gefühlsmäßigen, sondern ver-
standesfeinen Darlegung ist manches Berechtigte. Im Grund
aber selbstverständliche Wahrheiten, die von je gegolten
haben. Dinge, die aller Lyrik gemeinsam sind, werden hier
doch schließlich als Errungenschaften des neuen Kreises gesehn. Schon in der deutschen Romantik galt es, seelische
Wirkungen durch anspielende, anklingende Begriffe zu erreichen; nicht durch das Nennen der Dinge selbst. Hiermit wirtschaften die Symbolisten. Bloß ausschließlicher, ge-
werbsmäßiger. Hinzu kommt gewerbsmäßige Häufung von
Farben, Metallen, edlen Stoffen. Eine oft innerliche, noch
öfter kühle Kunst voll erlesener Geschmücktheit und mar-
morner Zier! Oft scheint für ihre wohlgeratenen starren Taten Platen der Pate gewesen zu sein. Seid ihr noch nicht, so

fragt die neue Schar, vom Gedanken überfallen worden, daß in diesen glatten und zarten Seiten vielleicht mehr Aufruhr enthalten ist als in all euren donnernden und zerstörenden Kampfreden? Nein, von diesem Gedanken sind wir nicht befallen worden. Die wundersamen, stillen und tiefen Reize vornehmer Kunst wissen wir zu lieben. Doch eine Gestalt wie Beethoven müßte von diesen allzu adligen Künstlern, von diesen Beseelt-Unbeseelten verworfen werden. Das bricht ihnen das Genick. Und ob sie wohl ein kleines Lied können? In drei Bänden von Stefan George und in den Blättern für die Kunst hab' ich unter manchen Herrlichkeiten so ein Lied nicht gefunden. Ich will noch einmal suchen.

> Wo sieche Seelen reden,
> Da lindern schmeichelhafte Töne,
> Da ist die Stimme tief und edel,
> Doch nicht zum Sang so schön.

Die volkstümliche Assonanz ohne Reim – und so wenig volkstümlich der Inhalt! Kling' hinaus bis an das *Haus* ... Wenn du eine Rose *schaust* ... Das ist wohl anders. Die symbolistische Poesie in ihren edlen, abgestuften, zarten Tönen scheint eher gesendet, Bestandteile für die große Kunst zu liefern, als ein selbständiges Gebiet zu werden. Ich streifte mit einem kleinen Werke dichtungsgeschichtlicher Art (»Godwi«) leise den Zusammenhang dieser Sekte mit den Zeitgenossen Clemens Brentanos vom Jahrhundertanfang.

Und mit einem Hinweis auf mein Buch, welches auf dem Weihnachtstische keiner deutschen Familie fehlen sollte, will ich diesen Brief über Symbolismus, Nebelfrauen und Musik beschließen.

25. Dezember 1898

Weihnachtsbäume stehen in langen Alleen aufgestellt. Das schwarze, kalte Wasser, auf dem hie und da ein böhmischer Kahn schaukelt, leckt an der Uferböschung; am rechten Ufer wie am linken Ufer sind Häuser und Villen aneinandergedrängt. Hier wohnen die Reichen. Und ich.

Auf dem großen Platz, der an das Ufer grenzt, erheben sich die Alleen der Weihnachtsbäume. Lange, schmale Gänge. Man kann den Platz nicht überschreiten, ohne hindurchzugehen durch einen dieser engen Tannenwege. Es duftet wie bei Begräbnissen in der Leichenhalle. Die Tannennadeln strömen nun einmal einen Ruch aus, der an Sarg und Sterben erinnert. Der Baum, der das schönste Fest des Jahres schöner macht, gibt seine Zweige für die Totenkapellen her. Die reizende steinerne Brücke mit den alten steinernen Herkulesgebilden führt über das dunkle, kalte Wasser in den Tiergarten. Der nackte steinerne Herkules, der die Keule schwingt, blickt hinüber zu den Weihnachtsbäumen. Die Vormittagssonne, die verdammt spärlich auftritt, leuchtet in die Tannengänge. Und schlanke, feine, schöne Damen aus der Hitzigstraße und der Lichtenstein-Allee handeln um einen Baum. Es ist höchste Zeit, denn nachmittags müssen die elektrischen Lämpchen am Baum befestigt werden, und der Tapezier kommt. Der Tapezier richtet das ganze Zimmer her, in welchem die Geschenke aufgebaut werden. Die Möbel sind aus diesem Salon entfernt, nicht ein Stück durfte bleiben. Die meergrünen Tapeten mit den weißen Leisten warten bereits auf das, was kommen wird. Deshalb müssen die Damen rasch handeln. Die eine, dunkeläugig, hoch, die schönste Frau Berlins, sieht immer wieder neue Bäume an. Sie mißfallen ihr. Sie ist verwöhnt, und ihr unsterblicher Mund verzieht sich. Der Gatte besitzt Häuser in Rußland. Oder nur eins? Man weiß es nicht.

Kurz vor Weihnachten starb Hanni Klein. Man könnte auch sagen: klein Hanni; denn Hanni war erst vier Jahre alt. Die Zeitungen haben gemeldet, wie Hanni zu Tode kam. Einen seltsamen Eindruck hat diese Nachricht auf mich gemacht. Hanni stand bei den Dominikanerinnen in Pflege, zu Hermsdorf bei Berlin. Sie entkam aus dem umzäunten Hofe des Stifts in den Wald. Der »Lokal-Anzeiger« teilt mit, daß Hanni eine gewisse Unstetheit bereits »vor Wochen, als ihre Mutter noch lebte«, gezeigt hat. Am nächsten Tag fand man Hanni tot: sie war erfroren. Dieser Vorgang stammt aus keiner Ballade; er stammt aus einem Polizeibericht. Ein Kind namens Hannele hat die Mutter verloren, läuft vor Weihnachten in den Wald, und ist von dort gen Himmel gefahren. Sie würde, wenn sie fünf Tage gewartet hätte, im Armenhaus bei den Dominikanerinnen das Christfest begangen haben. Johanna Klein, fahre wohl.

Am Ufer, da Häuser und Villen aneinandergedrängt stehen, war Dienstag große Freude. Der Kaiser kam in unser Haus. Unser Hauswirt ist der Meister Eberlein: Leser, Sie wissen es ja. Von dem brüllenden Löwen und dem verwitterten Bismarck, die vor dem Atelier dieses Bildhauers stehen, hab' ich einstens erzählt; Sie wissen es ja. Hier fuhr der Kaiser vor. Er fuhr dröhnend durch unseren Hausflur, dröhnend durch zwei geöffnete Tore, an dem Löwen vorbei, am Bismarck vorbei, bis an ein kleines Boskett. Von diesem Boskett führt ein Weg von mehreren Metern ins Atelier; den mußte er zu Fuß zurücklegen. Er sprang aus dem Wagen. Unser Hauswirt und Begas, der berlinische Michel Angelo bekanntlich, standen grüßend da; Begas im Frack, mein Hauswirt im minder feierlichen Gewand eines Privatmanns am Sonntagsnachmittag. Der Kaiser schüttelte beiden Meistern die Hände, während das ganze Haus, Frau Pastor Müller, Madame Rohr, Frau Klatt, Dr. Siemering, ich, elftausend Jungfrauen dienenden Standes und der kleine Willy mit einer Soldatenmütze teilnahmsvoll zuschauten. Dem Begas schüttelte der Kaiser die Hand ungemein kräftig; er schwenkte seinen Arm beinah. Ich dachte: wenn er mir die Hand so kräftig schüttelte, es würde mir vielleicht weh tun. Der Kaiser sah recht angegriffen aus; die Gesichtsfarbe schien gelblich. Hatten sich Reisestrapazen in diese Züge eingeschrieben? War es die Fülle der Regierungsarbeiten? Oder die Ermüdung der letzten Jagd? Wer wollte es sagen. Genug, seine Wangen hatten nicht die Leuchtkraft wie auf den Bildern. Es schien auch in seinem durchaus freundlichen Wesen etwas Befangenheit zu liegen; selbst dieses auffallend kräftige Händeschütteln wirkte gleich einem leisen Ausfluß von Befangenheit.

Von den zwei Meistern gefolgt, schritt der Kaiser die vier

Meter vom Boskett bis zum Atelier entlang. Elisabeth, die Tochter der Pastorin, goldblond, madonnenhaft, achtzehn Jahre alt, schalksam und weich, drängte sich ein bißchen vor. Rohr's lagen im Fenster, die ganze Familie. Die Pastorin schritt vorwärts, mit der Entschlossenheit, die sie auszeichnet, und es dünkte mich, daß der eherne Löwe vor ihr furchtsam den Schweif einzog. Während der Kaiser, von den zwei Meistern noch immer gefolgt, dahinging, blickte ich ihn an, aus nächster Nähe. Und ich dachte: dieser Mann, welcher die vier Meter vom Boskett bis zum Atelier entlangwandelt, hat die Zukunft Deutschlands bis zu einem gewissen Grade in der Tasche. Man könnte sogar sagen: die Zukunft Europas. Bis zu einem gewissen Grad. Ich sah ihn schweigend an und dachte dieses, während er Elisabeth Müller grüßte. Eine ältere Dame mit einer Handtasche hatte sich aber an das Haustor gestellt. Und als der Kaiser in zwanzig Schritt Entfernung, den Rücken ihr zugewandt, dahinging, machte sie dennoch einen tiefen Knicks. So daß ich meinte, sie würde sich auf die Erde setzen. Die Dame balancierte jedennoch. Es gelang ihr, noch einmal sich emporzuarbeiten, und ich freute mich dessen. Man kann wohl sagen: wir alle freuten uns dessen. Als er nachher davonfuhr, unser Kaiser, fesselte ein Vorgang die Teilnahme des Hauses. Er hatte sich kaum in den Wagen gesetzt, da stürzte – stürzte, sag' ich – ein Riese auf ihn los. Hollaho, dacht' ich, er ist der mächtigste Mann in Europa, warum stürzt dieser Riese auf ihn los? Seltsame Gedanken schwirrten durch den Kopf. Doch gleich merkten wir, daß es sein Leibdiener war. Der Amateur-Apparat des Doktors Siemering hatte schon zu wackeln angefangen. Niemand ermißt aber die Geschwindigkeit, mit welcher der Leibdiener-Riese die Beine seines Herrn einwickelte, in eine Pelzdecke. Er wickelte fieberhaft, stopfte, arbeitete, eins, zwei, drei, rechtes Bein, linkes Bein, Mitte, fertig. Der Adjutant trabte zu Fuß vor die Hausfront, um rechtzeitig in seinen Wagen zu kommen. Die zwei Polizisten vor dem Tor rafften ihre Muskeln zusammen. Unser Kaiser fuhr von hinnen. Rohr's grüßten vom Fenster. Elisabeth blinzelte mit den Augen, von der Sonne geblendet. [...]

Dies wären die wichtigsten Ereignisse der verflossenen Woche. Ich wollte gerade noch einiges über den Professor Delbrück sagen, aber die Uhr schlug dreiviertel sieben, und ich mußte ins Berliner Theater zu Carlot Gottfrid Reulings dramatischem Märchen »Der bunte Schleier«. Immerhin: der Professor Delbrück ist eine äußerlich schlichte, ganz unscheinbare Persönlichkeit; ziemlich schmächtig und von der Nervensensibilität geistiger Arbeiter. Anscheinend eine innerliche Natur, unter deren abgeklärt-christlicher Oberfläche eine gewisse Leidenschaftlichkeit schlummert. Er wirkt, als ob er von Beamten stammte; doch es können auch ländliche Besitzer gewesen sein. Er hat nun zwei Gegner: den Disziplinarhof und den weniger ernsten Herrn Harden. Vor dem Disziplinarhof kann ihm nichts geschehen, denn er hat die Majestätsbeleidigungen gegen Köller nicht im Amt ausgestoßen, nur als Privatmann und Redakteur einer Zeitschrift. Immerhin soll man heut sagen, was eine Sache ist! Vielleicht findet man, daß er auch im Schlafrock zu Hause der Professor ist, daß er den Professor nie ausziehen kann, auch in der Badewanne nicht. Sicher scheint sein moralischer Sieg in dem Prozeß gegen Herrn M. Harden – selbst wenn ihm der hitzige Ausdruck eine Geldstrafe eintragen sollte. Es bedarf keiner Gerichtsverhandlung, um die innere Unwahrhaftigkeit des Wochen-Sensationsmannes klarzulegen; es läßt sich in einem Feuilleton abmachen. Was aber nun den bunten Schleier betrifft, so wird am besten ein anderer Schleier über ihn gestülpt. Es ist ein schwacher Versuch, die Raimundsche Posse zu erneuern. Doch ohne den Humor des Urbilds, ohne seine schwermütige Naivität. Ein Maler hat zuerst Ideale und verschreibt sich dann dem Dämon Gold. Er ist das Versuchsobjekt zweier Gottheiten, der edlen Felicitas und des rothaarigen Ahrimann. Zuletzt kehrt sein besseres Ich wieder, Ahrimann verliert die Wette.

Schade für Ahriman. Ich wünsche dem Leser vergnügte Feiertage.

1899

Herr von Kotze ist vom Kaiser wieder empfangen worden. Es wird versichert, daß sich seine volle Schuldlosigkeit herausgestellt hat; es wird versichert, daß gewisse Bedenken in einer dreiviertelstündigen Unterredung mit dem Kaiser endgiltig beseitigt worden sind. Wenn diese dreiviertelstündige Unterredung so klare und feste Ergebnisse liefern konnte, ist es herzlich zu bedauern, daß sie nicht früher stattfand. Der Kaiser, der vom Grabe des Erlösers zurückgekehrt ist, neigt wohl doppelt zur Milde und Vergebung, und deswegen hat er Kotzen empfangen. Herrn von Kotzes Unschuld an den anonymen Briefen ist sonnenklar geworden – nun würde bloß noch die Schuld an ihm haften, einen Menschen vorsätzlich getötet zu haben. Wenn nicht eben auch diese Schuld durch mehrere Monate Festungshaft gesühnt wäre. Wie dem auch sei, auf alle Fälle hat die so viel besprochene dreiviertelstündige Unterredung mit unserem Monarchen mehrere Annehmlichkeiten für Herrn von Kotze gehabt; das eben genannte Blatt meldet: »Aus den Kreisen des Hofes und der Gesellschaft sind Herrn von Kotze gestern viele Zeichen der Beglückwünschung und Teilnahme zugegangen.« Die Kreise des Hofes und der Gesellschaft haben gute Herzen. Nur eine Frage ist zu beantworten. Ob sie die Zeichen der Beglückwünschung und Teilnahme schickten, weil Herrn von Kotzes Unschuld erwiesen wurde oder weil ihn der Kaiser empfing. Wer wollte das sagen.

Gleichzeitig kam die Blätternachricht, daß der Kammerherr Baron von Beltheim auf Schönfließ vom 11. bis zum 21. dieses Januarmonats Kammerherrndienste bei der Kaiserin verrichten wird. Es scheint sich nur um eine Vertretung zu handeln. Die Nachricht ist gewißlich nicht bestürzend.

Eine Hofmeldung, wie sie öfter vorkommt. Mich erinnerte sie daran, daß ich einstmals die Bekanntschaft eines Kammerherrn gemacht habe. Nicht eines ausgestopften im Panoptikum – da könnte jeder kommen! Mein Kammerherr war ein wirklicher; ein lebender, sag' ich. Nämlich eben dieser, der vom 11. bis zum 21. bei Ihrer Majestät Dienst haben wird. Er bildet eine angenehme, ja gewissermaßen frische und leuchtende Erinnerung aus der Studentenzeit. Schönfließ, sein Erbsitz, liegt sechs bis sieben Meilen von Berlin entfernt, in jenem brandenburgischen Kieferngelände, wo wir dunnemals zu reiten pflegten. Die Pferde waren aus dem Stall unserer Freunde vom benachbarten Gut; und der Besitzer, Husarenoffizier, zwiebelte uns, zuerst auf Decke ohne Bügel, dann mit Chicanen. So ritten wir eines Tags im Sturm nach Schönfließ. Und hier fand die zu verzeichnende Begegnung mit dem lebenden Kammerherrn statt. Er hatte uns freundlich geladen, zwei Mann hoch. Es war ein wundervoller Sommertag. Die Schweine grunzten beim Einreiten in der Ferne, daß wir gerührt waren. Wir nahmen ein Familienmahl im Speisesaale – es gab dort einen altfränkischen Speisesaal, der viel anheimelnder wirkte als die ewigen Restaurantzimmer Berlins –, und es saß die ladyblonde Tochter zwischen uns beiden, gegenüber der Kammerherr, daneben die Repräsentantin, sonst überall Söhne. Nachher stiegen wir hinab in den Park, wo an einem großen grünen Gestell eine Schnur mit einem Ring befestigt war. Es galt, diesen Ring an einen Haken zu werfen, derart, daß er daran hängenblieb. Und es gelang mehrfach. Dann stiegen wir eine Treppe in die Höh' und besichtigten die Ahnengalerie. Es waren eine ganze Masse Ahnen. Hierauf stiegen wir hinab und gelangten in einen kleinen runden hellen Raum mit mehreren Betschemeln: das war die Privatkapelle des Kammerherrn und seiner Familie. Der Kammerherr selbst fühlte sich müde, denn Herr von Wedell-Piesdorf hatte nachts mit ihm auf dem Anstand gelegen; am Morgen war er nach Berlin zurückgefahren. Und den ganzen Nachmittag gab sich unser kleiner Schwarm löbliche Mühe, das meiste und Erreichbare dieses Landsitzes auf den Kopf zu stellen. Als aber dann die Nacht über die Wälder sank, kehrten wir mit erhitzten Wangen heim. Und noch oft ritten wir hinüber. Wenn aber der Kammerherr heut ebenso liebenswürdig ist wie damals – es gibt auch friedliche Kammerherren –, kann Ihre Majestät vom 11. bis 21. zufrieden sein.

Schade, daß das ganze Regime, welches jetzt in Deutschland herrscht, ein Kammerherren-Regime ist. Wir werden feudalistisch regiert, und wir werden mit Zeremonien regiert. Hierin sind die beiden Hauptmerkmale der Kammerherren enthalten, die im Privatleben sehr liebenswürdig sein und im öffentlichen Leben fürchterlich werden können. Die Vorträge, welche Herr von Mirbach, auch ein Kammerherr, steigen läßt, bilden ein Glied in der Kette. Sie sind, wenn man sie zusammenfassend charakterisieren soll, zum Brüllen. Der Potsdamer Herold der Jerusalemiade vereint so viel Salbungsfülle mit so viel gewandtem Höflingstum, daß man sich sagt: dieser Kammerherr ist wohl der eigentliche Kammerherr unserer Zeit. Bibelsprüche mischen sich bei ihm mit ständigen Hinweisen auf geglückte Arrangements. Der frömmste Augenaufschlag zum Gekreuzigten wechselt mit inniger Bewunderung für das Walten der Polizei. Man muß sich den Mann leibhaftig vorstellen, welcher einst zu frommen Zwecken dem Herrn Singer einen Besuch in seiner Wohnung machte. Man sieht ihn vor Augen, einen gesetzten Elegant mit wachsamen Blicken für die höchste Stelle, mit halb feudaler, halb herbergsväterlicher Miene. Eine Art potenzierter Kotillonordner mit kirchlicher Sanftmut und Gelassenheit. »Der Herr hat Großes an uns getan«, sagte er in Potsdam; er meinte die Palästinarundreise. Zu diesem Gemüt bilden die mörderischen Intrigen, die lebensgefährlichen Eifersüchteleien gewisser Kollegen ein absonderliches Seitenstück. Man muß gegen den weihevollen Mirbach die schießenden Kammerherren halten, um ganz zu wissen, welches der innerste Kern in den Lebensinteressen solcher Hofbeamten unter Umständen sein kann; um zu wissen, auf welchem

Grunde diese Blüte wurzeln kann, die im Saft junkerlich und feierlich durchmengt ist und die jetzt in Deutschland am höchsten wuchert.

Wenn die Zeremonien bei Hofe durch Kammerherren geregelt werden, so bedauert die Berliner Bürgerschaft herzlich, daß nicht auch die Erteilung einer Unterschrift oder Bestätigung an bestimmte Vorschriften gebunden ist. Eine gewisse Zeitgrenze müßte entschieden dafür festgesetzt werden. Gegenwärtig ist nicht gesagt, bis wann ein Ja oder Nein, aber doch immerhin eins von beiden, erfolgt sein muß. Es gibt Blätter, die allen Ernstes betonen, daß der Kaiser berechtigt sei, die Entscheidung auf unbegrenzte Frist in der Schwebe zu lassen. Das könnte also anderthalb Jahre, zwei Jahre, fünf Jahre und was weiß ich sein? Hiernach scheint es konsequenterweise, daß nicht mal nach zwölf Jahren – so lange währt die Amtsfrist – eine Bestätigung unvermeidlich wäre; denn die abgelaufene Frist würde ja bei einem Unbestätigten keine »Amts«-Frist gewesen sein; was? Ich glaube, daß der Kaiser von diesem formalen Recht, wenn er es haben sollte, niemals Gebrauch machen kann. Denn ein verfassungsmäßiger Fürst kann eine kleine Lücke, ein Versehen, einen Mangel an Genauigkeit des Ausdrucks unmöglich dazu benutzen, kontraktlich Verbürgtes in das Gegenteil zu wandeln. Das ist durchaus nicht anzunehmen. Und die Blätter bedenken kaum, welche Rolle sie den Kaiser im Falle der unbegrenzten Hinzögerung spielen lassen; oder vielmehr die Berater unseres konstitutionellen Monarchen. Es gibt eine Anekdote mit entfernter Analogie zu diesem Fall. Zwei Leute wetten, daß Schulze das Zimmer verlassen wird, bevor Müller dreimal auf den Tisch geklopft hat. Müller klopft zweimal und wartet mit dem dritten Mal in infinitum. So kann man allerdings Wetten gewinnen, im Spaß; doch politische Dinge sind was anderes. Darum mag die Bürgerschaft ruhig sein: *ein*mal wird Herr Kirschner die Entscheidung erhalten. Übrigens muß man in solchen Fragen heut doppelt vorsichtig sprechen und schreiben. Die Verurteilungen wegen Kaiserbeleidigungen gedeihen bekanntermaßen nicht schlecht in dieser Ära der Kammerherren. Strafen werden verhängt, so hoch und so häufig wie in den bösesten cäsaristischen Zeitaltern; im Verhältnis zu sprechen. Das Herz im Leibe kann einem weh tun, wenn ein Mann in Magdeburg jetzt vier Jahre bekommt, weil er eine Zeitungsnummer verantwortlich zeichnete, deren Inhalt er höchst wahrscheinlich nie gesehen hat. Vier geschlagene Jahre für die eventuelle Mittäterschaft an einer Beleidigung – und Herr von Kotze, Kammerherr, bekam für die Tötung eines Menschen geringe Festungshaft, mit Skatspiel, Spaziergängen und Gattinbesuch. Auch der Rittmeister von Stolberg, der einen Soldaten erstochen hat, flanierte dieser Tage in Straßburg herum, der wunderschönen Stadt, wo er die Tötung zwei Jahre lang büßt. Wenn er längst woanders flanieren wird, muß der arme Magdeburger noch immer, nämlich gerade zwei Jahre länger, im dunklen Gefängnis hocken. Das sind absonderliche Zustände, und ängstlich überles' ich noch einmal, ob in der Bestätigungsangelegenheit ja kein Wort zu viel gesagt ist. Es ist keins zu viel. [...]

22. Januar 1899

Die Zeit der Fastnacht rückt näher. Wehe – bereits hat das Metropoltheater einen Maskenball angekündigt. Es gibt Leute, die das ganze Jahr trunken sind und Fastnacht nüchtern. Berlins Einwohner gehören bedingt zu dieser Gattung. Denn sie erlustieren sich das ganze Jahr hindurch; da sind sie Fastnacht kaum nüchterner als sonst.

Einmal im Leben hab' ich ein Konfettiwerfen mitgemacht. Es war in Ostende. Die Leute überschütteten einander mit dünnen, oblatenartigen »Plätzchen«, wie man schlesisch sagt; mit leichten, feinen, zierlichen, in roter, grüner, weißer Farbe. In Berlin pflegt man mit ausgewachsenen Zuckerstücken zu werfen, in der Kaffeepause. Ich kann nicht sagen, daß die Konfettispäße einen tiefen Eindruck machen. Aber das Schmeißen mit Zuckerstücken hat den Nachteil, daß neulich einem Kellner ein Auge ausge-

schmissen wurde. Infolgedessen richteten die Berliner
Gastwirte ein Gesuch an die Vereinsvorstände des Inhalts:
Die verehrlichen Mitglieder der Vereine sollten ermahnt
werden, von dem Werfen mit Zucker abzustehen. Die böse
Grazie Berlins enthüllt sich ganz in dieser Sitte, die nicht
bloß zur Fastnachtszeit herrscht. Für Vereine ist die Kaffeepause das Beste am Abend. Die Portion mit Kuchen und
Zucker kostet fünfzig Pfennige. Hat man als Vereinsmitglied eine Dame gern, so kann man sich in Muße vor dem
weißen Tischtuch das Gefühl von der Seele 'runterreden.
Nachher kassiert der Kellner ein. Mancher Herr ruft nobel:
»Zweie!« Er ist imstande, spielend fünfzig Pfennige für das
Weib zu opfern. Denn die Liebe umnebelt alle Sinne. Darauf singt das Vereinsmitglied Püschel II mit Klavierbeglei-
tung »Hab' ich nur deine Liebe«. Püschel II singt, mächtig
ergreifend, mit vorgebeugtem Oberkörper. Das Vereinsmitglied Frieda Krause trägt hiernach ein Couplet vor,
»Das ist dem Berliner sein Fall«. Fräulein Krause wird Königin des Abends. Das Vereinsmitglied Otto Schimmel-
mann, der bei Hertzog ist, deklamiert die »Glocke« in verschiedenen Mundarten: als Sachse, als Mikosch, als
israelitischer Mitbürger, auch als zahnloser Schauspieler.
Dann singt die Frau des ersten Vorsitzenden, welche seit
fünfunddreißig Jahren ununterbrochen Stärkemehl gegessen hat, das Lied: »Es ruht eine Krone im tiefen Rhein«.
Hierdurch wächst die Stimmung, und schließlich ergreifen
alle die Porzellangefäße mit Zucker, fassen hinein und werfen einander die Zuckerstücke an den Kopf. Der ganze Saal
ist streckenweise mit Zuckerstücken besät. Mit Vorliebe
wirft man, wenn einer wegsieht. Der Getroffene muß er-
raten, von wem er angeschossen wurde. Manchmal zielt
man bloß nach dem Bauch und trifft doch den Kopf. So ist
das Leben. Die wurzelhafte, eingeborene Kraft germanischer Mädchen und Männer beim Werfen möge niemand
unterschätzen. Das Auge, welches der Kellner bei dieser
Fastnachtsfröhlichkeit gelassen hat, ist nicht das einzige
verlorengegangene. Auch den Festteilnehmern lief sonst
manchmal eins aus. Öfter traten Differenzen ein, und es

gab Senge. Auch dies ist mißlich. Kurz, die Vereinsvorstände erhielten ein Ultimatum von den Gastwirten überreicht. Die Kaffeepause bekommt hinfür einen anderen
Charakter. Die Vereinsmitglieder müssen auf neue Unter-
haltungsmittel sinnen. Und es erscheint für sie beinah rat-
samer, die bedauerlichen G'schnasfestlichkeiten des Metropoltheaters mitzumachen, als langweiligen Kaffee mit
Milch ohne Körperverletzung zu trinken. Möge es ihnen
gutgehen.

Die Karnevalszeit rückt näher. Ernst begleiten ihre Trau-
erschläge einen Bürgermeister. Welchen? Ei, den Herrn
Kirschner, der neulich zur Defiliercour mußte. Die Zeitungen meldeten: »Es dürfte nur wenigen bekannt sein, daß
die beiden Bürgermeister Berlins eine eigene Galauniform
zu tragen berechtigt sind, von welchem Recht in den Vor-
jahren auch Gebrauch gemacht wurde.« Also berechtigt
sind sie, und sie haben Gebrauch gemacht. Gewiß, man
darf sich seine Rechte nicht rauben lassen. Zäh' zu trotzen
auf das, was einem gebührt, ist das herrliche Merkmal
männlicher Charaktere. Es wird in der Zeitung ausdrücklich zugefügt: »Der frühere Oberbürgermeister Zelle nahm
sich mit seiner hohen Gestalt und dem vornehm zuge-
stutzten Henriquatre in der Magistratsuniform sehr schneidig aus.« Er soll bedankt sein für diese Schneidigkeit. Wär'
er lieber ohne Uniform schneidig gewesen. Ein Stichdegen
in weiß lackierter Scheide gehört zu den Uniformstücken,
und dieses Lackierte ist vielleicht ein tieferes Symbolum
für die heutige Stellung des ersten deutschen Bürgermei-
sters. Es wäre anheimelnd zu erfahren, ob Herr Kirschner
ebenfalls Gebrauch machte von seinen Rechten und mit
dem lackierten Attribut erschien, im Kostüm; oder ob der
schwarze Leibrock bevorzugt wurde. Hätte Kirschner ganz
fernbleiben sollen? Er wußte ja nicht, als was er hinging: als
Oberbürgermeister oder als zweiter Bürgermeister ohne
Oberhaupt. Das wäre ein Grund gewesen, seine Abwesenheit zu entschuldigen. Andererseits mußte er sich sagen: es
kann sein, daß ich bei der Defiliercour bestätigt werde;
heutzutage wird auf Jagden manches beschlossen, warum

soll nicht auch mal bei einer Defiliercour ein Bürgermeister bestätigt werden? Man hatte ihn so lange warten lassen, vielleicht wollte man auf dem Hoffest eine kleine Freude ins Werk setzen. Herr v. Lucanus wäre dann treuherzig auf ihn zugelaufen und hätte gesagt, während er Arm in Arm mit ihm dahindefilierte: Lieber, wir wollten Sie bloß auf die Probe stellen, ob Sie ein ehrenfester Charakter sind; denn ehrenfeste Charaktere sind auf wichtigen Posten vor allem nötig; hätten Sie die Inschrift, mit der ich Sie damals ein bißchen neckte, zugunsten der Bestätigung fallengelassen, so würden wir Sie als Opportunisten erkannt haben, als Windfahne, und hätten Ihnen nie einen ernsten Posten anvertraut; so aber haben Sie die Probe glänzend bestanden, Kirschnerchen, wer ausharret, wird gekrönt – ich hole gleich aus meinem Überzieher ein reizendes kleines Dekret, das ich für Sie mitgebracht habe. So hätte Herr v. Lucanus sprechen können. Jedoch, er sprach nicht, und die Faust Kirschners ballte sich um das weiß lakkierte Schwert oder, wenn er Zivil trug, in der Hosentasche. Nachdenklich mischte er sich dann in das Maskengewühl – ich meine, in das Gewühl der Hofuniformen – und erwog, ob es nicht allmählich doch Zeit würde, eine Mahnung loszulassen. Die Rathausgreise wollten das noch immer nicht. Wann denn, ihr –! Ich sage euch, ihr werdet weggefegt werden. Denkt an Wien. Bloß euer linker Flügel hat ein Daseinsrecht. Werdet hart, zum Donnerwetter. Sonst seid ihr Fastnachtsgestalten, die in rosinenfarbener Seide einherstolzieren, mit schmalziger Geschwätzigkeit reden, kraftlos und närrisch, und denen man unter Gespött einen Stoß gibt in den Hintersten, daß sie stolpern und zu Boden fallen. Möget ihr liegenbleiben, Weichlinge!

Eine andere Festlichkeit, aus derselben Woche. Allerdings eine ernste. Die kapitalfähigen Ritter versammelten sich im königlichen Schloß, nämlich die vom Schwarzen Adler, und es fand wiederum eine Feier statt. Es wird gemeldet, daß ihnen Ordensschatzmeister Bork die Mäntel anlegte. Doch betraf dies nur Prinzen und gewisse investierte Ritter. Und es geschah (kaum ohne pietätvolle Erin-

nerung) in den Gemächern König Friedrichs I. Andere
versammelten sich woanders. Leider gelang es mir nicht,
zu eruieren, wer ihnen die Mäntel anlegte. Ob es auch
Bork war? Es wird gemeldet, daß von der »Versammlung
der Ritter« Graf Kanitz dem Oberhaupt des Ordens, unserem Monarchen, Anzeige machte und daß sich der Kaiser
gleichfalls einen solchen Mantel anlegen ließ. Hierauf erfolgte ein feierlicher Zug zum Rittersaal. Herolde, Schatzmeister, Pagen, getragene Insignien, Sekretäre und der Vize-
Ober-Zeremonienmeister von dem Knesebeck kamen bei
der Feier hervorragend in Betracht. Hierauf gelobten mehrere Herren, die ihnen bekannten Ritterpflichten zu erfüllen. Und nun legte auch jeglicher von diesen je einen
Mantel um. Hierauf fand wieder ein Festzug statt. Die
Zimmer, welche die Herren zu ihrer Angelegenheit benutzten, waren folgende: die Gemächer Friedrichs I., ferner die boisierte Galerie, die Rote Adler-Kammer, die
Drap d'or-Kammer, der Rittersaal, der Kapitelsaal und die
Schwarze Adler-Kammer. Etwa zehn Gelasse. Dies geschah am Mittag. Am Abend des Tages aber vereinigten
sich die Ritter zu einer Mahlzeit im Elisabethsaal.

Ein G'schnasfest im Metropoltheater, welches zur inneren Einkehr mahnt, wird wohl von Abgeordneten besucht
sein, die jetzt in Berlin sind. Erst neulich hat ein Litteratus
ihnen nachgerechnet, was sie alles hier treiben. An einer
Kaffeepause mit geworfenem Zucker werden sie sich nicht
ergötzen dürfen: weil die meisten zu alt sind, um dort noch
Glück zu haben. Eine Zerstreuung aber brauchen sie, denn
die Eröffnung des Landtages hat manchem die Heiterkeit
geraubt. Einer beschwerte sich über die Feier in der »Vossischen«. Die Abgeordneten waren in die dritte Reihe gedrängt worden – wenn sie Konnexionen hatten. Die anderen standen in der vierten. Und da unser Gewährsmann
von diesem Hintertreffen aus die Thronrede friedlich entgegenzunehmen dachte, kam ein Zeremonienmeister gelaufen und ersuchte die Abgeordneten energisch und nach-
drucksam zurückzutreten. Er begründete es jovial damit,
daß die Generalität vor ihnen besser Platz haben solle. Un-

ser Gewährsmann in der vierten Reihe wurde somit wegen
der Vordringlichkeit, ja gewissermaßen für das Usurpatori-
sche seiner Hinpflanzung gerüffelt. Er war darüber verstimmt. Mit Unrecht! Ihr verdient sogar in die fünfte Reihe
zu kommen, nein, in die zehnte Reihe, wenn ihr es euch
gefallen laßt. Verlaßt doch den Saal in corpore; oder, was
noch besser ist, macht an Ort und Stelle Krach – wenn ihr
schon Gewicht darauf legt, dieser Feier beizuwohnen. Sagt
dem Zeremonienmeister mit Donnerstimme: »Ich bin ein
sogenannter Bote des Volkes, und im übrigen – – – –!« Ihr
denkt wohl immer noch, meine Lieben, die Generalität ist
euretwegen da; denkt wohl, die Soldaten sind da, um euch
zu schützen bei der Kulturarbeit, um euren Zielen dienstbar zu sein, die ihr in Wahrheit die einzigen wesentlichen
Faktoren des Landes seid. O, die Generalität ist nicht euretwegen da: ihr seid der Generalität wegen da. Ihr habt
dienstbar zu sein Denen, welche ihr bezahlt, damit sie euer
Haus bewachen. Der Hausherr hat zu kuschen, und die
Wächter ziehen den guten Anzug an. Zurücktreten, zurücktreten! Leben wir nicht in der Fastnachtszeit?

Mannigfach sind die festlichen Erscheinungen dieses Lebens. Freunde, ihr habt es heut gesehen. Vom ernsten Fest
des Schwarzen Adlers bis zum heiteren G'schnasvergnü-
gen der Metropolkatakombe, welch ein weiter Weg. Dazwischen liegen die Zuckerwerfer und der Bürgermeister
mit dem lackierten Attribut und der gekränkte Abgeordnete im Weißen Saal. Fünf Festversammlungen – und alle
fünf so grenzenlos verschieden. Es ist das Leben selbst, das
hier zu uns spricht.

12. März 1899

Der Chronist muß sehr vorsichtig sein, wenn er die Dinge
behandeln will, über welche die Boten des deutschen Volks
im Reichstage geplaudert haben. Es ist eine fatale, aber
wichtige Sache. Der Herr von Stumm sagte: »Die Trennung von Kunst und Unzüchtigkeit ist nicht so leicht
durchzuführen.« Nachdenklich mag er sein sagenhaftes

Schmiedemeisterhaupt hin- und hergewippt haben. Die Trennung ist wirklich nicht leicht durchzuführen. Es ereignete sich dann der seltsame Fall, daß dieser Doktor Eisenbart eine Lanze für Leda mit dem Schwan brach. Der Hammerschmied verteidigte sowohl das geflügelte Vieh wie die antike Person, die sich mit ihm abgab, gegen die Zentrumspartei, nach deren Wünschen die beiden nicht mal in der überwachten Sphäre königlicher Museen geduldet würden. Mit einem Wort, er war liberal. Es muß eine wilde Angst herrschen vor den Nuditätenstürmen des Zentrums, die alles in Grund und Boden zu verhüllen drohen, wenn ein Stumm sich der Leda annimmt. Zugleich ereignete sich der belangvolle Vorgang, daß der Abgeordnete Bebel die Schauspielerinnen vertrat. Man muß sich vorstellen, was Jenny Groß für ein Gesicht macht, wenn sie erfährt, daß dieser große deutsche Drechslermeister für sie gekämpft hat. Sie wird erstaunen, daß sie auch eine Proletarierin ist, und fremdartig berührt sein, daß der Zorn eines Volksmannes ihren Kleiderangelegenheiten zugute kommen soll. Es geht den meisten Schauspielerinnen wie der Heldin eines Fontaneschen Romans; sie sind politisch sehr für Freiheit »und noch mehr für Aristokratie«. Das liegt in den Verhältnissen. Wenn aber Bebel für Dulcinea von der Bühne ein ernster Don Quixote war, kämpfte der Gottesmann Roeren von der schwarzen Partei einen wilden Kampf gegen die Prinzessin Chimay. Er berannte sie mit Schild und Speer im Sturmlauf und suchte ihr gleich Schillers Drachenkämpfer, nachdem er ihre Blöße erspäht, was nicht schwer war, den Stahl bis ans Heft (in den gottverfluchten Leib) ins Gekröse zu stoßen. Was hat ihm diese Frau getan? Sie ist, wenn ich nicht irre, ein Übermensch. Man kann ihrem Auftreten geradezu erziehlichen Wert beimessen. Sie zeigt, wie das Laster verabscheuenswert ist, wenn es alt wird. Wie heißt es im »Fest der Handwerker«? Und die Schönheit vergeht, und die Backen fallen ein, und die Ekligkeit kommt hinterdrein. Wenn diese Pädagogin öffentlich auftritt – glaubt Herr Roeren ernsthaft, daß sie mehr Unheil anrichtet als jedes hübsche Mädel, das barhaupt mit fliegenden Haaren über die Straße rennt? Man sieht, er ist kein Kenner.

Andere sagten anderes. Ein Standpunkt aber war im Deutschen Reichstag nicht vertreten. Es war der, mit Erlaubnis zu sagen, hellenische. Am Ende gehört er nicht in den Deutschen Reichstag. Aber schön wär' es doch, wenn nicht bloß so viel Freiheit, sondern auch so viel Selbstbeherrschung in unseren Landen lebte, daß diese kühnere, vollere, lachendere Betrachtung der Dinge auch in der Vertretung einen Platz fände. Wir hatten mal einen Mann, der römische Elegien gedichtet hat. Im Reichtstag findet man noch allenfalls zum Wilhelm Tell ein Verhältnis, zu den römischen Elegien nicht. Schade. Ich denke mir die Sache so, daß einer – wenigstens *einer* – auf die Tribüne stiege und ein paar wundersame, trunkene, weinlaubumkränzte, tiefe Worte in den Saal schmetterte. Dann würde er vom Präsidenten Ballestrem sofort stürmisch zur Ordnung gerufen. Vielleicht auch rausgeschmissen. Aber er hätte sie doch gesagt, die tiefen und weinlaubumkränzten Worte. Und meinetwegen dürft' es sogar der Prinz Carolath sein – »der sanfte Heinrich« von den Standesgenossen benannt –, wenn er zuvor ein Glas Sekt getrunken hätte. Also, Freunde, der eine Standpunkt fehlte, und die Redner schienen auch Friedrich Theodor Vischers Buch über Mode und Zynismus nicht gelesen zu haben, da es niemand zitierte. Sie hätten wahrlich, wenn schon nicht den griechischen Standpunkt, so doch einen saftigen Doktor Martin Luther-Standpunkt darin gefunden. Das Büchlein ist ein Labsal für alle ganzen Naturen, schon um der herrlichen Ungebundenheit und Kraft der beanstandeten Worte willen; und es zeigt unserem Bürgertum, wo das bedingte Recht des Zynismus anfängt. Es hätte zugleich den Abgeordneten zeigen können, daß so ziemlich das Unsittlichste in gewissen Modetrachten liegt; und daß die Moden doch von den Stützen der Gesellschaft und nicht von der breiten Masse getragen werden, für welche die Prohibitivgesetze in erster Reihe wohlwollend bestimmt sind. Auf dem Subskriptionsball – welche Unsittlichkeit; Kinder, Kinder! Und doch laufen dort Landrätinnen, Ministerialdirektorinnen, ja Regierungspräsidentinnen herum, alle blößenwahnsinnig. Diese besten Kreise, das reiche Bürgertum eingeschlossen, meint Vischer. Sein Geist muß bei der nächsten Unsittlichkeitsdebatte stärker beschworen werden, damit nicht bloß Stumm als Schirmherr Ledas, Bebel als Anwalt der Jenny Groß und Roeren als Mörder der Prinzessin Chimay dastehe. Welchen Ursprungs beiläufig der deutsche Nationalheld Siegfried ist, Siegmunds und Sieglindens feiner Sohn; welchen Ursprungs Mignon ist, die Tochter Augustins und der Sperata, darauf will ich zum Schluß nur flüchtig hindeuten, um zu zeigen, daß das deutsche Volk leider selbst in seinen größten Künstlern eine bedauerliche Neigung zum Unsittlichen an den Tag gelegt hat. Jetzt, wo diese Gemeinheiten doch nicht mehr überboten werden können, scheint die lex Heinze verfehlt. Der einundzwanzigmännerigen Kommission aber wird hier der Wunsch dargebracht – und er kommt von Herzen –, daß sie recht, recht glücklich werden möge.

Nicht selten schon ist der gleiche Wunsch in diesen Blättern geäußert worden. Er sei nunmehr auch für den Herrn von Pückler wiederholt, der in Klein-Tschirne beheimatet ist. Ich hab' es immer gesagt: die Schlesier sind in den gegenwärtigen Zeitläuften obenan. Gerhart Hauptmann ist unser größter Dichter, die Sorma ist die erste Schauspielerin, Menzel der gefeiertste Maler und Pückler unser stärkster Antisemit. Wie Fichte Reden an die deutsche Nation hält, so hält Pückler in ernster Zeit Reden an die Klein-Tschirner. Doch er hätte nicht das Recht, in einem Berliner Brief besprochen zu werden, wenn ihm nicht die zweimalige Konfiskation der »Staatsbürgerzeitung«, ein Berliner Vorgang, zu danken wäre. Schon reicht sein Einfluß von Klein-Tschirne bis in die Zimmerstraße. Es scheint möglich, daß er ganz nach Berlin übersiedelt, nach der Hauptstadt der Germanen, um von hier weite Wirksamkeit zu entfalten – sintemal ihn die zeitraubende Pflicht eines Amtsvorstehers nicht mehr an die Scholle fesselt. Ich aber glaube, den Grund seines tödlichen Hasses gegen die Juden erkannt zu haben. Er grämt sich, daß sein Ahne, der Schriftsteller Fürst Pückler-Muskau, von einem Juden angegriffen und im Ruhm geschmälert worden ist. Ein gewisser Baruch, der sich später Börne nannte, unternahm die dreistesten Ausfälle gegen ihn. Pückler II ist kerndeutsch, und so berührt es um so schmerzlicher, daß Baruch dem Ahnherrn gerade daraus einen Vorwurf machte, daß er nicht genügend deutsch war; daß er »in sein Deutsch so viele französische Redensarten menge«. Und er ruft ihm zu: »Wenn der Herr Fürst, um das, was er fühlt und denkt, auszusprechen, sich eines fremden Idioms bedienen muß, so beweist das, daß seine Gedanken und Gefühle auf einem fremden Boden gewachsen sind.« Baruch war damals der Kämpfer für das Deutsche und wütete gegen den Adel deutscher Nation, der, »um seinen hohen Stand zu beweisen«, bei jedem dritten Wort französisch rede. Das ist freilich ein Grund, um die Judenschaft zu hassen. Heut ist der »hohe Stand« streng deutsch, nach den Erfolgen. Und eine Blüte dieser auffallend spät erwachten nationalen Begeisterung scheint der Redner von Klein-Tschirne zu sein. Sein Ahnherr liebte es übrigens, sich den Namen Sewissalo beizulegen. Man könnte Pückler II mit einem schrecklichen Kalauer Antisemilasso nennen. Der alte Fürst bereiste in langem Nomadenleben sämtliche Weltteile. Wie weit Pückler II herumgekommen ist, entzieht sich unserer Kenntnis. Die Wünsche für sein Wohlbefinden sind bereits ausgesprochen, und so dürfen wir für heut von ihm Abschied nehmen.

In Berlin herrscht ein böses Krankheitswetter. Die Seuche Influenza rast, und Opfer fallen hier, weder Lamm noch Tier, aber Menschenopfer unerhört. Das Fräulein, der am Freitag, dem schönsten Tag der Woche, diese Briefe diktiert zu werden pflegen, eine ältere, ganz Nerven und Geist gewordene Dame, ist plötzlich aufs Lager geworfen worden. Ihre Schwester sprang ein; aber mittendrin bekam auch sie die Influenza, und ihren Händen entsank der Griffel. Richtiger gesagt: ihre Finger hörten auf zu tippen. So sitz' ich nun, ich armer Tor, und kann das Liebesdrama von Max Beuster und Elsbeth Weidner nicht mehr besprechen, weil selber schreiben weitaus zu langweilig ist. Und doch hätte ich gern erzählt, wie sie sich geliebt haben. Er erschoß sie bloß, weil sie ihm ihr Gehalt, als er stellungslos war, nicht ausliefern wollte. Er war ein Idealist. Er tötete sie aus Liebe. Und alles stand in der Zeitung unter der Überschrift »Liebesdrama«. Hierüber ließe sich zweifellos noch einiges sagen. O Gott, alles in der Welt ist weise eingerichtet. Die Influenza zweier Schwestern in Berlin kommt einem entfernten Leserkreis zugute. Wenn sie nicht erkrankt wären, hätte ich, wie gesagt, noch einiges geplaudert.

19. März 1899

Diese Woche war eine Totenwoche.

In der Nacht vom Dienstag zum Mittwoch erschoß sich Hermann Müller, der Schauspieler des Deutschen Theaters. Genau eine Woche vorher, in der Nacht vom Dienstag zum Mittwoch, waren wir beisammen. Die Uhr schlug zehn, da trat er ein; es war eine kleine Gesellschaft im Haus eines Malers; wir saßen noch bei Tisch. Max Halbe sprach zu einer Sängerin hinüber, und eine Gruppe kämpfte um den kategorischen Imperativ und den Idiotismus neuerer Philosophie.

Seltsam, wie jede Einzelheit nachträglich doppelt stark in die Erinnerung kommt. Er erschien im Türrahmen; feierlicher als wir, im Frack und weißer Binde, blaß und mit jenem gesellschaftlich freundlichen Lächeln, hinter dem meistens etwas Nervöses lag. Er mußte nachessen; unsere lauten Stimmen umsummten seinen Kopf. »Sie wollten sich nicht zum Lügner machen lassen«, rief ihm jemand zu, mit einer Anspielung auf die letzten Worte, die er heute abend im »Fuhrmann Henschel« zu sprechen gehabt. Er lächelte und nickte. Er gab in diesem Werk den Pferdehändler Walther, Henschels Schwager, der in der Kneipenszene schicksalsvoll eingreift. Wir waren sehr vergnügt. Er schien ernst und in aller norddeutsch-gesellschaftlichen Korrektheit immer mit jenem leisen Zug, der etwas zu verhalten schien; aber nicht tragisch. Es wurde spät und sogar später.

Als jemand einen Witz ohne Pointe äußerte, begann er ruhig, die pointenlose Geschichte von der stehengebliebenen Peitsche zu erzählen: ein Fuhrmann wird nachts geweckt und kommt nach vielen Umwegen in das Haus eines Kranken, auf dem Heimweg bemerkt er, daß er die Peitsche vergessen hat, er kehrt um in der Vermutung, daß sie in jenem Haus geblieben sei, und als er dort ankommt, siehe, da steht die Peitsche. Er erzählte das ernst und bescheiden; nicht etwa, wie ein Schauspieler erzählt. Dann auf dem Wege ins Kaffeehaus sprach er, wenn auch zurückhaltend, über seine Zukunft; er hoffte, in Wien stärker in den Vordergrund zu treten. Ich sagte ihm, daß er bei uns ja auch nicht unterschätzt werde. Er meinte, der Fall sei am letzten Ende eine Geldfrage, und Wien bringe die Pensionsberechtigung; es schien, als ob er sonst lieber in Berlin geblieben wäre. Er verbarg dann seine Freude nicht, als wir auf seine Kunst kamen. Er wollte wissen, wie seine Sprechweise von der Bühne wirke; ich sagte: »Mokant.« Es verwunderte ihn. Nachher saß er schweigend unter uns. Und doch störte er unsere nächtliche Lustigkeit nicht. Was in der heutigen Zeit »Renaissanceartiges« stecke, darüber sprach er; und über anderes, was mir im Nebel dieser späten Stunden entsunken ist. Nachher rieten wir noch den Schlummerpunsch aus, und er war unter den Gewinnern. Zwischen fünf und sechs trennte sich der kleine Schwarm; er hatte sich kurz vorher ziemlich lautlos entfernt. Noch klingt mir die Stimme eines Tischgenossen im Ohr, der ihn lange nicht gesehen hatte und plattdeutsch in heller Freude auf ihn einsprach: »Nu segg man, Hermann Müller …« Er neigte sich vor und stieß mit ihm an. Gerade eine Woche darauf zersprengte er sich durch einen Wasserschuß aus dem Jagdgewehr den Schädel; sein Leichnam fiel in den kleinen Königssee. Er war ein stiller, ernst-humoristischer und sehr unglücklicher Mensch. Man kann bei seinem Tode, trotz aller Verschiedenheit der Temperamente, einen fernen Begriff bekommen, wie es in Ferdinand Raimund ausgesehen hat.

Man kann Hermann Müller, um seine Bedeutung zusammenzufassen, als den größten Episodisten bezeichnen, den gegenwärtig die deutsche Bühne besaß. Vielleicht war er mehr. Er stand ziemlich gesondert da, zwischen den Alten und den Neuen; sein Ziel ging wohl dahin, eine glänzende Vermischung zu geben von Friedrich Haase und Reicher – um es grob auszudrücken. Er verzichtete nicht auf die Wirkungen der Früheren; und wollte doch die Einfachheit der Jüngeren bieten. Einen Zug hatte er für sich allein; um dessentwillen könnte ihn die Theatergeschichte den Maler Müller nennen. Er war unerreicht in der Behandlung der Maske. Nicht äußerliche Mätzchen, sondern höchste innerliche Künstlerschaft, malerische Genialität sprachen hier. Gewisse Bilder, die er bot, sind im Gedächtnis unaustilgbar. Ein einziges Mal, an einem Sonntagsvormittag, stellte er den Gatten von Hugo von Hofmannsthals »Madonna Dianora« dar, eine Kondottieregestalt; und man vergißt diesen kurzgeschorenen, kalten und lauernden Mann der entschlossenen geschmeidigen Kraft nicht mehr; ich seh' ihn, wie er sich zum Sprunge duckt, den Dolch in der Faust ... Und Vater Capulet, wie ihn Müller hinstellte, kam ohne Umweg aus dem alten Verona; es war etwas Verblüffendes in dieser verinnerlichten Maskenkunst. Noch zuletzt in Sudermanns Reiherstück half er der Episodengestalt des Herzog-Usurpators, Widwolf, zu einer Größe des Märchenhaften, welche der Verfasser mit höchst erstaunten Augen betrachtet haben muß. Das war ein dicker, riesiger, fauchender, ungeschlachter Sagenherzog, der wüst ansprengte und sich im Tode viechsmäßig wälzte, eine Staubwolke aufwirbelnd ... Herrn Klimsch, dem Tanzwirt in der Hasenheide, bei dem Hirschfelds Pauline Stammgast ist, der mit dem Teller an der Kasse sitzt, ein ehemaliger Droschkenkutscher, dem gab Müller wieder was Unvergeßliches. »Hat Hirschfeld das steife Bein vorgeschrieben?« fragte ich ihn lächelnd in jener Nacht. »Nein«, sagte er, »das mache *ich*«; es freute ihn innerlich, daß man solche Einzelheiten bemerkte.

　　Müllers eigentümlichste Kraft war eine bestimmte Komik. Oft Komik der Linien; aber damit verbunden komi-

sche Wesenheit. Bis zum siebzigsten Geburtstag, wenn ich
ihn erlebe, wird mir die Rückenlinie eines österreichischen
Offiziers im Gedächtnis bleiben, des Oberleutnants Vogel,
den er in Schnitzlers »Freiwild« spielte. Er ging von rechts
nach links über die Bühne, und das hintere Profil nahm im
Abgehen groteske Formen an, die den ewigen Juden erschüttern mußten. Oder er gab den Motes in Hauptmanns
prachtvoller Diebeskomödie. Hier hatte er eine scharrende
Bewegung mit dem Fuß, in der so viel Widerlich-Aufdring-
liches, Serviles, Unausstehliches, ein so seelengemeiner Zug
lag, daß ich bei jedem künftigen Darsteller dieses Scharren
wehmütig vermissen werde. Die mokante Komik war stark
in ihm. In ernsten Rollen schien sie zuweilen sich nicht von
seiner Gestalt zu trennen. Er spielte z. B. den Pastor Brose
von L'Arronge, eine ernstgemeinte Greisenfigur – und
manchmal wurde man hier den Gedanken nicht los, daß
Hieronymus Jobs in den Kleidern des Geistlichen stecke. Er
hatte in der nasalen und gedehnten Sprechweise etwas ganz
Merkwürdiges. Am mächtigsten, gestaltungstiefsten und in-
nerlichsten wurde sein Humor damals, als er den Nickelmann nachschuf. Hier gab er eine schwermütig-tierische
Böcklinfigur. Ein geblähter, prustender Wassermensch, ein
seltsam humorhaftes Elementarwesen stieg auf – und zu
riesiger Größe, zu naturaler Furchtbarkeit wuchs dieser
Frosch, als er hinter dem Lager Heinrichs emportauchte
und drohende, mahnende Worte in dunklem Knurren flu-
chend über den Schläfer flüsterte. Das war Genie. Wir
freuen uns, daß wir vom ersten und einzigen Gestalter dieses Hauptmannschen Gebildes sagen dürfen: wir haben ihn
gekannt. Allein um dieser Schöpfung willen wird er fortle-
ben. Der Mann ist nicht auf den Gipfel gelangt, nach dem er
strebte. Er war für uns kein Epochenkünstler, dessen Name
mit einer ganzen Bewegung verknüpft ist; kein Reicher.
Doch er war eine von den Zwischengestalten, deren torso-
artiger Reiz um so schmerzlich-lockender ist; ein halb Um-
schatteter. Er schlafe in Frieden.

Die Woche war eine Totenwoche. Ein seltener Gelehrter, der alte Steinthal, ging zu seinen Vätern ein. Er ist als

ein Weiser gestorben, wie er als ein Weiser gelebt hat. Der kleine Mann mit dem eisgrauen Bart und der Brille vor den weltunkundigen Augen, vor den etwas starren Idealistenaugen, war eine unzeitgemäße Gestalt. Was er in der Völkerpsychologie geleistet, kann ich nicht prüfen; man weiß, daß es eine Weltbedeutung haben soll. Und man weiß, daß er bis an sein seliges Ende nur außerordentlicher Professor gewesen ist. Er trug den in der Mark Brandenburg verhältnismäßig ungebräuchlichen Vornamen Chajim. Möglich, daß die Regierung vor diesen herben Kehllauten zurückschauderte. Das ganze Kapitel gehört in dasselbe Buch, in das Buch der Seelengröße, wo unter anderem verzeichnet steht, daß Rudolph Virchow erst knapp vor Toresschluß Rektor geworden ist, wegen politischer Umtriebe. Das beiläufig. Steinthals Ethik ist einem europäischen Privatmann eher zugänglich als seine völkerpsychologischen Sonderstudien. Und sie weckt in uns ein Gefühl des Staunens. Diese Weichheit, Demut, Sanftmut geht über das hinaus, was unserem Temperament möglich ist. Wir *wollen* den kategorischen Imperativ; wir *wollen* ethisch sein: aber hier spricht etwas, das uns zu »weise« scheint. Es liegt viel Theoretisches und allzuviel Abgeklärtes für unser Gefühl darin. Wir sind Antinietzscheaner: doch wir könnten diese Philosophie in Augenblicken der Wallung ein bißchen blutlos finden. Immerhin: Wallungen sind eigentlich nach dieser Philosophie nicht erlaubt.

Der nächste Tote ist Ludwig Bamberger. Wir, die wir über die Goldwährung nicht entscheiden können, halten uns an die humanistischen Seiten des Mannes. Es ist eine Freude, unter unseren Politikern gelegentlich einen Kultureuropäer zu treffen. Und je seltener die Freude, desto größer ist sie. Bamberger war einer. Das Beste, was wir Laien ihm nachsagen können, ist, daß er in der Politik nie vergessen hat, auch ein literarischer Kopf zu sein. Wie wohltuend das berührt, kann ermessen, wer das dicke Banausentum unserer Goethehasser und Heinzegesetzler mit liebendem Blick verfolgt. Es ist traurig zu sagen, doch es ist die Wahrheit, daß unsere Parlamente heute keinen so ge bildeten Mann wie Bamberger aufweisen. So hinterläßt er, nicht im Sinne einer verlegenen Nekrologphrase, eine Lücke. Leider, leider.

Dem Tode des unglücklichen Schauspielers, des abge-klärten Weisen, des parlamentarischen Weltmannes ist ein vierter Sterbefall anzureihen. Er hat mit der großen Welt nichts zu schaffen. Er trug sich in der stillen Wohnung ei-nes Hauses zwischen dem Westen und Schöneberg zu; und er betrifft eine Unbekannte, die in diesen Zeilen zum ersten Male öffentlich erwähnt wird und zum letzten Male. Das Fräulein, welcher diese Briefe diktiert zu werden pflegten, ist gestorben. Ich sagte im vorigen Brief, wie sie erkrankt sei, inmitten der allgemeinen Influenzaseuche. Am Sonn-tag, als eben dieser Brief erschien, war sie tot. Es geht manchmal rasch. Die Schwestern erzählten mir, daß sie in den Fieberdelirien des verlöschenden Daseins noch vom Diktieren und von der Absendung dieser armseligen, für den Tag geschriebenen Feuilletons phantasierte. Sie war nicht mehr jung, ganz nerven- und fast körperlos. Neben den öden Referendararbeiten und den historischen Ab-handlungen erschienen ihr diese Briefe, bei deren Nieder-schrift sie aus ihrer Abgeschiedenheit einen fernen Blick in das Leben tun konnte, wie eine Erholung. Sie schrieb sie sehr gern, und ihre menschlich liebenswürdigen Seiten, die über bloße Pflichterfüllung hinausgingen, konnte der Verfasser in manchen wechselnden Stimmungen erfah-ren. Zuweilen, wenn etwas freiheitlich und gütig klang, drückte sie in einem zurückhaltenden, leisen Wort ihr Ein-verständnis aus. Und als die Inschrift vom Friedhofstor der Freireligiösen zitiert wurde – »macht hier das Leben gut und schön, kein Jenseits gibt's, kein Wiedersehen« –, da sprach sie wie selbstvergessen mit leuchtenden Augen von der Schönheit dieser Worte. Sonst ging sie nie aus sich her-aus. Als sie im Sarge lag, ließen die Schwestern sie photo-graphieren. Mein Kranz trug Maiglöckchen und weiße Rosen.

Es war eine Totenwoche. Der Mensch, vom Weibe ge-boren, lebt kurze Zeit und ist voll Unruhe. Freunde, neh-

met das Blut des Lammes und bestreichet die Pfosten an
der Tür und die oberste Schwelle: auf daß der Sterbeengel
vorbeigehe an unserem Hause.

16. April 1899

Die Stürme der Reichstagswahl sind vorüber. (Ich habe
nichts davon gemerkt.) Den Gewählten, Herrn Fischer,
lernte ich flüchtig vor drei Sommern in London kennen,
als er den Sozialistenkongreß mitmachte. Wie ich aus sicherer Quelle weiß und mitteilen darf, trägt er einen
schwarzen Vollbart und eine Brille. Im übrigen scheint er
kein haderhaftiger Mann zu sein, sondern mit der Partei-
leitung gut zu stehen. Wäre dem anders, so hätte man ihm
nicht das Amt gegeben. Er ist Vorsteher der »Vorwärts«-Buchhandlung. Diese Buchhandlung liegt in der
Beuthstraße und ist nach ihren Beständen die fesselndste
von Berlin. Hier liegt aufgestapelt oder steht in Reih' und
Glied alles, was mit der Weltbewegung der Arbeiter zusammenhängt. Und weil Schriften zur Verbreitung des
Evangeliums Marxi, die Lieferungshefte, die geschichtlichen und ökonomischen Vollbände, nicht für Kapitalisten
bestimmt sind, sondern für Antikapitalisten, ist der Preis
recht angenehm niedrig. Der Verlag umfaßt außer den
volkswirtschaftlichen Büchern allerhand Geisteswerke von
sonstigen Gebieten, bis in die schöne Literatur. Was dem
Arbeiter zu wissen nottut, ist auf Lager. Was ihn anregen
könnte, desgleichen. Die ganze Einrichtung ist von wesent-
lichem Bildungswert.

Ob das, was dem Arbeiter *nicht* zu wissen nottut, streng
ferngehalten wird, weiß man nicht. Der Vorsteher dieser
Buchhandlung wird aber schwerlich bloß kaufmännische
Pflichten haben, sondern ein geistiger Vorsteher sein. Vielleicht daß Herr Fischer in dieser Eigenschaft einen Index
angelegt hat, gleich dem Papst. Vielleicht auch nicht. Erbauungsschriften durch die Buchhandlung des »Vorwärts«
zu beziehen, zum Beispiel das »Sonntagsblatt der deutschen Jünglingsvereine« oder »Postillen zur Hausandacht«,

dürfte mit Schwierigkeiten verknüpft sein. Kurzum, der Verlag von Bertelsmann in Gütersloh wird verhältnismäßig wenig durch das Etablissement in der Beuthstraße absetzen. Auch scheint zweifelhaft, ob das Büchlein des Generalleutnants Paul v. Schmidt: »Was soll der preußische Soldat?« in mehr als hundertfünfzig Exemplaren auf Lager sein wird. Dafür gibt es um so reichere Auswahl an Werken der bildenden Kunst. Der Hermes von Praxiteles (nicht der freisinnige Abgeordnete, sondern der Gott) ist zwar nicht vorrätig; er hat ein zu platonisches Interesse. Wohl aber die Büste des Ferdinand Lassalle, der mit dem Hermeskopf eine ferne Ähnlichkeit hat. Auch gibt es Ansichtskarten mit einer Reproduktion des Doréschen Bildes »Die Marseillaise«. Ich habe mir neulich ein Exemplar gekauft; die Freiheitsgöttin schreitet voran und hinter ihr, neben ihr, auf den Höhen und in der Ebene, marschieren die Massen. Die schmalen Gesichter und die leuchtenden Augen und die erhobenen Hände bilden eine seltsam gewaltige Staffage für das Weibsbild. Es geht von dem Ganzen eine starke Wirkung aus; vielleicht selbst dann, wenn nicht so vieles, was der Menschheitshistorie angehört, in uns mitschwingt. Auch einen photographierten Marx erstand ich neulich für fünfundsiebzig Pfennige, um selbigen meiner kleinen Privatgalerie einzuverleiben, in der unter fünfundsiebzig Pfennigen überhaupt kein Gemälde aufgehängt wird. Ich machte mir das Vergnügen, ihn und Nietzsche nebeneinanderzunageln, in der träumerischen Hoffnung, es würde eines Nachts zwischen den Antipoden, wenn die Sterne am Himmel flimmerten und die Lebenden schliefen, ein Krach entstehen; sie würden einander ihre Weltanschauungen ins Gesicht schmeißen; Marx würde Zahlen aufsagen, ruhig wie ein Mathematiklehrer, und Nietzsche würde singen, mit der Stimme eines boshaften Irrsinnigen. Bis jetzt ist nichts erfolgt; obwohl es mir einmal beim Nachhausekommen schien, daß sie die Glieder bewegten und hin und her fuhren. Das kann aber eine subjektive Auffassung gewesen sein. Jedenfalls gibt es viele Leute, die bei Tage weder Marx noch Nietzsche von Angesicht ken-

nen. Es gewährt viel und herzlichen Spaß, von denen ein
physiognomisches Gutachten über die zwei Nachbarn ein-
zufordern. Nietzsche wird zwar manchmal als Verbrecher
taxiert, was immerhin bedingte Richtigkeit hat. Aber auf
Marx kommt keiner. Dieser Behäbige, mit dem weißen
Vollbart, dem bürgerlichen schwarzen Rock, dem wohlwollenden Bauch, der gutmütigen Ruhe des Gesichts – die
Besucher fallen um, daß es der größte Revolutionär des
Jahrhunderts sein soll. (Dann fängt man sie manchmal in
den Armen auf.) Und dies wäre einiges Wissenswerte über
den Charakter des Abgeordneten Fischer.

Zu verzeichnen ist der Tod des Fräuleins Juliane Déry.
Wie weit diese Dame mit Dreyfus, Boisdeffre, Henry,
Esterhazy, Cavaignac, Gonse, Paléologue, Hadamard zusammenhängt, steht dahin. Ich glaube: sehr wenig. Aber sie
lebte in Berlin, ein Chronist wird ihrer gedenken. Es gibt
Naturen, und die Déry gehörte dazu, die unter keinen
Umständen tragisch erscheinen können. Sie haben irgendwas, das dieser Betrachtung (seien wir ehrlich) ins Gesicht
schlägt. Das äußere Schicksal kann schrecklich, grausig,
mitleidswürdig sein: und dennoch will sich die Tragik
nicht einstellen. Vielleicht liegt es daran: sie sind von Natur
allzu spielerisch, allzu strohfeurig, von einer tiefen Eitelkeit, die vermuten läßt, daß sie noch das Ende ins Auge
faßt, daß sie noch das Bitterste nicht naiv tut. Kleine komische Züge im Wesen kommen leicht hinzu, um das Bild zu
vernichten, zu verzerren. Solche Naturen sind nicht weniger elend als die anderen. Der Schmerz ist echt. Es gibt einen gewissen Grad, wo alle Menschen echt werden. Dieser
Punkt tritt aber zurück, und was überwiegt, ist jenes im tieferen Sinn Uneinfache, das knapp eine gewisse Tragikomik
zuläßt. Im ersten Augenblick ist man erschüttert. Als in
den Abendblättern der frische Selbstmord der Déry von
ungefähr zu lesen war, trat mir der kalte Schweiß aufs Gesicht. Der Gedanke, daß sie in dem wohlbekannten Haus
der Matthäikirchstraße vom Balkon kopfüber herabge-
sprungen, mit bloßgelegtem Gehirn zwei Stunden lang auf
der Straße gelegen habe – diese originellfrisierte Kultur-

dame mit bloßgelegtem Gehirn –, es war nicht auszudenken. Doch eine sozusagen reine Stimmung, die sich noch
beim Selbstmord Hermann Müllers einstellen konnte, bei
allem guten Willen blieb sie weg.

Wenn jener Müller sich nicht getötet hätte, wer weiß, ob
diese Déry heut nicht lebte. Es scheint ein Zusammenhang
zwischen dem aufsehenerregenden Selbstmord des Schauspielers und diesem Fenstersturz. Solche Ideen liegen in
der Luft wie Bakterien. Und die Déry war für Bakterien
empfänglich. Doch wenn sie, eine Epigonin noch im Sterben, aus verschmähter Heirat von hinnen geht, so braucht
das dem männlichen Zug ihres Wesens, dem starken
schriftstellerischen Ehrgeiz, nicht zu widersprechen. Als
vor kurzem die noch viel männlichere Eleanor Marx-Aveling aus Gram über einen Windbeutel Gift nahm, schrieb
ein publizistischer Sensationsmacher sofort über diese »dritte
Leonore« etlichen Unsinn. Er staunte, daß für so eine Män-
nin das bißchen gewöhnlichster Erotik gleich verderbens-
voll werden konnte. Wer aber aus solchen Erscheinungen
auf die Emanzipation der Frauen schwatzhafte Folgerungen verwandter Art zieht, der vergißt, daß beim Manne der
Fall nicht anders liegt. Die Déry sprang vom Balkon, weil
ihr Architekt sie nicht heiratete, und war vielleicht seelisch bedeutender als er. Und Ferdinand Lassalle? Lassalle,
der noch eben einen Präsidententraum geträumt, die Völker aufgewiegelt hatte, nicht nur gegen die Machthaber,
sondern gegen das sozusagen angestammte liberale Bürgertum; der als Breslauer Gymnasiast in sein Tagebuch
schrieb, er möchte Aristokratenführer werden, doch wolle
er, als Jude geboren, Demokratenführer werden: dieser
selbe Lassalle vergaß das Ziel des Lebens vor einem Unter-
rock, ließ sich totschießen und erklärte vorher, die Sozialdemokratie sei ihm schnuppe gegenüber dieser Liebschaft.
War er darum keine ganze Natur? Er war eine. Die Déry
hätte trotz ihres Architekten und trotz ihres Totensprungs
eine schöpferische Erscheinung ersten Ranges sein können – wenn sie eine gewesen wäre. Doch ihrem Dichten,
soweit ich es übersehe, hat zwar nicht ein gewisses inner-

liches Wollen, aber ganz sicher das eigentliche, abwägende, feinere, vollbringende Künstlertum gefehlt. In ihren Stükken war manches täuschende Kopie, in ihren Novellen schien die Hauptsache manchmal wie vergessen, und in ihren Versen kam sie in die Nähe des Operntextes:

> Er war gar schlecht,
> ich hatt' ihn so lieb,
> es war ja nicht recht,
> mein Herz mich trieb –
> so ward ich sein.

Sie ähnelte vielleicht gewissen Romantikern vom Anfang des Jahrhunderts in diesem unkritischen Zug, in diesem ewigen Dilettantismus, der sich doch auslebte in der Wiedergabe persönlicher Erfahrungen. Und vielleicht kann man die ganze Erscheinung mit einer Gestalt der deutschen Romantik vergleichen: mit der Günderode, der unglücklichen Freundin Bettinas, einer poetisch-hysterischen Seele, die sich nach einem Dolchstich in den Rhein warf, weil ihre Liebe von einem buckligen Gelehrten verschmäht worden war. Im Leben schimmerte an Fräulein Juliane Déry bei allen Wunderlichkeiten ein herzensgutmütiger Zug durch. Ihre Stimme klang singend, mit einer fast drolligen Melodik. Nun tut ihr kein Zahn mehr weh.

In diesen Tagen, da »Herodes und Mariamne« auf der Bühne des Schauspielhauses gespielt wurde, konnte man an das intime Theater denken, welches die Déry gründen wollte. Sie hatte mal in München mit Max Halbe in irgendeinem Gartenatelier vor Geladenen moderne Dramen gespielt. Sie wollte was Ähnliches nach Berlin verpflanzen. Wenigstens entsinne ich mich, daß wir eines Tages, ein kleiner, meuchlings hingebetener Kreis, auf ihrem Zimmer im Pensionat saßen, weil die Gründung ins Werk gesetzt werden sollte. Die Gründer begnügten sich aber, von einem abwesenden Maler etliches Schlechtes zu reden, und das intime Theater ward an jenem Tage nicht geboren; man vergaß es in der Zerstreutheit. Das Königliche Schauspielhaus ist wirklich ein schwacher Ersatz hierfür. Hebbels

Trauerspiel von dem übermächtig liebenden jüdischen
Monarchen Herodes, der für den Fall seines Ablebens Befehl zur Tötung der Gemahlin gibt, damit sie keinem nach
ihm gehöre – dieses Seelendrama braucht hervorragend
beseelte Künstler. Herr Matkowsky und Fräulein Poppe
spielten es. Oder doch ein ähnliches Werk, mit den äußeren Stationen der gleichen Handlung, oft sehr wirksam,
und es fehlte darin bloß ein Herodes und bloß eine Mariamne. [...]

23. April 1899

Unser Mitbürger, Hugo Guthmann, Schneider u.s.w., verur-
sacht mancherlei Nachdenken. Wie die Dinge bei Abfassung dieses Briefes liegen, scheint die Verurteilung unsicher.
Man bleibt überzeugt, einer Gestalt gegenüberzustehen, die
manches auf dem Kerbholz hat. Ob Guthmann grade auch
der verstorbenen Bertha Singer die Gurgel durchschnitt, ist
immerhin fraglich. Schade, daß durch den Ausschluß der
Öffentlichkeit die Perspektiven dieses Prozesses verkürzt
worden sind. Wir sind doch keine Kinder. Alles, was ist,
müssen wir erfahren dürfen. Wir hätten als erwachsene und
großjährige Menschen vollen Einblick bekommen müssen
in diese schwärzlich-grauen Gefilde der staatlichen Gesellschaft. Es klingt wie ein Ulk, Herrn Hugo Guthmann als
Mitbürger zu bezeichnen. Und doch ist er es. Genauso wie
das heimgegangene Fräulein Singer unsere Mitbürgerin gewesen ist; es hilft nichts. Als mündige Menschen haben wir,
zum Donnerwetter, das Recht, sämtliche Gewerbe, die bei
uns betrieben werden, zu kennen, mit allem, was drum und
dran hängt. Nicht jeder von uns hat Neigung, in Kaschem-
men und dunkle Häuser zu laufen, um diese wesentlichen
Bestandteile menschlichen Beisammenlebens unter Ekelge-
fühl und Lebensgefahr bruchstückweise zu erforschen. Eine
Gerichtsverhandlung ist der Ort, diese Dokumente zur Sit-
tengeschichte authentisch an den Tag zu bringen; nicht bloß
Recht zu sprechen. Die Einrichtung der Öffentlichkeit hat
nicht bloß den Zweck, die Justiz vom gesamten Volk über-

wachen zu lassen; sondern auch den: die Kenntnis dieses Volks über alles, was sich innerhalb seiner wichtigen Lebensgebiete abspielt, zu fördern. Basta.

Sehr haltlos ist die Begründung für den Ausschluß der Öffentlichkeit. Das sittliche Gefühl der Bürger soll gefährdet sein. Es kann nicht gefährdet sein, wenn man die nackte Wahrheit mit allen dunklen Beitaten erfährt. Hierin liegt kein lockender Reiz. Es ist dieselbe unpsychologische Anschauung, welche den jungen Mädchen verbietet, Zola zu lesen, während man ihnen Paul Heyse in die Hand gibt. Wenn einer von den beiden gefährlich ist, dann ist es Paul Heyse, der das Kind nicht beim rechten Namen nennt, sondern umschleierte, zarte, empfindsame Novellenbegriffe für die unterirdischen Regungen der Psyche einsetzt. Nicht Zola, der mit derber Wahrhaftigkeit das Unflätigste ohne Tünche zeigt und eine Bürgerstochter vor den Kopf stoßen und abschrecken weit eher als verführen wird. Wenn der Staat nach dieser Maßregel folgerichtig handeln will, dann muß er die Berichte über Liebesdramen mit gemeinsamer Flucht nach Potsdam oder Doppelselbstmord in Wannsee verbieten. Hier liegt mehr lockende Gefahr. Oder er soll Tolstois Rat befolgen und die Ausübung der Musik, als einer Zauberei und Seelenbehexung, untersagen. Aber nicht die Öffentlichkeit in Gerichtsverhandlungen ausschließen. Der Ausschluß der Öffentlichkeit ist ein Überbleibsel jener Anschauung, die mit dem beschränkten Untertanenverstand rechnet, statt eine ernste Genossenschaft denkfähiger Lebewesen vorauszusetzen. Die Abschaffung dieses Überbleibsels ist nur eine Frage der Zeit. Basta.

Ob Herr Guthmann verurteilt wird oder nicht: als bleibendes Ergebnis dieses Prozesses prägen sich gewisse Züge seiner Lebensführung ein. Der Mann, der als Freund solcher Bürgerinnen bekannt war, die im bürgerlichen Ansehen die letzte Stufe einnehmen, hat unter unbescholtenen kleinen Leuten eine Menge von Bekannten, die über seinen Wandel genau Bescheid wissen und doch nichts dabei finden, das ist das denkwürdigste. Dem Standesbewußtsein

dieser Kreise, zu denen Restaurateure und Arbeiterfami-
lien zählen, widersteht Guthmanns Beschützertätigkeit
nicht im mindesten. Er hat sogar mit ihr renommiert, und
die kleinen Leute, in Frankfurt an der Oder wie in Berlin,
haben ihn bald mit Bewunderung, bald verständnisvoll
zwinkernd angesehen. Hugo war der feine Hugo. Er hatte
immer Geld. Das hilft über vieles weg. Es ist schließlich die
Hauptsache. Strindberg spricht einmal von dem »lebensgefährlichen Vorurteil der Ehre«, woran ganze Adels-
geschlechter aussterben können zum Nutzen der empor-
kommenden Diener. In Guthmanns Kreisen besteht das
Vorurteil nicht. Der letzte, der allgemeinste Ehrbegriff ist
dort vielleicht der, daß es eine Unanständigkeit sei zu
»pfeifen«; einen Standesgenossen durch Verrat eklig rein-
zulegen. Die Überzeugung, daß das herrschende Recht
und Gesetz ein Luxus und fauler Zauber sei, von Reichen
für Reiche gemacht, besteht dort ganz allgemein. Der »Bi-
berpelz« ist die Komödie des unteren Rechtsbewußtseins
nach der Seite des Besitzes; nach der Seite des Sittlichen
wäre sie noch zu schreiben. Die Frau eines Briefträgers, die
zehn Jahre mit ihm verheiratet war, räumte in der Studentenzeit lange hintereinander meine Zimmer auf. Sie war
die zuverlässigste und anständigste Person, die man sich
denken kann; eine wundervolle Mutter für zwei junge
Kinder; eine Frau, die ihren Mann am Schnürchen hatte;
und von tiefer Gescheitheit. Als sie eines Tages mit nach-
denklichem Respekt von ihrer ehemaligen Freundin Charlotte sprach, die jemand »eingemietet« hatte, fragte ich, ob
sie das mißbillige oder ob sie etwa das gleiche täte, wenn
sie noch mal von vorn anfangen könnte. Sie hörte mit dem
Abstauben der Bücher auf, drehte sich um und sagte staunend: »Selbstverständlich!« Wie ich erst fragen könnte!
Unehrenhaft? Wieso unehrenhaft? Herr du meine Güte,
na ja! Was man *so* vom Leben habe! Die Charlotte wisse,
warum sie da sei! Dabei war diese Frau, die in ihrer stram-
men Tüchtigkeit und Anständigkeit zu meinen wohltu-
endsten Erinnerungen zählt, nicht etwa vom Leben verbittert. Sie war nur philosophisch und hatte einen anderen

Ehrbegriff ... Der feine Hugo ließ sich täglich acht bis neun
Mark von seinen Freundinnen geben und stand bei der
kleinbürgerlichen Bekanntschaft, die es wußte, in hoher
Beliebtheit. Er hatte ein Diensteinkommen von monatlich
zweihundertvierzig bis zweihundertsiebzig Mark – er
wußte auch, warum er da war. Dabei war er nicht hochmü-
tig, sondern verstand, mit seinen Freunden zu reden, und
ließ auch was springen, denn die Verhandlung ergab, daß
dieser Mitbürger in zwei Feiertagen siebzig Mark ver-
brauchte. Er liebte die Wasserpartien. Bei jeder Gelegenheit unternahm er mit seinen Freundinnen eine drei- bis
vierstündige Dampferfahrt; so wollte es sein Natursinn.
Hieran schloß sich ein reichliches Abendessen und Nacht-
quartier. Wenn er aber kein Geld mehr hatte, nahm er
rasch Arbeit und schneiderte um Stücklohn. So lebte er, so
lebte er, so lebte er alle Tage. Und wenn sie ihn jetzt nicht
dabehalten, wird er noch manchen genußreichen Nachmittag haben. Pfui Deibel, ist das eine ungerechte Welt.

In der Friedrichstraße stehen die Verkäufer und brüllen:
Essers Heldentaten! Essers Heldentaten! Die Gestalt dieses
ergötzlichen Afrikaforschers bekommt ihr Licht von der
Zeit, in der wir leben. Wir leben unter dem dritten Kaiser-
reich, wo Glanz und Prunk sich allenthalben breitmacht,
wo man rascher lebt als früher, wo alles nach der kaiserlichen Huld drängt und wo der Boden wie in allen glänzenden Regierungsepochen geebnet ist für das Emporsteigen
gewandter Erscheinungen von zweifelhafter Echtheit. Der
Kaiser kann nicht alle zweifelhaften Männer kennen, wird
man, Minna von Barnhelm variierend, sagen dürfen. Der
Kaiser ist auch nicht im geringsten verpflichtet, in den
neuen kartographischen Einzelheiten portugiesischer For-
schung Bescheid zu wissen, und er wird, wenn ihm Herr
Doktor Esser seine durchgepausten Karten vorlegt, fast mit
Notwendigkeit in ihm einen verdienstvollen Durchquerer
sehen. (Der Geographischen Gesellschaft ging es nicht besser.) Nicht bloß durch den Kronenorden zweiter Klasse hat
er ihn geehrt; der Kaiser sagte, er wünschte, an der Spitze
aller seiner Kolonien solche Männer zu sehen wie Herrn

Dr. Esser. Esser strahlte. Er ist Mitbesitzer des Berliner Metropoltheaters Unter den Linden, wo Ballets und Operetten gespielt werden und auch sonst das Leben recht lustig eingeht. Wie mußte diese kaiserliche Ehrung dazu beitragen, sein gesellschaftliches Ansehen bei den dort beteiligten Herren und Damen zu heben. Wenn bloß der böse Wagner und die »Tägliche Rundschau« nicht gewesen wären! Als Bahnbrecher, Durchquerer, Übermensch aufzutreten und dann als Spreewaldtourist entlarvt zu werden – es ist bitter. O, Gott, was sagten jetzt die Herren und die Damen vom Metropoltheater? Ein bißchen schwindelt ja schließlich jeder, hat ein kundiger Afrikareisender versichert. Ich glaub' es ihm, und wenn ich mit Herrn Carl Peters zusammen war und er in der Bezechtheit (etwas bezecht war er immer) loserzählte, dann verlor der Pastorensohn aus Neuhaldensleben alle seine Schrecken, die er für schwarze Mädchen und Boys bisweilen haben mochte, und man fühlte sich angeheimelt: er fängt an zu sohlen. Auch Esser erscheint auf den ersten Blick nur als ein begabter Oberförster. Der Verband deutscher Forstmänner könnte ihn lächelnd zum Ehrenmitglied ernennen. Oder Wippchen dürfte an seine Brust hüpfen und ihm zurufen: Bruderherz! Bruderherz! Die Kriegsberichte aus Bernau sind schwerlich komischer als Essers Afrikaabenteuer ... nur daß er den Vortrag in der Geographischen Gesellschaft hält; daß er eine Audienz beim Kaiser erbittet und ihn bemogelt: das verringert seine Harmlosigkeit. Es zeigt ihn als einen emporstrebenden Mann; es zeigt ihn im Lichte der Zeit, in der wir leben. Er ist Reserveoffizier und Dr. juris. Der Professor Theobald Ziegler in seinem Werk über die sozialen Strömungen des neunzehnten Jahrhunderts staunt, »wieviel tief innerliche Unsittlichkeit und Unsauberkeit sich hinter dieser gerühmten Schneidigkeit unserer jungen Assessoren verstecken kann«. Ich wage nicht zu entscheiden, wie weit das auf den Spreewaldfahrer zutrifft. Wichtiger sind zwei andere Fragen. Erstens, ob er nicht, ohne Wagners Eingreifen, über kurz oder lang einen hohen Kolonialposten bekleidet hätte. Er hat zwar bloß eine Spreewaldpartie gemacht, aber mehr als Herr von Buchka wird er vielleicht doch von Kolonialdingen verstehen. Das Unglück wäre also verhältnismäßig klein gewesen. Die zweite Frage ist die: warum hat Esser den Dr. Wagner nicht niedergeknallt – im Duell? Wagner hatte ja Dinge geschrieben, die ihm unangenehm waren und ihn beleidigten. Er hätte ihn totschießen müssen.

Auf der Friedrichstraße brüllen die Händler das Rennprogramm aus. Es geht wieder los. Essers Freunde werden auch dabeisein. Graf Egloffstein ist persönlich verhindert. Auch diese nationale Rennbewegung erhält ihr Licht von der Glanzperiode, in der wir leben. Man steigt in die Stadtbahn und will nach Hause fahren. Sämtliche Abteile zweiter Klasse scheinen von Pferdefreunden besetzt. Professionals und Liebhaber durcheinander. Alles duzt sich. Alles erzählt Witze. Alles kommt andeutungsweise auf Tips zu sprechen. Dieses Gesindel hat ein Äußeres, das zwischen Aristokrat und Kellner schwankt. Am Überzieher, von der Firma Weltmann, baumelt das Ticket. Ein Kragenschoner für fünfzig Pfennige fehlt selten. Der Schnurrbart ist gebrannt, nach oben. »Der Fürst Fürstenberg ...« – »Lehmann, hast du 'n jekannt?« – »Ob ich 'n jekannt habe! Wie 'n Schneider hat der Mann ausjesehn! So 'n kleener Schneider, mit 'n ruppigen Strohhut auf.« – »Ei weh, in Baden-Baden, wenn er durch die Stadt fuhr, damals mit dem Prinzen von Wales; er hatte 'ne Zijarrenkiste mit neugeprägte Fuffzigpfennigstücke neben sich zu stehen; denn langte er rinn und schmiß sie mang die Bevölkerung; hat sich was jetan; kannste dir denken.« – »Ob se mir heute runterweisen von de Bahn?« – »Wegen gestern? Hab' dir nich!« – »Wenn mich aber der Kerrel wiederfindet?« – »Edewacht ist krank.« – »Magennerven ...« – »Jewiß, alles Fette hat mir der Doktor verboten.« Der Sprecher ist ein großer blonder Urberliner; er fügt hinzu: »Aus Lehachles hab' ich gestern dreimal Gänseleber gegessen.« Ich erkundige mich, was Lehachles heißt. Es ist ein hebräisches Wort und bedeutet etwa: zum Trotz, zum Possen. Also hat er zum Trotz Gänseleber gegessen.

Heut, als am Freitag abend, wurde zu allem anderen ein Drama »Kain« von Ernst Prange im Berliner Theater gespielt. Es verursachte die stärkste Nervenwirkung, die ich seit Jahren im Theater gespürt. Damen begannen Weinkrämpfe zu bekommen. Mehrere Gänseriche im Parkett fingen an zu gackern; sie schrien entrüstet: »Schluß! Schluß! Vorhang!« Und doch war das Stück nicht bloß eine Sensation: es steckte auch was dahinter. Ein Dichter hat seinen Bruder einen Felsen hinabgestürzt: aus Neid. Das Dämonische im Neid wird mit einer ziemlich wahnsinnigen Kraft gestaltet. Das Beste war die Leistung des Herrn Bassermann, eines wundervollen Schauspielers, der endlich ans Deutsche Theater kommt. Er spielte E. T. A. Hoffmann.

14. Mai 1899

Und der Regen regnet jeglichen Tag. Es ist sehr unangenehm, wenn man spazierengehen will, oder wenn man Gastwirt ist; oder wenn man seine Gummischuhe stehengelassen hat und nicht weiß, wo; oder wenn man ein Rendezvous am Goldfischteich hat, wie das in Paul Heyses Romanen und zuweilen in der Wirklichkeit vorkommt; oder wenn man einen Havelock trägt und das Futter wird plötzlich zu lang, weil der Stoff einschrumpft; oder wenn man ein Bootsabonnement hat und alle Boote in Sitzbadewannen verwandelt sind.

Es ist aber sehr angenehm, wenn man früh aufwacht und hinter den geschlossenen Vorhängen ein leises Rauschen rauscht; man fühlt sich von einer fernen Stille umgeben; ein lauer, feiner Strom, der dicht und unaufhörlich niedersinkt, trennt dieses kleine Haus am Wasser mit seinem Landhausdach und seinen grünlichen Mauern von der ganzen übrigen Welt. Wo liegt Berlin? Irgendwo; nicht hier. Rechts, von den Zelten, wo das abonnierte Boot »Karl« im Wasser klappert, rauschen zuweilen Riesenkähne durch die Flut, gezogen von einem urkomischen kleinen Dampferchen (»une mouche«, sagt mein Freund, wenn er Ähn-

liches auf dem Wannsee erblickt), und die Führer haben den
Gummimantel und eine Kapuze angetan. Es regnet endlos;
aber ein fröhlicher Schauer durchgleitet den, der gelegentlich herzliche Lust zur Einsamkeit hat. Wo liegt Berlin? Irgendwo. Versunken ist die Stadt in diesen Nebelzauber.
Durch die aufgerissenen Fenster dringt ein wundervoll linder Geruch von den benachbarten Bäumen des Gartens
vom Schlosse Bellevue, wo Seine Majestät der Kaiser ganz
selten haust, in dessen Nähe aber der Graf Eulenburg vor
kurzem fürchterlich bestohlen wurde. Er schnarchte neben
seiner Gemahlin und träumte von glücklichen Zeiten nach
einem Staatsstreich, wo der Sozialismus totgetreten und die
Welt in Liebenberg regiert würde; indessen nahm man
ihm fünfundzwanzigtausend Mark an Brillanten, Gold und
Silber, und die Polizei wahrt volle Amtsverschwiegenheit
über die Täter, wie sie die Namen von achtzehn Mördern
dem Publikum durchaus nicht preisgeben will. Desto ge-
wissenhafter wird von nun ab dieser einsame Stadtteil bewacht werden; der Chronist glaubt fest daran, daß ihm hier
niemals fünfundzwanzigtausend Mark an Silber, Gold und
Brillanten abhanden kommen werden. Im Regen steht ein
Schutzmann am Wasser; er möchte gern einen Fisch aufschreiben. Langsam verzieht er sich. Alles trieft von linder
Fruchtbarkeit. Der Helm verschwindet in der Ferne. Das
leise Rauschen rauscht fort, ein feiner, lauer Strom, die
Ferne sinkt vom Himmel nieder. Wo liegt Berlin? [...]
Die Sandrock ist hier. Noch immer. Wir sahen sie vor
Jahresfrist und waren entzückt von dieser Hoheit, dieser
überlegenen Sicherheit, dieser Gabe des scharfen Glie-
derns. Die Dumont in Berlin ist ja auch hoheitsvoll; sie redet, als wenn sie flugs aus Griechenland entlaufen wäre,
mit einer starken Feinheit, die man verehren kann, mit einem Nachdruck, der Achtung einflößt, mit einer zurückhaltenden Eindringlichkeit, die eine femme supérieure anzeigt. Aber das ist eben der Unterschied: die Dumont
erschien als femme supérieure, die Sandrock als ein großes
Raubtier. Das war damals. Heut erscheint die Sandrock als
eine armselige Komödiantin. Wie kann man in kurzer Zeit

so herunterkommen – um Gottes willen! Diese Frau tut kaum noch was anderes, als daß sie Mitterwurzer kopiert. Es ist mit ihr nicht zum Aushalten, der Hörer leidet körperlich, er fühlt das ganze Gebaren als eine dreiste Beleidigung. Hält sie uns für solche Esel, daß sie die dicksten und ödesten Mätzchen alter Kulissenreißerei mit wurstig-modernem Spiel der naturalistischen Schule launenhaft vermengt? Sie tritt auf, und (sie kann spielen, was sie will) ein drohender, tiefer Nachdruck, etwas Düsteres, Komödiantenhaftes liegt in ihrer Haltung, ihren Worten. Mit dem Zeigefinger macht sie Einschnitte, gebieterische, in die Rede, oder sie pufft einen ernsten Nachdruck hinein. Die Aussprache ist die der verflossenen Jambentragödie, aber hie und da erlaubt sich diese dreiste Cabotine ein ganz unbegründetes, schrilles Geheul, ein paar Töne lang. Durch solche Mittel hofft sie, in Berlin zu wirken. Sie ahnt es nicht! Wenn man sie zusammenfassend kennzeichnen soll, wird man sagen müssen: sie ist wild gewordene Provinz oder Provinz mit haut goût. Alles karikiert, verdickt, übertreibt sie auf die widerlichste Art. Daß sie Schnitzlers Christine nicht machen kann, darüber ist kein Wort zu verlieren. Sie erschien, als hätte eine Verschmelzung der Liebelei mit dem Grünen Kakadu stattgefunden und als wäre sie die Tante ihres Liebsten. Im dritten Akt hatte sie meisterliche Momente, in diesem verhaltenen Schmerz, in diesem leisen Weinen; hier zeigte sie einmal … *einmal* die Klaue. Aber der Sorma reicht sie nicht das Wasser zum Waschen der Füße in dieser Rolle. Nachher kam das Abschiedssouper. Oh du allmächtiger Vater, was machte sie aus diesem reizvollen Stück. Mit einem Frauenzimmer, wie sie es darstellte, hätte sich Anatol nie eingelassen. Es soll eine Tänzerin sein, sie aber gab eine –. Sie suchte die Gemeinheit kübelweise über die Stimmung dieser feinen Szene zu stülpen; ein Filet aux truffes sprach sie »trouffes« aus, statt avancieren sagte sie affantzieren, obgleich eine Freundin Anatols das Wort truffes und das Wort avancieren x-mal richtig gehört haben muß – nur weil sie eine Augenblickswirkung erpressen wollte und Berlin mit Rogasen verwechselte. Sie kam schlecht an. Sooft ich sie hörte, wurde stark gezischt. Als sie die Thekla in Herrn L. Fuldas »Kameradin« hinlegte und ihre sinnlosen Mitterwurzereien häufte, gerieten die Hörer in Entrüstung und riefen ihr, wenn sie erschien, den Namen ihrer echteren Mitspielerin Elise Sauer stürmisch entgegen. Sie war nicht sehr erbaut davon. Diese verkommene Virtuosin mit der starken ursprünglichen Kraft hat fast alles eingebüßt, was sie an Künstlertum besaß. Sie scheint mehr am Burgtheater verloren zu haben als das Burgtheater an ihr.

Da wir schon bei Schauspielern sind: Herr Vollmer hat sein Jubiläum gefeiert. Im Reich kennt man ihn wenig. In Berlin wird er nicht nur von den Stammgästen des Hoftheaters geliebt. Wie soll man ihn kennzeichnen? Er wirkt wie ein gütiger humoristischer Hypochonder. Ein schlanker Mann mit länglichem Gesicht, ohne Merkmale für sein Lebensalter. Er tritt auf, und in einem gedehnten, leise drolligen Ton nimmt er die Hörer gefangen; mit diesem Ton deutet er eine gutmütige Ungeschicklichkeit, eine harmlose liebenswerte Natur an. Das Publikum liebt ihn, weil er etwas so Versöhnliches, etwas so Zutraulich-Komisches hat, weil er sich über die Schwächen der Menschen in ahnungsloser Güte lustig macht. Er ist eine reizende Erscheinung, nie ein Spielverderber, und er kann an Haydnsche Musik erinnern – an einzelne Partien eines Scherzos. Er hat nicht die Engelssche Schärfe, Drastik und Tiefe; doch er hat etwas anderes: einen lyrischen Zug. Er ist der Bellmaus unter den Komikern. Wir danken ihm manche gute Stunde, und er sei gesegnet.

Jetzt scheint die Sonne. Der Regen ist weg, die Menschen lustwandeln; durch das Wasser vor dem grünen Haus ziehen Vergnügungsschiffe nach Werder an der Havel, wo jetzt die Baumblüte abgehalten wird; auf manchem sind auch Fahrgäste; der Schloßgarten von Bellevue duftet noch frischer und lieblicher, der Baum vor dem Fenster zeigt das lindeste, hellste Grün, ganz zart, er lächelt gewissermaßen. Fast tut es einem leid, schon aus Gründen der Witterung, diese Stadt jetzt zu verlassen.

16. Juli 1899

Der Wahlspruch des Kaisers scheint ein Vers von Heinrich Heine zu sein: »Es zieht mich nach Nordland ein goldiger Stern.« Ich sagte es neulich schon: man versteht seine Reiselust, wenn man selbst auf Reisen ist. Dieser Kaiser weiß sein Leben zu genießen: niemand wird hiergegen widersprechen, soweit am Abend aller Tage die geschichtlichen Urteile sonst auseinandergehen mögen. Er fühlt sich als Herr der Welt; und mit diesem Heere hinter sich ist er es tatsächlich, heute. Er fühlt sich als Herr der Welt, ahnt vielleicht, daß seit zehn Jahren niemand in Europa so stark besprochen worden ist wie er, labt sich als froher Nachkomme im Besitze dessen, was Bismarck seinem Großvater gewinnen half, folgt seinen zwei Neigungen für Naturgenuß und festliche Veranstaltungen, äußert in freier Rede seine Weltanschauung ungehemmt, sieht diese Äußerungen sofort in alle Erdteile verbreitet, erfreut sich eines segensreichen Familienlebens und lenkt bis zu einem gewissen Grade die Geschicke der Deutschen. Auf ihn, als den glücklichsten Mann, sehen heut die Franzosen, denen er sich nähert. Man hat es oft genug gesagt, aber vielleicht noch nicht drucken lassen: einen Mann wie ihn würden sie gern besitzen.

Die Stellung der Pariser zu gekrönten Herren ist, hundert Jahre nach der Revolution, ganz merkwürdig. Dieses republikanische und demokratische Volk nimmt einen unverhältnismäßigen Anteil an ihnen. Daß Daudet die Könige im Exil schilderte, mit einigem tragikomischen Humor, ging noch hin; wenngleich es auffiel, daß er ein besonderes Buch um sie herum schrieb. Lemaitre, der jetzige Dreyfusfeind, schrieb um sie herum erstens ein Drama und zweitens einen Roman. Er behandelte nicht die abgesetzten, sondern die abwärts gleitenden Könige – mit einem ganz erstaunlichen Maß von Anteil für diese Gesellschaftsklasse, die Frankreich eigentlich nichts anging. Und wenn jetzt ein so kleiner Fürst wie der Landgraf von Hessen in Paris weilt, freut man sich mächtig. Dementsprechend ist die Aufmerksamkeit der Franzosen für Wilhelm den Zweiten ins Namenlose gesteigert. Sie beschäftigen sich fortwährend mit ihm. Zwei Seelen wohnen dabei in ihrer Brust; sie necken ihn, verzerren sein Bild und haben ihn tatsächlich im Grunde recht gern. Das Sprichwort, daß der Prophet in seinem Vaterlande weniger gilt als anderswo, läßt sich auf diesen Fall nicht anwenden; aber ein guter Horcher wird in Deutschland im Laufe einiger Wochen mehr respektwidrige Äußerungen feststellen können als in Frankreich. Hier spricht man von ihm fast ausschließlich mit scheuer Achtung. Man erwartet etwas von ihm. Man traut ihm irgendeine epochemachende Handlung zu, nicht bloß auf Grund seiner Macht, sondern auf Grund seiner Persönlichkeit. Und vor allem entzückt sie sein Repräsentieren. Auf den Boulevards verkauft man eine tolle Karikatur von ihm. »Le Rire«, das Witzblatt, gab vor Monaten Bilder und Texte zu seiner Palästinafahrt heraus, eine ganze Nummer voll. Man kann nicht anders sagen, als daß sie in künstlerischer Hinsicht glänzend sind. Diese Nummer wurde in Deutschland verboten. Jetzt, nach Monaten, mit der aufgedruckten Inschrift »interdit en Allemagne«, hält man sie auf den Boulevards für den zehnfachen Preis feil; mancher Deutsche kauft sie; wohl der Seltenheit wegen. Trotz dieser blutigen Neckereien halten die Pariser einen Winkel ihres Herzens für ihn offen. Was sie an ihm stört, ist schließlich nur die Nationalität, sozusagen.

Die Begegnung mit der »Iphigenie« hat diese Sympathien gewiß nicht geschmälert. Aber nach Paris kommen sollte der Kaiser dennoch lieber nicht. So gut sie ihm sind, so schlecht könnten sie ihn empfangen. Am Ende ist auch dieser Besuch keine Hauptsache. Hoffentlich arbeiten doch unsere Politiker nicht darauf hin, daß ihr Monarch eine Ausstellung zu sehen bekommt, sondern daß zwei wichtige Völker einander genähert werden – hoffentlich.

Indessen ist auf dem Sparenberg eine Gedenktafel befestigt worden. In ihrer Eigenschaft als Gedenktafel fehlt ihr auch nicht die Inschrift, die Inschrift. Gedenktafeln sind

zahlreiche heute. Als die Majestäten irgendwo gespeist hatten, errichtete treue Liebe der Einwohner einen Sockel, am
gleichen Platz. Und auf dem Sockel stand zu lesen, daß sie
dort gespeist hatten, die Majestäten. Wesentlich ernster als
diese Speisetafel ist jener Gedächtnissockel auf dem Sparenberg, der nicht einen leiblichen Genuß des Kaisers, sondern eine seiner geistigen Leistungen verewigt. Es ist ein
Sockel volkswirtschaftlichen Charakters. Es ist zugleich ein
Protestsockel gegen etwaige Dreistigkeiten unserer oft
recht vaterlandslosen Arbeiterklasse. Auch Sockel haben
ihre Schicksale. Auf dem Burgberg von Goslar steht einer
mit der Inschrift: nach Canossa gehn wir nicht. Die Entwickelung der Dinge hat ihn aber aus einem Denkmal der
Romfeinde zu einem Denkmal der römischen Kirche gemacht. Es ist tatsächlich ein katholischer Ruhmessockel geworden, seit Bismarck nachgeben mußte. So kann es manchem Sockel gehen, wenn man heut allzu rasch welche
errichtet. Bei dem vorliegenden Sockel ist freilich jede Enttäuschung ausgeschlossen. Erst nachdem die Zuchthausvorlage gefallen war, hat man ihn errichtet. Er drückt also
nichts anderes aus als einen Wunsch. Den zu äußern bleibt
deutschen Bürgern unbenommen, solange nicht zu befürchten steht, daß die Inschrift, die Inschrift öffentliches
Ärgernis erregt. Das ist hier keineswegs der Fall, obgleich
die verfassungsmäßige Vertretung des deutschen Volkes
sich vor wenigen Wochen gegen die auf dem Sockel einge-
grabenen Prinzipien entschieden hat. Es ist nicht der Fall,
denn wir sind der Meinung, daß Duldung gegen Anders-
gesinnte unter allen Umständen Platz greifen muß.

Einer, welcher diese Meinung nicht teilte, ist jetzt gestorben: Herr von Achenbach. Er war ein treuer Diener seiner
Herren, soll eine gewisse Eleganz besessen haben, war nie
besonders unbeliebt in der Presse und hat in der reaktionären Epoche, in der wir leben, alles mitgemacht, was er mitmachen mußte, ohne rücksichtslos oder fanatisch aufzutreten. Wir haben uns ja entwöhnt, in Beamten seines Ranges
politische Überzeugungskämpfer zu sehn. In der Mehrzahl
von ihnen sehen wir Beauftragte. Großer Vater, wer ver-

möchte zu entwirren, wo im Lauf einer fünfzigjährigen deutschen Staatsdienerlaufbahn das Individuelle aufhört und wo die Disziplin, das »Zusammengehörigkeitsgefühl« mit der Regierung beginnt. Unsere Beamten, die Achenbachs und wie sie sonst heißen, haben zweifellos glänzende Qualitäten in mancher Hinsicht; das fühlt man im Auslande, wo Vergleiche vor Augen sind, und nächst den englischen erkennen wir in unseren Beamten die tüchtigsten der Welt. Sie sind zuverlässig in Fragen der materiellen Redlichkeit; sie haschen nicht nach Popularität (bei Gott nicht!), und was man ihnen anvertraut, findet seine Erledigung, wenn auch manchmal spät, so doch mit Sicherheit. Aber sie haben den Nachteil, daß allzuwenig Mensch in ihnen steckt und allzuviel Werkzeug. Damit hängt zusammen, daß so wenig an genialer Initiative festzustellen ist. Die Disziplin ist eine Tugend und ein Laster. Sie ist ein Förderungsmittel, wie sie ein Hemmschuh ist. Sie weckt hier Bewunderung und erscheint dort verächtlich. Es muß gewisse Grenzen der Unpersönlichkeit geben! Ihr besinnt euch zu selten, daß ihr auch Bürger dieses Staats seid, dem ihr als Beamte dient. Ihr unterschätzt den Wert des Individualismus, mit Erlaubnis zu sagen. Wer sind diese Herren, die in den ersten Reihen unserer Beamten marschieren? es sind Nummern. Einer oder Zehner, sie addieren sich alle zum Besten der Machthaber. Subtraktionsfälle kommen überhaupt nicht mehr vor. Dieser Achenbach scheint nicht nur ein liebenswürdiger, sondern ein begabter Mensch gewesen zu sein; wie schade, daß er sich niemals selbst entdeckt hat. Hinter seinem Sarge schreitet trauernd der Geheime Kommerzienrat Hugo Pringsheim, welcher der Schwiegervater von Achenbachs Sohn ist. Ob die beiden Gegenschwiegerväter in gutem Frieden gelebt haben? Wie nahe mag ein schrecklicher Familienkonflikt manchmal gewesen sein, wenn Achenbach das Märzendenkmal verdammte, was der Sohn des Volkes, Pringsheim, liebte; wie furchtbar-dräuend mag eine Verwandtschaftstragödie aufgedämmert sein, wenn Achenbach die jüdischen Lehrerinnen preisgab. »Schwiegervater«, rief die junge Gattin und warf sich zu den Füßen des grauhaarigen Präsidenten nieder –, »Schwiegervater«, wiederholte sie flüsternd mit halb erstickter Stimme, »warum hat mich Ihr Sohn dann geheiratet?« Über das Gesicht des grauhaarigen Präsidenten zuckte ein unmerklicher Schimmer, und während sein Blick die Kniende streifte, sprach er mit bebenden Lippen: »–!« Und so weiter.

Die Sorma will in Paris spielen zur Ausstellungszeit. Während eine Schar von Berliner Bühnenkünstlern in Wien Gastrollen gibt und sich dem Direktor Schlenther nahelegt, streitet die Sorma mit Herrn Lautenburg um den Vorrang der Pariser Gastspielidee. Sie hatte die Idee zuerst, und er hatte das Theater zuerst. Beide werden zusammenarbeiten, in klassischen Stücken und modernen Stücken. In zwei Punkten werden sie sicherlich Erfolg haben: erstens wird die Persönlichkeit der Sorma gefallen; ihrer holden Künstlerschaft muß in dieser Stadt, wo man für feine und zarte Abstufungen immerhin empfänglich ist, ein ganzer Sieg zuteil werden. Um so mehr, als die Frau Réjane bei aller Kunst etwas zu alt und die Frau Hading bei aller Schönheit etwas zu unintelligent ist, um rechtschaffene Begeisterung zu wecken. Sarah bleibt wohl hors concours. Zweitens muß Herr Lautenburg einen künstlerischen Erfolg haben, wenn er seine französischen Possen hier spielt. Er gibt sie bedeutend besser, als sie in Paris gegeben werden. Jeder Besucher dieser Stadt überzeugt sich rasch davon – und französische Beamte hatten es mir schon in Berlin versichert. Ein Mann wie Alexander ist hier schwerlich aufzutreiben, und das Zusammenspiel Lautenburgs, so deutlich es manchmal vergröbert, erscheint individueller und gemeisterter. Nur ein Mädchen, wie es etwa die Cassive ist, welche in dem Schwank »La Dame de chez Maxim« den ersten Akt sehr ausdrucksvoll im Hemde spielt, hat er nicht. Das würde bemerkt werden. Im übrigen aber täte er unrecht, von seinem Plan abzustehn und keine französischen Possen zu geben. Die Sorma hat als ernsteste Konkurrentin ein Mitglied des Théâtre français: die Bartet. Diese nicht gewöhnliche Künstlerin steht ihr an stiller Innigkeit nahe. Sie steht uns allen nahe: sie ist die deutscheste Künstlerin von Paris. Sie reißt nicht ohne weiteres fort. Aber wer sie gesehen hat, vergißt sie nicht. Hier ist keine Spur von Mache, hier ist alles schlicht und wahr, noch im parfümiertesten Gewand. Sie sollte nach Deutschland kommen und hätte einen tiefen Erfolg bei den Kennern. Schön ist sie übrigens nicht. Was die klassischen Stücke und die andren für Beifall in Paris finden, läßt sich schwer entscheiden. Die Sache ist bedenklich, soweit es sich nicht um die Sorma und das Lautenburgsche Possenspiel handelt. Man müßte die besten Künstler auswählen. Denn einige von denen in Paris sind nicht zu verachten. So zum Beispiel Mounet-Sully, der Tragöde, welcher im König Oedipus eine Menschheitsleistung gibt, wenn auch im alten Stil.

Und diesen Oedipus sah sich unser Reichskanzler am vorigen Sonntag von einem Plüschsessel der Comédie française an, während sein Herr in Nordland reist und Deutschland den Franzosen annähert. Im Zwischenakt sah ich ihn im Foyer sitzen. Er war ganz klein. Noch kleiner als sonst. Er schien müde zu sein. Und sein alter Kopf sank auf die Brust, als ihn das Klingelzeichen aufschreckte.

23. Juli 1899

Wichtige Dinge vollziehen sich in Berlin. Falls sie noch nicht telegraphisch übermittelt sind, muß ich sie eiligst an die Spitze eines Berliner Briefs setzen. Die Finkenschaft – ich sage, die neugegründete Finkenschaft – wird sich an dem Festzug zu Ehren Goethes beteiligen. Ursprünglich sollte sie sich nicht beteiligen, die Finkenschaft. Warum? Darum: Die Korporationen wollten ihr keinen Raum im Festzug verstatten. Infolgedessen klagte die Finkenschaft beim Rektor, und dieser, Waldeyer, drohte, den ganzen Festzug, zu Ehren Goethes, nicht stattfinden zu lassen, falls sich die neugegründete Finkenschaft nicht beteilige. Infolgedessen wird sie sich beteiligen.

Wenn wir nun auch fürs erste beruhigt sind, so drängt sich doch die Frage auf: warum wollten die Korporationen nicht zugeben, daß sich die Finkenschaft beteilige? Die Antwort lautet: weil ein Teil der deutschen Jugend bereits am Innungswahnsinn leidet. Man denke: sie verehren Goethe und wollen nicht zugeben, daß eine größere Anzahl von Menschen dieser Verehrung Ausdruck leiht. Ist etwas Ulkigeres je dagewesen? Sie hindern Leute, ihre Goetheverehrung zu betätigen, weil sie nicht korporiert sind. Das alles geschieht in feierlichen Formen, mit Ernst, mit Stolz, mit einem mannhaft stillen Schautentum – und wenn unser Land nicht schon etliches auf geistigem Gebiet für die Menschheit zuwege gebracht hätte, müßte man sich fragen, ob die verdummende Wirkung des Bieres, von der Bismarck so oft gesprochen hat, nicht doch eine bedeutsame Wahrheit wird. Ganz zu schweigen von der Tatsache, daß nach aller menschlichen und göttlichen Berechnung das Goetheverständnis in der nichtkorporierten Studentenschaft weit größer ist als in der korporierten. Die tieferen und individuelleren Naturen, die vom Faustdichter einen Blutstropfen in sich spüren, werden kaum geneigt sein, den herrlichsten Teil ihrer Jugendzeit in uniformierenden Verbänden zuzubringen, wo alles innungsmäßig festgelegt ist, bis auf Skatabende, Kneipabende, Paukabende und andere Abende. Man kann übrigens seine wachsende Abneigung gegen dieses absunderliche Korpswesen ruhig äußern und kann doch mit seltener Freude an manchen seligen und wundervollen Kneipabend innerhalb eines Verbandes zurückdenken. Das Lahrer Kommersbuch bleibt etwas ganz Einziges, trotz dieser Erwägungen. Es hat aber mit dem auf die Spitze getriebenen Blech jugendlicher Innungsleute nichts zu tun. Goethe ehren mit Boykott der Nichtuniformierten, das ist der Gipfel. Der ganze tiefe Reiz überkommener, sonderbarer Gebräuche, der in unsrem Studentenwesen tatsächlich liegt, geht verloren. Warum haben die Herren nicht einen Schuß Künstlertum in der Art, die Dinge zu betrachten! Sobald ihr Formalismus anfängt ernst zu werden, wird er lächerlich.

Eine zweite Zeitungsnachricht: Der schwarze Verband an der Berliner Universität (es hat sich ein »schwarzer Verband« gegründet) strebt auf das Ziel los, die Ehrenangelegenheiten der Studenten in eine neue Bahn innerer Entwickelung zu drängen. Endlich ein Fortschritt! Endlich eine Zahl von mutigen Männern, welche den Stier bei den Hörnern packen und unbekümmert um die schlimmsten Feindseligkeiten der Gegner ihren Weg zu Ende gehn. Sie streben darauf hin, daß die Waffen bei Ehrenangelegenheiten nicht bloß bei bestimmten Korporationen belegt zu werden brauchen. Diese Schar heldenhafter Kämpfer tritt dafür ein – und sollten sie darüber zugrunde gehen –, daß die Waffen auch anderswo bezogen werden können. Nicht bloß korporierte Säbel fürderhin! Ein Säbel, gleichviel, wo er gepumpt ist, soll berechtigt sein. Zu diesem Zweck hat sich der schwarze Verband gegründet. Die Zeitungen haben von der Gründung und von dem Zweck berichtet. Und so grüßen auch wir die kühnen Pioniere des Fortschritts, grüßen ihre lichtvollen Darlegungen, grüßen ihr sinnreiches Ringen um das Ideal – allewege! Möge die Vorsehung ihre jungen Seelen weiterhin erleuchten, mögen sie mit derselben begabten Freudigkeit noch manches Reformierende für die Entwicklungsgeschichte des werdenden Mannestums leisten, und möge das edle Feuer, welches ihre Köpfe durchglüht, nimmer erlöschen. Hierauf sprechen wir nochmals: allewege!

In Frankreich kann man auch bei kurzem Aufenthalt merken, daß die einschlägigen Zustände noch dümmer sind als bei uns. Mancher deutsche Mann wird nachträglich nicht billigen, was er als Student getan hat, und in Wahrheit fallen diese Universitätstorheiten nicht ernsthaft ins Gewicht – so gewiß sie in eine Tragödie auslaufen können. Jedenfalls wird bei uns die Ablehnung einer sogenannten Forderung von dem intellektuellen Teile des Landes niemandem verdacht. In Paris gibt es aber auffallend wenig Männer, die anständig genug wären zu kneifen. Ein dreiundzwanzigjähriger, sehr begabter Jüngling, von einer schmächtigen Asketengestalt, teilte mir mit, daß er Fechtunterricht nehme, da er Journalist werden wolle. Auf mein fröhliches Lachen erklärte er: es gehe in Paris leider nicht anders – er wisse, daß es Blödsinn sei, doch es gehe nicht anders. Erstaunlich ist aber, was alles ohne Duell dort gesagt und gedruckt werden kann. In den »droits de l'homme« las ich neulich, Rochefort sei Antisemit und Dreyfusgegner geworden, weil seine junge Frau mit einem gewissen Maxime Dreyfus Ehebruch getrieben. Bei jeder Gelegenheit wird ihm in der Zeitung entgegengehalten, er sei ein Hahnrei und Hörnerträger, ein cocu et cornard. Nun hat dieser alte polemische Lügner, hinter dem sein kleiner deutscher Nachahmer, Harden, stark zurückbleibt, eine ganze Masse Duelle hinter sich, er vertritt also den Grundsatz, seine Ehre durch Schießen und Stechen zu verteidigen. Doch er hat in keinem dieser schwersten Fälle eine Forderung ergehen lassen. Was ist also ein Forderungsgrund in Frankreich? Ich weiß es nicht. Am ehesten kann man den ganzen Unsinn ja noch verstehen, wenn eine Frau im Spiel ist, gleichviel in welchem Zusammenhang. Denn wo eine Frau im Spiel ist, verliert man den Verstand sowieso. Dahin einigten wir uns auch, mein jüngster französischer Freund und ich, als wir über das Duell sprachen. Wir schränkten den Fall noch genauer ein. Wenn man eine findet, die es wert ist, daß man sich für sie totschießen läßt, dann mag man es tun. Man muß aber sicher sein, daß sie es wert ist. Ist sie es freilich wert, dann scheint es um so schmerzlicher, sich von ihr zu trennen. Kurz, wirf die Katze, wie du willst … Also argumentierten wir, der begabte Jüngling und ich. Und hierauf ging er in den Fechtklub. Man sieht: sollte die Annäherung der beiden Nationen erreicht werden, die unser Kaiser Wilhelm der Zweite jetzt anstrebt, so würden im Duellpunkt die deutsche und die französische Jugend einander nichts vorzuwerfen haben. Höchstens, daß man in Frankreich so unlogische Dinge als halben Ulk, als blague, ansieht; während die deutschen Jünglinge dafür ernstere, edlere, mannhaftere Formen zu finden wissen. Und in diesem Sinne rufen wir dem neugegründeten schwarzen Verband ein drittes, kräftiges »allewege!« zu.

Eine fernere Wichtigkeit ist der Ansichtskartensammler-Kongreß, der in Berlin getagt hat. Den Bewohnern dieser Stadt fehlte seit längerer Zeit etwas. Man wußte nicht recht was. Endlich stellte sich heraus, daß es ein Ansichtskartensammler-Kongreß gewesen war – welcher hier noch nie stattgefunden hatte. Nun atmet die Bevölkerung, arm und reich, groß und klein, Palast und Hütte, fröhlich auf. Es geht mit der Versendung von Ansichtskarten ähnlich wie mit dem Duell: man verspottet den Brauch und macht ihn trotzdem mit (glänzender, feuilletonistischer Übergang). Aber die Sache hat immerhin ihre Vorzüge. Ansichtskarten schreiben ist inferior, Ansichtskarten empfangen sehr reizvoll. Es ist die unverfänglichste Art, jemanden wissen zu lassen, daß man an ihn denkt; und zu wissen, daß an uns gedacht wird, ist entzückend. Bisweilen ereignet es sich, daß wir eine Karte mit zwölf Unterschriften bekommen; unter diesen zwölf ist eine einzige, die uns in dem üblichen kleinen Zusatz, wie in einer verabredeten Geheimsprache, etwas sagt, was die elf andern nicht verstehen. Bloß wir verstehen es, weil es eine Art Geheimsprache ist. Und wir freuen uns doppelt. Viel mehr, als wenn sie uns allein eine Karte geschrieben hätte. So wie es auch am schönsten ist, seine Geliebte abends in einer großen Gesellschaft wiederzufinden, wo niemand was ahnt, und zeremonielle Begrüßungen auszutauschen, nachdem sie am Nachmittag bei uns war. Die Ansichtskarten *haben* ihren Wert.

Die Kongreßmitglieder wiesen in ernster Darlegung darauf hin, daß niemals eine Ansichtskarte mit anderem Poststempel versehen und versandt werden solle als mit dem Stempel desjenigen Punktes, der auf ihr abgebildet sei. Oder doch mit dem Stempel der nächsten Poststation. Das sind goldne Worte. Es ist einer von den Gedanken, die lange in der Luft liegen, aber endlich einmal ausgesprochen werden müssen. Der Kongreß hat es nun getan, und überall, wo deutsche Sammelei blüht, gedeiht, wächst, Fortschritte macht, sich entwickelt, aufwärts dringt und ihr Banner entfaltet, allüberall da werden die Kongreßworte beherzigt werden. Hinter den Worten des deutschen An-

sichtskartensammler-Kongresses, den wir abkürzend von
jetzt ab mit D. A. K. S. K. bezeichnen wollen, steckt ein psychologisches Phänomen, wie hinter den meisten übrigen
Dingen. Es kommt nicht auf die Abbildung an, es kommt
auf das Dagewesensein an. Die Ansichtskarte ist eine Quit-
tung. Das renommistische Bedürfnis der menschlichen
Seele offenbart sich in ihr, soweit es sich um den Absender
handelt; die menschliche Zweifelsucht und Ungläubigkeit,
soweit es sich um den Empfänger handelt. Der Absender
pfeift auf die Reise, wenn er seine Bekannten nicht durch
die Mitteilung davon und durch Belegstücke kränken
kann; und der Empfänger würde niemals glauben, daß sein
Freund bis nach Leitmeritz an der Elbe oder Barcelona gekommen ist, wenn nicht leider das Belegstück eingesandt
würde. Auf diesem Wege ist eine ganze Industrie erwachsen. Abseits von beiden Parteien stehen die armen Irren,
welche Ansichtskarten ohne Unterschied der Herkunft
sammeln. Es gibt edle Köpfe, sogar Schwestern und ganz
kleine, liebliche Nichten darunter, welche sonst die wundervollsten Charaktereigenschaften besitzen. Na – dulce
est desipere in loco. Schließlich verfallen wir in dieselbe
Krankheit und schicken nicht bloß Ansichtskarten, sondern bereden noch unsere Freunde, welche zu schicken.

Die eigengemalten Ansichtskarten, die Handarbeiten,
sind die schönsten; oder die liebsten. Dann kommen die
Postkarten mit reproduzierten alten Gemälden; es gibt darunter ganz entzückende, und man kann durch viele
freundliche Sendungen in den Besitz einer kleinen europäischen Galerie kommen. Diese Karten bieten, wenn man
gelegentlich den Deckel einer alten Kiste mit durchein-
andergewürfelten Briefen emporhebt, recht seltsame Anregungen. »Original: Palazzo Pitti, Florenz«. Das ist gleich
suggestiv! Und wie suggestiv wird die Wirkung erst sein,
wenn ich in etlichen Wochen lesen sollte: »Original: Musée du Louvre«. Großer Vater, wie suggestiv! Zumal wenn
die Absenderin infolge eines nicht unmöglichen Zufalls
Mademoiselle L. S. sein sollte, Schülerin am Konservatorium, siebzehn Jahre, Bürgerstochter. Eine ganze Welt

würde dann aufsteigen. Ich würde sie wieder vor mir sehen, in ihrem entzückenden kleinen Abendmäntelchen
aus schwarzer Seide mit dem steifen Medici-Kragen – und
daraus hervorguckend ihr blasses, zaubervolles, lachendes
Gesichtchen; hinter ihr steht die Mutter; und wenn sie
nicht mehr dasteht, zieht sie mich am Ohr, und zuletzt
küßt sie mich, rasch, eh' die Brandung wiederkehrt. Dies
alles würde ich empfinden, wenn auf der Ansichtskarte
stände: »Original Musée du Louvre«. O Leben, o Jugend, o
Welt, o atmendes Glück, o sommerliche Seligkeit, o Seine-
Inseln, o D. A. K. S. K., o süße Vergänglichkeit, o versinkende Kränze, o Zauberwald und Irrgarten! ..... Dis-mois
à quoi tu penses, mignonne .....

　　– ....?

Adieu, Leser. Für einen, der Feuilletons zu schreiben
hat, ist Sauregurkenzeit. Vielleicht, daß Berlin in der nächsten Woche mehr Stoff bietet als die Goethe-Festzügler,
den schwarzen Verband und den deutschen Kongreß. Vor
dem Scheiden will ich diesem letzten nur noch rasch zurufen:

　　»Allewege!«

13. August 1899

Paul Heyse, ein verlorener Sohn der Stadt Berlin, schien
diese Erde verlassen zu wollen. Es war, als ob die Gestalt des
vielgeliebten Dichters sich verneigte, zum letzten Mal, um
blassen Angesichts davonzuschweben, in unbekannte Räume. Diese Gestalt, von lyrisch-novellistischem Glanz umwittert, hat mit steigenden Jahren an fleischlichem Umfang
nicht wenig zugenommen. Der feine Zeichner und Kenner
der Liebe, der Liebling feiner Frauen und abgeklärter
Mannspersonen, hat dem ansammelnden und anschwem-
menden Prinzip der Zeit nicht widerstehen dürfen. Er endete – o grausames Epigramm, o böses Gesetz der Umwandlung – in der äußeren Erscheinung als ein dicker
Troubadour, dem vereinzelte Locken vom gelichteten Schädel nach einer hohen, oft geküßten Stirn zustrebten. Wenn

man ein feiner Dichter der Liebe ist, muß man nicht mit
sechsunddreißig Jahren sterben? Darf man siebzig werden?
Man darf es. Bloß muß man die Wandlungen mitmachen, welche die Liebe mit steigenden Jahren erfährt. Bloß
muß man diese Wandlungen aussprechen und sie andere
Menschen fühlen lassen. Der Oheim der Donna Sol läßt
sie fühlen. Er erzählt von der Liebe der Greise. Seine
Nichte liebt den romantischen Banditen Hernani, der
gleichaltrig mit ihr ist. Das scheint kein Kunststück! Wahr-
hafte Liebe ist nur die Liebe eines Alten! Der empfindet
die Bedeutsamkeit jedes Augenblicks doppelt – zehnfach.
Seine Küsse sind numeriert. Hinter der Seligkeit lauert die
ewige Wüste; Carpe diem! So feiert bei Victor Hugo der
Onkel die Greisenliebe; wenn auch nicht eben mit meinen
Worten, sondern in gereimten Alexandrinern. Und der
Arzt Pascal, bei Zola, der kurz vor der Wüste noch ein Pa-
radies durchquert. Pascal offenbart wieder die besonderen
Liebesempfindungen eines Sechzigjährigen. Ehre sei dem
einen wie dem anderen; sie zeigen redlich, wie ihnen um's
Herz ist. Sie haben mit sechzig und siebzig Jahren nicht die
Allüren eines Dreißigers.

Vielleicht liegt in diesem Punkte die Komitragödie Paul
Heyses. Er sträubte sich, sein Alter zu bekennen. Er blieb
allzu lange lyrisch und wollte nicht realistisch werden. Er
gab in seinen späten Jahren zu wenig von der späten Liebe
seiner Jahre. Er blieb stehen bei der sommerlichen Erotik
feingebildeter Männer in Mittagshöhe. Kleine Ausnahmen
rütteln nicht hieran. Er genierte sich, den Verfall und den
ehrlichen Schmerz darüber hinauszuschreien. Er dämpfte
und verhüllte, tat, als ob nichts geschehen wäre, und lächelte, wie er in den dreißiger Jahren gelächelt hatte; bald
schmerzlich, bald mit leiser, vielsagender Anspielung, bald
sehnsüchtig werbend. Dieser Anachronismus gab ihm zuletzt was Schiefes. Und doch – jeder Spott erscheint ihm
gegenüber wie eine Roheit. Noch mit diesem Zug (vielleicht dem einzigen naiven, den er besitzt) verehren wir
ihn, den gewählten und innigen Kenner gesellschaftlich
feiner Herzen. Seine Welt ist im Niedergang. Er gibt viel-

leicht den letzten Abglanz bloß einer schon versunkenen.
Er kommt aus der Tassowelt. Aus ihr erblüht diese Heyse-
sche Zone, wo das Versagen fast eine stärkere Rolle spielt
als das Gewähren; und wo das Gewähren mit Schleiern
und Schweigen umhüllt wird. Niemand hat so glänzend
wie er die Sinne der feinen, nördlichen, gebildeten Frauen
verstanden. Niemand hat diese Frauen diskreter dargestellt. Er gab sie mehr, wie sie in ruhiger Beherrschung der
Situation sich die Liebe denken, als wie sie in einer Lie-
bessituation sich schließlich benehmen. Er hatte nicht den
Mut der Einzelzüge; des naiven Abguckens und getreuen
Mitteilens. Er war nicht ganz genrehaft. Seine Weiber haben, noch wo sie sündhaft werden, ein Lehrerinnenexamen
in Seelen-Kultur hinter sich. Ein kultivierter Norddeutscher hat diese entzückenden Novellen geschrieben. Es ist
nördliche Kunst. Mag er in München gelebt haben, er war
ein Sohn der Stadt Berlin und ein Erbe ihrer feineren Regungen.

In München floß sein Dasein geglättet hin. Vielleicht an-
regungsvoll und sicher lärmfrei. Er lebte zeitweise wie in
einem elfenbeinernen Turm. Frauen trugen ihn; geburts-
adlige und seelenadlige; und es erscheint wie ein Zug tem-
perierten Zigeunertums, wenn der Dichter bei den Wo-
chenzusammenkünften einen Eierkuchen für sie briet,
über einer Spiritusflamme, lächelnd in ihrer Mitte als Koch
stehend. Und sie aßen alle von seinem Eierkuchen. Hier
lag ein leiser Abglanz von Künstlerhumor: ein Zugeständ-
nis an die Stadt München. Heyse war ein gemäßigter Bac-
chant, zeit seines Lebens. Zuletzt ein sehr gemäßigter. Als
eine Münchener Dame, eine tapfere Frau, unvermutet saftige Schauspiele zu schreiben begann, darin sie die letzten
körperlichen Dinge nicht ungesagt lassen wollte, brach er
den Verkehr ab. Er nannte es unmöglich, mit einer solchen
weiter umzugehn. Das wär' ihm in früheren Sommern, da
er den herrlichfeinen »Salamander« reimte, diese luftige,
lächelnde, sinnliche Dichtung, die ihn unsterblich machen
wird, nicht widerfahren.

Und wir wollen ihn heut, mag er genesen, mag er von

hinnen ziehn, in jener alten, froheren, heidnischen Gestalt
sehn. Wir sehen und grüßen den gesänftigt Leuchtenden,
den heiter-stillen, den schlanken Meister, der gedämpftes
Empfinden in beherrschter Sprache zu geben wußte und
dabei im Schatten eines Weinblatts schrieb. Wir grüßen
auch den Dichter der Freunde Maso und Nino, die neben
Pylades und Orest von Rechts wegen genannt werden
müßten und die, in seiner Formung, in die Ewigkeit einziehn werden. Wir grüßen ihn, da er noch unbeleibt war;
da er den Bekenntnissen schöner Seelen mit schöneren
Körpern sinnend und lächelnd nachging; und da er keine
verärgerten Romane gegen die neue Dichtung Deutschlands abfaßte. Er hat gegrollt. Nicht wie Gustav Freytag,
der vor dem Tode noch seinen Brief über das Hannele an
Gerhart Hauptmann schrieb. Nicht wie Spielhagen, der die
Neueren zwar nicht riechen kann, aber wenigstens den äußeren Schein der Begeisterung wahrt. Er hat gegrollt. Um
dieses Gefühls willen allein war er im Unrecht. Es ist das
Lied vom Dichter, der nicht alt werden wollte; und der
vielleicht gestorben war, bevor er starb; wer weiß? Gebt einen grünen Kranz! Wir legen ihn auf sein Grab, wenn er
scheidet! Wir setzen ihn lieber auf sein Haupt, wenn er genesen ist. Er hat gegrollt – doch wir vergöttern seine Man-
nesjahre. Evoë! Evoë!

So ist das Leben. Der eine erkrankt, der andere wacht am
nächsten Morgen als Fürst auf. Legt sich als Graf Münster
schlafen und erhebt sich als Fürst Derenburg. Oder wenn
er nicht Derenburg heißt, so heißt er sicher Derenstein; ich
weiß das nicht auswendig. Der Kaiser Wilhelm der Zweite
hat einen Grafen Caprivi gemacht, einen Fürsten Lauen-
burg gemacht, hat einen Grafen Bülow gemacht, hat einen
Herrn von Miquel gemacht, und hat einen Fürsten Deren-
fels gemacht. Der Lohn der Tugend braucht in unsern
Zeitläuften nicht so lange abgewartet zu werden wie ehemals. Die Oberlehrer werden Professoren, die Gymnasiallehrer werden Oberlehrer, die Premierleutnants werden
immerhin Oberleutnants, die Briefträger tragen eine Li-
tewka, die Geschichte wird rückwärts gelernt, Dr. Esser

bekommt einen Kronenorden, und Ernst von Halle, welcher eigentlich Levy heißt, wird Marineprofessor. Die
Künste blühen, die Wissenschaften gedeihen, unser Zeitalter steht im Zeichen des Verkehrs. O Jahrhundert, es ist
eine Lust, in dir zu leben. Vielleicht werd' ich selbst geadelt, Leser. Auf Grund hervorragender Theaterkritiken
erhebt man mich in den Edelmannsstand. Ich habe vorhin
darüber nachgedacht, was ich dann täte. Sobald ich Alfred
von Kerr hieße, würde ich jemanden adoptieren. Er müßte
dafür schwer blechen. Diese Summe würde ich nehmen
und umgehend nach Paris zurückkehren. Die Hälfte des
Kapitals würde ich Fräulein Flamary, Rue Victor Massé 26,
schenken. Sie ist augenblicklich in der Klemme (dans la
purée). Man kann jedoch auch sagen: dans la dèche. Jedenfalls würd' ich ihr von meinen dreimalhunderttausend
Mark hundertfünfzigtausend Mark widmen. Denn sie ist
ein Engel. Und wenn sie Walzer tanzt – im moulin de la
galette, entschuldigen Sie, bitte! –, so versinkt die Welt.
Entschuldigen Sie, bitte. Wenn sie aber nicht tanzt ... na –!
In deutschen Zeitungen darf man ja nichts sagen. Jedenfalls möchte ich nochmals auf meine Verdienste als Theaterkritiker hinweisen ... Alfred von Kerr ...

Immer wieder Paris. Diese maledeite Stadt geht mir
nicht aus den Gedanken. Und dieses maledeite Wort geht
mir nicht aus der Feder. Dabei schreib' ich diese Zeilen in
Breslau, welches meine Vaterstadt ist. Entschuldigen Sie,
bitte. Alles hab' ich hier wiedergesehn, bloß Gott sei Dank
keine Menschen. Die Stadt ist wundervoll, dagegen ist
nichts zu sagen. Vor einem Jahr hab' ich sie entdeckt, als ich
verborgen hier weilte. Ich ging wieder in den Schweidnit-
zer Keller, wie manchmal in recht später Tageszeit als Student, wenn wir einen Frühschoppen um zehn Uhr abends
noch nicht beendet hatten. Am Elisabetan ging ich vorbei,
mit bauchgrimmigen Gefühlen. Der mich am meisten gezwiebelt hatte, ist gestorben. Dem ich am meisten ver-
danke, der lebt noch. Wir dummen Bengels sangen schon
in der Sexta von ihm:

Wenn die Glocke achte schlägt,
Kommt der N. N. angefegt ...

Wir dummen Bengels! Er hat von allen lebenden Menschen den stärksten Eindruck auf mich gemacht, das steht
fest. Später kam Gerhart Hauptmann, der hat den tiefsten
Eindruck gemacht; aber er hat den stärksten gemacht. Jetzt
in Versailles und Paris hab' ich alle Bilder und Statuen von
Napoleon Bonaparte gesehen, die zu sehen sind: keine
wirkt so unmittelbar und nachhaltig, wie dieser Mann einst
gewirkt hatte. Jugendeindrücke verwischen sich nicht. Das
ist das Leben. O Gott, was mag er sagen, wenn er meine
Berliner Briefe liest? Er ist ja der einzige, vor dem ich
Angst habe. Mancher war vielleicht nicht gelungen. Mancher war vielleicht frech. O Gott, was mag er sagen? ...

Meine liebe Mutter kocht eine wundervolle Kost; gewürzt und aristokratisch zugleich, so daß die französische
Küche erblaßt. Mit dieser Nahrung werde ich bei meinem
vorübergehenden Aufenthalte gespeist. Dazu werden die
neugewonnenen französischen Gerichte in den Speiseezet-
tel aufgenommen, so daß ich beispielsweise täglich Toma-
tensalat mit Pfeffer, Salz, Öl und Essig verzehren darf. Es ist
wundervoll; von den Rindslenden mit Champignons gänzlich zu schweigen. Aus dieser Nahrung habe ich die Kraft
geschöpft, spielend zehn bis zwölf Druckseiten mehr zu
schreiben, als ich eigentlich nötig hätte. Es ist der Über-
schuß an Säften. Nun drängt sich aber gebieterisch der
Schluß auf. Ich will ihn machen, indem ich der Wahrheit
gemäß bekenne, daß die Stadt Breslau, wenn man sie erst
auf einsam verborgenen Fahrten entdeckt hat, eine ganz
herrliche Haupt- und Residenz- und Provinzialstadt ist.

Und vielleicht kann man nach acht Wochen Paris hier
das Leben eher ertragen als in Berlin. Denn hier vergleicht
man wenigstens nicht. Adieu.

10. September 1899

Das Fräulein, welchem diese Briefe diktiert werden, die jüngere Schwester der Verstorbenen, hat Umzug gehabt. Früher wohnte sie zwischen dem Westen und Schöneberg. Jetzt ist die Familie nach West-West gezogen; in eine der neuen Straßen, die sozusagen zum Sprengel der Gedächtniskirche Wilhelms des Großen gehören. Riesenhäuser, fertig oder nicht fertig, leidlich schmucke Ausstaffierung, reichliche Bequemlichkeit, die Höfe als »Garten« frisiert.

Ich glaube, Wilhelm Hegeler hat diese Straßen beschrieben, in der Novelle von der Telephonistin; großer Vater, wie heißt sie doch! Das Mädchen knipst, weil sie ihre Tugend verloren hat und den Räuber nun auch verlieren soll. Sie streckt ihn mit dem ersten Schuß zu Boden. Von einem Zimmer dieser Novelle sieht man auf der drübigen Seite die Bauplätze liegen. Etwas Monotones steigt herauf, vermengt mit dem leisen Frostgefühl, das frischgetünchte Wände erzeugen, zugleich mit der Vorstellung einer kraftvoll emporblühenden Stadt und mit einem leisen Traum von Grundstücksschwindel. So ist diese Straße, nach welcher das Fräulein gezogen ist. Wenn ich nicht in Stimmung bin und einen mißlungenen Berliner Brief schreibe, werd' ich jetzt immer behaupten, daß die Straße schuld ist. Ich überlege, ob ich nicht schon heute anfangen soll.

Freilich, die frühere Straße war nicht poesiereicher. Ebenso neue Häuser, vielleicht bloß weniger Bequemlichkeit. Aber ich traf jedesmal, wenn ich zum Diktieren ging und daher wütend war, ein entzückendes Mädel. Sie stand vor der Tür. Leser, ich verhehle nicht, daß es eine Bäckerei war. Dieses einfache knusprige Geschöpf heiterte mich auf. Und ich heiterte sie auf. Zuletzt grinsten wir beide auf siebzehn und einen halben Schritt Entfernung. Mein Grimm und die eingeborene Abneigung gegen die schriftstellerische Tätigkeit verwandelten sich in ein liebevolles Lächeln. Ich lächelte vom rechten Ohr bis zum linken. Der Zeichner Hengeler von den »Fliegenden Blättern« malt solche ausdrucksvollen Gesichter, die ganz Güte sind. So sah ich aus: sie nicht anders. Nur einmal schritt ich unbeweglich an ihr vorüber, als ich einen Aufsatz über Ibsen für die »Nation« zum siebzigsten Geburtstag diktieren ging. Damals war ich so ganz geladen, daß ich an der lieben Knusperhexe, ohne mit einer Wimper zu zucken, entlangschwebte. Das nächste Mal grinsten wir doppelt freundlich. Jetzt ist alles aus. Auf der neuen Straße befindet sich eine bauchige Gasanstalt, während das Bäckermädchen so schlank war. Hätt' ich wenigstens gewußt, wann ich zum letzten Mal an ihr vorübergehen würde, dann wär' ich das letzte Mal mit Verstand vorübergegangen. Aber plötzlich zieht die Familie fort, ohne Rücksicht. Jetzt erwäge ich: warum bin ich niemals in den Laden gegangen und habe einen Zwieback, eine Schnecke, zwei Nußtorten, eine Napoleonsschnitte, einen Mohrenkopf, drei bis fünf Makronen, ein Lucca-Auge, mehrere Windbeutel, drei Bisquits, einen Sahnbaiser, etwas Streuselkuchen, ein wenig Käsetorte und ein Fünfgroschenbrot gefordert? Warum hab' ich es nie gefordert? Ich war töricht; der Gedanke kam mir einfach nicht. Vielleicht hätte das Schönste, was ich erleben sollte, in dieser Bekanntschaft geruht. Ich habe sie nicht gemacht. So ist das Leben.

Vorigen Montag speiste ich zu Mittag in einem Restaurant der Potsdamer Straße. Auf allen Tischen lagen Extrablätter; der »Lokal-Anzeiger« hatte sie verteilen lassen. Was war geschehen? Bosse und Recke hatten – nicht ihren Geist, der unsterblich ist, aber doch ihr Amt aufgegeben. Diese Nachricht erfüllte mich mit solchem Appetit, daß ich von jedem Gange zweimal aß. Als Ergänzungsgetränk ließ ich die zweite halbe Flasche Mosel kommen und genoß behaglich mein Dasein. Boss' ist tot, sang etwas in mir. Dem andern, Recke, ließ sich nichts vorwerfen, außer allgemeiner Unfähigkeit. Ich überlegte beiläufig, ob die Zustände in Frankreich wirklich viel schlimmer sind, wo infolge allzu häufigen Ministerwechsels nichts geschieht, während in Preußen bei vierjähriger Ministerdauer ebenfalls nichts geschieht. Ergebnisloser als unter dem konservativen Recke können die Zustände im revolutionärsten Spanien nicht sein. Beim Nachtisch sang es noch immer in mir: Boss' ist tot! Obwohl nicht alle seiner Maßregeln greifbare Übel sind, ging von dem ganzen Mann ein kulturfeindlicher Geruch aus; so ein frommer Verwesungsgeruch; so eine penetrante Sittlichkeit; so ein patriarchalisch-ernster Duft, wie er auf den gescheuerten Treppen in Hofpredigerhäusern weht. Erst bei der Verdauung fiel mir ein, daß der Ersatzmann wieder ein Bosse sein könnte. Bei unseren Ministern ist die Seelenwanderung erwiesene Tatsache. Das nächste Stück wird nicht mehr in Des-dur gespielt werden, sondern in Cis-dur; der kluge Leser weiß, daß Cis und Des gleichklingen. Der nächste Minister wird nicht »fünfundzwanzig« sagen, sondern »fünf in der zweiten Potenz«. Er wird niemals von »Muhamed« sprechen, sondern immer von »Mahomed«. Ja, sie sind Werkzeuge, keine Individualitäten; Getriebene, nicht Treibende; Diener, nicht Politiker. Hinter ihnen steht ein dunkler Wille, eine jeweilige Laune, nämlich des Schicksals, das uns aufgebürdet ist und das in der Zeit unserer stolzesten Waffenmacht dieses tragikomische Elend der geistlosesten Reaktion im Innern stabiliert. Und doch –

Und doch, vielleicht ist Herr Studt ein Temperament; vielleicht liebt er es, heimlich in seinem Zimmer umherzuhüpfen und seine Glatze mit Weinlaub zu schmücken und gern über einen guten Spaß zu lachen und seinem Dienstmädchen einen Klaps auf die Schulter zu geben. Vielleicht liebt er das. Es wäre schon etwas. Wir würden schon aufatmen. Und vielleicht hat er durch einen unvorhergesehenen Zufall Sinn für feinere geistige Abstufungen, ein kleines Gefühl für zartere Kultur, vielleicht ist es ihm möglich, Dinge am Ausgang des Jahrhunderts ohne pastoralen Vorbehalt anzusehen, und vielleicht hat er in der Tiefe seines Busens eigentlich mehr Lust, ein kameradschaftlicher Diener der modernen Menschheit als einer ihrer Gefängniswärter zu sein; vielleicht schwärmt er für Frauen, vielleicht lacht er sich tot über Jean Pauls humoristischen Roman »Siebenkäs«, vielleicht hat er in der zweiten Reihe seines Bücherspinds ein Textbuch von der »schönen Helena«.

Einige Privateigenschaften muß er doch haben. Und etwas von den privaten Eigenschaften muß doch schließlich durchdringen, wenn er sich auch streng in acht nimmt, eine Individualität zu sein. Und so darf man vielleicht hoffen, daß er die künstlerische Freiheit Deutschlands in liebenswürdigere Formen knebeln wird. Stumpfsinniger kann es ja außerdem nicht werden. Kurz, wenn ich's genau erwäge, war meine zweite halbe Flasche Mosel begründet und berechtigt. Oder, wie ein Oberlehrer sagen würde: nicht unangebracht. Boss' ist tot.

Ich will mich mit Übergängen nicht lange quälen: neulich abends fuhr ich nach Wilmersdorf. Ich fuhr nach Wilmersdorf zu Schramm – fertig. Es war an einem Sonntag. Meine Bekannten sind noch alle verreist. Ich hatte Sehnsucht, etwas Weibliches zu erblicken; und aus diesem Grunde fuhr ich zu Schramm. Das verlorene Bäckermädchen hatte ich innerlich längst überwunden. Es war abends halb acht. Ich befand mich allein im Kupee mit einer jungen Dame. Als ich das Fenster schloß, sprach sie plötzlich zu mir. Mit einem feuilletonistischen Übergang, den sie besser beherrschte als ich, sagte sie: »Ach, Sie sind wohl gegen Zug sehr empfindlich?« Es war eine glänzende Anknüpfung; ich leugnete jede körperliche Empfindlichkeit. Hierauf erzählte sie, daß sie so leicht Zahnschmerzen bekomme. Als ich noch immer nichts erwiderte, denn ich hatte sie bereits seelisch überwunden, fuhr sie fort, um das Gespräch im Gange zu halten: »Ich habe nämlich einen hohlen Backzahn.« Das war Berlin! Es jauchzte in mir: ich bin wieder in der Heimat! Welschland liegt hinter mir! Zum ersten Mal hatte ich so etwas aus der Konfektion wieder reden hören. Da drüben sagt ein Fräulein einfach und plötzlich: »Mon petit chien, veux-tu me payer un bock?« Damit sind Beziehungen geschaffen. Aber von einem hohlen Zahn sprechen, um Liebe zu erwecken – das ist Berlin; das ist Berlin!

Ich darf meinen Lesern diesen Zwischenfall nicht vorenthalten und teile mit, daß ich im nächsten Brief ausführlicher sein werde.

24. September 1899

Allmählich kommen sie wieder. Etwas frischer sehen sie aus. Die meisten sind auch nicht so nervös; vorläufig, vorläufig. Wenn man einen Besuch empfängt, sagt man: ich darf mit Genugtuung feststellen, daß du nicht mehr so kribblig bist. Dies sagt man zu dem lieben Freund, der uns besucht.

Beim letzten Besuch vor der Abreise höchste Kribbligkeit. Mißtrauen, leichte Müdheit in Blick und Wesen, Neigung zu aufwallend wildem Verdacht, hartnäckig flinke Launen, schmerzlich-vergnügtes Lachen, kleine Tollheiten mit Augenauskratzen, zuletzt der reizvolle Tobsuchtsanfall, wenn sich beim Aufbruch der Hut nicht gleich findet. So vor der Abreise. Jetzt klimpert der Gast ein bißchen auf dem Klavier, wo die mitgebrachten Noten zu Bérangers altmodischen Liedern aufgeschlagen sind, zeigt lachend seine hübschen Zähne, beschaut eine kleine Büste des Feldherrn Buonaparte von allen Seiten und spricht: »Wir haben uns manchmal gemopst, aber die Seeluft ist wundervoll.« Strahlendes Lächeln, beglückte Augen, Glaube an die Zukunft der Weltentwicklung, Vertrauen in meine Treue (als Freund), leise Tanzstimmung in der Seele, nette Muskelkraft und zuletzt, wenn der Hut in der Dämmerung gesucht wird, vollständige Gefaßtheit. So ist der Freund, welcher uns besuchen kommt, nach der Sommerreise.

Also sie kommen wieder. Es empfängt sie der Fall Valentini. Die Ermordung dieses Frauenfreundes ruft Grausen hervor. Das Schicksal eines Mitmenschen packt die Seelen, packt und rüttelt und zerrt sie für einen Augenblick. Nicht der Mord ist das wichtigste, sondern die Nebenumstände sind ihnen das wichtigste. Raubmord – es wäre recht gräßlich, doch er würde kaltlassen. Die Nebenumstände! Das Liebesleben, die Neigung für verheiratete Damen, sogar für einen bestimmten Körpertyp, der Selbstmord eines betrogenen Kauf- und Ehemannes aus der Wilhelmstraße, die Frauengefährlichkeit des Toten ... uah, brrr, ein Schauer perlt durch das Nervensystem. [...]

Im Lessingtheater bei der Duse ist der ganze winterliche Schwarm zu sehen. Alle: die Rezensenten, die Literatur, die Bildung, der Besitz, die Künstlerschaft, kurz, alle. Im ersten Rang sitzt Hermann Sudermann, genau in der geometrischen Mitte dieses Theaterplatzes. Und wenn man eine Diagonale nach der Direktionsloge zieht, als welche links vorn belegen ist, bei dem Orchesterchor, so erblickt man Paul Lindau, der unser Mitbürger wiederum geworden ist. Im Augenblick, wo Herr M. Harden Konkurs ansagte, kehrte der freiwillig Exilierte an die Spree zurück. Ist der Zeitpunkt ein Zufall? Wohl nicht. Zwei recht ungleiche Gegner waren sie übrigens. Der eine hat nie in Sittlichkeit gemacht; dafür war er das dünnere Talent. Der eine kam frisch aus Paris und hat unbefangen und schludrig nach Pariser Mustern gearbeitet. Der andere hat von französischen Vorbildern heimlich genommen, soviel er nehmen konnte, und überzog es mit dem Mantel einer schmerzlich-satirischen, apostatischen Originalgesinnung. Der Apostat bestahl in seinen Anfängen stilistisch Herrn Paul Lindau, wie sich aus den Briefen eines deutschen Kleinstädters unterhaltsam nachweisen läßt; so wie er die meisten seiner Gegner bestahl und selbst den unparteiischen Daniel Spitzer, den Wiener Spaziergänger, nicht ungeplündert ziehn ließ. Aber Paul Lindau, wie gesagt, war das viel dünnere Talent. Schwer verständlich, wie er sich ins Bockshorn jagen lassen konnte – da er doch ebenfalls mit mehreren Hunden gehetzt war und durch seine Diners ihm eine Stellung verbürgt blieb. Darum Intendant und Meininger?

Jetzt, wo er nach Jahr und Tag zurückkehrt, hat sich vieles geändert. Er sitzt in der Direktionsloge, doch er wird die alte Stellung nicht wieder einnehmen. Die Ibsenbewegung und die Bewegung der ernsten deutschen Dramatik ist indes heraufgezogen; der leichte kotzebübische Plauderer steht mit seinem verwaschenen Witz, mit der todmatten Schlagkraft seines gesunden dünnen Berliner Menschenverstandes etwas befangen da. Es bleibt diesem Muntern, Gewandten, dessen Art in Deutschland selten ist und der bloß keine Führerrolle hätte ausüben dürfen, nun-

mehr die Achtung, die man dem Alter zollt. So eine psychologische Achtung, in die sich doch ein Bedenken mischt,
ob man ihm nicht Unrecht getan hat. Ob man nach diesem
Harmlosigkeitsmenschen nicht zu sehr mit Keulen geschlagen hat. Ob er die führende Dinerstellung nicht zu
katastrophal gebüßt hat. Wenn man ihn jetzt ansieht, ist
man geneigt, das Gute in seinen Werken herauszufinden.
So unwahrscheinlich es klingt: Paul Lindau hat den betagten Kopf eines Großpapas. Er sieht jetzt aus wie ein wak-
kerer, dienstergrauter Intendant. Der Schnurrbart ist zu-
trauenerweckend, beschattend geworden – das Lächeln um
die Augen fehlt. So ist das Leben, Freunde. Ehemals saß er,
wo jetzt Sudermann sitzt, in der geometrischen Mitte des
ersten Ranges, als Zierstück. Jetzt sitzt er im Hintergrund
der Direktionsloge. Der obengenannte Harden hat die beiden einander gleichgestellt, Sudermann und Lindau. Aber
nicht mit Recht. Denn Lindau gilt eine Zeitlang wirklich
als Autorität, wenn auch mit Unrecht, während Sudermann eine führende Stellung nur bei seinen näheren
Freunden bekleidet hat.

Was ich sagen wollte: alle in diesem Theater, von der Direktionsloge bis zur Mitte des ersten Ranges und von da bis
unter die Decke, werden schließlich verbrüdert und verbunden durch ein Gefühl. Die Zwistigkeiten erblassen, die
Unterschiede schmelzen, bloß das Menschliche durch-
dringt sie: denn die Duse spielt. Ihre neue Rolle ist die
ruchlose Gattin Césarine, die »femme de Claude«, in dem
Schmarren des jüngeren Dumas. Sie ist eine unsaubre
Katze mit schlechten Neigungen, voll Verbrecherinstinkts,
ganz naive Canaille, ganz berechnete Dirne. Doch in einer
Szene sucht sie ihren Mann wiederzugewinnen. Sie liebt
ihn; es ist ihr ernst. Die Duse entfaltet hier, was ein irdischer Mensch entfalten kann. Man sitzt jauchzend und zitternd da. Das Wunder vollzieht sich. Man fühlt an Stellen,
wo sie nur einen gassenjungenhaften Reiz verkörpert, wie
einem die Tränen in die Augen schießen. Es ist das letzte
hingerissene Staunen, daß so viele und feine seelische Glie-
derung leiblichen Ausdruck überhaupt finden kann; daß

ein Mensch in der Fülle des Bösen, aber doch ein Mensch, sich so wundersam entschleiern mag; daß die innerste Regung der wandelnden Kreatur durch eine unsterbliche Zauberin leuchtend bloßgelegt wird. Ja, man möchte bebend rufen: werfet keinen Stein auf sie, werfet keinen Stein auf keinen Bösen, sie ist ein herrlicher Organismus, ein Wunderwerk in ihrer Schlechtigkeit, gepriesen sei die selige Macht, die diese Bestie geschaffen, gepriesen sei die einsame Gloria des vielgestaltigen, unermeßlichen Sündertums, gepriesen sei die Dämonie Himmels und der Erden, die solche Geschöpfe erzeugt – werfet keinen Stein auf sie und auf keinen Bösen.

So möchte man sprechen. Und wenn in der flauen Stimmung des wiederkehrenden Winterrummels etwas versöhnt, ist es der Gedanke, daß er auch solche Erscheinungen mit sich bringt.

8. Oktober 1899

Herr v. Kröcher und Herr v. Kayser trafen sich auf dem Hofball. Was taten sie auf dem Hofball? Sie waren eingeladen, sie amüsierten sich. Herr v. Kröcher und Herr v. Schachtmeyer trafen sich in Aachen. Was taten sie in Aachen? Sie kurierten sich. Ihre Gesundheit war angegriffen. Sie hatten den Rheumatismus. Der eine hatte rheumatische Kopfschmerzen, der andere Gesichtsreißen.

Herr v. Kröcher verkehrte freundschaftlich mit Lona Kussinger. Der Herr v. Kröcher ... schenkte ihr einen Fächer. Fräulein Lona schrieb an das Kleine Journal, daß er hundertfünfzig Mark gekostet, und nicht, wie irrtümlich angegeben, dreihundert Mark, dieser Fächer. Lona schrieb an das Kleine Journal, bares Geld habe sie nie empfangen. Wofür sollte sie bares Geld empfangen? Lona schrieb an das Kleine Journal, ihre Brillanten stammten »aus früherer Zeit«. Wie dem auch sei: Herr v. Kayser verkehrte freundschaftlich mit Marie Ulrich. Marie besorgte ihm die Wirtschaft, wenn er zu Hause war. Er verreiste viel. Mitunter bekam sie Keile. Aus welcher Zeit ihre ersten Brillanten

stammen, wird sie, wie wir hören, im Reichsanzeiger veröffentlichen.

Herr v. Kröcher, der sich auf Hofbällen wie in der alten
Krönungsstadt mit vollendeter Sicherheit bewegte; Herr v.
Kayser, dessen Begabung reich und dessen Mutter ebenfalls
reich war; Herr von Schachtmeyer, der einem gewöhnli-
chen Eisenbahnassistenten entstammte, aber seinem Namen
höherfliegende Rücksichten schuldig war: alle drei spielten
gern. Sie spielten unrichtig, behauptet man; das ist nicht erwiesen worden. Sie sollten gemeinsame Sache mit dem
Herrn Wolff gemacht haben – einem an der Grenze des
ehrwürdigsten Alters angelangten Greis, der früher Zuhälter war, einen wohlwollenden Charakter hatte, richtig französisch sprach, unrichtig spielte, längere Zeit im Zucht-
hause gesessen hatte und in den besten Kreisen unseres
Armeeadels verkehrte. Mit Herrn Wolff sollten sie zusammengearbeitet haben. Der Gerichtspräsident war der bestimmten Meinung, daß Herrn Wolff auf zwanzig Schritt
angesehen werden konnte, was er war. Herr v. Kayser ist
reich begabt, und die weise Sicherheit, mit der er in die Verhandlung eingriff, gab eine Vorstellung von seiner klugen,
frühen Menschenkenntnis. Doch in diesem Fall versagte
Kaysers Klugheit: er erkannte Herrn Wolff nicht. Er zog
sich nicht zurück. Kayser fällte gern Entscheidungen, wer
satisfaktionsfähig ist und wer nicht satisfaktionsfähig ist. Er
entschied vor Gericht, daß Herr Dr. Kornblum nicht satisfaktionsfähig ist; daß Herr Levy, in dessen Gesellschaft
Wolff war, ein satisfaktionsfähiger Mensch ist. Herr v. Kayser ist dreiundzwanzig Jahre und Offizier. Wahrscheinlich
hat er damals entschieden, daß Wolff satisfaktionsfähig ist.
Zweifellos hingegen wurde angenommen, daß Marie Ulrich zu den nichtsatisfaktionsfähigen Geschöpfen zählt, daß
sie mit der Waffe keine Genugtuung geben könne und daß
man ihr in einseitiger Behandlung Senge verabreichen
müsse. Bleibt noch eine Frage. Der Mann, welcher ein
Weib – Fräulein Ulrich ist unwiderlegbar weiblichen Geschlechts – körperlich mißhandelt: bleibt der satisfaktionsfähig, oder wird er satisfaktionsunfähig, oder ist er unter ge-

wissen Bedingungen satisfaktionsfähig? Ich weiß das nicht.
Aber Herr von Kayser wird die Sache schon mit seinen
Standesgenossen entscheiden.

Ich bekenne, noch in anderen Fragen dieses Prozesses
nicht sachverständig zu sein. Ich begriff manches nicht.
Man suchte für die Verhandlung einen Gutachter in Ha-
zardspiel-Angelegenheiten; und man hielt etliche Offiziere
für geeignet, diesen Posten auszufüllen. Einer der drei sa-
tisfaktionsfähigen Angeklagten wandte ein, diese seien
zwar durchaus sachverständig, aber es sei doch nicht angängig, aktive Offiziere zu solchen Gutachten vorzuladen. Einen Augenblick! Sie sind sachverständig, und es ist nicht
angängig? Wenn sie es sind, warum ist es nicht angängig?
Sie sind zweifellos sachverständiger als die bürgerlichen
Kreise, aber man soll durchaus nur einen Zivilisten vorla-
den? Warum, wozu, weshalb, seit wann, inwiefern, wasmaßen, woher, aus welchem Grunde, mit welchem Recht?
Der Vorsitzende nicht und kein sonstig Anwesender erhob
Einspruch gegen diese Weltbetrachtung. Die Richter aber
sind doch Zivilisten! Ein zweiter Punkt, den ich nicht begriff, liegt ähnlich. Einer von den Beklagten, der Offizier
ist, wurde am Tage nach der Verhaftung zur Landwehr-Kavallerie versetzt. Als Grund gab er selber diese Verhaftung
an. Was sagt die Landwehr-Kavallerie dazu? In seinem ersten Offiziersverhältnis hat er die Straftat, eine wirkliche
oder eine vorgebliche, begangen; auszubaden hat er sie als
Landwehr-Kavallerist. Warum, wozu, weshalb, seit wann,
inwiefern, wasmaßen, woher, aus welchem Grunde, mit
welchem Recht? Ein Reserveoffizier sündigte, ein Land-
wehrmann büßt. Unter solchen Umständen ist es nicht
schwer, eine Vereinigung durchaus von bestraften Individuen freizuhalten. In meinem Hause, sprach der Wirt, ist
noch keiner gestorben; er transportierte die Erkrankten in
ein anderes Haus. Unerschöpflich sind die Launen,
Sprünge, Schalkhaftigkeiten der Statistik.

Herr v. Kröcher, Herr v. Kayser, Herr v. Schachtmeyer
sind aus der Haft entlassen. Sie werden höchstwahrschein-
lich freigesprochen. Und der Rechtsgrundsatz, daß da nicht

verurteilt werden darf, wo nichts bewiesen ist, hat selbstverständlich in volle Geltung für sie zu treten. Die Frage, ob sie unrichtig gespielt, ließ der Staatsanwalt selber fallen; die Frage, ob sie gewerbsmäßig gespielt, ist schwer zu beantworten. Sie werden freigesprochen. Aber die Strafbarkeit ihrer Handlungen kommt weniger in Betracht als die Eigentümlichkeit ihrer Sitten. Ich finde Moralisieren in den meisten Fällen gräßlich. Es würde mir schwerfallen, über drei junge Leute, weil sie gespielt, herzufallen und sie, vor Entrüstung zitternd, auf das Hochgericht zu schleppen. Man muß jedem Individuum die Freiheit geben, solche Dinge mit sich auszumachen. Belangvoll bei der Geschichte ist dieses für uns: daß sie die dunklen Ehrbegriffe der über uns herrschenden Klasse bloßlegt; die ganze Kultur derer, die in Deutschland am Ruder sind, gegenwärtig und bis auf weiteres. Kein Zweifel: von diesen Renaissancejünglingen werden wir regiert. Sie haben die angesehenste Gesellschaftsstellung, sie bekommen die unglaublichsten Ämter mit diskretionärer Gewalt, die uns verschlossen bleiben. Wir sehen die Freigesprochenen als Landräte wieder. Die Begriffe: Hofball, Aachen, Ehrenschulden, verhauene Mädchen, Satisfaktionsfähigkeit, Exklusivität gegen bürgerliche Kreise und Intimität mit Wolff umleuchten ihre gescheitelten Häupter. Als Landräte, Regierungsräte und Regimentskommandeure monopolisieren sie mit barscher Tugend das Verantwortungsgefühl und die Sittlichkeit des Menschen. Dem Volke muß die Religion erhalten werden.

Was ich nicht begriff an diesem Prozeß, war auch die absonderliche Stellung der Polizeimacht. Mit Unrecht schimpft man auf sie. Man wirft ihr vor, daß sie, wenn sie gleich keine Verbrecher entdeckt, gegen den übrigen Teil der Bürgerschaft mit großer Energie vorgeht. Mit Unrecht, mit Unrecht! Herr v. Manteuffel zeigt, wie menschlich, wie urban, wie anmutig, wie rücksichtsvoll die Polizei sein kann. Herr v. Manteuffel, der Regimentskamerad, warnt zuerst die Harmlosen, durch Mittelspersonen. Ist mir ganz richtig? Jemand, der Strafbares begangen hat, wird von der Strafvollstreckungsbehörde gewarnt? Sind wir in Deutschland? Gelten solche Rücksichten bloß für bevorzugte Kasten? Oder doch für alle Kreise? Dann ließe sich begreifen, weshalb unsere Polizei durchaus keine Verbrecher fängt: sie warnt sie. Herr v. Manteuffel geht zu Eggebrecht mit dem zu Verhaftenden. Sie trinken ein tröstendes Glas Johannisberger am Vorabend der Einheimsung. Herr von Manteuffel gibt zwei Visitenkarten bei dem zu Verhaftenden ab – und bereits die eine würde doch hinreichen, gegebenenfalls einen Zeitgenossen zur Abreise zu veranlassen. Herr v. Manteuffel erzählt von der Verhaftung: »Mich fror innerlich.« Er läßt den zu Verhaftenden erst allein zum Barbier gehen, dann begleitet er ihn teilnahmsvoll. Handelt man gegen Redakteure, die im harten Beruf eine Strafe verwirken, ebenso entzückend? Friert man auch? Kneipt man auch? Schickt man sie auch vorher ein bißchen zum Schamponieren? Man schickt sie nicht, Leser – obgleich der Fluchtverdacht bei ihnen, die sich im Lande nähren müssen, weit geringer ist als bei denen, die überall spielen können, wo in der Welt eine Bank ist.

Dies sind Dinge, die mir auffielen. Mehreres in der nächsten Woche.

15. Oktober 1899

Das Jahrhundert geht zu Ende. Mit jeder anbrechenden Nacht rückt der Punkt näher, wo wir die große Einkehr halten. Der Wahnsinn und die Glorie unserer Zeit steigen herauf, beide hart nebeneinander; die Größe und die Bestialität; der Fortschritt und der Servilismus; der machtvolle Gedanke der Freiheit, der Zauber technischen Könnens, die listige Lüftung stiller Elementargeheimnisse, die Verfeinerung und Erhöhung der Menschlichkeit, die Verbreitung der ethischen Idee – auf der anderen Seite die stärkste Machtanbetung aller Zeiten, zum mindesten die bewußteste aller Zeiten, die erste Philosophie der Machtanbetung, die Herrschaft des Säbels, und noch über dem Säbel die Vergottung des Geldes. Himmel und Erde werden erfüllt vom Triumphlied des mobilen Besitzes, und aus der Tiefe steigt

das Gebrüll der Unbeteiligten, der Ausgeschlossenen. Der
alte Freiheitsglaube hat Keulenschläge zu erdulden: man
sieht eine Republik, auf die man Hoffnungen gesetzt,
Menschheitshoffnungen, vor der Zeit in Fäulnis übergehen;
man sieht die anderen, die neuen freien Menschen jenseits
des Wassers gemeine Raubzüge kriegerisch und blutig veranstalten. In dieser größten aller Zeiten atmet man tiefer
und bewegter, und doch scheint der Hals zugeschnürt beim
Atmen. Der tollste Kampf ist im Gange. Man weiß nicht
ein, man weiß nicht aus. Heilande werden gesucht. Man
weiß nicht mal, ob gutgenährte Kaffern als die höhere Menschengattung zu betrachten sind oder bleichsüchtige Denker. Man weiß nicht, welcher Typ der willkommnere sein
soll: gesunde, vertrauensvolle Esel, die im dunklen Drange
sich des rechten Weges bewußt sind, oder nervöse, zartbe-
leibte Kampfnaturen, die von der Flamme des eigenen Herzens verzehrt werden und am frühen Ende ihrer Tage dennoch von einer unvollkommenen Welt Abschied nehmen.
Alles blüht, und alles rast. Man weiß nicht aus, man weiß
nicht ein – Heilande werden gesucht.

Das Berliner Theater in der Charlottenstraße hat diesen
Umständen Rechnung getragen und mehrere Schauspiele
bestellt, welche an des Säkulums Wende werden gespielt
werden. Die Blätter haben Näheres mitgeteilt. Es heißt:
»Für das Jahrhundert-Festspiel, das im Berliner Theater
zur Aufführung kommt, ist Ernst Wichert mit einer dramatischen Arbeit beschäftigt.« Ferner heißt es: »Mehrere
der kleinen Jahrhundert-Dramen sind bereits fertiggestellt.
Josef Lauffs Dichtung betitelt sich ›Vorwärts‹ und hat Blücher zum Helden.« Wichert und Lauff sind in voller Tätigkeit; na also. Das wird den schwierigen Wendepunkt doch
gesänftigter ertragen lassen. Der Zeit, der betagten Wöchnerin, die mit einem kleinen Jahrhundert niederkommt,
wird es die Wehen versüßen. Still und hold tönt in ihren
tollen Schmerz der Gesang des pensionierten Kammerge-
richtsrats Wichert. Und auch du, Lauff-Josef, ein Poet unter
den Poeten, wie der Ar- und Halmlose unter den Agrariern
(so nannt' ich dich schon einmal, wenn mir recht ist), du

stehst gut auf dem Posten, ein auserwählter Sohn der bewegten Epoche, ein letzter feinster Kenner ihrer Dränge, ein gebenedeiter Mensch, ein Seher und ein Schicksalsliebling. Und wenn du dein Festspiel skandierst für den großen, ergreifenden, tiefen Gedenktag und Blücher'n bejambest; dann tritt der Titel deines Spiels »Vorwärts« wohl in bewußten, leuchtenden Gegensatz zum ungesunden Namen des Berliner sozialistischen Parteiorgans, und du zerschmetterst implicite alle vaterlandslosen Gesellen mit den Füßen deiner Verse. Und vielleicht klingt das Spiel aus in die zeitgemäßen Worte: »Sozial ist Unsinn« – welche bereits jambisch gefügt sind und nicht mehr gedichtet zu werden brauchen. Vorwärts! »Wo liegt Paris? Paris liegt hier. Den Finger drauf, das nehmen wir.« Vorwärts!

Das Jahrhundert geht zu Ende. Vorher ist noch rasch die Photoskulptur erfunden worden. Neulich haben wir sie in der Leipziger Straße gesehen. Eine Anzahl von Personen war geladen; seit dem zweiten dieses Monats dürfen auch die anderen hinein. Ein Prospekt, den man uns in die Hand drückte, nennt die Photoskulptur ausdrücklich »einen Schatten, den das kommende Jahrhundert vorausgeworfen hat«. Photoskulptur ist –: Wenn man sich früher plastisch verewigen wollte, ließ man sich aushauen; jetzt läßt man sich photoskulpieren. Noch genauer: Photoskulptur erreicht die Porträtähnlichkeit auf mechanischem Wege, mit Hilfe der Kinematographie. Eine höchst merkwürdige Erfindung. Sie wird die Plastik volkstümlich und volksgebräuchlich machen. Wie sich jede Köchin heut photographieren läßt, wird sie künftig ein Relief von ihrem Kopf und ihrem Busen bestellen. Alle Lehrlinge in Delikateßwarengeschäften, alle Stifte beim Barbier werden sich vertonen lassen. Es dauert nur fünf Sekunden, nämlich die Aufnahme. Dann drei Tage bis zur Vollendung. Welche große Zeitersparnis!

Also die vielen Sitzungen beim Bildhauer, jede ermüdend und stundenlang, fallen fort. War der Leser mal im Atelier eines solchen? Dann wird er wissen, daß der Bildhauer eigentlich Bildkneter heißen müßte, da er niemals haut, sondern in Ton knetet, während ein gewöhnlicher Punktierer oder Steinmetz nachher das Geknetete in Marmor aushaut. Früher hielt ich das Aushauen für das Schwierigste. Leser, Hand aufs Herz – Sie auch. Gleichviel. Das bisherige Verfahren war dieses: Der Künstler knetet nach dem Augenmaß. Das hat den Vorteil, daß ein Meister die Phantasie schalten lassen kann. Man nehme an, daß Bismarck dem Bildkneter Begas Modell sitzt. Der große Kneter ist bemüht, die Größe des Gekneteten auszudrücken. An jenem Vormittag aber sieht Bismarck wurstig und gelangweilt aus, nicht riesenhaft, wie bei den Verhandlungen mit Thiers und Jules Favre, im weltgeschichtlichen Augenblick. Der frei schaffende Kneter nimmt da bloß die notwendigste Ähnlichkeit der Züge, behält sich aber vor, den Gigantenausdruck des Siegreichen aus dem Gemüt zu ergänzen. Das ist der Vorteil der frei schaffenden Bildknetterei.

Ihr Nachteil ist der, daß sie häufig die Ähnlichkeit nicht trifft. Schon Richard Skowronnek hat jemanden sagen lassen in einem Lustspiel: »Wir modernen Porträtisten legen auf die *Porträtähnlichkeit* kein Gewicht!« Diesem Übel kann abgeholfen werden, seit die Photoskulptur folgendes macht: Sie stapelt fünfzig Photographien desselben Antlitzes aufeinander, und dies ergibt das plastische Relief mit genauer Treue. Es ist die Wahrheit, so wunderlich es klingt. Es tut mir leid, diese Erfindung nicht selber gemacht zu haben, da sie ganz auf der Hand liegt. Wer sich photoskulpieren läßt, tritt unter den Apparat. Dieser ist fähig, sein Gesicht strekkenweis in Schatten zu hüllen während der kinematographischen Aufnahmen. Es entstehen folgende fünfzig Bilder: das erste gibt das ganze Profil von der Nase bis zum Ohr; die späteren geben immer weniger vom Profil, weil dieses nach Bedürfnis verdunkelt wird. Der Schatten rutscht von der Nase auf die Wange, bis schließlich nur das erleuchtete Ohr noch photographiert wird. Langsam rutscht der Schatten auch über das Ohr, bis nichts mehr übrigbleibt; und jede dieser Phasen wird kinematographisch festgehalten. Wenn diese fünfzig Photographien ausgeschnitten und

aufeinandergelegt werden – natürlich in vergrößertem
Maßstabe –, so ergibt sich das richtige Relief des Photographierten. Man muß bedenken: vierzig bis fünfzig Aufnahmen übereinander, eine immer kleiner als die andere – es
entsteht was Treppenförmiges, und um die Wellenlinien
des Gesichts herauszubekommen, brauchen die Treppen-
stufen bloß mit einer tonartigen Masse ausgefüllt zu werden. Fertig.

Der Leser denkt vielleicht, ich spaße. Doch erklär' ich
bei meiner Seelen Seligkeit, daß es nicht der Fall ist. Ich
habe nach Kräften eine Darstellung der höchst erstaunlichen Photoskulptur gegeben. Und da ich früher in Physik
schwach war, würd' es mich freuen, wenn jemand behauptete, es sei eine verständliche oder lichtvolle Darstellung
und ich hätte die Zufriedenheit des elisabetanischen Phy-
siklehrers nachträglich errungen. Das ist also die Photoskulptur oder »der Schatten, den das kommende Jahrhundert vorausgeworfen hat«. Pro Stück kostet der Schatten
jetzt 300 M. In etlichen Jahren wird er den dreihundertsten
Teil kosten. Die Reliefs von Bekannten, die ich sah, sind
verblüffend. Jede Blume des Huts, jede Locke, jeder falsche
Zahn ist getroffen. Von denen, die man liebt, wird man sich
künftig alle Teile greifbar gestalten lassen, nicht bloß in der
platten, kalten Photographie, sondern in munterer Erhabenheit. Der Erfinder des ganzen heißt Selke. Wir danken
Herrn Selke recht herzlich für seine Erfindung.

Künftig gedenk' ich öfter physikalische Darstellungen
zu geben, da mir solche vieles Vergnügen machen. Heut
muß ich noch auf das Gebiet des rein Geistigen zurückkehren und erzähle folgendes: Das Jahrhundert geht zu Ende.
Wandlungen geschehen. Es verlautet (ein Zeitungsmann
sagt recht gern: es verlautet) – also es verlautet, daß Richard
Skowronnek sich von der dichterischen Beschäftigung zurückziehen will, mit Anbruch des neuen Jahrhunderts, und
an die Spitze eines praktischen Unternehmens treten wird.
In Ratzeburg, nicht weit von Hamburg, soll eine Aalzüch-
terei eröffnet werden; Skowronnek wird der Direktor des
Instituts, da er als leidenschaftlicher Angler und Fisch-

freund Kenntnisse auf diesem Gebiet besitzt. Wenn ich das geahnt hätte –; ich hätte mich nie mit ihm verkracht. Ich sterbe für Spickaal, und vielleicht hätte er mir ein Rezensionsexemplar geschickt; ein fettes, dickes, langes. Vielleicht tut er es noch. Ich versuchte schon, mich einzuschmeicheln, indem ich ihn oben zitierte. Seltsam sind die Wandlungen und Launen des Lebens. Früher, als Dichter, befaßte er sich bloß mit der Verlobung von Backfischen, während er jetzt die Fortpflanzung der Aale überwacht und begünstigt. Einst sann er auf meinen Tod, da er mich zum Duell forderte: heut trachtet er, überall neues Leben zu wecken, doppeltes Leben, dreifaches Leben, hundertfaches Leben. Mein guter Bekannter G. B. nannte ihn recht witzig: Aalwart. Ich teile das unter Quellenangabe mit. Und wenn sich von Skowronnek bewährt, was über ihn verlautet, dann sind wir beide miteinander versöhnt, ehe das neue Jahrhundert anbricht.

In dieser Hoffnung murmele ich: adieu, Leser!

19. November 1899

In Berlin herrscht allgemeine herzliche Freude, daß die Welt nicht untergegangen ist. Wär' es mir nicht vergönnt, dieses Feuilleton zu schreiben, weil ich keine Leser mehr hätte, und keine Hände, und weil ich verhältnismäßig weit von meinem Schreibtisch fortgeschleudert würde, so daß ich etwa in der Gegend des Sirius kreuzte oder doch wenigstens oberhalb Potsdams – ich wäre peinlich berührt.

Gerade jetzt, wo sich jeder, sei er der Anspruchsloseste und habe er abgeschlossen mit dem Dasein, auf den neuen Postzeitungstarif freut, der eingeführt wird, und sich herzlich wünscht, wenigstens ihn noch mitzuerleben: gerade jetzt wäre das Aufhören der organischen Kribbelwesen, die Milben im Schimmel, wie Schopenhauer die Menschen nennt, und ihrer Steh- und Gehgrundlagen recht unangenehm. Süßes Leben! schöne freundliche Gewohnheit des Daseins und Wirkens! spricht Egmont. Ja, süßes Leben

u.s.w.! Es würde im Ernst schade gewesen sein, unsere
Erde, die gequetschte Kugel, zu verlassen, auf der doch jeder neue Morgen einen seligen Tag verheißt – solange man
jung ist, solange man geliebt wird (selber lieben bringt
Schmerzen) und solange man Schriftsteller ist. »Warum ist
ein Mensch«, fragt Jean Paul, »zuweilen so glücklich?
Darum: weil er zuweilen ein Litteratus ist.« Solange man
jung ist, Leser! Allenthalben sieht das Auge Emporblühen-
des, aufsprießende Keime, selige Entwickelung – wie lange
ist es her, daß Schöneberg eine Stadtverwaltung bekam –,
und noch die Schmerzen und Kämpfe, die wir durchmachen, düngen den Boden von Evolutionen; freilich unter
der Voraussetzung, daß das Leben auf der Erde fortdauert.
Wo nicht – war dann alles zwecklos? Ach, meine Lieben,
die Welt mag zugrunde gehen, wenn die höchste Stufe der
Entwickelung erreicht ist. Aber erst dann. Blicken Sie, mit
mir, auf den Freiherrn von Stumm, um zu erkennen, ein
wie unendlich weiter Weg bis zur Vervollkommnung der
Menschheit noch vor uns liegt. Gelingt es, diesen Riesen-
weg zurückzulegen – dann mag die Totenglocke schallen,
dann ist die Welt des Dienstes frei, die Uhr mag stehen, der
Zeiger fallen, es sei die Zeit für uns vorbei.

Würde ein Klingelzeichen gegeben, zur Benachrichti-
gung des Publikums, woran sich ein Moratorium schlösse,
so wäre der Weltuntergang sehr erträglich. Man würde
eine winzige Spanne recht verständnisinnig durchleben.
Wem brauch' ich zu sagen, daß der Weltuntergang durch
die Aufhebung der so oft beklagten Standesunterschiede
eine geradezu luftreinigende Wirkung ausüben würde.
Niemandem brauch' ich es zu sagen. In diesem Moratorium vor dem Moriturium könnte auch der einzelne rasch
ein paar letzte Herzensbedürfnisse erfüllen, zu dieser oder
jener fahren und folgendermaßen zu ihr sprechen: Leb'
wohl; ich will dir noch einmal die Hand küssen, ich hab' es
lange nicht getan; und da die belebten Wesen in kurzem
auseinanderfliegen, so nimm' die Gewißheit mit, daß ich
dich damals sehr, sehr lieb hatte; wenn ich dir etwas abzu-
bitten habe, so verzeih', ich werde es … niemals wieder

tun; und Schuld hatten wir damals in Irrungen und Wirrungen alle beide; weißt du noch?

> Irrungen, sie kommen nicht vergebens.
> Treiben sie uns auch ins Schmerzensjoch, –
> Auf der Hühnerleiter dieses Lebens
> Bleiben sie vielleicht das Schönste noch.

Dann würde man sie zum letzten Male leis' am Ohr ziehen, wie früher, ihre Hand drücken und sprechen: Glückliche Reise.

In der Stadt Kassel soll eine starke Zahl von Frühgeburten
beobachtet worden sein, die sich aus der Furcht vor dem
Weltuntergang erklärt. Auch in Berlin gibt es junge Damen
besserer Familien, die um die kritische Zeit in großer Aufregung waren, durchaus nicht allein bleiben wollten, sich Besuch kommen ließen und durch allerhand ablenkende Zer-
streuungen (Gespräche, Damespiel, Kuchenessen, Musik)
die dunkle Stimmung bannen wollten. Dies ist das Betrübende an den letzten Ereignissen, daß sie erwiesen haben,
wie gering die Religiosität leider in unserer Bevölkerung
verbreitet ist. Auf dem Lande hat man sich noch mehr gefürchtet. Was hat die Geistlichkeit mit ihren vielen und zä-
hen Bemühungen erreicht, wenn die Leute solche Angst haben, ins Paradies zu kommen? Seit bald neunzehnhundert
Jahren lernen sie von Jugend auf, daß dieses Leben nur eine
Vorbereitung darstellt, daß es ein verächtliches Übergangsstadium ist für das Bessere, was nachher kommt. Aber sie
wollen und wollen nicht. Die Bande. Sie scheinen zu glauben, daß unser irdisches Leben die Hauptsache ist; und es
kommt ihnen auf alle Fälle sicherer vor, das Nachher zu bezweifeln, da sie sich an das Vorher nicht mehr genau erinnern. Nur so läßt sich die merkwürdige Erscheinung in Kassel erklären. Nur so das ängstliche Verhalten der jungen
Berlinerinnen – in deren Stadt allerdings die Gottlosigkeit
unter sämtlichen europäischen Städten am heftigsten verbreitet ist. Was wird der Freiherr von Mirbach sagen! Eine
allgemein ausgeprägte Abneigung gegen den Weltuntergang – das ist das Lehrreichste, was die kritischen Tage uns

gebracht haben; es dient zur Entschädigung, daß das fesselnde Ereignis selbst verschoben werden mußte.

Das Leben ist die Hauptsache; und das Leben ist um des Lebens willen da; diese Sätze stammen von Nietzsche. Manchmal, in Einzelheiten, hat er ja recht. Neulich mußt' ich an ihn denken. Ein liebenswürdiger Arzt gestattete mir, von den großen Irrenanstalten der Gemeinde Berlin diejenige kennenzulernen, an der er beamtet ist. Eine Riesen-Musteranstalt. Der Nachmittag, an dem ich sie besuchte, gehört zu den seltsameren meines Lebens. Stille Reinlichkeit auf den Kieswegen, um Rasen und Beete, zwischen den roten und länglichen Gebäuden dieser Stadt – die ein Gittertor scheidet von der Welt. Es ist eine Stadt. Frieden, aber zugleich etwas Einsam-Kaltes; und in der Dämmerung schwebt um die Häuserecken, aus dem Gebüsch, auf dem dunkeln Erdboden und durch die Luft das Furchtgespenst. Merkwürdigerweise wird man ruhiger, wenn man drin ist, unter den Irren herumwandelnd. Die Lampen sind angesteckt. Manche essen Abendbrot. Viele gehen auf den Korridoren auf und nieder. Man tritt in einzelne Zimmer und sieht Schwärme von Irren um den Tisch sitzen und Karten spielen. Auch rauchen sie. Wenn wir eintreten, der Arzt und ich, erheben sie sich und grüßen. Der Doktor spricht mit einigen, alle sind sehr höflich, und das Auffallendste ist, daß man sie für gesund halten würde. Ihr besonderer Wahnsinn liegt irgendwo tiefer und kommt nicht bei der ersten Gelegenheit hervor. Auf den Korridoren meldet sich bisweilen einer, der nicht zu verkennen ist. Ein Graf und ehemaliger Kavallerieoffizier stellt sich vor. Dazwischen knickst einer, der religiöse Halluzinationen hat. Allmählich merkt man, daß man von Irrsinnigen umgeben ist. Ich stelle mich so, daß keiner von ihnen imstande ist, mich beispielsweise im Nacken zu kitzeln. Es ist sympathischer, den Rücken frei zu haben. Der Doktor hat mir gesagt, daß er bisweilen kleine Verwundungen aus diesem Verkehr davonträgt. Bald wirkt er suggestiv auf mich mit seiner stillen Sicherheit. Wir schreiten durch die Scharen, werden begrüßt, er verteilt Händedrücke und macht mich in lateini-

scher Sprache aufmerksam, wenn wir einen Mörder vor
uns haben. Dieser Stille da hat seine Frau getötet; der andere hat ein Mädchen aus der Welt gebracht; beide machen
in Gruß und Wesen einen fast zartfühlenden Eindruck.
Am seltsamsten wirkt das Gespräch mit einzelnen, denen
man die geistige Kultur auf zehn Schritte anmerkt und die
in sicherer, feiner, ganz korrekter Art mit uns sprechen, gewissermaßen voll geistigen Takts; und die, wenn das Gespräch auf einen gewissen Punkt kommt, unglaubliche
Dinge erzählen, von einer Schlacht in der Reichenberger
Straße, mit allen strategischen Einzelheiten; und die, wenn
man es bezweifelt, mit einer leisen, feinen Sicherheit in
demselben Ton Tatsachen, die sie ja besser wissen, ernst
wiederholen. (Und *hat* denn die Schlacht nicht stattgefunden?) Seltsam auch, wenn kultivierte und ruhige Menschen ruhig von Stimmen berichten, die mit ihnen reden,
klagend und voll Bedauern. Die Stimmen sind eine Realität – so gut wie der Schreibtisch, an dem ich sitze, eine Realität ist. Es gibt keine Unterschiede. Am tiefsten und erschütterndsten wirken die stummen Hoffnungslosen, die
Todgeweihten, welche den Anschein haben, als beweinten
sie ihr Los und das allgemeine Menschenschicksal. Sie werden bewegt von einer dunklen Dämonie, die sich dunkel
eingekrallt hat, die über die Menschheit herfällt, aus unbekannten Zonen – die Welten zugrunde gehen läßt; kleine
Welten, große Welten, Mikrokosmen, Makrokosmen,
toute même chose. Es ist der alte Feind, den wir anbeten.

Immerhin, solange alles gutgeht: Süßes Leben! Schöne
freundliche Gewohnheit des Daseins und Wirkens!

Süßes Leben!

26. November 1899

Es regnet; zuweilen heult der Wind; es ist November.
Gönczi kehrt zurück, Dressel ist pleite, dem Freiherrn v.
Mirbach geht es gut, der Fürst von Montenegro leistet den
Manifestationseid, auf der Friedrichstraße laufen kleine
Seehunde von Blech, als Weihnachtsspiele, die Zuchthaus-

vorlage ist unten durch, der Kaiser besucht seine Großmutter, Berlin zerfällt in mehrere Gemeinden, Herr Kirschner wird als letzter Bürgermeister dem Märkischen Museum überwiesen, auf dem Petriplatz wird keine Kirche erbaut (weil sich daselbst schon eine befindet). Es ist November; es regnet; zuweilen heult der Wind.

Diese Seehunde – mancher will die Berliner Bevölkerung dahin bringen, sie zum Vorbild zu nehmen, denn sie rutschen auf dem Bauch. Rutschen auf dem Bauch, immer den Asphalt lang, wenn der Wind, der Wind, das himmlische Kind, ein weniges die Pfützen aufgetrocknet hat. Rutschen auf dem Bauch und wedeln mit dem Schwanz, und schreien nicht, wenn sie getreten werden, und alles an ihnen ist Blech. Sie gehen bloß, wenn man sie aufzieht, es steht frei, sie beliebig in die Tasche zu stecken, und dieses ist das Spielzeug vom letzten Winter des abschiednehmenden großen Jahrhunderts; des seltsamen Jahrhunderts, welches mit Napoleon beginnt und mit Wilhelm dem Zweiten endet; des Jahrhunderts der Technik, welches solche Seehunde mit Maschinerie zeitigt; kurz, daß ich's ganz zusammenraffe: des neunzehnten Jahrhunderts. Hand aufs Herz. Niemals hab' ich irgendwie das Streben bekundet, Tatsachen zu vertuschen; stets hat es mir ferngelegen, mit der Wahrheit hinter dem Berge zu halten; und so bekenn' ich hiermit frei, mag aus meinem Bekenntnis entstehen, was da wolle, daß kein Weihnachtsspaß vergangener Jahre die gleiche Bewegsamkeit und Vollkommenheit erreichte wie der diesjährige komische Seehund. Er geht nach rechts, er geht nach links, es ist zum Schreien, er geht rückwärts, es ist zum Totlachen, er will vorwärts, man kugelt sich, denn jemand mit der Leine zieht ihn dann in die Höh', daß er bammelt und zappelt – aus ist's mit der Selbständigkeit! Wie gesagt: ein Spaß zum Brüllen. Die Kinder bleiben stehen in der Friedrichstraße und klatschen in die Händchen.

Dressel ist pleite; so leb denn wohl, du stilles Haus. Manchen Abend, nach Entscheidungsschlachten, haben wir dort verlebt. Die Premièren des größten deutschen Dichters begossen wir im langgestreckten Hinterzimmer. Und

eine Taumelstimmung trug uns oft empor, eine innerliche.
Noch öfter sank eine leise Magie herab, aus unergründlichen Bezirken, die Glorie festlichen Schweigens in die Seelen gießend. Am reizvollsten erschien mir stets der Beginn, wenn einer nach dem anderen kam und seine Garderobe in den Winkel hängte. Weiß nicht, wieso. Such is life. Zuletzt ging einer nach dem anderen weg und nahm seine Garderobe aus dem Winkel. Wer aber hätte vermutet, daß unter dem schlichten Dach eine so großartige Fülle von Passiva verborgen lag? Niemand hätte es vermutet. Der Gerichtsvollzieher schreitet schnell. Nun ist der Nimbus fort, in Zeit und Ewigkeit. Das Essen war ja nie hervorragend. Zwischen uns sei Wahrheit, Dressel. Aber jetzt ist auch die gute Laune fort; denn kein empfindlicher Mensch kann es mit ansehen, wenn jede arme Auster ihr Siegel hat und auf dem Käs ein unsichtbarer Arrest liegt. Im Palasthotel ist mehr Freude, und dorten speis' ich nach Premièren, im gegenwärtigen Zeitalter. Die Kraftbrühen (obgleich wir sie nicht nötig hätten) sind dämonisch gut. Der Fisch ist ein einsamer, stiller, verschollener Hauch. Das Fleisch, auf dem Rost gebraten, schmeckt heilig. Und zuletzt gibt es ein Ding, rosinenfarben, erinnerungstief, sturmgefriedet, und welches riecht wie die Blume Jelängerjelieber: es ist ein beignet, fast hätt' ich gesagt, Kräppelchen, aber kein beignet des Alltags mit dickem Fell, sondern wie eine Seifenblase zart, und darüber gießt man sich warmes Apfelmus; hierzu singt jeder Teilnehmer das Lied »Träume« von Richard Wagner. Der Kellner heult die zweite Stimme vor Rührung.

Dressel ist pleite. Der Regen fällt; der Wind weht – woher?! Herr Preuß darf sich noch in Freiheit bewegen. Das Gesetz bietet vorläufig keine Handhabe, Burschen seines Schlages einzulochen. Auf seine Carrière kann er sich aber freuen. Professor wird der vor Anbruch des einundzwanzigsten Jahrhunderts nicht. Das Scheusal könnte zwar von der Fakultät vorgeschlagen werden, bestätigen würde ihn niemand. Zu seinem Glück ist er wohlhabend: er hat das Vergnügen, mit den zwei Millionärsfamilien Liebermann

und Reichenheim eng verschwägert zu sein, von denen ein
realistischer Berliner Lyriker in seiner Jugend sang:

> Ich ging nach jenen stillen Zonen,
> Wo Villen steh'n im Abendglanz
> Und Ahlwardt's gute Freunde wohnen,
> Die Reichenheims und Liebermanns.

Aus Bescheidenheit lass' ich den Namen des Dichters im
verborgenen. Jedenfalls scheint es das Los disziplinierter
Privatdozenten zu sein, daß sie einen siebenstelligen Mann
zum Schwiegervater haben. Der Schwiegervater von Arons
heißt Bleichröder. Wenn aber Herr Preuß arm wäre? wenn
er nur auf die Professorenlaufbahn seine Existenz gegründet hätte? Dann würde, wie der heutige Zug der Zeit ist,
eine Existenz mehr geopfert worden sein – um einiger
ganz leicht ins Gewicht fallender Äußerungen willen.
Leicht ins Gewicht fallend. Denn hierin unterscheid' ich
mich von vielen sehr liberalen Kollegen: ich erkenne frommen Zeitgenossen zwar ohne weiteres das Recht zu, ihr
Mißfallen über solche Zitate zu bekunden; ich verlange
aber auch für die freier Denkenden das Recht, solche Zitate
ungehindert zu äußern. Wir dürfen uns ja gleichfalls nicht
alles verbitten, was unser Gefühl verletzt; wir werden täglich viel tiefer verwundet, als eine so harmlose Travestie-
rung es tun kann. Also: Freiheit! Freiheit! Freiheit! Für alle
Parteien. Die Mißbilligung des Herrn Preuß durch die philosophische Fakultät erschien mir bereits zu viel. Aber
auch das will nur eine individuelle Anschauung sein, die
sich niemandem aufdrängt.

Freiheit! Freiheit! Der Musikkritiker Dr. Erich Urban,
der oft eine gute Feder führt, ließ neulich etliches Persönliche einfließen. Er ging zu weit und hatte schriftstellerisch nicht seinen besten Tag. Aber deshalb ein Manifest
gegen ihn loszulassen, deshalb eine öffentliche Mißbilligung in verschiedenen Zeitungen: das geht über die Hutschnur. Der Fall ist allgemein belangvoll; es handelt sich
um die Grenzen der erlaubten Kritik. Darf ein Kritiker
niemals persönliche Dinge hineinziehn? Er darf die bür-

gerliche Ehre der Kritisierten niemals grundlos antasten. Er darf auch Dinge des Privatlebens im allgemeinen nicht berühren. Es ist aber ein Unterschied, ob man ein Musikreferat schreibt oder ob man in einem Feuilleton weitere Eindrücke über ein Konzert verewigt. Vor einiger Zeit klagte ich in diesen Blättern: Die Musikkritiker der Zeitungen berichten, was gesungen, was gespielt worden ist, ob es gut oder schlecht war. Worauf es eigentlich ankommt, davon schreiben sie nichts. Melden nichts von der dämmernden Sehnsucht, die vor den Toren durch die Luft zieht, wenn die Abendgänger im Novembermondschein die Steinstufen hinaufgehen und hinter erleuchteten Fenstern eine Frauenstimme und Geigenlaute hören wollen. Welcher Maler könnte die Novellen malen und die Humoresken, welche ein Musikraum gebiert? Der begabte Doktor Urban suchte wenigstens die Humoresken zu malen. Oft mit prachtvoller Wirkung. Er stellte gelegentlich fest, daß ein Kritiker eine grünlich-gelbe Hose anhatte. Und als er eine Künstlerin wuchtig in die Tasten greifen sah, fiel ihm ein, daß ihre Ehemänner »trauervolle Berichte« über die Kraft dieser Arme hatten verlauten lassen. Ist dies (in anderen Punkten schoß er über das Ziel) so absolut verdammenswert, zumal sein Gesamteindruck durch diese Erwägungen doch getrübt wurde? Ich will nicht sagen, daß es legal ist; aber man verdient deshalb noch nicht aufgehängt zu werden. Ich hörte in dieser Woche den Sänger Raimund v. zur Mühlen. Seine Glatze störte mich, als er Schumannsche Lieder sang; sie verdarb mir den Eindruck. Darf ich nicht sagen, daß mir tatsächlich die Glatze die Illusion nahm? Was mich bei diesem ganzen Vorgehen gegen den Kritiker verletzt, ist diese emsige Freiheitsberaubung – durch Künstler, deren Motive zweifelhaft sind, und durch die Presse, welche die Preßfreiheit und die Freiheit des Individuums vor allem zu bewahren hat. Etwas mehr Raum, bitte! Wenn ihr nicht allzusehr als Söhne eurer Zeit gelten wollt!

Es regnet; es ist November.

24. Dezember 1899

Dies ist das Land Schlaraffia. Weihnachten fällt auf Sonntag. So viel Glück gibt es gar nicht. Das ist, als ginge man dreimal des Tags in die Komödie – welche Redensart meine verstorbene Großmama recht gern brauchte. Wenn sich Genüsse häuften, nannte sie das »dreimal am Tag' in die Komödie gehn«. Gott hab' sie selig. Sie war eine feine zarte Frau, trug weiße Löckchen und sang zur Gitarre.

So wird ein ungeheures Schlemmen am Ende des Jahrhunderts losgehen. Es sind die letzten Weihnachten vor dem zwanzigsten Säkulum – trotz aller besseren Weisheit der Mathematiker und Logiker. Auch die Regierung hat das verfügt; zunächst, weil es gegen die Logik ist; dann, weil es dem Volksgefühl geläufiger scheint, daß mit neunzehnhundert auch ein neues Jahrhundert anbricht. Wir sagen ja auch: die Sonne geht auf, und wissen doch, daß nur diese tänzerische Erdkugel um sie herumwackelt – während die Sonne feststeht in Ewigkeit, halleluja. Das Fräulein, welchem diese Briefe diktiert werden, beginnt das Schlemmen schon jetzo, als am Freitag, zwei Tage vor dem Fest, indem sie neben sich auffahren ließ ein Tablettchen mit fußhoch beschlagsahntem Kaffee nebst bezuckertem goldgelbem Kuchen, von welchem sie, während ich nach Atem rang beim Diktieren, soeben ein Stück verschluckt hat. Auch riecht es nach Christbaum in diesem Zimmer. Er steht auf dem Blüthner-Flügel, vorläufig noch ungeputzt. Morgen aber wird er leuchten und funkeln; vor Schweinskeulen aus Marzipan, vor silbernen Kügelein, vor süßen Würfeln, vor Schokoladenkringeln, vor Zuckerpüppchen, vor Lamettafäden, und es werden mehrere Knechte Ruprecht, mit Schneewatte, zwischen den Ästen und Nadeln hervorlugen. Ei, ei, das wird herrlich sein.

Der Chronist geht aber gar viermal des Tags in die Komödie, da er zum Überfluß in der Christnacht zur Welt kam, wenig nach zwölf Uhr. So fragt es sich, ob er vor Wonne den Ausgang des Jahrhunderts überleben wird. Wahrlich, Leser, diese Seligkeit kann das Herz, diese Süßigkeit der Bauch nicht fassen. Schon jetzt überschleicht mich Rührung, wenn ich an das Doppelfest denke; ich habe bereits Natron eingekauft. Die Abonnentinnen schikken mir Briefe über Briefe, das ganze Jahr hindurch (deshalb seh' ich immer so munter, selig und stolz aus, ja gewissermaßen glückswahnsinnig, übermütig, ausgelassen und sozusagen frohbewegt, auch grenzenlos zufrieden, freudevoll, jubeldurchzittert und, wenn ich so sagen darf, hüpfend) – wieviel Briefe werd' ich diesmal erhalten zu meinem Jubiläum, Wiegentag und Geburtsfest, dem letzten im Jahrhundert; ein tiefes Mitleid erfaßt mich mit dem Briefboten.

Und doch – eine kleine Nachdenklichkeit zieht herauf. Die Zeit vergeht, die Zeit vergeht. Weit in der Ferne liegt der »Kindelmarkt« in der schlesischen Stadt, wo man groß wurde. Lebte man dort, man würde ihn wahrscheinlich vermaledeien; doch weil man woanders lebt, kommt die kleine Sehnsucht. Questa è la vita; such is life; c'est la vie; so ist das Leben. Berlin ist schön, Berlin ist groß. Am schönsten zur Weihnachtszeit. Oft wünscht man sich weg aus dieser Stadt. Zwanzigmal im Jahr faßt man den Plan, nach Italien durchzubrennen. Nach Florenz würden mich keine zehn Pferde ziehen – ich bekenn es offen, Leser. Ich habe dieses Nest im Magen, weil ich's im Sommer besucht. Dagegen würd' ich gern mit dir, verrückter Musikante und zänkischer Freund, noch einmal nachts in einem Maultierkarren hinauf gen Fiesole fahren, aus der mondbeschienenen Flußebene nach dieser Bergstadt, die vor Zeiten Faesulae hieß. Auch mit dir noch einmal vom Appennin nach Vallombrosa hinübersehen, wenn wir uns verpflichten, beide das Maul zu halten während des Aufstiegs. Wenn es aber ganz toll über mich kommt, dann schrei' ich nach Rom – worunter »eigentlich« Frascati zu verstehen ist, und er steigt auf, der Felsenort, schwebend über etwas rötlich und violett und grün Wogendem, auf das man hinuntersieht, ein festländisches Abendsonnenmeer, mit überirdischen Schatten und sterbenden Strahlen, und man gießt den Wein des Wirts Aemiliano Capillone hinunter (wun-

dersamen goldfunkelnden, wenn man von Otto Erich
Hartleben eine Empfehlung ausrichtet), und dahinten liegt
die große Blutstadt, Rom, an der letzten Grenze der Dämmerung, und hier oben führen die Frascataner Mädchen,
zu zehnen und zwölfen an den Händen gefaßt, ihre Augen
spazieren. Freiheit! Freiheit! Freiheit!

Aber man kann nicht fort von Berlin. Man träumt das
Glück, das man einmal erlebt hat, wieder. Und *wenn* man
fortkönnte, das Glück würde nicht lange dauern. Du selbst,
Musikante, warst in Faesulae so wurschtig gegen die hes-
perische Natur. Du schienst immer zu sagen: Ja, ja, sehr
hübsch, aber ich habe kein Geld – sehr hübsch, aber wenn
ich einen Verleger hätte – höchst pittoresk, aber ich müßte
fort von Frau und Kind – wahrhaft lieblich, aber kein
Mensch singt meine Kompositionen. Auch bei unsereinem
würde das Glück sechs Wochen dauern. Dann würde man
seine Geliebte verlassen und eine neue suchen; Frascati
vermaledeien und nach Berlin jagen; die Natur von sich
stoßen und Theaterstücke ersehnen; den Tiber hassen und
die Panke lieben. Kinder, und ihr sagt, das Perpetuum mo-
bile sei nicht erfunden! Bisweilen auch wird man von blödsinniger Sehnsucht erfaßt nach der Stadt Paris mit dem
Märtyrergebirg' oder Montmartre, denn sie ist die gebene-
deiteste der menschlichen Siedelungen und geliebt unter
den Stationen dieser irdischen Fahrt.

Aber einmal im Jahr will mit keinem anderen Ort tau-
schen, wer so glücklich ist, in Berlin zu leben. Das ist zu
Weihnachten. Nicht mit Hamburg, nicht mit Breslau, nicht
mit Pisa, nicht mit Cottbus. Nicht mit Honfleur sur mer,
Département Calvados, nicht mit Ajaccio, nicht mit Alt-
Treptow a. d. Tollense, Kreis Demmin, Regierungsbezirk
Stettin. Sondern bloß zwischen der Potsdamer Brücke, dem
Brandenburger Tor, dem Polizeipräsidium am Alexanderplatz, der Kaiser-Wilhelm-Gedächtniskirche, der Friedrichstraße, der Siegesallee (seit dem Marmorfrevel: neue Invali-
denstraße) fühlt man sich wohl. Hier ist alles beisammen,
was dazugehört. Nämlich einerseits großstädtischer Luxus,
andererseits die festliche Weihnachtsstimmung eines riesi-

gen arbeitenden Volks. Die frohe Innigkeit des Christ-
abends geht nicht verloren, und der Charakter dieses Weltpunkts hält die Krähwinkligkeit fern. Weihnachten ist hier
ein holder Familienvorgang, zugleich ein gesellschaftliches
Ereignis. Eine private Freude, zugleich eine Massendemon-
stration für die Glückseligkeit aller Menschen. Auch feiert
sich das deutscheste aller Feste am komfortabelsten in der
deutschen Hauptstadt.

Kurz, gar nichts wäre auszusetzen – wenn es auch Bauerbissen gäbe und Mohnklöße. Es gibt sie nicht. Als kleiner
Junge hat man sie verachtet; oder wußte nicht, wie man sie
schätzte. Jetzt kriecht so heimlich-kätzchenhaft-vertraulich
die Erinnerung daran empor, wie die Erinnerung an den
Kindelmarkt. O, wie liegst du weit! Bauerbissen, sicher der
erdgerüchigste aller Pfefferkuchen, den man in Schlesien
für einen Sechser pfundweise fröhlich aß, er läßt sich nicht
aus der Erde stampfen. Verschollen sind die Tage, wo uns
die Kinnbacken schmerzten, vom vielen Kauen des frischen, weichen Zeugs. Bauerbissen, du bist ein Mythus, du
lächelst herüber aus der Geisterwelt, grüßend und dich
neigend und einsam verschwindend. Bauerbissen, du bist
die Vergänglichkeit. Bauerbissen, du bist die Ahnung des
ersten grauen Haars. Bauerbissen, nie werde ich dich wieder so fressen (es muß heraus, das schändliche Wort) wie
einst im Dezember. Bauerbissen, was hier unter deinem
Namen verschleißt wird, ist altes Leder. Die Zähne bricht
man sich aus; und es schmeckt nach Wichse. Und auch ihr,
meine lieben Mohnklöße, seid eine Melancholie, ein Märchen aus alten Zeiten. Ihr seid versunkene Kränze. Semmel
in Wasser mit schwarzem Mohn und Vanille, darin liegt
eure Größe. Hier nennt man euch – uäh, uäh! – Mohnpie-
len. Das ist die gemengte Speise aus süßlichem Rosenwas-
ser, mit kleinen, glitschigen Würfelchen und weißem fa-
dem Mohn und etwas Zucker, und schmeckt nach nichts.
Uäh, uäh! Steigt einmal noch empor, Mohnklöße meiner
Jugend; meiner bittersüßen und vergehenden Jugend. Das
Leben ist ernst; man wird Kritiker und erinnert sich mit
seltsamer Ironie an die Großmama, welche eine Häufung

von Genüssen »dreimal am Tag' in die Komödie gehn« nannte. Man ist Kritiker – und der Kindelmarkt liegt fern. Die Nichten wachsen heran. Unvermählt ist man ja Gott sei Dank noch, und neulich hat man einen Puppenwagen besorgt. »Ist es für Ihre Kleine?« fragte das Ekel. Töchter mit halbmeterhohen Puppenwagen traut man uns schon zu. Mohnklöße meiner Jugend, lebt wohl. Zieht hinab den leuchtenden Strom der Vergänglichkeit, in die Dämmerung, in die seltsam dunkle Ferne, wo die große Stille herrscht. Schade, daß man bloß einmal lebt. Schade, daß man bloß einmal jung ist.

Dies wären die hauptsächlichsten Vorfälle aus der vergangenen Woche. Wenn ich jemandem raten darf, so ist es: die Feiertage glücklich zu verleben. Nunc est bibendum, nunc pede libero pulsanda tellus, weil noch das Lämpchen glüht. Meine Freunde, wer Rosen nicht im Sommer bricht, der bricht sie auch im Winter nicht. Heute wollen wir lustig sein – und in acht Tagen, wenn das Jahrhundert abschrammt, ist noch Zeit zum Nachdenken.

Bleiben Sie gesund, Leser.

31. Dezember 1899

Wie gesagt: das Seltsamste an diesem Jahrhundert ist, daß es mit Napoleon dem Ersten beginnt und mit Wilhelm dem Zweiten schließt. Sie scheinen zwei ganz verschiedene Naturen. Aber Wilhelm der Zweite ist am Ausgange des Jahrhunderts gewissermaßen der Herrscher von Europa, wie Napoleon der Herrscher von Europa gewissermaßen am Anfang des Jahrhunderts war. Voraussichtlich dauert das Regiment Wilhelms des Zweiten länger als das Napoleons. Es besteht bereits zwölf Jahre. Auch sind die Verhältnisse bei uns gefestigter; namentlich kraft einer mit ziemlichen Kosten von den Bürgern dieses Landes erhaltenen Armee, welche zum Schutze sowohl gegen den äußeren als auch gewissermaßen sozusagen nötigenfalls gegen den inneren Feind dient. Endlich hat Napoleon usurpiert, während Wilhelm der Zweite rechtmäßig und friedlich erbte. Es ließen sich noch allerhand Differenzpunkte zwischen den beiden Herrschern anführen. Jedoch soll man es dem Geschichtsschreiber überlassen. Hat doch Wilhelm der Zweite seine Laufbahn noch nicht beendet und ist anscheinend sehr entwickelungsfähig.

In Berlin wird die Frage viel erörtert, ob es richtig ist, den Anbruch eines neuen Jahrhunderts überhaupt zu feiern. Ich möchte nach Theodor Fontanes Art zur Antwort geben: »Ja und nein.« Nämlich: erstens ist es angenehm und freudevoll, eine neue zweite Ziffer in der Datierung zu begießen; besonders wenn es mit Sekt geschieht. Zweitens aber ist ein arithmetisches Jahrhundert bekanntlich kein notwendiger Abschnitt. In unserer Geschichtsentwickelung ist der Abschnitt mit dem Jahre siebzig da. Zugleich, da wir die Vormacht sind, ist er auch in der Weltentwickelung da. Andererseits fällt der frühere Abschnitt nicht auf das Jahr 1800. Sondern vorher, auf den Ausbruch der französischen Revolution. Nicht wahr? Eine liebliche Beobachtung beiläufig, daß etwa hundert Jahre nach der Zeit der großen Aufklärung, der Verstandesrichtung, des Rationalismus, in Rom Se. Heiligkeit der Papst die Unfehlbarkeit verkündete und daß es »ging«. Raum für alles hat die Erde. Neben dem »Vorwärts« besteht immer noch die »Kreuzzeitung«. Früher allerdings bestand der »Vorwärts« gar nicht. Neben dem wissenschaftlichen Darwinismus, der an allen Staatsuniversitäten offiziell gelehrt wird, besteht der Zwang für Prediger, an das Apostolikum zu glauben. Und die vorgeschrittensten Wissenschaftler, wie z. B. Herr Professor Bergmann (von dem ich's aus eigner Erfahrung weiß), gehen in die Kirche, um ihre Kinderchen alldaselbst einsegnen zu lassen. Diejenigen, welche wissenschaftlichen Glauben und staatliche Lebensführung in Einklang bringen, sind heute dünn gesät. Etwas mehr Freiheit herrscht zweifellos in gewissen Dingen als vor hundert Jahren. Aber in gewissen Dingen ist man vor hundert Jahren freier gewesen, und was man sich versprach, hat die Entwickelung nicht immer gehalten.

In Frankreich sind die Menschenrechte erklärt worden,

damals; heut ist dort im wesentlichen Geldherrschaft. Kirche und Soldateska suchen eine zweite Macht zu bilden –
welche den Errungenschaften von damals ebenso entgegengesetzt ist. Amerika ist ein freies herrliches Land mit
Demokratie und Republik und sonstwas; es herrscht aber
auch dorten zufällig – und noch viel toller – das gemeine
Geld. Außerdem machen die Brüder einen dreisten Raubzug gegen Spanien, welches Land heftigen Rheumatismus
in den Beinen hat – Blut fließt knüppeldick, Schiffe werden in die Luft gesprengt, Leutnants werden National-
heilige, und der Freiheitsstaat geniert sich nicht. Auch das
liebe England, der Sitz hoher Kultur und Frömmigkeit
und besonnener Gesinnung und wohltätigster Institute,
macht einen frechen Raubzug auf den Goldbesitz eines
kleinen Stamms, schießt mit bestialisch hergerichteten
Kugeln, welche nicht nur töten, sondern des Spaßes halber auch zerreißen – und die vorgeschrittene, kultivierte
Welt sieht mit schelmischer Neugier zu und unterhält sich
darüber.

So liegen die Dinge jetzt. Daneben wächst gewaltiger die
Strömung von unten, welche sogar die Dummen mit den
Klugen gleichstellen will aus grenzenloser Ethik, den
Kampf schlichten will in allgemein gerechter Verteilung
des Besitzes, die Ferschten beseitigen und neue Werte
schaffen in der sittlichen Welt, so daß Friede und Freude
kein Ende mehr hat. Für viele ist das die stärkste, die einzige Hoffnung gewesen. Da aber steht ein Mann auf, im eigenen Lager, und erschüttert den Glauben an diese Religion. Er sagt: unser Glaube, meine Lieben, ist nicht die
einzige Möglichkeit, nicht das Heil, außer dem kein Heil
ist (und auf diesen Monopolglauben hin folgen doch die
Massen; die römische Kirche ist so gescheit!), sondern,
meine Lieben, auch den andern Strömungen lassen wir ihr
Recht in gewissem Sinne, indem wir nicht allzuweit von
ihnen uns entfernen; nein, wir sind nicht das alleinige Heil!
So spricht er. Ehe dann wenige Jahre vergehen, wird auch
dort eine Kluft klaffen; in diesem zerspaltensten aller Zeitläufte wird eine Spaltung mehr sein.

Man weiß nicht ein, und man weiß ebensowenig aus. Die christliche Weltanschauung, die seit zweitausend Jahren auch von den fortgeschrittensten Geistern doch im ethischen Teil akzeptiert wurde, erfährt in einem jenseits von Gut und Böse arbeitenden System die schwerste und brutalste Anbohrung. Die Verbrecherinstinkte rücken zur Philosophie auf. Nebenbei eine kleine Perspektive auf die Verchinesung Europas und Amerikas. Wir teilen auf, und sie kommen über uns. Sie könnten am Ende wandern, wandern, wandern. Sie könnten in friedlicher Konkurrenz ihre Menschenmillionen zuerst sickernd, dann wie eine Sturzflut über uns wälzen! Sie sind die Mehrzahl! Sie brauchen nichts zum Leben. Wie die germanischen Barbaren über Rom kamen, so könnten sie durch ihre Massenhaftigkeit, von innen aus, dieses Reich, diese Welt, diese westliche Gesittung erobern, unterjochen, ersäufen!

Und wenn sie *nicht* kommen? Uralte Kulturländer Europas sind an der Stirn gezeichnet. Spanien ist ausgebrannt, Italien kommt nicht mehr ernsthaft in Betracht, und Frankreich, im tödlichen Niedergang, könnte das Schicksal Polens haben, an einem bösen Tag. Adieu, charmant pays de France! Amerika, Rußland, England und vielleicht Deutschland werden die Welt beherrschen, hat der Professor Schmoller gesagt. Deutschland nur dann, hat er gesagt, wenn es die Flotte macht. Unsere Zukunft liegt im Dunkeln, wüste Worte hört man munkeln. Das hat er nicht gesagt. Dazu kommt, daß man von einem Weltteil zum andern Nachrichten blitzen kann; daß man von einem Land zum andern eigenstimmig plaudern kann; daß man Geldschränke von außen durchleuchten kann und in menschliche Leiber hineinsehen; daß man in sechs Tagen von Europa nach Amerika jagt; daß man Leute in Schlummer versenkt und ihnen Aufträge gibt, die sie vollführen; daß man Eisenbahnzüge in allen Stadien der Bewegung fixiert und die Bewegung in Bildern wiedererstehen läßt; dazu kommt, daß man an der Seine einen wahnwitzigen Turm erbaut, ein tolles Wunder, höher als der Turm zu Babel und alle Bauwerke der Welt. Kurzum: die Zeit ist aus den

Fugen. Als das Raubtier Rom die Welt ausgesogen hatte, als eine Welt erstand und eine Welt zusammenbrach, da war kaum die Ratlosigkeit toller als heut. Was will das werden? fragen sich alle, blicken einander von der Seite an und sagen: wir wissen es nicht.

Selbst ICH weiß es nicht. Ja, sogar der Briefkasten dieser Zeitung, der einfach untrüglich ist, vermöchte nicht ganz bestimmt es mitzuteilen. Soll man kämpfen? Gewiß! Wenn man es nicht tut, wird angenommen, daß man ein schlechter Sohn seiner Zeit ist und kein voller Mensch. Aber wenn man es tut, erlebt man den Erfolg nicht. Der Enkel im siebenundzwanzigsten Glied, der ihn erlebt, steht mir eigentlich persönlich fern. Und selbst *der* erlebt ihn nicht – möchte man sagen. Für wen arbeiten wir? Auch darauf kann der Briefkasten nur eine gewundene Antwort geben. Vielleicht arbeiten wir für die Chinesen? Es ist möglich, aber nicht sicher. Unter solchen Umständen liest man mit ganz merkwürdigen Vergänglichkeitsgefühlen ein römisches Sprichwort: Bene vixit qui bene latuit; der hat gut gelebt, wer verborgen gelebt hat. Voraussetzung ist, daß im verborgenen Dasein ein verborgenes Glück vorhanden ist. Ist es nicht das Wahre? Aus der Zeit der Christenverfolgungen sah ich allerhand Grabsteine und Sargtafeln einst, in den römischen Katakomben. In die Wände hat man diese aufgefundenen Trümmer eingelassen, und wir Heutigen lesen dort, wie Eltern ihren Sohn geliebt, oder eine Schwester den Bruder, auch ein Mann seine Gattin – vor zweimal tausend Jahren; und wie die Liebe im wilden Gebraus der Welt, da Ströme von Blut über die Erde jagten und Feuer den Himmel erleuchtete – wie die Liebe der Pol war für die kleinen Bündel der Menschen und für den einzelnen. Das ist der Ausweg. Übrigens: Als Rom Ägypten erobert hatte, und das Land Hellas ebenfalls, und einiges andere auch noch, war da irgendein Unbekannter, namens Cajus, glücklicher als vorher? Und ist der einzelne Franzose *viel* unglücklicher geworden, seit wir Elsaß-Lothringen haben? Ich überlasse die Antwort schüchtern dem Briefkasten. Das aber können wir mit gutem Gewissen sagen: das abgelaufene Jahrhundert ist das deutsche Jahrhundert gewesen. Deutschland ist geeinigt worden (und darum sind wir auch alle so glücklich). Deutschland hat in diesem Jahrhundert den größten Staatsmann hervorgebracht, den größten musikalischen Künstler, den größten sozialen Umwälzer und den einschneidendsten Künder der neuen Unethik – um bloß von der zweiten, ausschlaggebenden Hälfte zu reden. Die stärksten fortschrittlichen und die stärksten rückschrittlichen Gewalten sind aus Deutschland gekommen. Und mit dem Phänomen Goethe am Eingang trägt Deutschland den Sieg auch in der Dichtung davon. Das Jahrhundert war das deutsche Jahrhundert.

Die Zeit ist aus den Fugen. Die Entwickelungen, die sich anbahnen, brauchen viele Säkula, um Ergebnisse zu zeitigen. Wir werden sie nicht sehen. Wir fühlen bloß den Kampf. Ungeheuer große Zeiträume, ungeheuer kleine Fortschritte – dieses Gesetz hat schon David Friedrich Strauß festgestellt. Wenn aber das Bewußtsein, in einem der grandiosesten und konfusesten Augenblicke gelebt zu haben, Seligkeit ist – dann können wir alle selig werden.

Adieu, Leser. Es schadet nichts, wenn wir einer dem anderen für den neuen Zeitabschnitt recht viel privates Glück wünschen. Also – …

1900

Am ersten Tag des zwanzigsten Jahrhunderts lag in der deutschen Hauptstadt ein dermaßen dichter Nebel um die zahllosen Kirchen herum, auf der Erde und über der Spree, daß man nicht zehn Schritt weit sehen konnte. Alle feineren Köpfe, soweit sie sich ausgeruht hatten, erwogen, ob in diesem Nebel nicht eine Vorbedeutung zu suchen sei. Nach Lage der Dinge konnten die meisten nicht umhin, einen zustimmenden Gestus zu machen, durch Nicken. Alles war feucht und regenschwer. Habys steifende Flüssigkeit hielt nicht stand, da sich die Nässe der Luft mit ihr vermischte; viele junge Krieger liefen mit gesenktem und triefendem Barte verstört herum. Dies irae, dies illa! dachten an diesem munteren Neujahrstag die Kenner der lateinischen Sprache. Die anderen, welche nur Volksschulen besucht hatten und zum Teil auch noch weiblichen Geschlechts waren, meinten in deutscher Zunge: Das Jahrhundert fängt jut an! ... In der vorhergehenden Nacht hatte ein toller Jubel geherrscht, indem die Berliner, wohl das originellste aller Großstadtvölker, diesmal die Zylinderhüte einschlugen, wo es anging. Infolge dieser Überraschung bemächtigte sich aller Bürger eine begreifliche Ausgelassenheit, und sie eilten ins Bett. Andere amüsierten sich freundlicher, zu ihnen zählt der glückliche Chronist. Seltsam muß es in der Philharmonie zugegangen sein. Ein guter Bekannter war auf eine halbe Stunde dort und erzählte davon. Die Schalkhaftigkeit wurde in der Philharmonie dadurch hergestellt, daß das elektrische Licht in Zwischenräumen abgedreht wurde. Die Festgenossen und -genossinnen blieben dann kurze Zeit im Dunkeln. Sie spielten Versteck und andere Gesellschaftsspiele. Da sich jedoch dieses Drunter und Drüber allzuoft wiederholte, entfernte sich mein Freund.

Die ersten Jahrhunderttage haben eine Reihe von Standeserhöhungen gebracht. Philibert v. Eulenburg, welchem wir vielleicht mittelbar die Anregung zu dem Sang an Aegir zu danken, ist zum Fürsten aufgerückt. Die Verdienste des Eulenburgischen Geschlechts um Deutschlands Wohlfahrt finden damit in Friedenszeiten eine sichtbare Anerkennung, während z. B. Bismarcks Erhöhung vom Grafen zum Fürsten gewissermaßen sozusagen stürmischer, infolge eines Krieges, stattfand. Fürst Eulenburg, den ich in einer Gerichtsverhandlung ganz in der Nähe sah – er bekundete als Zeuge über seine Beziehungen zu dem Kriminalkommissarius v. Tausch –, ist ein Mann in mittleren Jahren, nicht ohne Bauch, und machte damals nicht den munteren Eindruck, den er vielfach machen soll. In der Stimme lag etwas Gedrücktes, er quetschte die Worte mühselig über die Zunge, und in auffallend kurzen Zwischenräumen sagte er »äh« – dieses Einschiebewort, das keineswegs nur als Lieblingswendung sozial hochstehender Kreise, sondern in der Verlegenheit auch bei anderen Ständen auftritt. Mir sind diese kleinen Menschlichkeiten des hervorragenden Politikers und Dichters deutlich in der Erinnerung geblieben. Von dem Fürsten Trachenberg-Hatzfeldt weiß ich persönlich nichts Näheres, doch als Schlesier geriet ich begreiflicherweise in eine frohe Erregung, als ich las, daß ihm der Herzogtitel verliehen worden ist. Dagegen ließ mich die Versetzung des Grafen Münster zum Fürsten Derneburg – ich bekenne es offen – zu meinem eigenen Erstaunen verhältnismäßig kalt; was sich psychologisch damit erklären läßt, daß sie bereits vorher mitgeteilt worden ist. Mich selbst hatte man wieder übergangen.

Beim Neujahrsgottesdienst hat der Kaiser, was an sich nicht auffallend ist, einer Weihung neuer Feldzeichen beigewohnt. Als »bemerkenswerte Episode« haben die Zeitungen berichtet, daß er sich auf beide Knie niederließ; ein gleiches taten die Prinzen und die große Zahl der Offiziere, die, entblößten Hauptes und mit gefalteten Händen um den Kaiser geschart, die Weihe mitmachten. So meldet der

Bericht. Es ist zunächst nicht auffallend, daß die Offiziere dasselbe vornahmen, was der Kaiser tat. Als Neuerung bliebe somit nur übrig, daß Wilhelm der Zweite sich auf beide Knie niederließ. Es läßt sich jedoch, bei den tief religiösen Stimmungen des Kaisers, andererseits bei seinem durchgreifenden Sinn für die volle Wahrung würdiger Zeremonien, auch hierin nichts eigentlich Neues finden. Friedrich Wilhelm der Vierte kniete häufig nieder. Wenigstens berichten seine Zeitgenossen und Hofgänger, unter denen Leopold v. Gerlach einen prominenten Rang einnahm, daß er die Gewohnheit hatte, bei der Erledigung schwieriger Staatsgeschäfte zuweilen in einem Nebenzimmer niederzuknien und ein stilles Gebet zu verrichten. Wenn das, wie gesagt, ohne besonderen Anlaß wie die Einweihung von Feldzeichen geschah, so ist der Kniefall Wilhelms des Zweiten bei einem bestimmten Anlaß, bei den Worten des Priesters, etwas viel weniger Auffallendes und kaum als »bemerkenswerte Episode« zu bezeichnen. »So beuget denn«, sprach ja der Geistliche, »die Knie und senket die Fahnen und Standarten vor dem Herrn der Heerscharen droben.« Hierauf geschah der erwähnte Vorfall, und auch sonst wurde alles der Feier gemäß erledigt, denn der Bericht meldet: Die Kommandeure senkten die Feldzeichen bis auf die Brüstungen der Treppe, und im Lustgarten feuerte zu gleicher Zeit die Leibbatterie einen Salut von 100 Schuß. Hinzugefügt wird, daß nach dem Amen auch ein Tedeum gespielt wurde, von Blasmusik, worauf der Kaiser »einige Schritte vortrat« und die Feier durch eine Rede krönte.

Die Gerichte haben nach Anbruch der neuen Zeit einen Fall erledigt, der weit eher eine »bemerkenswerte Episode« bildet. Das ist die Verurteilung des »Ulk«-Redakteurs Siegmar Mehring zu sechs vollen Monaten Gefängnis. Mir standen die Haare zu Berge, als ich das las. Das Jahrhundert fängt wirklich jut an. Mehring ist ein Verskünstler, der in der Übersetzung neufranzösischer Gedichte einiges Vorzügliche geleistet hat. Das inkriminierte Gedicht »Die feige Tat von Rennes« wird allgemein als grobe Geschmacklosigkeit bezeichnet. Ich bekenne, daß mein Gefühl durch nichts verletzt wurde, als ich es las. Mehring geißelt die Verbohrtheit der Bauern und die Niedertracht einiger Generale, die zugleich fromme Katholiken sind. Wieso in aller Welt beschimpft man die Einrichtung des Sichbekreuzens, wenn man sagt, daß es die Bauern mit schmutzigen Fingern tun? Durch den Hinweis auf diesen Gegensatz zwischen einer als heilig geltenden Handlung und den unreinen Gliedmaßen, mit denen sie vollzogen wird, wird der Finger getroffen, nicht die heilige Handlung. Und wenn man sagt, daß Schufte zur Messe oder Beichte gehen, so werden die Schufte getroffen, aber nicht die Messe. Das Recht, laut zu behaupten, daß oft die größten Halunken den frömmsten Wandel führen, wird man wohl noch besitzen. Man kennt die verbreitete Anekdote von den Abruzzenräubern, die vor dem Straßenraub zur Mutter Gottes beten, daß sie ihn gelingen lasse. Darf man das heute nicht mehr sagen? Und wenn unsere Professoren naturwissenschaftliche Disziplinen lehren, die offiziell anerkannt sind, liegt darin nicht – implicite – die tollste Beschimpfung der Kirche? Also wozu der ganze Paragraph? Hat Mehring sechs Monate Gefängnis für dieses Gedicht bekommen, an dem die beleidigende Absicht immerhin diskutierbar ist, wie viele Jahre Zuchthaus müßte dann ein Mitglied des Hohenzollerngeschlechts erhalten, nämlich Friedrich der Große, welcher das »Écrasez l'infâme!« im Briefwechsel mit dem Herrn v. Voltaire auf ganz undiskutierbare Art gemeint hat – und der immer wiederholte: »écrasez l'infâme«, abgekürzt »écrlinf«, was auf deutsch heißt: erdrossele man die – –, aber ich wage nicht, die Worte meines Preußenkönigs heut niederzuschreiben und drucken zu lassen. Absunderlich, daß der eine Staatsanwalt überhaupt keinen Grund zum Einschreiten findet und der andere gleich *so* tödlich entrüstet ist, daß er Herrn Mehring wie den Abschaum der Menschheit behandelt. Welcher von beiden hat denn recht? Nette Zeiten sind es, liebe Freunde, in denen wir leben. Nettere noch, denen wir entgegensehen. Pfaffensatire, Kirchensatire hat zu jeder Frist einen Bestandteil der Dichtung gebildet. Die Vertreter der deutschen Literatur im Lauf der historischen Entwickelung verdienen zusammen zwei Millionen Jahre Zuchthaus für das, was sie auf diesem anscheinend einem Bedürfnis des deutschen Gemüts entspringenden Felde geleistet haben. Jetzt plötzlich bekommt man sechs Monate Gefängnis. Ja, woran soll man sich denn halten? Welche Norm soll man denn für seine Lebensführung und seinen Dichterwandel nehmen? Es lauern ja überall Fallstricke, Fußangeln, Wolfseisen. Die Haare stehen jedem Kultureuropäer zu Berge, wenn man nicht mal die fromme Heuchelei mehr anulken darf. Am Ende wird Herr Mehring nach Verbüßung seines Halbjahres noch in eine gottselige Korrektionsanstalt gesteckt, in den Verein für gefallene Jünglinge oder ein Institut, »Siloah«, bis seine seelische Verwahrlausung beseitigt ist. Dahin muß es kommen!

Wie gesagt: Dichter Nebel lag auf der Erde, am ersten Tag des zwanzigsten Jahrhunderts, in der deutschen Hauptstadt. Soll das so fortgehen? Es gibt ja ganze Jahrhunderte, die entsetzlich verliefen. Für den einzelnen hat diese Vorstellung, eine langwierige, öde Entwickelung mitmachen zu müssen, etwas Trostloses.

28. Januar 1900

Die Seuche Influenza rast. Müde bin ich, geh' zum Schreibtisch. Alle haben sie. Ganz Berlin liegt im Schmutz, es herrscht eine milde, verdächtige Luft. Keinen gibt es, der nicht käseweiß aussieht. Es ist ein Schnauben und Röcheln. Um den trüben Eindruck zu vervollständigen, sieht man Fahnen auf Halbmast wehen, weil die Mutter der Kaiserin gestorben ist. Die Galavorstellung für Freitag ist abgesagt – sonst wäre Josef Lauffs »Eisenzahn« gespielt worden.

Neulich war Presseball. Je näher der Morgen kam, um so heiterer wurde es. Die Gäste verließen, je näher der Morgen kam, um so zahlreicher den Raum. Infolgedessen entstand Platz, auch etwas Luft, und bald herrschte allgemei-

ner, aber allgemeiner Frohsinn. Warum wird immer die
Schönheit der Damen beschrieben, niemals das Aussehen
der Herren? Ich weiß es nicht. Mit der Frauenemanzipation tritt die Gleichstellung der Geschlechter ein. Außerdem wird die Kulturgeschichte künftiger Zeiten, soweit sie
aus den Tagesblättern schöpft, nur über die eine Hälfte unterrichtet sein. Das ist ein Mangel. Ich erwähnte vorhin den
Dichter Lauff. Er war auch da. Doch ich habe keinen Bericht über seine Toilette gelesen. Josef Lauff trug an diesem
Abend einen mittellangen, auch vorn nicht übermäßig tief
ausgeschnittenen Frack und ein Paar reizvoller schwarzer
Beinkleider ohne Plissee. Für die Krawatte war einfacher
Batist gewählt worden, ein duftiges, kleines Arrangement,
von dem sich die frischen Farben des errötenden Gesichts
lieblich abhoben. An Geschmeide trug er mehrere Orden,
und wenn die überaus vorteilhafte Erscheinung durch den
Saal eilte, den Hals hierhin und dorthin neigend, folgten
ihr zahlreiche Blicke. Aufsehen erregte die graziöse Tanzkunst des Afrikareisenden Eugen Wolff; aber im Ernst. Ich
habe ihn beobachtet und bewundert. Ich stieß an unserm
Tisch meine Bekannten mit dem Zeigefinger der rechten
Hand, und wir alle, auch genaue Fachmänner, nämlich Offiziere, beobachten ihn gemeinsam. Er sieht aus wie ein
kleiner Privatmann, der niemals in Afrika und China gereist ist, ganz ohne Schneidigkeit. Man könnte ihn am ehesten für einen Beamten mit einer Sinekure halten, einen
ruhig-gutmütigen Rendanten. In der Mitte des dunkeln
Kopfhaares hat er ein Glätzchen, ganz klein. Sieht wie eine
Tonsur aus. Als er tanzte, beobachteten wir, die wir zu
müde waren, um nach Haus zu gehen, seine Führung, um
uns wach zu erhalten. Er führt, auf dem kleinsten Raum,
die Dame mit spielerischer Sicherheit. Jetzt ist er kein Ren-
dant mehr, aber noch immer kein Offizier in Zivil. Die
Reiseschilderungen dieses Mannes liest man mit so großem Anteil wie keine ähnlichen Berichte dieser Gattung.
Wenigstens mir ging es so. Und wir waren alle sehr erfreut,
in diesem rauhen Pionier und verwegenen Tropenmann
eine so einnehmende Persönlichkeit und einen so idealen

Tänzer kennenzulernen. Er ist aus Süddeutschland. Peters war ja auch sehr nett im Umgang, aber der traditionelle Renommist guckte durch. Er war nicht aus Süddeutschland.

Sonst ist mir noch ein Vorfall dunkel in der Erinnerung geblieben, von diesem Presseball. Plötzlich krochen wir alle in den Beethovensaal; dieser hängt mit der Philharmonie zusammen. Nachdem der Komiker Alexander wenige Parodien gesagt und die Liebans einiges gesungen hatten, wurde es dunkel. Ich sage: das elektrische Licht wurde abgedreht. Es sollten Nebelbilder gezeigt werden. Jemand sagte: aber wie kann man das elektrische Licht abdrehen, wenn alle Damen ausgeschnitten sind? Ich habe bis heute nicht verstanden, was der Mann gemeint hat. Einem andern aber der Herren mißfiel das Abdrehen des Lichtes, und er begann zu schreien: »Schluß! Schluß! Schluß!« Dieses Schreien mißfiel einigen anderen der Herren, und sie schrien, jener solle nicht schreien. Infolgedessen schrie jener noch heftiger. War es ein Ehemann? Seine Stimme klang wie die Stimme eines Hirsches. Bald hörte man von rechts, aber auch von links Zurufe an jenen, er möge den Saal verlassen. Dies riefen viele, welche die Abdrehung des Lichts nicht belästigte und welche für die Erhaltung bestehender Zustände einzutreten wünschten. Hieraus ergab sich eine gewisse Unruhe. Nach einiger Zeit aber war alles still; die Lichtbilder wurden in Muße vorgeführt. Bis zum Ende herrschte musterhafte Ruhe. Was aus dem Hirsch geworden ist, hab' ich nie erfahren. Und auch die anderen wußten nicht, weshalb er verstummt war. [...]

Der Reichstag hat in dieser Woche ein populäres Thema behandelt: Kuppelei. Selten sind die Berichte mit so sorgfältigem Eifer von allen Schichten der Bevölkerung gelesen worden. Diese, hm, allgemein-kulturellen Dinge finden einen weiten Resonanzboden im Herzen der Nation; während man den spezifisch wirtschaftlichen Fragen, Zollangelegenheiten, Neubauten, Besoldungsproblemen, mehr in Fachkreisen Anteil entgegenbringt. In der Stadtbahn la-

sen selbst die kleinen Geschäftsmädchen ausschließlich die
Parlamentsbeilage. Ich kann auf das Thema nicht eingehen. Es ist eine zu mulmige Sache. Eines ist bemerkens-
wert: Bebel hat die Frage des Hausfreundes angetippt; des
dritten Mannes, oder vielmehr des zweiten Mannes im
»dreieckigen Verhältnis«, um dieses Ibsenwort zu brauchen. Ich kann auch hierauf nicht eingehen. Man würde
mich aufhängen. Es ist, wie der Vater von Effi Briest zu sagen liebt, »ein weites Feld«. Doch ich bin Gedankenleser,
besonders im influenzierten Zustand, und kann mir genau
vorstellen, mit welchen Gefühlen dieser und jener die Kit-
zeleien des Sozialdemokraten gelesen haben. Die Zahl der
Gänsehäute ist in dieser riesigen Stadt gar nicht zu ermessen. Womit nicht gesagt sein soll, daß der Hausfreund in
Berlin relativ stärker auftritt als anderswo. Am ungezwun-
gensten scheint er in ländlich-sittlichen Familien vorzukommen, wie die Fälle Rosengart und Berndt zeigen. Immerhin hat jeder Ort seine Spezialitäten, und in Berlin –.
Aber nein, es ist wirklich ein zu weites Feld. Ich halte Bebel
nicht für einen Sachverständigen. Er urteilt aus der Tiefe
des Gemüts, nicht aus der Fülle der Beobachtung. Seiner ist
das Himmelreich.

Ich bin entschlossen, jetzt ein Ende zu machen. Müde
bin ich, geh' zur Ruh', schließe beide Äuglein zu. Im
Traum werde ich tanzen; so schön wie Eugen Wolff. Von
der Stirne heiß rinnen wird die Transpiration; das bannt die
Seuche. Gute Nacht, Leser!

4. Februar 1900

Der Berliner Sittenvogt, Mirbach, läßt abermals von sich
hören. Die Aquarellisten bei Keller und Reiner hatten ihn
freundlichst geladen, ihre Aquarelle zu besehen. Warum
sie das getan, bleibt ihr Geheimnis. Satirische Absichten
darf man hiesigen Künstlern unserer Tage im geringsten
nicht zutrauen. Sie wußten, was er war: ein kleiner Hengstenberg. Also wozu? Glaubt man an Wert zu wachsen,
wenn man untertänige Einladungen an orthodoxe Hof-

leute verschickt – die nach ihrer oft betätigten Weltanschauung vom freien und frohen Bezirk der Schönheit für immer getrennt sind?

Der Herr v. Mirbach hätte sich begnügen können, der Einladung nicht zu folgen. Er hat die Karte überdies zurückgeschickt: weil die Zeichnung einer nackten Frauengestalt sein christlich-keusches Haus nicht verunreinigen sollte. Und er hat noch dazugeschrieben, diese Kunst verletze sein Sittlichkeitsgefühl. Freundlicher kann man auf eine Einladung nicht reagieren. Einladungen oder Geburtstagsgratulationen: Mirbach ist immer gleich streng. Die einen kriegen ihr Fett wie die anderen. Wäre jedoch der Freiherr in die Ausstellung gegangen, so hätte sein Aug' in der Mitte der linken Wand »Das Modell« von Arthur Kampf erblickt; von demselben, welcher die Ladungskarte gezeichnet. Ein noch viel nackteres Weib, in mittleren Jahren. Dieses Frauenzimmer hat soeben die Kleider abgeworfen und schauert im ersten Augenblick zusammen, ein kleines bißchen, und schiebt die Hände zwischen die Beine. Wie hätte der Freiherr vor diesem Bild gestanden? Wie der Orthodoxe vorm Berg; ich meine vorm Venusberg. Eine Apoplexie wäre vielleicht eingetreten. Also haben ihn die Engel, die Schutzgeister der kleinen Kinder und der großen Frommen, vor dem Besuch der maledeiten Ausstellung bewahrt. Wir aber stellen die Frage: Wie benimmt sich der Mann eigentlich auf dem Hofball? Dort kann er doch so viel nacktes Fleisch sehen, wie ihm nicht lieb ist. Und sogar lebendes, nicht gemaltes. Ein Fleisch, das – o Sodom, Babylon und Gehenna – sich warm anfühlt, wenn man es anfaßt, z.B. beim Tanzen; während jenes in harmloser, papierner Pseudo-Existenz ein Scheindasein fristet. Trotz aller Kolonial- und Flottenbegeisterung könnte Herrn v. Mirbach nichts Schrecklicheres passieren, als daß man ihn nach Afrika schickte. Dort laufen die Weiber splitterdekolletiert herum. O Sodom, Babylon und Gehenna. Man nimmt an ihnen Missionsexperimente vor, doch selbst das Erhebende dieser Handlungen bringt das verletzte Sittlichkeitsgefühl nicht zum Schweigen. Ist die Flotte bewil-

ligt, so sammelt Mirbach allsogleich (er ist ein geübter
Sammler) Geld für die Beschaffung von Badehosen für unsere Mitschwestern in Ostafrika. Ob schließlich nach eng-
lischem Muster die Beine der Tische und Klaviere in
Deutschland obligatorisch mit Stoff umhüllt sein müssen,
steht noch dahin. Wenn aber die Sittlichkeit noch heftiger
bei uns einreißt, kommen wir bald auf die Homunkel-
Höhe.

Sonst ist die Zeit mäßig bewegt. Eine deutsche loyale Wochenschrift veröffentlicht zu vielfacher Genugtuung die
Schußliste Wilhelms des Zweiten. Was unser Kaiser alles geschossen, ist hier mit unvergänglichen Lettern verzeichnet.
Und zwar hat er dieses geschossen vom Jahre 72 bis zum
Jahre 99. Also hat er es in siebenundzwanzig Jahren geschossen. Wenn ich nun die Schußliste betrachte, bleibt an einem
Punkt mein Blick hängen. »Zwei Dachse«. War es in siebenundzwanzig Jahren nur zweimal vergönnt, je einen Dachs zu
schießen, so müssen die Dachse gar schwer und gar selten zu
schießen sein. Ich selbst (wozu soll ich leugnen) bekenne
ohne weiteres, nie einen Dachs zur Strecke gebracht zu haben. In welchem Gegensatz aber steht diese anspruchslose
Zweizahl zur Zahl der Hasen, von denen unser Kaiser 17446
bisher getötet hat. Siebzehntausendvierhundertsechsund-
vierzigmal hat Meister Lampe, wie ihn der köstliche Jägerhu-
mor nennt, einen Luftsprung gemacht, wenn der kaiserliche
Finger etliches Blei gegen ihn sandte, und siebzehntausend-
vierhundertsechsundvierzigmal starb Lampe. Wie viele Braten gab das! Die Summe der Kaninchen, die unser Kaiser erlegt, ist 1392. Für Leser, die nicht waidmännisch geschult, sei
bemerkt, daß es sich nicht um zahme Kaninchen handelt.
Zahme Kaninchen, wie sie in Höfen und Hausfluren herum-
springen, werden überhaupt nur selten erschossen. Vielmehr
handelt es sich um wilde Kaninchen, welche in Wald und
Heide ihren Bau bewohnen, größer sind als die Hof- und
Flur- und Treppenkaninchen und sich beinahe wie Hasen
gebärden. Ungemein häufig sieht man sie in der Mark Brandenburg einherhopsen – wenn man Ausflüge macht. Was die
694 Reiher betrifft, die unser Monarch geschossen hat, so bin

ich erfreut, eigene Jagderfahrungen in bezug auf Reiher mitteilen zu dürfen. Diese Tiere sind recht schädlich. Sie fliegen
nämlich aus der Luft an die Oberfläche des Wassers und holen Fische. Die führen sie dann, wie Jupiter den Ganymed, in
die Lüfte; nicht zur Liebkosung, sondern zum Fraß. Fünfzig
Pfennig aber bekommt man pro Reiherkopf vom Verein für
deutsche Fischereizucht. Sei dem, wie ihm sei: Einst zog ich
auf den Reihersteg, gar häufig in märkischen Wäldern. Ich
bekenne wieder rückhaltlos, daß ich nie einen getroffen
habe. Meine Jagdgefährten aber handelten nach dem üblichen Ritus folgendermaßen: Wir machten die Reiherhorste
im Nadelwald ausfindig. Es ist nicht schwer; denn was diese
Tiere von oben herabfallen lassen in das Waldesgrün, hat
eine weiße Farbe. Manche Bäume sind ganz weiß emailliert
von diesem Segen. Überall da, wo schimmernde Weiße liegt,
ist oben ein Reiherhorst. Und eine große Zahl beschütteter
Stämme nennt man zusammen einen Reihersteg. Das Wort
klingt poesiereich, aber der beschüttete Kern nähert es der
allgemeinen Niedrigkeit irdischer Dinge. Nun wird folgendes gemacht: Man stellt sich an den Stamm, hält die Flinte in
die Höhe und schießt durch das Nest. Den jungen Reihern
fällt dies auf, welche darin hausen. Sie setzen sich auf den
Rand des Nestes und schlagen unschlüssig mit den Flügeln.
Jetzt trifft sie ein zweiter Schuß, wenn er sie trifft. Noch ahnen sie nichts von der Existenz des Vereins für deutsche
Fischereizucht und müssen das räuberisch-erblich-belastete
Leben lassen. Oder sie fliegen davon, vom Nestrand aus, und
man trifft sie im Fliegen, wenn man sie trifft. Jedenfalls ist das
die Reiherjagd. Falken sind abgekommen. In der Liste der
deutschen Wochenschrift sind noch über sechshundert Stück
»verschiedenes Getier« angemerkt, das der Kaiser schoß.
Was aber ist verschiedenes Getier? Bei schlechten Jägern
denkt man an getroffene Hunde oder Ziegenböcke – das ist
ausgeschlossen bei einem erfahrenen Schützen wie der Kaiser, der insgesamt schon 40 957 Stück Wild nach den Angaben dieser Zeitschrift getötet hat. Wenn sich das auf siebenundzwanzig Jahre verteilt, so berechne ich, daß der Kaiser
täglich vier Tiere im Durchschnitt getötet hat. Unser Mon-

arch dürfte in ganz Europa das meiste Jagdglück bewiesen haben.

Die Zeiten sind mäßig bewegt. Der Prozeß des Herrn von Kriegsheim bietet nicht viel Neues. Daß ein junger Offizier nicht genug Geld hat zum flotten Leben und das Manko am Totalisator erschwingt, war bereits da. Im Prozeß des Herrn v. Kayser und seiner ritterlichen Genossen fand sich auch der Zug vorgebildet, daß man auf Kosten einer Dulcinea von Toboso lebt. In solchen Fällen scheint die Dame häufig angepumpt zu werden. Und häufig steht sie der Bühne nah. Häufig auch bekommt sie Keile. Und häufig wird sie trotz der bewilligten Spenden »Biest« und »Luder« genannt, auch brieflich. Der Fall Kriegsheim wird erschwert durch den Teppichhandel, welchen der junge Mann betrieb, wenn er sich Teppiche zur Ansicht hatte kommen lassen. Und durch die schriftlichen Arbeiten, die er auf Urkunden ausführte. Endlich durch die in Freiheit und unter eigener Verantwortung stattfindende Konfiskation von Schmuckstücken. Schließlich ein rührender Zug, welcher den Angeklagten allen bürgerlichen Schichten menschlich näherbringt: der Versatz des Uniformrocks während der aktiven Dienstzeit für Reichsmark acht. Nur diese kleinen genrehaften Momente frischen das immer häufiger auftauchende Bild des verkommenden Ritters ein bißchen auf. Sonst ist vieles beim alten. Höchstens der Präsident zeigte ungewöhnliche Regungen. Er eignete sich zu Gleichnissen die Kavalierssprache an und sagte dem Herrn v. Kriegsheim, die Gerichtsvollzieher seien hinter ihm hergewesen wie »die Hunde hinter der Sau«. Und ein anderes Mal fand er: »Man kann einen Mann, der jederzeit bereit ist, sein Leben für das Vaterland in die Schanze zu schlagen, nicht nach philiströsen Grundsätzen beurteilen.« Aber ich bitte! Dazu ist ja auch der gemeine Bauernlümmel bereit, und jeder krumme Einjährige, und auch jeglicher, der nur Landsturm mit Waffe ist. Wenn's losgeht, zieh'n wir alle mit. Ich hoffe also, daß die Präsidenten der deutschen Gerichte uns alle künftig frei von philiströsen Grundsätzen beurteilen und dies jedesmal aussprechen werden.

Die Zeiten sind mäßig bewegt. Soeben sind die Akt-
studien in den Berliner Kunsthandlungen beschlagnahmt
worden. O Jahrhundert, es ist keine Lust, in dir zu leben.

18. Februar 1900

Herr Diederich Hahn und Herr Szmula werden sich nicht
schießen. Allgemein – aber allgemein ist man über diese
Nachricht sehr beruhigt. Es gelang Herrn Major Endel, der
vom platten Land in den Zirkus Busch gereist war, einen
Austausch von Erklärungen herbeizuführen. Wie froh wir
alle sind, daß Herrn Endel dies gelang – brauch' ich das hervorzuheben? Ich brauch' es nicht hervorzuheben. Wir alle
sind seitdem so heiter, munter, frisch, aufgekratzt, neckisch,
ausgelassen, schalksam, übermütig und dankerfüllt. Hatte
Diederich Hahn auf die Annahme der Forderung durch den
greisen Szmula gerechnet? Herrn Szmulas Leben währt bereits siebenzig Jahre. Diederich Hahn hatte bestimmt, zuverlässig, gewiß, sicher und zweifelsohne darauf gerechnet. Deshalb lautete seine Forderung auf »Pistolen unter
schärfsten Bedingungen, bei zehn Schritt avancieren und
wiederholtem Kugelwechsel bis zur Kampfunfähigkeit«.
Der Diederich, der Diederich, das ist ein arger Wüterich.
Im Reichstag hatte der unerbittliche Kämpfer mehrfach hin-
gewiesen auf die greisenhafte Hinfälligkeit des Szmulaschen
Gedächtnisses. Um jedoch nicht alles dem Gegner abzu-
sprechen, überwand er jeden Zweifel an der Festigkeit seines Arms. Was die Kampfunfähigkeit betrifft, so hatte sie
Herr Hahn in dieser Parlamentssitzung schon erreicht. Ein
gewisser Billigkeitssinn wollte dieselben Chancen dem Gegner wenigstens auf fleischlichem Gebiet sichern. Als Fontane einmal vom Hahn spricht – von diesem lauten Feder-
vieh, das für die Landwirtschaft unentbehrlich ist –, sagt er
skeptisch: »Jott, so 'n Hahn!!« Es ist in »Irrungen, Wirrungen«. Und er äußert Bedenken über die Tapferkeit des
Hahns, die »man so-so« ist. Er kannte unseren Hahn noch
nicht, sonst hätt' er zugefügt: »Es gibt *einen* Hahn, der tapfer

ist bis zur Kampfunfähigkeit, mit zehn Schritt avancieren, selbst gegen einen steinalten, folglich um so erfahreneren Pistolenschützen.« Dies hätte er zugefügt. Starb jedoch leider, eh' er dazu kam. So ist das Leben.

Herr Szmula hatte die Absicht, einen Widerspruch aufzudecken zwischen der heimlichen Gesinnung Hahns und seiner öffentlichen Haltung. Ein Mann, der öffentlich Begeisterung für die Flottenvorlage zur Schau trägt, will sie heimlich zu Fall bringen. Im Privatleben nennt man das Unwahrhaftigkeit. Ob man im politischen Leben den sanften Ausdruck Taktik dafür zu brauchen hat, kann ich in der Geschwindigkeit nicht entscheiden. Jedenfalls sieht Hahn etwas Häßliches, Böses, Mulmiges darin, und er leugnet mit Nachdruck. Nun wird nur aus zweier Zeugen Mund allerwärts die Wahrheit kund – hier aber ist ein einziger: Szmula. In solchen Fällen gibt es Indizienbeweise. Die Beweise der psychologischen Wahrscheinlichkeit. Die ganze psychologische Wahrscheinlichkeit geht dahin: Die Äußerung *ist* unter vier Augen so gemacht worden. Szmula, der kein Fanatiker, sondern ein umgänglicher Friedensmensch ist, wird nicht eines Tages vortreten und sich die Tatsache mit so bezeichnendem Wortlaut aus den Pfoten saugen. Szmula fügt zu allem übrigen sein Ehrenwort hinzu. So ein Ehrenwort ist gewiß nicht um ein Jota beweiskräftiger als ein gewöhnliches Wort; denn die Ehre eines Mannes, der in gewöhnlicher Form die Unwahrheit sagt, ist ebenso angetastet wie die eines Mannes, der sie mit dieser Affirmation sagt. Aber ein Moment der psychologischen Wahrscheinlichkeit liegt in diesem Szmulaschen Ehrenwort; er weiß, es ist das Gefährlichste und Delikateste, was ein Mann im Offiziersverhältnis nach der Ordnung dieses Standes tun kann, und legt doch freiwillig dieses Ehrenwort hin. Andererseits der indirekte Beweis: Nachdem Herr Szmula auf solche Art eine feudale Kampfesweise eröffnet, nimmt sie Hahn, der im gleichen Standesvorurteil lebt, nicht auf; das ist die Spitze des Beweises; Hahn wagt nicht, sein Ehrenwort zu geben, daß er die Äußerung *nicht* getan. Kurzum: für einen Elementarschüler der Psychologie ist

erwiesen, daß Herr Hahn eine ... Taktik begangen hat.
Auch der Reichstag nimmt das an und lacht ihn aus, als er
hinterher einiges Lahme stammelte; er ist gerichtet. Und
nun? Die ultima ratio regum ist die Kanone. Die ultima ratio der Überführten bleibt bei uns der Revolver. Als Herr
Tartarin de Esser vor kurzem überführt war, mit Afrika-
Durchquerungen scharf gemogelt zu haben, fordert er den
Mann, der den Beweis geliefert. Nachträglich hat man ihn
aus der Armee entfernt. Nicht immer ist der Verlauf so.
Über Herrn Diederich Hahn wird kein Ehrengericht entscheiden. Er wird bei seinen Standesgenossen einfach dadurch wieder »möglich«, daß er sich zu einer körperlichen
Übung bereit erklärt – mit zehn Schritt avancieren gegen
einen Urgroßvater. Einige Zeitungen machen zwar Front
dagegen; aber eine allgemeine, öffentliche, stürmische Empörung über dieses Treiben bricht nicht los. Es ist unfaßbar.
Zwischen Frankreich und dem Böhmerwald – was wächst
da heute nicht alles!

Ich weiß nicht, ob es wahr ist, was eine Zeitschrift über
den Schillerpreis gemeldet hat. Jedenfalls sieht die Nachricht so aus, als ob sie wahr wäre: daß nämlich Gerhart
Hauptmann wieder nicht bestätigt worden ist. Ruhm und
Ehre den wackeren Männern, welche den Mut hatten, ihn
wieder vorzuschlagen. Das ist heute nicht so selbstverständlich. In diesen Zeitläuften des gesteigerten Hofglan-
zes fallen die Charaktere um wie die Fliegen. Und daß es
keine Empfehlung für die amtliche Laufbahn eines Mannes ist, den verpönten Gerhart wieder aufs Tapet zu bringen, wieder krönen zu wollen, darüber braucht man kein
Wort zu verlieren. Wir sind schon dankbar, wenn wir einmal keine Gesinnungslosigkeit merken. Zuletzt hatte man
Hannele nicht bestätigt. Jetzt war die Versunkene Glocke
vorgeschlagen worden. Hannele sollte sozialistisch sein –
obgleich die Sozialisten gegen dieses Drama toben, weil es
die Leidenden auf ein Jenseits vertröste, statt den realeren
Satz zu predigen: Es wächst auf Erden Brot genug für alle
Menschenkinder. In der Versunkenen Glocke besteht allerdings die Möglichkeit, die Beziehungen des Meisters

Heinrich zu der unverehelichten Rautendel als Konkubi-
nat aufzufassen. Dieses elbische Wesen würde unter die lex
Heinze fallen. Rautendeleins Alter hab' ich mir immer als
höchstens siebzehn Jahre vorgestellt – so daß ihr nach
neueren Bestimmungen ein notwendiges Jahr fehlt. Zu berücksichtigen bleibt aber, daß die Dichtung *vor* der Annahme der jüngsten Kommissionsbeschlüsse, also ohne dolus, verfaßt worden ist. Als mildernd kommt auch ein Zug
am Meister Heinrich in Betracht. Das, was er zuletzt plant,
ist nach ausdrücklicher Angabe »halb ane Kerche, halb a
Keenigsschloß«. Ein Mensch aber, der auch nur zur Hälfte
eine Kerche baut, kann heut nicht als Unmensch angesehen
werden. Schon daraus erkennt man, wie wenig zulänglich
die Meinung ist, die Versunkene Glocke sei wegen ihres materiellen Inhalts nicht bestätigt worden. Viel größere Wahrscheinlichkeit hat folgendes: Der Künstler in Wilhelm dem
Zweiten findet künstlerisch Gerhart Hauptmann der Krönung nicht würdig. Der Monarch hat ausgeprägte künstlerische Vorstellungen, Bestrebungen, Neigungen, Leidenschaften, und für sie erweisen sich die Verse der Versunkenen
Glocke als unzureichend. Ein rein künstlerisches Urteil wird
gefällt – wie es sein soll. Rein künstlerisch sagt Wilhelm: Ich
halte *das* nicht für bedeutende Kunst. Diese Meinung zu haben ist sein gutes Recht. Sie nicht zu teilen ist das Recht jedes
Bürgers, ohne daß er sich straffällig macht. Wir üben dieses
Recht hiermit aus. Wir sehen also in Gerhart Hauptmann
den ungekrönten König. Und wir werden in dem anderen
einen Mann sehen, der dreitausend Mark geschenkt bekam.
So stehen sich beide Teile zur Zufriedenheit.

Der Winter rückt vor. Bald werden wir März schreiben
und die ersten Veilchen in Hundekehle vergebens suchen.
Bald wird in Paris die Ausstellung eröffnet werden. Und
bald werden wir hoffentlich hinfahren. Grauenhaft muß
Paris während dieser Zeit sein. Aber die Ausstellung ist ein
Vorwand. Ganz im Beginn muß man hingehen, wenn Paris
noch schön, noch verhältnismäßig billig und noch frei von
Ausländermassen ist. Ganz im Beginn. Die Stadt Schöneberg hat bereits 2300 Mark bewilligt an Reisestipendien für

Handwerker und Techniker; in Berlin hat der Stadtverordnete Lüben für Techniker und Handwerker fünfzigtausend
Mark beantragt. Die Wissenschaften blühen, die Künste
gedeihen. Nun werden die Zeitungen auch in den Säckel
greifen, sie werden traumhafte Summen hergeben, Schöneberg wird tief hinter ihnen zurückbleiben mit den 2300
Mark, man reist nach Paris als ein Fürst, und für Fräulein
Flamary, Rue Victor Massé 26, wird ein Extrazuschuß von
fünfzigtausend Mark gewährt. Ei, ei, Stadtrat Lüben, Sie
werden beschämt dastehen als ein Knicker. Ei, ei, die Reise
nach Paris soll köstlich werden, ein Pläsier ersten Ranges,
voller Vergnügen und wonniger Erlustigung. Man kann es
nicht erwarten.

Bis dahin schreib' ich noch mehrere Berliner Briefe.
Aber höchstens einen davon schließ' ich mit den Worten:
Adieu, Leser.

25. Februar 1900

Liebe Freunde, es wird immer toller. Es kommt noch viel
schlimmer – ihr werd't euch wundern! Man darf dem
Stadtverordneten Schwalbe herzlichen Dank wissen, daß
er am Donnerstag in der Sitzung folgende Anfrage stellte:
»Dem Vernehmen nach hat der Magistrat abgelehnt, den
Festsaal des Rathauses für eine Giordano-Bruno-Feier zu
bewilligen; die Unterzeichneten fragen an, weshalb die
Ablehnung des Antrages stattgefunden hat.« Ich weiß
nicht, wieso es mir immer erscheint, als gliche Deutschland
gegenwärtig dem Staate Frankreich unter Napoleon dem
Dritten – in jener Zeit fiel alles vor dem imperialistischen
Glanz auf den Bauch, und die Charaktere wurden seltener,
die Freiheitsbeschränkungen häufiger, und ein Taumel un-
bestimmter Art packte die Gesamtheit. Bei uns war bisher
nur die Regierung ein bißchen geistesfreiheitsfeindlich.
Mit sachtem fängt auch der Magistrat an. Denn kein Gott
und kein Kirschner wird uns ausreden, daß die Verweige-
rung des Saals aus tieferen, d.h. flacheren Gründen geschah; daß sie von jener Vorsicht eingegeben war, welche

der bessere Teil der Tapferkeit ist; und daß sie nicht erfolgt wäre, wenn in hohen Kreisen nicht eine so heftige Frömmigkeit sich ausbreitete. Mit allen Stimmen gegen eine hat der Magistrat der alten Aufklärungsstadt Berlin dem Weltensohn Giordano Bruno ängstlich eine Ehrung versagt. Gehörte diese eine Stimme dem Bürgermeister Kirschner? O, daß sie ihm gehörte. Schließlich ist es Wurst. Er sagte zur Deckung des Magistrats: die Männer vom Bruno-Ausschuß waren ihm unbekannt. Zu diesen Männern gehören die Brüder Julius und Heinrich Hart, deren Verdienst es ist, die Feier angeregt zu haben. Dazu gehören Bruno Wille und Wilhelm Bölsche. Der Magistrat kennt sie nicht? Das ist ein Zeichen von Unbildung. Und Richard Strauß? Er kennt ihn nicht. Und ich? Herr Kirschner kennt mich aus dem Blumenladen. Hat man Worte? Kennt mich aus dem Blumenladen und sagt nachher: »Wenn wieder ein Antrag von *unbekannten Herren* einginge, würde der Magistrat genau ebenso verfahren.« Kirschner! Kirschner! Ich werde mich rächen. Vielleicht kannte der Magistrat den Herrn Giordano Bruno nicht. Vielleicht wünschte er die Verhimmelung eines lästigen Ausländers nicht zu fördern. Vielleicht wußte er bloß, daß Bruno von der Inquisition verbrannt worden war, und wollte sich bei der herrschenden Strömung nichts gegen dieses Institut herausnehmen. Jetzt habt ihr euer Fett. Wie fühl' ich mich erleichtert!

Die Feier selbst war recht eindrucksvoll. Wenigstens im Anfang und am Ende. Zuerst Egmont-Ouverture – sie wirkt immer hinreißend. Egmont und Giordano: beide waren erstens Kämpfer, zweitens Lebensmenschen. Bruno sagt einmal seinen Absturz und Untergang voraus: etwas Verwandtes liegt in dieser Musik; in diesen düster-gefestigten Akkorden, in welche das leuchtende Leben auch hineinspielt, von zarter Melancholie umschlungen, und aus denen der Sieg empordringt. Das starkgeistige Fräulein Dumont vom Deutschen Theater sprach einen schönen Prolog von Julius Hart; und wie sie vor den grünen Blattgewächsen stand, im weißen Kleid (hinter ihr sah die neu geformte Brunobüste von Jaray furchtlos hernieder), da kam mir der Gedanke, daß auch sie eine Mischung ist, wie es sich hier gehört: von geistigen Mächten und der Magie des Lebens; wie sie auf den Brettern auch des öfteren bereits erwiesen. Dann kam der Redner. Er war ein Irrtum. Scharenweise fiel das Publikum von Bruno ab, solange er sprach. Doch Herr Max Laurence, ein ganz vortrefflicher Rezitator von modernerer Feinheit, weckte die Schnarchenden und gewann die Apostaten zurück. Es war der Gipfel dieser Gedächtnisfeier, als er die Lieder des Verbrannten vorlas. Etwas dunkel Glühendes ruht darin. Etwas dunkel Jauchzendes tönt daraus. Ein Funke fliegt durch die Weltennacht, ein Ikarus schwingt sich in den Raum. Er zieht in den Traum der Sternenferne, in den tiefen Wunderbezirk der großen Heimat, und ist erfüllt und durchloht zugleich vom Leben der Erde; von diesem brennenden, leuchtenden, vielgestaltigen Menschsein, da man den Taumelbecher trinkt und heilig-wilde Gloria kostet: die Liebe. Er ist ein Verwegen-Ernster; ein Lachend-Sterbender, mit dunklem Weinlaub im Haar; ein Sieger. Und was er an Gedanken und Stimmungen in den Lockelaut kunstreicher Verse kleidet, das wird umströmt und durchglutet von der einsamen Leidenschaft des Südens. Ja, er ist ein Ganzer. Wie eine Offenbarung, mit einem Schlag, teilte sich das Wesen dieses Unbehausten den Hörern mit. Und sie machten sich in Händeklatschen Luft, während der Syndikus Meubrink, der Kämmerer Maaß und andere Stadtmännchen beschämt in ihren Wohnungen kauerten. Hierauf, nach den Gedichten, folgte im Orchester der Einzug der Götter in Walhall. Wiederum betraten sie die Regenbogenbrücke, welche im Abendsonnenglanz über dem Tal des Rheines dahinführte, und begaben sich, wie schon öfter, in die Götterburg; womit die erste Giordano-Bruno-Feier schloß. Es soll aber nicht die letzte gewesen sein. Meubrink!

Indessen hat der Markgraf Wilhelm, wie sich unser Kaiser bisweilen nennt, telegraphisch mit seinen Brandenburgern verkehrt. Er sandte ihnen zum Provinziallandtag »seine wärmsten Grüße in alter Treue, Markgraf Wilhelm«. Sonst pflegte er an diesem Tag eine Rede zu halten. »Sie werden«, bemerkte der Vorsitzende, nach den Zeitungsberichten, »gerührt und tief bewegt sein von diesem neuen Beweis Allerhöchster Gnade.« So sprach er von dem Telegramm und erbat sich die Erlaubnis, es gleich beantworten zu dürfen. Dies geschah auch. Wenn ich den Vorfall berühre, leitet mich eine postfiskalische Erwägung. Man berechne, wieviel der Postfiskus eingebüßt hat. Die Zahl der Telegramme, welche in alle Welt gehen, wenn der Kaiser vor den Brandenburgern eine Ansprache hält, ist sehr groß. Die deutschen Zeitungen lassen es sich telegraphieren, auch wenn sie keinen Draht, keinen eigenen Draht, haben. Das Ausland, Amerika, Belgien, Japan, ebenso. Diesmal sind nur zwei Telegramme gewechselt worden. Das Antworttelegramm enthält achtzehn Worte, kostet also neunzig Pfennig. Das Telegramm des Markgrafen kostet nichts, da Markgraf Wilhelm freie Telegraphie hat. So werden dem General Podbielski rund zehntausend Mark entgangen sein. Der General wird zum Ersatz wieder hundert Mann aus dem Berliner Stadtpostdienst zurückziehen. Die Morgenpost, die man jetzt gegen zehn erhält, wird erst um dreiviertel zwei ausgetragen werden. [...]

11. März 1900

Es ist eine alte Sache: fast jede Erfahrung wird mit Schmerzen erkauft. Umsonst ist nicht einmal der Tod. Erst das gebrannte Kind scheut das Feuer mit vollem Nachdruck. Und was für den einzelnen gilt, gilt für die Menschheit. Die Erfahrungen, welche der Menschheit zugute kommen, sind von den einzelnen mit Schmerzen erkauft. Der Mann, der bei irgendeinem Versuch mit Acetylen zugrunde geht, stirbt für die Menschheit: wenn er als erster aus dieser neuen Ursache stirbt. Manche Entdeckungen, etwa die Röntgenstrahlen, vollziehen sich allerdings schmerzlos; nur der Arbeitsaufwand des Entdeckers ist in das Schmerzenkonto einzutragen. Aber die Erfolge auf ärztlichem Gebiet haben fast immer zur Voraussetzung, daß Opfer beim tastenden Versuch auf der Strecke bleiben, bis das letzte siegreiche Verfahren gewonnen ist für die Späterlebenden.

Ein Kliniker in Breslau kämpft gegen die Seuche, an der Ulrich von Hutten gestorben ist. Die wir heute kaum zu nennen wagen, obgleich sie eine furchtbare Macht ist und die Übertragung nicht bloß in dunklen Situationen, sondern schon beim Raseur geschehen kann. Diese Seuche, welche der moderne Gespensterdichter Ibsen wie ein neuzeitliches Fatum walten läßt unter neuen Tantaliden. Diese Seuche, der Goethe erschreckte Hexameter widmete, die man zwar im Goethe-Archiv, nicht aber in der Gesamtausgabe findet. Diese schaurige Seuche, die auf einer Insel unseres Kolonialbesitzes fast die ganze naive Bevölkerung zum Aussterben gebracht hat, wie jüngst im Reichstag erwähnt.

Diese Seuche zu bekämpfen ist das Lebenswerk eines Klinikers, und er spritzt – fünf Jahre sind vergangen seitdem – sein Gegengift verschiedenen Leuten ein. Geschadet hat es in keinem dieser Fälle: das ist erwiesen. Genützt leider auch nicht: das ist ebenfalls erwiesen. Die große Entdeckung bleibt noch zu machen. Aber wenn die Versuche kein Opfer für diesmal gekostet, so beging der Professor immerhin ein Verschulden: er handelte ohne die Erlaubnis der Geimpften. Niemand bestreitet das. Er war überzeugt, sie nicht zu schädigen, und der Ausgang hat ihm recht gegeben. Jeder Dolus fehlt ihm: er selbst veröffentlicht den Fall in einer Fachzeitschrift! So ernst die Sache liegt – steht das Toben des Herrn von Pappenheim nicht in einem auffallenden Mißverhältnis zum vorliegenden Tatbestand? Wir kennen doch sonst unsere Pappenheimer, wir wissen, daß sie nicht immer wie die rasenden Ajaxe für Humanität einspringen. Also höchst erfreulich ist diese Wendung zur zorniggerührten Vortrefflichkeit und innigen Menschenliebe. Auch die »Kreuzzeitung« ist menschenlieb und gerührt und möchte den Professor Neisser braten, vor Güte. Es ist nicht etwa der Haß gegen die Wissenschaft, der hier mal einen Anlaß findet, sich auszutoben: es ist die Bie-

derkeit des Gemüts. Ein frommer Nebenumstand kommt
hinzu: der »Kreuzzeitung« erscheint der Name des Gelehrten nicht ganz koscher. Oder vielmehr im Gegenteil.
Sie deutet zwar nicht an, daß acht versuchte Ritualmorde
vorliegen, aber sie zählt ihn schandenhalber und vermu-
tungsweise zur Freisinnigen Partei und beweist daraus
seine hinreichende Niederträchtigkeit. Und da fragt man
sich doch: sind die Unterschiede im Parteihaß wirklich so
groß zwischen Deutschland und Frankreich; und haben
wir wirklich noch das Recht, über den »Intransigeant« und
die »Libre Parole« zu ulken. Wir haben es kaum.

Immerhin hat jedes Ding zwei Seiten. Noch der gellende
Herr von Pappenheim darf das Verdienst in Anspruch nehmen, vielleicht unbewußt, eine ernste Frage wieder gestellt
zu haben. An wem sollen in der Tat die ersten Versuche gemacht werden? Nicht immer laufen sie so gut ab wie im
Neisserschen Fall. Etwas in uns bäumt sich dagegen, daß
gerade die Klinikbesucher, die finanziell Ärmsten, zu Ver-
suchsobjekten gemacht werden, weil sie die Ärmsten sind.
Früher, in dunkleren Jahrhunderten, nahm man die Verbrecher dazu. Man begnadigte sie; ließ ihnen die Wahl,
sich köpfen oder sich operieren zu lassen. Sie wählten häufig das zweite, was ihnen sogar nachzufühlen ist. Das ethische Empfinden der Gegenwart würde sich gegen Lebens-
schachergeschäfte dieser Art empören. Der beste Ausweg,
der heut offenbleibt, ist: der Appell an den freien Willen
freier Männer. Ich möchte zu diesen freien Männern nicht
einmal die Insassen einer Klinik rechnen, weil sie zum
Arzt, wenn auch nur auf Grund der Dankbarkeit, in einem
moralischen Abhängigkeitsverhältnis stehen. Aber es gibt
in der weiten Welt genug ernste Individuen, die, unzufrie-
den mit ihrem Leben, danach dürsten, es für eine große Sache aufs Spiel zu setzen. Durch diesen einen Akt des Wagens und Wohltuns würde ihrem Dasein der heißersehnte
Inhalt mit einem Schlage gegeben, der ihm fehlt. Es wäre
der große Moment für einen, der von der Göttin der Erde
nie geküßt wurde. Es gibt mehr solche, als ihr denkt. Mehr,
die entweder nutzlosen Selbstmord begehen oder als Tote

ihr Dasein zu Ende leben, sanglos, klanglos und belanglos. Sie würden antworten auf den Ruf: »Freiwillige vor!« Und ihre Namen ständen neben den besten derer, die für ihr Vaterland gestorben sind. Und man *wüßte* doch diese Namen, die jetzt kein Lied, kein Heldenbuch meldet, obwohl auch ihre Inhaber beigetragen, die Menschheit durch ihr Leiden zu erlösen

Der Professor weilt jetzt unten, im Süden. Ich wollte, ich könnte das von mir sagen. Berlin ist zur gegenwärtigen Frist ungenießbar. Die wesentlichste Aktion, die hier stattfindet, ist der Kampf gegen das Zuhältergesetz für Künstler. Das ist ein Trost und eine Aufrüttelung. Es geht um die Wurst. Allen den Wackeren, die sich ins Zeug legen, um die Erniedrigung abzuwenden, gebührt herzlicher Dank. Ob sie es können werden? Wahrscheinlich nicht. In diesen Tagen, wo ein Physiker vom Lehrstuhl gejagt wird, weil er die politischen Ansichten hat, welche die größte aller deutschen Parteien vertritt; wo Geistliche aus dem Amt entlassen werden, weil sie so denken, wie man heut denken muß; wo ein liberaler Magistrat vor längstverbrannten Ketzern fürsichtig ins Mauseloch kriecht; wo ein Oberhofmeister sich grenzenlos als Sittenwart erdreustet; wo die Schundstücke des Lauff an der offiziellsten Bühne mit Riesenpomp und Riesenkosten gespielt werden, weil sie unsinnig-dynastisch sind; wo man auf jeden Platz eine überflüssige Kirche baut und aus dem Nationallied die Strophe vom freien Mann gestrichen wird: heut muß dieser Gesetzesvorschlag Gesetz werden. Und wenn er es wird? Die Langmut der Deutschen, sagte der Musikhistoriker Ambros, ist noch etwas größer als jene des Himmels. Er kannte sich aus. Man wird auch das hinnehmen, wie so vieles, und kein Hahn wird nach der deutschen Kunst krähen. Jedes Volk hat die Zustände, die es verdient. Aber die Künstler werden sich dabei nicht beruhigen. Sie müssen schon jetzt, solange das Eisen noch warm ist, überlegen, wie gemeinsam nach Verwirklichung des Gesetzes vorzugehen ist. Es wird notwendig sein, daß alle Besten und Angesehensten gleichzeitig gegen das Pfaffengesetz fehlen. Alle Besten und

Angesehensten müssen gleichzeitig sich bestrafen lassen:
damit die Strafe entwertet wird als Strafe und einen ehren-
den Beigeschmack erhält. Die Prohibitivmaßregeln sind
freilich damit nicht aus der Welt zu schaffen, aber es muß
den Wählern, den Massen dann eine Ahnung aufsteigen,
daß hier ein Kampf um die Kultur gekämpft wird, ein
Kampf der Besten gegen die Schlechtesten, ein Kampf der
Schaffenden gegen die Bonzen; und es ergibt vielleicht
doch einen Sturm in dieser Fünfzigmillionenbevölkerung,
die immer banausischer und idealloser zu werden scheint.
Also los: gleich die gemeinsame Aktion organisieren, solange das Eisen noch heiß ist.

Berlin ist jetzt ungenießbar. Man sieht kaum einen gesunden Menschen. Alle schleichen dahin, in diesem elenden,
gottverfluchten, heimtückischen Wetter, das die Grippe her-
umschleppt. Ich wollte, ich wär', wo der Professor Neisser
ist. Man kann kaum mehr krauchen, man redet wider Willen im tiefsten Baß, wie der Opernsänger Chandon in meiner verflossenen Jugend redete, als er am Stadttheater auftrat
und in der Hugenottenoper sang: »Die Klöster brennet alle
ab ...«. Genauso tief redet man. Und im Kopf ist es wüst und
leer, was schon dieser Brief beweist, und man spürt in allen
Gliedmaßen ein Bleigewicht. Mitten in die Träume, die man
auf der Straße träumt, wenn man im Fieber durch die tük-
kisch-gemeine Luft geht, mitten in die Träume klingt seltsamerweise ein Vers, den, ich weiß nicht wer, gedichtet hat.
Die eine lachte, eh' sie ging, die andre tät erblassen; nur Kitty
weinte bitterlich, bevor sie mich verlassen. Hat man je so
was erlebt? Alle Rottengeister aus maledeiten Oktobernäch-
ten sammeln sich und schießen uns Krankheiten in die Knochen. Und wir haben nicht den Mut, die dämonischen Luder zu scheuchen, weil uns alles Wurscht ist und im Kopf
Wüste und Leerheit regierten. Das nächste Mal werd' ich einen langen, langen, langen Berliner Brief schreiben. Nur
Kitty weinte bitterlich, bevor sie mich verlassen. Auch der
Brand der sogenannten Comédie française schlägt einem auf
die Nieren, wenn man des öfteren mit seligtraurigen Som-
mergefühlen durch diese altmodischen Foyers gewandelt ist

oder auf dem kleinen Balkon häufiger gestanden hat, in der
Pause, und von dort auf den Platz mit den zwei Springbrun-
nen im dunklen Abendglanz heruntersah. Soeben schickte
ich meinem Freunde, an dessen Seite ich damals gewöhnlich
war, ein Beileidschreiben. Auch Alfred de Musset hatte ein
Marmorbildnis in dem Foyer, das nun verbrannt ist. Und vor
dem Hause stand eine Bananenhändlerin. Vielleicht ist sie
mitverbrannt, wenn sie noch davorstand. So ist das Leben.
A., L.!

1. April 1900

Seit meinem letzten Brief ist es Frühling geworden. Zum
mindesten war vor neun Tagen Frühlings-Anfang, als am
einundzwanzigsten März. König David glaubte vor drei
Jahrtausenden an Gott und sang zur Harfe: Du lässest
Brunnen quellen in den Gründen, daß die Wasser zwischen
den Bergen hinfließen; daß alle Tiere auf dem Felde trinken, und das Wild seinen Durst lösche; an denselben sitzen
die Vögel des Himmels und singen unter den Zweigen.
Der König David ist tot, seine Knochen sind zerfallen, sein
Stein ist zerfallen. Aber der Frühling kehrt wieder, und bald
wird seine Gloria holdselig grüßen und leuchten. Die Erde
wird auch diesmal Gräser tragen, und es werden Frühlings-
blumen wachsen. Die Zeit geht ihren Gang. Die Wasser
zwischen den Bergen fließen dahin; an denselben sitzen die
Vögel des Himmels und singen unter den Zweigen.
   Mit dem Frühling ist der Goethe-Bund gekommen.
Aber der Frühling steht bloß auf dem Papier, der Früh-
lingsbund möge eine stärkere Wirklichkeit sein. Es ist
doch ein großes Glück, wie es mit der lex Heinze gegangen ist. Wir leben in Deutschland in einer Ära der gehäuf-
ten Glücksfälle. Man kam mit dem Volksschulgesetz, es
wurde abgewehrt. Man kam mit dem Umsturzgesetz, es
wurde abgewehrt. Man kam mit dem Heinzegesetz, auch
dieses wurde abgewehrt. O Glück, o gehäufter Segen, o
sonniger Zufall. Wir können uns gar nicht mehr retten vor
Schicksalsgunst, und das Land muß aufblühen, wenn es

noch öfter mit Anspannung letzter Kräfte die Schlinge ab-
streift, die man ihm um die Gurgel legt. Dieses Abstreifen
ist die wesentlichste politische Arbeit unseres Volkes seit
zehn Jahren. Eine Rettung gelingt uns nach der anderen.
Wir jubeln nicht über errungenen Nutzen, wir jubeln
über vermiedene Schäden. Wir denken wie der schlecht
behandelte Figaro beim Beaumarchais: man erweist uns
schon Gutes, wenn man uns nichts Böses erweist. Kurz,
wenn es so weitergeht ...! Jedenfalls haben wir den Männern zu danken, die sich zu Wortführern unserer Nöte gemacht; die bei der Abstreifung der Schlinge am stärksten
geholfen. Vorneweg Hermann Sudermann. Fiat justitia,
pereat mundus. Es ist töricht, auf ihn zu schimpfen bei diesem Anlaß, wie es der verkrachte Apostat M. Harden tut;
dieser Unfruchtbare, der vor jedem positiven Schaffen gelb
wird und den man Hedderich Gabler taufen sollte. Ganz
zweifellos, daß Sudermann eine dankenswerte, schlagfer-
tige und fruchtbringende Tat vollführt hat. Ein Trost übrigens (im Zeitalter der fortgesetzt glücklichen Errettungen
sind unsere Freuden lauter Trostfälle) war die heilige Energie der Linken im Reichstag – darüber wird viel gesprochen: man hatte sich abgewöhnt, an ihr Bestehen zu glauben. Gott sei getrommelt und gepfiffen, daß etwas derbe
Wildheit, etwas Saftiges und ein bißchen Trotz bis aufs
Messer endlich durchbrach – wie innig hatten wir danach
geschrien, die wir vereinzelt mit publizistischen Mitteln
fechten. Und wenn der Goethe-Bund nun seine ersten
Schritte tut, hoffentlich fährt ein Hauch vom gleichen
Kraftgeist in ihn. Es soll ein Bund sein um den jungen
Goethe und nicht um den alten. Drei Greise sitzen im Präsidium; der eine heißt freilich Mommsen. Von Rechts wegen sollte man einen Greis, einen Mann und einen Studenten hineinsetzen.

Wenn der Bund seine ersten Schritte tut, wird er dem
bestraften Satiriker Mehring eine Deputation senden und
ein Kondolenzschreiben übermitteln. Das Reichsgericht
hat bestätigt, daß er sechs Monate zu sitzen hat. Die Verurteilung war erstaunlich, die Bestätigung ist unfaßbar. Hun-

dertachtzig Tage Gefängnis für ein Gedicht von zwanzig Zeilen, in dem zwei Staatsanwälte – zuerst ein gewöhnlicher, dann ein Reichsanwalt – nichts Strafbares finden wollten. Sie wollten nicht. Doch er bekam sechs Monate. Der heilige Ignaz wird im Grabe geschmunzelt haben. Daß Mehrings Fall den Goethe-Bund unmittelbar angeht, will ich leicht beweisen. Sie wissen, sprach der Schutzgeist des Bundes zu Eckermännchen, ich bin im ganzen kein Freund von sogenannten politischen Gedichten. Doch an Béranger sei ihm willkommen »sein Haß gegen die Herrschaft der Pfaffen und gegen die Verfinsterung, die mit den Jesuiten wieder einzubrechen droht: das sind denn doch Dinge, denen man wohl seine völlige Zustimmung nicht versagen kann«. Also der Schutzgeist des Bundes liebte Verse solchen Inhalts, wie sie Mehring wider die Jesuiten sang; vielleicht dachte er an das Gedicht:

> Nous sommes fils de Loyola,
> Vous savez pourquoi l'on nous exila.
> Nous rentrons; songez à vous taire!

Ich muß eine harmlose Stelle zitieren; denn für die Hauptstellen gibt es in Deutschland fünf Jahre Gefängnis heut. Vielleicht auch meinte der Schutzgeist das Gedicht von den Reliquien; es ist mit Mehrings Liedchen noch enger verwandt. Ich darf aber bloß den Kehrreim zitieren: »Dévots, baisez donc des reliques.« Kurz, der Goethe-Bund steht hier vor einem Fall, wie geschaffen, seine erste Aktion zu spornen. Ist der Bund ein ernstes Ding und mehr als ein Name, so wird er die Sache der bedrohten künstlerischen Freiheit im ganzen Umfang zur seinigen machen. Aufheben kann er eine solche Verurteilung natürlich nicht; öffentlich Stellung zu ihr nehmen kann er.

Daß der Kaiser den Ehrenvorsitz des Goethe-Bundes annehmen werde, diese Vermutung scheint mir hinfällig. Schon deshalb, weil der Bund eine Partei bildet. Immerhin ist der Kaiser ein Goethefreund. Neulich zitierte er vor der Akademie den Satz Goethes, daß »das eigentliche, einzige und tiefste Thema der Welt- und Menschengeschichte, dem alle übrigen untergeordnet sind, der Konflikt des Glaubens und des Unglaubens« sei. Unter den so mannigfachen Aussprüchen Goethes, die in vierzig Bänden untergebracht sind, bevorzugte er diesen. Zweifellos hat der Dichter ihn getan. Ebenso zweifellos sah er den Fortschritt der Welt mit dem Sieg des Unglaubens eng verknüpft. Der Kaiser fügte in Goethes Sinn hinzu – »wie in seinem Sinn hinzuzufügen ist« –, es handle sich um die Betätigung Gottes am Menschengeschlecht. Es war die Rede, wo er zugleich die Schaffung neuer mathematisch-physikalischer Stellen, auch einiger Stellen für deutsche Sprachforschung mitgeteilt. Er hoffte außerdem, daß die Akademie die »Ehre Gottes« fördern werde, streifte den »Segen des Höchsten« im Verhältnis zur Akademie und sprach bereits vorher von den »gottgewollten Zielen alles Wissens, die Menschheit tiefer in die Erkenntnis göttlicher Wahrheit einzuführen«. Jedenfalls ergibt sich, daß der Kaiser in seinen Beziehungen zu Goethe Eklektiker ist; daß er ihn so generell wie der Bund nicht verehrt und daß die Annahme des Protektorats auch deshalb Schwierigkeiten machen würde. Am Schluß der Rede meinte der Monarch, er könne »der Akademie nachrühmen«, daß sie außerwissenschaftliche Dinge nie verfolgt. Der Kaiser rühmte der Akademie nach, daß sie stets verschmäht habe, »in das Gewühl der politischen Leidenschaften herabzusteigen«. Inwiefern Gervinus, Dahlmann, die Brüder Grimm hinabgestiegen sind in das Gewühl der politischen Leidenschaften, als sie für die bedrohte Freiheit eintraten, das mögen die Amtsbrüder des Doktor Arons entscheiden, die sich von diesem Gewühl fernhielten. Vielleicht werden sie Mitglieder des Goethe-Bundes. Unter allen Bedingungen muß ich daran festhalten, daß es eine hinfällige Vermutung ist, der Kaiser könne den Ehrenvorsitz annehmen.

Die Zeit geht ihren Gang. Wir wollen sehen, was sie bringt. Die Wasser fließen dahin; an denselben sitzen die Vögel des Himmels und singen unter den Zweigen. Bald wird der Frühling mit seiner Gloria holdselig leuchten, die Erde wird Gräser tragen, und es werden Blumen wachsen.

Unsere Zukunft liegt im Dunkeln, wilde Sachen hört man munkeln. Eine Rettung gelingt uns nach der anderen. Und wenn dieser Brief erscheint, schreiben wir den ersten April. Mögen wir alle glücklich werden.

15. April 1900

Wilhelm der Zweite hat neulich die Stadt Köln benachrichtigt, eine Torpedoboot-Abteilung werde in ihr Gebiet kommen. Er hat jetzt die Stadt Berlin benachrichtigt, der Kaiser von Österreich werde in ihr Gebiet kommen. Beidemal ist es ein großer Beweis von Höflichkeit, daß er die Städte von Besuchen, die zu seiner Kenntnis gelangt sind, frühzeitig benachrichtigt. Allerdings hat er einen Zusatz gemacht, und zwar beidemal: er erwarte, daß ein Empfang bereitet werde. Die selbständige Entscheidung über Empfänge war bisher eins von den Rechten der Städte. Dieses Recht wird aber durch den Wink des Kaisers nicht geschmälert. Die Vertreter der Bürgerschaft sind befugt, dem Wink des Kaisers nur in dem Maße nachzukommen, in dem es ihnen gutdünkt; sie sind auch befugt, ihm gar nicht nachzukommen. Anders ist es z. B. in Rußland, wo der Zar in Besuchsfällen vorschreiben darf, daß sämtliche Hausfassaden neu anzustreichen sind. Also die Möglichkeit – die theoretische Möglichkeit – liegt vor, daß Köln sagt: in dieser Zeit des Kampfs um die Flotte würden die mehrsten unserer Bürger eine politische Demonstration im besonders festlichen Empfang der Torpedo-Mannschaft finden; also lassen wir's. Die Möglichkeit liegt auch vor, daß Köln sagt: selbst wenn keine Flottenagitation wäre, wollen wir den Seesoldaten keinen anderen Empfang bereiten, als wir ihn einer durchrückenden Kolonne von Bergwerksarbeitern oder sonstigen, in ihrem Leben häufig gefährdeten Wertschaffern bereiten würden; also lassen wir's. Die Möglichkeit liegt ferner vor, daß Köln sagt: wir sind recht erfreut, daß unsere Stadt gewissermaßen-sozusagen Anschluß an die See hat, solch' ein Vergnügen muß begossen werden, also legen wir im Gürzenich ein paar Achtel auf.

Die vierte Möglichkeit aber ist diese: daß Köln große Summen vom Gelde seiner steuerzahlenden Bürger für Festlichkeiten aufwendet, daß triefende Reden im Rathaus gehalten werden über das Glück, unsere »blauen Jungen« hier zu haben – obwohl die blauen Jungen kein größeres Verdienst haben als andere Berufsstände, da sie für ihre Tätigkeit bezahlt werden und diese Tätigkeit deshalb ergreifen, weil sie für eine andere minder geeignet wären – und daß ein ersterbendes Huldigungstelegramm abgeschickt wird. Diese vierte Möglichkeit wird vermutlich Erfüllung werden.

In Berlin liegen die Dinge anders. Hier zeigte die Wahl Brinkmanns, daß man gesonnen ist, immerhin kritischer und selbständiger zu sein. Vor kurzem war Leyds in Berlin, der tapfere commis voyageur der bedrängten Buren. Hätte damals die Stadtverwaltung die Straßen geschmückt; hätte sie eine Abordnung ins Palast-Hotel gesandt; hätte sie ein feierliches Essen im Rathaus gegeben: man würde ihr nicht schlecht den Kopf gewaschen haben! Beiläufig haben die Leute im Roten Haus nicht so viel Initiative, daß ähnliches von ihnen im Ernst zu befürchten war; es ist nur ein problema, sozusagen. Also die Demonstration für die österreichischen Gäste wird eine erlaubte, fast eine angeordnete Demonstration sein – doch ohne Zweifel entspricht sie dabei dem Empfinden der Bürger. Das erschwert den Fall. Will man frondieren, wie es manche wollen, so verletzt man auf der anderen Seite die deutschen Freunde in Österreich, die man gewiß nicht verletzen will. Denn die Landsgenossen von Franz Schubert und Ferdinand Raimund und Mozart lieben wir mit besonders schmerzlicher Liebe, auch wenn wir im Alldeutschen Verbande zufällig nicht Mitglieder sind. Also welcher Ausweg ist der würdigste? Dieser: man befleißige sich zunächst großer Sparsamkeit. Fünfzigtausend Mark für die bunte Gestaltung einer Bahnhofsfahrt sind, nicht bloß im Hinblick auf die Höhe des Schillerpreises, eine Verschwendung. Man wähle kernige Ansprachen, Gesangvereine und Ehrenjungfrauen, die nichts kosten. Auf die Gesinnung kommt es ja vor allem an; nicht auf den Mammon. Die ganze Feier müßte, bei geringen Ausgaben, recht spiritualistisch werden. Der Geist muß leuchten! Und zweitens wär' es der Stadt würdig, wenn sie die Feier nicht auf die Person des alten Herrn zuschnitte, sondern auf das Volk, das er vertritt. Der Besucher selbst ist ein urklerikaler, stockergebener Sohn der römischen Kirche, der mit einer modernen Stadt wie Berlin kaum *einen* Berührungspunkt haben wird. Und wenn die Wiener im vertraulichen Gespräch so oft beteuern, wie in der Hofburg alles Deutsche heut verhaßt ist, so werden sie das nicht aus der Luft greifen. Also, trotz aller Sympathie für einen betagten einsamen Mann möge die Feier nicht in der Beweihräucherung dieser Person gipfeln, sondern im Gruß eines Volkes an das andere. Und zweitens soll sie billig und geistvoll sein. Das ist der Weg, freier Menschen würdig. Es ist geistvoll, sie billig zu machen. [...]

22. April 1900

Nach Ostern wacht man auf und sieht einen gewissermaßen-sozusagen trüben Tag. Den Adamskindern in Berlin blühen die Maiensträuche nicht. Eher ist ein bißchen Totenstimmung, Gefaßtheit und etliche Ironie in der Welt als der krudelschöne Gesang des erträumten Frühlings. Zeitgenossen, Zeitgenossen! Der schwere Duft der Blume Jelängerjelieber scheint aus der Erinnerung zu wehen und aus den Träumen der Zukunft; die Gegenwart ist knickrig. Oft leuchten schlimme Sterne, Wasser strömt herab in grauer Einsamkeit. Wer dieses ganze April-Dasein sturmgefriedet tragen soll, der muß an die Pforte klopfen, wo der letzte Gesell aller Starken und Sehnsüchtigen haust, der Titan Humor. Die Hände pochen. Man hört sein wildes und einsames Lied: Glücklich ist, wer vergißt, was nicht mehr zu ändern ist.

Mittlerweile lebt und stirbt und liebt und lacht die Bevölkerung unserer Stadt, welche geradezu im Sand an einem schwarzen Fluß belegen ist. In standesamtlichen Ver-

änderungen herrscht im geringsten nicht Mangel. Gleich
Engelszungen redet ein statistisches Bureau. Die jüngste
der Tabellen hat es veröffentlicht. Was in einem Jahr geschah, ist in gaukelnden, berückenden, liebenswerten Zahlen kundgemacht. Frankreich hat sich zu schämen vor solcher Blüte und Mehrung in Berlin. »Eine Mutter«, heißt es,
»konnte ihr siebenundzwanzigstes Kind in das Geburtsre-
gister eintragen lassen.« Der jüngste Vater war neunzehn
Jahre alt. Endlich sagt die Tabelle: »Über fünfzig Jahr war
die Mutter nur in vier Geburtsfällen.« Die ungenügsame
Tabelle! Dieser Tadel in dem Wörtchen »nur«! Sie wird
doch nicht leugnen, daß eine Bevölkerung im ganzen tüchtig und zukunftsreich ist, wo neunzehnjährige Jünglinge
bereits und fünfzigjährige Damen noch Kinderchen dem
Staate schenken. Was will der Kummer eines einzelnen be-
sagen gegen diese allgemeine Fruchtbarkeit. Schon Vater
Gleim sang: »Berlin ist Sparta.« Wie wahr! Jedenfalls ist es
nicht Athen.

Es bleibt zu bemerken, daß von einundfünfzigtausend
Kindern, die in Berlin zur Welt kommen, achttausend
unehelich sind. Jedes sechste Kindchen ist unehelich. Der
Dichter Clemens Brentano, der in vorgerücktem Alter
fromm wurde und zehn Jahre lang am Bett einer kranken
Nonne ihre Aussprüche notierte, schrieb in seiner Jugend:
»Ja, es gibt auch gesunde Kinder der Ehe, aber die Kinder
der Liebe sind genialischer und schöner und fähiger.« Danach müßten in Berlin jährlich achttausend fähige, schöne
und genialische Kinder herumlaufen. Jedoch die Theorie
Brentanos stimmt nicht. In einer gar frommen Gegend
Deutschlands, in Baiern, haben fast sämtliche Kinder die
komische Eigentümlichkeit, unehelich auf die Welt zu
kommen. In der Bevölkerung ist aber Genialisches nicht
wahrzunehmen. Vielmehr zeichnen sich die Gebirgsbau-
ern durch furchtbare Dummheit aus. Ich, als eheliches
Kind, möcht' es mit Genugtuung feststellen.

Beiläufig hat die Statistik, da sie ein vergangenes und ab-
geschlossenes Jahr ins Auge faßt, die zwei unehelichen
Kinder Wonnebold Stammbergers nicht mitgerechnet, von

denen das eine jetzt im Ofen verbrannt wurde, während
das zweite auf andere Art ermurkst worden ist. In der Bewegung der Bevölkerung steht dieser Zwillingsmord als
Nummer da. Wonnebold Stammberger, Bildhauer, lebt mit
seiner Wirtschafterin in der Gitschiner Straße. Die Nachbarn merken einen Brandgeruch, und alles enthüllt sich.
Die Polizei, von den Mitbewohnern nachdrücklich aufgefordert, schreitet ein (im Fall Gönczi hatte sie zuerst das
Einschreiten abgelehnt und die Hausbewohner beruhigt!!)
und verhaftet mit einem genialen Schachzug den Bildhauer wie die mordlustige Wirtschafterin. Und es gesteh'n
die Bösewichter, getroffen von der Rache Strahl. Nein,
Stammberger leugnet; er wird indes freigelassen und kocht
jetzt allein seine Speisen auf dem Ofen in der Gitschiner
Straße. Humor! Humor! Schon dieser Name, Wonnebold
Stammberger! Ist es zu glauben? Nein, es ist nicht zu glauben. Wie eine Leierkastenballade klingt alles, in der Art,
wie sie Friedrich Theodor Vischer dichtete, wenn er unter dem Namen Schartenmaier in die Harfe griff. Und
das Würmlein, kaum geboren, nimmt das Scheusal an den
Ohren, läßt es liegen siebzehn Stunden, hat ihm auch das
Maul verbunden; da es dennoch ward nicht stumm, dreht
man ihm den Kragen um. Also sang er vom Josef Brehm
zu Reutlingen, welcher mit seiner Wirtschafterin ebenfalls lebte und schließlich hingerichtet wurde. Hinter den
Schandarmenscharen kommt ein Fuhrwerk angefahren;
drin der Brehm im weißen Kleid, zwei auch von der Geistlichkeit.

   Wonnebold Stammberger harrt des Dichters. Eines solchen bedarf auch Jänicke, Töpfer, welcher die Schneiderin
Bergner mit Strychnin vergiftete. Was ist das für eine seltsame Stadt, die im Geruche der Phantasielosigkeit steht
und wo kleine Kinder gebraten werden! Was ist das für
eine Stadt, die als aufgeklärt-nüchtern gilt und wo der dämonische Jänicke als Geisterbeschwörer waltet. Balladen-
haft ist wieder alles. Der Dämon mit dem Lehmpinsel
bestellt eine vierunddreißigjährige Schneiderin auf den
Potsdamer Bahnhof, führt sie in den düsteren Grunewald,

an den Teufelssee. An den Teufelssee! Er zieht eine
Mönchskutte an. Eine Mönchskutte! Und macht sie kalt.
Kalt! Ist es zu glauben? Nein, es ist nicht zu glauben …
Zeitgenossen, die Bewegung der Bevölkerung verzeichnet
den Tod einer Schneiderin und das Ableben eines Zwil-
lingspaars; was dahintersteckt, erfährt man ausnahmsweise
einmal. Aber manchmal erfährt man es gar nicht, obwohl
vieles dahintersteckt. Manches, Zeitgenossen, erfährt man
nie. Und es wird in keiner Geschichte und keinem Bureau
und keiner Bewegung der Bevölkerung verzeichnet.
Glücklich ist, wer vergißt, was nicht mehr zu ändern ist.
Such is life. […]

Das Wetter hat sich inzwischen gebessert. Heut speisten
viele im Freien zur Nacht. Na also! Am Nollendorfplatz
liegt eine große Kneipe, da war im Garten gerade noch ein
Stuhl zu haben. An den Zaun kam ein Leierkastenmann.
Ich schwor, von einer Ahnung erfaßt, er würde die Melodie spielen: »Glücklich ist, wer vergißt, was nicht mehr zu
ändern ist.« Ein Leierkasten vermag ein Schicksalsruf zu
sein.

Er spielte aber: »Du, du liegst mir im Herzen.«

27. Mai 1900

Ein neuer Glücksfall ist zu verzeichnen. Glücksfälle über
Glücksfälle, Triumphe über Triumphe, Errettungen über
Errettungen. Und Rückschritte über Rückschritte. Die
Dinge liegen so: eine Verschlimmerung ist eingetreten,
doch sie hätte noch viel schlimmer sein können; darum
jubeln wir. Nach den Bestimmungen des Hompesch-Ge-
setzes wird nicht bloß die Konfusion gesteigert, die im
Lande der fliegenden Gerichtsbarkeit, des groben Unfugs
und einer gewissen sittlich-bewußten Klassenjustiz bereits
herrscht; man hat sich klar zu sein, daß es ein weiterer
Schritt zur Freiheitsberaubung eines gesunden, drastischen,
derben Volkes ist. Es ist gewiß kein Unglück, wenn die Friseure, die Drogisten und die Besitzer anderer Geschäfte

jetzt einige Plakate von der Ladenwand zu entfernen und manches aus dem Schaufenster zu nehmen gezwungen sind, um es in tiefdunkle Schubfächer ohne Glasscheiben zu legen. Es ist kein Unglück, nur ein Symptom. Aber wenn heut ein Sekundaner, der nächstens sechzehn wird, ein mythologisches Buch kauft mit der Abbildung von Apollo und den neun Musen, kann der Verkäufer ohne weiteres bestraft werden. Er hat gegen Entgelt einem noch nicht Sechzehnjährigen etwas überlassen, das nach der Meinung eines katholischen oder konservativen Richters das Schamgefühl spielend verletzt. Demselben Sekundaner darf nach der neuen lex nicht mal ein Kommersbuch verkauft werden, ohne daß der Verkäufer sich strafbar macht. Das Gedicht von einem Sonnenstrahl, der in einen Käse fuhr, welchen selbigen ein Hausknecht fraß, worauf die Befreiung des Sonnenstrahls erfolgte – dieses Kommersbuchgedicht ist nicht unzüchtig, enthält aber zweifellos den Begriff einer Schamverletzung. Der Verkäufer kann sechs Monate bekommen.

Immer mehr gleicht unser Staat einer Zwangserziehungsanstalt. Er ist kein Tummelplatz für freie Menschen, denen bloß in der Entfernung einige nicht zu überschreitende Grenzen sichtbar gemacht werden; er ist wie ein seltsamer Garten mit allerhand gewundenen Gängen, wo im Gebüsch und oben aus dem Gezweig der Bäume Schutzmannsaugen vorsehen. Der freie, tänzerische, hüpfende, griechische Gang nach apollinischem Muster vergeht den Herumwandelnden. Die Entwickelung kühner, froher, herrlicher Sonnensöhne, wie sie die Dichter ausdrücklich träumen, ist in Preußen, Sachsen, Baiern, Württemberg, Lippe-Detmold u.s.w. gegenwärtig höchst erschwert. Von der Natur wird man immer weiter abgedrängt. Und wenn die herrschende Richtung unserer Tage erstlich auf einen geistlosen Prunk ausgeht, erzeugt sie als zweites Merkmal eine Vertuschung der wesentlichen, wenngleich unterirdischen Daseinsfaktoren. Gewässer rinnen in dem seltsamen Garten, doch man deckt sie zu; es bleibt das eifrigste Streben, so zu tun, als ob sie nicht vorhanden wären. Eine Epo-

che des Scheins wie die jetzige ist lange nicht gewesen. Was
wir durchmachen, ist die Schule der Unwahrhaftigkeit.

Den Laien verblüfft es, daß man Zeit findet zu so überflüssigen Gesetzesvorschlägen in einer Ära, die ganz andere Sorgen hat; die von einer neuen Wendung im uralten
Magenkrampf durchwühlt wird. Den Kenner verblüfft es
nicht: er sieht darin gerade die Angst vor dieser neuen
Wendung auf jedem Gebiet. Solche Gesetzesvorschläge
werden ja nicht von Übermütigen eingebracht, sondern
von Knieschlottrigen und Zähneklappernden. Ein Erbherr,
der sich bedrängt fühlt, greift in der blassen Furcht zu den
sinnlosesten Mitteln; *jede* Freiheitsbeschränkung scheint
ihm ein Präservativ. So paradox es klingen mag: der Heinzekampf ist das Zeichen einer fortgeschrittenen Entwickelung. Nicht lachen! Der Massenhaß Nietzsches ist nur ein
Symptom für die tatsächliche Demokratisierung der Welt.
Der Antisemitismus ist ein Symptom für den tatsächlichen
Wohlstand der Juden. Und der Heinzekampf gleicht einem Wutschrei hart vor dem Eintritt größerer sittlicher
Freiheit. Im Inneren hat sich der Fortschritt schon vollzogen; deshalb ein letzter Kraftaufwand, ihn nach außen zu
verhindern. Ergebnis ist allerdings ein zeitweiliger äußerer
Rückschritt. ... Neulich las ich in einem Buch von Wolzogen; »Das dritte Geschlecht«. Es stehen da wundervolle Sachen, von großer Fortgeschrittenheit und starkem Humor.
Ein Fräulein, Lilli, ist ein wackerer, reizender Kerl, jedoch
nicht monogam veranlagt. Sie nährt sich am Schluß durch
die Eröffnung eines Modesalons (der die schönsten Kleider
liefert) und bekommt ein Kind. Das macht ihr große
Freude. Auf die Feststellung der Vaterschaft wird kein Gewicht gelegt. Jede von ihren vier angestellten Fräuleins hat
auch ein Kind. Die Geschichte spielt in München. Es liegt
über der ganzen Darstellung ein Hauch von holder, lustiger Freiheit, und es mischen sich Natürlichkeit, Wurstigkeit, Anmut, süddeutsche Gesundheit und ein gewisser
sittlicher Ewigkeitszug zum prachtvollsten Gelächter. Ein
anderes Fräulein ohne Mann wünscht sich da ebenfalls ein
Kind, aber der Betreffende geht vor Erfüllung des Wun-

sches mit dreihundert Mark durch. Köstliche Einzelzüge. Und am drolligsten wirkt, daß das Büchlein mit Ruhe eine »diesbezügliche« Tendenz verficht, indem es glanzvoll und vergnügt in der molligen Frühjahrsluft über den gegenwärtigen Staatsgedanken spazierenschwebt. Diese Tendenz ist schließlich aus der Praxis abgeleitet; der Verfasser kennt München, wo etwa die Schriftstellerin Gabriele Reuter, als sie eines unehelichen Kindes genas, der Welt durch gedruckte Anzeigen das Ereignis freudig mitteilte; von tausendunddrei ähnlichen Fällen dort und im sonstigen Deutschland zu schweigen. Der werten Redaktion dieser Blätter mut' ich nicht zu, Wolzogens Theorie vor den Lesern zu der ihrigen zu machen. Es soll nur der reale Stand der gegenwärtigen Entwickelung festgestellt werden. Der Heinzekampf war das Symptom dieser vorgeschrittenen Entwickelung. Das Hompesch-Gesetz ist der traurige Rest. Er wird nicht der letzte Kampf sein. Wenn aber die Freunde der geistigen Freiheit den Rückschlag verwinden wollen, den ihre Sache mit der lex Hompesch erlitt, müssen sie nicht bei der Verteidigung bleiben, sondern Initiativ-Angriffe machen. Man erreicht in der Politik weniger, als man fordert. Soll die Scharte ausgewetzt werden, so müssen sie stürmisch vieles fordern, um mit sachtem einiges durchzusetzen. Aber noch ein paar Siege wie dieser letzte, und wir sind bankerott.

Soeben, also am Freitagabend, las ich in einem Restaurant an der Gedächtniskirche das Abendblatt der »Vossischen«. Sie spricht von einem 15¾jährigen Primaner, der sich in einem Buchladen den Faust kauft. Ich exemplifizierte auf einen beinah sechzehnjährigen Sekundaner, der sich das Kommersbuch kauft. Der Unterschied ist vorwiegend, daß der vossische Knabe talentvoller ist, da er bereits in Prima sitzt, während der meinige in Sekunda sitzenblieb. Für den mißtrauischen Leser sei beteuert, daß ich den Alexander-Meyerschen Leitartikel in diesem Punkt durchaus nicht benutzt habe; es liegt kein Plagiat vor, sondern bloß Kongenialität. Das Wolzogensche Buch aber – um schalkhaft aus der Politik in die durchzwitscherte, umgaukelte und ange-

nehme Frühlingsluft zu springen – las ich nicht an der Gedächtniskirche, sondern in einem schlesischen Gebirgsdorf.
Himmelfahrt verregnete in Berlin. Ich ahnte es. Wie boshaft, neckisch und schadenfroh war meine Seele, auch lächelnd, tückevoll, heimlich-vergnügt und verstohlen-lustig,
als am Abend des Himmelfahrtsfestes bei meiner Rückkehr
alle Menschen trieften wie ersoffene Pudel – während ich
doch verhältnismäßig sturmgefriedet zwischen grünen, gewölbten, waldigen Gebirgsbergen herumkutschiert war. [...]

10. Juni 1900

Und die Welt wird schöner mit jedem Tag. Dabei bleibt es.
Mag auch das Kopfhaar, wenn man mit den Fingern hin-
durchfährt, nicht so starken Widerstand leisten wie ehemals; und mag vor der ahnenden Prüfung, Besichtigung
und Abschätzung die Stätte klar werden, wo ein abgeholz-
ter Waldplatz in soundso viel Jahren sich dehnen wird.
Die Welt wird dennoch schöner mit jedem Tag. Wenn ich
noch einmal anfangen sollte, ich möchte das meiste noch
einmal erleben. Auf dem Breslauer Elisabetan wurde man
ja gezwiebelt, das ist wahr, und der Versuch, das Selbstbewußtsein totzuknicken, mißlang nur durch einen Zufall –
aber auch dort ist so vieles zum Guten gewesen. Dann die
schönen zwei Semester mit den schlesischen Vereinsbrü-
dern; dann die Stadt der Befreiung, Berlin; dort der Anfang
des Lebens, dort mit zwanzig Jahren der Anfang geistiger
Entwickelung; dort die wundersamen Liebschaften, das selige Umfassen aller Stände sozusagen, dort das Ergreifen
des wundersamsten Berufes, den ein Mensch haben kann,
und nochmals die Liebe, und ein paar wundersame italienische Reisen, und ein kurzes Zauberdasein im Lande
Frankreich, und nochmals die Liebe, und alle Jahre kehrt
Frühling und Sommer wieder, alle Jahre erscheint der Monat Juni, man reist nach Potsdam, man reist nach Sanssouci,
man steht am Heiligen See und geht in dem Garten spazieren, wo in schwerem Fliederduft das Marmorpalais

aus grüner, regenfeuchter, dampfender, abendlicher Erde
steigt – man lehnt sich über die steinerne Balustrade, blickt
über die feuchte, stille Wasserfläche und atmet den naß-
warmen Regenwind und streckt die Arme aus, und daneben steht in einer Abgesandtin die Jugend, über die Wange
weht etwas braunblondes Haar, das sie nicht hinter die
Ohren zurückstreicht. Und trägt ein Mousselinkleidchen,
meiner Seel'. Und schweigt und lacht, und ist leuchtend
und glücklich, und sieht nach rechts und nach links, und
lehnt sich wieder über die Balustrade. Und aus dem Haar
steigt ein Singen von Schönheit, Schönheit, Schönheit! Das
alles bis zum hundertundfünfzehnten Jahre dauernd fort-
zuerleben, trag' ich kein Bedenken. Die Sterne blühen, die
Tage rauschen, die Abende wehen. Man lebt auf, ja gewissermaßen, man atmet wieder. Und in Träumen rauscht's
der Hain, und die Nachtigallen schlagen's. Und allen Gegnern verzeiht man, sie sind ja bloß Hornochsen. Und fühlt
eine Armee in seiner Faust und weiß, daß man die deutsche Sprache beherrscht, was unendliche Seligkeiten gibt.
Weiß, daß man die deutsche Sprache beherrscht, ihr könnt
mir gewogen bleiben. Und nochmals die Liebe! Neue Tröstungen in neuer Liebe. Die Welt wird schöner mit jedem
Tag.

Der arme Hermann Scherer aus Berlin hat sie verlassen
müssen. War neunzehn Jahre alt. Die Zeitungen schrieben:
Er war der Sohn des bekannten ehemaligen Professors an
der Berliner Universität, des verstorbenen Geheimen Re-
gierungsrates Wilhelm Scherer. Statt daß sie hätten schreiben sollen: Er war ein Sohn Wilhelm Scherers. Es gibt doch
bloß einen Wilhelm Scherer. Er zählt doch zu dem leuchtenden Besitz dieses Volks. Seid ihr denn so undankbar? Er
ist ja erst vierzehn Jahre tot. Der Junge war also fünfjährig,
als der große Vater starb. Er war, als er jetzt mit neunzehn
Jahren abstürzte, bei seinem Pfingstausflug, ein blonder,
blauäugiger, schöner, offener Student. Ich seh' ihn noch, im
ersten Rang des Deutschen Theaters, neben seiner Mutter.
Es war um die Zeit des Abituriums. Frau von Wildenbruch
kommt an seine Mutter heran. Sie spricht über den heran-

gewachsenen Jungen. Was soll er werden? Offizier? Ach,
sagt Frau von Wildenbruch, es gibt ja schon so viele Offiziere. Der Junge sieht vor sich hin, halb schüchtern, halb
wie im Traum, und es liegt auf seinem durchseelten, hellen
Knabengesicht etwas Geweihtes. Die Karolingerdichtersgattin empfiehlt sich und wünscht das Beste für den künftigen Beruf; die Vorstellung geht weiter. Er ist nicht Offizier geworden. Er ließ sich lieber in die philosophische
Fakultät einschreiben, der sein Vater zugehörte. Und es
war an einem Pfingstentag, als sein blonder Kopf an Fels-
kanten zerschmetterte. Wär' ich ein Feuilletonist, so müßt'
ich sagen: ein aiglon ist untergegangen. Da ich aber keiner
bin, stell' ich nur fest, daß dieser frühe Tod einen seltsam
tiefen Eindruck auf ganz Fernstehende gemacht hat; und
daß wir ihn sehr beklagen.

Ein Polizeibericht dieser Woche teilte mit: »Während
der Pfingstfeiertage wurden in Berlin sechs Selbstmorde
und drei Selbstmordversuche polizeilich gemeldet.« Also
neunmal an den schönsten Feiertagen wurde die Absicht,
aus dem Leben zu scheiden, zur Tat umgesetzt. Neunmal
erhielt die Polizei davon Mitteilung. Und da man nicht sagen kann, daß das Auge des Berliner Gesetzes alles Vor-
kommende erblickt, wird man siebenundzwanzig bis dreißig Selbstmordversuche ruhig annehmen dürfen. Das ist
betrübend. Sterben? Sterben? Der starke, kalte, blasse Bursche mit dem geschlängelten Schwert, der auch bei Hannele am Ofen sitzt und plötzlich hervorwandelt, treibt in
einer zivilisierten Stadt wie Berlin noch immer, selbst an
allgemein festlichen Feiertagen, sein empörendes Un-
wesen. Die Beunruhigungen des Publikums durch den Todesengel nehmen einen, wie man fachmännisch sagt, nach-
gerade kaum noch erträglichen Charakter an, und das
Reichsgesundheitsamt sollte wenigstens in den Monaten
Mai und Juni, wenn die Sterne singen, die Sträucher süß
duften und warme Regenschauer die Erde küssen, das
Sterben ausdrücklich untersagen. Vollends der vollendete
Selbstmord müßte mit Geldstrafe bedroht werden. Heut
am Freitag hat eine Gerichtsverhandlung nachgewiesen,

daß Herr Gabriel, ein Rechtsanwalt, sich höchst grundlos getötet hat. Er schoß sich tot, weil (es klingt wie eine spannende Novelle) ein goldenes Armband in seine Rocktasche geglitten war, als er im Kerker mit der Klientin sprach. Das Armband sollte gestohlen sein. Nach dem Selbstmord ergibt sich, daß es nicht gestohlen war. Also umsonst! Der arme Mensch; möge er sanft in der Junierde ruhen. Solche Fälle von Erschießung sind nicht reparabel.

Diese tragische Geschichte wird mit großem Eifer besprochen. Wo liegt die psychologische Erklärung? Ein unsinnig gesteigertes Ehrgefühl ist im Soldatenstande häufig, in anderen Ständen nicht so häufig anzutreffen. Der Mann erschoß sich in der bestimmten Überzeugung, daß ihm seine tatsächliche Unschuld niemand glauben würde. Diese Annahme, daß man sich töten müsse, weil man zwar unschuldig ist, aber für schuldig gehalten werden kann, zeugt von einem Mangel an Selbstgefühl; von einem recht äußerlichen Verhältnis zum eigentlich Moralischen; von einem gänzlichen Kapitulieren vor dem Schein. Daran ist kein Zweifel. Aber wem sag' ich das? Der Mann hat sich erschossen, weil er sich erschießen mußte. Es war natürlich subjektiv ein Zwang für ihn, da gibt es nichts zu wollen. Seine vielen Freunde beklagen ihn herzlich; das ist das einzige, was sie tun können.

Und sie fragen sich, wie er diese irdische Herrlichkeit, dieses »wundersame, strahlende, dieses rätselvolle Leben« aufgeben konnte – da die Welt doch schöner wird mit jedem Tag; und da es durchaus unsicher ist, was er dafür eintauscht. Ich für mein Teil entsinne mich nicht, wo meine Seele war, bevor ich zur Welt kam; also werd' ich wohl auch kein Bewußtsein meiner Existenz haben, wenn ich einmal gestorben bin. Aus diesem Grunde halte ich es für angebracht, so lange als möglich zu leben. Und wenn man schon wählen soll zwischen gut leben und schlecht leben, entscheide ich mich – darin bin ich komisch – lieber dafür, strahlend und ausgezeichnet zu leben. Das sagte ich auch der Kleinen, als sie über die Balustrade blickte und der Wind ihr braunblondes Haar über die Wangen wehte und die Schönheit in ihr nicht aufhörte zu singen, zu singen, zu singen, und als ich die Arme ausstreckte, und als uns beiden recht himmlisch zumute war. Hat man je ein kleines Mädchen getroffen, das bei ihrem Bruder, der noch in die Schule geht, ein theosophisches Buch liegen sah und den Inhalt halb ernst, halb lächelnd aufschleckte, wie ein großes Kätzchen; und die in Potsdam um bestimmte Auskunft ersucht und stürmisch zu erfahren wünscht, ob von den Gestorbenen wirklich die Seelen in einer gewissen Dimension herumschweben und wie die Sache ist. Hat der Leser je mit einem solchen kleinen Mädchen in Potsdam über eine Balustrade geblickt? Ich hab' es. Soll ich mein Leben vertrauern um Pfingsten 'rum, im Juni, wenn die Sterne singen und die Büsche süß duften? Soll man nicht Tröstungen suchen für Bitternisse? Soll man nicht ein dunkeläugiges Mädchen überwinden durch ein helläugiges? Soll man nicht eine Erinnerung besiegen durch eine beseligende Gegenwart? Man soll es.

Immerhin bleibt mir, um einen Berliner Brief zu verfassen, noch übrig, einiges über Barnum zu schreiben. Ich habe noch nie etwas über Barnum geschrieben. Es steht fest, daß er am Kurfürstendamm eine Fülle von Akrobaten nicht bloß aufzeigt, sondern auch täglich neue Akrobaten ausbildet. Seine Sitze haben eine Beschaffenheit, daß jeder Besucher im Lauf einer Vorstellung Parterregymnastiker wird. Die Damen sitzen, indem sie die Beine bis an die Schultern heraufgezogen haben. Anders geht es nicht. Geheimräte blicken durch ihre eigenen Knie durch. Barnum muß der Mann des Humbugs in Wahrheit gewesen sein; denn sein Zirkus bietet so fabelhaft wenig, daß es eine Dreistigkeit war, ihn den Bewohnern Berlins vorzuführen, und eine märchenhafte Kaltblütigkeit, ihn so anzupreisen. Das meiste hat man hier zehnfach besser gesehen. In drei Manegen wird zugleich geturnt. Man kann höchstens anderthalb davon überblicken, aber die Erregung wird durch die Dreizahl gesteigert, damit man auf keine der minderwertigen Darbietungen genau achten solle. Darin liegt der Zauber. Es ist zum Erbarmen. Die mißwachsenen Spezialitäten kennen wir aus dem Panoptikum. Alles schwindet dahin. Barnum war bisher ein großer Name. Er war ein Machtbegriff, solange er fern war. Er kommt angerückt, und wir sehen ihn in seiner Kleinheit. Was ist das Leben?

Das Leben ist wundersam und zaubervoll und hinreißend und in Schönheit strahlend und selig und magisch und gaukelnd und unergründlich. Namentlich um Pfingsten. Es duftet die Blume Jelängerjelieber, und in Italien wächst die Zypresse, und in Potsdam lehnt ein Mädchen über eine Balustrade, mit wehendem Haar. Sie ist das Glück. Das Glück zweier Monate. Du wirst verwehen und vergehen wie diese schweren, lauen Regentropfen, die in das Wasser vor uns fallen. Ich selber muß verwehen und vergehen. Und lange vor uns wird diese Liebe verweht sein und vergangen sein. Aber sie ist doch einmal dann in der Welt gewesen – zwei Monat' lang, wenn die Büsche duften, die Junierde dampft und die Sterne singen.

Komm', Kröte!

17. Juni 1900

Man lernt wirklich Neues, wenn man sich bemüht, unter die Oberfläche einfacher Erscheinungen zu tauchen. In der heutigen Zeit hat jeder ein Verhältnis (unterbrechen Sie mich nicht, Leser) zur Sozialdemokratie. Sie ist das greifbarste Merkmal des großen Magenkampfs. In den letzten Wochen reist ein gewisser Ströbel 'rum, Sozialist, dessen Eifer darauf zielt, *gegen* eine Verschmelzung der sozialdemokratischen Gewerkler mit den parteilosen Gewerklern zu kämpfen. Es gibt eine halbe Million sozialdemokratischer Gewerkler, anderthalb Hunderttausend parteilose Gewerkler. Bebel ist *für* das Zusammenwirken beider; er hat's im Parlament erklärt.

Bebel hat es erklärt. Sonach müßte einer zufrieden sein, zumal wenn er nicht Sozialdemokrat von Fach ist. Ganz das Gegenteil ist der Fall. Wenigstens hab' ich es an mir beobachtet. Unter der Oberfläche. Ich fühle: wenn beide

Teile zusammengehn, werden sie mehr erreichen, als wenn sie getrennt marschieren oder sich befehden. Das steht fest. Wenn sie zusammengehen, wird die allgemeine Arbeitersache einen großen Erfolg haben. Ohne daß eine spezifisch sozialdemokratische Färbung besteht, werden diese vereinigten Hunderttausende die Bezahlung der Arbeit, die Schonzeit des Arbeiters und, was drum und dran hängt, glatt erreichen. Es wird Ordnung geschafft, ein Teil der großen sozialen Frage wird gelöst werden. Das sagt man sich. Aber wenn ich unter die Oberfläche tauche, fühl' ich mich unbefriedigt. Wie ist das möglich? Was mir als erreichenswert vorschwebte, soll ja erreicht werden? Was fehlt mir, zum Donnerwetter?

Da entdeckt man, daß uns, d. h. uns freie Geister, die Aufbesserung der Arbeitsbedingungen und die Regelung des Arbeiterdaseins alleine nie zu einer Neigung für die Sozialdemokratie geführt hätte. Was von Berufsgenossenschaften verfochten werden kann, wird nie jemanden hinreißen. Mögt ihr geordnete Verhältnisse haben, allesamt, und mögt ihr glücklich werden, allesamt – ich entdecke, daß ich darauf pfeife. Es ist mir ja lieber, ihr habt sie, als daß ihr sie nicht habt: aber darum, dieserhalb, deswegen hat nie etwas in mir geglüht. Bleibt mir gewogen. Ich entdecke, daß wir, d. h. wir freie Geister, die wir nicht Sozialdemokraten waren, aber diese Partei mit Innigkeit geliebt haben – ich entdecke, daß uns die Hauptsache folgendes war: Ihr solltet uns, weil ihr die größte politische Gemeinschaft in Deutschland seid, und die jüngste, also vielleicht unverbrauchteste, und weil ihr den stärksten Haß gegen die heutigen Machthaber hegt: ihr solltet uns helfen, unsere Ideale, die nicht mehr banausischen, heraufzuführen; die Frage, ob Tischler sechsundneunzig Mark verdienen oder hundertundfünfzig im Monat, war uns 'was Beiläufiges. Als Trinkgeld solltet ihr ja die hundertfünfzig Mark haben; denn es entspricht auch der Menschenwürde, daß Arbeit ihren Lohn findet. Aber weshalb wir euch liebten, das war der feste Glaube, ihr hättet das Zeug, alles das Nichtpraktische durchzudrücken, was uns am Herzen lag. Ihr erschient uns (die wir übrigens nicht verantwortlich für die Redaktion dieser Blätter zeichnen) als eine neue ethische und allgemein-kulturelle Macht. Während die Gewerkschaftlerei, bei aller Nützlichkeit, auch von den dicksten Spießbürgern hätte durchgesetzt werden können. Damit ist noch keine Weltanschauung verbunden! Die Armee ist nicht unbedingt eins von unseren Idealen; doch mit Zucht und Ordnung erreicht auch sie praktische Ziele, noch glänzender als die Gewerkschaften. Auf die Weltanschauung kommt es an, in drei Teufels Namen! Und wenn ihr keine Weltanschauung für uns durchdrückt, husten wir auf euch. In summa: es ist mir nicht gleichgiltig, ob gewisse Forderungen von Sozialdemokraten oder bloß von einem Mischmasch organisierter Handwerker verwirklicht werden. Alles in allem: ich bin für Ströbel gegen Bebel. Mag mich der Chefredakteur zur Rechenschaft ziehen. Hier sitze ich, hier schreibe ich, ich kann nicht anders, das Schicksal helfe mir.

Ich krieche sonach unter die Oberfläche der Konitzischen Begebenheiten. Es wird hier allenthalben über sie geredet. »Pfui der Schande!« sprach im deutschen Reichstag bebend und schäumend der Alte; so heißt Liebknecht bei seinen Genossen. Er geht ja meistens aufs Große, Ganze, Allgemeine, Humane, so daß man ihn als einen matten Björnson der Sozialdemokratie ansehen könnte. Aber diesmal ist er ernster zu nehmen. Wenn wir uns klarmachen, was in Konitz geschehen ist, muß man bekennen: es war eine Sünd' und Schande. Ich möchte, wenn es geht, das »dunkelste Mittelalter«, Aussprüche von Kaiser Friedrich u.s.w. durchaus in Ruhe lassen. Ich liebe ihr zahlloses Anführen nicht. Aber daß in einer preußischen Provinz, wenn auch nur vorübergehend, die Heuochsen zur revolutionierenden Macht werden konnten, das ist betrübsam. Bei einem Streifzug unter die Oberfläche ergibt sich folgendes: Ein großer Teil der Aufständischen nimmt bekanntlich an, es liege ein Sühnemord vor. Der ermordete Gymnasiast soll mehrere Konitzerinnen israelitischen Bekenntnisses entehrt haben; dafür sei er rituell geschlachtet worden. Immer vorausgesetzt, daß diese Annahme haarsträubendes Blech ist, muß man sich, einmal unter die Oberfläche geschlüpft, auf den Standpunkt der minderbegabten Konitzer stellen und nur den einen Punkt festhalten: sie nehmen einen Sühnemord an. Was ist das? Ein Sühnemord ist ein Mord mit ethischem Beigeschmack; er ist also immerhin nicht ganz so gemein wie ein gemeiner Raubmord. Nun kräht kein Hahn und kein Konitzer nach den vielen unentdeckten Raubmorden unserer Tage, von denen Berlin allein zwanzig verzeichnen darf. Aber bei dem einzigen angeblichen »Sühnemord« erheben sie sich. Ergo: sie handeln aus Haß; nicht aus Moralität; sondern aus Immoralität. Das hat der Leser schon vorher gewußt, aber ich hab' es deduziert. Es ergibt sich mit Sicherheit, unter der Oberfläche. Der grenzenlose Stumpfsinn dieser Konitzerei dringt sozusagen in das Gehirn. Die Fenster der Synagoge werden vom Glaser wieder gemacht, der Altar ausgebessert, die Judenschaft wird eines Tages beruhigt sein: aber der Schimpf bleibt sitzen. Der geschwätzige Alte hatte recht in diesem Punkte, wenn er zornröchelnd mehr Geld für Schulbildung verlangte. Und den Kulturbetrachter ergreift ein leises Bedauern, daß heut in Deutschland, wenn schon Revolutionen gemacht werden, sie aus diesen Gründen gemacht werden.

Wenn ich unter die Oberfläche meines eigenen Wesens am heutigen Tage krieche, so find' ich, daß die Stimmung zu einem Berliner Brief dringend herbeigeholt werden muß, nicht aber ursprünglich vorhanden ist; daß vielmehr namhafte Ablenkungen hineinspielen. »Samoa, hilf!« ruf' ich, mit einer höchst schalkhaften Parodie der Freischütz-oper, und suche zu lächeln. Kraft der Schilderung unserer samoanischen Landsleute, die hier ausgestellt sind und mich aus der Klemme reißen könnten, wie neulich Barnum – kraft dieser Schilderung käm' ich mit einem Sprunge in das Fahrwasser eines anständigen Feuilletons, und niemand dürfte mir was vorwerfen. Gestern abend weilten wir im feuchten Garten eines Grunewald-Landhauses, dreißig, vierzig, und ein kleiner Teil setzte sich in die Laube, während die anderen im ersten Stock blieben, ein grün glimmendes Lampion erhellte allein die Dunkelheit, und meine Seele flog anderswohin, in meinem Hirn wuchsen Maiensträuche, es war halb elf Uhr. Immerhin: seit sieben Monaten sind die Samoaner unsere Landsleute, und die Gebrüder Marquardt, zwei Unternehmer, jetzo im Zoologischen Garten arbeitend, schreiben in ihrem Katalog: »Samoa deutsch! Als diese Kunde im November 1899 durch Deutschland flog, da durchzog ein Gefühl der Befriedigung wohl jedes deutsche Herz.« Besonders aber das Herz der Gebrüder Marquardt, welche mit fünfzig Pfennig Entrée dem Jubel Deutschlands haltbare Formen zu geben beflissen waren. Es sind nette, liebliche, lichtbraune, pflanzenhafte Leute, die man dem westlichen Berlin da vorführt. Alles, was wahr ist. Sie haben was Vegetatives, und die Frauenzimmer riechen förmlich nach Pierre Loti. Die eine trägt einen Umhang von violetter Surah, oder was weiß ich, und andere gehen herum und singen. Was singen sie? Ich weiß es nicht. Sie sind fett und mollig und voll Träumerei, auch Grazie. Nur ein dunkler Klang, vom Juniwinde hergeweht, bleibt im Ohr zurück, welcher klingt wie die japanische Nationalhymne, die wir aus der Studentenzeit kennen: ode, widebode, wideballa kassalla, kassode widebode, wideballa kassuff. Tanz und Gesang ist die Haupttätigkeit unserer neuen Landsleute. »Zu dauernder Arbeit«, heißt es im Katalog – »zu dauernder Arbeit ist der Samoaner nicht zu bewegen.« Darin sind sie komisch. Daneben treiben sie Kriegsschlächtereien. Die Gebrüder Marquardt entrüsten sich nicht wenig über den König Malietoa, diesen gemeinen Schurken und elenden Ausbund, welcher Deutschland Schwierigkeiten machte. Der infame Halunke! Ha, der verdorbene Schuft! O dieser abgefeimte, niederträchtige, erbärmliche, unmoralische Hund! Pfui über das verkommene Scheusal! Die Männer widmen sich bei den Samoanern ebensogut der Nahrungsbereitung wie die Frauen. Eine besondere Ehrenklasse von Frauen gibt es, verkörpert in der »Jungfrau-Repräsentantin« oder Taupoa. Diese Jungfrau-Repräsentantinnen werden streng bewacht, haben eine Garde von Hofdamen, dürfen mitberaten und heiraten höchstens einen Brigadegeneral oder Häuptling, wenn sie einmal heiraten. Sie haben das Ehrenamt, den Feinden die Köpfe abzuschlagen, und zugleich besitzen sie ein »vornehm zurückhaltendes Wesen, verbunden mit großer Anmut und Grazie«. Was sagt man dazu? Mögen die Taupoas glücklich werden. Von Tänzen wird aufgeführt der Tanz Mauluulu tutu, von anderen zu schweigen. Ferner gibt es Kilikiki, eine Nachahmung des englischen Cricketspiels. Auch Mauluulu nonofo alii, ein Tanz von Männern im Sitzen ausgeführt. Endlich verkaufen die männlichen Samoaner Ansichtskarten.

Nächstens weniger. Adieu, Leser.

24. Juni 1900

In dieser Woche beging ein Jubiläum Friedrich Paulsen, der Philosoph. Er liest seit fünfundzwanzig Jahren vor den Studenten unserer Stadt, an der Universität. Jubilierte Paulsen, daß er mit der Universität verknüpft ist? Oder die Universität, daß sie mit Paulsen verknüpft ist? Vermutlich beide. Die Welt geht ihren Gang, Professoren gibt es viele, die Gelehrsamkeit ist was Herrliches, im Walde singen gaukelnde Vögelein, als Finken, Nachtigallen, Drosseln u. s. w., viele Menschen schluchzen in Schmerzen, andere trinken den Taumelbecher in krudelschönen Rosennächten, erlustieren sich an Zauber und Magie der Seele wie der Sinne, es leuchten schlimme Sterne und gute Sterne, die See schläft ein, oder sie brüllt im Wachen, der tolle, süße, unergründliche Strom des Lebens zieht dahin – und Professoren, wie gesagt, gibt es viele, ohne daß ein Chronist in bewegterer Stimmung ihrer zu gedenken brauchte. Sie schreiben Werke und häufen Ehren auf ihren Scheitel, sind Leuchten der Wissenschaft, Zierden der Wissenschaft, Koryphäen der Wissenschaft, auch Nestoren der Wissenschaft; der Mensch in ihnen bleibt gleichgiltig. Sie tun weiter nichts, als daß sie die Wissenschaft fördern: aber der zaubervolle, erinnerungstiefe, hinreißende und dämonische Strom des vorhin erwähnten Lebens fließt seinen

Gang, ohne daß unser trunknes Aug' sie als eine Lebens-
erscheinung, als lockende oder schreckende, anzuerken-
nen gewillt wäre. Sie liegen abseits.

Von diesem Paulsen aber könnten alle Schriften längst
zu Käsepapier geworden sein, in etlichen Exemplaren in
dunklen Bodenkammern verschimmeln und allenfalls auf
der Königlichen Bibliothek noch zu haben sein: es würde
dennoch die Menschenmagie des Mannes funkeln, schil-
lern und phosphoreszieren. Das rasierte Gesicht, offen und
zweideutig, voll grader Festigkeit und voll Fuchsschärfe,
mit treuen Augen und mit dünnen Lippen – und mit dieser
Brille, welche eine spanische Wand für seine Seele ist: dieses Gesicht und diese Seele, dieser ganze Mensch, der ein
Niederreißer und Erhalter scheint, ein Leugner und eine
Stütze, ein Heimlicher und ein Amtlicher, oder doch ein
Unterirdischer und ein Oberirdischer; er steht im Strom
des Lebens, zwischen den anderen, seltsam farbigen Erscheinungen, in aufgerichteter Stellung, von Sonn' und
Schatten umleuchtet, er ist mehr als ein Förderer der Wis-
senschaft, er ist ein Lebensdämon.

Der Jubilar sitzt auf dem Katheder, spricht langsam, beinahe flüsternd. Die Rede tropft von den schmalen Lippen
wie verstohlene Wässer, er hält den Kopf etwas nach unten
gebeugt, als bohrte er die Seele in die Tischplatte, und sein
Vortrag hat etwas Heimliches. Er scheint Dinge zwischen
den Zeilen zu sagen. Manchmal wirkt er, als schritte er auf
leisen Sohlen geradenwegs auf ein umstürzlerisches Ziel,
mit der stillen, unerhörten Verwegenheit eines Stubenden-
kers, als andeutender Revolutionär; die Geister der Studenten schweben hinter ihm drein, sie kommen in Schwung, er
biegt mit leisen Schritten plötzlich ab, sie aber werden bis
ans Ziel getragen; sie schießen über ihn hinaus ans Ende; er
hat nichts gesagt, ihr eigener Wille trug sie dorthin.

Er ist kein Umstürzler. Dieser Philosoph schaltet bei
Synodalverhandlungen und waltet in Protestantenverei-
nen. Er wirkt gleich einem ernsten, treuen, aber dennoch
doppelbodigen Manne. Er hat was von einem verwickelte-
ren Norweger; er scheint von Ibsen in die Welt gesetzt.

Stammt aber nur aus Friesland, wo vordem Hebbels Phantasie anfing, »unter dem Eise zu brüten«. Paulsen war
Dorfschullehrer. Hat er damals gelernt, in gewissem Sinne
demütig vor bestehenden Mächten zu bleiben; demütig
mit leisem Lächeln? Ist es ihm damals ins Blut gegangen,
daß man zu haderhaftigen Rottengeistern sich nicht scharen soll? Von diesem seltenen, innerlichen, wertzuschät-
zenden Mann wird niemand sagen können, was Schopenhauer von den Kathederhelden seines Zeitalters meinte:
sie waren zu lange Hofmeister in dürftigen Verhältnissen,
so daß sie keine Courage mehr haben. Das frühe Nacken-
beugen ist chronisch geworden. Aber selbst ein Ethiker
wie dieser Jubilar wird keine Gewissenlosigkeit in der Frage erkennen: ob er sich als ein unabhängiger, nach Willkür schaltender Mann nicht anders entwickelt hätte; ob er
nicht als einsamer, von keiner Regierung beamteter Geist
zu weit seltsameren Ergebnissen gekommen wäre. Ein
Fichte, der sich vom Lehrstuhl jagen ließ und in kämp-
ferischer Gloria obdachlos wurde, ein solcher Fichte lebt
heut in Deutschland nicht. Sein Berufsgenosse Lipps wird
schon hoch verehrt, wenn er ein mittelkräftiges Wort gegen unsinnige Gesetzespläne wagt. Ein heutiger Fichte,
der die letzten Dinge herausspräche in unmißverständ-
licher Färbung, wie ritzrote Rüben, würde kein viel milde-
res Schicksal als der damalige erleiden. Wer als Führer der
Jugend die Jugend dahin führte, offen und anfeuernd, wohin die gottlos-heilige Erkenntnis vorausgeflogen ist, der
würde diszipliniert werden. Der Verlust in Einzelfällen
wäre groß, der Gewinn an allgemeiner Moral noch größer.
Der Gegensatz zwischen Luther und Erasmus, für uns von
jeher ein bevorzugtes Leitmotiv in der Betrachtung menschlichen Wirkens, ist neulich durch Herrn von Wildenbruch
banalisiert worden. Paulsen hat erasmische Züge. Auch sie
haben einen eigenen Reiz. Der stille Mann bleibt ein lok-
kendes, schillerndes, seltsam gestreiftes Lebensphänomen.
Seine Bedeutung ist beinahe unabhängig von seinen Leistungen.

Eine einfachere Gestalt scheint Friedrich August, welcher in dieser Woche gloriose Bedeutung gewann. In Berlin blickt man mit großem Anteil jetzt auf nichtpreußische Fürstlichkeiten, welche Reden halten. Der Straubinger Max hat angefangen, jetzt ist der Oldenburger nachgekommen. Der erste, furchtbar prächtig, wie blutiger Nordlichtschein, der zweite süß und milde, als blickte Vollmond drein. Friedrich August hat einen liebenswürdigen und zweckmäßigen Wunschzettel aufgestellt. Er wünscht sich Blumen. Der Opferpriester Kalchas in der »Schönen Helena« wünscht sich das Gegenteil. Er ruft: »Blumen? Nichts als Blumen? Wurst wäre mir lieber.« Aber der oldenburgische Herzenswunsch bekommt eine tiefere Bedeutung, wenn er im Zusammenhang ausführlicher dargelegt wird. Der Fürst meint, er werde, soeben auf den Thron der Väter gestiegen, die Ortschaften seines Reiches in nächster Zeit viel besuchen. Da findet er zum Empfang eine Blume recht schön; auch einen Kranz wolle er sich gefallen lassen. So sinnige Pflanzengeschenke bereiten aufrichtige Freude. Es liegt Poesie darin, auch Lyrik, auch Sonnigkeit, auch Anmut, auch liebenswertes Empfinden, und sie kosten nicht viel. Namentlich aus dem letzten Grunde wünsche er sie. Empfangsfestlichkeiten aber, die immer mit großen Kosten verknüpft sind, die verbitte er sich. Er verbitte sie sich, rief er! Sie widersprächen durchaus seinen Neigungen. Dies sagte er. Ich möchte ein Wort hierzu äußern; nämlich: Bravo. Es scheint in Oldenburg ein Stern aufzugehen, in diesem Friedrich August. Das Ländchen erscheint mir, wie Bethlehem in Juda – »klein und groß«. Ich hab' eine Bitte an die Leserinnen: schickt ihm Blumen für diese Rede! Schickt ihm Rosen, Narzissen, Wasserlilien, Levkojen, Weißdorn, Nelken, Sonnenblumen, Gänseblümchen, Vergißmeinnicht; schickt ihm auch Mohnblüte, die blaue hängende Klematis, Hyazinthen in Violett und Weiß, auch meinetwegen eine Tulpe, Kornblumen, ferner Männertreue, diese seltene Blume (aber eine Pflanze Weibertreue gibt es überhaupt nicht), schickt ihm auch Löwenzahn, Rittersporn und Königskerzen, ferner die auf den Tisch zu stellenden, duftenden Reseden und die roten Astern, auch Veilchen und die Blume Jelängerjelieber, die

noch seliger duftet als der schwere Jasmin und als die berük-
kende Tuberose (diese poesielos-raffinierte Salondufterin),
schickt ihm auch Kamillen und Kamelien, sodann die blaue,
berauschende Heliotropenblume, und vergeßt vor allem
nicht den Flieder – den letzten blauen Flieder tragt herbei.
Friedrich August, der Unfestliche, sei mit holder Gloria und
süßer Magie gefeiert, von zieren Mädchen und von schönen
Frauen, er sei umschwebt von zarten, zaubervollen Blumen-
geistern, er sei umwittert von namenlosen Düften. Auf, Le-
serin!

   ... Den letzten blauen Flieder tragt herbei. Am Donnerstag, dem einundzwanzigsten Tage des Juni, stand im Kalender: Sommers-Anfang. Es pflegt dies alljährlich am selben Datum in den verschiedenen Kalendern zu stehen.
Der Frühling ist hin; der Flieder ist rar, um das Marmorpalais in Potsdam blüht und leuchtet und singt er noch, kurze
Zeit vor dem Sterben, und die steinerne Balustrade am
Heiligen See empfängt ein letztes, sehnsuchtstiefes Grüßen
seiner verscheidenden Seele. Wenn die Blumen welken
(das versicherte vor acht Tagen ein Fräulein im Blumengeschäft), riechen sie noch einmal am stärksten und am
schönsten. Ich weiß nicht, ob sie recht hat, möge sie glücklich werden, aber ein erinnerungsvolles und einsames Symbol wär' es. Ein letzter Fliederstrauß, um 11 Uhr abends
duftend, steht zu Berlin auf der Terrasse von Frederichs
Weinhandlung in der Potsdamer Straße.

> Vor mir steht ein Strauß von Flieder
> Und ein grüner Weinpokal;
> Und der Kellner bringt in müder
> Gangart mein bestelltes Mahl.
> Draußen unter'm lauen Himmel
> Seh' ich Droschkengäule zieh'n ...
> Fernes Pferdebahngebimmel ...
> Juniabend in Berlin ...

   Es ist nur die erste Strophe. Die anderen sind noch schöner. Nicht ungern, Leser, erschüf' ich endlich die neue
Weltstadtlyrik. Ich bin auf dem Wege. Die Mehrzahl der

Dichter macht hundert Gedichte in einem Band, und kaum vier davon sind bleibend. Ich aber war beflissen, von vornherein nur diese vier zu geben. Vor mir steht ein Strauß von Flieder und ein grüner Weinpokal – jede Strophe beginnt mit diesen Zeilen, und ich selber berausch' und besaufe mich daran, so gut gefällt es mir. Ich werde das Ganze, mit anderen zwanglosen Poesien einer neuen Epoche, im »Simplicissimus« oder in der »Jugend« veröffentlichen, da ich doch kein Buch von vier Seiten herausgeben kann. Indessen aber grüß' und segne ich alle Blumen, mag sie Paulsen zum Jubiläum erhalten, oder Friedrich August für seine Rede, oder mögen sie bei Frederich auf der Terrasse stehen und welken. Vor dem Welken duften sie noch einmal am stärksten und am schönsten.

Adieu, Leser! Adieu! Adieu!! Adieu!

8. Juli 1900

Meine Schreiberin ist nach Schreiberhau gereist. Ich sitze auf dem trocknen. Selber schreiben ist böse. Beim Diktieren räkelt man sich auf einem Stuhl und raucht zwei, drei, vier, fünf Zigaretten und benimmt sich als freier Schentelmeng. So sprach meine vorletzte Wirtin das Wort aus; sie rief: Herr von Pistorius war ein Schentelmeng, er ritt früh spazieren. Also man räkelt sich als solcher, schließt die Augen oder starrt auf eine Blumenvase und spricht vor sich hin die Sätze, die einem einfallen, und das Mädchen tippt sie; ihr Geklapper dringt nicht in des Herzens heilig stille Räume, man führt sich wie ein Seher auf: Maiensträuche wachsen im Hirn, die Schreiberin mit der Remington-Maschine verschwimmt in gaukelnder, einsamer, sturmgefriedeter, verschollener Ferne, man beugt den Kopf hintenüber in den Nacken, als ob man sich dort beißen wollte, bläst den Rauch jäh empor, streckt die Arme aus und macht auch sonst, wozu man lustig ist. Bisweilen fragt man die Schreiberin, ob sie vielleicht wisse, was in Berlin gegenwärtig los ist, um es in den Berliner Brief zu bringen. Kurz, man benimmt sich zwanglos als Schentelmeng.

Selber schreiben ist gemein. Körperliche Arbeit; fest-
sitzen; Behinderung des Gebärdenstils, der Parterregym-
nastik, des bequemen Ringe-Rauchens; Verlangsamung des
Fluges; Ausschluß geselligen Verkehrs während dieser Arbeit. Man geht höchstens unter das Straßenzelt eines Kaf-
feehauses und macht die Sache dort, im Freien. Oder wenn
man schon zu Hause ist, legt man wenigstens einen Band
Alfred de Musset unter, nämlich unter das mit Bleistift zu
beschreibende Papier, einen großen, dicken, von Paris mitgebrachten Band aus dem Jahre 1867, enthaltend poésies, co-
médies, auch noch œuvres posthumes, dieses namenlos
Wundersame, und hofft, daß etwas hinüberzieht, durch
den dicken Deckel des vergilbenden Buches, in das Manuskript: etwas abgeschiedene Seele, ein bissel von der verstorbenen, blassen Dämonie, von der weltmännisch frechen
Trauer des Schwermütigen, Lächelnden, Entschwebenden,
Witzigen, Sterbenden … Er war ein Schentelmeng.

Auch heute liegt Alfred de Musset unter meinem Papier. Es wird nichts hinüberziehn! Denn es soll über China
gesprochen werden. Was wär' ich für ein Chronist, Leser, wenn ich nicht widerspiegelte, wie sich ostasiatische
Geschehnisse in Berlin widerspiegeln. Das chinesische
Unglück hat bereits mehrere Reden des Kaisers zur Folge
gehabt. In der letzten sprach er vom Wellenschlag des
Ozeans, der an unseres Volkes Tore klopft und es – wie er
hinzusetzt – »zwingt, als großes Volk einen Platz in der
Welt zu behaupten, mit einem Wort: zur Weltpolitik«. Wo
auch immer das Volk seine Tore haben mag, man wird zugeben, daß es den klopfenden Wellenschlag nicht ohne weiteres von der Hand zu weisen braucht, und über Weltpolitik – eine Idee wie viele andere – läßt sich zweifellos
diskutieren. Was aber der Kaiser mit dem folgenden Satz
gemeint hat, ist mir nicht klargeworden; er sagte wörtlich:
»Aber der Ozean beweist auch, daß … ohne Deutschland
und ohne den Deutschen Kaiser keine große Entscheidung
mehr fallen darf.« Der Ozean beweist das? Der Kaiser wird
sich abweichend ausgedrückt haben, die Wiedergabe wird
ungenau sein. Auffallend scheint in diesem Satz, daß der

Redner sich selbst, den Deutschen Kaiser, ausdrücklich neben Deutschland noch erwähnt; in dem Begriffe Deutschland ist doch der Deutsche Kaiser eingeschlossen, sonst
hätte auch der Reichstag, das Volk, die Armee und andere
Faktoren erwähnt werden können. Es spricht daraus das oft
bewährte starke Persönlichkeitsgefühl Wilhelms des Zweiten, der nicht bloß seines verantwortungsreichen Postens
sich bewußt ist, sondern auch die Welt auf seine persönliche
Stellung nachdrücklich hinzuweisen bedacht bleibt. Es
»darf« in der Welt keine große Entscheidung ohne seine
Mitwirkung fallen, hat er gesagt.

   Lieben Freunde (singt Schiller), es gab schön're Zeiten –
als die unsren, das ist nicht zu streiten! Blut wird fließen
(sagt das Kommersbuch) knüppeldick. Das Jahrhundert ist
im Sturm geschieden (sagt wiederum Schiller), und das
neue öffnet sich mit Mord! In Berlin gibt es zwei Partei-
en; die eine ist für die Boxer, die andere gegen sie. Beide
sind einig, die Scheußlichkeiten zu verurteilen, die sie an
schuldlosen Europäern begingen. In der Sache selbst muß
ein Nationalist den Boxern seine Huldigung darbringen.
Die Boxer wollen in der Verteidigung ihrer Scholle sterben,
sie wollen keinen Fremden auf der Erde ihrer Väter dulden,
sie wollen von eigenen Landsleuten regiert, wenn auch
schlecht regiert werden, sie fragen nicht danach, ob mit der
Eroberung eine höhere Kultur in das Land zieht, und sie
machen ihren Befreiungskrieg. Die ganze Boxerei ist eine
nationale Volkserhebung, mag sie auch von dummen, blinden, grausamen Individuen ausgehen. Die Boxerei zeigt an
diesem Volke das tatkräftigste Aufflammen des Nationalge-
fühls vor dem Untergang. Die Boxer sind in dem abgeleb-
ten, welken Riesenorganismus das einzig willensstarke Element, und so gewiß wir ihre tierischen Mittel bekämpfen,
so gewiß haben wir kein Recht, ihr Ziel abschätzig zu beurteilen. Sie sehen, wie die Weißen einen Hafen nach dem
anderen ihnen wegnehmen; sie sehen, wie zugereiste Missionare ihnen das Christentum aufdrängen wollen – obwohl die Leute doch ihre alte schöne Buddhareligion haben, die bisher vollständig für ihre Zwecke ausgereicht hat

und nach der sie mehrere Jahrtausende rite selig geworden
sind; sie sehen diese fremden Priester mit den Kanonen ihrer Landsleute dahinter, sie sehen die Masse kriegerischer
und geschäftskundiger Eindringlinge, sie sehen das ganze
Land bedroht, sie brüllen: »China für die Chinesen« und
toben los. Humorhaft sind nur bei diesem ganzen tragischen Geschehnis die Hintergründe. Weiße Kaufleute
brauchen Absatzgebiete; die Geistlichkeit schwört, es gehe
um das Christentum; die Geistlichkeit kitzelt den Zorn der
Bevölkerung wach; die Bevölkerung schlachtet gelegentlich ein paar solcher Missionare; dafür läßt sich ihre Regierung Häfen zur Strafe ausliefern; deshalb geschehen die
Aufstände; wegen der Aufstände bekommen wir bald neue
Häfen; die Geistlichkeit triumphiert, daß das Christentum
gesiegt hat; Arthur Schopenhauer liegt auf dem Bauche, in
seinem Frankfurter Sarkophag.

Auch die Börse singt: »Lieben Freunde, es gab schön're
Zeiten – als die unseren, das ist nicht zu streiten.« Schreckliche Blutbäder sollen in der Burgstraße vor sich gegangen
sein, in dieser Woche. Ein solcher Baissimismus ist lange
nicht dagewesen, hat mir jemand ins Ohr gewispert. Ich
beglückwünschte mich herzlich, daß ich den größten Teil
meines Privatvermögens abseits von Börsenpapieren, nämlich in Luftgrundstücken, angelegt habe. Der Walzer, den
meine entzückende Geliebte von allen Walzern am schönsten fand, war dieser: »Schlöss–er, die im Mon–de liegen.«
Er ist allerdings wundervoll, und sie summte ihn öfter, wenn wir abends bei Sonnenuntergang quer über die
grünen Felder, nach Wilmersdorf zu, spazierengingen.
Schlösser, die im Monde liegen – ach, du großer Vater, von
meinen Grundstücks-Aktien ist noch keine gefallen. Sie
steigen alle Tage. Sie steigen bis zum Sirius, und dort oben
platzen sie vor Seligkeit. Schlösser, die im Monde liegen –
ich glaub', ich muß etliche Parzellen loswerden, und wenn
ich sie verschenken soll! Es ist besser so. Überdies treiben
wir Obstbau auf diesen Grundstücken, was ihren Wert namenlos steigert: wir bauen dort die Rosinen, die in unserem Kopfe wachsen. Ich muß einige loswerden, es ist bes-

ser so. Nein, ich will sie behalten, es ist besser *so*. Schlösser,
die im Monde liegen – was will ein Kurssturz an der Börse
sagen, das ist alles reparabel. Ein Sturz meiner Aktien wäre
irreparabel.

Ich bin entschlossen, ein vorzeitiges Ende zu machen.
Das Mädchen amüsiert sich in Schreiberhau, und ich soll
mir die Finger krummschreiben. Man lebt nur einmal,
wozu sich überanstrengen. Es wäre allenfalls noch zu berichten, daß vor sechzig Jahren zum ersten Mal Friedrich
Hebbels »Judith« am Schauspielhause gespielt worden ist.
Damals arbeiteten die Crelinger als Judith und Seydelmann
als Holofernes, heut macht es die Poppe und Herr Matkowsky. Damals war es nur ein Achtungserfolg, heut wirken die bethulischen Szenen selbst auf die misera plebs
dieses königlichen Theaters erschütternd, wie mit Gewit-
termacht – niederreißend. In zwanzig Jahren werden sogar
die Hauptszenen zwischen Judith und dem Übermann
Holofernes wirken; wenn sie durch andere Schauspieler
dargestellt werden. Ferner ist zu erwähnen, daß im »Kleinen Journal« steht: »Peking muß in Rauch aufgehen. Hinrichtung auf Hinrichtung (!) muß folgen, kein Alter, kein
Geschlecht (!) darf Schonung finden. ... Der Ruf ›ein Weißer‹ muß zum Schreckensruf werden, der den Eingeborenen Chinas in Zukunft vor Angst erstarren (!) lassen wird.«
Ferner ist zu berichten, daß die Samoaner im Zoologischen
Garten ein Schwein gebraten haben, und zwar nach ihrer
heimatlichen Sitte: zwischen glühenden Steinen.

Mein nächster Brief wird wohl der letzte sein, bevor ich
Ferien mache. Bis dahin wünsch' ich dem Leser von Herzen, daß er glücklich werden möge.

2. September 1900

Das Holdrioh ist verhallt, die Zweitausendmeterluft des
Engadins ist abgelöst vom Staub der Potsdamer Straße, und
Venedig liegt irgendwo, an einem fernen Meer, in Schön-
heit verstorben.

Berlin aber lebt in ... Schönheit. Die Natur hat den Sü-

den erschaffen zur Wonne der Menschheit, das norddeut-
sche Gebiet aber mehr aus Nützlichkeitsgründen. Immerhin gibt es hier Fortschritte, Arbeit, Technik, Entwickelung. Die Bülowstraße hat sich verändert in diesen sechs
Wochen. Welcher verblüffende Anblick: das Eisengestell
einer Überbahn, rot lackiert und grau gestrichen, steigt in
plumper Scheußlichkeit empor zwischen den Häusern,
zwischen den Bäumchen. Barbarischer, ekliger, gottverlas-
sener, blöder, bedauernswerter, mickriger, schändlicher,
gerupfter, auf den Schwanz getretener sieht nichts in der
Welt aus. Aber diese Stadt war von jeher gebenedeit in
Kunstdingen. Sie hatte Liebreiz, Anmut, Holdheit und einen glücklichen Griff in allem dergleichen. Nur geht manches über die Hutschnur. Ein modernes Prinzip offenbart
sich allerdings in der Behandlung dieses Stadtteils. Es ist
allgemein feststellbar. Die Franzosen, welche den Schön-
heitsbegriff hochhalten, sind schwach in der Technik; die
technischen Völker sind schwach in der Schönheit. Während ruppiger sechs Wochen sind hier Bahnen nach Wannsee elektrisch geworden, neue Verkehrsstränge wurden der
Kurfürstenstraße einverleibt, das Eisengerüst wuchs aus
der Erde – überall Fortschritt, Entwickelung, Arbeit, Technik und Verhunzung. Ist Technik und Verhunzung nicht zu
trennen?

Am Ende sind wir bloß unfähig, diese Art Schönheit gegenwärtig zu erfassen. Einst wird ja auch sie eine Schönheit
sein. Man ringt um das Bauwerk der Zukunft; Zola in seinem Künstlerroman läßt es auftauchen, schemenhaft, neb-
lig, rätselvoll. Vielleicht wird es die große Halle sein, aus
Eisen, wie dieses Gerüst der Bülowstraße, und aus Glas.
Späte Augen werden daran gewöhnt sein, sie als Herrlichkeiten empfinden, wie wir die Paläste der Florentiner, die
klobigen, gewalttätigen, quaderhaften, selbstsicheren, die
sie vor einem halben Jahrtausend hinsetzten. Sehet, liebe
Freunde, zu welcher strahlenden, psalmodierenden Schönheit das neue Eisengerüst werden kann; das sagt der märchenhafte Turm der Franzosen, diese zwecklose technische
Gipfeltat eines technisch zurückgebliebenen Volks. Sie ha-

ben zuerst die Schönheit der neuen Methode gelehrt, nicht ihre Verwendbarkeit. Eher die stolzen Möglichkeiten als den tatsächlichen Nutzen. In der friedvolleren Stadt Dresden aber zeigt ein Bau, was die Verbindung von Eisen, Glas und strahlend leichten Ziegeln Anmutiges hervorbringen kann in diesem Zukunftsstil: der sonnenfestliche, junge, leuchtende Bahnhof. Er wird vorbildlich sein. Die Berliner haben auch bereits in ihr revidiertes Schönheitsgefühl die abendlichen Stadtbahnhöfe aufgenommen; der Maler Baluschek ist ihr begabter Herold. Aus Glas und Stein und Eisen hat dann Messel den Wertheimpalast erbaut, der neben jenem Bahnhof zum Vorbild berufen scheint. Doch weder die sächsische Anmut noch die geniehafte Kühnheit der Franzosen, noch die sichere Gastlichkeit des Messelschen Stils zeigt sich in dieser elend veränderten Bülowstraße; sondern bloß die jammervolle Herrichtung eines Notbehelfs, die dreiste Verschimpfierung eines freien Stadtteils, ein täppisches Ad hoc-Verfahren. Die Pariser wollten Revolution machen, als man ihnen elektrische Bahnen mit Leitungsdrähten zu geben suchte. Sie wünschten die Schönheit ihrer Gassen nicht durch Stangen und Drähte zu gefährden. Die Berliner werden keine Revolution machen! Berlin wird aber auch nicht die »schönste Stadt der Welt« werden, wenn es so weitergeht; und unter den vielen Aussprüchen Wilhelms des Zweiten, welche eine Diskussion zulassen, wird auch dieser seinen Platz finden.

Sechs Wochen liest man kaum eine Zeitung und erfährt nur zwischendurch, bei gelegentlichem Hineinblicken, was los ist. Die Ereignisse in Deutschland sind derart, daß ihre genaue Kenntnis nicht immer Vergnügen macht. Ganz allgemein bekommt man die Vorstellung, daß wir politisch in einer Schwindelära leben. Die lächerlichen Einzelheiten nicht tagtäglich vor Augen geführt zu bekommen ist eine Zeitlang recht wohltuend. Es bleibt die Hoffnung, daß ein allmähliches Anwachsen der geladenen Stimmung über kurz oder lang zu einem greifbaren Ausbruch allgemeinen Unwillens führen wird. Es muß auf die Dauer doch immer mehr Leute geben, welchen die Komik dieser Verhältnisse

ein bißchen die Galle in Bewegung setzt. Die Hartleibig-
keit des landläufigen Temperaments ist ja stark, aber die Vorgänge dürften noch stärker werden. Vielleicht rafft sich die
Volksseele wenn zu nichts anderem, so doch eines Morgens zu einer allgemein gehaltenen Frage auf, nämlich zu
dieser: Wer regiert uns, zum Donnerwetter? Diese Frage,
nicht nur in Zeitungen, sondern in Volksversammlungen
kräftig gestellt, in Wahlen ebenso kräftig beantwortet,
müßte immerhin eine Wirkung erzielen. Auch der öffentliche Anschlag von Verfassungsparagraphen dürfte sich
empfehlen. An allen Litfaßsäulen von Berlin müßten sie in
dicker Schrift zu lesen sein, an allen Schulgebäuden des flachen Landes müßten die so zahlreichen Risse damit ver-
klebt werden, auf den Pferdebahnbillets könnten sie statt
der Geschäftsreklamen abgedruckt werden, und die Schauspieler dürften vor Beginn des Stücks an die Rampe treten und sie ins Publikum rufen – damit sie jedermann wieder ins Gedächtnis kommen. Man vergißt so rasch, was
schwarz auf weiß festgesetzt ist. Gewaltig ragt aus dieser
Zeit die wetterharte Riesengestalt des grimmigen Hohenlohe und der eisenfeste Bülow heraus, zwei Charaktere
von einschneidender Bedeutung. Und seltsam! Waldersee,
der bisher abseits als eine interessante und verhältnismäßig
ernste Erscheinung lebte, bekommt sofort den eigentümlichen Stich unseres deutschen Zeitalters, sobald er in dieser
Ära aktiv wird. Er wird zum Reden gebracht und zeigt eins,
zwei, drei, daß auch er reif geworden ist für die Epoche. Sie
haben alle den kleinen Zug ins ... Unsagbare; sind um-
haucht, umwittert, umweht sowie auch durchstrahlt von
der geistigen Bedeutung dieses Kurses. Wenn der Freiherr
vom Stein heut lebte, wer weiß, was aus ihm würde in dieser Luft. Aber ... er lebt nicht. Wenn Luther heut lebte –
ich hätte beinah' gesagt, er würde Redensarten machen
und geschwollene, dafür aber falsche Behauptungen mit
einer lauten Feierlichkeit aufstellen. Selbst ein Wrangel
würde hochdeutsche Banalitäten geistlosester Art, gewissermaßen Schmierenjamben in Prosa, mit ernster Pose hinlegen. Früher (mochte Reaktion oder Freiheit herrschen)

schienen für uns Notwendigkeiten ausschlaggebend zu sein; jetzt sind es die Unnotwendigkeiten mit der falschen Gewichtigkeit. Es ist eine Zeit zum Schreien – besäßen wir nur den Offenbach, der sie in ulkige Operetten brächte. Vorläufig besitzen wir erst den Simplicissimus.

Unter den Toten dieser anderthalb Monate hat Liebknecht das schönste Begräbnis gehabt. Den Zurückkehrenden wird gleich davon erzählt, in allen Ständen, als vom belangvollsten äußeren Vorgang, der indessen hier zu sehen war. Die geistige Bedeutung des Verstorbenen war gering, wie man weiß; die Riesenbeteiligung muß der Sache gegolten haben, und jede gutorganisierte, nachdrückliche Bekundung politischen Sinns, von welcher Seite sie kommen mag, ist in unserem Lande heut mit Weihrauch und Palmen zu begrüßen. Von der beschränkten Persönlichkeit des Heimgegangenen hebt sich jetzt der andere ab, der übrigbleibt als erster Führer: Bebel. Wer je mit ihm zusammen war, hat die geistige, ja die seelische Macht dieses ungewöhnlichen Menschen gespürt. Er hat etwas im Wesen, das alle besten Deutschen im Wesen gehabt haben müssen. Der Mann ist abgeklärt und zugleich voll Leidenschaft. Das Eingedämmte und Beherrschungsvolle seines Wesens zeigt jene Milde, die im Hauptmannschen Geyer-Florian steckt und die mit einem Schlage menschlich für sich gewinnt. Es ist der besondere Takt reifer Kultursöhne, welcher von den mittelhochdeutschen Dichtern die »Maaße« genannt wurde. Man fühlt hindurch das Glühende dieses Rheinländers, ohne welches führende Köpfe ja nicht denkbar sind. Man fühlt auch, daß eine besondere Ethik, eine verfeinerte, gesänftigte, reine – nicht als theoretischer Begriff –, von ihm aufgenommen wurde; sondern daß sie in seinem Blute fließt. Er hat den Adel derer, die an sich gearbeitet haben. Er ist ein stiller Sieger in seiner Welt, ohne zu einer faden, beruhigten Harmonie gelangt zu sein. Auer mit seinem wüsten Schriftstellerhaß war mir immer verdächtig, so imposant dieser stählerne Realist zuweilen wirkt; Singer ist ein gutmütig-grober, humaner Mensch, nicht ohne Repräsentiersucht, voll Tüchtigkeit in der Erledigung von Massenangelegenheiten – immer mit einem Beigeschmack nach Wohltätigkeitsverein. Die tiefste, reichste, seelisch am höchsten entwickelte Natur bleibt August Bebel, der ein Führer nicht nach Anciennetät ist, wie der verstorbene Liebknecht es war, sondern nach innerem Recht, auf Grund einer unverbraucht bestehenden Kraft. Er zehrt nicht vom Martyrium, sondern von Leistungen. Er zahlt nicht mit der Vergangenheit, sondern mit dieser Gegenwart. Er ist eine Ziffer, der andere war eine Null. Und darum soll er uns willkommener sein.

Nach sechs Wochen kommt man zurück und muß sich hier wieder einleben, als wäre man ein Jahr fortgewesen. Es ist nicht leicht, hübsche Mädel sieht man ja auf den Straßen, hübsche Frauen auch, und wer nicht von Paris kommt, findet sogar die Gewänder hübsch. Aber das Essen ist sauschlecht, mit Respekt zu sagen; und die Luft noch schlechter; und Premièren gibt es auch bald. Einen Tag ist man hier und sinnt auf den Termin für die nächste Abreise. Je m'en vais, ma petite, bien loin, bien vite, et toujours courant.

9. September 1900

Berlin in Kriegszeiten. Potsdamer Straße; Abend. Man geht (neben einem guten Bekannten, mit dem man zur Nacht gespeist) harmlos unter den Bäumen entlang, welche die feinsinnige Stadtverwaltung noch stehenließ. Plötzlich Massenansammlungen, zweitausend Köpfe, Verkehrsstockung, angstvolles Klingeln elektrischer Wagen, verirrte Omnibusse mit bleichen Schaffnern, eingesperrte Taxameter mit wahnwitzig sich gebärdenden Insassen, brüllende Schutzleute, getretene Hunde, umgeworfene Zweiräder, Halli, Halloh, Frauenzimmer mit bemalten Backen, Dienstmänner, Ehepaare mit kleinen Kindern, lange fünftöchterige Familien, Assessoren, Stubenmädel mit Raupenhäubchen und weißen Schürzen, Postbeamte, Landschaftsmaler. Alle stellen sich auf die Zehen, schupsen, drängeln, stoßen, und mit einem Schlage kommt Sturm in die Masse, sie trotten wie die Irrsinnigen zwanzig Meter vorwärts, seitwärts, galoppierend, schreiend, hast du nicht gesehn, vom Nollendorfplatz kommt Musik. Alles rast die Bülowstraße entlang. Da sind sie schon. Die Eisenbahner. Halli, halloh. Manche sitzen in Droschken, die im Zuge mitfahren. Manche marschieren im Zuge und haben links die Mutter, rechts die Braut. Die Mützen sind braungelb; leuchten durch die Nacht; das elektrische Licht bestrahlt sie. Ein Postbeamter rennt auf einen der braven Jungens zu; schüttelt ihm die Hand. Brave Jungens, unsere braven Jungens: dieser Ausdruck scheint irgendwo in der Luft zu liegen, zu weben, zu schweben, herumzuwittern. Eine Dame, ergriffen von dem vaterländischen Anblick, drängt sich dichtemang an uns; droht in unsere Arme zu sinken; riecht nach Patschuli. Mit schweigendem Ernst ziehen die braven Jungens vorüber, die sich ganz freiwillig für den heiligen Krieg in China gemeldet. Getreu dem Wort ihres Kaisers, der da gesagt hat, er werde nicht ruhen, bis auf den Mauern Pekings unsere Flagge wehe. Peking soll jetzt geräumt werden – immerhin, immerhin; im Felde, da ist der Mann noch was wert. In Trott und Marsch und Trab geht der Zug weiter, rechts und links von Bürgern und Bürgerinnen begleitet. Trott, trott. Großes fortreißendes Gedränge. In solchen Momenten patriotischer Aufwallung muß man in Berlin sein Portemonnaie festhalten; es ist schon manchmal gestohlen worden. Trott, trott, trott! Seltsam! Diese ganze Bevölkerung, die hier mitläuft, sie pfeift auf den Krieg in China; macht längst schon Witze über den kühnen Waldersee und kommt doch in eine frohe, getragene Stimmung, wenn die Eisenbahner vorüberziehen. Halli, halloh. Trott, trott, trott. Schaulust, Radaulust; Freude an einem (nach ihrer Meinung) höheren Ulk mit lebensgefährlichem Hintergrund; Freude an bewegten Vorgängen, ohne Kopfzerbrechen über den Kausalzusammenhang, noch weniger über den ethischen Zusammenhang; Jugendmut und Knabendrang eines wenig verbrauchten Volks, zwischendurch die kränkliche Passion des bleichsüchtigen Großstädters für alles, was nach körperlicher

Übung aussieht: dies wirkt zusammen, schlingt den Reihen. Halli, halloh. Trott, trott, trott. Trott, trott, trott.

Der Maler Adalbert von Kossak war von Wilhelm dem
Zweiten bestimmt, Waldersees (eventuelle) Taten in Öl zu
verherrlichen. Mußte jedoch ablehnen, weil er massenhaft
Aufträge hatte und vielleicht auch dem Berliner Klima
mehr traute als dem chinesischen. Diese Verhandlung mit
Kossak stellt gewissermaßen die Brücke dar zwischen Kaiser Wilhelms politischem Wirken und seinen künstlerischen Taten. Politik und Kunst sind die Pole, zwischen denen sich das vielfältige Leben des Herrschers bewegt. Die
chinesischen Dinge stocken vorläufig, der neue kategorische Imperativ der Hunnenrede konnte bisher noch in die
Tat nicht umgesetzt werden, auch die Auszahlung der
deutschen Millionen an die fremdländischen, befreienden
Krieger steht noch bevor – und so hat Wilhelm der Zweite
sich in dieser Woche wieder einmal der Kunst gewidmet.
Besuchte die Ausstellung am Lehrter Bahnhof und teilte
mit, er sei ein entschiedener Gegner der modernen Malerei, Bildhauerei und sonstigen Kunst. Wir haben es geahnt. Das Bild vom deutschen Michael gehörte weit eher
einer älteren Kunst als der neuen. Auch der Sang an Aegir
ist nicht der modernen Musik beizurechnen: sondern in
der Schlichtheit seines Gefüges schmiegt er sich mehr an
Volkslieder älterer Struktur, wie die Marseillaise, an.
Schließlich, was die redenden Künste oder Literatur betrifft, so zählt bekanntermaßen das weiße Rössel, der Dichter Lauff und das Drama »Renaissance« von Schönthan und
Koppel-Ellfeld nicht zu der neuen Kunst, die etwa durch
Gerhart Hauptmann vertreten wird. Gleichviel. Denkwürdig wär' es, festzustellen, was Wilhelm der Zweite vor
Werken der verurteilten modernen Malerei empfände.
Diese Werke bieten ja nicht bloß eine besondere Malweise; sie bieten eine besondere Weltanschauung. In der
Berliner Sezession ist, soviel ich weiß, kein einziges
Schlachtenbild. Ich weiß nicht mal, ob ein einziges Bildnis
Wilhelms des Zweiten dort hängt. Die modernen Maler
sehen die Dinge nicht nur anders, wenn sie malen; sie wäh-

len auch andere Dinge zum Malen. Darin schon liegt ein Programm. Sie besitzen eine abweichende Lebensauffassung. Wilhelm der Zweite hat unter seinen vielen unvergeßlichen Aussprüchen auch den getan: »christlich-sozial ist Unsinn«. Welche Gefühle würden nun ausgelöst in ihm, wenn er sähe, auf welche Art ein ehemaliger Kavallerieoffizier wie Uhde den Heiland Jesum Christum in einer Arbeiterfamilie darstellt. Wenn er sähe, daß heut schon ein Großkapitalist wie Liebermann mit besonderer Neigung einen arbeitsgebeugten, schwergefurchten Mann in den Dünen beinahe tendenziös verewigt. Als ob diese modernen Maler beide sagen wollten: »Hier, im Sozialen, liegt nach unserem beschränkten Glauben ein Wesentliches, vielleicht das Allerwesentlichste dieser Zeitläufte, und wir malen, wir malen, was unseren Anteil an diesen Zeitläuften machtvoll ausdrücken könnte. Wir malen anders, wir malen anderes. Wir gehören schon halb zu der Rotte vaterlandsloser Gesellen, die Du bekämpfst und mit denen allein fertig zu werden Du vor einiger Zeit erklärt hast. Wir malen, wie Gerhart Hauptmann die Weber malte, dessen Name nicht genannt werden darf und dessen Stücke nicht gekrönt werden; so malen wir, so malen wir, so malen wir alle Tage.« Kurz und gut: sofern ein Programm der Lebensauffassung in der modernen Kunst steckt, sofern ist Wilhelm der Zweite sehr berechtigt, seine Lebensauffassung ihr entgegenzustellen, also diese Kunst zu verwerfen. Es wäre wundersam, wenn das Gegenteil vorläge. Das ist der eine Punkt; der andere betrifft die Malweise, nicht das Programm. Wenn der Kaiser auch sie verwirft, so wird der Grund darin liegen, daß sie ihm nicht gefällt. Das ist nochmals sein Recht; somit ist unter beiden Gesichtspunkten seine Stellung erklärt. Tatsache aber bleibt, daß Wilhelm der Zweite die Entwickelung unserer modernen Kunst mit diesen Antipathien und etwaigen Sympathien nicht allzusehr beeinflussen kann. Es liegt in der Natur der Dinge. Von des Großen Friedrichs Throne ging sie schutzlos, ungeehrt, jammerte Schiller vor zehn Jahrzehnten. Heut wirken andere Mächte. Ludwig von Bayern war der letzte Me-

diceer; und konnte auch nicht mehr tun als seinem Genius
die Schulden bezahlen. Heute vermag Wilhelm der Zweite
dem weißen Rössel zu einem Kassenerfolg zu helfen,
wenn er lebhaft Beifall klatscht und etwa meint, solche
Stücke müssen durch drei Bohlen gelobt werden. Aber vor
großen Gestalten und vor großen Entwickelungen steht er
als ein Privatmann. Der Kaiser mag die moderne Malerei
verwerfen; sie wird darum nicht aufhören zu wachsen, zu
blühen und zu gedeihen.

Über Hofkunst ein Kapitelchen zu schreiben wird hier
nicht geplant; es sind schon viele Kapitelchen geschrieben
worden. Daß aber ein Hoftheater neben den Affen eines
Zoologischen Gartens gezeigt wird und Hofkunst dicht neben frei umherspringende schwarze Ferkelchen gerückt
ist, das geschieht zum ersten Mal jetzo in Berlin. Die Hoftheatertruppe des Königs von Siam im Zoologischen Garten besteht aus fünfunddreißig Mitgliedern und weilt zum
ersten Mal in Europa. Ihre Heimat Bangkok liegt am Me-
namfluß und, wie hinzugefügt werden soll, an beiden Seiten des Menamflusses. Boosra Mahin, ein siamesischer
Großer, haftet dem König von Siam für die Wohlfahrt der
Truppe. Es gibt da nur Schauspielerinnen, keine Schauspieler. Man kann sich also denken, wie groß die Verantwortlichkeit Boosra Mahins ist. Ein altdeutsches Sprichwort
meint, daß ein Sack mit Flöhen leichter zu hüten ist als ein
Weibsbild. Um wieviel schwerer ist eine ganze Truppe zu
hüten. Der Katalog versichert, es seien »junge und allgemein hübsche Mädchen«. Jedenfalls erkennt man die un-
verwickelten Verhältnisse des Landes aus der nachdrücklich mitgeteilten Tatsache, daß alle Schauspielerinnen dort
Leibeigene des Direktors sind; und zwar offiziell, offiziell.
O Siam! Somit ist es selbstverständlich, daß der Direktor
die Kostüme bezahlt. O Siam! Er hat sogar eine Ausstellung davon veranstaltet, in einem Extraraum, neben den
schwarzen Ferkelchen; es sind reizvolle Stoffe darunter.

Die Hofkunst Siams aber bietet altindische Begebenheiten; die sich auch in neueren Zeiten könnten zugetragen
haben, da sie die Liebe zwischen Mann und Weib behan-

deln. Möglich, daß in Siam Intimeres gezeigt wird als hier im Zoologischen Garten unter freiem Himmel. Die mimische Szene »Gno«, Nummer neun der Aufführungen, behandelt mit großer Zartheit und Dezenz die Liebesgeschichte eines Halbgottes mit einer Häuptlingstochter. Er ist vom Himmel herabgestiegen und hat reelle Absichten, denn er will »sich mit ihrer Hilfe des Landes bemächtigen (!) und als ihr Gemahl die Freuden des Erdenlebens auskosten«. Bloß! Der kleine Schlauberger! Das spielt sich in der Form ab, daß der Halbgott allein auftritt, von einem jungen Mädchen gespielt, eine schwarze Mohrenmaske vor dem Antlitz, an den Schultern ziervolle metallene Bügelchen, wie es einem Ritter zukommt, und mit strahlenden, funkelnden Höschen bekleidet. In der Hand trägt er einen Stab und hüpft von einem Bein aufs andre. Dieser Gestus, zehn Minuten hintereinander vollführt, bekundet seinen Liebesschmerz, nach siamesischem Ritus. Hierauf naht die Häuptlingstochter und hüpft seitwärts von ihm, teils hin, teils her. Ihr Gesichtchen ist von reizender Gelbheit; und blicken auch die Schlitzäugelein ziemlich regungslos, so machen doch die Arme und Hände vielfältig liebreizende Bewegungen. Namentlich wirken die gespreizten Fingerchen, die bald gen Himmel fahren, bald sich zur Erde neigen, sehr ausdrucksvoll. Angezogen ist auch die Häuptlingstochter wunderhübsch, in grünem Bast mit Goldstickerei, und auf dem Kopf ragt ein goldnes Helmchen mit langer, langer Spitze gefallsüchtig in die Höh'. Beide, der Halbgott und das Mädchen, tänzeln eine Weile auf der rechten und linken Seite des Theaters dahin, mit melancholischen Körperverrenkungen, von einem Bein aufs andre springend, gelegentlich ertönt ein Laut wie von einem fernen Vogel, und das Orchester begleitet melodisch mit Flöten, Metallglocken und Cymbeln ihre Sehnsucht. Bis schließlich beide Hand in Hand mit zierlichen Bewegungen und voller Innigkeit auf den Ausgang zuschreiten und verschwinden; die Musik schweigt. ... Das ist nur eine Nummer; es gibt zwanzig. Alles in allem: Prinz Boosra Mahin, der siamesische Hochberg, hat sich ein Verdienst

erworben, dieses Hoftheater im Zoologischen Garten vorzuführen. Wir haben uns lange nicht so ergötzt. Eine ähnliche Freude würden wir nur empfinden, wenn unser Hoftheater nach Siam ginge.

A., L.!

30. September 1900

Zweitausendsiebenhundert Ladenfräuleins, schwarzgeklei-
det. ... Alle in einem gigantischen Glaskasten, welcher acht
Hausnummern einnimmt. Das ist Tietz. Tietz ist zwischen
Jandorf und Wertheim. Jandorf liegt nach dem Spittelmarkt
zu, Wertheim nach dem Potsdamer Platz, Tietz in der
Mitte. Alle drei in der Leipziger Straße. Diese Straße wird
hierdurch eine Kaufstraße ersten Ranges. Einst hatte sie politischen Charakter. In einer vergangenen Epoche deutscher
Geschichte stand dort der Reichstag. Wie lange ist es her?
Mir scheint, es war vor grauen Zeiten; das Reich war in der
klassischen Periode. Bismarck hielt in dieser Straße die großen Reden, wenn er sich auf nüchternen Magen geärgert
hatte. Dort fielen Schlagworte, die langsam in den Büchmann übergegangen sind. Von dort schritt der Eiserne bei
besonderen Anlässen zu Fuß nach Hause. Zum letzten Mal,
als er das nicht sehr wasserdichte Wort von den Deutschen
gesprochen hatte, welche zwar Gott, sonst aber nichts
auf der Welt fürchteten. Tausende und Zehntausende la-
gerten dort. Tausende und Zehntausende begleiteten ihn.
Der Professor Kaufmann, welcher die politische Geschichte
Deutschlands im neunzehnten Jahrhundert geschrieben
hat, setzt diesen Nachhausegang Bismarcks durch die Leipziger Straße wie einen letzten, nachdenklich verklingenden
Akkord in seine schlichte Darstellung des Zeitalters (denn
er schließt das Jahrhundertwerk mit der Bismarck-Epoche;
bringt sich dadurch um das Vergnügen, den wahren Be-
schließer des Jahrhunderts, Wilhelm den Zweiten, mit dem
Eröffner, Bonaparte, zu kontrastieren). Gleichviel: die Leipziger Straße war politisch und ist heut merkantil. Der
Reichstag liegt irgendwo; wo liegt er denn? Richtig, am Kö-

nigsplatz. Die wahren deutschen Ereignisse spielen sich auf
Reisen ab, unser Schwerpunkt ruht längst in der Urheimat
der Menschheit, in Asien, und die innere Politik ist nach
dem Alexanderplatz verlegt, wo die Dramatiker kastriert
werden. Genug, genug.

Die Sachlage scheint mir symbolisch zu sein: merkantil
ist heut der Grundzug des deutschen Volks, nicht politisch.
Viele staunen, was dieses Volk sich gefallen läßt; was es Lä-
cherliches an Worten und Unsinniges an Handlungen wi-
derstandslos erträgt. Manche sagen: das war ja immer so,
lest nur die Geschichte, das Phlegma ist eine erbgesessene
heimatliche Tugend. Die zweite Gruppe spricht: heut ist es
nicht mehr so, der preußisch-slawische Einschlag ins deutsche Blut hat entschlossenere Charaktere gezeitigt – die
Leute sind heut nicht schlapp, sondern großmütig im Bewußtsein ihrer Stärke; als eine kraftvolle Riesenmacht sehen sie es ruhig an, wenn ihnen einer auf der Nase 'rum-
tanzt, sie können's lächelnd aushalten; wie war die Fabel,
die wir in der Schule gelernt? »Schande!« rief ein Stier dem
Rosse zu, »von einem Knaben ließ' ich mich nicht regieren.« »Aber ich«, entgegnete das Roß, »denn was für Ehre
könnte es mir bringen, einen Knaben abzuwerfen?« So
spricht die zweite Gruppe der Beurteiler. Die dritte Gruppe sagt (und vielleicht hat sie recht): das deutsche Volk ist
heute merkantil vor allem; wir beginnen ein gewaltiger Er-
werbsstaat zu werden, da steht für die Leute das Wirtschaftliche noch mehr im Vordergrund als sonst, sie lassen
vorläufig sieben gerade sein, pfeifen auf Ideen von politischer Freiheit und wollen bloß verdienen, verdienen, verdienen; arm ist dieses Land durch ungeheure Zeiträume
gewesen, der dreißigjährige Krieg liegt uns noch im Magen, jetzt endlich beginnen wir ihn zu verdauen und in die
Senkgrube zu schicken – da ist es begreiflich, wenn der
neue Zustand fürs erste ein grenzenloses Appetitfieber erzeugt; der deutsche Bauch will jetzo essen, essen, fressen;
nachher, wenn er sich vollgeschlagen hat und das Notwendigste erledigt ist, wird wohl die Seele wieder nach Ideen
ausschauen; dann werden Ideen von größerer politischer

Freiheit, von besserer menschlicher und staatsbürgerlicher
Würde, von tieferer öffentlicher Logik und Ethik wieder
Geltung bekommen. Bis dahin verdienen wir, verdienen
wir und lassen sieben gerade sein. So spricht die dritte
Gruppe, die vielleicht recht hat. Bei alledem bleibt die
Frage offen, wie lange das Übergangsstadium dauern wird.

Wir sind ja abgekommen. Es sollte nur gesagt werden,
daß die Leipziger Straße merkantil ist, nachdem sie früher
auch politisch war; und daß sie uns verwendbar erscheint
als ein Symbol dieser Zeitläufte. Herr Tietz in der Leipziger Straße läßt eine riesige Weltkugel in die Wolken ragen.
Der Gott Hermes schwebt in den Lüften. Eine Frauengestalt, aus Stein gemetzt, führt ein großes Vieh mit sich, den
Bären; er ist frisiert und voll muntrer Gesinnung. Eine
zweite Jungfrau kost einen Raubvogel; er frißt aus der
Hand. Ist es ein Hinweis auf die Berliner Grazie, welche
die Macht hat, Bestien unterzukriegen? Oder ein Hinweis
auf die allgemeine Zivilisation, die Bezähmerin wilder Sitten? Jedenfalls scheint die Bauart dieses Hauses so zweckmäßig wie nur denkbar: es ist ganz Glaskasten. Jandorf war
im alten Stil hergerichtet. Bei Wertheim sieht man noch
das Steingerippe des Gebäudes. Tietz ist lediglich Glas und
schmale eiserne Säulen. Die Märchen erzählen von kristal-
lenen Palästen unter dem Wasser; dort hausen die Sirenen,
die Meerjungfern mit den Fischschwänzen, Frau Lurlei
und ihre Töchter. Endlich hat die Leipziger Straße was
Ähnliches. Zweitausendsiebenhundert Sirenen mit fester
Anstellung, welche die Melusinenschwänze unter schwarzen Kleidchen verbergen. Und alle die Sirenen, welche von
außen hereinschwimmen, in unerschöpflichem Schwall,
gar nicht zu rechnen. Alte, dicke Meerweiber sind auch dabei. Sie plätschern sich durch bis nach der Sodafontäne und
schlürfen Eis und schnalzen mit der Zunge. Oder schwimmen in die Gemäldegalerie, walala weia, walala weia, vier
Töchter schwimmen hinterher, und die alte Floßhilde re-
zensiert die Kunstwerke, schwenkt die Lorgnette, die
Töchter träumen von Hochzeit und Männerküssen und
blinzeln schläfrig mit den Augen. Floßhilde trifft Woglinde

mit Anhang, Freudenrufe, Liebenswürdigkeiten, Kunstbe-
trachtungen, Kopfwackeln; beide Parteien schwimmen
und rudern davon, walala weia, walala weia. Das ist der glä-
serne Märchenpalast von Tietz. ...

Tietz versteht seine Zeit, denn er hat bereits eine überflüssige Rede gehalten. Gedruckt wurde sie den Gästen
eingehändigt, während er sie bei der Eröffnungsfeier hielt.
Zu den Geladenen (ich war nicht dabei, Tietz überging
mich) sprach er vier Seiten lang, und er glich dem Nestor,
welchem die Worte wie Honig von den Lippen flossen.
Und nachdem er alles gewürdigt, sagte er zum Schluß, er
könne die Gefühle, welche in diesem Augenblick ihn
durchwogten, nicht anders zusammenfassen als in dem
Ausspruch Webers: Nicht der Gedanke an Erfolg oder
Mißerfolg gebe ihm eine Genugtuung, sondern bloß das
Bewußtsein in seiner eigenen Brust. So schloß Tietz mit
Weber. Auch dieser Passus lag bereits gedruckt vor. Und
ich erinnerte mich an Ferdinand Lassalle, der eine Assisen-
rede halten sollte, die er später nie gehalten hat; die er aber
aufschrieb und die gedruckt vorliegt. Auch er schloß lange
vorher schriftlich mit dem Ruf: er könne die Empfindungen, die ihn im gegenwärtigen Moment durchbebten, nicht
anders ausdrücken als mit den Worten unseres großen
Schillers im Wilhelm Tell – – – und er setzte ein paar Verse
aus diesem Drama in das Manuskript. So bereiten große
Männer ihre Schlußempfindungen vor, Tietz wie Lassalle.

Wie aber dem sein mag: Berlin ist um ein ungeheures
wirtschaftliches Phänomen reicher, Ecke Krausenstraße.
Bleibt abzuwarten, wann das nächste Stadium in Berlin erreicht wird, das Stadium Dufayel. Der Inhaber dieses Namens hat in Paris zwei Prinzipien aufeinandergehäuft: das
Prinzip des Riesenkaufhauses und das Prinzip des Riesen-
abzahlungsgeschäfts. Dufayel hat alles, was man braucht,
aber alles, und gibt alles auf Raten. Er ist in Paris der volks-
tümlichste Kaufmann. Tietzens gläserner Palast erscheint
wie ein niedliches Spielzeug gegen das Dufayelsche Geschäft, als welches wie ein Stadtviertel aussieht. Kleider,
Möbel, Konserven, Bücher, Kunstwerke, Fahrräder, und

was sonst zum Dasein gehört: Alles birgt diese Akropolis auf Montmartre, und ohne schwierige Garantien erhält es ein jeder ohne Geld. Erst das ist der Gipfel. Solange man noch berappen muß, macht die Sache kein Vergnügen. Ich aber kann die Empfindungen, die mich in diesem Augenblick durchzittern, nicht anders wiedergeben als mit den modifizierten Worten unseres unsterblichen Schiller aus dem Tell: Wann wird ein Dufayel kommen diesem Lande?

Vorläufig ist die Duse wieder gekommen. Sie spielt im Lessing-Theater. Wir werden älter, Freunde; leider, leider. Die himmlische Magie und Gloria eines wundersamen Menschen leuchtet eine Frist im hohen, unergründlichen Strahlenfeuer. Wer in dieser Zeit seinen Zauber kennenlernt, wird die Erinnerung in alle Zeiten hinüberretten. So sehen wir die Duse jetzt mit unseren alten Erinnerungen. Sie selbst, fiat justitia, pereat mundus, ist die alte nicht mehr. Zu oft erlebt man Augenblicke bei ihr, wo die Leitung stockt. Wenn früher alles aus *einer* Empfindung herauskam, arrangiert sie jetzt manche Einzelheit. Man fühlt, wenn sie die Hedda Gabler spielt (und das war das ernsteste Ereignis ihrer jüngsten Entwickelung), wie sie in der Trinkszene mit Lövborg symbolistische Haltungen einnimmt, die studiert sind. Man hört das Glockenzeichen zum Beginn solcher Haltung. Sie hält das Punschglas verführend, wie eine im Bild festgehaltene Verführerin, vor dem Geliebten und Gehaßten. Die Stellung der Arme, der Hände wird mitten in der Bewegung starr: sie ist die bildhafte Verführung; aber nicht mehr Hedda Gabler, welche den Dr. Lövborg verführt. Auch Ibsen wird ihr Material für die Entfaltung eigner Gelüste. Natürlich kann sie niemals eine nordische Hedda sein. Sie ist das wundersame, feingliedrige, temperamentreiche Kätzchen, das Überkätzchen aus dem reifen Süden; mit aller letzten Anmut vieler Kulturen. Die Hedda ist aber eine große, kalte, nordische Katze; ein wenig bewegliches, blinzelndes, hartes Raubtier. Der ganze Typus in seiner leeren, verstockten Kühle ist dem Süden fremd. Und doch – Hedda hin, Hedda her. Sie

hatte zwei Augenblicke, in denen sie auf eigene Kosten unsterblich war. Als Lövborg zum ersten Mal eintritt, reicht
sie ihm die Hand – mit einer großen, nicht zu vergessenden Gebärde: wie eine Walküre dem Drachentöter. Nicht
anders. Die ganze Person leuchtete, in letztem Mensch-
heitsstolz, in ernster, jauchzender Größe. Dann schritt sie
durchs Zimmer, und ihr Gang war plötzlich Musik, sie
wurde gehoben und getragen; zuvor hatte sie sich geschleppt. Es war ein Augenblick, wie ein Genius ihn schaffen kann. Und zum Schluß! Zum Schluß versagt sie
Lövborg die Hand. Als sie ihm den Revolver gereicht hat,
damit er den Tod in Schönheit sterbe, wuchs sie zu mythi-
scher Größe; er streckt seine Hand zum Abschied entgegen, sie aber zieht die ihre zurück, aufrecht dastehend, mit
einer kühnen, entschlossenen Bewegung, und sieht ihn
leuchtend an, den Gehaßten und Geliebten, zum letzten
Mal – wie die Walküre den Drachentöter. Nicht anders.
Kurz und gut: richtiger erfassen werden andere die Hedda;
größer spielen wird sie keine.

Auch die Kunst der Duse würde konservierter bleiben,
wenn sie seltener aufträte. Sie kann nicht. Auch dieses
Genie ist gezwungen, merkantil zu sein.

21. Oktober 1900

Ganz Berlin steht unter dem tiefbewegenden Eindruck des
Kanzlerwechsels. Mit einem Schlag ist alles verändert. Man
fühlt, daß Hohenlohe nicht mehr da ist. Man vermißt die
eherne Gestalt, die so gigantische Schatten warf in die
deutsche Politik der Gegenwart. Seine stählerne Riesen-
faust schwebt nicht mehr am Horizont Europas – er hat uns
allein gelassen.

Sachlicher zu sprechen: Hohenlohe ist einer von den
vielen, die eine stattliche, angesehene Vergangenheit besa-
ßen; einen Namen von edlem und verheißungsvollem
Klang; und die fast alles einbüßten, sobald sie unter dem
neuen Kurs ans Licht traten. Der neue Kurs gibt seinem öf-

fentlichen Vertreter den Stich ins Unsagbare. Ein Beispiel von anderer Art ist bekanntlich Waldersee, der siebzig Jahr' einen Nimbus ums Haupt trug, um ihn mit dem Augenblick zu verlieren, wo er unter diesem Kurs öffentlich wurde. Auch Hohenlohe besaß ein Leben lang den Nimbus des vornehmen, klugen, deutschgesinnten, edlen, feinsinnigen Staatsmanns. Gewiß mit Recht. Sobald er unter diesem Kurs zu regieren anfing, kam der Beigeschmack. Es war kein ernster Beigeschmack. Ganz schlecht kann der Mann ja nicht gewesen sein, der von der äußersten Rechten so giftig angeheult wurde. Aber *was* er eigentlich gewesen ist, in der allerletzten Zeit, das läßt sich schwer sagen. Sogar wo er gewesen ist, läßt sich schwer sagen. Er wird von gemäßigten Beurteilern der Kanzler des Verhinderns genannt. Was er zuletzt verhindert hat (außer dem Bekanntwerden seines Aufenthalts), das weiß nur Gott. Er *wollte* verhindern, er hatte die beste Absicht. Er war also, ganz präzis ausgedrückt: der Kanzler des Verhindernwollens.

Mit diesem Ruhm wird seine Kanzlerschaft in die Ewigkeit einziehen. Und setzt ihr ihm ein Monument, nicht dem gesamten Hohenlohe, sondern dem Kanzler Hohenlohe, so könnte der Sockel folgendes in Marmor zeigen: ein Wagen fährt in bedenklichem Trab dahin, man kann einen Kutscher nicht recht wahrnehmen – ein kleiner Herr steht am Wege, fühlt ein mattes Bedauern, daß er den Wagen nicht aufhalten kann, und zuckt müde die Achseln. Dieser kleine Herr aus Marmor müßte sonst ganz sympatische Züge haben und sehr kulturell aussehen. Wir Nicht-Politiker schätzen beim Gedenken an diesen Reichskanzler, daß er viermal im Deutschen Theater die »Versunkene Glocke« spielen sah. Er war feinfühliger als die meisten seiner Standesgenossen. Leider hängt von dem Grad der persönlichen Kultur der Grad der politischen Bedeutung nicht ab. Bismarck war in gewissem Sinne viel weniger Kulturmensch als dieser feine europäische Ausläufer vornehmer Rassen – der in der romanischen, patinabedeckten Welt vielleicht besser zu Hause war als in der neugermanisch-borussischen. Die vornehmen Charaktere sind nicht die starken Charaktere. Zur Zeit Bonapartes waren die feinsten europäischen Elemente von diesem unkultivierten Tatmenschen durchaus geschieden. Alle feinen und klugen Träger einer differenzierten Gesittung, die elitemäßig Fühlenden hielten sich von dem Korsen wie von einer dicken Banalität fern. Sein Schicksal, sein Emporsteigen und alles, was von der Revolution an ihm hängenblieb, schließlich das jammerhafte Benehmen der deutschen Fürsten vor dem selbstgemachten Mann – das konnte die ungeheure Begeisterung wecken als für ein geschichtliches Phänomen. Aber die Feinsten und Besten der Zeit sahen ihn tatsächlich stets unter sich. Ja, die politische Bedeutung und die persönliche Kultur werden so lange getrennte Welten bleiben, bis einer das »dritte Reich« gründet, von dem Ibsen zuweilen träumt: das Reich der Synthese, der Vereinigung. Wenn man Theodor Mommsen glauben will, hätte es schon mal bestanden: als Julius Cäsar herrschte, im letzten Jahr vor der Ermordung. Seine Bewunderung des Cäsar wenigstens läßt ihn andeuten, daß in diesem Mann die Vereinigung lebte – von tatsächlich-starker Gewalt und persönlich-holder Gesittung, von wirkungsreicher Kraft und menschlicher Feinheit. Hohenlohe hat das dritte Reich nicht gegründet. Es war sein Pech, daß er das Glück hatte, berufen zu werden. Ob der Graf Bülow das dritte Reich gründen wird, steht dahin. Er ist der Enkel der Humboldts – immerhin. ...

Es wäre unbescheiden, von der letzten Wirksamkeit eines so verdienten Mannes wie Hohenlohe nur in spottendem Ton zu reden. Ich möchte nicht behaupten, daß er der Sitzredakteur des Deutschen Reichs war – der schließlich vor der Verhandlung erkrankte. Jedenfalls aber muß der Zustand, der jetzt eine Zeitlang geherrscht hat, allen Bürgern die Entfaltung ihrer bürgerlichen Energie dringend nahelegen. Es darf nie wieder vorkommen, daß das Amt des Reichskanzlers de facto ausgemerzt erscheint: er hat der wirkliche Chefredakteur zu sein; er hat, wenn man so sagen darf, auch dem Verleger gegenüber selbständige Rechte zu behaupten. Sollte in diesen oder späteren Zeiten der jetzt erlebte Zustand wieder eintreten, so muß der Reichstag dem Kanzler einfach die Gelder sperren; nicht mit Worten demonstrieren und platonischen Einspruch erheben: sondern tatsächlich das Gehalt nicht hergeben, da er das nicht leistet, wofür er nach der Verfassung engagiert ist. Dies alles vorausgeschickt, dürfen wir dem Fürsten Hohenlohe wünschen: möge er für den Rest des Lebensabends so glücklich werden, wie man es mit einundachtzig Jahren sein kann; und wie man es nach so vielen früheren Verdiensten sein darf.

Mit herzlichem Anteil wird in Berlin die schwere Krankheit der Kaiserin Friedrich verfolgt – obgleich Friedrichs Witwe kaum noch ein engeres Verhältnis zu Berlin hat. Die Stadtverordneten gratulieren ihr zum Geburtstag (und sie antwortet in liebenswürdiger und dankbarer Weise). Aber das ist alles. Lebendig bleibt für den großen Schwarm dieser Bevölkerung, wer gegenwärtig ist; wen man ausfahren sieht; wer Eröffnungsfeiern mitmacht. Ein Jahrzehnt ist vergangen, seit der Vater des jetzigen Kaisers die Augen schloß, und doch wirkt die Gestalt dieser Witwe schon, als ragte sie aus längst verschollenen Epochen in die Gegenwart; in diese immer festliche, geräuschvolle und wenig schlichte Gegenwart. Man hat so selten von ihr gehört, und von den neuen Gestalten so viel – ununterbrochen viel. Die Kaiserin Friedrich hat einen bestimmten Anhang in Berlin; aber keineswegs in allen Kreisen. Viele gibt es hier, Knoten weiblichen und männlichen Geschlechts (der Leser weiß, was ein Knote ist?), Knoten von strammer, feldwebelhafter Seele, welche diese Kaiserin »ablehnen«. Sie haben sie nie leiden können. Der Hauptgrund lag in der Herkunft. Als Student hat' ich eine Wirtin, die friedlich, gutmütig und berlinisch war. Leidenschaften nahm ich bloß einmal an ihr wahr: als sie anfing, auf diese Frau wie eine Verrückte zu schimpfen. Ich erkannte sie nicht wieder, aber das ganze Haus war ihrer Meinung. ... Auch wenn man heut Männer sprechen hört, die sonst aus Ehrfurcht vor prinzlichen Herrschaften zu platzen gewohnt sind, fällt die kühle Zurückhaltung auf, deren sie sich vor der Kaiserin Friedrich befleißigen. Als wollten sie sagen: wir wissen, daß es Takt und gute Gesinnung bekundet, hier zugeknöpft zu sein. Man will nichts an ihr gelten lassen. Ihre Lebensauffassung scheint verdächtig: man wittert dahinter eine ruhige Freiheit, an die man nicht akklimatisiert ist. Sie ist nicht von »unserm« preußischen Holz. Die unerwiesene Tatsache, daß sie der Bismarckschen Politik Schwierigkeiten gemacht habe, als Wilhelm der Erste noch lebte, diese unerwiesene Tatsache spricht hier kaum mit. Die alte Kaiserin Augusta hat zwanzigmal mehr Schwierigkeiten gemacht, Bismarck erzählt es in den Memoiren voll Grimm, aber niemand von diesen loyalen Untertanenseelen würde sie deshalb schief angeblickt haben. Maßgebend für den Haß blieb, daß die Kaiserin Friedrich von einer in England geborenen Mutter stammt; daneben freilich von einem deutschen Vater. Auch der jetzige Kaiser stammt allerdings von einer in England geborenen Frau und einem deutschen Vater. ... Wir andern aber, die wir keine verbissenen Knoten sind, werden ruhig sagen, daß diese wenig glückliche Witwe eines wenig glücklichen Mannes uns menschlichere Züge zu tragen schien und freiere und sympathischere als die meisten ihrer Standesgenossinnen. Und wenn sie bei längerem Leben ihres Mannes uns mehr innere Freiheit und modernere Selbständigkeit gebracht hätte, so hätte sie meinetwegen aus Irkutsk stammen dürfen. Mag sie jetzt genesen, mag sie dahingehn: sie wird eine freundliche, nicht gewöhnliche Erinnerung aus diesen Zeiten bleiben.

Berlin steht jetzt im Zeichen des Herbstes. Herbstlich sind auch diese Kaiserinnen mit dem Witwenschleier, die isoliert in der Welt sind. Schwermut und Vergessen umwittert sie. Braune Blätter liegen um sie herum, wie jetzt im Tiergarten. Berlin ist ekelhaft um die gegenwärtige Zeit. So naßkalt und schmutzig und traurig – und so voll schleichender Übel. Die Greise hüllen sich in den Schlafrock und wagen sich nicht mehr hinunter. Vides, ut alta stet nive candidus Kreuzberg. Die geselligen Freuden sind noch nicht reif, aber die gemütlichen klopfen an. Die philharmo-

nischen Konzerte haben begonnen. Weiterhin gibt es Premièren – uäh, uäh! Ferner gibt es ein trauliches Beisam-
mensein zu dreien oder vieren, mit Getränken. Bloß
Herren. Auch Weltanschauung wird eingestreut. Weniger
kosmische Dinge, denn das Schicksal des Universums ist
verhältnismäßig Wurscht – mehr persönliche Weltanschauung, Lebensauffassung, eigne Lebensgestaltung. Das ist das
wichtigste auf der Welt. Im ersten philharmonischen Ni-
kisch-Konzert wurde jedenfalls Beethovens A-Dur-Sym-
phonie gespielt (ich will nicht etwa eine Rezension schreiben). Der zweite Satz, der im leisen Schritt mit leise
tupfenden Tönen das Ernste und das Gefaßt-Humorhafte
unseres Schicksals klingen und singen läßt, dieser Satz
müßte alle Morgen und alle Abend' an einem frei zugäng-
lichen Orte für die gespielt werden, die nicht mehr in die
Kirche gehn. Alle Abend und alle Morgen. Leser, wenn ich
ohne Nachkommen sterbe, will ich die zwei Millionen, die
ich bis dahin zusammengeschrieben habe, für keinen anderen Zweck vermachen als für diesen. Einmal im Jahre nur
hätte das Orchester sich um die Terrine oder Urne zu ver-
sammeln, worin die Asche meines in Heidelberg verbrannten Leibes sich befinden wird. Dann fangen die Atömchen
gelegentlich wieder an zu fühlen, und es regt sich in dem
weißgrauen Staub eine verschollene, unhörbare, körper-
lose Stimme, welche spricht:

So war das Leben. Telle était la vie. Such was life.

28. Oktober 1900

Was man aus dieser Woche berichten könnte, das ist mannigfaltig. Die Wahl wird so schwer. Womit soll ich beginnen? Mein Goldfisch überfraß sich und erkrankte. Mehr
als sieben Ameiseneier pro Tag können diese Viecher nie
zu sich nehmen. Es ist ein Kreuz. Manchmal schadet ihnen
der allzu häufige Aufguß reinen Wassers; sie erkälten sich
dabei. Möglich, daß Moritz daran gelitten hat. Mein Goldfisch heißt so. Draußen im Grunewald wurde er mir von

einem gütigen Schicksal in die Hände gelegt, während er in
einem kleinen Glashause herumschwamm. Ich nahm ihn
nach Berlin und taufte ihn Moritz. Nach kurzer Beobachtung bin ich zu der Ansicht gelangt, daß Goldfische die
dümmsten Tiere auf Gottes Erdboden – – –

Aber man könnte wieder schimpfen, daß ich zu viel über
Privatangelegenheiten schreibe. Ich gehe zu Hannchen
Wolf über. Sie bekam ein Jahr Gefängnis. Erpressungen
werden in der Tat nicht mit Unrecht verhältnismäßig
scharf gesühnt. Die Wolf hatte im ganzen zwanzigtausend
Mark bei der Angelegenheit verdient; und auch das nur
sukzessive. Sie entzog den Betrag einem »fremden Mann
aus China«, wie der Präsident sagte. Der Präsident erblickte darin einen strafverschärfenden Umstand. Sein
Ideengang war wohl der: so ein harmloser junger Mensch
aus dem entlegenen Erdteil kommt nach Berlin, zeugt mit
einer Berlinerin ein ganz kleines Kind, »Nuppi« genannt,
und soll dafür zwanzigtausend Mark bezahlen. Das ist die
reinste Ausbeutung fremder Völkerstämme. Dem muß ge-
steuert werden. So war sein Ideengang. Der Anwalt aber
von Johanna Wolf, Herr Schwindt, hielt ihm entgegen, der
junge Mensch aus China sei nicht so dumm, wie der Präsident es ansehe. Erst jetzt, sprach der Advokat, hätten wir in
China die ganze Verschlagenheit der mongolischen Rasse
kennengelernt. Er berief sich auf die Greuel von Peking, er
wies auf die unentwirrbare List der ostasiatischen Diplomatie – und in Wahrheit gehörte Nuppis Vater zu dieser,
denn er war Attaché in den Zelten, nicht weit vom Königsplatz, bei der himmlischen Gesandtschaft. Man sieht: auch
die klugen Advokaten treiben bei uns Weltpolitik. Herr
Schwindt hätte aber noch andere völkerpsychologische
Momente auffahren können und wäre doch in die Enge
getrieben worden. Wenn die Völkerpsychologie in den
Gerichtssaal dringt, hätte der Vertreter der Anklage hervor-
heben können, daß nach der chinesischen Religion die Erzeugung von Kindern eine heilige Pflicht ist, wo man auch
weile. Daß der junge Mensch wahrscheinlich aus religiösen
Motiven gehandelt habe. Und daß darin ein strafverschär-

fender Umstand für die Übergriffe der Johanna Wolf liege.
Auch so aber bekam sie das Jahr, sie hatte gedroht, Nuppi
mit einem Brief in der Hand auf die Stufen der Botschaft
zu setzen, falls nicht Pinke-Pinke erlegt würde. Der Attaché verlor sein Amt, Johanna verlor ein Jahr ihrer Laufbahn. So düster ist das Leben. Über den Verbleib von
Nuppi, dem zarten Sohn zweier Rassen, gab die Verhandlung schmerzlicherweise keinen Aufschluß.

Ferner stand in dieser Woche Paul Heyse vor Gericht zu
Berlin. Die Leser wissen, daß er freigesprochen wurde.
Was kam heraus bei dieser Klage der Dingelstedts gegen
den Novellisten, der ihren Vater gekennzeichnet hatte?
Wahrscheinlich nur Ärger für die Dingelstedts. Denn die
gleiche Charakteristik, die Heyse gab, enthält seit Jahr und
Tag die Literaturgeschichte. Es gibt über seinen Charakter
nichts wegzuleugnen. Wozu haben die Erben alles wieder
aufgerührt? Man kann es ihnen nicht verdenken, wenn sie
als Kinder den Vater für nichts anderes halten als einen vortrefflichen Mann. Auch könnte man es nicht verdenken,
wenn sie streitbar mit gedruckten Worten für das gute Andenken des Vaters eintreten wollten. Aber sie hatten unrecht, auf eine Charakteristik durch eine Beleidigungsklage
zu antworten: weil das einer Beschränkung der kritischen
Freiheit durch staatliche Zwangsmittel so ähnlich sieht wie
ein Spatz einem Sperling. Die »Berichtigungen« der Nachkommenschaft und Verwandtschaft haben immer etwas
Heikles. Wir haben es an Herman Grimm erlebt. Irgendein Prinz, ein Solms oder Hohenlohe, gab vor zwei Jahren
Erinnerungen heraus. Er hatte im Hause der Bettina von
Arnim verkehrt (welche die Schwiegermutter von Herman
Grimm war); und er schilderte die romantische Ungebundenheit der einen Tochter, Gisela, mit dem Hinweis, daß
sie gelegentlich, wenn Besuch da war, unter dem Tisch
herumkroch. Hierauf erließ ein Mann von der Bedeutung
Herman Grimms die öffentliche Entgegnung: Gisela von
Arnim sei damals *nicht* unter dem Tisch herumgekrochen.

Natürlich mußte die Wirkung sehr komisch sein; auch
wenn man das edle Motiv in Betracht zog, daß ein Gatte

seine verstorbene Gattin verteidigte. Ähnliche Wirkungen erzielten die Dingelstedts, wenn sie feierlich bestritten, daß ihre Mutter jemals versammelten Gästen die Zunge herausgesteckt oder – wie man in Schlesien sagt – gepläkt. Kinder, Kinder – was liegt daran? Und wenn sie es getan hätte? Dann war sie vielleicht aufrichtiger gegen ihre Gäste als die meisten Hausfrauen. Wie kann man deshalb Prozesse führen. Und doch hat dieser Prozeß etwas Altes von neuem gelehrt. Paul Heyse schrieb zu Lebzeiten Dingelstedts Briefe voller Verehrung an ihn und die Gemahlin mit dem Zungenschlag. Gewiß hat er schon damals die gleiche Meinung über ihn gehegt wie heute. Vielleicht hat er schon damals sich anderen gegenüber so geäußert wie heute. Ihn selber diese Ansicht merken zu lassen, war er zu … höflich. Ein Mann von Heyses Kultiviertheit macht die Schattenseiten unserer Kultur mit. Zu diesen Schattenseiten gehört die Forderung, abschätzige Urteile aus Rücksicht dem Beurteilten zu verschweigen. Ja sogar die Forderung des »Takts«, unter Umständen erst nach dem Tod eines Beteiligten die Dinge zu sagen, die man bei Lebzeiten nicht sagt. Das Verhalten der Berliner Gesellschaft wurzelt zum Teil in diesem Prinzip. Oberstes Gebot ist, alles hinter dem Rücken zu sagen; nie aber zu verletzen. Wer aufsteht und weggeht, wird reif für die Kritik. Manche bleiben aus diesem Grunde bis zum Schluß, um nicht beredet zu werden. Aber einmal stehen sie alle auf von der Tafel des Lebens, und dann ist es um sie geschehen. Dann wird mit tapferem Freimut und epigrammatischer Verschärfung liebreich dargelegt, wie minderwertig sie waren. Selbst auf die literarische Kritik möchte man am liebsten dieses faule Vertuschungssystem anwenden. Den Wahrheitssprecher bei Lebzeiten möchte man am liebsten auch hier des mangelnden Taktes beschuldigen. Die Guten verabscheuen ihn. Und mancher, um den wir jungen Kritiker uns nicht mehr kümmern, geht mit durchaus falschen Vorstellungen über sich und sein tatsächliches Ansehen in den Sarg. Wenn er drinliegt, regt sich die Wahrheit allenthalben. Paul Heyse ist gewiß ein ehrlicher Mann – aber Dingelstedts Hinter-

bliebene scheinen von parsifalischer Weltunkenntnis zu
sein, wenn sie über den Widerspruch erstaunen zwischen
seinen Briefen an die Lebenden und seinen Erinnerungen
an die Verstorbenen. ...

Auch in dieser Woche hielt die Wohnungsnot an. Alle
Kenner versichern, daß sie in der folgenden noch nicht beseitigt sein wird. Wir im Westen spüren davon kaum etwas.
Wir werden bloß gesteigert, sind aber nicht obdachlos. Im
Norden und Osten steht es schlimm. Die kleinen Leute
müssen dran glauben, wie so häufig. Im Westen ist der
halbe Kurfürstendamm noch unbewohnt. Was man dort
baut, ist äußerlich oft geschmacklos – doch im Innern wundervoll und von höchster Bequemlichkeit. Man fühlt auf
angenehme Art, daß Berlin eine neue Stadt ist; alles wird
mit »Errungenschaften« gemacht. Ein großes Vergnügen,
da zu hausen. Manche, die frisch einziehen, gewöhnen sich
erst langsam in verklärter Stimmung an diese Seligkeit.
»Was tun Sie eigentlich, man sieht Sie ja gar nicht?« fragt
im ersten Rang in der Pause einer einen zweiten und
macht eine eindrucksvolle Gestikulation und begleitet sie
mit lieblichem Gesichtsausdruck. »Was ich tu'?« fragt der
andere, »was soll ich tun? Ich wohne.« Er wohnt.

Die leerstehenden Wohnungen des Westens stellen gewiß auf dem Kontinent den Gipfel der Vollendung dar. Paris, in Europa der Maßstab für alles, was gut und teuer ist,
steht hier weit zurück hinter Berlin. Aufzug, Zentralhei-
zung, elektrisches Licht und ein verschmitztes Bade-Eta-
blissement sind die Vorbedingungen für jedes bessere leer-
stehende Haus im Westen. In Paris wohnen auch die
Reichen oft, wie man vor fünfzig Jahren gewohnt hat. An
der Tür hängt ein bunter Strick, der gezogen wird und ein
Glöcklein in Bewegung setzt; das ist die Klingel. Die Klingel wird zum Symbol für das Ganze. Es gibt noch ein anderes Symbol: ein kleines Zimmer, von dem ohne Erröten
der Chronist nicht schreiben kann. Gleisnerisches Gallien! Hier zeigt sich, wie sehr auf äußeren Schein du gehst –
wie schwach es um die eigentlichen intimeren Bedürfnisse
der privaten Menschen bestellt ist. Gleisnerisches Gallien!

Weiter sag' ich nichts. In Berlin aber enthalten diese Stätten, mit denen es vor der Öffentlichkeit nichts zu prahlen
gibt, lauter Errungenschaften. Was die Technik bietet, haben sie. Was die Hygiene fordert, haben sie. Es ist eine
Lust, darin zu leben.

Alle diese Wohnungen stehen nun leer. Im Norden hält
die Obdachnot an. Auch dort sind übrigens die besetzten
Wohnungen komfortabler als in irgendeiner europäischen
Hauptstadt. London allenfalls ausgenommen; dort wohnen die Arbeiter auf billigem Grund, fern von der Stadt: in
kleinen Häuschen von schmaler, zweifenstriger Front,
ohne Zwischenraum aneinandergebaut in endloser Reihe.
Schrecklich sind, mit Berlin verglichen, wieder die Kleine-
leute-Wohnungen in Paris. In diesem Lande der Öffentlichkeit wird die Wohnung vorwiegend als Schlafstelle angesehen. Man braucht gewiß nicht als Regel aufzufassen,
was Zola Schaudererregendes in der Zeichnung von Arbei-
terheimen bietet; aber man kann doch in Ménilmontant
entsetzliche Einblicke tun. »Vater war een feiner Knopp,
mit 'n pomadierten Kopp, und er schlief uff eener Diele,
in Belleville. Abends ging er mit zwee Kinder spielen ins
Café-chantant, vor die jung'n und alten Sünder, in Ménilmontant.« So lautet Bruants Lied in der glänzenden Übersetzung von Siegmar Mehring, die er in sein Buch über die
französische Lyrik des neunzehnten Jahrhunderts aufgenommen hat. Auch auf den höchsten Höhen von Montmartre sind die Wohnverhältnisse bitter. Es gibt da statt
Wohnungen Vogelkäfige; und schmutzige. Also, was dem
Berliner Norden fehlt, sind nicht gute Wohnungen, sondern überhaupt Wohnungen. Dauert die Not an, so muß
sich der Magistrat entschließen, die leerstehenden Errun-
genschaftshäuser am Kurfürstendamm zu pachten und mit
armen Leuten zu bevölkern. Das wär' eine Sache.

In dieser Überzeugung schließe ich. Moritz befindet
sich etwas besser. Von Zeit zu Zeit gedenk' ich, dem Leser
über sein Verhalten Mitteilungen zu machen.

18. November 1900

Und die Gewohnheit nennt er seine Amme. Warum hat
man den Herrn von Frege-Weltzien aufs neue zum ersten
Vizepräsidenten des Reichstags gewählt? Wie inkonse-
quent ist die Menschennatur, wie schwankend ist sie, wie
unlogisch, wie verstockt und wie arm an Mut. Es handelt
sich um den Reichstag, um die wichtigste Volksangelegen-
heit der Deutschen, die nicht zur Komödie werden darf.
Herr von Frege hat durch seine Unfähigkeit, das gegebene
Amt zu verwalten, Stürme von Heiterkeit erregt. Man ist
nicht verpflichtet, zu allen Dingen fähig zu sein. Frege mag
zu vielen Dingen unbefähigt sein, aber zweifellos am un-
befähigtsten ist er für die Leitung des gesetzgebenden Kör-
pers. Es ist das nicht ein böses Gerücht, von einer einzigen
Partei in Umlauf gesetzt. Vielmehr sind alle Parteien über
seine Unfähigkeit einig; und alle Parteien machen ihm
gleichzeitig Honneur durch donnerndes Gelächter. Dennoch ernennt man diesen Mann wieder zum Inhaber des
Postens. Wie ist das zu erklären? Will man ihn nicht verletzen? Dann will man also lieber eine Nation durch diesen Anblick verletzen. Wahrscheinlich liegt der Grund in
persönlichen Beziehungen, zur einen Hälfte. Zur andern
Hälfte liegt er im Gesetz der Trägheit. Alle wissen, daß er
unfähig ist, aber keiner von seinen Leuten hat die Traute,
mit der Sprache herauszurücken. Einer müßte anfangen,
müßte rufen: weg! und der findet sich nicht. Die Gesamtheit ladet damit eine Schuld auf sich, die wahrlich nicht so
komisch ist wie die Amtsführung des Herrn von Frege.
Das Ganze wird schließlich ein Symbol. Ein Symbol für
den faulen, immanenten Konservatismus, der niemals sagt:
Ja – also! Man kann ruhig noch weitergehen und behaupten: wer zuerst die Stimme erhöbe gegen die fernere Be-
lassung Freges in diesem Amt, der würde sich höchst miß-
liebig machen. Die Näherstehenden würden ihn verdächtig anblicken. Sein Ruf als eines Krakeelers wäre besiegelt.
Er würde boykottiert werden. Denn Frege ist ein glücksge-
segneter Mann, der mit vielen gutsteht. Würde der ganze

Fall sich in höherem Bereich abspielen, während er sich in
Wahrheit auf niedriger Fläche bewegt, so könnte man aus
Hebbel zitieren, was der König Kandaules zum Gyges sagt:

> Drum, Gyges, wie dich auch die Lebenswoge
> Noch heben mag (sie tut es ganz gewiß,
> Und höher als du denkst) vertraue ihr,
> Und schaudre selbst vor Kronen nicht zurück –
> *Nur rühre niemals an den Schlaf der Welt.*

Dieser Schlaf ist in Deutschland oft tiefer gewesen als in
andern Ländern. Er hat viel Unheil gebracht im Laufe einer langen Geschichte. Dieser Schlaf hat zuletzt die Schädigung des Landes durch die deutschen Fürsten ohne Krakeel geduldet. Dieser Schlaf duldet auch in der Gegenwart
vieles Empörende, ohne Krakeel. Der Fall des Herrn von
Frege ist eine Kleinigkeit. Doch er gibt Anlaß zu schwere-
ren Betrachtungen.

Auch der jüngste Fall Mirbach ist eine Kleinigkeit. Aber
eine mit Hintergrund. Herr von Mirbach war gelaunt, die
Sozialdemokraten Rhinozerosse zu nennen. Dieser Ausspruch an sich ist gleichgiltig; er würde, von einem Unbekannten getan, nicht stärker beachtet werden als etwa die
Aussprüche des Grafen Pückler aus Klein-Tschirne. Man
würde sagen: irgendein Mirbach hat die Träger der einschneidendsten und ernstesten Bewegung unserer Tage
mit einem Viehnamen belegt, er steht vielleicht auf der
geistigen Höhe Wrangels, möge er glücklich werden. Das
würde man sagen, wenn er Privatmann wäre. Der Mann
bekleidet aber, weithin sichtbar, ein »hohes« Amt. Also
man kann in Deutschland heut ein hoher Beamter sein und
darf die nach Zahl stärkste Partei des Landes durch einen
tierischen Vergleich offen beschimpfen. Er bleibt im Amt –
wie man im Amte bleibt, wenn man zwölftausend Mark
sich von einer Clique für ihre Zwecke hat schenken lassen.
Hohe Würdenträger, von unserem Gelde bezahlt (gleichviel ob direkt oder auf dem Umweg der Zivilliste), bleiben
auf dem Posten, obwohl sie grobe Verletzungen der recht-
mäßigen Gefühle dieses Volkes wagten. Hat die Kaiserin,

was anzunehmen ist, von der Rhinozeros-Rede ihres Oberhofmeisters keine Kenntnis, so ist durch eine ständige Einrichtung dafür zu sorgen, daß dergleichen zu ihrer Kenntnis gelangt. Gott schuf den Menschen nach seinem Ebenbilde, heißt es beiläufig in der Bibel. Herr von Mirbach,
dieser Kirchengeldsammler, müßte das wissen. Einst besuchte der fromme Mann Herrn Singer, um eine Gunst
von ihm zu erbitten. Damals erzählte er nicht, daß er die
Sozialdemokraten für Rhinozerosse halte. Rhinozerosse
besucht man nicht. Jedenfalls bleibt die ganze Erscheinung
mit ihrer periodischen Tätigkeit in Wort und Schrift eine
fesselndere Gestalt unserer Zeitläufte. Sooft er hervortritt,
erregt er freundliches Aufsehen. Was wird er wohl das
nächste Mal bringen.

Um von fröhlicheren Sachen zu sprechen: am vorigen
Sonnabend war ein Pressefest. Es wurde im Reichstag abgehalten, wo all die unfröhlichen Dinge in kraftvoller Tonart hoffentlich zur Sprache kommen. Bei dem Pressefest
riskierte den stärksten Ton die Berliner Liedertafel. Sie
sang Choräle, Volkslieder und sonstige Manneslieder.
Hoch oben stand sie, auf den Galerien der Rotunde verteilt, und es ergossen sich die Baß- und Tenorfluten bis in
die fernen Seitengänge dieses prachtvollen Gebäudes. In
der Rotunde saßen Kopf an Kopf schöngekleidete Damen
und Herren. Ringsherum, an den Wänden und zwischen
den Torsäulen, standen Krieger mit Orden, auch Finanzaristokraten, auch Schriftsteller, auch hohe Beamte, auch
Künstler. Vorn war ein Podium, ein Flügel darauf. Dort
stellte sich die Sängerin Tilly Koenen hin und sang Worte
von Friedrich Nietzsche, komponiert durch Arnold Mendelssohn. Die Lichter fielen auf sie hernieder, ich meine:
der Schein der Lichter, und die vollen Töne zogen gewaltig
durch den runden Raum. Aber die Aufmerksamkeit war
nicht stark, denn alles lauerte auf das Lustwandeln durch
die Hallen, durch die Korridore, durch die Speiseräume des
Parlaments. Hiernach aber, als das Nachtlied Zarathustras
beendet, trat Fräulein Destinn auf den Fleck, wo vorher die
andre gestanden – Emmy Destinn. Ich bin heute nicht bei

Stimmung, das wird der Leser gemerkt haben, aber ich will dennoch beschreiben, welchen Eindruck Emmy Destinn machte.

Also sie stand im hellen Licht einsam da, und es war ihr dunkles Haar in der Mitte geschlichtet und floß glatt nach beiden Seiten hin. Mich däuchte, sie trug da, wo das Haar geschlichtet war, mitten an der Stirn, eine einsame Perle, eine längliche. Aber es kann auch sein, daß sie diese Perle nicht trug. Von seltener Gloria und Magie umwittert, schweigend in den Regungen ihres stillen, tiefen, marmornen Gesichts, eine junge Gestalt, aus verschollenen Tagen in unsere Zeit hinübergepflanzt, voll strengen und holden Reizes, zauberhaft: so stand sie da. Es schwebten über der Perle zwei Engelein, der eine blond, mit Grübchen in den Backen, der andere trauriger, stiller, dunkelhaariger und bleicher. Leise schwebten sie bald höher, bald niedriger, je nach dem Gesang. Der Verein Berliner Presse hatte sie nicht gestellt: sie waren freiwillig von oben hereingeeilt, durch die Kuppel, welche den Gipfel des Reichstags, wenn auch nicht der Geschmacklosigkeit bildet, nachdem sie aus dem zweiten Stock des Paradieses über Frankfurt an der Oder auf den Königsplatz geflogen waren. In der ersten Reihe der Hörer saß der Fliegende Holländer, modern verkleidet mit Frack und weißer Binde, und er begann mit tiefer Stimme unhörbar zu singen: Wie aus der Ferne längst vergangener Zeiten steht dieses Mädchens Bild vor mir; was ich erträumt in bangen Ewigkeiten, mit meinen Augen seh ich's hier. Er detonierte mehrfach aus Ergriffenheit. Dabei vermählte sich sein Gesang auf eine eigentümliche Art mit dem Liede der Delila von Saint-Saëns, das die Sängerin über die Versammelten tönen ließ. Als sie rief »Samson, Samson, ich liebe dich«, verschwand er plötzlich, nach unten. Auf seinem Stuhl nahm kurz danach der Admiral Tirpitz Platz, der eben in den Saal geführt wurde; er ahnte nicht, daß ein Fachgenosse dort geweilt hatte. Als nun die Arie ausgeklungen war, setzten sich auf die unbewegten Schultern der Königlichen Hofopernsängerin der dunkelhaarige und der heitere Engel und küßten sie aufs Ohr. Ich

zerklatschte meine Handschuhe. Oben stand sie noch immer, in strenger berückender Glorie. Alle Leute klatschten,
und das Licht zitterte vor Bewegung. Dies etwa war der
Eindruck, welchen E. Destinn auf dem Pressefest im
Reichstag machte.

Gegen Mitternacht gingen viele Leute in den Sitzungssaal der Reichstagsabgeordneten. Denn alle Räume standen den Gästen zur Verfügung. Die Herren und Damen
traten ein, mit den scheu erstaunten Blicken, mit dem vorsichtig ausgereckten Hals, wie die Weber in Dreißigers
Wohnung. Manche hatten vorher auch ein Edelmannsfres-
sen zu sich genommen. Lächelnd standen drei Diener im
Hintergrund und hörten sich die Bemerkungen an. Der
Anblick der Fraktionsstühle rief in einzelnen Besuchern
die politische Leidenschaft wach. Ein Greis erklärte: diese
Partei hat unserem Lande viel geschadet, mit ihrem Nör-
geln; er hatte sich süßen Weines vollgesogen und wurde
von der Familie am Rock rückwärts geschleppt. Duftig ge-
kleidete junge Mädchen krochen auf die Bänke der Sozialisten. Wenn in diesen Tagen der grimme Bebel, der wuchtige Auer und Mirbachs Freund Singer auf ihre Stühle sich
niederlassen, dann wird ihnen ein märchenhafter Wonne-
schauer süß-prickelnd über den harten Leib rinnen.

Wie aber dem auch sei: für heute will ich aufhören. Nur
eine kleine Mitteilung noch. Mein Goldfisch Moritz macht
exaltierte Bewegungen und lacht sinnlos vor sich hin, wenn
er sich unbeobachtet glaubt. Ich habe die Absicht, ihm eine
Lebensgefährtin zu geben.

25. November 1900

Heut, wenn dieser Brief mit schwarzen Lettern auf weißem Papier erscheint, tragen die Lettern ihre Farbe mit
doppeltem Recht: es ist Totensonntag. Die Lebenden gedenken ihrer Toten. Beider Parteien: der Toten, die im
Grabe liegen, und der Toten, die auf Erden herumwandeln.
Die Berliner Friedhöfe sind nüchtern und greulich. Es sind
weniger Friedhöfe als zweckmäßige Plätze behufs Unter-

bringung lebloser Körper. Es mangelt ihnen der Reiz der Landschaft. Sie erstrecken sich flach und wurstig dahin, Eisenbahnen auf Metallträgern donnern über sie weg, elektrische Wagen umklingeln sie, und gegenüber liegen Destillen. Die Venezianer haben eine Toteninsel; davon ist nicht zu reden. Nur sei gesagt, daß sie in der Nähe des Eilands Murano liegt, daß diese Insel mit Mauern umgeben ist, daß über die Mauern die Zypressen ragen und daß das Ganze im Dunkel eines heißen Herbstabends von einer gewissen Weinwirtschaft auf den Quadern der Nordstadt nicht ohne tiefere Nachdenklichkeit, nicht ohne strahlenden Lebensschmerz und sehnsüchtige Lebenslust anzuschauen ist. Die Pariser haben das wundersame Totengebirge mit den überhängenden Bäumen, mit dem wilden Gerank eines alten Gartens voller Schluchten, voll verloren überwachsener Quergänge und tiefer, wirrer Einsamkeiten. Die Berliner haben kein Gebirge und keine Insel, aber die Gräber selbst, innerhalb der Unterbringungsplätze, sind liebreich und mit herzlicher Sorgfalt gepflegt; die Nüchternheit der Lage wird beinahe verwischt durch die ernste Anmut dieses Waltens. Und so erscheinen die Friedhöfe zwar dauernd häßlich, doch sie wirken inniger, wenn man einmal drauf ist, als die berühmteren Stätten älterer Länder.

Am Sonntag, wenn kleine Mädchen, um etwas Glück zu kneipen, mit einem geliebten Mann nach Schlachtensee »machen«, sehn sie im Vorüberfahren hinunter auf Gräber und Grabsteine, auf Kreuze und Kränze von der Bahn aus, und für einen Augenblick schweigen sie. Manche weiß, wenn es auch nur die schöne, kluge Tochter eines preußischen Briefträgers ist, daß weiter unten, in Wannsee, Heinrich Kleist begraben liegt; und sie verlangt, an sein Grab geführt zu werden. Am Abend, auf der Heimfahrt, liegen die Berliner Eisenbahngräber im Dunkel, keine Erinnerung an die Verwesenden lähmt die Zunge – wenn nicht eine abendliche Schwermut sie gelähmt hat.

Auf die Eisenbahngräber ziehen sie an diesem Sonntag alle, die Witwen und die Söhne und die Bräute, die Mütter

und die Töchter, und tragen Blumen herbei. Da regt sich
der berlinische Ordnungssinn, die Gräber werden aufge-
räumt, daneben erst tritt die Trauer in Kraft. Hier ist das
Reinemachen Kundgebung des Herzens.

Viele gedenken an diesem Totensonntag ihrer Verlorenen, die gestorben sind, obwohl sie lebendigen Leibes ein-
hergehen. Mit Kränzen naht man ihnen nicht; würde
höchstens, wenn die Spree kein so ruppiger Fluß wäre, einen Kranz in die Flut werfen und zusehen, wie er den
Strom hinabschwimmt. Mit Kränzen naht man ihnen nicht
und nicht mit Blumen, und wenn sie vorbeikämen, würde
man tun, als sähe man sie nicht, und würde eine Zigarette
anzünden oder auf die Uhr sehen oder sagen: ein schöner
Tag! Aber man erinnerte sich dennoch der Zeit, da sie lebten und nicht verstorben waren, und würde vielleicht die
besten Blumen, von den schönsten Farben und dem holdesten Duft, und die strahlendsten Kränze von allen auf diese
ungreifbaren Gräber legen. Ihr seid gestorben, doch ihr
lebt noch. Ihr lebt – aber ach, ihr seid gestorben. Das
Schicksal gebe euch die ewige Seligkeit; lange genug wart
ihr unselig. ... Über den Gräbern aber leuchtet schließlich im Dämmer der Luft und im Dunst der Erde ein un-
sterbliches Wort: Memento vivere! Gedenke zu leben!
Nietzsche hat es geprägt, der nie gelebt hat. Mementote
vivere! Freunde, gedenket zu leben! Solange ihr hier seid,
geht es noch. Nachher geht es nicht mehr. Mementote
vivere.

Am Donnerstag hielt der Freiherr v. Wilamowitz-Möl-
lendorff einen Vortrag über die Orestie des Aeschylos im
Hotel Saxonia. Es war der zweite Vortrag. Zum ersten war so
heftiger Andrang, daß mehr draußen blieben als hineinka-
men. Für die Ausgeschlossenen sprach er zum zweiten Mal.
Der Redner ist ein Schwiegersohn Mommsens und von Geburt wohl Pommer oder Westpreuße. Wenigstens spricht er
so. Er hat den Ruf, unter allen Berliner Professoren am stärksten im Vortrag zu fesseln. Ich hatte ihn nie gehört. Jetzt sah
ich, wie begründet der Ruf war. Ein glatt rasiertes Gesicht,
schmal, abschattungsreich, sehr ausdrucksfähig, weiß-graues

Haar. Halb Prediger, halb Kellner, halb Athener – könnte man sagen, wenn es drei Hälften eines Ganzen gäbe, während es doch nur zwei gibt. Die Vortragsart dieses Gelehrten prägt sich seltsam ein. Die Feinheit des Kopfes wirkt zunächst, der fortwährende Wechsel der äußeren Haltung sodann; und zu dritt, am stärksten, die große innere Ungezwungenheit einer unmittelbaren Seele; man fühlt sie gleich heraus. Er gewährt Bilder; Stellungen von höchster Wandelbarkeit, schmiegsam, beweglich, fein, nicht ohne humorhafte Dämonie. Der ganze Mann aber leuchtet von dem Gegenstand, über den er spricht; dessen Fülle ihn zu durchtränken scheint; und er wirft aus der Fülle die wesentlichen Gebiete mit innerster Neigung und doch in spielerisch überlegener Art vor die Hörer, zwischen die Hörer. Er ist ein ganz Durchdrungener, voll ernsten Pflichtgefühls, und dabei etwas Mitterwurzer. Er bietet das lockende Schauspiel eines tiefgelehrten Mannes, der eine Künstlernatur in sich hat. Man fühlt: die Wissenschaft der Tatsachen ist hier der Untergrund für den Flug eines Temperaments. Er erschaut die Dinge, er malt sie anderen vor. Manchmal fängt er an, die Stimme zu schwellen, und richtet sich auf, bald duckt er sich und flüstert, verzieht das Gesicht, manchmal steht er plötzlich vor dem Katheder, geht wieder zurück, bohrt mit den Händen in die Luft, stützt sich dann auf die Ellbogen und redet mit Falsettstimme – bis er plötzlich sein Gesicht mit ruckartiger Bewegung nach unten beugt und einen lächelnden, feinen, vielsagenden Blick hat, so daß die Hörer einen ganz anderen zu sehen glauben: einen freundlicheren Mephistopheles oder Diplomaten. Und manchmal wieder zeigt das durchseelte Antlitz einen fast blöden Ausdruck, wie das eines geistesabwesenden Menschen, der nur mit sich beschäftigt ist und nur für sich, subjektiv, einen Monolog hält. So merkwürdig ist die Erscheinung dieses Akademikers, der das Akademische mit den Lippen von sich bläst wie den Staub vom Ärmel. Ein Archäologie-Professor und ein spielerischer, darstellender Künstler. Seltener Vogel. Worüber er geredet, kommt beinahe nicht in Betracht. Die Orestie wird nächstens aufgeführt. Was sie uns von der Bühne geben

kann, werden wir sehen. Nach dem Vortrag hatte man das
Gefühl, es sei ein modernes Werk. Das ist die Größe des
Herrn v. Wilamowitz. Der akademische Verein für Kunst
und Literatur (er ist ein reizvolles Gegenstück zum Bierba-
nausentum, gibt sich nicht mit Kleinigkeiten ab und ladet
auch Damen ein) hatte einen glücklichen Abend.

Hoffentlich wird die Orestie nicht verboten. In Deutschland wird jetzt alles verboten. Zu Stuttgart ist der Tod und
die Maus verboten worden. Ein Mäusetötungsmittelinha-
ber wollte ein Plakat befestigen, darauf der Tod mit einer
Maus gemalt war. Die Bahnverwaltung ließ ihn nicht.
Wahrscheinlich sollten religiöse Gefühle berücksichtigt
werden. Im Opernhaus, dem Theater des Königs von Preußen, wollte man Parsifalszenen singen lassen, am Bußtage.
Doch es kam wie bei dem Mäusefrevel. Parsifal ist ein geistlich Werk, und der Christenfeind Nietzsche lernte just
darum Wagnern hassen. Aber das Werk scheint nicht geistlich genug für unsere andächtiglichen, gottesfärchtigen
preußischen Behörden. Die Absingung wurde verboten.
Daß die Königl. Oper überhaupt, als eine Stätte der Lust,
und das hiermit verknüpfte Balletcorps, als ein Regiment
des Teufels, nicht abgeschafft wird, verwundert manchen.
Der Freiherr von Mirbach scheint im vorliegenden Fall gegen den Grafen Hochberg tätig gewesen zu sein. Wenn sich
erst die königlich preußischen Institute und Institutionen
untereinander bekämpfen, weil die eine der anderen nicht
gottesfürchtig genug ist, dann wird es Tag. Warum aber
sollte grade die Orestie nicht verboten werden? Ehebruch
wird in den meisten Fällen auf den Theatern nicht mehr erlaubt. Muttermord ist ein schwereres Vergehen als Ehebruch; Ehebruch aber *und* Muttermord, wie es in der
schrecklich-feinen Familie des Orest mit unterläuft, sollte,
zumal der studierenden Jugend, darzustellen untersagt sein.

In der vergangenen Woche ist von den Lesern eine solche Fülle von Karten und Briefen an meinen Goldfisch
Moritz gerichtet worden, daß ich zwar auf diesem Wege
herzlich danke, aber zugleich bitte, alle Moritz betreffen-
den Zuschriften lieber an die Redaktion der Zeitung zu

senden (falls sie einverstanden ist), weil ihr ein größeres Personal zur Bewältigung von Korrespondenzen als mir zur Verfügung steht. Auch muß ich die weitere Zusendung von Futtermaterialien freundlich, aber entschieden ablehnen. Der Fisch ist ganz gesund.

Anhang

Alfred Kerr und die Berliner Briefe

Von Günther Rühle

Dieses Buch sammelt fast verschollene Texte. Sie wurden geschrieben vor einem Jahrhundert. Ihre Verschollenheit hat ihre Lebendigkeit nicht vermindert. Ein junger Mann mit wachem Sinn, großem Ehrgeiz und wunderbaren Treibkräften beginnt mit ihnen seinen Weg. Seine Lust, sein Drang, sich schreibend in der Öffentlichkeit darzustellen, nimmt eigene Formen an. Er sagt hier: Nehmt mich wahr, ich komme ... Schreibend wird er sein Leben verbringen und sich einschreiben in unser Gedächtnis.

Noch ist er Student, vierundzwanzig Jahre alt, da erhebt er in Berlin seine Stimme. Knapp vier Jahre ist er, von Breslau kommend, nun in der Stadt; das Studium geht zu Ende, die Dissertation ist beschlossen, als er sich den ersten Auftritt verschafft. Herbst 1891, im »Magazin für Literatur«, also auf angesehenem Platz. Er schreibt über »Die Zeitschriften und die Literatur«, in Fortsetzungen: er reibt sich am Symbolismus, befaßt sich später mit Strindbergs Bauernnovellen, mit Heines Familienbriefen und danach mit französischen Schriftstellern, mit Paul Bourget und Lemaitre. Er zeigt sich auf vertrautem Feld und gleich als belesener Mann, denn er studiert deutsche und französische Literatur, dazu Philosophie und macht bei Julius Hoffory, dem er später in den Berliner Briefen ein schönes Denkmal setzt, dänische Übungen. Der junge Mann aus Schlesien hat einen Hang zum Nördlichen und eine Liebe zum Französischen, außerdem eine ziemliche Lesewut. Er kennt seinen Jean Paul, natürlich Goethe/Schiller und Heine, Musset und Balzac, Zola und Schopenhauer; und die Romantiker, Brentano vor allem, über dessen »Godwi« er promoviert: Ende Juli 1893. Freilich nicht in Berlin, sondern in Halle, wo der berühmte Romantikprofessor Rudolf Haym seine Ar-

beit annimmt. Der beginnt sein Gutachten so: »Die vorliegende Dissertation eines Schülers von Erich Schmidt liefert
einen sehr schätzbaren Beitrag zur Geschichte der Jüngeren Romantik, indem sie ...« usf. Und ins Prüfungsproto-
koll schreibt er: »Der Cand. zeigt sich in löblicher Weise
belesen, über die historischen inneren Zusammenhänge
der litterarischen Erscheinungen unterrichtet und von ver-
ständigem ästhetischem Urteil. Ich beantrage das Prädikat
magna cum laude.« Der junge Mann kehrt von Halle nach
Berlin zurück, und auch sein Lehrer Erich Schmidt dürfte
stolz gewesen sein auf seinen Schüler. Die Verbindung
bleibt. Der junge Autor stellt den Lehrer, der ihn fürs Leben beeindruckt, in den Berliner Briefen noch oft auf goldene Brücken.

Der junge Dr. Alfred Kempner, der sich Kerr nennen
will, strebt in den Journalismus. Dafür ist Berlin der
enorme Platz. Berlin ist die Stadt der Zeitungen, der Zeitschriften und: der Kunstwagnisse ... Als er, noch nicht
zwanzig Jahre alt, im Sommer 1887 nach Berlin kam, fand
er sich bald erfaßt von der Dynamik der Stadt, in der sich so
viel Neues vorbereitete. Es waren die Tage, da man sich die
Namen von Ibsen und Björnson einprägte und – noch verborgen – Unbekannte wie Gerhart Hauptmann und Frank
Wedekind zu schreiben begannen. Kerr hat den Tag mit-
erlebt, an dem Hauptmanns schlesisches Schauspiel »Vor
Sonnenaufgang« Skandal machte und die neue Ära der
Wirklichkeitskunst einleitete. Die denkwürdige Arbeit der
Freien Bühne erregte Streit und Aufsehen, Männer wie
Otto Brahm zeigten Mut zum Neuen, auch zu Konflikten
mit der Zensur. Kurz: der junge Kerr kam nach Berlin im
Augenblick der Verwandlung und der kulturellen Zäsur.

Die Herausgeber des »Magazins für Literatur«, Fritz
Mauthner und Otto Neumann-Hofer, der später einmal
das Lessing-Theater leiten wird, müssen den jungen Mann,
der ihnen 1891 seine ersten Manuskripte in die Redaktion, Carmerstraße 10, bringt, schnell als ein Talent mit Zukunft erkannt haben. Vom August 1893 an darf der Neuling
schon Theaterkritiken fürs »Magazin« schreiben. »Wochen-

schriftskritiker« nennt der sich bald ironisch, weil ihm so viel, anscheinend zu viel Zeit bleibt zum Schreiben. Alfred Kempner tritt auf als Alfred Kerr; der Namen wird später ganz der seine. Mit dem »Magazin für Literatur« hat er sich das erste Forum erobert. Das Magazin ist sein Übungs- und zugleich sein Erscheinungsfeld. Bis Ende 1895 schreibt er hier über Theater.

1895 erscheint er auch zum erstenmal in der »Neuen Deutschen Rundschau« mit einem Essay. Der Titel sagt genug: »Der Fall Fulda«. Ein Kunstrichter richtet sich ein. 1895 ist das Jahr von Kerrs schriftstellerischer Geburt.

Das »Magazin«, das damals seine beste Zeit hat, wird nicht nur in Berlin gelesen. In Breslau wird man auf den jungen Mann aufmerksam. In Breslau blickt man nach Berlin. Die Redaktion der »Breslauer Zeitung« streckt die Hand nach ihm aus, verpflichtet ihn für ihre ständige Kolumne »Berliner Brief«. Unmittelbar nach seinem 28. Geburtstag schickt er das erste Stück. Es erscheint am Neujahrstag 1895. Wer es liest, spürt den neuen frischen Ton am altgewohnten Platz: »Der Berliner Westen – diese elegante Kleinstadt, in welcher alle Leute wohnen, die etwas können, etwas sind und etwas haben und sich dreimal soviel einbilden, als sie können, sind und haben [...]« Er beginnt mit atemverschlagender Frechheit. Der Autor Kerr kennt sich gut aus in Berlin. Er hat die Stadt durchforscht, Leute kennengelernt, sich Verbindungen geschaffen. Er hat eine Affinität zur Gesellschaft, interessiert sich für ihre Sitten, ihre Ansprüche, auch für die Stadtpolitik. Seine Erfahrungen im Theater reichen schon hin, um vergleichen und immer triftiger werten zu können. Ihn treibt nicht nur die Neugier, sondern auch ein Wille, mitzureden im öffentlichen Gespräch. Mit der »Breslauer Zeitung« hat er einen festen, ihn ständig fordernden Ort an der Berliner Peripherie.

Die »Breslauer Zeitung« ist ein angesehenes Blatt. Sie ist bürgerlich, liberal, ein Derivat von 1848 ist noch zu spüren. Die Leser bilden das Breslauer Bürgertum, die Trägerschaft sind wohl die jüdischen Familien, die in der Stadt eine große Rolle spielen und den Anzeigenteil für ihre

wachsende Geschäftstätigkeit nutzen. Die ernst und verantwortlich redigierte Zeitung, die dreimal am Tage erscheint, wird in Berlin gelesen, nicht nur von Breslauern.
Aber in dem Wort, daß alle wahren Berliner aus Breslau
kommen, steckt Wahrheit. Kerr zählt manches Mal auf,
wer alles aus seiner Heimatstadt nun Berlin bereichert. Zugleich ist die Zeitung für den jungen Kerr das Mitteilungs-
blatt nach Hause, ein journalistischer Tanzplatz, auf dem er
seine Sprünge und Duelle vorführt. Die Leute, die ihn in
Breslau lesen, sagen: seht, was Kempners Sohn kann, was
der erlebt, was der sich traut. Und man darf sicher sein, daß
man auch in Berlin ein Auge darauf hat, was der kühne, im
Schreiben gleich so souveräne junge Mann sieht und was er
nach Breslau berichtet.

Was sich unter der Sonntag für Sonntag wiederholten
Überschrift »Berliner Brief« darbietet, ist die bis in die
siebziger Jahre viel genutzte, heute doch als antiquiert gel-
tende Form des Kulturbriefs. Das ist in der Zeitung, die gedrängt voll mit Nachrichten und eng gedruckt erscheint,
der Platz, wo man durchatmet, wo man nicht nur Informa-
tion, sondern auch Unterhaltung hat, Witz und Intelligenz
spürt, etwas vom Leben erfährt, wie es einer erlebt und
darreicht. Nirgendwo in der Zeitung wird sonst geplaudert. Man kommt von einem zum andern, man braucht
nur die Kunst, seine Themen interessant zu machen und
sie elegant miteinander zu verbinden. Die Form ist erzäh-
lerisch, der Inhalt dem Schreiber frei wählbar, den Einfäl-
len, auch den Verlegenheiten offen. Man kann alles unter-
bringen: über das Wetter schreiben, seinen Gefühlen den
Lauf lassen, mit Gedanken, Empfindungen und der Sprache jonglieren, sich in Gerichtssäle setzen, aus dem Leben
der Künstler, aus den Theatern berichten, Menschen por-
trätieren, politische Ereignisse kommentieren.

Im nahen Breslau will man wissen, was sich in der Hauptstadt tut. Die Parlaments- und die Hofberichte, mit denen
die Zeitungen in Berlin wie in Breslau willfährig dienen,
reichen nicht. So ist man in diesen Berliner Briefen bei den
Diskussionen der Künstler dabei, wie lange sie sich die Be-

vormundung durch die Kunstmacht Anton von Werners noch gefallen lassen und wann sie sich sezessionieren sollen. Man sieht mit Kerrs Augen in die Ränge und Parketts der Theater, sitzt nach den Premieren bei Dressel, erlebt, was die Berliner damals erleben, als die Fahrradmode ausbricht oder die Gewerbeausstellung die Sensation in der Stadt wird. Stoff gibt es in der Hauptstadt genug.

Die Zeit ist voller Umwälzungen. Das 1871 gegründete Reich entwickelt sich kräftig. Das schmächtige Berlin, Preußens Hauptstadt, in der das Königliche Schloß nun den dritten deutschen Kaiser beherbergt, wächst als Kaiserstadt in die Rolle der Reichshauptstadt; die Bevölkerung, die von allen Seiten, auch von jenseits der Grenzen, Zustrom erhält, wird bunter, gemischter, aus dem Sammelsurium der Dörfer und anrainenden Städte bildet sich eine Großstadt, eine Metropole von über einer Million Einwohnern, und früh schon spricht man zukunftsfroh von der »Weltstadt«, auch wenn man sich die Welt vorerst noch über allerlei illusionistische Ausstellungen in die Stadt holt.

Als Alfred Kerr zu schreiben beginnt, ist Berlin in einem kräftigen Umbau. Die Zeit der Gasbeleuchtung geht zu Ende, das elektrische Licht kommt, die Stadt wird heller. Die Pferdebahnen verschwinden, die elektrischen Schnellbahnen werden angelegt, die Arbeiter wühlen die Stadt auf. Die einst durch den alten Reichstag politisch geprägte Leipziger Straße wandelt sich zu einer des Konsums. Die Verführung durch das neue, massenhafte Warenangebot ändert die Lebenswünsche und die Lebensart. Das neue Kaufhaus Wertheim ist für Kerr Richard Wagner auf andere Art. Das alte Berlin stirbt unter seinen Augen Stück um Stück. Er registriert das Sterben an der schönen, von ihm geliebten Potsdamer Straße, in der er noch dem alten Fontane wie dem greisen Adolph Menzel begegnet. Die Bäume fallen, um die Flaniermeile für den wachsenden Verkehr zu verbreitern. Er singt seinen Abschiedsschmerz auf die alte Potsdamer Brücke, die einer neuen Platz macht, geschmückt mit den Heroen der neuen Naturwissenschaft; er erlebt, wie sich der Kurfürstendamm zu einer westlichen

Prachtstraße entwickelt, die Wohnungen – noch stehen sie leer – für künftige Bedürfnisse entworfen werden, wie sich das Brachland westlich, über den Savignyplatz hinaus, belebt und der bürgerliche Reichtum mit dem staatlichen wetteifert. Neue Ansprüche werden der Stadt eingepflanzt; Messel tut es mit seinem Warenhaus in der Leipziger Straße und am anderen Ende der Stadt Bernhard Sehring mit seinem Theater des Westens: moderne und eklektische Postmoderne schon damals. Die technischen Erfindungen und Entdeckungen bereiten ein ganz anderes Jahrhundert vor, von den U-Bahnen an bis zu den Entdeckungen Röntgens und den neuen Fabriken am Rand der Stadt. Die Widersprüche wachsen, ihre Verdrängungen auch.

Die neue Gesellschaft, die sich nun – mit der Prosperität der technischen Entwicklung reich werdend – zeigt, gerät in den bewußt vergrößerten Glanz des Kaiserhofs. Der junge Monarch, der vor wenigen Jahren den alten Kanzler Bismarck entlassen hat, um selbst zu bestimmen, wie sein Reich aussehen soll, der sich anfangs als Friedenskaiser und als Fürst des sozialen Ausgleichs darzustellen beliebt, läßt es an Glanz, Festlichkeiten und Gönnerschaften nicht fehlen. Er schmückt sich seine Stadt mit Prachtbauten, Denkmälern und vielen Kirchen; mit der Kaiser-Wilhelm-Gedächtniskirche gibt er dem neuen Westen ein Zentrum und der Reichsgründung ein Heiligtum; dem Parlament wird von Wallot ein neuer Reichstag gebaut, und wenn der Kaiser sich dagegen schon nicht wehren kann, versagt er ihm doch die Inschrift »Dem deutschen Volke«, weil er immer, wo er auch auftritt, von »Meinem Volk« spricht, als gehörten die Menschen ihm; selbst dem pompösen Denkmal für seinen Großvater, Wilhelm I., das er seinem Schloß gegenüber bauen läßt, verweigert er das neue Symbol eines bürgerlich verfaßten Staates, die Wahlurne; denn er errichtet noch einmal einen Staat, den er mit Gottesgnadentum und Ahnenkult schmückt, in dem er in seinen Untertanen als Lebensziel weckt und pflegt, ein »von« vor den bürgerlichen Namen oder doch wenigstens einen der höheren preußischen Orden zu bekommen. Adel sitzt überall, stützt und vermehrt sich, Kerr spricht bald vom neuen »Ritterstaat«.

Dabei ist der Kaiser selbst mit seiner Militärpolitik, mit den Flottenvorlagen und dem Bau immer neuer Kreuzer, mit dem imperialen Ausgreifen ins koloniale Afrika, ja bis nach Indonesien (Samoa) und China auf Wegen, von denen sich das alte Preußen, dessen Königstradition er noch immer in Anspruch nimmt, nichts träumen ließ. Und mit der industriellen Entwicklung wächst in der Arbeiterschaft eine neue, künftige Macht. In Berlin zeigt sie sich deutlich; die Arbeitervereine sind die Vorläufer der Sozialdemokratie, die am Ende der Kaiserzeit das im Kulturkampf gegründete und erstarkte katholische Zentrum als stärkste politische Gruppierung abgelöst hat, obwohl vom Sozialisten- und vom Umsturzgesetz bis hin zu den vielen Restriktionen, über Zensur, Majestätsbeleidigungsprozesse, das Streik- oder nur ein neues Vereinsgesetz gegen die neuen geistigen und sozialen Ansprüche überall Barrieren aufgebaut wurden.

Die agierenden Personen tauchen bald auch in Kerrs Berichten auf, Ferdinand Lassalle, Wilhelm Liebknecht, Paul Singer, der große Bebel, die eindrucksvolle Clara Zetkin auf der einen Seite, die Herren Mirbach, Stöcker, Bosse, Stumm, Miquel, die Konservativen und die Rittergutsbesitzer auf der anderen und dazwischen die wechselnden Kanzler. Kerr sieht sie alle; von manch einem gibt er scharfe Porträts. Denn eine Stadt: das sind die Menschen, die ihre Welt prägen und auch von ihr wieder bestimmt werden. Je länger er seinen »Berliner Brief« schreibt, um so deutlicher wird dieses rückbezügliche Verhältnis. Gegen die wahren und die gemachten Persönlichkeiten des neuen Kaiserreichs stehen die Unpersönlichkeiten, die Getriebenen, die Nicht-Überlegenen, die mit dem Leben nicht fertig werden. In den Zeitungen trifft man auf harte Kriminalität, auf die vielen Liebestragödien, die tödlich enden, auf die Verzweiflung der Bankrotteure, die ihre Wechsel gegen den Selbstmord eintauschen, auf rüde Geschäftemacher und Hochstapler. Auch das sind Zeichen der Zeit. Darum geht Kerr gern in die Gerichtssäle. Er betrachtet die Mörder, die Defraudanten, die Abstürze bekannter Personen wie den des Rechtsanwalts Friedmann, der im ersten Berliner Brief noch in seiner Glorie auftritt und nachher als ein Gejagter erscheint, den seine Stellung und sein Ansehen nicht vor schlimmen Abenteuern bewahrten. Er trifft auf die Abgründe, die sich im Leben der Herren von Hammerstein oder Kotze, der Kolonialisten Dr. Peters, Wehlan und anderer unter dem Deckmantel der Wohlanständigkeit auftun. Es ist ein Menschenpanorama, in dem der Kaiser und der Hofstaat und die Leute aus dem Reichstag so deutlich erscheinen wie die Bürger neuen Typs, die Unternehmer, die viel von Zukunft in die Stadt bringen: die Wertheim, Tietz oder Jandorf, der das KaDeWe baut, oder reich gewordene Schlesier wie die Brüder Pringsheim, die Bankiers aus dem Stamm der Bleichröder und Hansemann und die Industriellen: meist Neu-Berliner, die im Tiergartenviertel die neuen Straßen mit ihren protzenden Villen und ihrem üppigen Lebensstil schmücken.

Man sieht mit jedem Brief mehr, wie der junge Kerr sich hineinschiebt in diese neureiche Gesellschaft, sie genießt, um sie zu beschreiben. Er fühlt sich wohl in den Häusern in der Hitzig- und Von-der-Heydt-Straße, auf den Parties, wo der Sekt, nein, der Champagner in Strömen fließt; hier gibt es Gespräche, neue Einsichten, Kontakt mit der eigentlich führenden Schicht. Er läßt keinen der großen Bälle aus, weder die in der Oper noch die in der Philharmonie, wo er die jungen schönen und die fortgeschritteneren Frauen in ihren Dekolletés bestaunt und das Verhalten der Herren dazu, wenn einmal das Licht ausgeht. Hier erscheint die Gesellschaft, hier ihre Opulenz. Er selbst muß in diesen Treffen ein witziger Charmeur, ein guter Unterhalter und wohl auch ein begehrter Junggeselle gewesen sein, denn er kokettiert gern damit, daß er ledig sei. Das offene, sinnliche Gesicht des jungen Mannes mit Lockenkopf und optimistisch nach oben gelenktem Schnauzbart, wie das Foto von 1898 ihn zeigt, verrät die Lust auf Erlebnis, auf Verführung und Abenteuer, aufs Lebensspiel. Er gibt sich als »stattlicher Mann«, als Eroberertyp. Er verführt durch sein Auftreten, seinen Witz, die Gelenkigkeit seiner Sätze, seine Belesenheit, die den Mädchen und jungen Damen, denen er nahekommt, immer so weit voraus ist, daß sein Gehabe zur Faszination wird. Ein Faun ist am Werk, der sich im Gewand des Bürgers nicht immer versteckt. Junge Mädchen sind ihm nicht nur eine Wohltat fürs Auge. Seine sich weit spannende Erlebnislust hat den Eros in allen Spielarten in sich. Sein »Komm, Kröte!« ist ein Ruf aus Bezirken jenseits der Bürgerlichkeit.

Man darf sich wundern, wie schnell und anscheinend problemlos der junge Kerr Eingang in diese Schichten und ihre Achtung findet. Noch hat er ja in Berlin kein prominentes Forum, noch sucht er nach seiner Rolle in der Stadt. Er spürt ihr Kleinbürgertum, ihren bleibenden Provinzialismus, lokalisiert sie drum oft als die »Stadt an der Panke« oder als »am Fuße des Kreuzbergs gelegen«. Zöge die Gewerbeausstellung ihn nicht nach Treptow, der Osten Berlins käme in seinen Briefen kaum vor. Es ist das Westberlin, das ihn fasziniert. Er ist von früh an ein Bürger dieses Westens. Er nimmt selbst gern teil an der Prosperität. Er verläßt die Studentenbude nahe der Nationalgalerie, von der er in die alte Stadt und auf ihre Brücken sah, und macht sich zum Bewohner des neuen Territoriums; als er seine Berliner Briefe beginnt, wohnt er schon in der Kurfürstenstraße, dann zieht er ins Haus des Bildhauers Gustav Eberlein am Lützowufer, das sogar der Kaiser besucht. Der Student wird ein Bürger in der Stadt und überschreitet das Bürgerliche in sich permanent durch seine wache, sich selbst kontrollierende Intelligenz, durch seinen springenden Witz, der seiner an der romantischen Literatur geschulten Ironie ein naher Nachbar ist. Genießend sucht er sich seinen Stoff, sooft er der Stadt auch entkommen möchte.

Die Stadt wächst durch alle diese Briefe hindurch. Ihre Widersprüche kommen immer deutlicher zutage, und dem jungen Journalisten Kerr gehen mit all dem, was er beobachtet, langsam die Augen auf. Er durchschaut das Gloria, die geldverschlingenden Festlichkeiten, die neuen Rituale der Macht, die die Bürger verzücken, ihr Steuergeld kosten und den Untertanengeist stärken. Er lernt sehen, was sich ereignet unter den Menschen der verschiedenen Schichten, wie Interessen miteinander in Konflikt kommen. Er hält fest, was von den Geschichtsschreibern alles vergessen werden wird. Er berichtet über Kunstereignisse auch anders als die herkömmliche, auf Bildung angelegte Kritik: also über das Ambiente, die Intentionen, wie einer auftritt, wie das Publikum ist, was sich in den Straßen ereignet, welche Tabus plötzlich fallen, und sei es nur, daß nun die Damen sogar auf das Verdeck der Pferdebahnwagen klettern dürfen. Er versteht sich in den Berliner Briefen ganz als Chronist der Stadt und ihrer Menschen. Später wird er von Augenblicksbelichtungen sprechen. Er fotografiert mit Worten und durchleuchtet seine Bilder mit demselben Instrument. Er sieht in den Vorgängen auch die Zeichen, die das gesehene Zufällige ins Symptomatische erheben. Der Beobachter wird zum Erkenner. Was und wie er das Wahrgenommene vorträgt, das macht seinen künftigen Rang.

Verklebtes, serviles Schreiben ist seine Sache nicht. Rücksicht ist ihm ein Zeichen mangelnden Mutes. Seine Art will Deutlichkeit. Im Beschreiben des Erlebten geht er dann oft bis zur Kenntlichkeit der Milieus und der Personen, reizt spielerisch das Verlangen der Beobachteten, auch einmal »bei ihm vorzukommen«, und nutzt gar Neugier und Neid der Leser für seine Dar- und Bloßstellungen. Seinen Stil entwickelt er aus dem Sprechen. Er diktiert seine Texte, er überläßt sich anscheinend dem Einfall, achtet aber sehr darauf, daß sich aus dem in der Woche oder oft erst aus den Freitags-Zeitungen gesammelten Stoff eine Komposition ergibt. Er spürt bald: es gibt sehr gelungene und nicht so gut gelungene Berliner Briefe. Jedes Diktat ist ihm eine Probe auf seine Einfalls- und Formulierungskraft. Oft entstehen die Briefe in letzter Stunde, samstags morgens müssen sie in den Zug nach Breslau oder über Telegraph an die Redaktion. Einmal in diesen Briefen wird er sagen: »Ich beherrsche die Sprache.« Diese Erkenntnis macht ihn stolz bis ans Ende des Lebens. Als er sechzig wird, schreibt er in dem Bericht über sein Leben: »War bloß die Kritik mein Gebiet? Die Sprache war es.« In den Berliner Briefen, die zunehmend auch Konfrontationen einüben, Beobachtetes in Meinung und Wertung verschieben, gewinnt der Schreiber sich selbst: Ich bin's, der sieht, ich bin's, der schreibt, ich bin's, der meint, ich sage … (Bald wird er, was er sagt, in Absätze numerieren: I. II. III.)

Und wer ist er? Er ist sich dauernd auf der Spur. Es wird Frühling in Berlin: er jubelt. Der Frühling bricht im November noch einmal ein: er kennt sich nicht mehr vor Glück. Er freut sich auf den Winter, daß die Saison wieder losgeht. Bald hat er genug, im Februar hält er schon Ausschau, wann er nach Rom, wann nach Paris ausbrechen kann. Mitten in der Saison: weg – wenn nicht alle weggehen. Es wächst das Weltverlangen in ihm. – Andererseits: er läßt sich erschüttern von den »Webern«: das ist die Seite, auf der die Kraft seiner Empfindung und Empörung sitzt. Er spricht mit dem Anarchisten Reclus, geht im Regents-Park mit Bebel spazieren. Er hat eine Sympathie für die »vaterlandslosen Gesellen«, polemisiert dagegen, wie man mit dem Gedächtnis der Märzgefallenen umgeht. Wäre er 1848 mit auf die Straße gegangen? Er stellt sich die Frage: »Und was nachher?« Und seine Antwort ist nicht etwa: sich im sozialen Kampf engagieren, sondern: »Wir essen Schweinernes oder auch ›a Hiehndel‹. Ich wenigstens« (3. Februar 1895). Das heißt, wir kehren genießend ins bürgerliche Leben zurück. Das Ich ist in diesem Punkt »wie wir alle« … Kerr, der Schreiber, der Kunstbeäuger, der sich immer deutlicher auflehnt gegen Bürgerdemut und Meinungsbeschränkung, gegen Borniertheit und abgelebte Rituale, versteht sich aber gern als Flaneur. Was der Sinn des Lebens sei? Flanieren, das Leben genießen: so einfach schreibt er hin, was er fühlt und denkt. Denn Flanieren gewährt einem alles: Sehen, Spüren, Erkennen, Sichabheben, Drüberstellen und auch Begreifen. Lebenskunst wird ihm die höchste der Künste. Schreibend gibt er davon Zeugnis.

Trotzdem ist er kein Liebhaber des Bestehenden. Seine Sympathie gehört dem Kommenden. Er zeigt sie in vielerlei Weise. Seit jenem Tag im Oktober 1889, an dem er Gerhart Hauptmanns »Vor Sonnenaufgang« sah, ist er im Bann und ein Gefolgsmann dieses Dichters, der ein neues Zeitalter eröffnet hat, in dem der soziale Blick die Perspektive bestimmt und die Dichtung eine neue Aufgabe und mit dieser eine neue Kraft gefunden hat. Bald gehört er zum inneren Zirkel. Immer wieder geht er in die Vorstellung der »Weber«, er wird, als er Kritiken zu schreiben beginnt, den »Florian Geyer« gegen alle anderen Stimmen rühmen als ein Jahrhundertwerk. Und er achtet auf Talente, die sich Hauptmanns Werk assoziieren, den jungen Georg Hirschfeld zum Beispiel. Darum rühmt er Otto Brahm und begleitet ihn durch alle Krisen und Entfremdungen bis zu seinem Ende. Er ist ihm einer der Männer mit Lebensmut, mit Einsicht und Willen zum Neuen und Kommenden, ein Förderer nicht geheurer Talente: Hauptmann der eine, Schnitzler der andere.

Der junge Mann Kerr ist nicht zuerst Kritiker, sondern ein Lebenssüchtiger, der ergriffen werden will von den wahrhaften Lebensmächten. Von früh auf ist er theatersüchtig. In Breslau haben die Kempners dem Theater gegenüber gewohnt, der Junge hat dieses Gegenüber als Traum- und Ereignishaus erlebt. Wenn man sieht, was er alles in den Berliner Theatern betrachtet, die trivialsten Dinge, Abend für Abend, entdeckt man in ihm den Theaterschlürfer, der nicht nur erpicht ist darauf, was ein gebildeter Germanist Kunst nennt. Er schlürft auch die Schwänke und Scharteken, er lacht gern, weil das entfesselte Lachen ihm sein Gefühl bestätigt, daß das Leben heiter genommen werden will. Sein Satz für jedes genossene Vergnügen heißt »Ich lag unterm Stuhl«. Er verlangt nur, daß etwas gut gemacht ist, wenn keine andere Wahrheit gewollt wird als das Vergnügen. Er wird empfindlich gegen falsche Prätention, gegen das Beamtendrama von Ernst Wichert, gegen die begabten Halbkönner wie Fulda, gegen die Seelendrücker wie Sudermann oder die Warenlieferanten vom Schlage Skowronneks. So bildet er sich seine Kategorien aus im Betrachten; bald rückt er auch in seine Berliner

Briefe Theaterberichte ein, ja, er nutzt sie noch dafür, als er längst gesondert Kurzkritiken für dasselbe Blatt schreibt.

Theater ist ihm der wahre Spiegel der Welt. Er jubelt, wenn er ergriffen wird von einer Schauspielerin wie der aufstrebenden Sorma oder vom arrivierten Kainz. Er spürt schnell und sicher, wessen Begabung in der Mache zerrinnt; so stellt er sich gegen Heroen der Bühne wie Matkowsky, den Helden vom Königlichen Schauspielhaus, gegen die schludernde Adele Sandrock, er registriert das Altern der über alles verehrten Duse.

Gebunden an die neue Kunst, an das neue Drama, die neuen Bilder, die von Liebermann über Leistikow bis zu Uhde in den Sezessionsausstellungen Berlin erregen, spürt er doppelt, wie hemmend der Kunstgeschmack des Kaisers ist. Schon in den ersten Berliner Briefen weist er darauf hin, wie in dieser sich wandelnden Gesellschaft das Kunstinteresse der Bürger geprägt wird von der Neugierde darauf, welche Zeichen der Kaiser setzt durch seine Anwesenheiten im Theater, durch seine Lobsprüche, aber auch durch seine Verweigerungen. Kerr sieht, wie falsch diese Setzungen der höchsten Autorität sind, die sich gegen »Hanneles Himmelfahrt« im Königlichen Schauspielhaus stellt, weil man in dem Stück Sozialdemokratismus wittert, die aber das »Weiße Rößl« lobt und »Madame Sans-Gêne« ins eigene Haus holt, obwohl der Kaiser nicht müde wird, von der Pflege des Idealismus als seiner Aufgabe für die Kunst zu reden, für die er dann Autoren fördert, die heute längst aus der Erinnerung getilgt sind: den Hohenzollern-Dramen schreibenden Hauptmann Josef Lauff, der ein wahrer Günstling der höchsten Staatsautorität wird und dessen historische Schmarren zu Festaufführungen hochgeputscht werden, oder den zweimal – gegen Hauptmann – mit dem Schillerpreis ausgezeichneten Ernst von Wildenbruch mit seinem Zyklus von »Kaiser Heinrich«.

Je mehr Kerr die ihn umgebende Wirklichkeit durchschaut, um so mehr wird er zum Kämpfer. Eine eristische, zum Streiten bereite Anlage in seiner Natur entwickelt sich, je deutlicher ihm wird, was er kann, je sicherer er seine Rolle bestimmt. Er verlangt von sich: klares Urteil und Entschiedenheit, in der Sache Ehrlichkeit. Er ist gegen Unwahrheit und Mauschelei. Als er von der Bestechlichkeit einiger Berliner Musikkritiker hört, erhebt er seine öffentliche Anklage und ficht sie durch in einem von der Öffentlichkeit als Sensation empfundenen Prozeß gegen Wilhelm Tappert. Er trifft in der Stadt auf einen journalistischen Publizisten, der auf allen Feldern das Wort führt: in der Politik, in den Künsten; der Theaterkritiken schreibt, mit literarischen Abhandlungen brilliert, der die Porträtkunst entwickelt, der, Mut zeigend, den jungen Kaiser und seinen Hofstaat nicht schont, der vor allem eine eigene Zeitschrift in der Hand hat, die mit ihrem Titel »Die Zukunft« übers Gegenwärtige hinausweisen will, die gelesen wird und einflußreich ist. Von ihm, Maximilian Harden, lernt der auf- und widerstrebende Journalist Kerr mehr, als er wahrhaben oder zugeben will. An Harden sieht er, welche öffentliche Rolle man in diesem Beruf spielen, welche Geltung, welche Macht man gewinnen kann. Noch Kerrs Verlangen und Griff nach einer eigenen Zeitschrift, dem »Pan«, jenseits der Jahrhundertwende, ist von Hardens Vorbild geprägt. Er, den der junge Kerr am Beginn der Berliner Briefe noch achtungsvoll behandelt, wird im Lauf der Jahre immer mehr zum Ziel seiner Angriffe, schließlich einer wütenden Polemik, als wolle der Nachrückende das platzbeherrschende Idol stürzen, um an seine Stelle zu treten. Es ist der erste große Streit, den Kerr entfacht, ein Konflikt, der durch den mit Karl Kraus abgelöst wird, der seinerseits Hardens Partei ergreifen wird. Aber noch stehen Kerr und Karl Kraus sichtlich, in Ruhe einander wahrnehmend, nebeneinander, denn Kraus, der sich als Eristiker ähnlich wie Kerr entfaltet, schreibt für die »Breslauer Zeitung« zu dieser Zeit seine Briefe aus Wien.

Kerr gewinnt sich also nicht nur im Erleben und Betrachten, sondern sehr bewußt auch im Konflikt. Er wird durchfochten als höchste Steigerung kritischen Daseins. Er liebt die Reibung, das Dramatische auch im Leben. Es ist eine andere Form seiner Sinnlichkeit. Seine Strebsamkeit

paart sich früh mit Eitelkeit und bald auch wohl mit Hof-
fart. Max Stirners Lebenssatz »Mir geht nichts über mich«
ist ihm – so gesellig, ja auch sanft und liebevoll er sich geben kann – doch verwandt. Carl Sternheim, ein Beobachter dieser Gesellschaft, spricht später vom »Selbstmut«,
dem Willen zu sich selbst als einer eigenen Instanz und
Herrlichkeit, als einer zu fördernden Eigenschaft, weil mit
ihr alle Engen dieser Untertanen-Gesellschaft zu sprengen,
ihre moralischen Eingrenzungen, ihre Betulichkeiten und
ihre Verlogenheiten zu überwinden sind. Insofern ist in
Kerrs Streben nach aufrechter Besonderheit auch ein Typus der Zeit am Werk, hier gesteigert durch die Beschäftigung mit den neuen, um ihr Daseinsrecht kämpfenden
Künsten. Lovis Corinth hat diesen Kerr so gemalt, bald
nachdem er die Berliner Briefe in der »Breslauer Zeitung«
aufgegeben hat. Aufrecht, zugeknöpft bis zum Hals, aber
obendrauf ein nun vom Schnauzbart befreites, pfiffiges
und zugleich strenges, durch das Fliegenbärtchen akzentu-
iertes Gesicht, mit einer Miene, die nach zwei Seiten lächelt: zum Betrachter wie zu sich selbst. Ein pretiöser
Mann, der jüdische Herkunft mit ihrer Emanzipations-
energie nicht leugnet; sein Blick geht himmelwärts. Das
heißt: der Weg nach oben ist noch lange nicht zu Ende. Er
steht da – das Innere ist nach außen geholt – wie eine Stele
seiner selbst. Damals war er Anfang Dreißig, nun, 1907, ist
er schon eine selbsterschaffene Institution in Berlin.

Zu allen Unstimmigkeiten, Widersprüchen und Unge-
reimtheiten, auf die er trifft, die er auch in seinem eigenen
Leben findet, hat er einen Spruch, der ihm schon in den
Berliner Briefen fast zum Refrain wird. Er heißt: »So ist das
Leben. C'est la vie. Such is life.« Es ist ein Spruch von Ein-
verständnis und Überlegenheit, ein Spruch, der alles glättet
und die Seele frei macht für das nächste Erlebnis. Sosehr
Kerr den Machtdenker Nietzsche verabscheut, einem seiner Sätze stimmt er zu: »Das Leben ist um des Lebens willen da.«

War er, demnach, nur ein Augenblicksmensch, einer
vielleicht mit Fausts Verlangen nach dem »schönen Augen-

blick«? Vom seligen Augenblick redet Kerr, den mancher einen Impressionisten genannt hat, oft. Die Sehnsucht danach mag er gehabt haben. Als er aber mit sechzig Jahren zurückblickt auf diese frühe Zeit in Berlin, als er diese ihre Unmittelbarkeit bewahrenden Texte für die »Breslauer Zeitung« noch einmal vornimmt, um sie in ein Buch einzubringen, das wie ein Nachtrag zu den »Gesammelten Schriften« von 1919 wirkt, da setzt er einen anderen Titel über die nun als Erinnerungen aus seinem früheren Leben zu reichenden Bruchstücke: »Es sei wie es wolle, / Es war doch so schön!« Daraus spricht schon fast eine Weisheit des Sich-Einfügens.

Kerr, der den Theaterblick aufs Leben prächtig in sich entwickelte, hat vieles erprobt und geübt und sich doch allein mit dem Genuß des Augenblicks nicht begnügt. Er hätte sonst alle anderen Kräfte, mit denen er herrlich ausgestattet war, verleugnen, den auf Künftiges angelegten Kritiker in sich aufgeben müssen. Denn das war doch auch vom ersten Satz an klar: aufnehmend, prüfend, begab er sich ans Scheiden der Dinge. Kunst der Unterscheidung: nichts anderes ist Kritik. Sie nutzt die Wahrnehmung des Augenblicks, um das Besondere an ihm zu erkennen und, wenn nötig, auf anderes, Besseres, Richtigeres hin durchsichtig zu machen. So hat er sich eingeübt in die literarische Kritik, in die Unterscheidungen guter und schlechter Schauspiele, bedeutender und nichtssagender Aufführungen auf dem Theater, auf dem sich das Leben darstellt. So unterscheidet er Menschen und ihre Talente, so die fatalen und die guten Entwicklungen, so die Äußerungen derer, die die politischen Entscheidungen bestimmen. Darüber ist er zum politischen Schriftsteller geworden. Nicht, weil er von vornherein ein politischer Mensch gewesen wäre. Aber er hat ein Verlangen nach Freiheit, nach Liberalität, nach Selbstbestimmung. Er hat ein Bild vom Menschen in sich, das er an sich selbst auszubilden versucht: Das Leben genießend, weil es nur das eine gibt, aber nichts hinnehmend, was den Anspruch auf Freiheit und Wahrheit hindert. Für diesen Weg sucht er Bundesgenossen. Darum hofft er auf die Dich-

ter, darum auf die mit neuen Impulsen aufbrechende Sozialdemokratie (ohne sich ihr zu verbinden), darum wird
ihm der Sozialistenkongreß in London, das Tableau dieser
die Fragen der Zeit aufgreifenden und die Zukunft herbei-
rufenden Männer und Frauen, zu einem nicht vergeßbaren
Erlebnis. Und darum wird aus dem jungen »fanatischen Pa-
trioten«, der anno 1886 in der Schule in Breslau auf Kaiser
Wilhelm I. noch die Geburtstagsrede halten durfte, ein kritischer Beobachter und ein Kritiker des neuen Kaisers, der
martialische Reden hält, sich als Künstler gibt, dem Kult
der Uniform huldigt und selbst Gott in den Dienst militärischen Gehorsams stellt. An ihm wetzt er seine Feder, an
ihm erprobt er jenen ironischen Stil, jene tänzerische Dia-
lektik, mit der er die Dinge ins Licht rückt, ohne doch von
den Spürhunden, die jeder Majestätsbeleidigung nach-
schnüffeln, um die Urheber vor Gericht zu bringen, je belangt werden zu können. Von Maximilian Harden über Th.
Th. Heine bis zum alten Wilhelm Liebknecht hat damals
mancher eine ihm zudiktierte Festungshaft antreten müssen. Kerrs sich verschärfende Ironie vollbrachte immer die
Balance zwischen Auftritt und Absturz; er brillierte in dieser Freiheit.

Die Ausbildung der politischen Aufmerksamkeit und
der Kritik ist der durchgehende Entwicklungszug Kerrs in
diesen Briefen. Er verbirgt sich nicht im Literarischen. Das
eine geht ihm ins andere. Wie oft bringt er Beispiele duck-
mäuserischen Verhaltens, wie oft appelliert er an mehr
Bürgermut, und manches Mal ruft er auf zum direkten
Protest, nicht nur im Kampf gegen die Lex Heinze oder
um die Ehrung der Märzgefallenen. Anlässe gibt es genug,
der einbrechenden Willkür zu begegnen. Als die Zensur
einmal, um einen der geringsten Anlässe zu nennen, den
Namen dramatischer Personen in einem Theaterstück ändert, schreibt er: »Hoffentlich dehnt die Polizei so bereitwillige Rücksicht auch auf die übrigen Bürger dieses Landes aus, die nach einem dunklen Mythus vor dem Gesetz
gleich sein sollen.« Indirekte Direktheit, er übt sich in diesem Stil.

Es ist auffallend, wie nahe seine Meinungen denen kommen, die damals im »Berliner Tageblatt« vertreten werden. Auch dort regt sich diese liberale Widerständischkeit, auch dort liest man Aufrufe zu mehr Bürgermut; es ist, als werde in dieser frühen Zeit schon die Grundlage für Kerrs spätere Rolle in diesem Blatt gelegt, die mit der Revolution von 1918 beginnt. Der Kerr der neunziger Jahre sieht, wie die umsturzgeängstete Politik die Kunst und die Lebenskultur bestimmt und diese für die Zukunft zu gängeln versucht. Darum kämpft er von einer anderen Vorstellung von Kultur her gegen die immer engstirniger werdende Politik des Kaisers und seiner schwachen Kanzler. Er wird später, in der Republik, von solcher Haltung nicht lassen, sondern seinen Kampf gegen die anrückende Reaktion so verschärfen, daß die neuen Machthaber von 1933 seinen Namen auf die erste Proskriptionsliste setzen als einen Hauptfeind. In den Berliner Briefen wird für solche Haltung der Grund gelegt.

Es kann gut sein, daß die zunehmende politische Schärfe Kerrs der Hauptgrund war für die Differenzen mit der Redaktion der »Breslauer Zeitung«, die in ihrer Liberalität doch die Grenzen der Loyalität zu Kaiser und Reich nicht überschritt. Kerr hat in manchem seiner Briefe diese Grenzen auszuloten versucht, auch manchen Leserprotest hervorgerufen, wenn er über Moral und Sittlichkeit handelte. So wenigstens kann man es aus den Schlußsätzen von Oehlkes Buch »Hundert Jahre Breslauer Zeitung 1820–1920« herauslesen, die sich auf Kerrs Mitarbeit beziehen: »Alfred Kerr schrieb Berliner Briefe, der mit seinen übermütigen, prikkelnden, scheinbar stillosen, tatsächlich aber mit künstlerischer Feinheit komponierten Plaudereien das literarische und jugendliche Publikum ebenso fesselte, wie sich in den ›gesetzten Kreisen‹ ein wahrer Sturm der Entrüstung erhob, der sich allmählich zwar milderte, aber doch nicht ganz erlosch, bis Kerr zu Beginn des Jahrhunderts zum ›Tag‹ übertrat und seine Mitarbeit bei der Breslauer Zeitung aufgab.«

Dieses »Aufgeben« kam plötzlich, ohne Ankündigung, ohne Verabschiedung, wenn denn die Spielereien mit der

Erkrankung und Gesundung seines Goldfischs am Ende der Briefe keine versteckte Anspielung auf Auseinandersetzungen sind. Felix Hollaender führte seine Berliner Briefe eine kurze Zeit weiter, mit der gleichen Ernsthaftigkeit, aber ohne Kerrs beschwingte Heiterkeit. Kerr selbst hat doch wohl nicht freiwillig auf die Mitarbeit verzichtet, denn seine »Berliner Plauderbriefe«, die fortan in der »Königsberger Allgemeinen Zeitung« erscheinen, sind eine Fortsetzung seiner Briefe nach Breslau. Er hatte das Schreiben als Lebenslust, als überraschendste Selbsterfahrung entdeckt und daraus seine wahrste Leidenschaft entwickelt. Nulla dies sine linea, den Spruch des alten griechischen Malers Apelles befolgte er auf seine Weise: Kein Tag ohne Schreiben, man kann auch sagen: ohne Auseinandersetzung.

Mit der Arbeit für die »Breslauer Zeitung« hat er sich andere, neue Foren geschaffen. Vom Oktober 1897 ab schreibt er auch Theaterkritiken für »Die Nation«, eine »Wochenschrift für Politik, Volkswirtschaft und Literatur«, die jeden Samstag in Berlin erscheint. Damit rückt er noch direkter in die Berliner Aufmerksamkeit. Er nutzt das Blatt bis zum Anfang des Jahres 1903; von 1902 ab scheint es ein auslaufender Vertrag gewesen zu sein. Denn schon im Januar 1901, fünf Wochen nach dem Ausscheiden aus der Pflicht für die »Breslauer Zeitung«, etabliert ihn »Der Tag«, ein renommiertes bürgerliches Blatt in Berlin, als Kritiker der Berliner Theater. Er kommt nun an die wichtigsten Premieren und hat Platz zur Entfaltung. Damit hat der Tagesjournalismus ihn und er diesen erreicht. Das heißt: er reiht sich nun ein in die Gruppe derer, die am Tag nach der Premiere in Berlin die Meinung über Theater machen. Das ist wichtig in Berlin, das in diesen Jahren zur führenden deutschen Theaterstadt heranwächst. Eine neue Phase in Kerrs Leben beginnt. Ein neuer Anspruch wird von ihm formuliert: ans Theater, an die Kritik und auf die Meinungsführerschaft in der Stadt.

Die Fontane-Generation verabschiedet sich in jenen Jahren aus der Kritik oder wird verabschiedet. Kerrs Porträt des angesehenen Karl Frenzel in seinem Berliner Brief vom 12. Dezember 1897 setzt dafür ein scharfes Zeichen. Kerr beschränkt sich auf dem neuen Forum aber nicht auf die Kritik des Theaters. Der Blick bleibt auch im »Tag« gespannt über das ganze Feld, das ihm die noch immer wachsende Hauptstadt des Reiches bietet.

Der Journalist: ein kritischer Schriftsteller; der Schriftsteller: ein kritischer Journalist; so ist Alfred Kerr wahrzunehmen an des Jahrhunderts Beginn, in dem er sich an die Spitze der öffentlich Schreibenden bringen wird. Ein Mann, auf dessen Meinung man achtet, dessen Einsichten belebend, dessen Schreibkraft faszinierend und dessen konfliktfrohe Unabhängigkeit bewundernswert sind. Gesammelt sind diese Briefe aus einer lebendigen Stadt auch ein Lehrbuch für die, die ein ähnliches Leben wagen.

Zu dieser Ausgabe

Die in diesem Band gesammelten Texte von Alfred Kerr erschienen in der »Breslauer Zeitung« vom Januar 1895 bis zum November 1900. Sie wurden für diese Zeitung geschrieben und zum größten Teil publiziert unter dem Gesamt-Titel »Berliner Brief«, einer festen Rubrik in der Sonntagsausgabe des liberalen bürgerlichen Blattes, das dreimal täglich herauskam. Einige Beiträge Kerrs, die er von Reisen oder aus den Ferien schickte, erschienen unter gesonderten Titeln; sie wurden nicht aufgenommen, mit Ausnahme des Berichts vom Sozialistenkongreß in London 1896, in dem Personen aus Berlin erscheinen. Berlin ist der Bezugspunkt dieser Kerrschen Arbeit wie dieser Edition.

Kerrs Beiträge wurden vornehmlich plaziert auf Seite 1 »unterm Strich«, wo der Ort des Feuilletons war. Insgesamt erschienen 191 Beiträge, 134 davon sind hier gedruckt. Über die aus Umfangsgründen nicht aufgenommenen Stücke gibt eine »Zusammenfassung« im Anschluß an die Anmerkungen Auskunft. Bei Kürzungen innerhalb der veröffentlichten Texte werden die Inhalte in den Anmerkungen benannt; viele dieser Kürzungen beziehen sich auf Schauspiele und Aufführungen von minderer Bedeutung. Theatergeschichtlich wichtige Einlassungen und Schauspielerporträts in den »Berliner Briefen« wurden freilich bewahrt. Kerr übernahm vom Oktober 1895 an auch die Theaterberichterstattung aus Berlin für diese Zeitung; sie geht neben den »Berliner Briefen« her, meist in kurzen kritischen, chronikartigen Stücken; sie sind hier nicht einbezogen und sind im Zusammenhang mit einer neuen Edition seiner Theaterkritiken zu betrachten.

Die Redaktion der »Breslauer Zeitung« hat in die Kerrschen Texte anscheinend nicht eingegriffen, was daraus zu ersehen ist, daß in manchen Fällen ein Textüberlauf von ganz wenigen Zeilen auf eine andere Seite stattfindet. Sie hat sich nur einmal (beim Frauenkongreß) von seinen immer schärfer vorgetragenen Meinungen distanziert. Kerr zeichnete seine Beiträge mit K..r, vom 11. Juli 1897 ab mit dem ganzen (1909 auch behördlich genehmigten) Namen: Kerr.

Grundlage für diese Ausgabe sind die entsprechenden Nummern der »Breslauer Zeitung«, die im Zeitungsarchiv der Universitätsbibliothek Wrocław (Breslau) aufbewahrt werden. Bei der Textwiedergabe wurde die Orthographie unter Wahrung des Lautstandes und Beibehaltung charakteristischer Besonderheiten modernisiert. Zu letzteren gehören zahlreiche französische Wörter wie Accent, Parquet, Ballet, Bouquet, Douche, die ebenso wie ältere deutsche Formen (Naivetät, gleichgiltig, Vermittelung) erhalten blieben. Eigennamen und Zitate erscheinen so, wie Kerr sie notiert hat; ihre korrekte Schreibung bzw. die Zitatquelle findet der Leser in den Anmerkungen sowie im Personenregister. Auch die Interpunktion wurde dem heutigen Gebrauch angepaßt, allerdings unter Berücksichtigung des Kerrschen Satzrhythmus und seiner Eigenheit, viele Satzglieder als Einschübe zu verstehen und in Kommata einzuschließen.

Die umfangreichen Anmerkungen veranschaulichen das Panorama der Zeit. Nur wenige Namen waren nicht zu entschlüsseln. Zusammenhänge lassen sich über das Personenregister herstellen. Die von Kerr bewußt oder verdeckt gebrauchten Zitate wurden nach Möglichkeit ermittelt, um einen Begriff vom literarischen Fundus des Schreibers zu geben.

Die »Berliner Briefe« enthalten noch nicht die für die spätere Arbeit Kerrs charakteristische Unterteilung in römisch bezifferte Abschnitte. Erst bei der späteren Durchsicht dieser Texte für eine Verwertung in seinen Büchern »Die Welt im Licht« (1920) und »Es sei wie es wolle, / Es war doch so schön!« (1928) nahm Kerr Bruchstücke aus diesen frühen journalistischen Reporten, kürzte, formulierte um, verselbständigte einzelne Teile unter gesonderten Überschriften und unterwarf sie der nun gewohnten Bezifferung. Das ursprüngliche Gefüge dieser Briefe aus dem expandierenden Berlin, die Kontinuität der Betrachtung, die Bindung des Schreibvorgangs an die unmittelbaren Zeitereignisse gingen dabei ebenso verloren wie der Einblick in die Entwicklung des jungen Alfred Kerr als eines kritischen Beobachters seiner Zeit.

Der Gesamtbestand der »Berliner Briefe« wurde von Kerr nicht ins Exil gerettet, kam also auch nicht mit dem Nachlaß in das Kerr-Archiv der Akademie der Künste in Berlin zurück. Er ging auch der Erinnerung verloren. Die wenigen in Berlin vorhandenen Texte veranlaßten den Herausgeber, nach den verlorenen Stücken zu suchen. Er dankt den Mitarbeitern der Universitätsbibliothek Wrocław für ihre Hilfe. So ist der Gesamtbestand hier zum erstenmal seit seinem Erscheinen vor hundert Jahren wieder versammelt und in seinem Zyklus-Charakter präsentiert.

g. r.

Anmerkungen

Abkürzungen

BB	=	Berliner Brief
BT	=	Berliner Tageblatt
DE	=	Deutsche Erstaufführung
DN	=	Die Nation
DT	=	Deutsches Theater
KSch	=	Königliches Schauspielhaus
MdA	=	Mitglied des Abgeordnetenhauses
MdR	=	Mitglied des Reichstags
MFL	=	Magazin für Literatur
NDR	=	Neue Deutsche Rundschau
TdW	=	Theater des Westens
U	=	Uraufführung
VZ	=	Vossische Zeitung

1895

1. Januar 1895 (Nr. 1)

Ludwig Pietsch (1824–1911): Journalist, Illustrator, Redakteur der VZ, beliebter Gesellschafts- und Reiseberichterstatter; 70. Geburtstag am 25. 12. 1894. – *Theodor Fontane (1819–1898):* Schriftsteller, 1870–1889 ständiger Theaterkritiker der VZ für das KSch; danach Kritiken zur »Freien Bühne«; 75. Geburtstag am 30. 12. 1894; am 8. 11. 1894 auf Vorschlag von Erich Schmidt, Theodor Mommsen, Heinrich von Treitschke und Herman Grimm Verleihung des Dr. h. c. der Friedrich-Wilhelm-Universität; das »lebenstiefe Abendstück«: »Effi Briest«, erschien 1895; Fontane wohnte in der Potsdamer Straße 134 c. Sein Brief vom 16. 6. 1894 an den Herausgeber des MFL bezog sich auf Kerrs Kritik über Wildenbruchs Schauspiel »Christoph Marlowe« (KSch 2. 6. 1894): »Ich lese immer mit Vergnügen, was Ihr Mitarbeiter Dr. Alfred Kerr im Magazin schreibt. Heute aber hat er ganz besonders ins Schwarze getroffen, und Sie müssen mir gestatten, da ich Dr. Kerr nicht kenne, *Ihnen* dies auszusprechen. Es ist das weitaus Beste, was über Wildenbruch je gesagt worden ist. Ich habe 10 Jahre lang und länger Wildenbruch bekämpft [...] Aber Kerr hat das alles viel besser gesagt. Ich wollte meine Freude darüber, daß er's getan, gerne äußern.« – *bei Schulte:* Kunstgalerie Eduard Schulte, Unter den Linden. – *Eugen Zabel (1851–1919):* Theaterkritiker der »National-Zeitung« (neben Karl Frenzel). – *Robert Warthmüller (1860–1895):* Geschichts- und Genremaler. – *bei Hausmann:* Weinstube in der Jägerstraße. – *Café Ronacher:* Potsdamer Straße 28. – *Subskriptionsball:* Fest im Opernhaus in Anwesenheit des Hofes. – *[. . .] gekürzt:* Gustav Davis, »Die Katakomben«, DT 27. 12. 1894.

20. Januar 1895 (Nr. 49)

Klein Eyolf (1894): DE DT 12. 1. 1895. – *Buddhistenschüler:* Arthur Schopenhauer. – *Emanuel Reicher (1849–1924):* Hervorragender Ibsen- und Hauptmann-Schauspieler, Mitbegründer der »Freien Bühne« 1889. – *Agnes Sorma (1865–1925):* Ungewöhnlich begabte Darstellerin klassischer und moderner Frauenrollen; seit 1883 am DT, wechselte 1890 ans Berliner Theater. Sie und Reicher gehörten zu den neuen Kräften, mit denen Otto Brahm von 1894 an das Ensemble des DT qualifizierte; hochverehrt von Kerr (vgl. 15. 9. 1895). – *Königliches Schauspielhaus:* 1821 am Gendarmenmarkt von Schinkel erbaut, 1044 Plätze; Theater der kaiserlichen Hofgesellschaft und des ihr nahen Bürgertums; die Rückständigkeit des Spielplans und der Spielweise ist immer wieder Objekt Kerrscher Kritik. – *Residenz-Theater:* 1871 erbaut, Blumenstr. 9, 657 Plätze, Direktor: Sigmund Lautenburg. – *Lessing-Theater:* 1888 eröffnet, Friedrich-Karl-Ufer, 1024 Plätze, Direktor: Oskar Blumenthal. – *Deutsches Theater:* Vormals Friedrich-Wilhelmstädtisches Theater, 1850 erbaut, Schumannstraße 12 a, 1883 erworben und geführt von Adolf L'Arronge, 1000 Plätze; seit 1894 unter der neuen Direktion von Otto Brahm Ort des modernen zeitgenössischen Theaters. – *Paul Michaelis:* Rechtskonsulent des Berliner und des Central-Theaters. – *Dr. Fritz Friedmann:* Bekannter Strafverteidiger; berühmt für seine Plädoyers, ausgezeichnet mit internationalen Orden; Schriftsteller; später wegen Verfehlungen steckbrieflich gesucht (vgl. 2. 6. und 25. 12. 1895). – *A. Entsch:* Führte den »Verlag für dramatische und musikalische Werke« Berlin; Theateragentur für Sudermann. – *Verleger von Wildenbruch:* Carl Müller-Grote (1833–1904), Grotesche Verlagsbuchhandlung. – *Reinhold Begas (1831–1911):* Berliner Bildhauer, bevorzugt vom Kaiser; Werke: Schiller-Denkmal, Bismarck-Denkmal am Königsplatz, Nationaldenkmal für Wilhelm I., Skulpturen der Siegesallee, Neptunbrunnen u. a. – *Yvette Guilbert (1866–1944):* Französische Chansonsängerin, von Kerr sehr verehrt. – *Else von Schabelsky (geb. 1860):* Schauspielerin, 1890/91 am Residenz-Theater, Dramatikerin (»Der berühmte Mann« 1895, »Die Frauenfrage«, »Notwehr« 1896). – *Maximilian Harden (eigtl. Witkowski, 1861–1927):* Schauspieler, dann einflußreicher Publizist, Freund Bismarcks, Gründer und Editor der Wochenschrift »Die Zukunft« (1892–1922), bleibende Reizfigur für

Kerr. – *Karl Frenzel (1827–1914):* Leiter des Feuilletons der »National-Zeitung«, angesehener Theaterkritiker der alten Generation. – *Hans Demetrius Ritter von Hopfen (1835–1904):* Bayerischer Schriftsteller, seit 1871 in Berlin, Dramatiker (»Die Sendlinger Bauernschlacht«). – *Fritz Mauthner (1849–1923):* Philosoph und Satiriker, in Berlin seit 1876, ab 1. 10. 1895 Kritiker am »Berliner Tageblatt«, zeitweise Herausgeber des MFL. – *Otto Erich Hartleben (1864–1905):* Erfolgreicher realistischer Dramatiker, Romancier, Lyriker. – *Conrad Alberti (1862–1918):* Realistischer Erzähler und Dramatiker; Sekretär am Central-Theater. – *Max Halbe (1865–1944):* Naturalistischer Dramatiker und Erzähler; hatte 1893 mit seinem Drama »Jugend« Aufsehen erregt. – *Friedrich Spielhagen (1829–1911):* Bedeutender Romancier des bürgerlichen Liberalismus nach 1848 (»Hammer und Amboß« 1869, »Sturmflut« 1877), Literaturtheoretiker. – *Erich Schmidt (1853–1913):* Berliner Literaturhistoriker, Nachfolger von Wilhelm Scherer; Kerr hörte seine Vorlesungen und widmete ihm seine Dissertation. – *Otto Brahm (1856–1912):* Theaterkritiker der VZ; 1889 Mitbegründer der »Freien Bühne«, als Förderer Ibsens, Hauptmanns und Schnitzlers Urheber der Moderne auf dem Theater; 1894–1904 Direktor des DT, 1905–1912 des Lessing-Theaters; bleibende Bezugsperson für Kerr.

3. Februar 1895 (Nr. 85)

Ernst Wichert (1831–1902): Dramatiker, charakteristisch für die Bismarckzeit; 1888–1896 Rat am Kgl. Kammergericht Berlin; »Marienburg«: U Berliner Theater 31. 1. 1895. – *Gustav Nieritz (1795–1876):* Jugendschriftsteller und Verfasser volkstümlicher Erzählungen. – *Julius Wolff (1834–1910):* Seit 1871 in Berlin, erfolgreicher Verserzähler und Dramatiker; Vorsitzender des Schriftstellerverbandes. – *Ernst von Wildenbruch (1845–1909):* Urenkel Friedrich Wilhelms II., repräsentativer Dramatiker des Wilhelminismus (»Die Karolinger«, »Heinrich und Heinrichs Geschlecht«); erfolgreichstes Stück: »Die Quitzows« 1888. – *Carl Niemann (geb. 1854):* Dramatiker; Dessauer-Stück: »Wie die Alten sungen«, U KSch 21. 10. 1894, »mit durchschlagendem Erfolg«. – *Richard Skowronnek (1862–1932):* Seit 1892 in Berlin, erfolgreicher Lustspielautor; »Halali«: KSch 1. 12. 1894. – *Karl Emil Franzos (1848–1904):* Autor kulturhistorischer Erzählungen. – *Hermann Sudermann (1857 bis 1928):* Erzähler und sehr erfolgreicher Dramatiker (»Ehre« 1889, »Sodoms Ende« 1891, »Heimat« 1893); in Berlin von starkem Einfluß. Konflikt mit Kerr, der ihm den dichterischen Rang bestritt. – *Friedrich Freiherr von Dincklage (1839–1918):* Preußischer General, kaisernaher Schriftsteller. – *Vilma Parlaghi (1863–1924):* Malerin ungarischer Herkunft, seit 1889 in Berlin; vom Kaiser protegiert (Porträts von Wilhelm II., Moltke); ihre Ausstellung 1895 vom Kaiser eröffnet. – *Victor Neßler (1841–1880):* Komponist und Kapellmeister; Opern: »Der Rattenfänger von Hameln« (1879) und »Der Trompeter von Säckingen« (1884). – »*Weber*«-*Boykott:* Aus Protest gegen Hauptmanns Schauspiel (1. öffentliche Aufführung DT 25. 9. 1894) reagierte der Hof: »Das Ministerium des Königlichen Hauses verfügte am 21. 4. 1895 die Aufgabe der königlichen Loge im Deutschen Theater und Einstellung des jährlichen Beitrags von jährlich 1500 M. vom 1. 5. 1895 ab sowie die Entfernung der auf die bisherige Bestimmung der Loge bezüglichen Abzeichen« (Archiv des DT). – *Marcel Prévost (1862–1941):* Französischer Romancier; Kerr zitiert seinen Roman »Les Demi-Vierges« (dt. 1895 »Halb-Jungfern«), dessen Dramatisierung zum Theatererfolg wurde (ab 9. 9. 1896 im Lessing-Theater).

10. Februar 1895 (Nr. 103)

Sally Stiefling: Wahrscheinlich Sally Liebling, Hofpianist, Konzert- und Salonengagements. – *die fünf Schwestern Barrison:* Neckisch-erotisches Gesangsquintett; monatelang Attraktion im »Wintergarten«, oft imitiert und parodiert; im Prozeß wegen Unsittlichkeit Juni 1897 in Düsseldorf freigesprochen. Der »Wintergarten« (Centralhotel, Ecke Friedrich-/Dorotheenstraße) erwarb sich in den neunziger Jahren durch sein internationales Varietéprogramm Weltruf. – *Graf Bernstorff (1862–1939):* Deutscher Diplomat. – *Rosa Sucher:* Kammersängerin in Berlin. – *Umsturzgesetz:* Vorlage der Regierung Hohenlohe, jede »Umsturzbestrebung«, auch jede »beschimpfende« Äußerung gegen Monarchie, Religion, Familie oder Eigentum mit Gefängnis bis zu zwei Jahren zu bestrafen; scheiterte am 11. 5. 1895 in 2. Lesung im Reichstag. – *Reichstag:* Am Königsplatz von Paul Wallot (1841–1912) errichtet, war zur Parlamentssession 1894/95 eröffnet und zur Sehenswürdigkeit geworden. – *Heinrich Marquardsen (1826–1897):* Strafrechtslehrer, MdR 1868–1897 (nationalliberal). – *Eugen Richter (1838–1906):* Mitglied der Budgetkommission des Reichstags (Deutsche Freisinnige Partei, DFrP); im Widerspruch zu Bismarck und Bebel. – *Wilhelm von Kardorff (1828–1907):* Großagrarier, Präsident des »Zentralverbands deutscher Industrieller zur Beförderung und Wahrung nationaler Arbeit«; Deutsche Reichspartei, Vertrauter Bismarcks. – *Ernst Freiherr von Mirbach (1844–1925):* Generalmajor, seit 1888 Oberhofmeister der Kaiserin Auguste Victoria, von ihr beauftragt mit Geldsammlungen für die neuen Berliner Kirchenbauten. – *Ignaz Auer (1846–1907):* Sattler, Sekretär im Parteivorstand der SPD, MdR 1884–1907. – *Alexander Meyer (1832–1908):* Juristischer Schriftsteller, MdR 1881–1896. – *August Carl Munckel (1837–1903):* Justizrat, MdR 1881–1903, DFrP. – *Albert Träger (1830–1912):* Geheimer Justizrat, MdR 1874–1912; Lyriker, Publizist, Editor; neben Julius Elias Theaterkritiker der »Freisinnigen Zeitung«; schrieb vor Kerr »Berliner Briefe« für die »Breslauer Zeitung«. – *Karl Heinrich von Bötticher (1833–1907):* Staatssekretär des Innern und Staats-Minister (1880–1897). – *Ernst Matthias von Köller (1841–1918):* Preußischer Innenminister 1894–1895, Vertreter der »Umsturzvorlage«, Gegner der Sozialdemokratie; 1897–1901 Oberpräsident von Schleswig-Holstein – *August Bebel (1840–1913):* Mitbegründer und seit 1890 Parteivorsitzender der SPD, 1871–1881 und ab 1883 MdR, führte mit Paul Singer die Reichstagsfraktion der SPD. – *Heinrich Rickert (1833–1902):* Landesdirektor a. D., MdR 1874–1902, »ein wackerer Kämpfer für Freiheit und Recht« (BT 8. 11. 1895). – *[...] gekürzt:* Hans Olden, »Thielemanns«, Lessing-Theater 2. 2. 1895; Kerr: »Ich zischte mit.«

10. März 1895 (Nr. 175)

Huster: Nobel-Restaurant im »Englischen Haus«; hier traf sich die Hautevolee zu Festen von Industrie, Bank, Börse und Kultur. – *Otto Erich Hartleben (1864–1905):* Lyriker, Romancier, sozialkritischer Dramatiker; großer Erfolg mit »Rosenmontag« (1900). – *Hermann Hendrich (geb. 1856):* Maler mythologischer Bilder. – *Sigmund Lautenburg (1851–1918):* Direktor des Residenz-Theaters und des Neuen Theaters (Schiffbauerdamm). – *Paul Schlenther (1854–1916):* Theaterkritiker der VZ (neben Fontane); Mitbegründer der »Freien Bühne«, Vorkämpfer für Ibsen und die Naturalisten. – *Adolf L'Arronge (1838–1908):* 1883 Gründer des DT in Berlin und dessen Direktor bis 1894; Verfasser vielgespielter Schwänke (»Hasemanns Töchter« 1877). – *Jenny Groß:* Schauspielerin aus Wien, 1885 am KSch, ab 1889 Lessing-Theater, sehr beliebt in Berlin; Spezialität: »elegante, kokette, schnippische, manchmal auch sentimental angelegte Frauen«. – *Heinrich Lee (1862–1919):* Dramatiker und Erzähler. – *Vincenz Chiavacci (1847–1916):* Wiener Feuilletonist, populär durch »Frau Sopherl vom Naschmarkt«. – *Hans Schliepmann (1855–1929):* Berliner Architekt. – *Edmond de Goncourt (1822–1896):* Französischer realistischer Romancier und Kulturforscher. – *[...] gekürzt:* Gastspiel Bernhard Baumeister vom Burgtheater mit dem »Erbförster« von Otto Ludwig; Heinrich Lee, »Das Examen«, Lessing-Theater; Kerr: »kondensierte Albernheit«.

7. April 1895 (Nr. 247)

Kuhschnappel-Poet: Jean Paul (1763–1825); gemeint sein Roman »Ehestand, Tod und Hochzeit des Armenadvokaten F. St. Siebenkäs im Reichsmarktflecken Kuhschnappel« (1796). – *»O Schilda, mein Vaterland!«:* Heinrich Heine in »Ludwig Börne. Eine Denkschrift«, 3. Buch. – *Bismarcks Jubeltag:* 80. Geburtstag Bismarcks am 1. 4. 1895; Aussöhnung mit dem Kaiser; Reichstag (Mehrheit: Sozialdemokraten und Zentrum) und Magistrat der Stadt hatten beschlossen, von diesem Tag keine Notiz zu nehmen; daher die gespaltene Stimmung. – *Leo Graf von Caprivi (1831–1899):* General, vom 20. 3. 1890 bis 26. 10. 1894

Reichskanzler, Nachfolger Bismarcks. – *»Goldene Hundertzehn«:* Bekleidungsgeschäft in der Leipziger Straße 110; machte an Litfaßsäulen und in Zeitungsanzeigen Reklame mit aktuellen Versen zu Politik und Stadtereignissen. – *»Pastor Brose«:* U DT 30. 3. 1895. – *dem Breslauer kritischen Kollegen:* Kerr begann mit kontinuierlicher Berliner Theaterberichterstattung für die »Breslauer Zeitung« erst im Oktober 1895. – *Man spricht allerlei:* Über die Versuche, Josef Kainz (1858–1910), den Lieblingsschauspieler Berlins, vom DT nach Wien abzuwerben; Kainz ging aber erst 1899 ans Burgtheater. – *Stella Hohenfels (1857–1920), Charlotte Wolter (1834–1897), Adolf von Sonnenthal (1834–1909):* Protagonisten am Burgtheater. – *Julius Stettenheim (1831–1916):* Gründer des satirischen Blatts »Die Wespen«, seit 1868 »Berliner Wespen«; figurierte selbst als Kriegsberichterstatter »Wippchen«; Kerr war oft Gast bei Stettenheims. – *»Es stand in alten Zeiten . . .«:* Ballade Ludwig Uhlands: »Des Sängers Fluch«. – *Heines »Disputation«:* Aus dem Zyklus »Romanzero«, 3. Buch, »Hebräische Melodien«. – *parlamentarischer Rechtsanwalt:* Rickert? – *Therese Rothauser, Marie Ritter-Götze:* Mitglieder der Staatsoper Unter den Linden. – *die geschätzteste aller Berliner Naiven:* Paula Conrad (1862–1932), Schauspielerin, ab 1880 als junge Naive am KSch; Fontane über sie: »Ich habe so was Reizendes noch gar nicht gesehen, es stellt selbst die Besten in den Schatten«; Hauptmanns erstes Hannele in der U von »Hanneles Himmelfahrt« KSch 14. 11. 1893. – *Paul Heyse (1830–1914):* Verehrter Erzähler und Dramatiker; 1911 erster deutscher Nobelpreisträger für Literatur.

23. April 1895 (Nr. 280)

Wenn man jetzt abends . . .: Beispiel für Kerrs Frühlingshymnen in Prosa. – *Potsdamer Straße:* Elegante Flanierstraße des wachsenden Berlin, sollte wegen des zunehmenden Verkehrs verbreitert werden. – *Frederich:* Stammlokal Menzels in der Potsdamer Straße. – *Josty:* Konditorei am Potsdamer Platz. – *Charlottenhof:* Gartenrestaurant im Tiergarten, nahe Friedrich-Wilhelm-Gedächtniskirche. – *Café Gärtner:* Bierhalle beim S-Bahnhof Bellevue. – *Bock:* Brauerei am Tempelhofer Berg. – *»Italien in Berlin«:* Illusionistische Ausstellung am Bahnhof Zoo mit Nachbauten italienischer Szenerien. – *in Venedig:* Kerr war im Herbst 1894, 27 Jahre alt, zum ersten Mal in Venedig. – *Friedrich Mitterwurzer (1844–1897):* Berühmter Charakterschauspieler, seit 1894 wieder am Burgtheater; gab viele Gastspiele in Berlin. – *Parodie-Theater:* In der Oranienstraße am Moritzplatz; Direktion Hugo Busse; spielte schnell hergestellte Parodien auf erfolgreiche Stücke und Aufführungen (vgl. 15. 9. 1895). – *[. . .] gekürzt:* Mitterwurzer-Gastspiel von Rovetta, »Die Unehrlichen«; Kerr: »Sie fielen rasch in die Versenkung, wo sie lange ruhen werden.«

5. Mai 1895 (Nr. 313)

Arthur Schopenhauer (1788–1860): Philosoph; hatte sich, verbittert über die verweigerte Berufung an die Universität Berlin und der Cholera wegen, 1831 »in die Provinz« nach Frankfurt a. M. zurückgezogen. – *Kunstausstellung am Lehrter Bahnhof:* Große jährliche Berliner Kunstausstellung, der sogenannte »Salon«. – *Buchholz heißen:* Anspielung auf das Personal aus Julius Stindes Berliner Romanzyklus um die »Familie Buchholz«. – *Vierländerinnen:* Frauen aus den Vierlanden bei Hamburg. – *Julius Robert Bosse (1832–1901):* Preußischer Kultusminister 1892–1899. – *Bernhard Sehring (1855–1932):* Architekt, Erbauer und Eigentümer des TdW. – *Ausstellungs-Theater:* Für die kommende Gewerbeausstellung im Treptower Park 1896 (vgl. 3. 5. 1896). – *Ernst von Wolzogen (1855–1934):* Romancier und Dramatiker, gründete 1901 in Berlin das »Überbrettl«; erfolgreichstes Schauspiel »Das Lumpengesindel« (1892), Wallner-Theater 31. 1. 1893; in neuer Bearbeitung am DT 20. 4. 1895. – *Kaiserhof:* Mohrenstraße 1–5. – *Fannie Gröger (geb. 1873):* Schriftstellerin; im Verlag S. Fischer erschienen »Adhimutki« (1895), »Himmelsgeschichten« (1896).

2. Juni 1895 (Nr. 382)

»Gott – was ist der Mensch!«: Heine, »Die Bäder von Lucca«, 3. Kap. – *»Staub soll er fressen«:* Goethe, »Faust«, Prolog im Himmel. – *»Verlaß Berlin …«:* Heine, »Friderike«. – *Max Klein (1847–1908):* Bildhauer (Fontane-Denkmal, Loreley).

Teile dieses Textes übernahm Kerr verändert unter dem Titel »Jagd« in sein Buch »Es sei wie es wolle …«, S. 307.

23. Juni 1895 (Nr. 433)

Anna Dubberstein: Hochstaplerin, die sich als Erzherzogin aus dem Hause Österreich-Este ausgab und den stud. jur. Wilhelm Roloff (»Ich wollte Fürst werden«) sowie dessen Vater um 150000 Mark brachte; Prozeß in Abwesenheit der flüchtigen Dubberstein, verurteilt wurden die Familienangehörigen wegen Beihilfe. – *Leberecht von Kotze/Herr von Schrader:* Beleidigungsprozeß zweier Zeremonienmeister (vgl. 25. 12. 1895 und 12. 4. 1896). – *Strindbergs Diener Jean:* In »Fräulein Julie«. – *Franziska Franz:* In Fontanes Roman »Graf Petöfy« (1883). – *Helene Goldstein:* Hochstaplerin, verwickelt in den Prozeß gegen den Bankier Lövy, der im Juni 1895 wegen Urkundenfälschung und Unterschlagung zu drei Jahren Gefängnis verurteilt wurde. – *Vous l'avez voulu:* Ihr habt es so gewollt, aus Molières »George Dandin« I, 9.

4. August 1895 (Nr. 541)

»Tasso«: KSch 9. 5. 1895. – *Rosa Poppe (1867–1940):* Schauspielerin (»Hochdramatische«) am KSch 1888–1915. – *Kroll:* Das »Krollsche Etablissement« Königsplatz 7 (3 000 Personen); wurde 1894/95 von der

Generalintendanz der Kgl. Schauspiele als 2. Spielstätte der Kgl. Oper gepachtet, für Zwecke der großen Oper umgebaut, mit Kaiserloge versehen und ab 1. 8. 1895 bespielt, weil die Oper Unter den Linden 1895/96 renoviert und technisch erneuert wurde. Eröffnung mit Otto Nicolais »Die lustigen Weiber von Windsor«. – *Marcella Sembrich (1858–1935):* Opernsängerin, »phänomenaler Koloratursopran«, wohnte seit 1878 in Dresden und Berlin; internationale Karriere. – *Gemma Bellincioni (geb. 1864):* Italienische Primadonna; »die Duse der Oper«, Koloratursopran. – *Felix Weingartner (1863–1942):* Komponist, Dirigent, 1891–1898 Hofkapellmeister an der Kgl. Oper Berlin und Leiter der Symphoniekonzerte der Kgl. Kapelle (1908–1911 Nachfolger Gustav Mahlers an der Wiener Hofoper); seine Oper »Genesius« 1892; »Über das Dirigieren« 1896. – *Franz Betz:* Kgl. Preußischer Kammersänger. – *Bolko Graf von Hochberg (1843–1917):* Generalintendant der Berliner Kgl. Schauspiele 1868–1903. – *»wie wenn Wasser …«:* Aus Schillers Ballade »Der Taucher«. – *Robert Höniger (geb. 1855):* Privatdozent für Wirtschafts- und Sozialgeschichte, Berlin. – *Georg von Below (1858–1927):* Führender Verfassungs- und Wirtschaftshistoriker, Münster, später Marburg und Tübingen.

1. September 1895 (Nr. 613)

Vorabend großer Festlichkeiten: Die fast dreiwöchigen Feiern zum 25. Jahrestag des Sieges über Frankreich in der Schlacht von Sedan am 1. 9. 1870. Am 18. 8. 1895 festliche Grundsteinlegung für das Denkmal Kaiser Wilhelms I. (»Nationaldenkmal«) vor dem Schloß. Am 1. 9. 1895 Einweihung der Kaiser-Wilhelm-Gedächtniskirche am Kurfürstendamm, Hauptkirche im westlichen Berlin; 1891–1895 erbaut von Franz Schwechten. Die Berliner Zeitungen (»Berliner Tageblatt« u. a.) brachten Fortsetzungsberichte über den Kriegsverlauf von 1870/71, der Zirkus Renz ein großes militärisches Ausstattungsstück von Direktor F. Renz: »1870/71«; Feiern im Reich von Posen bis Metz (auch in den Theatern). – *Ludwig Goldberger (1848–1913):* Bankier, Präsident der Vereinigung Berliner Kaufleute und Industrieller. – *Fontane … »kein Talent zur Feierlichkeit«:* Gedicht »Was mir fehlte«: Sinn für Feierlichkeit. – *Julien Offray de Lamettrie (1709–1751):* Materialistischer französischer Philosoph, Asyl bei Friedrich dem Großen, Mitglied der Berliner Akademie. – *Voltaires Verdienstorden:* Der Pour le mérite, 1740 von Friedrich d. Gr. gestiftet, 1750 an Voltaire. – *Dr. Steinthal:* Arzt; am 18. 8. 1895 von seiner Geliebten, der Schauspielerin Sanke, aus Eifersucht erschossen. – *am Golde hängt …:* Gretchen in Goethes »Faust«.

8. September 1895 (Nr. 631)

Schiff der Wüste: Das Kamel (christlich: Symbol für Geduld und Treue). – *Gedächtnis-Skulptur:* Die gerade eingeweihte Kaiser-Wilhelm-Gedächtniskirche. – *Friedrich Rückert (1788–1866):* Lyriker; Zitat aus: Pantheon, Zweite Lese, Parabeln I. – *Karl August von Hase (1800–1890):* Professor in Jena; seine berühmte »Kirchengeschichte« 1885–1890; »Annalen meines Lebens« 1891. – *Ulk-Inschrift:* »Was für Kamele einst gewesen, die Väter unserer größten Stadt – keine 300000 Mark. Ruppig« (BT 3. 9. 1895): Anspielung auf die Stadtverwaltung, die keine 300000 Mark für die Kirche spenden wollte. – *Ostende:* Modebad; Kerr besuchte es nach Rückkehr vom Sozialistenkongreß in London (vgl. Zusammenfassung, 16. 8. 1896). – *Adam Mickiewicz (1798–1855):* National-romantischer, politisch engagierter polnischer Dichter; Hauptwerk: »Dziady« (Ahnenfeier), dramatisches Gedicht gegen die russische Herrschaft (1832). – *Eriwanski:* Iwan Fedorowitsch Graf von Eriwan (1782–1856); russischer General, beendete den polnischen Aufstand (1830) am 7. 9. 1831 durch Erstürmung Warschaus; danach Fürst von Warschau, Statthalter von Polen. – *funiculi, funicula:* Neapolitanisches Lied auf die neue Bergbahn in der Stadt.

15. September 1895 (Nr. 649)

»Romeo und Julia«: DT 11. 9. 1895. – *Agnes Sorma:* Erste ausführliche Betrachtung Kerrs über die von ihm hochverehrte Schauspielerin. – *Rosa Bertens (1860–1934):* Seit 1887 1. Schauspielerin am DT, wechselte (der von Brahm bevorzugten Sorma wegen) 1895 ins Ensemble von Sigmund Lautenburg (Residenz-Theater/Neues Theater). – *Auguste Wilbrandt-Baudius (geb. 1844):* Burgschauspielerin, seit 1873 verheiratet mit Adolf Wilbrandt; Mitte der neunziger Jahre am DT. – *Hermann Müller (1860–1899):* 1894 vom Burgtheater nach Berlin zurückgekommen, einer der beliebtesten Schauspieler am DT. – *»Die Braut von Corinth«:* Ballade von Goethe. – *Wilhelm Scherer (1841–1886):* Begründer der modernen Literaturwissenschaft (Scherer-Schule); seit 1877 Professor in Berlin. – *Emil Taubert (1844–1895):* Intendanturrat der Kgl. Schauspiele, Librettist. – *Schiller-Preis:* Für neue dramatische Werke; zu Schillers 100. Geburtstag (9. 11. 1859) gestiftet von Prinzregent Wilhelm (dem späteren Kaiser Wilhelm I.); 1000 Taler in Gold, alle drei Jahre zu vergeben. Empfehlung der Vorschlags-Kommission für Gerhart Hauptmann wurde von Wilhelm II. wegen der von ihm abgelehnten »Weber« nicht beachtet; »Die Weber« hatten am 24. 8. 1895 im DT ihre hundertste Aufführung (vgl. 3. 2. 1895 und 15. 11. 1896). – *Karl Weinhold (1823–1901):* Germanist, Volkskundler, seit 1889 an der Berliner Universität. – *Heinrich von Treitschke (1834–1896):* Publizistischer Mitarbeiter Bismarcks, Historiograph des preußischen Staates nach Rankes Tod, einflußreich seine »Deutsche Geschichte im 19. Jahrhun-

dert«. – *Schiller-Theater:* Das alte Wallner-Theater (Wallnertheater-Straße 35) war 1894 von Raphael Löwenfeld als Schiller-Theater für populäre Klassikeraufführungen neu eröffnet worden. – *Vorstadttheater am Alexanderplatz:* Das Parodie-Theater offerierte 1895 seine Versionen von »Madame Sans-Gêne«, »Hänsel und Gretel« (damals *die* Erfolgsoper), »Die Weber«, »Carmen«, »Kean«, »Romeo und Julia«, »Maria Stuart« und »Die Mütter« von Georg Hirschfeld, den Kerr sehr rühmte. – *Fall Clemenceau:* »Affaire Clemenceau« von Alexandre Dumas und Armand d'Artois. – *Ostend-Theater:* In der Frankfurter Allee. – *Hermann Ahlwardt (1846–1914):* Politiker und Publizist, MdR 1891–1902, Gründer der Antisemitischen Volkspartei (mit Otto Boekkel), »Held der Judenhetze« (BT 9. 4. 1896); Hauptwerk: »Der Verzweiflungskampf der arischen Völker mit dem Judentum« (3 Bde. 1892). – *Alexianermißbräuche:* Die katholische Kongregation der Alexianerbrüder in Aachen, die sich – ohne zureichende Ausbildung – der Irrenpflege annahm, hatte in ihrem Kloster Mariaberg Patienten unberechtigt festgehalten und mit drakonischen Maßnahmen »ruhiggestellt«; der Prozeß gegen sie wurde in Berlin wegen seiner grundsätzlichen Bedeutung für die Irrenpflege sehr beachtet. Geforderte Konsequenzen: Stärkung der staatlichen Aufsicht über die geistliche Irrenpflege, Gründung staatlich verwalteter Anstalten; das Pflegeheim Mariaberg wurde am 12. 6. 1895 geschlossen. – *American-Theater:* Dresdener Straße, 1873 eröffnet, 700 Plätze; war dominiert von der Familie *Bendix*: Martin Bendix (sen.), Paul Bendix (jun.) und Elise Bendix. – *[. . .] gekürzt:* Negative Bewertung von Otto von der Pfortens »1812« U KSch 5. 9. 1895; »Penthesilea«-Inszenierung des neuen Direktors am Berliner Theater, Aloys Brasch, und Heinrich Lee, »Der Schlagbaum«.

29. September 1895 (Nr. 685)

Heines »Briefe aus Berlin«: Vom Februar bis Juli 1822 erschienen im »Rheinisch-Westfälischen Anzeiger«; gekürzt aufgenommen in die »Reisebilder«. – *Freiherr Wilhelm von Hammerstein (1838–1904):* Pommerscher Gutsbesitzer; seit 1881 Chefredakteur der »Kreuzzeitung«, des führenden Organs des Agrarkonservatismus und des Junkertums am Hof und im Heere; einflußreich in der Konservativen Partei, angeklagt wegen schwerer Urkundenfälschung in Verbindung mit Betrug und Untreue (Unterschlagung des Pensionsfonds der »Kreuzzeitung«) zur Sanierung des Blattes; floh mit seiner Baseler Geliebten Flora Gaß und wurde am 4. 9. 1895 als Chefredakteur suspendiert. Im September 1895 veröffentlichte der »Vorwärts« Briefe Hammersteins, die auch den seit 1874 amtierenden Hof- und Domprediger Stöcker (1835–1909, Leiter der Berliner Stadtmission, »der Gottesmann«, »der zweite Luther«) wegen Konspiration zum Sturze Bismarcks stark kompromittierten und zu Stöckers Sturz führten (vgl. 25. 12. 1895). – *Palast-Hotel:* Ecke

Leipziger Straße/Potsdamer Platz. – *Bimetallisch:* Vgl. 20. 9. 1896,
Anm. – *Otto Arendt (1854–1936):* Schriftsteller; MdR 1898–1918; Herausgeber des »Deutschen Wochenblatts« 1888–1898, Wortführer der
»Bimetallisten«. – *Hans von Treskow:* Kriminalkommissar; seine Erinnerungen »Von Fürsten und anderen Sterblichen« (Berlin 1922). – *Paul
Felix Aschrott (geb. 1856):* Landgerichtsdirektor, Schriftsteller, über Re-
form des Strafrechts 1895. – *Coursäle:* Jägerstraße 22. – *Adolf Wagner
(1835–1917):* Nationalökonom und Finanzwissenschaftler; seit 1870
Professor an der Berliner Universität. – *Kathedersozialist:* Sozialrefor-
mer, der Eingriffe des Staates in Wirtschaft und Gesellschaft forderte,
um den sozialen Frieden zu fördern. – *Meteorlicht und Auerlicht:* Kon-
kurrierende Hersteller des Gas-Glühlichts, das die Petroleumbeleuch-
tung ablöste; heftiger Anzeigenkampf in den Zeitungen. – *Salambo:*
Schlangenbeschwörerin, trat auf in Kastans Panoptikum, Friedrichstraße 165, erinnert an Flauberts Roman »Salammbô«. – *Georg Hirschfeld:* »Die Mütter«, DT 17. 9. 1895. Kerr hatte ausführlich über die U am
12. 5. 1895 in der »Freien Bühne« berichtet (vgl. Zusammenfassung,
19. 5. 1895). – *»Der natürliche Sohn«:* Schauspiel von Alexandre Dumas
(1858). – *»Der Rabenvater«:* Schwank von Hans Fischer und Josef Jarno,
Residenz-Theater Berlin 18. 9. 1895. – *Oscar Blumenthal (1852–1917):*
Theaterkritiker am BT (genannt: Der blutige Oscar), Autor vielgespielter Schwänke, gründete 1888 das Lessing-Theater, war dessen
Direktor bis 1897. – *»Gräfin Fritzi«:* U Lessing-Theater 29. 9. 1895.

13. Oktober 1895 (Nr. 721)
Seit der Kaiser den Polen ...: Die Nichterneuerung des Rückversiche-
rungsvertrags mit Rußland förderte dessen Annäherung an Frankreich; die freundlichere Haltung gegenüber den Polen, die im Reichstag eine eigene Fraktion hatten, war eine der Konsequenzen für die
deutsche Politik. – *Joseph Theodor Stanislaus von Kosciol-Koscielski
(1845–1911):* Rittergutsbesitzer, lyrisch-dramatischer Dichter, polni-
sches MdR seit 1884, wohnte in Berlin. – *»Der Mann, der ’s Vaterland
verlor«:* Aus Lenaus Polenliedern: »Der Polenflüchtling«. – *Juljan Falat
(1852–1929):* Polnischer Jagd- und Landschaftsmaler; Direktor der
Kunstakademie in Krakau. – *Juljusz Kossak (1824–1899):* Bekannter
polnischer Schlachtenmaler. – *von Wiwiórski, von Pulawski:* Maler aus
der Kossak-Schule. – *Rückzug über die Beresina:* »Rückzug Napoleons
I. von Moskau 1812«, Kolossalgemälde, seit März 1896 als »Das Pan-
orama ›Beresina‹« ausgestellt in der Herwarthstraße 4; Pendant zu
Anton von Werners und Eugen Brachts Panorama »Sedan« (Bahnhof
Alexanderplatz). – *»Das geistige Berlin«:* Herausgegeben von Richard
Wrede und Hans von Reinsfeld, 1897; Kerr darin über sich: »KERR,
Alfred (Pseudonym für Kempner), geb. am 25. Dez. 1867 zu Breslau.
Ledig! Privatgelehrter. Literaturgeschichte. Kritik. Novelle. ›Clemens

Brentanos Jugenddichtungen‹ 1894. Gymnasium zu St. Elisabeth in Breslau. Abiturientenexamen 1886. Universität Breslau bis 1891. Dr. philos. 1893. Mitglied der Literarischen Gesellschaft und Deutschen Schriftsteller-Genossenschaft. Wohnung: Berlin, Kurfürstenstraße 142.« – *Hermann Sudermann:* Zog im Herbst 1895 in die Tauentzinstraße 13 a, die damals noch ruhig war. – *Freie Literarische Gesellschaft:* Gegründet 1890 in Analogie zur »Freien Bühne«, um moderner Lyrik und Erzählung ein Forum zu schaffen. Ehrenvorsitzender: Theodor Fontane. Vorsitzender: Julius Hart. 1. Vorleseabend am 14. 11. 1890 im Hotel Imperial. – *Heinz Tovote (1864–1946):* Schriftsteller, seit 1889 in Berlin, Erfolg »Im Liebesrausch« 1890, »Moderne Liebestragödien«. – *Fritz Mauthner:* Übernahm am 1. 10. 1895 die erste Theaterkritik im BT (bis 1905; neben ihm: Fritz Engel); das angekündigte philosophische Werk: »Der Atheismus und seine Geschichte im Abendlande«, 4 Bde. 1920–1923 und »Wörterbuch der Philosophie« 3 Bde. 1923/24. – *Hugo Lubliner (1846–1911):* Webereikaufmann, erfolgreicher Lustspielautor, Redakteur in »Der Abend«. – *[. . .] gekürzt:* »Der Meister von Palmyra« von Adolf Wilbrandt, DT 8. 10. 1895, mit Kainz und der Sorma, sowie das »Gartenlaubenschauspiel« (Kerr) »Der Pfennigreiter« von Sawerski/Wald-Zedtwitz.

27. Oktober 1895 (Nr. 757)

Kaiserin Augusta (1811–1890): Frau Wilhelms I. aus dem Haus Sachsen-Weimar, Mutter Kaiser Friedrichs III.; ihr Standbild zwischen Kronprinzenpalais und Opernhaus Unter den Linden enthüllt am 21. 10. 1895. – *Friedrich Schaper (1841–1919):* Bildhauer, Lehrer an der Berliner Akademie (Goethe-Denkmal im Tiergarten u. a.). – *die Höhle von Steenfoll:* In Hauffs Erzählung »Das Wirtshaus im Spessart«. – *Circus Busch:* Etablierte sich als zweiter Großzirkus in Berlin. Standort Bahnhof Börse, Eröffnung am 24. 10. 1895. – *Franz Renz:* Sohn des Zirkus-Gründers Ernst Jakob Renz (1815–1892), der durch Umbau einer Markthalle seinen Zirkus 1879 in der Karlstraße seßhaft gemacht hatte; die sofort beginnende harte Konkurrenz zwang schon 1897 zur Liquidierung des Zirkus Renz. – *Großberlin:* Seit den 90er Jahren führte das schnelle Wachstum der Stadt, die Notwendigkeit zusammenhängender Stadt-und Verkehrsplanung zu immer dringlicheren Überlegungen für die Schaffung einer Großgemeinde Berlin; Charlottenburg allein wuchs zwischen 1890 und 1895 von 76 859 auf 132 446 Einwohner, also um 72,3 Prozent, und wurde 1895 Großstadt. »Großberlin« wurde erst am 27. 4. 1920 Wirklichkeit. Reinickendorf, Pankow, Weißensee grenzten unmittelbar an das nördliche Stadtgebiet. – *Heines jüngere Pfarrerstochter:* Gedichtzyklus »Die Heimkehr«, Nr. 28. – *[. . .] gekürzt:* Robert Misch, »Der Nachruhm«, Berliner Theater, und Felix Philippi, »Der Dornenweg«, Lessing-Theater, 25. 10. 1895.

17. November 1895 (Nr. 811)

Geheimrätin Scherer: Wilhelm Scherer war am 6. 8. 1886 gestorben. – *Georg Hirschfeld (1873–1942):* Dramatiker, war mit seinem Drama »Die Mütter« (U Freie Bühne im DT 12. 5. 1895) in die durch Kerrs Rezension geweckte öffentliche Aufmerksamkeit gekommen. – *Agnes Sorma:* Hatte 1890 den venezianischen Patrizier Demetrius Mito, Grafen von Minotto, geheiratet. – *Ernst Rosmer (d. i. Elsa Bernstein, 1866–1949):* Dramatikerin, lebte in München; »Tedeum«, DT 14. 11. 1895, war das zweite Stück von ihr in Berlin; mit »Dämmerung«, U 30. 3. 1893 im Verein »Freie Bühne« Berlin, wurde sie bekannt. – *[...] gekürzt:* Inhaltsangaben des Rosmerschen Stücks, von Paul Lindaus »Venus von Milo«, U 9. 11. 1895 Lessing-Theater, und von Edmond Rostands »Die Romantischen«, Lessing-Theater 9. 11. 1895. Kerr: »Das Stück ist nur eine zarte und zierliche Kinderei.« – Erstes deutliches Bekenntnis Kerrs zu Berlin.

1. Dezember 1895 (Nr. 844)

Mordprozeß Hedwig Franke: Im »Spandauer Mädchenmord« war die 14jährige Tochter des Schiffskapitäns Franke am 28. 11. 1893 Opfer eines Sittlichkeitsverbrechens geworden; angeklagt war ein beim Vater beschäftigter Bootsmann. – *Adolph Menzel (1815–1905):* Aus Breslau; seit 1830 in Berlin. Am 4. 12. Festbankett der Akademie der Künste, Festansprache: Anton von Werner; der Kaiser verlieh Menzel als erstem Künstler den Titel Exzellenz; danach Huldigungsfest des Vereins Berliner Künstler bei Kroll in Anwesenheit des Kaiserpaares. Verleihung des Adelstitels 1898. – *Clara Schumann (1819–1896):* Pianistin, Witwe von Robert Schumann (gest. 1856). – *Alice Barbi (geb. 1862):* Gefeierte italienische Konzertsängerin. – *les pieds ici, les yeux ailleurs:* Die Füße hier, die Augen anderswo. – *Riccaut:* Figur aus Lessings »Minna von Barnhelm«, 4. Aufzug. – *Theater des Westens:* Nahe dem Bahnhof Zoo in der Kantstraße; Eröffnung am 1. 10. 1896 (vgl. 4. 10. 1896). – *das berühmte Künstlerhaus:* Fasanenstraße 13. – *Fritz Witte-Wild:* Seit 1889 Direktor und Oberregisseur am Lobe-Theater Breslau, wurde am 25. 7. 1895 »artistischer Direktor« des TdW; übernahm nach dem Scheitern dort die Direktion des Theaters in Teplitz-Schönau; seit 1900 Oberregisseur am Lessing-Theater Berlin. – *Ida Müller:* Schauspielerin, *Willy Rohland (geb. 1854):* Schauspieler und Regisseur am Lobe-Theater, für das TdW verpflichtet; Ida Müller später am Münchner Schauspielhaus, Rohland am Lessing- und Berliner Theater. – *Ludwig Barnay (1842–1924):* Schwerer Charakterdarsteller, kam aus Meiningen; hatte 1883 mit L'Arronge das DT gegründet und sich 1888 mit der erfolgreichen Neugründung des Berliner Theaters verselbständigt, dessen Direktor er bis 1894 war; nach neuen schauspielerischen Erfolgen 1906–1908 Intendant des KSch; Gründer der Deutschen Bühnengenossenschaft. – *»Die Kunst geht nach Brot«:* Maler Conti in Lessings »Emilia Galotti«, 1. Akt. – *Frida Wagen:* Österreichische Schauspielerin, 1893/94 Lessing-Theater; 1895/96 Neues- und Residenz-Theater; kecke Naive. – *ehemaliger Elisabetaner:* Mitschüler Kerrs am Elisabethan Breslau. – *Adolf Kurth:* Später am DT als Regisseur. – *[...] gekürzt:* Adelheid Weber, »Pan Cezar«, Berliner Theater 27. 11. 1895.

15. Dezember 1895 (Nr. 880)

Reichstagsverhandlungen: Im Reichstag Kontroverse Bebels mit Kriegsminister von Bronsart; in Österreich Konflikt Dr. Luegers mit Ministerpräsidenten Graf Badeni. – *Dr. Alfred Lux:* Richtig: *Heinrich Lux (geb. 1863),* war mit Alfred Ploetz, Gerhart Hauptmann und Ferdinand Simon Mitglied im kommunistisch inspirierten Studentenverein »Pazific«, der im Breslauer Sozialistenprozeß 1887 wegen Geheimbündelei angeklagt war. Lux, Sozialdemokrat, wurde damals zu einem Jahr Freiheitsentzug verurteilt. – *Curt Baake (1864–1938):* Journalist, Sozialdemokrat, ab 1896 Herausgeber eines von der SPD unterstützten privaten Pressedienstes. – *Ferdinand Simon (1861–1912):* Studienfreund Gerhart Hauptmanns, Biologe und Mediziner, lebte später in der Schweiz; machte Hauptmann auf Heines Gedicht »Die Weber« aufmerksam. – *Siegmund und Sieglinde:* Geschwisterpaar aus dem Geschlecht der Wälsungen; siehe »Die Walküre« von Richard Wagner. – *Sonnenaufgangsdrama:* »Vor Sonnenaufgang«, erstes Drama Gerhart Hauptmanns; U »Freie Bühne« im Lessing-Theater Berlin 20. 10. 1889. – *Dr. Alfred Ploetz (1860–1940):* Arzt, Freund Gerhart Hauptmanns; praktizierte 1890–1894 in Meriden (USA); Besuch von Hauptmann 1894 und gemeinsame Rückkehr nach Deutschland; seitdem in Berlin wissenschaftlicher Schriftsteller (»Grundlinien einer Rassenhygiene«); in NDR 1894/95 Aufsätze: »Alkohol und Nachkommenschaft« und »Rassentüchtigkeit und Sozialismus«; Vorbild des Alfred Loth in »Vor Sonnenaufgang«. – *»Die Welt am Montag«:* Wochenzeitung mit sozialdemokratisch-sozialistischer Ausrichtung; als Mitarbeiter vorgesehen: F. Oppenheimer, Kurt Eisner, die Brüder Hart, Gustav Landauer, Georg Bernhard, Siegfried Lublinski und Kerr. Kerr am 20. 8. 1899: »Vor vier Jahren gründeten Felix Hollaender und der Dr. Ploetz eine Wochenschrift in Zeitungsgestalt, welche seither von einem reichen Mann gekauft worden ist. Ich war als Theaterrezensent gemietet.« – *Felix Hollaender (1867–1931):* Journalist, Romancier; später Dramaturg Max Reinhardts am DT, ab 1920 dessen Nachfolger in der Leitung der Berliner Reinhardtbühnen, Theaterkritiker; einflußreich in Berlin. – *fern von Madrid:* Schiller, »Don Carlos« I,6. – *Dr. Leo Leipziger:* Das »Kleine Journal« war 1879 gegründet als Tageszeitung »für alle Gesellschaftsklassen. Betont das Pikante«; Redaktion Friedrichstr. 239; Kerr geriet später nach seiner Attacke gegen korrupte Musikkritiker mit Leipziger in Konflikt (vgl. 11. 4. 1897). – *Zweikampf:* Herausforderung zum Duell sowie dessen Vorbereitung waren nach dem STGB strafbar; auch der Kartellträger, d. i. der Überbringer und Arrangeur eines Duells, wurde bestraft. – *Dr. Löwenstein:* Bekannter Rechtsanwalt in Berlin, wurde am 12. 12. 1895 freigesprochen. – *Donjon:* Burgturm. – *»Le mie prigioni«:* Bericht von Silvio Pellico über seine Haft in Spielberg in Mähren, 1832. – *»Ut mine Festungstid«:* Autobiographische Erzählung von Fritz Reuter, 1862. – *Bruno Wille (1860–1928):* Schriftsteller, Mitbegründer der Freien Volksbühne und der Neuen Freien Volksbühne (deren 1. Vorsitzender bis 1902), des Giordano-Bruno-Bundes und der Freien Hochschule, Sprecher der Freireligiösen Gemeinde; als »Freidenker« aus der Sozialdemokratischen Partei ausgeschlossen. – *David Friedrich Strauß (1808–1874):* Philosoph, Theologe, bekannt durch sein »Leben Jesu, kritisch bearbeitet« (1835), hatte der christlichen Glaubenslehre eine evolutionistisch bestimmte Fortschrittstheorie entgegengestellt (»Der alte und der neue Glaube« 1872). – *Heilsarmee:* 1878 in London gegründete religiös-soziale Bewegung mit militärähnlicher Organisation und sektenhafter Wirkung; Publikation: »Der Kriegsruf«. – *Mormonen:* 1830 in USA entstandene Religionsgemeinschaft, »Kirche Jesu Christi der Heiligen der letzten Tage«; versteht sich als Wiederherstellung der Urkirche; Berlin wurde Missionssitz. – *[...] gekürzt:* Weihnachtsgedränge bei Wertheim und das Gastspiel der französischen Soubrette Anna Judic im Neuen Theater.

25. Dezember 1895 (Nr. 904)
Hermandad: Polizei, abgeleitet von den Sicherheitsorganen im absolutistischen Spanien. – *Les absents ont tort:* Die Abwesenden haben unrecht. – *Fritz Friedmann:* Hatte mit seiner Geliebten Anna Merten Berlin verlassen. Sie hatte sich als Nelly Wildenfels und Schauspielerin ausgegeben, war die Tochter krimineller Eltern (Vater 10 Jahre Zuchthaus). Friedmann wurde Mitte Februar in Bordeaux verhaftet, argumentierte zur Verteidigung, er werde aus politischen Interessen verfolgt, um die Veröffentlichung belastender Dokumente aus einem früheren Verfahren (Fall Kotze) zu verhindern. Friedmann veröffentlichte diese Schrift »Wilhelm II. und die Revolution von oben« mit dem Untertitel »Der Fall Kotze«. – *der Fall Kotze:* Im Juni 1894 war der Zeremonienmeister am kaiserlichen Hofe, Leberecht von Kotze, vom Amte suspendiert worden wegen des Verdachts, anonyme Briefe an Hofbeamte geschrieben zu haben, zur Denunziation des Herrn von Schrader, ebenfalls Zeremonienmeister. Friedmann sprach Kotze frei, behauptete, die anonymen Briefe seien von der Hofcamarilla veranlaßt und von der Frau eines Hofbeamten ausgefertigt worden, um den Kaiser in einen Krieg mit den »Umsturzparteien« (Sozialdemo-

kraten) zu drängen. – *karikiertes Sodom:* »Sodoms Ende«, Drama von
Sudermann, U Lessing-Theater 5. 11. 1890. – *von Hammerstein:* Am
28. 12. 1895 in Athen verhaftet. Kommentar im BT 29. 12. 1895: »Das ist
ja das Charakteristische an dem Fall Hammerstein, daß ein Führer
der Partei, die immer am lautesten über die Verderbnis des Volkes
jammerte und die nur in der Herrschaft der Kirche das Gegengewicht
gegen ›die allgemeine Sittenverderbnis‹ erblickte, daß der Führer der
konservativen Partei in derselben Zeit die schwersten Verbrechen beging, wo er als ein echter Pharisäer systematisch seine politischen Gegner als sittenlose Menschen verdächtigte und die strengsten Maßregeln
gegen jene befürwortete, die seinen orthodox-reaktionären Standpunkt nicht teilten.« Hammerstein wurde ausgeliefert, kam am 2. 1.
1896 nach Berlin zurück, wurde zu Zuchthaus verurteilt. Der Fall beschäftigte noch lange die Öffentlichkeit und schädigte das Ansehen
der Konservativen – *Landgerichtsrat Brausewetter:* »Der gefürchtetste
Richter des modernen Berlins. In ungezählten Preß- und Majestätsbe-
leidigungsprozessen hat die von ihm geleitete Strafkammer seither ein
drakonisches Urteil nach dem anderen gefällt« (BT 20. 1. 1896). Brausewetter hatte den »Fall Friedmann« übernommen, wurde dann von
dem Auftrag entbunden, mußte in eine Nervenheilanstalt (Diagnose:
progressive Paralyse) und starb am 18. 1. 1896. – *[...] gekürzt:* Jacob-
sohn/Mannstädts Gesangsposse »Frau Lohengrin«, Adolph-Ernst-
Theater 21. 12. 1895, und Carl Costa, »Bruder Martin« 22. 12. 1895; Kerr:
»Graue Weihnachten auch im Theater.«

1896

12. Januar 1896 (Nr. 28)
Florian Geyers Zeit: Um 1530. – *Prinz Friedrich Leopold (geb. 1863):* Einziger Sohn von Friedrich Carl, Prinz von Preußen; war verheiratet mit
einer jüngeren Schwester der Kaiserin Auguste Victoria. – *Friedrich
Carl (1828–1885):* Prinz von Preußen, 1870 Oberkommandierender
über die 2. deutsche Armee (Gravelotte, St. Privat, Metz), Generalfeldmarschall, nach Kriegsende Generalinspekteur; Fontane über ihn
in: »Fünf Schlösser«, Kapitel »Dreilinden«. – *Einbruch auf dem Eise:*
Am 27. 12. war die Prinzessin Friedrich Leopold von Preußen auf dem
Eis des Griebnitz-Sees zusammen mit dem Hoffräulein von Colmar
eingebrochen, aber vor dem Ertrinken gerettet worden. Der Kaiser, in
Spannungen mit dem Prinzen lebend, weil dieser sich der Repräsen-
tationspolitik verweigerte, verhängte 14 Tage Stubenarrest in Schloß
Glienicke, weil der Prinz trotz kaiserlicher Warnungen das Eislaufen
seiner Gemahlin geduldet habe. – *Assessor Wehlan:* Vizekanzler der
Kolonie Kamerun und Führer der Polizeitruppe dort; brutales Vorge-

hen gegen Eingeborene, Auspeitschungen, Tötung von drei Gefangenen bei Bekämpfung des Bakoko-Aufstandes; Prozeß vor dem Disziplinarhof in Potsdam; mildes Urteil: Strafversetzung und 500 Mark Geldstrafe; ließ die Forderung laut werden, das deutsche Strafrecht auch auf die Kolonien anzuwenden. – *Kanzler Leist:* Kanzler in Kamerun; angeklagt wegen sittlicher Vergehen an Eingeborenen. – *Renommierschmiß:* Narbe vom Fechten im Gesicht als Zeichen männlicher Härte. – *Dr. Carl Peters (1856–1918):* Gründete die Kolonie Deutsch-Ostafrika; 1891 erster Reichskommissar des »Schutzgebietes am Kilimandscharo«; Präsident der Deutschen Kolonialgesellschaft; geriet 1895/97 auf Grund von Bebels Anschuldigungen wegen rüder Methoden des kolonialen Landerwerbs und seiner Eingeborenenbehandlung (Hinrichtungen seines Dieners und seiner jungen Konkubine wegen Diebstahls und Flucht 1892) in heftige Kritik; wurde nach einem Spruch des Kaiserlichen Disziplinargerichtshofs für die Schutzgebiete 1897 aus dem Reichsdienst entlassen (was seine Popularität als »Kolonialheld« nicht schmälerte); sein am 15. 11. 1897 vor dem Kammergericht behandelter Einspruch wurde kostenpflichtig zurückgewiesen. – *Wilbrandts »Graf Hammerstein«:* Historisches Schauspiel um Liebe, Ehe und Ehre; Anspielung auf den »Fall Hammerstein« (vgl. 25. 12. 1895); U Schiller-Theater 4. 3. 1896. – *Frau Friedmann:* Trat in Hamburg, Anfang 1896 im Quarg & Vaudeville-Spezialitätentheater im Grandhotel am Alexanderplatz und im Reichshallen-Theater auf; wurde als Repräsentantin für die Kolonialausstellung engagiert. – *Brentanosche »Lustige Musikanten«:* Singspiel, 6. Auftritt. – *Weinlaub im Haar ... in Schönheit sterben:* Motive aus Ibsens Schauspiel »Hedda Gabler«. – *»Der Meister von Palmyra«:* Schauspiel von Adolf Wilbrandt, U DT 8. 10. 1895. – *nunc est bibendum ...:* Jetzt laßt uns trinken, jetzt mit freiem Fuß den Boden stampfen; Horaz, Oden.

9. Februar 1896 (Nr. 100)

Arthur Schnitzler (1862–1931): Arzt und Schriftsteller in Wien; Besuch in Berlin zur Aufführung von »Liebelei«; der Berliner Erfolg (DT 4. 2. 1896) sehr viel größer als der der U in Wien (Burgtheater 9. 10. 1895); von da an bleibende Verbindung Schnitzlers zu Otto Brahm. Der »Anatol«-Zyklus: 1891; die NDR setzte seit 1894 die Zeitschrift »Freie Bühne« im Verlag S. Fischer, Berlin, fort. »Sterben« erschien in NDR Okt.–Dez. 1894, als Buch 1895; die »jüngste Erzählung«: »Ein Abschied« in NDR Februar 1896; der »Anatol«-Zyklus, 1892 als Buch erschienen, wurde von Emanuel Reicher in Berlin in einer Privatvorstellung in seinem Hause gezeigt. »Das Märchen«, erstes abendfüllendes Stück Schnitzlers: U Deutsches Volkstheater Wien 1. 12. 1893. – *Holz-Schlaf-Naturalismus:* Die konsequente, nur auf sich selbst bezogene Beschreibung einer Realität; Beispiel im Drama: »Familie Selicke«. – Dieser

Berliner Brief ist die erste spontane Äußerung Kerrs zu Schnitzler. Ende Februar 1896 sein Essay: »Arthur Schnitzler« (NDR 1896, S. 287–292). – *[. . .] gekürzt:* Inhaltsbeschreibung von »Liebelei«.

23. Februar 1896 (Nr. 136)
Lesser Ury (1861–1931): Maler, seit 1887 in Berlin; märkische Landschaften, Berliner Straßenszenen, Interieurs, auch große religiös-mythologische Bilder; »Jerusalem« war sein erstes Monumentalbild (trauernde Juden, lagernd am Meeresstrand, 1896). – *Fritz Gurlitt (1854–1893):* Gründer der Galerie Gurlitt, Berlin, Leipziger Straße; setzte sich sehr für junge Künstler ein. – *das Aug' nur, das entsiegelte:* Wallenstein in Schillers »Die Piccolomini« II,6, Vers 984/5. – *»Gib mir ein Zeichen, Schicksal! . . .«:* »Wallensteins Tod« II,3. – *»Heinrich der Vierte«:* DT 19. 2. 1896. – *Hermann Nissen (1855–1914):* Erster Heldendarsteller an den Hoftheatern von Meiningen und St. Petersburg; ging 1887 ans DT, wechselte 1901 ans Burgtheater Wien. – *Nina Sandow:* Schauspielerin, Residenz-Theater Berlin, 1895 DT, 1897–1901 KSch, tragische Liebhaberin und Salondame. – *Bernhard Baumeister (1828–1917):* Schwerer Charakterspieler am Burgtheater; viele Gastspiele in Berlin; Glanzrollen: der Richter von Zalamea, Otto Ludwigs Erbförster, Werner in »Minna von Barnhelm« und Falstaff. – *Hedwig Niemann-Raabe (1844–1905):* DT 1883–1887, am Berliner Theater 1887–1890 zum Publikumsliebling avanciert, fand hier ihre Starrolle; »diese kleine, rundliche Niemann ist ganz einfach eine der größten Künstlerinnen Deutschlands und der umliegenden Länder« (Fritz Mauthner); spielte die Rolle auch später am KSch (Kroll); heiratete den Sänger Albert Niemann. – *»Madame Sans-Gêne«:* Von Victorien Sardou, begehrte Rolle für brillierende Schauspielerinnen; Jenny Groß hatte die Rolle seit der deutschen Erstaufführung im Lessing-Theater (13. 1. 1894) über 200mal gespielt. Die Wiederaufnahme 15. 2. 1896 mit Neubesetzung Hedwig Niemann.

1. März 1896 (Nr. 154)
Die Ausstellung: »Berliner Gewerbeausstellung«; eröffnet am 1. Mai 1896 im Treptower Park; großes Ereignis für die Stadt (vgl. 3. 5. 1896). – *Wildenbruch:* »Der Junge von Hennersdorf« U Lessing-Theater 21. 1. 1896. – *Ausstellungstheater:* »Theater Alt-Berlin« auf der Gewerbeausstellung (vgl. 3. 5. 1896). – *Karl Bleibtreu (1859–1928):* Gab mit »Revolution der Literatur« 1885 den jungen Naturalisten das Programm, reüssierte aber nicht als Dramatiker. Kerrs Befürchtungen, die Qualität der Stücke betreffend, erfüllten sich (vgl. 26. 7. 1896). – *Imperativspiel:* Vgl. 12. 1. 1896. – *»Judith«:* KSch 28. 2. 1896. – *Adalbert Matkowsky (1857–1909):* Bedeutender Helden- und Charakterdarsteller am KSch; 1900 als erster zum »Kgl. Hofschauspieler« ernannt.

15. März 1896 (Nr. 190)

»Die linden Lüfte ...«: Ludwig Uhland, »Frühlingsglaube«, vertont von Franz Schubert, op. 20, Nr. 2. – *Wie traurig steigt* ...: Goethe, »Faust I«, Walpurgisnacht, Mephisto. – *botanischer Garten:* Die Suche nach einem neuen Standort erstreckte sich auf Dahlem, Steglitz und Treptow; Entscheidung für Dahlem. – *Die berühmte Szene:* »Prinz von Homburg« 3. Akt, 5. Szene. – *»Problematische Naturen«:* Roman von Spielhagen, 4 Bde., 1861. – *»Effi Briest«:* Fontanes neuester Roman war 1895 erschienen. – *»Die Wahlverwandtschaften«:* 1809. – *Weil Schnitzler* ...: Nach der Aufführung von »Liebelei«. – *Josef Jarno (1866–1932):* Ungarischer Schauspieler; 1889–1894 am Residenz-Theater, Berlin, 1894–1899 am DT als Liebhaber und Bonvivant; 1899–1923 Direktor des Theaters in der Josefsstadt, Wien. – *[...] gekürzt:* Max Dreyer, »Winterschlaf«, U Neues Theater 11. 3. 1896; Kerr: »Dinge aus zweiter Hand gereicht«.

29. März 1896 (Nr. 226)

Ausstellung: Vgl. 1. 3. 1896. – *robur et aes triplex:* Eichenholz und dreifach Erz. – *Lindentheater:* Das 1892 eröffnete Theater Unter den Linden 17/18 mit 1600 Plätzen. – *»Der Obersteiger«:* Operette von Karl Zeller. – *westliche Damen:* aus dem reichen Westen der Stadt: Charlottenburg, Tiergarten, Wilmersdorf. – *im alten Reichstag:* In der Leipziger Straße (1871–1894), in einer früheren Porzellanmanufaktur. – *Johanna Ambrosius (geb. 1854):* Lyrikerin, Bäuerin aus Groß-Wersmeninken (Ostpreußen); Gedichte 1896; der »Fall Ambrosius« entstand aus der Behauptung des Schuldirektors Görth, sie gebe sich aus Spekulation als arm und blutarm aus; widerlegende Antwort ihrer Schwester Martha im BT 28. 4. 1896. – *Julius Petri:* »Rote Erde«, Berlin 1895, bei Gebr. Paetel. – *Präparandenanstalt:* Lehrinstitut zur Vorbereitung von Volksschülern auf das Lehrerseminar. – *Kainz:* Richard III., DT 19. 3. 1896.

12. April 1896 (Nr. 256)

Fritz Kühnemann: Kommerzienrat, Fabrikant; war nach erfolgreicher Leitung der Gewerbeausstellung von 1879 auch Inspirator und Leiter der Gewerbeausstellung von 1896; setzte den Treptower Park (gegen Witzleben) als Veranstaltungsort durch. – *Adolph Ernst (1846–1927):* Schauspieler, Theaterdirektor; hatte am Ende seiner Direktion mit dem Stück »Das flotte Berlin« noch einen unerwarteten Erfolg; das nach ihm benannte Adolph-Ernst-Theater in der Dresdener Str. 72 wurde am 18. 9. 1896 unter der Direktion von W. Hasemann als Thalia-Theater neueröffnet. – *mit dem Infanten:* Schiller, »Don Carlos« V,2. – *Schlesier:* Eine große Zahl der Neu-Berliner kam aus Schlesien; Kerr selbst aus Breslau. – *Gerhart Hauptmann (1862–1946):* Begründer der Moderne in Deutschland (neben Wedekind), bis 1933 absolute Bezugsfigur für Kerr, kam aus Ober-Salzbrunn (Schlesien). – *Rudolf Rittner (1869–1943):* Bedeutender realistischer Schauspieler, kam 1891 aus böhmischen Theatern ans Berliner Residenz-Theater, 1894–1904 am DT (der erste Fuhrmann Henschel), mit Brahm 1904 ans Lessing-Theater (bis 1907). – *Marie Meyer (1840–1908):* Kam 1891 vom Hoftheater St. Petersburg ans Lessing-Theater; die erste Frau Vockerat in der U von Hauptmanns »Einsamen Menschen«, 11. 1. 1891. – *Julius Freund (1862–1914):* Schauspieler, Dramaturg, Chanson- und Revue-Autor (»Neustes! Allerneustes!«). – *Wilhelm Tappert (1830–1907):* Musikschriftsteller und -lehrer (Schriften über Wagner); Opernkritiker für das »Kleine Journal«; Kerr kam später in Konflikt mit ihm. – *Moritz Moszkowski (1854–1925):* Pianist und Komponist, Lehrer am Berliner Konservatorium, schrieb 1896 das Ballett »Laurin«; lebte ab 1897 in Paris. – *Alexander Moszkowski:* Musikreferent für das MFL; gründete später die »Pressezentrale«. – *Fritz Engel (1867–1935):* Redakteur und Theaterkritiker am BT, ab 1896 Feuilletonchef, später Kollege Kerrs. – *Zum Theaterrückblick:* Hauptmann, »Florian Geyer«: DT 4. 1. 1896; Halbe, »Lebenswende«: DT 21. 1. 1896; Rosmer, »Tedeum«: DT 14. 11. 1895; Fulda, »Robinsons Eiland«: DT 26. 10. 1895; Hirschfeld, »Die Mütter«: DT 17. 9. 1895; Schnitzler, »Liebelei«: DT 4. 2. 1896; Wilbrandt, »Der Meister von Palmyra«: DT 8. 10. 1895; Schönthan, »Komtesse Guckerl«; Wildenbruch, »König Heinrich«: U Berliner Theater 22. 1. 1896 (Kerr: »munter und unterhaltsam; es werden Knalleffekte auf Knalleffekte getürmt [...] daher der Jubel«). – *ein Theaterdirektor:* Oskar Blumenthal. – *Sudermanns »Glück im Winkel«:* Lessing-Theater 4. 4. 1896 mit Mitterwurzer a. G. – *»Ehre«:* U Lessing-Theater 27. 11. 1890. – *»Schmetterlingsschlacht«:* U Lessing- und Burg-Theater 6. 10. 1894. – *[. . .] gekürzt:* Georg Hirschfeld, »Zu Hause«, Moritz Heimann, »Weiberschreck«: U DT 9. 4. 1896. – *von Schrader und Herr Kotze:* Vgl. 25. 12. 1895. Das Pistolenduell am Revensberg bei Potsdam am 10. 4. 1896 endete nach schwerem Bauchschuß tödlich für von Schrader; von Kotze wurde zu kurzer Festungshaft verurteilt und zur Centenarfeier 1897 amnestiert. Der Fall löste heftige öffentliche Diskussionen über die Berechtigung des Zweikampfs aus (Leitartikel im BT 14. 4. 1896: »Fort mit dem Duell«). – *Cameralia:* Staatswissenschaften.

3. Mai 1896 (Nr. 310)

Gewerbeausstellung: »Das große Unternehmen Berliner Bürgersinns und Berliner Gewerbefleißes« wurde am 1. Mai 1896 im Treptower Park in Anwesenheit des Kaisers eröffnet und schloß am 31. Oktober; Darstellung der Industrie und des Handwerks, verbunden mit der Erwartung »eines neuen gewaltigen Aufschwungs des Handels und des Verkehrs«. Sie umfaßte eine Kolonialausstellung, einen großen Vergnügungspark und war von beträchtlicher Attraktion nicht nur für

Deutschland. – »*Theater Alt-Berlin*«: Von Bernhard Sehring eigens für
die Gewerbeausstellung errichtet (1700 Zuschauer, Baukosten 200000
plus 150000 Mark für Ausstattung); Eröffnung am 30. April, sollte bis
Ende der Ausstellung spielen. 42 Schauspieler, ein Chor von 35 Personen und ein 35köpfiges Orchester waren engagiert, als Programm
7 Stücke zur patriotischen Geschichte angekündigt (u. a. »Wendentaufe«, »Schwere Not«, »An mein Volk«, »Unsere Viktoria« und
»Heimkehr«); das Theater meldete aber schon im Juli Konkurs an
(vgl. 26. 7. 1896). – »*Lumpengesindel*«: Drama von Ernst von Wolzogen,
1892. – *Fritz Witte-Wild:* War in den künstlerischen Vorstand des Aus-
stellungstheaters berufen. – *Mailcoaches:* Englische Kutschen. – *Huissiers:* Dienstpersonal. – *Escarpins:* Tanzschuhe, leichte Schuhe. – *Ferdinand von Bulgarien (1861–1948):* Ferdinand von Coburg-Koháry war
1887 zum Fürsten von Bulgarien gewählt worden; hielt sich in Berlin
auf; wurde erst 1896 nach Bestätigung durch den Sultan (Bulgarien
stand noch unter türkischer Oberhoheit) als Fürst von Bulgarien von
den europäischen Mächten anerkannt. – *Bernhard Felisch (geb. 1823):*
Baumeister, konservativer Abgeordneter seit 1895, begründete 1879 die
Berliner Gewerbeausstellung, jetzt 2. Vorsitzender der Gewerbeausstellung 1896. – *Ludwig Goldberger (1848–1913):* Präsident der Vereinigung Berliner Kaufleute und der Ausstellungskommission für die
deutsche Industrie. – *Hans Hermann Freiherr von Berlepsch (1843–1926):*
Sozialpolitiker, 1890–1896 Preußischer Minister für Handel und Gewerbe, Rücktritt bald nach Ausstellungseröffnung. – *Heil Dir im Siegerkranz:* Populäre preußische Huldigungshymne an den Kaiser (Melodie nach »God save the King«).

10. Mai 1896 (Nr. 328)

»*Lumpazivagabundus*«: DT 3. 5. 1896 als Benefizvorstellung für Ludwig
Menzel zum 50jährigen Bühnenjubiläum. – [...] *gekürzt:* Eugène
Scribe, »Minister und Seidenhändler« (»Ein Staatsstreich«), KSch, und
Carré-Wormser, »Der verlorene Sohn«, Berliner Theater. – *Neuer See:*
Ausgebaggert für die Marineschauspiele der Gewerbeausstellung in
Treptow, später zugeschüttet. – *Dressel, Café Bauer:* Dependancen der
berühmten Cafés in der Innenstadt. – »*Hohenzollern*«: Nachbau der
kaiserlichen Yacht für den »Neuen See« als Restaurant. – *Kolonialaus-
stellung:* Deutschland war innerhalb eines Jahrzehnts in Afrika (Kamerun, Togo, Deutsch-Südwestafrika 1884; Deutsch Ostafrika 1891) und
in der Südsee (Bismarckarchipel 1884; Marianen, Marshallinseln, Karo-
linen, Neu-Guinea, Salomonen und Samoa, 1884–1889) Kolonialmacht
geworden; angekündigt: Vertreter der Dualas aus Togo, Westafrikaner,
Hottentotten, Hereros und Bastardmenschen; aus Ostafrika Suaheli,
Bakonde und Massais, Leute von den Papuas und Neu-Pommern. –
Die Deutsche Volksernährung: Vgl. Zusammenfassung, 24. Mai 1896.

14. Juni 1896 (Nr. 412)

die Fremden: Die Touristen zur Gewerbeausstellung. – *Hundekehle:* Restaurant im Grunewald. – *»Kairo«:* Orientalische Abteilung in der Gewerbeausstellung mit Sammlungen orientalischer Kunst und Waffen, Riesenarena mit Aufzügen von über 500 Arabern, Fellachen, Berbern (vgl. 3. 5. 1896). – *»Rixdorfer«:* »In Rixdorf ist Musike – Musike – Musike …«

28. Juni 1896 (Nr. 448)

Friedmann: Nach dem Prozeß, der mit Freispruch endete, verließ Friedmann Deutschland. – *Moabit:* Berliner Strafanstalt. – *Graf Leicester/Mortimer:* In »Maria Stuart« von Schiller. – *Lassallescher Tropfen:* Ferdinand Lassalle, Rechtsanwalt, Gründer der Sozialdemokratischen Partei, galt als pathetischer Rhetoriker. – *pectus est . . .:* Es ist das Herz, das den Redner macht (»Über die Redekunst« von Quintilian, dem römischen Rhetor). – *Bleichröder:* Bankhaus in Berlin; von Gerson Bleichröder (1822–1893), Bankier Bismarcks, zu einem bedeutenden Institut entwickelt. – *Rudolf Mosse (1843–1920):* Zeitungsverleger und Druckereibesitzer, gründete 1872 das »Berliner Tageblatt«. – *Jacob Landau, Bankhaus:* Unterstützte u. a. Emil Rathenau bei der Gründung der Studiengesellschaft für elektrisches Glühlicht. – *Li-Hung-Tschang (1823–1901):* Chinesischer Militär und Staatsmann, »Bismarck des Ostens«, hatte 1895 die Friedensverhandlungen nach dem chinesisch-japanischen Krieg geführt; bereiste 1896 Europa und Amerika; kam am 28. 6. nach Berlin: »Kaum je zuvor ist ein Mann von seiner Stellung und seiner Rasse hier so gefeiert worden wie dieser Sendbote des Kaisers von China« (BT 29. 6. 1896); besuchte die Gewerbeausstellung. – *Feuerbestattung:* Damals erst in vier deutschen Ländern anerkannt, noch nicht in Preußen; 1874 war in Berlin der Verein für Feuerbestattung gegründet worden. – *Opoponax:* Nach Balsam duftendes Öl des Opoponax chironium. – *Hagenbecksches Hippodrom:* Arena, in der zu Musik geritten werden konnte; gegründet von Carl Hagenbeck (1844–1913), der die Tierhandlung seines Vaters durch schaustellerische Unternehmungen ausweitete.

12. Juli 1896 (Nr. 484)

»Immer höher . . .«: »Faust II«, Schattiger Hain, Vers 9821f. – *Fontanes Fensterputzerin:* Am Beginn von »Stine«. – *Lily von Gizycki, später Lily Braun (1865–1916):* Engagiert in der Frauenbewegung, gründete und leitete die Zeitschrift »Frauenbewegung«, schrieb: »Frauenfragen und Sozialdemokratie«, »Memoiren einer Sozialistin« u. a. – *Maria Janitschek (1860–1927):* Österreichische Schriftstellerin, lebte seit 1893 in Berlin; ihr Thema: Lebensprobleme der Frau in der Männergesellschaft: »Die Frau und das sexuelle Leben«, »Pfadsucher« 1894, »Vom

Weibe« 1896. – *Petroleusen:* Frauen, die beim Aufstand der Kommune 1871 in Paris Tuilerien, Stadthaus u. a. mit Petroleum niederbrannten. – *Radlerinnen:* Um 1870 waren in Berlin die neuen französischen »Velozipeds« und die englischen Hochräder aufgetaucht; Diskussionen entstanden: »Sollen Frauen Radfahren?« (Umfrage des BT am 6. 5. 1896). Radfahrschulen etablierten sich. Um 1890 wurde mit der Entwicklung der Fahrräder das Fahrradfahren in Berlin Statussymbol mit eigens entwickelter Radmode, den langen Damenhosen, da die langen engen Röcke ungeeignet waren. – *Kuponschneiderfamilien:* Aktienbesitzer; zum Einlösen der Zinsen mußten Cupons, Quittungsabschnitte, von den Zinsbögen (Cuponbögen) abgeschnitten und eingereicht werden. – *Kurfürstendamm:* Wurde erst um 1890 dichter bebaut. – *Georg:* Bursche im »Götz von Berlichingen«. – *Nymphas:* Aus Wilbrandts »Der Meister von Palmyra« (1889); Nymphas ist die männliche Erscheinung der christlichen Märtyrerin Zoe nach ihrer Wiedergeburt. – *Else von Schabelsky:* »Die Frauenfrage«, am 19. 4. 1896 als Wohltätigkeitsveranstaltung im Adolph-Ernst-Theater. – *»Fliegende Blätter«:* 1844 gegründete populäre humoristische Wochenschrift mit ironisch-satirischen Illustrationen.

26. Juli 1896 (Nr. 520)
Dante Alighieri: In »Die göttliche Komödie« (um 1310). – *»Robinson Krause in Kairo«:* Der einsame Kleinbürger im Bezirk »Kairo« der Gewerbeausstellung. – *falsche Madame Sans Gêne und eine falsche Ballhaus-Anna:* Parodien auf populäre Theater- und Bucherfolge in Berlin. – *National-Theater:* Große Frankfurter Straße 132, 1877 eröffnet, 1200 Plätze; unter der Direktion von Max Samst, der auch das Theater am Alexanderplatz betrieb, eine populäre, gerne Berliner Themen aufgreifende Bühne mit gelegentlich höheren Ambitionen. – *Theater Alt-Berlin:* Vgl. 3. Mai 1896; das Ausstellungstheater machte Konkurs wegen mangelnden Besuchs, durchschnittliche Abendeinnahme 300 Mark, die »Liliputaner« waren schon ein nachgeschobenes Programm; letzte Vorstellung 30. Juni. – *Vogelwiesenerfolg:* Schützenerfolg auf der Vogelwiese (beim Schießen auf Tontauben), d. h. Erfolge, die nichts bringen. – *Paul Blumenreich (geb. 1849):* Journalist, Schriftsteller; geschäftsführender Direktor des Theaters Alt-Berlin, wurde von Sehring als Geschäftsführer für das TdW engagiert. – *Aristide Saccard:* In Zolas Roman »Die Beute«. – *S-Bahnhof Savignyplatz:* Ende Juli als 6. Station zwischen Charlottenburg und Friedrichstraße eröffnet. – *Olympia-Theater:* Ecke Alexander-/Magazinstraße; Kiralivs Riesenraumbühne eröffnete mit der »Orient«-Show »Eine Mission in den Osten«, 1000 Darsteller, große Ausstattung (Name der Bühne nach den in Athen in diesem Jahr neu eingerichteten Olympischen Spielen). Kiraliv übernahm 1897 den in Konkurs gegangenen Zirkus Renz, baute ihn zur

Revuebühne für 4500 Zuschauer um. Eröffnung am 8. 12. 1897 mit der schon in London erprobten Pantomime »Konstantinopel« von Bolossy Kiraliy; Eigenreklame: »größtes Schaustück der Welt«. Direktoren: Hermann Freund-Haller und L. Saenger.

9. August 1896 (Nr. 556)
Brief aus London vom Sozialistischen Weltkongreß: 4. Kongreß der 2. Internationale 27.–31. Juli im Londoner Crystal Palace. – *Carmagnole:* Lied des Jakobinerclubs beim Tanz um den Freiheitsbaum in Paris. – *Marseillaise:* Als Lied der Revolution von der sozialistischen Bewegung aufgenommen; später französische Nationalhymne. – *Eleanor Aveling (1855–1898):* Jüngste Tochter von Karl Marx; nahm am Kongreß als Übersetzerin und Delegierte der Gasarbeiter-Gewerkschaft teil; war liiert mit Dr. Edward Aveling unter Annahme seines Namens und ihm verbunden durch das gemeinsame Arbeiten für Marx' Ideen (vgl. 10. 4. 1898). – *Vera Sassulitsch (1851–1919):* Russische Revolutionärin, Übersetzerin von Marx ins Russische. – *Paul Singer (1844–1911):* Kaufmann, Fabrikbesitzer, Sozialdemokrat seit 1870, MdR 1884–1911, seit 1885 Vorsitzender der Reichstagsfraktion, seit 1890 neben Bebel Vorsitzender der SPD. – *Enrico Ferri (1856–1929):* Bedeutender italienischer Strafrechtler, Politiker, 1886–1919 sozialistischer Abgeordneter, ab 1926 Faschist. – *Plepanoff, wohl Georgi Plechanow (1857–1918):* Führer der russischen Sozialdemokratie, »Vater des Marxismus« in Rußland; Delegierter der 2. Internationale, in deren Exekutivkomitee bis 1904. – *Ignaz Auer (1846–1907):* Sozialdemokratischer Reichstagsabgeordneter, im Parteivorstand. – *Wilhelm Liebknecht (1826–1900):* 1848er; Freund von Karl Marx im Londoner Exil, Mitbegründer der deutschen Sozialdemokratie, neben Bebel erster sozialdemokratischer Abgeordneter im Reichstag (seit 1867); Vater von Karl Liebknecht. – *John Henry Mackay (1864–1933):* Deutsch-schottischer Schriftsteller, Dichter, lebte seit 1893 in Berlin; schrieb: »Die Anarchisten« 1892; »Die letzte Pflicht« 1893; »Albert Schnells Untergang« 1895. – *Elisée Reclus (1830–1905):* Bedeutender französischer Geograph, Teilnahme an der Pariser Commune 1871, Sozialist, seit 1892 Professor in Brüssel. – *Clara Zetkin (1857–1933):* Lehrerin, leitete 1891–1916 die sozialdemokratische Frauenzeitschrift »Die Gleichheit«. – *»Citoyens – si vous . . .«:* »Bürger, wenn ihr schon einer Kampfgenossin keine Beachtung schenkt, dann wenigstens einer Frau!« – *Paul Lafargue (1842–1911):* Journalist, Arzt, Kommunarde, Propagandist von Marx in Frankreich, verheiratet mit Marx' Tochter Laura. – *Alexandre Millerand (1859–1943):* Sozialistischer französischer Politiker, 1899–1904 erster sozialistischer Minister Frankreichs; 1920–1924 Präsident der Republik. – *Edouard Vaillant (1840–1915):* Arzt, Kommunarde, zum Tode verurteilt, Flucht nach England, im Kreis um Marx und Engels; nach Amnestie 1894 Abgeordneter in

Frankreich. – *Jean Jaurès (1859–1914 ermordet):* Französischer Sozialist, Pazifist, Gründer der Zeitung »L'Humanité«; sehr einflußreich und wortmächtig. – *Tom Mann (1856–1941):* Metallarbeiter, radikaler englischer Arbeiterführer, Organisator von Streiks und Mitgründer der Gewerkschaftsbewegung; nach 1918 englischer Kommunist. – *James Keir Hardie (1856–1915):* Gründer und Präsident der Independent Labour Party. – *Henry Mayers Hyndman (1842–1921):* Einer der ersten Marxisten in England, Plagiatsstreit mit Marx, gründete 1881 die »Democratic Federation« (ab 1884 »Social Democratic Federation«). – *Ferdinand Domela Nieuwenhuis (1846–1919):* Mitgründer der Sozialistischen Partei Hollands, später Anarchist. – *Cornelissen (1864–1943):* Mitarbeiter von Nieuwenhuis; später führend in der französischen und internationalen Arbeiterbewegung. – *Victor Adler (1852–1918):* Arzt, Gründer der österreichischen Sozialdemokratischen Partei und der Arbeiterzeitung, führend in der 2. Internationale. – *Pjotr Kropotkin (1842–1921):* Bedeutender russischer Vertreter des kommunistischen Anarchismus. – *Louise Michel (1833–1905):* Französische Anarchistin, Lehrerin, Schriftstellerin: »Souffrance humaine« (Das menschliche Leid).

13. September 1896 (Nr. 646)

Berlin und London: Entstanden aus Kerrs dreiwöchigem Aufenthalt in London während des Sozialistenkongresses und seiner ersten Berührung mit englischer Liberalität. – *»caelum, non animum mutant«:* Horaz, Episteln I,11, V. 27: Caelum, non animum mutant, qui trans mare currunt. / Die übers Meer fahren, wechseln den Himmel, aber nicht den Charakter. – *den cursum durchschmaruzen:* Goethe, »Faust I«, V. 2054. – *Friedrichstraße:* Hauptgeschäfts- und Vergnügungsstraße in Berlin-Mitte.

18. September 1896 (Nr. 658)

Britisches Museum: Das Schatzhaus Großbritanniens für Bücher, Handschriften und antike Kunstwerke; 1753 gegründet. – *Westminsterabtei:* Krönungs- und Grabkirche der englischen Könige, 1245 begonnen. – *Friedrich Graf von Wrangel (1784–1877):* Preußischer Generalfeldmarschall, sprengte im November 1848 mit seinen Truppen die preußische Nationalversammlung in Berlin; populär als »Papa Wrangel«. – *Charles Darwin (1809–1882):* Biologe, berühmt durch seine Abstammungslehre und seine These vom »Kampf ums Dasein«. – *Sarah Siddons (1755–1831):* Englische Schauspielerin, bedeutendste Tragödin ihrer Zeit, spielte in Drury Lane und Covent Garden Theatre. – *Jenny Lind (1820–1887):* Gefeierte schwedische Sopranistin (»Die schwedische Nachtigall«). – *Earl of Beaconsfield, d. i. Benjamin Disraeli (1804–1881):* 1817 vom Judentum zur anglikanischen Kirche konvertierter Schriftsteller und konservativer Politiker, englischer Premier, bedeutend für die europäische und die Commonwealth-Politik. – *Herzog von Wellington (1769–1852):* Englischer Feldmarschall im Kampf gegen Napoleon, später Politiker und Minister. – *David Friedrich Strauß (1808–1874):* Philosoph und Theologe; Hauptwerk: »Das Leben Jesu«.

20. September 1896 (Nr. 664)
Die Redaktion machte zu diesem Beitrag Kerrs folgende Anmerkung: »Wir können uns nicht versagen, die in diesem Brief enthaltene geistreiche Plauderei unseres Berliner Mitarbeiters über die Frauenfrage zum Abdruck zu bringen, sehen uns aber veranlaßt zu bemerken, daß wir uns keineswegs mit ihrem Inhalte durchgängig einverstanden erklären wollen.« – *Frauenkongreß:* »Internationaler Kongreß für Frauenwerke und Frauenbestrebungen«, 19.–26. 9. 1896 im Berliner Rathaus. – *Lina Morgenstern (1830–1909):* Bürgerliche Vorkämpferin der Frauenbewegung, Gründerin des Kinderschutzvereins und der Berliner Volksküchen (1866); initiierte zusammen mit Lina Cauer den Frauenkongreß während der Gewerbeausstellung; dort Bruch zwischen der bürgerlichen und der sozialdemokratisch-politisch geprägten Frauenbewegung. – *Bimetallismus:* Basierung der Währung auf zwei Metallen. Die »Bimetallisten« bemühten sich, der allein geltenden Goldwährung die Silberwährung anzufügen; Argumente: Amerikas Goldabflüsse seien enorm, die Silberbestände groß; dagegen Verdacht, die Silberpreise sollten durch die Diskussion hochgetrieben werden. – *Otto Arendt (1854–1936):* Schriftsteller, MdR 1898–1918; Herausgeber des »Deutschen Wochenblatts«; Wortführer der Bimetallisten. – *Natalie von Milde (geb. 1850):* Tätig in der Frauenbewegung; Publizistin, »Frauenfrage und Männerbedenken« (1890). – *Laura Marholm, Pseudonym für Laura Hansson (1854–1905):* Wohnte in Friedrichshagen bei Berlin; publizierte u. a. »Buch der Frauen« (1895), »Wir Frauen und unsere Dichter« (1895), »Zur Psychologie der Frau« (1897); gegen die Frauenbewegung. – *Hermine von Preuschen (1854–1918):* Als Malerin bekannt geworden durch ihr Bild »Mors imperator«, den Throne stürzenden Tod. Lyrikerin: »Regina vitae«, »Via Passionis« (1895), »Vom Mondberg«. – *Conrad Telmann (eigentlich Zittelmann):* Schriftsteller (»Götter und Götzen«, »Unter römischen Himmeln« 1896); Telmann starb am 24. 1. 1897 in Rom, ihm wurde die kirchliche Todesfeier verweigert (»die Ordre zu diesem unglaublichen Akte der Intoleranz kam aus Berlin«, BT 27. 1. 1897). – *Adine Gemberg (geb. 1860, St. Petersburg):* Ihr Buch »Morphium« (drei Novellen) 1895 bei S. Fischer. – *Daheim-Dichterin:* Autorin, die in dem 1864 in Leipzig gegründeten christlichen Familienblatt »Daheim« schrieb. – *August Strindberg (1849–1912):* Schwedischer Schriftsteller, war durch seine ersten Novellen (»Heiraten« 1884) und Dramen (»Der Vater« 1887,

»Fräulein Julie« 1888) sowie den ersten Teil seiner Autobiographie (»Sohn einer Magd« 1886) als »Frauenhasser« verrufen. – *Ibsens Interview: Mit Dr. E. G. im BT* 15. 9. 1896: »Plötzlich wandte sich Ibsen mit ungewohnter Heftigkeit um und zeigte auf ein Ölgemälde an der Wand. ›Kennen Sie den?‹ ›Es ist der schwedische Dichter Strindberg.‹ ›Was halten Sie von ihm?‹ ›Seine gynakophobe Tendenz verdirbt den ästhetischen Genuß seiner Werke. Es liegt etwas Krankhaftes darin.‹ Ibsen nickte zustimmend und wiederholte leise in seiner bedächtigen Weise: ›Ja, es ist etwas Krankhaftes darin.‹« – *Julius Platter (1844–1923):* Professor für Staatswissenschaften an der ETH Zürich; »Der Krieg gegen die Mütter« in NDR 1896. – *Oskar Bie (1864–1938):* Essayist, Musikschriftsteller, 1894–1933 Redakteur der »Neuen Deutschen Rundschau« (später: »Neue Rundschau«). – *August Bebel:* »Die Frau und der Sozialismus« (1883); gilt als das meistgelesene sozialistische Buch in deutscher Sprache. – *»Wer deutet mir . . .«:* Grillparzer, »Weh dem, der lügt!«, Ende 5. Akt. – *Hans Olden (1859–1932):* Regisseur und Schriftsteller; hatte mit Gebrauchsstücken, »Thielemanns« (1894), »Die Glücksstifter« (1895), im Theater reüssiert; »Die offizielle Frau«: Alexanderplatz-Theater 18. 7. 1896, Berliner Theater 18. 9. 1896.

4. Oktober 1896 (Nr. 700)

Theater des Westens: Eröffnung am 1. Oktober 1896 mit »Tausendundeine Nacht« von Holger Drachmann; Kerr: »Der Erfolg war ein Architektenerfolg; der Durchfall war ein Dichterdurchfall«; Breslauer Zeitung, 2. 10. 1896. – *Die heilige Gertraud (1256–1302?):* Asketische Schriftstellerin, Mystikerin aus dem Kloster Helfta; Patronin der Reisenden. – *Rudolf Siemering (1835–1905):* Bildhauer in Berlin; das Denkmal wurde am 30. 9. 1896 auf der Gertraudenbrücke enthüllt. – *Hofschauspieler zu Helsingör:* Hamlet. – *»Was ist ihm Hekuba?«:* »Hamlet« II,2. – *Paul Blumenreich:* Versuchte Rechtfertigungen für das Scheitern des Theaters Alt-Berlin; seine Flugschrift: »Das Theater des Westens, Festschrift und Epilog« (Berlin 1896). – *Fritz Witte-Wild:* Übernahm trotz des Scheiterns des Theaters Alt-Berlin die künstlerische Direktion im TdW. – *Herkomersche Gestalt:* Nach dem Gemälde »Die Dame in Weiß« (1885) des deutsch-englischen Malers Hubert Herkomer (1849–1914). – *Polizeipräsident:* Ludwig von Windheim (1857–1935), Polizeipräsident von Berlin 1895–1902, Nachfolger von Bernhard Freiherr von Richthofen (1836–1895). – *der »Altmeister«:* Goethe, der Alexander Popes Satz »The proper study of mankind is man« in die »Wahlverwandtschaften« (Teil 2, Kap. 7, Aus Ottiliens Tagebuche) aufnahm. – *Emil Drach:* Vom Kgl. Residenz-Theater in München. – *Ferdinand Bonn (1861–1933):* Schauspieler (Bonvivant) und Regisseur, Autor vieler Lustspiele; kam als Star vom Burgtheater ans TdW; spielte den liebenden Osman, in den kommenden Monaten auch Franz Moor, Mortimer und Hamlet (31. 10. 1896); im Januar 1897 in der ersten Krise des TdW wegen harter Kritik an der unzureichenden Theaterführung entlassen; wechselte ans DT. – *Lilli Petri (geb. 1869):* Schauspielerin in Leipzig und Berlin, gastierte als Osmans Geliebte. – *Marie Barkany (1862–1928):* Tragische Liebhaberin, 1881–1890 am KSch, danach Gastspiele in Europa und Amerika, 1896 verpflichtet für TdW.

18. Oktober 1896 (Nr. 736)

Hans von Bülow (1830–1894): Pianist, außerordentlicher Dirigent, (U von Wagners »Tristan« und den »Meistersingern«), Leiter des Berliner Philharmonischen Orchesters 1887–1892. – *Botho von Hülsen (1815–1886):* Generaldirektor der Berliner Kgl. Schauspiele 1851–1886, ab 1866 auch der Hoftheater in Hannover, Kassel und Wiesbaden. – *Arthur Nikisch (1855–1922):* Dirigent, 1893–1895 Operndirektor in Budapest, ab 1895 Dirigent des Gewandhausorchesters in Leipzig und der Abonnementskonzerte der Berliner Philharmoniker; galt als bedeutendster Konzertdirigent. – *Engelbert Humperdinck (1854–1921):* Komponist; großer Erfolg mit der Märchenoper »Hänsel und Gretel« (U Weimar 1893); »Die Königskinder« 1896. – *Alexander Petschnikoff (1873–1949):* Geigenvirtuose; viele Gastspiele, lebte ab 1926 in Berlin. – *[...] gekürzt:* »Bocksprünge« von Hirschberger/Kraatz: Neues Theater, 15. 10. 1896; »Morituri« von Sudermann, DT 2. 10. 1896; »Die offizielle Frau« von Olden, jetzt im Berliner Theater; W. Hasemanns Direktion am Thalia-Theater, früher Adolph-Ernst-Theater, neueröffnet am 2. 10. 1896. – *neu erbautes Volkstheater:* Eröffnung 3. 10. 1896 mit einem Berliner Possenzyklus, dessen 3. Stück »Pladderadautz« war; diese Satire bezog sich auf die mit 1,5 Millionen Mark ins Defizit geratene, mit Konkursen belastete und wegen des schlechten Sommerwetters »nur« von 10 Millionen Besuchern gesehene Gewerbeausstellung, die am 31. Oktober schloß, jedoch Berlin im Ausland hohe Aufmerksamkeit verschaffte und seine Handelsbeziehungen verstärkte. – *Goldberger, Felisch, Kühnemann:* Das Verhältnis zwischen den Direktoren der Gewerbeausstellung wurde erheblich gestört durch unwiderlegte Vorwürfe, Kühnemann habe viele Lieferungen im Interesse seiner eigenen Eisengießerei betrieben. – *sozialistisches Hauptorgan:* Der »Vorwärts«, 1891 hervorgegangen aus dem »Berliner Volksblatt«. – *Garantiefondszeichner:* Zur Finanzierung der Gewerbeausstellung war ein Garantiefonds von etwa fünf Millionen Mark aufgelegt worden, der nun zu etwa 20 Prozent beansprucht werden mußte.

1. November 1896 (Nr. 772)

Leopold von Gerlach (1790–1861): Preußischer General, einflußstark in der »Kamarilla« um Friedrich Wilhelm IV., Vertreter der preußischen Reaktion; die Tagebücher »Denkwürdigkeiten aus dem Leben Leopold von Gerlachs«, 2 Bde., 1892. – *Brüsewitz:* Leutnant der Reserve, erstach nach eskalierendem Wortwechsel in einer Karlsruher Gaststätte den Mechaniker Siepmann, der mit seinem an dessen Stuhl gestoßen war (11. 10. 1896); Brüsewitz' Rechtfertigung: er habe den Mechaniker erschlagen müssen, um nicht der Ächtung durch seine Regimentskameraden zu verfallen (BT 18. 10. 1896). Der Fall erregte als Beispiel für den überspannten Offiziers-Ehrbegriff und die ihm zugrunde liegenden Verhältnisse ganz Deutschland. Brüsewitz wurde zu 3 Jahren und 20 Tagen Gefängnis verurteilt und danach auf Befehl des Kaisers aus der Armee ausgestoßen (BT 25. 1. 1897). – *Kasino-Weltanschauung:* Die in den Militärkasinos entwickelte borniert-enge Lebensauffassung von Ehre und Moral. – *höherer Stallknechts-Komment:* Untertanengeist mit beschränkter Weitsicht. – *gewisse Schießereien:* Die Duelle im Grunewald als bürgerliche Nachahmung adlig-militärischer Ehrenhändel. – *konservatives Blatt beschränkter Observanz:* Kreuzzeitung. – *Schautentum:* Torheit, Einfältigkeit. – *»Der Graf von Castanar«:* Von Francisco de Rojas, KSch 24. 10. 1896. – *»Hannele«-Angelegenheit:* »Hanneles Himmelfahrt« war am 14. 11. 1893 im KSch uraufgeführt, aber wegen des angeblich sozialistischen Inhalts nur wenige Male gespielt worden; nächste Inszenierung erst am 19. 9. 1896 im DT. – *Der Deutsche Michael:* Bild von Hermann Knackfuß (1848–1915), Akademieprofessor, Historien- und Wandgemälde. – *Bismarcks jüngster Journalistenstreich:* Bismarck hatte in den »Hamburger Nachrichten« vom 23. 10. in einem lancierten Artikel über das Zustandekommen der russisch-französischen Entente berichten lassen und seinem Nachfolger von Caprivi die Schuld an der deutsch-russischen Entfremdung gegeben. – *Fontanes Gedicht:* »Ja, das möcht ich noch erleben«, Gedichte 1892. – *konservativer Publizist:* Maximilian Harden wurde 1894 wegen Beleidigung Caprivis angeklagt und zu 600 Mark Geldstrafe verurteilt. – *Witte-Wild:* Das TdW spielte seit vier Wochen; »Hamlet«: Regie und Hauptrolle Ferdinand Bonn.

15. November 1896 (Nr. 808)
Schillerpreis: Vgl. 15. 9. 1895; Vorschlag der Kommission im Juni 1896: »das gewissenhaft mit sich ringende und nur der oberflächlichen Betrachtung tendenziös erscheinende Talent Gerhart Hauptmanns« für »Hannele« mit dem Schiller-Preis auszuzeichnen. – *Schlemihl:* Pechvogel. – *Albert Lindner (1831–1888):* Gymnasiallehrer in Rudolstadt, seit 1867 in Berlin (Mohrenstraße), Verfasser historischer Dramen (»Dante Alighieri« 1855, »William Shakespeare« 1864); erhielt den Schillerpreis 1867 für »Brutus und Collatinus«; starker Bühnenerfolg mit »Bluthochzeit« (1871); starb, verhungert, in der Irrenanstalt in Dalldorf. – *Franz Nissel (1831–1893):* Schillerpreis 1877 für sein Schauspiel »Agnes von Meran«; hatte auf der Bühne Erfolg nur mit dem Volksstück »Die

Zauberin am Stein« 1863; Autobiographie »Mein Leben« 1895 bei
Cotta. – *seit sieben Jahren:* Seit der U von Hauptmanns »Vor Sonnenaufgang« (20. 10. 1889); Wildenbruch, zum zweiten Mal mit dem Preis
ausgezeichnet, überwies die Preissumme aus Protest gegen die Krän-
kung Hauptmanns an die Schiller-Stiftung; Erich Schmidt trat vom
Amt des Kommissionssekretärs, Paul Heyse als Mitglied der Kommission zurück. – *Heinrichsdrama:* Wildenbruchs zweiteiliges Drama
»Heinrich und Heinrichs Geschlecht« (»König Heinrich« und »Kaiser
Heinrich«) gehörte zu den Berliner Theaterereignissen des Jahres
1896. Besuch und Belobigung durch den Kaiser. – *»Maria Stuart«:*
TdW 10. 11. 1896 zu Schillers Geburtstag, Regie Emil Drach. – *Suder-*
manns »Ehre«: U Lessing-Theater 27. 11. 1889. – *»Mußtest du ihn auf sie*
laden ...«: »Die Jungfrau von Orleans« IV,1. – *[...] gekürzt:* O. E.
Hartleben, »Die sittliche Forderung«, U Neues Theater 9. 11. 1896.

13. Dezember 1896 (Nr. 877)
in Sachen Tausch: Im Laufe des Jahres 1896 waren in der Presse (»Saale-
Zeitung«, im »New York Herald« und im »Memorial diplomatique«)
sensationelle Berichte erschienen, die z. T. gegen den Kaiser und den
Kanzler von Caprivi, aber auch gegen Beamte des Auswärtigen Amtes
(die Staatssekretäre von Marschall und von Bötticher) gerichtet waren.
Die Interna weckten Verdacht auf konspirative Intrigen in Berlin. Der
aufsehenerregende Prozeß gegen die verhafteten Agenten der politischen Polizei, Leckert und von Lützow, beleuchtete die Praktiken
der Geheimen Polizei. Als Anstifter wurde der avancierte Kriminalkommissar von Tausch verdächtigt. Der Prozeß endete im Dezember;
von Lützow wurde zu 15 Monaten Gefängnis verurteilt. Die Sensation
war, daß der als Zeuge aufgerufene von Tausch am 7. 12. 1896 im Ge-
richtssal wegen Meineids verhaftet wurde, woraus sich der 2. Tausch-
Prozeß im Januar 1897 ergab. Kerrs Bericht bezieht sich auf die letzten
Zeugenvernehmungen. – *[...] gekürzt:* Vernehmung des Grafen Philipp von Eulenburg (1847–1921), Botschafter in Wien, Vertrauter Wilhelms II., der zugibt, Tausch zur Ordensverleihung gratuliert zu haben, obwohl er unter Eid bezeugte, nur ein kühles Verhältnis zu
Tausch zu haben (vgl. 7. 1. 1900). – *Gingold-Starck:* Redakteur am BT. –
[...] gekürzt: »Jenseits der Liebe« von Rudolf Stratz; »Das Ölkrüg-
lein« von Grete Olden (beides Lessing-Theater 8. 12. 1896); »Gräfin
Lea« von Paul Lindau, dem Onkel Grete Oldens (TdW 10. 12. 1896;
Kerr: »Großer Vater, wie fossil erscheint dieses Werk, das noch keine
20 Jahre alt ist.«)

1897

1. Januar 1897 (Nr. 1)

»Salve«: Sei gegrüßt; *»Solve«:* Zahle! – *Xenien:* Im »Musenalmanach für das Jahr 1797« veröffentlicht. – *Arno Holz/Johannes Schlaf:* Gemeinsame Arbeit von 1887–1892; »Papa Hamlet« (Prosa 1889), »Die Familie Selicke« (Drama 1890). – *»Das Leben des Quintus Fixlein«:* 1796. – *Max Grube (1854–1934):* Schauspieler, seit 1888 am KSch, 1891 dort Oberregisseur, inszenierte die U von »Hanneles Himmelfahrt« und das klassische Repertoire des KSch; ab 1909 Direktor des Meininger Hoftheaters. – *August Wilhelm Iffland (1759–1814):* Schauspieler, Dramatiker, Theaterleiter (Franz Moor in der U der »Räuber« in Mannheim); Hauptvertreter des realistischen »Mannheimer Stils«, 1796–1814 Intendant der Kgl. Theater in Berlin; bedeutungsvoll für die Entwicklung des deutschen Theaters. – *August von Kotzebue (1761–1819):* Neben Iffland erfolgreichster Theaterautor der Goethezeit; über 200 bürgerliche Rührstücke und Lustspiele (»Menschenhaß und Reue« 1887; »Die deutschen Kleinstädter« 1803). – *August Wilhelm Schlegel (1767–1845):* Schriftsteller, Kritiker und Theoretiker der Romantik, maßgebender Übersetzer Shakespeares, Calderóns. – *Ludwig Fulda (1862–1939):* Meistgespielter Dramatiker, Übersetzer; Stücke unterschiedlicher Genres mit literarischem Anspruch. »Er ist gerade so weit sozialer Dramatiker, um für ein Bourgeoispublikum ein Amüseur zu sein« (Kerr: »Der Fall Fulda«, NDR 1895, S. 1129 f.); Mitglied der Preußischen Akademie, Sektion Dichtkunst, 1933 als Jude diffamiert, starb durch Selbstmord. – *Sigmund Lautenburg:* Verzeichnis seiner Orden im »Neuen Bühnenalmanach« 1895; in seinem Ensemble u. a.: Victor Arnold, Rosa Bertens. – *Max Halbe, »Jugend«:* U Residenz-Theater Berlin 23. 4. 1893. – *André Antoine (1858–1943):* Regisseur, Schauspieler, Gründer des Théâtre Libre (1887) in Paris, des Vorbilds für die Gründung der »Freien Bühne« 1889 in Berlin. – *Ich traf ihn:* Auf der Rückreise vom Sozialistenkongreß in London blieb Kerr einige Tage in Ostende (vgl. Zusammenfassung, 16. 8. 1896). – *Fritz Witte-Wild:* Erster Direktor des neueröffneten TdW; geriet auf Grund der mangelhaften künstlerischen Disposition und der schlechten Kritiken schnell ins Schlingern (vgl. Kerrs Eröffnungsbericht 4. 10. 1896). Das Theater mußte im Januar 1897 Konkurs anmelden. Witte-Wild wurde Direktor des Theaters in Teplitz (Böhmen). – *Bernhard Sehring:* Eigentümer des Theaters, suchte nach Rettungsmöglichkeiten. – *Panamakanal:* Der langwierige Bau des Kanals (1871–1914) war mit einem großen Bestechungsskandal verbunden; der Prozeß, 1897 wiederaufgenommen, endete mit Freispruch der Angeklagten. – *Ibsens »John Gabriel Borkman«:* Thema: Sturz eines Spekulanten; 1896 bei S. Fischer erschienen, U 14. 12. 1896 in London; DE 16. 1. 1897

Frankfurt a. M. – *Ruederers »Fahnenweihe«:* U 29. 11. 1896 in einer Vormittagsvorstellung der Dramatischen Gesellschaft; wurde in den Spielplan des TdW übernommen.

17. Januar 1897 (Nr. 40)
Monarchendenkmal: Nationaldenkmal für Kaiser· Wilhelm I. gegenüber dem Berliner Schloß, Entwurf Reinhold Begas, Einweihung am 22. 3. 1897. – *Zweiter Tauschprozeß:* Von Mitte Januar bis Juni 1897; Kriminalkommissar Eugen v. Tausch, (geb. 1844), ab Mai 1882 im Politischen Polizeidienst, beauftragt mit der Überwachung der politischen Presse, des Hotel- und Fremdenwesens, der Beobachtung »anarchistischer Umtriebe« und mit dem persönlichen Sicherheitsdienst für den Kaiser, stand wegen Meineidverdachts und Verbrechens im Amt vor Gericht (vgl. 13. 12. 1896). Christian von Lützow trat jetzt als Zeuge auf. – *Graf Goluchowski:* Österreichisch-ungarischer Außenminister, im Sommer 1896 mit dem Schwarzen Adler-Orden ausgezeichnet, kam am 15. 1. 1897 nach Berlin, um am Fest des Hohen Ordens vom Schwarzen Adler im kaiserlichen Schloß (18. 1. 1897) teilzunehmen. Der Orden war von König Friedrich I. bei seiner Krönung am 18. 1. 1701 (Gründung des Königreichs Preußen) als höchster preußischer Orden gestiftet worden. – *Otto der Einzige:* Bismarck. – *Graf Murajew:* Ehemaliger Botschaftsrat an der russischen Botschaft in Berlin, wurde russischer Außenminister; der unterstellte Deutschenhaß wurde durch seinen Besuch in Berlin widerlegt. – *Lutter und Wegner:* Weinstube am Gendarmenmarkt. – *gewaltsamer Sabbat:* Erlaß des Polizeipräsidenten von Windheim vom 1. 11. 1896, daß u. a. sonntags die Schaufenster von 12 bis 2 Uhr zu verhängen sind; der Erlaß ist (nach dem Scheitern der Umsturzvorlage) Beginn einer rigiden Moralpolitik in Berlin, gegen die Kerr immer wieder opponiert. – *Berolina:* Monumentales Standbild, lange Wahrzeichen Berlins, 1890 für den Empfang des italienischen Königs für den Potsdamer Platz entworfen, später, in Kupfer getrieben, auf dem Alexanderplatz (bis 1928), symbolisierte Berlin. – *Emil Hundrieser (1846–1911):* Bildhauer, Schöpfer der Berolina, Standbilder von Kaiser Wilhelm I., Königin Luise u. a. – *ehemalige Unteroffiziere:* Die Polizeiwachtmeister waren gediente Unteroffiziere. – *»in den öden Fensterhöhlen . . .«:* Aus Schillers »Lied von der Glocke«. – *»Die versunkene Glocke«:* U DT 2. 12. 1896; die von Kerr geschilderte Lesung war der Beginn der Freundschaft Kerrs mit Gerhart Hauptmann. – *Hebbels »Genoveva«:* KSch 14. 1. 1897; Kerr setzte sich zeitlebens für Hebbel und die Revitalisierung seines Werks auf der deutschen Bühne ein. – *[. . .] gekürzt:* Weitere Ausführungen zur »Genoveva«.

31. Januar 1897 (Nr. 76)

Johannes Miquel (1828–1901): Politiker, kam aus der demokratischen Studentenbewegung von 1848, ging zu den Nationalliberalen, 1870–1876 Direktor der Discontogesellschaft, zwischen 1865 und 1890 Oberbürgermeister in Osnabrück und Frankfurt a. M.; MdR, nach Bismarcks Sturz ab 24. 6. 1890 (der Kaiser: »Das ist mein Mann!«) preußischer Finanzminister und 1897 Vizepräsident des Staatsministeriums; setzte wichtige Steuerreformen durch; erhielt am 27. 1. 1897 den Schwarzen Adler-Orden und wurde in den Adelsstand erhoben: »In der stürmischen Jugend Kommunist und Freund von Karl Marx, im bedächtigen Alter preußischer Staatsminister und geadelter Ritter des hohen Ordens vom Schwarzen Adler – welch eine Karriere!« (BT 28. 1. 1897); Rücktritt vom Amt 1901. – *Chlodwig Fürst zu Hohenlohe-Schillingsfürst (1819–1901):* Nachfolger Caprivis als Reichskanzler und preußischer Ministerpräsident (1894–1900). – *Alfred Graf von Waldersee (1832–1904):* Chef des preußischen Generalstabs, politisch konspirativ, Gegensatz zu Bismarck, strebte selbst nach dem Kanzleramt. – *»Cécile« (1887):* 12. Kapitel. – *»ideale Forderung«:* In Ibsens Schauspiel »Die Wildente«. – *Kaisers Geburtstag:* Am 27. 1.; begann jedes Jahr mit dem Weckruf der Spielmannszüge, 10 Uhr Auffahrt der Gratulanten, dann Fahnenweihe, Feier im Schloß und der Akademie. – *Erbfeind:* Frankreich; das Gastspiel der französischen Gesellschaft Marcelle Jossat, in der Antoine auftrat, dauerte vom 25. 1. bis zum 2. 2.; zeigte »Les demi-vierges« von Prévost, »La Parisienne« von Henry Becque, »Marcella« von Sardou, »Frou-frou« von Meilhac/Halévy und »Amants« von Maurice Donnay. – *[. . .] gekürzt:* Passage über »Amants«. – *»John Gabriel Borkman«:* Vorletztes Drama Ibsens; »Alterswerk«, 1896 (vgl. 1. 1. 1897); einziger Bericht Kerrs über Stück und Aufführung. – *Else Lehmann (1866–1940):* Bedeutende Schauspielerin des Naturalismus, Hauptkraft im Ensemble Otto Brahms am DT und im Lessing-Theater; 1933 Emigration, Tod in Prag. – *Luise von Pöllnitz (geb. um 1840):* Kam von der Oper zum Schauspiel, ab 1890 mit Unterbrechung (Lessing-Theater) im Ensemble des DT. – *Herr Reinhard:* Max Reinhardt; 1894, mit 21 Jahren, von Otto Brahm aus Salzburg ans DT engagiert, spielte mit Vorliebe in starker Maske alte Männer.

14. Februar 1897 (Nr. 112)

Niembsch: Nikolaus Franz Niembsch Edler von Strehlenau, als Dichter Nikolaus Lenau (1801–1850): »Der Polenflüchtling« (1833) in: Gedichte, Polenlieder. – *Griechenland ... Türken:* Mit Morden und Niederbrennen ganzer Städte (Kanea) eskalierende Auseinandersetzungen zwischen türkischen und griechischen (d. i. moslemischen und christlichen) Bewohnern Kretas, die erst zur Unabhängigkeitserklärung der Christen (8. 2. 1897), dann zur Besetzung Kretas durch griechische Truppen führten; Wiederbelebung der panhellenischen Idee eines von der Türkenherrschaft befreiten Griechenlands. Lord Byron war 1823 zur Teilnahme am Freiheitskampf nach Griechenland gegangen. – *Alexandros Maurocordatos (1791–1865):* Griechischer Politiker, Präsident der ersten Nationalversammlung, veröffentlichte die Unabhängigkeitserklärung. – *eine sichere Zoe:* In Byrons »Vermischten Gedichten«: »Zoe mou ...«, Athen 1810. – *Wilhelm Müller (1794–1827):* Gymnasiallehrer und Bibliothekar in Dessau, volksliedhafter lyrischer Dichter (»Am Brunnen vor dem Tore«); seine »Griechenlieder« als höchster Ausdruck der Griechenmode in Deutschland. – *Alexandros Ypsilanti d. J. (1792–1828):* Führte den griechischen Aufstand gegen die Türken, floh nach der Niederlage bei Dragasani nach Österreich, dort Gefangenschaft bis 1827. – *Phanarioten:* Bewohner des Stadtviertels Phanar in Konstantinopel, griechischer Abstammung in türkischen Diensten; Teilnahme am griechischen Aufstand 1821. – *Ungarns Heldenkampf um die Freiheit:* 1848/49 gegen Habsburg. – *Lajos Kossuth (1802–1894):* Führer der Unabhängigkeitsbewegung, wurde 1849 Reichsverweser, mußte nach der russischen Intervention flüchten. – *Typus Mikosch:* Der servile Untertan. – *Heines »Schandtat«:* »Über Polen« (1822); nicht in die »Reisebilder« aufgenommen. – *blutige Pleitemacher:* Niederlagen der Griechen gegen die Türken 1825/26 wegen inneren Haders, türkische Rückeroberung des Peloponnes und Athens. – *Grec:* Franz.: Grieche; übertragen: Falschspieler, Betrüger. – *Epimenides:* Griechischer Seher und Priester im 7. Jhdt. v. Chr.; sein Satz »Alle Kreter lügen« ist philosophisches Beispiel für einen Trugschluß, da er selbst Kreter war (Brief Paulus an Titus I,12). – *Wassili Wereschtschagin (1842–1904):* Russischer Schlachtenmaler; malte die Greuel des Krieges, »um für den Frieden zu wirken« (BT 5. 1. 1897); die Ausstellung kam von Paris und wurde am 31. 1. 1897 im Gebäude des ehemaligen Reichstags (Leipziger Straße) eröffnet. – *»Heinrich IV.«:* KSch 1. Teil 15. 2. 1897; 2. Teil 24. 2. 1897. – *Claus von Bismarck:* 1345 der erste Schloßherr des Bismarckschen Geschlechts (Schloß Burgstall). – *der österreichische Otto:* Erzherzog Otto von Österreich. – *Oberst Nepoloischitzki:* Flügeladjutant des russischen Zaren, kam am 3. 2. 1897 nach Berlin, um am nächsten Tag im Lustgarten die von Zar Nikolaus II. gestifteten Fahnen und Standartenbänder den preußischen Regimentern (Kaiser-Alexander-Gardegrenadierregiment) zu überreichen, deren Chef der Zar war (als Erinnerung an die Parade in Breslau vor Zar Nikolaus I.). – *Geburtstag Wilhelms I.:* Am 22. 3. 1897 Feiern zum 100. Geburtstag. – *Nach dem Westen:* Das liberale Bürgertum und die neue Bourgeoisie im westlichen Berlin lebte sehr auf sich bezogen. – *Presseball:* Veranstaltet vom Verein Berliner Presse am 30. 1. 1897 in der Philharmonie. – *Edmond de Goncourt:* Er und sein Bruder Jules schrieben seit 1851 in ihrem »Journal« anschauliche Berichte über das Leben ihrer Zeit; auch Vorbild für Kerr. – *Uriel Acosta:* Das beste Drama von Gutzkow, Berliner Theater 12. 2. 1897.

28. Februar 1897 (Nr. 148)

Johann Lumpe: »K.u.k. österr. conc. Theaterdirektor«; Leiter einer der reisenden böhmischen Truppen (»Schmieren«), deren Personal vor allem aus Familienangehörigen bestand; Lumpes Standort: Dobern bei Bensen (Böhmen); Gastspiel in Berlin im Parodietheater, Oranienburgerstr. 52, mit: »Die Kreuzfahrer oder Emma von Falkenstein. Großes romantisches Ritterschauspiel« von Kotzebue, »Der Berggeist oder Das graue Kreuz im Teufelstal und die Jungfrau vom Riesengebirge« (Ankündigung: »mit allem szenischen Pomp und böhmischem Bengalfeuer ect.«), ab 28. 1. »Genoveva«, Ritterdrama von Fischer u. a.; Lumpes Gastspiel wurde noch für Februar verlängert, »obgleich ihm schon von Hamburg, Hannover und Breslau glänzende Anerbietungen gemacht sind« (BT 27. 1. 1897). Schönthans »Raub der Sabinerinnen« ist eine liebevolle Parodie auf das Ethos und die Zustände dieser Truppen. – *Heiß mich nicht reden:* Aus Goethes Roman »Wilhelm Meisters Lehrjahre«, 5. Buch, 16. Kapitel. – *Schopenhauers entlarvende Vorreden:* Über Fichte, Hegel u. a. in den Vorreden zu »Die Welt als Wille und Vorstellung« und »Über den Willen in der Natur«. – *Cesare Lombroso (1836–1909):* Italienischer Anthropologe, Forschungen zu »Genie und Irrsinn« (deutsch 1887). – *im elenden Kote:* In den Milieus der naturalistischen Stücke. – *bei Kastan:* In Kastans Panoptikum, Friedrichstraße 165. – *denn es ragt das Riesenmaß der Pranken ...:* Kerr-Paraphrase zu »Es steigt das Riesenmaß der Leiber/Hoch über menschliches hinaus«: Schiller »Die Kraniche des Ibykus«. – *Peter Rosegger (1843–1918):* Erfolgreicher steirischer Volksschriftsteller (»Waldheimat«); Lesung im Architektenhaus am 25. 2. 1897. – *Karl Stieler (1842–1885):* Bayrischer Dialektdichter, Staatsarchivar. – *bei Sedan ...:* Kampfplätze im deutsch-französischen Krieg 1870/71. – *Frau Hermann Bahr:* Der österreichische Schriftsteller Hermann Bahr (1863–1934) hatte die junge Wiener Sopranistin Anna von Mildenburg (1872–1947) geheiratet, eine »Schönheit«.

21. März 1897 (Nr. 202)

Centenarstimmung: Kerrs Brief erschien am Vortag der Jahrhundertfeier für Wilhelm I., die den Kaiser als »Wilhelm den Großen« im Geschichtsbewußtsein etablieren sollte. – *das Denkmal:* Das neue »Nationaldenkmal« gegenüber dem Schloß. – *Umsturzvorlage:* Vgl. 10. 2. 1895, Anm. – *polizeiliche Verfrommung:* Polizeierlaß vom 10. 10. 1896 über die Heilighaltung der Sonn- und Feiertage. – *Kladderadatschrede:* Der Kaiser hatte im Gespräch mit einem Abgeordneten gedroht, für den Fall der Ablehnung der Marinevorlage (es ging um zwei neue Kreuzer) werde es »einen Kladderadatsch« geben, wie er noch nie dagewesen sei, und alle Minister würden zum Teufel gejagt (BT 18. 3. 1897); der Reichstag verweigerte trotz dieser Drohung seine Zustimmung. –

Hermann Gerson: Großes Einrichtungshaus, Werderstraße 9/11. – *Friedrich I. (1657–1713):* König in Preußen 1701–1713. – *»die Hofleute ...«:* Goethe, Gespräche mit Eckermann, 16. 8. 1824. – *Zeremonienmeister:* Anspielung auf den Duell-Tod des Zeremonienmeisters von Schrader (vgl. 12. 4. 1896, Anm.). – *Freiherr vom Stein (1757–1831):* Preußischer Minister und Urheber der Reformen nach der Niederwerfung Preußens durch Napoleon. – *Gebhard Fürst Blücher (1742–1819):* Preußischer Heerführer mit Verdiensten im Kampf gegen Napoleon. – *Otto von Bismarck:* Wurde am 1. April 82 Jahre alt. Die Vorwürfe, er störe durch lancierte Zeitungsartikel die Politik der Regierung, sollten auch die anhaltende Sympathie für ihn schwächen.

28. März 1897 (Nr. 220)

Nur wer die Sehnsucht kennt ...: Kerr-Paraphrase zu Mignons Lied aus Goethes Roman »Wilhelm Meisters Lehrjahre«. – *Thomas Theodor Heine (1867–1948):* Maler, Zeichner, Karikaturist, Mitbegründer des »Simplicissimus«, den er stark prägte. – *Fernand Khnopff (1858–1921):* Maler, Hauptvertreter des belgischen Symbolismus. – *Juliane:* Juliane Dery (1864–1898), ungarische Dramatikerin (»Die sieben mageren Kühe«), Max Halbes Intimem Theater in München verbunden. – *Ein Maler:* Wohl Max Liebermann. – *brabantischer Hochzeitscarmen:* Richard Wagner, »Lohengrin«, III,1. – *[...] gekürzt:* Gastspiel der Compagnie française, spielte im Neuen Theater »Le fiacre No 117« von E. de Najac u. a.

11. April 1897 (Nr. 256)

Josef Kainz: Der Schauspielerstar war auch ein gesuchter Vorleser. – *Hans Land (d. i. Hugo Landsberger, geb. 1861):* Bekannt geworden durch Skizzen und Novellen (»Stiefkinder der Gesellschaft«, »Die am Wege sterben« 1889). – *[...] gekürzt:* Hinweis Kerrs auf seinen vor Gericht auszutragenden Konflikt mit den »bestechlichen Musikkritikern« (vgl. 20. 6. 1897) und eine Kontroverse Moritz Heimann – Maximilian Harden.

18. April 1897 (Nr. 271)

Julius Hoffory (1855–1897): Däne, Professor an der Berliner Universität; Vorkämpfer und Freund Ibsens; Einfluß auf Brahm und Schlenther; ab 1890 unheilbar geisteskrank. – *kleiner Eyolf:* Ibsens Schauspiel »Klein Eyolf«, das Kerr sehr schätzte, handelt vom Tod eines Kindes. – *docteur Pascal:* In Zolas Roman »Doktor Pascal«. – *»Gespenster«:* DE Stadttheater Augsburg 14. 4. 1886, in Anwesenheit Ibsens. – *Peter Nansen (1861–1918):* Dänischer Journalist, Dichter; »Julies Tagebuch«, »Maria«, beide dt. 1895; »Gottesfriede« 1896 bei S. Fischer. – *[...] gekürzt:* Weitere Ausführungen über Nansen, den Besuch italienischer Studenten und die junge Zeichnerin Käthe Schönberger.

23. Mai 1897 (Nr. 358)

Flaubert: »Dichter sein, jung, reich, seine Liebste heiraten! Mehr kann man nicht erreichen!« – *Zivilliste:* Etat für den privaten Haushalt des Kaisers. – *Mozarts Lied:* »Ein deutsches Kriegslied« nach Gleim. – *Wiesbaden:* Hauptstadt des Herzogtums Nassau, preußisch seit 1866; die jährlichen Aufenthalte des Kaisers (»Kaisertage«) in Wiesbaden wurden mit festlichen Theateraufführungen ausgestattet (den Vorläufern der Maifestspiele); der Intendant Georg Graf von Hülsen-Haeseler wurde 1903 Intendant der Kgl. Schauspiele Berlin. – *Josef Lauff (1855–1933):* Hauptmann, vom Kaiser geförderter Schriftsteller; sein »Festspiel« eröffnete am 16. 10. 1894 das neuerbaute pompöse Wiesbadener Hoftheater (daher Kerr: »Lauff der Festliche«). Seine Stücke »Der Burggraf« und »Der Eisenzahn« sind Teile einer nicht vollendeten Hohenzollern-Tetralogie; Lauff wurde 1898 vom Kaiser zum Dramaturgen des Hoftheaters ernannt, zum Major befördert; seit 1903 freier Schriftsteller, 1913 geadelt. »Der Burggraf«: Auftrag des Kaisers (»zur Zeit das meistbesprochene Erzeugnis deutscher Literatur« BT 17. 5. 1895); U Hoftheater Wiesbaden, 16. 5. 1897; am 26. 1. 1898 zu Kaisers Geburtstag im KSch. Lauff ist für Kerr Gegenstand dauernden Hohns. – *Generalsuperintendent Faber:* Wortführer einer »Moral«-Kampagne in Berlin (Kerr: »der Synodale«; vgl. 20. 6. 1897). Mitte Mai tagte in der Theerbusch'schen Ressource in der Oranienburger Straße die Kreissynode II (Vorsitz Superintendent Schönberner); zum Thema »Wie steht es mit dem Familienleben?« sagte Pfarrer Berlin von der Himmelfahrtsgemeinde: »Unkeuschheit und Unzüchtigkeit in Worten und Werken sind den jungen Leuten beiderlei Geschlechts etwas so Natürliches, daß der Ehrentitel ›Jungfrau‹ in seiner wahren Bedeutung kaum noch verstanden wird; und wo das noch der Fall ist, da kann man wohl der Meinung begegnen, in Berlin sei es überhaupt nicht mehr möglich, eine ›Jungfrau‹ zum Altar zu führen.« Darüber lange erregte Debatten in Berlin (vgl. 20. 6. 1897). Die Synode beschloß, »das Polizeipräsidium zu ersuchen, die Konzessionierung von Spezialitätentheatern zu beschränken bzw. alle Schaustellungen, die lediglich auf Erregung von Sinnlichkeit berechnet sind, zu verbieten« (BT 19. 5. 1897). Es wird Bezug genommen auf »die Zustände in der Elsässer Straße«, auf die Barrison-Schwestern und die Aufführung von »Endlich allein«. – *Heines Verse:* Aus den Gedichten der »Nachlese«, Zyklus »Lebewohl«, Nr. 24. – *»Endlich allein«:* Das »Budapester Possen-Theater« der Brüder Anton und Donat Herrnfeld war 1897 als »1. Original Budapester Possen- und Operetten-Theater« aus Breslau in die Königskolonnaden (Kaufmanns Varieté) in Berlin übersiedelt. Alle Stücke waren »Eigentum des Theaters« und »sind auf dem Gebiet des Theaterlebens eine Spezialität« (Neuer Bühnenalmanach 1896). – *Ariost (1474–1533):* Italienischer Renaissancedichter; seine Komödien

»La Casaria« und »I suppositi« 1519 vor Papst Leo X. gespielt in Raffaels Dekorationen. – *Kardinal Bibbiena (1470–1520):* »Sein Faktotum« (Carl Burckhardt); unterstützte Leo X. Theaterspäße mit eigenen frivolen Stücken (»Calandria«). – *Maria Gerdes / Reibenstein:* Am 1. Mai hatte die 24jährige Musiklehrerin auf den Leutnant Reibenstein, der ihr Verlöbnis aufgekündigt hatte, geschossen, ohne zu treffen; er schlug mit dem Säbel auf sie ein. – *»Ich verstehe die Welt nicht mehr«:* Schluß von Hebbels »Maria Magdalena«.

6. Juni 1897 (Nr. 391)

»Transvaal«: Zwischen Kurfürstendamm und Savignyplatz (Eröffnung 3. 6.); Sympathieausstellung für den Burenstaat (seit 1884 Südafrikanische Republik), der sich 1896/97 gegen eine von den neuen Goldfunden bewirkte englische Intervention (Anführer Dr. Jameson) behauptet hatte. Der Kaiser schickte daraufhin an Buren-Präsident Ohm Krüger ein Sympathietelegramm, das England verstimmte. – *das falsche Kairo:* Illusionsbauten auf der Gewerbeausstellung. – *Pappe-Venedig:* Illusionsausstellung am Zoo. – *Cecil Rhodes (1853–1902):* Diamantenhändler; 1890 Premierminister der Kap-Kolonie, Vertreter des britischen Imperialismus, versuchte im Jameson-Raid gewaltsam die Angliederung von Transvaal und Oranje-Freistaat an Britisch-Südafrika. – *Peter Altenberg (1859–1919):* Literarischer Bohemien in Wien; war 1896 mit »Wie ich es sehe« als Schriftsteller hervorgetreten; »Ashantea« 1897; erste Würdigung Altenbergs durch Kerr. – *Jules Lemaitre (1853–1914):* Französischer Schriftsteller, bekannt durch Porträts seiner Zeitgenossen. – *Potsdamer Straße:* Verbreiterung zwischen Potsdamer Platz und Lützowstraße des Verkehrs wegen von 11 auf 15 Meter; Klagen, daß damit wieder »ein Stück altes Berlin verschwinde«; die Potsdamer war Kerrs Flanierstraße (vgl. 25. 7. 1897). – *die Sorma:* »Die beste deutsche Nora« (Ibsen) war 1897 auf Gastspielreise in Amerika. – *Tausch und Lützow:* Vgl. 17. 1. 1897; Urteil vom 4. 6.: Tausch freigesprochen, Lützow wegen Urkundenfälschung 2 Monate Gefängnis. Mit dem Bericht »Der Prozeß Tausch« begann Kerr am 6. Juni 1897, zunächst nur vertretungsweise für den Berliner Berichterstatter Max Horwitz, die Reihe seiner später kontinuierlich bis 1922 geführten »Berliner Plauderbriefe« in der »Königsberger Allgemeinen Zeitung«.

20. Juni 1897 (Nr. 424)

Um die Jungfern: Im schnell wachsenden Berlin wurde über Sittenverfall, Prostitution und Promiskuität geklagt. Kerr nimmt hier und im folgenden auf den »Synodalen«, Generalsuperintendenten Faber, die Diskussionen auf der Kreissynode II (vgl. 23. 5. 1897) und die Doppelmoral in Berlin Bezug. – *Robert Zelle (1829–1901):* Erster gebürtiger Berliner unter den Oberbürgermeistern der Reichshauptstadt; im

Amt vom 29. 9. 1892 bis zum 30. 9. 1898; linksliberal, damals 68 Jahre alt. – *Paul Langerhans (1820–1909):* Stadtverordnetenvorsteher im Berliner Abgeordnetenhaus, MdR 1881–1903. – *wie bei Regensburg:* Im Zentrum des deutschen Katholizismus. – *»Wer den Myrthenkranz verloren . . .«:* 9. Strophe des Liedes »Als wir jüngst in Regensburg waren« (statt Myrthenkranz auch: »Wem der Jungfraun Kranz geblieben, sieht sich . . .«). – *Cervantes . . . Jungfernschaft:* Zitat aus »Don Quijote de la Mancha«, 9. Kap., 3. Abs. – *Heinrich Frauenlob (d. i. Heinrich von Meißen, gen. Frauenlob, 1260–1318):* Hatte zu Mainz die Bezeichnung »Frau« gegenüber »Weib« (frouwe/wîp) gerühmt. – *Schusterjungen-Anekdote:* In Berlin wurden damals, kräftig gefördert durch Kaiser und Kaiserin, viele Kirchen gebaut; Kerr polemisierte oft dagegen. – *äußere Schaufensterverhängung:* Die sonntags geöffneten Geschäfte sollten über Mittag die Schaufenster zum Zeichen der Sonntagsheiligung verhängen. – *Bleichröder:* Bankhaus in Berlin. – *Paul Schwabach* war seit 1893 nach Gerson Bleichröders Tod Chef des einflußreichen Bankhauses. – *die greise Viktoria:* Königin Victoria von England (1819–1901), Großmutter des Kaisers, feierte im Juni ihr sechzigjähriges Regierungsjubiläum. – *Franz von Lenbach (1836–1904):* Bedeutender Porträtmaler der Epoche (Bismarck, Kaiser Wilhelm I. u. a.). – *Gustav Eberlein (1847–1926):* Bildhauer, seit 1887 Mitglied der Berliner Akademie; wohnte Von-der-Heydt-Straße 11, Atelier Lützowufer 29, Hausherr Kerrs (vgl. 28. 8. und 25. 12. 1898); Denkmale von ihm: Richard Wagner; Friedrich I. und Friedrich Wilhelm III. in der Siegesallee. – *Kotze-Briefe:* Vgl. 25. 12. 1895, Anm. – *Frauenrankünen:* Flora Gaß, Anna Merten u. a.; vgl. 25. 12. 1895, Anm. – *politische Raub-Intrigen:* Durch die Koloniegründungen. – *Verschwendungs- und Repräsentationssucht:* Die vielen Feste und Zeremonielle des kaiserlichen Hofes, die neuen Kirchenbauten. – *Bethel:* Wohlfahrtsanstalten der kirchlichen Krankenpflege in Gadderbaum bei Bielefeld, gegründet 1867, seit 1872 ausgebaut zu einem großen Hilfswerk durch Friedrich von Bodelschwingh (1831–1910). – *die bestechlichen Musikkritiker:* Kerr hatte in der »Frankfurter Zeitung« angedeutet, in musikalischen Kreisen werde behauptet, daß »gewisse Kritiker der Bestechung zugänglich seien«. Ausgangspunkt war der Fall Georg Liebling (»Hofpianist«), der dem Kritiker W. Lackowitz (Kritiker des Berliner »Lokal-Anzeigers«) 40 Mark nach einem Konzert zugesteckt hatte. Daraufhin Erklärung von 23 Musikkritikern, der Vorwurf sei falsch. Dagegen Kerr: Die Kritiker Lackowitz und der in Berlin angesehene Wilhelm Tappert »seien Geldspenden ausübender Künstler zugänglich«. Tappert nannte im »Kleinen Journal«, für das er schrieb, Kerrs Behauptung »Lüge und Verleumdung«, reichte Mitte Mai die Beleidigungsklage gegen Kerr ein. Lackowitz schloß sich an. Kerr verklagte daraufhin Tappert. Der Prozeß begann am 21. Juni vor der 148. Abteilung des

Schöffengerichts unter großem Andrang des Publikums und wurde im Dezember beendet (vgl. 25. 12. 1897, Anm.). – *dem Anzengruberschen Steinklopferhans:* In »Die Kreuzlschreiber«.

11. Juli 1897 (Nr. 478)
August Wilhelm Ambros (1816–1876): Musikhistoriker, »Geschichte der Musik«, 4 Bde. (1862–1878). – *Pariser Opernschwindel:* »Faust« (»Margarethe«, 1859) von Charles Gounod und »Mignon« (1866) von Ambroise Thomas. – *Ritterkaste:* Die Wilhelminische Staatsverwaltung war vorrangig mit Personen des Adels besetzt; Bürgerliche, wie Johannes Miquel, Adolf Liebermann, Karl Hase, wurden durch Adelung in den »Ritterstand« versetzt. – *ein Bürgerlicher:* Johannes von Miquel. – *Viktor von Podbielski (1844–1916):* Generalleutnant, 1897–1901 Staatssekretär im Reichspostamt, 1901–1906 preußischer Landwirtschaftsminister. – *P. D. Fischer (geb. 1836):* Postrat, engster Mitarbeiter von Generalpostmeister Heinrich Stephan, der 1885 geadelt worden war. – *Lippe-Biesterfeld:* Der Lippesche Erbfolgestreit wurde durch Spruch des Königs von Sachsen entschieden, die Linie Lippe-Biesterfeld in die Rechtsnachfolge eingesetzt. Die Querelen waren damit nicht beendet (vgl. 24. 7. und 13. 11. 1898). – *Holder Friede, süße Eintracht!:* Aus Schillers »Lied von der Glocke«. – *Gottfried Keller:* Hatte sich z. B. im Zürcher Intelligenzblatt gegen die Kinderarbeit gewandt. – *[...] gekürzt:* Betrachtungen zum sommerlichen Leben und über Hohenlohesche Geheimräte, die nach Berlin importiert wurden.

18. Juli 1897 (Nr. 496)
Unfall des Kaisers: Auf der Nordlandreise nach Bergen wurde der Kaiser am 11. 7. durch ein herabfallendes Rauchsegel am linken Auge (Bluterguß) verletzt. – *Schiller-Zitat:* »Wilhelm Tell« I,4, Worte Melchtals. – *Proteste in Eger:* Am 11. 7. wegen der 1897 vom österreichischen Ministerpräsidenten Graf Badeni für alle Behörden in Böhmen und Mähren eingeführten Doppelsprachigkeit, die als Schritt zur völligen Tschechisierung der böhmischen Beamtenschaft angesehen wurde; verschärfte die deutsch-tschechischen Spannungen; die niedergeknüppelte Kundgebung in Eger, ähnliche Proteste in Wien und die durch den Sprachenstreit ausgelösten Parlamentsprügeleien führten zur Krise der Regierung Badeni (vgl. 28. 11. 1897). – *Des großen deutschen Idealisten:* Schiller für sein Wallenstein-Drama. – *Rienzi-Partitur:* Wohl eine Kopie; Wagner hatte das Original nach der U am 20. 10. 1842 in Dresden König Ludwig II. geschenkt; es blieb im Wittelsbacher Besitz, bis es 1938 Hitler geschenkt wurde; seit 1945 verschollen. – *Franz Grillparzer (1791–1872):* »König Ottokars Glück und Ende«; Zitate aus Grillparzers »Selbstbiographie« im Bericht über die U (Burgtheater Wien, 19. 2. 1825) und ihre Folgen. Kerr kannte Eger

von einer böhmischen Reise (vgl. »Die böhmische Stadt« in: »Die Welt im Licht«, Bd. 2, S. 120). – *Wandsbecker Vorfall:* Kerr nutzte gern Fälle wie diesen, um an die Widerstandsbereitschaft der Bürger gegen den autoritären Staat zu appellieren. – *»O Urteil, du …«:* Antonius in Shakespeares »Julius Cäsar« III,2. – *Riesenbrand in der City:* Am 14. 7. brannte abends gegen 10 Uhr am Hausvogteiplatz 2 das Lager sowie das vierstöckige Haus der Passementeriefirma Bacher & Leon (Plüschfabrik) nieder.

25. Juli 1897 (Nr. 514)

»Reichsbote«, »Germania«: Konservativ-nationale Zeitungen in Berlin. – *[…] gekürzt:* Prozeß Graf Mirbach gegen den Redakteur Sedlatzek wegen Verunglimpfung Mirbachs beim Geldsammeln für Kirchenbauten. – *Karl Kraus (1874–1936):* 1897 23 Jahre alt, schrieb für die Breslauer Zeitung »Wiener Briefe«. Kerr bezieht sich auf Kraus' Beitrag in Nr. 496 vom 18. 7. 1897, in dem es hieß: »Ihr Berliner Korrespondent hat Ihnen in einem seiner letzten Briefe berichtet, daß es in Berlin sehr heiß sei und daß einem dort die Kleider am Leibe kleben. Ich will Ihnen nun mitteilen, daß auch bei uns diese eigentümliche Naturerscheinung beobachtet wurde. Die Sommerhitze raubt den Großstädtern ihre spezifische Physiognomie; ich glaube nicht, daß sie der Berliner anders trägt als der Wiener«; dann berichtete Kraus, daß »wir keine Straßen mehr haben. Daß es bei uns nurmehr Gräben und Gruben gibt«, weil die Gasleitungen neu verlegt werden. Daran knüpfte Kerr an. Man spürt, wie aufmerksam beide – noch nicht miteinander verfeindet, aber in Konkurrenz – die Berichte des anderen lasen. – *»so heimlich-kätzchenhaft-behaglich«:* Kerr zitiert Mephistos »so heimlich kätzchenhaft begierig« aus Goethes »Faust II«, V. 11775. – *Hans von Bülows Mariechen:* Nicht zu ermitteln; von Bülows Witwe, die Schauspielerin Marie Schanzer, gab ab 1895 Briefe und Schriften ihres 1894 in Kairo gestorbenen Mannes heraus. – *das Alte stürzt …:* Attinghausen in Schillers »Wilhelm Tell« IV,2. – *Kurd Laßwitz (1848–1910):* Gebürtig aus Breslau, Autor naturwissenschaftlich-utopischer Romane: »Bilder aus der Zukunft« (1878), »Auf zwei Planeten« (1897). – *Wilhelm Röntgen (1845–1923):* Hatte 1895 die nach ihm benannten X-Strahlen entdeckt, die 1896 das meistbesprochene Ereignis in der Öffentlichkeit waren; Röntgen wurde vom Kaiser zum Vortrag empfangen. – *Hermann von Helmholtz (1821–1894):* Professor für Physik in Berlin, Präsident der Physikalisch-Technischen Reichsanstalt.

8. August 1897 (Nr. 550)

Eugen Goldstein (1850–1930): 1888–1898 Physiker an der Universitätssternwarte Berlin; hatte 1876 die Kathodenstrahlen entdeckt. – *Marie Seebach (1829–1897):* Seit 1887 Schauspielerin am KSch (letzte Rolle

Esther in Gutzkows »Uriel Acosta« 25. 4. 1897); war am 3. August in St. Moritz gestorben; Begräbnis in Berlin; hatte 1893 ihr bei Gastspielen in Rußland und USA erworbenes Vermögen für ein Altenheim für Schauspieler in Weimar gestiftet (Marie-Seebach-Stiftung). – *Albert Niemann (1831–1917):* Berühmtester Wagner-Sänger seiner Epoche; seit 1866 an der Berliner Hofoper; Glanzrollen: Tannhäuser, Rienzi, Lohengrin. – *Seit sie ihren Sohn verloren:* Oscar Niemann, Sänger und Maler, trat auch zusammen mit seiner Mutter auf; starb an Schwindsucht 1893. – *Hedwig Raabe:* Hedwig Niemann-Raabe. – *[. . .] gekürzt:* Über das Radfahren und den Pferdesport. – *Heringsdorf:* Modebad auf Usedom, besonders von Berlinern frequentiert.

29. August 1897 (Nr. 604)

Die Gipsschultzen: Auguste Schultze, »Gipsschultzen«, weil sie bedeutende Einkünfte aus Gipsgruben hatte; geizig, hinterließ aber zweieinhalb Millionen Mark; unter den Läden in ihrem Haus Ecke Königgrätzer/Bernburger Straße war der des Schuhwarenhändlers Gönczi. – *Joseph Gönczi:* Ungar, vorbestraft in Wien, ermordete (zusammen mit seiner Frau Anna) die 71jährige Auguste Schulze und ihre Stieftochter Clara (51) zwischen dem 13. und 16. 8. in räuberischer Absicht. – *Edgar Allan Poe (1809–1849):* Erzählung »Der schwarze Kater« aus der Sammlung »Faszination des Grauens«. – *Hopslabaer:* Figur in Hauptmanns »Vor Sonnenaufgang«. – *»O lieb', so lang' . . .«:* Aus Freiligraths Gedichtzyklus »Von der Liebe«. – *Frau Meseck:* In Max Halbes gleichnamiger Novelle (1897). – *Graf von Gleichen:* Graf Ernst II. von Gleichen, Kreuzritter, sagenhaft wegen seiner Doppelehe. – *Friederikenstraße:* Friederike Brion, Pfarrerstochter aus Sesenheim; der Streit bei der Einrichtung des Dichter- und Gelehrtenviertels (Goethe-, Herder-, Wieland-, Leibniz-, Pestalozzi-Straße) im neu eingemeindeten Charlottenburg endete mit dem Kompromiß »Sesenheimer Straße«. – *Johannes Froitzheim:* Literaturwissenschaftler, Straßburg, »Friederike von Sesenheim. Nach zeitgenössischen Quellen«, Gotha 1896. – *Jakob Michael Reinhold Lenz (1751–1792):* Freund Goethes, Dramatiker des Sturm und Drang, suchte als Nachfolger Goethes Beziehungen zu Friederike. – *Fromme-Helenen-Allee:* Nach Wilhelm Busch, »Die fromme Helene«. – *Harfenjule:* Luise Schulz (1829–1911), Hof-Sängerin.

12. September 1897 (Nr. 640)

in der Umgebung: Auf Veranlassung des Kaisers wurde das römische Kastell »Saalburg« nahe Bad Homburg wiederaufgebaut (Publikation darüber von L. Jacobi 1897). – *Josef Lauff, die Kaisertage:* Vgl. 23. 5. 1897; am 7. 9. 1897 U von Lauffs Festspiel »Salve« (Anlaß: der Besuch des italienischen Königs). – *Es soll nicht sein:* Paraphrase Kerrs zu Max Piccolominis »Es kann nicht *sein*! kann *nicht* sein! *kann* nicht sein!« in Schillers »Wallenstein. Die Piccolomini« V,1. – *Adua:* Ort der Niederlage Italiens 1896 bei seinem Versuch, Äthiopien zu seiner Kolonie zu machen. – *Ruggiero Leoncavallo (1857–1919):* Seine Oper »Die Medici« wurde nach dem Welterfolg des »Bajazzo« (1892) eine Enttäuschung; er suchte Beziehungen zum kaiserlichen Hof und schrieb 1904 im Auftrag des Kaisers seine Oper »Der Roland von Berlin«. – *Eleonore Duse (1858–1924):* Neben Sarah Bernhard berühmteste Schauspielerin des 19. Jahrhunderts; Italienerin, zeitweise liiert mit Gabriele D'Annunzio; 1893 zum ersten Mal in Berlin, Magda in »Heimat« von Sudermann; von Kerr immer wieder gerühmt. – *Theodor Brandt:* Direktor des Berliner Residenz-Theaters 1897–1900. – *Machwerk:* Gerhart Hauptmanns Erstling »Vor Sonnenaufgang«. – *ein temperamentvoller Zuschauer:* Dr. Kastan, Arzt und Redakteur beim BT. – *»Unjamwewe«:* Lessing-Theater, 10. 9. 1897. – *[...] gekürzt:* Über Wolzogens Stück, das einen Prozeß auslöste wegen der Anspielungen auf Dr. Carl Peters.

19. September 1897 (Nr. 658)

Christoph von Tiedemann (1836–1907): Unter Bismarck Chef der Reichskanzlei, war seit 1881 Regierungspräsident in Bromberg, Mitglied des Staatsrats, MdR 1898–1907. – *»Mutter Erde«:* Erschien 1897. – *Halbes holdestes Drama:* »Jugend« (1892); Zitat im 2. Aufzug. – *Bomst:* Kreisstadt in der Grenzmark Posen-Westpreußen, Sitz der Tiedemanns. – *Wilbrandts »Graf von Hammerstein«:* Anspielung auf Wilhelm Freiherr von Hammerstein (vgl. 19. 9. 1895). – *August Trümpelmann (geb. 1837):* »Luther und seine Zeit« (1888/96) schloß mit »prophetischer Verherrlichung des Hohenzollernstamms«. – *Heinrich Bebel (1472–1518):* Professor der Poesie und Beredsamkeit in Tübingen, Humanist, Autor von Schwänken. – *gegen seinen lebenden Träger:* August Bebel. – *Georg Scheufler (1875–1897):* Sein Abschiedsbrief im »Kleinen Journal« 11. 9. 1897. – *[...] gekürzt:* Weiteres zu Scheufler. – *Transvaal-Ausstellung:* Vgl. 6. 6. 1897. – *Luhsche:* Pfütze. – *[...] gekürzt:* Kurzer Verriß des Schwanks von Hans von Wentzel und W. von Schlicht »Tante Jette«, Berliner Theater 17. 9. 1897.

17. Oktober 1897 (Nr. 730)

Lepramänner: Leprakongreß im Reichsgesundheitsamt, Klopstockstraße; Eröffnung am 11. 10. 1897. – *Stockmann:* Hauptfigur in Ibsens »Ein Volksfeind«. – *Bonne:* Dienstmädchen. – *Xavier de Maistre (1763–1852):* Französischer Schriftsteller; »Le lépreux de la cité d'Aoste« (1811). – *»Siechentrost«:* Novelle, Augsburg 1882. – *Oskar Lassar (1894–1907):* Spezialist für Hautkrankheiten; Gründer der Dermatologischen Gesellschaft (1886); setzte sich für Röntgen- und Radiumtherapie ein. – *dolus eventualis:* Im Strafrecht »mögliche Arglist«. – *Wilhelm Liebknecht:* 70 Jahre alt, wurde wegen Majestätsbeleidigung in einer Parteitagsrede zu vier Monaten Haft verurteilt. – *Bruno Schönlank (1859–1901):* Sozialdemokratischer Publizist, 1892 Redakteur des »Vorwärts«, MdR 1893–1901, seit 1893 Chefredakteur der »Leipziger Volkszeitung«. – *unser lieber Johannes:* Miquel. – *Königliche Bibliothek (1701–1918):* Später Preußische Staatsbibliothek, entwickelte sich im 19. Jhdt. zur größten deutschen Bibliothek, brauchte einen Neubau; Anfang des 20. Jhdts. von Ihne Unter den Linden gebaut, 1909 bezogen. – *Gabrielle Réjane (1859–1920):* Gefeierte, zum Pikanten neigende französische Schauspielerin; Gastspiele in Berlin am Lessing- und Berliner Theater (Nora, Gilberte in »Frou-frou«); 1899 Gastspiel als »Madame Sans-Gêne« im KSch bei Kroll (Sardou hatte die Rolle für sie geschrieben). – *Du fragst mich lächelnd ...:* Heinrich Heine, »Romanzero«, 2. Buch, »Lamentationen«, »Unvollkommenheit«, Schlußverse.

24. Oktober 1897 (Nr. 748)

Kaiserin Auguste Viktoria (1858–1921): Tochter des Herzogs Friedrich von Schleswig-Holstein-Sonderburg-Augustenburg, seit 1881 verheiratet mit Wilhelm II., 1888 deutsche Kaiserin; Geburtstag am 22.10. – *aus dem Munde entlassener Kanzler:* Bismarck über die Kaiserin Augusta in seinen »Gedanken und Erinnerungen«. – *Karl Grillenberger (1848–1897):* Sozialist in Berlin, ehemaliger Schlosser, MdR seit 1881. – *vor einem Jahr in London:* Auf dem Sozialistenkongreß (vgl. 9. 8. 1896). – *Martin Bendix:* Liedermacher, Schauspieler im American Theater, Dresdner Straße 55 (später Charakterkomiker im Original Budapester Possen- und Operettentheater, Königskolonnaden); bis heute populär durch Lieder wie »Im Grunewald, im Grunewald ist Holzauktion«, »Mutter, der Mann mit dem Koks ist da« und viele Sprüche: »Uns kann keener«, »Quatsch nicht, Krause«; feierte am 1. 11. 1897 sein fünfundzwanzigjähriges Bühnenjubiläum im American Theater. – *Schopenhauer:* Wortwitz (Wortspiel), »eine Afterart des Witzes«, in: »Die Welt als Wille und Vorstellung«, 1. Buch, 1 13.

14. November 1897 (Nr. 802)

Bisher schärfster Angriff Kerrs auf die Spielplangestaltung des KSch. – *»Madame Sans-Gêne«:* Der Kaiser hatte Sardous Erfolgsstück im Darmstädter Hoftheater (nicht in dem von ihm gemiedenen Lessing-Theater) gesehen; neue Besetzung der Hauptrolle mit Hedwig Niemann-Raabe; im KSch (Kroll) ab 31. 12. 1898, Regie: Max Grube; Kerr bezieht sich auf die Meldung im BT 10. 11. (vgl. 23. 2. 1896). – *Beresina-Panorama:* Vgl. 13. 10. 1895, Anm. – *Wereschtschagin-Austellung:* Vgl. 14. 2. 1897, Anm. – *»Hannele«-Affäre:* Vgl. 1. 11. 1896, Anm. – *Schiller-*

preis: Vgl. 15. 11. 1896, Anm. – *Blumenreichscher Prozeß:* 5. – 9. 11. 1897 im Landgericht II; bezog sich auf die Abwicklung der Gewerbeausstellung, für die Blumenreich als Geschäftsführer Geld besorgt hatte; zu seiner Flugschrift vgl. 4. 10. 1896, Anm.; das Urteil: 4 Monate Gefängnis, 50 Mark Geldstrafe wegen Urkundenfälschung und Unterschlagung. – *struggleforlifers:* Nach Darwins »Kampf ums Dasein« (struggle for life).

28. November 1897 (Nr. 835)
Paul Lindau (1839–1919): Erzähler, Dramatiker und Theaterleiter; 1895–1899 Intendant des Hoftheaters Meiningen; 1900–1903 des Berliner Theaters, 1904–1905 des DT, danach Dramaturg am KSch. – *»Miß Helyett«:* Tanzdrama, im Theater Unter den Linden. – *mir ist, als ob ich die Hände . . .:* Aus Heines Gedichtzyklus »Die Heimkehr« (1824), Nr. 47. – *»je älter ein Mädchen . . .«:* »Hesperus«, 24. Hundsposttag. – *Dreyfus-Geschichte:* Der ganz Europa erregende Prozeß gegen den wegen angeblichen Landesverrats 1894 zu Deportation verurteilten französischen Hauptmann Alfred Dreyfus (1859–1935) trat im November in eine neue Phase, als der elsässische Industrielle, Senator Scheurer-Kestner, mit neuen Beweisen von Dreyfus' Unschuld unter heftigen Protesten die Revision des Prozesses in Gang brachte. Am 15. 11. enthüllte Zolas Bruder Mathieu den Namen des Grafen Walsin Esterhazy als den des wahren Schuldigen; Emile Zola veröffentlichte im »Figaro« seinen Artikel »Die Wahrheit auf dem Marsch« (»Dreyfus wird nicht gefangen bleiben. Ich mache seine Sache zu meiner eigenen«), dem am 13. 1. 1898 in der Zeitschrift »L'Aurore« der folgenreiche offene Brief an den Präsidenten, »J'accuse«, folgte. Auch die deutschen Zeitungen wurden jetzt ergriffen von der dramatischen Eskalation in Paris. – *Plassans:* Zolas Roman »La conquête de Plassans« (Die Eroberung von Plassans) erschien 1874. – *Maximilian Harden:* »Dreyfus« in »Die Zukunft«, 15. 11. 1897 (Bd. 21, S. 319). Harden polemisierte darin gegen die liberale deutsche Presse und deren Unschuldsbehauptungen für Dreyfus (»die Frage, ob der Landesverratsprozeß revidiert werden könne oder müsse, brauchte keinen deutschen Menschen zu bekümmern«); Kerrs Auseinandersetzung mit Harden begann 1895 und eskalierte mit Angriffen wie diesem. – *österreichische Parlamentsprügelei:* Grund war die Abstimmung über das »Ausgleichsprovisorium« zwischen den im österreich-ungarischen Staatsverband zusammengefaßten Nationen; vor allem Konflikte zwischen Polen, Tschechen, Slowenen gegen die (einander feindlichen) deutschen Gruppierungen (Dr. Lueger und Schönerer); ausgelöst von Verfügungen der Regierung Badeni, die in Böhmen schon zu Konflikten geführt hatten (vgl. 18. 7. 1897); die harten Auseinandersetzungen eskalierten zu Tätlichkeiten auch gegen den Parlamentspräsidenten Abramowitsch, der im Tohu-

wabohu einen Antrag des Abgeordneten Falkenhayn zur Verfahrens-
ordnung (Reglementierung und Bestrafung von Abgeordneten) für
einstimmig angenommen erklärt hatte. Die Prügeleien dauerten mehrere Tage (20.–29. 11.) und brachten die Polizei ins Parlament zum
Schutz des Präsidenten; Badeni demissionierte am 28. 11. – *Ernst Günther, Herzog von Holstein (1863–1921):* Schwager Kaiser Wilhelms II.,
Mitglied des preußischen Herrenhauses; Kunstmäzen. – *hier bin ich
Mensch:* Aus Goethes »Faust I«, Osterspaziergang. – *Maria Magdalena:*
KSch 20. 11. 1897.

12. Dezember 1897 (Nr. 871)
Karl Frenzel: 70. Geburtstag am 6. 12. 1897; das Festmahl, veranstaltet
vom Verein Berliner Presse, der Literarischen Gesellschaft und der
»National-Zeitung«, am 12. 12. im Hotel Kaiserhof (Mohrenstraße);
Frenzels »Hannele«-Kritik: »[...] von kurzer Lebensdauer [...] Damit
steigen wir von den Gipfeln Schillerscher Kunst wieder zu den Anfängen mittelalterlicher dramatischer Kunst, zu den Weihnachts- und
den Osterspielen in den Kirchen herab. Nur daß diese Vorgänge und
Bilder [...] jetzt den blasierten, stumpfen Seelen und Phantasten, die
längst jeden Glauben an die Idealität verloren haben, als dichterische
und materielle Offenbarung vorgegaukelt werden. Immer natürlich
mit dem Stich in den Pessimismus und die Sozialdemokratie« (Deutsche Rundschau 1894, S. 129). – *der prachtvolle alte Fontane:* Hatte das
Heraufkommen des neuen Dramas mit Rezensionen über Ibsens
»Gespenster«, »Die Wildente«, »Die Frau vom Meer« und über Gerhart Hauptmanns »Vor Sonnenaufgang«, »Ein Friedensfest«, und »Einsame Menschen« sowie die Ablösung des toten Klassikertheaters in
seinen Rezensionen in der VZ noch deutlich begrüßt. – *Rosenthal*
(richtig: Mosenthal), *Weilen, Lindner ...:* Kerr bezieht sich auf die
Frenzelschen Rezensionen im Band I von dessen »Berliner Dramatur-
gie«, der »die hervorragendsten Neuigkeiten« zwischen 1862 (Beginn
der Frenzelschen Tätigkeit an der »National-Zeitung«) und 1877
behandelt. – *Salomon Mosenthal (1821–1877); Josef Weilen (Weil)
1828–1889); Albert Lindner (1831–1888); Gustav zu Putlitz (1821–1889);
Julius Roderich Benedix (1811–1873); Adolf Wilbrandt* (geschätzt als vor-
nehmster Dramatiker des Jhdts.); *Rudolf von Gottschall (1823–1909);
Ernst Wichert; Albert Emil Brachvogel (1824–1878). – Der Sohn des Wassers und der Erde:* Goethe, »Wanderers Sturmlied«. – *Und es ergreift ...:*
Goethe, »Faust I«, Zueignung.

19. Dezember 1897 (Nr. 889)
sind ausgerückt: Die deutsche Strafexpedition gegen China wegen der
Ermordung deutscher Missionare in Shantung; ein deutsches Marine-
korps unter Admiral von Diederichs besetzte am 14. 11. 1897 die Halb-

insel Tsingtau mit Kiautschou; das Gebiet wurde später als deutscher Flottenstützpunkt von China auf 99 Jahre gepachtet. – *Prinz Heinrich (1862–1929):* Bruder Kaiser Wilhelms II., Generalinspekteur der kaiserlichen Marine, war Geschwaderchef der am 16. 12. nach China entsandten Expedition der Kreuzer »Deutschland« und »Gesion«; die Rede Kaiser Wilhelms zu seiner Ausfahrt wurde zur Deklaration der neuen deutschen Seemachtpolitik: »Es ist weiter nichts wie die erste Betätigung des neugeeinten und neuerstandenen Deutschen Reiches in seinen überseeischen Aufgaben [...] Reichsgewalt bedeutet Seegewalt und Seegewalt und Reichsgewalt bedingen sich gegenseitig so, daß die eine ohne die andere nicht bestehen kann. [...] Sollte aber je irgendeiner unternehmen, uns an unserem guten Recht zu kränken oder schädigen zu wollen, dann fahre drein mit gepanzerter Faust! und, so Gott will, flicht Dir den Lorbeer um Deine junge Stirn [...]« – *Adolf Fischer:* »Bilder aus Japan«, Berlin 1897. – *Paul Schlenther:* Übernahm 1898–1910 die Direktion des Burgtheaters; die Theaterkritik in der VZ schrieb währenddessen Arthur Eloesser. – *Paul Moos (geb. 1863):* Gab nach dem von Kerr erwähnten Vorfall die Musikkritik in Berlin auf und beschäftigte sich fortan in vielen Büchern mit musikästhetischen Themen. – *vor der Entscheidung:* Von Kerrs Prozeß gegen die Musikkritiker (vgl. 20. 6. 1897, Anm.). – *wie Philipp:* Von Kerr verballhorntes Zitat aus Schillers »Don Carlos« III,7: »Ich habe gegen Menschen, nicht gegen Sturm und Klippen Sie gesendet.«

25. Dezember 1897 (Nr. 904)

Fürstin Marie zu Hohenlohe-Schillingsfürst: Starb am 21. 12., 68jährig, an Lungenentzündung; ihr Besitz: die russische Herrschaft Werki. – *Chlodwig zu Hohenlohe-Schillingsfürst (1819–1901):* 1894–1900 deutscher Reichskanzler und preußischer Ministerpräsident. – *Kerrs Besuch bei Bismarck:* 1894 (geschildert 1. 11. 1896). – *Rumpf – Buckow:* 19. 12. 1897, Schulzendorferstraße 12; Walter Buckow starb am 24. 12. an seinen Verletzungen. – *Prozeß Kerr – Tappert:* Vgl. 20. 6. 1897, Anm.; der anfängliche »Sensationsprozeß« endete mit Vergleich: Tappert wurde bedeutet, er habe nicht das Recht, sich nach Lage der Dinge beleidigt zu fühlen; er übernahm die Kosten. Kerr zog seine Widerklage gegen Tappert zurück. Kommentar im BT: »Der Zweck, den Herr Dr. Kerr seiner Attacke untergelegt hat, ist erreicht: der Schmutz ist aufgewirbelt worden, um weggefegt zu werden«; der Verlag des »Kleinen Journals« hielt es »für seine Pflicht, den achtundsechzigjährigen Gelehrten seinen Peinigern zu entreißen und in seiner Stellung zu belassen«; der in die Sache verwickelte Kritiker Lackowitz wurde vom »Lokal-Anzeiger« entlassen. – *[...] gekürzt:* Adolf L'Arronge, »Mutter Thiele«, U KSch 23. 12. 1897; Kerr: nur »minutenlang erträglich«.

1898

16. Januar 1898 (Nr. 37)

Herr von Tausch: Gemeint ist dessen Freispruch (vgl. 6. 6. 1897, Anm.). – *Konstantin Petrowitsch Pobedonoszew (1827–1907):* Russischer Rechtsgelehrter, Oberprokurator der Hl. Synode und reaktionärer Kirchenpolitiker mit starkem Einfluß auf die Zaren Alexander III. und Nikolaus II.; »Streitfragen der Gegenwart«, deutsch 1897. – *»Simplicissimus«:* Gegründet 1896 von Albert Langen und Th. Th. Heine; Mitarbeiter: E. Thöny, O. Gulbransson, B. Paul, K. Arnold, L. Thoma, Fr. Wedekind u. a. – *Hebbels Verse:* Im Widmungsgedicht zu »Maria Magdalena«. – *Bertelsmann:* Gegründet 1835, damals Verlag für protestantische Theologie. – *Ultra Bosse …:* Verballhornung des römischen Rechtsgrundsatzes: Ultra posse nemo obligatur (tenetur): Niemand ist verpflichtet, mehr zu tun, als er kann. – *Sängerinnen bei E.T.A. Hoffmann:* Zulema in »Das Sanctus« aus den »Nachtstücken«; Antonie in »Rat Krespel« und Emanuela im »Zusammenhang der Dinge« aus den »Serapionsbrüdern«.

30. Januar 1898 (Nr. 73)

Yvette Guilbert (1866–1944): International bekannte französische Chansonsängerin, seit 1892 im Varieté; wiederholt in Berlin; Kerr wurde nicht müde, ihr Lob zu singen. – *Marie Geistinger (1833–1903):* Berühmte Soubrette, »Offenbachchantin« (»Die schöne Helena«, »Herzogin von Gerolstein«); früher am Friedrich-Wilhelmstädtischen (1854–1859) und am Victoria-Theater (1863–1865) in Berlin, dann Mitdirektorin am Theater an der Wien, gastierte ab 25. 1. im »Wintergarten«. – *Mosersche Lieutenants:* Figuren aus den über hundert Lustspielen und Schwänken Gustav von Mosers (1825–1903). – *Maurice Donnay (1860–1945):* Französischer Dramatiker, Boulevardstücke und psychologische Dramen. – *Aristide Bruant (1851–1925):* Französischer Schriftsteller und Chansonnier. – *Xanrof (d. i. Léon Fourneau 1867–1953):* Boulevardschriftsteller, Chansons für Yvette Guilbert. – *Goldne Hundertzehn:* Vgl. 7. 4. 1895. – *»Der Burggraf«:* Am 26. 1., Vorabend zu Kaisers Geburtstag, im KSch. – *Favete linguis:* Schweigt andächtig. – *Johannes Trojan (1837–1915):* Politischer Satiriker, seit 1886 Chefredakteur des »Kladderadatsch«; am 25. 1. zu zwei Monaten Festungshaft (Spandau) verurteilt wegen des Gedichts in der Ausgabe vom 28. 11. 1897 auf die Kaiserrede bei der Vereidigung junger Grenadiere seiner Garde (18. 11. 1897): »Wer kein braver Christ ist, der ist kein braver Mann und auch kein braver preußischer Soldat und kann unter keinen Umständen das erfüllen, was in der preußischen Armee von einem Soldaten verlangt wird. Leicht ist Eure Pflicht nicht; sie verlangt von Euch Selbstzucht und Selbstverleugnung, die beiden höchsten Eigenschaften des Christen, ferner unbedingten Gehorsam und Unterordnung unter den Willen Eurer Vorgesetzten. Auf Euch herab blicken meine ruhmreichen Vorfahren aus dem Himmelszelt, blicken die Standbilder der Könige und vor allem auch das Denkmal des großen Kaisers. Stehet fest in Eurem unerschütterlichen Glauben und Vertrauen auf Gott, der uns nie verläßt.« In der Presse Kritik und Beschwichtigungsversuche, weil unter den jungen Rekruten auch 90 jüdischen Glaubens waren.

13. Februar 1898 (Nr. 109)

»Noch ist Polen nicht verloren«: Lied der in Napoleonischen Diensten in Italien kämpfenden Polen, das zur Nationalhymne wurde; Text von Joseph Wybicki (1747–1822, polnischer Politiker); Polen war nach der 3. Teilung damals als Staat nicht existent. – *Georg Brandes (1842–1927):* Dänischer Literarhistoriker, heftig bekämpfter Förderer der jungen Literatur, Nietzscheaner, 1877–1883 in Berlin; begann 1896 die Reihe seiner klassischen Biographien mit »Shakespeare« und 1898 zu Ibsens 70. Geburtstag mit Julius Elias und Paul Schlenther die große Ibsen-Ausgabe bei S. Fischer. – *»Das Hünengrab« (1850):* Erste Buchausgabe und Brandes' Kommentar in Bd. 2 der Ibsen-Ausgabe; Brandes (nicht Elias) verweist darin auf den dänischen Dichter Adam Oehlenschläger (1779–1850). – *im fürchterlichen Johannes:* »Johannes«: Drama von Sudermann, U DT 15. 1. 1898; großer Erfolg. – *Balder:* Baldur, »Der Leuchtende«, nordischer Gott in der Edda. – *Julius Elias (1861–1927):* Mitbegründer der »Freien Bühne«, Übersetzer Ibsens, Lektor im Verlag S. Fischer, einflußreich in Berlin. – *Paula Conrad:* »Die Mondbraut« (Hauptmann); »Fritz Katzfuß« (Fontane) und »Der Müllerin Verrat« (Goethe).

20. Februar 1898 (Nr. 127)

»Frauenstaat, den . . .«: Kleist, »Penthesilea« 15. Auftritt. – *Rautendelein:* Figur aus Gerhart Hauptmanns »Die versunkene Glocke«, »halb Kind, halb Jungfrau, mit dickem rotblondem Haar«. – *Lortzing, »Ich wollt' . . .«:* Arie der Marie aus »Der Waffenschmied« III/1. – *»Apfelsinenorden«:* Spottname für die preußische Verdienstmedaille. – *Friederike Kempner (1836–1904):* Autorin unfreiwillig komischer Verse aus Breslau; wurde für Kerrs Tante ausgegeben, wogegen sich Kerr (eigtl. Alfred Kempner) in dem Gedicht »Friederike Kempner« verwahrte. – *Kiautschau-Angelegenheiten:* 1898 wurde die dt. Pacht-Kolonie an der Küste der chinesischen Halbinsel Schautung als deutscher Flottenstützpunkt eingerichtet. – *Hoftrachten:* Unter Wilhelm II. wurden für Empfänge eine strenge Kleiderordnung und diverse Bekleidungsvorschriften eingeführt. – *Die Märzgefallenen:* Zum 50. Jahrestag der Revolution von 1848 hatte die Fraktion der Linken am 15. 12. 1897 in der

Stadtverordnetenversammlung beantragt, im Friedrichshain, wo die Gräber der Gefallenen verwahrlosten, »einen würdigen Gedenkstein zu errichten mit der Inschrift ›Dem Andenken der am 18. März 1848 Gefallenen. Die Stadt Berlin‹.« Darüber heftige und langdauernde Auseinandersetzungen.

13. März 1898 (Nr. 181)

Verfassungstag: 31. 1.; die preußische Verfassung war am 31. 1. 1865 in Kraft getreten. – *Tag des Frankfurter Friedens:* 26. 2.; der Vorfriede von Versailles war am 26. 2. 1871 geschlossen worden. – *Sedantag:* 1. 9.; entscheidende Schlacht des deutsch-französischen Krieges bei Sedan am 1. 9. 1870; Feiertag im Reich. – *»Wenn eure Schmach ...«:* Ludwig Uhland, »Vaterländische Gedichte«, »Am 18. Oktober 1816«, 3. Strophe. – *Ein Dezennium:* Kaiser Wilhelm I. war am 9. 3. 1888 gestorben. – *Johannes v. Miquel:* Wurde am 19. 2. siebzig Jahre alt. – *Ibsens 70. Geburtstag:* Am 20. 3.; dazu Kerrs »Gedenkrede« in DN 19. 3. 1898. – *Bismarck:* War am 18. 3. 1890 von Wilhelm II. entlassen worden. – *Paul Marx (1861–1910):* Chefredakteur von »Der Tag«, Berlin (geb. in Breslau). – *»Ein Meteor. Mitteilungen eines Alltagsmenschen«:* Von Max Halbe, »Deutsche Rundschau«, März 1898. – *»Königskinder«:* U KSch 11. 3. 1898, Regie: Max Grube.

27. März 1898 (Nr. 217)

»Schweig mir von Rom!«: »Tannhäuser« III/2. – *Standbilder im Tiergarten:* Der Kaiser enthüllte am 22. 3. die ersten drei Standbilder der auszuschmückenden Siegesallee; den Hauptfiguren waren Figuren ihrer Zeit beigefügt. – *Lawrence Alma Tadema (1836–1912):* Niederländisch-englischer Maler theatralischer Historienbilder. – *Die Berliner Ibsen-Aufführungen:* »Der Volksfeind«: Luisen-Theater 15. 3.; »Die Wildente«: Neues Theater, 100. Vorstellung; »Brand«: Schiller-Theater DE 19. 3.; »Kaiser und Galiläer«: Belle-Alliance-Theater DE 16. 3.; »Hedda Gabler«: DT 13. 3. 1898. – *Ibsenbankett:* Am 20. 3. im Saal der »Gesellschaft der Freunde« (Potsdamer Str. 9) mit Reden von Brahm, Elias und Fulda. – *die drei Haare:* Anspielung auf das Märchen »Der Teufel mit den drei goldenen Haaren«; heißt hier: er war kein Glückskind, er konnte die ihm gestellten Aufgaben nicht lösen. – *Heinrich von Achenbach (1829–1899):* Preußischer Handelsminister 1873–1878; führend in der freikonservativen Partei; Oberpräsident der Provinz Brandenburg, maßgeblich beteiligt an der Kulturkampf-Gesetzgebung. – *Kommerzienrat Hugo Pringsheim:* In den Gründerjahren in Schlesien reich gewordener Industrieller, führte in Berlin am Königsplatz ein großes, der Hofgesellschaft offenes Haus; sein Bruder Rudolf Pringsheim, Großvater von Katia Mann, residierte in der Wilhelmstraße. – *Fräulein Kommerzienrat Pringsheim:* Tochter von Hugo Pringsheim (vgl.

16. 7. 1899). – *Konsul Auerbach:* Verhaftung und Anklage wegen Beihilfe zum betrügerischen Bankrott der Kaufleute Weinert und Cohn. – *Detlev von Liliencron (1844–1909):* Lyriker und Erzähler, Gedichte (1893) und Kriegsnovellen (1895). – *seltsame Gesänge:* Wohl Liliencrons Epos »Poggfred« (1896).

10. April 1898 (Nr. 250)

»O, wie ist die Stadt so wenig!«: Goethe, »Musen und Grazien in der Mark«, 3. Strophe. – *auf Gummi:* Die Wagenräder erhielten jetzt Gummibelag. – *Denkmal der Märzgefallenen:* Am 18. März waren Kränze zum Gedenken an die Toten von 1848 im Friedrichshain niedergelegt worden, nicht mit dem Einverständnis des preußischen Staates, aber der Stadtregierung. Etwa 40000 Berliner hatten die Grabstätte besucht und Blumen und Kränze gebracht (VZ 19. 3.). – *Eleanor Marx-Aveling:* Vergiftete sich am 3. 4. 1898, 43 Jahre alt, nachdem sie erfahren hatte, daß Dr. Aveling, mit dem sie seit 14 Jahren zusammenlebte, heimlich eine junge Schauspielerin geheiratet hatte. »Er war ein ganz netter Mann, der für Sozialismus und Atheismus auf den Scheiterhaufen gestiegen wäre, aber vollständig gewissenlos in seinem privaten Leben« (Shaw); vgl. 9. 8. 1896 u. Anm. – *Lacaze/Suttner:* Freispruch Bertha von Suttners, weil ihre Warnungen vertraulich gewesen seien. – *Bertha von Suttner (1843–1914):* Friedenskämpferin; ihr Roman »Die Waffen nieder« (1889) hatte der neuen Friedensbewegung internationales Echo und der Autorin hohes Ansehen verschafft.

17. April 1898 (Nr. 265)

»Gyges und sein Ring«: DT 15. 4. 1898; Hebbels Zitate in V,1. – *Friedrich Theodor Vischer (1807–1887):* Ästhetiker, Philosoph, inspirierte durch seine unkonventionellen, streitbaren Schriften (»Kritische Gänge« 1860, 1873, »Mode und Cynismus« 1879, »Altes und Neues« 1889) und durch seinen philosophischen Roman »Auch einer« (1879) Kerrs Streitlust; die zitierten Sätze in »Mode und Cynismus«, S. 9. – *Carl Wagner (geb. 1865):* War 1892 vom Burgtheater ans Hamburger Stadttheater gekommen, galt als der »Hamburger Kainz«. – *sogenannter Kultusminister:* Robert Bosse. – *Georg Bender (1848–1924):* Oberbürgermeister in Breslau. – *pereant ...:* Sie mögen zugrunde gehen. – *Leonhard Graf von Blumenthal (1810–1900):* Seit 1888 preußischer Generalfeldmarschall. – *Blumenthal und Kadelburg:* Gemeinsam arbeitende Schwankautoren. – *Gustav Kadelburg (1851–1925):* 1871–1894 als Bonvivant am Wallnertheater und am DT; erfolgreichste Stücke »Großstadtluft« 1891, »Der Herr Senator« 1894 und »Im Weißen Röss'l« (U Lessing-Theater 30. 12. 1897). – *Franz und Paul von Schönthan (1849–1913 und 1853–1905):* Schrieben gemeinsam oder mit anderen (G. Kadelburg, G. von Moser oder Koppel-Ellfeld) sehr erfolgreiche Schwänke, z. B.

»Der Raub der Sabinerinnen«. – *Charleys Tante:* Posse von Thomas Brandon. – *Heil Blumenthal ...:* Paraphrase zu »Heil, Rosenkranz und Güldenstern!« aus »Hamlet«. – *Otto Knille (1832–1898):* Lehrer an der Berliner Kunstakademie.

24. April 1898 (Nr. 283)

Und neues Leben ...: Schiller, »Lied von der Glocke«. – *indische Ausstellung:* »Indien« von Carl Hagenbeck, eröffnet am 23. 4. 1898 am Kurfürstendamm. – *Wertheim:* Das erste große moderne, luxuriös ausgestattete Berliner Kaufhaus, »Verkaufspalast«, Leipziger Straße 132/133 (Potsdamer Platz); erbaut von Alfred Messel, eröffnet am 15. 11. 1897; Gründer: Georg Wertheim (1857–1939). – *Inderfreund:* Schopenhauer bezog wesentliche Anregungen für seine Betrachtungen zur Erlösung vom Daseinsdrang aus der Erlösungslehre des Buddhismus. – *Ludwig von Windheim (1857–1935):* Polizeipräsident von Berlin 1894–1902. – *Venedig, Kairo:* Frühere Berliner Ausstellungen (vgl. 23. 4. 1895 und 12. 7. 1896). – *»Es war ein Sonntag ...«:* Gedicht von August Freudenthal, vertont von Carl Götze, »O schöne Zeit, o sel'ge Zeit«. – *Prozeß Seidel:* Der verstörte Bruder hatte seine Brüder verpflichtet, sich seiner Sache anzunehmen; Freispruch der Brüder Dr. Paul Seidel und Heinrich Seidel am 26. 4. 1898. – *Heinrich Seidel (1841–1906):* Ingenieur, seit 1880 freier Schriftsteller in Berlin, bekanntestes Werk »Leberecht Hühnchen«. – *Paul Seidel (1858–1929):* Jurist und Kunsthistoriker, Direktor des Hohenzollernmuseums. – *Herman Grimm (1828–1901):* Kunst- und Literarhistoriker, seit 1873 Professor in Berlin. Auch Virchow sprach sich gegen Frauen in der Universität aus; in Berlin waren im November 1897 ca. 200 Studentinnen immatrikuliert (BT 30. 10. 1897). – *Clara Zetkin:* Kerr schildert die Begebenheit in seinem Bericht vom Sozialistenkongreß 1896 (vgl. 9. 8. 1896).

8. Mai 1898 (Nr. 319)

Bomst: Vgl. 19. 9. 1897, Anm. – *Echegaray y Eizaguirre (1832–1916):* Spanischer Dramatiker; »Die Frau des Rächers«, »Mariana«, »Galeotto« 1881. – *chain:* Maßgebend. – *Adua:* 1896. – *Kunstausstellung:* Die Auseinandersetzungen um die Große Berliner Kunstausstellung 1898 brachten einen seit Jahren schwelenden Konflikt zwischen den jungen, dem Impressionismus-Naturalismus zuneigenden Künstlern und der konservativen, vom Militärmaler und Akademiepräsidenten Anton von Werner geführten Jury zur Entscheidung. Von dieser war Leistikows »Sonnenuntergang über dem Grunewald« für die Ausstellung 1898 zurückgewiesen worden. Leistikow sammelte seine Freunde, darunter Max Liebermann, Franz Skarbina, Fritz Klimsch, und gründete am 2. Mai 1898 die Berliner Sezession, deren Präsident Liebermann, deren 1. Sekretär Leistikow wurde. Von 1899 an veranstaltete die Sezession eigene Ausstellungen. – *Worpswede:* Die 1889 gegründete Künstlerkolonie erregte durch die Bilder von Paula und Otto Modersohn, Fritz Mackensen und Heinrich Vogeler Aufsehen.

17. Juli 1898 (Nr. 493)

So sitzt man denn wieder . . .*:* Kerr war im Mai nach Wien und von dort nach Italien aufgebrochen, von wo aus er die »Breslauer Zeitung« mit Erlebnisberichten versorgte, die unter der Rubrik »Berliner Brief« erschienen (vgl. Zusammenfassung, S. 746 f.), aber nur beiläufig Berliner Ereignisse, die er deutschen Zeitungen entnahm, berührten. – *Evoe:* Jubelnder Ausruf beim Dionysosfest. – *Martin Kirschner (1842–1912):* Im Juni 1898 zum Berliner Oberbürgermeister gewählt, wartete auf seine Bestätigung durch den Kaiser; wurde von ihm erst am 23. 12. 1899 bestätigt; blieb OB bis 31. 8. 1912. – *Palazzo Pitti:* Mediceer-Palast am linken Arno-Ufer von Florenz. – *»Nacht«:* Teil des Bildzyklus (Tag, Morgendämmerung, Abend) von Michelangelo in der Medici-Kapelle in Florenz. – *Das berühmteste Inventarstück:* Der Zeitungsstand der Marie Bülow wurde von dem in der Mitte der Straße liegenden Inselperron an den Promenadenweg am Schöneberger Ufer verlegt, dicht an den Kanal. – *Max Klein (1847–1908):* Berliner Bildhauer; seine Helmholtz-Statue wurde am 21. 7. 1898 enthüllt.

24. Juli 1898 (Nr. 511)

Lippe-Biesterfeld: Im Lippeschen Erbfolgestreit (1897) war durch Entscheid des Königs von Sachsen die Linie Lippe-Biesterfeld siegreich, wurde aber nicht in den Reichsfürstenstand erhoben. Dem Regenten Ernst I. waren nur die Ehrenrechte eines kommandierenden Generals zugestanden; die Linie Biesterfeld galt der unterlegenen Linie Schaumburg-Lippe als nicht ebenbürtig. Ehrenbezeugungen standen nur dem Regenten, nicht seiner Familie zu. Die Streitereien beschäftigten die Öffentlichkeit (vgl. 20. 11. 1898). – *Zerwürfnis des Kaisers:* Das mit dem Bayernregenten bezog sich auf die neue, vom Kaiser durchzusetzende einheitliche Militärstrafgerichtsordnung; das mit Österreich auf die Ausweisung österreichischer Staatsangehöriger aus Preußen. – *Orientreise des Kaisers:* Vgl. 16. 10. 1898, Anm. – *Norwegenreise:* Der Kaiser ging vom 4. 7. bis 31. 7. auf Nordlandfahrt; war zurück zu Bismarcks Begräbnis. – *Yachtreisen:* Die Fahrten des Kaisers nach England, nach Norwegen. – *Padischah:* Die osmanischen Sultane führten gern diesen vornehmeren Titel (nicht einfach Schah). – *Ausspruch des Kaisers:* Vgl. 30. 1. 1898, Anm. – *Kiautschou:* Vgl. 19. 12. 1897, Anm. – *wie Lessing sagt:* »Nathan der Weise« I,1. – *Zionisten:* Kämpfer für die Wiederherstellung eines eigenen Staates der Juden in Palästina (nach Theodor Herzl, »Der Judenstaat« 1896). Der 1. Zionistenkongreß 1897 in Basel. – *Ernest Renan (1823–1892):* Französischer Religionswissenschaft-

ler; sein »Leben Jesu« (1863) hatte viel Aufsehen erregt. – *Emanuel Reicher:* Die Taufe des Schauspielers verweist auf die damalige Assimila-
tionsbereitschaft der arrivierten jüdischen Zuwanderer. Kerr hat für
sie nur Spott.

31. Juli 1898 (Nr. 529)
Lethe: In der griechischen Mythologie Fluß des Vergessens. – *Berlin,
Schöneberg, Charlottenburg, Pankow:* Waren 1898 noch getrennte Städte,
erst 1920 zu Groß-Berlin vereint. – *»Marlborough«:* Französisches
Volkslied auf einen Ritter Malbrough; im 16. Jahrhundert umgedichet
als Spottlied auf den Herzog von Marlborough; in ganz Europa bekannter Schlager; Zitat aus Goethes 2. »Römischer Elegie«. – *Die
Wallfahrt nach Kevlaar:* Ballade von Heinrich Heine aus dem Zyklus
»Die Heimkehr« im »Buch der Lieder«. – *auf Chioggia:* Kerr war dort
während seiner Italienreise im Juni 1898. – *»Römische Elegien« (1788 bis
1790), »Venezianische Epigramme« (1790):* Dichtungen Goethes. – *»Die
Kultur der Renaissance in Italien«:* Hauptwerk von Jacob Burckhardt
(1860).

4. August 1898 (Nr. 538)
»daß er tot war«: Bismarck starb am 30. Juli, 83 Jahre alt, in Friedrichsruh. – *»Völker und Menschen ...«:* Bismarck an seine Frau, 2. 7. 1859. –
Leopold von Gerlach: Der Briefwechsel mit Bismarck erschien 1893, neu
1896. – *Prinzessin Carl:* Frau des Prinzen Carl, des Bruders Friedrich
Wilhelms IV. und Wilhelms I. – *»Ich gehöre überhaupt ...«:* Bismarck
an Gerlach, Frankfurt, 9. 7. 1853. – *Prinz Wilhelm (geb. 1797):* Der spätere Deutsche Kaiser Wilhelm I. unterstellte Gerlach, er manövriere
gegen den Ministerpräsidenten Manteuffel; Bismarck zu Gerlach: »Sr.
M. gegenüber (Friedrich Wilhelm IV. – G. R.) will ich lieber Schuld
haben, als sie auf den Prinzen schieben« (Brief vom 23. 9. 1853). – *wie
wir Menschen ...:* Kant: De mundi sensibilis, Par. 27. – *Grabschrift:*
»Hier ruht Fürst Bismarck, ein treuer deutscher Diener Kaiser Wil-
helms des Ersten«. – *er war bloß ausgezogen:* Altes Testament, 1. Samuel,
Kap. 9 und 10; Goethe, »Wilhelm Meisters Lehrjahre«, 8. Buch,
10. Kap.: »Du kommst mir vor wie Saul, [...] der ausging, seines Vaters
Eselinnen zu suchen, und ein Königreich fand.« – *Ruheposten:* In
Friedrichsruh nach der Entlassung. – *Redigierung einer Depesche:* Die
»Emser Depesche« vom 13. 7. 1870, die den deutsch-französischen
Krieg von 1870/71 auslöste. – *bei Roßbach:* Schlacht im Siebenjährigen
Krieg (5. 11. 1757). – *»ein schönes Ungeheuer«:* Wieland im Aufsatz
»Über das Schauspiel Götz von Berlichingen«. – *Besuch bei Bismarck:*
Im Jahre 1894 (vgl. 1. 11. 1896). – *»Denn er war unser«:* Goethe, »Epilog
zu Schillers Glocke«.
Teile des Textes übernommen in »Es sei wie es wolle ...«, S. 294.

21. August 1898 (Nr. 583)
Jean Paul (eigtl. Johann Paul Friedrich Richter, 1763–1825): Bedeutender,
vielgelesener Romancier der Goethe-Zeit. Seine Romane »Hesperus«
(1795), »Siebenkäs« (1796), »Leben des Quintus Fixlein« und »Titan«
(1803) gehören zum Bildungs-, Phantasie- und Spracherlebnis Kerrs. –
der größere Bayreuther: Jean Paul lebte von 1804 bis zum Tode in Bayreuth. – *sächsischer Agitator:* Richard Wagner (1813–1883) war in Leipzig geboren. – *ein Unternehmen:* Das Festspielhaus in Bayreuth, eröffnet August 1876. – *»Noch streitet die zwölfte Stunde . . .«:* Schlußsatz der
Vorreden zum »Hesperus« (1794). – *die großen deutschen Lichtbringer:*
Für Kerr sind das Lessing, Goethe, Schiller, Jean Paul, Kant und Beethoven. – *Philosophastereien:* Nietzsches Arbeiten. – *Türmer:* Lynkeus
aus Goethes »Faust II«. – *»Ihr Freunde, nicht diese Töne . . .«:* Zusatz
Beethovens zu Schillers Text der 9. Symphonie. – *die drei Idealgötzen:*
Nietzsche, Wagner, Bismarck. – *[. . .] gekürzt:* Weiteres zum Berliner
Sommer.

28. August 1898 (Nr. 601)
die Wittichen: Figur und Zitat aus Gerhart Hauptmann, »Die versunkene Glocke« V. Akt. – *Paul Bourget (1852–1935):* Französischer Lyriker, Romancier und Dramatiker, Essayist; von Kerr sehr geschätzt.

11. September 1898 (Nr. 637)
Die Vorschläge des gekrönten Russen: Angesichts der vielen Konflikte
(Spanien – Amerika, China u. a.) schlug der Zar vor, kriegsträchtige
Konflikte zur Schlichtung einer Kommission zu übergeben und eine
Abrüstungskonferenz einzuberufen, da die Rüstung »die ökonomischen Grundlagen der Völker zerstört« (24. 8. 1898). Der Kaiser reagierte zögernd, weil er damals den Ausbau der deutschen Flotte for-
cierte, die »nicht Schritt gehalten hat mit dem Ausbau unserer
überseeischen Interessen« (Thronrede 30. 11. 1897). – *Antistreikgesetz:*
Dazu der Kaiser am 6. 9.: »[. . .] worin jeder – er möge sein, wer er will,
und heißen, wie er will – der einen deutschen Arbeiter, der willig ist,
seine Arbeit zu vollführen, daran zu hindern versucht oder gar zu einem Streik anreizt, mit Zuchthaus bestraft werden soll. Die Strafe
habe Ich damals versprochen und Ich hoffe, daß das Volk in seinen
Vertretern zu Mir stehen wird, um unsere nationale Arbeit in dieser
Weise, soweit es möglich ist, zu schützen.« Die starken Proteste führten dazu, daß diese »Zuchthausvorlage« am 20. 6. 1899 im Reichstag
abgelehnt wurde. – *von Brüsewitz:* Ihm wurde ein Jahr Haft erlassen. –
24-Stunden-Rennen: Fahrradrennen, Sensationalisierung des allgemeinen Radfahrbooms. – *Willy Arend:* Idol des neuen Radrennsports;
hatte im Sommer die Weltmeisterschaft in Glasgow gewonnen.

16. Oktober 1898 (Nr. 727)

Plakatausstellung: Leipziger Straße 128, ab 14. 10. 1898. – *Abschied vom Landesvater:* Beginn der Orientreise; der Kaiser fuhr auf seiner Yacht »Hohenzollern«, begleitet vom Kreuzer »Hertha« und der Aviso »Hela«, am 13. 10. von Venedig nach Konstantinopel, von dort am 22. 10. nach Palästina, war am 29. 10. in Jerusalem; Beginn der Rückreise am 4. 11. – *Einweihung des Erlöserbauwerks:* Der vom Kaiser gestifteten evangelischen Erlöserkirche in Jerusalem; der Kaiser reiste mit allen evangelischen Generalsuperintendenten; vom Sultan erwarb er ein Grundstück als Geschenk an die deutschen Katholiken zum Bau einer katholischen Kirche in Jerusalem. – *Gottfried von Bouillon:* Herzog von Niederlothringen, führend beim 1. Kreuzzug und der Erstürmung Jerusalems (1099). – *zur Parade:* Etwa die Kalmücken aus der Ausstellung im Zoo (vgl. 28. 8. 1897). – *Geschichte mit den drei Ringen:* In Lessings »Nathan der Weise« III/7. – *Enderle von Ketsch:* Sage aus dem 16. Jhdt. vom (wegen Gottlosigkeit ruhelos umherwandernden) Schultheiß von Ketsch; Ballade von Victor von Scheffel. – *Otto Heinrich (Ottheinrich, 1502–1559):* Pfalzgraf bei Rhein; in Scheffels Ballade.

23. Oktober 1898 (Nr. 745)

Paul Hugo Grünenthal: Oberfaktor in einer Notendruckerei (Geldfälschung vermutet); stahl neue Banknoten, die dann auf einem Friedhof gefunden wurden; sprang am 17. 10. im Untersuchungsgefängnis in den Tod. – *Anarchisten:* Politische Gruppierung, die die Abschaffung des Staates und aller Herrschaft von Menschen über Menschen forderte, um ein vernunftbestimmtes Zusammenleben zu erreichen; wirkte durch zahlreiche politische Attentate. – *Anarchistenkomplott:* Angeblich von italienischen Anarchisten für den (unversehens abgesagten) Ägyptenaufenthalt des Kaisers in Alexandria geplant; erwies sich als Schwindel. – *Luccheni:* Italienischer Anarchist, ermordete am 10. 9. 1898 in Genf die Kaiserin von Österreich, Elisabeth. – *Sozialistenkongreß:* London 1896 (vgl. 9. 8. 1896). – *François-Achille Bazaine (1811 bis 1888):* Französischer General, kapitulierte 1871 nach der Niederlage bei Sedan, wegen Geheimverhandlungen zum Tode verurteilt, wurde begnadigt und floh nach Spanien. – *Gustav Landauer (1870–1919):* Idealistischer deutscher Anarchist und Literat, später Mitglied der Münchner Räteregierung (1919), von Freikorpskämpfern erschlagen. – *Enrico Malatesta (1853–1932):* Schüler Bakunins, bedeutendster italienischer Anarchist, Führer italienischer Aufstände, seit 1878 im Exil. – *Felice Graf von Orsini (1819–1858):* Hatte am 14. 1. 1858 ein Attentat auf Kaiser Napoleon III. versucht; hingerichtet am 5. 3. 1858. – *Maximilian Harden:* War am 4. 10. 1898 wegen doppelter Majestätsbeleidigung in der »Zukunft« vom Berliner Landgericht zu 6 Monaten Festungshaft verurteilt worden.

30. Oktober 1898 (Nr. 763)

das Weibsbild: Kerr entwirft hier das Wunschbild einer Frau, das er
später in seiner zweiten Frau, Julia (»Das Mozartle«), findet. - *Felix
Philippi (1851–1921):* Erfolgreicher, routinierter Dramatiker, lebte in
Berlin; »Das Erbe« U München 27. 9. 1898, Berliner Theater 26. 10.
1898; das Stück über Bismarcks Entlassung (Sartorius = Bismarck)
wurde »ein Sensationserfolg«. - *»Capitän Dreyfus«:* Von Georg Okon-
kowski, U Centraltheater Hamburg 4. 11. 1897. - *Elisabeth Hartert:*
Ehe- und Liebesvermittlerin, Geldverleiherin am Magdeburger Platz;
Prozeß am 26. 10; wegen Kuppelei, Betrug und Wucher 13 Monate
Gefängnis und 1000 Mark Geldstrafe. - *Heute nur, heut noch . . . :* Theodor Storm, »Lied des Harfenmädchens«. - *Der verstorbene Theodor Fontane:* Tod am 20. 9. 1898 in Berlin; Kerr war im September in Italien;
deshalb kein Kommentar in den BB. - *das neue bürgerliche Gesetzbuch:*
Nach der Reichsgründung ausgearbeitet, in 2. Fassung von Bundesrat
und Reichstag 1896 angenommen, am 16. 8. 1896 verkündet, erforderte
Einführungen und Auslegungen bis zur Inkraftsetzung am 1. 1. 1900.

13. November 1898 (Nr. 799)

[. . .] gekürzt: Betrachtungen Kerrs zum Tanzgastspiel von Cléo de
Mérode (der Geliebten König Leopolds II. von Belgien) und zum
Heiratsverlangen des ehemaligen Jesuiten Graf von Hoensbroech. -
Sau-Jagd: Hubertusjagd, in Abwesenheit des Kaisers. - *Hirsch-Hya-
zinth:* Figur aus Heines »Die Bäder von Lucca«. - *Prinz Friedrich Leo-
pold (1865–1931):* Cousin zweiten Grades von Wilhelm II. - *Th. Th.
Heine*: War am 3. 4. in Leipzig (Druckort des »Simplicissimus«) verhaftet worden; Prozeß gegen ihn, Albert Langen, Frank Wedekind
wegen Majestätsbeleidigung; Bezug: Nr. 31 des »Simplicissimus«: »Im
Heiligen Land«, Gedicht »Palästinafahrt« und Titelbild »Gottfried von
Bouillon«. - *Jean-Louis Forain (1852–1931):* Witzblattzeichner, Graphi-
ker, karikierte in seinen Lithographien und Radierungen das Pariser
Leben. - *Caran d'Ache:* (russisch Karandasch, d. i. Bleistift), Deckname
für Emmanuel Poiré (1858–1909), französischer Karikaturist. - *»facit
indignatio versum«:* Der Zorn macht den Vers, hier: die Linie.

20. November 1898 (Nr. 814)

die Kreuzfahrer: Der Kaiser mit Gefolge war auf der Rückfahrt aus Palästina; erreichte am 26. 11. wieder Potsdam. - *vaterlandslose Gesellen:*
Presse-Schlagwort für die oppositionellen Kräfte im Reichstag, wohl
zuerst angewendet auf das Zentrum, dann fast nur auf die Sozialdemokraten. - *Archivrat Berkemeyer:* Hatte Aktenstücke nach Bückeburg
(Sitz des Zweigs Schaumburg-Lippe) gebracht; Begründung: »Ich bin
Aristokrat vom Scheitel bis zur Sohle und werde deshalb unausgesetzt
für die Reinhaltung der Fürstenhäuser von unedlem Blut eintreten«

(vgl. 24. 7. 1898). – *Elektrifizierung Berlins:* Begann Mitte der 80er Jahre mit der Gründung der AEG und der BEW (Berliner Elektrizitäts-werke) durch Emil Rathenau. – *misera contribuens plebs:* Das zahlende arme Volk. – *Disziplinarfall Herrmann:* Der Obertelegraphenassistent war vor der kaiserlichen Disziplinarkammer in Potsdam angeklagt wegen »Vernachlässigung seiner Dienstpflichten und weil er in dieser Zeit mit mehreren verheirateten Frauen in Ärgernis erregender Weise ehebrecherischen Verkehr unterhalten«. Urteil: Dienstentlassung.

27. November 1898 (Nr. 832)

Singakademie: 1791 in Berlin als Vereinigung von Musikliebhabern ge-gründet, seit 1827 im eigenen Gebäude (heute Maxim-Gorki-Theater am Festungsgraben). – *Giorgione (1476–1510):* Italienischer Maler, Schü-ler Bellinis, individuell durchfühlte, poetisch-träumerische Bilder. – *Hendrik Goltzius (1558–1617):* Holländischer Kupferstecher und Maler. – *Giovanni Boldini (1842–1931):* Italienischer Maler, vielgerühmter Salon-Impressionist. – *Hugo Freiherr von Habermann (1849–1929):* Münchner impressionistischer Maler, Piloty-Schüler, Sezessionspräsident. – *Franz Skarbina (1849–1910):* Realistisch-romantischer Maler vieler Berliner Szenen, 1898 Mitgründer der Berliner Sezession. – *Gabriel Max (1840 bis 1915):* Unter seinen sinnlich wirkenden Frauenbildern die jungfräuliche Fruchtbarkeitsgöttin »Astarte«. – *Eine neue Kunst:* Kerr hatte sich schon, notierend und zurückhaltend, in seinen ersten Aufsätzen (im MFL 1891/92) mit den französischen Symbolisten befaßt; hier schreibt er zum ersten Mal über die deutschen. – *Georg Bondi (1865–1935):* Berliner Ver-leger von Stefan George (1868–1933), Hugo von Hofmannsthal (1874 bis 1929), den stärksten Talenten des poetischen Symbolismus. – *»Blätter für die Kunst« (1892–1919):* Von Stefan George gegründete, exklusive, käuflich nicht zu erwerbende Publikation für einen Freundeskreis; Ziel-setzung: »sie will die geistige kunst auf grund der neuen fühlweise«; »vornehme Kunst«: unter Nietzsches Einfluß verstanden sich die Sym-bolisten (im Gegensatz zu den Naturalisten) als »vornehm«. – *August Graf von Platen (1796–1835):* Nachklassischer, formbewußter deutscher Dichter. – *Wo sieche Seelen reden:* Stefan George, »Das Jahr der Seele«, im Gedicht »Traurige Tänze«. – *Kling hinaus …:* Aus Heinrich Heine, »Neue Gedichte«, »Neuer Frühling«. – *»Godwi«:* Kerr empfiehlt seine 1898 als Buch bei Georg Bondi erschienene Dissertation zu Brentanos Roman: »Godwi. Ein Kapitel deutscher Romantik«.

25. Dezember 1898 (Nr. 904)

Auf dem großen Platz: Der Lützowplatz. – *Der Kaiser kam in unser Haus:* Die Bildhauer Eberlein und Begas hatten Aufträge für Figuren der Siegesallee, die der Kaiser besichtigte (vgl. 28. 8. 1898 und Anm.). – *am Bismarck vorbei:* Statue von Eberlein. – *Boskett:* Hecke im Innengarten. – *Hans Delbrück (1848–1929):* Historiker, Nachfolger Treitschkes an der Berliner Universität, war angeklagt der Beleidigung des (ehemaligen) preußischen Innenministers Ernst Matthias von Köller. – *Carlot Gottfrid Reuling:* »Der bunte Schleier«, Berliner Theater 22. 12. 1898. – *Wochen-Sensationsmann:* Maximilian Harden; hatte in seiner Wochenschrift »Die Zukunft« Delbrück angegriffen; es kam darüber zum Prozeß. – *Ahriman:* (persisch) Böse Gegenkraft im Menschen. *Der Kaiserbesuch übernommen und ergänzt in »Es sei wie es wolle ...«, S. 284 ff.*

1899

15. Januar 1899 (Nr. 37)

Kammerherr: Ehrentitel für Adlige, die das Vertrauen des Hofes hatten (symbolisch: Überreichung eines goldenen Schlüssels zu den fürstlichen Gemächern). – *Jerusalemiade:* Reise Wilhelms II. nach Jerusalem (vgl. 16. 10. 1898). – *zu frommen Zwecken:* Sammlung von Geldern für die Kirchenneubauten. – *Kotillonordner:* Tanzmeister beim Kotillon, einer heiteren Variation des Contredanse. – *die schießenden Kammerherren:* Das Duell Kotze – Schrader. – *Erteilung einer Unterschrift:* Die anhaltende Verzögerung der Bestätigung des 1898 gewählten Oberbürgermeisters Kirschner durch den Kaiser (bis zum 23. 12. 1899). – *[...] gekürzt:* Karlweis, »Das liebe Ich« (Lessing-Theater 13. 1. 1899), und Polemik Kerrs gegen Rudolf Steiner.

22. Januar 1899 (Nr. 55)

Defiliercour: Neujahrsempfang am 18. 1. – *Hermann von Lucanus (1831–1908):* Seit 1888 Chef des Zivilkabinetts. – *die Inschrift:* Für die Märzgefallenen. – *Die Rathausgreise:* Die mutlosen Leute im Stadtparlament. – *Ritter vom Schwarzen Adler:* Träger des Schwarzen Adler-Ordens. – *Carl Friedrich Wilhelm Max Bork:* Geheimer Hofrat, Schatzmeister des Schwarzen Adler-Ordens, Sekretär Wilhelms I. – *Hans Graf von Kanitz (1841–1913):* Rittergutsbesitzer, MdR 1869–1871 und 1889–1913, konservativ. – *Bodo von dem Knesebeck (1860–1920):* Rittergutsbesitzer, Landrat des Kreises Lüchow 1895–1908. – *dienstbar zu sein Denen:* Kerrs Großschreibung verweist ironisch auf die Majestäten.

12. März 1899 (Nr. 181)

Karl Freiherr von Stumm (1836–1901): Großindustrieller, MdR seit 1889, Freikonservative Partei, später Reichspartei. – *»Die Trennung von ...«:* In der Diskussion um die Formulierung der Lex Heinze. – *Zentrum:* Partei des politischen Katholizismus, gegründet 1870, Entwicklung unter Windhorst, 1899 größte Reichstagsfraktion, 102 Sitze. – *Dulcinea:* Die eingebildete Geliebte Don Quijotes. – *politisch sehr für Freiheit ...:*

Fontane, »Graf Petöfy«, 5. Kapitel. – *Hermann Roeren (1844–1920):*
MdR 1893–1912, Zentrum, betrieb zusammen mit dem Freiherrn von
Stumm die Wiederaufnahme der Lex Heinze-Diskussion im Reichstag (9. 3.). – *Prinzessin Chimay:* Varietéberühmtheit. – *»Fest der Handwerker«:* Vaudeville von Louis Angely. – *weinlaubumkränzte Worte:* Anspielung auf den trunkenen Ejlert Lövborg in Ibsens »Hedda Gabler«.
– *Franz Karl Graf von Ballestrem (1834–1910):* Vorsitzender der Zen-
trumsfraktion; MdR seit 1872, Präsident des Reichstags. – *Prinz Schön-
aich-Carolath:* MdR, galt als kunstverständiger Abgeordneter, Poet,
setzte sich für ein Goethedenkmal in Straßburg ein. – *Martin-Luther-
Standpunkt:* Pecca fortiter: Sündige tapfer. – *lex Heinze:* Kennwort für
ein Gesetz gegen Verletzung des Scham- und Anstandsgefühls, mit
dem auch alle Neuerungen in der kritisch-realistischen Kunst belangt
werden konnten; Ausgangspunkt: der Prozeß gegen den Zuhälter
Heinze und seine Frau (1891). – *Walther von Pückler:* Rittergutsbesitzer,
Vorsitzender des Deutschen Antisemitenbundes; »Staatsbürgerzei-
tung«: publizistisches Forum Pücklers; wegen seiner antisemitischen
Reden wiederholt in Prozesse verwickelt. – *Börne über Fürst Pückler-
Muskau:* In »Menzel der Franzosenfresser«. – *»Opfer fallen hier . . .«:*
Aus Goethes Ballade »Die Braut von Korinth«.

19. März 1899 (Nr. 199)
Hermann Müller: Starb in der Nacht vom 14. zum 15. März. – *Friedrich
Haase (1825–1911):* Theaterdirektor und Schauspielvirtuose, wirkungs-
starker Detailist, Vertreter des alten Star-Theaters; hatte sich am 14. 1.
1896 von den Berlinern mit den Worten des Grafen Thoranc verabschiedet: »Adieu auf immer.« – *Hirschfelds Pauline:* »Pauline« (1899),
die neueste Komödie von Georg Hirschfeld. – *Nickelmann:* Elemen-
targeist in Hauptmanns »Die versunkene Glocke«. – *Heymann Steinthal (1823–1899):* Professor in Berlin, Philosoph und Sprachforscher;
Mitbegründer der Völkerpsychologie. – *Ludwig Bamberger (1823 bis
14. 3. 1899):* Finanzpolitischer Berater Bismarcks, später Ratgeber
Friedrichs III., Wirtschaftsliberalist, MdR 1871–1893.

16. April 1899 (Nr. 265)
Reichstagswahl: Reichstagsersatzwahl am 11. 4.; Kerr war zu der Zeit in
Rom. – *Richard Fischer (1855–1926):* Geschäftsführer der Partei-Buch-
handlung »Vorwärts« (1893–1902); MdR 1893–1898 und 1899–1918. –
Gustave Doré (1832–1883): Französischer Illustrator und Maler. – *Ju-
liane Déry:* Tod am 31. 3. 1899, Ostern. Ihre Erzählung »Beichten«
schloß: »Wenn man einen Menschen liebt, hilft einem kein Gott« (NDR
1897, 2). – *General Boisdeffre, Colonel Henry, Graf Esterhazy, General
Gonse:* Militärs aus dem Dreyfus-Prozeß. – *Louis-Eugène Cavaignac:*
Französischer General, Kriegsminister, setzte die Enquete gegen Ester-

hazy in Gang. – *Maurice Paléologue:* Vizedirektor im Außenministe-
rium. – *Hadamard:* Schwiegervater von Dreyfus. – *Ferdinand Lassalle:*
Tod im Duell am 13. 8. 1864 in Genf. – *Karoline von Günderrode*
(1780–1806): Romantische Dichterin; Selbstmord aus Liebe zu dem Hei-
delberger Professor Friedrich Creuzer. – *»Herodes und Mariamne«:* KSch
12. 4. 1899. – *[...] gekürzt:* Besprechung von Stück und Aufführung.

23. April 1899 (Nr. 283)

Prozeß Guthmann/Singer: Endete am 20. 4. mit Freispruch. – *Tolstois*
Rat: Rede Posdnyschews in der »Kreuzersonate« über die Musik: »Ihre
Wirkung ist fürchterlich. Sie erhebt die Seele nicht und erniedrigt sie
nicht, sondern sie erregt wie Gift.« – *Strindberg spricht:* Im Vorwort zu
»Fräulein Julie«. – *Dr. Esser:* Hatte vor der Gesellschaft für Erdkunde,
im Dezember 1898 auch vor dem Kaiser Vortrag über seine (fingierten)
Afrikareisen gehalten; wurde von dem Berliner Geographen Dr. Hans
Wagner durch Veröffentlichungen in der »Täglichen Rundschau« und
durch seine Schrift »Etwas vom ›Afrikareisenden‹ Dr. Esser« (bei Hermann Walther, Berlin) als Lügner entlarvt, zu Festungshaft verurteilt,
vom Kaiser begnadigt. – *Kriegsberichte aus Bernau:* »Wippchen« wohnte in Bernau. – *Theobald Ziegler:* »Die geistigen und sozialen Strömungen des XIX. Jahrhunderts«, Berlin 1899, S. 542. – *Gerhard von Buchka*
(1851–1935): Oberlandesgerichtsrat, MdR 1893–1898; Kolonialdirektor,
Rücktritt 6. 6. 1900. – *Claus Graf von und zu Egloffstein (geb. 1871):* Wegen Betrugs am 17. 4. zu neun Monaten Gefängnis verurteilt. – *Ernst*
Prange: »Kain«, Berliner Theater 21. 4. 1899. – *Albert Bassermann*
(1867–1952): War 1895 aus Meiningen ans Berliner Theater gekommen,
wechselte 1900 zu Brahm (DT und Lessing-Theater), ging 1909 zu Max
Reinhardt; bedeutender Schauspieler der Epoche.

14. Mai 1899 (Nr. 334)

Und der Regen ...: Arie aus Verdis »Falstaff«. – *Philipp Fürst zu Eulen-*
burg (1847–1921): Gestorben in Liebenberg (Uckermark); 1894–1902
Botschafter in Wien, Vertrauter Wilhelms II. – *[...] gekürzt:* Gastspiel
der Sängerin Prevosti als Lucia di Lammermoor im TdW. – *Adele*
Sandrock (1864–1937): Nach ihrem Ausscheiden aus dem Burgtheater
(1896–1898) seit 1898 auf Tournee; ihr Gastspiel im Lessing-Theater:
Cyprienne, Kameliendame u. a. – *Louise Dumont (1862–1932):* Klassisch geprägte, bedeutende Ibsen-Darstellerin, seit 1896 am DT (gründete 1905 das Düsseldorfer Schauspielhaus). – *Cabotine:* Komödiantin. – *Schnitzlers Christine:* In »Liebelei«. – *Abschiedssouper:* Szene in
»Anatol«. – *Rogasen:* Kleinstadt in Westpreußen, seit 1920 polnisch. –
Elise Sauer (geb. 1871): Darstellerin herber junger Mädchen, Mitglied
des Lessing-Theaters. – *Arthur Vollmer (geb. 1849):* Charakterdarsteller
und beliebter Komiker; stark musikalisch begabt, komponierte Lieder,

feierte sein 25jähriges Bühnenjubiläum. – *Engelssche Schärfe:* Georg Engels (1846–1907); seit 1883 am DT; Crampton in der U von Gerhart Hauptmann, »College Crampton« DT 16. 1. 1892. – *Bellmaus:* Gemeint wohl Carl Michael Bellman (1740–1795), schwedischer Liedermacher.

16. Juli 1899 (Nr. 493)
Kerr schreibt unter dem Eindruck der Ende Mai begonnenen Reise nach Paris. – *»Es zieht mich nach Nordland ...«:* Heine, »An Franz v. Z.«. – *Alphonse Daudet (1840–1897):* In »L'immortel« (1888). – *Jules Lemaitre (1853–1914):* »Les rois«. – *auf dem Sparenberg:* Gedenktafel anläßlich des Besuchs Wilhelms II. am 18. 6. 1897 zum Gedächtnis des Großen Kurfürsten: »Sie soll ein Zeichen sein für die Aufnahme seitens der Stadt und ein Mahnzeichen bleiben, daß, gleich wie in diesem Ahn, auch in mir ein unbeugsamer Wille ist, den einmal als richtig erkannten Weg allem Widerstand zum Trotz unbeirrt weiter zu gehen.« Daran knüpften sich kritische Kommentare in der Presse, was der Kaiser damit meine (BT 13. 7. 1899); der Kaiser stiftete eine Bronzekopie der Statue des Großen Kurfürsten aus der Berliner Siegesallee. – *seit Bismarck nachgeben mußte:* Durch Beendigung des Kulturkampfs und Verhandlungen mit der Kurie. – *Zuchthausvorlage:* Am 20. 6. im Reichstag eingebracht, wurde nach heftigen Protesten am 20. 11. 1899 endgültig abgelehnt. – *Heinrich von Achenbach:* Starb am 9. 7. 1899. – *Agnes Sorma:* Plante mit Lautenburg ein Deutsches Theater in Paris zur Weltausstellung 1900; Lautenburg gab auf, Agnes Sorma spielte in Paris. – *hors concours:* Außer Konkurrenz. – *Jane Hading (1861–1933):* Französische Schauspielerin, brillierte als Kameliendame, Prinzessin von Bagdad u. a.; durch Gastspiele in Berlin bekannt. – *Richard Alexander (geb. 1852):* Seit 1883 am Wallner-, ab 1891 am Residenz-Theater. – *»La Dame ...«:* Vaudeville von Feydeau. *Jeanne-Julia Bartet (1854–1941):* Seit 1880 im Ensemble des Théâtre français. – *Jean Mounet-Sully (1841–1914):* Schwerer Charakterdarsteller; Kerr hatte seinen Ödipus während des Pariser Aufenthaltes gesehen (sein Bericht in DN Nr. 52, 1899). – *Unser Reichskanzler:* Hohenlohe-Schillingsfürst. – *Nordland-Reise des Kaisers:* Vom 4. 7. – 1. 8. 1899.

23. Juli 1899 (Nr. 511)
Finkenschaft: Freie Vereinigung nichtkorporierter Studenten an der Berliner Universität. – *Zu Ehren Goethes:* Zur Feier seines 150. Geburtstags am 28. 8. 1899. – *Der schwarze Verband:* Zusammenfassung aller nicht farbentragenden studentischen Vereine an der Berliner Universität zur Herstellung der Gleichberechtigung bei Ehrenhändeln. – *Henri Rochefort (1830–1913):* Französischer Schriftsteller und Politiker, Kommunarde, Journalist von »L'Intransigeant«. – *Ansichtkartensammlerkongreß:* Im Bavariahaus. – *dulce est ...:* herrlich ist's, zur rechten Zeit den Narren zu spielen (Horaz, »Oden«). – *Dis-moi ...:* Sage mir, woran du denkst, Liebling.

13. August 1899 (Nr. 565)

Geschrieben in Breslau nach der Rückkehr aus Paris. – *Paul Heyse (1830–1914):* Geboren in Berlin, auf Einladung Maximilians II. auf Lebenszeit nach München übersiedelt, dort Mittelpunkt des Münchner Dichterkreises, war im 70. Lebensjahr schwer erkrankt. – *Donna Sol:* Hauptfigur in: »Hernani oder die kastilische Ehre«, Drama von Victor Hugo (1830). – *»Doktor Pascal«:* Roman von Zola (1893). – *eine Münchner Dame:* Die Dramatikerin Elsa Bernstein (Pseudonym Ernst Rosmer). – *»Salamander«:* »Tagebuch in Terzinen«, 1879. – *Nino und Maso:* Novelle von Paul Heyse, im »Buch der Freundschaft«, 1883. – *Freytag über das Hannele:* »Wer die dramatisierte Idylle aber liest, der kann an einer eigenartigen Dichtung bewundern, wie wahr, wie genau und mit welch innigem Behagen die geheimsten Empfindungen einer Menschenseele dargestellt sind« (Deutsche Revue 1894, Heft 4); Freytag starb am 30. 4. 1895 in Wiesbaden. – *Herbert Georg Graf Münster (1820–1902):* Deutscher Botschafter in London, seit 1885 in Paris, 1899 deutscher Vertreter auf der 1. Haager Friedenskonferenz, wurde vom Kaiser zum Fürsten erhoben und titulierte jetzt Fürst Münster von Derneburg. – *Kommt der N. N. angefegt:* Gemeint ist Hermann Zimpel. »Der entscheidende Lehrer auf dem Elisabetan war für mich Hermann Zimpel. Gedrängte Kraft. Selbstzucht. Kategorischer Imperativ. Ihm verdank' ich fast alles. Er hat uns Griechisch und Deutsch gelehrt. Seinen Rhythmus nahm ich ins Leben.« Der folgende Text über Zimpel und Hauptmann wurde von Kerr 1927 in seinen »Lebenslauf« übernommen.

10. September 1899 (Nr. 637)

Wilhelm Hegeler (1870–1943): Gehörte zum Kreis des jungen Gerhart Hauptmann, schrieb realistische Romane; Novellensammlung »Pygmalion«. – *Aufsatz über Ibsen:* In DN 19. 3. 1898 (»Gedenkrede«). – *Freiherr Horst von der Recke (1847–1911):* Preußischer Minister des Innern 1895–1899. – *Konrad Studt (1838–1921):* Preußischer Kultusminister 1899–1907, Nachfolger von Bosse. – *»Siebenkäs«:* Hauptwerk von Jean Paul (1796). – *»Die schöne Helena«:* Burleske Operette von Meilhac und Halévy, Musik von Jacques Offenbach. – *»Mon petit chien . . .«:* »Mein kleiner Hund, möchtest du mir ein Bier bezahlen?«

24. September 1899 (Nr. 673)

Pierre de Béranger (1780–1857): Erfolgreichster französischer Liederdichter des 19. Jhdts. – *[. . .] gekürzt:* Reflexionen zu den neueren Kriminalfällen und das öffentliche Interesse. – *bei der Duse:* Das Gastspiel endete am 5. 10. mit »Antonius und Cleopatra«; Césarine in »Die Frau des Claudius« (1873) war eine ihrer Glanzrollen. – *Paul Lindau:* Bis dahin Intendant in Meiningen, war im Sommer 1899 nach Berlin zurückgekehrt; Kerr spielt auf den heftigen Konflikt Lindau – Harden Ende der

80er Jahre an: Lindau, damals Journalist in angesehener Position, denunzierte Harden als »Agenten des Zaren«; Harden, der unter dem Decknamen »Apostata« (der Abtrünnige) schrieb und Ansehen gewann, schlug zurück. Ab Mai 1899 verbüßte Harden in der Festung Weichselmünde eine sechseinhalbmonatige Haftstrafe wegen Majestätsbeleidigung, kam im Dezember nach Berlin zurück. Lindau wurde 1900 Direktor des Berliner Theaters. – *Daniel Spitzer (1835–1893):* Autor kritisch-ironischer Feuilletons: »Wiener Spaziergänge« (1869).

8. Oktober 1899 (Nr. 709)
Kerrs zornigster Ausbruch gegen die feudal beherrschte Klassengesellschaft. – *Hans Bernhard von Kröcher:* Leutnant der Reserve, 23 Jahre alt; *Dr. jur. Bruno von Kayser:* Leutnant der Reserve, 30 Jahre alt; *Alexander Paul von Schachtmeyer:* Kaufmann, 27 Jahre, Unteroffizier der Reserve; der Prozeß gegen ihren »Club der Harmlosen« wegen gewerbsmäßigen Glücksspiels lief vom 1. bis 21. 10. vor der 3. Strafkammer des Landgerichts I Berlin; endete mit Freispruch; wurde im April 1900 vor dem Reichsgericht wiederaufgenommen. – *Herr von Manteuffel:* Kriminalkommissar, beauftragt mit den Ermittlungen, Hauptmann der Reserve. – *Otto Carl Gottlob Eggebrecht (1844–1913):* Oberverwaltungsgerichtsrat, MdR 1877–1898.

15. Oktober 1899 (Nr. 727)
In Berlin wurde der Jahrhundertwechsel als großes öffentliches Fest vorbereitet; Deutschland war auf dem Höhepunkt seiner industriellen und militärischen Entfaltung. – *Adolphe Thiers (1797–1877):* Sonderbotschafter der provisorischen französischen Regierung 1871, 1. Präsident der 3. Republik. – *Jules Favre (1809–1880):* Vertreter Frankreichs in den Waffenstillstandsverhandlungen von 1871. – *elisabethanischer Physiklehrer:* Kerrs Lehrer im Gymnasium St. Elisabeth in Breslau.

19. November 1899 (Nr. 817)
Zum Jahrhundertende wurden in der allgemeinen Prosperität Weltuntergangsstimmungen verbreitet. Astronomen, auch die Zeitschrift »Sirius« hatten den Durchgang der Erde durch die Bahn der Leoniden und die Begegnung, gar den Zusammenstoß mit einem Kometen für Mitte November angesetzt. – *der neue Postzeitungstarif:* Mit der vom Reichstag debattierten Postnovelle (15.–19. 11.) wurden Postwesen und Tarife neu geordnet. – *Milben im Schimmel:* Bild Schopenhauers für das Leben des Menschen im Kosmos; vgl. »Die Welt als Wille und Vorstellung«, Anfang Kapitel 1 der »Ergänzungen zum Ersten Buch«. – *»Süßes Leben! …«:* »Egmont«, 5. Aufzug, Gefängnis. – *Jean Paul, »Warum ist ein Mensch …«:* »Hesperus«, 1. Hundsposttag, Ende. – *Schöneberg:* Hatte im August seine ersten Stadtverordneten gewählt. – *»Dann mag*

die Totenglocke schallen ...«: »Faust I«, Studierstube. – *»Irrungen, sie kommen ...«:* Aus Kerrs Gedicht »Konstanze«. – *Irrenanstalt:* Buch.

26. November 1899 (Nr. 832)

Gönczi kehrt zurück: Der Mörder war in Rio de Janeiro verhaftet worden (vgl. 29. 8. 1897). – *Dressel:* Weinrestaurant Unter den Linden 50, Treffpunkt von Schauspielern, Literaten und Börsianern; wurde von der Weinhandlung Knoop unter dem alten Namen weitergeführt. – *Der Kaiser besucht ...:* Wilhelm II. fuhr am 20. 11. nach England, seine Großmutter (Queen Victoria) zu besuchen. – *Die Premièren des größten deutschen Dichters:* Gerhart Hauptmanns; Kerr gehörte zum inneren Zirkel. – *Palasthotel:* Potsdamer Platz / Leipziger Straße. – *beignet:* Pfannkuchen. – *»Träume«:* »Sag, welch wunderbare Träume ...«, Studie zu »Tristan und Isolde«. – *Ich ging nach jenen stillen Zonen:* Verse von Kerr. – *Dr. Preuß:* Der Privatdozent hatte in der Stadtverordnetenversammlung vom 16. November zwei Bibelverse paraphrasiert (auf Bosse: »Exzellenz hat's gegeben, Exzellenz hat's genommen«); daraufhin Schreiben Mirbachs mit Intervention der Kaiserin. – *Leo Arons (1869–1919):* Privatdozent für Physik an der Berliner Universität, politisch engagiert; kämpfte für Bodenreform und Volksbildung, angeklagt wegen Disziplinarvergehen (Unvereinbarkeit des Lehramtes mit der Zugehörigkeit zur SPD); wurde 1900 von der Lehrtätigkeit ausgeschlossen (Lex Arons); sein Schwiegervater war der Berliner Bankier Julius Bleichröder. – *Dr. Erich Urban:* Wohl Dr. Heinrich Urban (1837–1901), schrieb in der VZ; Lehrer und Komponist (»Der Rattenfänger von Hameln«). – *Vor einiger Zeit:* Vgl. 27. 11. 1898.

24. Dezember 1899 (Nr. 904)

Kerrs Geburtstag: 25. 12. 1867. – *Marmorfrevel:* Sieben der neuen Statuen an der Siegesallee waren schon im Oktober mutwillig beschädigt worden und mußten ersetzt werden. – *Nunc est bibendum ...:* Vgl. 12. 1. 1896, Anm.

31. Dezember 1899 (Nr. 917)

Anbruch des neuen Jahrhunderts: Exakt erst mit dem 1. 1. 1901. – *Unfehlbarkeitserklärung:* Auf dem Vatikanischen Konzil 1870. – *»Kreuzzeitung«:* Ultrakonservativ, Auflage 10000. – *Ernst von Bergmann (1836–1907):* Seit 1882 Professor in Berlin, führender Gehirnchirurg. – *Krieg gegen Spanien:* 1898 um Puerto Rico und die Philippinen. – *das liebe England:* Krieg gegen den Burenstaat in Südafrika. – *bestialisch hergerichtete Kugeln:* Dumm-Dumm-Geschosse. – *Gustav Schmoller (1836–1907):* Soziologe, Nationalökonom, Universität Berlin. – *einen wahnsinnigen Turm:* Den Eiffelturm. – *Deutschland hat ...:* Bismarck, Wagner, Marx und Nietzsche.

7. Januar 1900 (Nr. 15)

Der Jahrhundertbeginn in Berlin: Großes Kirchengeläut, Salutschüsse der im Lustgarten aufgestellten Batterien, Menschenströme zwischen Brandenburger Tor und Schloß; »Zylindereinschlagen« (alter Studentenulk, der auch zu Silvester galt). Am Neujahrsmorgen: Festgottesdienst im Lustgarten, Fahnenweihe für das Gardecorps im Zeughaus, Militärspektakel und große Auffahrt des Hofes. Rede des Kaisers: »Der erste Tag des neuen Jahrhunderts sieht Unsere Armee, d. h. Unser Volk in Waffen, um seine Feldzeichen geschart, vor dem Herr der Heerscharen knien ...« – *Habys steifende Flüssigkeit:* Ein Bart-Festiger. – *Dies irae, dies illa solvet saeculum in favilla:* Aus der Hymne des Thomas von Celano: Der Tag des Zorns, dieser Tag wird die Welt (die Zeit) in Asche verwandeln; populär durch Goethe, »Faust I«, Domszene. – *Philipp Fürst zu Eulenburg und Hertefeld:* Stürzte, als Maximilian Harden ihn 1906 der Homosexualität bezichtigte. – *Sang an Aegir:* Dichtung und Komposition von Kaiser Wilhelm II., 1894. – *Fürst Herrmann von Hatzfeld zu Trachenberg:* Oberstschenk, Oberpräsident der Provinz Schlesien; wurde Herzog zu Trachenberg, Fürst von Hatzfeld. – *»Ulk«:* Satirische Freitags-Beilage des BT; das inkriminierte Gedicht in Nr. 37/1899. – *Siegmar Mehring (1856–1915):* Urteil am 3. I. 1900. – *Écrasez l'infâme!:* Vernichtet die Schreckliche! Voltaires Ruf gegen die katholische Kirche; seit 1759 in seinen Briefen.

28. Januar 1900 (Nr. 69)

Mutter der Kaiserin: Herzogin Friedrich von Schleswig-Holstein-Sonderburg, geb. Prinzessin Adelheid zu Hohenlohe-Langenburg, starb am 25. I. in Dresden. – *Galavorstellung:* Am Vorabend von Kaisers Geburtstag. – *Eugen Wolff (1850–1912):* Forschungsreisender, lebte in München; Sammelwerk: »Meine Wanderwege«, 1901. – *Peters:* Dr. Carl Peters. – *[...] gekürzt:* Besuch in Kastans Panoptikum. – *Reichstag ... Kuppelei:* Moral-Diskussion im Reichstag über Kuppelei. – *Rosengart und Berndt:* Der Gutsherr Rosengart wurde in Gegenwart seiner Frau mit einem Schuß durchs offene Fenster getötet. Mord auf Bestellung? Freispruch. – Marie Berndt hatte auf Anstiftung ihres Geliebten Josef Markwitz ihren Mann, Rittmeister Heinrich Berndt, durch Gift umzubringen versucht. 5 Jahre Zuchthaus für Markwitz, Freispruch für Frau Berndt.

4. Februar 1900 (Nr. 87)

Keller und Reiner: Kunstsalon Potsdamer Straße 122. – *Ernst Wilhelm Hengstenberg (1802–1869):* Einflußreicher Theologe in Berlin, Professor, Altprotestant. – *Arthur Kampf (1864–1950):* Maler, 1914–1924 Direktor der Berliner Hochschule für Bildende Künste. – *Ist die Flotte bewilligt:* Die 2. Vorlage zum Ausbau der Deutschen Flotte, damit, wie der Kaiser in seiner Neujahrsrede sagte, »durch sie das Deutsche Reich auch im Auslande in der Lage sei, den noch nicht erreichten Platz zu erringen«; die Vorlage wurde am 12. 6. 1900 im Reichstag angenommen. – *sammelt Mirbach:* Bis Januar 1900 sammelte Mirbach insgesamt 11 Millionen Mark freiwillige Spenden für den Berliner Kirchenbau. – *Homunkel-Höhe:* Wo der Mensch auf chemischem Weg erzeugt wird (s. »Faust II«). – *Erich von Kriegsheim:* »Direktor der Internationalen Disconto-Bank«, ehemaliger Offizier, angeklagt wegen Betrugs und Urkundenfälschung, sechs Jahre Gefängnis.

18. Februar 1900 (Nr. 123)
Christian Diederich Hahn (1859–1918): Gutbesitzer, MdR 1893–1903; Direktor des Bundes der Landwirte. – *Julius Szmula (1829–1907):* Rittergutsbesitzer, MdR 1887–1898. – *Der Diederich . . .:* Paraphrase von »Der Friederich, der Friederich, das war ein arger Wüterich« im »Struwwelpeter«. – *Schillerpreis:* Der Kaiser hatte am 6. 11. 1899 die Zuerkennung des Schillerpreises an Hauptmann abermals verweigert. – *»Hoalb ane Kerche . . .«:* »Die versunkene Glocke«, 5. Akt. – *Ausstellung in Paris:* Weltausstellung 1900, eröffnet am Ostersamstag, 14. 4. 1900. – *Fräulein Flamary:* Tänzerin in Paris, Bekanntschaft Kerrs.

25. Februar 1900 (Nr. 141)
Giordano-Bruno-Feier: Bruno war am 17. 2. 1600 in Rom verbrannt worden; Begründung Kirschners am 23. 2. in der Stadtverordnetenversammlung: die dem Magistrat »zum größten Teil unbekannten Antragsteller hätten keine Gewähr dafür geboten, daß die Veranstaltung keinen religiösen und politischen Charakter annehmen werde«; für solche aber dürfe der Rathaussaal nicht hergegeben werden. *Kirschner kannte mich:* Kerr beschreibt die Szene im BB vom 21. 1. 1900: »Mich erkannte weder er noch sie. [. . .] Das ist ein Major, dacht' ich« (vgl. Zusammenfassung, S. 751). – *Die Feier selbst:* Fand am 18. 2. im Beethovensaal in der Köthener Straße statt; Festredner: Dr. Hermann Brunnhofer. – *Max Laurence:* Schauspieler und Regisseur am Schiller-Theater. – *Einzug der Götter:* Aus Wagners »Rheingold«. – *Friedrich Meubrink, A. Maaß u. a.:* Stadträte, die den Rathaussaal verweigert hatten. – *[. . .] gekürzt:* Begegnung mit einem jungen französischen Grafen und Winter in Berlin.

11. März 1900 (Nr. 177)
Ein Kliniker in Breslau: Albert Neißer (1855–1916), Leiter der Dermatologischen Klinik in Breslau; hatte 1878 den Erreger des Trippers entdeckt, suchte nach dem Erreger der Syphilis (erst 1905 durch Fritz

Schaudinn entdeckt). – *Goethes Hexameter:* »Römische Elegien« III, XVIII. – *Karl Julius Johann von Pappenheim (1843–1918):* Kammerherr, Rittergutsbesitzer, MdA 1894–1918, führend in der Konservativen Partei. – *Zuhältergesetz für Künstler:* Lex Heinze: Die Protestversammlungen hatten am 4. 3. im Handwerkersaal, Sophienstraße 15, begonnen. Wortführer Hermann Sudermann, Gustav Eberlein, Hermann Nissen, Theodor Mommsen u. a.; im Reichstag stand die 3. Lesung am 13. 3. an. – *ein Physiker:* Leo Arons. – *vor längstverbrannten Ketzern:* Giordano Bruno. – *ein Oberhofmeister:* Graf Mirbach. – *aus dem Nationallied:* »Der Gott, der Eisen wachsen ließ«, 4. Strophe: »Die Knechtschaft hat ein Ende!« (?) – *Schundstücke des Lauff:* »Der Eisenzahn« im KSch. – *»Die Klöster brennet ...«:* »Die Hugenotten« von Meyerbeer, I. Akt. – *Die eine lachte ...:* Heinrich Heine, »Nachlese«, »Kitty« (II). – *Brand der Comédie française:* Am 8. 3. 1900 mittags.

1. April 1900 (Nr. 231)

Goethe-Bund: Am 9. 3. in München als Kampfbund gegen die *Lex Heinze* gegründet (Ehrenpräsident: Paul Heyse; Initiatoren: Max Dauthendey, Otto Falckenberg, Max Halbe, Frank Wedekind, die Maler Kaulbach, Stuck, Uhde u. a.); Protest gegen Formulierungen, die auch künstlerische Arbeiten, »die, ohne unzüchtig zu sein, das Schamgefühl gröblich verletzen«, unter Strafe stellten. In Berlin am 9. 3. große Protestversammlung in der Philharmonie; Gründung des Goethebundes dort am 25. 3.; Proklamation von Sudermann; engagiert: Erich Schmidt, Hans Delbrück, Adolf L'Arronge, O. E. Hartleben, Adolph Menzel, Vater und Sohn Begas, Gustav Eberlein, Skarbina, Otto Brahm, Ludwig Barnay; ins Präsidium gewählt: Theodor Mommsen (81), Friedrich Spielhagen und Geheimrat Ende, Präsident der Akademie der Künste (Kerr: drei Greise). Der Gesetzentwurf, in 3. Lesung am 13. 3. im Reichstag vertreten von den Abgeordneten Roeren und Stöcker, wurde nicht verabschiedet, aber oben erwähnte Formulierung gestrichen; anhaltende Proteste; eine veränderte Fassung wurde am 25. 6. 1900 ins Strafgesetzbuch (§§ 180–185) eingebracht. – *Harden gegen Sudermann:* Ausbruch des schwelenden Konflikts, der 1903 mit Hardens Streitschrift »Kampfgenosse Sudermann« eskalierte. – *Hedderich Gabler:* Anspielung auf Ibsens Hedda Gabler und ihr negatives Verhalten. – *Goethe über Béranger:* Im Gespräch mit Eckermann, 14. 3. 1830. – *Nous sommes fils ...:* Wir sind Söhne von Loyola, warum habt ihr uns ins Exil geschickt? Wir kommen zurück; habt acht, daß ihr schweigt! – *»Dévots, baisez ...«:* »Fromme, küßt die Reliquien.« – *Goethe-Zitat des Kaisers:* Aus dem »West-östlichen Divan« (Noten). – *Rede des Kaisers:* Am 19. 3. beim Festakt zum 200jährigen Bestehen der Akademie der Wissenschaften im Weißen Saal des Kgl. Schlosses. – *Gervinus, Dahlmann, die Brüder Grimm u. a.:* Die »Göttinger Sieben« hatten König

Ernst August des Verfassungsbruchs beschuldigt und wurden 1837 aus ihren Hochschulämtern entfernt.

15. April 1900 (Nr. 264)

Wahl Brinkmanns: Am 5. 4.; Brinkmann siegte mit 69 gegen 66 Stimmen gegen den konservativen Syndikus Meubrink; Kerr hatte für Brinkmann votiert: »Solange die Landregierung gewohnheitsmäßig konservativ ist, muß als Gegengewicht die Stadtregierung freiheitlich sein. […] mein Ave dem Brinkmann« (BB 8. 4. 1900). – *Leyds:* Abgesandter von Präsident Ohm Krüger, suchte im Burenkrieg Hilfe und Unterstützung gegen die bedrängenden Engländer. – *Der Kaiser von Österreich:* Franz Joseph I., 1900 70 Jahre alt, hatte durch seine Bindungen und Probleme auf dem Balkan (Ungarn, Erwerb Bosniens, den Sprachenstreit) die politische Intensität nach Südosteuropa gelenkt. Die Einladung nach Berlin für Anfang Mai sollte den Zweibund der deutschen Länder manifestieren. – *[. . .] gekürzt:* Kerrs Betrachtung zu einem Bild des jungen Berliner Malers Rebel und seine Liebesenttäuschung zu Ostern: »Ehret die Frauen – na ja. Aber nicht alle. […] Man schreit Racha!« (Vgl. »Es sei wie es wolle …«, S. 252 f.)

22. April 1900 (Nr. 279)

Kerrs Liebeskummer trübte das Osterfest. – *Glücklich ist, wer vergißt, was nicht mehr zu ändern ist:* Trinklied Alfreds aus der »Fledermaus«. – *»Berlin ist Sparta«:* Gleim, »Lieder eines Grenadiers« (1756): »[…] so sei es Krieg! / Berlin sei Sparta! Preußens Held / Gekrönt mit Ruhm und Sieg.« – *Fall Gönczi:* Der Prozeß begann am 3. 4., endete am 5. 4. mit dem Todesurteil des Schwurgerichts. – *Mordfälle Stammberger, Jänicke:* Stammberger und seine Freundin Hedwig Scholz ermordeten ihre zwei neugeborenen Kinder; der Töpfer Eugen Jänicke hatte von Luise Bergner Geld erschwindelt und gab vor, es durch Zauber (Gift als Zaubertrank) wieder zu beschaffen. – *Friedrich Theodor Vischer:* Veröffentlichte unter dem Namen Schartenmaier Moritaten und satirische Gedichte; das Gedicht »Leben und Tod des Josef Brehm« erschien in »Musenklänge aus Deutschlands Leierkasten«, 1849. – *[. . .] gekürzt:* Passage über die schwindelhafte Gründung einer Jugendwehr und das Gastspiel der Duse als Gioconda in der Sezessionsbühne; zur Duse vgl. auch 30. 9. 1900.

27. Mai 1900 (Nr. 366)

Alfred Graf von Hompesch (1826–1909): Kammerherr, MdR 1874–1909, Vorsitzender der Reichstagsfraktion des Zentrums. – *Hompesch-Gesetz:* Die unter dem Eindruck der Proteste durch Einlenken des Zentrums modifizierte Fassung der *Lex Heinze,* in der die Bestimmungen über Kunst und Literatur aufgegeben waren. Der Reichstag nahm in seiner 200. Sitzung am 22. 5. diesen Kompromiß an. – *»Das dritte Ge-*

schlecht«: 1899. – *Gabriele Reuter (1859–1941):* Verfasserin freimütiger Darstellungen der Lebensprobleme zeitgenössischer Frauen; Einfluß auf die Frauenbewegung. – *[...] gekürzt:* Passage über Kerrs Besuch auf dem Friedhof in Freudenberg.

10. Juni 1900 (Nr. 399)

Die Welt wird schöner ...: Ludwig Uhland, »Frühlingsglaube«. – *Hermann Scherer:* Cand. phil. an der Universität München, wurde am 4. 6. im Kaisergebirge von einer Lawine getötet. – *Karolingerdichtersgattin:* Frau von Wildenbruch. – *bei Hannele:* In Gerhart Hauptmanns »Hanneles Himmelfahrt«, 2. Akt, der Todesengel. – *Oskar Gabriel:* Der Rechtsanwalt erschoß sich Anfang Juni. – *Barnum:* Zirkusunternehmen des Amerikaners Phineas Taylor Barnum (1810–1891), des »Königs des Humbugs«.

17. Juni 1900 (Nr. 417)

Deutlichste Äußerung Kerrs zur Sozialdemokratie. – *Heinrich Ströbel (1869–1944):* Redakteur der Schleswig-Holsteinischen Volkszeitung, ab 1900 Redakteur des »Vorwärts«, MdA, unterstützte den Massenstreik. – *Konitzische Begebenheiten:* Mord an dem Gymnasiasten Ernst Winter, Zerstückelung der Leiche (10. 6.); daraus Vorwurf eines jüdischen Ritualmords; in der Folge Pogrome, Prozeß vor dem Schwurgericht 17.–19. 10., für einige Rädelsführer Haftstrafen. – *der Alte:* Wilhelm Liebknecht; sagte am 12. 6. im Reichstag: »O Pfui der Schande, daß so etwas in dem Rechtsstaate Preußen noch möglich ist. Sorgen Sie dafür, daß mehr Bildung verbreitet wird.« – *Samoa:* Inselgruppe in Polynesien; ein Teil der Inseln wurde durch die Samoa-Konferenz am 1. 12. 1899 Deutsches Schutzgebiet. Im Berliner Zoo wurden Samoaner im Sommer mit Darbietungen zur Schau gestellt.

24. Juni 1900 (Nr. 435)

Friedrich Paulsen (1846–1908): Philosoph, Pädagoge, seit 1878 Professor in Berlin. – *Kathederhelden:* Schopenhauer, »Parerga und Paralipomena, Über die Universitätsphilosophie«. – *Theodor Lipps (1851–1914):* Philosoph und Psychologe in München; Lipps in einer Diskussion zur Lex Heinze: er habe das »Vertrauen in unsere Rechtsprechung verloren«; daraufhin verklagte das Zentrum Lipps bei der bayerischen Regierung. – *Wildenbruch:* In seinem Drama »Die Tochter des Erasmus« (U KSch 10. 3. 1900). – *Großherzog Friedrich August von Oldenburg:* Regierte 1900–1918; Kerrs »Bravo« enthält eine Polemik gegen die »Empfangsfestlichkeiten«, die der Kaiser wünschte (vgl. 15. 4. 1900). – *Der erste, furchtbar prächtig ...:* Paraphrase zu »Der König furchtbar prächtig ..., die Königin süß und milde« aus Uhlands Ballade »Des Sängers Fluch«. – *»Die schöne Helena«:* Parodistische Operette von Jacques Of-

fenbach (1864). – *»den letzten blauen Flieder ...«:* Paraphrase zu Gilms
Gedicht »Stell auf den Tisch«. – *»Vor mir steht ein Strauß ...«:* Kerrs
Gedicht »Bürgerkind«.

8. Juli 1900 (Nr. 471)

Das chinesische Unglück: Dem Eindringen der westlichen imperialistischen Mächte und mit ihnen der christlichen Missionare in China
folgte der Versuch der Chinesen, im Aufstand der »Großen Faust« (im
Westen Boxer-Aufstand genannt), die Fremden aus dem Land zu treiben (Boxer: religiöse fremdenfeindliche Geheimgesellschaft). Der Ermordung zweier christlicher Missionare folgte in Peking der Mord an
dem deutschen Gesandten von Ketteler. Daraufhin heftige Reaktion
des Kaisers: »Der deutsche Gesandte wird durch meine Truppen gerächt. Peking muß rasiert werden ... Es ist der Kampf Asiens gegen das
ganze Europa!« Strafexpedition der Westmächte und Japans, Protestversammlungen in Deutschland. Einschiffung deutscher Marineein-
heiten für die China-Expedition und (am 27. Juli) die »Hunnenrede«
des Kaisers: »Pardon wird nicht gegeben. Gefangene werden nicht
gemacht! ... Wer Euch in die Hände fällt, sei Euch verfallen! Wie
vor 1000 Jahren die Hunnen unter ihrem König Etzel sich einen Namen gemacht, der sie noch jetzt in Überlieferung und Märchen
gewaltig erscheinen läßt, so möge der Name Deutscher in China auf
1000 Jahre durch Euch in einer Weise betätigt werden, daß niemals
wieder ein Chinese es wagt, einen Deutschen auch nur scheel anzusehen.« – *»Lieben Freunde ...«:* Schillers Gedicht, »An die Freunde«. –
Blutbäder in der Burgstraße: Die Baisse an der Börse. – *die Samoaner:*
Vgl. 17. 6. 1900.

2. September 1900 (Nr. 615)

Das Holdrioh: Kerr war sechs Wochen in Südtirol, im Engadin und in
Venedig. – *Bülowstraße:* Seit dem »Umwandlungsvertrag« von 1898
wurde die Elektrifizierung der Berliner Verkehrsmittel (Straßenbahn
statt Pferdebahn) mit Macht vorangetrieben, ebenso der S- und
U-Bahn-Bau; der U-Bahnhof Bülowstraße wurde als Hoch-, der in
der Kurfürstenstraße als Tiefbahnhof angelegt; im Sommer 1900 ein
elektrischer Versuchsbetrieb Berlin – Wannsee – Zehlendorf aufgenommen. – *Zolas Künstlerroman:* »Das Werk« (1886). – *Turm der Franzosen:* Der Eiffelturm in Paris (1885–1889). – *Dresdner Bahnhof:* Erbaut
1890–1898 von Ernst Giese und Paul Weidner. – *Hans Baluschek
(1870–1935):* Maler und Zeichner des Lebens in Berlin. – *Alfred Messel
(1853–1909):* Baute seit 1886 Warenhäuser in Berlin; Hauptwerk: Kaufhaus Wertheim, Leipziger Straße. – *geladene Stimmung:* Der wachsende Unmut gegen bevormundende Gesetzesvorlagen: »Zuchthausvorlage«, Lex Arons, Lex Heinze, die Flottenvorlagen, Rüstungs- und

Kolonialpolitik (Kiautschau, Samoa) und die China-Intervention (Boxeraufstand); auch der Berliner Eisenbahnerstreik (Mai), der Hamburger Werftarbeiterstreik (Juli – Sept.) waren Zeichen des Unmuts, der
auch Wohnungsnot und Preisanstieg (Kohle) betraf. – *Hohenlohe:* Die
Reichskanzlerschaft von Chlodwig zu Hohenlohe-Schillingsfürst
(1894–1900) ging zu Ende. – *Bernhard von Bülow (1849–1929):* Botschafter in Bukarest und Rom, Staatssekretär im Auswärtigen Amt, wurde
Hohenlohes Nachfolger als Reichskanzler (1900–1909). – *wetterharte
Riesengestalt ... eisenfest:* Kerrs Epitheta zu Hohenlohe und Bülow
sind – Bismarck beschwörende – ironische Übertreibungen (vgl. 21. 10.
1900). – *Alfred Graf von Waldersee (1832–1904):* Seit 1900 Generalfeldmarschall, führte die europäischen Truppen im Boxeraufstand in China
(1900/01). – *Freiherr vom Stein, Luther, Friedrich Graf von Wrangel:* Kerr
zitiert starke historische Persönlichkeiten, um die Persönlichkeits-
schwächung unter dem Druck der kaiserlichen Herrschaft anzudeuten. – *Wilhelm Liebknecht:* Gestorben am 7. August, war am 12. August
auf dem »Sozialistenfriedhof« in Berlin-Friedrichsfelde beigesetzt
worden. – *August Bebel:* War noch von Wilhelm Liebknecht für die
sozialistische Bewegung gewonnen worden. – *Je m'en vais ...:* Ich
gehe weg, meine Kleine, ganz weit, ganz schnell und immer im Lauf-
schritt.

9. September 1900 (Nr. 633)

Die Eisenbahner: Freiwillige für den Eisenbahnbau in China, das von
den Interventionstruppen besetzt ist. – *»im Felde, da ist ...«:* Aus Schillers »Wallensteins Lager«. – *Adalbert (Wojciech) Ritter von Kossak
(1857–1942):* Schlachtenmaler, arbeitete 1897–1900 im Auftrag Wilhelms II., Atelier im Schloß Monbijou (Reiterbild des Kaisers). – *Waldersees Taten:* Als Führer des deutschen Expeditionskorps. – *Hunnenrede:* Vgl. 8. 7. 1900, Anm. – *Ausstellung am Lehrter Bahnhof:* Die »große
Kunstausstellung« der akademischen Schule; Besuch des Kaisers am
4. 11. – *Berliner Sezession:* Gleichzeitig mit der »großen Kunstausstellung« (»Von den Wänden der Sezession-Ausstellung« leuchtet heuer
etwas von jener brutalen Helligkeit und Farbenfreude, durch die Zola
im ›L'Œuvre‹ den ersten Salon der jungen Ketzer in der Kunst charak-
terisiert«, Breslauer Zeitung, 3. 9. 1900). – *Bild vom deutschen Michael:*
Vgl. 1. 11. 1896, Anm. – *Sang an Aegir:* Vgl. 7. 1. 1900, Anm. – *»Von des
großen Friedrichs Throne ...«:* Schiller, »Die deutsche Muse«. – *Ludwig
von Bayern:* Ludwig II. (1845–1886): Förderer vieler Künstler und des
Werks von Richard Wagner. – *Hoftheatertruppe des Königs von Siam:*
Der Zoo war der Präsentationsort des Exotischen. – *A. L.!:* Adieu,
Leser!

30. September 1900 (Nr. 687)
Tietz: Warenhaus in der Leipziger Straße 46–49; Bauherr Hermann
Tietz (1837–1907), Architekt Bernhard Sehring; Eröffnung am 26. 9.
1900. – *Jandorf (Spittelmarkt) und Wertheim (Leipziger Straße):* Die beiden anderen großen Warenhäuser. – *Büchmann:* Klassisch gewordene
Zitaten-Sammlung »Geflügelte Worte« (1864). – *Georg Kaufmann:*
»Politische Geschichte Deutschlands im 19. Jahrhundert«, Bondi, Berlin 1900. – *wo die Dramatiker kastriert werden:* Im Alexanderplatz-Theater. – *walala weia:* Kerr bringt Tietz mit Richard Wagners »Rheingold«
in Verbindung. – *Tell:* »Wann wird der Retter kommen diesem
Lande?« – *Duse als Hedda Gabler:* Lessing-Theater 26. 9. 1900; die Duse
war schon im April als Gioconda in Berlin.

21. Oktober 1900 (Nr. 741)
Kanzlerwechsel: Hohenlohes Rücktritt am 17. Oktober, Nachfolger:
Bernhard von Bülow (vgl. 2. 9. 1900, Anm.) – *Der neue Kurs:* Der we-
sentlich vom Kaiser bestimmte. – *das »dritte Reich«:* Alter Mythos ei-
nes zukünftigen Staates, in dem die derzeitigen Gegensätze aufgeho-
ben sind. – *Ibsen:* In »Kaiser und Galiläer«, letzte Szene, Maximos:
»Das dritte Reich wird kommen.« – *Theodor Mommsen:* In seiner
»Römischen Geschichte«, 5. Buch, Kap. XI. – *Kaiserin Friedrich:* Vic-
toria von England (Tochter der Queen Victoria), Witwe Kaiser
Friedrichs III., Mutter Kaiser Wilhelms II., starb am 5. 8. 1901, 61
Jahre alt. – *Vides, ut alta . . .:* Sieh, wie im hohen Schnee leuchtend
der Kreuzberg steht: Paraphrase zur Ode des Horaz I,9 »An den
Thaliarch«.

28. Oktober 1900 (Nr. 759)
Erst jetzt . . . in China: Bei der deutschen Intervention (vgl. 8. 7. 1900).
– *Heyse – Dingelstedt:* In Heyses »Jugenderinnerungen und Bekennt-
nisse«. – *Siegmar Mehring:* »Die französische Lyrik im 19. Jahrhundert«, 1900.

18. November 1900 (Nr. 813)
Und die Gewohnheit . . .«: Schiller, »Wallensteins Tod« I,4. – *Arnold von
Frege-Weltzien (1848–1916):* MdR 1878–1901, 1. Vizepräsident des
Reichstags (1898–1901), war am 15. 11. mit 190 von 200 Stimmen wie-
dergewählt worden. – *»Drum, Gyges . . .«:* Hebbel, »Gyges und sein
Ring«, 5. Akt. – *Graf Pückler:* Angeklagt wegen Aufforderung zu Ge-
walt. – *Emmy Destinn:* Emmy Kittl, geb. 1878 in Prag, 1898–1908 an der
Kgl. Oper; machte Weltkarriere. – *Alfred von Tirpitz (1849–1930):* Ad-
miral, entwickelte im Auftrag des Kaisers die deutsche Kriegsflotte
zur zweitgrößten Seemacht der Welt.

25. November 1900 (Nr. 828)
Ulrich von Wilamowitz-Moellendorff (1848–1931): Professor für klassische Philologie 1897–1922 in Berlin; bedeutender Editor, Übersetzer
und Interpret. – *Orestie:* Im TdW, mit der Dumont als Klytemnästra.
Kerrs Rezension in der Breslauer Zeitung vom 26. 11. 1900 wurde sein
letzter Beitrag für das Blatt.

Zusammenfassung der nicht aufgenommenen Berliner Briefe

1895

24. März 1895 (Nr. 211)

Ausführliche Darlegung von Handlung und Milieu des Schauspiels »Drohnen« von Rudolf Stratz (DT 16. 3. 1895), in dem eine reiche, von Affären, Spielschulden, Ehrenhändeln durchfurchte Gesellschaft um den Millionär Witt vorgeführt wird: »ein Lokalanzeiger-Schauspiel«. – Kerr nutzt das Drama zum Einblick in die Berliner Gesellschaft, die im März die großen Schlußempfänge des Winters gibt. Selbstreflexion: »Nicht nur die Drohnen, auch wir Halbdrohnen, die wir arbeiten, aber auf Genuß aus dem vollen ein starkes Gewicht legen, wir leben noch. Und wie es in Berlin so eingeführt ist, leben wir mit den Ganzdrohnen häufig zusammen, und es gibt Augenblicke, wo wir mit ihnen durch eine intensive après-moi-le-déluge-Stimmung vereinigt sind. Die Gesellschaften bringen den Menschen so herunter.«

19. Mai 1895 (Nr. 349)

Rühmende Vorstellung des jungen Autors Georg Hirschfeld (1873 bis 1942) nach der Uraufführung seines Schauspiels »Mütter« in der Freien Bühne, DT 12. 5. 1895: »... ein großes, echtes, aus dem vollem schöpfendes Kunstwerk ... Es liegt etwas Selbständiges und Bleibendes darin ... Ave, Georg Hirschfeld«; er sei der »belangvollste Schüler Gerhart Hauptmanns« (MFL Mai 1895).

16. Juni 1895 (Nr. 415)

Betrachtung über »Kommen und Gehen« in der Hauptstadt; Porträt der gerade verstorbenen Übersetzerin Baronin von Borch, »um welche in eigentümlich matten Lichtern ein fast novellistischer Reiz schwebte«; zum Prozeß gegen die »Alexianerbrüder« (vgl. 15. 9. 1895) und zum Katholizismus im protestantischen Berlin: »In Breslau hat man den Katholizismus in unmittelbarster Nähe. Für Berlin ist er in seinen konkreten Lebensäußerungen fast ein Mythus. ... wenn ein katholischer Geistlicher im roten Talar in Berlin auf der Straße gesehen würde, es gäbe einen Auflauf wie um einen exotischen Fürsten.«

30. Juni 1895 (Nr. 451)
Anläßlich des Gastspiels einer holländischen Theatertruppe (»Neder-
landsche Tooneelvereeniging«) im DT (23.–30. 6. 1895) Betrachtungen
über das »Holländische« in der Kunst: »Mit völliger Klarheit sind wir
zu der Erkenntnis gekommen, daß sie eine ausnehmende Begabung
für die Bühne nicht besitzen. Sie sind darin Germanen.« Dagegen die
französische Truppe André Antoines vom Théâtre libre in Paris: »Hier
waltet eine Regie, die in der Welt wahrscheinlich nur einmal vorhanden ist.«

14. Juli 1895 (Nr. 487)
Feuilleton über die sommerliche Stadt; »Berlin ist leer … Aber die
Bevölkerung ist durch drei Orang-Utans vermehrt worden.« Der
Zoo bleibt im Sommer »das einzige Genußmittel für gebildete Euro-
päer«; Kerr flaniert durch die Straßen und genießt private Sommer-
feste.
    Teile dieses Textes verändert unter dem Titel »Dachgesang« 1928 in
»Es sei wie es wolle …«, S. 301.

23., 26. und 28. Juli 1895 (Nr. 508, 517, 523)
Drei lebhafte Berichte, »Schriftstellerfeste«, vom »IV. Allgemeinen
Deutschen Journalisten- und Schriftstellertag« in Heidelberg: »Wie
gewöhnlich ist es mehr ein Journalistentag als ein Schriftstellertag.
Die Berühmtheiten sind zwar stark gefragt, aber wenig vorhanden. …
Hier muß für die Nachfrage der sogenannten weiteren Kreise der Bevölkerung Julius Wolff herhalten.« Lakonische Berichte über den
Festakt, die Reden, ihn kaum bewegende Vorträge und das Diner mit
der prägnanten, nichtssagenden Rede Kuno Fischers, ein Schloßfest
mit Feuerwerk und dem Schluß: »Und hier sitz ich noch jetzt und
freue mich meines Lebens. Und mehr als über mein Leben freue ich
mich, daß die Schriftsteller alle, alle fort sind.«

18. August 1895 (Nr. 577)
Über die Rückkehr der kranken Schauspielerin Paula Conrad auf die
Bühne (»Sie war das erste deutsche Hannele. Sie wird das erste deutsche Hannele bleiben. Von tiefster Dankbarkeit ist erfüllt, wer sie hier
sah«) und Kainz als Don Carlos im DT (»in einer manierierten Art mit
gespreizten Gesten, teilnahmslosen Grimassen«).

1896

26. Januar 1896 (Nr. 64)

Über die anhaltenden Proteste gegen Hauptmanns »Florian Geyer« (DT 4. 1. 1896) und die Zustimmung zu Wildenbruchs vom Kaiser belobigtem Canossa-Schauspiel »König Heinrich« (1. Teil; U Berliner Theater 22. 1. 1896: »... munter und unterhaltsam; es werden Ereignisse auf Ereignisse, Knalleffekte auf Knalleffekte getürmt ...; daher der Jubel«; 2. Teil 1. 12. 1896, Berliner Theater). Über Max Halbes »Lebenswende« (DT 21. 1. 1896: »trotz der mangelnden ›Dramatik‹ eine feine Arbeit«). Über Ludwig Fuldas »Fräulein Witwe« (»der neueste dramatische Scherz des Vielgewandten«) und »Untreu« von Bracco (beides Lessing-Theater 4. 1. 1896).

24. Mai 1896 (Nr. 361)

Dritter Bericht Kerrs über die Gewerbeausstellung. Noch seien die Berliner nicht warm geworden mit dem Unternehmen: »Es läßt sich nicht leugnen, daß da draußen ... einiges schiefgegangen ist. Dazu gehört vorneweg alles, was das Theater Alt-Berlin bot.« Kerr besuchte von Conrad Alberti »Die Büßerin« (Stück über Anna Sydow, die »Buhle« des Kurfürsten Joachim II.: »Welch unglückseliger Einfall, auf ein Ausstellungstheater, zu festlichem Anlaß, eine der peinlichsten Episoden brandenburgisch-preußischer Geschichte zu bringen«) und von Karl Bleibtreu »Wendentaufe« (»Es ist ein unglaublicher Wust von fünffüßigen Holperjamben und bengalischer Beleuchtung. ... Warum? wozu? wieso? inwiefern? ... der Vorhang sank beschämt«). Zum »Schiefgelaufenen« zählt er die ihm wichtige Ausstellung zur »Volksernährung« (Mahlzeiten zu billigen Preisen), die durch Einfuhr tuberkulösen Fleisches in Mißkredit geriet.

16. August 1896 (Nr. 574)

Kerr reiste vom Sozialistenkongreß in London über Ostende nach Berlin; verbrachte in dem Seebad einige Ferientage. Darüber »Aus Ostende«: »Natürlich bleibt man hier hängen; viel länger als geplant war. Denn die Stadt steht in ihrer Sünden Blüte. ... Kurzum, das Leben hier ist schandbar schön.«

23. August 1896 (Nr. 592)

Feuilleton zum Sommerthema: »Es ist nichts los in Berlin.« Nur der »Lokal-Anzeiger« macht Sensation, weil sein Berichterstatter die Nansen-Expedition zum Nordpol begleitet und das Lokal-Blatt auf diese Weise »Weltblatt« spielt. Sonst: »Bloß Rebhühner werden gegessen; das bleibt schließlich das belangvollste Ereignis.«

6. September 1896 (Nr. 628)
Kerr sieht von Berlin nach Breslau, wo der Kaiser bei Manövern war
und am 5. September den jungen russischen Zaren Nikolaus II. und
seine Gemahlin Alix von Hessen-Darmstadt empfängt: »Von diesem
Festesjubel bestehen in Berlin kühne Vorstellungen.« Diese üppigen
»Kaisertage« begleitet Kerr ironisch. »Und weil unser Herrscher vor
allen Dingen ein sozialer Herrscher sein will und etwa mit der Sozialdemokratie voll gefestigter Zuversicht allein fertig zu werden
wünscht, so liegt schon hierin eine Bürgschaft, daß die repräsentativen
Veranstaltungen nicht über das Notwendige ausgedehnt werden«;
dann mokante Worte, daß Max Samst im Herbst 1896 das Friedrich-
Wilhelmstädtische Theater in der Chausseestraße übernimmt.

29. November 1896 (Nr. 841)
Kerr nutzt die bevorstehende Uraufführung von Josef Ruederers Komödie »Fahnenweihe« (U 29. 11. 1896, Sonntagsmatinee in der Mitte
Oktober neugegründeten Dramatischen Gesellschaft), um auf diesen
jungen, bisher kaum bekannten Dichter (1861–1915) hinzuweisen.
»Was Ruederers Schaffen bedeutsam macht, ist, daß er die Menschen
nackt sieht. Die Seelen losgelöst von Leibern und Kleidern. Hier
steckt, bei allem Unfertigen seiner Werke, eine Art Ewigkeitszug; und
der erhebt ihn mit einem Schlage über das ganze Heer unserer gegenwärtigen Humoristen. ... Wenn er gar nichts anderes geschrieben
hätte, man müßte sich den Namen merken: Josef Ruederer.«

25. Dezember 1896 (Nr. 907)
Titel »Vlämische Träumerei«: »›Die Weihnachtsglocken klingen
leise‹ ... Sommerliche Tage tauchen auf, die Seele beginnt zu träumen.« Kerr war im September in Flandern und Brabant (Brüssel,
Brügge); er beschreibt seinen Besuch in Brüssel. »Ich lechzte nach Peter Paul Rubens, denn mein barbarischer Geschmack geht auf diesen
einzigen Maler des selig blühenden Lebens; die lächelnden, trunkenen, runden Äuglein seiner holden Frauen sind von einer schier komischen Allgewalt. Das war ein Fest; hier konnte man schmausen ...«
Wissend, daß der historische Egmont ein anderer Mann war als der
Goethes, daß Goethes Klärchen nie gelebt hat, mischen sich ihm die
Wirklichkeiten: »Trotzdem – wo mag Klärchens Haus liegen! Durch
welche dieser alten, kleinen Straßen mag Egmont vermummt zu ihr
geschlichen sein! Wo ist das Fenster, an dem sie saß und Garn wik-
kelte und sang: ›Die Trommel gerühret! Das Pfeifchen gespielt!‹« –
Nichts von Berlin.

1897

7. März 1897 (Nr. 166)
Feuilleton über den beginnenden Frühling und die neue Lust am Spazierengehen. Über einen Abend in der Literarischen Gesellschaft und erster Blick auf die Vorbereitungen zur Jahrhundertfeier für Kaiser Wilhelm I. und die mangelnde festliche Stimmung der Berliner: »Woran liegt es? ... Liegt es an der weggelassenen Wahlurne? Vielleicht. Wir bekommen einen Reichstag mit einer weggelassenen Inschrift (»Dem deutschen Volke« – G. R.), wir bekommen ein Einheitsdenkmal mit weggelassenem Symbol (der Wahlurne – G. R.), und wir bekommen dafür eine Kirche mit einer überzähligen Inschrift« (vgl. 8. 9. 1895). Dann über die Anordnung des neuen Universitätsrektors Heinrich Brunner, im Lesesaal keine sozialistischen Schriften auszulegen.

2. Mai 1897 (Nr. 304)
Feuilleton über die Frühlingsstimmung in der Stadt, daß man nun keinen Kaviar mehr ißt, aber viel Maibowle trinkt, daß so viele aus West-Berlin nach Paris fahren, von dort lüstern Karten schreiben, daß ein Theaterstück Mode macht, die Trilby-Mode, und daß Paul Lindaus neues Stück »Die Brüder« nicht von öffentlichem Interesse ist.

30. Mai 1897 (Nr. 373)
Porträts der Anwälte aus dem 2. Tausch-Prozeß; Frage: »Wieweit ist der Staat berechtigt, verbrecherische Handlungen zum Schutz des Staats vorzunehmen? Es wird als sicher angenommen, daß es sich immer um den Schutz des Staats, nicht um den Schutz eines Regierungssystems oder einer Dynastie handelt.« Geht dann über zu dem Unfall, der Berlin aufregt, bei dem ein Kunstschütze seine Mitarbeiterin erschoß; schließlich zum neuen Mode-»Sportplatz des Westens«, wo die Lust am Radfahren und am Tennis sich austobt.

27. Juni 1897 (Nr. 442)
Über die Hitze in Berlin – »Es ist nicht mehr zu ertragen. ... Man möchte in den Eisschrank kriechen« – und über die Familienabende im Biergarten in Tivoli (Kreuzberg).

15. August 1897 (Nr. 568)
Über die Berliner Sommerlust: abends im Zoologischen Garten, bei den dort »ausgestellten« Kalmücken, über die Flucht zu den Seen, in die Luft der Müggelberge und das Treiben dort: »Berlin ist jetzt grauenhaft. Man atmet während des Tages keine Luft, sondern lauwarmen Unrat. Die Atmosphäre läßt sich schneiden.«

26. September 1897 (Nr. 676)
Über den Berliner Schachkongreß und seine Teilnehmer im Architektenhaus, Wilhelmstraße. – Ironische Bemerkungen über die Repräsentationskraft des Kaisers. – Über »Tschaperl« von Hermann Bahr (»der Bahr hätte so was nicht schreiben dürfen«) und die Weigerung, ein Plakat für ein religiöses Drama zu hängen.

10. Oktober 1897 (Nr. 712)
Über die beginnende Kälte, herbstliche Gesellschaften und erste spiritistische Ambitionen: »Ganz spiritistisch ist dieser Westen nicht. … die metaphysische Weltauffassung kommt für ihn in zweiter Linie.« Kerr war bei Tischrücken und Gedankenlesen; der spiritistische Matrose Bernhard ist als Scharlatan entlarvt und die Schauspielerin Paula Wirth (Lessing-Theater) in den Wintergarten abgestiegen.

31. 10. 1897 (Nr. 766)
Über das Gastspiel von Ermete Zacconi als Oswald (»Gespenster«), die Antrittsvorlesung des liberal-sozialen Professors Reinhold in der Universität: »Ich wurde beim Zusehen fast erquetscht. … Er ist … ein gebürsteter Schwärmer, … unter den Sozialrevolutionären gewissermaßen ein Logenbruder«, und über den Antisemiten Spiekermann.

21. November 1897 (Nr. 817)
Zum Prozeß um Wolzogens Stück »Unjamwewe«, in dem Dr. Peters (Kerr: »der hervorragende Prügler«) gegen alle Humanität in Schutz genommen wurde. Von der privaten Vergeltung einer Dame, der Dr. Peters nachstellte, und dem ominösen Fall des Sanitätsrats Mittenzweig, der Patientinnen gegen ihren Willen küßte. Bemerkungen über die merkwürdigen Spielverbote für Theater am Totensonntag und kurze Replik auf die Rede des Kaisers zur Rekrutenvereidigung: »Ich weiß auch schon genau, was ich zu sagen habe. Allein es ist nicht so einfach mehr, Kaiserreden zu rezensieren. Liebknechts Strafantritt hat mich wieder nachdenklich gemacht.«

1898

1. Januar 1898 (Nr. 1)
Über Feiern von Weihnachten in Berlin: »… drei Tage lang, drei Nächte lang, mit Singen und Stimmengewirr und mit Lachen und mancherlei Getränk, auch mit Kaviar auf Hummerschwänzen. Und die Mägen werden verrenkt.« Über Wintergartenbesuch und am Silvesterabend die Premiere vom »Weißen Rößl«: »Noch seh ich euch

vor mir stehen, Blumenthal und Kadelburg! Beide verneigten sich; Kadelburg lächelnd und als siegessicherer Bonvivant, Blumenthal mit der zögernden Anmut eines Ritters vom Grabe.«

27. Februar 1898 (Nr. 145)
Negative Rezension der Aufführung von Otto Ludwigs dramatisierter Novelle »Zwischen Himmel und Erde« im Berliner Theater. – Erster Bezug Kerrs auf die Dreyfus-Affäre in Frankreich: »Kein Land Europas scheint gegenwärtig von der schlimmsten Reaktion verschont zu bleiben. Der Offizierstand ist wieder der erste Stand«; zur Behandlung Zolas durch die Justiz: »Es ist da drüben ein Aufstand der Hausknechte.« – Dann Betrachtungen zum Karneval in Berlin: »ein gleich hoher Gipfel von Stumpfsinn, Melancholie und Ruppigkeit wurde selten erklommen«. – Hinweis auf Lesser Ury, den »aufgehenden Stern des, mit Respekt zu melden, Berliner Kunsthimmels«.

22. Mai 1898 (Nr. 352)
Über die Berliner Musikausstellung (»sie ist verlassen von Menschen und von Gott«), über »das gelesenste Buch im Westen«: Rostands »Cyrano de Bergerac«, und den »neueröffneten Presseclub« mit den Reden des Nationalökonomen Schmoller (»gegen die Reaktion, als welche sich bemüht, den Universitätslehrern die Freiheit zu nehmen«) und Sudermanns Rede für eine »persönliche Annäherung« (Kerr: »Er hat nämlich die Eigentümlichkeit, wenn er den Urheber abfälliger Kritiken in einer Gesellschaft trifft, auf und davon zu gehen«).

29. Mai 1898 (Nr. 370)
Mai in Berlin: »Die allgemeine Weltlust steht jetzo, im Monat Mai, bei Söhnen und Töchtern dieser Stadt in leuchtender Blüte.« Über das neue Modewort »pinschern« (»man pinschert sich so durch!«), die Frühjahrsparaden in Berlin (»wer die allgemeine Teilnahme der Bevölkerung im Anblick der weißen Festhosen des Heeres sah, der fühlte, daß der Militarismus ein Faktor ist, mit dem wir zu rechnen haben«) und den Prozeß in Köpenick gegen einige Bürger, die am 18. März, dem Tag der Märzgefallenen, illuminiert hatten: »Königliche Häupter sind straflos, besonders wenn sie im Grabe ruhen; sonst könnte am Ende Friedrich Wilhelm der Vierte, der sich des öffentlichen Hutabziehens vor diesen am achtzehnten März für das deutsche Vaterland Gefallenen schuldig machte, noch eilig verknackt werden.«

12. Juni 1898 (Nr. 403)
Brief von der Insel Chioggia, Schilderung der ersten Eindrücke; gekürzt und etwas verändert von Kerr aufgenommen in: Gesammelte Schriften, Die Welt im Licht, Band 2, S. 9 ff.

19. Juni 1898 (Nr. 421)
Brief aus Venedig. Gekürzt und etwas verändert aufgenommen in: Gesammelte Schriften, Die Welt im Licht, Band 2, S. 16 ff. (»Wieder Lagunensturm«).

26. Juni 1898 (Nr. 439)
Titel »Italienischer Reisebrief«. Über den Aufenthalt in Florenz: »Nur wer diese Hitze kennt, weiß, was ich leide.« Schildert, was er von seiner Wohnung aus sieht.

14. August 1898 (Nr. 565)
Titel »Sommertage in Wien«. Über die Ausstellung zum 50. Regierungsjubiläum des Kaisers Franz Joseph. »Keine Ausstellung ist noch so radikal symbolistisch gewesen wie diese. Es erscheinen innen und außen seltsame Frauenleiber, die ... im Leben selten vorkommen dürften. (Im) Prater, wohin mich ein Dichter führte, ... weilt sie (die Seele) am Ende länger als in der Ausstellung. Wien ist ein Abendtraum.«

18. August 1898 (Nr. 574)
Titel »In der Villa des Dekameron«. – »... es ist der seligste Garten der Welt. Und man begreift die lustige Schar des Dekameron, die im Anblick dieses Landhauses erwägt, ›se Paradiso si potesse in terra fare ...‹ Auch den Boccaccio begreift man ... Gerade hier fand er den wundervollsten Gegensatz zum Florentiner Elend und Grauen ...«

2. Oktober 1898 (Nr. 691)
Nach drei Wochen Pause: »Es geht wieder los. ... Ich stürze auf die Gegenwart.« Für Berlin wird ein Riesenrad geplant. Kerr erinnert an seine Fahrt im Riesenrad im Prater, sammelt dann Berliner Tagesereignisse und schließt: »... und es wäre undenkbar, daß diese Phänome all' existierten, ohne daß sie durch mich vor dem Hinabgleiten in die Ewigkeit einen Kommentar bekämen. Das ist ein Bedürfnis, eine Notwendigkeit, etwas nahezu Schreiendes, eine Sache, die uns sonst einfach fehlen würde ..., mit einem Wort: eine Pflicht.«

11. Dezember 1898 (Nr. 868)
Über den Prozeß gegen den Rentier Düsterbeck, der seine Frau wegen vermuteten Ehebruchs mit einem Messer stach. Betrachtungen Kerrs über Mißtrauen und Ehebruch: »Wann wird ein Ehebruch bewiesen? Unter dreihundert Fällen dreimal, wahrscheinlich seltener. ... Ein Ehebruch ist dann begangen, wenn der unerhörte Zufall eintritt, daß Zeugen vorhanden sind.« Der verurteilte Düsterbeck werde des-

wegen wohl nie wissen, »ob er damals betrogen wurde oder nicht«. – »In Berlin ist sonst nicht viel los.« Darum berichtet Kerr von einem Ausflug nach Wittenberg ins Lutherhaus.

18. Dezember 1898 (Nr. 886)
Bericht über die sich mehrenden Angriffe gegen ihn. »Auch der Dr. Rudolph Steiner, Philosoph, liest diese Berliner Briefe. Im ›Magazin‹ (für Literatur – G. R.) erklärt er, aus ihnen zu wissen, daß ich Nietzsche ›nicht zu mögen geruhe‹. Ich geruhe in der Tat nicht.« Dann über das Gastspiel der Jane Hading und Stöckers Abschied aus dem Amt. »Sein letzter Lichtblick werden die warmen Huldigungen gewesen sein, die ihm Herr M. Harden in der ›Zukunft‹ darbrachte. ... Man kann Herrn Stöcker ohne Haß betrachten und wird doch sagen müssen: er war in jeder Regung ein subalterner Kopf.«

1899

1. Januar 1899 (Nr. 1)
Elegische Betrachtung zum Tod des Oberstleutnants von Egidy, führender Kraft in der »Ethischen Bewegung« (»Er hatte sich befreit aus dem Kerker der Kaste. ... Die Gestalt hat einen josephinischen Zug«); Fällen alter Bäume im erneuerten Tiergarten (»ihr fallt möglicherweise als ein Opfer demokratischen Sinnes«) und zum Ende der »Akademischen Bierhallen« (»Erinnerungen nehmen auch sie ins Grab, die einen Teil unsrer geliebten, verfluchten Jugend ausmachen«).

29. Januar 1899 (Nr. 73)
Bericht vom Prozeß Maximilian Harden gegen Prof. Delbrück mit Schilderung des Zeugenauftritts des Herrn von Tiedemann (vgl. 19. 9. 1897); danach Polemik Kerrs gegen Harden: »Er ist unehrlich bis auf die Knochen: und er markierte den Sittengeißler. ... ein charmanter Mensch, bloß zu reich an ... Komödienfehlern.«

12. Februar 1899 (Nr. 109)
Über den Tod der Sängerin Amalie Joachim, geb. Schneeweiß (»wie Klara Schumann: eine Novellengestalt«). Römische Erinnerungen und Verhaftung der Herren v. Kröcher und v. Kayser: »Kayser soll gewerbsmäßig gespielt, Kröcher soll geschleppt haben« (vgl. 8. 10. 1899).

19. Februar 1899 (Nr. 127)
»Liebermann, Skarbina, Leistikow et tout le reste ... wollen etwas Gründliches gründen. ... Draußen beim Theater des Westens hoffen sie auszustellen. Dieses Bühnenhaus steht gleich einer Maeterlinck-

schen Sagenburg, vom Schicksal knurrend umgraust, ein gar geheim-
nisreicher Schlemihl aus Ziegelsteinen, voll schrecklicher Wunder.
Daneben ist ein Garten; mit Marmorbildern still geziert, mit Hypo-
theken reich belastet. Das soll der Garten der Erkenntnis werden« (betrifft 1. Ausstellung der Sezession und Ausstellungshalle in der Kantstraße). Über Verkaufspraktiken nicht genannter Künstler und den
neuen Schlager »Ist denn kein Stuhl da – für meine Hulda?«.

5. März 1899 (Nr. 163)
»Die Gedanken vieler Berliner sind auf den Papst gerichtet« (Leo XIII.:
Amtszeit 1878–1903), der in Rom darniederliegt; Erinnerungen Kerrs
an den Vatikan; über die Jubiläumsfeier für Friedrich Spielhagen: »Er
ist in der Philharmonie festlich gespeist worden. ... Alles Trockene ist
ihm sicherlich fern: und dennoch ist er im Leben ein Regierungsrat.«
– Der größte Teil dieses Briefes als »Teutones in Pace« aufgenommen
in »Die Welt im Licht«, Bd. 2, S. 40 ff.

2. April 1899 (Nr. 232)
Über den Mordfall Rosengart, der die wüsten Zustände in einem reichen ostpreußischen Haus offenbart (»Man wage nicht, fernerhin die
naturalistischen Dichter zu schmähen; sie bleiben hinter der Wahrheit
zurück«); über Leo Hirschfelds Schauspiel »Die Lumpen« im Lessing-
Theater (»unwesentlich«) und den Auftritt des französischen Panto-
mimen Séverin im Metropoltheater (»seine Gesichtsmuskeln sind
nicht talentvoll genug, den Mangel der Rede vergessen zu machen«).

7. Mai 1899 (Nr. 319)
»Der Frühling naht, die Menschen verreisen, und wen man in fünf
Monaten lieben wird, vom wem man in fünf Monaten wiedergeliebt
wird, das wissen die Himmlischen.« – Kurzer Blick auf eine Schnitz-
ler-Premiere (»Die Gefährtin, Der grüne Kakadu, Paracelsus«), Ga-
zettenlektüre, neuere Kriminalfälle und deren Vergleich mit Fontanes
Novelle »Unterm Birnbaum«. – Ankündigung seiner Reise nach
Paris.

25. Juni 1899 (Nr. 439)
Der Berliner Brief ist ersetzt durch »Sie saß auf einem Steine ... Skizze
von Alfred Kerr«, eine Zeitungserzählung über einen gerade verwit-
weten Amtsrichter, der im Halbtraum seine jüngere Frau vor sich
sieht, sitzend auf einem Stein im Wasser; Schluß: »Durch die verlassene Wohnung drang ein röchelndes Brüllen. Es war, als ob jemand in
Krämpfen läge. Und dann, als ob er unter heißen Tränen schnaufte.«

2. Juli 1899 (Nr. 457)
»Pariser Tagebuch«: aus seinem Ferienaufenthalt in Paris. »Die Gräber dieser Stadt sind das denkwürdigste.« Über die Gräber von Börne, Heine, Balzac, Abélard und Héloïse. »Fast lieben wir die Toten dieser Stadt mehr als ihre Lebenden.« – Überarbeitet und verkürzt in »Die Welt im Licht«, Bd. 1, Titel »Gräber«.

30. Juli 1899 (Nr. 529)
Über die Hitze und das Baden in Berlin (»In Berlin vollziehn sich diese Bäder so, daß das Wasser des Flusses zur Erfrischung und zur Verunreinigung des Leibes beiträgt. ... in einer Berliner Badeanstalt fürchtet man immer, Keile zu bekommen«) und über die neuesten konfessionellen Konversionen (»Ola Hansson und Frau Laura, geborene Marholm, deren frühe geistige Pleite nur wenige vorausgesehen haben, sind katholisch geworden. ... Und Maximilian Harden ist noch immer evangelisch«).

20. August 1899 (Nr. 583)
Porträthafte Betrachtungen über Todesfälle: den Musikkritiker Hugo Ernst Schmidt, eine verunglückte junge Diplomatentochter, die Kerr unterrichtete, und den Musikprofessor Breslauer.

27. August 1899 (Nr. 601)
»Zum achtundzwanzigsten August«: Goethes 150. Geburtstag (auch in der »Frankfurter Zeitung«).

29. Oktober 1899 (Nr. 763)
Über die Verstümmelung des Standbilds des Fürsten Prybislaw an der Siegesallee (»Der Schänder ... Wie leicht hätte er ein wirkliches Kunstwerk zertrümmern können«). Und über ein Tischgespräch mit Burenfreunden und einer Engländerin: »Ich fragte mich innerlich mit Bedauern, warum ich nicht die Laufbahn eines Staatsmannes statt eines Schriftstellers eingeschlagen.«

17. Dezember 1899 (Nr. 886)
Ironisches Feuilleton zur Person des Obersthofmeisters, Freiherrn von Mirbach, und über die Abwandlung des frommen Spruchs durch den Kaiser: »Wer nur auf Gott vertraut und feste um sich haut, hat nicht auf Sand gebaut.« Über die verkehrshemmende Ausstellung der Straßenbahnwagen und die Festsetzung des Ladenschlusses auf 9 Uhr abends: »Wie wird, so fragt man allgemein zitternd, die Friedrichstraße dann aussehen? Sie wird so aussehen, wie sie jetzt um elf aussieht.«

1900

21. Januar 1900 (Nr. 51)
Über die »Schweinerein im Schlachthaus« (Finnen im Fleisch), die
neue Sitte, die Tischnachbarn bei Gesellschaften durch Blumen zu bestimmen; über Wippchens neues Buch »Der moderne Knigge« und
Kerrs Begegnung mit dem neugewählten Bürgermeister Kirschner
und Familie in einem Blumengeschäft.

8. April 1900 (Nr. 249)
Feuilleton über den (enttäuschenden) Prozeß gegen den Mörder
Gönczi, den Schuß eines Burenfreundes auf den Prinzen von Wales,
die Bürgermeisterwahl zwischen Meubrink und Brinkmann, eine
nächtliche Fahrt nach Hundekehle, über die Katzenausstellung am
Alex, über Flying Fox, das teuerste Pferd der Welt, und Gensels Buch
über Paris.

29. April 1900 (Nr. 297)
Über die Hungersnot in Indien, die Geldsammlung in Berlin, über die
Catcher-Kämpfe im Centralhotel (Hitzler gegen Kara Achmet).

13. Mai 1900 (Nr. 333)
Ein Ausflug zur Baumblüte nach Werder. »Am Montag stand auf meinem hängenden Kalender (neben dem Waschtisch): ›Zum eigentlichen glücklichen Leben gehört moralischer Leichtsinn.‹ Daraufhin
beschloß ich einen leichtsinnigen Ausflug nach Werder.«

20. Mai 1900 (Nr. 351)
Neun Tagebuchblätter zu diversen Vorgängen: Steuer auf den Totalisator, Ehrenhändel mit Pistolenschießen, Spandauer Aufregungen,
über Lothar Schmidts »Luigi Cafarelli« im Berliner Theater u. a.

15. Juli 1900 (Nr. 489)
Über die Anhebung des Preises für Pilsener Bier, die neuen Schlager
in Berlin (»Es liegt eine Leiche im Landwehrkanal« und »Wir sind die
Sänger von Finsterwalde«) sowie über Nachtfahrten im Speewald. Am
Ende: Er lasse eine Pause eintreten, geht auf Reise nach Südtirol. Die
nächsten beiden Beiträge von dort.

12. August 1900 (Nr. 561)
Geschrieben in Toblach im Schwarzen Adler, identisch mit »Rakeel«
in »Die Welt im Licht«, Bd. 2, S. 3 ff.

19. August 1900 (Nr. 579)

»Toblacher Brief«, geschrieben aus den Ferien in Toblach, Südtirol. Überarbeitet und teilweise aufgenommen in »Die Welt im Licht«, Bd. 1, S. 164ff., unter den Titeln »Tirol«, »Die Frau Kugler« und »Tirolisch«.

11. November 1900 (Nr. 795)

Feuilleton über die frühlingshaften Tage im Herbst, über den »wilden Engel Anna, Anna, Anna, welche den wirklichen Frühling einsang«, offenbar eine neue Liebe Kerrs (vgl. 10. 6. 1900), und über ein Treffen mit Yvette Guilbert in Berlin.

Personenregister

Bei Seitenzahlen mit hochgestelltem Stern ist der Name über die Anmerkungen zu erschließen.

Umwelthinweis:
Alle bedruckten Materialien dieses Taschenbuchs
sind chlorfrei und umweltschonend.

Siedler Taschenbücher erscheinen im Goldmann Verlag,
einem Unternehmen der Verlagsgruppe Bertelsmann.

1. Auflage
Vollständige Taschenbuchausgabe September 1999
Copyright © 1997 Aufbau-Verlag GmbH, Berlin
Mit freundlicher Genehmigung von
Judith Kerr-Kneale und Michael Kerr, London
Satz: Dörlemann Satz GmbH, Lemförde
Umschlaggestaltung: Design Team München
Umschlagabbildung: Franz Skarbina, *In der Friedrichstraße*
(Bankgesellschaft Berlin AG)
Frontispiz: Alfred-Kerr-Archiv,
Stiftung Archiv der Akademie der Künste, Berlin
Made in Germany 1999
ISBN 3-442-75557-3